南开哲学教材系列

中国哲学史

（上卷）

刘文英　主编

南开大学出版社
天　津

图书在版编目(CIP)数据

中国哲学史：全2册 / 刘文英主编. —天津：南开大学出版社，2012.10(2021.7重印)
南开哲学教材系列
ISBN 978-7-310-04031-5

Ⅰ.①中… Ⅱ.①刘… Ⅲ.①哲学史－中国－高等学校－教材 Ⅳ.①B2

中国版本图书馆 CIP 数据核字(2012)第 217378 号

版权所有　侵权必究

中国哲学史
ZHONGGUO ZHEXUESHI

南开大学出版社出版发行
出版人：陈　敬
地址：天津市南开区卫津路 94 号　邮政编码：300071
营销部电话：(022)23508339　营销部传真：(022)23508542
http://www.nkup.com.cn

北京虎彩文化传播有限公司印刷　全国各地新华书店经销
2012 年 10 月第 1 版　2021 年 7 月第 3 次印刷
210×148 毫米　32 开本　30.125 印张　4 插页　856 千字
定价：75.00 元（上下卷）

如遇图书印装质量问题，请与本社营销部联系调换，电话：(022)23508339

编者说明

本书是配合"面向 21 世纪哲学专业课程体系和教学内容改革",为哲学系本科生学习中国哲学史而编写的一部教材。也可以作为其他专业选修或自学中国哲学史的参考书,还可以作为外国留学生学习中国哲学史的入门书。我们力求反映改革开放以来中国哲学史学科的新成果和新面貌,从整体上系统地梳理中国哲学的历史脉络,全面地展现中国历代哲学的丰富内容,尽可能突破旧的思想模式,实事求是地揭示中国哲学史的普遍价值和民族特色。

全书共十编,分上、下两卷。上卷包括先秦、两汉、魏晋南北朝、隋唐五代时期,下卷包括宋元明、明清之际与清代中期和近代、现代时期。由刘文英负责总体设计和统稿。各部分的撰稿人分别为:导言、第一、二、三编,刘文英;第四编,严正(第一到第七章)、刘文英(第八章);第五编,李翔海;第六编,刘文英(本编前言,第一、二章)、吴学国(第三、四、五章)、康中乾(第六、七、十章)、严正(第八、九章);第七编,韩强(第一到第十章)、刘文英(本编前言);第八编,韩强(第一到第七章)、刘文英(本编前言);第九编,周德丰;第十编,曹跃明。

教师在使用这部教材时,一般内容可由学生自学,课堂上只作重点讲授、提示和辅导,并有计划地组织课堂讨论。由于中国哲学史上有些问题目前学术界尚未取得共识,而中国哲学史学科本身在不断地发展,教师和学生在教学过程中,应该以实事求是为原则,提倡独立思考和自由讨论,创造一种生动活泼的局面,而不受教材本身的限制。

本书在编写过程中得到校、系领导和南开大学出版社的关心、支持和帮助,我们表示衷心的感谢。由于我们水平的限制,疏漏和错误之处一定不少,诚恳希望学者、读者多提意见和建议,以便进一步修改和提高。

编　者
2001 年 7 月于南开大学

目 录

编者说明
导言 ……………………………………………………………… （1）
第一编　中国哲学的萌芽与开端（史前至殷末周初）…………（1）
　第一章　中国哲学的萌芽（史前至夏殷时期）………………（4）
　　第一节　中华先民原始思维的发展……………………………（4）
　　第二节　创世神话中的世界图式与万物来源…………………（6）
　　第三节　宗教信仰中的灵魂观念与人神关系………………（10）
　　第四节　社会实践中的实在信念与人文智慧………………（13）
　第二章　中国哲学的开端（殷末至周初）……………………（16）
　　第一节　《周易》古经的阴阳观念与变易观念………………（16）
　　　一、《周易》古经的时代………………………………………（16）
　　　二、《周易》古经的性质………………………………………（17）
　　　三、《周易》古经的阴阳观念…………………………………（19）
　　　四、《周易》古经的变易观念…………………………………（20）
　　　五、《周易》古经的吉凶观念…………………………………（21）
　　第二节　《尚书·洪范》的五行观念与睿思观念……………（23）
　　　一、《尚书·洪范》的时代……………………………………（23）
　　　二、《尚书·洪范》的五行观念………………………………（24）
　　　三、《尚书·洪范》的睿思观念………………………………（27）
　　第三节　周公的天命、敬德和礼乐观念………………………（27）
　　　一、对传统天命论的改造……………………………………（28）
　　　二、"敬德"与"保民"的关系 ………………………………（29）

三、"制礼作乐"中的人文教化观念 ……………………（30）
第二编 中国哲学思想的开拓与哲学学派的形成
　　（西周至春秋战国之际）……………………………（33）
第一章 先哲们的思想开拓 ……………………………（35）
第一节 天道观与人道观的思想开拓 ……………………（35）
一、阴阳观念的发展 ……………………………（35）
二、五行观念的发展 ……………………………（36）
三、"和同"与"有两"、"陪贰"的辩证思想 …………（37）
四、敬德观念的发展 ……………………………（40）
五、重民观念的发展 ……………………………（41）
六、无神论思想的活跃 …………………………（43）
第二节 管子与晏子的哲学思想 …………………………（44）
一、管子的哲学思想 ……………………………（44）
二、晏子的哲学思想 ……………………………（48）
第三节 子产与范蠡的哲学思想 …………………………（52）
一、子产的哲学思想 ……………………………（52）
二、范蠡的哲学思想 ……………………………（55）
第二章 老子的道论与道家学派的形成 ………………（59）
第一节 老子的思想渊源 …………………………………（60）
第二节 "道"的抽象及其本原意义 ……………………（62）
第三节 "道"的作用与"道"的辩证法 …………………（65）
第四节 "自然无为"的治国之道 ………………………（68）
第五节 "为道"与"为学"的区别 ……………………（70）
第六节 老子哲学的历史地位 …………………………（71）
第三章 孔子的仁学与儒家学派的形成 ………………（73）
第一节 孔子的思想渊源 …………………………………（73）
第二节 宗教意识与现实精神 ……………………………（75）
第三节 从"礼"进至于"道" …………………………（78）
第四节 "仁"的整合与"人"的反思 …………………（80）
第五节 教育过程中的认知理论 …………………………（83）

一、直接经验与间接经验 …………………………………（84）
　　二、生而知之与学而知之 …………………………………（84）
　　三、"学"与"思"的关系 ……………………………………（85）
　第六节　修养方法与精神境界 ………………………………（86）
　第七节　孔子思想的历史地位 ………………………………（89）
第四章　孙武的"知彼知己"与兵家哲学 ………………………（91）
　第一节　"五事"、"七计"与战争的整体观念 ………………（91）
　第二节　"知彼知己"的军事认知理论 ………………………（93）
　第三节　"奇正相生"的军事辩证法 …………………………（94）
　　一、从天道的变化看战争的矛盾运动 ……………………（95）
　　二、根据矛盾的变化灵活地运用战术 ……………………（95）
　　三、因势利导与战争的主动权 ……………………………（97）
第五章　墨子的"兼爱"与墨家学派的形成 ……………………（99）
　第一节　墨子的思想渊源 ……………………………………（99）
　第二节　"兼以易别"的社会思想 ……………………………（100）
　第三节　"非命"与"天志"的内在矛盾 ………………………（103）
　第四节　推崇功利的价值取向 ………………………………（105）
　第五节　注重经验的认知理论 ………………………………（107）
　　一、"三表"法的成就与局限 ………………………………（107）
　　二、认知中的理性成分 ……………………………………（108）
　第六节　墨子思想的历史地位 ………………………………（109）

第三编　百家争鸣与诸子哲学的活跃（战国时期）………（111）
第一章　《五千言》与道家哲学的新趋向 ……………………（115）
　第一节　《五千言》的作者与时代 …………………………（115）
　第二节　老子道论的思辨化 …………………………………（116）
　第三节　老子道术的权术化 …………………………………（118）
　第四节　道家与儒家的对立化 ………………………………（120）
第二章　黄老学派对道家哲学的发展 …………………………（122）
　第一节　《黄帝四经》的道家哲学 ……………………………（122）
　　一、从"道"至"理"的思想开拓 ……………………………（122）

二、辩证法中的思想新意 …………………………………… （124）
　　三、以"道"论"法"的政治哲学 ……………………………… （126）
　　四、修道的内容和价值 …………………………………… （127）
  第二节　《管子》中的黄老道家哲学 ………………………… （127）
　　一、从"道"到"精气"的思想开拓 ………………………… （128）
　　二、"心术"论的两重意义 ………………………………… （130）
　　三、道、法结合的政治哲学 ……………………………… （131）
第三章　子思、孟子对儒家哲学的发展 ………………………… （133）
  第一节　子思的中庸哲学与道德"五行"说 …………………… （133）
　　一、"中庸"思想的哲学展开 ……………………………… （133）
　　二、道德"五行"的新系统 ………………………………… （136）
  第二节　孟子的心性哲学与义利观 …………………………… （138）
　　一、推行"仁政"的"王道"理想 …………………………… （138）
　　二、性善论与心性修养 …………………………………… （140）
　　三、义利观念的重大转向 ………………………………… （143）
　　四、圣人观与历史观 ……………………………………… （144）
第四章　庄子学派对道家哲学的发展 …………………………… （148）
  第一节　庄子的道论与气论 …………………………………… （148）
  第二节　"齐物论"的两重意义 ………………………………… （151）
  第三节　追求精神自由的"逍遥游" …………………………… （155）
  第四节　精神超越的修养方式 ………………………………… （157）
第五章　名辩思潮与名家哲学 …………………………………… （159）
  第一节　惠施的哲学思想与名辩内容 ………………………… （159）
　　一、关注万物的哲学取向 ………………………………… （159）
　　二、"历物之意"的十个辩题 ……………………………… （160）
  第二节　公孙龙的哲学思想与名辩理论 ……………………… （163）
　　一、名实论与指物论 ……………………………………… （163）
　　二、白马论与坚白论 ……………………………………… （165）
第六章　后期墨家的哲学思想与名辩逻辑 ……………………… （168）
  第一节　后期墨家的哲学思想 ………………………………… （168）

一、后期墨家的时空论与运动论……………………………（169）
　　二、后期墨家的认知学说…………………………………（170）
　第二节　后期墨家的名辩思想与逻辑理论……………………（173）
　　一、"以名举实"的名实观…………………………………（173）
　　二、"名"的分类与概念的分类……………………………（174）
　　三、"辞"的意义与判断的形式……………………………（175）
　　四、"说"的意义与推理的形式……………………………（175）

第七章　《易传》的形上追求与辩证法思想………………………（177）
　第一节　《易传》的哲学层面与术数内容………………………（177）
　第二节　《易传》的道器划分与形上追求………………………（178）
　第三节　《易传》的宇宙发生论及世界图式……………………（181）
　第四节　《易传》的辩证法思想…………………………………（182）

第八章　阴阳家的宇宙图式与历史观………………………………（187）
　第一节　阴阳家的思想来源和形成过程………………………（187）
　第二节　阴阳五行相配的宇宙图式……………………………（189）
　　一、"称引天地剖判"的宇宙发生序列……………………（189）
　　二、阴阳五行相配的宇宙图式……………………………（190）
　第三节　"五德终始"的历史观…………………………………（191）

第九章　荀子对儒家哲学的发展……………………………………（193）
　第一节　旨在"一天下"的社会理想……………………………（193）
　第二节　性恶论与礼法观念……………………………………（194）
　第三节　"天人分职"的天道自然论……………………………（197）
　第四节　"明分使群"的社会历史观……………………………（199）
　第五节　关注"物理"与系统化的认知学说……………………（202）
　　一、认知主体与认知对象…………………………………（202）
　　二、认知过程的两个阶段…………………………………（203）
　　三、"虚壹而静"的主体心态………………………………（204）
　　四、"兼权"以"解蔽"的思想方法…………………………（205）
　　五、"学至于行"的知行观…………………………………（206）
　　六、"制名指实"的逻辑理论………………………………（207）

第十章 商鞅与韩非的法家哲学 ……………………… (211)
第一节 商鞅与韩非的历史进化论 ……………………… (211)
第二节 韩非的利害论与法哲学 ………………………… (213)
第三节 韩非的矛盾学说与参验方法 …………………… (215)
一、矛盾概念的双重意义 ……………………………… (215)
二、矛盾双方的关系 …………………………………… (216)
三、"参验"在认识中的作用 ………………………… (217)
第四节 韩非对道与理的新诠释 ………………………… (218)
一、道与理的规定 ……………………………………… (218)
二、道与理的关系 ……………………………………… (220)
三、人对道与理的态度 ………………………………… (221)

第四编 儒家经学的统治与不同的哲学倾向（两汉时期）……… (223)
第一章 汉初的黄老之学与儒家哲学 ……………………… (227)
第一节 汉初的黄老哲学思想 …………………………… (228)
一、汉初黄老之学的盛行和影响 ……………………… (228)
二、汉初黄老之学的思想特征 ………………………… (229)
第二节 汉初的儒家哲学 ………………………………… (231)
一、陆贾的儒家哲学 …………………………………… (232)
二、贾谊的儒家哲学 …………………………………… (234)
第二章 《淮南子》的哲学倾向 …………………………… (238)
第一节 《淮南子》的天道观 ……………………………… (239)
一、天道自然 …………………………………………… (239)
二、天道无为 …………………………………………… (241)
三、天人感应 …………………………………………… (242)
第二节 《淮南子》的人性论与形神论 …………………… (243)
第三节 《淮南子》的历史观 ……………………………… (246)
第三章 董仲舒与今文经学的哲学特点 …………………… (250)
第一节 今文经学的思想特征 …………………………… (250)
第二节 董仲舒的哲学思想 ……………………………… (254)
一、"天人感应"的天道观 …………………………… (255)

二、"天不变道亦不变"的政治历史观 …………………………（257）
　　三、"性三品"的人性论 ……………………………………………（259）
　　四、"正其谊不谋其利"的道德伦理观 …………………………（261）
第四章　谶纬的神学特征与宇宙图式 ……………………………（264）
　第一节　谶纬的神学特征 ……………………………………………（265）
　　一、谶纬迷信的流行 …………………………………………………（265）
　　二、谶纬的神学特征 …………………………………………………（266）
　第二节　谶纬中的宇宙图式 …………………………………………（268）
第五章　扬雄的"法言"与"太玄"论 ……………………………（271）
　第一节　《法言》中的哲学思想 ………………………………………（271）
　第二节　《太玄》的哲学架构 …………………………………………（273）
第六章　桓谭与古文经学的哲学倾向 ……………………………（277）
　第一节　古文经学的哲学倾向 ………………………………………（277）
　　一、古文经学的兴起 …………………………………………………（277）
　　二、古文经学的哲学倾向 ……………………………………………（279）
　第二节　桓谭的哲学倾向 ……………………………………………（281）
　　一、反对谶纬迷信 ……………………………………………………（281）
　　二、形神烛火之喻 ……………………………………………………（282）
第七章　王充"疾虚妄"的哲学精神 ………………………………（284）
　第一节　天道自然的宇宙观 …………………………………………（284）
　第二节　批判谶纬与世俗的迷信 ……………………………………（286）
　第三节　人性与命义的分疏 …………………………………………（290）
　第四节　强调"实知"和"知实"的认识论 …………………………（292）
第八章　王符、仲长统的社会批判与哲学思想 …………………（294）
　第一节　王符的社会批判与哲学思想 ………………………………（294）
　　一、王符的社会政治哲学 ……………………………………………（294）
　　二、王符的元气本原论 ………………………………………………（296）
　　三、王符对世俗迷信的批判 …………………………………………（298）
　　四、"本末"概念与才性问题 …………………………………………（298）
　第二节　仲长统的历史观与天人观 …………………………………（299）

一、治乱循环的历史观 …………………………………（299）
　　二、"人事为本"的天人观 ………………………………（300）
　　三、从儒家向道家的思想转变 …………………………（301）

第五编　玄学的兴盛与道教、佛教哲学的形成
　　（魏晋南北朝时期）………………………………………（303）
第一章　何晏、王弼的"贵无"论与"得意忘言"论 …………（306）
　　第一节　何晏、王弼的"贵无"论 …………………………（307）
　　　一、以无为本、崇本举末 …………………………………（307）
　　　二、平章孔老，兼宗儒道 …………………………………（310）
　　　三、体、用作为哲学范畴的提出 …………………………（311）
　　第二节　"得意忘言"的哲学方法论 ………………………（313）
　　　一、对汉代经学哲学方法的批评 …………………………（314）
　　　二、"寻言观意"，"得意忘言" ……………………………（315）
第二章　阮籍、嵇康的"自然无为"论 ………………………（318）
　　第一节　阮籍、嵇康思想的演变 …………………………（319）
　　　一、阮籍、嵇康的前期思想 ………………………………（319）
　　　二、阮籍、嵇康的思想转变及其意义 ……………………（320）
　　第二节　"越名教而任自然"的价值取向与
　　　　　　对精神境界的追求…………………………………（322）
　　　一、"越名教而任自然"的价值取向 ………………………（322）
　　　二、阮籍、嵇康对于自我意识与精神境界的追求 ………（323）
第三章　裴頠的"崇有论"与欧阳建的"言尽意论" ………（330）
　　第一节　裴頠的"崇有论" …………………………………（330）
　　　一、裴頠思想的时代背景 …………………………………（331）
　　　二、裴頠"崇有论"的基本思想 ……………………………（332）
　　第二节　欧阳建的"言尽意论" ……………………………（338）
　　　一、欧阳建"言尽意论"的主要内容 ………………………（339）
　　　二、欧阳建"言尽意论"的理论特色与理论意义 …………（340）
第四章　郭象的"独化"论与"玄冥之境" …………………（343）
　　第一节　郭象玄学的时代课题与《庄子注》………………（343）

一、郭象玄学的时代课题 …………………………………（343）
　　二、郭象与《庄子注》 ……………………………………（344）
第二节　郭象"独化"论的主要内容 ……………………………（346）
　　一、对万物"独化"的本体论论证 ………………………（346）
　　二、独化而逍遥的人生境界及其修养方法 ………………（351）

第五章　葛洪、陶弘景的道教哲学 …………………………………（356）
第一节　葛洪与《抱朴子》 ………………………………………（357）
　　一、玄、道、一的宇宙观 …………………………………（358）
　　二、对长生说的系统论证 …………………………………（359）
第二节　陶弘景的道教哲学 ………………………………………（363）
　　一、神形双修与精神境界的凸显 …………………………（364）
　　二、融儒援佛，力促三教会通 ……………………………（366）

第六章　佛教的传入与僧肇、慧远的佛教哲学 ……………………（368）
第一节　佛教哲学的传入及其思想特征 …………………………（368）
　　一、佛教的传入 ……………………………………………（368）
　　二、中国佛教哲学的初步发展 ……………………………（369）
第二节　僧肇对般若学的阐说 ……………………………………（371）
　　一、"即万物之自虚"的"不真空"论 ……………………（372）
　　二、"即动而求静"的"物不迁"论 ………………………（374）
　　三、"无知而无不知"的"般若无知"论 …………………（376）
第三节　慧远的佛教哲学思想 ……………………………………（377）
　　一、慧远的"法性"论 ……………………………………（378）
　　二、慧远的佛儒调和论 ……………………………………（380）

第七章　形神之辨与范缜的《神灭论》 ……………………………（383）
第一节　魏晋南北朝时期神不灭论的主要观点 …………………（383）
　　一、葛洪"形神俱不灭"的思想 …………………………（384）
　　二、慧远的"形尽神不灭"论 ……………………………（385）
第二节　范缜《神灭论》对形神关系的新论证 …………………（389）
　　一、形神相即 ………………………………………………（389）
　　二、形质神用 ………………………………………………（391）

三、特定的质决定特定的用……………………………………（392）

第六编　儒、道、佛三大哲学思潮的消长与互动
（隋唐五代时期）………………………………………（395）

第一章　王通的"三教可一"论与哲学思想……………………（399）
第一节　王通的"三教可一"论……………………………（399）
第二节　王通的哲学思想……………………………………（401）
一、三才、天人的新诠释………………………………（402）
二、道德修养的新论题…………………………………（403）

第二章　孔颖达的儒家经学哲学…………………………………（405）
第一节　易义有无、体用之辨………………………………（405）
第二节　性情质用、正邪之义………………………………（407）
第三节　《五经正义》的名理分析…………………………（408）

第三章　天台宗与唯识宗的佛教哲学……………………………（410）
第一节　天台宗的佛教哲学…………………………………（411）
一、"一心三观"与"圆融三谛"………………………（411）
二、"一念三千"…………………………………………（412）
三、"性具"理论…………………………………………（413）
第二节　唯识宗的佛教哲学…………………………………（414）
一、百法论与（识体）四分说…………………………（415）
二、三性说………………………………………………（417）
三、八识体相……………………………………………（418）
四、种子与识转变说……………………………………（419）
五、唯识的因明学………………………………………（421）

第四章　华严宗的佛教哲学………………………………………（424）
第一节　华严宗的无尽缘起…………………………………（424）
一、三性同异……………………………………………（425）
二、因门六义……………………………………………（426）
三、十玄无碍……………………………………………（427）
四、六相圆融……………………………………………（428）
五、性起缘起……………………………………………（429）

第二节 "法界观"与"十重唯识观"……………………（430）
  一、法界观……………………………………………（430）
  二、十重唯识观………………………………………（432）
第五章 禅宗的佛教哲学……………………………………（434）
第一节 道信、弘忍与神秀的思想……………………（435）
  一、道信以前的禅学…………………………………（435）
  二、东山法门…………………………………………（436）
  三、神秀的北宗禅……………………………………（436）
第二节 慧能的思想……………………………………（437）
  一、慧能所说的"自性"………………………………（438）
  二、"即心即佛"与"自见本心"………………………（439）
  三、"无住生心"………………………………………（440）
  四、顿悟法门…………………………………………（441）
第三节 南宗二系的思想………………………………（442）
  一、南宗南岳系禅学的主要思想……………………（442）
  二、南宗青原系禅学的主要思想……………………（444）
  三、南宗禅的生活化…………………………………（445）
第六章 成玄英与司马承祯的道教哲学……………………（447）
第一节 隋唐道教哲学的发展及其特点………………（447）
第二节 成玄英"重玄"论的道教哲学…………………（451）
  一、"道者，虚通之妙理"………………………………（452）
  二、"万类参差无非独化者也"………………………（455）
  三、"道契重玄，境智双绝"……………………………（456）
  四、"因其素分，任其天然"……………………………（458）
第三节 司马承祯《坐忘论》的道教哲学………………（460）
第七章 李筌的"盗机"论与军事辩证法……………………（467）
第一节 李筌的的天人观与"盗机"论…………………（467）
第二节 李筌的军事辩证法思想………………………（472）
第八章 柳宗元、刘禹锡的儒家哲学与天人新义 …………（476）
第一节 柳宗元"天人不相预"的儒家哲学……………（476）

一、元气自动的自然观 …………………………………………（476）
　　二、重"势"的历史观 ……………………………………………（478）
　　三、儒佛兼综的文化观 …………………………………………（481）
　第二节　刘禹锡"天人交相胜"的儒家哲学…………………………（482）
第九章　韩愈、李翱的儒家哲学及其新的趋向 ………………………（485）
　第一节　韩愈的哲学思想………………………………………………（485）
　　一、对佛老的批判 ………………………………………………（486）
　　二、"道统"观念的确立 …………………………………………（488）
　　三、对"性三品"说的总结 ………………………………………（490）
　第二节　李翱的哲学思想………………………………………………（491）
　　一、性善情恶的人性论 …………………………………………（491）
　　二、"复其性"的修养说 …………………………………………（493）
　第三节　韩愈、李翱在哲学上的贡献和影响 …………………………（494）
第十章　《无能子》与《化书》的哲学思想………………………………（496）
　第一节　隐士《无能子》的道家哲学……………………………………（496）
　　一、《无能子》的自然观 …………………………………………（496）
　　二、《无能子》的社会历史观 ……………………………………（498）
　　三、自然无为的修养说 …………………………………………（500）
　第二节　谭峭《化书》的道教哲学………………………………………（502）
　　一、《化书》的自然观 ……………………………………………（502）
　　二、《化书》的社会历史观 ………………………………………（506）

导　言

　　中国哲学是中国文化的产物，是中华民族的精神创造。反过来，中国哲学又是中华文化的灵魂，是中华民族精神的集中表现。中国文化丰富多彩的内容，不但为中国哲学提供了肥沃的思想土壤和优美的人文环境，而且直接孕育和诞生了中国哲学，并一直滋润着中国哲学的进步和发展，源源不断地为它提供思想营养和精神资源。中国哲学诞生之后，作为中国文化有机的与特殊的组成部分，它又凝聚着中华民族的实践经验与精神智慧，表现了中华民族特有的感情和意志，并把中华民族特有的价值观念理论化和系统化。几千年来，中华民族为什么能创造出灿烂辉煌、气势恢弘的东方文明？为什么在饱经忧患和屡遭挫折之后，能够不断自我更新，走向胜利，仍然自立于世界民族之林？当然是因为中华民族有一种"自强不息"的毅力与意志，有一种"厚德载物"的胸怀和气魄。然而，这种伟大的民族精神，只有通过中国哲学的提炼、集中、加工和理论化，才能从感性上升到理性，从自发变为自觉，从而成为一种强大的、经久不衰的精神力量。

　　中国哲学具有非常悠久的历史。伴随中国社会和中华文明的前进步伐，中国哲学迄今已经延续了三千多年。早在史前时代，我们从先民的创世神话和宗教信仰中已经可以看到中国哲学的萌芽，而黄帝及尧、舜、禹诸先王的实践智慧则为中国哲学的诞生提供了更重要的思想资源。公元前11世纪的殷周之际，是中国哲学的开端时期，其标志是《周易》古经的成型，箕子《洪范》的传授，还有周公提出的敬德观念与礼乐观念。从此，中国历代都有一批著名的哲学家，他们以圣人、贤者、智者、隐士、名士等等不同身份，在中国大地上立言立教，讨论宇宙与人生的根本问题。他们的思想前后相继，汇成了中国哲学史的长河。大体说来，整个西周与春秋战国时期是中国哲学开拓和探索的时期。起初是一批先哲分别从不同的方面思考天道与人道的有关问题。随着思想资料的积累与理论的系统化,从春秋末期开始,相继形成了道家、儒家、墨家、法家、名家、阴阳家等哲学派别,并出现了空前未有的思想活跃与百家争鸣的盛况。诸子哲学均以标新立异、自成体系为时尚,最富原创性和探索性,由此奠定了中国哲学的理论视野,形成了中国哲学的民族特色。秦汉至明清的中国哲学表面上不如先秦时期那样活跃,实际上不断地在发展,不断地在深化,其理论思维不断提到新的水平。儒家哲学在西汉中期被定为一尊,其影响十分深远。但汉初崇尚黄老,魏晋玄学大兴,都经历了儒、道两家哲学的消长与互动。从南北朝到隋唐五代时期,又出现了儒、道、佛三家哲学的并行发展与消长互动的新局面。宋元明清时期,儒家通过扬弃和吸纳佛、道两家的有关思想成分,实现了理论重构与自我更新,又以理学形态重新确立了统治地位,但理学内外一直存在着不同的哲学倾向。鸦片战争以后,随着中国古代社会的转型和近代化、现代化的历史走向,中国传统哲学也进入转型和创新的时期。近代、现代西方哲学曾对中国哲学给予极大的冲击,中国哲学虽然经历过思想的困惑与徘徊,但其历史传统并未因此中断,而是在选择和消化外来哲学资源的过程中,不断为自己开辟了道路。"五四"以后,一批中国哲学家站在新的时代高度上,为融合中西哲学和促进中国哲学的现代化,曾进行过多种尝试。其中,马克思主义哲学与中国传统哲学精华的融合,是最伟大的尝试,并在历史实践中发挥了巨大的作用。

中国哲学史源远而流长,但作为一个独立的学科则是近代受到西方人文社会科学分类的影响而逐渐确立的。在中国传统学术中,原无"哲学"之名,这个名词是从西方翻译引进的。在漫长的古代社会中,中国的"哲学"之实作为探讨天道、人道及其关系的学问一直在所谓"经学"和"子学"的形式下存在,因而中国哲学史也一直在综合性的学术史或思想史中演变与发展。20世纪初,较早受到西方影响的一些学者,如梁启超、章太炎、刘光汉、陈黻宸、谢无量等,他们在研究中国学术思想变迁的过程中,开始以西方哲学为参照,钩稽和论述中国哲学史的内容,甚至使用了"中国哲学史"之名,但他们的工作在整体上尚未突破所谓"国学"的框架和传统学术史论的窠臼。1919年胡适的《中国哲学史大纲》（上卷）出版，这是第一部自觉运用近代学术观念、方法整理和研究中国哲学史的著作，标志着中国哲学史作为一个独立的学科已经确立。但是他的《大纲》以西方实用主义为指导，在科学主义思潮的影响下，只关注实证理论与逻辑学说，有很大的片面性。30年代冯友兰出版了《中国哲学史》两卷本，这是中国哲学史的第一部通史，其影响超过胡适的《大纲》，但是冯友兰的通史以西方新实在论反观中国哲学，同时继承了儒家人文主义的传统，只是突出所谓共相问题和精神境界问题，也有很大的片面性。30～40年代，吕振羽、范寿康、张岱年、侯外庐、杜国庠等人在马克思主义的指导下，挖掘和清理中国哲学自身的唯物主义和辩证法的思想传统，则代表了一种全新的学术方向。张岱年的《中国哲学大纲》讲义，着重考察中国哲学固有范畴和问题的历史演变，无论是思想内容或体例形式都有自己的特色。侯外庐等相继出版了《中国思想通史》五卷本，突出一些非"正宗"的"异端"思想家的贡献，超越了传统的道统观念，大大丰富了中国哲学史的内容。50年代以来，在批判继承民族文化遗产的方针下，中国哲学史的研究受到高度重视，大踏步地前进。其间虽有"左"倾思潮和教条主义一再作祟，但广大学者的辛勤工作，取得了不可磨灭的成绩。80年代改革开放以来，中国学术界拨乱反正，中国哲学史研究也突破了教条主义设置的一些禁区，迎来了思想解放的春天。在老年、中年和青年三代学者的共同努力之下，由于自觉地面向现代、面向世界，出版了一大批有功力、有创见的中国哲学通史、断代史、专门史或专题史，开辟了空前未有的思想活跃的新局面。50年代以来港台地区和海外的中国哲学史研究，也有长足的进步和特殊的贡献。

在中国哲学史学科的建设和发展中，如何认识中国哲学与西方哲学的关系是一个带有原则性的重要问题。在历史上，中国哲学与西方哲学本来分别是东方文明与西方文明中的两个不同的思想体系。由于文明类型的不同，加上长期分区并立、独自发展，必然形成不同的民族传统与哲学系统。自明清之际，东西两种哲学系统发生接触，伴随着西学东渐，中学也传入西方。近代的法国、英国和德国的一些学者，曾对中国哲学抱以热情赞赏的态度。但在"西方文明中心论"的支配下，中国哲长期遭到贬低和鄙视,或是认为中国根本没有哲学,或是认为中国哲学尚停留在人类精神最原始的阶段而相当于西方哲学的史前史,这些偏见在现代西方世界仍有很大的影响。然而,无论这种偏见多么顽固,中国哲学史研究在20世纪的进展和成就,已经用事实粉碎了有关的谰言。现在的问题是,在一些人的头脑中,仍自觉或不自觉地把西方哲学作为世界哲学的惟一类型和普遍模式,因而有关中国哲学的性质、对象和范围,都以西方哲学为框架来规定和裁剪,并完全用西方哲学的范畴与话语系统来诠释,因而中国哲学史便成为西方哲学史的插图或注脚。这样的"中国哲学史"实际上是西方哲学史在中国历史上的"投影",而不是中国哲学自身的历史。在中国哲学史学科的确立时期,这种现象自有其历史的理由,根本无法阻挡和避免。可是,中国哲学史学科经过近一个世纪的研究工作之后,现在必须尊重历史事实和本来的面目,努力从根本上改变这种错误的观念。在整个世界哲学的大背景之下,西方哲学是一种类型,中国哲学也是一种类型,这两种类型有共性和普遍性而可以相通,同时又各有个性和特殊性而不能彼此约化。只有努力把握中国哲学的个性和特殊性,才能说明中国哲学的民族特色,才能说明中国哲学对世界哲学的贡献,才能丰富世界哲学史的内容。

中国哲学史基于中国文化思想传统和中华民族的心理结构,具有自己特殊的主题,这就是"通天人之际",即从整体上贯通天道、人道而把握其关系。中国哲学史上所讨论的道理、性命、名实、形神、有无、动静、言意、道器、理气、心物、知行、古今等问题,归根到底都以"天人之际"为中心,都可以概括在"天人之际"的范围内。中国传统哲学从根本上说是一种"天人之学",每一种新的哲学体系也就是一种"天人新义"。"天人之际"问题与西方哲学中的思维与存在的关系问题在本质上是一致的、相通的,但既不是同一关系,也不是包含关系。"天道"必涉及万物的存在,不能不研究存在问题;"人道"必涉及人的精神心理,也不能不研究思维问题。但是中国哲学家不喜欢把天地万物抽象为一种纯粹的"存在",而总是努力探讨天地自然同人的有机联系,天地自然对于人类生存、发展的价值与意义。中国哲学家也不喜欢离开人的生存与发展而抽象地讨论思维问题,而总是努力探讨人的思维如何上达天道、符合人道。所谓"天人一性"、"天人一体"、"天人一物"、"天人一理"等,都贯串着这样一种理念,即"天"是人之天,"人"是天之人。基于这种理解,中国哲学家坚持"天人"关系是一个有机联系的整体,并要在天人之间建立一种协调的、和谐的,甚至有感情的关系。各家各派的哲学分歧集中到一点,就是如何看待天人关系,如何处理天人关系。其他一切问题都由此而来。只有抓住这个中心,抓住这个问题,才能从根本上把握中国哲学的民族特点。当然,中国哲学史上也有西方哲学上的唯物主义与唯心主义的问题,这在名实、形神、心物等问题中比较突出和明显,但不是一条主线,并非每个哲学家都可以恰当地定性为唯物主义或唯心主义,而这种定性亦未必就能抓住其思想的实质。老子和孔子是中国哲学史上最有影响的两个大人物,他们的哲学思想究竟是唯物主义还是唯心主义,至今没有得出令人信服的结论。

中国哲学史不但具有自己特殊的主题,而且具有自己特殊的性质。在西方,"哲学"的本义为"爱智","智"被归结为"知识"和"认识"的范畴,并且主要是有关自然物理的知识或认识。因此西方哲学的知识论或认识论相当发达。在中国,哲学当然包含着关于天道、人道的普遍性的知识,这是民族智慧的集中表现,但许多哲学家对自然物理的知识重视不够。而除了知识的层面之外,中国哲学还有其德行的层面和感情的层面。中国哲学从来都不单纯是一种说教,而总是同做人,即人格修养联系在一起,因此有关人性论和修养论的内容最为丰富。哲学家提出任何一种学说,都要说明它对做人的意义,它对民族和社会的价值。同时要亲身履行,在自己的行为中体验和证明,通过自己的人格显示其学说的生命和力量。所以,研究中国哲学不能只限于"立言"的文本,而且要"知人","知人"才能进入哲学家的精神世界,才能领会其哲学的精神实质。中国哲学还非常重视"情"与"理"的统一,哲学家大多都有一种达观天人或悲天悯人的心态与感情,并企图通过自己的思想学说而使人们"心安理得",能够"安身立命"。最大的"理得"就是上达于天道、人性的领悟与觉解,最大的"心安"就是自我精神世界的协调与平衡,"安身立命"则是明确个人生命的价值与意义。中国哲学的这种特征对民族的精神生活与感情世界产生了强烈的影响。

从中国哲学史可以看出,中国传统哲学的精神追求主要是"天人合一"、"知行合一"与"中和之道",而和谐则最集中地表现了中国哲学的价值理念。"天人合一"不但包含着人类群体与自然界的和谐,而且包含着个体自我在精神上的和谐。"知行合一"不但要求理论必须付诸实践,而且所知所行的内容亦追求社会组织、社会关系和社会生活的和谐。中国哲学在理论结构、范畴体系和思维方式诸方面也都有自己的民族特色,这些方面都应结合中国文化传统与西方哲学进行同异比较,而深入地去研究。

学习和研究中国哲学史必须有正确的方法,而一切正确的方法都必须坚持实事求是的原则。对于历史上的哲学家及其思想,人们往往有不同的认识与评价,这是很正常的现象。但是尊重史料和尊重史实的客观态度,是最基本的要求。为了某种目的而任意涂抹历史、篡改历史、歪曲历史,同严肃的学术研究是不相容的。完整地、系统地把握"实事"本身就是很不容易的,从"实事"中"求是"更要付出艰苦的劳动。在中国历史上,有汉学的方法,有宋学的方法,各有长短得失,我们今天应该相互为用,进行整合。马克思主义的历史方法与逻辑方法是最基本的方法,它能帮助我们揭示中国哲学发生发展与源流演变的历史过程,又能发现其内在的逻辑层次、逻辑结构与逻辑规律。现代西方哲学中的发生学方法、语义分析方法、结构分析方法、解释学方法与比较研究方法等等,只要本着实事求是的原则,它们都有其特殊的功能和价值。

中国哲学史既属于哲学的门类,又属于历史学的门类,这种交叉性的特点与地位,规定了这门学科的任务与功能。中国哲学史首先要系统地清理中国哲学发生发展的历史脉络或历史线索,这是它作为一门历史学科的最基本的要求;其次,要深入地揭示中国哲学思想的逻辑演变及其发展规律,这是它作为一门哲学学科的基本要求;再次,认真地研究中国哲学思维方式的特征及其演变的规律,这是它作为人类精神反思的基本要求;最后,全面总结中国哲学智慧的长短得失,继承和发扬其优秀传统,这是研究中国哲学史的直接目的。中国历代哲学的理论成果,其中许多具有积极、肯定的价值,这是我们民族宝贵的思想精华和智慧资源,但也有不少消极的、负面的内容,则属于历史陈迹与文化糟粕。困难的问题就在于这两个方面常常交织在一起,我们一定要以严肃的态度,进行具体的历史的分析。从整体上说是如此,就各种思潮和各个学派及有关学说而言也是如此。例如,中国哲学一向追求"天人合一",重视人类与自然界的有机联系与协调,这对于我们解决当今人类生态问题仍能提供宝贵的启示。但是,由于主体与客体的界限不明确,亦抑制了对自然界与人自身的对象化的认识。儒家对至善的追求,反映了中华民族的道德自觉及美好的人生理想与社会理想。但在这种思维倾向和价值取向中,真的追求与美的追求都被完全纳入道德价值体系。道家丰富的辩证法思想具有普遍的意义,但是固执"守雌用柔"的取向与"不为天下先"的态度,也明显有其片面性。我们今天评判古人的是非得失,并不是自视高明,而是以此为鉴要继续向前看,向前走,以解决中国现代哲学所面临的问题和中国现代社会所面临的问题。

我们正在从事建设具有中国特色的现代化的伟大事业,学习和研究中国哲学史不但可以从中吸取宝贵的智慧资源,而且有助于锻炼和提高我们民族的思维能力。恩格斯曾指出:"一个民族要想登上科学的高峰,终究是不能离开理论思维的。""而为了进行这种培养,除了学习以往的哲学,直到现在还没有别的办法。"[①] 对于中国现代哲学工作者而言,中国哲学史是不可缺少的基本知识和基本功夫。对于每个个人而言,则有助于我们建立正确的世界观、人生观和价值观,通过自觉的精神修养,不断提升自己的精神境界。

中国哲学史是一门开放的、不断发展的学科。其中还有很多问题需要深入地探索和研究。这方面的工作可谓任重而道远。只有扎扎实实地工作和坚持不懈地努力,才能不断丰富中国哲学史的内容,才能使中国哲学史学科充分发挥它的作用。

---

① 《马克思恩格斯选集》第3卷,人民出版社1995年版,第285、284页。

第 一 编

中国哲学的萌芽与开端
（史前至殷末周初）

中华民族具有非常古老的历史。根据最新的考古发现，大约300万年前，我们祖先就在亚洲东方大地上开始劳作、生息和繁衍。在漫长的史前时期，中华先民们在体质上经历了早期、晚期猿人（直立人）和早期、晚期智人的演变，他们使用的工具经历了旧石器、中石器和新石器时代的演变，他们的社会组织经历了血缘群体、母系氏族和父系氏族的演变。考古学上的新石器时代，大体相当于文献记载的五帝时代。这是中华文明发生的时代，即从原始社会向文明社会过渡的时代。炎帝神农氏一向被推崇为农业的发明者，以黄帝轩辕氏的名义有很多重要的发明，因此中华民族以炎黄二帝为"人文始祖"。后来中国四方几个大的部族与文化系统经历了几次大冲突与大融合。在尧舜禹时期，尽管方国无数、万邦林立，但在中原地区逐渐形成一个先进的、普遍认同的文化中心，并在社会组织上形成一个跨越众多方国、部族的具有一定权威的"联合体"，仿佛车辐聚于车毂而构成车轮一样，"中国"的概念就是这样出现的。夏禹死后，夏启改变了传统的"禅让制度"，以"家天下"代替"公天下"，标志中国正式进入文明时代，由此形成中华文明的原生形态。这个原生形态具体包括夏、商和西周三个王朝。夏王朝始于夏启、终于夏桀，约当公元前21世纪～前16世纪，历时四百多年。商王朝始于成汤、终于纣王，约当公元前16世纪～前11世纪，历时六百多年，因为后来迁都于殷，故又称殷王朝。周王朝由周文王奠定了基础，于公元前11世纪初武王伐纣胜利后正式建立。周初由于成王年幼,由周公辅政,在总结夏殷历史经验的基础上,建立了相当完善的礼乐制度,包括宗法、分封和世袭制度,并自觉地用礼乐教化治理国家,从而使西周王朝达到夏殷从未有过的繁荣局面,也使中华文明的原生形态达到了最高峰。

中国哲学的萌芽,可以追溯到史前时代,它是在中华文明发生的过程中出现的。先民们不但在物质生活上有了很大的改善,而且艺术、宗教之类的精神文化也越来越发展。当他们的原始思维发展到一定阶段时,便能够面对世界万物和人类本身进行某种整体性与根源性的思考,并通过想象描绘出一幅包括人类在内的世界图景。这种思考和图景主要表现在先民们的创世神话和宗教信仰中,也凝聚在以五帝为代表的先民们的一些实践智慧中。就其内容而言,它们已经具有某种哲学的意味或意蕴,只是还十分幼稚,尚未成为一种理论,这就是中国哲学的萌芽。如果没有这种萌芽的增长积累,便没有后来中国哲学理论的产生和形成。

中国哲学的开端,正处在殷末周初两大王朝的交替时期。夏殷两朝,中国进入文明时代不久,整个社会思想仍在宗教神道的统治之下。所不同的是,由于地上王权的确立,从史前时代的多神崇拜中产生了至上神的信仰,夏王和殷王都相信他们"有命在天",并把自己的天命绝对化、永恒化。夏朝的王权一直不是十分稳定,殷之代夏并没有在人们思想上造成强烈的震撼。然而殷朝长期稳定,其强盛不可一世,最后为什么被比它弱小很多、臣服于它的西部小邦所取代?这一巨大的历史变化极其强烈地震撼着人们的心灵,一直在殷周一些上层人物的头脑中回荡,使他们不能不认真地反省和思考。一旦他们试图突破传统的宗教信仰,而对人事福祸与国家兴亡进行理性的说明时,便意味着中国哲学精神的觉醒,中国哲学由早先的萌芽状态进而开始以理论形态出现了。中国哲学形成的标志,一是《周易》古经的定型,在卜筮的外壳中凸现出了中国哲学特有的具有普遍性的阴阳观念与变易观念;二是箕子《洪范》的传授,提出了中国哲学特有的具有普遍性的五行观念与睿思观念;三是周公总结的"以德配天,敬天保民"的思想,在传统的天命信仰中注入了道德理性的因素,而他一系列"制礼作乐"的社会实践与社会改革也显示了中国文化的人文教化观念,对中国哲学产生了深刻的影响。中国哲学的第一批基本概念或范畴是在这一时期出现的,中国哲学的第一批天道、人道模式也是这一时期出现的,中国哲学从此开始走上历史舞台而谱写自己的历史了。

第一章　中国哲学的萌芽
（史前至夏殷时期）

中国哲学的萌芽,有赖于中华先民精神文化的发展,更直接地则受到原始思维水平的制约。就其具体内容而言,分别表现在中华先民的创世神话、宗教信仰和实践智慧中。

第一节　中华先民原始思维的发展

原始思维最基本的特征,就是以意象而非概念作为思维的基本要素。意象是具有某种意义的、观念性的形象,它能分解,又能组合。例如羊的意象就可以分解为羊头和羊身两个意象,而羊头和人身两个意象又可以拼接起来,先民的羊图腾就是这种拼接起来的意象。在其他宗教性的和艺术性的形象中,也都能看到意象分解与组合的种种表现。意象还可以类化,类化后的意象也有一定的抽象性与概括性。如牛之名或牛头的意象,即超越了个别的牛,而表示牛一类或类似牛的对象。兵、戈一类的实物意象,不但可用它们表示这些武器本身,还可以表示战争或挑战。而衡量原始思维的发展,就是看其意象的活动能力与活动水平。

在漫长的旧石器时代,猿人的思维尚不能离开直接的制作活动,但意象水平仍在缓慢地提高。考古学家从四川巫山人、云南元谋人、陕西蓝田人以及其他有关遗址中,发现了大量人工制造的工具。由此可以肯定,这些先民的头脑中已经出现了制造工具的目的意象,有了被制造出来的刮削器、尖状器、砍砸器等工具意象,自然还有作为劳动对象的种种石料意象。有些石器已经有一定的分工,从中也可看出先民意象分化或分类的某种能力。北京猿人是晚期直立人中最著名的代表,他们事先从几公里外把石料搬到他们居住的山洞里,对不同的石料有不同的加工工艺,他们的石锤和石砧已有固定化的趋势。由此可以看出,北京猿人不但具有意象分化、分类的能力,且具有意象联想的能力:从搬运石料必联想到石料加工,从一定的石料必联想到一种加工工艺,从石锤、石砧必联想到它们不同的功能。另外,北京猿人已经知道如何控制火种和保存火种,其联想的范围已超出制造石器,而由火种可以联想到照明、取暖、烧烤食物以及驱赶野兽,等等。

旧石器中期、晚期的早期智人,普遍对石器进行二次加工或多次加工,通过事先编制工艺程序,可以相对独立地进行思维活动。山西许家窑人和丁村人的石球制作工艺,特别突出地反映了先民意象想象的能力。制作这种工具或武器,单靠联想的能力是不够的,必须事先想象在不规则的石料中包含着一个石球,然后编制工艺程序,一步一步去敲打。第一步,敲掉不规则的棱角,使之成为一块粗略的球形石坯;第二步,左右手各持一个石坯对敲,把石坯上的坑坑疤疤磕掉;第三步,进一步磨光球面。把这些环节联结起来,不仅要联想,更需要想象。摩尔根和马克思都曾认为,想象力"对于人类的进步贡献极大"[①]。这是因为,想象力为宗教、艺术一类精神文化的出现提供了思维前提。对于哲学萌芽来说,想象能力也是不可缺少的思维条件。

哲学的萌芽的出现,最重要的是新石器时代晚期智人思维的发展,其中包括意象推演的能力、意象建构的能力,以及意象性符号和简单概念的出现。这一时期石器制作方式有几个最显著的特征,一是间接打制的广泛使用。间接打制要寻找和安置一个中介物,如兽角或硬木削成的尖状物,其功能就在于有效控制打击点、力度和方向,从而控制被打下来的石片的形状。相应地,大脑同时必须通过中介意象以控制有关意象有序地推移,这就是意象的推演。二是琢磨打光工艺的流行,创造了许多装饰品。这些装饰品不但表现了制作者和佩戴者的想象力,而且以此为中介,企图引起他人和观赏者的想象。三是大量组合工具的出现,使人们在头脑中事先要把有关成分的意象组合起来、拼接起来,又逐渐形成了一种意象建构或意象整合的能力。最初把石镞与木棍组合在一起,发明了投矛器。后来加上树枝的韧性和皮筋的弹性,发明了更有力

---

① 《摩尔根〈古代社会〉一书摘要》,人民出版社1965年版,第55页。

的弓箭。而栏网的设置、纤维的编织和屋舍的建筑,则使建构能力和整合能力进一步强化和发展。由此,先民们就有可能突破日常生活、周围环境的狭隘界限,不但可以开拓他们的艺术世界和宗教世界,而且可以勾画出一个包括天、地、人的整体性的世界图景。

新石器时代,中国各地发现了极其丰富的文化遗址、文化系统和文化类型。首先人们可以清楚地看到,农业生产发展起来了,畜牧业发展起来了,制陶工艺也发展起来了。作物栽培必然要产生一种"种瓜得瓜,种豆得豆"的朴素的因果观念,驯养家畜也必然要产生"羊生羊,牛生牛"的朴素的繁衍观念。在制陶工艺中,先民用人工控制一种自然变化过程及其结果,大大丰富了他们从自然物象中产生的变化观念。当他们由此去看世界的时候,自然也会想象天地的由来,万物的演化。其次又可以看到,先民们意象抽象与概括的能力也已大大发展起来了,其标志就是各种实物符号、图画符号和刻划符号的大量出现。例如,用猪头骨表示财富,就是实物符号。墓主陪葬的猪头骨越多,即表明越有财富。玉器除了作为艺术品,常常亦是表示某种身份的标志或某种宗教意义的实物符号。图画符号有图腾符号、神灵符号、禁忌符号、驱邪符号以至占有符号或所有符号。刻划符号是一些线条简单的几何形笔画,一般刻在器物、龟甲或兽骨上,也有用颜料绘写上去的,广泛见于中原、西北和华北地区。在河南舞阳贾湖墓葬和浙江良渚文化中发现的符号,已近于原始汉字。各种符号的出现,预示着从类化意象中将产生简单的概念。最后人们还可以看到,大量的艺术品与祭坛、祭器、偶像及墓地、葬仪已显示,先民们的艺术世界和宗教世界已经相当丰富多彩,这些精神文化不但为哲学萌芽提供了肥沃的土壤,其本身即包含着和存在着哲学的萌芽。

第二节 创世神话中的世界图式与万物来源

中华先民心目中的世界,最初只能局限于本氏族、本部落狭隘的生活环境。随着生产规模和生活范围的不断扩大,随着群体居住点的迁移,以及同周围其他群体各种形式的交往,眼界也不断地扩大。在他们的思维能力达到一定水平时，即能从自己直接生活的世界出发，想象到和幻想到有一个包罗天地万物和人在内的大世界，并对这个大世界进行整体性和根源性的思考，这就是哲学萌芽。这种萌芽首先最集中、最突出的表现在先民的创世神话中。

先民的神话传说，凝聚着一定的生活经验，但主要是想象和幻想。在想象和幻想中，他们对当时经验所不能解释的种种现象进行某种自以为是的幼稚的解释。例如，太阳中为什么有黑子，有日中金乌三足的神话。太阳为什么能在天空运行，又有日载于金乌的神话。月亮里为什么有阴影，有月中玉兔、蟾蜍和桂树的神话。大海为什么变成了陆地，有精卫填海的神话。天地之体为什么不塌不陷，有天柱、地维的神话。大地为什么东南低下，有共工怒触不周山，天柱折、地维绝的神话。在想象和幻想中，他们又企图控制当时人力无法抵御的一些自然灾害。如女娲补天的神话；后羿射日，为民除害的神话；神农日尝百草，中毒不死的神话，等等。创世神话不同于上述具体的神话，它要回答世界最初是什么样的状态，天地万物是怎样来的，人类及本民族的祖先是怎样来的等问题。因而只有创世神话才具有哲学萌芽的性质。

中国汉族的创世神话很多已经失传。《淮南子·精神训》记载："古未有天地之时……有二神混生，经天营地。"二神之名及具体情节已不知其详。流传至今、最有影响的，就是盘古开天辟地的故事。据三国吴人徐整《三五历记》记载：

> 天地浑（混）沌如鸡子，盘古生其中。万八千岁，天地开辟，阳清为天，阴浊为地。盘古在其中，一日九变，神于天，圣于地。天日高一丈，地日厚一丈，盘古日长一丈。如此万八千岁，天数极高，地数极深，盘古极长。（《绎史》卷一引）

在盘古神话中，首先把世界最初描绘成一种混沌状态。混沌本指天地未分的状态，当时不能用概念来规定，便用鸡蛋来比喻。鸡蛋中蛋白和蛋黄混成一团，似分而未分。当人们举首仰望时，我们头顶的天穹不正像一个巨大的蛋壳吗？这种"宇宙蛋"型的混沌观念，我们在土族、苗族、彝族、藏族神话中也可看到。当然混沌观念也有其他的模型，如傣族、基诺族、白族、德昂(独龙)族神话中的大水型,说天地未分之前是一片汪洋大海,茫茫洪水,水泥土石都不分;拉祜族、侗族、苗族、布依族神话中的气雾型,说天地未分之前到处是迷雾沉沉,一片雾露或雾罩①。混沌观念后来成为中国哲学和天文学的基本观念。老子在描绘道的特征时说:"敦(沌)兮其若朴,混兮其若浊。"《淮南子·天文训》曰"道始于虚霩","虚霩"亦是表示气雾弥漫的混沌状态。又曰"天地未形,冯冯翼翼,洞洞灟灟",前者是描绘气雾弥漫活动的混沌状态,后者是描绘水气弥漫、深不可见的混沌状态。《论衡·谈天》引说易者曰:"元气未分,混沌为一。"天文学上的盖天论和浑天论,也都以混沌为宇宙的最初状态。

盘古神话不仅描绘了开天辟地,而且描绘了万物化生。徐整《五运历年记》又记载:

> 首生盘古,临死化身。气成风云,声为雷霆(霹雳);左眼为日,右眼为月;四肢五体为四极五岳,血液为江河,筋脉为地理(山川),肌肤为田土;发髭为星辰,皮毛为草木,齿骨为金石,精髓为珠玉,汗流为雨泽;身之诸虫,因风所感,化为黎甿。(《绎史》卷一引)

在苗族、瑶族的盘古神话中也有这种情节。此外,在白族、楚雄彝族、布依族的神话中,那些创世神灵在死后,他们的身体也都分解而化为天地万物。而大凉山彝族、哈尼族、纳西族、布朗族神话中的神虎、神牛……则在被打死后,被创世神用来作为创造万物的材料②。诸如此类的想象和幻想,都蕴含着一种万物一体的有机论的观念,认为天地万物是一个类似人身或类似动物的有机整体,当然是膨胀了的有机整体,分化了的有机整体。《吕氏春秋·有始览》曰:"天地万物,一人之身,此谓之大同。"《淮南子·本经训》曰:"天地宇宙,一人之身也;六合之内,一人之制(形)也。"这种理论则是从上述神话想象中抽绎和演变而来的。

汉族的盘古神话,见之于文字,已经相当概括和抽象。中国众多少

---

① 参看刘文英《漫长的历史源头·原始思维与原始文化新探》,中国社会科学出版社1996年版,第641~649页。

② 参看刘文英《漫长的历史源头·原始思维与原始文化新探》,第650~662页。

数民族的创世神话，大都通过口头流传而保存下来，其内容十分丰富和生动，至今仍能看出史前先民的精神风貌，因而可以补充汉族神话的缺失，交相辉映。就拿开天辟地和万物化生的过程来说，盘古神话提供的只是一个膨胀说的模型，此外我们还能看到爆炸说、气化说和交合说的不同模型。壮族的宇宙蛋有三个蛋黄，经过很长很长时间突然爆炸，分成三片，分别成为天空、海洋和大地。白族神话说天地开辟经过了一系列爆炸，先是出现两个太阳，两个太阳又互相冲击而爆炸不停，而后形成天地万物。侗族说"大雾笼罩"的"混沌"，在云开雾散后出现了上天下地。布依族则说："清气浊气两分离，清气呼呼往上冒，浊气扑扑往下沉，清气上升变成天，浊气下沉变大地。"在彝族的许多神话中，雾露出现两层云彩，轻云飞上去成天，重云落下来成地。轻云、重云即清气、浊气，清气、浊气又分为阳气、阴气①。《淮南子·天文训》中提到的"虚霩"，实际上就是气雾型混沌观念的一种概念化。而"清阳者薄靡而为天，重浊者凝滞而为地"，则是把神话中的形象描述转变为概念陈述罢了。许多少数民族的创世神都是男女对偶神，他们之间以及天地之间在交互作用的过程中产生了万物。试比较《易传》讲的"天地絪缊，万物化醇；男女媾精，万物化生"，也在原始神话中能看到其思想萌芽。

关于人类的由来，在汉族中最有影响的是女娲造人的神话。《说文》曰："娲，古神圣女，化万物者也。"据说女娲人首蛇身、"一日七十化"。汉代的《风俗通》记载了女娲造人的过程：

> 俗语说天地开辟，未有人民，女娲抟黄土作人。剧务，力不暇供，乃引绳于泥中，举以为人。（《太平御览》卷七八引）

"抟"是制陶时揉泥团、制陶坯的动作。女娲先用黄土团捏出一个人，又捏出一个人。由于这项工作太费力、太麻烦，她便用绳子在泥团中像扬鞭子那样抽打，于是飞起来的泥屑变成了一批又一批活人。女娲之名亦见于苗族、瑶族、侗族、彝族的神话中。其他一些民族的神话中，虽无女娲之名，但也有神灵用泥土造人的说法。或说白泥造女人，黄泥造男人；

---

① 参看刘文英《漫长的历史源头·原始思维与原始文化新探》，第650～662页。

或说黄土造人体,白土做眼睛,黑土造瞳仁。诸如此类的想象很可能产生于制陶时代。既然人能用泥土捏出各种形状(大地湾文化有人形陶)的东西,以神灵之伟大,他(她)也能捏出人类来。而人身上的汗泥与泥土的确有某种相似性。此外,在一些少数民族的神话中,还有神灵直接生人和植物、动物自然生人的传说。在纳西族和藏族神话中,甚至注意到人类祖先与猴子、与猿猴的亲缘关系[①]。当然,先民们那些想象式和幻想式的回答,常常表现得十分幼稚。但他们的确提出了一个重要的哲学问题和科学问题,这是后世哲学和科学必须认真研究的。

创世神话还涉及世界的整体结构,上为天界、下为地界、中为人间。汉族认为天体像一个圆形的伞盖,其他民族有圆罩子、大锅盖、巨形的蜘蛛网或帐篷顶等说法。汉族说天有九层,其他民族有九层、十二层、十六层种种说法。汉族说地有九层或十八层,其他民族有三层、五层、七层不同说法。在天地之间,有"天柱"来顶天立地。或说有四柱、八柱及五柱,分布于四面八方和中央。这种想象出来的世界结构,与哲学世界观还有很大的历史距离。但它为未来的哲学世界观提供了具体的思想资料。先民们一旦具有概念思维的能力,就可以利用这些思想资料建构哲学世界观或宇宙观。

第三节　宗教信仰中的灵魂观念与人神关系

中国哲学的萌芽不仅表现在先民的创世神话中,而且表现在先民的宗教信仰中。宗教其所以也能产生和包含哲学的萌芽,是因为崇拜和信仰神灵,必然要对神灵和世界、神灵和人给予某种解释,特别要对人的生死命运和吉凶祸福进行某种解释,那么这些问题及其解释本身就包含着某种哲学的意义。

先民的宗教信仰大体包括自然崇拜、图腾崇拜、英雄崇拜和祖先崇拜。氏族和部落的祖先神一般也是他们崇拜的英雄神;至上神的崇拜已进入文明时代,承认有地位最高和最有权威的神灵,如卜辞中的帝、上

[①] 参看刘文英《漫长的历史源头·原始思维与原始文化新探》,第 664~673 页。

帝。此外还有冥界、来世观念,招魂、驱魂的巫术,以及种种宗教仪式。所有这些信仰与崇拜,就其思想基础而言,都是承认灵魂的存在。日、月、水、火由于各有自己的灵魂,所以才成为具有各自职能的神灵。图腾由于负载着和维系着氏族、部族的灵魂,所以才有种种禁忌。英雄、祖先因为死后灵魂继续存在,所以才被后人崇拜。那么灵魂观念到底是怎样来的呢?从认知的角度来说,源于先民对于人体感觉、思维、昏迷、睡眠、做梦种种生理、心理现象的一种体验,而后以想象所作的幼稚、错误的解释。

根据考古学提供的材料,从旧石器晚期开始到整个新石器时代,中华先民已经普遍形成了一种带有规范性的原始葬仪或葬俗,他们认为死者死后要到另一个世界去。彝族和纳西族的原始习俗就说,这是让死者的灵魂同早已去世的祖先聚首。山顶洞人给尸体撒上红色的赭石粉,则是希望灵魂重新附体,尸体重新获得生命。至于有意识地给死者放置生活用具、生产工具、装饰物等随葬品,说明他们相信死者在另一个世界仍然继续生活[1]。

灵魂观念与呼吸和做梦的体验有密切的关系。《仪礼·士丧礼》疏曰:"出入之气谓之魂。"人体有意识必有气息,肉体一断气即丧失知觉,这是很容易发现和理解的。在古代的诗赋中,常常梦、魂对举。屈原赋曰:"昔余梦登天兮,魂中道而无杭。"这种观念肯定是从远古流传下来的。而在赫哲族、鄂伦春族、傈僳族、瑶族和景颇族的原始习俗中,则直接以梦释魂和以魂释梦。做梦被认为是灵魂存在与活动的证据。据说,人在睡眠中灵魂离开肉体而外游,睡者就会做梦。灵魂遇见什么即梦见什么,遇见祖先亲人的灵魂即梦见祖先亲人。要是碰见精灵或怪物,人就会做恶梦[2]。人在白天为什么有感觉、思维,因为灵魂存在肉体之中。一旦灵魂离开了肉体,人便无知无觉。要是灵魂回不来或不回来,人就要死亡。因此梦魂观念实际涉及精神与肉体的不同本性及其关系,并提供了一种具有哲学意义的宗教性的解释。

---

[1] 参看刘文英《中国古代的意识观念》,上海人民出版社1980年版,第9~12页。
[2] 同上书,第13~16页。

灵魂观念已经具有哲学的意义,但在先民那里尚未达到一种概念的认识,仅仅是一种特殊的意象。汉字"灵"原作"靈",《说文》谓"巫以玉事神"。巫为什么以玉事神.因为玉石晶莹有光,先民以为灵魂就是一种有光亮的东西。汉字"魂"从云从鬼。闻一多考释:"魂字本只作云。……人的灵魂不可状,以烟云之气状之,故曰魂。"①《白虎通·性情》曰:"魂犹伝伝兮,行不休也。"灵魂又被描绘成能动、能变、可以游荡的东西,甚至可以变成小人、小动物而出入肉体。然而,不管这些形象的描述是多么幼稚、多么愚昧,灵魂观念总是先民对于人体精神的一种思考,而后来中国哲学最早的精神概念,便是对灵魂的理论解释。如子产和《庄子》、《韩非子》、《黄帝内经》中的魂魄概念,《老子》书中的"营魄"概念,都是发端于灵魂观念的。

在先民的宗教信仰中,人神关系也具有一定的哲学意义。在自然崇拜中,映射出人与自然的关系。在图腾崇拜中,则反映出图腾集团内部成员的共同血缘与平等关系。祖先崇拜在家长制出现之后,家长与一般成员之间已经出现从属关系。至上神的崇拜,实际上是君权统治的一种升华。人神关系演变的历史过程,我们现在很难具体地考察,但仍能找到不少有价值的线索。

《国语·楚语》曾记载,在帝颛顼时代,当时南方后进的九黎地区,"民神杂糅,不可方物,夫(人)人作享,家为巫史"。这种习俗既反映了原始宗教中的人与神关系,也反映了原始宗教中人与人的关系。由于人人都可以自为巫史的角色,人人都可以直接祭神、通神,以至代表神来说话。帝颛顼认为九黎的习俗是"民神同位"、使神灵"无有威严",于是"命南正重司天以属神,命火正黎司地以属民……是谓绝天地通"。就是说,神事民事完全分开,地上的一般民众和天上神灵之间断绝直接的来往,能直接来往者则只限于颛顼、重以及少数专职的巫史人员。"绝天地通"乃是帝颛顼针对"民神杂糅"旧传统的一次重大的宗教改革。《尚书·吕刑》还记载,帝尧针对"苗民弗用灵","乃命重、黎绝天地通"。"弗用灵"意谓"弗用巫",即当时苗民和过去的九黎一样,尚没有专职的巫

---

① 见《神话与诗·神仙考》,古籍出版社1954年版,第242页。

史人员。而"绝天地通"同样是由帝尧和专职的巫史人员垄断神权,不允许地上的一般民众与天界的神灵直接来往。

帝颛顼和帝尧的两次"绝天地通",其哲学意义就在于,以神权为社会不平等的根据,而夏商以来的天命观念正是由此发展起来的。《山海经·大荒西经》曰:"夏后开(启)上三嫔于天,得《九辩》与《九歌》以下。"意思说,夏后启能够上天见帝,并独得天乐而传于人间。这种神话传说后来被理论化,即是《尚书》说的"有夏服(受)天命"(《召诰》)。殷虚卜辞中有殷人先祖之谒上帝而作为其宾的材料①。上帝能主宰风雨变化、年成好坏、战争胜负、行为吉凶,它是日月山川诸神的宗主,又称"帝宗"。日月山川诸神则受帝的驱使,又称"帝使"、"帝臣"。殷王作为上帝在人间的代表,又称"下帝"或"王帝",生前有"格于皇天"的特权,死后则成为"克配上帝"的先公先王。夏商以来的天命观念虽然尚未脱离宗教信仰的范畴,它对天人关系的说明,实际上已经成为一种世界观,其哲学意义比"绝天地通"更加突出,更加明显。无论对它肯定、否定还是修正,这个问题在中国哲学早期阶段已经不能回避。

第四节 社会实践中的实在信念与人文智慧

中国哲学的萌芽,虽然最明显地表现在创世神话和宗教信仰中,但最深刻的根据和基础则在中华先民的社会实践中。由于史前时代生产力的极端低下和实践活动的狭隘性,先民们不得不借助想象和信仰去看世界。然而他们绝不可能完全依赖想象和信仰来生存,在生产活动与衣食住行的实践中,同时必须以现实的态度面对各种事物,处理各种问题。无论史前时代社会实践的步伐是多么缓慢,先民们必然会自发地、逐渐地产生一种朴素的实在信念,并积累一些具有客观实在意义的生产经验和生活经验。而这些实践经验所包含的朴素的实在信念,同样表现了一种世界观,同样是具有哲学意义的思想萌芽。

中华先民在一步一步走向文明的过程中,有一系列重要的发明和

---

① 参看陈梦家《殷虚卜辞综述》,科学出版社1956年版,第573页。

创造。这些发明和创造的氏族、部落及其酋长,由于其历史性的功业和贡献一直受到中华民族的歌颂和敬仰。如发明人工取火的燧人氏,发明构木为巢的有巢氏,发明渔猎技术的伏羲氏,发明种植谷物的神农氏,发明制陶技术的陶唐氏,发明制造车辆技术的轩辕氏等等。考古发现证明,中国新石器时代已经进入父系氏族社会,许多产业技术达到相当高的水平。现在人们讲的"六畜"、"五谷",当时已经基本俱全。陶器的质料、形制和功用十分多样。很明显,这些发明、成就和经验,绝不是神话想象和宗教信仰所产生的。它们实际上都从不同方面肯定了外部世界这些"实物"的客观存在,肯定了这些"实物"、"实事"中都有一定的"道理"存在。不然他们为什么要注意种植和收获的时节,选择不同的陶料、掌握陶窑的适当火候呢? 韩非子曾指出,上古之世"民食果蓏蚌蛤,腥臊恶臭而伤害腹胃,民多疾病",燧人氏发明"钻燧取火,以化腥臊",结果使人民摆脱了生食带来的病苦(《韩非子·五蠹》)。这是一个客观的事实,也是一条生活的经验。说明先民们已发现在钻燧与生火之间、生食与疾病之间、熟食与健康之间,有一种客观的因果联系。如果不限于这些事物和现象之间,而认为在很多事物和现象之间都有这样一种客观的因果联系,这种实在信念不就具有哲学的意义了吗!

中华先民的社会实践,既有面向自然的实践,又有面向自身的实践。面向自然的实践会产生一种朴素的实在信念,面向自身的实践则会产生一种人文智慧。五帝时代是中华民族在历史上的奠基时期,许多氏族、部族和方国之间交往不断增加,既有外部的冲突,又有内在的融合。中华民族在从多元走向一体化的过程中,积累了丰富的历史经验和人文智慧,构成中国哲学极其重要的智慧资源,受到各派哲学家的普遍关注。

五帝时代在中华大地上发生了三个具有重大意义和深远影响的历史事件。首先是炎帝、黄帝的历史创业与黄帝所实现的部族融合,奠定了中华民族的基础。在著名的涿鹿之战和阪泉之战中,黄帝为什么能取得胜利,蚩尤为什么失败,黄帝最后又如何实现氏族、部族的大融合,这对民族智慧的发生是十分宝贵的。根据《史记·五帝本纪》的记述,黄帝胜利的原因就是"修德振兵",而蚩尤的失败则在于"诛杀无道,不慈仁"。不过，失败的蚩尤最终也融入了黄帝集团。黄帝以其伟大的历史功业，一直受到中华民族的崇拜和敬仰。《庄子》曰："世之所高，莫若黄帝。"(《盗跖》)百家争鸣，诸子几乎无不称引黄帝，只是着眼点各不相同。儒家所着眼的主要是"仁义"，道家所推崇的是无为，黄老之学奉黄帝为祖师。不过，法家由此强调的则是"君臣上下之义"和强兵之术。

第二件是尧舜的历史功绩和有序禅让。尧舜的历史功绩主要是，在中原地区建成了中华各部族和方国联合体的中心，使"中国"在历史上初具规模。所谓禅让，其实质为史前时代的一种民主制度。其人文意义包括领导人的社会责任，个人的进退之道，最重要的则是大公无私和举贤让贤的精神。总结其历史经验，儒家所看到的是天下大同的理想世界和内圣外王之道及其理想人格。儒家之所以"祖述尧舜"，其原因正在于此。法家则采取拒斥的态度，甚至说舜囚尧、禹逼舜。无论诸家的态度有何不同，他们都力图从尧舜治国的实际中寻找一种人道上的启示。平实而论，尧舜的人文智慧在很大程度上尚停留在实践层面上，但已经能看到一种社会哲学与人生哲学的萌芽。

第三件是夏禹的治水功绩与治水之道。总结这次伟大的社会实践，在客观上尖锐地提出了两个问题：一是不同的治水方法。为什么产生不同的结局。二是在治水当中，如何调节不同部族和方国之间的关系。第一个问题涉及是否真正认识水性，鲧之"九载弗成"，因为他采用"堵"的办法违背了水性；禹之治水成功，主要是按照水性采用"导"的方法。由于要在极大范围内疏导洪水，就不能不突破各个部族和方国的狭隘界限而统筹全局，而禹"能协于上下以承天休"(《左传》宣公三年)，则是成功的保证。由于这次治水有关中华先民各部族和方国的生死存亡，其成败的经验教训对民族智慧的发展具有极为重要的意义。这里既有天道的启示，也有人道的启示；既有自然的智慧，也有人文的智慧。中国哲学上深有影响的五行说，以至老子对"道"的抽象，都在这种实践经验中看到它们的思想萌芽。

夏商两代已是中华文明形成和发展的最初阶段，但由于哲学比其他精神文化需要更复杂的社会条件和思想条件，中国哲学仍然处在萌芽时期。

第二章 中国哲学的开端
（殷末至周初）

中国哲学是中华文明获得发展的产物，它是在殷周两大王朝交替之际形成和出现的。中华民族的精神智慧发展到这个阶段，已经能够铸造概念，以把握世界变化和人事吉凶、国家兴亡，并通过典册文本记录下来，一代一代地流传。其具体标志是，《周易》古经的定型、箕子《洪范》的传授、周公的敬德观念及对夏殷天命观念的改造。

第一节 《周易》古经的阴阳观念与变易观念

一、《周易》古经的时代

《周易》古经由上下经六十四卦和说明六十四卦的卦辞、爻辞所组成。每卦均有卦名，其形式由阴爻、阳爻（--、—）两种符号组成，每卦六爻，如乾卦☰、坤卦☷、泰卦☳、否卦☶ 等。卦形符号称卦画或卦象。卦辞、爻辞分别说明各卦、各爻的意义。这样一个系统化了的、条理有序的文本，从萌芽到定型，经过了漫长的历史演变过程。传统的说法是，伏羲画八卦，文王演《周易》。

伏羲画卦是一种古老的传说，但从史前考古学和文化人类学的观点来看，中国社会的确曾经有过一个制伏羲（牺）牲、结网渔猎和炮制食物的时代。八卦在本质上是原始占卜的一种形式，而原始占卜在史前先民中是普遍存在的。20世纪50年代在一些少数民族中，还能看到这种习俗。在纳西族的神话中，有"青蛙八卦"的传说和图画。四川凉山彝族有一种数卜法，用细竹或草杆两手随意取数，每卜三次，以奇偶数排列，便有八种可能和结果。中国新石器时代的陶器和骨器上，已经发现许多刻划符号。就思维能力而言，先民们已经有可能创造占卜符号，用以标志生活中常见的天地、风雷、山泽等对象。因此伏羲画卦的传说并非凭空杜撰。

所谓"文王演《周易》",包括重叠八卦为六十四卦和作卦辞、爻辞,此说亦不可拘泥,应理解为文王所代表的那个时代。一般说,王者卜筮,都由卜史之官履行其职,重卦的工作主要是由当时的卜史之官完成的,文王在被囚期间可能对卦序进行过整理。卦辞、爻辞实际上是以往卜筮的记录,其积累、选择和整理也必有一个过程,绝非出于一时一人之手。从卦辞、爻辞所记载的史事来看,其时间大体亦在文王时代。有两则史事在文王死后,亦不迟于西周初。《易传·系辞》曰:"易之兴也,其当殷之末世,周之盛德邪?当文王与纣王之事邪?"这个推断大体是可信的。70年代在陕西岐山发现的西周的卜骨上有筮数的记载,一些学者称为"数字卦画"。90年代又在岐山发现周初的蚌片饰物上有八卦的图像①。这些材料可以作为考古学上的证明。我们认为,《周易》古经在殷周之际基本定型,周初仍有卜史之官进行修订。

二、《周易》古经的性质

《周易》古经就其历史来源,本是卜筮之书,其性质属于一种宗教性的巫术。但它不同于一般单纯的卜筮之书,在卜筮的形式和外壳之下,通过生活经验和精神智慧的积累,已经孕育出哲学的内容,已经铸造出哲学的概念和具有哲学性质的世界模式,因而标志着中国哲学的开端。

首先,《周易》古经以"易"为中心,已经提出了中国哲学的第一批概念。"易"之名的确定,已经超越了日常生活中的"私名"、"别名",而成一种"达名"或"大共名",实际已经达到了哲学的抽象。筮占作为占卜的一种形式,在历史上早已存在。夏曰"连山",据说是取炎帝"连山氏"的名号。殷曰"归藏",据说是取黄帝"归藏氏"的名号。《周易》之"易",则是表示阴阳变化的一个普遍性的概念。《易》字的结构是上从"日",以日之

---

① 参看《陕西岐山凤雏发现西周甲骨文》,《文物》1978年第10期,《人民日报》海外版1993年8月4日报道。

形而象阳;下从"勿",以日影之形而象阴,"勿"乃日影之形"彡"的讹变①。"易"之本义即是阴阳的象征,《周易》实质上是一部"阴阳之书"。由于中国上古天文学以日影长短观测阴阳之消长,"易"字正是从阴阳消长中引申出"变易"之义。由此,《周易》从"阴阳之书"而又成为"变易之书"。此外,我们在《周易》的卦名和卦辞中,还可以发现其他一些哲学概念或具有哲学意蕴的概念,如乾坤、泰否、损益、往来、进退、吉凶、休咎等,以及宜不宜、利不利、可不可、妄无妄、既济未济一类的判断。这些概念和判断同样不再限于具体事物,而是要回答天道、人事中带有普遍性的问题。《易传·系辞》曰:"其称名也小,其取类也大,其旨远。"正是就这些概念的哲学意义而言的。

其次,《周易》古经以八卦为基础,已经提出了具有哲学性质的世界模式。八卦的本义是以乾、坤、震、巽、坎、离、艮、兑分别象征天、地、雷、风、水、火、山、泽八种自然对象,这是先民对宇宙万物的一种初步的分类。反过来,亦即先民想象中宇宙万物的基本成分和结构。从这里我们已经看到哲学的萌芽,但还仅仅是萌芽。在《周易》中,八卦作为一个整体系统,进一步超越了原来所指的具体对象,而成为一个具有普遍意义的世界模式。按照《易传·说卦》的解释,八卦可以象征一个家庭的结构。乾称父,坤称母,震为长男,巽为长女,坎为中男,离为中女,艮为少男,兑为少女。也可以象征人体的各个部位,还可以代表各种动物,并且能够表示事物的各种属性或状态:乾,健也;坤,顺也;震,动也;巽,入也;坎,陷也;离,丽也;艮,止也;兑,说也。以及彼此间为刚为柔、为方为圆、为直为曲、为进为退、为静为躁等等。而由八卦重叠、有序排列的六十四卦,则可以广泛表示天地、风雷、水火、山泽以及人事中的种种复杂的关系。《周易》八卦和六十四卦作为一种有序的思想模式,它要把宇宙万物纳入到这个框架之内。反过来,用这个模式去解释宇宙万物的生灭变化,推测人事的吉凶福祸,它又成为一种世界模式,成为一种具有哲学意义的世界观。

---

① 参看刘文英《易的抽象与易的秘密》,见《大易集成》论文集,文化艺术出版社1990年版,第43~50页。

当然,在《周易》古经中,卜筮的形式和哲学的内容还交织在一起,尚未分离。《周易》一开始被用于占卜,至今仍然有人用它进行占卜。但其中所包含的哲学内容,已经与其卜筮形式开始分离。后来的哲学家,主要从中吸取其哲学的内容,术数家则利用其卜筮之形式。这个界限愈是往后愈清楚。

三、《周易》古经的阴阳观念

《周易》八卦和六十四卦都以阴爻、阳爻(--、—)作为卦画或卦象的基本符号。由阴爻、阳爻所表现的阴阳观念发生很早,但只有这种观念发展到一定程度,才能走向符号化。《易传·系辞》在讨论八卦起源时,曾提出伏羲氏"仰则观象于天,俯则观法于地","近取诸身"和"远取诸物",阴阳观念也是通过这样的途径发生的。"近取诸身"主要是男女的两性差别。纳西族象形文阴阳二字,一组是男女性器官的象形,一组是男女头饰的象形,亦可作为旁证。"远取诸物"首先是鸟类的雌雄,兽类的牝牡,这同人类两性很相似。在彝族阿细人的神话中,不仅人和动物分雌雄,山石、树木、花草亦分雌雄。"远取诸物"还包括先民生活中常见的天地、日月、上下、昼夜、明暗、冷热、阴晴、寒暑、清浊、干湿等等对立的事物和现象。阿昌族神话曰:"混沌中忽然闪出一道白光。有了白光,也就有了黑暗;有了黑暗,也就有了阴阳。"

关于阴爻、阳爻符号的具体来源和形成,历代易家有文字说、图画说、龟兆说、两性说、蓍茎说、绳结说、奇偶说……不管怎样,阴爻、阳爻在《周易》六十四卦中是既成的符号,它们的实际功用已经泛指天道、人事中的各种阴阳现象及其性质、状态、结构和功能,因而实际已经具有普遍意义。现代有些学者认为,《周易》卦辞中只有"鸣鹤在阴"一个"阴"字,"阳"字根本未见,不能说《周易》已经产生阴阳观念。我们认为,不管卦辞中有没有"阴阳"二字,以阴爻、阳爻符号为标志,六十四卦所表现的阴阳观念是没有任何疑义的。而阴爻、阳爻符号所具有的抽象水平,已经达到了哲学概念的抽象水平,因而"阴阳"作为中国哲学特有和最先出现的矛盾观念,在《周易》古经中实际上已经形成了和出现了。

《周易》的阴阳观念除了阴爻、阳爻基本符号外,还非常清楚地表现在卦象中。八卦中乾坤二卦对偶,其余六卦都有阴有阳为阴阳合体。八卦可以分成四组,即乾坤(天地)、巽震(风雷)、坎离(水火)、艮兑(山泽),每一组都是一阴一阳。六十四卦中,乾坤二卦对偶,其余六十二卦也都有阴有阳,为阴阳合体。六十四卦也可以分为三十二组,每一组实际上也是一阴一阳。其中像乾坤、泰否、谦豫、剥复、损益、革鼎、既济未济,卦名、卦象都表明是阴阳对偶。在每一卦中,从阴爻、阳爻的数目与排列,也可以看出卦形中阴阳的成分与结构。

在《周易》的卦象和卦爻辞中,阴阳观念在客观上表示天地万物普遍存在的现象,实质上是一种天道观;在主观上则表示主体在人事活动中两种相反的精神状态,又是一种人道观。一般说,阳代表积极、向上、进取、刚强的精神,阴则代表消极、向下、退守、柔弱的状态。由于《周易》从天地万物复杂的现象中和人事活动的各种经验中,概括出阴阳这一对矛盾,并把它作为观察万物变化和人事吉凶最基本的原则,从而追求人道与天道的协调,这正标志着中国哲学思维的开始,后来对中国哲学和中国文化产生了极其深远的影响。

四、《周易》古经的变易观念

阴阳观念是《周易》最基本的观念,从阴阳观念中必然会引出变易的观念。所谓变易说到底,都是阴阳矛盾的产物,因而都是阴阳变易。从卦象看,任何一卦如果改动其中一爻或几爻,此卦就变成了另一卦。从八卦和六十四卦的排列次序中,很容易看见这种推移和变化。其中像乾坤、泰否、剥复等卦的变换,人们还可以看到对立面的转化。

《周易》的卦爻辞则结合卦象的结构,对阴阳变易和矛盾转化进行了具体生动的解释。例如,在乾卦中取象于龙,从龙的活动环境与活动方式,描绘了事物发展的一般过程,以及其对人的利害关系:

> 初九,潜龙勿用。九二,见龙在田,利见大人。九三,君子终日乾乾,夕惕若,厉,无咎。九四,或跃在渊,无咎。九五,飞龙在天,利见大人。上九,亢龙有悔。

龙之作为神物,据说可以下潜于水,飞腾上天,在这里则是作为变易或变化的一个象征物。龙之由"潜"到"见",由"跃"到"飞",象征着事物变化从潜在不见到公开显现,进而不断上升而得到充分的发展,而人的成长过程也应该是这样。"君子终日乾乾",就是君子要天天进步,夜夜反省,那样即使处于危境也不怕。然而事物发展如果到达它的极限,则会向相反的方面转化。"亢龙有悔"是告诫君子不要忘乎所以,盲目乐观,不然到头来就后悔莫及。在泰卦和否卦中则取往来之象、平陂之象和苞桑之象,说明阴阳双方的相互转化及其对人的利害关系:

> 泰。小往大来,吉,亨。……九三,无平不陂,无往不复,艰贞无咎……

> 否。否之匪人,不利君子贞,大往小来。……九五,休否,大人吉。其亡其亡,系于苞桑。上九,倾否,先否后喜。

在《周易》的作者看来,"泰"并不是有得无失,而是小失大得;"否"并不是有失无得,而是大失小得。事情的得失就像东西的往来和道路的平陂(不平)一样,总是有来有往,往而复来;有平有陂,平从陂来。处理得好,即使有"倾否"之危,也可以"先否后喜",转危为安。处理得不好,即使看起来处境安泰,实际上其中已经有"倾否"之危,可能"先喜后否"。灾祸总有一个苗头,起初就像"苞桑"一样,看起来小不点儿,却一步一步走向灭亡。泰卦和否卦告诉人们,身处安泰之境一定要居安思危,治不忘乱,时时警惕自己,把灾祸消灭在萌芽状态。

《周易》没有直接说明阴阳变易的原因,但从卦象变化的卦辞解释中至少暴露出两点:一曰阴阳消长,二曰阴阳交感。阴阳消长主要表现在阴爻、阳爻的增加或减少,由此便会引出卦象的变化和卦序的推移。阴阳交感主要表现在上卦下卦之间的交互作用,有交互作用就会产生变易,没有交互作用便不会发生变易。如泰卦的结构是上地下天,地属阴,天属阳,阴气由上而下,阳气由下而上,这种上下交互作用就产生了天地交泰的变化。否卦的结构是上天下地,天地本来的地位就是如此,阴气阳气上下之间不能发生交互作用,由此也就不会有变化。

五、《周易》古经的吉凶观念

任何占卜,都要占断吉凶。这在史前时代早已出现,它反映了先民的一种最朴素的最实用的价值观念。就是说，凡有利于自己的预兆和结果便是吉，凡不利于自己的预兆和结果便是凶。这种划分完全从自身的利害考虑问题，并不一定就是迷信。然而人事吉凶到底是由什么决定的，由神还是由人，则是一个哲学问题了。《周易》如何回答这一问题，对后世哲学有深刻的影响。

很明显，《周易》以蓍草取卦，其出发点已经把蓍草神化。据说蓍草"百年而神"，所以用蓍草取卦，就可以为人预示吉凶。这种基本思想以及具体取卦的方法步骤无疑属于神道迷信。但是《周易》设卦、系辞以释卦，都从具体的人事出发，以阴阳消长变化分析人事吉凶，则不是吉凶在神而是吉凶在人，客观上又表现出一种明智的理性精神。

《周易》吉卦的占断一般曰"吉"或"利"某事。有时强调"大吉"或"元吉"。特别注意人事活动的阶段，又具体区分了"初吉"、"中吉"和"终吉"，凡事不能只看"初吉"，而要追求"终吉"。《周易》凶卦一般曰"凶"或"有凶"，"不利"某事。"凶"在人事活动中也有初终之分，"终凶"最为忌讳。值得注意的是，《周易》在吉凶两极中间，还有"吝"，指事情艰难；"厉"，指事情危险；"悔"，因陷于困境而懊悔；"咎"，有灾难而吃苦头。总之，《周易》占断吉凶已经充分注意到人事过程及其结果的复杂性和多样性。

在具体解释吉凶及其原因时，《周易》十分注意卦象变化与不变化、交感与不交感、亨通与不亨通，一般说，前者是吉卦，有前途；后者卦不吉，无前途。在卦爻辞中，也都是从人事活动出发，并不求助神灵。有时候援引历史故事，如旅卦上九"丧牛于易，凶"，是殷先王亥在有易丧失牛羊的故事。有时候以物取象，作为人事吉凶的象征，如大过卦："九三：栋桡凶。九四：栋隆吉，有它吝。"有时候以人取象比喻或类推人事的吉凶，如需卦："初九，需于郊，利用于恒，无咎。九二，需于沙，小有言（难），终吉。"这些内容都凝聚了一定的历史经验和生活经验。《周易》特别强调道德品质和主观能动在人事吉凶中的作用，更有积极的意义。谦卦提倡谦虚的态度，认为"谦谦君子"，可以"用涉大川"，渡过各种险阻。豫卦则反对厌倦而不在乎的态度，认为这种人遇事不吉利。恒卦还指出："不恒其德，或承之羞。"一个人做事如果没有恒心，就可能招致羞耻，不能克服困难。"谦"、"豫"、"恒"这类概念的出现，标志着人们认识活动已经从生活经验而上升到哲学思维的水平，已经从经验的类化的基础上作出了哲学的概括。

第二节 《尚书·洪范》的五行观念与睿思观念

一、《尚书·洪范》的时代

《洪范》是《尚书·周书》中的一篇，记载武王克殷后拜访箕子，请教如何治理国政的基本原则（"彝伦攸叙"），其内容即箕子所讲述的治国之道。"洪范"意为"大法"。由于共分九个部分，通称"洪范九畴"。具体包括：(1) 五行，(2) 五事（君主的五种行为），(3) 八政（君主的八项政务），(4) 五纪（国家的五种记时方法），(5) 皇极（君主的统治准则），(6) 三德（三种统治方式），(7) 稽疑（决疑方式），(8) 庶征（几种检验君主行为的征兆），(9) 五福、六极（五奖、六惩）。其性质是一篇政治思想文献，同时包含着一定的哲学内容。从中既能看到传统的宗教神道观念，又表现出一定的理性精神。据说这套大法原是上帝传授给夏禹，现在由箕子再传授给武王，这当然是借用神话欲神其事。但它在客观上总结了夏禹以来，特别夏商两朝的政治经验。其中以五行论天道和人道，以睿思论君主的修养，对中国哲学产生了深远的影响。

现代有些学者认为《洪范》是战国时代的著作，以刘节《洪范疏证》[①]最具代表性。但是他的考证方法不触及整体思想，只注意一些细枝末节。其实，《洪范》中"于帝其训"根本看不到战国时代王权陨落和诸侯割据的形势。刘起釪新撰《洪范成书时代考》[②]，对刘节提出的各种论据进行了详细的辩驳。我们从岐山出土的西周甲骨文中发现了"箕子

---

① 见《古史辨》第五册，上海古籍出版社1982年重印本，第388～403页。

② 见《中国社会科学》1980年第3期。参看《古史续辨》，中国社会科学出版社1991年版，第229页。

来降"的记载①,因此武王拜访箕子的史实是可信的。《洪范》的思想可能箕子早已形成,但公开问世应为周初,并由周初史官作了整理。后来在流传的过程中,又有人补充修订,但基本上保持了原来的面貌。

二、《尚书·洪范》的五行观念

"洪范九畴"第一为"五行",其内容是:

> 五行:一曰水,二曰火,三曰木,四曰金,五曰土。水曰润下,火曰炎上,木曰曲直,金曰从革,土爱稼穑。润下作咸,炎上作苦,曲直作酸,从革作辛,稼穑作甘。

《洪范》五行的提出有一个漫长的演变过程,原始五行观念可以追溯到史前时代。五行之"行",古文原作行,表示纵横道路。五行直义为五路,引申可以作五类或五个系列。从原始思维的特征来看,先民们常常借用空间框架对事物进行分类②。五行原来也可能是借用空间四方和中央,对人们日常生活所必需的五种基本要素进行分类。五行不是单纯的五种物,而是由五种物所代表的五类物。水代表液态流动之类,火代表燃烧发光之类,木代表植物之类,金代表熔化变形之类,土代表土壤之类。这种分类本来凝聚着一定的生活经验,但在史前时代又同自然崇拜交织在一起,五行后面有五神来支配。《左传》记载,晋国大夫蔡墨曾指出,古代"物有其官","故有五行之官,是谓五官",接着列举"木正曰句芒,火正曰祝融,金正曰蓐收,水正曰玄冥,土正曰后土"(昭公二十九年)。"五行之官"既是管理五种基本工作(水工、火工、木工、金工、土工)的官员,又是祭祀五行之神的祭师,在宗教活动中则是五行之神的具体化身。因此原始五行既有客观现实的意义,又有宗教信仰的意义。箕子曰:"我闻在昔,鲧堙洪水,汩陈其五行。帝乃震怒……"其事本指鲧用堵塞之法治理洪水,违背了水性流动而酿成灾祸,但在传说中也认为

---

① 见陈全方《陕西岐山凤雏村西周甲骨文概论》,《四川大学学报丛刊》第10期,1982年,第320页。

② 参看刘文英《漫长的历史源头》,第205~207页。

是触犯了神灵。"汨陈其五行"就是"汨陈其五行之神",所以受到上帝的惩罚。总之,原始五行观念最初与原始宗教信仰交织在一起。

但是,夏禹治水是中国先民一次大规模的、全民性的社会实践。这种成功的经验使人们凭借自己的实践智慧,有可能逐步冲破原始宗教的藩篱,而对作为自己生存条件的五行之物,获得某种客观的真实的认识。《尚书·洪范》在整体上还保留着宗教的外壳,但就其五行说的具体内容来看,已经超越了宗教的信仰。五行之名就其功能而言,已经成为把握自然之网的五个基本概念,因而也是中国哲学思维开端的标志之一。

《洪范》五行就其哲学意义,主要有以下三个方面的内容:

(一)朴素的天道物性思想。

五行在"洪范九畴"中居于第一的地位,它不是讨论治理国家的具体问题,而是提出一条根本性的思想原则。这种原则在客观上是一种朴素的天道观,其实质是一种简单而又明确的物性论。五行是自然界中五种具有代表性的最普遍的存在,它对万物的多样性已经进行了一定的概括。其思维水平同印度古代用的水、风、地、火"四大"概括万物,同欧洲古代或用水,或用火,或用四元素(火、水、土、气)概括万物基本相似,所着眼的首先都是这些元素或要素的客观物性。不同的是,五行当中除了水、火、木、土这些自然物之外,又有一项经过人工加工的对象。自然形态的"金"是矿石,经过冶炼才能变成金。但不管怎样,它们都是客观存在的,都有自己客观的物性。具体说,水有湿润向下之性,火有燃烧向上之性,木有柔韧可曲可直之性,金有可以变革其形之性,土有生长庄稼谷物之性。这里所揭示的物性,涉及各自的性质(湿、燥)、形态(曲、直)、活动方向(向下、向上),都是先民从生活实践中发现和总结的,都是它们固有的客观属性。在箕子看来,观察世界,首先要把握五行物性,这是五行天道观的思想核心。

(二)朴素的人道规范思想。

《洪范》作为治国之大法,在整体上属于人道问题。箕子之所以首先讨论五行物性问题,显然强调人道要以天道为根据。《洪范》具体讲了君主治国应该遵守的很多规范,但最根本的规范则是尊重五行之性,利用五行之性。因此,《洪范》讨论五行不只单纯揭示五行客观的物性,而且从其客观物性引出它们对人的功能。例如,由于"水曰润下",人们就可以引水灌溉作物;由于"火曰炎上",人们就可以用火烧煮食物和熔炼矿石;由于"木曰曲直",人们就可以利用木料制造各种木器;由于"土爰稼穑",人们就可以在土地上种植收获谷物。《洪范》还进一步从五性引出五味,历来人们不明其意,实际这是借食品五味之喻,要人们善于利用五行之性,以满足其生活需要。这些具体认识现在看来十分简单,然而在历史上,我们祖先对此曾付出了很大的代价。鲧之治水所以失败,就是不懂得、不尊重和违背了水土之性。单纯以土湮水,非但没有堵住洪水,反而酿成更大的灾祸。夏禹总结了这个教训,他根据"水曰润下"的物性,采取"高高下下,疏川导滞"(《国语·周语》)的疏导法,终于取得了治平水土的胜利。同时根据五行之性教民在湿地上种植水稻,在山丘上刀耕火种,"陆行乘车,水行乘船,泥行乘橇,山行乘樏"(《史记·夏本纪》),发明了很多木制的交通工具,并制造了很多青铜礼器与兵器。《洪范》的人道规范思想凝聚了夏禹以来的许多实践经验,虽然当时没有、也不可能直接讨论天道、人道的关系,但实际上已经把五行物性作为人道最基本的规范。

(三)朴素的生态系统思想。

古代印度和欧洲的元素说,都是讲万物的本原和成分。《洪范》五行不同,而是突出五行与人的关系。这种关系集中在一个"用"字上。"洪范九畴"五行以下每一项都有一个"用"字:"次二曰敬用五事。次三曰农用八政,次四曰协用五纪,次五曰建用皇极,次六曰乂用三德,次七曰明用稽疑,次八曰念用庶征,次九曰飨用五福,威用六极。""初一曰五行"字面上没有"用"字,但"曲直"、"从革"云云,其意已在其中。《尚书大传》曰:"水火者,百姓之所饮食也;金木者,百姓之所兴作也;土者,万物之所资生也。是为人用。""用"所表示的是五行的功能及其对人的价值,因此作者是把五行同人结合在一起来考察的。他把五行看作人们生存必不可少的五种基本要素,实际就是现代科学所谓的五种生态要素。五行之作为一个整体,则是根据五种生态要素在思想上构建了一个朴素的生态系统。八卦在一定意义上也可以看做是一个整体系统,但八卦阴阳观念中缺少利用、厚生的意义。五行作为生态系统的哲学意义就在于,它已经孕育着中国哲学天人合一、天人协调的思想萌芽。

此外,五行在哲学思维中既寻求万物的统一性,又兼顾到多样性。由于五是"生数"中的极数,似乎包括了所有的方方面面。反过来,它作为一种思维模式,在古代社会极有助于整理、归纳各种纷繁复杂的知识经验。以《内经》为标志,五行模式在中国古代医学、药学中得到广泛的应用。然而,用这种模式到处比附和滥用,又会妨碍人们真实地把握事物的成分、关系和结构。

三、《尚书·洪范》的睿思观念

"洪范九畴"第二为五事,是对君主行为和思想的要求。其中提出人的认识的各种活动,也是中国哲学认识论的开端。

> 五事:一曰貌,二曰言,三曰视,四曰听,五曰思。
> 貌曰恭,言曰从,视曰明,听曰聪,思曰睿。
> 恭作肃,从作乂,明作哲,聪作谋,睿作圣。

这五项要求是态度要恭敬,言语要和顺而不刺人,观察事物要清醒明晰,要注意听取远者的意见("远听曰聪"),思考问题要通达和深入。如果撇开君主的身份不论,其内容大体揭示了从视听经验到心智思维的认识过程。值得注意的是,"五曰思"不是一般的思考问题,而把"思"与"睿"、与"圣"联系起来。"睿",马融曰:通也;孔颖达疏:"思必当通于微密也。"睿思要求思维通达和深入,我们认为这里已有哲学思维的意蕴。由睿思而至于"圣",不仅是一种极高明的哲学思维,而且提出了最高的理想人格。后世儒家的"内圣"追求,在这里已见端倪。而中国传统的"内圣"之学,除了道德修养之外,其内容也主要是哲学思维。附带要说明的是,这里的"明作哲",后来用来表示智慧,明哲与睿思就贯通了。不管怎样,《洪范》实际上已经提出了哲学思维的问题。

第三节 周公的天命、敬德和礼乐观念

周公姬姓,名旦,周文王第四子。因被文王分封岐邦周地(今陕西

岐山北)为采邑,故称周公。早年他和太公望、召公奭辅佐武王出兵伐纣。建国初,因成王年幼,又受遗命摄政,不但亲自带兵东征,而且全面地"制礼作乐",为周王朝的确立和兴盛建立了不朽的历史功绩。但周公不只是一个杰出的政治家,同时又是一位很有建树的思想家。他对传统天命论的改造,他的"以德配天,敬天保民"的理论,以及他在"制礼作乐"中所显示的人文智慧,都表现了中华民族在人道上的某种理性自觉,因而也是中国哲学开端的标志。

一、对传统天命论的改造

夏殷两朝,中国社会进入文明时代不久,整个社会思想仍在宗教神道的统治之下。但由于王权在地上的确立,从史前时代的多神崇拜中产生了至上神的信仰,这就是"帝"在诸神中的至上地位及同王权的直接关系。《尚书·召诰》曰:"有夏服天命。"周人承认夏后氏曾受天命。殷人的上帝崇拜和天命观念十分清楚。在殷墟卜辞中,帝可以"令风"、"令雨","降馑(饥荒)"、"降食(丰收)"。殷王征战、筑城及各种朝政大事,都要贞问"帝降若(诺)"还是"不降若(诺)"。在《诗经·商颂》中,保存了有关殷先王接受天帝授命的传说:"天命玄鸟,降而生商。""有娀方将,帝立子生商。"在《商书》中人们可以看到,殷王朝在其强盛之时,曾把自己的天命绝对化、永恒化,认为殷王一定会得到天帝的保佑。然而,殷朝末年,由于奴隶造反、平民暴乱和诸侯国之间的矛盾,整个社会"如蜩如螗,如沸如羹"。当时有一些头脑比较清醒的殷臣已经提醒纣王要警惕:"降年有永有不永","天既讫(止)我殷命(殷之天命)","天毒降灾荒(亡)殷邦"(《微子》)。可是,纣王不但没有悔改之意,仍然顽固坚持自己有命在天:"呜呼!我生不有命在天?"(《西伯戡黎》)

周人最初继承了殷人的天命观念,或者说周人的天命观念最初是与殷人相同的。因此周人在讨伐殷纣和教化殷民时,一直以传统的天命论作为最有力的思想武器。他们公开申明,文王早就受命于天,是皇天上帝改变了他的"元子",是皇天上帝要"丧殷"、"割殷"。因而他是按照天帝的意志进行讨伐和建立周王朝。《大盂鼎》曰:"不(丕)显文王,受天有(祐)大命。"《召诰》曰:"皇天上帝改厥元子兹大国殷之命。"但是,周人根据殷亡周兴的经验教训,深刻地体会到没什么永恒不变的天命,这就是当时《康诰》讲的"惟命不于常"和后来《大雅·文王》讲的"天命靡常"。因此周人不再像殷人那样一味迷信天命,周公等人甚至提出"天难忱(信)"、"天不可信"(《大诰》、《君奭》)。不过,由于宗教信仰在人们头脑中还根深柢固,周王朝也要为自己进行神学的论证。因此,周公在思想领域的一项重要任务、一项重要功绩就是对传统天命论的改造。这种改造主要是,在神道主义的天命中注入一种理性的因素,即后世所谓道德的"德"。这种改造过了的天命论,在历史上称为"以德配天"。

按照周公"以德配天"的观点,天命永不永、变不变,关键在于帝王有德还是无德,敬德还是不敬德。夏、殷王朝在历史上都曾"服(受)天命"而"历年"很久,为什么没有一直延续下来,其原因都是"惟不敬厥德,而早坠厥命"(《召诰》)。周人原来虽说只是西部的一个小邦,后来却不断强大,以至取代了殷人"大国"的王权,其原因就在于周人先王一向"勤用明德"(《梓材》),特别是文王能够"明德慎罚"(《康诰》、《多方》)。那么周人将来会不会重蹈殷人的覆辙呢?周公认为,对这种危险必须保持高度的警惕。他对召公等人说:"我(我们)不可不监(鉴)于有夏,亦不可不监(鉴)于有殷。"他对成王说,"不可不敬德",一定要"自敬德",并且必须"疾(急)敬德"。只有发挥"德之用",才能永保天命(《召诰》、《无逸》)。可以说,"敬德"是周公代表周人在周初所演奏的一种主旋律,而"德"则是周公为中国哲学所铸造的一个基本范畴。《左传》僖公五年引《周书》曰:"皇天无亲,惟德是辅。"周公和周初统治者对德的自觉与对德的认同,在传统的天命论中打开了一个很大的缺口,把人们的思想重心从天上引到了地上,并落实到帝王的身上。它已突破了宗教神道观念,而凸显出一种人文主义的精神。中国文化中的德治观念和德治传统正是由此奠定基础的。

二、"敬德"与"保民"的关系

周公"敬德"的内容,首先是"亲亲"之义,即通过"父慈子孝,兄友弟恭"的血缘亲情维护周王朝上层的团结。另一项重要内容则是"保民"之义。周公之所以特别重视"保民"之义,是基于殷亡的历史教训,也同巩固周人王权的需要直接联系在一起。殷王朝的灭亡诚然是由武王伐纣完成的,实际上则是由于不断的民众造反摧毁了它的根基。仅就牧野之战来看,纣王发兵七十万,兵力并非处于劣势。但是"纣师虽众,皆无战心,心欲武王亟入。皆倒兵以战,以开武王"。这就是"前徒倒戈"这个成语的来历。因此,周人在自己掌握了政权之后,一定要警惕民众的造反(《召诰》:"顾畏于民碞。"),对民众采取敬畏的态度(《无逸》:"治民祗惧。")。在周公看来,天命无形不可见,只能从民情民心去观察。他告诫康叔:"天畏(威)棐(非)忱,民情大可见。"天与不与其命,只有验于下民。传说武王曾讲过:"天视自我民视,天听自我民听。"(《孟子·万章上》引)又说:"民之所欲,天必从之。"(《国语·周语》等引)周公进一步强调:"上下勤恤……欲王以小民受天永命。"(《召诰》)这就把天命最终落实在帝王的"保民"上。"保民"首先是保障民众基本的生活需要,要"知稼穑之艰难"与"小民之依"(《无逸》),像"作民父母"那样关心他们的痛痒。另一方面,对民众要慎用刑罚,以免引起民众的暴乱。其目的是通过"保民"来保"天命",长久地维护其王权的统治。当然,周公的"保民"并没有改变民众在周王朝社会结构中的地位,但他的确看到民众的伟大力量,并对民众在王朝兴亡中的价值与作用有一定的自觉,后来儒家的"民本论"在此也已见端倪。

三、"制礼作乐"中的人文教化观念

周公"制礼作乐"是中国古代文明史上的一件大事,历来被儒家视为周公最伟大的历史功绩。"礼"本来是先民祭祀神灵的仪式。进入文明时代以后,则演变为表示亲疏贵贱和等级名分的典章、制度及其相应的形式。这里所谓"乐",不是一般的音乐,而是与礼相依、表现礼的音乐,通常属于礼仪的范畴。孔子曾指出,"殷因于夏礼","周因于殷礼",其间有所"损益"(《论语·为政》)。周公为了适应新王朝的需要,在"损益"殷礼的基础上使传统的礼制、礼仪严密化、系统化,从而在整体上达到一个新的水平,开辟了一个新的局面。其具体内容,包括一系列社会、政治和典章制度,还有一系列相应的道德伦理规范与文化教育的方式。在礼制方面最重要的有:(1)建立了由中央王室分封全境诸侯、贵族的统一王朝。在天下四方形成一种"轮运而辐集"的机制,大大促进了国家和民族的统一。(2)确立了严格的君位嫡长子继承制度,极有利于巩固中央王权。(3)建立了完整严密的宗法制度,自上而下用一张严密的血缘网络,把所有的诸侯、贵族、士庶都紧紧维系在一起。

在现存《周书》以及其他有关文献中,周公直接论礼的材料很少。但在周公有系统的、有组织的"制礼"活动中,则透露出周公对于"礼"的价值和功能的自觉。殷礼不但宗教意义太浓,并且混乱而不一致,周礼则自觉地追求其完备性和系统化,是三代社会文明最充分的表现。所以孔子赞叹曰:"周监于二代,郁郁乎文哉!"(《论语·八佾》)"礼"在当时的社会价值和功能就在于,通过礼制规范和礼仪形式使既成的等级关系和亲疏关系有序化、协调化。这是人类摆脱野蛮状态而使社会组织走向文明化的重要标志。周公"制礼"在哲学上的意义,主要是表现了一种人文教化的观念。"礼"在客观上是人道文明应有的制度和规范,在主观上则用血缘亲情和道德伦理教化人,要人们自觉地把自己的思想和行为都纳入这种制度和规范,从而使整个社会系统都文明化。"礼"和单纯强制性的"法"不同,它充分注意到血缘亲情和道德伦理的作用,是引导性的,而不是惩罚性的。这种观念后来被孔子概括为"道(导)之以德,齐之以礼"(《论语·为政》),成为儒家哲学解决人道问题最基本的方式。

第 二 编

中国哲学思想的开拓与哲学学派的形成
（西周至春秋战国之际）

西周时期（前11世纪～前771年）是中国上古时代社会繁荣的一个时期。宗法奴隶制的社会秩序相对稳定，农业和手工业的发展较快，尤其是礼乐制度相当完善，礼乐文化十分灿烂，标志着中华文明的原生形态达到了最高峰。但自西周末年开始，社会矛盾日益加剧，政治危机日益严重。进入春秋时期（前771～前476年）以后，由于"井田制"的破坏、奴隶的大量逃亡和"国人"四处暴动，西周以来的礼乐制度开始走向瓦解，这就是所谓的"礼崩乐坏"。其具体表现就是，新兴势力在各个诸侯邦国进行社会改革，并先后夺取了政权，而旧贵族的统治则一个一个走向崩溃。这场大规模的历史变化，其实质是中华文明的原生形态向古代形态过渡，传统的奴隶制向新的封建制过渡。如果说整个春秋时期，周天子在各诸侯邦国中还有一定的影响，那么到了春秋战国之际，周天子只是徒具空名了。

这一时期的天文历法和医学知识较以前有显著的进步，而文化领域最突出的成果，就是通过文献整理形成了一套集中反映了中华文明观念的文化原典。《周易》在殷周之际已定型，西周巫史之官仍不断修订。《尚书》基本上是由西周史官整理编纂的，其中大部分是西周的历史文献，同时追记了虞夏时代的的一些古老传说，保存了殷朝的一些官方文献。《诗经》作为中国最早的诗歌总集，有一个长期的积累过程，成书大约在春秋中期。有关西周的礼制、礼仪亦有文本存在,有些内容则保存在后来的"三礼"之中。各诸侯邦国都有自己的纪年和编年史,孟子称"晋之《乘》,楚之《梼杌》,鲁之《春秋》"(《孟子·离娄下》),墨子称"百国春秋"(《史通·六家》引),其中以鲁国《春秋》最为著名,并保存下来。这样,中国数千年一直备受尊崇的"五经"基本上都已形成。由于它们总结了中华文明原生形态的历史经验、价值观念和人文理想,集中反映中华文明原生形态的文化特征和精神风貌,因而成为中国古代两千年来整个学术思想的渊源。历代诸家对之无论肯定还是否定,无不受其强烈的影响。

　　社会历史的发展推动着哲学思想的开拓。天道观的开拓,主要是阴阳五行观念的发展,进一步又提出了"和同"、"陪贰"和"嬴缩"等辩证法思想;人道观的开拓,继续围绕着重民、敬德的问题,并出现了无神论思想的活跃。这些开拓最初只是先哲们的零散的言论,而在管子、子产、晏子和范蠡那里已出现了思想系统化的趋向。特别值得注意的是,伴随中国上古社会的新旧变革,在思想领域出现了一场精神反思和理论创造的历史运动。春秋末期与战国初期,在先哲思想开拓与思想积累的基础上,开始出现了一些主要从事理论创造而影响深远的思想家,他们后来成为有关学派的创始人与思想代表。首先是老子把"道"提升为哲学的最高概念,用以说明天地万物的本原和贯通天人的根本规律,并由此论证了自然无为的修道论和治国论,从而创立了道家哲学学派。稍后是孔子把"仁"确定为人道最基本的范畴,由此使传统的礼教内化和深化,进一步提出系统的道德伦理学说与以德治国的政治哲学,从而创立了儒家哲学学派。以孙武为代表的兵家并不属于哲学学派,但兵家的认知模型和军事辩证法不仅反映了兵家的哲学智慧,而且对中国哲学有重要影响。墨子曾"学儒者之业,受孔子之术"(《淮南子·要略》),但以"非儒"的立场而反对儒家的礼乐之教,提出了一套"兼以易别"的社会哲学理论,并在认识论上有独特贡献。儒墨两家"从属弥众,弟子称丰,充满天下"(《吕氏春秋·当染》),并称"显学"。这些学派分别从不同方面总结了中华文明发生以来,尤其是夏、商、西周以来的实践智慧和哲学智慧,同时通过他们的精神反思与理论创造在哲学上开启了一个新时代,并由此奠定了中国古代哲学发展的基本格局。

第一章 先哲们的思想开拓

第一节 天道观与人道观的思想开拓

一、阴阳观念的发展

《周易》古经中的阴阳观念,虽然有普遍性的意义,但尚未通过概念形式明显地表现出来。后来,当人们突破卦象而具体运用阴阳观念分析有关现象和问题时,阴阳观念则不断走向概念化。

据《国语·周语》记载,周宣王元年(前827年),周卿士虢文公曾介绍,古代的太史十分注意春天的"土气"、"土脉"的活动情况,并为春天的农事郑重地授时。太史把土地解冻看做是"阳气俱蒸,土膏其动"。就是说,阳气在地下一齐蒸腾起来,使解冻的土壤开始松动。太史还有"阴阳分布,震雷出滞"的话,分析春雷发生的机制,即阳气爆发(出)而突破阴气的限制(滞)。虢文公引用的是"古者"的太史之辞,可见阳气、阴气之名很早就出现了。

同书又记载,周幽王二年(前780年),中国西部泾、渭、洛三水的河源地区都发生了地震,周大夫伯阳父更直接、更明确地用阴阳二气解释地震的原因:"夫天地之气,不失其序。"他认为阴阳二气固有其序,即阳气在上而阴气在下,由于"阳伏而不能出,阴迫而不能蒸,于是有地震。今三川实震,是阳失其所而镇阴也"。就是说,阳气本来应该在上面,现在潜伏在下面不能出来,阴气则在上面压迫它,使它不能向上升(蒸)。在阳气突发出来的时候,地震就发生了。伯阳父的解释,同上述古代太史及虢文公的思想是一脉相承的。

周襄王七年(前645年)春天,在宋国落下五块陨石,又发生"六鹢退飞宋都"的怪异现象,宋襄公问周内史叔兴:"是何祥也?吉凶焉在?"(《左传》僖公十六年)叔兴先用传统的神道观念虚称吉凶而敷衍了一下,回头对人曰:"君失问。是阴阳之事,非吉凶所在也;吉凶由人,吾不敢逆君故也。"伯阳父曾把"三川皆震"看作西周将亡的预兆,并认为是"天之所弃"。相形之下,叔兴在思想上已经把阴阳观念同神道观念区分开来了。

此外,周灵王时,太子晋曾讲到"天无伏阴,地无散阳"(《国语·周语》)。周景王时,乐官伶州鸠也讲过"气无滞阴,亦无散阳"(同上),并用"阴阳序次"解释乐理。当时的医学把阴气阳气过盛看做人体的基本病因,并以气为阳、血为阴解释一些生理病理现象。所有这些,都是阴阳观念在突破易象卜筮之后的重要进展。但也有另外一种倾向,就是阴阳观念进入星占学,被用来解释日月之蚀和水旱之灾。用阴阳解释气象变化有一定的合理性,但用来解释星象则纯粹是附会,是迷信的一种表现。

二、五行观念的发展

《洪范》中的"五行"观念,本来只有物性意义与生态意义。但如果用"五行"去看世界,在逻辑上有可能引出本原意义和结构意义。西周末期,有人就从"五行"引出"五材"概念。周宣王时太史伯对郑桓公曾说过:"先王以土与金、木、水、火杂,以成百物。"(《国语·郑语》)在这里,"五行"即是"百物"的结构成分,已有"五材"的意蕴。到春秋时期,"五材"即成为一个通行的概念。子罕曰:"天生五材,民并用之,废一不可。"(《左传》襄公二十七年)叔向曰:"譬之如天,其有五材,而将用之。"(《左传》昭公十一年)在"五材"概念中,也隐含着某种本原的意义,即五种本原材料。但是,本原意义始终不明显,不突出。它所强调的仍然是"五行"对人的价值,即"用"。不过,本原问题是任何民族的哲学都不能回避的。大概由于"五行"难以充分说明万物的统一性,先哲们又进一步从"五行"中间去寻求万物的本原。在《管子·水地》[①]中,人们同时看到两

[①] 《水地》篇的时代与作者,目前尚有争论。我们认为文中有关地本原、水本原的简要文字应是春秋时代的作品,具体解说的文字则是战国时期管子后学的作品。

种本原,一曰地(土),二曰水。作者指出:"地者,万物之本原,诸生之根菀也。"又说:"水者何也?万物之本原也,诸生之宗室也。"在地(土)、水两者中间,作者认为水比地(土)更根本。为什么?"水者,地之血气,如筋脉之流通也。"这种思想无疑是五行说在本原意义上的一种探索,但后来在中国哲学史上的影响并不大。

《洪范》中的"五行"观念,原来并未涉及五行的关系。西周末期和春秋时期,人们从日常的生活经验中,逐渐形成五行相胜和五行相生的思想。其中相胜的思想十分清楚。晋史蔡墨曰"火胜金"(《左传》昭公三十二年),又曰"水胜火"(《左传》哀公九年)。相生的思想尚未看到直接的材料,但相胜是对相生而言,当时肯定也已出现五行相生的思想。这种相生和相胜的思想可以用来说明诸种事物之间正向和逆向的关系,曾在传统医学中起过积极的作用。不过,简单的比附和绝对化,也会妨碍认识的客观性及内容的深化。

三、"和同"与"有两"、"陪贰"的辩证思想

除了阴阳、五行观念的发展,一些先哲以广阔的眼界还提出了"天地之度"、"生物之则"、"阴阳之恒"、"天地之常"的问题,其中最具创造性的主要是史伯的"和同"之辨与史墨的"物生有两"、皆有"陪贰"的辩证思想。

(一)史伯的"和同"之辨。

史伯是周宣王太史,他看到西周的衰败已经无法挽救,从天道观上批评王室抛弃明智有德之士,而喜欢阿谀鄙陋之徒。其实质是"去和而取同"。他指出:

> 夫和实生物,同则不继。以他平他谓之和,故能丰长而物归之;若以同裨同,尽乃弃矣。故先王以土与金、木、水、火杂,以成百物。是以和五味以调口,刚四支以卫体,和六律以聪耳……和乐如一。夫如是,和之至也。于是乎先王聘后于异姓,求财于有方,择臣取谏工,而讲以多物,务和同也。声一无听,物一无文,味一无果,物一不讲。王将弃是类也,而与剸同,天夺之明,将无弊,得乎?(《国语·周语》)

在史伯看来,"和"能促使事物的生长,"同"则停止事物的发展。按照他的解释,"以他平他谓之和"。他物与他物明显是不"同"的,甚或是对立的。但是,不同性质的他物可以相结合而达到一种平衡,就叫做"和"。由于是不同性质的他物与他物的结合,就能使事物丰盛地生长,并能构成一个新事物。如果总是性质相同的东西简单相加,这类事物最终都会被人废弃。比方,先王用五行中不同的东西交错杂作,结果就创造了人们日用的百物。五味调和食物才有口味。四肢协和,身体才能健康。六律和奏,才有悦耳的音乐。治理国家也是同样的道理,选用的大臣应该是敢于发表不同意见的人士。所有这些都是"务和",而非"求同"。对于王者来说,最重要的是使上上下下不同的社会等级和职能不同的文武百官都能协调相处,从而使整个国家"和乐如一",如是则"和之至也",即最大的和谐。史伯特别从天道观上强调"务和"的普遍意义与价值。世界上的声音如果只有一种腔调,那就没有音乐。世界上的东西如果只有一种性质,那就不能构成新事物。王者要是不懂这个道理,只是追求简单的无差别的同一,那就太愚蠢了。

史伯第一次把"和"作为一个哲学概念提出来,对中国哲学作出了创造性的贡献。他反对"去和取同",强调"务和去同",后来成为中国哲学的一条基本的价值取向。值得注意的是,史伯所谓"和",不只是包含差别和多样性的一种矛盾,他所特别强调的是不同性质或不同要素之间的协调,即和谐。《说文》曰:"和,相应也。""和"字金文从龠禾声①,龠为笙箫之类的古乐器,"和"的和谐之义正从乐器谐奏与和鸣中引申而来的。

(二)史墨的"物生有两"、皆有"陪贰"的思想。

史墨是春秋时期晋国的史官。他看到鲁国政权从国君转移到大夫之手,从天道观上提出"有两"、"陪贰"之说,论证了这种转移的原因和必然性。他提出:

> 物生有两、有三、有五,有陪贰。故天有三辰,地有五行,体有左

---

① "龢"为"和"的本字,段玉裁曰:"经传多借和为龢。"

右,各有妃耦。王有公,诸侯有卿,皆有贰也。……社稷无常奉,君臣无常位,自古以然。故《诗》曰:"高岸为谷,深谷为陵。"三后之姓,于今为庶,主所知也。在《易》卦,雷乘乾曰大壮☰☰,天之道也。(《左传》昭公三十二年)

"物生有两"是一个具有普遍意义的新的哲学命题。"两"指两个不同的或对立的方面。《周易》的阴阳观念也包含着"物生有两"的意蕴,但"阴阳"有时可能被理解为某种具体的"两",如阴气阳气。而"两"比阴阳具有更明确的普遍性。在史墨看来,世界上也存在物生"有三"、"有五"的现象,如"天有三辰,地有五行"。但"三"和"五"都可以化约为"两",如日月、日星、水火、金木之类,所以"物生有两"是最基本的存在形式。"陪贰"即陪伴为贰,"陪贰"是对"两"的进一步说明,即下文"妃耦"之义,说明事物的两个方面,其地位和作用不是平列的,而是一种主从关系。如公为王的陪贰,卿为诸侯的陪贰。季氏作为大夫,原从属于鲁君,即是鲁君之陪贰。《周易》论阴阳本来也有主从之义,但只是在"陪贰"概念提出后,主从之义才明朗化并清楚地表现出来。

在史墨看来,"物生有两"的"陪贰"关系不是永恒不变的。在历史的演变过程中,由于种种原因,主从双方的地位会发生转变。《诗经》讲的"高岸为谷,深谷为陵",是自然界地势高低的一种转化。在社会政治生活中,他得出一个重要结论:"社稷无常奉,君臣无常位。"这就是说,君主的统治地位不是永恒不变的,君臣的上下关系也不是固定不变的。你看,虞、夏、商三代君主的后代,现在不是都成了一般的庶民百姓了吗?那么季氏原来作为陪臣,而现在执掌鲁国的政权,不也是很自然的事情吗?在这里,"无常奉"、"无常位"讲的不是一般的变化,史墨已经发现了现在所谓的对立面的地位的转化。

史墨的这种辩证法思想和《周易》一脉相承。《周易》大壮卦下为乾而象君,上为震(雷)而象臣,雷乘乾所表示的正是君臣易位。他引用大壮卦并谓之"天之道也",清楚地说明了这一点。对于后世来说,"物生有两"的"两"后来成为中国哲学表示"矛盾"的一个基本概念,"陪贰"所表示的主从之义也有人继承和发挥。至于他从中所总结出的政治结论,则成为中国传统政治哲学的一个基本命题。

四、敬德观念的发展

西周初年，周公的敬德观念，表现了哲学上的道德自觉，客观上对西周社会的稳定和繁荣起了巨大的积极作用。但是到了西周末期，王室政治日益腐败，"敬德"完全成了一句空话。伯阳父就指出："今周德若二代之季矣！"幽王的道德状况已经像夏殷末代的夏桀和殷纣那样了。《诗经》中描述当时的状况是"颠覆其德，荒湛于酒"，"迷乱于政"，"不知德行"。但是，春秋时期的一些有作为的政治家和先哲，则继续强调敬德的意义。当然不是针对有名无实的周王室，而是针对代表新兴势力的各诸侯国的国君。例如，宫之奇对虞君说"鬼神非人实亲，惟德是依"。他一再引据《周书》："皇天无亲，惟德是辅"，"黍稷非馨，明德惟馨"，"民不易物，惟德繄物"。最后的结论是："神所凭依，将在德矣。"（《左传》僖公五年）又如，范文子告诫晋君："吾闻之，'天道无亲，惟德是授'……夫德，福之基也。无德而福隆，犹无基而厚墉也，其坏也无日矣！"（《国语·晋语六》）

春秋时期敬德观念的发展，首先是"德"的内涵走向具体化。在周公那里，"德"的意义还是比较笼统的。春秋时期则不同了，凡讲敬德总要列出德的子目。《晋语二》记载，杜原款一共列出强、孝、仁、敬四个德目。《左传》僖公四年记载，庆郑也列出亲、仁、祥、义四个德目。《周语下》记载，单襄公称赞晋周之德，共列十一项：敬、忠、信、仁、义、智、勇、教、孝、惠、让。这样，"德"的内涵及其各个方面就越来越充分地展现出来了。

另一个表现是，"仁"从"德"的内涵中分化出来，日益凸显。在现存《周书》中，"德"字可谓俯拾即是，"仁"字则仅为一见，《金縢》篇周公自称"予仁若考"。但在《国语》和《左传》中，"仁"字则大量出现。人们评价君主有德无德，常谓之曰仁或不仁。不过，当"仁"从"德"的内涵中分化出来以后，很长时期它只是作为众多德目中的一项。在进一步的发展中，"仁"的地位则越来越凸显出来，并反过来要综合"德"的其他项目和内容。《左传》襄公七年记载，穆子对"仁"的具体解释是："恤民为德，正直（正己心）为正，正曲（正人曲）为直，参合为仁。""参合"者，综合三者为一体。"参合为仁"的新概括清楚地表明，"仁"在这里已不是"德"的一个子目,而是多种德目的统一。孔子后来正是沿着这种综合的趋向,来规定"仁"的内容的。

五、重民观念的发展

周公把"敬德"与"保民"联系在一起,曾对西周王权的巩固起了巨大的积极作用。但是,当统治者牢固地掌握政权之后,便以为自己的力量是强大无比,可以任意生杀掠夺,不再关心民的生存和命运了。《国语·周语》记载,西周末年,"厉王虐,国人谤王"。召公告诉他:"民不堪命矣!"厉王发怒,找人监视"谤者",凡得告发则杀之,于是国人都不敢说话,厉王自以为得计,召公则指出:"防民之口,甚于防川;川壅而溃,伤人必多,民亦如之。"后来,由于"万民弗忍"、"乃相与畔",厉王狼狈而逃。春秋时代,新兴势力与旧贵族争夺政权,其关键实际上是争夺民心。赵简子曾问史墨:鲁国大夫季氏把鲁昭公赶出国,为什么老百姓都服从他的统治,各国诸侯也承认他的统治?史墨回答说,由于鲁君好几代失德失民,而季氏好几代有德有民。因此,"民忘其君"而归季氏,这是很合理的。在这种新旧变革的时代,只有代表新兴势力的那些有见识的政治家,才真正继承和发展了周公保民、重民的思想。

春秋时代重民观念的发展,一是君民关系认识上的深化,即认为保民才能保君。《左传》文公十三年记载:"邾文公卜迁于绎。史曰:'利于民,不利于君。'"邾文公则回答说:"苟利于民,孤之利也。天生民而树之君,以利之也;民既利矣,孤必与焉。"这是一种很明智的态度。《国语·楚语》记载,令尹子文告诫楚君,要"厚施"于民而不能"厚取"于民,不然社稷不会长久的。这是历史的经验和教训。管子的概括则最深刻:"政之所兴,在顺民心;政之所废,在逆民心。"(《管子·牧民》)是顺是逆则要看国君的认识、态度和措施。

再一个是神民关系认识上的深化。即从神民并举发展为重民轻神,把民的作用逐渐放到主要地位。春秋时期,宗教神道在整个社会的影响仍然十分强大,开明的政治家起初只能神民并举。如太子晋谏周灵王,强调"民神之义"、"合于民神"(《国语·周语》)。刘子对晋君曰:"神怨民怨,何以能久。"(《左传》昭公元年)但是,在进一步的发展中,民与神的思想地位则发生了变化。其中最典型的就是随国大夫季梁所提及的一个新命题：

> 民者，神之主也。是以圣王先成民而后致力于神。(《左传》桓公六年)

随国遇到强楚的侵略，随君要用"絜粢丰盛"来祭神灵。季梁并不反对祭祀神灵，但他认为治国之道应该是"忠于民而信于神"，其中第一是民，第二才是神。首先要"上思利民"，只有"民和年丰"，才会"神降之福"。如果"民各有心，而鬼神乏主，君虽独丰，其何福之有？"(《左传》桓公六年)季梁的这一命题，后来被司马子鱼再一次强调。宋君想用人牲祭祀睢水之旁的妖神，司马子鱼曰："祭祀为人也。民，神之主也。用人，其谁飨之？"(《左传》僖公十九年)西周初年，周人提出："民之所欲，天必从之。"(《尚书·泰誓》)其中当然有重民思想，但尚未突破"天者，民之主也"的思想框架。由季梁所确定的民主神从的关系，在理论上是一大贡献。他认为统治者只有"先成民而后致力于神"，才能"庶免于难"，客观上反映了当时民众力量的壮大。

沿着季梁开辟的思想道路，有些人又指出，重民则兴而重神则亡。神的地位和作用不但进一步下降，而且还同亡国联系起来。鲁庄公三十二年(前662年)七月，据传将有神灵降至莘地，虢公连忙祭祀，请求神灵赏赐土地。内史过听到此事说："虢必亡矣，虐而听于神。"按内史过的观点，国之将兴将亡都有神灵降临，不过前者是"监其德"，后者是"观其恶"，虢公虐民而听于神，所以必亡(《左传》)。当时奉命参与祭神的另一位官员史嚚，比内史过更激进。他说：

> 虢其亡乎！吾闻之，国将兴，听于民，将亡听于神。神，聪明正直而壹者也，依人而行。虢多凉德，其何土之能得？(《左传》庄公三十二年)

在史嚚看来，虽然神灵聪明正直、专一不二，但还是"依人而行"，要看人的品德好坏来行事。虢君虐民德薄，做了很多坏事，神灵还能给他赏赐土地吗？

六、无神论思想的活跃

西周末年,随着王权在地上的坠落,原来维护王权的上帝天命观念也受到空前未有的冲击。这种冲击首先来自下层的民众以及某些士大夫。他们把自己对现实不满的情绪,都集中倾泻到主宰自己命运的昊天上帝的身上。在《诗经》中,人们可以看到大量"怨天"、"问天"、"骂天"的诗句。他们怨恨上帝不均、不平:"昊天不惠!"、"昊天不平!"(《小雅·节南山》)他们质问上帝为什么好话不听、胡乱惩罚:"如何昊天,辟言不信?"(《小雅·雨无正》)"何辜于天,我罪伊何?"(《小雅·小弁》)他们甚至咒骂上帝残暴、缺德:"疾威上帝,其命多辟!"(《大雅·荡》)而当他们理智地面对现实的时候,则发现"下民之孽,匪(非)降自天"(《小雅·十月之交》)。就是说下民的灾难并不是来自老天爷,而是来自那些残暴缺德的统治者。春秋时期的一些先哲,则从理论上表达了他们的无神论思想或倾向。除了上面讲过的有关民神关系的新理解,对于自然界的一些奇异现象,他们总是排除神灵的影响,而努力从自然界自身的变化去说明。例如,哪个地区发生地震,通常被认为是神灵的愤怒,伯阳父则用阴阳"失序"去说明。宋国落下五块陨石,宋襄公以为是什么吉凶之兆,叔兴则解释为"阴阳之事"。一种海鸟飞到鲁国东门外三日不去,国人要隆重祭祀,展禽则指出"已不知而祭之"是"非智也",他认为那是海鸟到大陆来避灾,没有什么神秘性(《鲁语上》)。对于社会人事问题,也是排除神灵的影响,而尽可能从人事本身去找原因。晋惠公做了秦国的俘虏,认为是先君当年没有听从史苏之占。韩简则指出,先君败德的事情太多了,与易卦有什么关系!(《左传》僖公十五年)晋侯有病而疑神疑鬼,医和则指出:其病是因为"近女室,疾如蛊",其实"非鬼非食(蚀),惑以丧志"(《左传》昭公元年)。鲁国发生大旱,僖公打算焚女巫以祈雨,臧文仲则指出:"非旱备也。修城郭,贬食省用,务穑(节俭),劝分(相济),此其务也。"(《左传》昭公二十一年)假如天要杀女巫,那就等于天没有生她;如果大旱的原因在她,把她烧死不是旱灾更厉害了吗?当然,这些先哲并非都同天命神道完全划清了界限。同一个臧文仲,反对焚巫祈雨的是他,组织国人祭祀海鸟的也是他。前面讲到的季梁、内史过和史嚚,都为神道信仰保留了一定的地盘,并非彻底的无神论者。不过在那个时代,他们的无神论倾向对于解放人们的思想确实具有震撼的作用。

第二节 管子与晏子的哲学思想

一、管子的哲学思想

管子(?~前645年),名夷吾,字仲,谥号敬,故又称敬仲。颖上(今安徽颖上县)人。早年家贫,经商。辅佐齐桓公执政达40年,对内进行了一系列改革:"相地而衰征",按土地的好坏等级以及年成丰歉收取田税;打破分封世禄制度,"尊贤育才"和"察能授官";大力发展经济,开通贸易……使齐国的国力空前强盛起来。对外以"尊王攘夷"为口号,"九合诸侯,一匡天下",使齐桓公成为春秋霸主。在客观上保护和发展了华夏文明。管仲一生主要从事政治活动,但为了论政和推行其革新的主张,从天道观和人道观上发表了不少言论,并且多有建树。现存《管子》一书,是推崇管仲的管仲学派的论文集,现在一般认为是战国时期稷下齐国学者编撰的。其中《经言》诸篇与大中小三《匡》保存有管子本人的思想资料,同《国语》、《左传》和《史记》记载的管子言行基本一致。

(一)"天常"、"天道"的理论概括。

自西周以来,中国哲学在天道观上具体讨论了阴阳、五行以及"物生有两"等问题,但尚未把"天道"作为中国哲学的一个重要侧面而明确的提出来。管子在前人的基础上,明确提出"天常"、"天道"的概念,表明他的哲学思维与哲学理论具有更高的概括性。《管子·形势》曰:

> 天不变其常,地不易其则,春秋冬夏不更其节,古今一也。

《形势解》对此有一个解释:"天覆万物,制寒暑,行日月,次星辰,天之常也","故天不失其常,则寒暑得其时,日月星辰得其序"。这里所谓"天常",就是天气、天象变化中那种守恒不变的东西。如二分二至的时节,星次出没的时间与方位,古代现代都是如此。这样,"天常"实际讲的是天气、天象的规律性,"常"已经是一个哲学概念。后来老子的"知常曰明"和荀子的"天行有常",由此已经看到其思想苗头。

那么"天常"到底是什么呢?那个守恒不变的东西是什么呢?管子用阴阳概念来说明:

> 春秋冬夏,阴阳之推移也;时之短长,阴阳之利用(作用)也;日夜之易,阴阳之化也。然则阴阳正矣。虽不正,有余不可损,不足不可益。天也,莫之能损益也。(《管子·乘马》)

按管子的思想,那个守恒不变的东西就是阴阳,这个观念明显是从《周易》继承下来的。"阴阳正矣","正"犹曰"常"。管子没有把"常"绝对化,比方,寒暑节气有提前错后的现象,星次出没也有提前错后的现象,这就是所谓"有余"或"不足"。但即使如此,那也是"天"自身在变化中所发生,"天"自身可以有损益,人却不能去损益。这说明"天之常"与"天之变"都是客观的,不依人的意志为转移。

管子所谓"天",不是主宰之天,而是自然之天。他强调天的客观性,并不否定人的作用,而是为了更好地发挥人的作用。《形势》篇曰:

> 其功顺天者天助之,其功逆天者天违之。天之所助,虽小必大;天之所违,虽成必败。顺天者有其功,逆天者怀其凶,不可复振也。

在《版法》篇中他更明确地提出"法天象地"的口号:"法天合德,象地无亲,参于日月,伍于四时。"天地"无私无欲",人君也应该无偏无私。日月普照大地,人君也应该有广阔的度量。在这里,我们又看到老子"人法地,地法天,天法道,道法自然"的思想苗头。

管子的"天常"与"地则"相对,其实"则"犹"常"也,"地则"只是"天常"的一种具体表现。除了"天常"之外,管子还建构了"天道"这个概念,它面对天地万物和整个自然界,可以更准确地阐明管子的天道观。管子指出:

> 欲王天下,而失天之道,天下不可得王也。得天之道,其事若自然;失天之道,虽立不安。其道既得,莫知其为之。其功既成,莫知其释之。藏之无形,天道也。疑今者察之古,不知来者观之往。万物之生也,异趣而同归,古今一也。(《管子·形势》)

齐桓公"欲王天下"，这是一种政治活动。但在管子看来，最根本的是要把握"天之道"。把握了"天之道"，会自然而然地"王天下"。违背了"天之道"，即使有了王权也保不住。他告诉人们，天道的作用是不知不觉的，天道的存在是无形无象的。但是，人可以从察古知今、观往知来中"知天"而"得道"。天下万物各有差异，但"异趣而同归"，都由"天道"来支配。古往今来，"天道"之"常"是一贯的、相同的。管子不同于一般的政治家，他从"天之道"的高度来看"王天下"，一下子把问题提到了哲学的高度。而他对"天之道"的分析也充分地表明，他是一个名副其实的哲学家。

（二）"爱民"、"牧民"的辩证理解。

管子作为春秋时代的政治家，他所进行的一切改革都是为辅佐他的君主"王天下"的。"王天下"说到底，就是君主要掌握王权，从而占有和统治民众。从传统的等级尊卑观念来看，管子名之曰"牧民"。他说："民之不牧者，非吾民也。"又说："无以牧之，则处而不可使也。"（《管子·权修》）《管子》书中有一篇《牧民》，专门论述如何统治民众。毫无疑义，"牧民"的提法反映了统治者对民众的鄙视。但管子不同于那些昏庸的君主，他继承和发挥了周公以来重民的思想传统，认为"牧民"必须"爱民"，并把两者概括为取与予的关系。"取"是君主利用民财、民力以维护其统治，"予"是君主对民的关心和爱护。"取"是目的，"予"是手段，"取"要以"予"为前提和条件，即"将欲取之，必先予之"。他由此得出结论："故知予之为取者，政之宝也。"（《牧民》）这是站在君主的立场上辩证地处理君民关系，也反映了管子哲学思维所达到的水平。

据《管子·小匡》记载，齐桓公问"欲修政"首先应从何处着手，管仲回答以"始于爱民"。"爱民"的对象和范围很宽："士、农、工、商四民者，国之石也。"知识分子、农民、工匠、商人都是国家大厦的基石。"爱民"的具体内容很多，包括"安民"、"养民"、"富民"、"育民"（增加人口）等等，其中很重要的一条是"薄赋敛"、"量民力"、"取于民有度"。如果只"取"不"予"，其结果是"民力竭"和"财力竭"，不但无所"取"，而且会激起民怨和民反，那统治者的日子便过不下去了。

管子之所以辩证地把握"牧民"与"爱民"的关系，是基于历史的经

验教训,同时亦出于他对民众欲望和需要的研究,他指出:

> 政之所行,在顺民心;政之所废,在逆民心。民恶忧劳,我佚乐之;民恶贫贱,我富贵之;民恶危坠,我存安之;民恶灭绝,我生育之。此乃政之宝也。(《管子·牧民》)

顺民心则兴,逆民心则亡,这是三代兴亡的经验教训。对于春秋时期各个诸侯国的君主来说,面临着同样的问题。几千年来,中国人一向把民心向背作为判断国家政权兴衰的基本标志,这种政治智慧和传统观念实际始于管子。而这里讲到的"从其四欲"和"除其四恶",在中国哲学史上实际已接触到人性的问题。中国哲学讨论人性问题,都是与解决如何治国安民的问题相关的。

(三)法、礼相辅的哲学智慧。

春秋时期,随着社会经济基础的变革,西周以来的整个礼制作为上层建筑也都崩溃了。不但整个天下,就是各个诸侯国的内部,由于新旧矛盾的激化,社会也极不稳定。为了有效地推行社会改革,管子适时地提出了重法的主张:"治民一众,不知法不可。"(《管子·七法》)而要使法令真正得以实施和贯彻,他在政治上采用"察能授官,班录赐予"的用人制度,开了后来"综核名实"、"循名责实"的先河。对民众则以赏罚为基本手段,"劝之以赏赐,纠之以刑罚"。这一切都明显地表现了一种法家的精神,所以后世人们常把管子作为法家的先驱人物。

但是,管子重法而并不去礼。齐桓公问他如何安定国家,他回答说:"修旧法,择其善而业用之。"(《国语·齐语》)这里所谓"旧法",不只包括西周以来的律法,同时也包括西周以来的礼法。在管子看来,治国不能没有"礼",他指出:"凡牧民者,欲民之有礼也。"又说:"礼不可不谨也。"(《管子·权修》、《管子·五辅》)并把"礼义廉耻"确定为国之"四维",提出"四维不张,国乃灭亡"(《管子·牧民》)。"四维"在这里包括了礼制礼仪及为之服务的道德规范。管子把"礼"具体概括为"八经":"上下有义,贵贱有分,长幼有等,贫富有度,凡此八者,礼之经也。"(《管子·五辅》)《齐语》中还记载道:"君不君,臣不臣,乱之本也。"可见,周礼中最基本的"君臣父子"之义,他认为是好东西("善者")而继承下来了。因为这是古代等级社会最基本的制度和规范,无论奴隶制还是封建制都必不可少。"业用之"很费解。韦昭注:"业犹创也。"就是说,在继承其"善者"时要创造性地运用,而不是简单地照搬过来。周礼的传统是"礼不下庶人",管子则把"礼"作为"教民"的基本内容。在周礼中,"义"是处理贵族内部关系的,管子则用来处理君臣上下关系。还有,管子提出"贫富有度",这在周礼中也是没有的。很明显,管子的礼教不是维护已经过时的旧制度,而是维护改革所确立的新制度。

严格说来,法和礼都不属于哲学的内容,但管子法礼相辅的主张中却包含着一定的哲学智慧,这就是义利两种价值的结合。法以利为价值导向,赏罚把利害关系突出地摆在人们的面前。但是,单纯地重法有其局限性,"刑罚不足以畏其意,杀戮不足以服其心"(《管子·牧民》)。礼以义为价值导向,主要通过道德教化来引导,它有法所没有的特殊作用,所谓"四维张则君令行"、"教训成俗而刑罚省"(同上)。但单纯重礼也有其局限性,礼主要建立于思想意识上的自觉,而思想意识的自觉则有赖于一定的物质基础、满足一定的物质利益。管子有一句很著名的话:"仓廪实而知礼节,衣食足则知荣辱。"(同上)这句话由于客观地和真实地揭示了物质生活与道德观念的关系,一直受到后世人们的称赞,简直成了中国人的一句哲学格言。

二、晏子的哲学思想

晏子(? ~前500年),名婴,字平仲(一说字仲,谥平)。东莱夷维(今山东高密)人。在齐国历灵公、庄公、景公三世为卿,为人"以节俭力行重于齐",敢于和善于进谏。在政治上,他维护管子在齐国的改革成果。在思想上,他比管子更为重礼,被《汉书·艺文志》列入儒家。但是他对孔子及其礼教多有微辞,而有非乐、非命、节丧的思想成分。我们认为晏子并非儒家或墨家的思想先驱,但确兼有儒家和墨家的思想成分。有关晏子的言行,主要见于《左传》和《史记·管晏列传》。现存《晏子春秋》内外篇共八卷,成书约在战国时代或秦汉之际。有关晏子的言行与《左传》基本一致,仍可参考。

(一)"和与同异"、"相成相济"的辩证思想。

晏子在哲学上的贡献,首先是继承和深化了史伯的"和同之辨"的思想成果,并在"和"中注入了"相成"、"相济"的思想,使"和"这一辩证概念的内涵更加充实。

齐景公和晏子有一次对话,景公因为臣子梁丘据总是讨好他,认为梁丘据与他的关系可谓之"和",晏子认为这只是"同"而不是"和",由此他对"和与同异"进一步作了论证:

> 和如羹焉,水、火、醯、醢、盐、梅,以烹鱼肉,燀之以薪,宰夫和之,齐(剂)之以味,济其不及,以泄其过,君子食之,以平其心。君臣亦然。君所谓可而有否焉,臣献其否以成其可;君所谓否而有可焉,臣献其可以去其否。是以政平不干,民无争心。……先王之济五味、和五声也,以平其心,成其政也。声亦如味,一气、二体、三类、四物、五声、六律、七音、八风、九歌,以相成也;清浊、大小、短长、疾徐、哀乐、刚柔、迟速、高下、出入、周旋,以相济也。君子听之,以平其心。……今据不然,君所谓可,据亦曰可;君自以为否,据亦曰否。若以水济水,谁能食之?若琴瑟之专壹,谁能听之?同之不可也如是。(《左传》昭公二十年)

晏子指出,"和"就像调羹一样,必须有水有火,佐以味道各不相同的调料,才可以在锅里煎烹鱼肉。厨师的调和,就是让鱼肉和各种佐料互相融合,使一些味道不能不及,又使一些味道不能太过,这样才能调出好吃的美味来。音乐也是这样,口唱乐奏,虽都是一气的变化,但有文乐、武乐而两体不同,有风、雅、颂之体制而三类不同,还有四方乐器不同,有五种声调不同,以及六律、七音、八风、九歌不同,有清浊、徐疾、刚柔、周旋等等不同,这样才能演奏出悦耳的音乐来。与此相反,"同"就像"以水济水",其结果还是水,不是羹,有谁喜欢品尝呢?就像只拨一个琴弦,只能弹出单一的音调,根本不是音乐,有谁愿意去听呢?

晏子以五味和五声喻"和",是要说明怎样才能实现君臣关系之"和"。在晏子看来,君主认为肯定的东西中有否定(不可)的成分,臣子应该指出其否定的成分而成就其肯定的成分;君主认为否定的东西中有肯定的成分,臣子应该指出其肯定成分而排除其否定的成分。这样,在君臣之间，可与不可、肯定与否定才能"以相成也"，又"以相济也"，这才是真正的君臣之"和"。而梁丘据不然，君主肯定的他亦肯定，君主否定的他亦否定，完全是"同"而非"和"也。值得注意的是，晏子讲的"相成"、"相济"虽然只是就五味、五声和君臣关系而言，实际具有普遍的意义。"相成"是不同的事物构成一个新的统一体，"相济"是不同成分之间的互补与协调。晏子还一再讲到"以平其心"，这是从客体的对象之"和"而进到主体的心理之"和"。

（二）"义为利本"的价值取向。

义利问题是一个很现实的问题，但在理论上明确地作为一对范畴提出来，并讨论二者的关系，晏子则是第一人，这是他在哲学上的又一贡献。针对当时齐国的内争，他指出：

> 让，德之主也，让之谓懿德。凡有血气，皆有争心，故利不可强，思义为愈。义，利之本也，蕴利生孽（蘖）。姑使无蕴乎，可以滋长。（《左传》昭公十年）

晏子所谓"义"，主要是道德礼让，也包括个人的信用、节操等。他讲过："做大事不以信，未尝可也。"（《左传》昭公六年）又说："小可以事大，信也；失信不立。"（《左传》襄公二十二年）这里强调的都是"取信于民"的问题。"利"主要是物质利益和政治权利。按晏子的观点，凡人皆有争利之心。但大家如果都争利，天下就无法收拾。所以对利不可强求，还是见利思义为好。"义，利之本也"，它本身蕴含着利，可以生出利的枝条。即使不蕴含利，也有助于利的"滋长"。齐景公对民"厚赋重刑"，百姓三分收成他取其二，市场上"屦贱踊贵"，这就是不义。结果姜氏的政权被田氏取代，这就是由不义而失利。"田氏虽无大德，而有施于民"，他用大斗借贷，小斗回收，结果民众"爱之如父母，而归之如流水"，这就是由义而得利。他不认为义利两者是不相容的，而坚持在义的基础上统一起来。孔子的义利观可能受到晏子的影响。

（三）反对巫祝祈禳的无神论倾向。

春秋时期的巫祝活动不但在民间盛行，上层统治者也迷信很深。晏子反对巫祝祈禳，主要是针对齐景公的一些思想行为。一般说，晏子并未直接否定天命鬼神的存在。但他通过揭露天命鬼神观念的思想矛盾以否定其合理性,以至最后主张破除迷信。其锋芒所向,从巫祝活动直到星占、梦占,几乎包括当时流行的各种方术迷信。

据《左传》昭公二十六年记载,齐国出现了彗星,齐侯命人禳除。晏子认为根本没有什么用处,完全是骗人的。他说:

> 天道不谄,不贰其命,若之何禳之?且天之有彗也,以除秽也。君无秽德,又何禳焉?若德之秽,禳之何损?……君无秽德,方国将至,何患于彗?……若德回(违)乱,民将流亡,祝史之为,无能补也。

按照当时的星占迷信,彗星由人间的恶秽之气所致。它的形象有若一根扫帚,意味着地上要"除旧布新",即君主易位或改朝换代。对于所在国家来说,是不祥之兆,所以齐侯要举行禳除活动。晏子很有头脑,以子之矛攻子之盾。他指出,人们不是都说天道不受人的谄媚,不会改变自己的命令吗?既然彗星是天意的表现,那为什么还要禳除呢?人们不是说彗星要扫除地上的恶秽吗?君主没有秽德,又何必禳除呢?若确有秽德,禳除就能去掉秽德吗?君主如果没有秽德,那还用的着怕彗星吗?如果道德确实很糟糕,就会出现民乱,祝史禳除也无补于事。齐侯当然不会承认自己有"秽德",禳除的事也就了结了。

又据《左传》昭公二十年记载,齐侯有病,问罪于祝史,认为祝史没有认真地向鬼神祈祷。晏子指出,君主"斩刈民力"、"征敛无度",祝史在鬼神面前只能说谎话,当然不会有什么好结果。他说:

> 民人苦病,夫妇皆诅。祝有益也,诅亦有损。……虽其善祝,岂能胜亿兆人之诅?君欲诛于祝史,修德而后可。

如果说祝史的祈祷有益于君,那么民众的诅咒也就有损于君。祝史无论如何"善祝",怎样能胜过亿兆民的诅咒呢?还是好好修德吧。晏子在这里一方面揭露了祝祷活动的虚伪性、欺骗性,同时把基点转移到修德上,即转移到人事上。他虽然没有直接否定祝祷的作用,但他的无神论倾向在当时具有解放思想、破除迷信的意义。

第三节 子产与范蠡的哲学思想

一、子产的哲学思想

子产(约前580～前522年),姓公孙,名侨,字子产,郑国人。出身贵族,20多岁即参予政治,28岁立为卿,在郑简公和郑定公期间执政22年。在诸侯争霸的形势下,他主张沿用周礼,处理国与国的关系,以维持郑国的存在。对内既依礼制关照上层贵族,又对过时的周礼进行了一系列改革。其措施主要有"立谤政",允许民众在乡校议论朝政;"作封洫",划定田界,承认新开垦的私田;"作丘赋",以"丘"为单位征收赋税;"铸刑书",将刑法以成文公布。他的思想比较复杂,后来对儒家和法家都有一定的影响。在哲学上,主要是对"礼"进行了哲学诠释,同时划分天道、人道而表现了无神论的倾向。

(一)"礼"的哲学诠释。

春秋时期,周礼在实际上已经遭到破坏。但新兴势力只是反对旧贵族的特权和统治,并不反对上下尊卑的等级制度。因此,如何看待"礼"的本质和功能,就成为思想领域中很重要的一个问题。在《国语》和《左传》中,有关"礼"的言论很多,旧贵族企图用周礼继续维护其特权和统治,新兴力量并不一概否定"礼"的作用,而是对周礼的内容采取改革的态度。子产对"礼"在原则上作了肯定,他所进行的一系列改革实际上超越了周礼,客观上有利于新兴势力而非保守势力。

在子产之前和同时的所有礼论,都着眼于政治与伦理。子产则把"礼"同"天经地义"联系在一起,赋予"礼"以哲学的意义。郑国大夫子大叔在与晋卿简子讨论"何为礼"时,引用了"先大夫子产"当年对"礼"的论述:

> 夫礼,天之经也,地之义也,民之行也。天地之经,而民实则之。则天之明,因地之性,生其六气,用其五行……是故为礼以奉之。……为君臣上下,以则地义。为夫妇外内,以经二物。为父子、兄弟、姑姊、甥舅、昏媾、姻亚,以象天明。为政事庸力行务,以从四时。为

刑罚威狱,使民畏忌,以类其震曜杀戮。为温慈惠和,以孝天之生殖长育。民有好恶喜怒哀乐,生于六气,是故审则宜类,以制六志。(《左传》昭公二十五年)。

按照西周以来的传统观念,"礼"无论如何重要和伟大,仅仅是一个人道概念,子产则把"礼"提升到贯穿天道、地道、人道而关乎世界整体的一个概念。"礼"的内涵的这种无限制地泛化,实际上把"礼"等同为秩序。毫无疑义,天道、地道、人道都有其秩序。但统统归之于"礼",明显抹杀了自然秩序和社会秩序的界限,是错误的。不过他认为世界整体的各部分都有其秩序,这些秩序之间有着内在的联系,又肯定了世界的统一性,这对中国哲学思维的发展则有重要的意义。"三才"的概念是战国时代才出现的,而子产在这里实际上已经把天、地、人看做世界整体的三个部分或三个层次,并追求一种整体协调的秩序。从他的具体说明来看,他并不否认人道与天地之道的差别,而认为人类社会的秩序乃是按照天地之道制定出来的,所谓"天地之经,而民实则之"就是这个意思。至于如何"则之",在很大程度上是比附。例如,以"六亲"、"六志"比附天之"六气",以刑狱比附天有雷电,以慈惠比附天之生物育物,这都是"以象天明"之类;以君臣上下、夫妇外内比附地有高下和物有刚柔,以礼用的牺牲、文采和音乐歌舞比附五行与五色、五味、五声,这都是"以则地义"之类。人们看到,社会人道之"礼"与"天经地义"之间,完全被勾画为一种相类与对应的关系。这种比附并不是推崇周礼、抬高周礼,而是企图从"礼"中发现其更普遍的意义。这在中国历史上是第一次对"礼"进行的哲学的诠释与论证。这有可能使"礼"超越新旧制度的界限,同样可以为新兴势力来服务。

子产不仅从哲学上论证了"礼"的根源,而且论证了"礼"的功能。他认为先王制"礼"的目的,就是要防止"民失其性",使人的精神心理"乃能协于天地之性"。因而他要求每个人都按照"礼"来规范自己的思想和行为,"人之能自曲直以赴礼者,谓之成人"。这就是说,自觉地以"礼"为标准,曲则直之,直则曲之,那就会成为一个完美无缺的人("成人")。如果说子产铸刑鼎的措施及其为政的作风,后来对法家学派的形成有一定的诱导作用的话,那么被他哲学化了的礼论,后来则被儒家学派所继承。《礼记·礼运》曰:"夫礼,先王以承天之道,以治人之情也。故失之者死,得之者生。……是故夫礼,必本于天,殽于地。"这种理论显然是由子产所奠定的。子产所谓"民性",实际就是"人性"。他提出的以礼修养的主张和"成人"这个人格概念,后来也成了儒家学派重要的思想资料。

(二)天人"不相及"的无神论倾向。

子产所进行的政治改革,必须从人事的实际出发,由此不能不对传统的宗教迷信有所冲击。据《左传》昭公十八年(前526年)记载,这年夏天五月,火星在黄昏时开始出现,不久刮起"融风",风势越来越大。按照星占学的说法,融风东来属于木,木生火,星占家梓慎预言宋、卫、陈、郑四国都要发生火灾。果然,梓慎的话应验了。事先,郑国星占家裨灶也有预言,并提出用国宝禳除,子产不许,裨灶这时再一次重申:"不用吾言,郑又将火。"子大叔也劝子产,国宝是用来护国保民的,何必吝惜。子产回答说:

> 天道远,人道迩,非所及也,何以知之?灶焉知天道?足以多言矣,岂不或信!

在子产看来,天道变化离人很远,人道的问题才是最切近的,这两者根本不相干,因而他反对由天象预卜人事。他反问:裨灶怎么知道天道变化与人事的吉凶有必然联系?他不过是说得多了,偶尔言中罢了。结果,子产还是没有禳祭,郑国并没有再次发生火灾,裨灶的星占预言破产了。事后第二年,郑国发大水,有两条龙在城外水中争斗。龙是神物,人们以为不祥,又来请求禳祭。子产的回答很大胆,也很巧妙:我们人和人斗,龙是不管的。现在龙和龙斗,我们人为什么要管呢?结果郑国也没有出现什么灾祸。在这里,龙与龙斗属于天道,祥与不祥属于人道,还是天道、人道"非所及也"。在星占迷信与精怪迷信十分盛行的时代,子产的这种观点和言论,很清楚地反映了他的无神论的立场,对于解放人们的思想具有十分积极的作用。

由于当时历史条件的限制,子产没有也不可能成为一个彻底的无神论者。对于星象的奇异变化和自然界其他的奇异现象,他没有自作聪明地去作解释,这是一种严肃的态度。然而,正由于他不明白那些奇异现象的原因,在"天道"的范围内仍然为神灵留下了地盘。据《谷梁传》对郑国那次火灾的记载,子产问神灶:"天者神,子恶乎知之?"他还讲过:"山川之神,则水旱疠疫之灾,于是乎崇之。"(《左传》昭公元年)晋平公梦见黄熊,他认为黄熊是伯鲧的灵魂所化,黄熊入梦是没有祭祀伯鲧的缘故(《左传》昭公七年)。有人问及闹鬼的事,他说:"匹夫匹妇强死,其魂魄犹能冯(凭)依于人,以为淫厉。"(同上)尽管子产没有同有神论完全决裂,但从总体看,他在当时是无神论的代表,而不是有神论的代表。

二、范蠡的哲学思想

范蠡(生卒年不详),字少伯,楚国宛(今河南南阳,一说内乡西南)人。家世贫贱,曾任越国大夫,积极辅佐勾践卧薪尝胆、发奋图强,后来使越国成为中原霸主。盛名之下,辞官游齐,经商,后世被商家尊为鼻祖。其思想涉及政治、军事、农业、商业,相当丰富。哲学理论主要表现在人与天地"相参"的思想追求和"赢缩转化"的辩证思想。现存思想资料主要见于《国语》中的《越语》与《吴语》、《史记》中的《越王勾践世家》与《货殖列传》。《越绝书》与《吴越春秋》晚出,有些记载可供参考。

(一)人与天地"相参"的哲学追求。

范蠡的"三才"观念十分清楚,凡论事,总是天、地、人三者并举。根据《国语·越语下》的记载,范蠡认为治理国家要做好三件大事:一曰"持盈",二曰"定倾",三曰"节事"。这三件大事则分别关乎天、地和人三个方面:

> 持盈者与天,定倾者与人,节事者与地。

"持盈者与天",即保持国家强盛要效法天道。天道有什么特点呢?"天道盈而不溢,盛而不骄,劳而不矜其功"。天道包容一切,十分完满,却从不过分;天道决定万物生灭,十分强盛,却从不骄傲;天道使日月四时总是运行不已,却从不自夸有功。范蠡所讲的天道,即自然界的各种规律及其表现。他把天道的具体表现名之曰"恒"、"常"、"节"、"极"等,接触到天道的恒久性、稳定性及其节律。如"天道皇皇,日月以为常。……阳至而阴,阴至而阳。日困而还,月盈而匡",古往今来,永远如此,并始终在不间断中一再重复着。他强调,人对天道的态度只能因顺,而不能违逆。这就是"因阴阳之恒,顺天地之常"、"必有以知天地之恒制,乃可以有天下之成利"。"因"者顺也,"因顺"之义已经显示出道家的思想色彩。范蠡讲到:"圣人因天","天地形之,圣人因而成之"。就越国和吴国的战争而言,当初"天时未作",客观条件尚不成熟,勾践硬要发兵攻吴,这就是"逆天",不能不失败。后来吴国发生严重灾荒,连稻种、蟹种都吃光了,老百姓耗尽其力,这表明"天时至矣",吴国将受"天地之殃",兴师伐吴的客观条件已经成熟了。

范蠡在观察天道时,十分注意天道变化的时间性,要求人们既要耐心等待时机,又要善于抓住时机。他指出:

> 夫圣人随时以行,是谓守时。(《国语·越语》)
> 臣闻之:圣人之功,时为之庸。得时弗成,天有还形。(同上)
> 蠡闻之:上帝不考,时反是守。强索者不祥。得时不成,反受其殃。(同上)

在范蠡看来,上帝不是谁的老爷子,不能给人帮忙,关键是按天时转变而行事。天道变化有时会夺去时机,有时又会提供时机,有时又不给予时机。时机是客观的,人不能去强求,强求蛮干的结果都是不妙的。在这种情况下,一定要有耐心,"待其来者而正之,因时之所宜而是之"。但是,时机成熟而不能及时抓住,那也会遭殃的。"得时无怠,时不再来。天予不取,反为之灾。"

"节事者与地",即调节国家事务主要是尽地之利,发展生产。范蠡指出:

> 唯地能包万物为一,其事不失。生万物,容畜禽兽,然后受其名而兼其利,美恶皆成以养其生。(同上)

地能包容万物和化育万物。国家所需要的一切财富都是由地提供的,人民要靠土地来养活。尽地之利的主要内容就是发展农业生产,以充实国库,提高人民的生活水平。所以,这也是治理国家的一个重要方面。

"定倾者与人",即安定危局主要取决于人,特别是君臣关系、君民关系和民心向背。像勾践卧薪尝胆,能够"除民之害"、"不乱民功"、"君臣上下,交得其志",尽管被吴国打败了,还有复兴的希望,即转倾为定。而吴王夫差"淫于乐"、"忘其百姓,乱民功"、"君臣骨解"、"上下相偷",尽管一时胜利了,最后不能不垮台,即由定而倾。

范蠡在具体分析问题时,常常天地并举,实际以天时、地利统归天道,以人事为人道。认为治理国家一方面要因顺天地,一方面要力尽人事,两个方面相结合。他指出:

> 夫人事必将与天地相参,然后乃可以成功。

"相参"即相配合。"人事与天地相参"不仅适用治理国家和越国兴师伐吴的政事,而且是一个具有普遍意义的哲学命题,实际上是对天人关系的一种回答。它既注意到天人之分,又强调天人相合,这是春秋时期中国哲学的一项重要成就。这不但是范蠡的哲学追求,后来也成为整个中国传统哲学的追求。

(二)"赢缩转化"的辩证思想。

范蠡由于特别重视天道的时间性,他在辅佐越王勾践的过程中,继承了西周以来的阴阳变易观念,进一步提出了"赢缩转化"的命题,对辩证法的思想开拓作出了重要贡献。

"赢缩"本来是天文学上的一个名词。五星在天空的视运动,循着二十八宿的顺序,每宿一舍,如果"趋舍而前"即提前进入某宿,就叫"赢";如果"退舍而后"即推迟进入某宿,就叫"缩"。当时的星占家认为,这种提前和推迟是由地上君主行为的善恶所造成的,反过来则表示上天的一种赏罚。范蠡则认为"天节固然",就是说,这种现象乃是天象变化中的节律,本来如此。更重要的是,范蠡超越天文学的具体意义,而把它作为表示天道变化的一个哲学命题。它不仅适用于天象的运动,也适用于人事的进退、盛衰、成败。范蠡之提出这个命题,就是要把它作为越国反败为胜的战略思想。当时吴国的形势是由赢而缩,越国的形势是由缩而赢。范蠡告诫勾践一定要注意"赢缩转化"的时机,转化的时机不成熟,一定要等待,转化的时机一旦成熟,就要紧紧抓住,不可错过。

从哲学上来看,"赢缩转化"的内容、原因和机制,仍是阴阳变易,即"阳至而阴,阴至而阳",例如"日困而还,月盈而匡"。但"赢缩转化"还概括了阴阳变易的一种规律性,既包含着后来《鹖冠子》的"物极必反"之义,又揭示了阴阳变易的循环性。而"天节"以及"阴节"、"阳节"的提法中也有"度"和"极限"的意蕴。尤其可贵的是,对于社会人事的"赢缩转化",范蠡十分注意客观(天时、地利)和主观(当事者)的条件。

范蠡还把"赢缩转化"具体贯彻于战争中的用兵之道,使他成为中国军事辩证法的思想先驱。他指出:

> 臣闻古之善用兵者,赢缩以为常,四时以为纪,无过无极。……
> 古之善用兵者,因天地之常,与之俱行;后则用阴,先则用阳;近则用柔,远则用刚;后无阴蔽,先无阳察。用人(兵)无艺,往从其所,刚柔以御。阳节不尽,不死其野。彼来从我,固守勿与。若将与之,必因天地之灾,又观民之饥饱劳逸以参之,尽其阳节,盈吾阴节而夺之利。宜为人客,刚强而力疾;阳节不尽,轻而不可取。宜为人主,安徐而重固;阴节不尽,柔而不可迫。凡陈(阵)法之道,设右以为牝,益左以为牡。蚤晏(早晚)无失,必顺天道,周旋无究(穷)。

在范蠡看来,兵无常法,关键是因顺天道,善于掌握兵力和态势上的"赢缩转化"。他在这里分析了战争中的先动和后动、进攻和防守、隐蔽和暴露等等矛盾现象,具体论述了如何用阴用阳、用刚用柔,十分生动。例如,后动居于守势,用阴而沉着;先动处于攻势,用阳而猛厉。敌人靠近时,示之以柔弱,使之麻痹;敌人较远时,示之以刚强,使之畏惧。居于被动时,不能完全退伏不动;居于主动时,也不能过于暴露自己。在敌人的气势还没有耗尽时,不可轻取,不可死拼;在我方力量强盛适于进攻时,则要迅猛果断,以迅雷不及掩耳之势去夺取胜利。阵势要宜于左右开弓,虚实并举,左右虚实,神妙莫测。战术中的阴阳刚柔、赢缩转化是没有穷尽的。范蠡的这些思想,很多地方与孙武十分接近。

范蠡在经济上利用平粜理论稳定物价,他在经商中讲究"积著之理",也贯彻了"赢缩转化"的思想,并取得了出色的成绩。但"赢缩转化"也给人一种循环论的印象。范蠡讲过"天节不远,五年复反,小凶则近,大凶则远",便把自然灾害的周期绝对化。旱涝变化可能有某种周期性,但为灾不为灾还有人事的原因。

第二章 老子的道论与道家学派的形成

老子（生卒年不详），《史记·老子韩非列传》曰："老子者，楚苦县（今河南鹿邑县）厉乡曲仁里人也。姓李氏，名耳，字伯阳，谥曰聃。周守藏室之史也。"先秦多称老聃，约与孔子同时而年长。相传孔子曾问礼于老子。其事不但同时见于《史记·孔子世家》，而且亦见于《吕氏春秋·当染》和《礼记·曾子问》。至于老子晚年出关之事，据考证函谷关的设置"实在（秦）献公之世"，与老子时代相去甚远，当属讹传。

通行本《老子》上下篇五千言，世传为老子原著。但有些章目对"礼"断然否定，与老子的史官身份和孔子问礼的史实不一致。而激烈抨击"仁义"，只有当"仁义"观念在社会上产生了广泛影响的战国时代才有可能。因此通行本《老子》肯定不是《老子》的原始文本，很多内容出自战国时期。1993年湖北荆门郭店楚墓出土简本《老子》甲乙丙三组[①]。其时代肯定在战国中期之前。整个篇幅相当于通行本的五分之二，从其语言、文字和章次划分来看，均比通行本更原始；更重要的是，简本的内容同老子回答孔子问礼的有关内容完全一致。因此，如果说简本不一定是《老子》原本，也应该说是现已发现的最接近原本的一个文本。

简本三组包括道论、修道和治国三个方面的内容，基本上已经构成一个完整的思想体系，这是本书研究老子思想的基本资料。至于通行本中增衍和修改而不同于简本的文字，将作为战国时期道家的思想资料来看待。

---

① 荆门博物馆编：《郭店楚墓竹简》，文物出版社1998年版。

第一节 老子的思想渊源

老子的哲学极富有原创性，但任何理论创造都必须以文化的积累为前提，以经验性的实践智慧为基础。班固《诸子略》曾指出："道家者流，盖出于史官。"老子作为周王室"守藏史"的身份及其知识结构，对于其哲学思想的形成无疑有很大的影响。简本《老子》屡言"圣人"，并引用了不少古语。《淮南子·缪称训》记载："老子学商容，见舌而知柔。"殷末的商容，可能就是老子讲的"圣人"之一。古语有明引，如甲组"是以圣人之言曰"（5：3）[①]，乙组"是以《建言》有之"（2：1）。有暗引，如甲组"江海之所以为百谷王，以其能为百谷下……"（4：2）即可能源于西周的某则铭文。《说苑·敬慎》记孔子见金人其背有铭文："……夫江河长百谷者，以其卑下也。"两者的文字和意旨都十分接近。具体说来，老子的思想渊源主要来自三个方面：

一是中华先民的史前文化。老子道论中的"混沌"、"清浊"及"无名之朴"的说法明显吸取了史前创世神话中的资料。而"贵阴守雌"的处世态度也能看到母系氏族社会的遗风和影响。老子"无为而治"和"功成身退"的政治主张，肯定从黄帝和尧、舜的古老传说中受到启示。班固曰"合于尧之克让"，是非常清楚的。而夏禹治水所采用的疏导方法，不仅打开了民族的智慧之门，而且为老子关于"道"的哲学抽象开辟了道路。

二是三代兴亡的历史经验与思想成果。《诸子略·道家》中曾排列了《伊尹》（商汤相）、《太公》（吕望，周师尚父）、《辛甲》（殷纣臣）、《鬻子》（周文王师，周封为楚祖）等书，这些书中的人物都是很有头脑的政治家，但还不能看做道家的思想先驱。这些著作在老子之前也未必已经成书和流传，但有一点可以肯定，即老子作为史官对他们的活动和传说十分熟悉。从现在有据可查的文献来看，三代兴亡的历史经验与思想成果集中凝聚在以"五经"为代表的文化原典中，其中最突出的是《周易》和

[①] 编码采自李零《郭店楚简校读记》，下同。见《道家文化研究》第十七辑，三联书店1999年版。

《尚书》。虽然《老子》其书并未注明《易》曰、《书》曰,我们还是能很容易找到一些相同或相似的思想线索。就《周易》而言,老子摈弃了其中的卜筮之术,而继承了"推天道以明人事"的思维方式和矛盾变化的辩证思想。同《周易》卦辞一样,简本《老子》的论述方式常常也是天道如何如何,人事应该如何如何。如:"持而盈之,不若已。揣而群(捃)之,不可长保也。……功遂身退,天之道也。"(甲组 3:2)《周易》所蕴含的"相反相成"和"物极必反"观念,在简本《老子》中已经直接用理论形式表现出来。简本《老子》"贵谦处下"的思想也同"《易》之嗛嗛"相合。就《尚书》而言,老子对"五行"观念和礼乐教化没有什么兴趣,他最关注的是"成败、存亡、祸福、古今之道"(《诸子略》)。《洪范》曰"无有作好,遵王之道,无有作恶,遵王之路",这里已经可以体会到"为无为"和"任自然"的意味。《左传》引《周书》:"慎始而敬终,终以不困。"(襄公二十五年)《老子》曰:"慎终如始,此无败事矣。"(甲组 4:5)其文字何其一致。《古文尚书》时代较晚,但其中有些资料的时代甚古。《大禹谟》曰:"汝唯不矜,天下莫能与汝争能;汝唯不伐,天下莫能与汝争功。"又曰:"满招损,谦受益。"在简本《老子》中也有类似说法。

三是春秋时期哲学思想的积累。对于老子说来,主要是"道"的哲学抽象与提升,以及表现"道"的作用的辩证法。就具体人物而言,应该特别提到管子。班固将《管子》列入道家,虽不完全正确,但确有一定的道理。管子有关"天常"、"天道"的理论概括,及其对于"得道"的论述,有可能对老子发生过直接的影响。司马迁称管子:"其为政也,善因祸而为福,转败而为功。"(《史记·管晏列传》)老子对此一定非常重视。《国语·晋语四》记载,郭偃曰:"君以为易,其难也将至矣;君以为难,其易也将至矣。"《老子》曰:"是以圣人犹难之,故终无难。"(甲组 4:6)范蠡的思想与老子也有很多相似之处,由于两人的时间相近,现在还很难判断是不谋而合,或谁影响谁。

另外老子熟悉天文历象,并有医学、导引的知识,这对其道家哲学的形成,也都有重要的作用。但是,不管是前世和当代的思想资料,还是个人的知识结构,都不过是条件而已,老子的独特贡献就在于,他充分利用了这些条件,以"道"为中心,创造性地建立了一个道家哲学的体系。由此继往开来,成为道家学派的创始人。

第二节 "道"的抽象及其本原意义

老子哲学最显著的特征,就是把"道"提升为最高的哲学范畴。这既是老子的理论创造,也是中国哲学思维一步一步抽象的结果。第一步,从道路的"道"上升为规律或法则的"道";第二步,从具体的规律或法则上升为普遍的规律或法则之"道";第三步,从普遍的规律或法则上升为宇宙的本原之"道"。第一步和第二步,在老子之前已经完成了,第三步则是由老子实现的。

在迄今已出土的甲骨文中尚未发现"道"字。在金文中,"道"的原形一般是"行"字中间夹一个"首"字。在郭店竹简《老子》中,"道"字是"行"字中间夹一个"人"。其字形都是人在路上行走,其意义即道路之"道",其性质是一个极普通的日常性词语。但从西周以来,人们逐渐借用道路之"道"表示规律或法则的意义,"道"即开始具有哲学的意义。《尚书·洪范》曰:"遵王之道"、"王道荡荡"、"王道正直",这都是以道路的形象来借喻,从而引申出无形象的"王道",即王者治国必须遵循的法则。《尚书·顾命》曰"皇天用训厥道","道"的法则的意义更明确了。然而,为什么中国人作出了这样的引申,而中国哲学形成这样一个特有的概念?我们认为,这与夏禹治水成功的历史经验有密切的关系。夏禹治水用"导"的办法,这一成功的历史经验,对中华民族的智慧从心理上产生了极大的启示作用。水的流向有自己的道路,沿着这个道路去引导,就会解决问题。那么其他事物是否也有一种类似道路的东西,人们沿着它的道路去引导,也会解决问题呢?中华民族从其实践中作出了这种引申,而在思想上给予了充分的肯定。其实"道"在金文中,原和"导(導)"是同一个字,"道"既表示道路,又表示沿着道路去引导。这种用法在孔子讲的"道(导)之以政"、"道(导)之以德"中还能看到。这种语义对于哲学思维来说,就是促使人们要循"道"、合乎"道",于是不知不觉地从"道"中引申出规律或法则的意义。

春秋时期,"道"的概念在中国人思维中已经普遍使用。从《左传》和

《国语》的文字中时时可见。其中有些是表示道德之"道",如"有道"、"无道"、"不道"。大量的是表示具体的规律或法则,如"生民之道"、"忠之道"、"亲之道"、"存亡之道"等。然而循此前进,不断上升,又出现了具有普遍性规律或法则的"道"概念,这就是"天之道"、"人之道"或"天道"、"人道"。天道、人道在自然、社会领域都具有普遍的意义。"天道"有时包括"人道",而具有最大的普遍性。

老子生活在春秋末期,他继承了前人理论思维的成果,但没有到此为止,而是把"道"的抽象提升到第三步,"道"从普遍性的规律或法则而成为宇宙的本原。在简本《老子》中,人们可以看到,老子仍然在普遍规律或法则意义上使用"道"这个概念,如乙组讲到的"上士闻道"与"明道"、"夷道"、"进道",以及所谓"长生久视之道"等等。但老子的独特贡献,则是他赋予"道"以本原的意义。老子曰:

  有状混成,先天地生,寂寥独立不改,可以为天下母,未知其名,字之曰道。吾强为之名曰大。(甲组1:1)

"有状混成"通行本作"有物混成"。表示"道"之存在是混然而成,实指创世神话中讲的混沌状态。甲组4:4描绘"得道之容"曰"混乎其如朴,沌乎其如浊",正是此义。老子有时又用"大象无形"(乙组2:1)说明这种混沌状态的特征。普通的事物,包括天地在内,都是有象有形的。"道"之作为一种原始的混沌状态,太大了,我们只能说它有象,谁也无法说它是方是圆或其他什么样子。老子还讲道为"无名之朴"(甲组4:5)。"朴"的本义是木材没有加工,以"朴"喻道,也是要说明这种混沌状态的原始性。混沌状态尚未分化,尚没有天地,所以说"先天地生"。"道"作为混沌状态尽管无声无息(寂),空虚无形(寥),但它不依赖于天地万物,这就是"寂寥独立不改"。至于"道"为什么是宇宙的本原,就在于它是"天下母",即天地万物归根到底都是由"道"产生的。

"天下母"是一种比喻,用母子关系比喻道与万物的关系。然而,现实的母子都是具体的有形存在,所以这种比喻也有它的局限性,它只说明了一个生者与被生者的关系。为了避免这种误解,老子还有一个更明晰又更玄妙的说法,即"玄牝"。通行本第六章说:"谷神不死,是谓玄牝。

玄牝之门,是谓天地根。""谷神"仍然是形容"道",它像一个空虚的山谷,却产生了山水万物,所以是一个玄妙的生殖器官。这个比喻明显具有原始神话或原始宗教的色彩,简本《老子》可能因为粗俗而没有摘抄。但就其思想文字的古朴性言,我们认为应是《老子》原本的内容。通行本第四十章曰:"天下万物生于有,有生于无。"把道归结为"无",简本则曰:"天下之物生于有,生于无。"认为道是有与无的统一。道作为混沌状态,没有任何具体的规定,可以说是"无"。另一方面,混沌状态的存在是没有问题的,所以道也是"有"。天地万物之生于混沌,既是"生于无",又是"生于有",简本比通行本更直接地反映了老子的本意。

关于"道"如何具体产生天地万物,简本中没有通行本讲的"道生一,一生二,二生三,三生万物"(第四十二章)这个系列。但从中还可以看到更原始的线索:

> 混乎其如朴,沌乎其如浊。孰能浊以静者,将徐清?孰能安以动者,将徐生。(甲组 4:4)

在这里,我们可以看到从混沌状态到清浊分化的过程,而从清浊分化就会形成天地和产生万物。谁能让混沌状态安定下来,慢慢澄清?谁能让安定的东西运动起来,从容以生?在老子看来,当然是"道",也只能是"道"。

老子还讲到"道恒无名"(甲组 4:8)"道"为什么无名呢?"名"的形式是用言语来指称,其实质是用他物对此物进行限定。道作为"天下母"是超越天地万物的存在,不能用任何一物对它来限定,所以"道"在本质上是"无名"的,也是不能命名的。但是,"道"作为理论思维的对象,人们总要讲它、讨论它,又不得不有一个名字,于是老子"字之曰道"。这是就"道"的作用、"道"作为宇宙的根本规律而言的。"强为之名曰大",此"大"不只是讲"道"的存在空间,而且是讲"道"的内容无所不包。"譬道之在天下也,犹小谷之与江海。"(甲组 4:9)江海喻"道",小谷喻万物。当然"道"是"大",万物都是"小"。老子这里的"大"实际相当于宋明学者讲的"大全","道"产生了宇宙整体,它本身也包容了宇宙整体。下文讲到"天大,地大,道大,王亦大",其他都是有限的"大",惟"道"是无限的"大"。

第三节 "道"的作用与"道"的辩证法

在老子的哲学中,"道"之作为本原,只能说是一种原始的混沌状态。由于它没有具体的规定,无法直接去把握。它的存在只有通过它的作用来表现,它的特征也只有通过它的作用去把握。老子曰:

> 道[之出言],淡兮其无味也。视之不足见,听之不足闻,而不可既也。(丙组 1:2)
>
> 天地之间,其犹橐籥欤?虚而不屈,动而愈出。(甲组 1:2)

"道"没有什么味道,谁也看不见,听不到,但"道"的存在是不可穷尽的。它的存在就像吹火用的风箱(橐籥),尽管它中间是空虚的,只要运动就可以有风生出来,这种风就可以助火。因此,从"道"在天地间的作用,就可以证明"道"在天地间的存在。而老子正是从"道"的作用中发现了宇宙及其万物的辩证法,即宇宙及其万物的辩证规律。

"道"的作用首先表现在"道"的永恒变化与运动。《周易》从阴阳消长中也发现了事物的变化与运动,老子在阴阳之上又安置了本原性的"道",进一步说明变化与运动是"道"所固有的,因而也是天地万物所固有的。老子曰:"大曰逝,逝曰远,远曰返。"(甲组 1:1)"道"作为宇宙整体(大),在时间上可以无穷地追溯它的过去(逝),在空间上也可以无限地延伸(远)。其运行的总路线是从大"道"开始,产生天地万物;再从天地万物,又返回到大道(反)。所以他又说:"万物方作,居以须复也。天道员员(圆圆),各复其根。"(甲组 2:1)当万物刚刚开始变化运动时,我们从它的居处就会看到它一定要返回来。天道的变化就像一个大圆圈,周而复始,最后都要返回到大道。"道"的作用又表现在矛盾双方的相反相成和相互依存。《周易》所包含的这种辩证意蕴,在老子这里已经理论化。简本《老子》揭示了天地间和人世间很多很多的矛盾,如有无、大小、得失(藏亡)、智愚、巧拙、荣辱、曲直、损益、高下、贵贱、祸福、善恶、美丑、胜败、奇正、刚柔、强弱、进退、静躁、生死,还有足与不足、欲与不欲、执与不执、为与不为……用事实说明了矛盾存在的普遍性与客观性。所

有这些矛盾的双方都不能单独孤立地存在,没有一方,对方就不存在。甲组4:7的论述十分集中和精彩:

> 天下皆知美之为美也,恶已;皆知善,此其不善已。有无之相生也,难易之相成也,长短之相形也,高下之相盈也,音声之相和也,先后之相随也。

这种相反相成不但表现在不同事物的对立面之间,而且反映在同一事物的本质与外相之间。如明"道"如昧,进道若退,上德如谷,大白如辱(乙组2:1)。又如大盛若缺,大盈若盅,大巧若拙,大直如曲(乙组3:2)。老子以其深邃的眼光,发现了常人根本注意不到的这些辩证关系。

"道"的作用还表现在事物运动中的"物极必反"。《周易》原来也包含着这种辩证意蕴,老子不但把它理论化,而且提出了"反也者,道动也。"(甲组3:3)的哲学命题。从大道整体的运动来看,这个命题说明了大道的"周行"而反复。如果从大道在具体事物中的作用来看,则是矛盾对立面的转化。如:

> 物壮则老,是谓不道。(甲组3:1)

> 甚爱必大费,厚藏必多亡。故知足不辱,知止不殆,可以长久。(甲组3:2)

> 多易必多难。是以圣人犹难之,故终无难。(甲组4:6)

老子的这些论述中凝聚着极其丰富的社会经验和人生经验。一个东西如果强壮起来了,也就开始走向衰老了。有意让它强壮起来,也就是促使它早日死亡,这是违反"道"的原则的。一个人如果特别喜爱某种东西,必然为珍惜和保护它而大加破费。一个人如果积聚的财富越多,到头来损失也就越大。所以谁能知足,谁就不会蒙受困辱;知道了适可而止,就可以长保平安。"罪莫厚乎贪欲,咎莫险乎欲得,祸莫大于不知足。"(甲组4:2)处理各种事情,如果把它看得十分容易,就会遇到很多麻烦。圣人由于十分重视困难,终究也就没有什么大不了的困难。这些经验都触及到事物本身的自我否定问题。

老子从事物"反也者"的运动中,既看到可能有好的结果,也看到可能有坏的结果。为了求得好的结果,防止坏的结果,他提倡一种"贵谦处

下"、"贵阴守柔"的态度。在老子看来,这是"道"本身所具有的品德,也是人,特别是王者所应该具有的品德。他指出:

> 万物作而弗始也,为而弗恃也,成[功]而弗居。夫唯弗居也,是以弗去也。(甲组4:7)
>
> 江海所以为百谷王者,以其能为百谷下,是以能为百谷王。圣人之在民前也,以身后之;其在民上也,以言下之……(甲组4:2)
>
> 持而盈之,不若已。揣而群之,不可长保也。金玉盈室,莫能守也。富贵[而]骄,自遗咎也。(甲组3:4)

"道"让万物自由生长,而不是一开始就限制它们;它推动万物自己运动,而不认为自己有什么本事;最后成功了,也不把功劳归于自己。正由于它不居功,所以它的功绩永远不会失掉。江海之所以成为一切小河的领袖,就因为它地势处下。圣人虽然在人民前面领导人民,他却自觉地把自己放在人民的后面;他尽管身居万民之上,仍以谦恭的言辞对待人民。与其让水满得溢出来,不如早早罢手。囤积财富,不可能长久地保存。有些人家金玉满堂,谁能守得住呢?既富贵又骄横,必然自找倒霉。所以老子谆谆告诫人们:"果而弗伐,果而弗骄,果而弗矜,是谓果而不强,其事好长。"(甲组4:3)"果"谓成功了,达到了目的。在这种情况下千万不能自我夸耀,自我骄傲,自高自大。只有不逞强,才能长久地保持胜利的成果。

老子从"道"的作用中揭示了客观世界的辩证法,也揭示了社会生活实践的辩证法,标志着《周易》以来中国哲学辩证法的最高成就,至今仍保持着强烈的思想魅力。但同隐士的身份、地位相联系,老子的辩证法也反映了他单纯"明哲保身"的生活态度,无疑有它的局限性。"贵谦处下"和"贵阴守柔"是我们民族精神与民族智慧的一个重要方面,自有其积极的价值。但是,把它绝对化,在任何条件下都"不争"、"不为先",至少和现代人的生活实践是不相适应的。如果为了避免祸,便不肯去求福;如果为了防止失,便不主动地去谋求得,则明显是消极的。老子辩证法的最大缺陷,是缺少积极进取的精神。同时,它不讲条件,并有循环论的色彩。不过,这些问题将在中国哲学的发展中不断地去解决。

第四节 "自然无为"的治国之道

老子作为史官,本来就有辅政的职责。他后来虽然走上隐士的道路,但在内心深处并未完全超脱政治。他在其哲学思考中,从以道观天必定要落实到以道观人。班固《诸子略》认为道家所讲的都是"君人南面之术",这符合战国中期以后的黄老之学,并不符合老子的思想实际。而简本《老子》只是从原则上讲述治国之道。有关思想不但不能归入所谓"权术",也不是现在一般意义上的政治学。可以说,是一种政治哲学,实质上是人道论。

老子的治国之道或人道论可以用"自然无为"来概括,其理论基础就是"道法自然"。道既然是宇宙的本原,又是万物的根本法则,那么有关人道的一切问题,都必须以道为根据。老子曰:

> 人法地,地法天,天法道,道法自然。(甲组1:1)

这里有一个依次递进的层次,显然是老子以道观天、观地、观人所得出的结论,同时也凝聚着当时人们已经取得的许多知识和经验。人以大地为法则,主要反映了人对土地、人对农业的依赖关系。土地以上天为法则,说明农业活动要遵循天象和气象的变换。上天以大道为法则,是相信天象、气象自有客观的规律。"道法自然"是说大道以自己本来的样子为法则,自然而然。对人说来,从"法地"、"法天",归根到底还是要"法道",而"法道"就是法"道之自然"。"道之自然"表现在哪里?就表现在天之自然,地之自然,即"万物之自然",也包括人之自然。老子曰:"成事遂功,而百姓曰我自然也。"(丙组1:1)

在人道问题上,老子的无为论完全是从"人法道"和"道法自然"中所引申出来的。道之自然而然本身即表明"道恒无为也"[①](甲组5:4)。因而人做一切事情,特别是侯王治理国家,都应该像道那样走一条"无为"之路。"无为"的本质说到底,也就是"辅自然"或"顺自然"。人们常

---

① 简本《老子》甲组、乙组凡"无"字均作"亡"字,今据李零校读记通用"无"字。

常把老子的"无为"等同为"不为"或"无所作为",这是一种误解。老子的"无为"只是要求人们不要胡作妄为,不要违背物之自然,事之自然,道之自然。这是极不容易的。在老子看来,只有圣人才能真正做到无为。侯王若能恪守无为,也才能真正治理好国家。老子从历史的经验指出,"为之者败之,执之者失之",因此"圣人无为故无败,无执固无失",所以"圣人能辅万物之自然,而弗能为"(甲组 4:5)。"侯王能守之,而万物将自化"(同上),"侯王若能守之,万物将自宾"(甲组 4:8)。

老子的"无为"概念有丰富的内涵。一曰清静,这既是主体精神应有的一种心态,也是客观事物本来的一种态势,只有清静才能做到无为,只有清静才能表现出无为,主要告诫执政者不要好大喜功。他说:"燥胜寒,静胜热,清净为天下正。"(乙组 3:3)又说:"知足以静,万物将自定。"(甲组 4:5)二曰无欲,这是无为的条件和表现。他指出:"圣人欲不欲,不贵难得之货。"(甲组 4:5)告诫执政者"视素抱朴,少私寡欲"(甲组 4:1),不要骄奢淫逸,贪得无厌。三曰无事,这也是无为的具体表现,告诫执政者不要随便生事,玩什么花样。他提出"无事取天下",并列举了很多教训:"夫天(下)多忌讳,而民弥叛。民多利器,而邦滋昏。……法物(珍贵之物)滋章,盗贼多有。"(甲组 5:3)通行本有"治大国若烹小鲜"(第六十章)的话,就是说烹小鱼,不可总去翻、乱去翻,不然鱼就会破碎而不成鱼的样子了。这句格言很可能是老子的原话,不像是后人附加的。在这个意义上,老子把无为和无事并提:"为无为,事无事。"(甲组 4:5)而无为对于治国的功用,他有一段很集中的文字:

> 是以圣人之言曰:我无事而民自富,我无为而民自化,我好静而民自正,我欲不欲而民自朴。(甲组 5:3)

老子的无为论还有一个很著名的命题:"无为而无不为。"(乙组 1:2)"无为"是方式或手段,"无不为"是目标或目的。"无为"为什么能达到"无不为"呢?因为"无为"是基于"人法道",体现了"道无为"。道创造了天地万物,同时又支配着天地万物,人按照"道"来看问题,办事情,有什么目标达不到呢?"无不为"表现了"人法道"所获得的最大自由,可以看作是老子表示"自由"的一个特殊概念。从哲学理论思维来看,我们今天承认"无为"的合理内容,却不能把它绝对化,更不能用"无为"去反对"有为"。"有为"如果不尊重客观规律,主观妄为,当然是错误的和有害的。但"有为"如果遵循客观规律,它同"无为"不仅是相通的,而且是一致的。在尊重客观规律的基础上,我们提倡"无为"和"有为"的辩证统一。

第五节 "为道"与"为学"的区别

老子既讲"为学",又讲"为道",他认为两者性质不同,价值也不同:

[为]学者日益,为道者日损。损之又损,以至无为也。(乙组1:2)

老子的这一论述,在哲学上第一次区分了认识活动与人格修养。他对前者没有给予足够的重视,而把后者作为人生的追求目标。这种思想志趣不但影响了道家哲学的精神方向,而且影响了整个中国哲学的精神方向。

"为学"就是认知活动,也就是老子讲的"知"。认知活动以外界事物为对象,可以不断增长知识和技能,故曰"日益"。平实而论,老子本人的知识极其丰富,诸如历史知识、礼乐知识、天文知识和医学知识等。老子的辩证法说明他具有大智大慧。他对认知活动并未简单否定。仅从简本甲组中我们就可以看到很多有关"知"的言论:"和曰常,知和曰明"(3:1),这是有关阴阳之和的哲学认知。"知足不辱"、"知止不殆"(3:2),这是有关"度"或"界限"的哲学认知。还有"知美"、"知善"的问题(4:7)。甚至提出"吾何以知其然也"的问题。老子的"为学"方法主要是"观"。"[以家观]家,以乡观乡,以邦观邦,以天下观天下。吾何以知天[下然?以此。]"(乙组3:3)这说明,老子及任何哲学家都不可能完全超越认知活动。但是,老子对于知识之作为诈伪的工具,则采取鄙弃的态度。汉代严遵曰:"夫凶(恶)人之为学也,犹虎之得羽翼……圣人绝之。"(《老子指归》)这就是老子为什么要"绝智弃辩"、"绝伪弃虑"(甲组4:1),甚至提出"绝学无忧"(乙组1:3)的原因。然而,这种态度就像老子的辩证法一样,为了不败便不去争,为了不失便不去藏,显然是消极的和片面的。

"为道"不是认知活动,而是修养活动。道不同于具体事物,没有具体的规定。所以不能像认知具体事物那样去认知,人们只能体验和体会道的性格,然后按道的性格那样去生存、去生活。"为道"为什么要"日损"? "损"去什么? 如何去"损"? "损"就是要去掉个体与大道不一致的东西。万物的生灭变化,一般说来,都体现了大道的存在及其规律。人作为万物之一,应该也是这样。但人与万物不同的地方,是人有自觉自主的意识,有喜怒哀乐的感情。这种特点使人能认知客观的事物,却与大道无知无欲的性格不一致,因而妨碍了人们像大道那样去生活。"损"的基本方式就是"视素抱朴,少私寡欲"(甲组 4:1)。"损"的目标是达到"无为",即人们生存状态达到完全顺乎自然的状态。老子曰:"圣人居无为之事,行不言之教。"(甲组 4:7)"圣人"就是具有这一性格的理想人格。

　　老子"为道"的修养活动,包括生理上保养精气,但主要是精神心理上与大道保持一致。具体办法是"闭其兑,塞其门"(甲组 5:2,乙组 3:1)。在闭目塞听的状态下,保持心态的清静、无知无欲。在孔子问礼的时候,他告诫孔子:"君子盛德,容貌若愚。去子之骄气与多欲,是皆无益于子之身。"(《史记》本传)在这种精神状态下,五光十色的天地万物在人们面前"和其光,同其尘,挫其锐,解其纷",都不过是大道的存在及其变化,如此便达到了所谓"玄同"的精神境界(参看甲组 5:2)。"玄同"就是个体与大道、与万物和同为一。这一境界后来成为道家共同的精神追求。老子的"玄同"境界涉及精神上的"天人合一"与心理上的自然无为状态,有一定的合理内容。但他本人只能描述其体验,并未清楚地说明之,因而人们往往感到神秘而难以理解。

第六节　老子哲学的历史地位

　　老子哲学的丰富内容是中华文明原生形态的理论总结。他对西周礼乐文明既没有高度赞扬,也没有简单否定,而是进行深刻的反思和反省。他认为大道是社会文明的根基和基础,由此对"礼崩乐坏"作出了哲学的回答,而批判了礼乐文明中的消极成分和形式化的倾向。不过,他与孔子在思想上是相通的、互补的,并不存在战国时代的那种儒道对立。简本《老子》曰:"大道废,焉有仁义。六亲不和,焉有孝慈。邦家昏乱,焉有贞臣。"(丙组 1:1)孔子问礼后形容老子,像"乘风云而上天"的"龙",亦可见他对老子的态度。老子所总结的做人和治国之道,与孔子的有关思想,后来共同构成中华文明古代形态指导思想中的重要内容。尤其是他第一次提出人格修养和精神境界的问题,后来不但成为中国传统哲学的重要思想特征,而且成为中华文明古代形态的重要思想特征。

老子把"道"提升到本原的地位,并作为其整个思想体系的核心。他从万物的存在出发,明确地开辟了中国哲学的形上之域,空前地扩大了中国哲学的理论视野。老子本人只是阐明他的天道观和人道观,他虽有门人从之,主观上并未想到要建立一个学派。只是由于其思想的历史影响,客观上就成为了道家哲学的创始人,客观上标志着道家哲学学派的形成。几千年来,道家在中国传统哲学中的地位有升有降,但始终绵延不断,与儒家哲学同时构成中国传统文化和传统哲学的主干。

老子以"道"观天和观人,从根本上摆脱了传统的天命、神道观念。他所阐明的天道自然无为理论,后来成为中国古代无神论的重要思想来源之一。但是,老子的修道理论追求"长生久视"和"玄同"境界,并未清楚地说明其内在机制,后来又被道教宗教修炼所利用。

老子的辩证法对中国传统哲学作出了极其重要的贡献,并成为中国古代辩证法史的一条重要线索。但是,他的辩证法既深刻揭示了客观事物相反相成和矛盾转化的规律,又有其消极的方面。后世不同的哲学家和哲学学派分别从不同方面、沿着不同方向阐发其内容,必然产生出不同的历史作用。

老子的哲学无疑具有历史的局限性,但其思想精华至今仍保持着它的生命力,并成为中华民族哲学智慧的重要资源。

第三章 孔子的仁学与儒家学派的形成

孔子（前551～前479年），名丘，字仲尼。春秋时期鲁国陬邑（今山东曲阜东南）人。先世为殷人后裔，宋国贵族。少年贫贱，曾做过管理仓库、管理放牧牛羊的小吏。由于熟悉礼数，亦曾以"儒"为业。为人好学，精通"六艺"，30岁即聚徒讲学，同时从事政治活动。50岁后为中都宰，迁为司空、司寇，行摄相事，时间均不长。55岁后率弟子周游列国，不见用。晚年主要从事古代文献的整理工作。《史记》有《孔子世家》，记载他的生平活动。他的言论由门人记录整理，后来编成《论语》一书（以下引本书只注篇名），是研究孔子哲学思想的主要材料。

第一节 孔子的思想渊源

孔子的哲学亦极富原创性，但孔子自谓"述而不作"（《述而》）。这既是孔子的自谦之辞，也表明他的思想自有其渊源。班固《诸子略》曰："儒家者流，盖出于司徒之官。"据《周礼·地官》说，司徒的职责是"掌邦教，以佐王安抚邦国"，各诸侯国也都有司徒之职。《周礼·太宰》又说，具体教化百姓的官员曰"儒"。儒者的前身，本是精通六艺、负责教育各级贵族子弟的官员。春秋时期，由于社会变革，他们逐渐失去了原来的官位。但由于熟悉贵族礼仪，具有丰富的历史知识，仍然受到人们的尊敬，继续在民间从事相礼和教育事业。《庄子·天下》曰：古代学术"其在于《诗》、《书》、《礼》、《乐》者，邹鲁之士、缙绅先生多能明之"。"邹鲁之士、缙绅先生"一类知识分子，就是"官失其守"之后的儒者，孔子是他们中间最杰出的代表。孔子的思想渊源说到底，也不外乎三个方面：

一是中华先民的史前文化。他与老子不同的是,对史前的原始神话没有什么兴趣,而十分关注中华文明发生时期的历史经验。他也思考过尧舜的做人之道与治国之道,但着重其人文教化和人文智慧。孔子称赞尧舜之为"君"也"有天下而不与焉!""其成功也,焕乎有文章"(《泰伯》)。他们在治理天下时"允执其中"(《尧曰》),"执其两端,用其中于民"(《中庸》),"舜其大知也与!""舜其大孝也与!"把尧舜视为内圣外王的最理想的典范,这也是他的哲学思想最终要追求的目标。所以《中庸》说"仲尼祖述尧舜"。

二是三代兴亡的历史经验与思想成果。这些材料主要集中在以"五经"为代表的中国文化原典中。"五经"中也有尧舜禹的传说,但主要是三代兴亡的历史经验。孔子以"五经"教育学生,他又亲自整理过这些文献。因此,他的基本思想都可以从"五经"中看到有关的历史线索。孔子特别称赞西周礼乐之盛,实际上是称赞中华文明原生形态的伟大成就。三代文明以西周为最盛,西周文明主要是由文王、武王奠定其基础的。孔子称赞文王"其可谓至德也"(《泰伯》),肯定武王伐纣的革命行动,并以文武之治作为自己的政治理想,所以《中庸》又说仲尼"宪章文武"。不过,文王、武王的言论留下来的不多,主要是其事迹中所表现的实践智慧。在理论思想上对孔子影响最大的要算周公。从周公的"敬德"到孔子的仁学,从周公的制礼到孔子的礼教,这两条思想线索十分明显。因此,周公实际上是孔子的思想先驱,也是整个儒家的思想先驱。孟子称儒学为"周公仲尼之道",《抱朴子》曰"儒者,周孔也",正揭示了他们之间的思想联系。

三是春秋时期哲学思想的积累。根据《论语》提供的材料,孔子对春秋时期那些著名的政治家兼思想家都十分熟悉。他肯定管仲相桓公"九合诸侯,不以兵车"曰"如其仁,如其仁"(《宪问》),但又批评管仲不知礼、不知俭。他肯定子产"不毁乡校",又曰"人谓子产不仁,吾不信也"(《左传》襄公三十一年),子产"养民"、"惠民"、"以宽服民"的思想,也对孔子有很大影响。孔子和晏子的思想不是一个系统,但晏子的"和同之辨"对孔子"君子和而不同"的态度明显有所启示。孔子和老子的思想也不是一个系统,但他向老子去问礼,称老子为乘风云而上天的龙,肯定也受过老子的影响。例如,他和老子都反对"礼"的形式化。他也称赞舜的"无为而治"(《卫灵公》)。子曰"亡而为有,虚而为盈,约而为泰"(《述而》),显然有着老子的思想的影响。另外,从《国语》和《左传》的材料可知,孔子的一些思想言论,原来亦有所本。例如,《周语下》有记载:"仁,文之爱也"、"爱人能仁"。孔子后来亦曰:仁者"爱人"。《左传》僖公三十三年有记载:"出门如宾,承事如祭,仁之则也。"孔子论仁亦有类似的话。《左传》昭公十二年引仲尼曰:"古也有志:克己复礼,仁也。"可见孔子认为"克己复礼为仁"是很早就有的说法。《国语》中有"为臣必臣,为君必君"、"君君臣臣"的说法,孔子曰"君君、臣臣、父父、子子"显然是上述思想进一步的概括。如此等等,事例很多。

但是,不管孔子从前人、前世继承了多少思想资料,那些仅仅是一种智慧资源。孔子在哲学上的独特贡献就在于,他充分利用了这些智慧资源,以"仁"为中心,创造性地建立了一个儒家哲学的体系,由此他也成为儒家学派的创始人。

第二节 宗教意识与现实精神

春秋时期,传统的宗教神道观念受到很大冲击,但在整个社会生活中仍然十分顽固。孔子深受殷周文化传统的影响,仍然具有一定的宗教意识。不过,他对传统的宗教观念已经提出了怀疑,并进行了若干改造。而从孔子的整个思想体系来看,他最为关注的乃是现实的人生、人事。就其思想的主要倾向而言,其性质不是一种宗教性的信仰,而是一种非宗教的现实精神。

关于孔子的宗教意识,主要涉及"天"、"命"、"天命"三个概念和他对生死与祭祀的态度。周人的"天"原来自殷人的"帝"。殷人的"帝"实际是一种主宰之天,其特点是喜怒无常,完全以其好恶决定一切,没有固定的原则。因而殷人事事都要问卜上帝,不能作出任何理性的判断。周人的"天",注入了"德"和"民"的内容,"天"已经具有一定的原则,人们已经可以作出一定的理性判断,但周人仍然认为他们受有"天命","天"仍然具有人格意志。孔子在其思想的深层,仍保留着对主宰之天的信仰,认为"天"能对人赏罚,能决定人事的吉凶祸福。他讲过:"获罪于天,无所祷也。"(《八佾》)有一次受到匡人围攻,他感慨曰:"天之将降斯文也,后死者不得与于斯文也;天之未丧斯文也,匡人其如予何!"(《子罕》)有一次宋国大夫桓魋要杀孔子,他逃走后说:"天生德于予,桓魋其如予何!"(《述而》)孔子在遇到人生困境时,总是呼唤主宰之天以作为其精神的最后支柱,并为自己壮胆。然而,在更多的场合,孔子所讲的"天"乃是一种"命运之天"。子夏曰:"商闻之矣,死生有命,富贵在天。"(《颜渊》)这是转述孔子的话。孔子对颜渊的早逝实在无法忍受,只能说:"噫,天丧予!天丧予!"(《述而》)在这个意义上,"天"实际上是指人们无可奈何又无法抗拒的一种命运,所以孔子又谓之曰"命"。伯牛将死,孔子曰:"亡之,命矣夫!斯人而有斯疾也!"(《雍也》)孟子曾说过:"莫之为而为者,天也;莫之致而致者,命也。"(《孟子·万章上》)这两句话可以作为孔子命运之天的注脚。命运之天与主宰之天之不同,就在于它包含有客观的、不依人的意志为转移的必然性的意蕴,而这种意蕴在周公那里还看不到。

《论语·阳货》有一段话:

> 子曰:"天何言哉?四时行焉,百物生焉,天何言哉?"

目前学界对这段话有不同解释,冯友兰认为无非是说"上帝也可以'无为而治'",同样"是上帝意志的体现"(《中国哲学史新编》第一册)。张岱年认为"天"指"广大的自然"(《孔子大辞典》)。在我们看来,"天"既然也可以"无为而治",那这个"天"与老子的"天"也就接近了。虽不是完全意义上的"自然之天",也与自然之天十分接近了。张岱年说"孔子所谓天是从主宰之天到自然之天的过渡"(同上),这种判断比较符合实际。需要补充的是,在这种过渡中,命运之天是一个中间环节。孔子所谓"天命",有时即是传统意义上的上帝意志,如他记述尧禅位于舜曰:"尔舜!天之历数在尔躬……""天之历数"所表现的也就是天的意志。有时亦指一种客观的、不可抗拒的必然性,如他说:"道之将行与,命也;道之将废与,命也。"(《宪问》)他认为西周盛世是"天下有道",但后来却灭亡了;春秋时代"天下无道",他又无法扭转这种时局,所以他归之于"命"。

即"天命"。他强调君子"知天命"、"畏天命"(《季氏》),并不是求得天的神秘启示,而是要明白有些事情是自己努力可以达到的,有些事情则是自己努力不可达到的。这样就既能正确对待自己的成功,也能正确对待自己的失败。

孔子对于鬼神问题既不肯定,也不否定,而采取一种"敬而远之"的态度。《论语》记载:

子不语怪、力、乱、神。(《述而》)
子曰:"务民之义,敬鬼神而远之,可谓知矣。"(《雍也》)

他认为智者只是致力于道德教化,祭祀鬼神的时候应该恭敬,处理问题时则应远离鬼神。这是一种抽象的肯定和具体的否定。学生问起鬼神,他说:"未能事人,焉能事鬼?"问起死后,他说:"未知生,焉知死?"(《先进》)显然他把人事、人生放在第一的地位。孔子对祭祀十分重视,但对祭祀的理解与传统观念大不相同。《论语》概括他的意思是:"祭如在,祭神如神在。"这是一种"神道设教"态度,问题不是到底有没有神在,而是祭神的社会功用。孔子在讲到葬礼祭祀时说:"慎终追远,民德归厚矣。"(《学而》)祭祀被作为推行道德教化的重要手段。另外,孔子对于《周易》也不取其占筮方法,而只从卦辞中引申、发挥有关见解,所以他说"不占而已矣"(《子路》),这种态度也与世俗不同。

孔子还保留着一定的宗教意识,这是没有疑义的。但主要立足于现实的世界和现实的人生。可以说,它的主体是一种非宗教的现实精神,而宗教意识和神道内容只是从其背景上显示出来的。孔子的思想核心是仁学,仁学要求士君子在现实世界中,通过自己的努力,进行道德修养,追求道德自觉,而绝不是偶像崇拜、鬼神迷信或天堂来世。换句话说,要求人们在现实世界和现实生活中,而不是在彼岸世界和人格神那里寻找自我的立足点。孔子和他的弟子门人所构成的是一个学术团体或教育团体,绝不是一个宗教性的团体,孔子本人是一个既仁且智的导师,而绝不是一个大教主。孔子的这种现实精神,后来陶冶了中华民族的性格,这就是从家庭人伦和自己的职业出发,在现实中实现自己的价值及其理想;既不好骛虚幻的彼岸世界,也难激发起那种非理智的宗教狂热，反过来，对于各种宗教信仰又采取包容并存的态度。

第三节 从"礼"进至于"道"

春秋时期礼崩乐坏，孔子对周礼仍采取肯定的态度，他坚持"为国以礼"（《先进》）和"礼让为国"（《里仁》）。同时把周礼作为教学的重要内容，一再告诫学生"不学礼，无以立"（《季氏》）。对于孔子的这种态度，当时和后世很多人都认为不合时宜。我们认为，孔子的这种态度诚然有其保守的一面，同时也应看到他对周礼的反思和对周礼的提升。

周礼的实质是什么？周礼实质上是以"君君，臣臣，父父，子子"为模式的一种等级制度和以血缘关系为基础的宗法系统。春秋时期这一套制度和系统的确是被破坏了，那么在社会转型之后，新的社会形态是否还需要这样的制度和系统呢？其实，在孔子之前，子产等人已经开始对周礼进行反思，并用"天地之经，而民实则之"来说明"礼"的实质。孔子之肯定周礼，主要地不是有关细节，而着眼于周礼所体现、所蕴含的那种普遍意义与普遍价值。孔子曰：

> 殷因于夏礼，所损益可知也。周因于殷礼，所损益可知也。其或继周者，虽百世可知也。（《为政》）

三代相"因"，说明三代的基本制度和社会组织系统是一脉相承的。有所"损益"，即有所改革。"其或继周者"，孔子指的是以后代替周王朝的新王朝。他认为以后的这个新王朝的基本制度和社会组织系统大体上和周王朝也差不多，所以才说"虽百世可知也"。孔子没有现代所谓的"社会形态"概念，但他的预见基本上是正确的。秦汉以下的中国古代社会，通行的还是"君臣父子"的等级制度与嫡庶有别的宗法系统。当然，孔子未免把周礼绝对化了，他没有，也不可能预见到等级制度和宗法系统在近代、现代的彻底崩溃。不过，孔子从周礼中发现了具有一定普遍性和恒久性的成分，这种哲学眼光是一般人所达不到的。历史在古代社会这个界限内，证实了他的论断和预见。

周礼的功能是什么？就是调节人们的社会关系，使全体社会成员都按其"名分"而有序化。这种有序化可以采取行政的、刑罚的手段或方法，但孔子认为最好还是采取道德的、礼教的方式或手段，这是他肯定周礼的又一个重要原因。他说：

> 道（导）之以政，齐之以刑，民免而无耻；道（导）之以德，齐之以礼，有耻且格。（《为政》）

行政命令和刑罚制裁是强制性的，它的作用看起来迅速、有力和明显，但不深入和不长久。民众由于畏惧刑罚而不敢为非作恶，但为非作恶之心未除，并不以此为耻。道德启示和礼乐教化是疏导性的，他的作用看起来不那么迅速、有力和明显，却因深入人心而长久，能够唤起人的道德自觉，从内心里因为非作恶而羞耻。这样，他们的行为就会自觉地符合社会规范而不出格。这样调节社会关系，不但可以实现有序化，而且可以达到群体和谐。孔子门人有子曰："礼之用，和为贵。先王之道，斯为美。"（《学而》）这种思想来自于孔子。"先王之道"云云，说明这是总结了历史的经验，特别是西周的经验。

孔子肯定和赞美周礼，同时认为应该顺时革新。更重要的是，他通过对周礼的反思，进一步提出了"道"的概念。"礼"本身只是一个政治性和伦理性的社会概念。"道"则是一个更高、更普遍的哲学概念。孔子曾提出"齐一变至于鲁，鲁一变至于道"（《雍也》）的目标。齐国改革较早，但不注意礼制和礼仪的建设。鲁国继承了周礼的传统，但有许多违礼的现象，所以才提出了从"礼"进至于"道"的目标。这个"道"不同于老子的"道"，它没有本原的意义，也没有天道的意义，只是一种具有一定普遍性的人道。就其具体内容而言，实际上只是以君主为代表的中央集权体制。他说："天下有道，则礼乐征伐自天子出；天下无道，则礼乐征伐自诸侯出。"（《季氏》）平实而论，这种主张符合春秋战国历史发展的趋势，也适应整个中国古代社会的政治需要。但是孔子显然把它绝对化了，似乎以为它是天经地义和永恒的原则，所以他才用"道"这个哲学概念来表示。

第四节 "仁"的整合与"人"的反思

在孔子的整个思想体系中,仁学是最为突出、最富于哲学智慧的内容。"仁"的观念在中国文化中具有十分悠久的历史渊源,它经过长期的历史积淀而不断提升,由孔子铸就成一个哲学范畴,并作为其思想的核心。在一定意义上可以说,没有"仁"这个范畴,就没有孔子的哲学,就没有孔子创立的儒家哲学学派。

"仁"溯其源,原本是东夷的一种礼俗,即两人相见,面对面地躬身作揖,互致问候。这种礼俗后来扩大到周人,古人称为"相人偶",郑玄说是"以人意相存问"(《中庸》注)。自周人开始,以"仁"表示一种美德,周公自称"予仁若考"(《尚书·金縢》)。从《国语》和《左传》可以看出,"仁"与"不仁"的道德判断已经普遍化。但在很长时间,"仁"只是众多德目中的一项。后来有人提出"参合为仁"(《左传》襄公七年)的命题,"仁"又翻过来综合各种德目。孔子沿着这种趋向,用"仁"统摄了"智",又统摄了"勇",还统摄了"居处恭,执事敬,与人忠"(《子路》),统摄了"恭、宽、信、敏、惠"(《阳货》)等,凡是以前属于"德"的那些子目,都被孔子的"仁"所统摄了。《庄子·缮性》曰:"德无不容,仁也。"孔子的"仁",确是"德无不容",所以宋儒干脆称"仁"为"全德之名"。

孔子所进行和完成的"仁"的整合,其目的是谋求"礼"的深化,让"礼"在人们的心理深处扎下根来。在孔子之前,有人已经讲过"克己复礼,仁也",但很少有人真正由此去认识"仁"的意义和价值。人们只注意"仁"是一种美德及其外在表现,并不关心"仁"的精神内涵。只有孔子才充分重视这一古训,并自觉地强调"仁"是"礼"的内化和深化的修养。《论语》记载:

> 颜渊问仁,子曰:"克己复礼为仁。一日克己复礼,天下归仁焉。……"请问其目。子曰:"非礼勿视,非礼勿听,非礼勿言,非礼勿动。"(《颜渊》)

"克己"即克制自己非礼的欲望,目标是履行和恢复"礼"的规范。也有人训"克"为"能",即自己能够履行并符合"礼"的规范。这两种解释虽有所不同,但都是一种自觉的意识修养。再看孔子列举的细目,"仁"就是要时时刻刻克制那些非礼的欲望,从而把"礼"内化和深化成一种稳定的心态,来规范自己的一言一行,一举一动。在孔子看来,行为上的非礼来自于内心的非礼之欲。因而行为上要"复礼",首先内心里要"克己"。人们从《论语》中可以看到,孔子评论历史人物的"仁"与"不仁",主要根据其行为来判断。然而对于学生的教育,则把"仁"主要看做一种意识修养。他说:"君子无终食之间违仁,造次必于是,颠沛必于是。"(《里仁》)"礼"在意识中内化及其稳定的程度,正是"仁"的修养所达到的水平。孔子认为颜渊能做到"三月不违仁",堪称模范,其余的学生都不过偶尔想到"仁"。孔子的"礼"面向整个社会,是一种外在的制度或规范,他的"仁"则面向个人,是一种内在的修养和心态,这两者在根本上是一致的。当然,比较而言,"仁"则深入一个层次,所以孔子说:"人而不仁,如礼何?"(《八佾》)

孔子十分强调"仁"的修养,然而"仁"到底是什么,孔子没有像西方哲学家那样去下定义,也不像后来的经学家那样去训诂,而是针对不同学生、不同情境,从现实生活中去指点,让学生从中去体会。不过,在孔子有关"仁"的诸多说法中,有一个最基本的规定,这就是他回答樊迟的话:"爱人"。"仁者爱人"这一命题不是随便提出的,它源自"仁"的本义。如前所述,"仁"作为一种礼俗,本来就蕴含着一种"以人意相存问"的亲爱之情,孔子不过从理论上作了概括而已。其实,不但孔子这样规定,先秦诸子也都是这样来理解的。人们仔细阅读《论语》会发现,孔子有关"仁"的其他说法,若不是"爱人"的具体表现,便是"爱人"的基础或条件,没有一条是与"爱人"无关的:

仲弓问仁。子曰:"出门如见大宾,使民如承大祭。己所不欲,勿施于人。在邦无怨,在家无怨。"(《颜渊》)

司马牛问仁。子曰:"仁者,其言也讱。"(《颜渊》)

子张问仁于孔子。孔子曰:"能行五者于天下,为仁矣。"请问之。曰:"恭、宽、信、敏、惠……"(《阳货》)

樊迟问仁。子曰:"居处恭,执事敬,与人忠。"(《子路》)

> 颜渊问仁。子曰:"克己复礼为仁。"(《颜渊》)
> 子曰:"刚、毅、木、讷,近仁。"(《子路》)
> 子曰:"巧言、令色,鲜矣仁。"(《学而》)

"如见大宾"、"如承大祭",表示对人的恭敬。恭敬是一种严肃的爱,也是真诚"爱人"的条件。"己所不欲,勿施于人",是从反面说明"爱人",自己不喜欢的东西不要强加于人。我不怨恨别人,表示我对别人的体谅和同情,而别人无怨恨于我,正是我"爱人"的结果。对人恭敬、宽厚、忠诚,讲信用,讲勤快,讲实惠,其中都贯穿着一种真诚无伪的"爱人"精神。在处理人我关系时,"克己"是"爱人"的基本条件,"复礼"不是取消"爱人",而是规范"爱人"。冯友兰曾指出,孔子所谓"仁"的基础是必须有真性情、真情实感。凡是"刚、毅、木、讷"之人,一定是老老实实的人,虽说不一定就是仁人,但接近于"仁"。而那种"巧言、令色",即油腔滑调、讨人喜欢的人则是不能成为仁人的[①]。这里需要注意,孔子所谓"爱人",是表示人我关系的一个极其广泛的哲学概念,它包括对人的关心、爱护、同情、理解、尊重、宽厚、信任、亲近、恩惠以及尽心尽力等等,不可作狭隘的理解。凡是一切与人为善、利人成人的感情和行为,都可以说是"爱人",都可以归之于"仁"。

孔子的"仁者爱人"同其"亲亲"观念联系在一起,曾受到墨家激烈抨击。这里的问题是,孔子的仁爱以"亲亲"为基础,是否即局限在"亲亲"之内。"亲亲"是一种基于血缘关系的自然的真实的情感,人类的其他爱心实际上都是在此基础之上才发展起来的。孔子认为"仁者爱人"的情感,只能从"亲亲"中去培养,只能由"亲亲"再扩大,这就是"能近取譬,可谓仁之方也已"(《雍也》)。很明显,孔子提倡仁爱,不单是处理家庭内部的关系,更重要的是要治国安民,这就要处理君臣关系、君民关系,以及邦国关系。那样,仁爱怎么能以"亲亲"为局限呢?"爱人"的人也不限于贵族,而包括我以外的一切人,也包括劳动者,包括奴隶。孔子"爱人"的另一种表达是"泛爱众"(《学而》),"众"指众人,甲骨文的本义

[①] 参看《中国哲学史新编》修订本第一册,第 131~132 页。

就是在田野中耕作的劳动者。马厩失火,孔子问"伤人乎",不问马。他首先关心的是养马人的死活,而不是马的死活。当然,虽说"爱人"的范围十分广泛,但对贵族的爱和对劳动者的爱是不同的,这叫做"爱有差等"或"以礼爱人"。但这不是范围问题,而只是方式问题。墨家"爱无差等"的愿望十分美好,但在古代社会是无法实现的。相反,孔子的"爱有差等"则比较现实,能身体力行。

《中庸》引孔子曰:"仁者,人也。"这是孔子仁学的又一个基本命题。在《孟子·尽心下》、《礼记·表记》和《春秋繁露·仁义法》中,都可以看到相同或类似的说法。这个命题从形式上看,好像说"仁"就是"人"。然此"人"指的又是什么呢?是张三、李四等等个体的人吗?不是。因为孔子从不认为每个人都可以称之为"仁",连他自己也说"吾岂敢"。是整个人类吗?也不是。如果整个人类都有"仁"的品德,还用得着孔子强调"仁"的修养吗?我们认为,此"人"乃是"人之所以为人"之"人"。即是说,"仁"就是人之为人所应具有的那种品德。朱熹后来曾说过:"仁者,人之所以为人之理也。"(《孟子集注·尽心下》)正是这一命题的展开。它最集中、最突出地表现了孔子在哲学上对"人"的发现和对"人"的反思。由于他提出了"人之所以为人"的问题,因而成为中国哲学思维发展中的一个重要界碑。

与"人的发现"和"人的反思"相联系,"仁者人也"还体现了孔子的人道主义精神,它实际上是东方人道主义的第一个自觉的命题。"仁者爱人"只是要求关心人,同情人。"仁者,人也"则更明确地要求把人要当"人"来对待。"仁"所表现的人道主义精神,本来源于"仁"的本义当中那种古朴的平等观念,只是经过孔子的抽象和提升,才成为一种自觉的理论。

第五节 教育过程中的认知理论

孔子在中国历史上首开私人讲学的风气。相传有弟子三千、贤人七十二。由于他的"学而不厌"和"诲人不倦",积累了十分丰富的教学经验。他在概括这些教育经验时,涉及了哲学上的认知理论。

一、直接经验与间接经验

孔子教育学生首先是道德品质的修养,然后才是文化知识的学习。他说:"弟子入则孝,出则弟,谨而信,泛爱众而亲仁。行有余力,则以学文。"(《学而》)而无论道德修养还是文化学习,他所依据的都是后来称为"五经"的传统文献和原来贵族必修的礼、乐、射、御、书、数等"六艺"。这些内容按其性质,都是既成的间接经验。此外,间接经验还包括一些传闻知识。对于前者,孔子一般信从不疑;对于后者,孔子则十分重视材料和证据。他讲过,关于夏礼、殷礼他能说出一些内容,但杞国和宋国提供的文献材料不充分,无法证实。在材料不足的情况下,他宁愿采取"阙疑"的态度。那样就可以少犯错误。

除了传授书本知识外,孔子也很重视多闻多见,这又属于直接经验。他指出:

盖有不知而作之者,我无是也。多闻,择其善者而存之;多见而识之,知之次也。(《述而》)

"择其善者"已超越耳目见闻,必须运用分析比较的方法。"知之次也"谓认知的次序,先是多闻多见,然后才能在思想上把握。这触及到感性认识向理性认识的飞跃。

二、生而知之与学而知之

孔子根据知识来源和学习态度,将人(认知主体)分为四种情况:

生而知之者上也,学而知之者次也,困而学之又其次也,困而不学,民斯为下矣。(《季氏》)

"生而知之者",孔子可能是指"上智"之人,即历史上那些先王或圣人。孔子看到这些人极富聪明智慧,而不明其知识的来源,故谓"生而知之"。应该承认,知识主体的先天条件的确有差异,但无论先天条件如何优越,先天条件本身不会产生知识。或曰孔子的"生知"之说"不过是虚悬一格而已",你看孔子就没有点出一个人为"生而知之者"。我们认为,孔子的确还有旧贵族固有的偏见,这就是所谓"惟上智与下愚不移"

《阳货》),"中人以上,可以语上矣;中人以下,不可以语上也"(《雍也》)。下层的民众是不是都为"下愚"?是不是都"困而不学"?孔子把问题简单化、绝对化了。

孔子承认"生而知之",但重点是论述"学而知之"。孔子虽然讲过"天生德于予"(《述而》)的话,但当学生说他"天纵之将圣"(《子罕》)时,他并不接受,他的态度是:"吾非生而知之者,好古、敏求之者也。"(《述而》)他所得意的是:"十室之邑,必有忠信如丘者焉,不如丘之好学也。"(《公冶长》)孔子曾在社会下层生活过,自幼喜欢"每事问"。他在日常生活中,坚持"三人行,必有我师焉"(《述而》)。他用大半生的精力从事教育,真正是"学而不厌"。他那丰富的历史知识、文献知识、礼乐知识,都是在学习过程中得来的,并非生来就有的。

对于学习问题,孔子特别强调主体的自觉性。他所谓"学而知之者",都是"志于学"者,其学习的态度都是自觉的、主动的。"困而学之",则是不自觉的、被动的。他非常喜欢那些"志于学"的学生,对于"困而学之"的学生则从各个方面进行督促和诱导。《论语》中第一句话就是"学而时习之,不亦说乎!"(《学而》)他把自觉学习、时时学习作为一种人生的乐趣。

三、"学"与"思"的关系

孔子讨论"学"与"思"的关系,最直接地接触到感性认识与理性认识的互动。他说:

> 学而不思则罔,思而不学则殆。(《为政》)

一个人耳目闻见可以了解很多情况,但如果不加思考就会迷惘而无所适从,这说明"思"在认识过程中,比"学"要高一阶段或高一个层次,这也就是所谓"下学而上达"(《宪问》)。那么怎样去"思"呢?怎样才能"上达"呢?孔子提到"温故而知新"(《为政》),这涉及历史的方法;又提到"闻一知十"(《公冶长》),这涉及逻辑的推理;还提到"叩其两端",即从矛盾的两个极端中去比较分析。孔子曰:"吾道一以贯之。"(《里仁》)他特别强调思想上的贯通;只有贯通,才能"上达"。

"学"必须进至于"思",然而"思"亦离不开"学"。离开"学","思"一定是空想、瞎想,必然要犯错误。所以他说:"吾尝终日不食,终夜不寝,以思,无益,不如学也。"(《卫灵公》)"思"之所以有赖于"学",主要是"学"能提供必要的材料,不然"思"就成了无米之炊。由此他鼓励学生:"学如不及,犹恐失之。"(《阳货》)学习就像追赶什么东西那样心情迫切,学到以后还担心会忘掉。

孔子讲到学习要有诚实和客观的态度:"知之为知之,不知为不知,是知也。"(《为政》)又主张:"毋意,毋必,毋固,毋我。"(《子罕》)他对学生"因材施教","循循善诱",通过"不愤不启,不悱不发"的启发,提高学生的思考能力。这些都是极宝贵的经验,但尚未从认识理论上作出系统的概括。

第六节 修养方法与精神境界

孔子和老子一样十分注意修养问题。孔子的修养主要是仁的修养,即思考人之为人应该如何,其目标是"成仁"或"成人"。孔子也讲"道",但它是社会之道和人生之道。就人生而言,这个"道"就是理想化了的人道,其内容还是"仁"。孔子告诉学生如何修养的四个要点:"志于道,据于德,依于仁,游于艺。"(《述而》)"志于道"即志于成仁或成人,这是方向问题。"据于德",即以道德为依据,这是立足点的问题。"依于仁",即依靠仁来统摄道德活动,这是中心问题。"游于艺",即活动于礼、乐、射、御之类,这是范围问题。其中"志于道"规定了人生的方向,最为重要。因为君子"志于道",也就是找到了一个"安身立足之地"。孔子自谓曰:"笃信好学,守死善道。"(《泰伯》)又说:"朝闻道,夕死可矣。"(《里仁》)

孔子的修养方法,说到底不外乎两条:一是学习,二是反省。他主张,学习和反省都应该有一个楷模,即以历史上的圣人和周围的贤人为榜样。孔子曰:"见贤思齐,见不贤而内自省也。"他所谓"畏圣人之言",就是告诫自己,无论其思想和行为都不能违背"圣人之言"。自己和贤者、圣人有什么距离,应该在比较中自省、内省。凡事"内省不疚",问心无愧,就没有什么忧愁和畏惧。曾子曰:"吾日三省吾身。"(《学而》)是从孔子那里学来的。在日常生活中,应该同仁者在一起,不要同不仁者在一起。"里仁为美。择不处仁,焉得知?"(《里仁》)所有这一切,都要以个人的自觉努力为基础。孔子强调:"为仁由己,而由人乎哉?"(《颜渊》)"有能一日用其力于仁矣乎!我未见其力不足者。"(《里仁》)

孔子在修养的过程中,特别重视不同人的不同的精神境界。从《论语》中可以看出,孔子主要讲了三种境界,即功利境界、道德境界,还有超道德的境界。在有关君子和小人的义利之辨中,他主要区分了小人的功利境界和君子的道德境界。孔子曰:"君子喻于义,小人喻于利。"(《里仁》)君子指有修养、有道德的人,小人指无修养、无道德的人。这两种人格反映了两种不同的价值观念和精神志趣。小人的生命意义以利为最高价值,其生活内容以利为中心,惟利是从,惟利是图,见利则喜,有利必争。在孔子看来,君子并非完全非利、去利,而应该"义以为上"、"见利思义"、"义然后取"(《阳货》、《宪问》)。就是说,要把道德原则的"义"作为最高的价值选择与生命目标,在义、利不可两存时,毅然决然地选择"义"的价值,毫无犹豫地牺牲"利"的价值。孔子曰:

> 富与贵,是人之所欲也。不以其道得之,不处也。贫与贱,是人之所恶也,不以其道得之,不去也。(《里仁》)
>
> 士志于道,而耻恶衣恶食者,未足与议也。(《里仁》)

很明显,道德境界高于功利境界,超越了功利境界。但是,君子具有达到道德境界的条件,未必都能达到和保持道德境界,关键在于能不能自觉地修养。那么,小人经过修养以后是否也有可能达到道德境界呢?按照孔子的分析,小人一般不会自觉地修养,所以这种可能性是很小的,他说:"君子而不仁者有矣夫,未有小人而仁者也。"(《宪问》)这种说法恐失之于绝对化,未免也有传统偏见的影响。

关于所谓"孔颜乐处"的论述,则又涉及一种更高的人格和更高的精神境界。孔子曰:

> 饭疏食,饮水,曲肱而枕之,乐亦在其中矣。不义而富且贵,于我如浮云。(《述而》)
>
> 贤哉,回也!一箪食,一瓢饮,在陋巷,人不堪其忧,回也不改其

乐。贤哉,回也!(《雍也》)

孔子这里描绘的他和颜回所具有的这种精神快乐,惟利是图的小人是根本达不到的,就是有道德的君子也未必都能达到。君子的道德修养只有使自己成为"仁人"时,他在精神上才会有这种满足感与幸福感。这种精神快乐对物质生活没有什么特别要求,吃粗粮、喝白水也可以,住在简陋的小巷里也可以。一般人都难以忍受这样的困苦,孔颜却感受到其中的快乐。那么,孔颜到底"乐"于什么呢?北宋道学家曾为此进行过讨论。从《论语》看,孔颜之乐在于"仁"、在于"道"。孔子讲过,"仁者安仁"(《里仁》)、"仁者不忧"(《子罕》)。一个人如果真正明白并实践了"人之为人"之"道",他就会心安理得,无论富贵、贫贱和得失祸福都能泰然处之。孔颜之乐超越了功利境界是没有什么疑问的,但为什么说它也超越了道德境界呢?因为这完全是自我内心深处的高度平衡、和谐与满足,不再牵涉到生活中善恶是非的评价,从而对于一切也都无怨无悔。可以说,他们已经找到了自己的精神乐园,因之也找到了自己的精神归宿。

孔子晚年曾追述自己一生的修养过程和精神境界的不断提升:

> 吾十有五而志于学,三十而立,四十而不惑,五十而知天命,六十而耳顺,七十而从心所欲不逾矩。(《为政》)

"志于学"包括学习文化知识,但主要是"为仁"的道德修养,目的在于把握"人之为人"之"道"。由此开始,孔子就是一位"君子儒",标志着他已进入了道德境界。"立"是"立于礼"(《泰伯》),礼本身即是道义原则的体现。"不惑"是能根据道义原则而明辨善恶是非,所谓"智者不惑"(《子罕》)。"知天命"不是知天的意志,而是知人力无法抗拒的必然性。有些事情则是人力可以达到,有些事情则是人力无法改变的。礼乐之制也可能遭到破坏,道德行为也可能遭受失败,这是由天命决定的,人力无可奈何。由于天命与道义并不完全一致,如果因行道义而遇灾祸,便不会懊悔。到此为止,孔子仍处在道德境界之内。"六十而耳顺",冯友兰读曰"六十而已顺",并谓"顺是顺天命"(《中国哲学史新编》)。我们认为"耳顺"就是"听言顺耳"。一个人如果真正看透了世界,看透了人生,无论别人讲什么,他都听得进去,并明白事物之所当然。别人讲了好话,他不会自以为得意。别人讲了坏话,他也不会发脾气。"耳顺"的境界,实际上已经有了一种无所制的精神自由,已经跨进"孔颜乐处"的超道德境界。"从心所欲"是精神自由的充分表现,也是精神和谐、幸福、满足的表现。"不逾矩",冯友兰说是"礼的矩"、"天命的矩",我们认为是"道的矩",即"人之为人"之"矩",也就是《中庸》讲的"从容中道,圣人也"。回头再看"孔颜乐处",虽说是"疏食"、"陋巷",但"从心所欲",怎能不"乐以忘忧"呢?由于这种"不逾矩",既不是被迫的,也不是一般的自觉,已经达到了自然而然,它同老子的"无为而无不为"已经相通了。

第七节　孔子思想的历史地位

　　孔子的哲学及其思想体系是中华文明原生形态的理论总结。他与老子不同,极力称颂西周礼乐文明的成就。他对"礼崩乐坏"也进行了反思和反省,但特别注意西周礼乐文明所蕴含的普遍意义与普遍价值,并从哲学上内化为"仁",提升至"道",对中华文明古代形态的建构起了重要的作用。由此,他所总结的做人之道、治国之道及其价值理想,后来成为古代中华文明的指导思想,其社会影响超过了老子。孔子在哲学上把做人放在第一的地位,强调人的道德修养、理想人格和精神境界。在治国之道中强调社会系统的调整和各种人际关系的和谐。在价值取向中强调"义以为上"、"见利思义"。这些思想对于民族精神和民族心理产生了极其深远的影响,因而也对中国传统哲学与中华古代文明产生了极其深远的影响。

　　孔子的思想体系以其仁学为核心,他通过"仁"的整合和"人"的反思,铸造了一种不同于老子自然主义的人文主义的思想传统,因而具有自己鲜明的思想特色。孔子的门生很多,在他生前已经形成了儒家学派,而他在生前也已经被推崇为儒家学派的最高代表和创始人。孔子及其儒家学派是先秦百家学术中的显学之一,但当时并未受到统治者的特别尊敬。西汉中期以后,由于儒学被官方定为一尊,孔子的地位被越抬越高,几千年来一直居于统治和支配的地位。但是,在儒学历史演变的过程中,孔子的形象和孔子的思想也常常遭到扭曲。因此,必须把孔子思想的本来面目与后世的扭曲区分开来。

孔子对于天命、鬼神的态度,既包含着宗教性的意蕴和内容,又凸现了一种非宗教性的现实主义的理性精神。前一倾向和官方的宗教信仰与民间的神道观念可以互相沟通、和平共处,并在一定条件下有可能被神化或宗教化。后一倾向又成为中国古代无神论的重要思想资源,被许多无神论者利用和发展。孔子思想中的这种矛盾倾向是客观存在的,对于它所产生的历史作用必须具体分析。

孔子关于学思结合的认知理论,尤其是关于道德修养和精神境界的思想,凝聚着很多实践经验与人生智慧,值得深入研究和借鉴。但他提出的"生知"说明显是错误的,过分突出道德价值,过分强调内省和自省,也有其片面性。

从总体来看,孔子的哲学及其思想体系适应中国古代社会的需要,促进了中华古代文明的发展,他被尊为民族的"至圣先师"是当之无愧的。近代由于社会的转型,他的思想受到严峻的挑战和猛烈的冲击。这虽然暴露出其历史局限性,但它仍旧是民族智慧的重要资源,并包含有普遍性和恒久性的内容。

第四章 孙武的"知彼知己"与兵家哲学

孙武(生卒年不详),字长卿,齐国乐安(今山东惠民)人。春秋末期兵家的代表人物。以其兵法著作与军事才能受到吴王阖闾的赏识,辅佐阖闾"西破强楚"、"北威齐晋"。世传《孙子兵法》十三篇,《汉书·艺文志》著录《吴孙子》八十二篇。1972年山东临沂银雀山汉墓发现简本《孙子兵法》中,还包括十三篇之外的《吴问》、《四变》等五篇。《孙子兵法》对上古以来的战争经验从理论上进行了总结,它不单就战争论战争,而且以战争为基础,论及天道、人道的一般问题,具有丰富的哲学内容。

第一节 "五事"、"七计"与战争的整体观念

战争是军事活动,又不单纯是军事活动。它必然涉及决定战争性质的政治,为战争提供资源的经济,还有其他种种自然条件和社会条件。孙武在研究战争问题时,不仅具有军事的头脑,而且具有哲学的头脑。他在强调战争问题的严重性时,就把制约和影响战争胜负的各种要素概括为"五事",又把"五事"的具体表现概括为"七计",这样,他就明确地把战争作为一个整体系统来考察。孙武曰:

> 兵者,国之大事,死生之地,存亡之道,不可不察也。故经之以五事,校之以计,而索其情:一曰道,二曰天,三曰地,四曰将,五曰法。……凡此五者,将莫不闻,知之者胜,不知者不胜。故计之以索其情曰:主孰有道?将孰有能?天地孰得?法令孰行?兵众孰强?士卒孰练?赏罚孰明?吾以此知胜负矣。(《孙子·计》篇。以下引《孙子》只注篇名)

在孙武看来,战争是关系国家命运的大事情,首先必须着眼于国家的整体而严肃地对待。由此,在研究战争问题的时候,就必须把国家当中有关的"五事"联系起来进行考察。按照他的解释:"道者,令民与上同意,可与之死,可与之生,而不畏危也。""道"在这里指的是道义原则,有道,就可使民众与君主同心同德,上下一致,民众也就可以与国家共生死、共存亡,而绝不畏惧战争的危险。"天者,阴阳、寒暑、时制也",指气候、季节、时令等自然条件,是否占有有利的天时在战争中十分重要。"地者,远近、险易、广狭、死生也",泛指各种地理条件,包括战场与本营的距离是远是近,阵地的地形是否险要,易攻还是易守,回旋余地的范围如何,将士们身处生地还是死地等。《孙子》中专门有《地形》篇,认为"地形者,兵之助也","知此而用战者必胜,不知此而用战者必败"。"将,智、信、仁、勇、严也",这是将军必须具备的五种品德。孙武认为将帅在战争中乃是"民之司令,国家安危之主",在各方面都应该有很高的要求。"法,曲制、官道、主用也",这是军队本身的法制,包括部队编制、指挥信号、军官职责和军需供应制度等。以上"五事"对于古代战争来说,缺一不可,并且相互联系、相互作用,构成一个整体系统。只有把"五事"作为一个整体系统来看待,才能对战争形成一个全面的概念,才能取得战争的胜利。

那么,怎样才能具体地把握"五事"呢,孙武又概括了"七计",即从七个方面去比较和推断。一看双方的君主谁有道、谁无道,二看双方的将领谁有能、谁无能,三看双方谁得天时地利,四看双方的军法命令谁能执行、谁不能执行,五看双方基层的兵卒谁强谁弱、士气如何,六看双方官兵的战术熟练不熟练,七看双方的军法赏罚分明不分明。把这七个方面的比较结论联系起来,从整体上去推断,就可以预知战争的发展与胜负的结果。

基于这种整体观念,孙武反对战争中单纯的军事观点。他认为不能为战争而战争,而应该尽可能用非战争的方式,比方从政治上解决双方的争端,以达到自己的目的。他提出:

> 百战百胜,非善之善者也,不战而屈人之兵,善之善者也。故上兵伐谋,其次伐交,其次伐兵,其下攻城。攻城之法为不得已。(《谋

攻》篇）

按照孙武的观点，最好的胜利不是百战百胜，而是不战而胜，即以政治上的胜利、道义上的胜利使敌人屈服。因而最好的战略，首先是粉碎敌人向我们发兵的意图。其次是利用外交来孤立敌人，使敌人不敢发兵。再次才是用兵作战。最下则是攻城，攻城是一种不得已的办法，即使取得了胜利，我方的伤亡也一定很大。

基于这种整体观念，孙武又要求军队必须保持和发挥整体的功能。他把军队的整体状态称为"率然"，指协调一致。"率然者，常山之蛇也。击其首则尾至，击其尾则首至，击其中则首尾俱至"（《九地》篇），善用兵者，应该使军队"齐勇若一"、"若使一人"，首尾相顾，协调有序。反过来，尽量要使敌人"前后不相及，众寡不相恃，上下不相收，卒离而不集，兵合而不齐"（同上）。通过破坏敌军的整体性，"乱而取之"。

第二节 "知彼知己"的军事认知理论

老子和孔子在讨论"道"和"仁"的过程中，都没有明确地划分主体与客体的界限。孙子讨论战争问题，敌为客，我为主，主客对立十分明显，所以孙子的认知理论具有十分鲜明的个性，代表了一种强调主客之分而非于主客合一的致思倾向。

在孙子兵法中，战争的双方都是现实的认知对象。称敌方曰"彼"，实际指客体，我方曰"己"，实际指主体。就前者而言，是一种客体性的认识；就后者而言，是主体的自我认识。在他看来，只有兼顾彼己和客主双方，才能获得比较全面的认识，才能取得战争的胜利。孙武曰：

> 知彼知己，百战不殆。不知彼而知己，一胜一负。不知彼，不知己，每战必殆。（《谋攻》篇）

"知彼知己"主要包括上述"五事"和"七计"，此外还有兵力、战术上的许多具体情况。结合战争的特点，孙武更具体地指出："知吾卒之可以击，而不知敌之不可击，胜之半也。知敌之可击，而不知吾卒之不可以击，胜之半也。知敌之可击，知吾卒之可以击，而不知地形之不可战，胜之半也。……故曰：知彼知己，胜乃不殆；知天知地，胜乃可全。"(《地形》篇)从军事上来看，这些具体情况十分重要。从哲学上看，问题不在这些细节，而在于孙武总结出一条军事认知的规律。毛泽东曾高度地赞扬了孙武的这一思想。他说："战争不是神物，仍是世间的一种必然运动。因此，孙子的规律，'知彼知己，百战不殆'，仍是科学的真理。"① 其实，孙武总结的这一条规律或真理，不只适用于战争的认知，也适用于一切社会事物、社会对象的认知。只要涉及客体和主体双方，孙武的论断就具有普遍的哲学意义。

关于军事认知，孙武还讲到了"先知"和"庙算"的重要性。他指出：

> 明君贤将所以动而胜人，成功出于众者，先知也。先知者不可取于鬼神，不可象于事，不可验于度，必取于人，知敌之情者也。(《用间》篇)

> 夫未战而庙算胜者，得算多也；未战而庙算不胜者，得算少也。(《计》篇)

"先知"不是"先天而知"，而是预先"知彼知己"。这种预先知之，不是来自求神问鬼，也不是根据表面现象来判断，更不能靠占卜之术来猜度，只有靠主体从敌人那里获取真实可靠的信息。那样就可以料敌如神，战而胜之。"庙算"不是关起门来想当然，而是根据"知彼知己"以"运筹帷幄"，分析比较双方胜负的种种条件，恰当地作出"可以战"与"不可以战"的判断。"可以战"则要策划取胜的计谋，选择什么天时，利用什么地形，采用何种战术等等。因此，"庙算"胜者取胜的把握大，"庙算"不胜者取胜的把握小。"先知"、"庙算"在这里虽然讨论的是军事认知问题，但就认知的能动性、主动性和计划性而言，同样具有普遍的哲学意义。

第三节 "奇正相生"的军事辩证法

春秋末期关于辩证法的思想，除了《老子》其书之外，《孙子兵法》最

---

① 《毛泽东选集》第2卷，人民出版社1991年版，第490页。

为丰富。孙子虽然讲的是军事辩证法,但透过军事辩证法,我们可以清楚地看出一般辩证法的哲学意义。

一、从天道的变化看战争的矛盾运动

孙武从天道自然的观察中,发现了"四时无常胜,五行无常位,日有短长,月有死生"(《虚实》篇),由此肯定了万物的永恒变化。进而去看战争这种特殊的社会现象,他提出"兵无常势,水无常形"(同上)的论断。然而,为什么"兵无常势",孙武在当时的条件下,已经意识到战争所包含的矛盾性与矛盾运动。

在"知彼知己"的论断中,孙子以彼己代表敌我双方,是标示战争活动的主体概念。彼己两个主体在战争中的对抗,便构成战争运动的基本矛盾。所谓"兵无常势",就是说战争的状态没有恒常不变的形势,它像水那样不停地流动和变化。其根源就在于战争双方的主体不断在较量,正是战争的基本矛盾决定了"兵无常势"。

在具体分析敌我双方的特点及其对立关系时,孙子又提出了一系列矛盾性的概念,如众寡、强弱、虚实、勇怯、劳逸、饥饱、治乱等,广泛地涉及军队的数量、战斗力、部署、精神状态、体力状况和将帅的指挥能力等,具体地揭示了"知彼知己"所应包括的内容,因而更具体地揭示了战争矛盾运动的有关条件和根据。

在分析敌我双方的活动方式及其对立关系时,孙武主要分析了攻守、进退、分合、动静种种矛盾。这些矛盾变化更直接地决定着整个战争矛盾运动的前途与结局,即胜负、死生与存亡。

以上这些矛盾,分别从整体上和不同方面、不同层次上清楚地揭示了战争运动的矛盾性及其矛盾运动的内容。由此我们可以看出,矛盾分析是孙子军事辩证法的一条主线与基本特征。在一定意义上完全可以这样说,《孙子兵法》是一部古朴的"战争矛盾论"或"军事矛盾论"。

二、根据矛盾的变化灵活地运用战术

孙武不但揭示了战争固有的种种矛盾,而且认为相互依存的矛盾双方,在一定条件下可以相互转化。他举例说:

> 乱生于治,怯生于勇,弱生于强。(《势》篇)
> 投之亡地然后存,陷之死地然后生。(《九地》篇)

在战争中,谁都追求治、勇、强,但处理不当,治会转化为乱,勇会转化为怯,强会转化为弱。指挥员必须努力防止这种逆向转化,而尽可能争取顺向的转化,促使自己由弱变强,由怯变勇,由乱变治。在战争中,谁也不愿意自己陷于亡地或死地,但是如果指挥得当,也可以反败为胜,化死为生。问题是如何运用战术。

根据战争中矛盾变化的复杂情况,孙武强调必须灵活机动地运用战术。他指出:"兵无常势,水无常形,能因敌变化而取胜者,谓之神。"(《虚实》篇)究竟如何"因敌变化",他提出了"奇正之变"和"奇正相生"的基本原则:

> 凡战者,以正合,以奇胜。故善出奇者,无穷如天地,不竭如江河。……战势不过奇正,奇正之变,不可胜穷也。奇正相生,如循环之无端,孰能穷之?(《势》篇)

"正"指正面对阵的常规战术,"奇"指旁出奇袭的灵活战术。任何战术性的行动,都不外乎"奇"、"正"两种类型。"奇"、"正"并举体现了战术中的原则性与灵活性的统一,普遍性与特殊性的统一。比方,在通常情况下,只能以众击寡,而不能以寡击众,此所谓"识众寡之用者胜"(《谋攻》篇)。但在敌众我寡的情况下,不能束手待毙,而应以奇致胜。孙武讲过,"少则能逃之,不若则能避之"(同上),不与敌人正面交锋,然后再想办法使我兵力集中,使敌兵力分散,所谓"我专而敌分"。在这种情况下,总体上的我寡敌众便转化为局部上的我众敌寡,"我专为一,敌分为十,是以十攻其一也"(《虚实》篇),那就一定会取胜。又如,在通常情况下,只能以强击弱,而不能以弱击强。但在敌强我弱的情况下,并非注定会失败,也有可能以奇致胜。孙武讲过,"强而避之","无邀正正之旗,无击堂堂之阵"(《军争》篇),可以不去正面交锋,进而采用"治心"、"治气"、"治力"等办法,"避其锐气,击其惰归","以治待乱,以静待哗","以近待远,以佚待劳,以饱待饥"(同上),这样就可以使敌人由强变弱,使我由弱变强,如是不战则已,战必胜之。

孙武认为,战术上的"奇"、"正"两种方式,不但可以相互转化("奇正相生"),而且变化无穷,没有止境。其实这种变换无穷不只限于战争,而是矛盾变化的一种普遍性的现象。"声不过五,五声之变,不可胜听也。色不过五,五色之变,不可胜观也。味不过五,五味之变,不可胜尝也。"(《势》篇)。当然,在这两种类型的战术中,孙武特别强调指挥员要有勇有谋以出奇致胜,而战争的艺术及其魅力就正表现在这里。孙武明确地指出:"兵者,诡道也。故能而示之不能,用而示之不用,近而示之远,远而示之近。利而诱之,乱而取之……攻其不备,出其不意。"(《计》篇)历史上像宋襄公那样讲究的"正正之旗","堂堂之阵",是孙武所唾弃而不取的。

三、因势利导与战争的主动权

战争的胜负不仅取决于敌我双方的各种客观条件,而且取决于战争的主观指导是否正确。孙武特别反对主观随意地决策,"主不可以怒而兴师,将不可以愠而致战"(《火攻》篇)。他认为,优秀的指挥员必须学会"任势"。"势"指种种条件在敌我交战中所出现的一种变化趋向,指挥员必须时时注意这种变化趋向,并要紧紧抓住它,善于利用它,使战争朝着有利于自己的方向发展。这就是人们常说的"因势利导"。孙子曰:"故善战者,求之于势,不责于人,故能择人而任势。"(《势》篇)他还比喻说,任势者"如转木石"、"如转圆石于千仞之山"(同上),势不可挡。

"任势"不单是一个认知的问题,同时是一个实践的问题,指挥员必须牢牢掌握战争的主动权。为此,孙武提出了"善战者,致人而不致于人"(《虚实》篇)的著名论断。"致人"就是在敌人面前有主动权,我主动而敌被动。"致于人"就是在敌人面前丧失主动权,敌主动而我被动。在敌人面前究竟是主动还是被动,直接关系着军队的命运。这里最集中、最突出地表现了指挥员的智慧、艺术,即主观能动性的作用。在《孙子兵法》中,孙武提供了很多"致人"的方法,有的是前人的经验,有的是自己的创造。例如可以用"诡道"制造假象,利而诱之,使敌上当受骗而犯错误。又如,可用奇袭骚扰破坏,分散敌人的兵力,使敌人陷于内乱,"敌佚能劳之,饱能饥之,安能动之"(同上)。其最佳的结果,"能为敌司令"(同上),以牵着敌人的鼻子走,胜券在握。

孙武的兵家哲学,具有十分丰富的内容。它虽然面对的是古代的战争,其中却包含着普遍的军事意义和哲学价值。由于《孙子兵法》创造性地开辟了一个先例,战国及历代兵书中都包含有兵家哲学的内容。在这个意义上,我们完全可以说,孙武开创了一个兵家哲学的学派,他就是兵家哲学学派的创始人。就一般哲学而言,兵家哲学同道家哲学与法家哲学有密切的关系。孙武的军事辩证法完全可以同老子的辩证法相媲美,兵家的治军原则也对法家的"以法治国"在哲学上提供了启示。

第五章 墨子的"兼爱"与墨家学派的形成

墨子(约前463~约前381年),姓墨名翟,战国初期鲁国人,一说宋国人。自称"贱人",擅长工艺技巧,与当时著名的工匠公输般(鲁班)齐名。又谓"上无君上之事,下无耕农之难"(《墨子·贵义》),似属"士"之阶层。曾任宋国大夫,并聚徒讲学,建立了一个具有侠士性的严密组织。长期奔走于鲁、宋、齐、楚、卫、魏之间,宣传其政治主张,反对当时的兼并战争。思想上曾受孔子的影响,后来因反对其礼乐之教而建立了自己的思想体系,形成一个新的学派。现存《墨子》一书是墨家学派言论资料的总集。其中直接反映墨子思想的,是卷二至卷九的二十四篇,即墨子思想所包括的"十大主张"。其他篇目中有关墨子言行的记载,也值得参考。

第一节 墨子的思想渊源

《庄子·天下》评述墨家曰:"古之道术有在于是者,墨翟、禽滑厘闻其风而说之。"明确肯定墨子思想自有其历史的渊源。但班固提出"墨家者流,盖出于清庙之守"(《诸子略》),却不可简单认同。"清庙"是祭祀祖先的庙堂,是否必然"茅屋采椽"而由此可以引出"贵俭"?"郊庙之礼"同墨子的学术有什么关系?在我们看来,道家、儒家同传统的官学有一定的历史联系,而墨家否定礼乐之教,同传统官学没有多大关系。如果说有关系的话,恐怕只限于肯定天志、鬼神的活动。

《淮南子·要略》曰,墨子曾"学儒者之业,受孔子之术",现从《墨子》其书中可以找到内证。书中一再引用《诗经》,引用《夏书》、《商书》、《周书》。在《明鬼》篇中还提到"周之《春秋》"、"燕之《春秋》"、"宋之《春秋》"和"齐之《春秋》",这些都是孔子儒家所传授的学问。但是,正如韩非子所说的,"孔子、墨子俱道尧舜,而取舍不同"(《韩非子·显学》)。

孔子称道尧舜主要是其礼乐之教,墨子称道尧舜禹汤及其他"古者圣王"的则是尚贤、尚同、兼爱、薄葬、节用等等。墨子特别称道夏禹治水"形劳天下",申言"非禹之道也,不足谓墨"(《庄子·天下》)。这显然是站在下层劳动者的立场上,从先王传说中寻求与他们生活处境相近、可以反映他们需要的那些思想资料。

根据以上线索,我们可以看出墨子的思想渊源来自三个方面:一是中华先民的史前文化,主要是尧舜禹的有关传说;二是三代兴亡的历史经验与思想成果,主要集中在《诗经》、《尚书》和各国《春秋》这些文献中;三是春秋时期哲学思想的积累,主要是儒家的思想学说,尤其是其中的仁义之说和尚贤主张。但是墨子站在他所代表的下层劳动者的立场上,对这些资料有目的地进行了选择、取舍和加工,从而形成了一个不同于孔子儒家的墨家思想体系。《鲁问》篇记墨子自云:"国家昏乱,则语之尚贤、尚同;国家贫,则语之节用、节葬;国家憙音湛湎,则语之非乐、非命;国家淫僻无礼,则语之尊天事鬼;国家务夺侵凌,则语言兼爱、非攻。"这就是墨子思想的"十大主张"。

第二节 "兼以易别"的社会思想

在墨子的"十大主张"中,"兼爱"是他的思想核心。其他思想都围绕着"兼爱",或是"兼爱"内容的具体化,或是实施"兼爱"的手段。而"兼爱"思想追溯其源,实来自于孔子的"仁者爱人"。《经上》曰:"仁,体爱也。"这是墨子本人的思想,而由门人记录下来,故尊之为"经"。墨子以"仁者"自居,他在《兼爱》上中下三篇中,一再讲,"仁人之所以为事者"或"仁人之事者"就是"兼相爱"。因为惟有"兼相爱"才能消除天下之乱,所以"仁者誉之"。墨子和孔子一样,也引用了《周书》讲的"虽有周亲,不若仁人",来为自己的思想进行论证。

但是,墨子的"兼爱"与孔子的"爱人"有原则的不同,孔子坚持爱有差等,墨子提倡爱无差等。在《非儒》篇中,墨家批评儒家的第一条就是"亲亲有术(差),尊贤有等"。孔子的仁爱以"亲亲"为基础,这与传统的宗法观念是一致的,也与上下等级制度是相应的。然而在墨子看来,这种仁爱的要害就在一个"别"字,即把人划分为有差别的等级,那样人和人之间就不可能真正做到"天下之人皆相爱"。为此他提出"兼以易别",主张推行一种没有亲疏差别的仁爱。他认为,这种"兼相爱"可以从根本上解决当时社会所面临的问题。墨子曰:

> 视人之国若视其国,视人之家若视其家,视人之身若视其身。是故诸侯相爱则不野战,家主相爱则不相篡,人与人相爱则不相贼,君臣相爱则惠忠,父子相爱则慈孝,兄弟相爱则和调。天下之人皆相爱,强不执弱,众不劫寡,富不侮贫,贵不敖贱,诈不欺愚。(《兼爱中》)

墨子的"兼相爱"根源于下层劳动者之间真诚相爱的一种纯朴的道德观念,他希望把这种仁爱推广到整个社会,成为一种普遍的人道规范和原则,反映了劳动者的美好的社会理想。墨子号召人们互相帮助,"有力者疾以助人,有财者勉以分人,有道者劝以教人"(《尚贤下》),以便鳏寡老人"有所侍养",幼弱孤童"有所放依"(《兼爱下》),特别关心"弱者"、"贫者"、"贱者"、"愚者"的要求。但是,他不了解宗法观念和等级制度的社会基础,也没有思考如何消除这种观念和改变这种制度,单纯从道德观念去解决社会问题,显然脱离历史条件,脱离社会现实,是根本无法实现的。但是"兼相爱"作为一种理想追求,在当时具有反抗社会压迫与等级歧视的意义,对社会的发展也有其积极的作用。人类终究有一天要达到这样一种美好的社会,人类将不断创造条件去实现这种社会理想。

为了推行"兼爱",墨子又提出了"尚贤"。孔子本来早就讲过"尊贤",但受到宗法观念和等级制度的束缚,这就是墨子批评的"尊贤有等"。墨子的"尚贤"则进一步要求把"尊贤"、"举贤"普遍化,不分亲疏贵贱。墨子曰:

> 古者圣王之为政,列德而尚贤,虽在农与工肆之人,有能则举之,高予之爵,重予之禄,任之以事,断之以令。……故官无常贵,民无终贱,有能则举之,无能则下之。(《尚贤》)

墨子的这种主张,抨击了殷周以来的世卿世禄的制度和任人惟亲的旧传统,反映了"农与工肆之人"希望参与政权、改变自己政治经济地位的要求。同时也有助于新兴势力的政治改革。他具体提出了"不党父兄，不偏富贵，不嬖颜色"，并主动推荐自己的门人出任做官，积极参加各国的政治活动，以实现自己的政治主张。历史的经验证明，墨子的"尚贤"主张是政治清明的基本条件，在后世受到普遍的肯定。

墨子的"非攻"，针对当时兼并战争，是"兼爱"的具体化。他认为每个国家都应该"视人之国若视其国"。兼并战争的发生，是由于"诸侯各爱其国，不爱异国，故攻异国以利其国"（《兼爱上》）。这种战争无论对己方还是对方，都会造成很大的损失和伤亡，因而在道德上是最大的"不义"。然而，墨子并不是反对一切战争，他区分了"攻"与"诛"，伐"无罪之国"是"攻"，伐"有罪之国"是"诛"，这在一定程度上区分了正义性与非正义性。同时，他反对"攻"，却讲究"守"，强调自卫战争的正义性。从当时的历史条件来看，墨子只注意到兼并战争的破坏性，而没有看到它对摧毁旧制度、建立新制度和促进国家统一的进步意义。但从人类现代的发展来看，解决国与国之间的矛盾，最好采用和平的方式，尽量避免战争的方式，坚决反对霸权主义把战争强加于人。由此，墨子的"非攻"论对于现代世界和平无疑具有积极的意义。

墨子还主张"尚同"，其目的是举国上下一致实现"兼相爱"。他提出整个国家和社会应该有同一的是非标准，"一同其国之义"、"一同天下之义"（《尚同下》）。这反映了下层劳动者希望国家统一和社会安定的愿望，符合当时社会发展的趋势，具有积极的意义。但是，墨子的"尚同"单方面地强调同于上而非同于下，即"天下百姓皆上同于天子"（《尚同上》），这就要看君主或天子是否真正愿意实行"兼相爱"。墨子把实行"兼相爱"的君主称"兼君"，反之则称"别君"，但怎样才能保证"上同"的君主是"兼君"而非"别君"，他并没有解决这个问题。如果"上同"的君主不愿意实行"兼相爱"，在这种情况下，"上之所是，必皆是之；上之所非，必皆非之"（《尚同上》），则无异于君主专制。

墨子的"兼爱"以及"尚贤"、"非攻"、"尚同"等思想，在很大程度上都是一些政治主张和社会主张，缺少哲学上的深入论证。从总体来看，他的"兼以易别"企图把差别消融于"同一"，在思想方法上不能不陷于片面性。

第三节 "非命"与"天志"的内在矛盾

墨子的"非命"论针对儒家的命定论，从而接触到人的本质特征，在哲学上作出了独特的贡献。但他同时承认"天志"，主张"明鬼"，结果在理论上陷入自相矛盾之中。

墨子与孔子后学围绕有命还是无命曾反复进行过辩论。儒家的观点是"寿夭富贵，安危治乱，固有天命，不可损益"（《非儒下》）。墨子则明确否定"命"的存在，他援引"先王之书"，认为先王根本没有讲过"命"。他又从"百姓耳目之实"来看，"自古及今，生民以来者"从未有过"闻命之声，见命之体者"（《非命中》）。他还分析三代治乱的经验，认为汤武之治与桀纣之乱皆"存乎上之为政"，"岂可谓有命哉！"（《非命下》）既然"命"不存在，那么人生的不同遭遇、社会的安危治乱，其原因到底在哪里呢？墨子认为不在"命"，而在"力"。禹、汤、文、武其所以能做到"饥者得食，寒者得衣，劳者得息，乱者得治"，"故以其为力也"。一些"贤良之人"之所以富贵，也是"以其为力也"（同上）。由此他强调上自王公大夫，下至庶民百姓，都应按其"分事"，"竭力从事"、"强力而为"。应该说，墨子"非命"的那些根据，缺少一种理性的精神，并不十分有力。但当他以"尚力"而"非命"的时候，则把问题提升到了哲学的高度。他正是从"尚力"接触到人的本质特征，从而接触到人事和人道的本质特征。

墨子把人同动物进行了比较，揭示了二者生存方式之不同，认为人之异于禽兽者就在"赖其力"：

> 今人固与禽兽、麋鹿、蜚（飞）鸟、贞虫异者也，今之禽兽、麋鹿、蜚鸟、贞虫，因其羽毛以为衣裘，因其蹄蚤（爪）以为绔屦，因其水草以为饮食，故唯（虽）使雄不耕稼树艺，雌不纺绩织纴，衣食之财固已具矣。今人之与此异也，赖其力者生，不赖其力者不生。（《非乐上》）

按照墨子的分析，动物凭借自己的肉体器官，可以直接依赖自然而生存，而人类只能"赖其力"才能生存。"力"在这里突出了人对自然的作用和能动性。就其内涵而言，首先是指人的劳动，即农夫的"耕稼树艺"和农妇的"纺绩织纴"之类，同时亦包括王公大夫"听狱治事"和士君子"治官府"之类的实践活动。可以说既有体力劳动，也有脑力劳动。用劳动来说明人类生存的本质特征，这在当时是一项伟大的理论成果，直到现在仍然具有科学的价值。由此来看人事活动，说到底是一种积极有为的活动，人道的本质难道不也是这样吗？为此，墨子对农夫农妇、王公大夫和士君子都说一定要"强"，"强"是要"努力"，"不强"就是"不努力"。而命定论的要害，恰在教人一切听之于命，所谓"命富则富，命贫则贫；命众则众，命寡则寡；命治则治，命乱则乱；命寿则寿，命夭则夭"（《非命上》）。那样，努力和不努力一个样，谁还去积极有为呢？"上不听政"则"刑政乱"，"下不从事"则"财用不足"，国家还能不乱吗？还能不贫吗？因此，相信命定论，必然产生严重的社会后果。

墨子的"非命"论，及其由此所引出的"尚力"说，把决定个人贫富贵贱与社会安定治乱的原因，从传统的命定论还原为现实的人的活动，突出了人的能动作用。它在客观上反映了战国初期农业和手工业的进步，劳动者在其生产实践中认识到，自己的努力可以决定自己命运的好坏，并力图在社会生活中改变自己贫贱的社会地位。同时也反映了新兴势力力量的强大，他们在社会变革中敢于"尚力"而不认"命"，有信心来治国、平天下。他的这一思想，后来对荀子的"强本节用"、"制天命"和韩非的"争于气力"的思想提供了重要启示，成为中国古代无神论的重要内容，在历史上产生了积极的影响。

哲学思想的发展是很复杂的，如果说墨子的"非命"论超越了儒家的命定论，那么他的"天志"说则把儒家已经淡化了的人格神又凸显出来。墨子所谓"天"就是"上帝"，所谓"天志"就是上帝的意志。他认为天能赏善罚恶，"天之意，不可不顺也"（《天志中》）。"昔三代圣王禹、汤、文、武，此顺天意而得赏者也；昔三代之暴王桀、纣、幽、厉，此反天意而得罚者也。"（《天志上》）不过，墨子虽然承认"天志"，但就其具体内容来看，它又不是上层贵族的意志，而是下层生产者的意志。他指出，天之"选择贤者立为天子"，目的是"为万民兴利除害"。所谓"顺天意者，兼相爱，交相利，得赏；反天意者，别相恶，交相贼，必得罚"（《天志上》），更具体地说,天意"欲人之有力相营,有道相教,有财相分也"(《天志中》)。这就把他的"兼爱"思想通过"天志"表达出来。

墨子还援引民间传说与狭隘经验来论证鬼神的存在。他认为鬼也是神,并把鬼神分为三类:一曰"天鬼神",二曰"山水鬼神",三曰"人死而为鬼者"(《明鬼下》)。据说"鬼神之明智"超过圣人(《耕柱》),它们无所不在,大小必赏,大小必罚。鬼神赏罚的内容,仍然是看"为民兴利"还是"暴虐百姓",是"兼相爱"还是"别相恶"。因此,他经常把"天之利"、"鬼之利"和"百姓之利"或"万民之利"同时并举,相提并论。

墨子的尊天明鬼为传统的上帝、鬼神信仰赋予了新的社会内容,在一定意义上,这是一场宗教改革。他的目的是,利用上帝鬼神在当时社会心理中的强大影响,一方面威慑和警告统治者,另一方面则为劳动者鼓气壮胆。后世许多农民起义,也是企图通过宗教信仰而达到其政治目的的。然而宗教毕竟是宗教,它所固有的虚幻性和欺骗性不可能使民众真正在思想上觉醒,在精神上解放。

第四节 推崇功利的价值取向

孔子在思考义利关系时,提出了"义以为上"的价值原则。他虽然并不去利和非利,但有重义轻利、义利对立的倾向。墨子提倡"贵义",也是"义以为上",他认为"万事莫贵于义","从事于义,必为圣人"(《贵义》)。然而,墨子贵义而绝不轻利,他不但没有把义利对立起来,而且把义直接通约为利,当然是公利而非私利。

墨子认为,"义"本身就具有功利性。"夫义,天下之大器也。"(《公孟》)"大器"就是大工具。是工具必有其用,有其用必有利。"义"说到底,就是给天下带来利益的工具。为了具体说明义的功利性,墨子强调:"所谓贵良宝者,可以利民也。而义可以利人,故曰:义为天下之良宝也。"(《耕柱》)"天下有义则生,无义则死;有义则富,无义则贫;有义则治,无义则乱。"(《天志中》)换句话说,义能保障利、带来利、实现利。《经上》曰:"义,利也。"《经说上》解释说:"义,志以天下为芬,而能能利之,不必用。"意思是,义即志在使天下美好,而能善利天下,又不居功自用。这种解释是符合墨子的本意的。

墨子从不讲私利,他讲的利都是天下之利、国家之利、万民之利。他认为仁人的全部事业,就是"兴天下之利,去天下之害"(《兼爱中》)。他所推崇的古代圣贤,都被描绘成造福于万世民众的事业家,而不像儒家所描绘的是道德典范。墨子也很重视道德修养,但辨其善恶是非,也都着眼于是否利于万民百姓。《天志下》中曾系统地表述了墨子的价值标准:

> 若事上利天,中利鬼,下利人,三利而无所不利,是谓天德。故凡从事此者,圣知也、仁义也、忠惠也、孝慈也,是故聚敛天下之善名而加之。……若事上不利天,中不利鬼,下不利人,三不利而无所利,是谓之贼。故凡从事此者,寇乱也、盗贼也,不仁不义,不忠不惠、不慈不孝,是故聚敛天下之恶名而加之。

墨子的"十大主张",归根到底都是力图实现这个尚利的价值标准。利天、利鬼云云,不过是借天志、鬼神来论证这个标准的神圣性而已。利人不是利个人,而是利万民。仁义、忠惠、孝慈等等道德观念和道德规范,也都统统被功利化了。

墨子强调义和利的统一,并以万民之大利、公利为取向,这是他的重要贡献。但是,他把义通约为利,在理论上则有简单化、绝对化的弊病。他没有注意到义利之间的差别,也不知道"义"还包括超越功利的内容。由此,他的义利论又表现出一种狭隘的功利主义倾向,这在他的"节用"、"非乐"思想中表现得十分突出。"节用"有利于国,有利于民,永远值得发扬。批判"厚葬久丧"之俗,在现在仍然有积极的意义。但是,要取消一切"无用之费",只求温饱之用,怎样改善人民的生活呢?指斥统治者"亏夺民衣食之财以拊乐",终日沉溺于"目之所美,耳之所乐,口之所甘,身体之所安"(《非乐上》),也无疑是正确的。但是,因为不能直接产生物质之利,而一概"非乐",明显是错误的。墨子讲的"乐"不限于音乐,实际泛指各种艺术活动。他不懂得艺术有教化功能和审美功能,艺术不但可以丰富人民的精神生活,而且可以陶冶性情,提高人民的精神境界。社会文明的水平越高,艺术愈益显示出其特殊的价值。

第五节 注重经验的认知理论

一、"三表"法的成就与局限

墨子在中国哲学史上第一次提出了真理标准问题。他说:"言必立仪。"(《非命上》)"仪"就是言论是非的标准。古代天文仪器有日晷,在一个圆盘中央插一直针,根据直针在盘上的日影来确定早晚的时间和东西的方位。墨子打比方,言论如果没有标准,就像日晷上没有直针,那样"是非利害之辨不可得而明知也"。于是他提出"言必有三表"。"三表"也就是"三仪",即从三个方面来检验。《非命上》记载:

> 何谓三表?子墨子言曰:有本之者,有原之者,有用之者。于何本之?上本之于古者圣王之事。于何原之?下原察百姓耳目之实。于何用之?废(发)以为刑政,观其中国家百姓人民之利。此所谓言有三表也。

第一表"上本之于古者圣王之事",即以古代圣王的历史经验为依据。他说:"圣人以治天下为事者也。必知乱之所自起,焉(乃)能治之;不知乱之所自起,则不能治。"(《兼爱上》)意思是,圣人治天下的成就证明他们认识的正确,因而可以根据前人的间接经验,来检验我们当前的认识。这条标准无疑是客观的和有价值的,但不是基本的标准,不是充分的标准,墨子没有注意到圣人的经验也有其历史的局限性。

第二表"下原察百姓耳目之实",即以广大群众的直接经验为依据。强调这种经验的普遍性。墨子说:"天下之察知有与无之道者,必以众之耳目之实,知有与亡(无)为仪者也。请惑(诚或)闻之见之,则必以为有;莫见莫闻,则必以为无。"(《明鬼下》)这一条标准看起来是客观的,实际上众人的经验仍属于认知范畴,仍有待于检验。因而它具有参考的价值,不能作为基本的标准,更不是充分的标准。

第三表"发以为刑政,观其中国家百姓人民之利",用来治理国家看它是否符合国家百姓人民的利益。墨子对此还讲过,言论是否正确必须

"合其志功而观焉"(《鲁问》)。"志"是动机,"功"是效果。墨子主张结合动机与效果,通过"用之"来检验。"用之不可,虽我亦将非之。焉有善而不可用者?"(《兼爱下》)这一条标准在"三表"中最为深刻,因为它接触到实践的效果。就政治是非和社会问题而言,这一条可以作为基本标准,当然还应作进一步的论证。

墨子"三表"的理论贡献就在于,他明确地提出了真理标准的问题,并包含着一定的合理成分。他虽然没有、当时也不可能解决这一重大问题,但必将推动中国哲学对此进一步去思考和研究。"三表"说的缺陷集中到一点,就是单纯的经验主义。经验经过加工,可以获得客观真理。但经验本身的真实性与可靠性还有待于检验,不能作为真理标准。墨子通过"众人耳目之实"来证明"天志",证明鬼神,这是一个严肃的理论教训。

二、认知中的理性成分

墨子十分注重感觉经验,但也接触到理性逻辑的认识。他所提出的"取实予名"与"察类明故"两个命题,对于中国古代逻辑学作出了自己的贡献。

老子提出"道常无名",孔子主张为政"正名",但只是从墨子开始,"名实"才作为一对哲学概念,名实关系才真正成为哲学上的一个论题。墨子本人的观点就是"取实予名"。他举例说:

> 今瞽曰:"钜(皑)者白也,黔者黑也。"虽明目者无以易之。兼白黑,使瞽者取焉,不能知也。故我曰瞽不知白黑者,非以其名也,以其取也。……天下之君子不知仁者,非以其名也,亦以其取也。(《贵义》)

盲人可以说出黑白之名,但不能分辨黑白之实。许多知识分子知道"仁"之名,却并不知道"仁"之实。"名"即名称,是指称客观事实的概念;"实"即事实,是被指称的客观事实;"取"即选择,是指实际分辨的能力。按照墨子的分析,应该"取实予名",即取一定的"实"而赋予一定的"名","实"是第一性的,"名"应该从属于"实"。绝不能把二者的关系颠倒过来。单知其名,并不是真知。知其名,又知其实,名实相符才是真知。在这里,墨子既注意到名实之间的区别,又确认了二者的统一性与统一的方式,这种观点是很有见地的。

墨子还第一次提出"类"与"故"两个逻辑概念,作为明辨是非、审察同异的方法。他在辩论中常常批评对方:"子未考吾言之类,未明其故者也。"(《非攻下》)例如,墨子主张"非攻",对方以武王伐纣进行非难。墨子指出,你讲的不是"攻",而是"诛"。"攻"和"诛"不同类,不能类比。在同公输般的著名辩论中,公输曰"吾义固不杀人",墨子则以类推进行反驳:你为楚王造云梯,将以攻宋,这种行为是"义不杀少而杀众!""义不杀少而杀众,不可谓知类"(《公输》)。墨子还主张:"仁人以取舍是非之理相告,无故从有故也,弗知从有知也,无辞必服,见善必迁。"(《非儒下》)在这里,"类"指事物的同属和共性,"察类"可以发现同一类事物的共性,从中找出其通则,所以可以类比和类推。"故"指事情的原因或目的,"明故"可以发现事物之所以然,从中理出其因果联系,所以可以举一反三。"理"指包括"类"和"故"在内的取舍是非的根据。墨子虽然尚未作出明确的规定,他既提出并具体运用了这些概念,说明他已经注意到理性认识的作用。

第六节 墨子思想的历史地位

墨子所创立的墨家学派,在战国初期与儒家并立,同为天下"显学"。墨家之所以能形成一个学派,主要是下层手工业者在新旧制度转型的过程中,以其技艺获得了较大的自由。墨子作为这一阶层的代言人,从其自身的利益出发,对社会上的种种矛盾和问题提出了自己的主张,"持之有故,言之成理"而为一家之言。不但受到小生产者的欢迎,而且引起许多小国、弱国君主的关注。在战国结束之前,墨家在思想界一直占有重要的地位。

墨家以"非儒"走上当时的社会舞台,"以为其(儒家)礼繁扰而不悦,厚葬靡财而贫民,(久)服伤生而害事,故背周道而用夏政"(《淮南子·要略》),其实质是对西周礼乐文明否定性的总结。墨子对旧制度的批判和抗议,在当时具有进步的意义。但是墨子并不了解当时正在进行的社会变革,他要求"农与工肆之人"能够参与政治,幻想建立一个"兼相爱、交相利"的社会,把希望寄托在所谓"兼君"的身上,并用"天志"、"明鬼"来监督和保证,又反映了墨子这一阶层的软弱性和保守性。

墨子开战国百家争鸣的先河。但他既"非儒",又"称孔",认为孔子思想中有"当而不可易者也"(《公孟》)。因此,墨儒虽有原则性的分歧,同时亦有相通之处。墨子的"兼爱"说到底,乃是孔子"仁者爱人"的理想化。不管后儒如何批判"兼爱",但在儒家的"大同"理想中终究去掉了"亲亲"观念,而以"爱无差等"为目标了。孔子本来也有尚贤、尚同、节用、天命、鬼神的思想成分,只是各自侧重不同罢了。儒墨的势不两立不在墨子本人,而在孔墨后学。

墨子在理论上有他的独特贡献,也有其致命的缺陷。他的贡献主要不是"兼以易别"的那些社会主张,而是他的"非命"论,他关于人的本质的探索,他的认知理论及其对经验与理性的探索,还有他对义利关系新的诠释。他的缺陷主要是经验主义、功利主义和空想主义的一些倾向或成分。因此后世分别有不同的评价。庄子虽然剽剥儒墨,但对墨子的评价比较客观。他很钦佩墨子"形劳天下"的精神,又指出所谓"非乐"、"节用"是"为之大过",并说"其意则是,其行则非也"(《庄子·天下》)。孟子则以强烈的门户之见攻击墨子"兼爱"是"无父"《尽心上》)。荀子批评墨子"有见于齐,无见于畸"、"蔽于用而不知文"(《天论》、《解蔽》)。韩非认为墨家任侠,破坏法治,亦极力攻击之。《史记》的评论则十分公允:"墨者俭而难遵,是以其事不可遍循。然其强本节用,不可废也……"(《论六家要旨》)

墨子的学说在战国兴盛一时,但随着新兴封建制度在全国的确立,它逐渐湮没了。我们从诸子的评论中已经可以窥见墨学中绝的部分原因。但最根本的原因是,墨学违背了中国固有的宗法传统,不符合封建制度的政治、经济和文化发展的需要。但是,墨学的思想成就是不可磨灭的,经过后期墨家改造和发展之后,墨学也成为中国文化和中国哲学的重要的智慧资源。

第三编

百家争鸣与诸子哲学的活跃
（战国时期）

　　战国时期是中华文明古代形态的形成时期，以土地私有制为基础的新的生产方式推动着整个社会经济进入了一个新的历史阶段，由此促使新的封建制度在全国范围内正式确立。魏、韩、赵、齐、楚、燕诸国为了富国强兵，争霸天下，先后都进行了不同程度的社会改革，变法浪潮一时席卷各国。秦国变法最晚，也最彻底，一跃而成为战国后期最强的诸侯国。各国的变法活动，客观上扫除了社会经济发展的障碍，激发了民众的生产积极性。由于铁制工具的推广和农田水利工程与其他耕作技术的进步，首先是农业生产获得了前所未有的大发展。与此相联系，私营手工业和商业与官营手工业和商业并驾齐驱。随着商品交换的发展，进而又形成了许多万家之邑的大都市，它们不但是社会经济的中心，而且是各类知识分子（"士"）游说、汇聚的文化中心。

　　各国变法的直接目的都是为了争霸天下，因此兼并战争连年不断，最后形成七雄割据的局面。这种局面不但阻碍了社会经济的正常发展，使各国消耗了大量人力物力，而且使生灵涂炭，万民陷入水深火热之中，因而国家统一问题日益突出。究竟是继续维持割据还是走向全国统一，究竟是以德统一还是以力统一，究竟是由齐国、楚国来统一还是由秦国来统一，成为各个阶级、阶层与社会势力普遍关注的中心，并分别从自身利益出发而表现出不同的态度。这种政治形势和历史趋势反映到文化思想领域，早先已形成的道家、儒家和墨家学派进一步演变和分化，同时又形成了名家、阴阳家和法家等新的学派。它们分别代表不同阶级、阶层和社会势力的要求，并从理论上为各自的社会主张进行论证，同时亦对其他主张进行批评或驳斥，由此出现了历史上思想领域空前未有的百家争鸣的局面。由于在列国割据和互相斗争的形势下，当时没有、也不可能建立任何形式的思想专制，以知识和才能为资本的"士"阶层在历史舞台上十分活跃，表现出极大的思想自由。任何人都可以标新立异，凡是持之有故、言之成理者都可以自成一家，而产生一定的社会影响。这种极特殊的历史条件和文化氛围，使战国时期成为先秦诸子哲学最活跃、最繁荣、理论创造和思想成果最丰富的一个时期。

战国时期科学技术的发展，也为百家争鸣与诸子哲学的活跃提供了有关的思想资料。与农田水利有关，出现了李冰父子那样的水利专家和著名的都江堰工程。总结当时手工业的工艺知识，出现了著名的著作《考工记》。后期墨家对数学、力学和物理有深入的研究，成为其哲学认识论的思想基础。长期天象观测的结果，当时的天文学家已经掌握了五星和二十八宿的运行规律，从而为"天行有常"的思想提供了可靠的科学根据。《甘石星经》记载了120个恒星的位置，是当时世界上最早的恒星表。《禹贡》是一部地理学的名著，邹衍的"大九洲"观念可能与海外交通与海外传闻有密切的关系。当时的医学对病理、诊断和治疗已积累了十分丰富的经验，不但出现了像扁鹊那样著名的医家，而且已有医简文本出土，《黄帝内经》的有关内容估计已经确立。这些资料不但有助于哲学更深入地思考天道、认知问题，也有助于更全面地把握天人关系。

战国时期的诸子哲学主要有六大学派，每一家内部往往分化出不同的小学派。

道家哲学与儒家哲学的分歧早已出现，但最初只是"各鸣"而尚未"争鸣"。进入战国之后，两派之间的思想斗争日益激化。以《老子五千言》为标志，道家哲学明显地朝思辨化的方向发展。同时在共同坚持道论的基础上，先后分化出黄老道家，着重发展老子以道治国的政治哲学；老庄道家，着重发展了老子的修道理论而追求精神的自由和超越；还有杨朱道家，着重发展了老子的生命哲学，而追求"贵己重生"和"全性葆真"。

儒家哲学从"七十子"即开始分化,《韩非子·显学》中曾提到"儒家八派",其中后世影响最大的人物有子思和孟子着重从心性内圣方面发展了孔子的思想,对道德修养理论有重要的贡献;而荀子,着重从礼教外王方面发展了孔子的思想,在天道论和认知学说上有重要的贡献;长期积累和陆续形成的《易传》一书,发挥了《周易》的阴阳辩证思想,突出了儒家哲学的形上追求,既继承了儒家哲学的基本精神,又受到道家和其他学派的影响。

墨子死后,墨家一分为三,属于后期墨家。后期墨家尽管各有分歧,但"俱诵《墨经》",仍然保持和发挥了墨家的思想传统。除了自然科学方面的突出成就外,后期墨家抛弃了墨子学说中的宗教成分,克服了墨子经验论的片面性,提出了富有科学精神的时空论与运动论,总结出比较系统的古典逻辑理论。

名辩思潮的兴起,客观上是由于新旧制度交替中出现了新旧名实的交错混乱,而名实关系之作为一个重要的哲学问题,更直接地是由于百家争鸣所推动,因而这股思潮遍及儒、道、墨、法、名诸家。所谓名家,是指一些专门讨论名实问题的"辩者",以惠施和公孙龙最为著名,他们的名辩理论涉及认识论、逻辑学和语言哲学等领域。

阴阳家是战国后期一个思想很复杂的学术派别,它把长期并行发展的阴阳观念与五行观念整合为一体,建构了一个时空有序、天人感应的宇宙图式和五德终始、依次更替的历史观,邹衍是其中最著名的代表。

法家是伴随各个邦国的变法运动而发展起来的一个派别,战国中期与诸家并立,战国末期则成为政治思想舞台上的主角。早期法家人物有李悝、慎到、申不害和商鞅等,韩非总结了早期法家的理论与实践,建立了法、术、势相结合的法治理论,成为法家的集大成者。法家的哲学主要集中在力主革新的历史进化论上,韩非的矛盾学说、参验方法及对道和理的新诠释,在思想上有独特的建树。

战国时期的诸侯割据,客观上强化了思想领域的百家争鸣。但天下统一的历史趋势不可阻挡,同时亦产生了综合百家的要求。百家争鸣中的诸子哲学,既有相争相斥的一面,又有互渗互动的一面。例如,黄老道家就是从道家到法家的一个中间环节,而韩非作为法家的人物却是儒家荀子的门生。荀子从道家、墨家、名家、法家吸收了不少思想资料,而《易传》之受道家影响十分明显。阴阳家的思想以儒家为主线,但其阴阳理论不但来自儒家的《易经》和《易传》,也有黄老道家和老庄道家的理论贡献。由于每一家和每一派既有自己的成就,又有其片面性和局限性,随着天下统一的趋势越来越明显,几乎都企图从自己的立场出发综合百家之学,对百家争鸣作出这样或那样的总结。秦灭六国前夕出现的《吕氏春秋》一书,是先秦以来,特别是战国时期中国哲学思想的大综合与大总结,也是诸子哲学的大综合与大总结。

第一章 《五千言》与道家哲学的新趋向

第一节 《五千言》的作者与时代

《五千言》是《老子上下篇》五千言的简称,长期通行的是魏晋时期王弼所注《老子》的文本,这个文本由西汉流行的帛书本演变而来。两千年来,人们根据《史记》老子本传记载的传说,认为这个文本是老子晚年出关,应关尹子的要求而作,因此被当做《老子》的原始文本。近年来,人们从郭店竹简中发现迄今最原始的《老子》文本,确认简本《老子》才是老子的原著或最接近其原著。而通行本《五千言》除了简本《老子》的有关部分外,另有五分之三的文字为简本所无。从相应的部分来看,文字上有很大的出入。更重要的是,从简本到通行本其思想倾向发生了很大的变化。其中最突出的是老子道论走向思辨化,儒家被作为批判的对象,原先的道术被改造成君主南面之术。由此可见,通行本的作者显然不是春秋末期的老子,而应该是老子之后战国时期的某个作者。这个作者到底是谁呢?目前学界正在讨论。根据《史记》老子本传所提供的线索,我们赞同这样一种推断:通行本《五千言》应是战国时期离周入秦而见献公的太史儋。

早在清代,汪中在《老子考异》中已考证,函谷关的设置"实在(秦)献公之世",因此,老聃出关之事根本是不可能的,而周太史儋去见秦献公,则必须走出函谷关。通行本中的君王南面之术,正与太史儋游说秦献公的身份及其内容是一致的。司马迁曾提到"(太史)儋即老子"的传说,其人上据孔子死后二百多年,正当战国时代。可能由于他重新整理《老子》,并传注《老子》而有《五千言》,所以在当时也被称为"老子"。这样,从前"古史辨"中关于《老子》通行本出于战国时代的说法,由此也真正有了一个着落。所以,我们把通行本《五千言》中有异于简本《老子》的内容,作为战国时代的思想资料。

第二节　老子道论的思辨化

老子把道作为天地万物的本原,从原则上说,已在中国哲学中开辟了形上之域。但从简本《老子》来看,无论是语言和思想,都显得十分古朴。但是,在通行本《五千言》中,则表现出一种空前未有的思辨性的特征。同时在思辨化的过程中对老子的道论进行了改造。其中最典型的是通行本的第一章,第四十章和第四十二章。

《五千言》第一章是道的总说,其思辨水平是春秋末期根本不可能出现的。该章曰:

> 道可道,非常道;名可名,非常名。无,名天地之始;有,名万物之母。故常无欲以观其妙,常有欲以观其徼。此两者,同出而异名,同谓之玄,玄之又玄,众妙之门。

在帛书本中,上文"常道"、"常名"均作为"恒道"、"恒名"。"常无欲"与"常有欲"均作"恒无欲也"与"恒有欲也",这说明过去有人以"常无"、"常有"断句是错误的。"此两者,同出而异名,同谓之玄"作"两者同出,异名同谓",因而"玄"原只作形容词,并非名词。"观",通常指双目的感官活动,但道不可以目观之,这里实际是指一种体会或体验。妙,奥妙;徼,边际,引申指事物的整体;玄,深黑色,表示幽昧深远而看不透的秘密。这一章从语义的层面来看,意思是:"道",要是可以言说的话,它就不是永恒的"道";"名",要是可以叫得出名字的话,它就不是永恒的"名"。"无"这个名,可以用来表示的是天地之始的状态;"有"这个名,可以用来表示万物之母的性质。因此,人们要经常处于无知无欲的精神状态下,来体会道作为"无"那种的奥妙;人们要经常处于有知有欲精神状态下,来把握道作为"有"那种整体。"无"和"有"两者都同出于"道",名称虽不相同,所指却是一个东西。道的秘密实在是幽昧深远,看不透呀,看不透呀,然而天地间一切奥妙都是由此门产生出来的。

从哲学思维来看,这一章虽然还保留着"天地之始"、"万物之母"一类的意象,但重点已经是用概念来讨论可道与不可道、可名与不可名、恒道与非恒道、恒名与非恒名的思辨关系。道不可以言,又不能不进行言说;道不可名,又不能不强为之名。人们平常讲的天道、人道都不是恒道,只有本原之道和本体之道才是恒道;人们平常命名万物,都不是恒名,只有道的无名之名,才是恒名。这些问题的提出和讨论,空前地提升了中国哲学形上学的水平,并使道家在形上之域长期保持领先于诸家的地位。在此基础上,突出了"无"与"有"两个基本概念(名),来规定道的本原地位和本体性质。而"无"和"有"也是形上学的两个基本概念。道作为"天地之始",不能有任何具体的规定,无形、无声、无色、无味,所以是"无"。然而这种"无"并不是"空",本原本身必定是存在的,所以这种"无"同时又是"有",当然是一种最抽象的"有"。正因为道同时是"有",所以它又是"万物之母",由此得以成为万物的本原。道在产生天地万物之后,它又存在于什么地方呢?道在天地万物之中极其幽昧深远的地方,它在那里支配天地间的一切微妙的变化。在这个意义上,道先是作为世界本原,而后则作为万物的本体,所以人们可以从天地万物反观而体会到道的存在与道的奥妙。

《五千言》第一章虽然把简本的道论思辨化了,但在整体上还属于简本固有道论的引申。在第四十章,我们则可以看到一种转向和改造。简本曰"天下万物生于有,生于无",通行本则曰"天下万物生于有,有生于无"。"生于有,生于无"两者并列,表明了有、无"同出异谓",道是亦无亦有的统一体。"有生于无",则把道归结为"无",否定了道是亦无亦有的统一体。这种转向和改造,后来诱发了魏晋时期的有无之辨。何晏、王弼正是沿着这个方向,提出了他们的本无论。

关于道如何具体产生天地万物,简本只是从混沌状态讲到清浊分化,《五千言》则进一步概括为一个数字化的序列。第四十二章曰:

    道生一,一生二,二生三,三生万物。万物负阴而抱阳,冲气以为和。

"一",根据第十四章帛书本的解释:"一者,其上不皦,其下不昧……是谓无状之状，无物之象，是谓惚恍。"显然指的是混沌状态，因为混沌状态是一个整体，而未分化，故"混而为一"。在简本中，道直接被描绘为"有状混成"，道本身即是混沌。在这里则改造为道在先，混沌在后，道生混沌。这种改造进一步突出了道的本原性或形上性，然由此道又成为一种超物质的存在，很容易被神秘化。"二"，或释为天地。然而从下文看，应释为阴阳。"三"，指阴气、阳气和冲气。冲气，帛书本作"中气"，这是一个新概念，表示在阴气、阳气中间出现了第三者。"冲气"之名，是说明阴阳二气的交互作用，正由于这种交互作用才能实现阴阳的某种平衡，即"冲气以为和"。阴阳的交互作用既然可以产生第三者，第一者与第三者的交互作用和第二者与第三者的交互作用又可以产生第二层次的第三者，如此生生不息，所以说"三生万物"。不过每一个东西都是阴阳的统一体，形象地说，就是"负阴抱阳"。由于冲气所产生的某种平衡，就使得每个东西都有自己的性质，因而此物不同于他物，所以世界上才出现了"万物"的多样性。《五千言》所提出的这个数字化的序列，其实质是一种宇宙生成论，它从理论上阐明了世界的统一性与多样性，大大地提高了老子道论的思想水平，是太史儋对道家哲学的重要贡献。

老子道论在通行本《五千言》中的思辨化，还表现在第六章的"涤除玄览（监）"和第四十七章的"不出户，知天下"，第六、五十一、五十六章的"是谓玄德"，第二十七章的"是谓要妙"和第二十八章的"复归于无极"等。这种理论趋向一般都出现在简本之外新增加的传注性的章目中。它们不是老子思想所固有的，而是老子之后由太史儋所发挥和改造的。

第三节　老子道术的权术化

老子的道术，就是简本《老子》所反映的老子关于辩证法的思想和方法论。老子的辩证法是道的辩证法，这种辩证法无疑也具有方法论的意义，但其目的是要求个人的思想行为以道为根据，同道保持一致。然而这种道术在《五千言》中经过新的诠释、改造和发挥，结果变成君主统治臣民的一种手段，所以道术转化成权术。班固《诸子略》论道家曰："秉要执本,清虚以自守,卑弱以自持,此君人南面之术也。"这是他根据《五千言》所作出的判断,在简本《老子》中根本没有这种权术,不然老子就不会去做"隐君子"了。如果把简本《老子》与通行本《五千言》的有关章目作一比较,这种理论趋向十分明显和突出。例如:

> 简本:圣人之在民前也,以身后之;其在民上也,以言下之。(甲组 4:2)
> 通行本:欲上民,必以言下之;欲先民,必以民后之。(第六十六章)

简本说,圣人之"在民前"、"在民上"是其"以身后之"、"以言下之"的自然而然的结果,它体现了圣人"无为"的精神。但《五千言》中增改的几个"欲"字则表明,圣人"以言下之"、"以身后之"不过是为了达到"欲上民"、"欲先民"的目的而采取的手段,这就落入了"有为"的层面。同样面对上下、前后的辩证关系,前者是客观地因循,后者是主观地运用,所以前者体现了一种道术,后者则变成了一种权术。

值得注意的是,《五千言》中凡讲权术的内容和文字,大多不见于简本,而是后来增加的:

> 不尚贤,使民不争。(第七章)
> 非以其无私邪？故能成其私。(第七章)
> 将欲弱之,必固强之;将欲废之,必固兴之……国之利器,不可以示人。(第三十六章)
> 古之善为道者,非以明民,将以愚之。(第六十五章)

简本《老子》的确主张"民不争"。但屡言"圣人"如何如何,怎么能说"不尚贤"！"不尚贤"是一种专制之术。为了达到一己之私欲或私利,而摆出一副无私无欲的样子,则是一种虚伪之术。将要削弱它,必须暂且增强它;将要废毁它,必须暂且兴起它,这又是一种狡诈之术。国家的利器一定要保密,更是一种权谋之术。不是用道教民聪明起来,而是让民愚昧起来等等,最后都落脚到如何成为"社稷主"、"天下王"。老子辩证法的这种思想转向,表现了战国时期道家从隐世而干预政治的一种转向。太史儋之出关入秦游说秦献公,其目的正在于此。黄老道家的出现,与这种转向有十分密切的关系。黄老道家后来之所以成为法家的一个思想来源，因为黄老道家也把道术作为权术来运用。当然法家所感兴趣的，主要是权术，道术只处于从属的地位。

第四节　道家与儒家的对立化

春秋末期，当老子和孔子分别创立道家、儒家学派时，虽然两个学派的理论分歧已经出现，但并无根本的冲突，客观上还有一种互补的关系。但是到了战国时期，随着道家开始干预政治的思想转向，对于早就干预政治的儒家学说则公开采取批判和否定的态度，遂使两个学派的关系对立化，这种对立在《五千言》中也有突出的表现。其中有些是修改了简本的原文，有些是新增加了有关章目，矛头主要指向儒家的道德伦理学说。试比较简本与通行本的两章文字：

简本：绝智弃辩，民利百倍。绝巧弃利，盗贼无有。绝伪弃虑①，民复孝慈。（甲组 4:1）

通行本：绝圣弃智，民利百倍。绝仁弃义，民复孝慈。绝巧弃利，盗贼无有。（第十九章）

老子的"绝智弃辩"，主要是基于知识、名辩在社会生活中之负面影响和他对辩证法的消极理解，但老子在简本上屡言圣人、推崇圣人，怎么会"绝圣"呢？既然肯定孝慈，怎么会"绝仁弃义"呢？

简本：大道废，焉有仁义？六亲不合，焉有孝慈？邦家昏乱，焉有贞臣？（丙组 1:1）

通行本：大道废，有仁义。慧智出，有大伪；六亲不合，有慈孝；国家昏乱，有忠臣。（第十八章）

在老子那里，仁义与大道、孝慈与六亲、贞臣与国家本来是统一的，联系在一起的，在《五千言》中则变成一种否定性的关系。

---

① 原释为"诈"，裘锡圭等新释为"虑"。

《五千言》第三十八章,通过上述否定性的关系,对儒家的"礼"进行了猛烈的抨击:"失道而后德,失德而后仁,失仁而后义,失义而后礼。夫礼者,忠信之薄而乱之首。"高扬大道,这是道家的立场。重德、重仁、重义、重礼,则是儒家的主张。老子在高扬大道的同时,并不否定礼的价值。正由于他熟悉礼教,所以孔子才去向他问礼。然而在《五千言》中,儒家价值观中的这些内容和项目,几乎统统都被否定了。作者认为礼是忠信不足的表现,是国家祸乱的祸首,明显是把道家的以道治国与儒家的以礼治国或以德治国对立了起来。

第二章 黄老学派对道家哲学的发展

黄老道家是战国中期道家内部分化出来的一个学派。代表人物有郑国的申不害、赵国的慎到、齐国的田骈、楚国的环渊等,"皆学黄老道德之术,而其归本于黄老"。其时间大体在《五千言》成书之后。最显著的思想特征,就是同时假托黄帝和宗于老子。宗于老子是表明道家的学派归属,假托黄帝则是要借助黄帝的形象和实践智慧标示道家哲学发展的一个新方向。从而不仅在理论上,而且在实践上为道家争取了社会地位,扩大了思想影响。从思想内容来看,黄老之学是坚持老子道论而又兼百家之学的道家学派。其中心是以道治国的政治哲学。先秦黄老道家的著作大多已经亡佚,目前可以找到的文献主要是帛书中的《黄帝四经》和《管子》书中的有些篇目。

第一节 《黄帝四经》的道家哲学

《黄帝四经》本是 1973 年长沙马王堆汉墓出土的一套帛书,在《老子》乙本之前,共四部,即《经法》、《十六经》、《称》、《道原》,约一万一千余字[①]。据唐兰考证,这四部佚文相联系,按其内容当是《汉书·艺文志》所著录的《黄帝四经》,此说得到大多数学者的赞同。也有学者泛称《黄老帛书》。其时代一般断为战国中期,具体作者不详。

一、从"道"至"理"的思想开拓

《黄帝四经》原原本本地继承了简本《老子》固有的道论,并有新的

---

① 见马王堆汉墓帛书《经法》,文物出版社 1976 年版。其中《十大经》的篇名,后校正为《十六经》。

发挥。对于后出的《五千言》则有取舍，不尽相同。

作者大量袭用《老子》固有的概念和话语，十分明确地把"道"作为万物的本原。对于道的描述亦是"无刑(形)无名，先天地生"(《十六经·行守》)，道的本原性质亦表现在"万物得之以生，百事得之以成"(《道原》)。道的存在，"天弗能复(覆)，地弗能载。小亦成小，大亦成大。盈四海之内，又包其外"(同上)。由于道是一种无限性的整体，作者强调道就是"一"。"一者，道其本也。"(《十六经·成法》)"一者，其号也。……独立不偶，万物莫之能会。"(《道原》)这样，在论述宇宙的演化过程时，便不是从"道生一"开始，而是从"道是一"开始：

> 恒先之初，迵(洞、通)同太虚。虚同为一，恒一而止。湿湿梦梦(濛濛)，未有晦明。(《道原》)

> ……无晦无明，未有阴阳。阴阳未定，吾未有以名。今始判为两，分为阴阳，离为四[时]。(《十六经·观》)

"太虚"是表示道的原始状态的一个新概念，其所指即宇宙最初的混沌状态。其特征为"湿湿梦梦(濛濛)"，就像漫天迷雾那样。"虚同为一，恒一而止"是说太虚浑然成为一个整体，只有太虚是惟一的存在。在这里，"太虚是一"是对"道是一"的具体诠释。由此便纠正了《五千言》中"道"与"一"的割离。同时，作者放弃了那个思辨性的数字化的序列，而直接用晦明的出现和阴阳的分化来说明天地万物的形成。这种思路不但把道生天地万物的过程具体化，而且从发生学上拉近了道与天地万物的关系。

为了以道治国的社会需要，《黄帝四经》特别着力于从"道"到"理"的思想开拓。作者把"道"看作天地万物的总规律，把"理"看作"道"在各类事物中具体的特殊规律。试看下面两条材料：

> 物各[合于道者]，胃(谓)之理。理之所在，胃(谓)之[顺]。物有不合于道者，胃(谓)之失理。失理之所在，胃(谓)之逆。(《经法·论》)

> 四时有度，天地之李(理)也。日月星辰有数，天地之纪也。……一立一废，一生一杀，四时代正，冬(终)而复始，[人]事之理也。

(《经法·论约》)

按照作者的理解,道具有最大的普遍性,无所不包,无所不在;理则限于一类事物,是一类事物中的"合于道者",如"天地之理"、"人事之理"。显然,道和理的关系是普遍与特殊的关系。就其作为规律而言,二者则完全是一致的。"理"在这里是一个新概念,它的提出标志着老子道论的深化。但"理"这个新概念,在《黄帝四经》中尚未定型。一方面,和老子一样,仍讲"天之道"、"天地之道";另一方面,还有不少类似于"理"而并不名之为"理"的术语,如"数"、"纪"、"稽"等,其中"稽"之名常见。"理"要作为一个基本概念确定下来,还有待于哲学思维进一步的发展,但这种思想开拓具有历史的功绩。

二、辩证法中的思想新意

《黄帝四经》继承了老子辩证法的丰富内容,十分关注世界和社会生活中的各种矛盾,以及矛盾双方的相反相成与物极必反,特别把人事的成败、福祸、得失等作为思考的重点。但为适应于以道治国的需要,它在阐发老子的辩证法时,进一步的有所改造和修正,从而赋予了自己的新意。

首先,作者把道家的阴阳观念真正普遍化。《五千言》中已有"万物负阴抱阳"的理论概括,但通观其上下篇,阴阳概念仅此一见,并没有真正展开来。《黄帝四经》不但把阴阳分化作为宇宙演化的关键性的环节,而且作为分析一切问题的指导思想。《称》云:"凡论必以阴阳明大义。"并通过大量实例,说明阴阳关系普遍存在于万事万物之中。在自然界,"天阳地阴,春阳秋阴,夏阳冬阴,昼阳夜阴","天地之道,有左有右,有牝(阴)有牡(阳)"。在人类社会,"大国阳,小国阴。重国阳,轻国阴。有事阳而无事阴。信(伸)者阳,屈者阴",以及主阳臣阴、男阳女阴、父阳子阴、兄阳弟阴、夫阳妻阴、制人者阳而制于人者阴等等。这种普遍化的理论意义就在于,它表明中国古代辩证法已经开始把阴阳作为表示矛盾的基本概念。《周易》中虽然早就包含着这种观念,但到此才被真正理论化。

其次,作者在相生相成中注意到矛盾的斗争性。《黄帝四经》把老子的相生相成观念具体化为"两相养,时相成"(《十六经·姓争》)。前者是说矛盾双方互相依存,后者是说双方依存的时间条件。在作者看来,世界上一切相反的东西,如上下、晦明、黑白、刚柔、动静、顺逆、死生、祸福、刑德、美恶等等,都是"两若有名,相与则成"(《十六经·果童》)。若有上之名,必有下之名;若有动之名,必有静之名。上下、动静双方"相与",各自才能成立。但与老子不同的是,作者在相生相成中觉察到斗争性的存在。他指出:"寒热燥湿,不能两立;刚柔阴阳,固不两行。"(《经法·四度》)这就是斗争性的表现。在天地间,虫类有斗争,人类也有斗争。作者和老子一样主张"善于不争"、"好德不争"。但是,有时候"不争亦毋(无)以成功"(《十六经·姓争》)。"不争"不能安定天下,不能成就功业,"争"也是必要的、合理的。老子把"不争"的原则绝对化,《黄帝四经》则作了重要的修正。这种修正的原因是,"今天下大争,时至矣"(《十六经·五正》),即时代和社会形势使之然也。

再次,作者在矛盾转化中注入了"有为"的因素。《黄帝四经》认为,"极而反,盛而衰,天地之道也,人之李(理)也"(《经法·四度》),这与老子是相同的。在这种转化的面前,人应采取什么态度呢?作者同样主张因循、无为、贵柔守雌。但不同的是,在"无为"中注入了"有为"的因素。《十六经》中有《雌雄节》一篇,认为雌节为"吉节"、雄节为"凶节"。然而它反对把刚柔雌雄的关系绝对化。《经法·四度》指出:"柔弱者无罪而几,不及而翟",《三禁》篇亦云:"人道刚柔,刚不足以,柔不足寺(恃)。"可见,单纯贵守柔雌是不足取的。《姓争》篇则从主客的地位变化,来分析天地之间的辩证关系。一般说来,人与万物均受天道的支配,天为主而人为客。但人若"执道循理",主动利用天道为自己造福,这时则变成了人为主而天为客。如果人违背了天道,"可作不作"或"不可作而作",则必丧失主动地位。作者特别强调"天时",即矛盾变化在客观上所形成的时机。"圣人不巧,时反是守","圣人之功,时为之庸"(《十六经·观》、《十六经·兵容》)。时机不到,不可盲动;时机一到,要紧紧抓住。《十六经·兵容》有一句千古名言:"因天时,与之皆断,当乱不断,反受其乱。"后来被许多兵家和政治家作为座右铭。从总体上来说,《黄帝四经》坚持道家的无为论,但表现了一种积极进取的精神。

三、以"道"论"法"的政治哲学

《黄帝四经》研究道、理和辩证法,是为了给其以道治国的政治目标提供形上学的根据。而从形上到形下的过渡,则以"道生法"作为中心环节。《黄帝四经》的第一经是《经法》,《经法》的第一篇是《道法》,《道法》篇的第一句话即是"道生法":

> 道生法。法者,引得失以绳,而明曲直者也。故执道者,生法而弗敢犯也,法立而弗敢废也。[若]能自引以绳,然后见知天下而不惑矣。

"道生法"首先把道作为法的根源和根据,因而法也就成为道在社会政治生活中的具体表现或体现。这一命题不但在理论上开启了道、法结合的新思路,而且大大强化了法的客观性与权威性。但是,道怎样能生法呢?当然是由君主来实现。君主怎样"生法"呢?不可随心所欲,不可根据私利,而必须以道为根据。这就是说,君主必须是"执道者","执道者观于天下"而"正道循理",由此立法,才能真正实现"道生法"。

法的功能就在于,为社会人事提供一个是非曲直的标准。它就像木匠的墨线或其他度量工具,有了一个客观的、公正的、权威的标准,治理国家就有了规范。有了标准和规范,就可以"案法而治"(《称》),那样也就不会出现政治的无序或社会的混乱。《经法·明理》曰:"是非曲直,以法断之","虚静谨听,以法为符"。然而,法治会不会受到扰乱和破坏,关键在于执法的各级官吏和立法君主是不是"抱道执度"。"抱道",就是要效法天道,"兼复(覆)载而无私"(《经法·六分》)。"执度",就是要执法公正。"法度者,正之至也。"(《经法·君正》)作者坚信:"抱道执度,天下可一也。"(《道原》)这是一种美好的理想,但在古代社会是很难真正实现的。

《黄帝四经》从"道生法"引出"案法而治",但并不像后来法家那样专任刑罚,而主张"刑德相养"、"先德后刑",把道德的教化与法律的惩罚两个方面结合起来,使之相辅为用。《经法》中有一篇《亡论》,严肃地告诫统治者,如果失德而任刑,"有国将亡"。

四、修道的内容和价值

老子修道,主要是对大道的体悟,虽也包含着一些道德内容,但不很突出。《黄帝四经》则吸收了儒家的有关思想,十分重视道德的价值。《经法·君正》给德下定义:"德者,爱之勉也。"《顺道》篇提倡"体正信以仁,慈惠以爱人"。《名理》篇提倡"诸必信",言与心符,言与行合。

老子修道,过分夸大了"智能"与"伪"的联系,以至《五千言》曰"慧智出,有大伪"。《黄帝四经》则把修道作为智慧的来源,《名理》篇曰:"道者,神明之原也。……神明者,见知之稽也。""神明"以"见知"为内涵,明显是理性的智慧。所以下文又说"惠(慧)生正,[正]生静",最后可以达到"至神之极,[见]知不惑"。

老子修道主要是为了个人的明哲保身与精神超越,《五千言》则把道术权术化。《黄帝四经》面对当权的君主和大臣,特别反对搞阴谋。作者从大道的"无私"、"无执"出发,告诫当政者千万不可贪私纵欲。"黄金珠玉藏积,怨之本也。女乐玩好燔财,乱之基也。"(《经法·四度》)甚至说"宫室过度,上帝所恶"(《称》)。搞阴谋的人,必然违背大道,欺人骗人,其结果既害人又害己。所以作者认为,"阴谋不祥","危于死亡"(《十六经·行守》),明确主张"不阴谋,不擅断疑,不谋削人之野,不谋动人之宇"(《十六经·顺道》)。

凡此种种,《黄帝四经》扩大了道家修道的内容看,更重视修道的社会价值。

第二节 《管子》中的黄老道家哲学

现存《管子》一书,经过许多学者的考证,乃是稷下齐国学者托名管子而编纂的一部文集。其中保存了管子本人的若干遗论和思想资料,但大多是战国中期稷下学宫齐国学者的作品。我们认为《心术》上下和《白心》、《内业》四篇以及《法法》、《任法》、《明法》、《君臣》等篇,就其思想内容看,属于黄老学派的著作。它们同《黄帝四经》都是以道论法,但在哲学上有自己的特色。

一、从"道"到"精气"的思想开拓

稷下黄老之学坚持了老子的道论,明确地把道作为天地万物的本原。《内业》篇描述道的特征是"无根无茎,无叶无荣",但是"万物以生,万物以成",由此"命之曰道"。《心术上》描述道的普遍存在说:"道在天地之间也,其大无外,其小无内。"这说明道在空间上是无限大与无限小的统一。同时,道"一来一逝",不断地在运动。道的性质"不与万物异理,故可以为天下始"(《心术上》)。然而,道虚无形,它是非实物性的东西,又如何能产生天地万物呢?从《老子》简本来看,老子原先用混沌分化来说明,还保留着创世神话的思想印迹。《五千言》提出"道生一",抽象的道怎样产生"一"、产生混沌呢?为了解决这些理论难题,稷下黄老学者提出"精气"概念,对老子的道进行了新的诠释。

简本《老子》曾讲到赤子"未知牝牡之合(而)朘怒,精之至也",这个"精"仅指人体之精气,十分狭隘。《五千言》讲到"道之为物……其中有精"(第二十一章),也只是说道中包含有精气。稷下黄老学者则把精气作为构成道的质料,认为道生万物是通过获得精气这种质料来完成的。《内业》篇说:

> 凡物之精,此(比)则为生。下生五谷,上为列星;流于天地之间,谓之鬼神;藏于胸中,谓之圣人;是故民(名)气。杲乎如登于天,杳乎如入于渊,淖乎如在于海,卒(崒)乎在于己(屺)。是故,此气也不可止以力,而可安以德;不可呼以声,而可迎以音(意)。

在这段话中,"此气也"即"物之精"。作者自己解释说:"精也者,气之精也。"精气不是一般的气,而是气中最精微、最细小的成分。道生天地万物,在这里具体成了精气产生天地万物。"万物以生,万物以成,命之曰道",所以精气即是道,道即是精气。道是通过精气而在宇宙间的普遍存在和存在于万物之中。杲乎、杳乎、淖乎、崒乎,就是讲的普遍存在。"夫道者,所以充形也",则讲的是道存在于万物之中。不过道与精气两个概念并不完全相同,道有规律义,精气没有规律义,所以精气实际上被理解为构成道的质料。所谓"化不易气"(《内业》)和"遍流万物而不变"

(《心术上》),就是说,道和万物无论如何变化,气永远是它的质料。

稷下黄老学者把道与精气融通一体,由此对老子的"德"作了进一步的阐发。老子的"德",不同于儒家的道德之德,而是道在具体事物中的存在状态及具体事物由此具有的属性。《心术上》曰:"虚无(而)无形谓之道,化育万物谓之德。""德"是道与万物之间的一个中介环节。德如何"化育万物"呢?"德者,道之舍,物得以生生。"(同上)"道之舍"即道之现实载体,万物因为得道而生生变化。"德者,得也。德也者,谓其所得以然也。"(同上)万物皆因为得到"道"的一部分而具有自己特殊的属性。"道"是一个大全,怎么能从中得到一部分呢?因为道的质料是精气,精气可以从中分化出一部分。这样,大道作为"一",以其质料精气,通过"德"作为中介,同万物作为"多"就沟通起来了,统一起来了。

精气说的理论意义就在于,它对道家的道本原的统一性与万物的多样性作了比较合理的说明。从前五行说提出了五种要素,如果都作为本原来看待,很难坚持一元论的统一性。《水地》篇的水本原说是一种一元论,但单纯用水很难说明万物的多样性。精气说坚持了道一元论,又用精气作为其无形的质料,在上下四方分别生成了各种有形的事物。万物都得有精气而作为道的现实载体,同时又因所得精气不同而具有不同的属性。所以世界既是统一的,又是多样的。

精气说的贡献还在于,它对一些神秘莫测的现象,特别对人的精神、智慧作出了非神学的解释。宗教神学宣扬鬼神的存在,精气说把鬼神看作"流于天地之间"的一种精气,并不认为是有人格的神灵。人的精神、智慧通常总和神灵或灵魂联系在一起,精气说认为精气进入人体,人才有精神、智慧。精气怎样产生精神、智慧呢?《内业》曰:"德成而智出。"具体地说:

> 气道(通)乃生,生乃思,思乃知,知乃止矣。
> 定在心中,耳目聪明,四肢坚固,可以为精舍。……精之所舍,而知所生。

精气在体内流通,人就有了生命;有了生命,人就产生思想活动;有了思想活动,人就有了知识;知识是精气在人体活动所产生的结果。精气在人体内如何存在与活动呢?"藏于胸中"、"定在心中",这样就可以"耳目聪明"。但是,人对自己体内的精气必须"敬守勿失",如此才能至于"神明"。作者把人心称作"精舍",即精气之舍,人的智慧是由精舍所产生的。有时候,人的思想活动好像有鬼差神使,作者说:"思之思之,又重思之。思之而不通,鬼神将通之;非鬼神之力也,精气之极也。"(《内业》)这种无神论的思想是非常可贵的。

当然,精气论也有其局限性。就万物的本原来说,它虽突破了具体的有形实物,但无形的精气终究还是实物性的存在。就精神、智慧而言,它虽然排除了鬼神的作用,但终究把精神归结为精气,从而混淆了物质与精神的界限。但从道家哲学和整个中国哲学的发展来看,精气说的历史贡献是不可磨灭的。

二、"心术"论的两重意义

"心术"是稷下黄老的一个很特别的概念,它发源于老子的修道思想,又有很大的突破。老子的修道,排除"为学"的认知内容。稷下黄老的"心术",则兼有精神修养和认知外物的两重意义。

所谓"心术"即"治心"之术,具体包括心如何制窍和心如何制心,前者是意识如何控制感官活动的问题,后者是意识应该保持一种什么样的状态问题。就其目标而言,不但在于得道或知道,而且同时包括"照乎知万物"(《内业》)或"照知天下"(《心术下》)。因此,"心术"问题的提出便与老子有所不同:

> 人皆欲知,而莫索(之)其所以知。[其所知],彼也;其所以知,此也。不修之此,焉能知彼?(《心术》)

"人皆欲知",不但包括知道,而且包括知物。"彼",指所知的对象;"此",指知之主体。"心术"问题说到底,就是主体精神意识的修养。主体如果不能"治心"以进行精神修养,就不可能认知大道与外界事物。如此清楚地从认知结构中分辨主体与对象,在中国哲学史上是第一次,它对后世的修养论和认知论都具有重要的理论意义。

关于意识如何控制感官活动,作者坚持道家"无为"的原则。《心术上》曰:"心术者,无为而制窍者也。""无为制窍"就是心不要代替感官的活动,让感官自然而然地反映外物,所谓"毋先物动"、"感而后应"(同上)。关于意识活动应有的状态,作者提出了一个"静因之道",这也是"无为"的具体体现。"静"是虚静。"因也者,舍己而以物为法也。""因也者,无益无损也。"(《心术上》)就是说,不要把自我的东西强加给外物,外物是怎样就怎样,"若影之象形,响之应声",主体不能有任何的修改。"因"的实质就是按照客观事物本来的面目,原原本本地进行反映。所以作者说:"以其形,因为之名,此因之术也。"(同上)

为了实现"静因之道",《心术》篇具体要求"虚静"和"执一"。"虚者,无藏也。""无藏"就是去除各种私欲杂念,使人的意识活动不要受喜怒哀乐好恶之情所左右。如果心里藏有各种私欲杂念,很可能"物过而目不见,声至而耳不闻",甚至同外物发生抵触。静,就是保持安静的心态。为什么?因为"静则得之,燥则失之"、"动则失位"、"静乃自得"。如果心情燥动,听闻将受其影响,那样"彼也"、"物也"就难以认识了,把握大道也就更难了。"执一"就是"专于意,一于心",聚精会神,以免发生错觉。在作者看来,人的精神意识如果真正做到了虚心、冷静和专一,就会出现一种"鉴乎大清,视乎大明"的状态,那时候"正心在中,万物得度"(《内业》),就可以正确地认识万物,就可以真正知"道"。

稷下黄老的"心术"论对老子的修道论有所扬弃,是中国古代修养论与认识论的重要成就,应该充分肯定。但这种理论本身,也有很大的缺陷,主要是不懂得意识的能动作用。虚心无疑是正确的,但要"虚"到一点也"无知"、"无藏"、"无设"、"无虑",根本不可能。而"有知"、"有藏"等也不见得一定有害。问题在于所"知"、所"藏"是什么。《白心》篇要求人的内心要成为一块白布("虚素"),类似于西方历史上的"腊板"说和"白板"说。如果把人对外物的反映完全归结为"静因",只是"静身以待之",那就使人的精神意识完全陷于被动的地位。

三、道、法结合的政治哲学

早期道家原先对法采取鄙弃的态度,而早期法家只知明法而缺少形上学的论证。黄老之学的道、法结合不仅强化了道家与现实的联系,同时亦推动了法家哲学的发展。

在《管子》有关篇目当中,处处可以看到道、法并举的现象。《法法》篇曰:"明王在上,道、法行于国。"《任法》篇曰:"百姓辑睦,听令道、法以从其事。"《君臣》篇曰:"明君只重道、法而轻其国。"这表明在治国的过程中,道、法两者不可分割,而必须融合起来。就其实质来看,则以道为体,以法为用,把道家的形上学贯彻和运用到了法家的政治学。

那么具体怎样看待道、法之间的关系呢?同《黄帝四经》一样,道生法,法从道出。《心术上》曰:"事督乎法,法出乎权,权出乎道。""权"的本义即今所谓秤锤,引申为"衡量"、"标准",因其具有社会共同认可的公正性和权威性,故可以作为衡量事物的标准和尺度。"法出乎权"即是说,"法"之所以可以判明是非曲直("督事"),就是因为"法"具有"权"那样无可争议的公开性和权威性,故《七法》篇曰:"尺寸也,绳墨也,规矩也,衡石也,斗斛也,角量也,谓之法。"然而,"权"的公正性和权威性不是自生的,而是来自于"道",即取法于天道的自然无有偏私。这样,以"权"为中介,便把道与法联系起来了。上可以由法溯源于道,下可以由道引申出法。

第三章 子思、孟子对儒家哲学的发展

《韩非子·显学》曾指出:"自孔子死也,有子张之儒,有子思之儒,有颜氏之儒,有孟氏之儒,有漆雕氏之儒,有仲良氏之儒,有孙氏之儒,有乐正氏之儒。"大体反映了孔子死后儒家内部的学派分化的情况。其中,直接作为孔子弟子的颜渊、子夏、子张、曾子、漆雕开等人,代表了一个过渡性的阶段。战国时期主要代表人物,先有子思和孟子,后有荀子。子思和孟子都从心性内圣方面发展了孔子的哲学,两人有较多的思想联系。有人统称为"思孟学派",但亦有人认为并不构成一个学派。我们分别来考察他们的哲学思想,学派问题可以进一步再研究。

第一节 子思的中庸哲学与道德"五行"说

子思(前483~前402年),姓孔名伋,为孔子之孙。据《孟子》记载,子思曾被鲁缪公尊为贤者,以师礼相待,但终未见用。其他事迹不详。《汉书·艺文志》著录《子思子》二十三篇,已佚。《史记·孔子世家》云:子思作《中庸》。现存《中庸》有后人增饰的文字,但其基本思想应归于子思,其作者当出于"子思之儒"。《荀子·非十二子》说:"案往旧造说,谓之'五行'。……子思倡之,孟轲和之。"20世纪70年代发现马王堆帛书《五行》,近又发现郭店简本《五行》,的确可以看出思孟之间的思想联系。

一、"中庸"思想的哲学展开

"中庸"原是孔子哲学中的一个道德范畴与方法论的原则。它可以上溯到尧舜之治的"允执其中"和周公提倡的"中德"、"中正"。孔子认为这是一种最高的道德境界,而长久以来没有得到应有的重视:"中庸之为德也,其至矣乎!民鲜久矣。"(《论语·雍也》)所谓"中"即"执两用中","为不偏不倚与中和之义。所谓"庸",用也、常也,即用常道也。如"礼之用,和为贵",就是"中庸"之德的集中表现,也是治国安民必须遵循的常道。在方法论上,"中庸"承认事物普遍存在着对立的两端,认为处事待物既不能"过",又无"不及",使之恰到好处。在《论语》中,处处可以看到"中庸"的思想,但孔子尚未从哲学上进行理论的解释。

子思对孔子的"中庸"思想作了充分的发挥,他首先把"中庸"概念从道德范畴和方法论的原则提升到世界观的高度:

> 中也者,天下之大本也;和也者,天下之达道也。致中和,天地位焉,万物育焉。(《中庸》第一章)

"中和"被认为是宇宙存在与变化的最根本、最普遍的法则。遵循这一法则,让事物恰当地、和谐地发展,就可以保证天地万物各得其所、繁荣兴旺,从而有一种正常的、稳定的秩序。这个"道"同人有什么关系呢?一方面,人不能离开道,"道也者,不可须臾离也,可离非道也"(第一章)。因此才有圣人之"教"和君子"修道"。子思引仲尼曰"君子中庸,小人反中庸"(第二章)。"修道"还是不"修道",是君子与小人的重要界限。另一方面,"道不远人",人可以认识与把握道。不管道如何"费而隐","夫妇之愚,可以与知焉"、"可以能行焉"。当然,要认识和把握道的全部奥妙,不是那么容易,"虽圣人亦有所不知焉"、"所不能焉"(第十二章)。为什么会出现"道之不行"、"道之不明"的情况,其原因或是"过之",或是"不及"(第四章),都没有明其"中"和用其"中"。这说明"修道"是一个长期的过程。人们可以比较,孔子论"道",一般都是形而下的,政治性的;子思论道,则明显进至形而上,同道家的"道"一样,具有本体论的意义。这是儒家哲学发展的一个新趋向,具有重要的历史意义。

为了"遵道而行",子思以"诚"为中心,进一步研究了天道和人道的关系。他说:

> 诚者,天之道也;诚之者,人之道也。诚者不勉而中,不思而得,从容中道,圣人也。诚之者,择善而固执之也。(第二十章)

"诚"本来表示主体精神的真实无妄或诚实无欺,子思把它客观化,用以表示天道的真实性,回过头来又认为,人道之"诚之"来自天道之"诚",要求人用真诚的态度来对待天道。这样,人道之遵从天道,就必须通过"诚"这个中心环节,而天道、人道则通过"诚"这个中心环节统一起来。子思对"诚"的这种新诠释,实际上是一种"天人合一"的观念。他认为圣人不必勉强就能符合天道,不用思虑就能把握天道,从容自然地就符合天道。也就是说,圣人真正达到了"天人合一"的精神境界。而一般人要真诚地对待天道,则应通过具体地待人接物"择善而固执之"。这样一步一步,最后也可以上达到"天人合一"的境界。子思"天人合一"的思想,本源自于孔子,但他从理论上进行了说明和论证,后来对孟子以至整个儒家哲学都有深刻的影响。

从《中庸》的整体结构来看,子思先从天道讲到人道,又从人道讲到天道,重点是讲人道如何上达到天道,因而"诚"的主要内容实际上是讲君子的精神修养,同时也涉及君子的认知活动,前者即所谓"尊德性",后者即所谓"道问学"。子思曰:"君子尊德性而道问学,致广大而尽精微,极高明而道中庸。"(第二十七章)就"尊德性"而言,他讲到了儒家的孝道,以及君臣、父子、夫妇、昆弟、朋友之道,在哲学上着重解决成己与成人、成己与成物的关系,以上达至天道。就"道问学"而言,他讲到了"学而知之"的方法和过程,即通过"博学之,审问之,慎思之,明辨之,笃行之"而把握天道。他认为君子应该具有一种不达目的绝不罢休的精神,"人一能之己百之,人十能之己千之",只要按照上述方法和过程,一定能把握天道,"虽愚必明,虽柔必强"。值得注意的是,在子思看来,"尊德性"与"道问学"是统一的,但后来的儒家人物则各有侧重。如孟子侧重前者,荀子侧重后者;宋明时期的心学家侧重前者,理学家侧重后者。由此,在儒家哲学的发展中,从其内部不断产生新的分化及其不同倾向。

《中庸》是先秦儒家哲学的一篇重要文献,涉及很多内容。它所提出的天命与人性的问题,人性与物性的问题,精神"未发"、"已发"的问题,道德"慎独"的问题,以及参赞化育问题与"合内外之道"等,大大拓广了儒家哲学的视野,而具有承前启后的作用。但"诚"的概念模糊了主客之间的界限,"至诚如神"拘守神学的观念,以及其他一些局限都不能忽视。

二、道德"五行"的新系统

自《尚书·洪范》提出"五行"说之后,作为自然要素的"五行"系统很快变成了一种思维模型,凡是成系列的一组要素,往往都被纳入"五行"系统。这种趋势早在春秋时期已经开始,子思在战国时期则利用这种模型来整理儒家的道德观念,力图使它成为一个系统。这就是荀子讲的"案往旧造说,谓之'五行'"(《非十二子》)。

子思在《五行》篇中一开始,就把儒家道德观念的基本范畴,排列成一个"五行"系统:

> 五行:仁形于内谓之德之行,不形于内谓之行;义形于内谓之德之行,不形于内谓之行;礼形于内谓之德之行,不形于内谓之[行;智形]于内谓之德之行,不形于内谓之行;圣形于内谓之德之行,不形于内谓之行。(简本第1章)①

唐代杨倞注《荀子》,曾认为子思讲的"五行"就是"五常",即仁义礼智信。他实际上是根据汉儒董仲舒的"五常"来推想子思的"五行"。人们看到,这里第五是"圣"而不是"信"。不过,突出"圣"诚然是一种创见,但没有"信"也显然是一种偏颇。每一"行"都区分为"形于内"与"不形于内"。前者谓之"德之行",指内心的道德意识;后者谓之"行",指外在的道德行为。这种思想虽在孔子那里已经内蕴着,但到"七十子"都还没有作出理论的概括。对于每一"行"的心理基础和思想内容,他也都进行了孔子和"七十子"所没有的阐发。试看他对仁的具体论述:

> 颜色容貌温变也。以其中心与人交,悦也。中心悦旃,迁于兄弟,戚也。戚而信之,亲[也]。亲而笃之,爱也。爱父,其继爱人,仁也。(简本第19章)

"仁"的外部表现是"颜色容貌温变也"。它的发生过程是"以其中心与人

---

① 以下引《五行》均据李零《郭店楚简校读记》章次,见《道家文化研究》第十七辑,三联书店1999年版。

交",心态为"悦"(快乐)。在兄弟之间则为"戚"(关切)、"亲"(亲近)、"爱"。先是爱兄弟、爱父,然后爱他人。子思曰"不爱不仁"(简本第12章),这是孔子"仁者爱人"在心理方面的深化,也与《中庸》"仁者人也,亲亲为大"完全一致。子思对仁和义、礼、智、圣进行的心理分析,在儒家哲学中是一个理论创造。尽管在细节上还应该进一步斟酌,但这项工作是十分有意义的。

荀子曾批评子思的"五行"说"甚僻违而无类"(《非十二子》)。"僻违"是说这种理论十分怪异,"无类"是说它同人们已熟知的"五行"根本不是一类。子思采用了"五行"之名,但他并未真正把"五行"作为一种理论模型或框架,在这里看不到仁义礼智圣与金木水火土的对应关系,也看不到"五行"说中那种相生相克的关系。

从《五行》篇的实际内容来看,子思虽借五行之名,中心则是讨论"智"、"圣"、"善"、"德"之间的关系。他企图从认知方式说明智、圣之不同层次:"见而知之,智也;闻而知之,圣也。"(简本第16章)然而闻知是否一定高于见知呢?第26章又讲到"目而知之"、"喻而知之"、"譬而知之"、"几而知之"四种方式,目知自然就是见知,喻知和譬知是不是听知呢?恐非。几知应该是一种超越见、闻、譬、喻之知,但并没有同"圣"联系起来。他又企图从"五行之和"与"四行之和"说明善、德之不同层次:"德之行五和谓之德,四行和谓之善。善,人道也;德,天道也。"(简本第2章)这种区分也很勉强,甚至会产生概念的混乱。"五和"与"四和"之别就在于有"圣"还是无"圣"。看样子,子思认为"圣"的人格化便是"圣人",而"圣人知天道也"(简本第17章),所以他把"德"归于天道。"善"中没有"圣",只有仁义礼智,"智"尚不能"知天道",只能归于人道。天道、人道的这种区分和论证,显然不像《中庸》那样清晰。这大概也就是荀子讲的"幽隐而无说,闭约而无解"(《非十二子》)吧!

值得注意的是,《五行》篇以"金声"比喻"善",以"玉振"比喻"德",认为"唯有德者,然后能金声而玉振也"(简本第11章)。而在《孟子·万章下》中我们看到孟子也用了这一比喻,并对应于"智之事也"和"圣之事也"。这说明道德"五行"说的确是"子思唱之,孟轲和之"。

第二节 孟子的心性哲学与义利观

孟子(约前385～约前304年)①,名轲。战国中期邹(今山东邹县)人。相传为鲁国孟孙氏的后裔,曾"受业子思之门人",为孔子"私淑弟子"。中年以后游说列国诸侯,宣传并企图推行其仁政学说。他在思想上以孔门嫡传、儒家正宗自居,对墨家、道家、农家、法家以至兵家都有不同程度的批判,使邹鲁儒学成为百家争鸣中的"显学"。为人自负甚高,声言"若欲治平天下,当今之世,舍我其谁哉?"(《孟子·公孙丑下》)。但虽一度"加齐之卿相",终没有实际参加政治。晚年聚徒讲学,成为"后车数十乘,从者数百人"的儒学大师。被后世尊为"亚圣",儒学被称为"孔孟之道"。传世《孟子》七篇,由其门人后学根据记录整理,是研究孟子思想的主要资料。

一、推行"仁政"的"王道"理想

孟子的时代,如何统一天下,越来越成为迫切的历史课题。法家提倡以法治国,主张用武力来统一天下,孟子指斥为"霸道"。孟子提倡"王道",坚持了儒家的以德治国,二者的根本区别就在于"以德"服人还是"以力"服人(《公孙丑上》)。按照孟子的分析,统一天下主要靠民众的拥护而不是战争,所谓"得道者多助,失道者寡助","多助之至,天下顺之","寡助之至,亲戚畔(叛)之"(《公孙丑下》)。应该说,孟子看到战争的杀人、破坏确是事实,但认为一切战争都是不义之战则是片面的。他针对兵家人物提出的"善战者服上刑"(《离娄上》),更是过激之词。要知道,面对当时的诸侯割据和互相兼并,单纯凭道义的精神影响显然是不够的、不行的。尽管战争会杀人、破坏,由此所完成的国家统一从根本上则符合整个民族的长远利益。

孟子的"王道"把道德的作用和道义的影响理想化,它的具体内容就是所谓"仁政",即用仁爱之心去对待人民、争取民心。孟子认为,"仁

---

① 孟子生卒年采用杨伯峻《孟子译注·导言》的推断。

政"的前提条件是统治者要有仁心,即"不忍人之心"。"先王有不忍人之心,斯有不忍人之政。以不忍人之心,行不忍人之政,治天下可运于掌上。"(《公孙丑上》)这是把孔子的仁学具体付诸于政治。"仁政"的物质条件是为民置"恒产",保证个体农民的生活条件,使之安定而有"恒心"。但他想保留古老的井田制的形式,显然是过时了。"仁政"的政治条件是"贵德而尊士",使"贤者在位"和"能者在职",以专家的身份实际掌握政权,治理国家。孟子对君主的地位有特别的理解,他仍然承认"君权神授",但认为"天"选一个人作"天子"只是给他一个职位,并不是给他经济上和政治上的所有权。如果他是有道之君,就会得到民众的拥护。如果他是无道之君,民众就会推翻他。孟子强调,成汤伐桀和武王伐纣并不是"弑君"而是"征诛",这种政权转移正体现了天意和民心。孟子还有一种理想的、正常的政权转移制度,即所谓"禅让"。郭店楚简中有《唐虞之道》,赞扬尧舜"禅而不传"。"禅"是公天下,把天子之位传给最有贤能的人;"传"是私天下,把天子之位传给自己的儿子。孟子把这种上古传说纳入他的仁政。仁政的精神条件是儒家的忠恕之道,即统治者要把自己的"不忍人之心"去"推己及人":

> 老吾老以及人之老,幼吾幼以及人之幼,天下可运于掌。《诗》云:'刑(行)于寡妻,至于兄弟,以御于家邦。'言举斯心加诸彼而已。故推恩,足以保四海;不推恩,无以保妻子。古之人所以大过人者无他焉,善推其所为而已矣。(《梁惠王上》)

人们不难发现,孔子的"忠恕"和"为仁"之方重在个人修养,而孟子把它推广于政治和社会。

孟子在论证"王道"理想时,还提出"民为贵,社稷次之,君为轻"(《尽心下》)的命题,这是中国思想史和哲学史的重要理论成果,它把儒家固有的"民本"思想大大向前推进了。"民为贵"其所以排在第一,因为民是国家社稷的基础,这种地位和作用永远不能"变置"或取代。而社稷必要时则可以变换,所以历史上有一代一代的江山社稷。"君为轻"其所以排在最后,因为有民才有国,有国才有君。天子之所以为天子,是因为得到民众的拥护,"得乎丘民为天子"。君主如果无道,完全可以另换一个君主,但任何君主都不可能"变置"他所统治的民众。当然,孟子的"民贵君轻"并不否定君主专制,也不是让民众参予政治和当家做主,但它不仅在古代社会有助于限制君主专制,也在近代社会革命中发生过积极的作用。

二、性善论与心性修养

孟子的仁政学说与王道理想以其性善论为理论基础,他的性善论又主要是否定告子的性无善恶而建立起来的。当时还有"性可以为善,可以为不善",或曰"有性善,有性不善"的说法(参看《告子上》),孟子主要同告子进行辩论。

告子提出"生之谓性",具体说"食色,性也"(同上)。可见告子讲的人性是人的生物本性或生理本能。告子进一步以水喻性:"性犹湍水也,决诸东方则东流,决诸西方则西流。人性之无分于善不善也,犹水之无分于东西也。"(同上)他认为善不善不是先天的或固有的,而是由后天引导所形成的。

在孟子看来,"生之谓性"会抹杀人之性与牛之性、犬之性的差别,他认为人性就是人不同于其他动物的东西。"人之所以异于禽兽者几希。庶民去之,君子存之。"(《离娄下》)那么这"几希"的东西是什么呢?孟子指的是人的社会性,即人的道德本性,也就是"仁心"或"不忍人之心"。他继承《中庸》"仁者,人也"的提法,认为:"仁也者,人也。合而言之,道也。"(《尽心下》)又说:"仁,人心也;义,人路也。"(《告子上》)他在这里实际上把"仁"作为"人之异于禽兽"的规定性,最终把人性归结为"人道"。孟子也以水喻性:"人性之善也,犹水之就下也。人无有不善,水无有不下。"(同上)尽管他把人性解释为社会性的道德本性,他同样认为人性是先天的、固有的。

孟子性善论的核心是他的良知说。所谓良知,就是人人生来都具有的一种善性。孟子曰:"人之所不学而能者,其良能也;所不虑而知者,其良知也。"(《尽心上》)良知、良能指人的善性,是同一系列的概念。那么良知、良能具体表现在什么地方呢?孟子把它们的内涵具体化为"四心",认为人人生来都有。他说:

> 恻隐之心,人皆有之。羞恶之心,人皆有之。恭敬之心,人皆有之。是非之心,人皆有之。恻隐之心,仁也。羞恶之心,义也。恭敬之心,礼也。是非之心,智也。仁、义、礼、智非由外铄我也,我固有之也,弗思耳矣。(《告子上》)

恻隐之心,是人对人的同情怜悯之心,由于人们总是不忍看见他人受苦受难、有生命的危险,所以孟子常常称为"不忍人之心"。羞恶之心包括羞耻心和厌恶心,人凡有错或恶行,内心总是感到有愧,对于他人的丑恶行为也会厌恶而反感。恭敬之心又称辞让之心,是对亲者和尊者的关顾和尊重。是非之心是指道德上辨别善恶是非的能力。为什么这"四心"都是人皆有之,孟子既没有具体说明其来源,也没有对其存在进行逻辑的论证,而是假设一种特殊的情境,分析人们当下的心理反应。其中最著名的一个例子,就是当人们看到一个小孩快要掉到井中的时候,都会心里为之一惊而产生一种伤痛并急于相救之情。孟子认为,这种道德感情的产生,并不是要讨好孩子的父母,也不是要获得大家的称赞,更不是讨厌孩子的哭声,而是发自内心,自然而然的。如果一个人连这一点良知都没有,那就不配做人。现在客观地来分析,在这种情境之下,不能排除可能有见死不救的人,甚至可能有幸灾乐祸的人,但肯定会有很多很多的人,产生孟子讲的那种"不忍人之心"的心理反应。因此,孟子所讲的良知,的确是存在的,并且有很大的普遍性。

然而,良知并非来自先天而"我固有之"。在我们看来,孟子所谓的良知,实质上是道德潜意识的表现。它是人类在社会交往中逐渐积淀而形成的,是一种社会性的道德心理和感情。其中从其动物祖先遗传而获得的先天成分或因素极为有限,并且处于从属的地位。人的族类是如此,个体良知的形成也要在其心理结构中有一个积淀过程。所谓"不虑而知"和"不学而能",只能说明良知的形成过程是不自觉的、无意识的。如果认为是"天之所与"(先天的),那就又回到了告子的"生之谓性"。

这里涉及到良知"四心"与仁义礼智"四德"的关系。孟子认为"四心"只是"四德"之"端","端"就是萌芽或开端,因而两者分别处于不同的层次,具有不同的特征。"四心"是自发的、无意识的道德心理与感情;"四德"是自觉的、有意识的道德概念与规范。"四心"属于"本心"(《告子上》),是内隐的;"四德"却超越了"本心",是外显的。这样,从"四心"到"四德"便提出了人的心性修养的问题。孟子的良知说,主要是引导人们自觉地进行心性修养。他认为一个人若能自觉地认识到这种萌芽,并自觉地进行扩充,就会成为有道德的君子,以至圣人。相反,如果不能发现这种萌芽,把它丢掉了,抛弃了,或不能进行扩充,那就成为小人、恶人,将不配做一个真正的人。

孟子把人的心性修养分为发现良知与扩充良知两个阶段或过程。前者他称之为"尽心知性"。孟子曰:"尽其心者,知其性也。知其性,则知天矣。"(《尽心上》)这是说,人们要穷尽其心去寻找、去挖掘,那样从其心中就会发现自己的善性。发现了自己固有的善性,便会明白这是天赋良知,即"天之所与我者"。关于"知天"这个环节,显然来自《中庸》的"天命之谓性",但孟子没有深入分析,所以朱熹说"不曾推原源头,不曾说上面一截"(《朱子语类》卷四)。在"尽心知性"过程中,孟子讲到"寡欲",讲到了自我反省。对于良知的提升,孟子比喻为刚刚燃烧起来的火焰与流出来的泉水,只要自觉地扩充,就会不断提高自己的道德水平与精神境界。他还向门人介绍他善养浩然之气的经验:

> 敢问何谓浩然之气?曰:"难言也。以其气也,至大至刚,以直养而无害,则塞于天地之间。其为气也,配义与道,无是,馁也。是集义所生者,非义袭而取之也。行有不慊于心,则馁矣。"(《公孙丑上》)

孟子所谓"浩然之气"是指人的道德意识所表现出来的伟大的精神气象,由于无形而不可见,故名之曰"气"。"至大至刚",形容道德意识所表现出来的精神力量。"塞于天地之间",形容道德意识所表现出来的精神影响。但这种"气"的内容要为"义与道"所支配,不然那种"气"(道德精神)就会疲软下来而没有力量。"集义"犹言"积义",包括从"义之端"到"义"的积累,又包括"义"本身的扩充。它需要坚持不懈,持之以恒,不是突击做一二件好事就能形成道德意识。假使做一件于心有愧的事,那种"气"(道德精神)就会疲软下来。孟子对浩然之气的解释,既指明了道德意识的修养之路,也树立了一个伟大的精神目标,体现了一种崇高的精神境界,在后世被视为高风亮节,比之于天地正气,为铸造民族精神作出了重要的贡献。

孟子在论证心性修养时,还进一步发挥了子思的"存诚尽性"说。他重申"诚者,天之道也;思诚者,人之道也"(《离娄上》),通过"诚"这个概念把天道伦理化,由此可见他的"知天"显然是伦理之天。他又通过其"良知"概念,进一步论证了人能"思诚"和"反身而诚"。"思诚"就是从天道那里发现"良知"的来源,而"良知"就是人道的根基。"反身而诚",即反过来从自身的心中发现了天道,发现了良知。这样,由于人能"思诚"和"反身而诚",人的良知和天道就可以上下沟通,从而使主体自我获得了一种特殊的体验,达到一种特殊的境界,这就是所谓"万物皆备于我"。意思是说,万物所表现出来的天道同我已经一体化,因此从我身上就可以看到万物,看到天道。这个命题并不是讨论本体论的问题,并不认为万物的存在在客观上均以自我为转移。这里所讲的是,人在心性修养中所达到的"天人合一"的精神境界和精神体验。孟子曰"反身而诚,乐莫大焉",他从自我反省讲到精神快乐,更有力地说明"万物皆备于我"乃是从"尽心,知性,知天"所达到的精神境界及其体验。

三、义利观念的重大转向

孔子论义利有两个著名的命题,一是"君子喻于义,小人喻于利",以君子和小人的人格高下来说明义和利的价值地位;二是"义以为上"、"见利思义"、"义然后取",把"义"作为价值选择的最高目标或标准。但是,孔子重义,并不完全去利和非利。就群体而言,孔子常把"义"约化为"公利"。他称赞先王"因民之所利而利之",提倡"修己以安百姓"和"博施于民而能济众",这些"公利"在他心目中就是"义"。就个体而言,孔子讲过"富而可求也,虽执鞭之士,吾亦为之"(《论语·述而》),只是要坚持"义然后取"。

孟子继承了孔子义贵于利、义高于利、义重于利的原则。他有著名的鱼与熊掌之喻:"鱼,我所欲也;熊掌,亦我所欲也。二者不可得兼,舍鱼而取熊掌者也。生,亦我所欲也;义,亦我所欲也。二者不可得兼,舍生而取义者也。"(《告子上》)"舍生取义"上承孔子"杀身成仁",这是说在义利两种价值不可得兼的情况下,要毅然决然地选择义的价值,毫不犹豫地牺牲利的价值。而生命对于个体来说,就是最重要的利。为此,孟子还提倡"大丈夫"的气概和品德,以"富贵不能淫,贫贱不能移,威武不能屈"(《滕文公下》)作为生命的追求。这种精神培养了一代又一代义重如山、持义不挠的民族精英,在历史上产生了巨大的积极作用。

但是,孟子在高扬"义"的价值时,却把义与利截然对立起来,以至走向完全去利和非利。梁惠王问他有什么有利于魏国的建议,他回答:"王,何必曰利?亦有仁义而已矣。"(《梁惠王上》)孟子认为,人们如果"后义而先利",不掠夺别人心里就不满足,如此"上下交征利,而国危矣"(同上),而"去利,怀仁义以相接"则没有不王的(《告子下》)。很明显,"后利先义"的选择是错误的,"任利去义"的选择也是错误的,然而单纯的贵义而去利、非利同样是错误的。世界上没有什么单纯的"义",义利总是相联系的。孟子的"仁政"要为民制"恒产",不就是利吗?孟子到处游说如何"王天下",不就是利吗?孟子去利、非利的观点抛弃了孔子义利兼顾的合理内容,使儒家固有的义利观念发生了扭曲。此后,汉儒董仲舒提出"正其谊(义)不谋其利,明其道不计其功",宋儒把"去利"与"灭人欲"联系起来,而"只是理会个义",这种价值导向在历史上又产生了严重的负面影响。

四、圣人观与历史观

"圣"和"圣人"的观念,早就见于儒家推崇的《诗》、《书》。一般说来,圣人的人格具有两方面的特征:一是内在的心性修养达到了最高的境界,其道德品质足以为人楷模、教化百姓;二是外在的经世治民建立了丰功伟绩,其历史作用足以名垂史册、百世共仰。孔子曾明确地指出,"圣"的境界高于"仁"的境界。在他看来,君子从"修己以敬"到"修己以安人"不过达到了"仁",只有做到"修己以安百姓"和"博施于民而能济众",才达到了"圣"(《论语·宪问》、《论语·雍也》)。

孟子进一步发展了儒学中的圣人观念。孔子门人有若曾说过:"圣人之于民,亦类也。出于其类,拔乎其萃。"(《公孙丑上》引)孟子进一步指出:"规矩,方员(圆)之至也;圣人,人伦之至也。"(《离娄上》)就是说,在各种各样的人物当中，圣人是最高的表率或楷模。孟子在论述人的精神发展时，讲到善、信、美，进一步提出"充实而有光辉之谓大，大而化之之谓圣"(《尽心下》)。他除了肯定尧、舜、禹、汤、文、武、周公都是圣人外，还根据不同的人格特征把圣人区分为不同的类型：

> 伯夷，圣之清者也。伊尹，圣之任者也。柳下惠，圣之和者也。孔子，圣之时者也。孔子之谓集大成。(《万章下》)

清，清高，指伯夷不与恶政同流合污。任，职责，指伊尹"自任以天下之重"。和，中和，指柳下惠善于处世而中道。时，时务，指孔子能因势变化或仕或止或久或速。"集大成"谓孔子集合其他圣人之特长于一身。孔子的门人就曾认为孔子"贤于尧舜远矣"，"自生民以来，未有盛于孔子也"(《公孙丑上》)。孟子提出"集大成"，也是要说明孔子是最伟大的圣人。所以他表示："乃所愿，则学孔子也。"(同上)

孟子圣人观最突出的贡献，就是他关于"人皆可以为尧舜"(《告子下》)的命题。孔子曾有"唯上知与下愚不移"(《论语·阳货》)的话，这句话可以解释为"不去移"，也可以解释为"不能移"。如果理解为"不能移"，则圣人与凡人的界限不可逾越。子贡又讲过："夫子不可及也，犹天之不可阶而升也。"(《论语·子张》)这也容易误解为"圣人不可及"。孟子这个命题则是说，人人都有可能成为圣人。他的根据是，"圣王与我同类"(《告子上》)，人人生来都有其善性。他曾引用颜渊的话："舜何人也？予何人也？有为者亦若是！"(《滕文公上》)"有为"是强调自觉地修养，即自觉提升和扩充自己的善性，由"四心"上升到"四德"，再跃进到圣人。至于现实生活中圣人与凡人的差异，则在于"有为"与"不为"。如果不能自觉地修养，不仅不能达到圣人，也不能达到君子，甚至不配做人，同于禽兽。孟子的这一命题有助于提高民族的修养水平，而且为儒家的人文教化开辟了道路。

孟子还曾援引伊尹的话"天之生斯民也，使先知觉后知，使先觉觉后觉"(《万章下》)，由此论证圣人的作用。应该说，先知先觉与后知后觉在任何时代都是客观存在的，社会进步只能是"先知觉后知"、"先觉觉后觉"，而不能颠倒过来。这里说的"天之生斯民也"，可以解释为有人格的天命或天意,但从孟子的人性论来看,圣人之先知先觉与凡人的后知后觉并不是由先天决定的,而是后天所形成的。孟子关于"天将降大任于斯人也"的话,无疑还有人格之天的意味,但更重要的是时代使命。即便指天命所降,也必须经过后天磨炼,"必先苦其心志,劳其筋骨,空乏其身,行弗乱其所为,所以动心忍性,增益其所不能"(《告子下》)。

除了圣人问题之外,社会分工也是孟子历史观中的重要问题。孟子批评农家许行关于人人应该自力自养的观点,认为这是否定社会分工,等于让一人兼做百工之事。由此他提出"有大人之事,有小人之事",把人们划分为"劳心"与"劳力"两类:

> 或劳心,或劳力。劳心者,治人;劳力者,治于人。治于人者,食人;治人者,食于人。天下之通义也。(《滕文公上》)

劳心者指脑力劳动者,劳力者指体力劳动者。这种社会分工是历史所形成的。在古代的阶级社会或等级社会,统治者都是劳心者,被统治者则是劳力者。被统治者自己养活自己,统治者由别人来养活,这些都是事实,并起过进步的作用。然而,孟子说"天下之通义也",显然把这种分工绝对化和永恒化。他当然不知道现代社会劳心者与劳力者的界限正在不断缩小,而这种分工和界限不再具有阶级或等级的意义。他更不明白,人类社会发展终有一天会完全消灭这种分工和界限。至于把"劳心"看做"大人之事",把"劳力"看做"小人之事",则属于古代的阶级偏见或等级偏见,反映了他对劳动者的歧视。

孟子在考察历史的演变时,有循环论的思想倾向。他提出"五百年必有王者兴,其间必有名世者"(《公孙丑下》),意思说,每经五百年,必有像圣人那样的王者出现,德业闻名,便天下化乱为治。他的根据是,"由尧舜至于汤,五百余岁……由汤至文王,五百余岁……由文王至孔子,五百余岁"(《尽心下》),似乎五百年就发生一乱一治的历史循环。治乱循环的现象在中国古代社会的确是存在的,它是由社会内在的矛盾运动所形成的。但问题是,第一,这种循环是由天命决定的,还是由历史自身形成的,这些"王者"与"名世者"是天降的还是时代所造就的,这个问题十分重要,而孟子却没有明确的回答。第二,这种循环是否仍回到过去，孟子显然没有注意到几次大的社会变革与社会进步。另外，"五百年"也不是一个循环"常数"，孟子自己承认："由周而来，七百有余岁矣。以其数，则过矣。"(《公孙丑下》)

第四章　庄子学派对道家哲学的发展

庄子（约前369～约前286年），名周，宋国蒙（今河南商丘东北）人。与梁惠王、齐宣王同时。年青时做过漆园吏。传说因家贫而借粟于监河侯。拒聘出任楚相，终身不仕，隐居避世。现存《庄子》一书，一般认为内篇是庄子本人的著作，外篇和杂篇是庄子后学的著作。外篇、杂篇的思想与内篇不完全一致。因此，《庄子》一书应该说是庄子学派的著作。《史记·老庄申韩列传》曰：庄子"其学无所窥，然其要归本于老子之言"。然庄子学派所宗述的老子，既有简本反映的老子固有的思想，也有《五千言》改造过的"老子"的思想。在老子与庄子中间，作为道家人物的关尹子、老莱子、列子也对庄子和庄子后学有不同程度的影响。在学术风格上，庄子既善于以寓言表达抽象的哲理，又善于用名言思辨地讨论问题，其思想丰富多彩，对中国古代艺术哲学和文学艺术都产生了极深刻的影响。

第一节　庄子的道论与气论

庄子通过《五千言》继承了老子的道论。他不但坚持道为最高的哲学范畴，而且从多方面作了进一步的诠释。《庄子》书中论道的地方很多，《大宗师》有一段最集中的描述：

> 夫道，有情有信，无为无形；可传而不可受，可得而不可见；自本自根，未有天地，自古以固存。神鬼神帝，生天生地；在太极之先而不为高，在六极之下而不为深，先天地生而不为久，长于上古而不为老。

我们以此为线索，统观其他有关论述、描述和诠释，庄子赋予道最根本的规定,就是其终极意义的根源性。所谓"自本自根",就是说道的存在是第一性的,它不依赖其他任何存在,"自古以固存"。相反,天地万物都是道所派生的,只能以道为本,以道为根。"本根"为什么只能是道,而不能是物?庄子的论证是:

> 有先天地生者,物耶?物物者非物。物出,不得先于物也,犹有其物也。犹有其物也,无已。(《知北游》)

在天地产生之前,作为天地本根的是某种实物吗?不能。因为产生实物的东西("物物者")一定是非实物的东西。人们可以说这个实物产生了那个实物,但任何实物都不可能是先于实物的东西。因为在它的前面还有产生它的实物,这样往前找就永远没有完结。所以,任何实物都不能作为本根,包括阴阳、五行、水、精气,甚至太极(如果太极也是某种实物的话)。在《齐物论》中,庄子在宇宙开端的问题上,向其他学说提出了尖锐的挑战:

> 有始也者,有未始有始也者,有未始有夫未始有始也者。有有也者,有无也者,有未始有无也者,有未始有夫未始有无也者。俄而有、无矣,而未知有、无之果孰有孰无也。

人们说宇宙有一个开端,那开端之前还有一个尚未开端的开端,以及尚未开端的尚未开端的开端。如果你把某种实物作为开端,你就永远无法摆脱这样的理论困境。你可以说开端是"有",也可以说开端是"无",那有、无之前还有尚未出现有、无的开端。就是说,那时候连有、无也还没有。如果说忽而出现了有、无,也不知有、无到底谁是真有、谁是真无。在庄子看来,你要是把某种实物作为本根,那你就永远说不清。只有承认大道"自本自根",具有终极的意义,才能解决这一理论难题,摆脱这一理论困境。

同"本根"相联系,庄子还论述了大道的有关其他规定。其他规定主要有:第一,普遍性与无限性,即无物不在,无时不在,无处不在,超越了任何实物与时空的限制。《天地》曰:"夫道,覆载万物者也。"《天道》曰:"夫道,于大不终,于小不遗。"《知北游》曰:"六合为巨,未离其内;秋毫为小,待之成体。"在时间上,人们以为"太极"是最初的开端,而道"在太极之先"。在空间上，人们以"六极"为上下四方的极限，而道比六极还要深远。第二，主宰性与规律性，即大道支配万物，同时使万物有固然之理。人们认为鬼神与上帝神秘莫测，但即使鬼神上帝也要受大道的支配。人们认为"精神"不可捉摸，但归根到底还是"精神生于道"（《知北游》）。"天不得不高，地不得不广，日月不得不行，万物不得不昌，此其道与。"（同上）这都是由于道的作用而它们不能不如此，不能不如此即表示"万物有成理"（同上）。第三，形而上的超越性，即道没有具体的实物形态与时空形式，不能为一般感官和理智所认识，只有通过精神修养来体悟，"道不可闻，闻而非也；道不可见，见而非也；道不可言，言而非也。知形形之不形乎！道不当名"（《知北游》）等等。

庄子如此全面地论述了道的性质和规定，把老子所创立的道论在先秦推向最高峰，无论是《五千言》，还是《黄帝四经》以及《心术》、《内业》等篇，都不能与之相比。但是，老子道论从其产生之日起，就一直面临着一个重大的理论问题，就是形上之道与形下之物如何沟通。《五千言》的"道生一"非但没有解决问题，而且使问题复杂化。稷下黄老的"精气说"，大大前进了一步，但精气与大道的关系、精气与粗气的关系，还有一些困难有待于思考。庄子在推进老子道论的同时，又系统地提出了自己的气论，并成为其思想体系的一个重要层次和重要部分。

在《庄子》书中，"气"是仅次于"道"的一个普遍性的概念。就具体形态而言，自然界有天气、地气、六气、云气等，人体有人气、血气、志气、神气等。撇开它们的具体性质和差别，庄子认为"气"的本质是"虚无"，然而却能显现在具体事物的存在状态中。所以他对"气"的规定是："气也者，虚而待物者也。"（《人间世》）他还根据气的基本性质把气分为两种："阴阳者，气之大者也。"（《则阳》）进而认为阳气出乎天，阴气出乎地，"两者交通成和而物生焉，或为之纪而莫见其形"（《田子方》）。就是说，他用阴阳二气的交互作用来具体说明万物的产生。气的无形与道的无形相一致，气的变化和作用又可使无形成有形，庄子企图由此实现形上之道到形下之物的沟通和过渡。应该说，这方面的努力，前人已经做过一些工作，庄子只是继续前进。庄子气论最重要的理论贡献是，他第一次提出了"通天下一气耳"的命题。

庄子认为，正是由于"气"的运动不息，从而表现出万物的生灭变化。他以人的生死为例说：

> 察乎始而本无生；非徒无生也，而本无形；非徒无形也，而本无气。杂乎芒芴之间，变而有气，气变而有形，形变而有生，今又变而之死，是相与为春秋冬夏四时行也。（《至乐》）

> 人之生，气之聚也；聚则为生，散则为死。……故曰：通天下一气耳。（《知北游》）

追溯人的生命的产生，最初是无生命的东西；不但是无生命，而且是无形、无气的东西。由于在大道"芒芴"变化之间而出现了气，由气才产生了有形的身体，由有形的身体才产生了生命，生命的变化又会走向死亡。生死的变化过程就像春秋冬夏四时的运行一样。所以，人的生死说到底，就是气聚而生，气散而死。万物也是如此，所以说，"通天下一气耳"。

"通天下一气耳"的命题，在理论上把"气"作为构成万物及其生灭变化的物质基础，它包含了精气论，又比精气论更具有普遍性和概括性，可以解释一切事物和对象。从这一命题很容易走向气一元论，所以这是庄子在中国哲学史上的重要贡献。但是，庄子及其学派并未真正达到气一元论，因为"气"仍是一种实物性的存在，它并不具有"本根"的性质。不过，这只是庄子出于道家的立场而使之然也。道和气究竟是什么关系，后来成为中国古代哲学反复争论的一个重大问题。

第二节 "齐物论"的两重意义

关于庄子《齐物论》的主旨，或谓"齐物"之论，或谓"齐"之"物论"。从其全文的思路来看，我们认为是先讲"齐物"之论，而后走向"齐"之"物论"，前者属于天道观，后者则过渡到认识论。

庄子的"齐物"之论以其道论为根据，是以道观物所必然得出的结论。按照庄子的道论，万物归根到底都是道所产生的，它们的存在与变化都是道的存在与变化的一种表现。庄子并不简单否定万物的差别，《齐物论》开始讲到天籁、地籁、人籁"吹万不同"，就是比喻万物的差别性。但是,着眼于大道来看万物,它们在本质上是同一的、一样的,所以谓之曰"齐"。就像天籁、地籁、人籁发出的各种音响,就音响而言本质上是同一的、一样的。这也可以谓之曰"齐",但只是"齐声",还不是"齐物"。试看庄子关于"齐物"的论证:

> 物固有所然,物固有所可;无物不然,无物不可。故为举莛与楹,厉与西施,恢恑憰怪,道通为一。其分也,成也;其成也,毁也。凡物无成与毁,复通为一。唯达者知通为一……(《齐物论》)

没有什么东西没有自己的状态或性质,没有什么东西没有自己的规定或价值。庄子举出非常突出的几个事例,如莛是草茎,楹是屋柱,大小悬殊。又如厉为吓死人的丑八怪,西施为著名的大美人,美丑悬殊。还有一些离奇古怪的东西,和人们常见的东西都不一样。但它们都是道的存在与变化的一种表现。从大道来看,彼此是相通的,其本质是一样的,这就叫"道通为一"。从具体的事物来看,有的分散了,有的形成了;有的形成了,有的又毁灭了。从大道来看,物无所谓形成,也无所谓毁灭,都是道的表现,因而它们是相通的,本质上是一样的,这便是"复通为一"。在庄子看来,只有那些通晓大道的人,才能明白"道通为一"。"道通为一"就是万物通于一道,这是从道讲万物的统一性,道是一,万物是多。天下万物究竟统一于道还是统一于气?严格说来,庄子并未解决这个问题。从"通天下一气耳"可能走向统一于气。但庄子把道置于气之上,终归还是统一于道。然而不管怎样,在万物统一性的问题上,庄子从多样性中理论地揭示出其统一性,就其论证的思辨逻辑而言,超过了他以前的任何一个哲学家,包括老子在内,由此大大提高了中国哲学思维的水平。

为了论证万物相通与统一于道,庄子还援引道家的辩证法,认为万物的差别是相对而言的。同时,由于万物总是处在不断的生灭转化之中,这些差别也是暂时的。在这里,由于他片面地运用辩证法,把万物的统一性归结为相对性,又从相对性而走向相对主义。当庄子用"齐物"之论说明万物的统一性时,包含着很多的真理性。而当庄子从"齐物"之论走向相对主义时,只能从反面提供理论的教训。他说:

> 物无非彼,物无非是(此),自彼则不见,自知则知之。故曰:彼

出于是（此），是（此）亦因彼。彼是（此），方生之说也。虽然，方生方死，方死方生；方可方不可，方不可方可；因是因非，因非因是。是以圣人不由而照之于天。亦因是也，是亦彼也，彼亦是也；彼亦一是非，此亦一是非。果且有彼是（此）乎哉？果且无彼是（此）乎哉？彼是（此）莫得其偶，谓之道枢。

物分彼此，的确是相对的，但这种相对性是否就取消了彼此的差别呢？万物的确处在方生方死的转化之中，但在生灭转化之中"可"与"不可"有没有一定的稳定性呢？在变化中，有人以为"是"，有人以为"非"，是是非非有没有客观性及其标准呢？庄子说圣人不管什么彼此是非，而是"照之于天"，一切听其自然。可是，道生万物，难道不是自然而然地有了彼此是非的差别了吗？"彼亦一是非，此亦一是非"这个结论明显是错误的。他还反问果真有彼此还是无彼此呢，力图取消彼此的对立关系（"莫得其偶"），并称之为道的枢纽。如果连彼此的对立关系都被取消了，那还有没有道的辩证法呢？

庄子从"齐物"之论而走向相对主义，不仅见于《齐物论》，而且见于《庄子》的其他篇目。《德充符》曰："自其异者视之，肝胆楚越也；自其同者视之，万物皆一也。"前者讲的是差别性和多样性，后者讲的是齐一性或统一性，这两个方面本来并不排斥。《秋水》曰："以差观之，因其所大而大之，则万物莫不大；因其所小而小之，则万物莫不小。"此话也有道理，物之大小是有条件的、相对的。但由此说天地小如稊米，毫米大若丘山，则从大小差别的相对性而否定了大小差别的客观性。《齐物论》说"天下莫大于秋毫之末，而泰山为小；莫寿于殇子，而彭祖为夭"，其性质也是如此。相对主义的要害就在于，否定事物的性质、状态及其规定的客观差异。不过，庄子虽然从正确的前提得出了错误的结论，但他在客观上推动了中国哲学的理论思维，他所提供的理论思维的教训却是十分宝贵的。

"齐物"之论主要面向客观世界，"齐"之"物论"则进入了认知的领域。所谓"物论"，就是人们关于事物的理论，已经接触主观与客观的关系问题。这个问题对于各家哲学都有普遍的意义，当时庄子主要针对已经兴起的儒墨之争和名辩思潮。庄子描绘各家对其理论的态度是："夫随其成心而师之，谁独且无师乎？"（《齐物论》）"成心"，是各家既成的思想，庄子认为是各家所持的偏见。他们都把自家的理论奉为真理，都以自家的理论为标准。这样就提出了一个很重要的问题：百家争鸣、互相辩论，到底有没有一个是非的标准？庄子认为，百家争鸣都不能把握大道？互相辩论根本没有确定的标准。

为什么说百家都不能把握大道？因为各家的"成心"最多只是一种"小成"，最多只得大道之"偏"，而不是大道之"全"。庄子曰："是非之彰也，道之所亏也。"（同上）辩论是非不但不能明于大道，而且有损于大道，使大道受到蒙蔽（"隐"）。他以昭氏鼓琴为例。鼓琴演奏可以发出一些声音，但不可能发出天下各种声音。就发出的声音而言，可谓之"成"。那么未发出的，即遗漏了声音便是"亏"。如果不演奏，既没有"成"，也没有"亏"。"有成与亏，故昭氏之鼓琴也；无成与亏，故昭氏之不鼓琴也。"庄子在这里把道之"全"（整体）与道之"偏"（局部）明显割裂开来和对立起来了。庄子的结论是"辩也者，有不辩也。……大道不称，大辩不言"（同上）。然而人们会问庄子，您是不是也参加了百家争鸣？您的"剽剥儒墨"是"辩"还是"不辩"？您撰《齐物论》是不是也违背了您讲的"大辩不言"？

为什么说辩论是非没有确定的标准？因为各家都以自己的"所是"为标准，因而这种标准完全是相对的。庄子分析了辩论过程中的各种情况，他说：

> 既使我与若（你）辩矣，若（你）胜我，我不若（你）胜，若（你）果是也，我果非邪？我胜若（你），若（你）不吾胜，我果是也，而（你）果非也邪？其或是也，其或非也邪？其俱是也，其俱非也邪？我与若（你）不能相知也，则人固受其黮暗。吾谁使正之？使同乎若（你）者正之，既与若（你）同矣，恶能正之？使同乎我者正之，既同乎我矣，恶能正之？使异乎我与若（你）者正之，既异乎我与若（你）矣，恶能正之？使同乎我与若（你）者正之，既同乎我与若（你）矣，恶能正之？然则我与若（你）与人，俱不能相知也，而待彼也邪？

按照庄子的分析，辩论不能区分是非。你胜我是以你之"所是"为标准，并不能真正证明你是我非。我胜你是以我之"所是"为标准，也不能真正证明我是你非。为什么以我之"所是"为标准？为什么以你之"所是"为标准？为什么"同乎我"便是，"异乎我"便非？为什么"同乎你"便是，"异乎你"便非？这个问题你我都不能回答，我们还等待谁来回答呢？结论便是前面已经引过的，"彼亦一是非，此亦一是非"。由于没有确定的是非标准，也就没有真正的是非。人们看到，庄子讨论是非及其标准问题，完全在主观领域里打转转，从主观领域里怎么会找到客观的标准呢！我们承认是非标准有一定的相对性，这是就主观认识和社会实践会受到客观条件的限制而言的，而庄子则把相对性归结为主观性了。

如果说齐万物的"齐物"之论，尚还包含着一定的合理内容，那么齐是非的"齐"之"物论"则完全是荒谬的。不过，庄子把相对性的问题尖锐地提到人们的面前，这本身就是对哲学思维的重要贡献。究竟如何看待相对性与客观性、主观性的关系，究竟如何区分相对性与相对主义，究竟如何从辩证法中排除相对主义，这些都是中国哲学日后必须认真思考和解决的问题。

第三节　追求精神自由的"逍遥游"

庄子《逍遥游》的主旨，就是逍遥而游，它所描绘的是一种无拘无束、自由自在的心态，用现代的哲学语言来诠释，那就是一种无限开放的精神自由。

《逍遥游》一开始塑造了两个形象，一是鲲鹏，"其翼若垂天之云"，"水击三千里，抟扶摇而上九万里"；一是蜩与学鸠、斥鴳，都是一些小虫小鸟，在榆枋、蓬蒿上面飞来飞去。前者是道家人物的象征物，它看到广阔的宇宙空间，并能在这个空间里自由飞翔，显示了一种高远的精神境界。后者是世俗之人的象征物，只看到眼前极狭隘的空间，并以这个狭隘的空间为满足，显示了一种狭隘的精神境界。庄子嘲笑这些小虫小鸟，"小知不及大知，小年不及大年"，实在"不亦悲乎！"他又具体举出道家两个人物：宋荣子"举世而誉之而不加劝（得意），举世而非之而不加沮（沮丧）"说明他对世俗的荣辱之名已经不斤斤计较，因而在精神上也就突破了荣辱之名的束缚；列子"御风而行，泠然善也"，他对世俗的福禄之利也不斤斤计较，因而在精神上也突破了福禄之利的束缚。但宋荣子"犹有未树也"，列子"犹有所待者也"，他们的境界还停留在一定的水平上。他们都尚未达到道家人物应该达到的那种最高境界。庄子曰：

> 若夫乘天地之正，而御六气之辩（变），以游无穷者，彼且恶乎待哉？故曰：至人无己，神人无功，圣人无名。

"天地之正"指大道，"六气之辩（变）"是大道运行在"六气"上所呈现出的变化。"无穷"指无限的宇宙空间。这是说，伴随着大道的运行变化，而在无限的宇宙空间中遨游，那就超越了世俗的一切束缚和限制，那就可以达到最高的精神境界，获得最大的精神自由。"至人"、"神人"、"圣人"都是庄子的理想人格，但尚有一定的差别，至人最高，神人次之，圣人再次之。宋荣子达到了"无名"，列子达到了"无功"，但是他们尚未达到"无己"，即他们还都固执着自我。固执着自我，大道与自我便分而为二。放弃了自我的执著（"无己"），自我与大道就会合二而一，自我也就可以借助大道获得大道那样的精神自由。《齐物论》曾说："天地与我并生，而万物与我为一。"这个"我"不是一般的自我，而是"无己"之我，得道之我。对于这种自我说来，道生天地与道生我是同一个过程，道与万物为一和我与万物为一其意义是相同的。

值得注意的是，庄子讲的"逍遥游"是一种精神自由，在现实生活中人的很多际遇都受自然之"命"所支配。庄子曰："死生、存亡、穷达、贫富、贤与不肖、毁誉、饥渴、寒暑是事之变，命之行也。"（《德充符》），他主张"无以人灭天，无以故灭命"（《秋水》），"知其不可奈何而安之若命，德之至也"（《人间世》）。但他认为，人若能通过修道活动，就可以超越现实。谁也无法摆脱生死之命，但可以做到"不知说生，不知恶死"（《大宗师》），在精神上消除对死亡的恐惧。人世间总是有功名、利禄的诱惑，但可以做到"安时而处顺，哀乐不能入也"（《养生主》），"吾以为得失之非我也，而无忧色"（《田子方》），在精神上超越世俗的观念。《天下》篇概括庄子的人生哲学："独与天地精神往来，而不敖倪于万物，不遣是非，以与世俗处。……上与造物者游，而下与外死生、无始终者为友。"就是说，不能脱离世俗的生活，又要超越世俗的生活，在精神上追求最大的超越和自由。庄子的这种人生哲学诚然包含消极的成分，但对于人的精神超越和精神自由自有其积极的意义。

第四节 精神超越的修养方式

道家修道的目的是主体与大道合一,从而获得精神上的超越。庄子哲学特别关注人的精神超越,他的道论和气论是为精神超越提供形上根据,他的"逍遥游"是精神超越的目标与体验。在一定意义上可以说,这是一种精神超越的哲学。

庄子哲学中的精神概念,有时指人体之外直接体现大道的精神,如"天地精神","精神四流并达";有时指主体个人具有的精神,如"子之神","子之精"。关于主体个人的精神,人们通常所指的都是那些有感情、有欲望,并且能够自觉到、感觉和思虑到的活动,而庄子所称赞和追求的则是一种无知无欲、无思无虑的精神状态。前者属于意识范畴,后者相当于现代所谓潜意识,分别处于两个不同的层面。在庄子看来,有意识的感觉和思虑是不能认知大道的,"无思无虑始知道"(《知北游》)。《天地》篇有一则寓言,以"玄珠"喻道,说黄帝丢失了玄珠让人们去寻找。一人名"知",很有智慧,没有找到;一人名"离朱",眼睛最亮,没有找到;一人名"喫诟",能言善辩,没有找到;最后,一人名"象罔",无象无心,却找到了。怎样找到了?因为他"无心",在"无心"状态下找到了。

问题不只是"知道",更重要的是"得道"。"得道"即个体对大道的把握,其实质是个体与大道在精神上的合二而一。由于个体与大道的合二而一,个体就会产生一种一体感、同一感、和谐感,自我就好像与大道完全融合,不可分割。这时,得道者"凄然似秋,煖(暖)然似春,喜怒通四时,与物有宜而莫知其极"(《大宗师》),"其生也天行,其死也物化;静而与阴同德,动而与阳同波"(《刻意》)。庄子说真人、至人都达到了这种境界,他自己也在追求这种境界。那么怎样检验一个人是否达到这种境界呢?庄子没有讲。显然,逻辑证明在这里是无济于事的。人们只有通过一定的修养功夫,才能获得这样的精神体验。

庄子把旨在"得道"的精神修养称作"心斋"。"心斋"就是为心灵净化而进行的斋戒,它不同于宗教的戒律,而是精神修养的一种功夫。其具体的过程是：

> 若一志，无听以耳而听之以心；无听以心而听之以气。……气也者，虚而待物者也。唯道集虚。虚者，心斋也。（《人间世》）

"一志"即心静神凝，不胡思乱想；"无听以耳"，是要摈弃耳目感官活动；"无听以心"，是进一步摈弃心智的思虑作用。那样，一切自觉的意识活动都停止了，剩下来的只有"气"即精气在体内的活动。精气本身虚而无形，由此人就可以虚心以待物。虚心待物，道就会在心中集聚而显示出来。《人间世》称此为"虚室生白"，即在内心深处产生白色的光亮。《大宗师》又称"朝彻"、"见独"，即犹如朝阳那样明彻，觉见惟一存在的大道。谁都知道，在现实的自觉的状态下，个体根本不可能真正与大道合二而一。庄子这里所描述的，是在一种特殊状态下的心理体验。

《庄子》讲"心斋"，又讲"坐忘"。"坐忘"是"心斋"的具体操作方法，惟有通过"坐忘"才能完成"心斋"。坐，静坐，忘，忘怀。从忘物到忘形，从忘形到忘我。忘物不限于忘外物，还要忘天下，包括天下的毁誉荣辱、仁义、礼乐、贫富贵贱。忘形主要是忘生死。忘我即放弃自我执著，丧失自我意识。可是，人的精神怎么才能忘怀一切呢？庄子借颜回的口气说："堕肢体，黜聪明，离形去知，同于大通，此谓坐忘。"（《大宗师》）这并不是要人们自己残害自己，而是有四肢却要忘其有四肢，有耳目却要忘其有耳目，有形体却要忘其有形体，有智慧却要忘智慧。这样就会忘是忘非，忘古忘今，忘物忘我。其中忘我是最重要的一环，这就是《齐物论》开始讲的"吾丧我"，也就是《逍遥游》讲的"至人无己"。只有在丧失自我意识的状态下，才能打通主客内外的界限，主体精神才能与天地精神自由往来和交融。"同于大通"即"同于大道"，"得道"就是这样实现的。

庄子所讲的精神修养和精神超越的方式，人们总觉得十分神秘，不可企及。这是因为庄子以至整个道家，虽然接触到意识与潜意识的转换和潜意识的特殊功能，并未真正弄清它们的本质和机制。但是，把"得道"作为一种精神境界来看，这种修养方式仍有它的积极价值，它可以帮助人们逐步摈弃种种世俗的价值观念，不断突破自我中心和人类中心的狭隘心态，使主体在精神上获得一种超越，从而使精神境界得以净化和提高。

第五章　名辩思潮与名家哲学

名辩思潮是战国时期以辩论名实问题为特征的一股哲学思潮。这种思潮的形成，客观上是因为新旧社会制度的变革出现了新旧名实的混乱，理论上则是由于百家争鸣无不举名指实的辩论所推动。名辩思潮的先驱，可以追溯到春秋末期邓析的辩说"刑名"。而后因孔子提倡"正名"，老子提出"道常无名"，黄老一派主张"循名责实"，墨子强调"取实予名"，法家讲究"控名责实"，最后从理论上都聚集在名实问题上。其中，那些专门从理论上讨论名实问题，或通过名辩讨论哲学问题的人物，便属于所谓名家。战国时期的名家人物有尹文、儿说、田巴、桓团、惠施、公孙龙等。前四人的资料多已亡佚，惠施和公孙龙最有影响和最具代表性。庄子曾批评名家没有把握大道，荀子批评名家"辩而无用"，韩非批评名家妨碍法治。然而名家的理论活动，在客观上大大促进了中国哲学思维水平的提高。

第一节　惠施的哲学思想与名辩内容

惠施（约前370~前318年），战国时宋人，曾在魏国任相15年之久。政治上主张"去尊"，又促成齐、魏互尊为王。学术上为庄子挚友，经常相晤论学。他的政绩虽然比较平常，却以辩才闻名于世。《庄子·徐无鬼》称："儒、墨、杨（朱）、秉（公孙龙）四，与夫子五。"可见他当时在学术界的影响。但是，有关他的思想资料，只有《庄子·天下》记载比较集中，其他都很零碎。

一、关注万物的哲学取向

关于惠施的思想特征，《庄子·天下》有生动的记载和评论：

>惠施多方，其书五车……南方有倚人焉，曰黄缭，问天地所以不坠不陷，风雨雷霆之故。惠施不辞而应，不虑而对，遍为万物说。说而不休，多而无已……弱于德，强于物，其涂（途）隩矣。由天地之道观惠施之能，其犹一蚊一虻之劳者也。

惠施的知识才学肯定十分渊博。天地为什么不坠不陷，风雨雷霆到底是怎样发生的，这在当时认识水平之下是很难给以回答的。然而惠施居然能"不辞而应，不虑而对"，说明他对这些问题都曾深入思考和研究过。不仅如此，进而他还"遍为万物之说"，即对"万物"整体也有他的思考。

庄子的哲学追求是体认大道，惠施的哲学取向是关注万物。由此，庄子批评惠施"弱于德，强于物"。此"德"为道之"得"，庄子认为惠施对大道的注意不够。由于惠施"散于万物不厌"，"逐万物而不返"，据说其路越走越窄（"隩"）。他从"天地之道"来看惠施所做的工作，认为"犹一蚊一虻之劳"，太渺小了。就庄子来说，这与《养生主》讲的"吾生也有涯，而知也无涯，以有涯随无涯，殆矣"完全一致。然而我们今天回头来看，惠施的哲学取向表现了他对知识价值的自觉。惠施并不是陷于具体知识之中而忘乎大道，而是从万物出发去探索大道、把握大道。较之于庄子超越万物之上，惠施的哲学以万物的具体知识为基础，更富有现实精神，更容易与科学沟通。

二、"历物之意"的十个辩题

惠施"以善辩为名"，"日以其知与人辩"。他的辩题都非常奇异，人们都以为是"怪论"。然而惠施正是通过一些奇怪的辩题，超越常人的认知（"以反人为实"），分别阐明万物的本质，从各个方面（"历物之意"），表示他对大道的理解。《庄子·天下》所记载的十个辩题分别是：

>（一）"至大无外，谓之大一；至小无内，谓之小一。"（二）"无厚不可积也，其大千里。"（三）"天与地卑，山与泽平。"（四）"日方中方睨，物方生方死。"（五）"大同而与小同异，此之谓小同异；万物毕同毕异，此之谓大同异。"（六）"南方有穷而无穷。"（七）"今日适越而昔来。"（八）"连环可解也。"（九）"我知天下之中央，燕之

北,越之南是也。"(十)"泛爱万物,天地一体也。"

上述十辩题,当时辩论的具体情境已不大清楚,后人的解释歧义颇多。但从名实之辩来看,惠施所讲的都是概念(名)的同与异及其所指事(实)的同与异。其中(一)、(二)、(三)、(六)、(九)五条主要讲万物的有关空间之名与空间属性。(一)条中的"大一"、"小一"分别为无限大与无限小,代表了空间大小内外的两个极端。然而对每一具体事物来说,其空间上的大小内外则是可变的。大而有更大,大对更大亦是小;小而有更小,小对更小又是大。外有更外,内有更内,情况相同。人们一般只看到大小内外之名的差别,其实它们也有同一性。就所指之实而言,它们都是同一的。(二)条中的"无厚",相当于几何学上的"面"。面由于"无厚",可谓之小;但面可以不断扩展至"千里",又变成了大。(三)条中的"天与地卑",旧说从远处看天地相连,所以一样高低。我们认为指天地相邻,地高(山上)天高,地卑(洼地)天卑,因而天可谓之高,亦可谓之低。"山与泽平",旧说指山上湖泊。我们认为指山陂与泽平;山之陂(不平),人所皆知,然陂上有更陂,陂对更陂亦可谓之平,所以山泽都可谓之平。(六)条中的"南方"可以无限向南延伸,故谓之"无穷",构成南方的每一地域都是有限,故又"有穷"。在这里"无穷"与"有穷"之名不同,但又都同指地域上的"南方"。(九)条讲"中央"和南北概念的同异,一般认为中央在燕之南与越之北。但燕之北还有更北,更北对北亦可谓之南;越之南还有更南,南对更南又可谓之北。因此,如果把中央的地域扩大,便可包括燕之北与越之南的某些地方。还有一种解释,北极星下垂所指为天下之中央,此地当在燕之北;南海有"日中无影"之国为天下之中央,此地当在越之南。这样说来,"中央"概念可以用不同的标准来确定,因而同样是可变的。以上所举空间上的大小、内外、高低、平陂、有穷无穷与中央南北之名,其差别十分明显,然而都可以转化,都具有同一性。

其中(四)、(七)、(八)三条主要讲万物的有关时间、变化之名与时间、变化的属性。当我们看到太阳刚刚走到天之正中时,它即开始偏西了。当一个东西刚刚出生时,它又开始走向死亡了。可见,日中日偏之名,物生物死之名都是变化的,它们所指的事物也都是变化的。今日、昔日也是这样。今日对明日即是昔日,昔日在昔日又是今日。我今日到了越国,明天会有人说我是昔日到达的。"连环可解",旧说只从字面看,有说齐国王后一锤砸断玉连环,连环便解开了;有说两环之间有一定的距离,便是解开了。我们认为讲的是时间中的昔日、今日、明日三环或过去、现在、未来三环。三环总是连接的,但当我确定今日或今时之界限,三环在此自然就解开了。"连环"指的连续性,"可解"指的点截性或间断性。这里,中睨、生死、今昔以及连环可解之名,同样既有差别又有同一性。

(五)与(十)条是两个根本性的辩题。(五)条中的同与异,先讲名的同与异,再讲所指之物的同与异。"大同"是类的同,如犬、羊和人都属于动物;"小同"是种的同,犬和羊都是动物中的兽类。大同和小同也可以说是大类之同与小类之同,二者有一种外延上的包含从属关系。"小同异"是指包含有同一成分的差异,"大同异"是不包含同一成分的差异。万物同都是"物",就"物"而言没有什么不同,这就是"毕同",属于最大的同。万物各不相同,就"各自"而言,没有什么相同的,这就是"毕异",属最大的异。"万物毕同毕异"既是最大的同,又是最大的异,所以叫"大同异"。惠施从名的同与异,讲到了物的同与异,既讲到万物的"毕同",又讲到了万物的"毕异",但他重点是讲同而不是异,是"毕同"而不是"毕异"。在"毕同"这个大概念之中,人是万物之一,人与万物一体,由此他得出了"泛爱万物,天地一体"的结论。

惠施名辩中的同异理论,后人一般概括为"合同异"。他主要讲的是概念(名)的差别性与同一性,同时从名之所指亦论到了万物的差别性与同一性。他既承认万物"毕异"的差别性,又强调万物"毕同"的同一性,说明世界的多样性与统一性,包含着辩证思维的内容,应该给予肯定。但是,他从概念的转化论证概念的同一性,往往忽视了转化的条件,很容易走向相对主义,以至否定概念(名)在一定条件下的确定性与差别性。而使人们觉得怪异,好像是"诡辩"。荀子说他"好治怪说,玩琦辞,甚察而不惠"(《非十二》),这些批评都有一定的道理。

《庄子·德充符》曾批评惠施"以坚白鸣",《庄子·齐物论》又曰惠施"以坚白之昧终",看来惠施也曾经讨论"坚白"问题。但史料有缺,不知其详。与惠施同时,有些"辩者"也提出了若干辩题,以辩为乐。《庄子·天下》中列举了 21 个,都以"怪说"的形式出现,涉及如何制名、辨名、析名、用名,客观上推动了名辩思潮,也包含有合理的内容,但最终并未从理论上作出明确的概括。

第二节　公孙龙的哲学思想与名辩理论

公孙龙(约前 325～前 250 年),字子秉,战国时赵国人。晚于惠施。《庄子·秋水》记载公孙龙自云"少学先王之道,长而明于仁义之行",曾长期为赵国平原君门客,担任过赵惠文王、孝成王的相国。其社会思想受墨子的影响,主张"兼爱天下",并出使劝说燕昭王"偃兵"。壮年时颇有威望和权势,但晚年受到冷落。在名家当中,他与惠施齐名,善辩而实有过之。在辩者普遍受到各家批评之后,他系统地提出了自己的名辩理论。现存《公孙龙子》一书,除《迹府》一篇为后人叙述其生平外,其他五篇即从不同方面阐明了他的哲学思想与名辩理论。

一、名实论与指物论

名实问题早就引起人们的关注,但名实理论发展较慢。公孙龙第一次从哲学上对名实概念给予了理论规定,并由此建立了系统的名辩理论。

公孙龙在其《名实论》中,首先集中讨论了名、实、物三个基本概念及其关系。他指出:

夫名,实谓也。

天地与其所产焉,物也。物以物其所物而不过焉,实也。实以实其所实[而]不旷焉,位也。出其所位,非位;位其所位,正也。

按照公孙龙的解释,名就是实的称谓。中国哲学中的"名"首先指称谓的名称,其形式为词语,但当人们运用名来思考问题时,有关的词语就具有概念的功能。既然名是实的称谓,那么名必依赖于实,有其实才有其名。那么"实"又是什么呢?实与物相联系,实指一定的物。公孙龙所谓"物",包括天地本身和天地所产生的一切东西。这样说来,他把世界看做物的世界。然而，世界之物很多很多，并非任何物都是实。许多物自己存在着，人们尚未接触，不大关心，没有命名以称谓。那些物既非名所称谓的对象，并不是实。一个物之作为物，而不超过其名称谓的范围，那种物便是那种名的实。换句话说，那种物与其名的称谓相一致，即名和实相对应。一种实之作为实而不欠缺它所包含的物，那种实便是那种名应有的位置。这还是讲名实对应而一致。名如果超出了它所应有的位置，其位置就不对（非位）；名如果恰恰就在它应有的位置上，其位置就正确（正）。换句话说，凡位置不对而不符合其实的名，便是不正确的名；凡是位置正确而名实相符的名，才是正确的名。这里所讲的位置（位），就实而言，指实应包括的物的范围，如白马之实应包括天下所有的白马，但不应包括黑马与一切的马。就名而言，指名应称谓的物的范围，如白马之名，只应称谓天下所有的白马，而不应用来称谓黑马或一切马。名实之一致，就在于这两个范围相一致。具体说，白马之实的范围与白马之名的范围相一致。根据名实一致的要求，公孙龙进一步提出了他的"唯谓"之说作为"正名"的原则。他指出：

> 其正者，正其所实也。正其所实者，正其名也。
> 其名正，则唯乎其彼此焉。谓彼，而彼不唯乎彼，则彼谓不行；谓此，而此不唯乎此，则此谓不行。以其当不当也。不当而当，乱也。故彼彼当乎彼，则唯乎彼，则谓行彼；此此当乎此，则唯乎此，其谓行此。以当而当，正也。

孔子的"正名"以名正实，墨子的"取实予名"与荀子的"制名指实"都是以实正名。公孙龙从名为实之称谓出发，也坚持以实正名，但其重点是确定名的称谓的正当性。"其正者"是说其名正当者，"正其所实也"是说其名正当乎其所称谓的实。那样，其名也就确定是正当的名了。他的"唯谓"之说，是讲正当的名只能称谓与其称谓相当的实。"其名正，则唯乎其彼此"是说，其名正当，则其称谓或只限于彼实，或只限于此实，不能既称谓彼实，又称谓此实。如，正当的"白马"之名，只能称谓"白马"之实，不能称谓"黑马"之实，亦不能同时称谓白马、黑马之实。"谓彼"是以彼名称谓彼，如果称谓彼而不只限于彼之实，则彼名对彼实的称谓是行不通的。"谓此"是以此名称谓此,如果称谓此而不只限于此之实,则此名对此实的称谓是行不通的。行不通的,就是不正当的。把不正当的名当作正当的名,就会出现名实之乱。所以,用彼名称谓彼一定要当乎彼之实,用此名称谓此一定要当乎此之实。这样,彼名此名才是正当的名。在公孙龙看来,"唯谓"的原则对确定"名"的正当性十分重要,"唯谓"则当、则可、则行,不"唯谓"则不当、不可、不行。

公孙龙的名实论主要从语言层面来分析,由于名实与物总是联系在一起,他又从语言层面深入到语言所内隐的思维层面,提出了他的指物论。如果说名实论前人多少已经讲到,而指物论则是公孙龙的理论创造。《指物论》的中心论题是:

非有非指者,物莫非指也。物莫非指者,而指非指也。

"指"本来是一动词,即指示或指称某种东西。作为概念,则由"名"而来。名有称谓的功能,称谓就是"指"。具体说,这是名的功能,后世名之曰"能指"。"指"必有所指的对象,所指的对象便是物。就对象而言,这个"指"便是物,后世名之曰"所指"。公孙龙所谓"指"具有能指与所指两层含义,两层含义都与物有关。"非有非指"是说,天下没有什么存在物不可以指称(能指)。虽然还有很多物无名,尚未被指称,但并非它们不能被指称。从这个意义上来看,天下万物都无非是被指称的东西(所指)。但指称(能指)之名与所指之物(所指)不是一回事,这就是"指非指"。指与物的区分,能指与所指的区分,在名实关系中明确注入了一种主客区分的观念,这是公孙龙的重要贡献。但有的学者认为,"指"是共相或一般,公孙龙把物归结为"指"是唯心主义。如何理解和评价指物论,还可以进一步研究。

二、白马论与坚白论

名实论与指物论是公孙龙的哲学与名辩理论的基本内容。白马论与坚白论则是两个具体的辩题。公孙龙的名实论与指物论诚然有很大的贡献,同时也有它的缺陷。他在讨论名的同异关系、实的同异关系及物的同异关系时,只强调其差别性,而忽视了同一性。这在"白马非马"

和"坚白离"两个辩题中具体反映出来。

"白马非马"之说,并非始于公孙龙。《韩非子·外储说左上》记载,宋人兒说善辩,曾"持白马非马,服稷下之辩者"。但兒说如何论证,现在已无法知晓,公孙龙的《白马论》则自设宾主,保存了他的具体论证。公孙龙在其《白马论》中指出:

> 马者,所以命形也;白者,所以命色也。命色者,非命形也。故曰:白马非马。

> 白马者,马与白也。马与白,马也? 故曰:白马非马。

"命",称谓。马之名是称谓马之形,白马之名是称谓马之色。称谓马之色非称谓马之形,所以说"白马非马"。白马之名是马之名与白之名相与构成的一个复合名。这样一个复合名,难道还是单纯的马之名吗?显然不能,所以说"白马非马"。公孙龙还有其他论证,此不俱引。从其名实论来看,公孙龙的论证自有其道理。单就名来说,白马与马是两个名,不是一个名,不能等同。单就实来看,白马所指的范围与马所指的范围也是不同的。再从名实关系来看,白马之名只能称谓白马之实,而不能称谓马之实。但是,公孙龙忽视了,白马之名诚然与马之名有异,其名的内涵同时有着一种包含关系。因为白马之实与马之实之作为物类本来就有一种包含关系。另外,"非"在战国时代不是表示有异,而是表示"不是"。"不是"是一种否定性的排斥关系,所以他把白马排斥在马之外了。自古以来,人们一般都把"白马非马"视为诡辩,但很少有人去分析公孙龙的论证。其实,承认"白马是马"是非常容易的,而要讲"白马非马"则需要很高的思维水平。

"坚白离"亦不同于常识中的"坚白盈",公孙龙主要依据其指物论进行论证。他在其《坚白论》中也是自设宾主,反复论证:

> 视不得其所坚,而得其所白者,无坚也;拊不得其所白,而得其所坚者,无白也。

> 于石,一也;坚白,二也,而在石。故有知焉,有不知焉,有见焉,有不见焉。故知与不知相与离,见与不见相与藏。藏故,孰谓之不离。

人的眼睛只能看见石之白,而看不到石之坚。反过来,人手触摸也只能摸到石之坚,而摸不到石之白。由此,对于石之坚和石之白两种属性,人们有可能见其一而不能见其二,知其一而不知其二,不见不知者也就是藏起来。有藏有不藏,这不就是坚白相离吗?从其指物论来看,公孙龙的论证也自有其道理。"坚"之所指是石之硬度,"白"之所指是石的颜色,显然所指为二而不为一。与此相联系,坚之名与白之名,是二名而不是一名。二名二指,当然各有自己的独立性。但是,就实而言,二名二指俱存一石,亦不能由此否定二名二指之间的联系。"离"这个概念诚然说明了坚白之异,但却有割裂之嫌。不过,公孙龙讲"藏"不讲"无",在实的层面上并非一在一不在。他承认"于石,一也"。因此,"离坚白"似比"白马非马"具有更多的合理性。

"白马非马"和"坚白离"两个辩题,公孙龙在名实、指物及其同异之辩中,突出了名与名、指与指之间的差别与离异,这是他的贡献。但是,他把这种差别与离异绝对化,忽视了它们的同一性,忽视了它们相等、包含和交叉的复杂联系,这又是他的局限性。从中国哲学思维的发展来看,惠施和公孙龙从两个不同的方面,都提供了重要的经验和教训。

第六章　后期墨家的哲学思想与名辩逻辑

后期墨家是战国中后期的墨家学派。自墨子死后,墨家学派逐渐一分为三。但他们"俱诵《墨经》",仍然保持和发扬了墨家的思想传统。后期墨家在百家争鸣中思想相当活跃,针对儒家"祖述尧舜"和维护上下等级制度,后期墨家强调古今时代的差异,认为君臣、君民是一种"通约"关系。针对道家的"绝学弃智",后期墨家强调学与智的价值,并驳斥了庄子宣扬的"辩无胜"。同时对阴阳家和名家也有所批评。他们从理论上总结了当时手工业的生产经验,深入思考了许多社会问题,在数学、力学、物理学和经济学、法学上有突出的成就。哲学上的理论贡献主要是:抛弃了墨子学说中的宗教成分;改造墨子的经验论,并把它提升到一个新水平;提出了富有科学精神的时空论与运动论;总结出了比较系统的古典逻辑理论。后期墨家的思想资料主要集中在《墨子》书中的《经上》、《经下》、《经说上》、《经说下》、《大取》、《小取》六篇中。《墨经》既尊之为"经",自然保存了墨子本人的某些思想,但从其内容来看,主要是墨子后学长期切磋、取得共识的思想成果,它是墨家共同的思想财富,所以在后期墨家中占有崇高的地位。

第一节　后期墨家的哲学思想

后期墨家在哲学上抛弃了墨子"天志"、"明鬼"的宗教神学观念,同时又坚持和充实了墨子的核心思想"兼爱"说。他们对仁及墨家道德伦理的其他概念都作了明确的规定。《经上》曰:"仁,体爱也。"这是说爱人犹如爱自己的身体。并认为爱人也包括爱己,两者并不冲突。特别强调爱人一定要"周遍",爱人一定要利人,体现了"兼相爱,交相利"的精神。但后期墨家最突出的贡献,则在于他们的时空论与运动论,在于他们的认知学说。

一、后期墨家的时空论与运动论

后期墨家结合手工业的生产实践,对宏观的机械运动进行了深入的观察和思考。与此相联系,他们对时空问题进行了先秦时代最全面的研究,并从理论上作了简明的概括。我们先看《墨经》对时空概念的界定和对时空特性的说明:

久:弥异时也。(《经上》)

久:合古今旦莫(暮)。(《经说上》)

宇:弥异所也。(《经上》)

宇:东西家南北。(《经说上》)

始:当时也。(《经上》)

始:时或有久,或无久;始,当无久。(《经说上》)

久:有穷、无穷。(《经说下》)

宇:进无(远)近,说在敷(步)。(《经下》)

穷:或(域)有前不容尺也。(《经上》)

穷:或(域)不容尺,有穷;莫不容尺,无穷也。(《经说上》)

后期墨家以"久"为时间之名,突出时间的持续性。所谓时间即包括(弥)各种不同时间(异时)的总和,如古、今、旦、暮或古今、旦暮的时刻与时段。宇,本指屋檐。以"宇"为空间之名,突出空间的伸张性。空间也是包括(弥)各种不同场所(异所)的总和,如东、西、南、北或东南、西北的方向与方位。东西南北中间的"家"很奇怪。其实,对于古代先民来说,有家室而后才能定四方,人们总是以自己的家为中心来确定四方的方向与方位。"家"在这里不仅代表了"中"这个方位,而且是四方的一个"参照点"。此字许多大家都不理解,任意删来改去,绝不可从。在后期墨家看来,时间有时刻、时段之分。"有久"为时段,持续一定过程;"无久"为时刻,其持续性等于零,如起始只有时刻,而非时段。就具体事物来说,其时间"有穷",即有始有终;就世界万物而言,时间"无穷",即无始无终。有穷、无穷并举,说明时间具有有限、无限的属性,体现了二者的辩证统一。后期墨家又区分了"宇"和"区",前者指整个宇宙空间,后者为具体场所区域。具体的场所区域有远有近,但整个宇宙你能说哪里为远、哪里为近吗?空间的伸张性也兼具有穷、无穷两种属性。有穷,即一个区域再也不能向前延伸。"前不容尺"是说前面连一条几何学的直线也不能相容。线(尺)本来就没有宽度,那也就是说至此为止了。无穷,则可以不断向前延伸。"莫不容尺",是说没有不可超越的界限。这种理解同样富有辩证的意味。

后期墨家不是单纯就时空讲时空,而总是从运动讲时空,从时空讲运动,十分注意时空与运动的联系。《墨经》曰:

> 动,或(域)徙也。(《经上》)
> 行修以久,说在先后。(《经下》)
> 行者必先近而后远。远近,修也;先后,久也。(《经说下》)

根据后期墨家的说明,运动就具体表现在空间区域的迁徙。比方,门窗的开闭,兔子的跳跃,蚕体的蠕动,都是通过空间区域的某种界限("偏际")变化而显示出来。人的行走也是一种运动,行走先近后远,远近就是空间距离所表现的延伸性,先后就是时间顺序所表现的持续性。后期墨家的上述论断,都以宏观的机械运动为基础,不免带有很大的直观性。但在先秦时代,为各家所望尘莫及。在世界古代认识史上,也占有重要的地位。

二、后期墨家的认知学说

后期墨家克服了墨子的狭隘经验论,建立了比较全面的认知体系。除了儒家的荀子而外,先秦时代无人可以相比。由于它以科学知识为基础,更明确地把自然万物作为认知的对象。

(一)认知的本质与认知的分类。

后期墨家认为,人的生命本身具有认知的能力,认知的本质就是运用这种能力与物相接,从而能够"貌物"或"论物"。《墨经》曰:

> 生,刑(形)与知处也。(《经上》)
> 知,材也。(同上)

> 知也者，所以知也，而不必知。(《经说上》)
>
> 知，接也。(《经上》)
>
> 知也者，以其知过(遇)物，而能貌之。(《经说上》)
>
> 恕(智)，明也。(《经上》)
>
> 恕(智)也者，以其知论物，而其知也者。(《经说上》)

人的生命是形体与认知能力的结合。"知，材也"说明认知首先是人的一种能力。人有这种能力，所以能够认知事物。但有这种能力，并不一定就能够认知事物。这里的关键在于接触外物，接触外物就能"貌之"。"貌之"是一个形象化的字眼，一是说人能知道事物的面貌，二是说感觉印象与事物面貌一致。这就是《小取》讲的"摹略万物之然"。然而，人不但能"貌物"，而且能"论物"。前者是感官的认知，后者是心智的认知。心智之认知比感官之认知更为明朗。"貌物"、"论物"都是认知能力的运用，都以外物为认知的对象。对于认知本质的这种理解，也就是所谓"反映论"。

后期墨家把认知活动分为三类：

> 知：闻、说、亲。(《经上》)
>
> 知：传授之，闻也；方不障，说也；身观焉，亲也。(《经说上》)

一曰闻知，即经人传授所进行的认知。二曰说知，指推理性的认知，它可以超越时间障碍，据往知来，由此知彼。三曰亲知，指亲身观察，亲身经历所进行的认知。闻知、说知所获得的都是间接经验，惟亲知所获得的是直接经验。作者的这种分类并不十分科学和严密。但分类的工作本身即意味着认知理论的深化，它有助于确定不同认知活动的地位、功用和价值，它在当时具有一定的开创性。

(二)认知的过程与"心"的察辨作用。

墨子认为"闻之见之，则必为有；莫见莫闻，则必为无"(《明鬼下》)，他把"耳目之实"绝对化，竟然以此证明有鬼。他虽然也讲过"察类明故"，但是两张皮，尚未研究认知由浅入深的过程。后期墨家克服了狭隘的经验论，比较全面地认识到耳目见闻与心智思虑的关系。《墨经》曰：

> 惟以五路(五官)知。(《经说下》)

> 知不以五路,说在久。(《经下》)
> 闻,听之聪也。(《经上》)
> 循所闻而得其意,心之察也。(同上)
> 言,口之利也。(同上)
> 执所言而意得见,心之辩(辨)也。(同上)

"五路"是由五官构成的五条认知通道,人的认识必须经过这五条通道。不然,就没有"耳目之实",也没有整个认知过程。有些认知可以不经五条通道,那就是时间过去已久的历史现象。认识历史现象则要靠心智的作用。前面引用过"貌物"、"论物",已经可以看到从耳目之知到心智之知的深化。这里讲的"循所闻而得其意"、"执所言而意得见",则更具体地说明了这种推移过程。而这种推移深化的实现,完全在于"心之察"和"心之辨",心智的作用由此十分清楚地凸显出来。墨子的经验论特别强调"众人耳目之实"或"百姓耳目之实",后期墨家对此作了修正。"诽之可否,不以众寡,说在可非。"(《经下》)批评的意见对不对,不能以人数的众寡为标准,众人的意见也可能不对。后期墨家之大力研究名辩逻辑问题,目的正在于充分发挥心智察辨的作用。

(三)志行与认知的目的。

后期墨家研究认知活动,把"志行"作为一个主要环节,在一定程度上把"志行"作为认知的目的。《墨经》曰:

> 志行,为也。(《经说上》)
> 为:存、亡、易、荡、治、化。(《经上》)

作者认为人的知识有名的知识、实的知识、合名实的知识,还有"志行"的知识。"志行"是什么呢?"志行"是有目的的行为,这种知识当然是为了有目的的活动。在这里,《墨经》所讲的"为",相当于现在所谓"实践"。作者把"为"的目的及其行为具体划分为六种:存,如修台以保存;亡,如治病以去疾;易,如商品之交换;荡,如把一种东西扫除荡尽;治,如治国治家;化,如使此物化为彼物。这种划分比较杂乱,但面向自然、面向社会,表现了广阔的眼界,也具有积极的意义。

第二节　后期墨家的名辩思想与逻辑理论

后期墨家深深地卷入了当时的名辩思潮,《墨经》六篇都有鲜明的名辩印记。后期墨家对名辩问题进行了比较系统的研究,人们常把有关理论称为名学和辩学。严格说来,名辩之学本身并不等于逻辑学。但名辩之学对于名的辩析和有关辩的规则,均涉及逻辑思维的规律。《小取》曰:"夫辩者,将以明是非之分,审治乱之纪,明同异之处,察名实之理,处利害,决嫌疑。""名实之理"即涉及逻辑问题。又曰:"以名举实,以辞抒意,以说出故。以类取,以类予。"这些辩的方法中即涉及逻辑形式与逻辑规律的问题。在后期墨家的名辩之学中包含着中国古代的逻辑理论,是后期墨家最有特色的理论贡献之一。

一、"以名举实"的名实观

后期墨家的"以名举实"继承了墨子的"取实予名",又吸取了公孙龙的"名为实谓",对名实概念及其关系作出了更清楚的界定和说明。《经说上》曰:

　　所以谓,名也;所谓,实也;名实耦(偶),合也。

作者也认为名是用以称谓的言词,而所称谓的对象就是实。显然,名要以实为转移。《经说下》曰:"有之实也,而后谓之;无之实也,则无谓也。"就是说,有其实才有其名的称谓,无其实则无其名的称谓。"名实耦(偶)"是说一定的名与一定的实彼此对应,这便是名实相符,即名实一致。这也与公孙龙的"唯谓"之说相同。然而,怎样才能做到名实偶合呢?关键是要"以名举实"。"举,拟实也。"命名以称谓的目的,就是要把名作为实的替代物而呈现在人们的面前,并用以去摹拟实的性质、状态和数量等等。后期墨家也注意到名的社会约定性,然一旦约定公认后则不能随便变更。如大家都称某物为"鹤",这便是定名,可以通行;有人随便另起一名,则不明所谓,不能通行。

后期墨家对名实同异的分析,相当细致,大大超过以前的学者。他

们不但区分了同名异实和同实异名,而且分析了同异本身的种种情况:

> 同:重、体、合、类。(《经上》)
> 异:二、不体、不合、不类。(同上)

"重同"即"二名一实",如狗与犬同指一种动物。"体同"是同属一实的各个部分,如手与足同属于一身。这里要注意,墨家称整体曰"兼",称部分曰"体",与现代的称谓有所不同。"合同"为同所异实,如人与物同处一室。"类同"为同属一类,彼此有共同点,又不尽相同,不能等同。与"同"的四种情况相对应,"二异"为二物之异,即二实之异。凡为二实,必不相重。"不体异"为不属同一整体的部分,如此人之手与他人之足分属二身。"不合异"为异所异实,如甲乙各处一室。"不类异"为不同类的差异,如木头与长夜。循此前进,后期墨家还提出"同异交得"(同上)的观点,认为同异都是对一定标准比较而言,并非绝对的。二实相异,但可以在某一点、某一方面同。"处室子母"是"合同"的表现,但母子又有长幼之异。不管怎样,名之作为称谓,不是称谓同就是称谓异,名实之辩,说到底就是辩其"同异之处"。

二、"名"的分类与概念的分类

> 名:达、类、私。(同上)
> 名:物,达也,有实必待之名也。命之马,类也,若实也者必以是名也。命之臧,私也,是名也止于是实也。(《经说上》)

后期墨家把"名"分为三大类,其中"达名"实质是最大的普遍概念,如"物"的外延包括了一切实际存在的东西,凡是实际存在的东西都要用这个名来称谓。"类名"实质是表示不同类别的特殊概念,如"马"的外延包括同类的各种马,凡实为马类都必须用"马"来称谓。"私名"实质是表示专有对象的个别概念,如"臧"的外延只限于臧这个人,臧之名也只能称谓臧这个人。"名"的这种分类,体现了概念内涵和外延的普遍、特殊、个别的关系,所以具有逻辑的意义。

三、"辞"的意义与判断的形式

后期墨家的"以辞抒意",包含着逻辑判断的内容。他们对判断的形式进行了多方面的分析:

> 夫辞,以故生,以理长,以类行者也。三者必具,然后足以生。(《大取》)

> 或也者,不尽也;假也者,今不然也;效也者,为之法也;所效者所以为之法也,故中效者则是也,不中效则非也,此效也。(《小取》)

"辞"的本义是对事物作出论断或断定的语言形式,就其思想内容和内在结构而言,则包含着逻辑判断或命题。按照后期墨家的分析,一个论断的提出,首先必须有根据(故),其次要符合事理并讲出一个道理来,再次是根据类同或类异能够进行推论。前两条讲的是思想内容,后一条讲的运用规则,三者构成了一个正确判断所以形成的充分条件。进一步则分别论述了"或"、"假"、"效"三种判断形式。"或"相当于选言判断,如:"时:或有久,或无久。"选"有久"指时段,选"无久"指时刻,但无论选哪一个,都不能穷尽"时"的不同形式。"假"相当于假言判断,其根据是假定的,而不是现实的。如"谓辩无胜,必不当","辩无胜"是假定的,实际上"辩必有胜"。"效"相当于定言判断,意思是根据正确的法则所作出的判断,特别强调其有效性。上述"以故生,以理长,以类行"都属于"法"的范畴。凡是合乎判断法则的判断便是有效的判断,反之便是无效的判断。如"辩无胜"的判断就无效,"辩有胜"的判断则有效。

四、"说"的意义与推理的形式

后期墨家的"以说出故",包含着逻辑推理的内容。他们对推理的根据和推理的形式进行了多方面的分析:

> 故:所得而后成也。(《经上》)

> 小故,有之不必然,无之必不然……大故,有之必然,无之必不然……(《经说上》)

> 辟也者,举他物以明之也。侔也者,比辞而俱行也。援也者,曰:

"子然，我奚独不可以然也？"推也者，以其"所不取之"，同于"其所取者"，予之也。（《小取》）

"说"即辩说，包含着推理的意义。《经上》曰："说：所以明也。""说"是用来明是非、明同异，即明故和明类的一种方式。只有把立辞（判断）所需要的"故"提出来，辞（判断）才能真正地得以确立。"故"即根据。《经上》曰："故：所得而后成也。""所得"为一个判断之"所得"，"后成"为这一判断的确立。其中"小故"为必要条件，属部分根据；"大故"为充分条件，属全部根据。《经下》各条定义以后，均以"说在××"的形式出现，"××"便是此"说"（推理）的"故"（根据）。这是"以说出故"的通例。"以说出故"有四种类型，相当于推理的四种形式。"辟"相当于类比推理，是以已知之他物比喻未知之此物，从而使人明了此物。墨子《非攻》曰"大国之攻小国，譬犹童子之为马也"。这是以童子扮马游戏必然跑得疲累，比喻大国作战必然消耗人力物力。"侔"相当于直接推理的附比法，说明两个判断价值相等。如"白马，马也"，在"白马"和"马"前均加一个"乘"字，便得出"乘白马，乘马也"的结论。墨子由此驳斥"白马非马"的辩题。"援"相当于间接推理的类比法，你既然这样说，我为什么就不能这样说呢？这是援引对方的推理，来完成自己的推理。如对方曰："盗，人也；多盗，非多人也。"墨家援例亦曰："盗，人也，杀盗，非杀人也。""援"的形式兼有证明和反驳的两重作用。"推"指类推，相当于间接推理中的归纳法和演绎法。"以类取"为个别到一般的归纳推理。如牛四足，马四足，羊四足……故兽类有四足。"以类予"为一般到个别的演绎推理，如兽类有四足，牛为兽，故牛有四足。

后期墨家的名辩思想中，包含着相当丰富的逻辑理论，在中国古代逻辑史上占有十分重要的地位。他们不仅把这种理论作为工具，与其他学派进行辩论，而且具体用于哲学和科学、法学、经济学诸多学术领域，这是其他任何学派都不及的。但是，由于文字过于简略，后期墨家的逻辑仍有含混不清的地方，其形式结构不是十分明朗的。而为了"辩而争胜"，亦得出了一些错误的结论，如"杀盗非杀人"、"爱人必待周爱人"等。

第七章 《易传》的形上追求与辩证法思想

《易传》是先秦儒家解释《周易》古经和借以发挥其哲学思想的著作。据马王堆帛书《要》篇记载,孔子早年认为《周易》求"神灵"、讲"卜筮",好之者"德行亡"、"知(智)谋远",但晚年为之一变,"居则在席,行则在囊"。孔子说他从《周易》中发现有天道、地道、人道,由于《周易》浓缩了"诗书礼乐"的精华,能够"得一而群华"。帛书《二三子》中还记载了孔子师生讨论《周易》,具体问答乾坤诸卦卦爻辞的意义。然而,相传孔子作《易传》并不可靠。从其内容来看,应是孔子死后逐渐积累、多次整理而成书的,其中包含有孔子的言论与思想,但大多出于孔门后学多人之手。因为其中的思想并不一致,而且明显受到战国道家、阴阳家以至名家的影响。先秦《易传》估计篇目很多,并未完全保留下来。现存《易传》共有十篇,称为"十翼",原来各自独立,至魏王弼撰《周易注》,将其中的《彖辞》上下、《象辞》上下和《文言》五篇与《经》文混合编排,其余的《系辞》上下、《说卦》、《序卦》、《杂卦》五篇依然单独存在。

第一节 《易传》的哲学层面与术数内容

《周易》古经本是卜筮之书,它所孕育和包含的哲学内容仍以卜筮形式为外壳。然从春秋时代开始,人们已经从不同的视角和不同的层面来研究和利用《周易》。在《左传》宣公十二年和襄公二十八年中,知庄子和子展分别引用过《周易》的师卦和复卦,他们均不占卦,而只引申卦爻辞的思想意义。《论语》引《周易》"不恒其德,或承之羞"。孔子曰:"不占而已矣。"(《子路》)帛书《要》篇记载,孔子论《易》曰:"吾观其德义耳","吾与史筮同途而殊归"。显然,同是面对《周易》,存在着两种不同的取向,一是哲学理论的取向,一是卜筮术数的取向。

《易传》就其性质而言,既与《周易》古经有历史的联系,又与《周易》古经有时代的差别。由于《周易》古经本是卜筮之书,《易传》在解释《周易》时便不能不对其卜筮之术进行解说,这就使《易传》不可避免地仍然包含着术数的内容。属于筮法的有"大衍之数",讲如何起卦或取卦。有"本卦"和"之卦"之分,主要讲变卦。还有天地之数与奇偶相合,据说可以"成变化而行鬼神"。卜筮的最后根据无不归于神灵的作用。除了"自天祐之,无不吉利"外,诸如"天生神物,圣人则之"、"天垂象,见吉凶,圣人象之"、"蓍之德圆而神,卦之德方以知"(均见《系辞上》),圣人作《易》,"幽赞于神明而生蓍"(《说卦》),如此等等。

但是从整体来看,《易传》已经不是卜筮之书,而是哲理之书。《易传》所包含着的卜筮术数内容,乃是从前者向后者过渡的历史遗迹。从孔子开始,先秦儒家主要从《易经》中挖掘和发挥其哲学意义。《汉书·艺文志》把《易经》十二篇列入《经籍略》,而把有关《易卦》卜筮的著作列入《数术略》,这不单是汉儒的观念,先秦早已有此分界。《易传》由于长期积累而成,它不但具有哲学的性质,而且其哲学思维已经达到相当高的水平。儒家哲学和中国哲学的不少重要概念与重要命题都是从《易传》而来,由此在后世产生了极其深远的影响。

第二节 《易传》的道器划分与形上追求

《易传》在中国哲学史上影响最大的工作,是它把"道"和"器"第一次概括为一对范畴,并由此把世界和人对世界的认知划分为形上与形下两个层面。《系辞上》曰:"形而上者谓之道,形而下者谓之器。""道"、"器"两个概念本来自于道家。《系辞》的作者则更明确地对偶并举,而且用"形上"、"形下"作了新的规定。这一概括具有十分重要的理论意义。

严格说来,儒家本来也有自己的"道"概念,但主要指人道。《易传》把"道"推广到一切领域,与道家的"道"具有同样的普遍性。《说卦》曰:"立天之道,曰阴曰阳;立地之道,曰刚曰柔;立人之道,曰仁曰义,兼三才而两之。"《系辞》对道的普遍性及其基本内涵则有更明确、更深入的说明:

> 易与天地准,故能弥纶天地之道。(《系辞上》)
> 夫易,开物成务,冒天下之道,如斯而已者矣。(同上)
> 《易》之为书也,广大悉备……其道甚大,百物不废。(《系辞下》)

按照《易传》的解释,《易经》六十四卦、三百八十四爻,都是万物及其变化的象征,并且可以"引而伸之,触类而长之",而卦爻辞"其称名也小,其取义也大"。因此,由"易"所揭示出来的道,与天地相当("准"),它包括了"天地之道"或"天下之道",什么事情都概莫能外,所谓"范围天地之化而不过,曲成万物而不遗"。那么,道的实质究竟是什么呢?"一阴一阳之谓道"(《系辞上》),说到底就是阴阳两个方面的矛盾运动。这里讲的阴阳,不是专指阴阳二气,而是泛指天地万物普遍包含的两个矛盾着的方面。在先秦哲学中,普遍性的道论原是道家的理论专长和理论特色。现在儒家在道家的影响下,也建立了儒家具有普遍性的道论。《庄子·天下》中已经讲过"《易》以道阴阳",而只有《易传》才概括出"一阴一阳之谓道"。这个命题说明,道也就是天地万物矛盾变化的根本规律。

道家所谓"器"原指有形的事物,《易传》的"器"则包括物质工具、物质设施与名物制度,更为具体和广泛。然而,《易传》既然道器对偶,二者是什么关系呢?对此,《易传》尚未形成前后一贯的看法。《易传》有"观物取象"之说,据说包牺氏从观察天地万物之象而"始作八卦",如果说"八卦"凝聚和表现了"天地之道"、"天下之道",那么"道"就应该说是取之于物、取之于器。但《易传》又有"观象制器"之说,认为圣人因受易象的启示,而有工具的发明和宫室的建筑。《系辞下》曰:

> 作结绳而为网罟……盖取诸"离"。
> 斫木为耜,揉木为耒……盖取诸"益"。
> 断木为杵,掘地为臼……盖取诸"小过"。
> 上古穴居而野处,后世圣人易之以宫室……盖取诸"大壮"。

按照这种说法,先有离、益、小过、大壮等等卦象和这些卦象所表示的道,然后才出现了网罟、耜耒、杵臼、宫室之类的器物或建筑。换句话说,道在先而器在后,道可以离器而独立存在。这种说法明显不符合历史事实,因为世界上有许多民族并未设计和建构易卦之象,他们同样也有类似的发明。在理论上,也会把道与器割裂开来和对立起来。道器关系后来成为中国古代哲学的重要问题之一,历代的有关争论正发端于此。

《易传》不仅把道、器作为一对基本概念,而且用形上、形下分别作了规定。对于《系辞》的形上、形下之义,历代易家的解释不尽相同,我们认为孔颖达的说法比较切近原义。《周易正义》曰:"道是无体之名,形是有质之称。……道在形之上,形在道之下。故自形外已上者谓之道也,自形内而下者谓之器也。"这是说,道无形质之体,所以存在于"形而上",即超越于形质而存在。器有形质之体,它以形质而存在,因而形、器被视为同一概念,故曰"形乃谓之器"。"形而下"实谓"形在道之下",因与"形而上"对举而曰"形而下"。不是说以"形"为界限而有上下之别,而是说道与形或道与器一上一下。

形上、形下规定的理论意义,首先是把世界划分为两大层面。其次,相应地也把人对世界的认知也划分为两大层面。应该说,先秦儒家(包括孔、孟、荀都在内)都未曾做过这样的划分,最多也只在道德领域可以模模糊糊地看出这种划分。道家则不然,无论是老子还是庄子,实际都已做过了这种划分。因此,《易传·系辞》的形上、形下划分,主要是受了道家影响,吸收了道家的理论成果。不过道家并未作出理论的概括,《易传》作出这种概括乃是哲学上的重要贡献。近些年来,有些学者认为《易传》应属道家性质的著作。这种看法揭示了道家的重要影响,但其性质判断却是错误的。《易传》吸收和利用道家的理论成果,归根到底是要为儒家的道德伦理学说提供形上的根据,这就是《系辞上》讲的"继善成性"、"崇德广业"。试看六十四卦《象辞》,总是先讲某卦的特点,然后说"君子以……"或"先王以……"最著名者如"天行健,君子以自强不息"、"地势坤,君子以厚德载物"。易卦及卦象的意义,属于形上道的层面,人们的生活和行为则属于形下器的层面,后者要以前者为"法"、为根据。在《易传》作者看来,君子的思想认识绝不能局限在或停留在形下器的层面,应该进一步上达至形上道的层面。而《周易》所研究和所展示的正是形上层面的精微。在这里,《易传》十分突出地表现了它在哲学上的形上追求。它实际把哲学理解为形而上学,即关于大道精微的学问。我们可以承认,儒家的道德伦理学说中也包括有形而上学的内容,但从整体上看,这恰是儒家之短和道家之长,两者的反差很大。显然,《易传》的形上追求,乃是它企图调整儒家哲学方向,健全其哲学结构的一次重大努力。

第三节 《易传》的宇宙发生论及世界图式

《易传》形上追求的一个突出表现,就是十分关注宇宙发生问题。而根据现存的孔孟文献资料,在那里根本看不到这一问题的影子。荀子讲过"天地合而万物生,阴阳接而变化起"(《礼论》),显然是受了《易传》的影响,而不是相反。

由于《易传》不是出于一人之手,我们在《序卦》和《系辞》中可以分别看到两种发生论。《序卦》曰:

> 有天地然后有万物生焉,盈天地间者唯万物……有天地然后有万物,有万物然后有男女,有男女然后有夫妇,有夫妇然后有父子,有父子然后有君臣,有君臣然后有上下,有上下然后有礼义有所错(措)。

《序卦》是解释《周易》六十四卦的卦序的。其始为"乾"、"坤"两卦,分别象征天地。继而为"屯"、"蒙"两卦,"屯者,物之始生也","蒙者蒙也,物之穉(稚)也"。作者认为卦序的这种安排,就是要说明先有天地,然后由天地化生万物。这一观念在《易传》各篇中是共同的。例如,专门解释卦辞内容的《彖传》亦曰:"大哉乾元,万物资始。""至哉坤元,万物资生。""天地感而万物化生。"专门解释卦象的《说卦》也从"天地定位"开始,然后通过山泽、雷风、水火的矛盾变化而讲到万物的生成。《序卦》讲到"咸"卦时引出男女两性的分别,进而有夫妇、父子、君臣、上下、礼义。"咸"卦以下是否可以同这些项目一一对应,恐非如此。然而作者借题发挥,他所叙述的这个过程,大体上符合天地间万物化生的过程和人类社会演进的过程。尤其是"盈天地间者唯万物"的命题,客观地揭示了世界的物质性,排斥了神灵鬼怪的存在,具有重要的理论价值。而解释最后

"未济"卦曰"物不可穷也",显然认为世界是无终的,这一点也很有见地。

《系辞》也有与《序卦》类似的观念,如"天地绸缊,万物化醇,男女构精,万物化生"。但它在后世影响最大的,是所谓太极生成论:

> 《易》有太极,是生两仪,两仪生四象,四象生八卦,八卦定吉凶,吉凶生大业。

"太极"概念源于道家还是自己独创,现在难以判断。《庄子·大宗师》论道曰:"神鬼神帝,生天生地,在太极之先而不为高。"好像是针对易家太极而言。不管怎样,《系辞》作者把"太极"作为说明宇宙发生的一个最高最大的概念。"太极"究竟指什么?《系辞》没有明言,后世的理解各不相同。我们通观《系辞》全文,"太极"在筮法上应指"大衍之数五十有五",它是尚未揲筴分策之前的整体。"太极"在哲学上应指大易六十四卦在整体上所表现的形上之道,这实际和道家的"道"是相同的。如果说"太极"也就是天地未分之前的混沌状态,那么"两仪"即是天地。或说应指阴阳,其实两说是一致的。"乾,阳物也;坤,阴物也。……以体天地之撰。""四象"即四时,或说为少阳、太阳、少阴、太阴,其实它们与四时也是对应的。"八卦"既指包括乾坤在内的八个基本卦象,亦指它们所表征的天地、山泽、雷风、水火八大物象。然后这四组基本矛盾便产生万物,而八卦变化对人来说则可显示出吉凶祸福。"大业"也就是包括有吉凶祸福的各种人事活动或人们的社会生活。《系辞》的上述推演过程,有筮法上的操作过程为参照,但主要是哲学的而不是术数的。在理论上,它弥补了儒家哲学缺少宇宙发生论的缺陷,并力图使这个发生过程有序化、公式化,对于推进儒家哲学发展具有重要的意义。但由于"太极"概念没有明确的界定,后世的种种分歧与争论也由此而来。

第四节 《易传》的辩证法思想

《易传》挖掘和继承了《周易》古经所蕴含的辩证法,并借筮法中的卦爻变化,进一步从理论上阐发了作者对世界万物的辩证理解。其内容之丰富和思辨的概括性，达到了先秦哲学的最高峰。

由于历史条件的限制，当时人们对许多变化并不具体了解其原因，常归之于神灵的作用。《易传》承认有些变化神乎其神，但作者不是归结为神灵，而认为是一种奇妙莫测的变化，并未超越阴阳的相互作用。《说卦》曰："神也者，妙万物而为言者也。"《系辞上》曰："阴阳不测之谓神。"又曰："知变化之道者，其知神之所为乎?"在《易传》看来，圣人作"易"的目的就在于"通神明之德"（同上），掌握万物变化的规律。因此它称赞圣人"穷神知化，德之盛也"（《系辞下》）。《易传》中虽然仍包含着神学的成分，但对"神"的这种理解，实际上是一种反神学的倾向，是理性思维的积极成果。在《易传》中，神学的成分是次要的，而理性的精神才是主要的和最有价值的。

《易传》首先从易道的本性，说明变化与运动是世界万物的本质特征和普遍规律。"易"字本来就有变易之义，《易传》从理论上更明确地提出"生生之谓易"，"通变之谓事"（《系辞上》）。在作者看来，"《易》之为书也"就是要阐明变化的道理。而易道所显示的变化则"周流六虚，上下无常，刚柔相易，不可以为典要，唯变所适"（同上）。那么易道怎样表示天地万物的变化呢?通过卦爻的错综变化以"通其变"，通过卦象和爻数即可以表示"天地之文"、"天下之象"和"天下之事"。作者特别强调"爻"的功能，"爻者，言乎变者也"（《系辞上》），"爻也者，效天下之动者也"（《系辞下》）。由于"爻"的变化是无穷的，"卦"的变化也是无穷的，"非天下之至变"，还有什么能表示天地万物的变化呢?《易传》对变化的这种理解，绝非单纯是挖掘卦爻之变的意蕴，而自有其现实的经验知识为依据。作者指出：

> 在天成象，在地成形，变化见矣。（《系辞上》）
>
> 日中则昃，月盈则食。天地盈虚，与时消息，而况于人乎，况于鬼神乎？（《彖辞·丰卦》）
>
> 日往则月来，月往则日来，日月相推而明（时）生焉；寒往则暑来，暑往则寒来，寒暑相推而岁成焉……（《系辞下》）

根据对《周易》古经的理解和大量的经验知识，《易传》得出一个结论：

"天地之大德曰生。"(《系辞下》)这就把生生变化或变化生生看做天地万物的本质特征。由此,作者提醒人们,一定要像圣人那样用变化的观点、运动的观点来看世界。"天地变化,圣人效之。""圣人有以见天下之动,而观其会通。"(《系辞上》)不然,人们的行为活动便失去了客观的根据,就无法预见到可能出现的吉凶祸福,因而也就无法采取适当的措施。

《易传》进一步从易道的本性,又说明了变化和运动的根源。在"一阴一阳之谓道"这个命题中,阴阳即是易道内在的最根本的矛盾。正是阴阳这一对矛盾产生了易道,从而也成为天地万物最根本的动因。作者把这种动因称为"鼓万物"的作用或"鼓天下之动者"(《系辞上》)。不过,阴阳这一根本矛盾,又会产生或表现为许多具体矛盾。由于这些矛盾的存在也会产生各种各样的变化。

《易传》在考察事物变化过程时,还接触到从量变到质变的转化。并从个人的道德修养和一些社会现象来说明:

> 善不积不足以成名,恶不积不足以灭身。小人以小善为无益而弗为也,以小恶为无伤而弗去也,故恶积而不可掩,罪大而不可解。(《系辞下》)

> 积善之家,必有余庆;积不善之家,必有余殃。臣弑其君,子弑其父,非一朝一夕之故,其所由来者渐矣。(《文言·坤卦》)

这里提出"积"和"渐"两个概念,说明善、恶可以由小到大,有一个渐进的积累过程。小善之积,可以使道德高尚而成名。小恶不去,则会积累到罪大恶极。国家的灭亡或政权的丧失,也是因为一些小"乱子"没有及时妥善处理,结果最后不可收拾。但是作者认为,顺应时代的社会变革和政权更替完全是合理的和必要的。《彖辞·革卦》曰:"革而当,其悔乃亡。天地革而四时成,汤武革命,顺乎天而应乎人。革之时,大矣!"就是说,变革只要顺应时代其意义是非常伟大的。

至于量变为什么引起质变,《易传》提出了"穷则变,变则通,通则久",进一步发展了《易经》所蕴含的物极必反的思想。"穷则变"是说一个事物发展到了极点就要变为它的反面,即"极则反"。"变则通"是说转向反面之后便有新的发展道路或发展空间,实际指新的量变。"通则久"是说新的发展必有时间上的持续过程,这个"久"并不是"恒","久"而久之也会有"穷"、有"变"、有"反"。《易传》这一思想,有些表现在卦爻的变化中,有些表现在说明卦爻变化的卦爻辞中。请注意,在六十四卦当中,凡是相反的卦总是排在一起,这样前一卦的终结便过渡到相反的后一卦。这种排列和变化,既体现了相反相成,又揭示了物极必反。《序卦》对此有很清楚的说明:

"泰"者,通也。物不可以终通,故受之以"否"。物不可以终"否",故受之以"同人"。

"剥"者,剥也。物不可以终尽;剥穷上反下,故受之以"复"。

"恒"者,久也。物不可以久居其所,故受之以"遁"。

"遁"者,退也。物不可以终遁,故受之以"大壮"。

在《易传》中,"穷则变"或"极则反"是一条普遍的规律。然而对人来说,事物向其相反的方面转化,可能有利,也可能有害。正确的态度应该是,积极地促成事物朝着有利的方面转化,如"尺蠖之屈,以求信(伸)也;龙蛇之蛰,以存身也";谨慎地防止事物朝着不利的方面转化,如乾卦上九的"亢龙有悔"。《文言》曰:"亢之为言也,知进而不知退,知存而不知亡,知得而不知丧,其惟圣(愚)① 人乎!知进退存亡而不失其正者,其惟圣人乎!"《系辞下》将这种思想概括为"居安思危",要求君子把它作为修身和治国的基本原则。它告诫已经取得政权的新兴的统治阶级,不要陶醉于自己的胜利而忘乎所以,只有小心谨慎,"劳而不伐,有功而不德","明于天之道,而察于民之故","吉凶与民同患",才能巩固自己的统治地位和既得利益。不然,易道也是无情的,谁也难以避免亡国丧身之祸。

《易传》的辩证法尽管达到相当高的水平,但它无法超越它的时代局限。这主要表现在,它把君臣、父子、男女的尊卑等级制度绝对化和永恒化。《系辞》一开始就说:"天尊地卑,乾坤定矣;卑高以陈,贵贱位矣。"天上地下本来是一种自然关系,《易传》却通过乾坤两卦硬赋予以尊卑

---

① 王肃本作"愚人",当为"愚人"。

的意义。进而又以乾坤代表君臣、父子、男女,而"定位"成一种具有尊卑意义的贵贱等级关系。《象辞·恒卦》还说"天地之道,恒久而不已也",那么君臣之道、父子之道、男女夫妻之道也都"恒久而不已矣"。在这里,《易传》最终又否定了它的辩证法,而走向辩证法的反面。

先秦哲学的辩证思想主要见于儒道两家。《易传》的辩证法不同于道家,有一个极显著的特点,就是以"易"论证"君子之道",而把"崇德广业"作为其现实的目标。试看《系辞下》对一些卦义的解释,诸如"德之基也","德之柄也","德之本也","德之固也","德之修也","德之裕也","德之辨也","德之地也",如此等等,这在道家哲学中是根本看不到的。《易传》的辩证法还有一个显著的特点,就是以"和"为事物变化的最佳状态。《象辞·乾卦》曰:"保合太和,乃利贞。"认为乾卦可以保持宇宙的和谐。《系辞下》曰"'履',和而至","'履'以和行",亦是此义。这一特点继承了儒家的一贯思想,与《中庸》的"致中和"目标相同。它对中国古代辩证法的发展有深刻的影响,也反映了中国古代辩证法不同于西方理论的趋向与现实追求。

第八章 阴阳家的宇宙图式与历史观

阴阳家亦称阴阳五行家,是战国后期一个思想很复杂的学术派别。这一学派一方面熟谙中国上古以来的天文、历法、气象、地理知识,另一方面又迷信"礼祥"、"符应",与巫术有密切的联系。在哲学上,阴阳家把长期并行存在、独立发展的阴阳消长观念与五行变化系统整合为一体,建构了一个时空有序、天人感应的宇宙图式和五德终始、依次更替的历史观。其中最著名的代表为邹衍。由于他的思想体系适应当时中国走向统一的大趋势,一度相当活跃。其思想影响延续到秦代,以至西汉中期。

第一节 阴阳家的思想来源和形成过程

司马谈《论六家要旨》指出,阴阳家"序四时之大顺",其思想论及"四时,八位,十二度,二十四节,各有教令"。这些思想属于中国上古天文、历法、气象、地理等方面的知识。班固《诸子略》又指出:"阴阳家流,盖出于羲和之官,敬顺昊天,历象日月星辰,敬授民时。"他从阴阳家的基本知识结构而追溯到中国最早的天文历象之官。值得注意的是,上述知识既是指导人们社会生产和社会生活的依据,又是祭祀天地神灵、先祖先宗及祈福避灾的依据。上古的天文家同时为星占家。星占家认为,天象、天气的变化事关邦国"礼祥",是人事祸福的一种"符应"。这种观念又同上古的巫术联系在一起,而历来阴阳家人物亦总是以某种巫术为标榜。传说邹衍忠于燕惠王,却因谗言而被囚,他"仰天而哭,五月天为之下霜"。又传说北方地寒不生五谷,"邹子吹律暖之,而禾苗滋也"。所谓"四时教令"中也有巫术成分。

从学术派别来看,阴阳家之形成,原以儒家为主线。构成阴阳家哲学的两大基本观念的阴阳说与五行说都是儒家的思想。但阴阳观念不但在儒家《易传》中得到发展,黄老道家和老庄道家也都作出了重要贡献。儒家子思和孟子将五行伦理化,推动了"五德"说的形成,但五行自然观念的内容则多见于黄老道家的著作。因此,阴阳家也从道家吸取了一定的思想资料。

关于阴阳说与五行说在理论上的融合,经历了漫长的历史过程。具体则以"四时教令"为思想线索,而在稷下学的《管子》书中则可以看到文献线索。"四时教令"就是在一年四时之中,关于政事、祭祀和生产活动内容的有关规定,最初所体现的仅是阴阳消长推移的观念,后来则把五行的内容注入其中。在《管子·禁藏》中有以下规定:"春发五正"、"夏赏五德"、"秋行五刑"、"冬收五藏"。五行成分已进入阴阳四时系列,但还未看到五行框架与彼此相配。而在其书的《四时》、《五行》两篇中,阴阳消长开始与五行五方相配,并看到"木行御"、"火行御"、"土行御"、"金行御"、"水行御"的五行相生之序,同时列举了"五德"的特点。《管子·幼官》是一个关键性的环节。据郭沫若考证,"幼官"当为"玄宫","玄宫"就是上古的明堂,明堂则是古代官方发布"四时教令"的地方。郭沫若在其《管子集校》中恢复了"玄宫图"的原形,其图在空间上分东南中西北五个部分,五行循序各占一个方位,四时又循序与五行相配,而新增的"五和时节"尚无具体的月份与之相应。这说明,阴阳四时和五行相生到此已基本上完成了整合,有些问题尚待解决。邹衍作为著名的"稷下先生",他接受了以《幼官》为代表的阴阳五行图式,并进一步完善之。他在夏秋两时之间新增"季夏"一时,使五时正好对应于五行之序。同时把五行相胜与五德终始运用于社会历史,以说明王朝的更替。这样,阴阳家之作为一学派,正式出现于历史舞台上。

从邹衍本人的思想形成来看,经历了一个从儒家到阴阳家的演变过程,但其政治主张始终没有离开儒家的立场。《史记·孟荀列传》曰:"邹衍睹有国者益淫侈,不能尚德,若《大雅》整之于身,施及黎庶矣,乃深观阴阳消息,而作怪迂之变……然其要归,必止乎仁义节俭,君臣上下六亲之施。"《盐铁论·论儒》亦曰:"邹子以儒术干世主,不用,即以变化终始之论,卒亦显名。……邹子之作变化之术,亦归于仁义。"由此可见，阴阳五行思想本来同儒家学说有密切的联系，两家至西汉而合流是十分自然的事情。

据《诸子略》阴阳家的书目，阴阳家在战国末期的人物还有公梼生、公孙发、乘丘子、杜文公、南公、容成子、邹奭等人，可能都是邹衍弟子或再传弟子。

第二节 阴阳五行相配的宇宙图式

邹衍（生卒年不详），又作驺衍，齐国人。大致生活于齐威王、齐宣王之时。早年学习儒术，曾游学于稷下学宫。创立"阴阳变化终始之论"后，在社会上声望很大，先后受到齐威王、梁惠王、平原君、燕昭王的隆重礼遇。司马迁感叹曰："其游诸侯见礼如此，岂与仲尼菜色陈、蔡，孟轲困于齐、梁同乎哉！"究其原因，一是邹衍具有术士浓厚的神秘色彩，能"作怪迂之变"；二是他的宇宙图式总括阴阳五行之变，迎合那些笃信天人感应而欲王天下的诸侯们的心理。《史记》说邹衍有"《终始》、《大圣》之篇十余万言"，后皆亡佚。我们现在只能根据零散的史料来勾画他的思想面貌。

一、"称引天地剖判"的宇宙发生序列

道家的宇宙发生论提出了"道生一"的序列，《易传》的宇宙发生论提出"太极生两仪"的序列，均无论证。邹衍则企图运用一种回溯的方法，对宇宙发生过程进行比较具体的描述。《史记·孟荀列传》记载，邹衍"深观阴阳消息……推而远之，至天地未生，窈冥不可考而原也。……称引天地剖判以来，五德转移……"他的回溯过程，可能是从既成的万物到五行，从五行再到天地剖判，从天地剖判再到天地未生。"天地未生"是一种什么状态，邹衍第一次用"窈冥"来表述。"窈冥"的本义就是洞穴深处无有光暗之分的模糊状态，这也就是原始神话中早就想象的宇宙混沌。后来《淮南子》书中一再讲到"窈窈冥冥"，正是由此而来，也是指的宇宙混沌。在邹衍看来，到此为止，再也不能向前追溯了。他虽然迷信"祈祥"，而不讲创世神，这十分难得。在混沌（窈冥）——天地剖

判——五行——万物这个序列中,他不是把阴阳作为一个环节,而是让阴阳贯穿其中,以"阴阳消息"作为宇宙发生和演化的内在动力。这样,宇宙的发生和演化便成为一个自然过程。邹衍的这一观点后来在《淮南子》中得到更明确、更系统的表述,成为中国古代天文学的核心内容,也成为中国古代哲学宇宙论的重要根据。

二、阴阳五行相配的宇宙图式

阴阳家之称为阴阳五行家,就在于它整合阴阳与五行之说,而建立了一个阴阳与五行相配的宇宙图式。这一宇宙图式在《管子·幼官(玄宫)》及其图解中已基本成形,邹衍当有更系统、更完善的论述。但遗憾的是,邹衍有关史料已经亡佚,我们现在所能看到的只有两条记载:

  《史记·封禅书》《集解》引如淳曰:今书有《主运》,五行相次转用事,随方面为服也。
  《周礼·夏官·司爟》郑玄注引《邹子》佚文曰:春取榆柳之火,夏取枣杏之火,季夏取桑柘之火,秋取柞楢之火,冬取槐檀之火。

邹衍佚著《主运》主要讲"五行相次转用事",是说五行相生循五时、五方的次序而周转。如木德主春,位在东方;火德主夏,位在南方;土德主季夏,位在中央;金德主秋,位在西方;水德主冬,位在北方。一年转一圈,周转不息。"用事",指五时的"教令",包括一个时节由官方发布应进行的神事、政事和民事。"随方面为服",即随五德所在方位而"服事"。邹衍所论细节,现在已不清楚。据《管子·幼官(玄宫)》,木德主春,相应地"君服青色,味酸味,听角声……饮于青后之井……"火德主夏,相应地"君服赤色,味苦味,听羽声……饮于赤后之井……"如此等等,这些是君主个人的活动。关于社会活动,春天"号令除神位,谨祷弊梗,宗正阳,治堤防,耕芸树艺……"夏天"号令赏赐赋爵,受禄顺乡,谨修神祀……"上古钻木取火,每时所用之木,也要与五行相应。"春取榆柳之火",是因榆柳之木色青;"夏取枣杏之火",是因枣杏之木色赤,等等。邹衍《主运》所述,应比《幼官(玄宫)》更详,但意旨大体是相同的。

阴阳五行相配的宇宙图式有两个显著的特点,一是包括天地万物的整体性的有序运转；二是人事服从阴阳五行，直接发生感应。在这个图式中，阴阳消长作为内在动力，推动着五行相次运转；五行作为框架结构，又使阴阳消长形成有序的周期。阴阳五行的变化，是一切人事活动的根据，夏"以助阳气"，冬"以符阴气"，不然则有灾祸。从当时的历史条件来看，阴阳家所建构的这个宇宙图式，比其他任何学派都更具有完整性、系统性、丰富性、兼容性和可操作性。因而对于那些急欲王天下的诸侯们来说，这个图式无疑最具有吸引力。在我们今天看来，它诚然包容了一定的科学内容，主要是通过想象和比附所建立起来的。它所体现的天人关系，诚然包含着生态平衡的意义，但又同神道迷信纠缠在一起。它所体现的整体系统观念、矛盾变化观念虽然应该肯定，但也被僵死的形式框架窒息了。

第三节 "五德终始"的历史观

邹衍把其阴阳五行相配的宇宙图式具体推广于社会历史，又提出了"五德终始"的历史观，以说明历代王朝之如何更替。所不同的是，在宇宙图式中是按五行相生的次序运转，在王朝更替中则是按五行相胜的次序运转。《邹子》佚文曰："五德从所不胜，虞土，夏木，殷金，周火。"（《文选·昭王碑》李注引）这个次序表明，木德代替土德，金德代替木德，火德代替金德。但是，如何证明一个王朝当于某德之运，如何证明一个王朝将被更替？《史记·孟荀列传》中记载，邹衍有"礿祥"、"应符"之说。关于"礿祥"，《吕氏春秋·应同》有很具体的记述："凡帝王之将兴也，天必见祥于下民。"然后历述黄帝、禹、汤、文王之时土气胜、木气胜、金气盛、火气盛的征候。并指出："代火者必将水，天先见水气胜。水气盛，其事则水。水气至而不知，数备，将徙于土。"秦始皇称帝之后，接受了邹衍的理论，他认为"今秦变周，水德之时"，自认为当于水德之运，"更名河曰德水，以冬十月为岁首，色尚黑"（《史记·封禅书》）。秦亡汉兴，刘邦因曾砍白蛇，自称赤帝子，以为汉当火德，引起朝廷中的争论。至文帝时，最终"推（邹衍）终始传"，认为汉当土德，以正月为岁首，色上黄。此后，历代帝王圣旨开头都称"奉天承运，皇帝诏曰"，"承运"即承当

"五德终始"中某德之运。每一王朝的起始其所以都要"改正朔,易服色",目的是与某德"符应"。

以邹衍为代表的阴阳家的学说,后来对《吕氏春秋》和西汉《淮南子》、《春秋繁露》以及中国医学经典《黄帝内经》都有深刻的影响。但是,如果说阴阳五行相配的宇宙图式中尚有积极的成分和价值,那么五德终始之说则纯粹是比附和虚构。另外,阴阳五行说中有许多禁忌,"使人拘而多所畏",以至"舍人事而事鬼神",则成为神仙方术与世俗迷信的重要思想来源之一。

第九章 荀子对儒家哲学的发展

荀子(约前325~约前235年),名况,时人尊号为卿。汉代避宣帝刘询讳,称孙卿。赵国(今山西南部)人。刘向说他对儒家的《诗》、《礼》、《易》、《春秋》都很有研究。自少年开始,多次游学、讲学于齐国,在稷下学宫"三为祭酒(学宫之长)",具有很高的声望。一度应聘入秦,见过秦昭王及秦相应侯范雎。曾在赵孝成王面前与临武君"议兵"(讨论战事)。在楚国被春申君任命为兰陵(今山东苍山县兰陵镇)令。春申君死后,废居兰陵,著书终其一生。荀子门人很多,最著名的有韩非、李斯、浮丘伯等。他在思想上也以孔门正宗自居,但与孟子"取舍相反不同"。他对墨家、道家、法家以及儒家内部的其他派别,也都进行了批判,但同时承认他们"持之有固,言之成理"。因此,他不同于孟子的思想追求,代表了儒家哲学的另一个方向,后儒多谓荀子"大醇小疵",这是出于道统说的偏见。荀子的哲学体系具有集大成的性质,是先秦诸子哲学的一种总结。传世《荀子》一书,大部分是荀子的著作,少部分是门人的记录,都是研究荀子哲学思想的可靠史料。

第一节 旨在"一天下"的社会理想

在战国儒家各派当中,荀子最自觉到天下统一的历史要求。"一天下"的提法,在荀子书中频频出现。他在《王制》篇中,描述了当时天下农业、手工业和商业的发展,水陆交通的便利,尤其是各地区和各诸侯国经济联系的不断加强,必将形成"四海之内若一家"的局面,由此提出"一天下……使天下莫不顺比从服,天王之事也"。所谓"王制",就是"天王"统一天下的社会制度与社会图景,广泛涉及社会经济、政治、文化的各个方面,包括礼乐刑政、农士工商、君臣父子兄弟,它比孟子的仁政或王道要具体得多,细致得多。

关于实现统一的方式,荀子和孟子都坚持孔子以德治国的路线,肯定王道,但他们对霸道的态度是不同的。孟子认为王道、霸道是根本对立的,要王道就得否定霸道。荀子认为王道、霸道都可以统一天下,不过王道是最理想的,霸道则低一个层次。他指出:"粹而王,驳而霸,无一而亡。"(《王霸》、《强国》)意思说,王道纯粹用儒家的礼义来"一天下",所谓"礼以正国","义立而王"(《王霸》)。霸道则"驳杂"一些,它不是以礼义为"本政",只凭其"兵劲城固"、"威动天下"、"非服人之心也"(同上)。但霸道也可以"一天下"。孟子对管仲辅佐齐桓公而"一匡天下"完全否定,荀子则肯定齐桓、管仲有"天下之大节"、"天下之大智"(《强国》)。孟子曰"五霸者,三王之罪人也",荀子则肯定五霸能够运用富国强兵的政策"齿然上下相信,而天下莫之敢当"(《王霸》),只是"德未至"、"义未济",应该进一步"修礼义"立"本政"(同上)。荀子曾应聘入秦,他称赞当时的秦国"威强乎汤武,广大乎舜禹",但用王道来衡量,"则侗侗然其不及远矣"(《强国》)。所以他郑重建议:"力术止,义术行。"(同上)就是说,霸道应该适可而止,只有王道才能无止境地推行下去,只有王道才能真正统一天下。

第二节　性恶论与礼法观念

荀子的社会理想以礼义为"本政",他认为礼义不是先天的,而是由圣王创造的。为此,他反对孟子的性善论,而提出自己的性恶论。荀子曰:"性善,则去圣王,息礼义矣;性恶,则与(赞扬、肯定)圣王,贵礼义矣。"(《性恶》)

荀子对人性的理解,类似于告子的"生之谓性",指的是人们与生俱来的原始质朴的自然属性。他说:

> 生之所以然者谓之性。(《正名》)
> 凡性者,天之就也,不可学、不可事。……不可学、不可事而在人者,谓性。(《性恶》)
> 性者,本始材朴也。(《礼论》)

这种自然性的具体表现就是"饥而欲饱,寒而欲暖,劳而欲休"(《性恶》)。又比方,"目好色,耳好声,口好味,心好利,骨体肤理好愉佚,是皆生于人之情性者也,感而自然,不待事而后生之者也"(同上)。可见,荀子所讲的人性,是人作为生物的自然属性,是一种本能性的心理表现。

那么为什么说人性恶呢?荀子的根据是,让人的自然属性听之任之地发展,不但不会产生礼义,而且会产生争夺、残贼、淫乱,从而否定礼义。他指出:"今人之性,生而有好利焉,顺是,故争夺生而辞让亡焉;生而有疾恶焉,顺是,故残贼生而忠信亡焉;生而有耳目之欲,有好声色焉,顺是,故淫乱生而礼义文理亡焉。然则从人之性,顺人之情,必出于争夺、合于犯分乱理而归于暴。"(《性恶》)这说明人性与礼义是不相容的,与善是对立的,所以人性恶。可是,人性恶为什么社会上又有礼义、有善?荀子认为,礼义或善出自于后天,是改造人性恶的结果。他又说:"故必将有师化之法,礼义之道,然后出于辞让,合于文理,而归于治。"(同上)由此荀子提出了一个著名的命题:"人之性恶,其善者伪也。"(同上)

荀子一再申明"伪"不同于"性","伪"而后才有善。他说:

可学而能,可事而成之在人者谓之伪。(《性恶》)

心虑而能,为之动,谓之伪。积虑焉、能习焉而后成,谓之伪。(《正名》)

伪者,文理隆盛也。(《礼论》)

"伪"的本意就是人为。荀子提出这个概念,明显针对孟子的"不学而能,不虑而知"。伪不同于性,它不是先天的,而是后天的,是后天"学而能"、"事而成"、"虑而能"、"习而成",其具体内容就是圣人的教化和个人的学习。但是,性与伪既是对立的,又是统一的。"无性,则伪之无所加;无伪,则性不能自美。"(《礼论》)荀子比较全面地把握了二者的辩证关系。

孟子曾根据性善论得出"人皆可以为尧舜",荀子则根据性恶论得出"涂之人可以为禹"(《性恶》)。在荀子看来,圣人和凡人生来都是性恶的,圣人之所以能成为圣人,关键在于他们能够自觉地、有意识地"化性起伪"。就先天而言,"尧舜与桀跖,其性一也;君子与小人,其性一也"（同上）。就后天而言,"禹之所以为禹者,以其为仁义法正也"（同上）。反过来,不能"为仁义法正"者则不能成为"禹",甚至不能成为君子,而只能是一个小人。荀子的这一观点,把圣人与凡人在先天本性上置于平等的地位,剥去了圣人背后的神秘光环,又强调人性可以改造,拉近了圣人与凡人的距离,不仅在理论上深化了中国哲学对人性的认识,而且对民族的礼义教化与文明修养产生了深远的积极的影响。

荀子以"性伪之分"批判了孟子天赋性善的观点,但他把人的本性仅仅归结为自然属性,显然也是片面的。孟子的性善论不能说明人的天赋善性到底从何而来,荀子的性恶论也不能说明"圣人"或"圣王"为什么能"化性起伪"。圣人性恶,他怎样产生了"欲为善"的要求,怎样创造了礼义、法正?从总体来看,荀子的性恶论比孟子的性善论具有更多的合理成分,但都没有立足于人的社会实践从人的社会历史发展来考察人性问题,都没有注意到善恶观念的历史发生、时代差别与阶级差别。由于两者都有其片面性和局限性,中国哲学对于人性善恶问题将会继续讨论下去。

与性恶论相联系,荀子的礼法观念也很特别,这就是礼法并举、礼法交融,并突出法的作用。荀子把礼法都理解为等级秩序与职业规范,他称君臣父子的上下等级秩序为"礼法之枢要"（《王制》）,又称农士工商与君臣官吏的分工为"礼法之大分"（《王霸》）。在这个意义上,礼就是法,法就是礼,两者实质上是一回事。那么礼法的区别在哪里呢?荀子曰:"礼者,法之大分,类之纲纪也。"（《劝学》）意思说,礼是最大的法,是君臣父子、农士工商各类人的规范。在这里,荀子已经开始以法释礼了。荀子礼法观念的这种新变化和新特点,主要是针对人之性恶和"化性起伪"的需要,所谓"明礼义以化之,起法正以治之"（《性恶》）。从学术的发展来看,由此则打通了儒家和法家的历史壁垒。法家的人性论都是性恶论。韩非和李斯本来都是荀子的门生,后来却成为法家的著名人物,这也就不难理解了。

第三节 "天人分职"的天道自然论

孔子虽有"天何言哉"的话，但未对天道的性质与特点直接做过理论的说明。思孟所谓"诚者，天之道"，把天道伦理化。荀子从墨家"非命"受到启示，抛弃了他的"天志"观念，并对《易传》的天道观进行了改造，而把道家天道自然的观念纳入儒家的哲学体系，第一次明确地、有力地论证了天道与人道的区别，对中国古代哲学的发展作出了伟大的贡献。荀子通过许多事例得出结论说："……故明于天人之分，则可谓至人矣。"(《天论》)"天之分"的"分"读如职分之"分"。由于天人职分上的不同，所以才有天道、人道之分。"至人"明显袭用了庄子的概念。

关于天道的职分，荀子着重论述了自然界的性质、特点和作用。他首先阐明了天道自然而然的现实性：

> 不为而成，不求而得，夫是之谓天职。(《天论》)
>
> 列星随旋，日月递炤，四时代御，阴阳大化，风雨博施，万物各得其和以生，各得其养以成。不见其事而见其功，夫是之谓神。皆知其所以成，莫知其无形，夫是之谓天[功]。(同上)

荀子概括天道的变化是"天地合而万物生，阴阳接而变化起"(《礼论》)，世界上一切现象都被视为"天地之变，阴阳之化"(《天论》)。其特点是"不为而成，不求而得"、"不见其事"、"莫知其无形"。这些都是老庄道家的语言，都说明天道是自然而然的，没有什么意志作主宰。"神"在这里不是神灵，而是微妙的变化。因为神灵就是在人之上而又和人一样有人格、有意志的，所以就不是"不为而成，不求而得"，"不见其事"，"莫知其无形"，因而不是天道的职分了。

进一步，荀子又从天道自然而然的现实性，说明了天道的客观性与规律性：

> 天行有常，不为尧存，不为桀亡。应之以治则吉，应之以乱则凶。(《天论》)
>
> 天不为人之恶寒也辍冬，地不为人之恶辽远也辍广。(同上)

天道的客观性是非常明显的,天气的寒暑变化与地域的远近都不依人的好恶为转移。日月四时的变化不是因为有尧这样的圣王在位就正常,也不是因为有桀这样的暴君在位而异常。人事的吉凶与社会的治乱联系在一起,自然界的变化则独立于人类社会之外,关键是人如何因应自然的变化。客观性中包含着规律性。"常"作为哲学概念早已见于《老子》和《易传》,就是指恒久的、普遍的规律性。荀子曰:"天有常道矣,地有常数矣。"(同上)人们只有遵循自然规律,才有好的结果;违背自然规律必定遭殃。至于社会生活中的治乱,也与天地四时无关,而在于当政者"守道"还是"倍(背)道"。

关于人道的职分,荀子着重论述了人类自觉活动的性质、特点和作用。在荀子看来,人不能"与天争职",人有自己的职分。他说:

> 天有其时,地有其财,人有其治。夫是之谓参。舍其所以参而愿其所参,则惑矣。(《天论》)
> 君子敬其在己者,而不慕在天者。(同上)

人不能左右天时的变化,也不能像大地那样直接生长财物,但是人能治理万物和治理社会。荀子还讲过:"天能生物,不能辨物;地能载人,不能治人。"(《礼论》)"辨物"、"治人"都属于人的自觉活动。人通过自己的自觉活动,可以参与天道的变化之中,以实现自己的目的。但是,人所能参与的就是治物、治人,如此而已,如果企图获得天道的职分,那便是奢望、妄想,太糊涂了。有教养的君子,只是努力去做自己所能做到的事情,而不羡慕属于"天职"范围的事情。"知其所为,知其所不为。"(《天论》)荀子在当时的历史条件下,以那个时代的话语,正确说明了人所特有的自觉的能动性。更为可贵的是,他从天人分职中说明人类合理发挥其能动性的方式与范围。这是此前和同时代其他许多学者在理论上所不及的。

荀子根据其"天人分职"在理论上的成就,对早期儒家、道家、阴阳家的天道观进行了有力的批判,同时对传统的宗教神道观念以及种种世俗迷信进行了猛烈的扫荡。他指出:

> 大天而思之,孰与物畜而制之?从天而颂之,孰与制天命而用

之？望时而待之,孰与应时而使之？因物而多之,孰与骋能而化之？思物而物之,孰与理物而勿失之也？愿于物之所以生,孰与有（佑）物之所以成？故错人而思天,则失万物之情。

所谓"物畜而制之"、"制天命而用之"、"应时而使之"、"骋能而化之"、"理物而勿失之"、"有（佑）物之所以成",都是"人有其治"的能动性的具体化。我们从先秦哲学的发展大势来看,荀子把儒家在道德领域的人道"有为"观念推广到整个社会生活,因而把君子"畏天命"代之以"制天命"。他把道家的天道"无为"仅限制在自然领域,而以"有为"为人道的特征。同时,他把人道"有为"置于天道之"常"的规律性的基础上,并注意到天道自然的种种客观条件,这就保证"有为"的有效性而创造现实的价值。因此,荀子"天人分职"的天道论,标志着先秦哲学发展达到了空前未有的新水平。

关于荀子"制天命"的命题,近代多用西方的"征服自然"来诠释,这是望文生义的一种误解。《说文》曰："制,裁也。""制天命"即《王制》讲的"序四时,裁万物"。它不但有一定的范围,而且受到天道之"常"与种种条件的制约,并不像征服者那样让土著居民服从自己的意志与统治。人不能"与天争职"说明,人根本不能征服自然,只能在一定范围内改造自然和利用自然。"征服自然"把人与自然（天）对立起来,"制天命"则追求人与自然的协调,即"合其天功"。不过,"制天命"的提法在字面上容易误解。因此,后世除个别哲学家表示肯定外,并未得到大多数人的认同。在儒家内部,更多的学者是用《中庸》的"参赞化育"来说明人在自然界的作用。此外,《天论》中还有"惟圣人为不求知天"的话,也容易产生误解而生歧义。

第四节 "明分使群"的社会历史观

"天人分职"涉及人的本质问题。荀子认为,人不同于天地万物,最根本的是人有"义"。他指出：

水火有气而无生,草木有生而无知,禽兽有知而无义。人有气,

有生,有知,亦且有义,故为天下最贵也。(《王制》)

荀子在这里把自然万物分为四个层次:最低的层次是非生命之物,如水火之类;比较进步的是有生命的植物,如草木之类;更进步的是有知觉心理的动物,如禽兽之类;最高层次的是有"义"的社会规范的人。荀子似不自觉地注意到物质发展与生命进化的过程,发现了高级层次包含了低级层次又超越了低级层次。人之所以"为天下最贵"就因为人具有最丰富、最高级的规定。荀子所谓"义",不只是儒家哲学传统中的一个道德范畴。作为人的本质规定,"义"所特别要表示的是一种有分别、有条理的社会组织与社会规范。在这个意义上,荀子讲的"义"也就是"礼",礼义可以互训。所以,荀子有时又以"礼"作为人的本质规定:

……故人之所以为人者,非特以二足无毛也,以其有辨也。夫禽兽有父子而无父子之亲,有牝牡而无男女之别,故人道莫不有辨,辨莫大于分,分莫大于礼,礼莫大于圣王。(《非相》)

"辨"指身份上的自觉,如父为父,子为子,君为君,臣为臣;"分"指身份上的区别,即上下亲疏的不同。有"辨"有"分",便产生具有伦理关系、政治关系的家庭、国家这样的社会组织及其社会规范。在社会组织与社会规范中,最重要的就是"礼"。讲礼必讲义,礼义是紧紧联系在一起的。

荀子把义、礼作为人的本质规定,虽未接触到人的生产活动与生产关系,但明确肯定了人的社会性。与此相联系,荀子又提出了"人能群"、"人不能无群"的命题,从群体组织上更具体地阐明了人的社会性。他说:

(人)力不若牛,走不若马,而牛马为用,何也?曰:人能群,彼不能群也。人何以能群?曰:分。分何以能行?曰:义。故义以分则和,和则一,一则多力,多力则强,强则胜物。……故人生不能无群,群而无分则争,争则乱,乱则离,离则弱,弱则不能胜物。故……不可少顷舍礼义之谓也。(《王制》)

在荀子看来,人体之自然并不比牛马优越,但事实上牛马为人所用,这当然是人能"制天命"、"裁万物"的表现。但孤立的个人没有这种能力,众多个人只有结为社会性的群体组织才有这样的能力,而且这个群体组织要以礼义为原则、为规范。其中的个体要协调相处("和"),真正实现众多个体的整合("一"),这就是荀子讲的"群道"或"群居和一之道"(《王制》、《荣辱》)。那样就会产生一种超越众多个体的"合力"("多力"),大大增强人的力量,从而在"生存竞争"中取得胜利。

人之所以结成社会群体组织,不单是因个体体力上的有限,而且是分工上的需要。人的生存和发展需要各种各样的技能,但"能不能兼技,人不能兼官,离居不相待则穷"(《富国》)。一个人只能掌握一种技能,只能做一种事情,如果各干各的必定生活穷困,只有大家组织起来,每人都有一定职守,在分工互助的条件下,才能正常的生存和发展。

人的群体组织之所以必须以礼义为原则和规范,则是由于人性恶,必须用礼义来调节人们的欲望和关系。按照荀子的观点,礼义是和群体同时产生的。消除社会混乱和人人争夺最好的办法,莫过于"明分使群"。荀子曰:

> 人生而有欲,欲而不得,则不能无求;求而无度量分界,则不能不争。争则乱,乱则穷。先王恶其乱也,故制礼义以分之,以养人之欲,给人之求;使欲必不穷乎物,物不屈于欲,两者相持而长,是礼之所起也。(《礼论》)

> 欲恶同物,欲多则物寡,寡则必争矣。……救患除祸,则莫若明分使群矣。(《富国》)

荀子的思路是这样:人人生来都有自己的欲望,都想办法来满足自己的欲望,他们所追求的对象是相同的。但是天下的物资有限,如果任欲望无限地发展,根本无法使大家都得到满足,结果必然引起争夺、引起混乱,天下不得安宁,人们无法生存。解决这个矛盾,一方面要发展生产,增加物资,此即"富国"、"富民"的问题;另一方面则要给人的欲望提供一个"度量分界",使其适可而止,礼义所要解决的问题就是"度量分界"的问题。"度量分界"说到底,也就是"明分使群",即明确人们在名分、等级和职业上的"分界",分别确定不同的"度量",从而保证群体成为有条理、有秩序的社会组织,促使人们的欲望和社会物资大体平衡地增长。

荀子"明分使群"的社会历史观,揭示了人的本质及其群体组织的社会性,并企图从人们自己解决物质生活的矛盾中去探索礼义制度与规范的起源,有助于消除传统宗教神道观念在社会历史领域的影响。从整个人类社会历史的发展来看,"明分使群"也有一定的普遍意义。人类社会任何时候都有父子男女的差别,都有智愚能力上的不同,都有技能职业上的分工,这种"分"永远是客观存在的。同时,众多个体只有结成群体性的社会组织,人类才能生存和发展,这种"群"也永远是客观存在的。两者结合起来,只有自觉地"明分",才能有效地"使群"。但是,荀子所讲的"分",主要是等级性和阶级性的君臣关系、君民关系、君子小人的关系。荀子把这样的礼义制度与规范说成是"与天地同理,与万世同久"的"大体",认为人类社会由此"始则终,终则始,若环之无端也"(《王制》),显然是把古代的封建等级社会永恒化了。

第五节　关注"物理"与系统化的认知学说

孔孟讨论认知问题,都以道德伦理为中心。荀子的认知理论除了道德伦理的内容而外,十分关注客观存在的自然"物理"。孔孟的认知理论都是零碎的,荀子的认知理论已经系统化。荀子由于具有相当明确的主客观念,又从墨家、道家、名家吸纳了若干思想资料,他的认知理论不但代表了先秦儒家的最高峰,而且代表了先秦诸家的最高峰。

一、认知主体与认知对象

荀子从"天人分职"提出了"形具而神生"(《天论》)的命题,十分清楚地说明了人的肉体与其精神之间的依赖关系。他所讲的精神不但包括"好恶、喜怒、哀乐"的情感,而且包括有关器官的认知能力。荀子把人的耳目感觉器官称之为"天官","天官"本身属于"形",但天官"能各有接"的"能",则属于精神。荀子把人的心智器官称为"天君","天君"本身也属于"形",但"心有征知"的"征知"则属于精神。按照荀子的观点,天官、天君都是人体之自然,因而他把天官、天君的认知能力都视为"人之性"。这样,他从"天人分职"出发,进一步对认知主体与认知对象也从哲

学上理论地进行了划分。荀子曰:

> 凡以知,人之性也;可以知,物之理也。(《解蔽》)
>
> 所以知之在人者,谓之知;知有所合,谓之智。智所以能之在人者,谓之能;能有所合,谓之能。(《正名》)

人为什么是认知的主体?因为"人之性"就有认知的能力。换句话说,"所以知"和"所以能"的认知能力"在人"。那么认知的对象是什么呢?就是主体认知能力所面对的东西,可以认知的东西。具体地说,就是"物"和"物之理"。天官"能各有接",所接者就是物。"心有征知",所知者就是"物之理"。"知有所合"与"能有所合",所合者也不外乎"物"与"物之理"。在这里,认知主体与认知对象之如此清楚,说明荀子具有相当明确的主客观念,而这在孔孟和老庄那里都是看不到的。荀子之所以达到这一点,乃是受到后期墨家认知理论的影响,但他所作的理论概括,则超过了后期墨家。

二、认知过程的两个阶段

荀子对认知过程的划分,一是根据认知主体在认知能力上有"天官"和"天君"的差别,二是根据认知对象在所知内容上有属性和"道、理"的差别。

第一阶段是"缘天官"或"天官意物"。目接物的形状、颜色,耳接物之声响、清浊,口接物之各种甘苦口味,鼻接物之各种香嗅气味,肤接物之各种冷热、滑涩、轻重等等。这都是凭借天官所获得的知。"天官意物"涉及物之属性通过感觉而内化,从而使主体意识到这些属性,成为主观的东西。

第二阶段是"心有征知"。杨倞曰:"征,召也。言心能召万物而知之。""征知"是说心知乃是一种间接的知,必须通过感官接物,才能使物成为认知的对象。荀子曰:

> 心有征知。征知,则缘耳而知声可也,缘目而知形可也。然而,征知必将待天官之当簿其类,然后可也。(《正名》)

"缘耳而知声"、"缘目而知形"正说明"心有征知"是一种以天官为中介的间接的知。"待",依赖。"征知"之"必将待天官"是毫无疑义的。但是,从天官之知是否直接即可进入天君心知呢?不行。只有在天官之知"当簿其类"时,才能进入天君心知。只有当感官活动接触到事物的"类",认知才能进入第二阶段。

荀子上承墨家的"察类明故",非常注意"类"的分析。他常讲"统类"、"别类"、"比类"、"伦类"。第一阶段可以接触到"类",但不能把握"类"。第二阶段主要是对"类"的分析概括。"类"概念深入到事物的一般,说明心知具有概括性。而"类"的概括则有可能把握一类事物的"物之理",进而把握包括各种"物理"的"道"。荀子讲过"心之象道"(《正名》)的话。他把整个心知的内容叫做"求道"、"思道"、"知道"、"体道"(《解蔽》),最后达到"心合于道"(《正名》)。

在认知的两个阶段中,荀子认为天君心知有赖于天官之知,但他更重视天君心知的作用。荀子曰"心居中虚,以治五官"(《天论》),五官如果不受天君支配,由于不自觉也可能产生错误的认识。"心不使焉,则黑白在前而目不见,雷鼓在侧而耳不闻。"(《解蔽》)又比方,黑夜间人会把卧石当做伏虎,把木桩当成死鬼。压按眼睛会把一个东西看成两个,捂住耳朵会听到哅哅的声音(同上)。墨子曾以经验错觉论证鬼的存在,荀子则分析错觉而否定鬼的存在。但是,荀子有时也过分夸大了"天君"的作用。他曾说,心"出令而不受令,自禁也,自使也,自夺也,自取也,自行也,自止也"(同上)。这就把心知思维活动相对的独立性绝对化了,由此离开了孔子坚持的"闻见"与"思"的结合,而与孟子片面突出"心之官"十分接近了。

三、"虚壹而静"的主体心态

人的认知活动有客观条件,也有主观条件。在这个问题上,荀子与孟子的"尽心知性"不同,而主要改造和发展了《管子·心术》所见黄老道家的"虚静"、"执一"之道。荀子也使用"心术"这个概念。他所提出的心态特征和修养原则,名曰"虚壹而静"。不但对黄老的"心术"论作了辩证的理解,而且注意到主体意识的能动作用。荀子指出:

人何以知道?曰:心。心何以知?曰:虚壹而静。心未尝不臧

（藏）也，然而有所谓虚；心未尝不满（两）也，然而有所谓一；心未尝不动也，然而有所谓静。……虚壹而静，谓之大清明。万物莫形而不见，莫见而不论，莫论而失位。……夫恶有蔽矣哉！（《解蔽》）

在荀子看来，虚心并不意味着"无藏"，虚心只是"不以所已臧（藏）害所将受"，即不用已有的观念去妨碍接受新事物；"专一"也不排斥"兼知"，问题在于"不以夫［彼］一害此一"，即不要以一个妨碍另一个；荀子认为，心态的冷静并不要人们停止心（思维）的活动，只是不要让梦幻或胡思乱想来干扰正常的认知活动。荀子在这里辩证地处理了"虚"与"藏"、"一"与"两"、"静"与"动"的关系，并注意到"有藏"、"兼知"和思虑活动在认知过程中可能发挥的能动作用。这在先秦时代十分难能和可贵，至今仍保持着它的真理性。然荀子以"大清明"作为"虚壹而静"而达到的心态或境界，亦有其局限性。荀子曰："故人心譬如盘（槃）水，正错而勿动，则湛浊在下而清明在上，则足以见须眉而察理矣。"（《解蔽》）把人心比做一块又明又亮的大镜子，那样人心的认知活动就只能是物至而应、感而启动，这又暴露了它的直观性与被动性。

四、"兼权"以"解蔽"的思想方法

荀子从大量事实中发现，人们的认知活动常常这样那样受到蒙蔽，"心术"的一大任务就是帮助人们"解蔽"。在荀子看来，人们可能受蒙蔽的东西很多，这是思想方法中带有普遍性的问题。他指出：

故（胡）为蔽：欲为蔽，恶为蔽；始为蔽，终为蔽；远为蔽，近为蔽；博为蔽，浅为蔽；古为蔽，今为蔽。凡万物异则莫不相为蔽，此心术之公患也。（《解蔽》）

在上述五组矛盾方面中，欲与恶、博与浅是由于主观原因所造成的蒙蔽与片面性，始与终、远与近、古与今是由于客观原因所造成的蒙蔽与片面性。比方，处理一件事物，只见其可欲的方面，不见其可恶的方面，而完全肯定；或只见其可恶的方面，不见其可欲的方面，而完全否定。又比方，处理一件事物，只见其近利，不知其远害，而一味迷恋；或只见其近害，不知其远利，而完全反对。如此等等，荀子发现"万物异则莫不相为蔽",接触到了辩证法的一个真理,凡是事物的差异都构成矛盾的对立面。如果只见一面,不见另一面,必然要受蒙蔽。

那么怎样"解蔽"以避免片面性呢?荀子提出"兼权熟计"的原则。"兼权"即兼顾和通观对立的两个方面,"权"字还有价值权衡之义。"熟计"即周密和充分地考虑其利害得失。"兼权熟计"还有一种说法:"兼陈万物而中县(悬)衡焉,是故众异不得相蔽以乱伦也。"(《解蔽》)把事物的各个方面统统都摆出来,在中间确定一个原则或标准,通过比较权衡再作出判断,这样就不会因种种矛盾差异而犯片面性的错误,从而也就不会破坏人道的规范("伦")。

然而,具体用什么"权衡"?权衡的原则或标准就是"道"。荀子曰:"道者,古今之正权也。离道而内自择,则不知祸福之所托。"(《正名》)"道"是客观的、全面的真理。如果离开"道"而主观地作判断,必定是"偏",必定"蔽于一曲",弄不清祸福究竟是怎样产生的。因为可欲的东西中也常有祸,可恶的东西中也常有福,解决福祸的问题只能看合"道"不合"道"。应该承认,荀子以"道"进行"兼权"和通过"兼权"进行"解蔽"的思想方法,是十分深刻的。因为它符合认识的辩证法。但荀子由于受到儒家固有政治立场的限制,以至把"合王制与不合王制"(《解蔽》)作为合不合"道"的是非标准,他自己也犯了蔽于古而不知今的错误。

五、"学至于行"的知行观

儒家教育一贯重行,荀子则从理论上阐明了行在认知过程中的价值和功用。这就是以行作为认知的目的,用行检验已取得的认识。荀子曰:

> 不闻不若闻之,闻之不若见之,见之不若知之,知之不若行之,学至于行之而止矣。行之明也,明之圣人。……故闻之而不见,虽博必谬;见之而不知,虽识必妄,知之而不行,虽敦必困。(《儒效》)

"闻之"属于间接经验,"见之"属于直接经验,闻、见一般都是天官之知。

这里所谓"知之",专指天君心知。这两个阶段,都是"学"的范畴,也是广义的"知"的范畴。"学至于行",把"行"理解为认知或学习全过程的归宿,也就是认知的目的。这一点,在孔子那里尚未看到,至少还不十分明确。"行之明也"则就认知过程而言,意思说,"行"也可使已获得的知识更明白、更清楚。如果是明之于道,那就成了圣人。在荀子看来,圣人没有什么特别之处,就是明乎仁义大道而付诸实行而已("已乎行之矣")。反过来,如果只有间接的"闻"而没有直接的"见",所闻虽多,必有荒谬的东西。只有直接的"见"而没有上升到心知,识记虽多,必有虚妄的东西。只有心知而不能付诸实行,虽称博学,在实际生活中仍不免陷于困境。荀子的这些观点都有道理,只是他讲的知或学,主要属于道德观念与礼义的规范,属于自然"物理"的内容毕竟不多。他讲的行,也主要是道德实践,而没有墨家所讲到的生产活动的内容。

荀子还讲到知识的检验,也涉及"行"。他说:

> 善言古者必有节于今,善言天者必有征于人。凡论者,贵其有辨合,有符验。故坐而言之,起而可设,张而可施行。(《性恶》)

荀子在区分认知主体与认知对象时,曾讲过"知有所合"、"能有所合"。检验知识、理论之正确与否,就是要面向对象具体地"辨合"。"合"即符信,得到验证便是正确的;不"合"即没有"符验",得不到验证便是错误的。那么怎样来辨合不合呢?荀子的意思是,看可不可以付诸实行,能不能实际施行。荀子这一观点发展了后期墨家以"志行"检验"名实"是否"耦合"的思想,但在理论上还有待于更明确的概括与论证。

六、"制名指实"的逻辑理论

荀子是先秦儒家最为重视名辩之学的人物。他不但继承了孔子的"正名"之学,而且吸收了法家的"刑名"之学,同时扬弃了墨家和名家的名实之学,从而使中国古典逻辑理论走向系统化。荀子的逻辑理论,集中反映在《正名》篇。"正名"就是正确阐明关于"名"的逻辑问题,批驳关于"名"的种种错误。他把中国传统的"名"分为四类,一曰刑名,二曰爵名,三曰文名,四曰散名。尽管他极为重视刑名、爵名和文名,但他最有贡献的是关于散名的一般性的逻辑理论。

荀子的逻辑思想以正确处理名实关系为基础，坚持"制名以指实"的基本原则，着重讨论了三个问题：

第一，为什么要制名？荀子认为，社会上有贵贱等级的差别，各种事物有同异的分别，如果没有不同的名来表示，势必"贵贱不明，同异不别"，所以要"制名以指实"。"明贵贱"是出于社会政治与伦理的需要，只有"辨同异"才是真正意义上的逻辑问题。中国古代最先是政治伦理上的"正名"，后来才有法律条令上的"正名"，而"辨同异"以"正名"才真正讨论到逻辑问题。这个问题本是由后期墨家提出的，荀子进行了明确的论证。

第二，名为什么有同异？荀子认为，名之所以有同异，是因为名所指的实有同异，而实的同异则是通过人的感官对外物的共同的感觉所确定的。"凡同类同情者，其天官之意物也同"，这样，通过比喻描述就可以互相沟通，由此约定一个名称用以表示外物的同异。可见，名不是个人主观随意产生的。一方面，它由人们对"实"的共同感觉所决定，另一方面要由大家共同所约定。由于共同约定，才能共同明其"所指"，才能共同用来沟通思想。

第三，制名的基本原则（"制名之枢要"）。"制名"是为了"指实"，由于人们感物之"实"或同或不同，所制之名亦应或同或不同。换句话说，名之同异必须与实之同异相一致，这就是制名的基本原则。具体说来，对应于实的同异如何制定出同异之名问题。这也就是对应于事物的同异如何制定出不同的概念问题。荀子曰：

> 同则同之，异则异之；单足以喻则单，单不喻则兼。单与兼无所相避则共；虽共，不为害矣。知异实者之异名也，故使异实莫不异也，不可乱也，犹使异[同]① 实者莫不同名也。（同上）

这是说，同实就用同名来表示，异实就用异名来表示。比方，凡马皆同实，凡马都同名为马；牛、马为异实，则分别用牛、马异名来表示。如果单

---

① "异"当为"同"，据杨倞注校改。

名可以使人明白就用单名,不然就用兼名来表示。单名就是用一个单字表示的名,如白、马等;兼名就是用两个字表示的名,如白马、红色等。如果单名、兼名之所指不相排斥("无所相避"),则可以用共名。共名即表示一类事物共同的名,马就是白马、红马的共名,马与白马的外延是包含关系,马之名不排斥白马之名。总之,制名的基本原则是同实同名、异实异名,以保证名实一致而不致造成混乱。

在区分了同名、异名、单名、兼名之后,荀子着重分析了共名、别名的辩证关系,并从这种逻辑关系中揭示了客观事物与认识过程中一般与个别的辩证关系。他指出:

> 万物虽众,有时而欲徧(遍)举之,故谓之物。物也者,大共名也。推而共之,共则有(又)共,至于无共然后止。有时而欲徧[偏]①举之,故谓之鸟兽。鸟兽也者,大别名也。推而别之,别则有(又)别,至于无别然后止。(同上)

共名揭示了客观事物的一般,别名揭示了客观事物中的个别。由于一般之上还有更大的一般,共名之上还有更大的共名,"物"之一般再不能往上推,到头了,所以是大共名。反过来,个别之下还有更小的个别,表示最小个别之名,即是大别名,如鸟、兽。大共名"遍举"一切实,大别名"偏举"某一实。就制名过程来看,从别名到共名即是认识从个别到一般,从共名到别名即是认识从一般到个别。荀子的这些思想不但揭示了概念之间的辩证关系,也说明了事物本身与认识过程中的辩证关系。

荀子对"约定俗成"的分析也十分精彩。他指出:

> 名固无宜,约之以命。约定俗成谓之宜。名无固实,约立以命实,约定俗成谓之实名。名有固善,径易而不拂,谓之善名。(同上)

一个实究竟用什么名来表示,什么名才恰当,这并不是一开始就决定了的,而是"约定俗成"的结果。先是大家相约认定,后来成为一种习惯。这

---

① 据俞樾说改。

说明,名是社会的产物,具有社会性。不过,名也不是随意约定的,宜不宜实际上也是有原则的,那就是简单明了而不悖理。这样的名才是"善名"。

此外,与"正名"相联系,荀子还讨论了"辞"、"辩说"、"期命",相当于逻辑命题、推理、证明问题,并揭露了逻辑诡辩的三种形式:"用名以乱名"、"用实以乱名"和"用名以乱实"。荀子的逻辑理论本身已经建构了一个思想体系。

第十章　商鞅与韩非的法家哲学

法家是战国时期最有影响的学术派别之一。它是伴随春秋末期以来各个诸侯邦国的变法运动而发展起来的。战国中期已与儒家、墨家并立，战国末期则成为政治思想舞台上的主角。法家的先驱人物可以上溯到春秋时期齐国的管仲、郑国的子产和邓析、晋国的郭偃和范宣子等。前期法家人物主要有李悝、吴起、慎到、申不害、商鞅等。商鞅（约前390～前338年），姓公孙，名鞅。卫国人，亦名卫鞅。曾辅佐秦孝公两次变法，使秦国迅速强盛起来，后来被旧贵族车裂而死，其著作后人编为《商君书》。韩非（约前279～前233年）是后期法家最著名的代表，原为韩国公子，早年与李斯同师荀子，曾数次建议韩王变法而不见用，其思想和主张受到秦王政的赞赏，入秦后却遭陷害而死于狱中，其著作后人编为《韩非子》。在早期法家人物中，慎到重势，申不害重术，商鞅重法，各有一定的局限性。韩非以"法"为中心，强调法、势、术三者有机结合与相辅为用，成为法家的集大成者。法家在哲学上强调时代的变化和社会的进步，力主革新，特别关注社会矛盾和人们的利害关系，讲究"参验"与实际功效，既作出了特殊的理论贡献，也有其缺陷和片面性。

第一节　商鞅与韩非的历史进化论

法家之推行变法和实行法治，其目的是要促成新旧制度的变革。为了批驳守旧复古势力的诘难和为自己的法治主张进行论证，法家在历史观上都坚持一种进化的观点，认为古今时代不同，因而社会制度应该进行适当的变革，治理国家应该采取新的方式。

商鞅在《画策》篇中把传说时代分为三个时期："昊英之世"，人们靠"伐木杀兽"生活；"神农之世"，男耕女织，无刑无兵；"黄帝之世"，针对

"以强凌弱,以众暴寡"现象的出现,确立君臣、父子、夫妇制度,内用刑罚,对外战争。这大体符合从原始时代到文明时代的演变过程。在《更法》篇中,他又把西周以来社会变化分为三个时期:"上世亲亲而爱私",这是西周的血缘宗法制度;"中世尚贤而悦仁",相当于春秋和战国初;"下世贵贵而尊官",指战国中期以来,新兴势力已经掌握了政权,通过"贵其贵"和"尊其官"来巩固自己的统治。根据古今时代的变化,商鞅得出了"世事变而行道异"(《开塞》)的结论。"世事变"即时代的变化,"行道异"即治国方式的不同。为了协助秦孝公变法,他响亮地提出:"治世不一道,便国不必法古","各当时而立法,因事而治礼"(《更法》)。他在理论上的贡献,主要是提出了"理"与"势"两个概念。《画策》曰:"圣人知必然之理,必为之时势……""理"、"势"后来成为中国历史哲学的重要范畴。

韩非在《五蠹》篇中把迄今以前的历史分为上古、中古、近古与当今四个时期。上古之世即有巢氏、燧人氏时代,中古之世即鲧、禹治水的时代,近古之世即桀纣暴乱、汤武征伐的时代。他指出,如果在中古之世还有人构木为巢、钻燧取火,必受到人们的嘲笑。如果在近古之世还有人到处去治理洪水,也必受到人们的嘲笑。"然则今有美尧、舜、鲧、禹、汤、武之道于当今之世者,必为新圣笑矣。""新圣"实为韩非自谓,以区别于儒家所崇拜的那些"旧圣"。由此他得出结论说:

    世异则事异……事异则备变。(《五蠹》)
    是以圣人不期修(循)古,不法常可,论世之事,因为之备。(同上)

"世",时代;"事",一个时代的事务或要解决的问题;"备",处理事务或解决问题的方式。三者的关系是"事因于世,而备适于事",所以要"论世之事,因为之备"。由于时代不同,所面临的事务或要解决的问题自然不同;由于事务或问题不同,所采取的方式也必须"适于事"而有相应的变化。古今时代不同,圣人绝不会把"循古"作为信条。历史上本来就没有一成不变的治国之道,圣人绝不会把某种办法视为"常可"去效法。韩非的这种分析和结论,明显继承和发挥了商鞅的有关思想,对那些"无变古,毋易常"的论调给予了有力的批驳。

商鞅和韩非在考察历史进化时,都注意到各个时代人们物质生活与生存方式的变化。这一点虽缺少理论上的概括,但是十分难得和可贵的。韩非还进一步注意到各个时代精神状态上的特点。他指出:"上古竞于道德,中世逐于智谋,当今争于气力。"(同上)这种概括并不完全符合历史的本来面目,但这也是时代差异的一个方面。而韩非所处的"当今之世"确实是一个"大争之世",新旧势力在经济、政治和军事实力上正在进行着一场前所未有的大规模的历史较量。在解释这种"大争"的根源时,韩非有一个很特别的看法,他认为这不是道德上的卑鄙,而是由于人口增长较快,社会财富增长较慢:"今之争夺,非鄙也,财寡也。"(同上)当时人口与财富的矛盾还不十分激烈,但他试图从社会的物质原因,从社会内部的矛盾现象,去探索社会历史的变化和一个时代的特征,具有合理的思想因素。

第二节 韩非的利害论与法哲学

荀子从性恶论论证了教化和刑法之必要,韩非则把性恶论发展为利害论,认为人人都是自私自利的,因而只能以法治国,仁义道德根本无用。韩非对君民关系、君臣关系、一般人际关系及父母与子女的关系都进行了具体的分析。如果说孔孟在这些关系中只看到一种道德关系,那么韩非所看到的则只是一种赤裸裸的利害关系。

韩非把民众完全作为统治者谋求其利的工具,并用利害之心进行赏罚,以维护其统治。韩非指出:"君上之于民也,有难则用其死,安平则尽其力。"又说明主"不养恩爱之心,而增威严之势"(《六反》)。这就是说,不要道德的关怀,只要权力的威势,即"用法之相忍,以弃仁人之相怜"(同上)。在他看来,民众之"为我(君)所用",不是因为我爱他们,而是因为我掌握着生死之大权,他们不得不"为我所用"。韩非把赏罚比做君主权力的"二柄",赏可以利诱之,罚可以害禁之。"赏厚则所得(利)也疾,罚重则所恶之禁(害)也急。"(同上)在这里一点也看不到儒家民本理念,法家对民众的态度同儒家的人文主义是明显不同的。

春秋战国以来的社会变革,在君臣之间逐渐摆脱了传统的血缘宗法关系。然而在韩非看来,君臣虽说是一种政治关系,其实亦是一种利害性的交易关系或买卖关系。他引田鲔的话说:"主卖官爵,臣卖智力。"又曰:"臣尽死力以与君市,君重爵禄以与臣市。君臣之际,非父子之亲也,计数之所出也。"(《难一》)"市"就是商品交易,"计数"即今所谓算账,看收入是否大于支出。韩非认为君臣之间利害矛盾是不可调和的("臣利立而主利灭"),"重臣"时时刻刻都在企图夺取君位,因此双方不需要道德制约,君主只有靠权术才能驾驭臣下。他说过:"君不仁,臣不忠,则可以霸王矣。"(《六反》)这里既看不到儒家所谓的"君道",也看不到儒家所谓的"臣道"。法家的法治不仅针对民众,也针对臣下。

对于一般性的人际关系,韩非也认为是一种买卖关系,双方皆以利害之心而营其私利。他曾举过两个例证:一是舆人与棺匠,二是主人与佣客。舆人总是盼人富贵,人不贵轿子便卖不出去。棺匠总盼人夭死,死人多棺材才能卖得多。韩非说,这并不是"舆人仁而匠人贼",而是其利之所在(《备内》)。主人做美食、高佣金"非爱佣客也",目的是要佣客好好为他干活。佣客好好干活"非爱主人也",目的是希望吃得好、拿得多。因此,人的行为与人际关系,完全是以利害之计为转移。法家之强调信赏必罚,并无道德意义,完全以这种人性利害论为其根据。

父母与子女是一种血缘关系,至亲至爱。然而在韩非看来,实质上也是一种利害关系上的结合。有利则和,有害则离。他举例说,父母生了男孩就庆贺,女子则杀之,这是"虑其后便,计其长利也"。父母对子女"犹用计算之心以相待也,而况无父母之泽乎!"(《六反》)反过来,父母养育不周,儿子长大后便埋怨,并且"其供养薄"。而"供养薄"必召父母责骂。这种埋怨和责骂,双方都是因为没有满足自己的利益(参看《外储说左上》)。韩非这里援引个别事例,企图得出一个普遍性的结论,认为人人都是自私自利的。

韩非的利害论是荀子性恶论的引申,但荀子没有否定道德价值和人际之间的道德规范,韩非则走得很远,完全否定了道德价值与道德关系。应该承认,韩非发现了儒家一般未能注意到的利害之心与利害关系,这在事实上是存在的。但是,把人的本性与人际关系完全归结为利害二字显然是片面的、错误的。韩非以此为基础的法哲学，只能建立一个君主独裁和崇拜权术的国家组织，根本不可能有社会的长期稳定与和谐。

第三节 韩非的矛盾学说与参验方法

一、矛盾概念的双重意义

汉语中的"矛盾"一词，源于《韩非子·难一》。其典故说：楚国有人卖矛又卖盾，先讲其盾"莫能陷也"，又讲其矛"于物无不陷也"，于是有人问他"以子之矛陷子之盾，何如？"其人无以回答。作为概念，"矛盾"的本义是讲思维过程中两种对立而不相容的观点或说法，即形式逻辑中的逻辑矛盾。在上例中，其盾"莫能陷也"和其矛"于物无不陷也"两个判断互相矛盾，不能同时成立。韩非在此接触到形式逻辑中的矛盾律。他在《难一》、《难二》、《难三》、《难四》等篇中，专门利用这一逻辑规律批驳他的论敌。例如，儒家同时美化尧舜，韩非则曰"贤舜则去尧之明察，圣尧则去舜之德化"(《难一》)，二说必有一非。他在《难势》篇中，也利用这一规律说明"势治"和"贤治"两说不能相容。针对当时的百家争鸣，韩非强调"杂反之学不能两立而治"，人主不能"兼听杂学缪行同异之辞"(《显学》)。"杂反之学"在逻辑上是矛盾的，所以"不能两立"，不能"兼听"，不能同时用于治国。韩非利用这一规律，既增强了自己的理论力量，也推动了学术辩论的逻辑性。

但是，韩非的矛盾概念不只是说明"名不可两立"(《难势》)，而且用以说明客观事物中的对立现象。在这个意义上，就不再是思维活动应该去除的逻辑矛盾，而是事物本身具有的现实矛盾了。如"冰炭不同器而久，寒暑不兼时而立"(《显学》)，又如"法术之士与当途之人不相容也"(《人主》)，一句话，"不相容之事，不两立也"(《五蠹》)。韩非矛盾学说的这一方面的内容，反映了他的朴素辩证法思想。

二、矛盾双方的关系

韩非吸取了道家的辩证思想,十分重视事物的矛盾和不断变化。他指出,天地间"时有满虚,事有利害,物有死生"(《观行》)。又说:"夫物之一存一亡,乍死乍生者,不可谓常。"(《解老》)但是,由于当时新旧势力的矛盾斗争十分激烈,他在具体分析社会矛盾时,过分地强调了矛盾双方"不可两存"的斗争性,而忽视了双方协调共处的可能性。他从自己亲身的经历中发现:"智法之士与当途之人,不可两存之仇也。"(《孤愤》)这是一种对抗性的矛盾。然而,如果认为一切矛盾双方都是对抗而不可调和的,则是错误的。君民之间的矛盾具有对抗性,但对已经取得政权的新兴势力来说,重要的是调节上下关系,缓和矛盾,如此才能使天下安定。君臣之间无疑有矛盾,但终归是统治阶层内部的矛盾,他们的基本利益是一致的。父母与子女尽管也有矛盾,但血缘亲情则是主要的。即使用买卖交易去类比各种人际关系,也会有两利而双方满意的可能。韩非有时也讲到君民"上下相得"(《守道》)和君臣"上下和调",但没有给予足够的重视。

韩非分析矛盾的主次方面,提出"通权"的观点具有重要的价值。他指出:"凡物不并盛,阴阳是也。"(《解老》)因此人们应该明白:"无难之法,无害之功,天下无有也。"(《八说》)这就是说,做任何事情,同时都会遇到利害、得失、难易的问题,重要地是要从全局着眼、长远着眼进行权衡。比方,变法虽难,但"难而事成","权其害而功多则为之"(同上)。克敌一万,已伤三千,这是"出其小害而计其大利也"(同上)。洗发总不免要掉一些头发,但惟此才会有将来的"长发之利"(《六反》)。不懂这个道理,就是"不知权也"(同上)。

道家十分重视祸福双方的转化,但往往不讲转化的条件,使人感到无可奈何。韩非通过总结社会生活的经验,对于矛盾转化的条件具有比较自觉的认识。他在解释祸福转化时指出:"人有祸则心畏恐,心畏恐则行端直,行端直则思虑熟,思虑熟则得事理",由此便可以"尽天年"、"必成功","故曰'祸兮福之所倚'"。反过来,人有福"则骄心生,骄心生行邪僻而动弃理",由此便会"身死夭"、"无成功","故曰'福兮祸之所伏'"

(《解老》)。韩非在这里既进行了心理分析。又进行了事理分析。他特别强调转化的主观条件，"行端直"还是"行邪僻"，"思虑熟"还是"骄心生"，"得事理"还是"动弃理"。由此人们就可以自觉地免除灾祸，化祸为福。

三、"参验"在认识中的作用

韩非在认识论上主要继承了荀子的思想。他称人的感官曰"天明"(目)、"天聪"(耳)，称人的思维器官曰"天智"，认为人是凭借这些生来就有的器官进行视听和思虑活动的(参看《解老》)。如果这些器官受到损害或有缺陷，就不能如实地反映客观事物。"目不明则不能决黑白之分，耳不聪则不能别清浊之声"，"神志昏乱"则不能"审得失之地"(同上)。由此出发，他批判了道家詹何的"前识"论：

　　先物行，先理动，之谓前识，前识者，无缘而忘(妄)意度也。……前识者，道之华，而愚之首也。(《解老》)

韩非强调人的认识必须有所"缘"(根据)，具体说，就是必须以"物"和"理"为其"缘"。按照这种观点，人的认知必须从物与理出发，而绝不能先物、先理而活动。所谓"无缘而妄意度"，就是没有根据的主观妄想与猜测。韩非认为詹何并未掌握大道的实质，宣扬"前识"是头等的愚蠢。但是韩非赞成老子的精神心态，这就是"孔窍虚"与"思虑静"(《解老》)，所谓"虚以静后，未尝用已"、"去喜去恶，虚心以为道舍"(《扬权》)。这种心态力戒主观成见的干扰，同荀子的"虚壹而静"也是一脉相承的。

韩非的特殊贡献是从理论上强调"参验"在认识中的重要作用。他指出：

　　循名实而定是非，因参验而审言辞。(《奸劫弑臣》)
　　无参验而必之者，愚也；弗能必而据之者，诬也。(《显学》)

"参"是互相比较，"验"是实际检验。"参验"是通过观察比较验证人的言论、认识是否正确的方法。"参验"概念吸取了墨子"察实"的思想，发展了荀子"符验"的思想。荀子曰："凡论者贵其有辨合，有符验。故坐而言之，起而可设，张而可施行。"(《性恶》)韩非经过综合提炼而提出这一概念,丰富了先秦哲学关于真理标准的理论。他认为任何理论只有经过"参验"才能成立,因而才能作为行为的根据,不然便是愚蠢的和骗人的。

韩非的参验方法,首先是君主督察臣下的一种"南面之术",用以"循名责实"和"众端参观"。同时具有更普遍的意义,这就是以实际效果去检验一切认识,去检验一切言论。为了说明这个标准的有效和可靠,他举过很多生动的事例。例如,判断一支剑是否锋利,如果只看其刃的青黄之色,就是专家也难以确断,可是用它"水击鹄雁,陆断驹马",谁也不会怀疑它的钝利。判断一匹马是否优良,如果只看其口齿和外形,就是专家也难以确断,可是驾上车让马跑一趟,谁也不会怀疑它的优劣。同理,如果仅仅是"观容服,听言辞",孔丘也难以确断一个人的能力如何,要是让他担任一个职务,看看他的实绩,事情便一清二楚。毫无疑问,在这些事例中都包含着实践检验认识的意味,但是韩非还不能有"实践"的概念,他也没有对这种检验的机制作出分析和论证。

第四节　韩非对道与理的新诠释

司马迁曰:韩非之学"其归本于黄老"(《史记·老子韩非列传》)。黄老道家以道论法,但此前还缺少法治的实践经验,而韩非在走向法治实践的过程中,则把黄老之学作为他的形上根据。《韩非子》书中有《解老》、《喻老》两篇,说明他对道家学说进行过认真的研究,但不是站在道家的立场上,而是已经站在法家立场上。所以,他根据法治的实践需要,对道家的"道"和"理"进行了新的诠释。

一、道与理的规定

老子的"道"有本原义和规律义。其本原义有时指"先天地生"的混沌,但在"道生一"的序列中又似在混沌之前;其规律义强调"万物莫不尊道"和人与天地皆"法道"。但这两种含义,在老子那里并未有明确的规定。韩非出于实践的需要,扬弃了《老子》的"微妙之言"、"恍惚之言",对"道"这个概念作出了先秦哲学中最明确的规定:

>道者,万物之所然也,万理之所稽也。……道者,万物之所以成也。(《解老》)
>
>(道)无常操,是以死生之气禀焉;万智能斟酌焉,万事兴废焉。天得之以高,地得之以藏……万物得之以死,得之以生;万事得之以败,得之以成。(同上)

"万物之所然"和"万物之所以成",首先讲的是道的本原义。"所然"是指万物的形态,"所以成"指万物的形成,其根源皆在于"道",这就是《扬权》讲的万物为"道之出也"。下文曰天地"得之"、"万物得之"、"万事得之",更具体地说明,天地万物从"道"那里有所取焉,有所受焉。而所取、所受说到底,就是"死生之气"。这种"气"永恒存在并不停地运行,"与天地之剖判也俱生,至天地之消散也不死不衰"。韩非以此解释"道",这个"道"只能是开天辟地之前的混沌之气,而不可能是混沌之前的抽象本体。韩非不讲"道生一",而说"道无双,故曰一"(《扬权》),由此也就排除了可能产生的误解。

在"万物之所然"和"万物之所以成"中,也包含有规律义。万物为什么各自有其特殊的形态,为什么能各自得以形成,都是以道为根据,由道所支配。但规律义最明确地表现在"万理之所稽"这一判断中。稽,合也。意思说,道是万理的总和。在老子那里,不能说没有这种意蕴,但只是经韩非诠释之后,它才清楚地凸现出来。

"理"作为哲学概念,早先已见于《黄帝四经》、《庄子》和《荀子》,但只有韩非才作出了理论上的规定:

>理者,成物之文(纹)也。……物有理,不可以相薄(迫),故理为物之制,万物各异理。(《解老》)
>
>凡理者,方圆、短长、粗靡、坚脆之分也。(同上)

按照韩非的解释,理就是使物具有其纹理的东西。纹理是一种形象化的描述,实际指的是条理化或有序化。物各有自己的条理或秩序,由此界限分明而不会混杂。理仿佛是物的法度(制),支配着物本身,所以"万物各异理"。理的具体表现就是物的形状和性质上的种种差异。这些论述都说明,韩非把理理解为万物各自具有的特殊规律或法则。

二、道与理的关系

韩非不但对道与理作出了明确的规定,而且对道与理的关系作出了清楚的说明:

> 道,理之者也。(《解老》)
> 凡道之情,不制不形,柔弱随时,与理相应。(同上)
> 万物各异理,而道尽稽万物之理。(同上)

韩非认为道与理在本质上是一致的,这个一致就是它们的规律义。因为道也就是整理万物使之各有其理的东西。道虽然没有具体的形式("不制不形"),好像柔弱而随时变化,但它总是与理相适应的。具体说来,道是万物的总规律,理是此物或彼物的特殊规律。一定的理只能支配一定的物,道则总括了万物之理。对于一个具体事物而言,只有确定其理之后,人们才能说清其所然和所以然。由此可以更清楚地看出,任何理都是道的理,所以两者是相应的。

除了道与理的关系,还有道、理与德的关系。韩非把"德"解释为事物的特殊属性,他指出:

> 夫道者,弘大而无形;德者,覈理而普至。至于群生,斟酌用之。万物皆盛(成),而不与其宁。(《扬权》)

《老子》说过"道生之,德畜之",《庄子》认为"物得以生谓之德"。在韩非"德者道之功"(《解老》)的论断中,"德"既得之于道,又是道的功能或作用的具体表现。道与德的关系,表现了事物的普遍本质与特殊属性的关系。道由于"弘大而无形",它所表现的普遍属性无法直接把握,但"德"是有限的具体的。"德"作为事物的特殊性质与其理之作为事物的特殊规律是相一致的("覈理"),都是可以直接把握的。事物的"理"来自于"道",事物的"德"也来自于"道"。任何事物都各有其"理",也各有其"德"("普至")。但各个事物得之于道,其禀受有所不同,所以显示出种种差异来。不过,道本身并没有意志,万物的存在都是自然而然的。

韩非对道、理、德的理论规定,以及对其间关系的说明,标志着中国哲学已经自觉地认识到事物的普遍规律与特殊规律、普遍性与特殊性,这是韩非在理论上的重要贡献。

三、人对道与理的态度

道家的道总使人感到玄妙而不可捉摸。韩非把道与理作为治国的形上根据，则认为道与理完全可以被认识和被掌握。他指出："今道虽不可闻见，圣人执见其功处以见其形。"（《解老》）就是说，可以通过道在具体事物中所显示出来的功用，即通过具体事物的"德"去认识。又说："思虑熟则得事理。"相信人的理性思维具有认识和掌握"事理"的能力。

韩非不但认为道与理是可以认识的，而且要求人们一定要尊重道与理，按道与理来办事。他认为这是一切事情成败的关键：

> 短长、大小、方圆、坚脆、轻重、白黑之谓理，理定而物易割也。……故欲成方圆而随其规矩，则万事之功形矣。……圣人尽随万物之规矩，故曰"不敢为天下先"。(《解老》)

> 夫缘道理以从事者，无不能成。……夫弃道理而妄举动者，虽上有天子诸侯之势尊，而下有倚顿、陶朱卜祝之富，犹失其民人而亡其财资也。（同上）

在韩非看来，事物的理就好像是画方画圆的规矩。因此，确定了一个事物的理，就容易对它进行操作和裁化。老子的"不敢为天下先"本意是要人"濡谦弱下"，韩非则解释为圣人服从万物的规律。根据历史兴亡的经验和他对道与理的新诠释，他坚信按照客观规律来办事，最后一定能成功。而历史上那些权势至尊的天子、诸侯之所以一个一个地垮台、那些著名的富豪之所以一个一个地破产，其根本原因就在于违背了规律而胡作妄为。

在尊重道与理的前提下，韩非同时强调"人为"的重要性，要求人们自觉地发挥其能动性。有人把财富和收入完全归结为"山林泽谷之利"，好像纯粹是自然的产物。他认为自然条件固然必不可少，更重要地是人要"慎阴阳之和"、"节四时之适，务于畜养之理，察于土地之宜"、"审于地形、舟车、机械之利"。所以，他认为收入的增加"皆人为也"(《二难》)。他还从理论上提出了"隐栝之道"(《显学》)。"隐栝"是木匠矫正弯曲木材的一种工具,"隐栝之道"就是人们运用工具自觉加工自然对象的道理。他举例说:"必待自直之箭,百世无矢;恃自圆之木,千世无轮。"(同上)可见人的能动性的重要作用。

韩非对道与理的诠释,既强调尊重客观的道与理,又要求发挥"人为"的能动性,这就克服了老子学说所产生的负面影响,而使他的哲学具有积极进取的精神。韩非的法治理论有很大的片面性,秦王朝的二世而亡与此有密切的关系。但是,韩非在先秦哲学史上作出了伟大的贡献,我们不能因此而抹杀他的理论成就。

第四编

儒家经学的统治与
不同的哲学倾向

（两汉时期）

公元前221年秦始皇统一全国，标志着中国历史进入了一个新的发展阶段，由西周的宗法分封制转向以郡县制为主要行政结构的中央集权专制制度。秦始皇不仅统一了文字和度量衡，规划了全国的交通道路，而且在思想领域还取缔了先秦诸子百家的自由发展，焚书坑儒，以法家的社会政治思想作为意识形态来统治社会。然而庞大的帝国在短短十几年间就崩溃灭亡了。不过，秦王朝所确立的中央集权专制的政治格局一直延续到整个封建社会，而秦王朝覆亡的教训也成为历代统治者引以为戒的政治法则。继秦而起的汉王朝，正是吸取了秦王朝统治的经验教训，创造了辉煌灿烂的汉代文明，在中国历史上占有极其重要的地位。

汉王朝（前202～220年）包括西汉和东汉两个朝代。西汉初期，由于秦末的战乱，社会的经济秩序和文化生活遭受严重的破坏，民不聊生，因而统治者奉行以"清静无为"为主旨的黄老哲学，人民得以休养生息，先秦时期的诸子学也陆续地得到恢复和发展。经过七十余年的发展，特别是经过著名的"文景之治"后，经济、文化日益繁荣，国力日益强盛。然而与此同时，各种社会矛盾也日益突出，于是汉武帝开始了积极有为的政策。他在军事上开展对匈奴的战争，经济上重农抑商，思想上独尊儒术，由此西汉王朝很快达到了鼎盛时期。但是汉武帝后期，由于穷奢极欲,国力衰竭,西汉王朝又开始走向衰落。虽然经过昭帝和宣帝时期的一度中兴,但再也无法恢复往日的辉煌了。公元8年西汉政权被王莽所篡夺,建立新朝。王莽新朝不但没有解决当时面临的社会问题,而且使社会矛盾空前激化。各地贵族纷纷反抗,西汉王朝最终被著名的赤眉军农民大起义推翻了。刘秀于公元25年建立了东汉王朝。东汉王朝进一步加强了中央集权,但是由于丞相制度受到破坏,又出现了宦官和外戚轮番窃权的严重局面,同时由于豪强地主的土地兼并日益加剧,再次激起了农民的普遍反抗,东汉王朝最终也被黄巾大起义推翻了。

两汉时期的思想文化发展经历了一个十分曲折复杂的过程。西汉初期,儒学思想虽然得到一定恢复和流行,黄老哲学作为统治者基本的政治原则明显居于支配的地位。后来由于黄老的无为无法适应西汉社会的进一步发展,因而儒家的积极有为、注重君臣伦常关系的政治主张逐渐地得到了统治者的重视,汉武帝接受董仲舒建议,罢黜百家,独尊儒术,由此儒家思想取代黄老哲学而成为占统治地位的意识形态,其代表就是董仲舒。董仲舒作为著名的经学大师,建立了一个贯通天人的哲学思想体系,这就是以"天人感应"观念为核心的天命观。他将阴阳五行的天道观比附儒家的君臣父子伦常关系和仁义礼智信等道德规范,为儒家的政治理想和人生追求提供论证,从而成功地替代了传统的西周天命观,成为两汉时期的官方意识形态。

汉代儒学的发展有其独特的存在形态,这就是经学。从战国后期开始,大批的儒者依托儒家所信奉的五经,综合当时自然科学和社会科学的研究成果,吸收诸子百家的思想,通过诠释五经文本的形式,系统地阐述儒学的思想。经学的出现不仅使儒学思想发展到一个新的阶段,对于中华民族精神的发展和传统思维方式的形成产生了极其深远的影响。

汉代经学主要有两大派别,即今文经学和古文经学。西汉和东汉时期立于官学的都是今文经学。今文经学思想的特点是注重儒家经典的"微言大义"与思想义理,强调灾异谴告的社会作用。由于今文经学被立为官学,后来便日趋保守,故步自封,经典诠释也越来越烦琐,脱离现实,以至于与谶纬迷信思潮相结合,用谶纬来诠释儒家的经典,使得众多的学者转向古文经学。古文经学在西汉时期就有流传，但主要是在东汉时期流行起来。古文经学的特点就是实事求是，注重史实，注重文字训诂，在思想上突出强调儒家的伦理道德的重要性。汉代经学对中国文化和中国哲学的发展具有极其深远的影响。汉代经学的确立，标志着儒学从先秦的民间学派成为官方哲学，自此之后儒学不仅成为占统治地位的意识形态，而且也深入人心，成为中华民族传统社会所共同信奉的人生理想和价值标准。

汉代哲学的发展同汉代科学技术以及整个精神文化的进步与成就密切联系在一起。当时在数学上出现了《周髀算经》和《九章算术》，在农业方面有第一部完整的农业著作《汜胜之书》，在天文学方面出现了盖天说、浑天说、宣夜说等，在历法方面出现了太初历和四分历，在医学方面出现了《黄帝内经》《难经》和《伤寒杂病论》等，在化学方面产生了最初的道教炼丹著作《周易参同契》，在语言文字方面出现了我国最早的词典和字书《尔雅》与《说文解字》，在史学方面有著名的史书《史记》、《汉书》和《东观汉记》，在文学上乐府诗和汉赋也占有重要的历史地位。正是在这样的时代里，继承先秦"百家争鸣"的绪余，汉代哲学广泛地吸纳时代科学文化的新成果、新观念，相互融合、相互借鉴，建构起气势宏伟的宇宙观体系，道家以《淮南子》为代表，儒家以董仲舒的思想为代表，全面系统地诠释科学、文化、政治、道德、宗教等领域出现的各种问题。

但是，也应该看到，汉代的思想文化尽管取得了突出的成就，整个社会依然笼罩在浓厚的神学迷信的气氛之中。这种气氛不仅影响到广大的民众，也影响到上层的统治者，以至汉代的哲学思潮。汉武帝和秦始皇一样，也非常渴求长生不死和迷信神仙的存在。正是在这种神学气氛中，基于种种社会因素，在东汉后期出现了太平道、五斗米道，成为道教最初的存在形态。佛教也是在东汉时期传入我国，并开始在宫廷和民间流传。

汉代哲学的发展经历了十分激烈和复杂的斗争历程。儒学独尊地位的确立就是在与黄老道家的多次斗争中取得的。即便儒学成为官方哲学后，道家和道教思想一直在社会上具有广泛的影响。而在儒学内部，虽然今文经学一直被立为官学，但古文经学后来也日益流行，并与今文经学发生了多次激烈的冲突，最终在学术上占了上风。此外，在传统经学之外，还有众多的儒者突破经学的局限，积极地关注现实问题，并在东汉后期形成了一股社会批判思潮，对黑暗的现实和僵化烦琐的儒家经学进行激烈的批判。儒学独尊地位的确立以及经学的发展，对于中国传统哲学的发展具有极其重要的意义。如果没有汉代儒家经学的诠释，中华民族的历史传统、文化精神、人生理想、价值观念以及思维方式是不可能得到自觉的确立和弘扬。但是，儒学的独尊也带来了许多负面影响，它否定了诸子百家思想发展的成果，禁锢了人们独立思考的自由。而从儒学本身来看，将五经奉为神圣的经典，不容怀疑和否定，这必然导致思想僵化，脱离现实，无法适应时代的发展，以至成为一些儒生获取禄利的工具，无法解决紧迫的现实问题，其衰亡也就成为历史的必然。东汉末期，儒家逐渐被玄学思潮所取代。

第一章 汉初的黄老之学与儒家哲学

秦王朝的覆灭,给新兴的西汉王朝留下了丰厚的政治遗产。一方面,西汉王朝所继承的是一个庞大的中央集权的大帝国,它与西周时代的宗法分封制的国家形态不同;另一方面,奉行以法为教、以吏为师的统治术是秦王朝灭亡的主要原因,这就促使西汉王朝不得不寻求新的统治思想,重视道德、文化的作用。同时,由于秦王朝末年的战乱,西汉初年的社会经济、人民的生活都陷入极度衰落和悲惨的境地,司马迁曾记载道:"汉兴,接秦之弊,丈夫从军旅,老弱转粮饷,作业剧而财匮,自天子不能具钧驷,而将相或乘牛车,齐民无藏盖。"(《史记·平准书》)正是在这样的社会形势下,黄老思想成为西汉初期社会的统治思想。黄老思想以清静无为为最基本观念,正好适应了西汉初期休养生息、恢复国力的社会需要,汉初的丞相曹参、陈平等都是黄老思想的信徒。正是在黄老思想的指导下,才出现了中国历史上著名的"文景之治"的盛世景象。

然而,新的王朝不仅要休养生息、恢复被战乱所破坏的经济,它还必须要面对建立统治秩序、树立并论证统治的权威、加强中央集权等项艰巨的任务,而这些都不是黄老思想所能完成的。因此,儒学也在西汉初期登上政治舞台。儒者叔孙通就率领众多的儒生为汉王朝确定朝仪,而儒者陆贾更是时时地劝说高祖刘邦奉行儒学的政治主张,陆贾明确指出打天下和治天下是不同的,以武力打天下是可以的,但不能以武力治天下,而这正是秦王朝灭亡的主要原因。

汉初不仅黄老和儒家思想盛行,先秦的诸子学也得到一定的恢复和发展,由此出现了一个短暂的文化复兴时期。繁荣的出现主要是鉴于秦王朝毁灭文化的政策而对传统文化与历史的恢复和接续。一方面,诸子百家纷纷恢复和传承往日的思想传统和著述,另一方面又互相影响、互相融合。占据统治地位的黄老学说与儒家思想曾多次发生冲突,最终儒家思想占据了上风。

第一节　汉初的黄老哲学思想

一、汉初黄老之学的盛行和影响

黄老之学是道家当中不同于老庄之学的一个重要流派,原发端于战国中期。汉初由于特殊的历史条件和社会的客观需要,十分盛行,并成为当时占统治地位的意识形态。西汉建国之时,一方面由于刘邦等新兴的统治者都是草莽英雄,不具有文化素质,加上秦王朝焚书坑儒的影响,汉王朝的文化建设、政治理念等几乎是一片空白;另一方面由于人民苦于秦王朝的暴政,再加上连年战乱,民力疲敝至极,急需休养生息。因此,汉王朝自开国之始便奉行清静无为的政策。开国丞相萧何采取的治国方略就是根据需要,因循旧法,不扰民生。当时,著名的开国功臣曹参任齐国的相国,他"闻胶西有盖公,善治黄老言,使人厚币请之。既见盖公,盖公为言治道贵清静而民自定,推此类具言之。参于是避正堂,舍盖公焉。其治要用黄老术,故相齐九年,齐国安集,大称贤相"(《史记·曹相国世家》)。曹参继萧何之后为汉相国,完全是萧规曹随。司马迁赞曰:"参为汉相国,清静极言合道。然百姓离秦之酷后,参与休息无为,故天下俱称其美矣!"(同上)文帝即位后,继续奉行无为俭约的治国原则,减轻农民负担,加强农业生产,政治清廉,终于造成了著名的"文景之治"的盛世。这个时期特别值得一提的是文帝的窦皇后。她笃信黄老之学,辅佐文帝和景帝精心治理国家。窦皇后长寿,作为文帝时的皇后、景帝时的皇太后和武帝时的太皇太后,一直活到汉武帝即位数年后才去世。窦皇后长期拥有权力,保障了清静无为政策的延续,史称"窦太后好黄帝、老子言,景帝及诸窦不得不读《老子》,尊其术"(《汉书·外戚列传》)。西汉初年经过几十年的休养生息,终于国富民强,司马迁在《史记》中描绘道:"汉兴七十余年之间,国家无事,非遇水旱之灾,民则人给家足。都鄙廪庾皆满,而府库余货财。京师之钱累巨万,贯朽而不可校。太仓之粟陈陈相因,充溢露积于外,至腐败不可食。"(《史记·平准书》)

清代史学家王鸣盛曾综述当时的黄老之学说:"汉初黄老之学极盛,君如文(帝)、景(帝),宫闱如窦太后,宗室如刘德,将相如曹参、陈平,名臣如张良、汲黯、郑当时、直不疑、班嗣,处士如盖公、邓章、王生、黄子、杨王孙、安丘望之等,皆宗之。"(《十七史商榷》卷六)1973年在长沙马王堆三号汉墓(墓主为当时的长沙王相利苍)中发现了《经法》、《十六经》、《称》、《道原》四篇佚书,即现代通常所谓的《黄帝四经》,便是当时流行的黄老道家著作,代表了汉初黄老之学的基本主张。

二、汉初黄老之学的思想特征

黄老道家思想作为汉初占统治地位的意识形态,其思想主要是继承和恢复了先秦黄老道家的思想学说,又吸收了法家、儒家、阴阳家的一些观念,同时适应当时社会需要而有进一步发展。汉代史学家司马谈曾"习道论于黄子",十分推崇黄老之学。他在《论六家之要旨》中,对汉初的道家思想曾作了极为精辟的概括:

> 道家使人精神专一,动合无形,赡足万物。其为术也,因阴阳之大顺,采儒墨之善,撮名法之要,与时迁移,应物变化,立俗施事,无所不宜,指约而易操,事少而功多。(《史记·太史公自序》)

西汉黄老之学虽然吸收了阴阳、儒、墨、名、法诸家的有关思想,但依旧追求"精神专一",保留了其为道家的基本特征。不过,由于它能"应物变化"、"立俗施事",注重现实社会的政治经济文化的发展,因而又和先秦老庄道家是有所区别的。老庄道家是以批判儒家的道德仁义为特征的,所追求的是"小国寡民"的社会理想和"逍遥"、"齐物"的境界。而黄老道家则是企图调和无为之道和社会政治道德的建设之间的紧张关系。

黄老道家与老庄道家都以"道"为世界的本原,认为道是宇宙万事万物的本质和基本规律。在人生实践的目标上都主张全性保身,形神完备。与儒家不同,黄老道家没有把社会政治道德的完美当做人生追求的目标,司马谈曾总结到:"凡人所生者神也,所托者形也。神大用则竭,形大劳则敝,形神离则死。死者不可复生,离者不可复反,故圣人重之。"(同上)人的精神是生命之本,不可为了外在的社会道德实践而耗费自己的精神,这是违背大道的本质的。因此,黄老道家虽然也具有入世倾向,但强调要以道家的大道为指导原则,并提出了"因循"的行为准则。

在社会政治思想方面,司马谈认为黄老道家"其术以虚无为本,以因循为用。无成势,无常形,故能究万物之情。不为物先,不为物后,故能为万物主。有法无法,因时为业;有度无度,因物与合。……虚者道之常也,因者君之纲也。群臣并至,使各自明也。其实中其声者谓之端,实不中其声者谓之窾,窾言不听,奸乃不生。贤不肖自分,白黑乃形"(同上)。在这里,黄老道家对社会政治、道德、刑法的客观存在等予以肯定,但是强调要"以虚无为本,以因循为用"。"以虚无为本"就是强调以自然无为的大道为其基本准则,"以因循为用"就是要注重因势利导,循名责实,这些思想是对先秦管子学派和法家思想的继承,也是与先秦老庄道家的区别所在。

对刑名法术的重视是黄老道家的主要特征之一。刑德兼重,先德后刑,这是黄老道家治理社会的原则,也是它区别于法家和儒家的地方所在。这里的"德",不是儒家的道德,而是顺应道家的自然无为之道,是以虚无为本的;这里的"刑",也不是法家唯法主义的法治,而是与德治相辅、在自然无为的大道的指引下对法制的注重,是以因循为用的。对形名的重视则是借鉴了法家的统治方术,君主虚静无为,任群臣自效,然后循名责实,督责群臣,这是法家的基本主张,也是对道家自然无为原则在社会政治领域的新发展。黄老道家对刑名法术的重视也是对汉初政治统治状况的反映。汉初,萧何为汉相国,依据秦朝的法律,根据需要,有所减损,作汉律九章,所实行的政策与秦王朝并没有实质的区别。在儒家看来,刑德兼用乃是属于霸道,应在批判之列。儒家所理想的社会乃是纯任道德的王道社会。但是西汉初期统治者的观念则是霸王道杂而用之,汉宣帝就曾明确地表示:"汉家自有制度,本以霸王道杂之,奈何纯任德教,用周政乎!"(《汉书·元帝纪》)这非常鲜明地道出了汉初社会统治的实际状况。

黄老道家思想的另一主要特征是特别注重君臣伦理道德关系。黄老道家具有强烈的入世倾向,在对君臣、父子、夫妇伦常关系方面是非常强调等级秩序的,这也是深受法家维护君权的观念影响,与儒家对君臣父子等伦常关系的认识有所不同。景帝时黄老道家的代表黄生和儒家的代表辕固生曾发生了一场关于汤武革命的对错是非的学术争论。黄生认为汤武革命是以下犯上,乃是属于大逆不道的行为,在黄生看来,"冠虽弊,必加于首;履虽新,必关于足。何者?上下之分也。今桀纣虽失道,然君上也;汤武虽圣,臣下也。夫主有失行,臣下不能正言匡过以尊天子,反因过而诛之,代立践南面,非弑而何也?"(《史记·儒林列传》)而辕固生则认为不然,"夫桀纣虐乱,天下之心皆归汤武,汤武与天下之心而诛桀纣,桀纣之民不为之使而归汤武,汤武不得已而立,非受命为何?"(同上)儒家认为政权的转移乃是以民心的向背为依据的,汤武革命是天命所归,所以是正确的。从这场争论我们可以看到,黄老道家与法家一样是绝对维持君权的,儒家有其民本思想,与统治者的利益并不是绝对同一的。

第二节 汉初的儒家哲学

西汉初诸子百家一度复兴,虽然黄老之学居于统治地位,它们在社会上都有所流传。彼此间不仅相互争鸣,而且相互融合,为适应新的朝代的需要,纷纷构建新的理论体系。儒家思想就是汉初诸子百家中很有影响的一个流派。儒家思想的流行,主要原因在于对秦王朝的社会政治文化措施的批判和反动。加之儒家思想具有丰富的历史文化传统,这对于一个新兴的朝代来说是非常具有吸引力的。

西汉初在社会政治领域发生重要影响的著名儒者主要有三位,陆贾、叔孙通和贾谊。叔孙通,本是秦王朝的博士,后来追随刘邦,刘邦登上皇帝的宝座后,由于朝廷将相皆是武将功臣,缺乏文化建设,甚至连上朝的朝仪都不懂,因而使得刘邦深感苦恼,于是叔孙通与其弟子和众多儒者为西汉王朝制定朝仪,并负责具体的实施,使刘邦真切地感觉到了皇帝的威严和崇高。不仅叔孙通得到赏赐和重用,而且追随他的儒生也都被政府所任用,使得儒家学说在社会上得到了广泛的传播和重视。

一、陆贾的儒家哲学

陆贾（约前240～前170年），是西汉初期著名的儒者和政治活动家。他曾追随刘邦，参加了推翻秦王朝统治、夺取政权的活动。他对秦王朝覆灭的经验总结深深地影响了西汉初期的统治阶级，对于儒学的复兴起到了积极的推动作用。汉高祖刘邦本不好儒，但陆贾多次在刘邦面前称道儒家经典的意义，"居马上得之，宁可以马上治之乎？且汤、武逆取而以顺守之，文武并用，长久之术也。昔者吴王夫差、智伯，极武而亡；秦任刑法不变，卒灭赵氏。乡使秦已并天下，行仁义，法先圣，陛下安得而有之？"（《史记·郦生陆贾列传》）刘邦因而意识到儒家的作用，"乃谓陆生曰：'试为我著秦所以失天下，吾所以得之者何？及古成败之国。'陆生乃粗述存亡之征，凡著十二篇。每奏一篇，高帝未尝不称善，左右呼万岁，号其书曰《新语》"（同上）。《新语》是陆贾的代表作。陆贾还曾多次出使南越，加强了汉王朝在周边地区的影响。陆贾还在诛灭诸吕作乱的过程中出谋献策，对汉王朝的延续和汉初的社会稳定作出了重大贡献。

陆贾作为一个儒者，他的基本政治主张是以仁义道德来治理社会。他认为：

> 夫人者，宽博浩大，恢廓密微，附远宁近，怀来万邦。故圣人怀仁仗义，分明纤微，忖度天地，危而不倾，佚而不乱者，仁义之所治也。（《新语·道基》）

具有仁义道德的属性是人类的伟大所在，是圣人之所以治理天下的基本原则。如果治理天下和处理各种事务不以仁义为其基本原则，必然导致失败，"是以君子握道而治，据德而立。席仁而坐，杖义而强……夫谋事不并仁义者后必败，殖不固本而立高基者后必崩"（同上）。

在陆贾看来，仁义原则来源于天道的阴阳运行：

> 阳气以仁生，阴节以义降。《鹿鸣》以仁求其群，《关雎》以义鸣其雄。《春秋》以仁义贬绝，《诗》以仁义存亡，乾坤以仁和合，八卦以义相承，《书》以仁叙九族，君臣以义制忠，《礼》以仁尽节，《乐》以礼升降，仁者道之基，义者圣之学。学之者明，失之者昏，背之者亡。（同上）

天地间阴气主杀，阳气主生，一阴一阳，代表了人类社会的仁与义的道德规范，儒家的五经也都是根据仁义的原则来论述一切事物的。所以，仁是"道之基"，义是"圣之学"。仁是一切道德的基础，也是宇宙一切事物的本质；义则是人们从事道德修养的基本内容。

仁义道德作为社会政治的基本原则，不仅是大自然的基本规律的体现，而且也是由人类社会的历史所证明的。"夫酒池可以泛舟，糟丘可以望远，岂贫于财哉？统四海之权，主九州之众，岂弱于力哉？然功不能自存，威不能自守，非为贫弱，乃道德不存乎身，仁义不加于天下也。"（《新语·本行》）殷纣王酒池肉林，荒淫无道，虽然贵为天子，却身死国灭，其根本原因就是不以道德仁义治理国家。专任法治也是不能治理好国家的。"夫法令者所以诛恶，非所以劝善，故曾闵之孝、夷齐之廉，岂畏死而为之哉？教化之所致也。故曰：尧舜之民，可比屋而封，桀纣之民，可比屋而诛者，教化使然也。"（《新语·无为》）法令只会诛恶于已发之后，不能劝善于未然，只有施行道德教化才能使百姓服从统治。秦始皇覆亡的教训就在于专任刑法。"秦始皇设为车裂之诛以敛奸邪，筑长城于戎境以备胡越，征大吞小，威震天下，将帅横行，以服外国，蒙恬讨乱于外，李斯法治于内，事愈烦，天下愈乱，法愈滋而奸愈炽，兵马益设而敌人愈多。秦非不欲为治，然失之者，乃举措暴众而用刑大极故也。"（同上）只有以道德教化治理国家，才能国泰民安。

陆贾的儒学思想中还有某些道家的思想成分在内，这种现象既反映了西汉初年黄老哲学思想的影响，也体现了秦汉之际儒学思想吸纳诸子百家思想的倾向。陆贾明确提出"夫道莫大于无为"（同上），无为是道家的基本主张。陆贾借鉴道家的观念来表述儒家对社会政治理想的最高境界的认识。陆贾在《新语》中提出他所理想的最高境界是："是以君子之为治也，块然若无事，寂然若无声，官府若无吏，亭落若无民，闾里不讼于巷，老幼不愁于庭，近者无所议，远者无所听，邮驿无夜行之卒，乡间无夜召之征，犬不夜吠，乌不夜鸣，老者息于堂，丁壮者耕耘于田，在朝者忠于君，在家者孝于亲。于是赏善罚恶而润色之，兴辟雍庠序而教诲之。然后贤愚异议，廉鄙异科，长幼异节，上下有差，强弱相扶，小大相怀，尊卑相承，雁行相随，不言而信，不怒而威，岂恃坚甲利兵，深刑刻法,朝夕切切而后行哉!"(《新语·至德》)这种境界与道家的境界相类似,但还是有本质的区别。陆贾和道家的本质区别并不在于是否主张无为,因为儒家的最高社会理想也并不止于夏商周三代礼制的彻底实现,而是要上溯到尧舜禹的上古时代。上古时代与道家的自然境界是非常类似的,"昔虞舜治天下,弹五弦之琴,歌南风之诗,寂若无治国之意,漠若无忧民之心,然天下治。周公制作礼乐,郊天地,望山川,师旅不设,刑格法悬,而四海之内奉供来臻,越裳之君重译来朝,故无为者乃有为者也"(《新语·无为》)。从境界上讲都是无为,但儒家的无为境界乃是道德教化达到极致的境地,而道家的无为则是完全彻底的虚静自然无为,这才是它们二者的本质区别所在。在孔子那里,对于个人而言,从十五而至于学开始,到最后七十而从心所欲不逾矩的圣人境界,也是无为,但却是道德修养达到极致的表现;对于社会政治而言,经过道德教化,达到最高境界后也是无为,但这与道家所主张的因任自然的无为是截然不同的。

二、贾谊的儒家哲学

贾谊(前200～前168年),洛阳人,少年时精通诗书,20岁时,被文帝征为博士,在朝廷议论国家大事的过程中显露出超人的才华,甚得文帝的欢心,然而也招致了老臣们的妒忌,最后被排斥出朝廷,先后任长沙王太傅、梁怀王太傅,死时年仅33岁。贾谊的主要著作是《新书》。他最著名的文章是《同上》,通过对秦王朝强盛、统一六国、最终灭亡的原因的探讨,总结出必须要实施仁义教化的政治方略。在贾谊看来:"然秦以区区之地,致万乘之势,序八州而朝同列,百有余年矣。然后以六合为家,崤函为宫;一夫作难而七庙堕,身死人手,为天下笑者,何也?仁义不施而攻守之势异也。"(《过秦论》)秦王朝迅速覆亡的教训就在于没有认识到攻与守的策略是不同的,这一点与陆贾的思想是一致的,在贾谊看来:"秦王怀贪鄙之心,行自奋之智,不信功臣,不亲士民,废王道而立私爱,焚文书而酷刑法,先诈力而后仁义,以暴虐为天下始。夫并兼者高诈力,安危者贵顺权,推此言之,取与守不同术也。"(同上)贾谊的这篇《过秦论》不仅在文学史占有一席之地,而且其中所总结的治理社会的政治思想也成为历代统治者和儒者所接受的金科玉律,对于儒学的复兴和独尊地位的确立都起了极大的作用。

贾谊生活的时代并不是战国后期或秦汉之际,他是伴随着新兴的西汉王朝一同成长起来的,这就决定了他的思想没有了那种朝代更迭、战乱不已的忧患和对无为境界的推崇,他所操心的是新兴的西汉王朝如何走向强大,以及如何巩固一个新的王朝的问题。因此,同样作为一个儒者,贾谊的思想与陆贾的思想有所不同。在陆贾那里,更多的是对秦王朝覆灭的教训的吸取,大力提倡儒家的仁义和教化,以及对尧舜时代无为而治的憧憬;而在贾谊这里,虽然也注重对秦王朝灭亡的经验总结,注重对儒家仁义的倡导,但贾谊所关注的不仅是提倡与法家不同的儒家思想,而且还要进一步根据西汉王朝在现实政治生活中所面临的基本问题提出解决方案。因此根据西汉初期所面临的诸侯王日益强大、侵削中央集权的状况,贾谊突出强调儒家的礼义的重要。

贾谊认为必须要强调君臣父子之间的尊卑上下关系,必须要加强礼义法制建设,必须要强调皇权的权威和神圣,这样才能克服诸侯王叛乱的危险,才能维护王朝的统治和尊严。贾谊首先批判了当时社会流行的黄老无为而治的思想,认为:"今也平居则无茈施,不敬而素宽,有故必困。然而献计者类曰'无动为大'耳。夫无动而可以振天下之败者,何等也?曰:为大治,可也。若为大乱,岂若其小。悲夫!俗至不敬也,至无等也,至冒其上也,进计者犹曰'无为',可为长太息者此也。"(《新书·孽产子》)西汉社会继承秦王朝而来,中央集权的专制帝国的建立成为历史的必然,然而当时各诸侯王拥有极大的权力,对于中央集权的专制来说是一大威胁。而且,由于汉初一切社会政治经济制度基本上沿袭了秦王朝的制度,在清静无为的政治方针指导下,虽然民力有所恢复,但社会矛盾也随之日益尖锐起来,农民徭役和赋税日益沉重,商人则获取暴利,导致了国家财力的损失。针对这种情况,贾谊大声疾呼要加强礼义建设:"礼者,所以固国家,定社稷,使君无失其民者也。主主臣臣,礼之正也;威德在君,礼之分也;尊卑大小,强弱有位,礼之数也。礼,天子爱天下,诸侯爱境内,大夫爱官属,士庶各爱其家,失爱不仁,过爱不义。故礼者,所以守尊卑之经、强弱之称者也。"(《新书·礼》)礼义建设的实质是要强调君臣父子之间的伦常等级观念和维护士农工商的社会秩序,其根本目的是为了维护西汉皇权的权威和专制,防止诸侯擅权和篡位;遏制商人的暴利行为,维护农民的基本权益,保持社会的稳定。

注重仁义教化和注重礼义建设是先秦儒学思想发展中的两种倾向,孟子注重仁义而荀子注重礼义。在西汉初期也同样如此,陆贾注重仁义而贾谊注重礼义。在贾谊看来,礼是社会政治道德的根本,"道德仁义,非礼不成;教训正俗,非礼不备;分争辩讼,非礼不决;君臣上下,父子兄弟,非礼不定"(同上)。如果没有礼制,没有礼制所规定的各种规范,道德仁义只是一句空谈。社会的政治道德建设的目的就是维护君臣父子之间的上下等级关系,"君仁臣忠,父慈子孝,兄爱弟敬,夫和妻柔,姑慈妇听,礼之至也"(同上)。以礼治国的根本目的乃是维护君臣、父子、夫妇、兄弟等人伦关系。贾谊对君臣父子伦常关系的强调主要是针对西汉初期诸侯王势力强盛而言的。

注重礼义则必然重视法制建设。儒家虽然反对法家惟法而治的主张,但并不反对法制建设,贾谊认为:"仁义恩厚,此人主之芒刃也,权势法制,此人主之斤斧也。势已定,权已足矣,乃以仁义恩厚因而泽之,故德布而天下有慕志。"(《新书·制不定》)贾谊进一步阐释道:"夫礼者,禁于将然之前;而法者,禁于已然之后。是故法之所用易见,而礼之所为生难知也。若夫庆赏以劝善,刑罚以惩恶;先王执此之政,坚如金石;行此之令,信如四时;据此之公,无私如天地耳;岂顾不用哉?……以礼义治之者积礼义;以刑罚治之者积刑罚。刑罚积而民怨背;礼义积而民和亲。故世主欲民之善同,而所以使民善者或异。或道之以德教,或驱之以法令。道之以德教者,德教洽而民气乐;驱之以法令者,法令极而民风哀。哀乐之感,祸福之应也。"(《汉书·贾谊传》)礼和法作用范围不同,效果也不一样,必须使礼义和刑罚二者结合起来,才能保证国家的治理。如果没有法制的保障,没有赏罚和刑杀,同样是无法维护君臣父子之间的伦常关系的。所以礼义建设必须包括法制建设,只有保证了社会人伦关系的正常秩序,才能使社会健康的发展。"卑尊已著,上下已分,则人伦法矣。于是主之与臣,若日之与星。臣不几可以疑主,贱不几可以冒贵,下不凌等,则上位尊;臣不踰级,则主位安。谨守伦纪,则乱无由生。"

(《新书·服疑》)贾谊的这种思想和先秦的荀子有极大的相似之处。

贾谊还继承了先秦儒学以民为本的思想,强调"夫民者,万世之本也"(《新书·大政上》)。民本当然不是现代民主观念,它只是强调统治者在治理国家的过程中,一切行为和措施必须要考虑老百姓的利益,应该把老百姓的利益放在首位,"故夫诸侯者,士民皆爱之,则其国必兴矣;士民皆苦之,则其国必亡矣。故夫士民者,国家之所树而诸侯之本也,不可轻也"(同上)。如果得到民众的拥护,国家才能富强和昌盛。因此,"国以为本,君以为本,吏以为本。故国以民为安危,君以民为威侮,吏以民为贵贱。此之谓民无不为本也"(同上)。民本思想是早期儒学的基本观念,它既是上古原始社会民主传统的再现,也是儒学思想与统治意识形态相冲突的地方。

作为儒者,在人生观上当然以积极入世、建功立业为目标,但在贾谊的思想中也有消极无为顺化的思想。贾谊年少得志,本想在朝廷大有作为,结果却被贬长沙,为此他曾作了一篇《鵩鸟赋》,感叹命运多舛,"万物变化,固亡休息,斡流而迁,或推而还。形气转续,变化而嬗。沕穆亡间,胡可胜言!祸兮福所倚,福兮祸所伏;忧喜聚门,吉凶同域。……命不可说,孰知其极?水激则旱,矢激则远。万物回薄,震荡相转。云蒸雨降,纠错相纷。大钧播物,坱圠无垠。天不可与虑,道不可与谋。迟速有命,乌识其时?"(《鵩鸟赋》)这种思想与庄子的思想是相类似的。贾谊一方面感叹宇宙生生变化之道的不可捉摸,认为人生的祸福、吉凶、忧喜都是难以把握的;另一方面,又提出一种解脱的方法,"且夫天地为炉,造化为工;阴阳为炭,万物为铜。合散消息,安有常则?千变万化,未始有极!忽然为人,何足控揣;化为异物,又何足患!……其生兮若浮,其死兮若休。澹乎若深渊之靓,泛乎若不系之舟。不以生故自保,养空而浮。德人无累,知命不忧。细故蒂芥,何足以疑!"(同上)宇宙无穷的变化并没有导致人生的悲观厌世,而是采取一种豁达、顺世变化的态度,忘掉自我和生死,将生命的一切托付给宇宙的大化流行。这种人生观念虽然和儒者的使命感和忧患意识相背离,但却是古代儒者失意时经常拥有的感觉,所以贾谊的这篇《鵩鸟赋》不仅在文学史上,而且对于古代儒者的人生观的影响方面,其意义都是深远的。

第二章 《淮南子》的哲学倾向

《淮南子》是西汉初期淮南王刘安"招致宾客方术之士"集体编撰的一部著作。刘安(前179～前122年),是汉高祖刘邦的孙子,其父亲刘长被封为淮南王,汉文帝时以"谋反"被废,在流放途中绝食而死。文帝将刘长的封地分为三份,以刘安为淮南王。据《汉书·淮南王安传》记载:"淮南王安为人好书,鼓琴,不喜弋猎狗马驰骋,亦欲以行阴德拊循百姓,流名誉。招致宾客方术之士数千人,作为《内书》二十一篇,《外书》甚众,又有《中篇》八卷,言神仙黄白之术,亦二十余万言。"《外书》和《中篇》都已佚失,《内书》二十一篇就是今存的《淮南子》。

西汉前期,经过数十年的休养生息,许多社会矛盾开始突出,迫切需要加强意识形态的建设,以指导国家的建设。与此同时,伴随着汉初诸子学的复兴,诸子百家各家学派的思想也日益融合发展,于是淮南王主持编写了这本《淮南子》,并将它献给了汉武帝,希望能够被朝廷采纳。据高诱《淮南子注·叙目》所言,此书"其旨近《老子》,淡泊无为,蹈虚守静,出入经道。言其大也,则涛天载地,说其细也,则沦于无垠,及古今治乱存亡祸福,世间诡异瑰奇之事。其义也著,其文也富,物事之类,无所不载,然其大较归之于道,号曰《鸿烈》。鸿,大也;烈,明也,以为大明道之言也"。《淮南子》综合道家黄老、儒家、阴阳家、法家等思想,但以道家思想为其主要旨趣,乃是汉初道家黄老之学发展的集大成者。然而道家黄老之学是不可能适应汉武帝时代加强中央集权的政治需要的,所以《淮南子》一书虽然得到汉武帝的赞赏,但并没有被朝廷采用,淮南王刘安后来据说也因为谋反暴露而被逼自杀。

第一节 《淮南子》的天道观

由于《淮南子》是一部集体创造的著作,因而其不同的篇章的观点是有差距的,前后的思想也有相互矛盾的地方,但其基本的主张依然是以道家思想为依归的。《淮南子》不仅继承了先秦和汉初黄老道家之学的思想,而且还广泛地吸取了当时的医学、天文学等自然科学发展的成果,借鉴阴阳五行家的理论框架,建构了一个完整、系统的天道观体系,对社会政治、历史、生命的完善等各种问题进行了详细的探讨。

一、天道自然

"道"是《淮南子》一书中的最高范畴。道是一切事物产生发展的根源和规律,"夫道者,覆天载地,廓四方,柝八极,高不可际,深不可测,包裹天地,禀授无形"(《淮南子·原道训》,下引此书,只注篇名)。道是无形无象的,是天地万物产生的总根源,一切事物都依据道而产生、发展和消亡。

道既然无形无象,又是产生万物的根源,那么道是有还是无呢?对于这个问题,《淮南子》还是采取了自然生成论的思想,它认为:"天地未形,冯冯翼翼,洞洞灟灟,故曰太昭。道始于虚廓,虚廓生宇宙,宇宙生气。气有涯垠,清阳者薄靡而为天,重浊者凝滞而为地。清妙之合专易,重浊之凝竭难,故天先成而地后定。天地之袭精为阴阳,阴阳之专精为四时,四时之散精为万物。积阳之热气生火,火气之精者为日;积阴之寒气为水,水气之精者为月。日月之淫为精者为星辰。天受日月星辰,地受水潦尘埃。"(《天文训》)"太昭"或说当作"太始",指的就是天地未分时的状态,有天地,然后有阴阳四时,于是产生出万事万物。那么天地阴阳又是从何产生的呢?阴阳四时之气是由原始的"气"所生成,气又是由"宇宙"、"虚廓"所产生。道作为宇宙的最原始状态和万物的总根源,它"始于虚廓"。

那么,"虚廓"是什么呢?它在气和宇宙之先,它是"无",还是精神性的实体?对于这个问题,学术界一直争论不休。从《淮南子》的自然生成论的思维方式来看,虚廓相对于具体的有来说,是属于"无",但并不是绝对的空无,也不是精神性的实体,只是气和有形宇宙之先的一个自然阶段。在《淮南子·俶真训》中,作者借鉴《庄子·齐物论》的一段话来表述对宇宙本原的看法。庄子认为:"有始者,有未始有有始者,有未始有夫未始有有始者。有有者,有无者,有未始有有无者,有未始有夫未始有有无者。"庄子提出这个问题乃是对万物生成论的批判,认为宇宙无法推出一个最终的根源,一切事物都是自然而然地产生的。但是,《淮南子》却将这段话按照自然生成论来理解,认为宇宙确实存在一个"有未始有夫未始有有无者"的阶段,这个阶段的状态是"天地未剖,阴阳未判,四时未分,万物未生,汪然平静,寂然清澄,莫见其形"(《俶真训》)。从这里我们可以看出,道在气和宇宙之先并不是意味着道是精神性的本体,而是一个气和万物借以产生的自然阶段。这是原始的、朴素的唯物主义自然生成论的必然结论。

道不仅是世界的最原始状态,是宇宙和气产生的根源,也是天地产生之后万事万物出现的根源和基本规律。天地、阴阳、四时、万物、人,以及人的精神和肉体都是在道的支配下所产生的,都是属于道的,道也可以理解为世界发展变化的整个过程,一切变化都在道中,没有什么能够超越道之外的,所以道是至高无上的。对此,《淮南子》一书论述道:

> 古未有天地之时,惟象无形,窈窈冥冥,芒芠漠闵,鸿蒙鸿洞,莫知其门。有二神混生,经天营地,孔乎莫知其所终极,滔乎莫知其所止息,于是乃别为阴阳,离为八极,刚柔相成,万物乃形,烦气为虫,精气为人。是故精神,天之有也,而骨骸者,地之有也。(《精神训》)

> 天地以设,分而为阴阳。阳生于阴,阴生于阳,阴阳相错,四维乃通,或死或生,万物乃成。(《天文训》)

> 道始于一,一而不生,故分而为阴阳,阴阳合而万物生。故曰:一生二,二生三,三生万物。(同上)

由原始的混沌状态,分而为天地阴阳,进而构成万物,这是中国古代哲学对宇宙生成问题上的基本看法。它是秦汉之际自然科学和哲学发展的结晶。《淮南子》继承了先秦道家、阴阳家等学派的思想,对宇宙观和自然万物的产生予以明确的论述,认为人与万物都是阴阳二气所生,人的精神和肉体就是天地之气所凝聚而成的。这种宇宙观对中国哲学的发展和基本观念的形成起到了积极的作用。

二、天道无为

道的提出,使人们认识到宇宙的统一性和可理解性。但是,道生万物是有目的的呢?还是自发的、无目的的呢?道生万物的基本原则是什么呢?这是汉代哲学讨论的一个重要问题。

古代的学者大都承认道的存在,但对其内涵的理解则有差异。道的提出是为了指导现实生活,所以道生万物的基本原则也就是社会政治和人生的基本准则。早期儒学认为宇宙万物的生生不息体现了天道的仁爱精神,所以人应当遵循天道的仁爱精神以治理社会。儒家的这种思想具有一种泛道德主义和目的论的色彩。先秦道家则将道的本质理解为虚静自然无为,其中老庄一派反对儒家的仁义礼智等一切有为的举措,具有出世的精神。

《淮南子》继承了汉初黄老之学的入世倾向,对道家的"无为"的观念予以了重新的诠释。作者在《修务训》中,首先针对当时人们对"无为"的错误理解进行了批判:"或曰:无为者,寂然无声,漠然不动,引之不来,推之不往;如此者,乃得道之像。吾以为不然。"无为并不是无所作为,一无所动,"夫地势水东流,人必事焉,然后水潦得谷行;禾稼春生,人必加功焉,故五谷得遂长。听其自流,待其自生,则鲧禹之功不立,而后稷之智不用"。如果没有人事的干预,一切听其自然,就不会有任何功绩,人类恐怕也无法生存了。所以,无为应该是因循自然,在道的指导下从事各种工作:

> 所谓无为者,不先物为也;所谓无不为者,因物之所为。所谓无治者,不易自然也;所谓无不治者,因物之相然也。(《原道训》)
>
> 若吾所谓无为者,私志不得入公道,嗜欲不得枉正术,循理而举事,因资而立功,推自然之势,而曲故不得容者,事成而身弗伐,功立而名弗有,非谓其感而不应,迫而不动者。(《修务训》)

"循理而举事,因资而立功"的命题表明,《淮南子》的无为是主张"举事"和"立功"的,不过必须要以"循理"和"因资"为前提,只要是符合道的行为就是无为。这就是《淮南子》对无为的新诠释。无为主要有两方面内容,第一是要因循,即"不先物为"而"因物之所为","不易自然"而"因物之相然";第二要"事成而身弗伐,功立而名弗有"。也就是说,人们不仅在事物发展过程中要遵循事物发展的规律,而且必须意识到人并不是事物的创造者,只是顺应道以推动事物发展的促进者,不可贪天功以为己力,违背天道的基本原则。

三、天人感应

天人感应是汉代宇宙观的基本观念,也是中国传统哲学的基本观念。中国古代由于是以农业立国,因而天文气象和四季农时成为社会政治生活关注的中心。随着天文、历法、医学等自然科学的发展,秦汉之际"天人感应"观念成为时代的共识,人们运用天文气象来解释和指导社会政治生活。《淮南子》一书就是对当时自然科学和哲学发展的总结,对天人感应观念进行了系统的论述,代表了当时哲学和自然科学发展的最高水平。

《淮南子》认为万事万物之间存在着一种神秘的、内在的有机联系,"物类相动,本标相应。故阳燧见日,则燃而为火;方诸见月,则津而为水。虎啸而谷风至,龙举而景云属;麒麟斗而日月食,鲸鱼死而彗星出;蚕珥丝而商弦绝,贲星坠而勃海决。人主之情上通于天,故诛暴则多飘风,枉法令则多虫螟,杀不辜则国赤地,令不收则多淫雨"(《天文训》)。不仅自然界的事物之间存在着相互感应的关系,人与自然也具有这样的关系。人类社会的政治好坏都会影响天气的变化,导致各种灾异祥瑞的出现,反过来说,各种自然灾害也都预示着社会政治的缺失。

此外,《淮南子》还提出了一种"天人类比"的思想,认为人与天具有一种非常亲近和类似的关系,人就是模仿天而造成的。"头之圆也象天,足之方也象地。天有四时五行九解三百六十六日,人亦有四支五脏九窍三百六十六节。天有风雨寒暑,人亦有取与喜怒。故胆为云,肺为气,肝为风,肾为雨,脾为雷,以与天地相参也,而心为之主。是故耳目者,日月也;血气者,风雨也。"(《精神训》)这就进一步说明了"天人感应"的观念。天人类比的思想是对汉初天文、医学等学科发展的总结,直到今天传统医学依然将之作为基本观念来运用。

天人感应、天人类比、灾异祥瑞是汉代学术界流行的观念,它代表了汉初人们的世界观和方法论,人们不仅运用这些观念来理解世界,同时也运用这些观念来分析和把握社会生活中的各种现象。天人感应的观念体现了传统中国人的一种整体性的思维方式,它的理论基础就是主张万物由气所构成。既然天地万物(包括人)都是由气所构成,那么万物之间就必然存在某种同类相应的有机联系。气是动态的,世界万物也同样是运动变化的,而且万物是有机地联系在一起的,这种对大自然的认识成为古代思想家的共识之一。

汉代以董仲舒为代表的儒家也讲天人感应、天人类比、灾异谴告等观念,但是与《淮南子》还是有本质的区别的。《淮南子》所讲的天主要是自然的天,所讲的天人感应是强调人应该顺从天道;而董仲舒所讲的天本质上是道德之天,以仁德为本质的天,所进行的天人类比是说明人间的仁义礼智来源于天的阴阳五行,其目的是论证社会道德的权威和警告统治者要遵从道德。

第二节 《淮南子》的人性论与形神论

养生理论是道家思想的精华所在,道家的起源就是出于保全性命、维持内在精神的完满与平和。养生理论涉及人是如何产生的,以及人的本质是什么。人是如何产生的问题涉及形与神的关系问题,人的本质问题涉及人性问题。只有了解了人是如何产生的,以及人的本质是什么的问题,人生才能确定养生的基本原则。

在人性问题上,《淮南子》继承了先秦道家的思想,主张人性是自然的。《齐俗训》指出:

> 夫素之质白,染之以涅则黑;缣之性黄,染之以丹则赤;人之性无邪,久湛于俗则易。易而忘本,合于若性。故日月欲明,浮云盖之;河水欲清,沙石秽之;人性欲平,嗜欲害之,惟圣人能遗物而反己。

> 夫乘舟而惑者，不知东西，见斗极则寤矣。夫性亦人之斗极也，有以自见也，则不失物之情，无以自见，则动而惑营。

这就是说，人性本来是没有邪恶的，就如同一张刚织成的白布，一切颜色都是后天的染污所造成的。如果能认识到这一点，就可以顺其自然大道以养生；如果耽于欲望，就会习惯成自然，改变了人的自然本性，失落了自我的生命价值。

在人性问题上，《淮南子》没有提出多少新见。而且在如何修养问题上，即如何使堕落的人性回归自然的问题上，有许多含混和矛盾的地方。但在形神问题上，《淮南子》则总结了时代科学的发展成果，从其万物生成论来解释形神关系。在《淮南子》看来："夫精神者所受于天也，而形体者所禀于地也。"(《精神训》)天地是阴阳所生，天地阴阳都是由气所生。天地代表了阴和阳、精气和浊气，精神和形体都是由气所构成。人的生命不仅有精神和形体，还有血气的流动，"形、神、气志，各居其宜，以随天地之所为。夫形者生之舍也，气者生之充也，神者生之制也。一失位则三者伤矣"(《原道训》)。血气代表了人的生命力，它充塞在人的形体中，同时又受精神的支配。形、神、气之间的关系是和谐的，如果三者之间有一方面失调，就会导致人的生命受到伤害。对生命的伤害主要是情感和欲望，"夫喜怒者道之邪也，忧悲者德之失也，好憎者心之过也，嗜欲者性之累也"(同上)。情感欲望的引诱会破坏形、神、气之间的和谐关系。

形神关系是复杂的。一方面，形与神之间没有内在的必然关系。"形伤于寒暑燥湿之虐者，形苑而神壮，神伤乎喜怒思虑之患者，神尽而形有余。"(《俶真训》)人可以"形苑而神壮"，也可以"神尽而形有余"。精神受到损害，但形体未必随之受到伤害。反之，形体受到破坏，但精神也可以不随之而变化。另一方面，在形与神之间，精神又是居于主导地位。"故以神为主者，形从而利。以形为制者，神从而害。……则精神日以耗而弥远，久淫而不返，形闭中距，则神无由入矣。"(《原道训》)精神是宇宙之精气，也是人身之主宰，它决定和支配人的形体和血气运行，所以"以神为主"就是听从自然大道的支配，保性养生；而"以形为主"就是屈从肉体欲望的支配，损害人的精神和生命。由于在《淮南子》中，神也是由气所产生和构成的,所以"以神为主"的命题不能理解为唯心主义的观念。但是,由于《淮南子》过高地注重精气,因而在形神问题上有将形与神分离的倾向,进而认为形可以变化腐朽,而神则是变化之源,是永存不变的。"故形有摩而神未尝化者,以不化应化,千变万抮,而未始有极。化者复归于无形也;不化者与天地俱生也。夫木之死也,青青去之也。夫使木生者,岂木也?犹充形者之非形也。故生生者未尝死也,其所生则死矣。化物者未尝化也,其所化者则化矣。"(《精神训》)在《淮南子》作者看来,与天地俱生的精神之气是不能变化消亡的,否则宇宙大道如何运动变化不息呢?因此气所生的形体是可以消亡变化的,而生成万物和人的精神的气是不应消亡变化的。

形神问题是中国古代哲学的一个重要问题,它涉及两个方面,一是养生问题,一是鬼神迷信问题。如何使人的身心和形神之间达到一种和谐的统一,成为古代中国人所追求的一种境界,特别是道家,一心地以保全性命为目的,所以对形神问题十分重视。另一方面,形神问题又是自古以来令人十分困惑的问题,如何理解人的精神?人为什么会有思想和记忆?为什么会做梦?生与死的区别何在?灵魂是否不灭?鬼神是否存在?这些问题从原始社会至今一直困扰着普通的群众。《淮南子》主要是从养生的角度探讨了形神问题,它提出形与神都是由气所生成的,其中神更为根本,这些思想是对古代形神问题研究的总结和发展,代表了汉初人们对形神问题的基本看法,当然《淮南子》不可能很好地解决形神关系问题。

《淮南子》认为,既然人的形神是由气所构成,人的本性是自然完美的,那么人生就应该以因任自然为其生活的基本原则。"静漠恬淡,所以养性也;和愉虚无,所以养德也。外不滑内,则性得其宜,性不动和,则德安其位。养生以经世,抱德以终年,可谓能体道矣。"(《俶真训》)寂静恬淡虚无就是人生的原则,"外不滑内"也就是不让外在的欲望干扰内心的平和;"性不动和"就是说不能让人心内在的精神活动破坏本来的和谐完满。能够做到这点的人就被称为"真人"或"圣人","所谓真人者,性合于道也。故有而若无,实而若虚,处其一不知其二,治其内不识其外;明白太素,无为复朴,体本抱神,以游于天地之樊,芒然仿佯于尘垢之外而消摇于无事之业"(《精神训》)。"夫精神气志者,静而日充者以壮,躁而日耗者以老。是故圣人将养其神,和弱其气,平夷其形,而与道沉浮俛仰。恬然则纵之,迫则用之;其纵之也若委衣,其用之也若发机。如是则万物之化无不遇,而百事之变无不应。"(《原道训》)在养生问题上,《淮南子》的思想与先秦道家的思想是一致的。

第三节 《淮南子》的历史观

历史观是中国哲学的重要组成部分,它通过对以往人类历史发展的认识,来论证现实社会政治的权威性和统治原则等,因此中国哲学中的历史观和社会政治观密不可分。《淮南子》继承了先秦道家的历史观,将人类的历史发展分为两个截然相反的阶段,一个是上古时代,一个是三代以后。上古时代就是伏羲、神农、黄帝的时代,这是道德最为完备、最理想的时代:

> 昔者黄帝之治天下,而力牧、太山、稽辅之,以治日月之行,律阴阳之气;节四时之度,正律历之数;别男女,异雌雄,明上下,等贵贱;使强不掩弱,众不暴寡;人民保命而不夭,岁时熟而不凶;百官正而无私,上下调而无尤;法令明而不暗,辅佐公而不阿;田者不侵畔,渔者不争隈;道不拾遗,市不豫贾;城郭不关,邑无盗贼……(《览冥训》)

上古时代顺从天地自然之道,所以人与人之间、人与自然之间都处于虚静和谐的状态,属于至德之世。没有权谋诡计,也没有标榜道德。而三代以降,至战国七雄争霸,礼义法制日益繁多,而社会道德风尚却日益堕落和败坏,属于末世和衰世。"逮至夏桀之时,主暗晦而不明,道澜漫而不修;弃捐五帝之恩刑,推蹶三王之法籍;是以至德灭而不扬,帝道掩而不兴;举事戾仓天,发号逆四时;春秋缩其和,天地除其德;仁君处位而不安,大夫隐道而不言;群臣准上意而怀当,疏骨肉而自容;邪人参偶比周而阴谋,居君臣父子之间而竞载;骄主而象其意,乱人以成其事。……故自三代以后者,天下未尝得安其情性而乐其习俗,保其修命而不夭于人虐也。"（同上）这样说来，人类历史好像不是进化的，三代以后不断地堕落。

人类历史两个阶段代表了两种社会政治的原则。"率性而行谓之道，得其天性谓之德。德失然后贵仁，道失然后贵义。是故仁义立而道德迁矣，礼乐饰则纯朴散矣，是非形则百姓眩矣，珠玉尊则天下争矣。凡此四者，衰世之造也，末世之用也。"（《齐俗训》）一个是因任自然的道与德，一个是强调仁义礼智的自觉。这两种政治原则的对立代表了道家和儒家学派的对立。《淮南子》作为道家思想的代表，强烈地批判儒家的以仁义礼智为基本原则的社会政治思想。儒家和道家都认为历史是倒退的，现实社会与上古社会相比是倒退和堕落，但是道家所主张的上古社会是某种自然原始状态，而儒家所理想的上古社会乃是仁义礼智完备的王道社会。儒家认为既然上古三代社会是最美好和完备的，因而其社会政治的基本原则也是以后一切社会发展的基本原则，所以儒家的社会政治主张是非常简单和明确的，就是坚持恢复上古三代的社会政治制度和道德理想，以保守和复古为其特点。而先秦道家思想则强烈批判社会道德文明所带来的各种弊端，主张回到上古时代的自然和谐的状态。《淮南子》与先秦道家思想还有差别，它继承了汉初黄老学派的政治思想，并不完全反对仁义礼智，其所理想的上古自然状态的社会依然是有君臣父子等社会道德关系，只是强调必须根据人的自然本性，根据宇宙大道的原则来治理社会，其自然原则并不是指返回到原始社会，而是指一种完美和谐的状态。在坚持自然和尊重道德的前提下，仁义礼智等伦理规范是有益于社会发展的。《淮南子》所反对的是儒家将仁义礼智原则当做绝对的原则来运用，不懂得仁义礼智的实质，因而败坏了人的本性，也破坏了社会的和谐。所以《淮南子》提出了"本末"概念，强调要根据宇宙大道的本质来运用各种社会政治道德原则，不可像儒家那样机械地、僵化地将仁义礼智当做绝对的原则而破坏了社会的和谐。

在《淮南子》看来，"夫礼者所以别尊卑，异贵贱；义者所以合君臣、父子、兄弟、夫妻、朋友之际也。今世之为礼者，恭敬而忮；为义者，布施而德。君臣以相非，骨肉以生怨，则失礼义之本也"（同上）。礼义之本在于保全人的性命，人性本来是自然完美的，但是现实社会所提倡的仁义礼智却违背了人的本性，激发了人的欲望，破坏了人际之间本来和谐的自然关系。"礼者实之文也，仁者恩之效也。故礼因人情而为之节文，而仁发怵以见容。礼不过实，仁不溢恩也，治世之道也。……乱国则不然，言与行相悖，情与貌相反，礼饰以烦，乐优以淫，崇死以害生，久丧以招行，是以风俗浊于世而诽誉萌于朝，是故圣人废而不用也。"（同上）圣人废而不用并不是说仁义礼智是完全错误的，而是说不能依靠仁义礼智来治理国家，因为一切有为的措施都是补偏救弊的措施，并不是治理社会的永恒法则。社会本来是完美无缺的，出现了各种偏差，于是有仁义礼智等道德规范，有刑法礼制等，但是仁义礼智和法律等不是社会和人类发展的最完美的体现，"是故知神明然后知道德之不足为也，知道德然后知仁义之不足行也，知仁义然后知礼乐之不足修也。今背其本而求其末，释其要而索之于详，未可与言至也"（《本经训》）。所谓的"不足为"、"不足行"、"不足修"乃是指不有意为之，不以之为行动的目的。"背本求末"则是对衰世的社会政治的批判。《淮南子》所理想的原则则是"从本引末"，"夫静漠者，神明之定也；虚无者，道之所居也。是故或求之于外者，失之于内；有守之于内者，失之于外。譬犹本与末也，从本引之，千枝万叶，莫不随也"（《精神训》）。求之于外，则会受到欲望的引诱而丧失精神的完美，一心专守于内在的精神也会流于枯槁而失去自然的和谐，所以本末和内外必须要顺乎自然，这样才能与道同在。

  本与末是中国哲学的重要范畴，特别是在魏晋玄学那里，本末与体用、一多等范畴一同构成了玄学本体论的基本范畴。《淮南子》对本末问题的认识是对先秦道家思想的发展，也是汉初黄老哲学的发展，既强调大道之本为宇宙的最高原则；又不否认现实社会生活的存在，这就是《淮南子》思想的特色。正是在这个思想的基础上，《淮南子》还吸取了法家"变法"的主张，认为社会政治应该根据现实发展的变化而不断改变具体的措施，而不能像儒家学派那样僵化地坚守上古三代的社会政治制度。"夫殷变夏，周变殷，春秋变周，三代之礼不同，何古之从？大人作而弟子循，知法治所由生，则应时而变；不知法治之源，虽循古终乱。"（《氾论训》）"故圣人制礼乐，而不制于礼乐。治国有常，而利民为本；政教有经，而令行为上。苟利于民，不必法古；苟周于事，不必循旧。夫夏商之衰也,不变法而亡。三代之起也,不相袭而王。故圣人法与时变,礼与俗化,衣服器械各便其用,法度制令各因其宜,故变古未可非,而循俗未足多也。"(同上)

第三章 董仲舒与今文经学的哲学特点

西汉初年在黄老哲学思想的指导下，经过几十年的休养生息，国力得到了加强，人民的生活得到了改善。与此同时，内忧外患也在不断地加剧，匈奴的威胁日趋严重，国内的政治秩序陷入无序的状态。在这样的社会背景下，雄才大略的汉武帝改变了汉初清静无为的政策，开始了积极有为的举措，在政治上强化中央集权，在文化上"独尊儒术"，在经济上盐铁专卖，在军事上打击匈奴，这些措施不仅对于西汉王朝，而且对于整个封建社会都产生了深远的影响。儒家在先秦只是民间学派之一，诸子百家中的一家。汉初虽然得到恢复，一直受到压抑。在经过几次思想较量之后，儒家思想影响不断扩大，自汉武帝"罢黜百家，独尊儒术"之后，儒学一跃成为中国传统社会的官方哲学和意识形态。汉代的儒学与先秦儒学有所不同，一方面，汉代儒学的存在形态是"经学"，也就是说汉代儒学是通过对五经的阐释的方式而存在的，汉代的儒者大都是经学家，其在社会的地位是被官方所认可的思想权威；另一方面，汉代儒学提出一套阴阳五行的宇宙观，对儒学的王道理想和价值观念进行了系统的论证，也对中国传统哲学的思维方式产生了重要影响。

第一节 今文经学的思想特征

儒学从先秦子学形态发展为汉代的经学形态，经历了一个重大的转折。作为先秦诸子之一的儒家，以投身政治，解决现实问题为其主要使命，而在秦汉之际的儒者则以保存传统王道理想和价值观念为己任，他们吸收了诸子百家的思想成果，建构了系统的天道观、历史观和人生观，等待着圣王的出现，以实现王道理想。因此，记载着上古三代文化史实的五经成为秦汉儒学继承和发扬自身使命与理想的依据和场所。经典的阐释成为儒学思想发展的主要形式和主要存在形态。

西汉儒学的复兴和独尊有其历史的必然性。由于秦王朝实行法家政策,焚书坑儒,所以西汉建国时面临着文化传统断裂的局面,西汉的开国元勋几乎都是没有文化的草莽英雄,为什么刘氏有权做皇帝?西汉王朝建立的权威和依据是什么?国家如何治理?政治、经济、文化、军事等应该如何建设?这些问题都非常紧迫地摆在西汉统治者面前。而在诸子百家中,法家基本政治观念由于秦王朝的实践而被证明是错误的,老庄道家又是以对文明的批判为其基本价值倾向,黄老哲学的清静无为的主张也同样无法对社会进行积极的建设,只有儒家的思想一方面接续了三代的文化传统,另一方面又系统地保存了上古三代所积淀的社会文化经验,因此儒家的复兴乃是历史的必然。

西汉儒学的复兴也是经过了一个漫长的过程。汉初诸子百家共同受到了社会的尊重,只要学问精通,就可被官方立为博士之官。汉武帝即位后,首先取缔了诸子百家的合法地位,然后根据董仲舒的提议独尊儒术,并于建元五年立五经博士,自此以后博士之官为儒家所专有,只有儒家的五经才被立为博士,为官方所认可。后又为博士置弟子,使经学的学习成为一条进入仕途的正规门径,从此儒学不仅成为了官方哲学,而且成为读书人趋之若鹜的自我实现的捷径。经学于是大为昌盛。

《周易》、《诗经》、《尚书》、《礼经》、《春秋》五种典籍本是上古三代文献汇编,记载了上古三代的政治、史实、文学、制度等方面的资料。由于儒家将上古三代看成是由圣王所创制的完美的社会理想的体现,即"王道"的实现,因而这五种经典也被儒家看成是圣人为后世所创立的不变的永恒的法典,所以被尊为"五经"。五经在经学家眼里不是史料的汇编,而是蕴涵着圣王的理想和制度的哲学经典,儒者的使命就是通过阐释五经中的圣人的"微言大义"以发扬和实现圣王的理想。因此,经学家们对五经的阐释并不是单纯地对五经内容的说明,而是通过对时代思想发展的总结,运用一套系统的宇宙观和道德理想来阐释五经,所以经学成为儒学思想发展的新阶段,它是汉代的意识形态和官方哲学。

今文经学和古文经学是汉代经学的两大流派,古文经学是西汉后期才兴起的,古文经学兴起后,才有了今古文经学之争,而在西汉初期并无今文经学的名称，因为西汉初期都是今文经学，所以西汉初期经学并不以今文经学相标榜。所谓的今文经和古文经的不同，最初仅是文字的不同，"今文"指的是用汉初流行的隶书所书写的经典，而"古文"则指的是用战国以前的文字所书写的儒家经典。由于今文经和古文经在传承、文字、篇目、解说上的不同，双方为争夺官方的正统地位展开了激烈而持久的论争，今古文经学之争遂成为两汉时期哲学领域发展的主线。

今文经学的阐释方式，我们可以通过其对《春秋》第一条的记载"元年，春，王正月"的解释为例。这一条记载本是非常普通的对历史年代的记录方式，但在今文经学家眼里则不同了，他们认为："元年者何？君之始年也。春者何？岁之始也。王者孰谓？谓文王也。曷为先言王而后言正月？王正月也。何言乎王正月？大一统也。"（《春秋公羊传》隐公元年）春秋学大师董仲舒则认为："臣谨案《春秋》之文，求王道之端，得之于正。正次王，王次春。春者，天之所为也；正者，王之所为也。其意曰：上承天之所为，而下以正其所为，正王道之端云尔。"（《汉书·董仲舒传》）经学家认为，首先，这里的"王"指的是文王，也就是说《春秋》蕴涵着周文王的理想，文王的理想和制度是儒家的最高理想，《春秋》就是运用文王的制度和道德原则来褒贬史事，以为后世昭示儒家的社会理想。其次，为什么说"王正月"呢？就是要用文王的理想和制度统一天下，这就是"大一统"的观念。王道的实现必然是天下一统，天下一统必然是一个王权至上、道德完备的社会。最后，为什么先说"春"，后说"王"，再说"正月"呢？这是因为春代表了"天"，以天的权威来指导王道，以王道来治理天下。上述这几点就是圣人在制作《春秋》时写这句话的"微言大义"。从这里的解释我们可以看出，经学家们不仅继承了儒家的社会理想和道德原则，而且还对王道理想的权威性进行了重新的论证，将大自然和人类社会的政治道德必然地联系起来，提出了一种新的天道观来论证王道理想。这也就是经学对儒学发展的重大贡献。

今文经学的思想特征主要有以下几个方面：第一，在如何认识儒家经典的性质和作用方面，今文经学家们认为五经是孔子所作，蕴含了孔子为汉代和万世所确立的治理社会的基本法则和模式。孔子是伟大的圣人，他周游列国，晚年忧道之不行，退而制作和诠释五经，将他的理想寄托在五经的整理和解释之中，以为后世的法则。因而五经是神圣的经典，是社会政治道德行为的依据和准则。

第二，在历史观方面，今文经学强调人类社会的历史是不断变化的，不是一成不变的。天命是不断转移的。但人类的历史也并不是一直向前发展进化的，而是一种循环往复的变化。由于人类社会具体的政治行为各有所偏重，不是完满的，"先王之道必有偏而不起之处，故政有眊而不行，举其偏者以补其弊而已矣。"（《汉书·董仲舒传》）因而夏商周三代社会政治的基本方针有所不同，夏尚忠，殷尚敬，周尚文，社会具体的政治制度也相应地发生改变。人类历史的变化就是按照忠、敬、文的原则不断地循环往复。但是不管如何变化，人类社会的王道理想永远不会变，"故王者有改制之名，亡变道之实"（同上）。人类社会政治以仁义治国的基本原则永远不会变。天命的转移是以德性的有无为依据，以民心的向背为依据。循环变化的政治历史观适应了西汉建国的需要，为西汉政权的确立和汉武帝积极有为的治国方略提供了理论论证。同时，变革的历史观也使得儒家具有某种程度的批判性。儒家并不是绝对地维护现实统治，在儒家看来，禀赋了天命的现实统治并不是永恒不变的，改朝换代也是历史发展的必然，因而儒家具有某种道德理想主义的色彩，与现实统治者保持一定的距离。

第三，在诠释经典方面，今文经学流于烦琐。由于今文经学被立为官学，其对经典的诠释日趋保守僵化。另一方面，学习今文经学成为禄利之途，因而经说越来越多，越来越烦琐。据桓谭《新论》所言："秦近君能说《尧典》篇目两字之谊，至十余万言；但说'曰若稽古'，三万言。"秦近君是西汉今文经学家，研习《尚书》，他只解释《尚书》第一篇《尧典》篇目两个字，就用了十余万字，一经的解说多达百余万字。如此烦琐、保守、僵化的经典诠释，使得学者皓首穷经，也无法明了经典的大义，更不用说应用于现实社会实践了。

第四，注重灾异谴告，流于谶纬迷信。天人感应是汉初流行的观念，今文经学在解释经典中特别注重各种大自然灾害和特异现象的出现，将之与现实政治必然地联系在一起，用大自然的灾异现象来预示和指导社会政治。一方面，如果现实政治黑暗，"国家将有失道之败，而天乃先出灾害以谴告之；不知自省，又出怪异以警惧之；尚不知变，而伤败乃至"(《汉书·董仲舒传》)；另一方面，如果政治昌明，天命将至，则"必有非人力所能致而自至者，此受命之符也。天下之人同心归之，若归父母，故天瑞应诚而至"(同上)。祥瑞和谴告成为今文经学诠释经典的基本原则之一，因而其经说搀杂了大量的迷信思想和神话传说。特别是谶纬思潮泛滥后，今文经学家们援谶入经，依据谶纬的解说来进一步地论证其对五经的解释，这就越来越背离了儒学的经邦济世的精神，因而在学术上最终被古文经学所取代。

第二节　董仲舒的哲学思想

董仲舒(前197～前104年)，广川(今河北枣强)人。早年研究《春秋》，勤奋好学，有"三年不窥园"的佳话，汉景帝时为博士。汉武帝时，"魏其、武安侯为相而隆儒矣。及仲舒对册，推明孔氏，抑黜百家，立学校之官，州郡举茂材孝廉，皆自仲舒发之"(《汉书·董仲舒传》)。董仲舒举贤良对策，全面系统地论证了儒家的天道观、政治观、历史观，并提出了罢黜百家，独尊儒术等主张，得到了汉武帝的赏识，儒家思想遂成为官方的正统哲学。董仲舒曾做过胶西王和江都王的国相，廉洁耿直，后去官归家，以修学著书为事，朝廷中每有大事，便派使者到家中请教。董仲舒所著的著作甚多，据《汉书·董仲舒传》记载有一百二十三篇之多，此外还有关于《春秋》的文章数十篇，十多万字，今天大部分著作都已佚失了，流传至今的只有《春秋繁露》八十二篇和保存在《汉书·董仲舒传》中的三篇对策，这三篇对策后人通称为"天人三策"。

先秦儒学秉承西周的天命神学思想，以继承正统的社会政治道德原则自任，对混乱的社会现实问题提出了许多新的观念和思想，但是随着时代的发展，传统天命神学观念遭到了社会的否定，因而儒家的社会政治思想便失去权威性的论证。因此，秦汉之际儒学的复兴便需要重新建构天道观以论证儒家的王道理想的正确和权威，这就是摆在西汉初年儒家面前的使命。武帝时董仲舒作为著名的春秋公羊学大师，借鉴和吸收了先秦诸子的思想，系统地创建了一套天道观，全面地论证了儒家的社会理想、政治制度和道德原则,为经学的确立和儒学的独尊作出了突出的贡献。

一、"天人感应"的天道观

对天道的论述不仅表述的是一种自然观,是对世界本质的认识,同时更重要的还是为社会政治、道德伦理等思想提供存在的依据和权威性的论证。在先秦孔子和孟子那里,如何恢复王道是其思想的中心,对于天道则缺乏关注。只有到了战国后期荀子那里,为了批判人们对天命的依赖,将天等同于自然之天,强调要依靠自身的道德修养和制度建设来实现王道。但是王道为什么具有绝对的权威性?为什么王道是人类追求的理想?这个问题先秦儒学并没有加以论述。只有到了汉代经学这里,特别是董仲舒,才提出了系统的天道观,对王道理想予以了权威的论证。

在董仲舒的思想中,天是最高范畴,天是宇宙的主宰和最高权威。"天者,百神之君也,王者之所最尊也。"(《春秋繁露·郊义》,下引此书,只注篇名)"天"的含义是复杂的,天是神秘的、令人敬畏的宇宙大全,它既是指大自然和人们头上的蓝天,又是人生和社会价值的源泉与存在的依据,也是地上皇权的权威性的保证。天既是宇宙万物的主宰,又是人间是非善恶的最终决定者和实行者,是人类理想和生存的信念所在。这就是汉代儒家所理解的宇宙本体。

天首先是自然之天,"天地之气,合而为一,分为阴阳,判为四时,列为五行"(《五行相生》)。一切万物都是由阴阳五行所构成,阴阳、四时、五行的运行构成了天道的变化,因而天是万物产生的总根源。五行是宇宙万事万物的基本构成要素,五行之间是相生相胜的关系:木生火,火生土,土生金,金生水,水生木,这是五行相生;金胜木,水胜火,木胜土,火胜金,土胜水,这是五行相胜。阴阳五行的相生相胜就构成了世界万物的生生不息的变化。"如金、木、水、火,各奉其所主,以从阴阳,相与一力而并功。其实非独阴阳也,然而阴阳因之以起,助其所主。故少阳因木而起,助春之生也;太阳因火而起,助夏之养也;少阴因金而起,助秋之成也;太阴因水而起,助冬之藏也。"(《天辨在人》)阴阳五行不仅是构成万物的基本要素,而且还是构成宇宙的基本结构和运行规律。木居东方,代表春季;火居南方,代表夏季;金居西方,代表秋季;水居北方,代表冬季。一年四季的变化就是阴阳消长的过程。

董仲舒上述对天道的认识是对阴阳家、道家思想的继承,也是对秦汉之际天文学、医学等自然科学成果的总结,由阴阳五行构成宇宙的基本架构和运行规律,这是汉初人们的共识,并成为整个传统社会公认的世界观。但是,董仲舒的思想并不止于此,他进而将阴阳五行的天道运行解释为具有道德意志和情感属性的实体。"仁之美者在于天。天,仁也。天覆育万物,既化而生之,有养而成之,事功无己,终而复始。凡举归之以奉人。察于天之意,无穷极之仁也。人之受命于天也,取仁于天而仁也。"(《王道通三》)为什么天以仁爱为基本属性呢?这是因为一年四季,春生夏长秋收冬藏,天道以生育万物为根本使命,所以仁爱成为天道的本质属性,因此,人间的一切道德都是来源和仿效天道的本质。这样,天又成为道德之天,成为社会道德产生的根源。同时,人的情感也是来源于天的,天与人一样,自然万物的生长收藏代表了天的喜怒哀乐,所以天也有情感。总之,天既是由阴阳五行所构成,又是具有道德意志的,是宇宙的主宰,是人类社会政治、道德、法律等基本原则的来源和权威性的源泉。董仲舒说:"天子受命于天,诸侯受命于天子,子受命于父,臣妾受命于君,妻受命于夫。诸所受命者,其尊皆天也。"(《顺命》)天成为人间一切道德价值的源泉和社会政治权威的根据。

董仲舒天道观的核心是其天人感应的理论。在董仲舒看来,天与人是同类的,天人相副,因而天与人具有一种感应的关系,社会人事和政治的好坏会影响天道的运行,天通过祥瑞和灾异来表达它对现实社会政治的评判。同类之间相互感应的现象是古代人们通过经验所观察到的一种现象,董仲舒认为:"琴瑟报弹其宫,他宫自鸣而应之,此物之以类动者也。其动以声而无形,人不见其动之形,则谓之自鸣也。又相动无形,则谓之自然,其实非自然也,有使之然者矣。物固有实使之,其使之无形。"(《同类相动》)事物以类相感应,并不是随意自然的,而是茫茫中有某种必然性,其主宰者并不是什么神灵,而是无形的天道。万物既然根据类别而相互感动,那么人与天也是同类,因而天与人也是相感应的。在董仲舒看来：

> 为生不能为人，为人者天也。人之人本于天，天亦人之曾祖父也。此人之所以上类天也。人之形体，化天数而成；人之血气，化天志而仁；人之德行，化天理而义；人之好恶，化天之暖清；人之喜怒，化天之寒暑；人之受命，化天之四时；人生有喜怒哀乐之答，春秋冬夏之类也。（《为人者天》）

> 天地之符，阴阳之副，常设于身，身犹天也，数与之相参，故命与之相连也。天以终岁之数，成人之身，故小节三百六十六，副日数也；大节十二分，副月数也；内有五藏，副五行数也；外有四肢，副四时数也。（《人副天数》）

人是天地所生的万事万物中最为尊贵的，所以人禀赋天地之精华，天完全按照天的结构和本质来制造人，因而人能够参赞天地之化育。天与人是息息相关的，天有春夏秋冬，人有喜怒哀乐；天有暖清寒暑，人有庆赏刑罚。所以天人合一，天人相感。董仲舒说：

> 美事召美类，恶事召恶类，类之相应而起也。如马鸣则马应之，牛鸣则牛应之。帝王之将兴也，其美祥亦先见；其将亡也，妖孽亦先见。物固以类相召也。（《同类相动》）

> 凡灾异之本，尽生于国家之失。国家之失，乃始萌芽，而天出灾害以谴告之。谴告之而不知变，乃见怪异以惊骇之。惊骇之尚不知畏恐，其殃咎乃至。以此见天意之仁而不欲陷人也。（《必仁且智》）

国家政治的好坏会招致大自然出现各种灾异和祥瑞。政治清明，上天会降下祥瑞；政治黑暗，上天会降下灾异。统治者应该根据各种自然灾害现象来警省检讨社会政治，否则就会失去天命。灾异和祥瑞就是天的意志的体现，也是天的意志存在的证明。

二、"天不变道亦不变"的政治历史观

政治历史观所要解决的问题是政权更迭的原因和必然性是什么？具体地说，现实皇权的权威性何在？政治的基本原则是什么？这个问题在夏商时代完全是依靠天命作为解释，西周王朝建立后，则提出"以德

配天"的观念作为解释西周取得统治权的依据，西周王朝是因为德性而赢得了天命的眷顾。但是靠德性而赢得天命的周王朝为什么也被取代呢？战国后期阴阳家则提出"五行"说来解释历史朝代的更迭。阴阳家认为历史朝代的更替是依据五行相胜的顺序而变化的。秦王朝继周而起，以水德自居。汉王朝建立之初，不承认秦王朝的存在，因而也曾以水德自认，认为自己是继周而兴，后来才定为土德，即克水（秦王朝）而兴。五行的相生相胜是天道的运行，因而王朝的更替就是天意的必然，所以统治者的权威也就得到了论证。

董仲舒在继承上述思想的基础上，又提出了新的解释。首先，他认为政权的实质并不是以维护皇帝的独尊为目的。"且天之生民，非为王也，而天立王以为民也。故其德足以安乐民者，天予之；其恶足以贼害民者，天夺之。"（《尧舜不擅移汤武不专杀》）皇权的设立乃是天意为维护百姓的利益而设置的。这个思想体现了儒家的民本观念。儒家思想是维护皇权的，但是与法家不同，儒家并不是主张皇权至上的，而是认为皇权是天为了爱护百姓所设立的，统治者如果违背天意，就会被推翻和取代。如果社会治理得好，天就会降下祥瑞以示奖赏，如果社会政治黑暗，天就会降下各种灾异以示惩戒，如果统治者不知悔改，就会被取消天命，统治权力就会被剥夺。这个思想是对先秦儒家民本观念的继承。

关于王朝更迭的问题，董仲舒提出"三统"说，他认为夏朝为黑统，商朝为白统，周朝为赤统，继周而起的应是黑统，历史的发展就是按照黑、白、赤三统循环更替的。那么如何表明王朝的更替和变化呢？这就需要改制，王朝的更迭和天命的转移必须通过改制来体现。"今所谓新王必改制者，非改其道，非变其理，受命于天，易姓更王，非继前王而王也。若一因前制，修故业，而无有所改，是与继前王而王者无以别。受命之君，天之所大显也。事父者承意，事君者仪志。事天亦然。今天大显己，物袭所代而率与同，则不显不明，非天志。故必徙居处、更称号、改正朔、易服色者，无他焉，不敢不顺天志而明自显也。"（《楚庄王》）为了表示与前朝的区别，新王朝建立后必然要改变以往的制度。这些制度主要包括历法、服制等。按照三统说，黑统"建寅"，以寅月（农历的正月）为正月；白统"建丑"，以丑月（农历的十二月）为正月；赤统"建子"，以子月

（农历的十一月）为正月，这叫做"改正朔"。同时，黑统尚黑，因而服色以黑色为上色；白统尚白，服色以白色为上色；赤统尚赤，以赤色为上色。这就叫做"易服色"，此外还有皇帝治理政务的居所和年号等都需要更改，这些措施的实行体现和证明了新王朝是禀赋天命的，因而是合理合法的拥有统治权的。

新的王朝必须改制不等于说改变一切，否则社会政治将无规律可循，天道也无法理解和把握了。董仲舒认为："若夫大纲、人伦、道理、政治、教化、习俗、文义尽如故，亦何改哉？故王者有改制之名，无易道之实。"（《楚庄王》）所谓的改制只是改变外在的制度，用以证明王朝的改变，但是治理社会的根本原则是永远不会改变的，"道之大原出于天。天不变，道亦不变"（《汉书·董仲舒传》）。董仲舒所理解的天道实际上就是儒家所坚信的上古三代所奉行的王道，就是以周礼为核心的的一整套政治、法律、道德规范。

在董仲舒看来，儒家与其他学派的根本区别就是强调以道德教化来治理社会。这条基本原则也是根据天道来论证的。董仲舒说："天道之大者在阴阳。阳为德，阴为刑；刑主杀而德主生。是故阳常居大夏，而以生育养长为事；阴常居太冬，而积于空虚不用之处。以此见天之任德不任刑也。"（同上）"任德不任刑"就是儒家社会政治的基本原则，它是仿效天道阴阳的运行而产生的，是天道的基本内容。

三、"性三品"的人性论

对人性的分析是儒家思想的重点。在先秦，孟子的性善说和荀子的性恶论发生了激烈的争论。性善说虽然符合儒家的道德理想，但是由于它无法解释恶的产生问题而流于空幻，如果人性善，恶是如何产生的？人人皆有是非之心，为什么还会受欲望的引诱流于邪恶？性恶论切中人生的实际，但却无法为儒家的伦理道德的确立和道德修养的产生提供理论根据，如果人性恶，道德伦理是如何产生的？人生应如何进行修养呢？这些问题成为儒家思想发展的难题。董仲舒则提出了"性三品"学说，对上述理论难题予以了解答，成为当时社会流行的观念，取代了先秦儒学的性善说和性恶论。

董仲舒首先对"性"的概念进行了界定,"性之名非生与?如其生之自然之资谓之性,性者质也"(《深察名号》)。性就是人们生来所具有的素质。这一点和荀子的定义是相近的,但荀子认为人生来所具有的本性必然流于邪恶,而董仲舒则不然。在董仲舒看来,人由阴阳所构成,阳代表了善性,阴代表了恶的品质,所以人生来有善也有恶。"人之诚,有贪有仁。仁贪之气,两在于身。身之名,取诸天。天两有阴阳之施,身亦两有贪仁之性。天有阴阳禁,身有情欲栣,与天道一也。"(同上)天有阴阳,人有贪仁,天道好善乐施,任德不任刑,人生同样欲善不欲恶,所以人心的作用就是克服邪恶的欲望,一心向善。

董仲舒进而对善的概念进行重新的定义,在他看来,孟子所谓的性善之善并不是真正的善,所以才会产生出性善说的错误。"性有善端,动之爱父母,善于禽兽,则谓之善,此孟子之善。循三纲五纪,通八端之理,忠信而博爱,敦厚而好礼,乃可谓善,此圣人之善也。……质于禽兽之性,则万民之性善矣;质于人道之善,则民性弗及也。万民之性善于禽兽者,许之;圣人之所谓善者,弗许。吾质之命性者,异孟子。孟子下质于禽兽之所为,故曰性已善,吾上质于圣人之所善,故谓性未善。"(同上)孟子所说的善只是与禽兽相比而言的,而董仲舒认为真正的善应是道德完善的善行才可称做善,按照这个标准不能说人性已善。人性与善的关系如同禾与米的关系,"善如米,性如禾。禾虽出米,而禾未可谓米也。性虽出善,而性未可谓善也"(《实性》)。善出于性,但性不能说是善的,尚须教化修养才可成为善。"善,教训之所然也,非质朴之所能至也,故不谓性。性者宜知名矣,无所待而起,生而所自有也。善所自有,则教训已非性也。是以米出于粟,而粟不可谓米;玉出于璞,而璞不可谓玉;善出于性,而性不可谓善。"(同上)因此如果主张性善论,则会否定社会政治的必要,必然助长邪恶的盛行。"天生民性,有善质而未能善,于是为之立王以善之,此天意也。民受未能善之性于天,而退受成性之教于王。王承天意,以成民之性为任者也。今按其真质而谓民性已善者,是失天意而去王任也。万民之性苟已善,则王者受命尚何任矣?"(《深察名号》)世界上为什么存在统治者,就是因为百姓有善有恶,所以天为百姓设立君主以统治教化百姓。如果说人性善,就会否定皇权存在的必要,这是违背天意的。

如果人性不是善的,那么如何解释圣人的出现?道德教化又由谁来进行呢?此外,如果说人性都可以教化改变,为什么世界上还有许多十恶不赦的人?针对这些现象,董仲舒进而提出"性三品"说,将所有人分成三类,上品的圣人之性、下品的斗筲之性和中品的中民之性。"圣人之性不可以名性,斗筲之性又不可以名性,名性者,中民之性。中民之性如茧如卵。卵待覆二十日而后能为雏,茧待缲以涫汤而后能为丝,性待渐于教训而后能为善。"(《实性》)圣人之性是至善的;不须教化改变;斗筲之性是极恶的,也是不可教化改变的;这两种人都是极少的,绝大部分人是中民之性,通过教化可以为善。圣人之性与斗筲之性既然是不可改变的,因而也就不是理论所探讨的对象,人性论所探讨的主要就是中民之性。

董仲舒的人性论在一定意义上克服了先秦儒家人性论的弊病,既为统治者治理教化百姓提供了理论依据,又解释了社会上各种人性现象的出现,将所有人性的表现分为三种,普遍地解释了人性的各种表现,这在理论上是一大进步。但是,性三品说将绝大多数人的受教化和从善如流归结为统治者的功劳,剥夺了人生的自觉努力和自我实现的可能,这又是董仲舒思想的缺陷。

四、"正其谊不谋其利"的道德伦理观

儒家的道德伦理思想是儒家哲学的重要组成部分。儒家思想就是通过发扬传统伦理道德以恢复传统社会的理想状态为其基本倾向,在政治上注重道德教化,在个人的成长和自我实现问题上,注重君子和统治者的个人修身实践,这成为儒家思想的主要特征。先秦儒家所总结的伦理道德观念虽然深刻地反映了传统社会基本人际关系,但缺乏理论上的论证。为什么仁义礼智是正确的?君君、臣臣、父父、子子为什么是必然的?这个问题只有到了董仲舒这里,通过对天道观的论证,才系统地论述了道德伦理的起源和必然性。

仁是儒家伦理思想的核心,儒家认为一切道德规范都是以仁为本质的,因此仁是最基本的道德属性,董仲舒认为仁来源于天,"天者群物

之祖也,故遍覆包含而无所殊,建日月风雨以和之,经阴阳寒暑以成之。故圣人法天而立道,亦溥爱而亡私,布德施仁以厚之,设谊立礼以导之"(《汉书·董仲舒传》)。天生成养育万物,体现了天的仁德,因而仁为人类社会尊奉的典范。仁体现在政治上就是"任德不任刑",体现在个人修身上,就是发扬恻隐之心。董仲舒同时还论证了社会最基本的伦常关系也是来源于天,君为臣纲、夫为妻纲、父为子纲是为"三纲",君臣父子夫妇与天道阴阳的变化是一样的。"君臣父子夫妇之义,皆取诸阴阳之道。君为阳,臣为阴;父为阳,子为阴;夫为阳,妻为阴。阴道无所独行,其始也不得专起,其终也不得分功,有所兼之义。是故臣兼功于君,子兼功于父,妻兼功于夫,阴兼功于阳,地兼功于天。"(《基义》)阴阳代表了君臣、父子、夫妇,阴阳不得分离,有阳必有阴,但阳总是为尊,如同天永远高高在上一样。董仲舒说:"丈夫虽贱皆为阳,妇人虽贵皆为阴。阴之中亦相为阴,阳之中亦相为阳。诸在上者皆为其下阳,诸在下者各为其上阴。"(《阳尊阴卑》)君对臣、父对子、夫对妻的统治是绝对的,单方面的。

　　仁义礼智信"五常"也是来源于天,天的五行代表了人间的五常,木代表仁,火代表智,金代表义,水代表礼,土代表信,五常来源于五行。五行的相生相养还是社会忠孝节义的榜样。五行相生如同父子相生一样:"是故木受水而火受木,土受火,金受土,水受金也。诸授之者,皆其父也。受之者,皆其子也。常因其父以使其子,天之道也。是故木已生而火养之,金已死而水藏之。火乐木而养以阳,水克金而丧以阴,土之事天竭其忠。故五行者,乃孝子忠臣之行也。"(《五行之义》)五行相生相胜的变化之道所具有的属性就是人间孝子忠臣道德行为的来源。

　　此外,董仲舒还探讨了伦理学上的几个重要问题:志与功、义与利、经与权。志与功的问题就是道德行为的动机论和效果论,董仲舒坚决主张动机论,反对以效果来评判道德行为。"《春秋》之论事,莫重于志。……志敬而节具,则君子予之知礼。志和而音雅,则君子予之知乐。志哀而居约,则君子予之知丧。故曰:非虚加之,重志之谓也。志为质,物为文。文著于质,质不居文,文安施质?质文两备,然后其礼成。文质偏行,不得有我尔之名。俱不能备而偏行之,宁有质而无文。"(《玉杯》)其中,礼是人的道德行为的外在变现,志则是人的道德动机,二者是质与文的关系。质是根本,只有具有道德意志,人的行为才能被称为道德的,如果二者无法同时具备,宁可取质而舍文。董仲舒对道德评判的态度是:"《春秋》之听狱也,必本其事而原其志。志邪者不待成,首恶者罪特重,本直者其论轻。"(《精华》)哪怕善恶没有造成事实,只凭动机就可加以褒贬。

在义利问题上,董仲舒提出了一句千古名言:"正其谊不谋其利,明其道不计其功。"(《汉书·董仲舒传》)这句话后来成为许多儒者信奉的基本信念,直到今天依然在现实社会中产生深远的影响。义利问题包含两方面的内容,一是道德行为上的动机和效果的关系,一是道德抉择上的道德义务和物质利益的关系。董仲舒强调在道德行为上惟动机是务,在道德抉择上是以道德义务为根本,不应考虑物质利益而牺牲道德义务。

经和权的问题也是道德实践中所面临的一个具体问题。经就是指遵守普遍道德规范的一般行为,权则是指面临道德两难境地时的抉择。应该如何处理道德两难的境地呢?先秦儒家对此问题就曾进行过详细的讨论,孟子曾说过:"男女授受不亲,礼也;嫂溺则援之以手者,权也。"(《孟子·离娄上》)《春秋公羊传》则详细地论证了"权"的含义:"权者何?权者,反于经然后有善者也。权之所设,舍死亡无所设。行权有道。自贬损以行权,不害人以行权。杀人以自生,亡人以自存,君子不为也。"(桓公十一年)权是违背经常之道的,因此行权要非常慎重:第一,行权的目的必须是善的;第二,只有在面临生死存亡之际才可实行;第三,行权是损己以利人,不是损人以利己。董仲舒则继承了先秦儒学和《春秋公羊传》的思想,认为行权的是非对错是非常难以判别的,"故凡人之有为也,前枉而后义者,谓之中权"(《竹林》)。就是说行权虽然违背常道,但其最终目的和结果应是符合道义的,这样的行为才叫做"权",具体地说:"夫权虽反经,亦必在可以然之域。不在可以然之域,故虽死亡,终弗为也。"(《玉英》)行权不可违背大道,否则,纵然丧失性命也不可行权。

第四章　谶纬的神学特征与宇宙图式

在汉代经学的发展中，除今文经学和古文经学之外，谶纬也是影响很大的一股思潮。谶就是神秘的预言，类似于谜语，是对现实社会政治生活中各种事件的预测和断言，主要是关于天命的转移和圣王的出现。纬是解释经的，与传统儒学的释经不同，纬书主要是通过一系列的神话传说和谶语来附会儒学的经典，而不注重阐发经典的义理。谶起源甚早，早在春秋战国时代就出现了。纬则是经学昌盛后才出现的，但是纬书出现后谶纬逐渐合流，纬书中夹杂着大量的谶语，谶纬也就成了一切讲究图谶、纬书、符应等方面的著述的总称，谶与纬也就没有什么区别了。所以，如果溯其源的话，谶与纬是有区别的，但到了东汉之后，谶纬就成了一个笼统的称呼，指的是以纬书为主而形成的一股神学经学思潮。谶纬自流行之后，在东汉社会成为解释儒家经典的权威和依据。东汉以后由于历代的禁绝和取缔，有关谶纬的资料大都佚失和残缺，现有《古微书》、《七纬》、《纬书集成》等辑本。

谶纬著述都伪托孔子所作，因而没有留下作者的姓名，也没有什么师承。谶纬在当时的流行，与汉代文化的神学氛围有密切关系，更得到了一些统治者的大力提倡。王莽为达到其篡汉做皇帝的目的，利用谶纬，大造舆论。王莽称帝后，"遣五威将王奇等十二人班《符命》四十二篇于天下。德祥五事，符命二十五，福应十二，凡四十二篇"（《汉书·王莽传》），这四十二篇就是王莽时所造的谶纬之书。光武帝起兵和称帝时也把谶纬作为重要依据。光武帝非常相信谶纬，称帝伊始，就命尹敏、薛汉等校定图谶（见《后汉书·儒林列传》），中元元年（56年）又"宣布图谶于天下"（《后汉书·光武帝纪》）。谶纬著述由此被确定下来，成为社会信奉的标准，再也不允许私人制造和随意修改，官方垄断了谶纬的发表和解释的权力。在东汉王朝，谶纬被尊为"秘经"，号为"内学"，具有神学正宗的权威性,注释五经皆依据谶纬。学者们凡是善于附会图谶的就能加官进爵,反对图谶的就遭贬黜得罪。

谶纬以解释经典为目的,完全继承了西汉今文经学的各种经学理论,并进行了更加系统和烦琐的论证。由于西汉今文经学的主要著作都已佚失,所以通过谶纬研究,我们可以深入地认识今文经学的理论。谶纬著作与正统的经学家们解经著作内容不同的是,它拥有一套神话系统,论及天上的五帝、人间的三皇五帝,还有圣人孔子及其弟子等,其内容有感生神异、面相怪异以及治世长短等。拥有一个象数系统,以阴阳五行八卦为骨架,发挥了汉代易学象数学,提出了一种很特别的宇宙图式。此外还有关于明堂、巡狩、封禅、祭祀等礼制。阴阳五行灾异和天文星占的思想占了一半以上。从哲学思想来考察,其中最主要的是它对孔子和儒学的神化,以及它所建构的宇宙图式与宇宙发生论。

第一节 谶纬的神学特征

一、谶纬迷信的流行

谶纬就其本质而言是一种神学思潮,它起源甚早,是民间原始迷信的集中体现。但作为东汉社会政治思想的主导,更主要的是一股经学思潮。它是以谶纬迷信来解释和发展传统的经学(主要是西汉的今文经学),以适应社会政治的需要,所以谶纬才在东汉时取得了思想权威的地位,传统儒学的经学反而要以谶纬来加以阐述。援谶入经、以谶解经成为东汉今文经学发展的主流。此外,谶纬中各种神秘的预言,还成为东汉社会政治生活的指导,深刻地影响着东汉社会政治、文化的发展。

谶纬流行的原因是复杂的。首先,我们必须要清醒地认识到汉代社会是一个神学迷信气氛十分浓厚的时代。尽管经过了先秦诸子百家的理性反省和批判,经过了秦汉之际科学技术的迅猛发展,我们还应承认,这个时代的理性精神和科学文化的发展还不足以战胜和推翻神学迷信的统治。从整体上看,汉代社会依然是以"天人感应"的天命观作为统治的意识形态,各种神话传说和迷信在汉代得到了极大的丰富与发展。

其次，汉代的今文经学本身就拥有大量的神学成分，与谶纬有相通的地方，因而谶纬得以依托经学得到发展，反过来，得到极大发展的谶纬又成为今文经学阐释经典的指导和权威。今文经学的政治观和历史观都是以天命为根据的，朝代的更换和历史的发展都是天命的体现，社会政治生活也都是以天命为最高的权威。今文经学在经典诠释中对各种自然灾异现象予以了特别的关注，认为这些灾异现象体现了神秘的天命，因而与现实社会政治具有必然的联系。于是灾异和谴告成为今文经学的基本观念，这些思想都与谶纬迷信相符合。

再次，统治者的大力提倡。统治者不仅在生活上追求长生不老，导致各种神仙方术的盛行，助长了神学迷信的流行，而且在政治上还迫切地需要天命观和神话来为自己的统治提供权威性的论证。刘邦斩蛇起义的故事，就是统治者利用谶语和迷信来为自己夺取政权所创造的神话。光武帝建立东汉王朝也同样需要神话和谶语为自己服务，因而光武帝非常推崇谶纬，国家大事都是借助图谶来解决，儒家的经典诠释也要以谶纬为标准。

最后，经学理论上的残缺，使得儒学无法满足时代的要求，这就为谶纬的出现提供了理论空间。经过焚书坑儒，先秦儒学受到极大的打击。汉初儒学复兴时，儒家的经典已经残缺不全了，上古三代的历史和制度也有许多解释不清的地方，而今文经学本身又受到家法的局限，无法弥补儒学理论上的不完善。谶纬神学在解释经典过程中，则不受家法的局限，在天命观、政治观和历史观方面系统地建构了一套神学理论。

二、谶纬的神学特征

谶纬本质上是一种神学，用神学解释儒家的五经。今文经学中本来就包含一些神学成分，谶纬之学利用上古传说中的神话资料或重新杜撰一些神话传说，把有关神学成分发展至极端，从而使儒家经学完全神学化。

在天命观方面，而谶纬将天描绘成人格神，并编造了一套神话传说。谶纬认为，天上的主宰是北辰之帝耀魄宝，居于太微宫中，管辖五方上帝，《易纬·通卦验》卷上郑玄注曰："耀者，耀魄宝。北辰，帝名也。此言太微之帝，本与北辰之帝同元。元，天之始也。其精有五，谓苍帝灵威仰之属也。其布列用事各有期，期各七十二日，主叙十神二十八舍北斗也。"五帝分别代表东南西北和春夏秋冬，代表一年四季的运行，主宰二十八宿星辰的运行变化。他们的名字分别是："苍帝其名曰灵威仰，赤帝其名曰赤熛怒，黄帝其名曰含枢纽，白帝其名曰白招矩，黑帝其名曰汁光纪。"(《春秋纬·文曜钩》)五帝不仅主宰星辰的运行变化，更重要地主宰人间社会的变化。"夫太微者，大妙之谓，用以序星辰，揆日月，定岁时，齐七政，开阴阳，审权量，发万物，举兴废，布小大，施长短。故五帝居之，以试天地四方之邪正而起灭之。其势强者强之，弱者弱之，强之强之而弱之，弱之弱之而强之。是故危者能安，兴者能亡，皆五帝降精而使之反复其世道焉。世道之强而亡者，黑帝降之；弱而存者，赤帝降之；安而危者，白帝降之；灭而兴者，青帝降之。"(同上)人间社会朝代的更迭都是由五帝所主管。谶纬关于天帝的神话与今文经学的阴阳五行的思想相比有相通之处，并不矛盾。二者的区别在于今文经学侧重对天的哲学、自然科学的说明。今文经学认为天是自然之天，是道德之天，是命运之天，具有绝对的权威。而谶纬则注重天的人格形象和神话迷信。

　　谶纬还对上古圣王加以神化。尧、舜、禹、汤和周文王等都是天命所生。谶纬对圣王的神化，主要有三方面内容，一是对出生的神化，凡是圣王都是感应某种神灵或具有某种神异的现象而生，并不像普通人那样由父母所生。例如，禹为白帝之子，"禹白帝精，以星感。修己山行，见流行贯卯，意感栗然，生姒戎文命禹"(《尚书纬·帝命验》)。第二方面内容是长相的奇特，圣王都有奇异的面相。例如，禹的面相与众不同，"禹耳三漏，是谓大通"、"文王四乳，是谓含良"(《春秋纬·元命包》。第三方面是受命。圣王必定禀赋天命而生，上天必然有祥瑞或启示以揭示天命的必然。《尚书纬·中候》记载："周太子发渡孟津，有火自天止王屋为赤乌。"周武王继承文王遗志，伐纣灭商，乃是天意使然，其证据就是天降赤乌。此外还有武王渡河伐纣时，有白鱼跃进王舟，这些都是获得天命支持的象征。谶纬对圣王的神化与今文经学有所不同。今文经学也同样十分推崇上古圣王，但更多的是推崇他们本人所具有的德性和所创建的功勋，是出于对祖先的崇拜。而谶纬则是将圣王纳入神话系统之中,作为人格神来加以推崇。

谶纬著述中,不仅对所编造的众多圣王进行了神化的阐释,而且还突出论述了有关孔子的神话故事。据《春秋纬·演孔图》记载:

> 孔子母徵在,游大泽之陂,睡梦黑帝使,请己已往梦交,语曰:汝乳必于空桑之中。觉则若感,生丘于空桑。

> 孔子长十尺,大九围,坐如蹲龙,立如牵牛,就之如昂,望之如斗。

> 孔子论经,有鸟化为书。孔子奉以告天,赤爵集书上化为黄玉,刻曰:孔提命,作应法,为赤制。

神化孔子是汉代社会发展的需要,社会需要尊敬儒学以继承传统和论证皇权统治的权威,儒者需要神化孔子以论证自我的使命和信仰,因而在今文经学中就宣扬孔子受命为汉制法的观念,而在谶纬中则完全将孔子神化了。

谶纬对于主宰之天和圣王的神化有深刻的政治背景。从刘邦立汉、王莽代汉及光武中兴,都需要神话来为其统治权威提供天命的论证。天命观始终是汉代统治意识形态的核心。谶纬神学的出现弥补了儒家经学的不足,强化了经学的权威,但同时也使儒家经学庸俗化,今文经学流于谶纬成为其衰败的一个重要原因。

第二节 谶纬中的宇宙图式

谶纬在本质上是一种神学性的思想体系,同时亦吸收了当时天文、历法、数理和医学上的若干成果或资料,由此它进一步发挥了西汉易学中的象数学的宇宙图式论,对后世产生重要影响。谶纬的宇宙图式论主要集中在《易纬》中。它将《周易》中的阴阳八卦、六十四卦分别与时辰、方位、星宿、一年三百六十五天结合在一起,用以说明宇宙的结构与变化过程。为了具体说明上述种种要素之间的关系,《易纬》又从中引进了象数学的爻辰、卦气等观念和九宫、河图图式。这种宇宙图式论把宇宙看做为一个有机联系的整体,有一定的合理性。但其中很多内容是想象和杜撰的，有待于具体辨析和清理。

在《易纬》的宇宙图式论中，最为重要和最有影响的，是它有关宇宙生成过程的论述。《易纬·乾凿度》曰：

> 有太易，有太初，有太始，有太素也。太易者，未见气也。太初者，气之始也。太始者，形之始也。太素者，质之始也。气形质具而未离，故曰浑沦。浑沦者，言万物相浑成，而未相离。视之不见，听之不闻，循之不得，故曰易也。易无形畔。易变而为一，一变而为七，七变而为九。九者，气变之究也，乃复变而为一。一者，形变之始。清轻者上为天，浊重者下为地。

在这段话中，《易纬》坚持阴阳之气生成天地万物的传统思想，只是在阴阳之气又是如何产生的问题上，提出了几个新的观念：太易、太初、太始、太素。这几个观念乃是气分为阴阳之前的几个阶段。在阴阳之先，还没有分化出有形的事物，只能称为浑沦，浑沦就是天地万物形质未分的阶段。形质未分也不能说是最初状态，还应该有更浑沦的阶段，这就是"气之始"的太初阶段。那么气之先是什么呢？只能是未见气的太易阶段，再往上就无从溯源了，所以太易是最初的阶段。运用这种思路来探讨宇宙的起源，企图寻找宇宙发生最初的开端，实际上无法真正解决宇宙的起源问题的。但是，它认为有形质的东西是从无形质的东西演化而来的，在后世受到广泛的重视。

《易纬》的宇宙论归根到底是要对现实社会的政治道德进行论证。《乾凿度》又曰：

> 八卦之序成立，则五气变形。故人生而应八卦之体，得五气，以为五常，仁、义、礼、智、信是也。夫万物始出于震，震，东方之卦也，阳气始生，受形之道也，故东方为仁。成于离，离，南方之卦也，阳得正于上，阴得正于下，尊卑之象定，礼之序也，故南方为礼。入于兑，西方之卦也，阴用事，而万物得其宜，义之理也，故西方为义。渐于坎，坎，北方之卦也，阴气形，盛阴阳气含闭，信之类也，故北方为信。夫四方之义，皆统于中央，故乾、坤、艮、巽，位在四维，中央所以绳四方行也，智之决也，故中央为智。故道兴于仁，立于礼，理于义，

定于信，成于智。五者道德之分，天人之际也。

有天地后，便有八卦和五行，于是人应八卦之体，禀赋五行之气，所以有五常之德，这就是仁义礼智信五常。五常代表着一年四季阴阳的变化，是天意的体现。因而，谶纬著作中非常注重天人感应，注重灾异谴告。可以说，对灾异现象的注重，对天人感应观念的强调，乃是谶纬著作的主要思想特征。

谶纬著作中的大部分社会政治和哲学思想与今文经学是一致的。二者的区别在于，今文经学虽然也讲天人感应、灾异谴告，注重阴阳五行的变化，但这只是为儒学的德治思想和道德的起源寻求天道的根据，其根本目的依然是加强社会政治的道德教化，以实现王道。而谶纬则不同，它所注重的是神秘的命定论思想，整个现实世界都是由象数所规定的，一切事物都是由阴阳五行的禀赋所决定的。所以，通过《周易》的六十四卦的变化就可以认识把握天道，其实质是宣扬一种神秘的命定论思想。

第五章 扬雄的"法言"与"太玄"论

扬雄(前53～18年),蜀郡成都人。"雄少而好学","口吃不能剧谈,默而好深湛之思","不汲汲于富贵,不戚戚于贫贱"(《汉书·扬雄传》),四十多岁时,才离开蜀郡来到京师,然而由于西汉后期的政治十分黑暗,扬雄始终未能在仕途上有所进取。他淡薄名利,一心想在文化著述方面有所成就,于是他"以为经莫大于《易》,故作《太玄》;传莫大于《论语》,作《法言》"(《汉书·扬雄传赞》)。同时在文学、文字学上有重要成就。扬雄哲学著作以《太玄》和《法言》为代表。他虽然以儒家的价值观为依据,但在形上思辨方面又更多地借鉴和吸取了道家的思想,所谓"观大易之损益兮,览老氏之倚伏。省忧喜之共门兮,察吉凶之同域"(《太玄赋》)。扬雄并不是正统的经学家,而是一个独立思考、希望"立言"以传后世的伟大的思想家。

第一节 《法言》中的哲学思想

扬雄《法言》模仿《论语》而作,通过问答方式对当时思想界所关注的各种问题进行了论述。当时是经学一统天下的时代,阴阳灾异学说十分盛行。但扬雄没有局限在经学的藩篱之内,而是重新阐述了传统儒学的基本观念,批判了流俗的各种错误认识,在某种意义上可以说是企图恢复先秦儒学注重理性和道德实践的精神,因而在汉代思想发展史上具有重要的地位。

扬雄思想的基本观念,与孔孟荀的先秦儒学基本上一脉相承。他强调进行道德修养是十分重要的,"人而不学,虽无忧,如禽何?学者所以求为君子也。求而不得者有矣,夫未有不求而得之者也"(《法言·学行》)。学习的目的是改变人的本性,"学者所以修性也。视、听、言、貌、思,性所有也。学则正,否则邪"(同上)。人的本性,在扬雄看来,并不是先天性善的,"人之性也,善恶混。修其善则为善人,修其恶则为恶人"(《法言·修身》)。人性善恶相混的观点既与孟子的性善论不同,也与董仲舒的性三品说有差别。他所突出的是后天的道德实践和修养,这倒是与孔子"性相近也,习相远也"的观念相近似。

道德修养的原则就是以仁义礼智信为标准。"仁,宅也;义,路也;礼,服也;智,烛也;信,符也。处宅,由路,正服,明烛,执符,君子不动,动斯得矣。"(同上)仁宅义路的观点乃是继承孟子的思想。道德修养的具体途径就是以孔子和五经为依据,"孔氏者,户也"(《法言·吾子》)。孔子的人格和修养历程是一切修养的君子的楷模和必由之路,五经则是孔子思想的集中体现,所以"舍五经而济乎道者末矣。弃常珍而嗜乎异馔者,恶睹其识味也;委大圣而好乎诸子者,恶睹其识道也"(同上)。同时,扬雄还强调,道德修养应是全方位的,所以君子应该有"四重":"重言,重行,重貌,重好。言重则有法,行重则有德,貌重则有威,好重则有观。"(《法言·修身》)不可只注重外表的文饰。"或曰:'有人焉,自云姓孔,而字仲尼。入其门,升其堂,伏其几,袭其裳,则可谓仲尼乎?'曰:'其文是也,其质非也。'"(《法言·吾子》)文质问题也是孔子所提出的修养中应注意的问题。在学习和实践的关系上,扬雄认为应以实践为本:"学,行之,上也;言之,次也;教人,又其次也;咸无焉,为众人。"(《法言·学行》)只有通过践履,才能实现修养的目的,否则与众人无异。

扬雄在《法言》中所提出的上述思想,看起来似乎没有什么创见。但是我们应该注意的是,在扬雄的时代,今文经学和谶纬统治着学术界,扬雄没有盲从流俗,而是坚持独立的理性批判精神,对先秦儒学的真精神和汉代学术界所提出的诸多困惑问题提出了自己的见解。由此突破了当时所谓正宗儒学的界限,表现了他独特的思维深度和视角。

在对待不同的学派思潮的态度上,扬雄不是采取完全否定的方式,而是有所扬弃。"或曰'庄周有取乎?'曰:'少欲。''邹衍有取乎?'曰:'自持。至周罔君臣之义,衍无知于天地之间,虽邻不觌也。'"(《法言·问道》)又说:"老子言道德,吾有取焉耳。及槌提仁义,绝灭礼学,吾无取焉耳。"(同上)当然,扬雄评判学术的标准还是儒学。"或曰:'人各是其所是,而非其所非,将谁使正之?'曰:'万物纷错则悬诸天,众言淆乱则折诸圣。'或曰:'恶睹乎圣而折诸?'曰:'在则人,亡则书,其统一也。'"(《法言·吾子》)也就是说,应该以孔子先圣和所遗留下来的经典为标准来判断学问和实践的对错是非。但是,扬雄又并不是对圣人的经典的完全盲从,他认为经典学说是不断损益和变化的。"或曰:'经可损益与?'曰:'易始八卦,而文王六十四,其益可知也。……故夫道非天然,应时而造者,损益可知也。'"(《法言·问神》)人类的认识成果并不是绝对真理,而是根据时代的发展不断变化的。"或问:'道有因无因乎?'曰:'可则因,否则革。'"(《法言·问道》)在因革问题上,扬雄注重因与革的结果。

从上述不盲从流俗观念、注重独立的理性思考精神出发,扬雄还对当时流行的迷信观念进行了批判。在扬雄看来,天就是自然无为的天,并不是有意志、有目的的天。"或问'天'。曰:'吾与天与,见无为之为矣!'或问:'雕刻众形者匪天与?'曰:'以其不雕刻也。如物刻而雕之,焉得力而给诸?'"(同上)人也是自然的人,有生有死,"有生者必有死,有始者必有终,自然之道也"(《法言·君子》),因而没有什么神仙方术。至于社会政治的好坏和战争的胜负都是由人为所决定,并不是什么天命所决定的,"楚败垓下,方死,曰:'天也。'谅乎?曰:'汉屈群策,群策屈群力,楚憞群策而自屈其力。屈人者克,自屈者负,天曷故焉?'"(《法言·重黎》)此外,扬雄还对孟子所提到的"五百年必有圣人出"的观点也进行了批判。"或问:'五百岁而圣人出,有诸?'曰:'尧舜禹,君臣也而并;文武周公,父子也而处。汤、孔子数百岁而生。因往以推来,虽千一不可知也。'"(《法言·五百》)这些思想在当时都是难能可贵的,具有进步的意义。

第二节 《太玄》的哲学架构

《太玄》是扬雄一生最得意、最费心血的一部著作。它是模仿《周易》而作,体现了扬雄卓越的哲学创造力和高超的玄思水平。

《周易》在汉代不仅被看做是一种卜筮之书,而且被认为是认识天、地、人三才之道的工具和途径，成为蕴涵宇宙奥秘的最为深奥的哲学宝典，在儒学的经典中地位最高，也最为重要。扬雄不仅要仿照先圣孔子的《论语》作《法言》，以期对社会、政治、人生等问题进行探讨，而且还要进一步探求宇宙的奥秘，《太玄》的思想体系按其胆识、魄力和智慧可以说是前无古人，而后世也只有邵雍的《皇极经世》可以与之相媲美。

《太玄》虽是模仿《周易》，但其结构却与《周易》有极大的差别。《周易》为六十四卦，《太玄》则是八十一首；《周易》每卦有六爻，《太玄》每首则只有四画，从上至下，分别代表方、州、部、家；《周易》有卦辞，《太玄》则无；《周易》有三百八十四爻辞，《太玄》每首九赞，共有七百二十九赞，赞有赞辞，但赞辞与每首中的四画并无直接联系。《太玄》的卜筮方法也与《周易》不同，《周易》的大衍之数为五十，其用四十有九，而《太玄》的天地之策为三十六，其用三十有三。《周易》不仅有六十四卦的"经"，还有十篇《易传》以解释《易经》，《太玄》同样也模仿《易传》，作《玄摛》、《玄莹》、《玄图》、《玄告》、《玄数》、《玄文》、《玄衡》等篇。

《太玄》和《周易》一样，都认为天道虽然神秘崇高，但并不是不可认识和把握的。与《周易》将最高本体称之为"太极"不同，扬雄深受道家的影响，将宇宙的大道称之为"玄"，更加增添了对天道神秘莫测的本体性质的论述。扬雄认为："玄者，幽摛万物而不见形者也，资陶虚无而生乎规，抾神明而定摹，通同古今以开类，摛措阴阳而发气。一判一合，天地备矣；天日回行，刚柔接矣；还复其所，终始定矣；一生一死，性命莹矣。"（《玄摛》）现实世界的一切生命和天地万物等都是由阴阳二气所生成，而阴阳二气产生于玄，玄是世界产生发展的总根源。玄与道家所讲的"道"一样，是非常难以形容和理解的，它无形无象，但又是现实世界一切事物产生和变化的总根源和所依据的基本规律。所以，"玄"可以说是扬雄哲学体系中的最高范畴。

扬雄对"玄"的解释不仅依据道家的道论，而且吸取了汉代阴阳五行与四季相配合的宇宙图式，以及汉代易学的卦气说。他将"玄"作为发展规律的基本内容概括为：

罔、直、蒙、酋、冥：罔，北方也，冬也，未有形也；直，东方也，春也，质而未有文也；蒙，南方也，夏也，物之修长也，皆可得而戴也；

> 酋,西方也,秋也,物皆成象而就也;有形则复于无形,故曰冥。故万物罔乎北,直乎东,蒙乎南,酋乎西,冥乎北。故罔者有之舍也,直者文之素也,蒙者,亡之主也,酋者生之府也,冥者明之藏也。罔舍其气,直触其类,蒙极其修,酋考其就,冥反其奥。罔蒙相极,直酋相敫。出冥入冥,新故更代,阴阳迭循,清浊相废。(《玄文》)

"出冥入冥"的思想类似于老子的"天下万物生于有,有生于无"的观念。由罔到冥体现了万物生长、发育、消亡的过程,同时它也与大自然春夏秋冬四季运行、阴阳消长变化规律是一致的,这就是扬雄所理解的宇宙变化发展的基本规律。

玄作为宇宙发展的基本规律是客观的、自然的,因而扬雄又阐发了因循自然的思想,他提出:

> 夫作者贵其有循而体自然也。其所循也大,则其体也壮,其所循也小,则其体也瘠。其所循也直,则其体也浑,其所循也曲,则其体也散。故不惧所有,不强所无,譬诸身,增则赘,而割则亏。故质干在乎自然,华藻在乎人事也,其可损益欤?(《玄莹》)

因循自然大道,并不否认人为的努力,并不认为大道是一成不变的。在扬雄看来,"夫道有因有循,有革有化。因而循之,与道神之。革而化之,与时宜之。故因而能革,天道乃得。革而能因,天道乃驯。夫物不因不生,不革不成。故知因而不知革,物失其则,知革而不知因,物失其均。革之匪时,物失其基。因之匪理,物丧其纪。因革乎因革,国家之矩范也。矩范之动,成败之效也"(《玄莹》)。因与革代表着顺应客观与主动创造、常与变的关系。扬雄在这里对因革之间的辩证关系进行了详细的论述,具有十分重要的思想价值。

扬雄虽然较多地吸取和借鉴了道家的思想,但其价值观还是儒家的,所以他对天道的论述最终还是落到对社会道德观念的论证上面。在扬雄看来,天道的秩序正是人间道德的起源,"昼夜相承,夫妇系也。终始相生,父子继也。日月合离,君臣义也"(《玄图》)。又说:"夫天地设,故贵贱序。四时行,故父子继。律历陈,故君臣理。"(《玄摘》)这种思想与董仲舒根据阴阳五行的天道观论证三纲五常的道德伦理观念是一样的。

总之,扬雄依据《周易》,总结了汉代哲学发展的各种思想观念,对天道观进行了独立、系统的思考,他以"玄"为其哲学体系的最高范畴,将宇宙、社会、人生等统一起来进行研究,将玄作为这个统一世界的本原和大道。"玄"的存在是普遍的,"仰而视之在乎上,俯而窥之在乎下,企而望之在乎前,弃而忘之在乎后,欲违则不能,嘿则得其所者玄也"(《玄摛》)。"玄"的功用是至上的,儒者所应具备的智、仁、勇三德就是通过对玄的把握来体现的。只有认识了玄,才能真正认识仁义礼智和阴阳晦明等社会和自然界的各种属性和实质。

扬雄融会儒道两家思想,创造了一个严谨而精细的哲学体系,这在中国哲学发展史上是极为罕见的。中国哲学的发展一般采取的是"述而不作"的方式,而扬雄竟然比拟圣人而创作了《法言》和《太玄》两部著作,使他在中国哲学发展史上占有独特的重要地位。当然,扬雄所创的太玄体系,虽然自圆其说,独成一家,但在历史上的影响并没有像他本人所希望的那样。《法言》虽然流传于世,但毕竟仅仅是反映了汉代儒学发展的水平,无法与开创儒学的《论语》相比,而《太玄》机械地模仿《周易》,更不足以与五经之首的《周易》相抗衡,所以《太玄》在后世默默无闻,其影响远逊于《法言》。

第六章 桓谭与古文经学的哲学倾向

汉代的今文经学长期居于官学和正宗的地位，在其演变过程中逐渐成为俗儒干禄入仕的重要工具。为了维护既得利益，今文经师一贯固守师承门户，排除异己。由于他们特别关注五经的"微言大义"，任意杜撰经典文本的含义，并走向烦琐主义。尤其是今文经学与谶纬神学的合流，致使儒者忘记其王道理想和经邦济世的使命，也使今文经学空前庸俗化而走向衰落。在这种形势下，与之对立的古文经学开始兴起。古文经学长期在民间流行，并为争取立于官学进行过多次斗争。与今文经学不同，古文经学在解释五经的过程中，都比较尊重历史实际和原典的文本。他们反对把孔子神化、把五经神化，认为当时的"凭谶义说"、"以谶解经"是对儒家传统经典的破坏。古文经学最突出的特征，是其经典诠释中的"实事求是"的精神，这也集中反映了古文经学的哲学倾向。桓谭是古文经学中一位杰出的代表。他对谶纬神学的批判、他的形神烛火之喻及其对世俗迷信的批判，在汉代哲学发展中占有重要的历史地位。

第一节 古文经学的哲学倾向

一、古文经学的兴起

古文经就是指西汉出现的用先秦文字书写的一组儒家经典，与用汉代隶书书写的今文经有很大的区别。二者不仅有文字的不同、篇数的差异，还有经典本身的歧异。古文经在春秋学方面注重《春秋左氏传》，在礼学方面注重《周礼》，这与今文经学注重《春秋公羊传》和《仪礼》有很大差别。古文经的出现是很早的，但古文经学作为一种思想流派，作为与今文经学相对立的一种学术思潮，则是出现在西汉后期。

古文经学正式登上历史舞台的标志是刘歆争立古文经于博士之学。刘歆随父亲刘向奉命校点宫廷藏书，发现了所收藏的古文《春秋左氏传》，特别喜欢，刘歆认为"左丘明好恶与圣人同，亲见夫子，而公羊、谷梁在七十子后，传闻之与亲见之，其详略不同"(《汉书·楚元王传》)，所以左氏传比公羊和谷梁的经解高明。刘歆通过比较五经的今古文版本，认为古文经比今文经完整，古文经说也是得自孔子的亲传，比起今文经的残缺和传自汉初经师的经说要高明得多。于是笃信古文经，欲争立《左氏春秋》及《毛诗》、《逸礼》、《古文尚书》于学官，汉哀帝虽然支持刘歆，但无法取得今文经学博士的同意。从此，古文经学的流传逐渐广泛，影响日渐深远。

古文经学在两汉兴起的原因主要有两点，一是出于功利的目的，这是两汉经学，包括今文经学和古文经学，竭力增置家法于官学的重要原因。如果被立为博士之学，不仅其经说的权威性得到官方的认可，而且还成为仕途之一。二是学术上出于保全道术、实事求是的精神。今古文经学家们在这一点上相互攻击。今文经学家认为自己的经说亲得孔子真传，家法传授真切可考，而古文经则来源不清，传授不可考，不是孔子的真传。古文经学则认为古文经版本古老、可靠、完整，左氏亲见孔子，因而其注《春秋》比孔子弟子相传的公羊经说要高明，而《周官》乃周公所作，更是三代文明的真谛所在。古文《尚书》比今文《尚书》多十六篇，《左传》更是详于史实，《周官》则详于制度，因而与今文经学相比，古文经学对上古三代历史的了解比今文经学要完整和详细得多。由于今文经的残缺和今文经学流于谶纬，无法满足社会对于文化发展的需求，古文经学详于上古三代的制度和礼仪，注重现实的道德批判，适应了两汉社会儒者的需要。

古文经学在东汉时期出现一批著名的经学大师，其中有郑众、贾逵、马融、郑玄等人。著名的哲学家扬雄和桓谭也属于古文经学派。东汉后期，郑玄继承马融的古文经学，又融合了今文经学的各种学说，遍注群经，并与今文经学展开论争，使得家法林立的经典解释归于统一，赢得了学者们的赞赏，在学术上打败了今文经学。

二、古文经学的哲学倾向

古文经学在思想上与今文经学相比，有如下几个特点：首先是对五经的性质和作用的认识与今文经学不同。今文经学认为五经寄托了孔子改制的理想，蕴涵着孔子为后世所制定的法典，因此今文经学家们提出了三代改制、阴阳灾异等观念来解释五经。古文经学则认为五经是历史之书、制度之书和道德训诫之书，五经记载了王道理想的制度，并通过史实的批判和诗歌的讽喻来表达王道理想的道德价值观，特别是君君、臣臣、父父、子子的伦理等级规范。

其次，古文经学家的历史观与今文经学家也有所不同。今文经学认为人类历史的发展是循环变化的，按照阴阳五行相生相克的规律而变化，所以新王必须要改制，这体现了天道的变化规律，从上古三代一直到春秋的历史就是历史循环发展的例证，今文经学家对五经的注释就是阐发和证明这种历史观。然而改制只是形式的变换，天不变道亦不变，不变的王道的具体制度是如何的呢？这就不是今文经学家们所能讲清的，今文经学家们在具体的社会制度建设方面由于文献的缺乏而显得无能为力。而古文经学家则不强调历史的循环发展和改制的必要，认为上古三代的社会制度是完美的，人类社会的历史发展是没有什么变化的，因而特别注重王道礼制的建设和道德的历史批判。长于制度之学是古文经学的长处，尽管古代的礼制同样无法在汉代照搬挪用，但毕竟在思想上对众多的社会问题、社会制度有一明晰的说法。因而古文经学家在现实中多富有批判精神，与今文经学家相比，更注重发扬原始儒家的经邦济世的精神。

第三，在经典诠释中以实事求是为基本原则。古文经学不注重师法和家法。古文经学家大都兼通五经，并且作为民间学派，为了与今文经学相抗争，古文经学家们也大都兼通今文家法。许多今文经学家也兼通数经，但由于博士之学必须严守家法，所以经说只可增益，不可违背师说和家法，这就阻碍了今文经学的学术发展，其结果是越来越烦琐而又脱离现实。古文经学出于实事求是的目的，对于五经的研究并不专守什么家法，也没有什么家法可守，虽然学有所承，但并不拘泥于师说，而是以实事求是的精神来探究五经的原意，通过对史实的探讨和文字的解释来发扬五经的原意，因而其经说日益贯通而精确，为古代文化的传承作出了重大的贡献。

实事求是的精神主要体现在两个方面，第一，在经典注释方面，古文经学在注经过程中注重字义的训诂，尊重文本，不讲"微言大义"。今文经学家认为五经蕴涵着孔子为后世所制定的法典，因此着重阐发孔子蕴含在五经中的"微言大义"。而所谓的"微言大义"就是西汉儒学所讲究的王者改制、天人感应等一套理论。而古文经学在今文经学流行之后，借鉴新发现的古文经，顺应时代对文化和学术发展的新要求，以实事求是的态度和精神专注于经文的释义，通过对史实的考证和文字训诂来诠释经典。于是文字训诂之学在东汉古文经学这里得到了空前的发展。流传至今的最为著名的著作就是许慎的《说文解字》和郑玄的"三礼"注。郑玄的三礼注是汉代训诂的顶峰之作，而许慎的《说文解字》则是中华文明史上第一部字典。在《说文解字》中，许慎系统地总结了汉字形成的"六书"说，对汉字进行了全面的阐释，对于中国汉字的发展起到了决定作用，而且对于运用汉字写作和思维表达方式都产生了深远的影响。训诂学不仅仅是属于文字学，而且还是经典诠释学的表现方式，是一种文化诠释学。

实事求是精神体现的第二方面是对谶纬迷信的批判。与今文经学流于谶纬迷信相对立，古文经学家坚决反对谶纬迷信。郑兴、桓谭、扬雄、尹敏等人都曾坚决地反对和批判谶纬。据《后汉书·郑兴传》记载："帝尝问兴郊祀事，曰：'吾欲以谶断之，何如？'兴对曰：'臣不为谶。'帝怒曰：'卿之不为谶，非之邪？'兴惶恐曰：'臣于书有所未学，而无所非也。'帝意乃解。"桓谭则因为不读谶而惹怒了光武帝，几乎被杀。尹敏则明确地表示："谶书非圣人所作，其中多近鄙别字，颇类世俗之辞，恐疑误后生。"(《后汉书·尹敏传》)古文经学家坚持从五经的本文出发，从五经的历史和时代状况出发来解释五经，反对今文经学家对五经的种种比附和歪曲的解释。

总之，古文经学家在实事求是精神的指导下，反对谶纬迷信，取得了丰硕的学术成果。这一精神后来突破经典解释的范围，而成为中国哲学研究中的一种优良传统,并不断地发扬。今古文经学在对儒学经典的阐释方面的差别是巨大的,但他们又都属于儒家学派,他们的价值观和人生理想,及其对王道的信仰都是相同的。今文经学随着东汉后期的战乱,其家法的传承日益散乱,无法维系,加上古文经学大师郑玄的出现,使得古文经学在学术上吸纳今文经学的成果,包容和超越了今文经学,于是古文经学在三国之后逐渐取得了压倒性的胜利。然而由于时代课题发生了转变,经学的地位在魏晋时期已经不复有两汉时期的辉煌,玄学思潮开始兴起。中华民族精神的发展进入了一个新的阶段。

第二节 桓谭的哲学倾向

桓谭(约前23～56年),字君山,沛国相(今安徽濉溪县)人。"博学多通,遍习五经,皆诂训大义,不为章句。能文章,尤好古学,数从刘歆、扬雄辨析疑异。"(《后汉书·桓谭列传》)桓谭的一生正值西汉和东汉之交,作为一个信仰古典儒学的思想家,虽然对现实社会政治有所建议,但一直未能被统治者所采纳和重用。"当王莽居摄篡弑之际,天下之士,莫不竞褒称德美,作符命以求容媚,谭独自守,默然无言。"(同上)东汉光武帝即位后,他多次上书改革政治都没有得到理睬。由于他坚决反对谶纬,致使光武帝大怒,认为他"非圣无法,将下斩之"(同上)。一个伟大的思想家,七十余岁的老人,因为其思想触犯了统治者,在"叩头流血"之后,才被免于死刑,最终死于被贬黜的途中。

桓谭的主要著作有《新论》二十九篇,现仅存辑本。王充对《新论》有极高的评价:"仲舒之言道德政治,可嘉美也。质定世事,论说世疑,桓君山莫上也。故仲舒之文可及,而君山之论难追也。"(《论衡·案书》)王充认为桓谭的论著比董仲舒的思想要高明得多。

一、反对谶纬迷信

在桓谭看来,谶纬典籍来源不清,乃是后人依托伪造。"谶出河图、洛书,但有兆朕而不可知。后人妄复加增依托,称是孔丘,误之甚也。"(《新论·启寤》)孔子本人认为性与天道是非常难以言说的,而谶纬则连篇累牍地宣扬蕴涵天意的谶语，比附各种自然灾异以代表天志，这与上古三代的社会政治是相违背的。"观先王之所记述，咸以仁义正道为本，非有奇怪虚诞之事。盖天道性命，圣人所难言也。自子贡以下不得而闻，况后世浅儒能通之乎。今诸巧慧小才伎数之人，增益图书，矫称谶记，以欺惑贪邪，诖误人主，焉可不抑远之哉？臣谭伏闻陛下穷折方士黄白之术，甚为明矣，而乃欲听纳谶记，又何误也！其事虽有时合，譬犹卜数只偶之类。陛下宜垂明听，发圣意，屏群小之曲说，述五经之正义，昭雷同之俗语，详通人之雅谋。"(《后汉书·桓谭传》)谶纬的迷信预言虽然有时似乎很灵验，那就像占卜数术一样，不过是偶合而已。

大自然的灾异历代都存在，但是圣王对待灾异的态度是加强德治，而不是崇奉天命迷信。"灾异变怪者，天下所常有，无世而不然。逢明主贤臣智士仁人，则修得善政，省职慎行以应之，故咎殃消亡而祸转为福焉。"(《群书治要》卷四十四引《新论》)这才是传统儒者对待天命灾异等现象的正确态度。如果不整顿政治，加强道德建设，没有因为灾异的出现而反省自身，那么就会出现政局的动荡和社会的黑暗。桓谭的这种观点正是古文经学家继承传统儒学的基本精神的体现。在先秦儒家那里，自然灾异等现象与社会政治是有关联的，但它的目的仅是提醒统治者要反省自身，加强道德建设，只有依靠自己的道德修养才能避免和摆脱灾异的影响。但是自从今文经学和谶纬迷信合流后，灾异谴告说成为随意比附解释的工具，导致了思想上的混乱，人们专注于揣摩猜测神秘的天意，忽略了现实的政治道德建设。所以桓谭从其古文经学的立场出发，坚决反对当时思想界的这种迷信思潮。

二、形神烛火之喻

形神问题是中国哲学史上所讨论的一个重要问题。它的本意是关于人的肉体和灵魂或精神是否可以长生不死的问题。从原始社会的灵魂崇拜，到秦汉之际追求长生不老的社会风气，都使得形神问题成为思想界斗争的焦点。桓谭不仅反对谶纬，而且在理论上还系统地提出了一种新的形神理论，对形神关系进行了较为合理的解释。

桓谭用烛与火的关系来比喻和解释形与神的关系，在他看来，精神

如火,形体如烛:

> 精神居形体,犹火之然烛矣。如善扶持,随火而侧之,可毋灭而竟烛。烛无,火亦不能独行于虚空,又不能复然其炪,炪犹人之耆老,齿堕发白,肌肉枯腊,而精神弗为之能润泽,内外周遍,则气索而死,如火烛之俱尽矣。(《新论·形神》)

火是不能离开烛的,烛没有了,火也就熄灭了。因此精神是离不开形体的,精神和形体是会同时消亡的。长生不死是不存在的,"又草木五谷,以阴阳气生于土,及其长大成实,实复入土,而后能生。犹人与禽兽昆虫,皆以雄雌交接相生。生之有长,长之有老,老之有死,若四时之代谢矣。而欲变易其性,求为异道,惑者之不解也"(同上)。生、长、老、死是大自然的必然规律,是不可违抗的,人也不例外。人们欲想追求长生,是不合道理的。

桓谭以烛火的比喻来解释形神关系,在很长时间内一直成为唯物主义者用以批判形神分离和神不灭等唯心主义神学迷信观点的理论武器。但是,这种比喻有其局限性和漏洞,因为烛燃烧完了,火并不随之而灭,火却可以通过其他的烛来延续下去,这反过来又证明了火的不灭性,为神不灭论所利用,所以直到南朝的范缜用刀与刃的体用关系来解释形神问题,才比较完满地解决了形神关系这个理论难题。

另外,桓谭还对一些世俗迷信进行过批判。所以王充肯定他,凡"虚妄之言,伪饰之辞,莫不证定"(《论衡·超奇》)。桓谭这种理论精神后来被王充凝聚为"疾虚妄",得到进一步提高和发扬。

第七章　王充"疾虚妄"的哲学精神

王充(27～104年),字仲任,会稽上虞(今浙江上虞)人。因其曾祖父、父亲和伯父等都因任勇使气而与乡邻结怨,不得不数度迁居。这种生活经历对于王充的人格塑造和思想特征的形成产生了深远的影响。王充一方面愤世嫉俗,强烈地批判现实社会的种种黑暗和占统治地位的学术思想;另一方面,又渴望积极入世,希望成就一番事业。他对自己才华和人品十分自负,但却不被当时社会所认可。

王充曾赴京师太学学习,师事扶风班彪,好博览而不守章句。他认为"俗儒守文,多失其真,乃闭门潜思,绝庆吊之礼,户牖墙壁各置刀笔。著《论衡》八十五篇,二十余万言,释物类同异,正时俗嫌疑"(《后汉书》本传)。《论衡》一书的含义乃是评论当时的社会文化学术,"故论衡者,所以铨轻重之言,立真伪之平"(《论衡·对作》,下引此书,只注篇名),重点是批判当时的宗教迷信、唯心主义等虚妄的言论,"《论衡》篇以十数,亦一言也,曰:疾虚妄"。除《论衡》外,王充还著有《讥俗节义》、《政务之书》、《养性之书》等,但都已佚失了。

王充的思想虽然以儒家为主,但他并没有局限于汉代的经学之中,而是通过博览诸子百家而独立形成的。他在理论上以"疾虚妄"的哲学精神全面地批判了两汉以今文经学和谶纬迷信思潮为主的唯心主义思想,系统地论述了唯物主义理论体系,成为东汉时期最伟大的唯物主义哲学家。

第一节　天道自然的宇宙观

天是什么,这是宇宙论的中心问题,也是汉代哲学关注的焦点,董仲舒将天理解为有道德意志的、创造生成万物的宇宙的主宰,而王充则借鉴汉代自然科学中盖天说和道家思想,将天理解为自然之天,"天地,含气之自然也"(《谈天》)。天并不是神秘的主宰,而是一种自然物体。在王充看来,"夫天,体也,与地无异"(《变虚》),天与地一样,都是物质的实体,盖在地上,离地有六万里,天上的星星,系在天上,随天旋转。二十八宿等作为计算日月运行的标志,如同日月行程中的宿舍一样,所以天肯定不是什么恍惚不可捉摸的混沌状态,天就是离人十分遥远的物质实体。"从始立以来,年岁甚多,则天地相去,广狭远近,不可复计。"(《谈天》)天不仅是物质的,而且是运动的,只是由于天运动非常快,离人又太遥远,所以人们看起来天好像是静止不动的。

王充对天的认识在今天看来当然不能说是科学的,但相对于宗教迷信学说对天的解释,其所显示的朴素的唯物主义思想却是十分鲜明的。王充认为,天地是物质的,宇宙就是包含元气在内的天地自然的运行。万物就是天地之气和合而生,都是自然而然出现的。"夫天覆于上,地偃于下,下气蒸上,上气降下,万物自生其中间矣。"(《自然》)万物禀元气而生,人也是如此。"人,物也,万物之中有知慧者也;其受命于天,禀气于元,与物无异。"(《辨祟》)所谓的元气,就是天地之间最细微的物质元素,"元气,天地之精微也"(《四讳》),不是什么不可思议的造物主的产物。

王充还进一步认为,天地生成万物并不是有意识、有目的的。"天动不欲以生物而物自生,此则自然也。施气不欲为物而物自为,此则无为也。谓天自然无为者何?气也,恬澹无欲,无为无事者也。"(《自然》)王充在这里吸取了道家自然无为的思想,认为天地生成万物是无目的的,是一个自然的过程。"天地合气,万物自生,犹夫妇合气,子自生矣。万物之生,含血之类,知饥知寒。见五谷可食,取而食之;见丝麻可衣,取而衣之。或说以为天生五谷以食人,生丝麻以衣人;此谓天为人作农夫桑女之徒也。"(《自然》)他还形象地论说到,如果认为天地是有目的地生成万物,那么这就是把天看成是人的奴仆一样为人服务了,这非但没有抬高天的地位,反而降低了天的身份。

那么,王充如何论证天的自然无为呢?王充认为:"何以知天之自然也?以天无口目也。案有为者,口目之类也。口欲食而目欲视,有嗜欲于内,发之于外,口目求之,得以为利,欲之为也。今无口目之欲,于物无所求索,夫何为乎?何以知天无口目也?以地知之。地以土为体,土本无口目。天地夫妇也;地体无口目,亦知天无口目也。使天体乎?宜与地同;使天气乎?气若云烟。云烟之属,安得口目。"(同上)如果天是有意志的、有目的的,那么它就应像人一样有为,必须有欲望,而欲望产生于口目感官,如果没有耳目感官又怎么会有欲望呢?没有欲望也就没有意志和目的,而是客观自然的。天既然同地一样并无口目等感官,所以天是无目的的,是自然的。王充的这种论证完全是一种经验论的方式,并不是严格的理论证明。

王充的宇宙自然观思想有其含混的地方,他一方面说天地是物质实体,一方面又说万物是由元气所生,那么天地和元气又是什么关系呢?天地是万物之中最大的两个东西,而元气是生成包括天地在内的一切事物的总根源,这是传统的朴素唯物主义说法。可是王充相信盖天说,认为天地是产生万物的根源,是无始无终、长生不老的。于是人们就会进一步追问天地又是如何产生的?这个问题显然不是王充的经验论所能回答的。这种矛盾明显地显示出朴素唯物主义在解释世界如何产生的问题上的理论不足。虽然王充的宇宙自然观有其矛盾和不完满的地方,但这种缺陷与其说是个人思想的局限,不如说是时代的局限。这种理论困境乃是朴素唯物主义所不可避免的,王充也不例外。

第二节 批判谶纬与世俗的迷信

东汉时期,以董仲舒所代表的今文经学与谶纬神学已经合流,天人感应和灾异谴告成为社会流行的基本观念,王充根据其天道自然无为的理论,对谶纬迷信思想进行了坚决的批判,进而推进了唯物主义的形神理论,批判了各种鬼神迷信思想。

谶纬迷信主张天人相通相感,人的情感喜怒能影响天气寒热的变化。在王充看来,这种观念是十分荒唐可笑的,与现实生活世界完全不符。"当人君喜怒之时,胸中之气未必更寒温也。胸中之气,何以异于境内之气?胸中之气,不为喜怒变,境内寒温,何所生起?"(《寒温》)也就是说,如果认为人的喜怒能影响天气的变化,那么首先应该影响自己体温的变化,因为自己的胸中之气和天地之气是一样的,既然人的喜怒连自己的胸中之气都无法改变,无法影响自己的体温,就更谈不上影响天地之气了。此外我们从历史上看,残暴之君当政之时,天气并没有因之而变得更加寒冷;而太平盛世时,天气也没有变得更加温热。所以,将天气的变化与人的喜怒情感联系,只是一种附会而已,二者之间并没有内在的必然联系。

谶纬迷信又宣扬灾异谴告,"谓古之人君为政失道,天用灾异谴告之也"(《谴告》)。它把灾异看做是天志的体现,而灾异不仅表现为地震、洪水等自然灾害,也包括天气的冷热变换。王充则指出:"夫天道自然也,无为。如谴告人,是有为,非自然也。黄老之家,论说天道,得其实矣。"(同上)黄老哲学的天道自然无为的思想是正确的,而俗儒的谴告说是错误的。如果存在灾异谴告,则表明天有意志,天道有为。按照这种逻辑,"天能谴告人君,则亦能故命圣君。择才若尧舜,授以王命,委以王事,勿复与知。今则不然,生庸庸之君,失道废德,随谴告之,何天不惮劳也"(《自然》)。天若有意志,则不应降生昏庸之君,而现实社会的历史发展中却有众多的昏庸之君,这种理论是自相矛盾的。此外,谴告主要是指天谴告君、君谴告臣,通过自然的灾异来表示君主和天的意志,但是反过来说,如果臣谏君、君谏天,那么也应该有灾异出现,然而现实中却无法看到这种效验,所以灾异谴告是不存在的。王充进而根据日常经验推论出天人相感观念的荒谬,"夫人不能动地,而亦不能动天。夫寒温,天气也;天至高大,人至卑小。……以七尺之细形,感皇天之大气,其无分铢之验,必也"(《变动》)。人与天地相比是非常渺小的,因而人的情感喜怒和善恶是非是不可能影响天地的变化的。

灾异是天地自然产生的,并没有谴告的含义。王充指出,太古时代是没有灾异谴告的观念。谴告说乃是后来产生的。"末世衰微,上下相非;灾异时至,则造谴告之言矣。夫今之天,古之天也,非古之天厚而今之天薄也,谴告之言生于今者,人以心准况之也。"(《自然》)今天的天和古代的天是没有什么区别的,那么为什么古代没有谴告之说,而今天却很盛行呢?这是与政治的黑暗有关,是现实社会心理的体现。当然,在儒家的经典中，也有谈天意的，但那是为了警告愚昧的百姓，其实质则是讲人心，并不是主张存在一个神秘的天："六经之文，圣人之语，动言天者，欲化无道，惧愚者。之言非吾独心，亦天意也。及其言天，犹以人心，非谓上天苍苍之体也。"（《谴告》）

王充在其唯物主义的元气自然论思想的指导下，还对当时社会盛行的鬼神迷信进行了批判，推进了唯物主义的形神观。王充指出："夫人所以生者，阴阳气也。阴气主为骨肉，阳气主为精神。人之生也，阴阳气具，故骨肉坚，精气盛。"（《订鬼》）人的精神和肉体都是由元气所构成，阳气构成人的精神，阴气构成人的肉体。人死后，则其精神衰竭而形体朽败，所以不可能有鬼存在。"夫死人不能为鬼，则亦无所知矣。何以验之，以未生之时无所知也。人未生，在元气之中；既死，复归元气。元气荒忽，人气在其中。人未生无所知，其死归无知之本，何能有知乎？"（《论死》）由于死后复归元气，元气本身无所知，所以人死后不可能有鬼神存在以干扰日常生活。"人之所以生者，精气也，死而精气灭。能为精气者血脉也，人死血脉竭。竭而精气灭，灭而形体朽，朽而成灰土，何用为鬼？"（同上）王充认为精神不能离开肉体而独立存在，精神魂魄也是由气所形成的。"夫魂者，精气也。精气之行，与云烟等。"（《纪妖》）所以，人死之后精神随形体一同消灭。在此基础上，王充提出了"形气相须"的观念：

> 人之所以聪明智慧者，以含五常之气也。五常之气所以在人者，以五藏在形中也。五藏不伤，则人智慧。五藏有病，则人荒忽，荒忽则愚痴矣。人死五藏腐朽，腐朽则五常无所托矣。所用藏智者已败矣，所用为智者已去矣。形须气而成，气须形而知。天下无独燃之火，世间安得有无体独知之精？（《论死》）

"形须气而成"是指人的形体由阴阳之气组成，而"气须形而知"则是强调精神智慧离不开形体。精神和肉体如同薪与火的关系一样，"天下无独燃之火，世间安得有无体独知之精？"正像火离不开木柴一样，精神也离不开肉体。

既然鬼神都是不存在的，那么社会上为什么如此地流行鬼神迷信呢？王充认为这是由于人们精神上忧惧、思念等缘故所导致的幻象而产生的。"凡天地之间有鬼，非人死精神为之也，皆人思念存想之所致也。致之何由？由于疾病。人病则忧惧，忧惧则鬼出。"（《订鬼》）凡是人们精神衰败恍惚之际容易见到心中所思念的影像，这并不是真实的存在，"夫病且死之时，亦与狂等。卧、病及狂，三者皆精衰倦，目光反照，故皆独见人物之象焉"（同上）。其实鬼神就是对阴阳二气运行变化的一种形容，"鬼神，荒忽不见之名也。人死精神升天，骸骨归土，故谓之鬼。鬼者，归也；神者，荒忽无形者也。或说：鬼神，阴阳之名也。阴气逆物而归，故谓之鬼；阳气导物而生，故谓之神。神者，伸也，申复无已，终而复始。人用神气生，其死复归神气。阴阳称鬼神，人死亦称鬼神"（《论死》）。由此，王充对鬼神之名作了唯物主义的解释，企图从根本上破除人们对鬼神的迷信。

王充虽然反对鬼神迷信，但却注重祭祀。在王充看来，"凡祭祀之义有二，一曰报功，二曰修先。报功以勉力，修先以崇恩；力勉恩崇，功立化通，圣王之务也"（《祭意》）。祭祀的真正目的就是通过祭祀的仪式活动，向祖先报告功绩和缅怀祖先的恩德，以鼓励人们加倍努力实践，所以他认为祭祀对社会生活是有益处的。

王充对鬼神迷信的批判也有其不彻底的地方。他否认人死变为鬼，但还认为世上有鬼存在。"鬼者，人所见得病之气也，气不和者中人；中人为鬼，其气象人形而见。"（《订鬼》）鬼似乎是一种邪气，能够中伤人，并显现为人形。他还认为："鬼者物也，与人无异。天地之间有鬼之物，常在四边之外，时往来中国，与人杂则凶恶之类也。故人病且死者乃见之。"（同上）鬼神又似乎是一种客观存在的事物，非常凶恶。王充又说："凡世间所谓妖祥，所谓鬼神者，皆太阳之气为之也。太阳之气，天气也。天能生人之体，故能象人之容。"（同上）总之，王充从其自然观出发虽然否认了人死为鬼的观念，但根据其经验论又无法否认历代相传和现实中所看到的鬼神现象。不过，王充无神论思想的这种不彻底性，并不是又回到了唯心主义和有神论，而是反映了其无神论本身理论上的缺陷。

第三节 人性与命义的分疏

性命问题是传统社会政治和生活中的重要问题。就性而言,历史上有性善性恶之争和性三品的划分,人们的认识并不一致。就命而言,既涉及统治者的天命,又涉及个人祸福、寿夭的命运。历来缺少必要的分疏。由于人们总觉得天命与命运都是不可预测和把握的,所以也引起哲学家的关注。

王充认为,人性肯定有善恶。他指出:

> 实者,人性有善有恶,犹人才有高有下也;高不可下,下不可高,谓性无善恶,是谓人才无高下也。……人禀天地之性,怀五常之气,或仁或义,性术乖也;动作趋翔,或重或轻,性识诡也。面色或白或黑,身形或长或短,至老极死,不可变易,天性然也。……余固以孟轲言人性善者,中人以上者也;孙卿言人性恶者,中人以下者也;扬雄言人性善恶混者,中人也。若反经合道,则可以为教,尽性之理,则未也。(《本性》)

在王充看来,过去的人性论都没有能够说明人生气禀的全貌,其理论上都是不完善的。因此,孟子所讲的人性善,只是论的气禀完美的上等人;荀子所讲的性恶论,只是论的下等的愚昧之人;至于扬雄所主张的人性善恶混理论,则讲的是中等的人。但是,王充虽然批判了人性论上种种学说,他自己并没有提出一种新的观点,基本上还是董仲舒的性三品说。只是强调邪恶之人也是可以通过教化而改变的。"论人之性,定有善有恶。其善者固自善矣,其恶者故可教告率勉,使之为善。凡人君父审观臣子之性,善则养育劝率,无令近恶;近恶则辅保禁防,令渐于善。善渐于恶,恶化于善,成为性行。"(《率性》)通过教化,日渐接触善行,自然会日趋于善。

关于命,王充认为与性一样,也是人生原初就禀赋而决定的。"命,谓初所禀得而生者也。人生受命则受性矣。性命俱禀,同时并得,非先禀性后乃受命也。"(《初禀》)但二者又有区别,"夫性与命异,或性善而命凶,或性恶而命吉。操行善恶者,性也;祸福吉凶者,命也。或行善而得祸,是性善而命凶;或行恶而得福,是性恶而命吉也。性自有善恶,命自有吉凶。使命吉之人,虽不行善,未必无福;凶命之人,虽勉操行,未必无祸。"(《命义》)人所禀赋的性决定的是人生社会实践的善恶是非,而人生所禀赋的命所决定的是人生的祸福吉凶寿夭。性与命并不是同一的,性善之人虽努力实践,却未必有福;命恶之人虽努力修行,未必无祸。性与命是各自不同的。

按照王充的分析,现实社会生活中命主要有两种:"凡人禀命有二品,一曰所当触值之命,二曰强弱寿夭之命。所当触值,谓兵烧压溺也;强弱寿夭,谓禀气渥薄也。"(《气寿》)"所当触值之命",就是绝对的偶然,人生所碰到的无法预料的各种意外事故;"强弱寿夭之命",就是人的寿命和禄命。这些都是人力所无法干预的。人的寿命和禄命是天生的,由气禀和星象所决定,"人禀气而生,含气而长,得贵则贵,得贱则贱。贵或秩有高下,富或资有多少,皆星位尊卑小大之所授也"(《命义》)。命是不可逃避的,"自王公逮庶人,圣贤及下愚,凡有首目之类,含血之属,莫不有命。命当贫贱,虽富贵之,犹涉祸患矣;命当富贵,虽贫贱之,犹逢福善矣。故命贵,从贱地自达;命贱,从富位自危。故夫富贵若有神助,贫贱若有鬼祸。……故夫临事知愚,操行清浊,性与才也;仕宦贵贱,治产贫富,命与时也。命则不可勉,时则不可力"(《命禄》)。人的本性和才能是可以通过后天的努力学习而改变,但人的祸福寿夭之命是人力所无法改变的,最后王充的结论是:"故富贵在命,不在智愚;贫贱在禄,不在顽慧。"(同上)

人生不仅有寿命和禄命等绝对的必然性存在,还有"所当触值之命"的绝对的偶然性存在。这二者之间是相矛盾的。"人有命,有禄,有遭遇,有幸偶。命者,贫富贵贱也;禄者,盛衰兴废也。以命当富贵,遭当盛之禄,常安不危;以命当贫贱,遇当衰之禄,则祸殃乃至,常苦不乐。"(《命义》)遭逢就是绝对的偶然事件,人生虽然命当富贵长寿,如果遭遇不幸,也是无法享受富贵的。比如战国时代,长平之战中数十万人被坑杀,不可能都是短寿无福之人,这就是遭逢之命胜过了寿禄之命。

不仅个人有寿命和禄命,国家也有"国命"。"故世治非贤圣之功,衰乱非无道之致。国当衰乱，贤圣不能盛，时当治，恶人不能乱。世之治乱在时不在政，国之安危在数不在教。贤不贤之君，明不明之政，无能损益。"(《治期》)国家的治乱衰亡，取决于命数，于国君和大臣的贤愚无关。王充的命定论思想是其朴素唯物主义学说体系中的一大缺点，虽然王充在自然观上坚持了唯物主义的观点，但在社会历史观上无法认清历史发展的辩证法，因而必然陷入唯心主义的命定论中。

第四节 强调"实知"和"知实"的认识论

王充的认识论始终贯穿着"疾虚妄"的精神。他在《论衡》中撰写了《实知》和《知实》两篇专论，集中反映了他在认识论上的思想特色。"实"就是客观实际所发生和存在的事情，"实"是认识的对象和判断认识对错的标准。"实知"涉及认识的来源与认识途径问题，王充强调要从客观实际出发，认识必须要与客观事实相符；"知实"则涉及认识的对象与认识的标准问题，王充主张以实际存在的事物为认识对象，以求得符合实际的认识为目标。王充的认识论正是围绕"实知"和"知实"而展开的。

王充根据"实知"的原则，尖锐地批判了当时流行的圣人"生而知之"或"神而知之"的谬论。强调一切知识都是从具体的认识过程中获得的，通过"以今而见古，以此而知来"(《实知》)的类推而得到的，而知识的类推都是以以往的经验存在为前提的，因而并不存在生而知之的情况。"天地之间，含血之类，无性知者"(同上)，所谓不学而能、不虑而知的圣人是不存在的。"凡圣人见祸福也，亦揆端推类，原始见终，从闾巷论朝堂，由昭昭察冥冥。"(同上)由已知推未知，这是圣人获得知识的方式。所以圣与贤之间没有本质的区别，"圣人疾，贤者迟；贤者才多，圣人智多；所知同业，多少异量；所道一途，步骀相过"(同上)。圣贤的差别只是所知的多少迟速的问题，圣人也是学而知之的，不学而知，不问自晓，这是古往今来都不存在的事情，"故夫可知之事者，思虑所能见也；不可知之事，不学不问，不能知也。不学自知，不问自晓，古今行事未之有也。夫可知之事，惟精思之，虽大无难。不可知之事，厉心学问，虽小无易。故智能之士，不学不成，不问不知"（同上）。圣贤之人在普通之人看来，似乎是无所不知、无所不能，而且是不学而成，不问而知的，这其实是错误的，一切知识都是"不学不成，不问不知"的。

经验主义是王充认识论的基本特征。在王充看来，"实者，圣人不能知性，须任耳目以定情实"（同上）。"任耳目"就是强调认识必须来源于耳目感官，来源于直接经验。同时，判断认识的对错也必须要依靠耳目感官来判断。王充认为："事莫明于有效，论莫定于有证。"（《薄葬》）人的认识应以"有效"、"有证"为认识的标准。王充对谶纬迷信、灾异谴告等流行观念的批判所依据的都是日常的感性经验，通过常识经验来揭示种种迷信的荒谬。对"实"的重视是王充认识论的核心。

但是，王充还是承认"心意"对耳目经验进行分析的重要性。他认为："夫论不留精澄意，苟以外效立事是非，信闻见于外，不诠定于内，是用耳目论，不以心意议也。夫以耳目论，则以虚象为言，虚象效，则以事实为非。是故是非者，不徒耳目，必开心意。"（同上）也就是说，人的认识不能只以效用和经验为标准，还必须要"留精澄意"、"诠定于内"，运用心的理性思考判断来衡量，这样才能辨别感性经验的真伪虚实。

王充在认识论中坚持"实知"与"知实"的原则，以"实"破除各种"虚妄"的谬论，表明他所遵循的是一条具有自己特色的唯物主义路线，在汉代哲学中贡献最大。但他讲的"实"，在很大程度上还局限于生活经验。尽管他注意到认识由浅入深的推移，但并未真正突破经验论的局限。王充虽然强调心的判断作用，可是由于他的时代的局限，不可能达到今天我们所说的科学理性的高度。

第八章　王符、仲长统的社会批判与哲学思想

东汉中期以后，社会矛盾日益加剧。针对朝廷的政治腐败和豪强势力的胡作非为，社会上出现了一批正直的知识分子，他们不热衷于功名利禄，不愿意同当权者同流合污，而敢于批评时政，揭露社会上的各种弊端与丑恶现象，从而形成一股颇有影响的社会批判思潮。王符、仲长统就是其中最著名的代表。王符在思想上坚持了儒家传统的政治理想与道德理想，他不但突破了官方经学的限制，而且能兼容百家和独立思考。仲长统的思想比较激进，具有一定的异端色彩。由于他们的社会批判都能诉诸理性而潜心于理论的思考，因而在哲学上都有一定的建树。他们对官方经学统治的冲击，对本末、才性、名教等问题的关注，以及越来越多地吸收道家的思想成分，使之成为两汉经学过渡到魏晋玄学的一个中间环节。

第一节　王符的社会批判与哲学思想

王符（约 82～167 年），字节信，安定郡临泾（今甘肃镇原县西）人。幼年因身为"庶孽"，备受歧视。但笃志好学，十分勤奋。青年时期与后来学界、政界著名的马融、窦章、张衡、崔瑗等人"友善"。然性格耿介，不阿权贵，以致终身不仕，而以"潜夫"身份评论时政。所著《潜夫论》五十三篇，主要是一部政论性的著作，同时也讨论了很多哲学问题。王符在哲学上的建树，主要是他明确地提出了元气本原论，并由此解决天人关系与其他种种问题，他对世俗迷信也进行了广泛的批判。

一、王符的社会政治哲学

王符所看到的社会危机，首先是东汉王朝的政治危机。他所进行的

社会批判也首先是政治批判。王符根据儒家的传统思想和他对中国历史的研究，认为国家的兴亡治乱，主要取决于如何处理君民、君臣两种关系和如何认识君、臣、民三个环节的作用。而当时的政治危机与种种社会问题，其根源正在于此。他的基本观点是，"民为国基"，"国以贤兴"，而君主必须懂得公私明暗之理。

王符强调："国以民为基，贵以贱为本。"（《潜夫论·边议》，以下只注篇名）这种观点既坚持了儒家传统的民本论，又明显吸收了道家"贵以贱为本，高以下为基"（《老子》通行本第三十九章）的思想。他的论证是："国之所以为国者，以有民也。"（《爱日》）他提醒统治者，"愿察开辟以来，民危而国安者谁也？"（《边议》）民众是国家存在和君主王天下的基础，社会上如果出现了民变、民乱，无论哪个国家或哪个君主都不会安稳的。因此，君主必须对民有一个正确的态度。就是说，不能够恣心"役民"，而应该多方面"利民"。他认为，这本来就是君主的基本职能："天之立君，非私此人也以役民，盖以诛暴除害利黎元也。"（《班禄》）"天之立君"的提法，尚没有摆脱官方经学的正统思想。但他立足于"民为国基"，而对天意、天心给予了新的诠释。王符指出："帝以天为制，天以民为心。民之所欲，天必从之。"（《遏利》）"天以民为心，民安乐则天心顺，民愁苦则天心逆。"（《本政》）这样，在天、君、民三者的关系中，王符把民与天直接联系在一起，认为"民心"就是"天心"的具体表现。所以他多次引用《尚书·召诰》讲的"王以小民受天永命"（《巫列》、《边议》），这和当时官方的"屈民而伸君"明显不同。

"国以贤兴"（《实贡》）继承了儒家和墨家共同的"尚贤"主张。王符主要从反面揭露骄臣"隐贤"、"蔽贤"、"妒贤"、"害贤"的恶果。他语重心长地指出："夫众小朋党而固位，谗妒群吠啮贤，为祸败也岂希？"（《贤难》）三代就是这样覆灭的，列国也是这样灭亡的。令他痛心的是，当权者仍然不能从中吸取教训，"时君俗主，不此察也！"（同上）

关于君主的公私明暗之理，一是要求君主自己必须公正无私，并且要防止和制裁臣下的以私害公，为此他把君主所代表的国家与君主个人的私欲、私爱从理论上区分开来；二是要求君主掌握正确的思想方法，全面地听取各种不同的意见和反映，以便明智地分析和处理各种问题。王符指出：

> 国之所以治者君明也,其所以乱者君暗也。(《明暗》)
> 君之所以明者兼听也,其所以暗者偏信也。(同上)

王符的这种辩证思想并非突如其来,在中国古代的政治哲学中早就有其萌芽。《管子·明法解》曰:"明主兼听独断。"《荀子·不苟》曰:"公生明,偏生暗。"《汉书·梅福传》记载:"博览兼听,谋及疏贱。"王符的理论贡献就在于,他把前人的有关思想融合起来,明确地概括为"明者兼听,暗者偏信",这就凝聚成一个具有深刻意义的政治哲学的命题。唐代名臣魏徵奉旨编撰《群书治要》,他在节选《潜夫论》时特别节选了《明暗》篇的内容。唐太宗问魏徵:"人主何为而明,何为而暗?"魏征据此回答:"兼听则明,偏听则暗。"从此,这两句成语成为中国古代妇孺皆知的政治格言,至今仍然具有重要的思想价值。

二、王符的元气本原论

元气概念在中国哲学中,大概始于西汉。《太平御览》引《淮南子》有"宇宙生元气"的话,有待进一步考证。董仲舒、扬雄、《易纬》和王充都使用过元气概念。但王符第一个明确地把元气作为宇宙的本原,因而提供了两汉最典型的元气一元论。王符指出:

> 上古之世,太素之时,元气窈冥,未有形兆,万精合并,混而为一,莫制莫御。若斯久之,翻然自化,清浊分别,变成阴阳。阴阳有体,实生两仪。天地壹郁,万物化淳。和气生人,以统理之。(《本训》)

在王符看来,元气是从来就有的。他没有在元气之前安置一个元气的创造者,这就排除和否定了从前"元气有始"的种种说法,从而堵死了通向神道主义的道路。他强调"莫制莫御"和"翻然自化",也排除和否定了元气之上的主宰者,说明元气本身有一种自我变化、自我分化的内在力量。"万精合并"显然吸取了精气论的观点,由此可以说明元气为"一"如何能生成万物之"多"。"和气生人"表明,人虽特殊,也不能超越于阴阳二气之"和"。这种宇宙生成模式对《易纬》的模式进行了根本性的改造,它虽不如《淮南子》讲得细致,然而理论上却要严密得多。

王符的元气论不但讲到天道,而且讲到地道和人道。他所提出的"人道曰为"的命题,从理论上明确肯定了人的能动性与主体性。王符指出:

> 是故天本诸阳,地本诸阴,人本中和。三才异务,相待而成。各循其道,和气乃臻,机衡乃平。天道曰施,地道曰化,人道曰为。为者,盖所谓感通阴阳而致珍异也。(同上)

按照王符的解释,天道、地道和人道的关系是"三才异务,相待而成"。从"天人之际"而言,他既讲了天人相分,又讲了天人相合。所谓"天道曰施",指的是日月照耀、云降雨雪和天气对大地的作用;所谓"地道曰化",指的是植物生长、动物繁衍和万物在大地上的生化。这些提法和内容,前人早已言之。然"人道曰为"却是王符第一次提出的新命题。在此之前,先哲们讨论人道大都从政治和伦理着眼。"人道曰为"则论及人类存在与活动的本质特点,大大提高了哲学思维的水平。"为"的本义是做或作,作为哲学概念则是道家"无为"与儒家"有为"之"为"。不过,道家、儒家原来都没有对"为"作哲学上的规定,只有崇力非命的墨家说:"志、行,为也。"(《墨子·经说上》)如是,"为"包括人的目的和行为两个方面,泛指一切有目的的活动。王符指出:"天地之所贵者,人也。"(《赞学》)又说:"夫人之所以为人者,非以此八尺之身也,乃以其有精神也。"(《卜列》)天地间惟人有精神,因而惟人才会有目的性的活动,惟人才能作为主体而有作为,惟人才具有自己的能动性。

王符把"人道曰为"具体概括为"感通阴阳而致珍异","感通阴阳"指人的目的性活动与天地万物的交互作用,"致珍异"是在天地间创造有价值的东西。他认为人在天地间就像车上御马、篷中擢舟,人虽离不开车舟,但车舟向什么方向行驶则由人所支配。由于人能"自托舟楫"、"自托乘舆"即"自托于物",所以人能突破自身的限制。这些看法都是很有见地的。值得注意的是,王符的"人道曰为"并不是所谓征服自然,而是人对万物的一种"统理"作用。"机衡乃平"包含着人与自然的和谐与平衡。不过,王符的"感通"概念,仍能看到官方"天人感应"观念的影响。

三、王符对世俗迷信的批判

王符在从事社会批判和思考天人关系的同时,对世俗的祸福观念与卜筮、巫术、骨相、占梦迷信也进行了猛烈的冲击。他继承了先秦以来无神论的优良传统,极力称赞子产、邴文公、晏子、宫之奇等人的思想与活动,认为这些人物才"可谓明乎天人之道,达乎神祇(民)之分矣"(《巫列》)。他坚信"祸福无门,惟人自招"(《慎微》),认为东汉王朝的政治腐败和军事失利根本不是"天灾",而是"长吏过尔"、"将之过也"。他对各种世俗迷信进行了比较深入的剖析,揭露了它们对社会生产和民众身心的危害,反对把它们作为行动的根据。不过由于各种局限,他对这些迷信仍保留了一定的地盘。

四、"本末"概念与才性问题

王符的哲学思想还涉及辩证法、认识论、伦理学、逻辑学诸多领域。从中国哲学的发展来看,他的"本末"概念和才性概念应该特别注意。

"本末"作为一般概念,先秦早已出现。原来局限于经济领域,用以说明农业和工商业的轻重、主次关系,有些人还赋予正道与不正道的意义。王符在社会批判中把"本末"概念不断扩大和提升,他在经济上修正了儒家传统的"农本工商末"的观点,提出农工商各有"本末"(《务农》)。进而在政治上把"务本抑末"作为明君治国的基本方针。在道德教化问题上,也提出了"先其本而后其末"(《德化》)的要求。最重要的是,他在《本训》篇中提出,研究天道、人道"必先原元而本本"的思维方式,"本"在这里开始具有哲学的意义了。当然,王符讲的"本"在很大程度上还是"本原",但已开始孕育"本体"的意蕴,即认为天地万物的存在变化均为"气之所然"与"气之所为"。从理论形态来看,王符的"本末"概念及其思路,已经不断向玄学靠近。

经学家一般只讨论人性问题,王符在批判汉末人才举荐中的弊端时,开始从人性问题转向才性问题。他认为,"人之善恶,不必世族;性之贤鄙,不必世俗"(《论荣》)。就"人的情性"或"真性之材"来看,彼此相差不大,但各自的德性和才智却相差很大(《赞学》),前者属于"性",后者属于"才"。魏晋玄学中才性同异离合问题,在这里也开始看到其思想萌芽。

第二节 仲长统的历史观与天人观

仲长统(180～220年),复姓仲长,名统,字公理,人称仲长子。山阳郡高平(今山东邹县西南)人。少年好学,青年时期曾四方游学。为人放惮无忌,藐视权贵。一度参与曹操军事活动,但对名位利禄非常淡薄,后离职避世。终年仅40岁。著作原有《昌言》十余万言,现有佚文不到二万字,散见于《后汉书》本传、《群书治要》等。严可均《全后汉文》有辑本。其书在整体上是一部政论性的著作,锋芒直指东汉桓帝、灵帝及其所宠幸的宦官。根据现存材料,仲长统在哲学上最突出的特点是治乱循环的历史观,"人事为本"的天人观,以及率先从儒家向道家的思想转变。

一、治乱循环的历史观

面对政治的腐败和社会的动乱,东汉社会批判思潮一向非常重视治乱问题的研究,并上升到社会历史观。仲长统对治乱问题的探讨,与官方正统思想截然不同。他既不附会"五德终始",也不牵强"三统三正"。由于东汉王朝当时已经名存实亡,他力图从历史发展的大趋势去总结历史的经验教训,以便揭示治乱变化的客观规律。

在《昌言·理乱》篇(《后汉书》本传引)中,仲长统根据每个王朝的内在变化,认为其治乱状态必然经历三个大的发展阶段。第一个阶段是新王朝的建立,整个社会由乱而治。每个新王朝的出现,都经历过一场社会大乱,各种力量为了争夺天下,纷纷"角才智、程(逞)勇力",但是客观的形势不依人们的意志和愿望为转移,失败者不得不让胜利者"羁首系颈"。试看秦之统一与六国之亡,楚汉相争与西汉的建立,光武中兴与其他势力的失败,不都是由大乱走向大治的吗?第二阶段是稳定中产生了问题,整个社会又由治而乱。开国打天下的君主,一般都比较英明,后来一代一代坐天下的君主,则越来越来腐败。因而表面上的稳定,其实正走向动乱。所以,先是英主、明主,后来出现庸主、愚主,也是形势使之然也。试看西汉的文景之治和武帝、宣帝的政绩以及元帝之后的每况愈下,东汉明帝、章帝之兴盛以及和帝之后的每况愈下,都是如此,所以才有社会批判思潮揭露社会的弊端。第三阶段是旧王朝的灭亡,再一次天下大乱。两汉末年两次大的农民起义及诸侯相争,就是这样出现的。由此仲长统得出一个深刻的结论:

> 存亡以之迭代,政(治)乱从此周复,天道常然之大数也。(同上)

仲长统讲的"天道常然",指的是任何人都不能改变的历史变化之道与必然趋势。他所总结的"乱世——治世——再乱世"的三部曲,概括了大量的历史事实,把政治家对治乱的认识提高到历史规律的高度。所谓"常然之大数",即基本的规律。他的认识诚然超越了王符等人,然而,亦有其片面性。他注意到由治向乱的转化,并非常具体地考察了由治生乱的种种因素和由治而乱的转化过程,以及这种转化对社会生产与人民生活带来的破坏与灾难,但对由乱而治的种种因素和转化过程,则重视和分析不够。他不明白治乱循环并不是简单的绕圈子,而是一种波浪式的前进。他认为在治乱循环中,总是小人贵宠和君子困贱,并且越来越显示出"乱世长而化(治)世短"。由于他找不到一条出路,从而最后陷入循环论与悲观主义。甚至说:"不知来世圣人救此之道,将何用也?又不知天若穷此之数,欲何至邪?"(同上)

二、"人事为本"的天人观

仲长统的社会批判不是就事论事,而是能从"天人之际"进行哲学的思考。针对两汉官方经学中的神学倾向、谶纬泛滥与世俗迷信,仲长统明确地提出"人事为本"的哲学命题,认为社会治乱完全"壹之乎人事"(《群书治要》引《昌言》),表现了坚定的现实主义、理性主义与无神论的立场。

两汉的官方哲学一向把高祖立汉和光武中兴归于天命,并用大量谶纬来附会。仲长统则认为,二主及有关名臣的历史功业都是"唯人事之尽耳,无天道之学焉"(同上)。他也称高祖、光武为"受命之圣主",但不是"受天之命",而是承担历史的使命。有人问他,治天下虽说要"壹之乎人事",是不是多少也要取于"天道"。他指出,要说取于"天道"的话,那就是"四时之宜",如此而已。《周礼》中掌握星占的冯相氏、保章氏的活动,都"是非治天下之本,是非理生民之要也"(同上)。在他的眼里,"知天道而无人略者,是巫医卜祝之伍,下愚不齿之民也;信天道而背人略者,是昏乱迷惑之主,覆国亡家之臣也"(同上)。他讲的尽人事主要是"官人无私"和"政平民安"。如果"官者非亲属则宠幸",天下"黎民冤枉,庶类残贼",即使祈求于蓍龟、牺牲或冯相氏,"犹无益于败亡也"(同上)。

与此同时,仲长统对种种世俗迷信也进行了深刻的揭露。他指出,要想长寿就应该"和神气,惩思虑,避风湿,节饮食,适嗜欲",有病则用"针石汤药"来解除。要想人事平安,也应该"肃礼容,居中正,康道德,履仁义",有了灾祸则是克已以自我反省(同上)。这些都是"人事为本"在人体健康和个人生活中的体现。相反,有灾有难就去问神求巫,张贴丹书符篆,则是愚蠢和可笑的。在他看来,"祈祷之礼"和"史巫之事"最初只是道德教化的一种形式,后来"失其本而为奸邪之阶,于是淫厉乱神之礼生焉,伪张变怪之言起焉,丹书厌胜之物作焉"。这种看法并不完全符合事实,但他对世俗迷信的态度很明确:"通人所深疾也。"(同上)仲长统特别揭露那些风水先生,既然不能使自家的子孙富贵起来,又怎么能使别人的子孙富贵呢?总之,迷信神怪"不亦误乎?""不亦惑乎?"不过,仲长统虽深刻揭露了天命信仰与各种迷信,却未能摆脱道教神仙观念的纠缠。他从道教中吸取了诸如"嗽舌下泉"之类的养生方法,但也相信仙人可以长生不死。这种认识上的迷误,也可能同他晚年消极出世的态度有关。

三、从儒家向道家的思想转变

从现存《昌言》佚文来看,仲长统早年虽从道家、法家吸取不少思想资料,整体仍属于儒家。他主张"德主刑佐",提出"教化以礼义为宗,礼义以典籍为本"(同上),这是儒家一贯宣扬的"德政"与"德化"。在他的政治理想中,君主应该"至公"、"至仁"。王侯子弟从小就要学习"典籍之法言",接受"师傅之良教",要用礼义规范自己的行为。士君子应该"附者不党,疏得不遗",绝不能"舍正而从邪,背道而驰奸"(同上),这些也都是儒家的传统思想。

但是,后来他从"愤世"而企图"出世",思想上发生了很大的转变。在《后汉书》本传中保存了仲长统的两首诗和一篇《乐志论》。一首诗提出"叛散五经,灭弃风雅,百家杂碎,请从用火",表明他要跳出儒家经学的藩篱,对百家学说重新熔铸。另一首吟道"圣人能变,达士拔俗。……六合之内,恣心所欲",他已经把"圣人"、"达士"并列而作为自己的理想人格了。《乐志论》的主旨明显是出世,不但描写了他对自然田园风光的向往,而且特别抒发了他对道家精神境界的追求:

  安神闺房,思老氏之玄虚;呼吸精和,求圣人之仿佛。与达者数子,论道讲书,俯仰二仪,错综人物。……消摇一世之上,睥睨天地之间。……岂羡乎入帝王之门哉!

在这里,已经很难看到汉代经师和学士的儒风,而清楚地表现出魏晋名士的放达和飘逸,从精神心态来看,仲长统是从汉代经学向魏晋玄学过渡的一个典型人物。

第五编

玄学的兴盛与
道教、佛教哲学的形成
（魏晋南北朝时期）

  魏晋南北朝上自公元220年曹丕称帝,下迄公元589年南陈灭亡,是秦以后我国持续分裂时间最长的一个时期。其间只在西晋有过短暂的统一。在这场近四百年的战乱中,先有魏、蜀、吴三国鼎立,继之而起的是命祚短促的西晋。西晋亡后,在北方,先有十六国割据,后有北魏、东魏、西魏、北齐、北周等政权的递变。在南方,则有东晋、宋、齐、梁、陈诸王朝的更替。

  黄巾起义后,战乱与割据打破了汉帝国的一元化统治与集权式地主经济体制,一些士族豪强即门阀氏族开始占据实际的统治地位。他们不仅占有政治上的特权,建立了士族等级制度,而且还享有很多经济特权,形成了在这一时期占主导地位的庄园经济。庄园是建立在徒附农民对士族豪强牢固的人身隶属关系基础上的自给自足的经济实体,是一个设施齐全、组织严密的小型社会。同时它还拥有兼具宗法、军事、生产性质的私人武装——部曲。独立的庄园经济的发展,为士族豪强势力的壮大奠定了基础。

  魏晋南北朝是中国历史上又一次民族大融合与文化大交流的时期。玄学的兴起是其间最为重要的文化现象之一。玄学的思想风貌与两汉儒学大不相同。它在完成了从宇宙论向本体论转变的同时,进一步凸显了追求理想境界的理性自觉,形成了思辨、虚玄、深邃、空灵的思想风格。这与热衷于经验、直观、感性的"天人感应"论，落脚于现实名教秩序之建构的两汉儒学形成了鲜明的对比。玄学的兴起，对于形塑中华民族的生命存在形态产生了重要影响。在魏晋时风的推动下，老庄道家以"任自然"为核心的价值观念更为直接地影响了人们的生活态度，进而铸造了中国士人玄、远、清、虚的生命境界与生活情趣。中国文化的面貌也因此而更为丰饶多姿。魏晋学术富于谈玄析理的特点为中国文化增添了异彩，中国文学和艺术从此开始走上了自觉发展的道路。建安文学在中国文学史上享有较高声誉；魏晋六朝是中国绘画的形成期，人物画、山水画以及以敦煌为代表的宗教壁画在中国绘画史上均具有重要地位；书法艺术在这一时期开始出现；而以"重神理而遗形骸"、"重自然而轻雕饰"为基本价值取向的美学观念，对于形成富有中国特色的艺术精神产生了十分深远的影响。科学技术在这一时期也取得了一些新成绩。贾思勰的《齐民要术》总结了古代农业生产的经验，在世界农学史上占有重要地位。刘徽注《九章算术》，奠定了中国古典的算学理论基础，祖冲之父子在推证球体体积的方法以及推算圆周率等方面取得了世界领先的重要成就。这一时期在天文学上有不少新发现，在医学、地学、历法、炼丹术等方面也有重要成就。刘勰的《文心雕龙》、颜之推的《颜氏家训》、郦道元的《水经注》、刘义庆的《世说新语》、范晔的《后汉书》、陈寿的《三国志》等，也都是具有较高学术价值的重要著作。

　　在哲学上，这一时期中国哲学的格局发生了新的变化。这主要体现在两个方面：玄学的兴盛与儒、释、道诸流派的并立发展。玄学是魏晋时期以老庄思想为基本构架而兼蓄儒道的哲学思潮。"玄"最早见于《老子》一书，具有虚无玄远、深奥莫测的意蕴。魏晋时期的哲学家大都把儒家的《周易》和道家的《老子》、《庄子》作为基本思想资料，合称之为"三玄"，这就是后世称之为"玄学"的基本由来。玄学讨论的主要问题包括"本末有无"之辨、"自然名教"之辨、"言意"之辨与"材性"之辨等。其最高主题是关联于形上本体而对个体人生价值意义的思考。玄学是相承汉代经学的衰微而起的。在中国哲学发展史上，魏晋玄学的意义主要表现在两个方面：第一，在实现从宇宙发生论向哲学本体论转变的同时，进一步鲜明地体现了追求理想境界的理性自觉，从"本体"与"境界"两个向度推进了中国哲学的发展，提高了中国哲学的思维水平。第二，儒家哲学与道家哲学的融合会通是中国哲学发展演进的重要内容，魏晋玄学在中国哲学史上第一次将儒家的基本价值系统与道家的基本价值系统在齐一的形式下整合在同一个哲学命题中，提出了"名教即自然"的命题。玄学自身的发展形成了不同派别。从王弼"以老释孔"到郭象提出"万物独化于玄冥之境"，代表了玄学融合儒道的主流传统。裴頠提出的崇有论虽然在"崇有"的意义上可以作为"贵无"派的反题，但他主要是以儒家的义理在反对"贵无"派以老庄思想为基本立足点的理论立场，儒道融合这一时代课题在裴頠这里并没有得到清楚的表现。阮籍、嵇康"越名教而任自然"的主张偏执地强调了道家的"自然"原则，也在一定的意义上偏离了儒道融合的主流。此外，向秀、张湛也是有一定影响的玄学家。这一时期开始得到明确凸显的"体用"概念，作为中国哲学所独有的范畴，对于中国哲学的发展产生了重要影响。

这一时期，本土的道教与来自印度的佛教都获得很大发展。原创于东汉末叶的道教完成了其仪式、教规以至思想理论的体系化建设，开始发生重大的社会影响。东晋葛洪著《抱朴子》一书，为道教奠定了哲学基础。佛教自汉代传入中国以来，在传播、译介方面取得了很大成绩，在经过玄学化阶段后开始向中国化佛教方向发展，僧肇、慧远、竺道生是这一时期佛教哲学的主要代表。中国哲学的发展由此开启了儒、释、道三足鼎立，既相互对立，又相互渗透的新格局。

这一时期，从汉代延续下来的"形神之辨"进一步展开。范缜的《神灭论》在批判神不灭论的论战中对"形神之辨"作了总结，从一个侧面提高了中国哲学的理论水平。

第一章　何晏、王弼的"贵无"论与"得意忘言"论

玄学思潮初兴于曹魏正始年间。《魏书·王衍传》称:"魏正始中,何晏、王弼等祖述老庄,立论以为天地万物皆以无为本。无也者,开物成务,无往而不存者也。阴阳恃以化生,万物恃以成形,贤者恃以成德,不肖者恃以免身,故无之为用,无爵而贵矣。"这一时期的玄学家都以"以无为本"作为中心命题来探讨"本"、"末"与"有"、"无"以及"名教"与"自然"的关系。其中,何晏凭借自己的学术声望和政治地位,成为"正始玄风"的实际领袖人物,而论哲学上的成就则首推王弼。

何晏,字平叔,南阳宛(今河南南阳)人,其父早亡,后为曹操所收养。何晏生年史未具载,近人推断为公元190年前后。他自幼聪颖异常,年少即有声名。曾任吏部尚书,为曹魏统治集团的重要人物,正始十年(249年)在高平陵政变中为政敌司马懿所杀。据《隋书·经籍志》记载,何晏的著作有《孝经注》、《论语集解》、《老子道德论》等。这些著作除了《论语集解》外,大部分都散失了。严可君《全三国文》收辑了少量残篇。

王弼(226～249年),字辅嗣,山阳高平(今山东金乡)人。晋人何劭为他作传称:"弼幼而察慧,年十余,好老氏,通辩能言。"(《魏志·钟会传》注引)少年即享高名。何晏见了王弼后便赞叹说:"仲尼称后生可畏,若斯人者,可与言天人之际乎!"(同上)因何晏的荐引,王弼官任尚书郎。高平陵政变后,王弼亦受到株连,"以公事免",同年秋病死,年仅24岁。作为中国哲学史上罕见的早慧型哲学家,王弼在其短促的一生中留下了《周易注》、《周易略例》、《老子注》、《老子指略》和《论语释疑》等著作,在中国哲学史上产生了深远影响。王弼后来居上,在思想深度上超过了何晏,不仅成为"正始玄风"的主要代表,而且在一定的意义上也为整个玄学思潮奠定了理论基石。因此,本书对于"贵无"派玄学思想的论述将以王弼的思想为主。

第一节 何晏、王弼的"贵无"论

"正始玄风"的主调是"贵无"论。何晏、王弼提出"天地万物皆以无为本"的中心思想,为整个玄学的发展奠定了基本的思维框架。在《老子》哲学中,"无"是作为天地宇宙之本根的"道"的重要存在形态。在王弼哲学中,"无"既是化生阴阳、裁成万物之本体,也是人类社会得以"成务"、"成德"、"无爵而贵"之根源。何晏在解释夏侯玄"天地以自然运,圣人以自然用"的论断时说:"自然者,道也。道本无名。……夫唯无名,故可得遍以天下之名名之。"(张湛《列子注》引何晏《无名论》)王弼也说:"自然,其兆端不可得而见也,其意趣不可得而睹也。……居无为之事,行不言之教,故功成事遂而百姓不知其所以然也。"(《老子注》第十七章)他们都主张"贵无",崇尚"自然",认为"无"能化生"万有","自然"可以统御"名教";"无"或"自然"也就是"道",只要掌握了它,就可以以无形无名的形式,做到"功成事遂","遍以天下之名名之"。

一、以无为本、崇本举末

就天道观来说,汉人的兴趣在宇宙论,而魏晋玄学则着重探讨本体论。与此相应,汉代争论的关于宇宙的起源、结构和演变问题,到魏晋时则发展为"有无(动静)"之辨。对于《老子》中"天下万物生于有,有生于无"(王弼注本第四十章)和"道生一,一生二,二生三,三生万物"(同上书,第四十二章)这两段话,汉人一般都作宇宙形成论的解释,玄学家却对此作出了新的解释。何晏说:

> 有之为有,恃无以生;事而为事,由无以成。夫道之而无语,名之而无名,视之而无形,听之而无声,则道之全焉。故能昭音响而出气物,包形神而章光影。玄以之黑,素以之白,矩以之方,规以之圆,圆方德形,而此无形;白黑得名,而此无名也。(《列子·天瑞》注引何晏《道论》)

王弼在《老子》第一章的注释中,也表达了与何晏相同的观念:

> 凡有皆始于无，故未形无名之时，则为万物之始；及其有形有名之时，则长之育之，亭之毒之，为其母也。其道以无形无名始成，万物以始以成而不知其所以，玄之又玄也。

王弼还指出：

> 天下之物，皆以有为生。有之所始，以无为本。将欲全有，必反于无也。（《老子注》第四十章）

> 万物万形，其归一也。何由致一？由于无也。由无乃一，一可谓无。（《老子注》第四十二章）

王弼没有讲"无"、"有"和"一"、"二"、"三"等是宇宙演变的阶段，而是提出"以无为本"的论点，从本体论的角度进行了论证：具体事物都以"有"为存在，而任何"有"皆始于"无"，所以在任何时候要保全"有"，必须"反本"守住"无"。同时，纷繁复杂的万物有其统一性，这个统一原理就是"无"。显然，在这里，王弼的有关思想已经超越了汉代经学宇宙发生论的阶段，而进入了以理性的方式追寻宇宙人生之本体的本体论阶段。正是在这个意义上，人们通常把"以无为本"这一命题的提出，看做是标志着区别于汉代经学的魏晋玄学的真正出现。

王弼认为，作为万物本体的"无"就是"道"。他说：

> 道者，无之称也。无不通也，无不由也，况之曰道，寂然无体，不可为象。（《论语疑释》）

"道"就是对"无"的称谓，是贯通于一切事物的统一原理，是天地万物无不遵循的一般法则，但它本身又是寂静的、无形体的，不可以用言、象表达的。

王弼以为，把"道"说成是"无"和"静"，并不是相对于"有"和"动"而言的。他说：

> 复者，反本之谓也。天地以本为心者也。凡动息则静，静非对动者也；语息则默，默非对语者也。然则天地虽大，富有万物，雷动风行，运化万变，寂然至无，是其本矣。故动息地中，乃天地之心见也。若其以有为心，则异类未获具存矣。（《周易注·复卦》）

王弼这个注释说明：寂然至无的本体是绝对的，而"有"和"动"则是相对的、暂时的；"天地之心"是以无为本，所以才能富有万物；如果"以有为心"，那就是处于相对的、有条件的地位，不能包容一切。

王弼玄学的一个重要特点，是他在以"以无为本"凸显本体意识的同时，也十分注重以哲学思辨的形式在本体与现象之间确立一种内在的联系。这是王弼之所以超胜于仅仅专注于凸显本体意识的何晏的一个重要原因。为此，他提出了"崇本举末"的命题。他把"道"与万物的关系看做是"母"与"子"的关系。在谈到治国问题时，他说："母，本也；子，末也。得本以知末，不舍本以逐末也。"（《老子注》第五十二章）"夫以道治国，崇本以息末。以正（政）治国，立辟以攻末。"（《老子注》第五十七章）他把两种政治主张加以对比，主张"崇本息末"而反对"舍本以逐末"。他认为，如果"舍本以逐末"，只注意用法律（"辟"）和礼教来维护名分，"遂任名以号物，则失治之母也"（《老子注》第三十二章）。"任名"而不知名教以道为本，那便要失掉"治之母"，难免造成混乱。正确的办法应该是"崇本息末"，君主自处"无名"、"无形"的地位，实行"无为而治"。王弼认为，这样"崇本以息末"，却正可以达到"崇本以举其末"。他说：

> 用夫无名，故名以笃焉。用夫无形，故形以成焉。守母以存其子，崇本以举其末，则形名俱有，而邪不生；大美配天，而华不作。（《老子注》第五十七章）

在王弼看来，守母才能存子，崇本举末，"绝圣而后圣功全，弃仁而后仁德厚"（《老子指略》）；无为而治，就能自然而然地做到"仁德厚焉，行义正焉，礼敬清焉"（《老子注》第三十八章）。就是说，仁义礼敬出于无为，便能达到"德厚"、"功全"。玄学的时代主题是面对一个分崩离析的现实世界与意义世界重建社会秩序与宇宙秩序，以重新确立一个囊括宇宙、统贯天人的完整价值系统。这个主题并不是王弼提出来的，但是在他之前，何晏等前辈玄学人物还主要是停留在以理性的思辨凸显抽象的本体上。王弼则在深入阐述了"以无为本"原则的同时，进一步提出了"崇本举末"的观点，找到了一条紧密连接有与无、本体与现象的途径，因而不仅作出了超迈前贤的成绩，同时也为魏晋玄学的发展奠定了基本的思想框架。

二、平章孔老，兼宗儒道

兼宗儒道，谋求儒家价值系统（名教）与道家价值系统（自然）的深度整合，是魏晋玄学的一个重要特点。这一特点在何晏、王弼的思想中均有清楚的表现。正始年间，身为"正始玄风"之中心人物的何晏主持编纂了《论语集解》一书，其中已经表现出了较为明确的融合儒道的理论意向。王弼则在此基础上作出了进一步的成绩。据史料记载：

> 弼幼而察惠，年十余，好老氏，通辩能言。父业，为尚书郎。时裴徽为吏部郎，弼未弱冠，往造焉。徽一见而异之，问弼曰："夫无者诚万物之所资也，然圣人莫肯致言，而老子申之无已者何？"弼曰："圣人体无，无又不可训，故不说也。老子是有者也，故恒言其所不足。"（《魏志·钟会传》注引何劭《王弼传》）

这条史料告诉我们，第一，尽管在这一时期汉代经学已经瓦解，玄学家们在思维形态上也的确有"祖述老庄"的一面，但是与在现实社会中儒家的伦理纲常依然受到维护与尊崇相联系，孔子依然是士人心目中公认的圣人，而老子的"圣人"形象则并未得到公认。第二，如何既坚持"以无为本"的理论立场，又调适这一立场与言多及"有"而对"无"却"莫肯致言"的孔子之间的关系，是这一时期最尖端的哲学问题。

王弼对这一问题的回答，包含着对时代课题的深刻的哲学洞见。王弼没有陷入"有"与"无"之间的直接对立。这个尚未弱冠的天才哲学家已经直觉到，"无"与"有"、现象与本体之间应当达成辩证的连接。为此，他通过思辨，对被时人仅仅看做是停留在"有"的层面的儒家思想作了提升，使之上升到"无"即本体的高度。"无"不可以直接训说，而必须通过"有"来阐明，由于对"无"有了深刻的体验，孔子尽管只是谈"有"，但却处处都揭示了隐蔽着的宇宙本体。相反，老子对"无"的直接训说，却只能停留于"有"的现象领域，而不能上升到高层次的"体无"境界。王弼的这个回答不仅准确地把握了本体论哲学的关键问题，找到了一种较为合理的方法来处理本体与现象之间的关系，而且照顾到了当时以儒学为核心的正统价值系统,妥善地摆正了孔子与老子的地位。王弼的这条思路对于解决当时的时代课题具有重要的意义。同样的思路还贯穿在王弼对孔子的有关具体思想的阐释中。例如,《论语·阳货》有这样一篇对话:"子曰:'予欲无言。'子贡曰:'子如不言,则小子何述焉?'子曰:'天何言哉?四时行焉,百物生焉。天何言哉?'"王弼对之加以解释说:

> 予欲无言,盖欲明本,举本统末,而示物于极者也。夫立言垂教,将以通性,而弊至于湮;寄旨传辞,将以正邪,而势至于繁。既求道中,不可胜御,是以修本废言,则天而行化。以淳而观,则天地之心见于不言;寒暑代序,则不言之令行乎四时,天岂谆谆者哉。(《论语释疑》)

在王弼看来,孔子所说的"予欲无言",是为了"明本",这个本即天地之心,而天地之心本来是无言的。但是这个本来无言的天地之心发而为用,寒暑代序,化生万物,虽未尝谆谆言之,实际上是统贯于形形色色的万象之中。孔子所见的道体实际上就是那个大化流行、生生不已的宇宙本体,它是不可以言传的,所以他说"予欲无言",即不愿意直接用言语去描述那不可言传的道体。但是,孔子对于现象层次的万事万理毕竟是发表了许多言论,这些言论虽未直接涉及道体,但却足以启发人们通过形形色色的万象来体认天地之心。通过将孔子关于名教的思想向上提升到"体无"的高度,也就实现了儒家与道家的初步融合,达到了"名教本于自然"的结论。

三、体、用作为哲学范畴的提出

在讨论"有"、"无"、"本"、"末"问题的过程中,王弼提出了"体"和"用"的范畴,成为最先赋予体用范畴以哲学本体论之重要意义的哲学家。

在中国哲学中,体用观念的萌芽,早就见于先秦诸子典籍中。先秦已有体用并举的提法,如《荀子·富国》篇中就有"万物同宇而异体,无宜而有用为人数也"的说法,但还是个别的、偶然的,尚未形成一对有确定涵义的哲学范畴。这种情况在两汉时期并无根本改变,但"有体有用"的观念已经运用到较为广泛的领域。体用范畴的本来涵义,即如"体"、"用"二字之本义,体是指主体、本体和实体,用是指作用、功用和用处,因而两者即是实体与作用、功能、属性的关系。魏晋时期,随着从宇宙论向本体论转变的完成,如何达成本体与纷繁复杂的现象世界的连接成为中国哲学所面对的重要的时代课题。由此,"体"、"用"才逐渐超越了一般意义上的实体与功能的涵义,主要从本体与现象关系的角度获得了明确的哲学涵义,成为一对重要范畴。正是王弼的有关理论活动构成了这一发展演进过程的起点。王弼在提出"以无为本"的同时,又标举"崇本举末"的原则,这其中实际上就已经体现出了以"无"为体而以"有"为用的思想。同样,王弼提出"圣人体无"的观点,认为孔子是训有以彰无,其论证的基本理路也正是要说明孔子的思想路向是"由用而达体"。为了建立一个囊括宇宙人生的整体性思想系统,王弼第一次明确地把"体"与"用"提升为一对哲学范畴。他说:

  毂所以能统三十辐者,无也。以其无能受物之故,故能以寡统众也。木、埴、壁所以成三者,而皆以无为用也。言无者,有之所以为利,皆赖无以为用也。(《老子注》第十一章)

  万物虽贵,以无为用,不能舍无以为体也。舍无以为体,则失其为大也,所谓失道而后德也。以无为用,则得其母,故能已不劳焉而物无不理。(《老子注》第三十八章)

从这些言论看来,王弼虽然还没有达到以后中国哲学"体用一如"的圆融程度,但其有关思想中的确已经蕴涵了即体即用思想的萌芽。王弼认为,无虽然无形无名,但却决不是空的,而一定是实的。正因为它是实的,所以才能"以寡统众","水火不能害,金石不能残"(《老子注》第十六章)。实际上它就是使万物得其所得的本体。如果万物舍弃了无,就会丧失自己的本体。这个无并非孤悬于有之外,而就在有之中。就有之所本的意义而言,王弼提出了"以无为本"的命题。就无为"有之所以为利"的最高依据而言,王弼又进一步提出了"以无为用"的命题。这两个命题的综合,就是即体即用的思想,所以王弼说:"万物虽贵,以无为用,不能舍无以为体也。"

王弼之后的魏晋玄学家大多沿用了体用本末的思维方式,体用、本末之辨成为最能体现魏晋玄学之基本思维方式的主要理论支柱之一。由此,发端于玄学的哲学体用观对于后来的佛教哲学和宋明理学都曾经产生过极其深刻的影响。在中国哲学史上,"体"、"用"这一对中国哲学所特有的范畴,是足以表现中国哲学思维方式特点的范畴之一。

第二节 "得意忘言"的哲学方法论

与"以无为本"的基本哲学立场相联系,王弼在批评汉儒的烦琐哲学方法的同时,提出了"得意忘言"的哲学方法论。王弼"得意忘言"的哲学方法论是在解释《老子》和《周易》的过程中提出的,他的有关解释正是以其基本的哲学立场为基础的。王弼的《老子指略》说:

> 《老子》之书,其几乎可一言而蔽之。噫!崇本息末而已矣。观其所由,寻其所归,言不远宗,事不失主。文虽五千,贯之者一;义虽丰瞻,众则同类。解其一言而蔽之,则无幽而不识;每事各为意,则虽辩而愈惑。然则《老子》之文,欲辩而诘者,则失其旨也;欲名而责者,则违其义也。故其大归也,论太始之原以明自然之性,演幽冥之极以定惑罔之迷。因而不为,损而不施;崇本以息末,守母以存子;贱夫巧数,为在末有;无责于人,必求诸己;此其大要也。

可见,王弼解释《老子》的基本哲学立场正是"以无为本"与"崇本息末"。王弼解释《周易》所依据的原则,集中表现在《明象》和《明象》之中。他在《明象》中所提出的"以寡治众"、"以一制动"、"统宗会元"、"约以成博"、"简以济众"等观点,从思想实质来看,和他解释《老子》所依据的"崇本息末"的原则是完全一致的,都是着眼于本体与现象的关系问题。在《明象》中,王弼进而讨论了"言"与"象"、"意"的关系问题。他指出"言生于象","象生于意","意以象著","象以言著",在"言"(卦爻辞)、"象"(卦爻象)、"意"(意义)三者的关系中,意义是第一性的。正是沿着这一思路,王弼在对汉儒的批评中进而提出了"忘象以求尽意"的观点。

一、对汉代经学哲学方法的批评

就整体而言,汉代哲学在思维方式上表现为经验性的,往往在比附性思维中不知不觉地专注于形形色色的现象性事物,而缺乏对于宇宙人生之本质的理性思考。这一特点在汉代易学中也得到了清楚的体现。汉代学者研究《周易》,多列举和解说象、数,形成系统的象数学体系。象数派的方法论特点是与阴阳五行以及谶纬迷信合流,极尽穿凿附会、琐碎繁复之能事,以谈灾异、天意为务,使易学研究走进了神秘主义的死胡同。

作为领玄学时代之风骚的一代哲学大师,王弼对汉易的这种象数派的思维方式进行了猛烈的抨击。他说:

> 象之所生,生于义也。有斯义,然后明之以其物,故以龙叙乾,以马明坤,随其事义而取象焉。(《周易注·乾文言》)

> 是故触类可为其象,合义可为其征。义苟在健,何必马乎?类苟在顺,何必牛乎?爻苟合顺,何必坤乃为牛乎?义苟应健,何必乾乃为马乎?而或者定马于乾,案文责卦,有马无乾,则伪说滋漫,难可纪也。(《周易略例·明象》)

意思是说,思想内容(义)决定表达形式(象),有乾(健)、坤(顺)的思想内容,然后才画出乾、坤的卦象;用马来说明乾,用牛来说明坤,这都是为了表达乾(健)、坤(顺)的道理;健、顺之"义",是"类"的本质,用卦象、系辞来说明,是为了揭示本质,并非必定要用马来象征乾,用牛来解释坤;如果真正掌握了乾、坤的原理,那便可以触类旁通,何必"坤乃为牛,乾乃为马"?汉儒解《易》,拘泥于象数,造成"案文责卦,有马无乾",只执著言和象,却把意忘掉了,故王弼批评说:"盖存象,忘意之由也。"(《周易略例·明象》)

王弼认为,象数派易学的根本错误在于"存象忘意",把形式置于首位,而丢掉了其中的义理。王弼认为,这是一个研究方向上的错误,易学之所以陷入荒诞烦琐,"伪说滋漫",都是由此而产生的。正确的研究方向应该是"忘象以求其意"(《周易略例·明象》),也就是说在"得意"以后,应该"忘象"以摆脱感性的束缚,使思维来一次由感性到理性的飞跃。立足于这样的认识,王弼进一步具体地论述了"得意忘言"的哲学方法。

二、"寻言观意","得意忘言"

魏晋时期,"名实"之辨演变为"言意"之辨。与王弼同时,尚玄远者大抵都讲"言不尽意"。在"言意"之辨方面,王弼的一个重要特点是立足于自身的基本哲学立场,对"言"、"象"、"意"的关系问题作了更为具体的展开。继老庄之后,王弼对一般的名言能否把握"道"的问题提出了怀疑。他说:

> 可道之道,可名之名,指事造形,非其常也。(《老子注》第一章)

> 名以定形。混成无形,不可得而定,故曰"不知其名"也。(《老子注》第二十五章)

> 有形则有分。有分者,不温则凉,不炎则寒。故象而形者,非大象。(《老子注》第四十一章)

意思是说,名言、概念用以"指事造形",要求同对象(事、形)有一一对应的关系;这样"名以定形"也就是把对象分解开来,凉则不温,寒则不炎,成为片面性的东西了。而道是"混成之物"、"大象无形",所以非名言、概念所能把握。但是,"不可名者"也仍然要用名言来表达。于是,王弼谈到了两种表达方式:一是用"对反之名"来揭示"不可名之理",二是给"无名"以"称谓"。他说:

> 温者不厉,厉者不温;威者必猛,不猛者不威;恭者不安,安者不恭,此对反之常名也。若夫温而能厉,威而不猛,恭而能安,斯不可名之。理之全矣。故至和之调,五味不形;大成之乐,五声不分;中和备质,五材无名也。(《论语释疑》)

温与厉、威与不猛、恭与安,这些相反对的概念,通常是把对象分解开来加以把握的。而《论语》却说孔子"子温而厉,威而不猛,恭而安"。王弼认为,这就是用一种相反相成的语言,对圣人的"中和"作了说明。这种说明方式正在于揭示"不可名之理",圣人的中和的本质是不能用五行之类的概念加以分析的。

王弼又区分了"名"和"称"。他认为,"字之曰道","谓之曰玄",是"称谓"而不是"名号"。"名也者,定彼者也;称也者,从谓者也。名生乎彼,呼出乎我。"(《老子指略》)就是说,名号是与对象相对应的,而称谓在于表达我所把握的义理。王弼认为,给道以各种称谓也都有其局限:

> 夫道者,取乎万物之所由也;玄也者,取乎幽冥之所出也。……然则道、玄、深、大、微、远之言,各有其义,未尽其极者也。(《老子指略》)

就是说,称本体为道、玄、深、大、微、远等,也都只是分别取某个"义",而没有全面地"尽其极"。王弼认为,一切名言均不可能"尽其极"。他说:"有分则失其极也。……凡物有称有名,则非其极也。"(《老子注》第五十八章)名号、称谓,都是分析,而一经分析就不是绝对。因此,一切"殊类分析"(《老子注》第五十八章)的知识都不可能真正把握"道"。要真正体认"道",就不能执著于言、象,而只能是走"得意忘言"的道路。他明确指出:

> 夫象者,出意者也。言者,明象者也。尽意莫若象,尽象莫若言。言生于象,故可寻言以观象;象生于意,故可寻象以观意。意以象尽,象以言著。故言者所以明象,得象而忘言;象者所以存意,得意而忘象。犹蹄者所以在兔,得兔而忘蹄;筌者所以在鱼,得鱼而忘筌也。然则言者,象之蹄也;象者,意之筌也。是故,存言者,非得象者也;存象者,非得意者也。象生于意而存象焉,则所存者乃非其象也;言生于象而存言焉,则所存者乃非其言也。然则,忘象者,乃得意者也;忘言者,乃得象者也。得意在忘象,得象在忘言。故立象以尽意,而象可忘也;重画以尽情,而画可忘也。(《周易略例·明象》)

王弼认为,就把握道的正确途径来说,应当是由言而象、由象而意的溯求。这里,"意"才是最终目标,"象"与"言"则都是达到目标前所需凭借的过程,所以说"寻言以观象","寻象以观意"。在这里,"言"是"象"的代表,"象"又是"意"的代表,尽意莫若象,尽象莫若言;故寻绎言之理,则可以得象；寻绎象之理，则可以得意。换句话说，"言"和"象"二者，不过为求"达意"、"得意"的工具而已，它们都不是"意"本身，它们的位阶也都在"意"之下。因此，对于工具性意义的"言"和"象"，便不能拘泥之或固守之，以免将"言"、"象"直认作"意"，甚至取代了"意"。所以必须随用随忘，随取随遣。而王弼所谓"体无"则可以说是代表了处理"言"、"意"关系的最高境界。当然，这并不是一般的人所能达到的境界，而是"圣人"才能达到的。

王弼的"得意忘言"说，上承《易传》所谓"圣人立象以尽意，设卦以尽情伪，系辞焉以尽其言"的思想，对"言"、"象"、"意"的关系问题作了更进一步具体的论述，对于推动"言意之辨"的深入开展具有积极意义。"寻言观意"、"得意忘言"同时也是一种与其基本的哲学立场相一致的哲学方法。王弼的有关论述包括了两个方面的内涵：一是言可以达意，二是言不可以尽意。这与其本体论是一致的。本体既表现为万有，又具有超越于任何一个特定的"有"的内容。言只及于万有，所以既及于本体之表现，又不能及于本体自身。但"无不可以无明，必因于有"，因此，要把握"意"，既要借助于"言"，又必须突破"言"。从其有关理论的认识论意义来看，他把认识手段与认识对象相区别，以"言不尽意"之说表达了一个深刻的思想：认识中存在着相对的认识手段与绝对的认识对象（本体）、有限的认识工具（"言"）与无限的认识目标（"意"）之间的矛盾。尽管他并没有能够指出解决这对矛盾的途径，但是他毕竟深刻地揭露了这一矛盾，这应当可以看做是对探索人类认识规律的重要贡献。其不足之处是夸大了"言"和"意"的差别，把"忘言"、"忘象"看作是"得意"的必要条件，甚至具有脱离语言外壳，追求"独立自存"之"意"的倾向。"得意忘言"的认识方法对于形成中国哲学言近而旨远、在有限的言说形式中包含无限的思想意蕴的精神特质产生了重要影响。

第二章　阮籍、嵇康的"自然无为"论

不同于何晏、王弼等主流玄学家主要是立足于"兼综儒道",另外一些玄学家则在基本的价值取向上或宗道而斥儒,或宗儒而贬道。倡导"越名教而任自然"的阮籍、嵇康就是前者的典型代表。

阮籍(210~263年),字嗣宗,陈留尉氏(今河南尉氏)人。三国魏文学家、思想家。曾任步兵校尉,也称阮校尉。与嵇康、山涛、向秀、阮咸、王戎、刘伶等同为"竹林七贤"。博览群书,尤好老庄。他不满意司马氏政治集团,蔑视礼教,嗜酒放诞。但又很谨慎,不肯公开谈论别人长短,因此得以免遭杀害。哲学著作有《通易论》、《通老论》、《达庄论》等,均收入《全三国文》中。嵇康(224~262年),字叔夜,谯国铚(今安徽宿县)人,在魏做过中散大夫,也称嵇中散。著名思想家、文学家、音乐家。其文思想新颖,善鼓琴,以弹《广陵散》著名,并曾作《琴赋》。据《晋书》本传载:"康早孤,有奇才,远迈不群……学不师受,博览无不该通,长好老庄。……常修养性服食之事,弹琴咏诗自足于怀。"他自称"轻贱唐虞而笑大禹"(《卜疑》),"非汤武而薄周孔"(《与山巨源绝交书》)。嵇康不仅做过曹魏政权的中散大夫,而且与曹宗室有姻亲关系。司马氏当政后,他虽隐居不仕,但终为司马氏所不容而被害。其著作《嵇康集》共十卷。

阮籍、嵇康的一个共同特点,就是虽然在前期均曾经主张结合"名教"与"自然",但却因为不满意于现实特别是司马氏集团诛杀异己、图谋篡代而又盛倡"名教"的虚伪行径,后来转而主张"越名教而任自然",并以其惊世骇俗的言行表现了对世俗名教的蔑视,成为魏晋玄学中"任自然"派的代表。阮籍、嵇康的有关理论活动对于玄学转向对精神境界的追求起到了重要的推动作用。

第一节　阮籍、嵇康思想的演变

阮籍、嵇康与何晏、王弼是同时代人。在何、王之后，阮、嵇依然在历史的舞台上活动了十三四年。这十几年正是历史发生剧烈变动的时期。一方面，人们期盼已久的统一的局面终于来临；另一方面，又发生了魏晋禅代的政治大动乱。司马氏集团为了篡夺曹魏政权，"诛夷名族，宠树同己"，不能不使知识分子的心灵上蒙上一层阴影，促使他们的思想发生某种变化。阮籍、嵇康自然论的玄学思想是从何晏、王弼的"贵无"论的玄学思想发展而来的，典型地反映了正始以后的知识分子的心路历程。

一、阮籍、嵇康的前期思想

据史料记载："籍本有济世志，属魏晋之际，天下多故，名士少有全者，籍由是不与世事，遂酣饮为常。"(《晋书·阮籍传》)这说明阮籍纵酒酣饮，逃避现实，并非出自本心，而是由险恶的政治环境逼迫而成的。阮籍前期致力于名教与自然的结合，尽管对现实不满，但精神状态却是平衡的，并且洋溢着一种积极奋发的高昂情调，对理想的实现充满了乐观主义的信念。这在《乐论》中表现得颇为明显。阮籍说：

> 夫乐者，天地之体、万物之性也。合其体，得其性，则和；离其体，失其性，则乖。昔者圣人之作乐也，将以顺天地之体，成万物之性也。故定天地八方之音，以迎阴阳八风之声，均黄钟中和之律，开群生万物之情气。故律吕协则阴阳和，音声适而万物类；男女不易其所，君臣不犯其位；四海同其欢，九州一其节。……天地合其德，则万物合其生，刑赏不用而民自安矣。(《乐论》)

阮籍认为，天地自然处于一种和谐的状态，以君臣、父子、夫妇为内容的宗法等级制度效法自然，本身也是和谐的。即令这种和谐受到破坏，只要"佐圣扶命"的君子以及"有位无称"的大人能够出来支撑局面，采取正确的措施，还是有希望转危为安，恢复到本有的和谐状态的。

嵇康原来也是以名教与自然相结合作为自己的精神支柱的。他的《六言诗》说：

　　　　二人功德齐均，不以天下私亲，高尚简朴慈顺，宁济四海蒸民。
（《惟上古尧舜》）
　　　　法令滋章寇生，纷然相召不停，大人玄寂无声，镇之以静自正。
（《知慧用有为》）

在这里，嵇康把唐虞之世"君道自然"的政治树立为最高的理想，尽管他清醒地看到当时"法令滋章"的名法之治的现实不符合这个理想，但是相信只要有一个"大人"出来推行"镇之以静"的政策，实现这个理想的可能性还是存在的。这和阮籍早期的思想一样，情调是乐观而高昂的。

可见，阮籍、嵇康的前期思想是倾向于名教与自然相结合的，这和与他们大体同时的何晏、王弼的思想在基本的价值取向上保持了一致性。但是，以高平陵政变为转折点，阮籍、嵇康的思想取向发生了根本的变化。

二、阮籍、嵇康的思想转变及其意义

在阮籍、嵇康的后期思想中，这种高昂乐观的情怀不见了。"名教"与"自然"的现实分离，使他们原来所依靠的那个名教与自然相结合的精神支柱陷于崩溃，促成了其思想向另一个极端的转变。在嵇康的《卜疑集》中，我们可以清楚地看到面对理想与现实的冲突和矛盾，嵇康彷徨无依的痛苦心情：

　　　　吾宁发愤陈诚，谠言帝庭，不屈王公乎？将卑懦委随，承旨倚靡，为面从乎？
　　　　宁隐居行义，推至诚乎？将崇饰矫诬，养虚名乎？
　　　　宁恺悌弘覆，施而不得乎？将进趣世利，苟容偷合乎？
　　　　宁如老聃之清净微妙，守玄抱一乎？将如庄周之齐物，变化洞达，而放逸乎？

这些诗句表明，在原来的精神支柱崩溃之后，阮籍、嵇康承受了巨大的内心痛苦，并逐渐完成了思想倾向的转变。不同于早期主张自然与名教的结合,在阮籍、嵇康的后期玄学思想中,自然与名教被看成是对立的两极,两者之间是相互排斥的关系。正是立足于这样的认识,嵇康在《私释论》中提出了"越名教而任自然"的口号,阮籍在《达庄论》和《大人先生传》中站在自然的立场,对名教中的种种荒谬、虚伪、狡诈和残酷进行了猛烈的抨击。嵇康批评当时的现实说:

> 季世陵迟,继体承资,凭尊恃势,不友不师,宰割天下,以奉其私。故君位益侈,臣路生心,竭智谋国,不吝灰沉,赏罚虽存,莫劝莫禁。若乃骄盈肆志,阻兵擅权,袀威纵虐,祸崇丘山。刑本惩暴,今以胁贤。昔为天下,今为一身。下疾其上,君猜其臣。丧乱弘多,国乃陨颠。(《太师箴》)

在嵇康的眼里,这样一个君臣上下不遵礼法,而只知一任私欲横行,不是以刑惩暴而是以刑"胁贤"即胁迫贤能之士的时代,简直可以说是到了即将灭亡的末世。显然,在这样一个"季世"之中还想谋求"自然"与"名教"的统一,就只能是一种不切实际的幻想了。与此相应,阮籍在对现实的批判中甚至提出了"君立而虐兴,臣设而贼生","无君而庶物定,无臣而万事理"(《大人先生传》)的主张。其"越名教而任自然"的价值取向表现得甚至比嵇康还要强烈。

尽管在表面上"越名教而任自然"代表了一种在名教与自然之间否定一者而坚执地肯定另一者的价值选择,但是由于作为社会性的存在,人实际上是不可能彻底地摒弃名教而完全因任自然的,因此,正如我们在上文中已经看到的,在"越名教而任自然"的背后实际上蕴涵着极为深刻的忧患意识,是以痛苦矛盾、彷徨无依的内心世界为背景的。这样,他们的自我生命就既不能在名教中得到安顿,又不能在自然中找到寄托。《晋书·阮籍传》说他"时率意独驾,不由径路,车迹所穷,辄恸哭而反"。他的《咏怀诗》说:"杨朱泣歧路,墨子悲染丝。"嵇康在《卜疑集》中也描绘了这种与阮籍相类似的痛苦矛盾的心态。这种痛苦矛盾贯穿在他们后期的整个玄学思想之中。既然自我生命无论在现实的名教或自然中都得不到安顿,那么就只能是退回到自身,在纯粹意识中寻找安身立命之所。由此自我意识与精神境界的问题开始在玄学中得到了凸显。

这样，阮籍、嵇康的有关思想便从一个特定的角度推动了玄学的进一步发展。在王弼、何晏那里，主要是相对于汉代经学而凸显了玄学的本体意识，而玄学发展到阮籍、嵇康那里，自我意识和精神境界的问题开始得到凸显。阮、嵇不再像王、何那样专注于讨论世界的本体问题，而是把关联于本体的人的自觉意识作为关注的中心。换言之，他们以主体自身的问题取代了世界本原的问题。由于玄学作为一种天人之学内在地包含了凸显自我意识和精神境界的要求，再加之阮籍、嵇康作为文人名士把自身的处境特别是对异化的深刻感受带进了玄学思维之中，从而适应与切合了当时知识分子普遍存在的忧患意识和人生追求，因而阮籍、嵇康的有关思想对社会风尚产生了很大影响。玄学的发展也由此而深入到了自我意识与精神境界的问题中。

第二节 "越名教而任自然"的价值取向与对精神境界的追求

一、"越名教而任自然"的价值取向

不同于王弼、何晏关于名教本于自然的观点，后期的阮籍、嵇康更多地强调了"任自然"的基本理论倾向。"越名教而任自然"的口号，可以反映出他们在对待儒家名教上的共同的、基本的态度。

在他们看来，名教不是出于自然，而是当权者们创立出来的。在《大人先生传》中，阮籍指出典章制度和仁义名教是使"天下残贼乱危死亡之术"。嵇康更明确地指出，儒家经典所宣扬的礼法名教，本身就是束缚人性、违反自然的，甚至是社会上一切伪善、欺诈等种种恶浊现象的根源。这种"名教"绝非出于自然；相反地是"自然之情"遭到破坏的结果，是"大道陵迟"的衰世产物。他指出：

> 及至人不存，大道陵迟，乃始作文墨，以传其意，区别群物，使有类族。造立仁义，以婴其心，制为名分，以检其外。劝学讲文以神其教；故六经纷错，百家繁炽，开荣利之途，故奔骛而不觉。（《难自然好学论》）

就是说,统治者鼓吹仁义,是为了束缚人们的思想;制定名分,是为了约束人们的举动;办学堂,讲经书,是为了神化自己的统治;而所有这些无非是引导人们去走争名夺利的道路。当时有人把接受礼教比之为"长夜之冥,得照太阳",嵇康反驳说:

> 今若以明堂为丙舍,以讽诵为鬼语,以六经为芜秽,以仁义为腐臭……则向之不学,未必为长夜,六经未必为太阳也。(同上)

在他们看来,儒家倡导人们学习《六经》,是违背人的自然本性的。嵇康指出:

> 《六经》以抑引为主,人性以从欲为欢。抑引则违其愿,从欲则得自然。然则自然之得,不由抑引之《六经》;全性之本,不须犯情之礼律。固知仁义务于理伪,非养真之要术;廉让生于争夺,非自然之所出也。(同上)

认为《六经》是对人性的压抑,因而违背了人性自然发展的趋势。其所倡导的"仁义"不仅不能"全性"、"养真",反而会把人引向虚伪,因为人们为了遵从仁义礼律等道德或社会规范,就不得不压抑自己的个体欲求。嵇康的这些思想显然与阮籍把典章制度和仁义名教看做是使"天下残贼乱危死亡之术"的观点是一致的。总之,后期的阮籍、嵇康极力反对用儒家的道德规范铸造人性,主张顺应人性之自然。这是在封建社会中期所透露出来的要求人性解放的思想信号。

二、阮籍、嵇康对于自我意识与精神境界的追求

阮籍、嵇康玄学思想的落脚点是对于精神境界的追求。王弼的贵无论玄学是一种纯粹理智的不带有情感的思维,一种抽象的逻辑思维。阮籍、嵇康与王弼不同,他们把认识和感受、思维和情感融为一体,通过自己独特的个性去把握时代的共性,这就使他们同时成为既是有代表性的哲学家,又是作出了卓越贡献的文学家。阮籍、嵇康不去关心现象与本体的的思辨逻辑上的联结,而倾注全部心力去探讨自我意识与本体的关系,希望通过这种探讨获得一种精神境界,一种能够帮助自己排遣痛苦的安身立命之道。无论是嵇康的"师心以遣论",还是阮籍的"使气

以命诗"(刘勰《文心雕龙·才略》),都是从自我出发的,有着鲜明的个性特征。

作为玄学家,阮籍、嵇康都以宇宙的最高本体作为追求的目标,这个本体就是"自然"。在他们看来,世界本来处在合于自然之道的和谐状态,"至道之极,混一不分,同为一体,得失无闻"(阮籍《达庄论》),在这种状态下,万物都体现自然,没有什么不同。在这个世界上,人们追求的是一种自由飘逸的生活,不希望有任何外在规范的束缚,这是人的自然本性所要求的。嵇康也说:"夫民之性,好安而恶危,好逸而恶劳。故不绕,则其愿得;不逼,则其志从。"

因此,圣人就应该顺从人的自然本性,实行无为而治,如果能"崇简易之道,御无为之治",那么则"君静于上,臣顺于下","群生安逸,自求多福,默然从道,怀忠抱义,而不觉其所以然也"(《声无哀乐论》),从而形成一个"天人交泰"的和谐社会,亦即如同阮籍所说的没有"繁称是非,背质追文"的纲常名教的社会。在这样的社会,人们"饱则安寝,饥则求食",不知道有什么"仁义之端,礼律之文",而又自然而然地"怀忠抱义",完全以人性的自然满足为乐趣。

就个体生命的价值安顿而言,理想的精神境界是自我意识与宇宙本体的融合为一。在《大人先生传》中,阮籍描绘了一个具有这样的精神境界的"大人先生"。他说:

> 夫大人者,乃与造物同体,天地并生,逍遥浮世,与道俱成,变化散聚,不常其形。养性延寿,与自然齐光。其视尧舜之所事,若手中耳。……先生以为中区之在天下,曾不若蝇蚊之着帷,故终不以为事,而极意乎异方奇域,游览观乐非事所见,徘徊无所终极。

同样,在《答难自然养生论》中,嵇康也描述了一个和阮籍所倾心的精神境界很相近的精神境界:

> 顺天和以自然,以道德为师友,玩阴阳之变化,得长生之永久。任自然以托身,并天地而不朽。

显然,在这样的人生境遇与境界中,不仅天地宇宙是和谐的,而且置身于其中的人及其自我意识也都是和谐的。由此,人就可以在与天地宇宙的和谐统一之中达到"并天地而不朽"的精神境界,从而找到自我生命的安身立命之所。但是,精神境界的现实性归根结底必须是建立在生活的现实性基础之上的。精神境界虽然有其超越的一面,但是完全脱离了现实生活乃至与现实生活处于极端对立之中的精神境界是很难真正成为自我生命的安身立命之所的。阮籍、嵇康的生命悲剧恰恰就在这里。一方面,作为有着真性情、真肝胆的"真人",他们十分鲜明而执著地表现出了在与天地自然的和谐一体之中追寻自我生命之终极意义的生命情怀。另一方面,作为感觉明敏的文人骚客,他们又对于时代的悲情与自我内心的痛苦有着深刻的体验,并不断将这种体验化为融悲情、痛苦与放达而为一的生命情调。正是这种在得道真人的逍遥自得与孤魂野鬼的寂寞悲苦之间不断变换的生命存在形态,从两个相反的向度充分凸显了自我意识的问题,对于在中世纪的条件下开创一个自我意识的觉醒运动起到了重要的推动作用。

阮籍的《咏怀诗》明确地宣示了这种生命存在形态。一方面,生命是孤独而寂寞的:

夜中不能寐,起坐弹鸣琴。……徘徊将何见,忧思独伤心。(其一)

一日复一夕,一夕复一朝。颜色改平常,精神自损消。胸中怀汤火,变化故相招。万事无穷极,知谋苦不饶。但恐须臾间,魂气随风飘。终身履薄冰,谁知我心焦。(其三十三)

在这里,我们看到的,是日复一日、年复一年的"夜中不能寐","精神自损消"的愁苦生活的写照,因而生命主体也就表现为一种充满"忧思"与"心焦"的孤独而寂寞的自我意识。但是,与此同时,他又依然还在执著地追求着像鸿鹄高翔于云天一样的自由的精神境界。同样是在《咏怀诗》中,阮籍放言:

鸿鹄相随飞,飞飞适荒裔。双翮凌长风,须臾万里逝。朝餐琅玕实,夕宿丹山际。抗身青云里,网罗孰能制。岂与乡曲士,携手共言誓。(其四十三)

在这里,我们看到的,又是一幅奋翮高飞、抗身青云,远离庸人世界而进人逍遥仙境的生命存在形态。正是这样两种偏至的生命存在形态集于一身,才得以透过自我意识的挺立而充分地凸显出哲人对于自由的精神境界的渴慕与追求。

同阮籍一样,嵇康对人生意义的追寻也是最终落脚于通过凸显自我意识而追求一种精神境界。对于追求主体精神的独立与自由,他也保持了清楚的理论自觉。他说:

> 故世之难得者,非财也,非荣也,患意之不足耳!意足者,虽耦耕甽亩,被褐啜菽,岂不自得。不足者,虽养以天下,委以万物,犹未惬然。则足者不须外,不足者无外之不须也。无不须,故无往而不乏。无所须,故无适而不足。不以荣华肆志,不以隐约趋俗,混乎与万物并行,不可宠辱,此真有富贵也。(《答难养生论》)

在这里,一个人能不能够通过挺立自我意识而达到自满自足、无求于外的精神境界,被看做是自我人生能否获得真正的终极价值与意义的根本标准。只要能够达到这种境界,人生就是"无适而不足"因而可以达到"天地与我并生,万物与我为一"的逍遥自得之境的。相反,如果不能做到这一点,即使拥有天下万物,也不可能得到完满的人生意义。

顺此而进,嵇康进一步探讨了达到这样的精神境界的方法问题。怎样才能达到这样的精神境界呢?嵇康强调了"越名任心"的重要性。在他看来,如果说对于认识对象来说,"得意"在求得自然之理,那么,对于精神主体而言,"得意"就在"自得"。他在《赠兄秀才入军》中写到:"俯仰自得,游心太玄。嘉彼钓叟,得鱼忘筌。郢人已逝矣,谁可尽言?"这里说的得鱼忘筌,不再主要是一种认识方法,而是指一种"得意忽忘形骸"的逍遥的人生态度。怎样才能达到"俯仰自得"、"得鱼忘筌"的精神境界呢?嵇康以为应当做到"越名任心"。他说:

> 越名任心,故是非无措也。……君子之行贤也,不察于有庆而后行也;任心无穷,不识于善而后正也;显情无措,不论于是而后为也。是故傲然忘贤,而贤与庆会;忽然任心,而心与善遇;傥然无措,而事与是俱也。(《释私论》)

意思是说,"越名任心"就是要求凡事不是从名教、名分上来考虑是非、善恶与赏罚，而是完全任心行事，使行为出之于内心的自然要求。这样既不依凭"是"或"善"的名义来规约自己的行为，也不用预期可获庆赏的后果，但却可以使行为真正做到"与是俱"、"与善遇"、"与庆会"。所以，嵇康说："是故言君子，则以无措为主，以通物为美。"（同上）这里所谓"无措"，是指通过"越名任心"而克服自私用智之病，使"心无措乎是非"；所谓"美"，实际上落脚于一种美的人格。这种人格最基本的特征就是无心任运而逍遥自得。

与对于自满自足、无求于外的精神境界的执著追求相联系，个性解放的时代风尚在嵇康那里比在阮籍那里表现得更为坚定也更为充分。在《与山巨源绝交书》中，他陈述了自己之所以不能做官应世的几条理由，即"必不堪者七"、"甚不可者二"。他所说的不堪忍受的七个方面的事情是：性喜睡懒觉，而不堪忍受按时当值；性喜"抱琴行吟，弋钓草野"，而不堪忍受在吏卒的守护之下"不得妄动"；因为"性复多虱，把搔无已"，而不堪忍受"裹以章服"，正襟危坐；不堪忍受大量的书信往返酬答；不堪忍受送死吊丧；因"心不耐烦"，而不堪忍受对俗人之应酬；不堪忍受任事之后"机务缠其心，世故繁其虑"。除此之外，还有"甚不可者二"，这就是：

> 又每非汤武而薄周孔。在人间不止此事，会显世教所不容。此甚不可一也。刚肠疾恶，轻肆直言，遇事便发。此甚不可二也。以促中小心之性，统此九患，不有外乱，当有内病。宁可久处人间耶？又闻道士遗言，饵术黄精，令人久寿。意甚信之。游山泽，观鱼鸟，心甚乐之。一行作吏，此事便废。安能舍其所乐，而从其所惧哉？

在这些"不堪"、"不可"中，嵇康完全是在一味地铺陈、张扬自己的个性，尽管这些个性在今天看来是十分懒散乃至颓废的。个性的解放和主体精神的自由是相辅相成的。透过嵇康对于自我个性的宣示，我们不难见出他鲜明而坚定地追求精神自由的自我意识。

正是立足于这样的自我意识，嵇康在自我生命的最后时刻也依然保持了自己高贵而从容的精神气象。《晋书·嵇康传》说：

> 康将刑东市，太学生三千人，请以为师，弗许。康顾视日影，索

> 琴弹之曰:"昔袁孝尼尝从吾学《广陵散》,吾每靳固之,《广陵散》于今绝矣。"

作为一代名士,当嵇康面对着死亡的时候,他想到的不是个人生命的终结,表现的不是由生与死的紧张而来的焦灼、惶惑与痛苦。相反,透过"性躁静以端理,含至德之和平"(《琴赋》)的琴声,人们所看到的却是一个从容、镇静、安详、和谐的生命气象。在嵇康的生命存在形态中,对于高远的精神境界的追求与个性解放以及人格独立的凸显,终于在自我生命的最后关头得到了最为淋漓尽致的表现。

阮籍、嵇康的有关思想对魏晋玄学的发展产生了重要的影响。嵇康是当时名士清谈的领袖人物。他所立的三理一直影响到东晋,成为东晋玄学辩论的主题。《世说新语·文学》记载:

> 王丞相(王导)过江左,止道声无哀乐、养生、言尽意三理而已。然宛转关生,无所不入。

在王导"止道"的三理中,根据现有的文献,"声无哀乐"、"养生"是嵇康所立的辩题,而对于"言意"问题,嵇康也有自己比较独特的见解。直到东晋时期,人们还把这些辩题作为主要的话题,嵇康等对于其后玄学的影响由此可见一斑。

阮籍、嵇康更为重要的影响还在于,他们以其特殊的思想主题进一步深化了玄学的发展。这一深化主要表现在两个方面。第一,中国哲学的传统主题就是注重人的生命价值的安顿问题,而阮籍、嵇康就是非常明确地将自己的学说乃至整个个体生命关注的中心都落脚于生命价值的安顿问题上,他们所开启的这一精神方向影响了其后整个玄学的存在形态,从而使玄学成为魏晋时期体现中国哲学的传统主题最为鲜明、最具有代表性的思想系统。玄学对于生命价值的安顿问题的凸显有力地促进了中国哲学的进一步发展和成熟。第二,魏晋玄学作为这一时期占主导地位的"天人之学",其时代课题是以与时代的要求相适应的方式达成"天"与"人"的联结。何晏、王弼有关理论活动的历史意义是在于,针对汉代经学建立在神学信仰基础上的感性、现象性思维,鲜明地凸显了宇宙人生之本体的绝对性,并初步确立了与此相应的本体论思维,从而在整体上把中国哲学的思维水平提高到了一个新的阶段。阮籍、嵇康则在此基础上,进一步把玄学对本体的抽象思辨落脚于"人",落脚于对人的精神境界的关注,在深化了玄学的发展的同时,也为玄学学理的进一步充分展开奠定了基础。此外,阮籍、嵇康的生命风范对于形成任放、旷达、飘逸的"魏晋风度"以及中国文化中的清流传统也产生了重要影响。

第三章 裴頠的"崇有论"与欧阳建的"言尽意论"

这一时期,在理论界也有人对于流行的玄学时风与论断提出了不同乃至相反的意见,倡导"崇有论"的裴頠和提出"言尽意"论的欧阳建就是其中的重要代表。裴頠直接针对阮籍、嵇康"越名教而任自然"的主张以及当时颓废的社会风气,一反"贵无"的时论,站在儒家的基本立场提出了"崇有论",成为魏晋玄学发展过程中的一个重要环节。欧阳建则针对随玄学的兴起而大畅的"言不尽意"论,力倡"言尽意"论,站在理性的立场对"言意"问题作了颇有新意的探讨。

第一节 裴頠的"崇有论"

裴頠(267～300年),字逸民,河东闻喜(今属山东)人,《晋书·裴頠传》说他"弘雅有远识,博学稽古,自少知名","时人谓为言谈之林薮"。官至尚书左仆射,后为赵王司马伦所杀,年仅34岁。他不满于当时盛行的"口谈虚浮,不遵礼法"(同上书)的风气,写《崇有论》,替名教辩护。

在此之前,有杨泉著《物理论》,在强调"天道自然"、主张气一元论的同时,从儒家立场和注重实际的观点来反对玄谈。杨泉,字德渊,梁国(今河南商丘)人,生活在公元3世纪,三国吴会稽郡"处士"。据《隋书·经籍志》记载,他著有"《杨子物理论》十六卷,《杨子太玄经》十四卷"。二书均已散佚。至清人孙星衍始根据《意林》辑成《物理论》一卷,虽仅存三千余字,但保留了杨泉思想的梗概。杨泉《物理论》的一个基本特点,就是立足于对天文、历法、地理、物候、工艺、农业、医学以及手工业工艺等自然知识的广泛研究和认真总结,在否定天人感应论的基础上,从哲学的高度进一步探讨"物之理"即各种事物的本质,成为我国古代不可多得的"自然哲学"著作。杨泉思想批判性的一个重要表现,在于他坚持了桓谭、王充以来的神灭论思想传统,启迪着以后何承天、范缜等人的思想。对于当时正在兴起的清谈玄风,杨泉在《物理论》中站在"质实"的理论立场给予了尖锐的批判:"夫虚无之谈,尚其华藻,无异春蛙秋蝉,聒耳而已。"虚无之谈如同春天的蛙鸣和秋天的蝉叫声,没有任何实际的作用,适足令人生厌而已。在这里,我们的确不难看到杨泉的有关思想与王充"疾虚妄"、"重效验"思想一脉相承的内在联系。由于杨泉是以实证的心态来观察天地宇宙与人类社会的,再加之他在基本的价值规范方面是归宗于儒家的,因而,其有关思想特别是对玄学的批判就与裴頠在价值取向上具有一定的类同性,在一定的意义上可以看做是裴頠的思想先驱。

一、裴頠思想的时代背景

据《晋书·裴頠传》记载:

> 深患时俗放荡,不尊儒术,何晏、阮籍素有高名于世,口谈浮虚,不遵礼法,尸禄耽宠,仕不事事;至王衍之徒,声誉太盛,位高势重,不以物务自婴,遂相放效,风教陵迟,乃著崇有之论以释其弊。

裴頠生活的时代,是整个魏晋南北朝惟一的一个短暂的统一时期,人们饱受了长期分裂战乱之苦,普遍地为"大晋龙兴"感到欣喜。统治者也力图在政治、经济、思想各个方面有所作为。这样,以怎样的指导思想来治理国家,就成为摆在这一时期的思想家们面前的一项不可规避的时代课题。裴頠生活在这样一个时代,一方面要维护儒学的正统地位,另一方面又要借助于玄学所阐发的新的内圣外王之道,来解除儒学自汉末以来就面临的深刻危机。裴頠既立足于儒家的基本理论立场而又成为魏晋玄学之重要组成部分的"崇有论",就是为了适应这一现实的需要而提出来的。

与此同时,从玄学发展的内在逻辑来看,裴頠的"崇有论"则是直接针对"贵无"论玄学,而力图为之补偏救弊。从正始年间到裴頠所生活的元康年间,玄学已经经历了半个世纪的发展历史。"贵无"论玄学的基本意旨,在于用"以无为本"既开显与时代的要求相适应的"天人新义",也论证政治上的无为而治,从而达到自然与名教的统一。但是,由于种种原因,它无论是在理论上还是在实践上都没有能够达到预期的目标。在魏晋禅代之际,司马氏集团一方面穷奢极欲,极尽权谋诡诈之能事,另一方面又以名教为幌子,罗织罪名,"诛夷名族,宠树同己",充分暴露了"名教"的虚伪性。现实展现在人们面前的,不是名教与自然的统一,而是二者的对立。在这样的时代背景下,虚无放诞、不遵礼法成了生活在郁闷与愁苦中的知识分子们排遣苦闷的一种重要方式。阮籍、嵇康正是立足于对现实的反思,提出了"越名教而任自然"的极端主张,在士人中间引起了广泛的共鸣。西晋开国以后,这种"任自然"的片面观点被引向极端,在士族贵族子弟中,所谓"任达"、纵欲之风恶性膨胀,清谈放荡、不问政事,乃至到了"相与为散发倮身之饮,对弄婢妾"(《晋书·五行志》)的地步,在一定的意义上威胁到了士族阶层的统治地位。为了稳定社会政治秩序,迫切需要通过新的理论建构来重新确立名教与自然的统一性。就理论的根据而言,虚无放诞、不遵礼法之风归根结底要归之于"贵无"论玄学,"越名教而任自然"论虽然是对"贵无"论的片面发展,但它毕竟可以在"贵无"论中合乎逻辑地找到内在根据。因此,玄学的进一步发展,也要求扬弃"贵无"论的理论形态,建构一个与玄学发展的内在要求相适应的新的理论体系。裴颜的"崇有论"正是要完成这样的历史任务。

二、裴颜"崇有论"的基本思想

裴颜提出"崇有论"的基本理论意图,是要维护名教,阻止虚无放诞、不遵礼法之风的泛滥。在经过了阮籍、嵇康"越名教而任自然"的片面发展后,元康年间的玄学家对于维护名教的自觉性也有了更进一步的增强。这一点在当时依然主张"贵无"论,并在一定的程度上作为裴颜之论敌的王衍、乐广那里得到了明确的表现。下面两条材料可以说明王衍、乐广的思想倾向:

> 阮宣子有令闻,太尉王夷甫(即王衍)见而问曰:"老、庄与圣教同异?"对曰:"将无同?"太尉善其言,辟之为掾。世谓之"三语掾"。

(《世说新语·文学》)

> 是时王澄、胡毋之等,皆亦任放为达,或至裸体者,广闻而笑曰:"名教内自有乐地,何必乃尔。"(《晋书·乐广传》)

从上面的材料中我们不难看出,不仅王衍认为老庄道家与儒家圣教是相同的,而且乐广更明确指出服膺儒家名教同样也能够让人怡情养性、安身立命,这其中显然都包含了维护儒家名教的理论意向。但是,归根结底,他们都还是"贵无"派的玄学家。裴頠的特点在于:他不仅旗帜鲜明地直接以维护儒家名教为己任,而且要站在玄学的时代高度上,通过为儒家名教确立新的本体来建构一种内圣外王之道。

《崇有论》开宗明义从"夫总混群本,宗极之道也"谈起,最后落脚到"斯则圣人为政之由也"。通过以有为本的本体论来建立一种内圣外王之道,这是《崇有论》的基本思想。裴頠说:

> 夫总混群本,宗极之道也。方以族异,庶类之品也。形象著分,有生之体也。化感错综,理迹之原也。

"群本"亦即本然存在的形形色色的万物。"宗极之道"即最高的本体。这个命题是裴頠《崇有论》的基本前提,意思是说,总括群有的存在就是最高的本体,在群有之外并不存在其他本体。有形有象的物体以类而异,彼此有别,共同构成了群有,这也就是一切生类的实体。事物错综复杂的变化感应,表现了事物存在与发展的根源与规律。在这里,裴頠已经离开了王弼以来"名教"本于"自然"的天人模式,而力图从现实存在的群有自身出发,着眼于事物之间的相互依存,把整个存在看做是一个有机联系的整体,建立以"有"为本的玄学系统。

在泛论存在,确立了《崇有论》的基本理论前提之后,裴頠进而过渡到对社会存在的具体论述中。他接着说:

> 识智既授,虽出处异业,默语殊途,所以宝生存宜,其情一也。众理并而无害,故贵贱形焉。失得由乎所接,故吉凶兆焉。是以贤人君子,知欲不可绝,而交物有会。观乎往复,稽中定务。惟夫用天之道,分地之利,躬其力任,劳而后飨。居以仁顺,守以恭俭,率以忠信,行以敬让,志无盈求,事无过用,乃可济乎!故大建厥极,绥理群

生，训物垂范，于是乎在，斯则圣人为政之由也。

这是说，虽然人们有意识的社会活动有着动静、语默之别，但在保全自己的生命、追求需要的满足这一点上则是共同的。由于各种社会行为都不仅有其自我存在之理，而且还可以同时并存而又彼此协调，由此也就自然而然地形成了贵贱之分。由于失得是在事物之间相互接触的过程中出现的，因而就出现了或吉或凶的趋向。只有以儒家"稽中定务"的中庸之道作为社会基本的行为规范，按照仁顺、恭俭、忠信、敬让等美德行事，做到无过无不及，才能达到天、地、人之间的和谐，使社会处于安定平和的状态。《崇有论》由此得出结论说，最高政治原则的确立，道德规范、行为规范的制定，都是建立在上述基本原则基础之上的，这也是圣人为政的必由之路。显然，在基本的义理内容上，裴頠所宣说的，依然还是传统儒家的内圣外王之道。由于他并没有面对时代的课题作出真正具有开创性的理论成就，因而他对名教合理性的论证是不充分的，就其在有效地限制君权、遏制虚无放诞之风等方面所能起到的对社会现实的批判调整功能而言，也是苍白无力的。

接下来《崇有论》站在维护礼制的立场，着重从两个方面谈了"贵无"论玄学的盛行所造成的危害。

裴頠首先批判"贵无"论对于时政所造成的严重危害。他说：

> 悠悠之徒……遂阐"贵无"之议，而建贱有之论。贱有则必外形，外形则必遗制，遗制则必忽防，忽防则必忘礼。礼制弗存，则无以为政矣。

这是说，"贵无"、"贱有"之论是当时社会上的一些崇尚虚无放诞之风的"悠悠之徒"倡和起来的。贱有则必然导致放浪形骸，放浪形骸必然导致对不端行为疏于防闲、遗弃礼制。而如果礼制不存在了，为政就失去了基本的依凭。因此，礼制的遗弃必然导致名教的危机，以至于严重威胁到士族阶层的统治权力。

第二，裴頠进一步批判"贵无"论对道德风俗的危害。他说：

> 遂薄综世之务，贱功烈之用，高浮游之业，卑经实之贤。……是以立言借于虚无，谓之玄妙；处官不亲所司，谓之雅远；奉身散其廉

操,谓之旷达。故砥砺之风,弥以陵迟。放者因斯,或悖吉凶之理,而忽容止之表,渎弃长幼之序,混漫贵贱之级。其甚者至于裸裎,言笑忘宜,以不惜为弘,士行又亏矣。

裴𬱟认为,由于"贵无"论的影响,人们在崇尚虚无放诞的同时,对于经世致用的功业也采取了轻贱和鄙薄的态度。"贵无"论者打着崇尚"虚无"、"雅远"、"旷达"的旗号,其结果不仅败坏了士人的砥砺修身之风,而且实际上造成了虚浮、惰怠、贪鄙、放荡的腐朽作风,严重地破坏了贵贱长幼的等级制度,对社会产生了相当程度的危害作用。

裴𬱟进一步指出,为了根除这个问题,批判的重点不应放在"欲衍"、"情佚"的现象上,而应当针对着"贵无"论玄学。因为造成这种危机的一个重要原因,是"贵无"论的理论片面性。为此,裴𬱟从理论根源上剖析批判了"贵无"论的片面性,申述了自己建立"崇有论"的宗旨。他认为,老子讲虚无,本来也有一定的道理。因为有所作为,总是感于物而动,而"动"却包含两重性:"故动之所交,存亡之会也。""失得由乎所接,故吉凶兆焉。"既然人的活动与外物相接,包含有存与亡、有与无的矛盾,因而寡欲正是"所以宝生存宜";而纵欲,则"可谓以厚生则失身者也"。在他看来,老子"著贵无之文",正是要说明放纵欲望与行为失去节制的害处,并教人少私寡欲,反于澄正。关于"圣智"、"仁义"、"巧利",老子"以为文不足"。可见他讲"无",目的在于保全"有",因此,老子所寄托的途径有部分的道理。但如果真的以"无"为宗旨,那便是用片面的东西来损害"至理"或大道了。主张"以无为宗"的"贵无"论玄学家正是犯了这种"偏而害当"的理论错误。裴𬱟著《崇有论》,就是为了批判"偏而害当"的"贵无"论玄学家,以期收到"崇济先典,扶明大业,有益于时"之效。

《崇有论》的最后一段是全文的总结,从有无之辨的角度批判了"贵无"论的理论基础,论证了只有"崇有"才有益于世道人心,与第一段首尾呼应。裴𬱟说:

夫至无者无以能生,故始生者自生也。自生而必体有,则有遗而生亏矣。生以有为己分,则虚无是有之所谓遗者也。故养既化之有，非无用之所能全也；理既有之众，非无为之所能循也。……是以欲收重泉之鳞，非偃息之所能获也；陨高墉之禽，非静拱之所能捷也……由此而观，济有者皆有也，虚无奚益于已有之群生哉。

这里的"至无"就是"贵无"论者所说的绝对的无。在王弼等人看来，万物都是由绝对的无即"至无"产生的。裴頠则针锋相对地指出，"无"不能生"有"，万物都是自己"生"出来的。既然物"自生"而必以"有"为体，那么，失去"有"也就是丧失"生"。由于"生"以"有"为根本的前提或属性，因而虚无也就是"有"的丧失。既然如此，"无"又怎么能产生"有"呢？因此，无论是化育众"有"，还是统御众"有"，都不是"无"所能够起作用的。裴頠举例说，一个人睡着不动，就捕不到深水中的鱼；拱手端坐，就射不中高处的鸟。可见，"济有者皆有也"，人只有有所作为，才能做出有益的事，"虚无"是不可能有益于群生的。

从上面的叙述中可以看出，裴頠的《崇有论》是一篇逻辑明晰、论证细密的哲学论文。它从"总混群本，宗极之道也"的基本前提出发，先泛论存在，进而过渡到对社会存在的具体论述，并站在自我划定的理论立场上，既对"贵无"论玄学进行了有一定理论深度的批判，又明确地申说了自己崇有的理论宗旨。应当说，裴頠对"贵无"论玄学的批判是有一定理论深度的。"贵无"论玄学对什么是"有"、什么是"无"，没有作出清楚明白的界说，这就为人们把它们理解为"存在"与"非存在"留下了余地。与此同时，"贵无"论玄学虽然倡导"以无为本"，但同时也保留了一个"有生于无"的宇宙生成论的尾巴。当人们在存在与非存在的意义上把有与无对立起来之后，所谓"有生于无"显然就难以自圆其说了。裴頠正是敏锐地抓住了"贵无"论玄学的这两个薄弱环节，对它展开了批判。他援引向秀"万物自生"的说法，强调了"始生者自生"的原则，鲜明地得出了"虚无是有之所谓遗者也"、"至无者无以能生"、"济有者皆有也，虚无奚益于已有之群生哉"的结论。裴頠的有关理论努力，在否定"有生于无"方面可以说是确实取得了相当的成功，自裴頠以后，很少有人再提"有生于无"了。不仅如此，他还把批判的矛头直接指向了作为"贵无"论玄学之理论基础的"以无为本"，为推动玄学超越"贵无"论而在发展中走向新的更高的存在形态作出了自己的贡献。

如果说，"崇有论"对于"贵无"论的批判取得了相当的理论成就的话，那么，"崇有论"在建立自身的理论体系方面则可以说是不成功的。这其中的一个基本的问题，仍然在于裴頠对"有"、"无"范畴的规定缺乏合理性。裴頠界定"有"、"无"范畴的一个基本特点，是把"有"看做存在，把"无"看做非存在，从而把二者绝对对立起来。这不仅不符合"贵无"论玄学的"本义"，而且也在事实上使得"崇有论"无法建立起体系化的范畴概念系统。由于"有无之辨"成为玄学的基本论题，因而玄学家大都是以"有"、"无"作为基本范畴来展开自己的理论体系的。其中有与无作为现象与本体的关系，往往是处在既对立又统一的辩证联结之中。但是，由于裴頠把有与无机械地对立起来了，因而就不可能达成有与无之间的辩证联结，其理论展开就只能是一个孤立无偶的中心观念的平铺直叙的解析，而不可能涵容处于辩证联结之中的概念之间的转化和联系，从而不可能建立起立体化的范畴概念系统。

虽然如此，裴頠的"崇有论"在玄学发展史上依然产生了重要影响。在正始玄风初起之时，何晏、王弼就力图把名教与自然结合起来，鲜明地揭示了这一时期哲学的时代主题。对于玄学的发展，何晏、王弼虽然有开创之功，并且取得了相当的理论成就，但是其思想毕竟还是不成熟的。表面看来，在何晏、王弼之后，阮籍、嵇康和裴頠是从不同的角度破坏了名教与自然的结合，但实际上却是各自从一个侧面发展和深化了玄学的主题。阮籍、嵇康"越名教而任自然"的玄学思想显然带有很大的片面性，但是他们却正是通过这种深刻的片面揭露了名教的弊端，从而充分地暴露了"贵无"论玄学统一名教与自然的脆弱性与虚假性，因而得以在更高的层面提出了统一名教与自然的问题。这其中显然包含了合理的内核。作为阮籍、嵇康的直接理论对立面，裴頠的有关思想也是一偏之见。但是，他对名教的维护又确实是必要的。在一定的意义上，虚浮旷达之风确实不利于名教，如果人人都趋向"越名教而任自然"的极端，这个名教社会就只能是陷于崩溃了。同样，裴頠对"贵无"论玄学的批判，也堪称是切中肯綮的。"崇有论"的思想中也包含了合理的内核。可以说，阮籍、嵇康与裴頠是分别从两个不同的侧面，以特殊的理论形态揭明了前期玄学发展中存在的问题，展示了玄学的进一步发展必须寻求更大的综合的必要性。就对其后玄学发展的实际影响而言,尽管裴頠的思想是片面的,但是他所倡导的为了维护名教必须首先肯定名教的思路后来发展成为玄学的主流,而裴頠的片面性也逐渐得到纠正。郭象的独化论就是一个典型的例证。因此,虽然裴頠并没有能够完成时代的使命,但是他所倡导的"崇有论"又以其对于时弊的颇有针对性的针砭和矫正,成为魏晋玄学发展过程中从确立基本论题到走向成熟的一个不可或缺的重要环节和过渡阶段。

与此同时,裴頠的"崇有论"也是中国哲学史上的一种颇为独异的理论形态。其最基本的特殊性在于:不同于中国哲学史上的绝大多数哲学家均以穷究天人之际为自己的最高追求,裴頠则以将"有"与"无"相对立为前提,明确地宣称要"以有济有"。这样,由于他在事实上是把"天"封限在有限的经验存在之中,因而,虽然其主观意图也是要为现实的名教寻找到超越的根据,但是实际上却又只能是一种"溺于人而蔽于天"的学说。他的这种理论形态在中国哲学史上是相当独特的。

第二节 欧阳建的"言尽意论"

魏晋时期,与探讨宇宙人生之本体的时代风尚相联系,言意之辨成为玄学的一个重要内容。从魏晋之际到玄学的兴盛,以至玄佛交融的东晋时期,在言意之辨中占主导地位的都是"言不尽意"论。欧阳建所提出的"言尽意论",则从一个特殊的角度对言意之辨提出了与时论不同的看法。

欧阳建(267～300年),字坚石,渤海南皮(今河北沧县)人。他"雅有理思,才藻美赡,擅名北州,时人谓之语曰:'渤海赫赫,欧阳坚石。'"(《晋书·欧阳建传》)曾任尚书郎、冯翊太守,甚得时誉。《世说新语·仇隙》说:"建为冯翊太守,赵王伦为争西将军,孙秀为腹心,扰乱关中,建每为匡正,由是有隙。"后在政治斗争中被赵王司马伦所杀,年仅三十余岁。著作保留下来的只有《言尽意论》一文,收入《艺文类聚》和《全晋文》。

一、欧阳建"言尽意论"的主要内容

欧阳建"言尽意论"在当时堪称独树一帜。《言尽意论》重点阐述了名、言与物、理之间的形式逻辑关系,从而得出了"言无不尽"的结论。欧阳建主要是从以下三个方面对"言尽意论"作了颇有理论特色的论证。

首先,他强调了认识对象的客观性。

由于"贵无"论玄学家的思想重心是放在凸显本体上,因而他们往往把主体所应当把握的对象指认为是只能"意谓"而不能言传的绝对本体——无。欧阳建则以平实的心态把言意关系看作是名实关系问题。他指出:

> 形不待名,而方圆已著;色不俟称,而黑白已彰。然则名之于物,无施者也;言之于理,无为者也。

就是说,客观的形和色并不待于名称才得以表现,名言对于客观事物并无所施予,事物的规律并不因为被言语表达而有所改变。这就肯定了客观的形色是第一性的,而主观的名称是第二性的。

欧阳建进一步指出,名、言是人们为了辨别事物和交流思想而制定的,也是随事物的发展而发展的。他说:

> 欲辨其实,则殊其名,欲宣其志,则立其称。名逐物而迁,言因理而变,此犹声发响应,形存影附。

在他看来,辨别形形色色的客观事物,需要用不同的名;阐发思想、道理,需要用语言形式把它固定下来。名称(概念)确实是把事物分割开来、固定下来加以把握的。但是,"意"是事物及其规律的反映,名既然是物之名,言既然是理之应,那么,客观的物理变迁了,主观的名言也就随着变迁,这就像声发响应、如影随形一样。欧阳建的这一认识明确地坚持了认识对象的客观性和第一性,为他论证理性认识准确地把握客观认识对象的可能性奠定了坚实的基础。

其次,强调了通过理性认识把握客观对象的必要性与可能性。

"贵无"论玄学家往往强调把握本体的认识方式的特殊性。在他们看来,本体既然是超越于具体物质现象的绝对、"至无",那么要把握它就不能执著于言象,也不能主要依靠逻辑性的认识方式,只有"忘言"、"忘象",超越一般的认识形态,才能与绝对本体冥合为一。与此相反,欧阳建在肯定客观第一性、主观第二性的基础上,充分肯定了名言反映物理的作用,强调了通过理性认识把握客观对象的必要性与可能性。名称虽然对客观的物理不能有任何的主观施为,但对于认识客观事物却又是不可或缺的。他说:

> 理得于心,非言不畅;物定于彼,非名不辨。言不畅志,则无以相接;名不辨物,则鉴识不显。

这里指出了名、言的功能有两个方面:人们心中有了对事物及其规律的认识,如果不用语言表达出来,就不能畅快地和别人交流思想;事物作为对象性的存在,如果不用名称、概念加以辨别,人们就不能清晰而确定地对它加以把握。这显然是把名称概念看成了辨别事物、表达思想的重要工具,肯定了通过逻辑认识理性地把握客观事物是可能的。这种肯定名称能够"辨实"、"宣志"的主张言之成理、持之有故,从一个特殊的角度对贵无论玄学家提出了有一定理论说服力的批评和辨难。

再次,欧阳建强调了主客观关系的一致性。

无论是就人类整体性的认识运动与特定个体的具体认识过程的关系而言,还是就客观世界的复杂性与人的特定认识的有限性而言,名言对于宇宙人生的反映都有其不完全的一面。"贵无"论者正确地看到了这种不完全性,但却片面夸大了主观认识与客观对象的差异性。欧阳建则把以名举实的认识关系比喻为"声发响应,形存影附",并提出主观与客观"不得相与为二"的观点,强调了两者在归根结底的意义上的一致性,并由此得出了"言无不尽"的结论,从而构成了"言不尽意"论的直接理论对立面。

二、欧阳建"言尽意论"的理论特色与理论意义

欧阳建的"言尽意论"主要是从一般认识论的意义上落脚于在理性的层面对名言与物理的关系问题作形式逻辑的分析。从现存的资料看,他并没有深入涉及有限的名言与无限的道体,以及理性的语言形式与

非理性的思维意识之间存在的深刻的矛盾关系问题。因此,尽管欧阳建"言尽意论"是明确地以"言不尽意"论为批评和辩难的对象,而且也具有一定的理论说服力,但是,事实上,两者并不是在同一个论域上谈论问题。欧阳建"言尽意论"的理论意义,主要体现在以下三个方面:

第一,它从一个侧面体现了玄学思潮中的一种理论向度。从正始玄风初起到元康之际,玄学内部已经出现了贵无颓放与崇有务实两种不同的理论取向。身处于玄风正炽的元康时代,欧阳建特著《言尽意论》,事实上可以看做是以特定的立场参与了玄学内部贵无颓放与崇有务实的争论。贵无者贱有,重在体悟超越的道体,因而多与言不尽意论契合;崇有者斥无,以现成之"有"为本体,因而往往更倾向于"言尽意论"。裴頠在《崇有论》中明确指出,"(君子)立言,在乎达旨",这可以看做是欧阳建《言尽意论》的现实注脚。欧阳建虽然和裴頠一样,也是玄学中人,但他同样也具有明显的崇儒倾向。在辨名析理之中,他上尊孔氏不言之教,下求按名征实之功。他说:"夫天不言,而四时行焉;圣人不言,而鉴识存焉。"并直接揭明言辨宗旨,"古今务于正名,圣贤不能去言",故"鉴识显而名品殊,言称接而情志畅"。由此可见,欧阳建虽然没有明确标示"崇有",但他肯定名教伦常的理论意旨可以说是颇为鲜明的。因此,就其基本的理论出发点而言,欧阳建的"言尽意论"不仅在理论命题上与"贵无"论玄学直接对立,同时也与玄学内部崇有务实的理论取向有着内在的一致性。

第二,就语言作为人类表达思想的基本工具而言,"言尽意论"中蕴涵了这样的意旨:从思维本性的高度可以肯定人类思维对于表达宇宙人生之本体的至上性,在归根结底的意义上,可以在本体论的高度肯定语言表达意义对象的绝对性。正是在这一点上,"言尽意论"在中国哲学史上体现了对"言不尽意"论的超越。"言不尽意"论与"言尽意论"的争论中,包含了作为思维工具的语言与作为思维对象之间的至上性和非至上性之间的矛盾。前者主要是强调了语言对于世界本体与生命意义的非至上性与有限性,后者则是从思维和存在关系的角度,理性主义地肯定了人类认识能力及语言对于把握本体与意义的至上性。应当说,两者的统一才是真理的整体性。无论是"言尽意论"还是"言不尽意"论虽然都有所见，都有其存在的合理性，但两者同时又都是一偏之见。也正因为此，两者又可以说是各从一个侧面加深了对"言意"问题的认识。

第三，从论证"言尽意论"的方式来看，欧阳建主要是采取了逻辑论证的理性方法。这一点也同"贵无"论玄学由强调"言不尽意"论而进一步提出"得意忘言"并由此而注重直觉、体悟的方法形成了对比。因此，"言尽意论"构成了中国哲学史上理性主义哲学方法的一个重要环节。与西方哲学相比，由于中国哲学往往更为注重对最高境界的把握，因而更多地强调了超语言的直觉、体悟方法的重要性，以至于有人把直觉、体悟方法看做是中国哲学传统的基本方法。而实际上，在中国哲学史上，同样也一直存在着一个主要运用逻辑理性的方法来进行哲学思考的传统。在这一点上，欧阳建《言尽意论》正是魏晋南北朝时期一个有典型代表意义的理论形态。

第四章 郭象的"独化"论与"玄冥之境"

郭象(252～312年),字子玄。据《晋书》本传说,他"少有才理,好老庄,能清言。太尉王衍每云:'听象言,如玄河泄水注而不竭。'"正当西晋门阀集团以为自己的特权统治已经巩固,更加骄淫腐化的时候,郭象在朝廷"任职当权,熏灼内外",成为士族特权势力的代表人物。适应时代的要求,他总结了玄学内部"贵无"与"崇有"的各种争论,完成了《庄子注》一书,把玄学理论推向高峰,在论证了名教与自然之统一的同时,亦满足了门阀士族"超然心悟"、"忘形自得"的精神需要,被时人称为"王弼之亚"。除《庄子注》外,郭象还著有《论语体略》一书,该书已佚,部分内容保留在南朝梁皇侃《论语义疏》中。

第一节 郭象玄学的时代课题与《庄子注》

一、郭象玄学的时代课题

郭象一生经历了西晋王朝从建立到走向灭亡的全过程。这是中国历史上少有的一个黑暗时代。前后长达16年的"八王之乱"刚刚结束,紧接着又是破坏性更大的"永嘉之乱"。太康元年(280年)晋武帝灭吴统一中国后历时不到30年,很快就又重新陷入国破家亡、生灵涂炭的战乱之中。身处这样的时代,知识分子们不能不感受到一系列尖锐的紧张不安与矛盾痛苦,从而表现为深重的忧患意识。这种忧患意识包含了多方面的涵义,对家国天下的深重的社会责任感与对个人安身立命之道的追寻则构成了其中的主体内容。在一定的意义上,玄学作为一种天人之学,它正是要适应时代的需要,通过统一自然与名教建构一种新的内圣外王之道,以重新达到人与天、人与社会以及人之身心的和谐,进而在理论的高度使群体生命与个体生命均能得到安顿。玄学的这个思想主题早在正始年间就已由王弼以思辨的形式明确提出，后来阮籍、嵇康和裴頠从不同的侧面对它作了片面的深化和发展。但是，事实证明，像阮籍、嵇康那样排斥名教而只重自然，或者像裴頠那样排斥自然（"无"）而只重名教（"有"），都不可能真正完成玄学的时代使命。只有着眼于二者的辩证结合，对自然与名教之间的辩证统一关系作出有理论说服力的论证，才能在理论上完成玄学进一步发展所需要的新的更高层面的综合。而这个任务正是历史地落在了处于玄学发展之综合总结阶段的郭象身上。

郭象玄学的主旨正是要达成自然与名教、理想与现实之间的统一。为此，他一方面要反对阮籍、嵇康，不是片面地强调要脱离现实去追求超越，而是力图在超越与现实之间保持一种动态的平衡。他要证明自然就是名教，名教就是自然，超越的玄冥之境不在名教之外，而就在名教之中。与此同时，他又不能像裴頠那样，由于强调现实的重要性而否认了本体的超越性，而是必须在立足于现实的同时，鲜明地凸显超越现实的必要性。可以说，郭象是要在实现对于阮籍、嵇康与裴頠的双向超越的基础上，根据时代发展的需要与玄学演进的内在要求，在新的起点上进行新的综合。正是沿着这样的思想进路，郭象建构了融自然与名教、本体与境界于一体的独化论玄学体系。

二、郭象与《庄子注》

关于《庄子注》的作者问题，历来有争议，这其中涉及现存《庄子注》的作者究竟主要是郭象还是向秀的问题。向秀（约227～272年），字子期，河内怀（河南武陟西南）人。"竹林七贤"之一。曾著《儒道论》，又为《庄子》作注，但《秋水》、《至乐》二篇注释未竟而卒。关于现存《庄子注》的作者问题，向来有两种不同的看法。《晋书·郭象传》说，《庄子注》是向秀所作，向秀死后，"秀子幼，其义零落"，而郭象"为人行薄，以秀义不传于世，遂窃以为己注，乃自注《秋水》、《至乐》二篇，又易《马蹄》一篇，其余众篇或点定文句而已"。这是认为郭象偷窃了向秀的著作，自己只是增加了三篇而已。但《晋书·向秀传》则有另外一种说法，认为郭象是在向秀注的基础上"又述而广之"。拿张湛《列子注》所引的向秀注和郭象注与现存《庄子注》作比较，可以看出《晋书·向秀传》的说法比较符合实际。因为张湛所引郭象注，都不在上述三篇之内，而所引向秀注，则大多保存在现存的《庄子注》中，所以可以把现存的《庄子注》看成是向秀和郭象二人共同的著作。

冯契先生《中国古代哲学的逻辑发展》一书，通过对《列子注》中两段引文的比较，对于现存《庄子注》的作者问题作出了较有说服力的考证（见该书第六章第五节）。一段是《列子·天瑞》注中引的向秀注，这是今本郭象注中所没有的：

> 向秀注曰：吾之生也，非吾之所生，则生自生耳。生生者岂有物哉？故不生也。吾之化也，非物之所化，则化自化耳。化化者岂有物哉？无物也，故不化焉。若使生物者亦生，化物者亦化，则与物俱化，亦奚异于物？明夫不生不化者，然后能为生化之本也。

向秀这段话的最后结论是：只有"不生不化者"才能成为"生化之本"。可见，虽然向秀已经有了"自生"、"自化"的说法，但他在总体的观念形态上却依然停留在"贵无"说的阶段。而作为独化论的代表，郭象则没有这样的思想。这说明郭象与向秀在基本观念上是有相当大的差别的，因而郭象不可能完全照搬向秀的结论。

另一段是《列子·黄帝》注中引的向秀注：

> 向秀曰：同是形色之物耳，未足以相先也；以相先者，唯自然也。

向秀认为事物不能先于事物，只有"自然"才先于万物。但现存的《庄子·达生》郭象注中，只有"同是形色之物耳，未足以相先也"这样的话，"以相先者，唯自然也"则被去掉了。郭象既不承认有"不生不化者"作为"生化之本"，也不承认"自然"或"道"先于万物。在"独化"说看来，自然就是万物自己运动的意思。从向秀所谓"生自生，化自化"的说法来看，应当说他已经有了"独化"思想的萌芽，但"独化"说的完成者则毫无疑问是郭象。可见，在现存的《庄子注》中，郭象对向秀注虽然是尽量引用，但同时也作了改造。就目前保留的资料来看，作为相对早期的玄学家，向秀的思想在基本的理念上还停留在贵无论玄学的阶段,很难说是已经成熟到了能够自如地达成"名教"与"自然"较好结合的程度。因此,在梳理魏晋玄学发展演进的内在脉络的意义上,可以把现存的《庄子注》看作是代表了郭象思想的成熟形态的著作。

当然,郭象与向秀之间在基本的思想倾向上也有一脉相承的一面,这就是他们都谋求自然与名教的统一。向秀著有《难养生论》,认为"君臣上下"皆出于"天理自然",故不因要求"逍遥"而会违背"名教"。因此,晋宋之际的著名诗人谢灵运在《辨宗论》中指出:"向子期以儒道为一。"就是说,向秀也主张自然与名教的统一。在一定的意义上,向秀的哲学思想可以看作是从王弼的"贵无"论向郭象的"独化"论转变的中间环节,郭象哲学则可以看作是根据时代发展的要求,对前此的魏晋玄学作了新的综合与创造,在一定的程度上代表了魏晋玄学的最高理论水平。

第二节 郭象"独化"论的主要内容

作为一种天人之学,郭象所创立的"独化"论,一方面在综合"贵无"论与"崇有论"的基础上,在本体论的高度对于自然与名教的统一作出了新的思辨论证,另一方面又涵容并超越了阮籍、嵇康以来玄学家们对于精神境界的追求,落脚于独化而逍遥的人生境界的建构。对万物"独化"的本体论论证和对独化而逍遥的人生境界的揭示与达于境界的修养方法的阐发,构成了郭象玄学思想的主干内容。

一、对万物"独化"的本体论论证

郭象提出"独化"论的基本理论意旨,是要哲学地证立自然与名教的统一,这既可以看做是是对阮籍、嵇康与裴頠各自片面性的超越,同时又可以看做是在一个更高的起点上对以何晏、王弼为代表的"贵无"论玄学主题的"回归"。因此,郭象的"独化"论与王弼的"贵无"论之间显然存在着一定意义上的承继关系。同样,郭象"独化"论表现出了明显的维护名教的理论倾向,这其中与裴頠"崇有论"的理论意旨之间有着一脉相承的渊源关系。郭象玄学落脚于独化而逍遥的人生境界的建构,也与受到阮籍、嵇康凸显主体意识与精神境界的直接影响有关系。

郭象玄学同时也是对前期玄学家的超越。不同于阮籍、嵇康,郭象的精神境界在理论形态上是建立在与现实和谐一致的基础之上的。这说明,郭象虽然也追求超越的"自然"之境,但是他并没有由此而陷于抛弃名教的一偏。郭象明确地以维护名教为己任,这与裴頠是一致的,但他却并没有仅仅停留在实然的层面来谈名教,而是要把名教放在天人关系的学理框架之中来力图为之确立超越的根据。在《崇有论》之中,裴頠十分注重强调名教的重要性,要求人们一定要遵循名教规范,但是他却仅仅只是把名教归之为是由圣人根据"绥理群生"的需要而建立起来的。而在作为其玄学思想之总纲的《庄子注·序》中,在谈到名教规范时,郭象指出:

> 至仁报乎无亲,孝慈终于兼忘,礼乐复乎己能,忠孝发乎天光。用其光则其朴自成,是以神器独化于玄冥之境而源远流长也。

在这里,郭象不仅指出了这些名教规范是内在地源于人们的自然本性的("复乎己能"),而且它还在超越之天中有着其存在的根据("发乎天光")。这就大大提升了裴頠崇有论所论名教问题的思想层次,使其从现象层面的感性宣说上升到了哲学层面的理性论证。

就对名教与自然的统一性作出形上的论证而言,可以说郭象玄学与王弼玄学有着相同的逻辑起点。但是郭象玄学的基本理论前提又不是"以无为本",而是"上知造物无物,下知有物之自造"的独化论。在这一点上,郭象明显地受到了裴頠的影响。他从裴頠的"崇有论"中采纳了"自生"的说法,并且以批判"贵无"论中的"有生于无"的命题作为突破口,由此而全面展开他的体系。他说:

> 夫有之未生,以何为生乎?故必自有耳。岂有之所能有乎?此所以明有之不能为有,而自有耳。非谓无能为有也。若无能为有,何谓无乎?一无有则遂无矣,无者遂无,则有自生明矣。(《庚桑楚》注)
>
> 非唯无不得化而为有也,有亦不得化而为无矣。是以夫有之为物,虽千变万化而不得一为无也。不得一为无,故自古无未有之时

而常存也。(《知北游》注)

前一段话的意思是说,在"有"还不存在之前,没有什么东西是生物之本,因而物必然是自有,而不可能是由他物所生的。说明有不能产生有,只是为了说明万物是"自有"的,而不是为了说明无能生有。如果无能生有,那它又怎么是"无"呢？一旦成为无就只能是"无"了,明白了这个道理,万物是忽然自生的道理也就容易明白了。"有"作为有形有象的存在,虽然可以千变万化,但根本不会变为"无"。后一段话的意思是说,既然"有"根本不会变为"无",因而它自古以来在"无"存在之前就是恒常而永久地存在着。因此,不但无不会变为有,有也不会变为无。既然有和无之间不能相互转化,因而"有生于无"就是不可能的了。

郭象在上面的两段话中,主要表达了两层意思:第一,就事物的存在状态而言,有和无之间是不能相互转化的,有不能转化为无,无也不能转化为有,因而所谓"无能生有"或曰"有生于无"是不可能的。同样,有也不能生有,因而万物只能是忽然自生即独化的。第二,郭象抓住了"贵无"论玄学基本命题中存在的问题,从逻辑上对之提出了质疑。针对"贵无"论玄学"有生于无"的论断,郭象问道:"若无能为有,何谓无乎？"这个尖锐的问题的确是"贵无"论玄学所难以回答的。事实上,"贵无"论玄学的历史性意义虽然是完成了中国哲学史上由宇宙生存论向宇宙本体论的转移,但由于它一方面过于强调"以无为本",另一方面又要面对现实建立"无"(自然)与"有"(名教)的统一关系,因而它依然拖着一条宇宙生存论的尾巴,这集中地体现在"有生于无"这一论题上。这样,"贵无"论玄学的"有"、"无"范畴就事实上是同时在本体论哲学和宇宙生存论哲学两个层面上被使用。这就使得"贵无"论玄学不可避免地包含有内在的矛盾,因为对于一个哲学学说而言,其基本范畴不可能同时在这两种形态的观念系统中都能成立。正是因为这两个意义层面的混淆,在"贵无"论玄学中,"无究竟是什么"成了一个根本无法从正面予以回答的问题,如果说出它是什么,它就不再是无而变成有了,如果不说出它是什么,它作为整个哲学体系理论基石的合理性又会受到质疑。对此,作为"贵无"论玄学的理论代表,王弼始终也没有能够说清楚。郭象的质疑堪称是击中了要害。

在通过理论的批判,排除了"有生于无"与"有生于有"的可能性之后,郭象进一步提出并论证了"万物独化于玄冥之境"的命题。他说:

> 世或谓罔两待景,景待形,形待造物者。请问夫造物者有耶？无耶？无也,则胡能造物？有也,则不足以物众形。故明众形之自物,而后始可与言造物耳。是以涉有物之域,虽复罔两,未有不独化于玄冥者也。故造物者无主而物各自造,物各自造而无所待焉,此天地之正也。(《齐物论》注)

针对有些人认为罔两(影子外面的虚影)是依赖于影子才有的,而影子则是由造物者创造的看法,郭象质疑道:请问造物者是有还是无呢？如果是无,无怎么能造物呢？如果是有,因为每一个有都是有着特定的形体的,特定形体的有怎么可能创生出大千世界各种各样的事物呢？因此,知道了事物是自己产生自己的道理,然后才可以谈论"造物"的问题。因而,对于所有的有形有象的存在而言,即使是罔两那样微小的事物,也都是在玄冥之境之中自生的。由此,郭象得出结论:根本不存在所谓造物主,万物都是自己创造自己。万物自生自化而不依赖他物来创造,这就是天地的本来面目。

郭象所谓"独化",是指事物都是忽尔自生、忽尔自化,"独生而无所资借"的。"玄冥"一词出自《庄子》,意为深远幽寂。郭象所谓"玄冥之境",是指事物玄妙幽冥、浑然至极的存在状态。"万物独化于玄冥之境"的提出,标志着玄学哲学本体论转向的真正完成。首先,郭象放弃了在有无对举的范式下对于物之初的追问,肯定了物之自生自有,从而堵遏了走向宇宙生成论的理论可能性。与此同时,郭象又没有像裴頠那样,仅仅停留在对于"有"的平面把握上。他清楚地看到了将"有"作为本体范畴的局限性。在他看来,"若游有,则不能周遍咸也","物有际,故每相与不能冥然"(《知北游》注)。就是说,如果仅仅停留在具体的"有"上,就只能把握陷于一偏的现象,而不能达到包罗万象的绝对境界,因为每个具体的事物都具有自己质的规定性,相互之间不能消除界限而冥合为一。为此,郭象特意标示了"玄冥之境"的本体范畴。在《大宗师》注中,郭象说:"玄冥者,所以名无而非无也。"这显然是明确地把作为其本体范畴的"玄冥之境"规定为绝对的"无",即超越了具体的有无对待的"至无"。这样,在寻求"有"(万物)与"无"(玄冥之境)的统一这一理论出发点上,郭象与作为玄学本体论开创者的王弼保持了内在的一致性,但宇宙生成论的遗迹则被彻底地清除了。与此同时,他又扬弃了"崇有论",在哲学本体论的高度对于"有"与"无"的合理联结问题进行了富有成效的理论探讨。一个既保留了"贵无"论与"崇有论"的合理内核,又克服了它们的理论缺陷,并在此基础上进行了新的综合与创造的,更趋合理、更为成熟的玄学本体论终于建立起来了。

郭象"独化"论作为一种天人之学,其理论落脚点在于"明内圣外王之道"。为了给处于冲突与动乱中的人们对于和谐与安定的追求提供理论的证明,郭象突出了万殊不齐乃至彼此矛盾的各个具体事物之间的自为而相因对于构成整体性和谐的重要作用。他说:

> 天下莫不相与为彼我,而彼我皆欲自为,斯东西之相反也。然彼我相与为唇齿,唇齿者未尝相为,而唇亡则齿寒。故彼之自为,济我之功宏也,斯相反而不可以相无者也。(《秋水》注)

这是说,彼此的分别是互为对待的,而无论是彼还是此,都是意欲自为的,这就形成了类似于东与西之间的互为对立面的关系。彼此之间的关系可以说是互相为唇齿的关系,唇齿没有有意地为对方做什么,但唇亡则齿寒。因此,对方的自为,必将自然而然地对我产生极大的助益作用。这说明,相反者是不可以相无的。在郭象看来,"相因之功"是由各个具体事物自为而自然形成的,各个具体事物的自为自然而然地产生了相为的作用,这种"相与于无相与,相为于无相为"(《大宗师》注)的关系就把整个世界组成为一个普遍联系的和谐整体。

这种普遍联系的和谐整体为内圣外王之道提供了本体论基础。同承认自然界的事物因为各有自己的性分而万殊不齐一样,郭象认为,社会存在着的尊卑贵贱的等级秩序,也是由人们的性分所决定的天理之自然。他说:

> 天性所受,各有本分,不可逃,亦不可加。(《养生主》注)
>
> 夫时之所贤者为君,才不应世者为臣。若天之自高,地之自卑,

> 首自在上,足自居下,岂有递哉! 虽无错于当而必自当也。(《齐物论》注)

郭象同时强调,这种等级的区分,并不破坏社会整体的和谐。相反,正是这些同样万殊不齐乃至矛盾对立的社会存在的"自为而相因",构成了社会整体的和谐。他说:

> 若夫任自然而居当,则贤愚袭情,而贵贱履位,君臣上下,莫匪尔极,而天下无患矣。(《在宥》注)

这就是说,只要社会成员都按照自己的性分自为,做到自安其业、各得其实、各当其位,那么,即使社会成员之间存在着贤愚贵贱的差别、君臣上下的不同,整个社会也依然能够走向和谐平衡的理想状态。由此,郭象自然而然地得出了"无为而治"的结论,从而站在哲学的高度,为这一时代的内圣外王之道作了理论的论证。他说:

> 百姓百品,万国殊风,以不治治之,乃得其极。若欲修己以治之,虽尧舜必病,况君子乎? 今尧舜非修之也。万物自无为而治,若天之自高,地之自厚,日月之明,云行雨施而已,故能夷畅条达,曲成不遗而无病也。(《论语体略》)

二、独化而逍遥的人生境界及其修养方法

郭象的"独化"论作为一种天人之学,并没有仅仅满足于对宇宙和谐的本体论证,而是在扬弃了阮籍、嵇康强调自我意识与精神境界的有关思想的基础上,落脚于与本体论相应的人生境界的凸显。根据"独化于玄冥之境"的本体论,郭象首先肯定了万事万物都是"自足其性"的。他认为,万物独化,自生自有,是由于各有个性,所谓"天性所受,各有本分,不可逃,亦不可加"。因此,彼此间无法比拟,也找不到一个统一的标准。他并不直接否认现象的差别,而是先承认现象"各有本分",再进而用"自足其性"肯定世间万物在本质上的齐一性,从而通过充分肯定世间万物各自所具有的存在合理性,为万事万物的逍遥于世间奠定了本体论的基础。他说:

> 若以性足为大，则天下之足未有过于秋毫也；其［若］性足者为非大，则虽大山亦可称小矣。
>
> 大山为小，则天下无大矣；秋毫为大，则天下无小矣。无小无大，无寿无夭……苟足于天然而安其性命，故虽天地未足寿而与我并生，万物未足为异而与我同得。则天地之生又何不并，万物之得又何不一哉？（《齐物论》注）

这就是说，万物只要"各足于其性"，一切大小、寿夭等差别都可以消融在"并生"、"同得"之中。因而，社会成员之间尽管存在着贤愚、贵贱与祸福的差别，但只要各安其位、各足其性，这些差别就可以在性分上被看作具有齐一性。"性各有分，故知者守知以待终，而愚者抱愚以至死！""苟足于其性，虽大鹏无以自贵于小鸟，小鸟无羡于天池，而荣愿有余矣。"（《逍遥游》注）显然，如果一个人能够具有这样的精神境界，那么，在现实生活中当然可以不受"羡欲之累"而任性逍遥了。

正是立足于这样的认识，郭象进而论证了"自然"与"名教"的合一。这是郭象"独化"论玄学的理论落脚点。他首先对当时存在的大小不平的社会现实提出了批评：

> 夫世之所患者，不夷也。故体大者快然谓小者为无余，质小者块然谓大者为至足。是以上下夸跂，俯仰自失，此乃生民之所惑也。惑者求正，正之者莫若先极其差而因其所谓。所谓大者至足也，故秋毫无以累乎天地矣；所谓小者无余也，故天地无以过乎秋毫矣；然后惑者有由而反，各知其极，物安其分，逍遥者用其本步而游乎自得之场矣。（《秋水》注）

针对大小不平、"上下夸跂"造成的社会矛盾所带来的可"患"之处，郭象力图通过追求建立在"自足其性"基础之上的"各安其分"的精神境界，来影响社会的存在状况和人们的生命存在形态。为此，他在《庄子注》中大力宣说如下精神原则：

> 大小之殊，各有定分，非羡欲所及。（《逍遥游》注）
> 大小之辨，各有阶级，不可相跂。
> 以小求大，理终不得；各安其分，则大小俱足。（《秋水》注）

在这里，郭象并不是不承认事物间的差别和矛盾，而是主要着眼于用"自足其性"、"各安其分"、"大小俱足"的玄理在人们的主观意识上消融这些矛盾。人们一旦达到这样的精神境界，一切社会矛盾也就可以消除，社会整体的和谐就不是可望而不可即的了。在他看来，一切用世俗的眼光看处于劣势地位的"臣妾"、"皂隶"，只要懂得了这个"天理自然"，就可以做到"不顾毁誉而自安其业"。同样，对于那些士族统治者而言，达到了"自然"与"名教"合一的精神境界，就可以在礼法名教中"逍遥自得"。世人不明白，"圣人虽在庙堂之上，然其心无异于山林之中"。只要能"游心于绝冥之境"，虽在名教之中，而"未始不逍遥也"（《逍遥游》注）。

顺此而进，郭象得出了这样的哲学结论：

> 夫理有至极，外内相冥，未有极游外之致而不冥于内者也，未有能冥于内而不游于外者也。故圣人常游外以冥内，无心以顺有，故虽终日挥形而神气无变，俯仰万机而淡然自若。（《大宗师》注）

"游外"是笃名教，"冥内"是任自然；前者为"外王"，后者为"内圣"。在"独化"论的精神境界中，二者达到了统一。"游外以冥内，无心以顺有"成为玄学理想人格的最高形态。

怎样才能达到这种精神境界呢？郭象提出了"冥而忘迹"的认识方法。与"万物独化"的基本理论立场相联系，郭象否定了一般认识对于把握事物之"所以然"的可能性。他认为，"物物有理，事事有宜"，"夫物物自分，事事自别；而欲由己以分别之者，不见彼之自别也"（《齐物论》注）。这里他肯定了具体事物各有其自身的特性，但他同时指出，因为人对于其他事物而言是"他者"，因而很难对这些虽然"有理""有宜"，但却在归根结底的意义上因为"独化"而"自分"、"自别"的具体事物的根本特质作出清楚的把握。他说：

> 凡此上事，皆不知其所以然而然，故曰芒也。今夫知者，皆不知所以知而自知矣，生者皆不知所以生而自生矣。万物虽异，至于生不由知，则未有不同者也。故天下莫不芒也。（《齐物论》注）

从"万物独化"的立场看，客观事物都是"不知其所以然而然"；面对世界只能是芒（茫）无所知的。其所以不能知，首先是由于万有众形都是"独化"而来的，因而，没有任何因果关系可寻，所以本身就是难于被认识的。同时也是由于特定认识主体的认识能力与认识范围都是十分有限的，不可能认识万有特别是其本质。他指出："夫知之盛也，知人之所为者有分，故任而不强也；知人之所知者有极，故用而不荡也。"（《大宗师》注）这就是说，知道人能够做的事情是有分限的、知道人的认识能力是有限度的，这已经是一种高度的"知"了。如果不明白这一点，以一般性的认识方法"外不可求而求之，譬犹以圆学方，以鱼慕鸟耳。虽希冀鸾凤，拟规日月，此愈近彼，愈远实，学弥得而性弥失"（《齐物论》注）。其结果只能是"心神奔驰于内，耳目竭丧于外，身处不适，则与物不冥矣"（《人间世》注）。要认识世界的真相，那就应该"遗身忘知"（《德充符》注），"神全形具而体与物冥"（《齐物论》注），达到"冥而忘迹"的境界。

"冥而忘迹"，就是"捐聪明，弃智慧，魄然忘其所为，而任其自动"（《秋水》注）。郭象认为，万有众形，都不过是"迹"（现象），现象背后还有"所以迹"（本质）。一般的认识只能触及事物的现象即"迹"。对于"所以迹"，只有求之于"言意之表，而入乎无言无意之域，而后至焉"（《秋水》注）。这种最高的境界，郭象称之为"冥"。郭象说："物有自然而理有未极，循而直往，则冥然自合。"（《齐物论》注）他认为达到了"冥"的境界，"言"与"意"、"有"与"无"、"迹"和"所以迹"，全都忘了。他描述这种境界说：

> 既忘其迹，又忘其所以迹者，内不觉其一身，外不识有天地，然后旷然与变化为体，而无不通也。（《大宗师》注）

这样，就可以超绝是非，玄同彼我，与道玄合，与造化为一，便能"旷然无累，与物俱往"，达到"天地与我并生，万物与我为一"的绝对"逍遥"的境界。

通过建构"独化"论的哲学体系，郭象站在玄学的立场上不仅统一了有与无、名教与自然、内圣与外王、整体与个体，而且还凸显了与这种统一相适应的、以绝对"逍遥"为基本价值取向的精神境界；不仅以哲学的方式建构了一个本体论与人生境界相统一从而贯通天人的学理系统,而且在中国哲学史上第一次将儒家的基本价值系统(名教)与道家的基本价值系统(自然)在齐一的形式下整合在同一个哲学命题中。尽管"独化"论对于自然即名教、名教即自然的哲学论证没有也不可能解决玄学的清谈与人伦日用之常分为两橛的问题,但它毕竟在理论上达到了玄学最高的思想成就。因而,它能够在当时的士人中产生"发明奇趣、振起玄风"的影响。在一定的意义上,郭象的"独化"论同时也意味着玄学的终结,在此之后,中国哲学的发展进入了一个以佛玄合流为基本特征的儒、玄、释、道相互激荡的历史时期。

第五章　葛洪、陶弘景的道教哲学

魏晋南北朝时期频繁的社会动乱与深重的人生苦难为宗教的发展提供了重要的社会条件，再加上崇尚"清虚玄远"的玄学的接引，作为本土宗教的道教和从印度东传的佛教在这一时期都得到了迅速的发展，其学理系统为中国哲学的发展注入了新的思想因子。

道教从开始酝酿到最终确立，经历了三个阶段。这就是在东汉的酝酿时期、东汉末至魏晋的开教时期和南北朝的规模大成时期。道教思想的酝酿是围绕着先秦以来的"神仙说"展开的，一些方士将其中的长生思想与黄老之学中的"长生久视之道"等神秘主义因素相杂糅，为道教确立了基本的思想方向，并通过神化老子，为道教准备了"精神领袖"。道教的开教时期大约在东汉末至魏晋，这一时期出现了早期道教的重要经典《太平经》，作为民间道教雏形的"太平道"、"五斗米教"（天师道）等不仅已经创立，而且产生了广泛的社会影响。道教在魏晋之际得到迅速发展。本来作为民间宗教存在的五斗米教逐渐渗入上层，向天师道演变，以长生成仙为核心教义的道教也已经出现了较为成熟的理论形态。南北朝时期，道教作为一个完整意义上的宗教流派基本定型。北魏嵩山道士寇谦之、刘宋庐山道士陆修静借助政权的力量"清整"民间道派，并首次使用"道教"旗号统一各道派。与此同时，按教阶组织起来的教士集团已经形成，道教教义、宗教仪式及斋醮程式、修炼方术等也日趋完备。萧梁陶弘景则以"天子师"的身份对道家理论进行了新的综合，并编造了新的神仙系统。至此，道教终于成为一个可与佛教、儒学并存发展的具有全国影响的宗教力量，为后来唐宋时期的兴盛打下了基础。

早期的道教主要体现为一种方术迷信。随着其宗教形态的发展成熟，道教逐渐形成了对宇宙本质、人生真谛、理想世界及其达到理想世界的途径等问题的有一定系统的理论形态，由此构成了道教哲学。东晋著名道教思想家葛洪在总结前期道教思想的基础上著成《抱朴子》一书,可以看做是道教哲学初步形成的基本标志。道教哲学的基本特点是融道家哲理与道教宗教信仰于一体,神仙不死之"道"是道教哲学的中心范畴,神仙存在和人能成仙不死是其基本命题,论证人有无成仙的内外根据、人成仙取何途径是其思想体系中的基本内容。道教哲学经历了一个不断发展的过程。在这一过程中,道教哲学的基本内容发生了从隋唐以前注重"修身"即炼形,到隋唐后注重"养心"的转变。不断吸收儒家与佛教的有关内容以充实、发展自身,也成为道教哲学的一个重要的形式性特征。

第一节 葛洪与《抱朴子》

葛洪(283～363年),字稚川,自号抱朴子。丹阳句容(今江苏句容县)人。东晋著名道教思想家。早年以儒学知名,后因世道艰辛而皈依道教。曾先后师事郑隐、鲍玄。后因军功迁伏波将军,赐爵关内侯。但他抛弃功名富贵,不应征辟,潜心于修仙学道。晚年居于广州罗浮山,炼丹撰述不辍。葛洪的道教著作有《抱朴子》内篇、外篇,《神仙传》,《隐逸传》等。其中《抱朴子》为其最重要的道教理论著作,是道教哲学初步形成的基本标志。《抱朴子》计有内篇二十卷、外篇五十卷。"其内篇言神仙方药、鬼怪变化、养生延年、禳邪却祸之事,属道家;其外篇言人间得失、世事臧否,属儒家。"(《抱朴子·自序》)这里所谓道家即指道教,外篇的思想则来自儒家。葛洪通过取金液神丹理论,弃淫祠巫祝,赞富贵神仙而斥民间道教,进一步神化老子而拒斥庄子,对道教进行了改革,成为道教开创时期官方道教的理论和教仪的奠基人。与此同时,他还通过融合儒道,使道教具有了更加鲜明的两重性格:一方面追求个人的解脱超俗,即避世修道、长生成仙;另一方面又追求佐时济俗、治国安邦的社会功效,从而形成了所谓"内以治身,外以为国"的基本特点。葛洪的道教哲学思想主要包括两方面的内容:玄、道、一的宇宙观与对长生说的系统论证。

一、玄、道、一的宇宙观

道教哲学的形成和发展过程，同时也是道家思想神秘化、宗教化的过程。这一思想倾向在道教的早期经典《老子想尔注》、《太平经》中已经有所表现，在葛洪这里则开始形成了较为系统的理论形态。葛洪将源自于道家的"道"和"玄"两个概念结合起来，糅入道教守一的学说，建立了其道教哲学宇宙观，并由此而通过将"道"神秘化，把"道"确立为"长生成仙"的最终依据。他说：

> 玄者，自然之始祖，而万殊之大宗也。（《内篇·畅玄》）
> 道者涵乾括坤，其本无名。论其无，则影响犹为有焉；论其有，则万物尚为无焉。（《内篇·道意》）

可见，无论是"道"还是"玄"，它们都涵盖天地万物，成为事物得以存在和变化的内在根据。因此，"道"与"玄"是同级概念，既是宇宙发生的总根源，又是万物运动的普遍法则。葛洪将二者合称为"玄道"。"道"和"玄"又是与"一"相贯通的，故又用"一"加以形容。《地真》说：

> 道起于一，其贵无隅，各居一处，以象天地人，故曰三一也。天得一以清，地得一以宁，人得一以生，神得一以灵。金沈羽浮，山峙川流，视之不见，存之则在，忽之则亡，向之则吉，背之则凶。

显然，这里主要是套用《老子》的有关论述而略加改动。在这里，"道"和"一"是同等层次的概念，它们都是万物的本原。在这个意义上，葛洪关于"玄"、"道"、"一"的哲学观念显然与道家哲学的有关思想有着内在的贯通性。不同于老庄哲学的是，葛洪站在宗教的立场上将有关观念神秘化了。在他看来，"道"既是"周流秋毫而有余"又是"弥纶太虚而不足"的，有了它，方者可圆，静者可动，降者可俯，升者可仰（《道意》）。同样，他论"玄"说：

> 眇昧乎其深也，故称微焉。绵邈乎其远也，故称妙焉。其高则冠盖乎九霄，其旷则笼罩乎八隅。光乎日月，迅乎电驰。……因兆类而为有，托潜寂而为无。沦大幽而下沈，凌辰极而上游。金石不

能比其刚,湛露不能等其柔。方而不矩,圆而不规。来焉莫见,往焉莫追。乾以之高,坤以之卑,云以之行,雨以之施。(《畅玄》)

这就极大地神秘化了"道"与"玄",使之成了无所不能的超越存在。顺此而进,葛洪把"玄道"与事物的长存、人物的长生联系起来,使之成为"长生成仙"的最终根据。他指出:"上士得道,升为天官;中士得道,栖集昆仑;下士得道,长生世间。"(《金丹》)因此,"其唯玄道,可以为永"(《畅玄》),得玄道者就可以成仙得道。这样,在道家哲学中作为天地宇宙之本体的"道"终于成为神仙不死之"道",葛洪终于完成了对于道家哲学的宗教性改造。

二、对长生说的系统论证

作为中国本土的宗教,道教不同于其他宗教如基督教、伊斯兰教、佛教的一个基本特点在于,它所关注的核心问题,不是人死后如何,而是人如何才能成仙而长生不死。这一点也从一个侧面表现了中国哲学总是立足于现实和现世来追求人之生命的终极意义的理论特质。道教的这一理论特质,是与它对道家哲学的继承与改造相联系的。作为中国哲学的主流传统之一,道家哲学的基本意旨在于:关联于天地宇宙之本体,通过内在精神境界的豁显以为有限的人生确立超越的终极意义。道教哲学作为一种同样以人生哲学为主题的思想系统,也是以人生终极意义的追寻为依归的。但是,作为一种宗教,道教的这种追寻又有其自身的特殊性:它强调的是通过求得生命的永恒来达到对于人生终极意义的追寻。为此,长生不死被视为解决人生问题的最终途径,只有通过不断的修炼,效法神仙之"得道",将自我生命从死亡的局限之中超拔出来,并最终与法力无边的永恒之"道"相契合,从而具有永恒不灭性,才能解决人生的终极关怀问题。这样,"神仙不死"之学或曰长生说就成为道教哲学的重要内容。在葛洪之前,道教的长生说缺乏理论性。为了解决道教发展中的这个核心理论问题,葛洪在《抱朴子》中从两个方面作了颇为系统的说明:第一,如何认识长生成仙的可能性与现实性?第二,怎样才能长生成仙?

关于第一个问题,葛洪一方面引证了种种"史迹",希望以之说明神仙古已有之,同时又力图通过思辨的分析,论证长生成仙的可能性与现实性。

葛洪指出,关于神仙的存在在历史上是流传已久的,典籍多有记载,"列仙之人,盈乎竹素矣"。如"刘向博学则究微及妙,经深涉远;思理则清澄真伪,研核有无。其所撰《列仙传》,仙人七十有余"(《论仙》)。而且"前哲所列,近将千人,皆有姓字及有施为本末,非虚言也"(《对俗》)。由此,葛洪得出结论说:"遂古之事,何可亲见?皆赖记籍,传闻于往耳。《列仙传》炳然其必有矣。"(《论仙》)虽然如此,由于史籍记载毕竟不同于人们的亲闻亲见,为了通过理论分析更为有力地论证神仙必有,葛洪一方面对人们对于长生成仙所存的怀疑提出了反驳,另一方面还力图通过类比推理为神仙必有提供佐证。

葛洪对有关怀疑意见所提出的反驳可以概括为两个方面:其一,客观事物的存在形态是万殊不齐的,虽有"通理"即常规,亦有特异,有生有灭的通理不足以否定长生不死的特例。葛洪在《论仙》中指出:

> 夫存亡终始,诚是大体,其异同参差,或然或否,变化万品,奇怪无方,物是事非,本钧末乖,未可一也。夫言始者必有终者多矣,混而齐之,非通理矣。谓夏必长,而荠麦枯焉。谓冬必凋,而竹柏茂焉。谓始必终,而天地无穷焉。谓生必死,而龟鹤长存焉。

这就是说,虽然"有始者必有卒,有存者必有亡"对于大多数事物而言堪称是一般性的规律,但由于事物本身就是参差不齐的,同时又是变化万殊的,每一个具体的存在并不都是如此。如果一定要说"有始必有终",天地却是无穷无尽的;如果一定要说"有生必有死",龟鹤却是长存不老的。葛洪由此得出的结论是:"万殊之类,不可以一概断之。"这显然是说,我们不能根据多数事物是"有始者必有卒,有存者必有亡"的,就否定长存不朽的神仙的存在。

其二,人们的认识是有限的,立足于有限的认识并不足以否定神仙的存在。《论仙》又指出:

> 浅识之徒拘俗守常,咸曰世间不见仙人,便云天下必无此事。夫目之所曾见,当何足言哉?天地之间,无外之大,其中殊奇,岂遽

有限？……况乎神仙之远理，道德之幽玄，仗其短浅之耳目，以断微妙之有无，岂不悲哉？

这就是说，拘俗守常的浅识之人，常常因为没有亲眼见过仙人，便认为天下必然没有成仙之事。实际上，耳目所见是不足道的。天地之间，至广至大，其中的殊异奇妙之处，岂可限量？况且道德神仙之理玄远幽深，仅仅凭借短浅的耳目去判断玄远幽微的仙道之有无，岂不是一件可悲的事情吗？"欲以所见为有，所不见为无，则天下之所无者，亦必多矣"（同上），这显然不足以否定长生成仙的可能性。

通过对于客观世界与人的主观认识两方面的考察，葛洪得出结论："故不见鬼神，不见仙人，不可谓世间无仙人也。"（同上）

在对人们对于长生成仙所存的怀疑提出反驳之后，葛洪进而力图通过类比推理为神仙必有提供佐证。在他看来，正如自然界的物性是可以改变的一样，人的寿命亦可以通过后天的努力得到延续乃至做到长生久视。在《至理》中，他指出：

泥壤易消者也，而陶之为瓦，则与二仪齐其久焉。柞楢速朽者也，而燔之以为炭，则可亿载而不败焉。豷豚以优畜晚卒，良马以陟峻早毙，寒虫以适己倍寿。……而人之受命，死生之期，未若草木之于寒天也。而延养之理，补救之方，非徒温暖之为浅益也，久视之效，何为不然？

这就是说，泥土与柞楢本来是易消速朽的，但是把它们加工成瓦和炭以后，却可以长久地存在。猪、马、虫等的寿命长短，总是与它们是否得到合理的护养、是否有良好的生存环境有关。人之成为一个有生命的存在，其死生之限并不像草木之于寒天那样酷厉，而延年益寿的养护、补救之方，又远远要胜过温暖对于养护草木的意义，因而人体经过调理补救，为什么就不能收长生久视之效呢？立足于这样的认识，葛洪还倡导充分发挥医术能治病起死的作用，以根除一切死因，使人长生不老；服食本身坚固不朽的金丹大药，以借金丹之性强固身体，使它也能像金丹一样"毕天不朽"。如此，也就"神仙可至"了。

从以上葛洪对神仙必有的论证来看，虽然其中包含有一些对未知世界积极探索的思想成分，但在归根结底的意义上，其有关论证应当说是不成功的。正如他自己也已经意识到的，他对人们对于长生成仙所存怀疑的反驳，最多只能得出"不可谓世间无仙人"的结论，而这并不能逻辑地推出"神仙必有"的结论。同样，他力图通过类比推理为神仙的存在提供的佐证，最多也只是一些"疑似之词"，无法在理论上透彻地说明"神仙必有"。事实胜于雄辩，虽然人的寿命的延长是可能的，但无人能够长生免死毕竟是自古以来的历史事实。

在对长生成仙的可能性与现实性作了理论说明之后，葛洪进一步讨论了怎样才能长生成仙的问题。作为中国哲学的一个组成部分，成熟形态的道教哲学在修养方法上凸显了心性修为的重要性。但是，作为早期道教哲学的代表，葛洪则主要强调了"修身"的一面。概括而言，他所提出的学仙修道方法主要包括了内修与外养两个方面，即内保精气，外服上药。简言之，就是"服丹守一"。

葛洪所谓内修，主要是保精行气。《释滞》说："欲求神仙，唯当得其至要，至要者在于宝精行气，服一大药便足，亦不用多也。"这就是说，在众多的长生成仙的道术中，最为重要的就在于内保精气，外服上药。内保精气是服用金丹大药的重要辅助方法，其事又可以分为宝精与行气二者。宝精之法要求清心寡欲，不为外物的诱扰而有所伤耗。行气比宝精更为重要。所谓行气就是关于在体内修炼元气的理论。关于具体的行气之法，《抱朴子·内篇·释滞》卷有详细的说明。其最高的境界就是"胎息"："其大要者，胎息而已。得胎息者，能不以鼻口嘘吸，如在胞胎之中，则道成矣。"

葛洪所谓外修，就是外服金丹上药。《仙药》说："仙药之上者丹砂，次则黄金，次则白银。"丹砂即朱砂（硫化汞），水银（汞）可以硫化为朱砂，朱砂亦可以还原为水银，故称朱砂为"还丹"，烧炼九次而成之丹叫"九丹"，又称"神丹"。金液神丹合称"金丹"，又称"神药"、"上药"。《抱朴子》认为服食金丹是长生成仙的根本途径。为什么服了金丹，人就能长生成仙呢？《金丹》论证说：

> 夫金丹之为物，烧之愈久，变化愈妙。黄金入火，百炼不消，埋之，毕天不朽。服此二物，炼人身体，故能令人不老不死。此盖假求

外物以自坚固。

实际上,葛洪在这里也依然是在进行类比推理。他看到金丹可以毕天不朽,就推断金丹护养人体也可以令人体不朽长存。这种推论在事实上没有必然性。对于金玉之性如何能够直接转化为人体之性这个关键问题,葛洪并没有作出清楚的理论说明。可见,葛洪并没有能够对"神仙必有"、"长生不死"的问题作出令人信服的论证,从而也就不可能为道教哲学奠定坚实的基础。

总的说来,葛洪的《抱朴子》已经使道教哲学具备了初步的理论规模。但作为早期道教哲学的代表,葛洪的有关思想在理论形态上还不够成熟,因而是比较粗糙的。

第二节 陶弘景的道教哲学

陶弘景(456～536年),南朝齐梁时著名道教思想家、医学家。字通明,自号华阳隐居。丹阳秣陵(今南京)人。他出身士族,早年即喜好神仙养生术。《南史·陶弘景传》称:"至十岁,得葛洪《神仙传》,昼夜研寻,便有养生之志。"早年任仕于齐,曾师事孙游岳受符图经法,更遍历名山,寻访仙师与仙药。后辞禄归隐于句曲山(茅山),创道教茅山宗。曾与萧衍有旧。及萧衍称帝后,屡以礼聘,均婉拒不出。但朝廷每有吉凶征讨大事,即前来咨询,被时人目为"山中宰相"。陶弘景是南朝道教最重要的代表人物,其思想具有较强的综合性,形成了三教兼修和务实求博的特点。他在道教内部融合外丹内丹,广集诸说,予以整理提炼;在道教外部主张儒、释、道三教贯通,推动了道教的发展。陶弘景所作的另外一件对其后道教的发展产生了重要影响的工作,就是为道教确立了新的神仙系统,使道教的神仙谱系初步系统化了。陶弘景创立了道教茅山宗,该宗由于深受形成于东晋哀帝兴宁年间(363～365年)的《上清经》的影响,日后成为道教上清派的重要代表。《正统道藏》收载了他的《真诰》、《真灵位业图》、《养性延命录》、《登真隐诀》、《华阳陶隐居集》等书,这是研究陶弘景道教思想的主要资料。

作为魏晋道教向隋唐道教发展过程中的一个重要代表人物,陶弘景的道教哲学思想也具有某种程度的中介性。这集中体现在以下两个方面：与葛洪相比，陶弘景突出了道教的精神性特质，在一定的程度上具有从注重"修身"向注重"养心"转变的过渡性；陶弘景融儒援佛、力促三教会通的尝试，可以看做是站在道教的理论立场，以较为自觉的理论形态，开启了日后中国哲学史上"三教合一"的思想历程。

一、神形双修与精神境界的凸显

在宇宙论上，陶弘景同葛洪一样，也通过神化道家哲学，在使"道"成为世界万物之根源的同时，亦成为人之所以能够成仙长生的最终根据。作为后起的思想家，陶弘景道教哲学的特色在于：不同于葛洪主要从外丹学的进路突出"炼形"的一面，陶弘景则明确强调"神形双修"，并显发了道教修炼过程中的精神境界，从而对道教哲学在发展中体现出更为充分的精神性特质产生了积极的推动作用。

陶弘景认为，道士的修炼应从养神、炼形两方面入手，如果这两方面的功夫都到家了，长生成仙就是可能的了。他说：

> 假令为仙者，以药石炼其形，以精灵莹其神，以和气濯其质，以善德解其缠，众法共通，无碍无滞。欲合则乘云驾龙，欲离则尸解化质。（《华阳陶隐居集》）

这就是说，如果修仙者能够通过服丹养形而内外兼修，并且能够做到以中和之气和仁义忠信等善德陶冶自己，就能达到诸法皆通、了无滞碍的境界。这样，如果神形合则可以成为举形飞升的上仙，神形离亦足以成为尸解仙，即先经过死亡而蝉蜕之仙。为什么神形双修即可以成仙呢？在《养性延命录》序中，陶弘景说：

> 人所贵者，盖贵为生。生者神之本，形者神之具，神大用则竭，形大劳则毙。若能游心虚静，息虑无为，服元气于子后，时导引于闲室，摄养无亏，兼饵良药，则百年耆寿是常分也。

这就是说，生命是人最宝贵的东西。神形则是构成生命的基本要素。如果费神劳形太过，生命就会枯竭。相反，如果能够做到虚静逍遥，并能修服气导引之术，细心护养以使精气无亏，再加上服食养生之良药，人们通常所期盼的长命百岁就是平常之事了。具体说来,陶弘景把养生以延年以至长生的途径,概括为"养神"和"炼形"两方面。"养神"的基本要求是"游心虚静,息虑无为"。在他看来,人虽然不可能断绝情欲,但七情(喜、怒、忧、思、悲、恐、惊)六欲(生、死、耳、目、口、鼻之欲)都是伤神之物,应当加以控制。为此,他反对"十二多",提倡"十二少",认为如果多思、多念、多欲、多事、多语、多笑、多愁、多乐、多喜、多怒、多好、多恶,人就会"神殆"、"志散"、"心惫"、"意溢",就会"丧生之本"(《养性延命录》)。相反,如果能够做到"十二少",清心寡欲,虚静无为,自然就能延年益寿。这显然是突出了精神性因素在道教修为中的重要作用。

与此相应,陶弘景鲜明地突出了道教的终极关怀中所包含的注重人之精神境界的内容,从而使"精神境界"的问题成为道教哲学的重要意旨。从陶弘景的有关诗文中,我们不难看出,作为一个得"道"高士,陶弘景的终极关怀事实上是落脚于显发得道逍遥的心灵境界。在一首诗中,他写道:

  山中何所有,岭上多白云,只可自怡悦,不堪持寄君。(《华阳陶隐居集》)

在这里,陶弘景见白云而怡悦,体现的是一种不为物役而自得其乐的气度与胸怀。不仅如此,他在诗中实际上是以白云自况,形象地表现出了一种吾性自足而自由逍遥的精神境界。这种精神特质在他临终前所写的《告游篇》中得到了更为充分的体现。他写道:

  性灵昔已肇,缘业久相因,即化非冥灭,在理淡悲欣,冠剑空衣影,镰辔乃仙身,去此昭轩侣,结彼嬴台宾,倘能踵留轩,为子道玄津。(同上)

在这首诗中,诗人在一种与"道"相契的高度参透了生命的玄机,因而能以一种安详的态度坦然面对生命之大限——死亡。"即化非冥灭,在理淡悲欣"表明,在陶弘景的心目中,死亡不是意味着生命的终结,而是生命变化成另一种形态的存在,因而在统领于"道"的意义上,我们完全可以不必为此有太多的欣喜或悲戚。尽管诗中依然保留了追求成仙这一道教的特殊印记,但是,我们在其中确实可以清楚地见出,得道逍遥的心灵境界已经成为其终极关怀的一个重要的组成部分。这正是陶弘景向人们所展示的道教哲学愈来愈注重精神性特质的发展走向。

二、融儒援佛，力促三教会通

在陶弘景生活的时代，儒、佛、道等诸流派并存发展的思想格局已经初步形成。作为一个心态较为开放的道教思想家，陶弘景对包括佛学在内的其他思想流派没有采取简单排拒的态度，而是站在道教的基本立场上，既融儒又援佛，力图在充实、发展道教的同时，促进三教会通。

陶弘景认为，儒、道、佛三教虽然在具体的教义上有差别，但在终极境界上则都是归趋于善的。他撰《茅山长沙馆碑》说："万物森罗，不离两仪所育；百法纷凑，无越三教之境。"在《答朝士访仙佛两法体相书》中，他还尝试分析了三教在形神关系上的客观依据：

> 凡质像所结，不过形神。形神合时，是人是物，形神若离，则是灵是鬼。其非离非合，佛法所摄；亦离亦合，仙道所依。（同上）

这是说，形神相合形成人，形神相离形成神灵和鬼怪；佛法正是含摄了形神非离非合的状态，形神亦离亦合则有天仙和尸解仙之道法。用"非离非合"来概括佛学形神观虽然不确切，但他企图从形神关系的角度为三教寻找共通的理论基础，则代表了他力促三教会通的理论旨趣。为此，他提出了"崇教惟善，法无偏执"的主张（见授弟子陆敬游《十赉文》），并在实践中身体力行。

在陶弘景所企慕的"以药石炼其形，以精灵莹其神，以和气濯其质，以善德解其缠，众法共通无碍无滞"的神形双修的为仙之道中，实际上已经涵括了将道教的炼形、佛教的澄神与儒家的养德融为一体的义理内容。陶弘景积极吸纳儒学的有关内容以充实道教。他用儒家的义理诠释道教的内容。如在《真诰·甄命授》第一谈到道与性的关系时说："此说人体自然，与道气合，所以天命谓性，率性谓道，修道谓教。今以道教使性成真，则同于道矣。"这显然是要通过沿用儒家《中庸》关于天道性命的哲学理路，以从道教的立场证明天道与人性的一致性。陶弘景强调了遵守礼法道德对于修道成仙的重要作用。如《真诰·阐幽微》第二说:"复至中至孝之人,既终皆受书为地下主者,一百四十年乃得受下仙之教,授以大道,从此渐进,得补仙官","至孝者能感激鬼神"。他还把人间的宗法等级制度引入了道教之中,如他在《真灵位业图》中所确立的等级分明的神仙谱系,实际上就是人间现实的折射。在这个谱系中,孔子和颜回被排在第三级左位,这也从一个侧面表现了陶弘景融合道儒的理论立场。

与此同时,陶弘景还大量吸收了佛教思想。《真诰》将佛教轮回转生之说引入了道教。《真诰·甄命授》说:"人为道亦苦,不为道亦苦,惟人自生至老,自老至病,护身至死,其苦无量。"这显然是照搬了佛教关于苦谛的教义。所以在哲学史上早就有人指出其《甄命授》是"窃"自佛家《四十二章经》。陶弘景在晚年"曾梦佛授其菩提记云,名为胜力菩萨。乃诣……阿育王塔自誓,受五大戒"((见《南史·陶弘景传》)。这表明他对于融合道佛的确是身体力行的。

通过融儒援佛,陶弘景在使道教哲学的内容更加丰富的同时,也在一定的程度上促进了道、儒、释哲学的会通。作为中国哲学史上自觉促进儒、释、道"三教合一"的思想先驱,陶弘景的有关理论活动对于促进中国哲学在融合会通中不断走向成熟产生了积极的影响。

第六章 佛教的传入与僧肇、慧远的佛教哲学

在道教哲学产生并得到初步发展的同时，日后对于中国哲学产生了重要影响的佛教哲学也在这一时期传入，并开启了其中国化的思想历程。

第一节 佛教哲学的传入及其思想特征

一、佛教的传入

佛教起源于公元前6世纪至公元前5世纪的古印度，创始人是北天竺迦毗罗卫国王子悉达多·乔达摩。因他属于释迦族，创教后被教徒们尊为"释迦牟尼"，意为释迦族的圣者。又被尊称为"佛"或"佛陀"，意为"觉者"。佛、法、僧被称为"三宝"：佛是创教者，法是佛亲授的教训，僧是佛建立的宗教组织即僧迦或僧团。佛教在印度的发展大致经历了以下几个阶段：从释迦牟尼创教到公元前4世纪中叶，其弟子传承其教义，是原始佛教时期，基本教义为"四谛"、"五蕴"、"八正道"、"十二因缘"等，以"无常"、"缘起"、"众生平等"反对婆罗门教，主张依据经、律、论三藏，修持戒、定、慧三学，以断除烦恼和超脱生死轮回，达到"涅槃解脱"。这些内容成为以后佛教各派教义的基础。从公元前4世纪中叶起，由于对教义和戒律的认识分歧，佛教开始分成上座、大众两部，后又进一步分化，进入部派佛教时期。这是原始佛教向大乘佛教过渡的中间形态。从公元1世纪开始进入大乘佛教时期。为与前此的各教派相区别，大乘佛教将以前的佛教统称为小乘佛教。大乘佛教又分为空、有二宗。前者主张"性空幻有"、"一切皆空"，后者则主张"万法唯识"，真如佛性（阿赖耶识）实有。概要而言，佛教的理论轴心是关联于宇宙万象寻求人

生的"真谛",以最终在"涅槃解脱"中求得人生的终极意义。经过不断的发展,佛教成为具有世界性影响的宗教,建立起了高度思辨、博大精深的哲理系统。

佛教开始主要是在古印度的北部和中部传播,从公元前3世纪孔雀王朝阿育王时期开始,佛教逐渐向全印度以及周围国家传播,大约在西汉末年到东汉初年期间传入中国。东汉初年,上层统治者已有佛教的信奉者。据《后汉书·楚王英传》记载,楚王刘英"晚年更喜黄老学,为浮屠,斋戒祭祀"。不过那时人们主要是把佛教看做是方术的一种,把"灵魂不死,轮回报应"看做是它的主要教义。人们祭祀它的主要目的,是为了祈福免祸。因而,在东汉时佛教的信奉者主要是少数上层统治者,其社会影响并不大。但是,随着时间的推移,特别是进入魏晋南北朝时期以后,佛教得到迅速发展,其社会影响不断扩大,逐渐成为与儒、道并立发展的重要社会思潮。

二、中国佛教哲学的初步发展

佛教之所以能够在东晋南北朝得到广泛传播,首先是因为这一时期具有适宜宗教发展的社会基础。公元316年随着西晋王朝的覆灭,中国历史的发展进入了一个少有的战乱时期,频繁的社会动乱与深重的人生苦难,使得人生意义的追寻成为一个紧迫而沉重的时代课题。无论是玄学还是道教,在一定的意义上可以说都是应安顿人生意义之需而产生的。这一时代特点同样也为佛教的传播和发展提供了重要的社会条件。

与此同时,佛教之所以能够继魏晋玄学之后开始成为为中国社会的士人阶层所尊崇的思想流派,佛教哲学之所以能够成为中国哲学中具有特殊地位的思想流派,一个重要的原因还在于:与儒学、道家、玄学、道教等中国本土的思想学说相比,佛学在理论上确有自己的独异之处。这至少表现在以下几个方面。

第一,经过在印度和西域的长期发展,佛教已经建立起了高度思辨、博大精深的哲理系统。就思想之精深、旨趣之精妙、教义之圆熟、体系之完整与辨析之细密而言,不仅理论颇为粗糙的道教不可同日而语,而且代表了当时中国哲学之最高发展水平的玄学在一定的意义上也难以与之相匹敌。这是佛教之所以能够吸引上层知识分子的一个重要原因。对于这一点,《世说新语·文学》中的一段记载颇能说明问题:

> 《庄子·逍遥篇》,旧是难处,诸名贤所可钻味,而不能拔理于郭、向之外。支道林在白马寺中将冯太常共语,因及《逍遥》。支卓然标新理于二家之表,立异义于众贤之外,皆是诸名贤寻味之所不得,后遂用支理。

从这里不难看出,对于在玄学的思想范围内被认为是不可超越的郭向"逍遥"义,后来却被支道林立足于佛学作出的新解所取代。佛教所具有的超胜于玄学的理论生命力从中可见一斑。

第二,"天人之际"是中国哲学自先秦以来的传统主题,在魏晋玄学完成了从宇宙生成论向宇宙本体论的转变之后,中国哲学对于"天人之际"问题的进一步探讨内在地蕴涵了走向心性本体论的要求。佛学在心性论方面具有的丰富的思想资源,正足以为中国哲学的进一步发展提供理论借鉴。

第三,与玄学倾向于粉饰现实形成鲜明对比,佛教则正是以承认和强调现实社会充满苦难为其基本的理论前提的。在佛教看来,不仅人生,而且整个世界本身就是一个苦海。人生生老病死,一切皆苦。只有按照佛教的指引,才能跳出"六道轮回"的苦海,进入极乐世界。佛教的这些教义,无疑比清谈玄理的玄学更加贴近乱世的人生实际,从而与普通民众的生命存在具有更为直接的相关性。不同于玄学"高明"而不"中庸",其影响很难及于普通民众,佛教则既有博大精深的理论体系,又有"灵魂不死,轮回报应"等"方便说法",因而更容易对芸芸众生的生命存在形态产生多层次、多方面的影响。这就为佛学在中国哲学中产生深远影响奠定了深厚的社会基础。

正是由于佛学的传播与发展既能满足当时的社会需要,又与中国哲学进一步开展的内在要求相适应,因而,佛学在东晋南北朝时期得到了迅速的发展。在经过了翻译佛经,通过佛玄"格义"即以老庄玄学去理解、诠释佛学的阶段之后,佛学在与儒、道、玄的相与激荡中,逐渐走上了与中国本土原有的文化与哲学融合、会通的道路。作为佛教哲学融入中国哲学的最初阶段,佛学在魏晋南北朝时期首先经历了玄学化的道路。随后,僧肇扫清了"六家七宗"因为以玄学直接比附佛学而造成的理论上的混乱,在中国哲学史上第一次用中国化的哲学语言准确地宣说了大乘空宗般若学的基本智慧精神,从而为中国化佛教哲学的创立确立了基本的"理解起点"。慧远致力于调和佛儒、凸显佛性(法性)的意义,竺道生提出"一阐提人皆可成佛"的理论和"顿悟成佛"说,开始了佛教哲学中国化的初步尝试。从此,中国化的佛教哲学成为中国哲学的一个重要组成部分。这一时期流行并对日后中国佛学的发展产生了深远影响的佛学经论主要有《维摩经》、《涅槃经》、《法华经》、《华严经》以及《十地经论》、《摄大乘论》、《大乘起信论》等,净土宗的《无量寿经》等在民间也有广泛影响,《中论》在经过鸠摩罗什的翻译和提倡后,亦曾盛行过一段时间。魏晋南北朝佛学的发展为以后隋唐时期佛学的鼎盛奠定了坚实的基础。

第二节 僧肇对般若学的阐说

僧肇(384~414年),后秦高僧,京兆长安(今陕西西安)人,南北朝时期重要的佛教哲学家。他少年贫困,以代人抄书为生,并由此而遍读老庄,"尝读老子道德章,乃叹曰:美则美矣,然期栖神冥累之方,犹未尽善"。后见《维摩经》,"欢喜顶受,披寻玩味,乃言'始知所归矣',因此出家"(《高僧传》)。20岁时,已名满关中。后到鸠摩罗什门下,与僧融、僧睿、竺道生一起被称为"什门四圣"。因其擅长佛教的般若理论,被誉为"解空第一"。他批判地总结了魏晋以来玄学与般若学的各派理论,在中国哲学史上第一次用中国化的哲学语言准确地宣说了大乘空宗般若学的基本智慧精神,从而为中国化佛教哲学的创立奠定了坚实的基础。他的主要著作有《不真空论》、《物不迁论》、《般若无知论》等,均收入《肇论》一书。僧肇的著作哲理思辨性强,文字优美简练,流传颇广,影响深远。

一、"即万物之自虚"的"不真空"论

汉魏以来传入中国的佛教,既有小乘,也有大乘。前者的着重点在于个人解脱,后者则追求普渡众生。相较而言,大乘佛学的教义与中国哲学的主流价值取向显然具有更多的契合之处。在佛教中国化的过程中,大乘佛学逐渐占据了主导地位。特别是在公元5世纪初,西域名僧、既熟悉小乘又精通大乘的鸠摩罗什在后秦首都长安大开译场,高质量地新译和重译了《大品般若经》、《中论》等重要经论七十余部、三百多卷,把般若中观理论的译介和研究提高到了一个新的水平,极大地促进大乘佛学在中国的传播和发展。般若学传入过程中,首先经历了一个与玄学思潮相结合的阶段。中国的士人知识分子以玄释佛,形成了玄学化的佛学。当时主要的佛学流派有"六家七宗"。即以道安为代表的本无宗,以支愍度为代表的心无宗,以支道林(支遁)为代表的即色宗,以于法开为代表的识含宗,以道壹为代表的幻化宗,以于道邃为代表的缘会宗。在六家之中,"本无"宗又包含了以竺法深、竺法汰为代表的本无异宗。其中较有代表性的是"本无"、"心无"和"即色"三派("识含"、"幻化"、"缘会"三派与"即色"派的观点大同小异)。六家七宗的共同问题,就在于往往是以玄学的基本思维方式来理解佛学,因而未能如实地把握作为佛学基本观念的"空"的正确涵义。僧肇作为鸠摩罗什的高足,首先所做的事情,就是根据"即万物之自虚"的般若学理论,对以本无、心无和即色为代表的"六家七宗"展开了理论批评。

"即万物之自虚"是僧肇在《不真空论》中阐述的根本观点和核心命题。它强调,般若空观的根本意旨是就万物的存在本身洞察其虚假不真即空。而或者认为万物之前有一个虚无阶段,或者在万物之外设置一个虚无本体,或者不承认万物作为假有的存在而另立"虚无"之意,这都是不符合般若空观的根本意旨的。他在《不真空论》中指出:

> 是以圣人乘千化而不变,履万感而常通者,以其即万物之自虚,不假虚而虚物也。

这就是说,圣人之所以能够做到不被"千化"、"万感"的外在假有所迷

惑，就是因为能够就万物的存在本身洞察其虚假不真，所以性空，而不是凭借空的观念来把事物说成是空的。但是"诸法性空"这一般若空观的微妙意旨并不易于被一般人理解，所以此前的般若学研究虽然众说纷纭，颇为热闹，但却并没有能够理解般若空观的真义。根据"即万物之自虚"的般若学理论，僧肇对作为六家七宗主要流派的本无宗、心无宗和即色宗提出了批评。

对于心无宗，他批评说：

> 心无者，无心于万物，而万物未尝无。此得在于神静，失在于物虚。

"无心于万物，而万物未尝无"是心无宗的基本主张，意思是认为心要空虚，以虚待物，万物本身并不是虚无的。僧肇认为，这一派的可取之处在于空心而不为外物所扰，而其缺失则在于不知万物本虚。

对于即色宗，他评论道：

> 即色者，明色不自色，故虽色而非色也。夫言色者，但当色即色，岂待色色而后为色哉？此直语色不自色，未领色之非色也。

即色宗的代表支道林在《即色游玄论》中指出，"色不自色，虽色而空"。这里色代表形色，即一切物质现象。因为现象都是因缘和合而成，所以是没有"自性"、"自体"因而是"空"的。但是在僧肇看来，这仍然是不够的，还没有明确指出色本身就是空的，而不是经过分析，然后才是空的。

本无宗是六家中最重要的一家。这一派的基本观点是认为"无在万化之前，空为众形之始"（道安语，见吉藏《中论疏》）。僧肇对之同样作出了批评。他说：

> 本无者，情尚于无多，触言以宾无。故非有，有即无；非无，无亦无。……此直好无之谈，岂谓顺通事实，即物之情哉？

这就是说，本无宗偏于空无，肯定"无"是万物之本，把"有"或曰"万化"说成是依存于"无"的，这就具有把"无"当着某种至高无上的实体看待的倾向，这显然也是不了解"即物"本身就是"自虚"的。

在对六家七宗中的主要三派作了批评与总结之后，僧肇明确指出，真正的"中道"应当是"非有非无"的。般若空宗所讲的"空",即未言有亦非言无,而是就真假问题而言的。所谓"空观",不过是指明宇宙万物"非有、非真有,非无、非真无耳"。换言之,它并不是简单地否定客观事物有"有"或"无"的现象存在,而是要说明无论"有"或"无"的现象存在,都是不真实的。他指出:

> 欲言其有,有非真生;欲言其无,事象既形。象形不即无,非真非实有。然则不真空义显于兹也。……譬如幻化人,非无幻化人,幻化人非真人也。

"不真空"的意思就是:不真即空。僧肇根据般若学的空观,扬弃了玄学化了的六家七宗的"有无"说而代之以"性空"说。在他看来,事物按本性来说,"非真生","非实有";然而既已形成现象,它又非彻底的"无"。世界上的一切都是像"幻化人"一样的幻象。不是没有幻象,但幻象却是不真实的。因此,事物的本性既不是"有"也不是"无",而是"非有非无"的"空"。为什么呢?僧肇根据佛教的"缘起"说进行了论证:

> 《中观》(引者按:即《中论》)云:"物从因缘故不有;缘起故不无。"寻理,即其然矣。所以然者,夫有若真有,有自常有,岂待缘而有哉?譬彼真无,无自常无,岂待缘而无也?若有不能自有,待缘而后有者,故知有非真有。有非真有,虽有不可谓之有也。万物若无,则不应起,起则非无,以明缘起,故不无也。

这是说,既然事物不具有自身存在的自足性,皆依各种因缘而后存在,都是"待缘而后有",那"有"就不是真实的、永恒的。"无"也是如此。因此,"有"是有其事象,"无"是无其自性。"事象既形",不能说无;但是一切事物皆待缘而有,故无自性。因此,事物是"非真生"、"非实有",因而是"性空"的。这样用缘起来说明"非有非无"立"不真空"义,就是僧肇所谓"即万物之自虚,而不假虚而虚物也"。

二、"即动而求静"的"物不迁"论

为了更进一步破除人们对于现象的迷执,以达到对于无条件的、绝对空寂的世界"实相"的认识,僧肇进一步提出了"物不迁"论。"物不

迁"语出《庄子》。《庄子》的本意是要说明,由于万物是不断迁流变化的,因而人只有随顺这种变化,才可以体现"我"的存在。僧肇写《物不迁论》,则是要论证物本来就是"不迁"的,不迁才正是事物的本性。为此,他将过去、现在与未来的分别绝对化,力图通过说明"昔物不至今"、"物不相往来",来论证俗人所谓"变"实际上是"不变"的。他说:

> 夫人之所谓动者,以昔物不至今,故曰动而非静;我之所谓静者,亦以昔物不至今。故曰静而非动。……然则所造未尝异,所见未尝同。

这是说,一般人所谓变,根据在"昔物不至今",从而说明事过境迁,时不再来,一切都在变。但是,僧肇则认为,"昔物不至今"正好证明"静而非动"。双方虽然都是根据"昔物不至今"这一现象,但却得出了相反的结论。其原因在于,一般人所谓"动而非静",是"以其不来",即认为过去的物已经流逝,可见事物有变化。而佛法认为"静而非动",是"以其不去",即"事各性住于一世",始终不变,所以是静止不变的。为什么呢?他解释说:

> 求向物于向,于向未尝无;责向物于今,于今未尝有。于今未尝有,以明物不来;于向未尝无,故知物不去。复而求今,今亦不往。是谓昔物自在昔,不从今以至昔;今物自在今,不从昔以至今。

这就是说,过去的事物在过去的时间里确实存在过,但它却不存在于现在;同样,现在的事物也只存在于现在,而不会"去"向过去。既然事物是不相往来的,那么又有什么事物是运动变化的呢?

在思维方式上,僧肇实际上是把时间的点截性和绵延性、把事物在时空中变动的非连续性和连续性绝对对立起来了。在他看来,古今如果是互相联系的,那就应该是"古应有今"、"今应有古"的。既然"今而无古"、"古而无今",古与今是分离的,因而,"从昔以至今"和"从今以至昔"都是不可能的。过去、现在与未来的绵延性,事物在发展过程中的连续性都是不可能的。任何事物只能停留在特定的某一点上,而不可能有什么往来的变动:

> 若古不至今，今亦不至古，事各性住于一世，有何物而可去来？

僧肇强调，这些论断是常人难以理解的，但却恰恰代表了佛学对于事物本性的认识。僧肇认为，这种认识是"可以神会"而"难以实求"的。他说：

> 苟万动而非化，岂寻化而阶道？复寻圣言，微隐难测。……是以，言去不必去，闲人之常想，称住不必住，释人之所谓往耳。

这是说，如果执著于事物变化的现象而不能达到"即动而求静"的境界，就不能透过变化无常而达到"真理"，所以要反复体会释迦圣人的教导。在这些圣言中，有时讲"无常"未必是真无常，而是为了防止（闲）人们执著"常"的观念。同样，有时讲"常住"未必是真的常住，不过是为了解除人们关于"无常"的偏见而已。只有有无、常变双遣，才能不执著于偏见，而臻于中道。

僧肇作出这些论断，是为了以佛教"诸行无常"的世界观来破除世俗认识中对于现象世界的执著，以"求静于诸动"，从"动"中悟到"虽动而常静"的世界"实相"，并由此而达到佛教所追求的"涅槃"、"寂灭"之境。但是，就僧肇片面强调"即动求静"、片面强调事物运动的矛盾性而没有统一事物运动的连续性与非连续性而言，僧肇的这些论断无疑也是一偏之见。

三、"无知而无不知"的"般若无知"论

怎样才能真正体悟世界的"实相"而达到"涅槃"、"寂灭"之境呢？僧肇认为，只有显发"无知而无不知"的般若智慧才能做到这一点。为此，他写了《般若无知论》，对这一问题作了论证。

所谓"般若"，是印度佛教名词的梵文音译，意为可以引导人们为圣成佛的特殊智慧。僧肇称"般若"为"圣智"，而把世俗所谓智慧称为"惑智"。世俗认识的基本特点是"有所知则有所不知"，它必须通过感官去摄取，再加之作为世俗认识对象的现实世界本身就是虚幻的，因而所获得的知识只能是片段的、虚幻的，所以是"惑智"，不可能达到对"实相"的把握。而由于般若不把虚幻的假象作为认识的对象，也不去认识它，故说"无知"。但般若圣智的对象是"真谛"，而"真谛自无相"，是"实而不

有、虚而不无"的非有非无的"空",亦即佛教所谓的世界"实相"。他描绘圣智发用的情状说:

> 是以圣人虚其心而实其照,终日知而未尝知也。故能默耀韬光,虚心玄鉴,闭智塞聪,而独觉冥冥者矣。

可见,般若对于世界实相的把握是通过超越了理性认识的直觉("照")完成的,是"圣人以无知之般若,照彼无相之真谛",即般若与实相直接而彻底冥合的过程。因而,般若又是"无知而无不知"的。僧肇指出:

> 夫有知则有所不知。以圣人无知,故无所不知。不知之知,乃曰一切知。故《经》云:圣心无所知,无所不知。

这就是说,就般若能辨真谛之实相,不能说是无知;就其所鉴之真谛是无相,又不能说是有知。但"知而不知"、"无知而知"的般若却又可以达到与整个实相的彻底冥合,因而它又是"无知而无不知"的。

强调超理智的直觉对于把握宇宙人生之本体的重要作用,这是中国哲学的一个重要特点。这一特点在先秦时期就已初露端倪。随着本体意识的增强,对于超理智的直觉方法的凸显成为魏晋南北朝时期许多哲学家的共同特点。在玄学的发展中,从王弼的"得意忘言"到郭象的"玄冥之境",无不强调了超理智的直觉方法对于把握本体的重要作用。僧肇的"般若无知"论,虽然在言说形式上与王弼、郭象有所不同,但是在充分强调直觉方法优越于理智方法这一点上则是共同的。魏晋南北朝时期对于超理智的直觉方法的凸显,为促进中国哲学价值系统的更加成熟、为丰富和发展中国哲学作出了重要的历史性贡献。但是,片面强调超理智的直觉方法的重要性,乃至由此而否定、排斥逻辑理性方法,其中也包含了影响中国哲学健康发展的理论可能性。与王弼、郭象的哲学相比,这一点在僧肇的"般若无知"论中表现得尤为明显。

第三节 慧远的佛教哲学思想

慧远(334~416年),东晋高僧,本姓贾,雁门楼烦(今山西代县)人。早年研习儒家经典及老庄之学。后师从当时最有影响的佛教领袖道安，从此致力于弘传佛法。道安曾叹之曰"使道流东国，其在远乎"（《高僧传》卷六《慧远传》）。后在庐山隐居近30年。其思想综合大、小乘，又"不废俗书"，渗入了儒、道思想。慧远开始打破了此前佛教传播中般若空宗的影响主要是在社会上层的思想格局，使佛教产生了更为广泛的社会影响。慧远在中国佛教史上享有极高声誉，这一方面是因为他的有关理论与实践活动，在中国佛教发展史初步实现了了佛教与儒学的结合，另一方面更重要的是因为他所关注的理论问题，如"佛性"（法性）与"涅槃"在一定的意义上可以看做是代表了中国化佛学的发展方向。其著作曾集为十卷五十余篇，但多佚。现存有《沙门不敬王者论》、《明报应论》、《三报论》等论文五篇，序五篇，书信十四篇等，主要收集在《弘明集》、《广弘明集》和《出三藏记集》中。本部分主要是对其法性思想和调和儒道的有关思想进行梳理，慧远关于"神不灭"的有关论证将放在下一章中论述。

一、慧远的"法性"论

东晋与北方各国对峙时期，佛学在北方和南方形成了两大中心。一个在长安，以鸠摩罗什为首，宣传般若大乘空宗的理论；一个在江南，以庐山慧远为首。在与鸠摩罗什的多次讨论中，慧远提出了"法性"或佛性问题。所谓佛性的问题，归根结底就是成佛的根据问题。在佛学中国化的过程中，中国哲学对于佛学的一个重要的影响，就是使印度佛学中抽象化的佛性落实到具体的人性上。这种变革是由中国化的佛学的成熟形态——禅宗最终完成的。而在中国佛教史上较有系统的佛性理论正是始于慧远的"法性"论。如果说僧肇在中国佛教史上的地位主要在于"除旧"，即使般若学脱离了玄学的影响而纳入佛教的范围；那么，慧远有关活动的基本理论意义可以说体现为"布新"，推进了佛学的中国化。

在大乘空宗看来，世界不真实但又不是不存在。这种不真即空的状况不能用任何肯定的语言来描述，只能用"如"来表示。为防止把"如"看成实体化的存在，有时称为"如如"，意思是说，连"如"也不过是"如"。在与鸠摩罗什的往复辩难中，慧远提出了"法性"是否常住不变的问题。关于这一点，鸠摩罗什明确回答：

> 所谓断一切言语道,灭一切心行,名为诸法实相。(《次问如、法性、真际并答》)

这就是说,在大乘空宗看来,诸法实相不过是个假名,它是对"如"的方便表达的符号,它并无真正存在的实体,不能按照世俗的理解将之当成一物,而是非有非无的。

对于这样的观点,慧远显然不是完全赞成。慧远承认世界常幻、不常住,但不同意大乘空宗完全否定世界真实性的观点。在抄录鸠摩罗什新译的《大智度论》并为之所作的序中,慧远一方面批评了世俗的有、无见解,另一方面又在世俗见解的有、无之上,提出了更高层次的有,把"有"即他所谓"法性"看做最后的实体。他说:

> 有而在有者,有于有者也;无而在无者,无于无者也。有有则非有,无无则非无。何以知其然?无性之性谓之法性,法性无性,因缘以之生。生缘无自相,虽有而常无;常无非绝有,犹火燃而不息。夫然,则法无异趣,终末沦虚,毕竟同争,有无交归矣。(《出三藏记集》卷十)

慧远首先驳斥了世俗的有、无见解,认为那都是虚妄的。世俗分别有、无,都是属于缘生法的范围。缘生法无自性,可称之为"无性之性"、"法性无性"。他接着指出,在变幻不实的现象世界之外,还有一个真实的世界,"常无"的境界。这就像薪与火的关系一样,"薪"则生灭无常,"火"则永存不息;"薪"有无不实,"火"则是超越了具体之有无的"法性"之性。为了更为深入地阐释这一问题,他写了《法性论》一文,进一步发挥了他的"法性不变论"。在他看来:

> 至极以不变为性,得性以体极为宗。(《高僧传》卷六《慧远传》)

"至极"即真如本体,亦即慧远所谓"法性"。"法性"是常住不变的、永恒的本体,它"无所从生,靡所不生;于诸所生,而无不生"。这个独立自在而又能成为其他一切之本体的"至极",是超越了迁流不已的现象世界的绝对,故又名"真如"。怎样才能把握这个"真如法性"呢?在慧远看来,必须摆脱世俗的"惑智",脱离世俗的生活,通过宗教的精神修养,最后才能复归作为宇宙万物之绝对本体的"真如佛性"。这即是"得性以体极

为宗"。这一思想,在《沙门不敬王者论》中慧远作了如下的发挥:

> 反本求宗者,不以生累其神;超落尘封者,不以情累其生。不以情累其生,则生可灭;不以生累其神,则神可冥。冥神绝境,故谓之泥洹。

"泥洹"是"涅槃"的旧译,意为"圆寂",是佛教最高的理想境界。这就是说,能超越世俗生活并把追求"真如佛性"作为自我生命意义之终极的人,就能做到不以世俗之情与生死问题牵累自我的生命与精神。达到了这样的宗教修养,则生命可以灭寂,精神可以超升,从而达到"冥神绝境"的"泥洹"成佛之境。

慧远以"法性不变"论为前提、以"涅槃成佛"为归结的佛学思想,明显不同于鸠摩罗什与僧肇师徒的般若大乘空宗学说。应当说,他执"法性"为实有、"不变",显然与他深受中国哲学自身传统的影响有关。因此,慧远的"法性不变"论可以说是双重因素作用的结果:一方面,他可能直接受到了魏晋玄学"以无为本"的影响;另一方面,他的有关思想又可以说是立足于中国哲学传统的智慧精神之中的。正因为此,他才能够在一定的意义上与佛教哲学中国化的基本发展方向相契合。

二、慧远的佛儒调和论

与中国传统哲学相比,印度佛教哲学虽然有其理论优长,因而在思想深层可以与中国哲学之间形成互补结构。但是,由于佛教是外来的,再加之它所主张的出世求解脱的基本教义与中国文化传统的主流价值系统之间有着相当的差异,因而在佛教传入中国后,儒、释、道之间形成了既相互渗透又相互排拒的复杂关系。如何处理好三者的关系,是摆在当时思想家面前的一个时代课题。佛学首先是与当时大为兴盛的玄学合流,其后又进一步走上了与儒家结合的道路。而慧远调和佛儒的有关理论努力,对于促进佛学与儒学的结合产生了重要的历史作用。

东晋时代,随着佛学势力的不断增强,引起了它与王权、名教的摩擦,儒家与佛教之间的矛盾,成为这一时期三教冲突的主要表现。其中沙门亦即僧侣是否应该礼敬王者的问题成为争论的焦点。为此,慧远站在佛教的立场上写了《沙门不敬王者论》和《答桓太尉书》，集中阐述了他的佛儒调和论。

当时强调沙门应礼敬王者的人指出，"因父子之敬，建君臣之序"是"为政之纲"，王者的地位与天地同尊，包括沙门在内的民众都应当礼敬王者。针对这种观点，慧远指出：

> 佛经所明凡有二科：一者处俗弘教，二者出家修道。处俗则奉上之礼，尊亲之教、忠孝之义表于经文。在三之训，彰于圣典，斯与王制同命有若符契。此一条全是檀越所明，理不容异也。出家则是方外之宾，迹绝于物。其为教也，达患累缘于有身，不存身以息患；知生生由于禀化，不顺化以求宗。求宗不由顺化，故不重运通之资；息患不由存身，故不贵厚生之益。此理之与世乖，道之与俗反者也。（《答桓太尉书》）

在这里，慧远强调了在家与出家、世俗与出世的区分。奉上之礼，尊亲之教，忠孝之义，都是在家人遵守的原则，而且它也曾见之于经文，在家的佛教徒也应尽忠尽孝。但是佛教僧人已经出家，就与在家信徒不同。佛教僧侣以"身"为"苦"本，身是一切患累的总根源。存身不能息患，不能把存身当做息患的条件。人之有身在于有生，因此，僧侣并不认为得到了生命就应该感恩戴德，因而不用去报答君亲父母的养育之恩。这是佛家之理道之所以不同于世俗的原因之所在。他进一步指出："凡在出家，皆隐居以求志，变俗以达其道。变俗，服章不得与世典同礼；隐居，则宜高尚其迹。"（同上）因此，佛教徒"变俗，服章不得与世典同礼"，落发、出家虽"内乖天属之重而不违其孝，外阙奉主之恭而不失其敬"。这样，佛教既不乖孝道，亦不违礼敬，因而就与儒家名教并行不悖了。

慧远认为，就其社会作用而言，佛教也可以起到有助王化的作用，它不仅有助于名教，而且还可以起到名教自身所起不到的作用。他说：

> 如令一夫全德，则道洽六亲，泽流天下，虽不处王侯之位，固已协契皇极，大庇生民矣。（同上）

这就是说，沙门虽然是自己一人成就了功德，但却可以使恩泽被及六亲乃至天下民众。沙门虽然未处王侯之位，但却已经是做了协契王权、助益生民的事了。这就充分突出了佛教作为出世宗教所具有的服务方内、有助王化的社会作用。立足于这样的认识,慧远进一步提出了佛、儒不二的观点:

> 道法之与名教,如来之与尧孔,发致虽殊,潜相影响,出处诚异,终期相同。(《沙门不敬王者论》)

慧远所宣传的"内外之道可合"、"出处诚异,终期相同"的观点后来被中国广大佛教徒所接受。所谓"三教同源"、"殊途同归",都可以上溯到慧远。可以说,从慧远开始,结束了从东汉以来佛教教义与老庄相结合的历史,转向了主要同儒家紧密结合。这是慧远在中国佛教史上享有很高声誉的一个重要原因。

第七章　形神之辨与范缜的《神灭论》

中国哲学中的形神之辨在先秦时代即已肇其端绪。在魏晋南北朝时期，随着道教特别是佛教的兴盛，在宣传宗教与反对宗教的斗争中，形神之辨再次成为争论的焦点问题之一。在这一过程中，南朝齐梁时代杰出的无神论思想家范缜写了《神灭论》，总结了长期以来中国哲学史上的"形神之辨"，对佛教的重要理论基础——神不灭论提出了有力的批评。

第一节　魏晋南北朝时期神不灭论的主要观点

形神问题在中国古代也叫身心问题。形即人的形体，神即人的精神。形和神是人的生命的两大要素。早在先秦时代，思想家们就开始了对形神及其关系问题的探讨。《管子》已经谈到了"形神"的来源问题，《庄子》提出了"形变而神不死"说，荀子则提出了"形具而神生"的命题。围绕"形神谁决定谁"、"神灭还是神不灭"的问题，汉代哲学继续展开了讨论。《淮南子》提出了"神主而形从"说，桓谭则提出了"精神居形体"、"人死如烛灭"的观点，从形体是精神的物质基础的基本理论立场赋予了"薪火之喻"以新的含义。王充在此基础上进一步提出了"天下无独燃之火，世间安得有无体独知之精"的论断，得出了"精神依倚形体"的结论，对"薪火之喻"作出了新的发展。进入东晋南北朝，随着道教的兴起与佛教影响的不断扩大，形神问题更成为当时思想交锋的中心问题之一。在这一过程中，杨泉、孙盛、何承天乃至南朝宋初著名佛教徒慧琳都对神不灭论提出了质疑与批评。如徐坚《初学记》保存下来杨泉《物理论》的一个重要观点："人，含气而生，精尽而死。死，犹澌也，灭也。譬如火焉，薪尽而火灭，则无光矣。故火灭之余，无遗炎矣；人死之后，无遗魂矣。"火灭无遗炎,人死无遗魂,这其中显然包括了对当时正与玄学合流的佛教神不灭论的明确否定。但在范缜系统地提出"神灭论"之前,神不灭论事实上并没有受到有一定理论深度的批判。相反,伴随着道教的兴起与佛教影响的不断扩大,葛洪、慧远、萧衍、罗含、宗炳等佛道人物还在论争中对神不灭论作了新的理论推展。以下我们首先以葛洪和慧远为代表,对这一时期道教与佛教神不灭论的理论内容作一展示,以便更为清楚地了解范缜神灭论及其理论意义。

一、葛洪"形神俱不灭"的思想

由于道教所追求的目标是长生不死而成仙,因而其教义中内在地包含了"形神俱不灭"的思想。这一点在葛洪《抱朴子》一书中可以清楚地看出。

在葛洪那里,"形"和"神"的关系被看做是一种相互依赖的关系。一方面,他把"形"和"神"的关系比喻为"堤"和"水"的关系、"烛"和"火"的关系,以强调"形"对"神"的基础作用。他说:

> 有者,无之宫也。形者,神之宅也。故譬之于堤,堤坏则水不留矣;方之于烛,烛糜则火不居矣。身劳则神散,气竭而命终。根竭枝繁,则青青去木矣;气疲欲胜,则精灵离身矣。(《抱朴子·内篇·至理》)

这显然是强调了"神"对于"形"的依赖性。但葛洪同时又指出:"有因无而生焉,形需神而立焉。"(同上)这就是说,正像"有"是因"无"而产生的那样,"形"也以"神"的存在为前提。"形"和"神"的相互依赖性为"形神俱不灭"的论断提供了理论前提。

葛洪进而指出,不仅就凡人而言,形神是相互依赖的,而且成仙也是形神不离的。由于人的形体和精神都是由气所生成的,因此,要达到"长生久视"、"肉体飞升"的成仙目的,能否做好"养气"的功夫是其中的一个关键。"苟能令正气不衰,形神相卫,莫能伤也。"(《抱朴子·内篇·极言》)只要做好"养气",就能使形不衰、神不散,精气固守在形体之中,形神不离,人就可以永生。葛洪把仙分为三等,而无论哪一等,在由凡而仙的过程中都是形神不离的。他说：

> 上士举形升虚，谓之天仙；中士游名山，谓之地仙；下士先死后蜕，谓之尸解仙。（《抱朴子·内篇·论仙》）

这也就是说，最上等的是"举形升虚"，即形神一起升天成仙，叫"天仙"；第二等的是"地仙"；第三等的是"尸解仙"，所谓"尸解"，是说在成仙的过程中先经过死亡而蝉蜕，然后又变形而与神一起仙去。这也就是说，人先死去，然后再形神一起升天。"尸解"还是形神不离的。由于成仙可以永生，因而也就是"形神俱不灭"的了。

二、慧远的"形尽神不灭"论

如果说葛洪有关神不灭论的论断还仅仅是一种宗教教义的宣说，在理论上还是比较粗糙而缺乏系统论证的话，那么，比道教更为精致的另外一种宗教——佛教则以更富有思辨的方式，对于何以"神不灭"的问题作了更为细密的说明。慧远的"形尽神不灭"论就是这一时期具有典型代表意义的一种观点。

东晋南北朝时期，人们在对佛教的辩难中，对佛教提出了以下六个方面的批评：一疑经说迂诞，大而无征；二疑人死神灭，无有三世；三疑莫见真佛，无益国治；四疑古无法教，近出汉世；五疑教在戎方，化非华俗；六疑汉魏法微，晋代始盛（《弘明集》卷十四）。其中，神灭与神不灭是争论的焦点，因为神不灭论是佛教的理论基石之一，是三世轮回、因果报应等说教赖以存在的基础。如人死神灭，轮回报应就无承担者，佛教的理论也就难以成立了。因此，当时反对佛教的人，都力图在理论上推倒神不灭论。根据慧远的征引，当时有人从三个方面对神不灭论提出了批评。第一，"禀气极于一生，生尽则消液而同无，神虽妙物，固是阴阳之所化耳。"（《沙门不敬王者论·形尽神不灭五》引）这就是说，神形都是由阴阳之气所化，它们共同构成了人的生命。人的生命结束了，神形也就一起消解了。神虽然是精妙之物，它也是由阴阳之气所化生的，随着生命的结束而神灭是自然而然的。第二，"若令本异，则异气数合，合则同化，亦为神之处形，犹火之在木，其生必存，其毁必灭。形离则神散而罔寄,木朽则火而靡托。"(同上)这是说,假定神和形有两个不同的来源,那生命也是由不同的气结合在一起而共同化生而成的。精神与形体的关系,就犹如火之在木。没有木,火就无所依附而灭寂了;没有形,神也就无所寄托而消散了。第三,"假使同异之分,昧而难明,有无之说,必存乎聚散。聚散,气变之总名。万化之生灭。"(同上)如果上面形神同异的说法也难以讲明白,就不必作形神的分别,只用说气的聚散,气聚就活,气散就死。总之,形神都是气,形尽神也灭。神灭论者的这些批评,对佛教的基本理论前提构成了严峻的挑战。

立足于"法性不变"的基本理论立场,慧远撰写了《沙门不敬王者论》等专文,针对反佛论者的观点进行了反击,在当时扩大了神不灭论的影响。

首先,他强调了"神"与物质的区分。慧远就"神"的含义说:

> 夫神者何耶?精极而为灵者也。精极则非卦象之所图,故圣人以妙物而为言。虽有上智,犹不能定其体状,穷其幽致。(《沙门不敬王者论》)

这就是说,"神"是一种非常精灵的东西,是无形象也不能用形象来表示的,连圣人也只能说它是一种十分微妙的东西。即使具有高妙的智慧,也不能确定其形体,穷致其幽微。在这里,慧远显然把"神"看做是异于物质的精神性的东西。立足于这样的认识,慧远对当时"神灭论"者将精神和气或精气混为一谈的主张提出了反批评,指出人们往往"以常识生疑,多同自乱,其为污也,亦以深矣"(同上)。一般人把"精"、"粗"都看成"一气",把精神看做"精气",是自相混乱,荒谬已极。应当承认,在这一点上,慧远的有关认识比某些神灭论者有着更为深入也更符合实际的成分。他的这个反批评是颇有理论针对性的,有利于进一步深化人们对于精神现象的认识。

在指出了"神"非"物"之后,慧远又进一步阐述了"神"对于"物"的决定作用。他说:

> 神也者,圆应无生,妙尽无名,感物而动,假数而行。感物而非物,故物化而不灭;假数而非数,故数尽而不穷。(同上)

这就是说，"神"产生并感应万物，而自身却不是被产生的；产生一切微妙的变化，而自身是无法被名状的。"神"在产生并感应万物的过程中显示自己的运动，凭借于"名数"而运行；感应万物而本身不是物，事物化灭了而它本身并不化灭，凭借于"名数"而本身不是"名数"，"名数"有终结而它并不穷尽。这显然是要充分凸显"神"对于物的超越的决定作用。同样的涵义在下面的论断中宣示得更为明确："四大之结，是主之所感也"，"贪爱流其性，故四大结而成形"（《明报应论》）。这里所谓"主"即"神"。这是说，由于人的贪爱之情不断从人的精神主体中流出，"神"感应凝聚而成地、水、火、风，进而不断地结成万物的形体。这显然是要根据佛教的基本教义，得出没有精神就没有人的形体，"神"是主要的、第一位的结论。

慧远讨论形神关系的基本意图，是要进一步论证"形尽神不灭"的观点。为此，在论述了"神"非"物"、"神"对于"形"具有决定作用之后，慧远进一步从以下几个方面申言了"形尽神不灭"的观点。

首先，慧远针对形神均为气、同时俱生俱灭的观点提出了一个二难推理，力图从逻辑上排除形神同时俱生俱灭的可能性。他说：

> 若受之于形，凡在有形，皆化之为神矣；若受之于神，是以神传神，则丹朱与帝尧齐圣，重华与瞽瞍等灵，其可然乎？（同上）

这就是说，如果人死时真的形神俱灭，初生时再重新禀受，那么，所禀受的究竟是神呢，还是形呢？人们所以有智愚的不同，是由其精神的原因还是形体的原因决定的呢？如果是形体的原因所决定的，"神"从"形"生，凡是形体相似的都应该是同等的愚痴聪明；如果是精神的原因所决定的，以"神"传"神"，则尧舜父子都应该有同等的圣德智慧。慧远认为这两种情况都是不合事实的，所以人的形神俱生俱灭是说不通的。

其次，慧远进而提出了精神可以离开形体而独立存在的观点。他说：

> ……化以情感，神以化传。情为化之母，神为情之根。情有会物之道，神有冥移之功。（《沙门不敬王者论》）

这是说，变化不已的大千世界是由人的贪爱之情欲所生起的，而"神"又是这种"情"的本根,正如情欲能生起万物一样,"神"亦能随着万物的变化流转而在冥冥之中不断地传递延续。

最后,慧远借用并改造了古代神灭论者普遍采用的薪火之喻,作出反证明,明确主张以薪火之喻证明神不灭。他说:

> 请为论者验之以实:火之传于薪,犹神之传于形;火之传异薪,犹神之传异形。(同上)

在这里,慧远打着"验之以实"的旗号,力图同样以薪火之喻证明神不灭。神灭论者以薪火喻形神,是要肯定火是不能离薪的,正像薪尽而火灭一样,神如果离开了形,就不可能存在,即"形尽神灭"。但是在这个比喻中存在着有将形神视为二元的缺陷,慧远正是敏锐地抓住了这一点,站在佛教徒的基本立场上,对薪火之喻作出了有利于神不灭论的改造。他虽然也把"神"比做火,把"形"比做薪,但是在他看来,某一个具体的薪经过燃烧,固然成为了灰烬,但火却可以从此薪传到彼薪,并不因为某一个具体的薪成为灰烬而熄灭。同样,人的形体消灭了,"神"也从这一形体传到另一形体,因而也并不是形尽神灭的。应当承认,慧远的这一思辨是比较巧妙的,虽然其中存在着逻辑上的错误,但是毕竟抓住了传统神灭论者薪火之喻的漏洞,以一种颇为精致的思辨重新申说了神不灭论者的基本意旨,在新的思维水平上给神灭论者出了新的难题。

以神不灭论为基础,慧远对佛教的报应论作了新的解释,从而解答了当时社会上因为看到为善不得福、为恶不得祸而对佛教报应论产生的怀疑。他指出:

> 《经》说业有三报:一曰现报,二曰生报,三曰后报。现报者,善恶始于此身,即此身受。生报者,来生便受。后报者,或经二生、三生、百生、千生,然后乃受。(《三报论》)

这就是说,因为报应有现报、生报、后报三种形式,所以不能只是看这一世的结果,现在未报,以后还有受报的可能,而且无论时间隔得多么久远,善有善报、恶有恶报的"报应"最终总是要得到体现的。三报论的提出,使佛教的报应论更趋精致化。

慧远的有关思想,深化了对于精神现象的认识与对于形神关系的讨论,使魏晋南北朝时期神不灭论的思维水平得到了新的提高。由于维护佛教的基本教义是慧远有关理论活动的根本出发点,慧远的有关结论可以看做是在事实上对神灭论提出了新的挑战。为了更有理论针对性与理论说服力地回答这些问题,"神灭论"者必须更深入地探究精神与形体的关系问题。范缜颇富系统性与理论性的神灭论正是在这样的背景之下提出来的。

第二节 范缜《神灭论》对形神关系的新论证

范缜(约450～515年),字子真,南乡舞阴(今河南泌阳西北)人。少孤家贫。18岁起,师从当时著名学者刘瓛,"卓越不群而勤学",数年后即"博通经书"(《梁书·范缜传》)。先后仕齐梁,曾任尚书殿中郎、中书郎等职。著作大多亡佚,现存主要有《神灭论》、《答曹思文难神灭论》,附见于《弘明集》卷九。此外,《梁书》和《南书》的《范缜传》中亦有引述。范缜是一位战斗的无神论者,他的《神灭论》一出,"朝野喧哗",先是受到萧子良和一批僧徒官僚的围攻,后来又受到梁武帝萧衍和王公贵族六十多人的声讨。但他坚持神灭论毫不妥协,"辩摧众口,日服千人"。萧子良曾以官位相诱惑,要范缜放弃神灭论,范缜断然拒绝,表示决不"卖论取官"。由于他坚定的理论立场、犀利的理论锋芒、深刻的逻辑分析与毫不妥协的战斗精神,范缜成为中国古代杰出的无神论思想家。

范缜在总结以前有关成果的基础上,站在无神论的理论立场上,对形神关系问题作出了系统而深刻的理论论证。他的有关思想主要包括以下几个方面。

一、形神相即

佛教神不灭论的基本命题是形神相异、形神相离,范缜与此针锋相对,提出"形神相即"的命题。他在《神灭论》中开宗明义地说:

> 神即形也,形即神也。是以形存则神存,形谢则神灭也。

"形神相即"之"即",有相互区别又密切联系的两层含义,二者的关系是

"名殊而体一"(同上)。"名殊"谓二者所指不同,"体一"谓二者又是不可分离的统一体。"形存则神存,形谢则神灭"则表明,形神并不是并列、平行的关系,形是神的物质基础,形是第一性的,神是第二性的。这样,得出"形谢神灭"的结论就是自然而然的了。这就堵塞了传统神灭论形神二元论的漏洞,为神灭论奠定了形神一元论的基础。

当时跟随梁武帝反对神灭论的主将之一中书舍人曹思文作《难神灭论》,明确反对"形神相即"的观点,重申了神不灭论认为形神可离可合的老调:

> 形非即神也,神非即形也,是合而为用者也,而合非即矣。生则合而为用,死则形留而神逝。何以言之?昔者赵简子疾,五日不知人,秦穆公七日乃寤,并神游于帝所,帝赐之钧天广乐。此其形留而神逝者乎?

这是说,形与神是相异而非相即的。它们共同构成生命是一个合而为用的过程。生时是形神合而为用,死了则是形体留下来,但是神却并没有由此而灭,而是离开了特定的形体依然独立存在。为什么呢?他引述了历史记载中关于赵简子、秦穆公梦中神游的故事,力图以之作为人可以"形留而神逝"的证据。他还以《齐物论》中庄周梦为蝴蝶的寓言来进一步论证:

> 斯其寐也,魂交,故神游于蝴蝶,即形与神分也;其觉也,形开,蘧蘧然周也,即形与神合也。然神之与形,有分有合,合则共为一体,分则形亡而神逝也。(同上)

这就是说,当庄周睡着了时,其魂魄与物相接而神游于蝴蝶,这是形与神分;当他醒来后,明白地意识到了自己是庄周,这是形与神合。这说明形与神是有分有合的。合则形成一个统一的生命体,分则形体死亡而精神离开形体而独立存在。

针对上述论点,范缜写了《答曹舍人》一文,文中首先机智地指出,"若合而为用者,明不合则无用","此乃灭神之精据,而非存神之雅决"。即说明形神相合而为用的观点正从反面说明不相合则无用,这恰恰是神灭的确证,而不是神不灭的确当理据。在此基础上,他还通过揭露论敌论证的矛盾性,驳斥了用梦幻论证形神有二、形留(或亡)神逝的观点。为了从理论上更为深入地批驳论敌,范缜在"形神相即"的基础上,又就形神关系作出了"形质神用"的新概括,对形神之间不可分割的统一性作了进一步深入的论证。

二、形质神用

在上一节中我们已经指出,在这一时期,以慧远等为代表的神不灭论者强调了神和形的区别,反对把神归结为物质性的气或精气,这就对神灭论提出了新的挑战。为了更有理论针对性与理论说服力地批驳神不灭论,神灭论者不能仅仅停留在神是精气的认识水平上,而是必须更深入地探究精神与形体的关系问题。从与范缜同时代的神不灭论者如梁武帝、曹思文等的有关理论活动来看,他们已经开始吸取魏晋玄学以来逐渐兴起的体用范畴分析论证形神关系问题。如梁武帝把神分为性用两方面,强调神的本性即体是永恒的,曹思文则强调形与神相合才能产生用。正是在这种思想理论背景下,范缜在总结吸取此前王充等人的有关思想资源的基础上,站在神灭论的基本立场上,运用质用范畴分析了神和形的不同特点,进而针对神不灭论者"形神非一"的观点,证明了形神是一个统一体的两个方面。他说:

> 形者神之质,神者形之用;是则形称其质,神言其用。(《神灭论》)

"质"即本原和实体,"用"即作用或功用。这就是说,形体是精神所赖以产生的实体,精神是形体所具有的作用。实体是作用得以表现的基础,是不依靠作用而存在的;作用则是依附实体才能存在的。"质"、"用"不离,"用"从属于"质"。形神不离,神从属于形。形与神不是两个不同东西的组合或拼凑,而是一个统一体的两个方面。这里,范缜把一般的体用关系的理论运用于形神关系,得出了两者是"名殊而体一"的结论,这是中国哲学史上在形神关系理论方面的一个卓越的创见。

针对当时有些佛教徒提出的"名既已殊,体何得一"的质疑,范缜提出了著名的刀刃和锋利的比喻,进一步加强论证的力量。他说:

> 神之与质,犹利之与刃;形之于用,犹刃之与利。利之名非刃也,刃之名非利也;然而舍利无刃,舍刃无利。未闻刃没而利存,岂容形亡而神存?(同上)

这就是说,精神对于物质实体,犹如锋利和刀刃的关系;形体对于作用,犹如刀刃和锋利的关系。锋利和刀刃虽然名号不同,但是如果没有锋利,刀刃的功用就体现不出来,如果没有刀刃,锋利也就根本不可能存在。刀刃是实体,锋利是作用。刀刃的锋利是不能离开刀刃而存在的,形神关系也是如此。既然没有离开刀刃而独立存在的锋利,又怎么能够有离开形体而独立存在的精神呢?范缜所独创的这个准确而生动的比喻,通过分析刀之利对于刃的依赖关系,形象地说明了神对于形所具有的依赖关系,同时也克服了以往烛火之喻的缺陷,消除了形神二元论的色彩,在理论上杜绝了佛教徒等利用烛火之喻重新宣传神不灭论的后路。

三、特定的质决定特定的用

范缜提出"形质神用"的观点后,神不灭论和神灭论围绕"质用"问题继续展开了论战。神不灭论者说:

> 木之质无知也,人之质有知也,人既有如木之质,而有异木之知,岂非木有其一,人有其二邪?(同上)
>
> 人之质所以异木质者,以其有知耳。人而无知,与木何异?(同上)

在这里,神不灭论者以人和树木都有质,而人有知树木则无知为理由,力图得出"质用非一"即知(精神)与体为二的结论,从而仍然将神看做是独立存在的。范缜反驳说:

> 异哉言乎!人若有木之质以为形,又有异木之知以为神,则可如来论也。今人之质,质有知也;木之质,质无知也。人之质非木质也,木之质非人质也。安在有如木之质而复有异木之知?(同上)

这就是说,人之质和木之质是两种不同的质,两者的根本区别是一者有知而一者无知。不能把两种不同的质混淆起来,世界上根本不存在有如木之质而却有知的事情。这实际上是把精神看做是特定物质所起的作用,进一步深化了对于精神的认识。

同样,在反驳神不灭论者以死人有形骸而无知觉来证明精神可以离开形体而存在的论点时,范缜还指出了死人之质与活人之质的差别。范缜说:"死者有如木之质,而无异木之知;生者有异木之知,而无如木之质","生形之非死形,死形之非生形,区已革矣,安有生人之形骸而有死人之骨骼哉?"(同上)这就是说,死人的骨骼如同木之"质"是无知觉的,活人的形体则有知觉。"生形"不是"死形",死人的骨骼固然由活人的形骸变来,但两者并不相同,正如"荣木变为枯木,枯木之质,宁是荣木之体?"(同上)欣欣向荣的活树变为了死树,死树的质地不可能等同于"荣木"的活体。同样,"神"只是活人的质的机能。

范缜进一步指出,即使是活人的质,其内部的不同物质器官,作用也各不相同。他把人的精神活动分为两类:"浅则为知,深则为虑。"(同上)一类是痛痒等感觉,称之为"知";一类是判断是非的思维,名之为"虑"。两者"皆是神分",即统一的精神作用的不同部分。这两类精神活动都是特定质的不同表现,但无论是"知"还是"虑",都离不开物质性的生理器官。在这里,范缜通过对"质"的多样性和变化性的深入分析,进一步论证了"形质神用"的形神一元论,批判了神不灭论者的形与神相分离的观点。

范缜神灭论思想具有重大的历史意义。它克服了以往许多具有无神论倾向的思想家在形神关系问题上存在着的二元论倾向,在中国哲学史上第一次为无神论确立了较为科学、合理的形神一元观,从而为以理性精神反对宗教迷信奠定了坚实的基础。范缜以其高度的理论思维水平和大无畏的战斗精神,把我国古代理性主义的无神论者反对宗教有神论迷信的斗争推向了新的高峰。他的神灭论学说是长期以来形神关系问题论战的历史性总结,有力地批判了宗教迷信的理论基础——神不灭论,其所达到的理论水平在世界古代思想史上也是不多见的。它第一次在中国哲学史上运用"质用"范畴较为科学地阐明了"形质神用"的主从关系,克服了以往一些无神论思想家只注意精神不离开形体,而忽视精神从形体派生的问题,并对"质"的多样性和变化性作出了较为深入的分析,其中蕴涵了超出形神关系范围的更普遍的方法论意义。

范缜神灭论思想也有其自身的局限性,这主要表现在:简单地把"凡圣之殊"亦即"凡人"与"圣人"的差别归结为两者生理器官、生理结构的不同,不了解社会生活对于人的精神现象的影响乃至决定作用;个别观点还带有形神二元的色彩;在肯定"圣人神道设教"必要性的同时,在一定程度上承认了人"死而有灵"的合理性,这就使他的无神论与实际脱节。此外,范缜神灭论思想虽然对于佛教的重要理论基础神不灭论提出了颇为深刻而有力的批判,但是,他并没有由此而对佛教的整个思想体系展开全面的批判,再加之他的有关思想在当时的整个社会上并没有产生广泛的影响,因而其神灭论思想在阻滞当时的佛教流行方面并没有产生较大的实际作用。

第 六 编

儒、道、佛三大哲学思潮的消长与互动

（隋唐五代时期）

隋唐时期是中国古代封建社会最为繁荣的时期。隋王朝(581～618年)的时间虽然不长,但它结束了南北朝一个半世纪的分裂割据局面,实现了全国的统一,推动了整个社会经济的全面恢复。唐王朝(618～907年)历时近三百年,曾出现过著名的"贞观之治"和"开元之治"。其间政治安定,经济繁荣,是当时世界上疆域最大、物产最富庶的国家。国都长安不但是东亚的政治、经济、文化中心,而且通过丝绸之路影响远达中亚与欧洲。当时的敦煌就是丝绸之路上面向西方和南方的国际性著名商埠,商贾云集、驼队车马如流。但是,朝廷里李唐宗室和武周势力的长期较量,从中央到地方的政治腐败,又严重地影响了社会的安定和经济的发展。公元755年爆发了长达八年的安史之乱,唐王朝由此进入衰亡时期。公元874年爆发了黄巢领导的农民大起义,唐王朝一蹶不振。五代时期(907～960年),由于藩镇割据所形成的政权分立,又使国家陷入四分五裂的状态。

盛唐文化对外采取开放的心态,气势恢弘。自印度南来的佛教文化,在大江南北进一步传播。从中亚西来的伊斯兰文化,也伴随商业往来在许多城市驻足。这些异质文化的融入,不但使中国传统文化空前丰富多彩,同时又推动中国文化远播南亚和中亚。当时日本和朝鲜向中国派遣了很多使者和留学生,至今仍能看到盛唐文化在东亚的影响。在文学艺术方面,唐代的诗歌是中国诗史上的鼎盛时期,其时代风韵和艺术成就后人很难模仿与超越。与此相联系的音乐、舞蹈、雕塑、绘画,也以其特殊风格而具有永久的魅力。因此唐代的艺术哲学相当活跃。唐代的古文运动提倡文以载道,反对魏晋以来片面追求辞藻华丽的倾向,文风朴实清新而富有思想性,许多古文家同时也是哲学家。在史学方面,刘知几的《史通》是中国古代第一部系统的史论专著,其中也辨析了先秦以来哲学上的种种历史观。杜佑的《通典》系统地考察了中国上古以来典章制度的沿革,也是研究古代文化的重要文献资料。它们在中国史学史上占有重要的历史地位。自然科学由于经济的推动和有关经验的积累,得到长足的发展。僧一行主持制订的大衍历,精度很高,一直用至明末。他还对全国进行了大地测量,在世界上最早实测了子午线。王孝通的《缉古算经》是中国古代解三次方程现存最早的著作。孙思邈的《千金方》、甄权的《脉经》、王冰的《黄帝内经注》以及官方颁布的《新修本草》,都是中国传统医学的古典名著。而他们在阐述中医理论的同时,常常涉及许多哲学问题。唐代文化的精神成果和精神气象,对唐代哲学产生了强烈影响。

隋唐时期佛、道、儒并称三教。它们之间既有互黜,又有互动;既有斗争,又有融合。官方实际上始终以儒家的政治哲学和伦理学说作为治国的根本,但由于种种原因,对三教的态度则有黜有扬。隋文帝由于幼年受尼姑抚养,诏令以佛教为先、道教其次、儒教最后。唐朝宗室引老子李耳为同宗,则奉道教为先、儒教其次、佛教最后。武周政权出于政治需要,又反以佛教为先、道教其次、儒教最后。当然,佛教、道教在一定时期位居第一,只是官方的一种宗教政策和政治态度,并不意味、也不允许教权超越皇权。隋唐官方的基本政策是三教并存,为我所用。与此相适应,隋唐哲学也是儒、道、佛三大思潮并存,三家彼此消长互动,没有任何一家处于独尊的地位。

隋唐佛教哲学在早先依附玄学之后,不但走上了独立发展的道路,而且达到鼎盛时期,其思想十分活跃。除了以玄奘为代表的唯识宗固守印度大乘有宗的基本教义外,以吉藏为代表的三论宗、以智𫖮为代表的天台宗、以法藏为代表的华严宗等派别,则在理论上大步走向中国化。

三论宗不但肯定了"一切国土各有风俗"的合理性,而且把佛教的"如来世谛"与中土的"君臣父子忠孝之道"结合起来。天台宗的止观并重、定慧双开,已纳入中国传统哲学的认知学说与修养理论。在所谓"一心三观"和"无情有性"中,也能看到道家的齐物之义和儒家的情性之辨。华严宗的"理事无碍"虽源于《华严经》,实际上已用中国哲学的思维方式讨论本体与现象的关系。禅宗在形式上还保留着印度佛教的禅定修行,其心性修养的思想内容已经完全中国化。佛教哲学由于十分关注"诸法实相"和心性本体,其理论具有高度的思辨性,远远超出传统的儒家、道家哲学。禅宗的心性修养又因破除一切偶像,给人以空前的精神自由。因此,佛教哲学在隋唐思想界影响最大。

隋唐道教哲学在经历了南北朝的初创时期之后,也进入一个新的发展阶段。成玄英、司马承祯、李荣、王玄览、卢重玄等道教理论家,利用有利的社会条件,通过对道教经典《老子》、《庄子》、《列子》等重新进行诠释,使道家哲学固有的本原本体论和修道论在道教思想体系中重新挺立和充实起来。他们在理论建构的过程中,既坚持道家哲学一贯的基本立场,又从佛教和儒家思想体系中摄取了不少内容。成玄英等人的"重玄"论,就吸取了佛教大乘中道观的理论。他们的"即心无心"说,也吸收了佛教的"性空"说与儒家的"率性"说。而司马承祯的"坐忘论",明显融入了佛教禅定修行的成分。在《无能子》和《化书》中,也能看到这种思想特征。因此道家哲学的理论体系与思辨水平,在一定程度上可以与佛教哲学抗衡,在思想界也有广泛影响。

儒家哲学继续在经学的形式中演进和发展。孔颖达等人奉诏修纂《五经正义》,系统总结了两汉以来儒家经注的成果,不仅打破了汉儒今文家与古文家的界限,而且打破了魏晋以来南学与北学的界限。同时由于经学经历了玄学的洗礼,唐儒与汉儒的注疏不仅在形式上有不少变化,思想上也有新的成果。孔颖达就是当时儒家经学哲学的主要代表。但在整体上仍受传不背经、疏不破注的传统的束缚,而经学形式本身也抑制了哲学思维的创造性,致使儒家传统哲学显得僵化而缺少生气,结果造成了"儒门淡泊,收拾不住"的严重局面。中唐时期,柳宗元与刘禹锡立足于社会改革而突破经学束缚,在元气论的基础上提出了天人不相预和天人交相胜,是儒家哲学最突出的成就,但尚不能在本体、心性之学上与佛、道两家抗衡。韩愈企图恢复儒家道统,抗击佛教、道家影响,但在理论上没有抓住要害,缺少建树。李翱的"复性说"重新回到儒家的心性论,在理论上预示着一个新的方向,不过极不成熟。在总体上,儒家哲学依然没有走出困境。

隋唐时期的三大哲学思潮,各有不同的理论旨趣。它们的竞长争胜、互渗互动,促使中国哲学走向新的整合。历经五代时期的酝酿,终于在北宋的儒学复兴运动中开始实现这种整合。

第一章 王通的"三教可一"论与哲学思想

王通（584～617年），字仲淹，隋河东郡绛州龙门（今山西万荣）人。出身世宦和儒学家庭，自幼受儒学熏陶，勤奋好学。20岁曾上《太平策》，隋文帝未用。后退居河汾之间，以授徒著述为业。"门人弟子相趋成市"，据称有千余人，唐初许多名臣出于门下。他在隋唐儒学界颇受推崇，新旧《唐书》均称"大儒"、"名儒"，为一代儒宗，死后门人私谥"文中子"。其思想以儒家王道为最高理想，反复重申民贵君轻的治国之道，并公开提出"三教可一"的主张。著书多拟六经，有《礼论》、《乐论》、《续书》、《续诗》、《元经》、《赞易》，世称《王氏六经》，早已佚失不存。现存《中说》十卷模仿《论经》，由其子记述编纂，旨在光大儒学传统。在哲学上主要是阐明先秦孔孟已有的思想，没有大的建树，但对"三才"有新的理解，明确提出"人心道心"和"穷理尽性"问题，对后世以重要启示。

第一节 王通的"三教可一"论

魏晋时期，由于玄学兴起，道家地位明显上升，而儒家地位明显下降。南北朝时期，由于佛教和道教兴盛，儒家不但尊严大损，而且沦于"诸子"之列，根本不可与佛、道两家进行较量。隋初，文帝"不悦诗书，废除学校"（《隋书·文帝记下》），境况并未改观。在这种情况下，儒家如何提高自己的地位，又如何对待佛教、道教，在理论上是一个十分严峻又十分现实的问题。

王通首先申明他的儒家立场，并以复兴儒学为己任，希望得到当权者的任用和支持。他说："若有用我者，吾其为周公所为？""千载之下，有申周公之事者，吾不得而见也；千载之下，有绍宣尼之业者，吾不得而让也。"（《中说·天地》）王通不只从理论上复兴儒学，而且企图像周公那样，辅佐当权者，把儒学付诸于实践，用以治国和安民。平实而论，隋朝当时除王通而外，的确还没有这样以复兴儒学为己任的代表人物。而王通则自觉地以"继周公"、"绍宣尼"的道统，而当仁不让，后世有人批评王通以圣人自居，有失偏颇。其实，这种当仁不让的精神在当时是非常难能可贵的。

王通也很清楚佛、道二教的社会危害，但不采取完全否定的态度。他认为佛教也是西方圣人的创造，只是不适合中国的国情。"或问佛子。曰：'圣人也。'曰：'其教如何？'曰：'西方之教也，中国则泥。轩车不可以适越，冠冕不可以之胡，古之道也。'"（《中说·周公》）他认为道教只讲神仙长生不死，不讲仁义道德修养，这种长生是没有意义的。"或问长生神仙之道。子曰：'仁义不修，孝悌不立，奚为长生！甚矣，人之无厌也。'"（《中说·礼乐》）但是，在他看来，佛、道二教的思想学说并非一无可取。《中说·立命》曰："盖上无为，下自足故也。"显然取自老子的"无为"之义。《述史》篇对"问知"、"问识"的回答是"无知"、"无识"，又兼有庄子"无思无虑"与僧肇的"般若无知"的意义。

王通提出"三教可一"的主张，主要出于政治的需要，企图建立统一的社会意识形态，并使三教各有适当的社会地位。《中说·问易》记载：

> 程元曰："三教何如？"子曰："政出多门矣！"曰："废之如何？"子曰："非尔所及也。真君、建德之事，适足推波助澜、纵风止燎耳。"子读《洪范》谠议曰："三教于是可一矣。"程元、魏征进曰："何谓也？"子曰："使民不倦。"

王通总结南北朝的历史经验，认为三教互相攻讦，不利于社会安定。同时用三教治理国家，就是"政出多门"，因而造成社会的长期混乱。那么能不能只保留儒教，而废除佛、道二教呢？在王通看来，这不是你想废除就能废除了的。北魏太武帝太平真君五年曾经"禁沙门（佛教）"，七年又"诛杀门"。北周武帝建德三年进一步"废佛、道教"。结果如何呢？这种法令和行政手段非但没有废除佛、道二教，反倒在客观上起了推波助澜、纵风止燎的作用。他根据《洪范》五行之义，正确地指出，三教不但应该合一，而且可以合一。这样可以互相补充，合而为用。并能满足社会上不同阶层和不同人群的精神需要,老百姓也不至于由于单信一教而精神疲倦,人们完全可以有不同的选择。

王通"三教可一"的主张,也受到秦汉学术诸家殊途同归的启示,他说:

> 史谈善述九流,知其不可废而知其各有弊也,安得长者之言哉!通其变,天下无弊法;执其方,天下无善教。故曰:存乎其人。安得圆机之士,与之共言九流哉!安得皇极之主,与之共叙九畴哉!(《中说·周公》)

班固在《汉志·诸子略》曾指出,"诸子十家,其可观者九家而已"。它们各有所长,又各有所短。看起来好像水火不相容,实际上则"相反相成"。如果"遇明王圣主,得其所折中,皆股肱之材已"。这里的关键就在于,当权者如何看待三教的差异,如何对三教采取正确的态度。知其长,则不可废;知其短,则不可独任一教。通其变,则三教各有各的功能;执其方,则任何一教都不完善。王通希望有"圆机之士"能够理解他的主张,更希望有"皇极之主"来实现他的主张。

按照王通的观点,国家盛衰并不直接决定于学术与宗教,而是当权者在实践中能否真正进行礼乐教化,维护君臣父子之道。他指出:"诗书盛而秦世灭,非仲尼之罪也;虚玄长而晋室乱,非老庄之罪也;斋戒修而梁国亡,非释迦之罪也。"(同上)那么罪过和责任在谁呢?只能是当权者自己。

宋儒陆九渊曾批评王通"浑三家之学,而无所讥贬"(《陆九渊集·策问》)。事实上王通对佛、道二教都有"讥贬",他所主张的"三教可一"并不是简单地折中混合,而明确以儒家学说为基础、为根本。唐王朝以儒教为基础,实行三教并存的政策。宋明时期以儒教为基础,终于实现了三教合一。王通的主张虽然当时没有实现,中国文化思想实际上沿着他所预示的方向在发展,所以他的历史地位是不可磨灭的。

第二节 王通的哲学思想

王通在哲学上虽然没有大的建树,但由于他突破了汉儒和流俗之士的狭隘眼界,对佛、道二教及其思想采取开放和宽容的态度,其思想理论也有不少新意。

一、三才、天人的新诠释

"三才"出自《易传》,《说卦》云:"立天之道曰阴与阳,立地之道曰柔与刚,立人之道曰仁与义,兼三才而两之。"王通吸收了汉儒的有关成果,对"三才"的意义作了新的诠释。《中说·立命》指出:

> 天者,统元气焉,非止荡荡苍苍之谓也。地者,统元形焉,非止山川丘陵之谓也。人者,统元识也焉,非止圆首方足之谓也。
> 气为上,形为下,识都其中,而三才备矣。

按照王通的理解,天地人三才分别为元气、元形和元识的总概括("统")。元气之名汉儒已经确立,元形、元识则是一个新概念。董仲舒曾指出"元犹原也","元者为万物之本"(《春秋繁露·重政》)。王通认为,天以元气为本,而不限于人们所见的荡荡苍苍之类的云气;地以元形为本,而不限于具体的山川丘陵之形;人以元识为本,而不限于圆首方足的肉身。他要求人们透过可见的、具体的、外在的现象而把握其本原,既同汉儒的宇宙发生论有联系,又可以看出玄学本体思维的影响。"元形"指自然地形的本原或本体,"元识"则指人身的精神本原或本体。王通在这里企图用元识说明人的精神特征。他把人置于天地之间,认为人可以用元识把握天地。他说:"识为神,其人乎!吾得之理性焉。"(同上)"理性"也是王通新立之名,可能与元识的神妙功能有关,语焉不详。

在"三才"概念中,天地相对,分别为宇宙的两大领域。但广义的天,包括天地在内而与人相对,所以儒家哲学以至整个中国传统哲学都以"天人之际"为主题。王通的元气、元形说明天地的自然本质,摆脱了汉儒赋予天地的人格意义。但在神道说教的意义上,他仍承认天神、地祇的存在。他说:"天人相与之际,甚可畏也,故君子备之。"(《中说·述史》)完全重复董仲舒在《天人三策》中的说法。在论述孔子"畏天命"时,他坚信命"无远近高深而不应也,无洪纤曲直而不当也,故归之于天"(《中说·立命》)。他强调君子应该有所作为,但最后成功与否,则决定于运、时、命、数。但是,王通所谓天命,主要指人们无可奈何的客观必然性,而非董仲舒宣扬的人格神的意志。他说:"天不为人怨恣而辍其寒暑,君子不为人之丑恶而辍其正直。"(《中说·魏相》)甚至认为"人能弘道,苟得其行,如反掌尔"(《中说·立命》)。王通对世俗迷信的态度,以孔子为典范,"未知人,焉知鬼","敬鬼神而远之",同时"不相形,不祷疾,不卜非义"。因此,王通的三才、天人之学与两汉官方的天人感应、民间的种种世俗迷信有明显的区别。

二、道德修养的新论题

道德修养一向是儒家哲学的基本问题,但汉儒只就三纲五常讲修养,对于孔孟讨论的"性与天道"问题,未能深究。与道家的修道理论相比较,显得过于粗俗。在经历了魏晋玄风,接触佛道二教的修养理论之后,王通在儒家道德修养中提出了新的论题。

《尚书·大禹谟》曰:"人心惟危,道心惟微。"王通解释说:"(此)言道之难进也,故君子思过而预防之,所以有诫也。"(《中说·问易》)汉儒原来对此并未留意,经过王通解释之后,如何处理人心、道心的关系,成为君子修养中的一个重要问题。王通当时对这一关系并未深入探讨,后来则成为宋明理学的中心论题之一,引起人们的普遍关注。

《易传·说卦》曰"穷理尽性,以至于命",汉儒对此亦未留意,王通则把"穷理尽性"作为君子修养的基本目标。《中说·周公》记述说:"子谓周公之道曲而当,和而恕,其穷理尽性以至于命乎!"显然他把周公看做"穷理尽性"的楷模或典范。又说:"乐天知命,吾何忧?穷理尽性,吾何疑?"(同上)认为"穷理尽性"就可以理解人生的意义。那么"穷理尽性"的根据在哪里?在"元识"。人有"元识",而"元识"具体存在于人心。"心者,非他也,穷理者也。"(《中说·立命》)"穷理"被作为心的基本功能。在这里,被汉儒长期忽视和淡化了的心性问题,在儒家哲学中又开始重新凸现。"穷理尽性"后来也成为宋明理学的中心论题之一。

王通十分重视"行"在道德修养中的作用,他说过"知之者不如行之者"(《中说·礼乐》)。但他对"行"采取分析的态度,"或安而行之,或利而行之,或畏而行之,及其成功一也,稽德则远"《中说·王道》)。就是说,成功并非道德的标准,"行"应该具有道德意义与道德价值。王通有不少明哲保身的言论,考虑到当时儒者的处境不应苛求。

王通的哲学思想在整体上尚未完全走出汉儒的阴影,但从精神方向而言,已经指向宋明儒学。就宋明儒学的发生而言,王通是比韩愈、李翱更早的开启者。

第二章 孔颖达的儒家经学哲学

孔颖达(574～648年),字冲远(一字冲达),冀州衡水(今河北衡水东北)人。生于北齐,少时曾师事于刘焯,及长则潜心于五经,兼善历算、文学,学识渊博。隋大业初,举"明经"而授河内郡博士。入唐,历任国子博士、国子司业、国子祭酒等职。唐太宗以当时儒学多门、章句繁杂,诏令孔颖达与诸儒共修《五经训义》而总其事,共一百八十卷,唐高宗永徽四年(653年)定名《五经正义》而颁行天下,作为科举考试的法定文本与解释。他是隋唐时期最著名的经学大师,其经疏一方面继承了汉儒的成果,同时又吸收了玄学家的思想,这种儒玄融合的特点,使他有异于汉代的精神气象与思想特色。孔颖达没有专门性的哲学著作,他的哲学思想散见于《五经正义》的经疏中,尤以《周易正义》与《礼记正义》最为突出。

第一节 易义有无、体用之辨

《周易正义》采用魏晋玄学家王弼、韩康伯之注。王韩易注的特点是,援道入儒,注重名理分析,一扫汉儒易注中象数学的烦琐说法。孔颖达的疏义,在文字训诂与名物考证上仍然吸取了汉儒的许多成果,但根据"疏不破注"的原则,有关名理他则接受了王弼、韩康伯的思想,并且有进一步的发挥。在孔颖达看来,汉儒易注"大体更相祖述,而无绝伦","唯魏世王辅嗣之注独冠古今,所以江左诸儒并传其学,河北学者罕能及之"(《正义》序)。这就是他为什么独选王弼易注的原因。不过,他虽以王注为本,仍申明要"去其华而取其实,欲使其信而有征"(同上)。

在孔颖达亲撰的《周易正义》卷首中,"第一论易之三名",即可清楚看到玄学本无论的影响。孔颖达指出:

> 盖易有三义,唯在于有。然有从无出,理则包无。故《乾凿度》云:"夫有形者生于无形,则乾坤安从而生?故有太易、有太初、有太始、有太素。太易者,未见气也;太初者,气之始也;太始者,形之始也;太素者,质之始也。……"是知易理备包有无。而易象唯在于有者,盖以圣人作《易》,本以垂教,教之所备,本备于有。故《系辞》曰"形而上者谓之道",道即无也;"形而下者谓之器",器即有也。故以无言之,存乎道体;以有言之,存乎器用;以变化言之,存乎其神……以气言之,存乎阴阳……

"易有三义"出自汉代纬书《周易乾凿度》,所谓"易一名而含三义",即变易、不易、简易。汉儒郑玄曾有申说。孔颖达认为,变易、不易、简易三者都是就有而言,完全属于"有"的范畴。"然有从无出",易理既包含着"有",也包含着"无"。"有从无出",原是王弼玄学本无论的命题,孔颖达则援《乾凿度》的宇宙发生论进行论证。按照他的解释,太易为"无",太初、太始、太素则为"有",由太易到太初、太始、太素,就是从"无"到"有"的过程。就《周易》文本而言,"易理备包有无,而易象唯在于有"。他还把《系辞》传讲的形上之道归于"无",形下之器归于"有"。并把体用关系从道器关系引申到无与有的关系,无为"道体"而有属"器用"。这样,孔颖达便把《周易》其书从整体上纳入王弼本无论的框架,发汉儒所未发,言汉儒所未言。不过,王弼不引《乾凿度》,他不具体讲发生论,他主要讲的的是本体论。孔颖达之援引《乾凿度》的宇宙发生论,说明他的思维方式还未走出汉儒经学的阴影,但"有从无出"和"道无器有"的名理分析,又预示着儒家经学正在酝酿着一个重大的转向。

孔颖达对形上之道和形下之器的具体疏义,也能看到上述趋向和特征。他指出:

> 道是无体之名,形是有质之称。凡有从无而生,形由道而立,是先道而后形,是道在形之上,形在道之下。故自形外已上者谓之道也,自形内而下者谓之器也。形虽处道器两畔之际,形在器,不在道也。既有形质,可为器用,故云"形而下者谓之器也"。(《周易·系辞上》正义)

"道"在先秦儒家那里,主要指天地自然的本质和规律与人类活动的秩序和规范,所谓天道、人道即是此义。两汉儒家甚至赋予人道以制度的意义,所谓"天不变,道亦不变","道"即指君臣父子的制度。这些理解,完全属于"有"的范畴。孔颖达接受王弼的观点,以"无"释"道",则是儒学发展中的一种新动向。它在理论思维中具有积极的意义,将推动儒家哲学在其内部从发生论向本体论的转变。但也产生了消极的影响,义疏多用空言,失之虚浮。

第二节　性情质用、正邪之义

《礼记正义》采用汉儒郑玄之注,但孔颖达等人的疏义与汉儒的观点实际亦不完全相同。《礼记》由于讨论礼的来源与功能,涉及性情关系,我们从有关篇目的疏义中,也能发现孔颖达对性情的理论分析。

在《礼记正义·序》中,孔颖达指出:"人生而静,天之性也;感物而动,性之欲也。喜怒哀乐之志,于是乎生;动静爱恶之心,于是乎在。"他认为人的本性是先天的,性之欲即情,是后天的。喜怒哀乐、动静好恶都是情的具体表现。这种观点来自《礼记·乐记》,是儒家哲学传统的说法,并无新义。但在《中庸》首章的疏义中,孔颖达则阐述了他自己的一些看法。他说:

> 性情之义,说者不通,亦略言之。贺玚云:"性之与情犹波之与水,静时是水,动则是波;静时是性,动则是情。"……性之与情,似金与环印。环印之用非金,依金而有环印。情之所用非性,亦因性而有情,则性者静,情者动。

这里值得注意的是,水之与波的比喻和金之与环印的比喻,不仅仅说明性情之间的静动关系,而是揭示了性情之间的质用关系。静动关系,汉儒早已言之。质用关系即体用关系,则是儒学经过玄学洗礼之后的新概念。质用关系在水之与波的比喻中尚不清楚,而在金与环印的比喻中则十分清楚地凸显出来。金有体而非器,环印作为金属之器当然有金体之用。情之用生于性之体,但情用不等于性体。这种差别进一步涉及性情与善恶的关系,也是儒家心性论中的一个重要问题。

先秦时期,儒家有性善性恶之说,情之善恶则尚未论及。两汉时期,董仲舒认为性中同时有善有恶,善性为仁,恶性为贪,贪即是情。刘向则认为,性有善恶,情亦有善恶,性情相应,完全一致。玄学家王弼由于从体用或质用的关系分析性情关系,与汉儒则有很大不同。《易传·乾卦》王弼注曰:"不为乾元,何能通物之始;不性其情,何能久行其正。"王弼在这里以"乾元"说明物之本原("始")和人之性体("生")。所谓"性其情",就是用性体主宰和调节喜怒哀乐之情。他的意思是,性为善,情则有善有恶,所以要以性正情。但是这种意义尚未凸显出来。而孔颖达则进一步作了发挥,他明确地指出:

> 性者天生之质正而不邪,情者性之欲也。言若不能以性制情,使其情如性,则不能久行其正。

性属"质正而不邪",就是善;情需以性制之方能正,制之正之即为善,不制不正当属恶。孔颖达的这种观点在唐代前期得到普遍的认同,后来对李翱和宋儒的性善情恶论有重要影响。

第三节　《五经正义》的名理分析

汉儒经注,重在文字训诂,字义比较清楚,而缺少思想深度,古文经学尤其如此。孔颖达在玄学思维的影响下,把文字训诂扩大到辨名析理,这就使《五经正义》在思想深度上大有进步,而非汉儒经注所能比。前两节的易义有无之辨和性情正邪之义都是有力的例证,而他对"几"之名的义理分析则更为典型。

《周易·系辞下》曰:"几者动之微……"韩康伯注谓:"几者,去无入有也。"注文对"几"字没有训诂,而直接用"去无入有"说明意义,《五经正义》则以汉儒经注方法为基础,再对韩注"去无入有"之义进行阐发。《五经正义》曰:

> 几,微也,是已动之微。动谓心动、事动。初动之时,其理未著,唯纤微而已。若其已著之后,则心、事显露,不得为几;若未动之前,

又寂然顿无兼亦不得称几也。几是离无入有，在有无之际，故云动之微。

按照汉儒的习惯，"几，微也"是文字训诂，一般到此为至。进一步，也只是引"诗曰"、"书曰"举例申说，一般不涉及"几"之名中的义理。孔颖达在文字训诂之后，又结合《系辞》本文说"是已动之微"，则超出了文字训诂，而对其意义作了进一步的说明。再进一步，他把《系辞》所讲的"动"，具体分为心动、事动两种情况。而无论心动还是事动，在初动之时，其变化之理尚不显著，只是出现一些纤微而已，所以说是"已动之微"。在这里，他对《系辞》本文的解释已经十分清楚了。然而，韩注为什么说"去无入有"呢？孔颖达在进入第二层的解释后，以"已著"释"有"，以"未动"释"无"。如果变化已经显著，心动、事动之形迹便会在人们面前显露出来。这就是"有"，而单纯的"有"不属于"几"的范畴。如果心动、事动尚未发生，心动、事动都没有任何朕兆可寻，这又是"无"，而单纯的"无"亦不属于"几"的范畴。"几"作为"已动之微"，只能限定在"离无入有，在有无之际"。像这样深入细致的名理分析，即使是汉儒今文家，也是达不到的。

《五经正义》还论述了儒家经学哲学其他很多问题。同汉儒相比，都有不同程度的进步。从理论思维的特征来看，已经显示出从章句之学向义理之学的转向，及对本体和心性问题的关注。但由于汉儒经学传统的影响和经注形式的束缚，这些变化还只是局部的、零碎的，而非整体性的。因而儒家经学哲学理论思辨的水平，尚不足与当时佛教、道教哲学相较量。不仅《五经正义》如此，整个唐代的儒家哲学亦如此。

第三章 天台宗与唯识宗的佛教哲学

天台宗和唯识宗都是隋唐佛教中具有重要影响的宗派之一。

天台宗又作法华宗、台宗等。本宗自认的学统是龙树、慧文、慧思、智顗、灌顶、智威、慧威、玄朗、湛然九祖相承。实际的创立者是智顗。智顗(538~597年),荆州华容人,俗姓陈,字德安。原本出身士族,后家道衰落,18岁出家。曾跟慧思参学。后遵慧思之嘱入金陵,于瓦官寺开讲《法华经》,从而树立新宗义,判释经教,奠定了天台宗教观基础。陈太建七年(575年)入浙江天台山,后长期在此设筵授徒,蔚为一宗,故称天台宗,又本宗以《法华经》为宗,故亦称法华宗。后因为隋开皇十一年晋王杨广赐号"智者",故世称智者大师、天台大师。智顗著述宏富,其中最主要的有《法华经玄义》、《法华经文句》、《摩诃止观》,世称为天台三大部。天台宗的主要教义为一心三观、三谛圆融、一念三千、性具善恶等。

唯识宗又称法相唯识宗,源于古印度的大乘瑜伽行派,在中国为唐朝玄奘及其弟子窥基所创,因玄奘、窥基皆住于慈恩寺,故又称慈恩宗。玄奘(600~664年),俗姓陈,本名祎,河南洛州缑氏(今河南偃师县南境)人。他的曾祖、祖父都是官僚。玄奘是我国佛教史上最主要的翻译家之一,曾游学印度17年,对印度佛学各派思想,尤其大乘唯识诸说,都有精深的造诣,并有自己的创见,当时在印度有很大影响。据说他在印度曾经作《会宗论》、《制恶见论》,当时羯若鞠阇国的戒日王为此于曲女城建立大会,请五印十八国王及僧众、沙门、婆罗门等数千人都来参加,但大会经过18天,竟无一人能难倒他。玄奘于贞观十九年(645年)正月到达长安。此后主要从事翻译经论,共译出《瑜伽师地论》、《大般若经》等经论七十五部,一千三百三十五卷。他的译作,在数量和质量上都达到了中国翻译史上的最高水平。玄奘回国主要从事翻译活动,他的思想主要通过门下各家的记述而保留下来。玄奘门下人才辈出,其中窥基被认为是继承了玄奘的嫡传,有"百部疏主"之称,他对大乘唯识思想进行了系统的发挥,为法相唯识宗奠定了思想基础。本宗的宗旨是"万法唯识",其主要的哲学思想有"百法论"、"八识论"、"三性三无性说"、"识体四分说"、"阿赖耶识缘起说"等。本宗的最重要的典籍有玄奘译的《瑜伽师地论》、《摄大乘论》等,以及糅译的《成唯识论》,还有窥基所撰《成唯识论述记》、《因明大疏》等。其中《成唯识论》是唯识宗所依据的根本典籍,它是玄奘以护法—戒贤一系的思想为基础,对印度唯识十家之说加以取舍,辑译而成,它实际上是贯彻了玄奘自己的思想。

第一节 天台宗的佛教哲学

一、"一心三观"与"圆融三谛"

"一心三观"是天台宗的观法,又称圆融三观、不可思议三观,为天台基本教义之一。"一心",即能观之心,也就是指我们对于事物的存在的认识、理解和把握;"观",是理解、洞察、领悟的意思,"三观",就是要在这种理解中同时看到事物的存在意义具有三个方面,即所谓空、假、中"三谛"("谛"就是意义、道理、真理)。一心三观也就是于一心中圆修空、假、中三谛观,企图以此不经次第而达到对于事物的完整理解(这种完整的理解,天台宗称为"圆融")。

一心三观是慧文受《大智度论》的"一心三智(道种智、一切智、一切种智)"及罗什译《中论》分析因缘法的存在方式的"三是偈"的启发而悟出的。首先,大乘佛教认为有三种智慧,即所谓"道种智"(即熟悉各种实践方法的智慧)、"一切智"(能看清一切法共同平等的通相)、"一切种智"(能辨别一切法自相),三者层次有高低之别。《大智度论》认为这三种智慧是可以同时兼有的,但开始是一步步有次第,最后达到圆满,会一齐具足。慧文由此认为修习般若的结果(从果上说)是"一心中得三智",而在修习的过程中(从因上说),也可以在一心中间圆满观察多方面的道理。另外慧文还对《中论》的"三是偈"进行了新解释,认为偈所说的"我说即是空"之"空"是真谛,"亦为是假名"的"假"是俗谛,"亦是中道义"的"中"是中道谛,所以又叫着三谛,因而形成空、假、中三种观门。并以这三谛与三种智慧的境界对应,所以"三智一心"就成了"三谛一心",由此构成一心三观的禅法。

智颉又把慧文的"一心三观"发展成为"圆融三谛"的观法。"圆融三谛"偏重止观("止"、"观"是佛教修行的两种方法,"止"偏重于"定"的方面,"观"偏重于"慧"的方面,天台宗是强调"止观双运"的)的能观(观察者)方面。智颉以为《中论》的三是偈,包含着相即(即空、即假、即中)的精神,不过分别说成三谛。一法上之相用差别即是三谛。在大乘佛教看来,缘生的诸法,没有自体,因而是空;虽然是空,却有显现的相貌,故亦是假;亦假亦空,皆不超出法性,故即是中。一切诸法,皆完全具备这空、假、中三谛,这就是相即,而且三谛中,随举一谛,即包含其余二谛。空、假、中三者是相互包含、相互贯通的。所以三谛一一皆是圆融相即的,称做"圆融三谛"。

二、"一念三千"

慧思在"一心三观"之外,又根据《法华经》的意旨提出"诸法实相论"。佛教所谓的"法",开始是用来指指导生活的原则,后来主要用来指存在的事物。"实相",就是真如、真理的意思。《法华经》曾就诸法实相的内容列举了十个"如是",即如是相、如是性、如是体、如是力、如是作、如是因、如是缘、如是果、如是报、如是本末究竟等,认为佛所知的实相就是这十项。慧思认为,经文所说"相"、"性"等上面都安了"如是"字样,实际上是表明"相"、"性"等都是一一真实存在的,因此用十法概括一切法;而以十为数,又见出圆满完全的意义。慧思由此便在一心三观的基础上,建立起所谓"十如是"的说法。

智颉就是在"一心三观"和"十如是"的思想基础上,提出了所谓"一念三千"的说法。他认为一心即具有"六凡"、"四圣"十种法界,十法界依次是天、人、阿修罗、地狱、饿鬼、畜生、声闻、缘觉、菩萨和佛。又结合十如是来看,每一法界皆具"十如",十法界就有百如。而这十法界,又不是固定不移的,"六凡"可以向上到达于佛的地位,而佛也可以现身在"六凡"之中,这样十法界相互具备,配之以百如,即成千如或千法界。另外,十法界所依之体,基本不外色、受、想、行、识五蕴,叫做"五蕴世间";由五蕴构成有情(动物等)个体,叫做"有情世间";有情所依住的山河大地,叫做"器世间"。十法界各具这三种世间,共有三十种世间。依此推算,一千法界或千如就具有三千种世间了。因此所谓"六凡"、"四圣"乃至整个宇宙,都不过是"介尔一念心"所显现出来的。如《摩诃止观》(卷五上)说:"夫一心具十法界,一法界又具十法界、百法界;一界具三十种世间,百法界即具三千种世间。此三千在一念心,若无心而已,介尔有心即具三千。亦不言一心在前,一切法在后;亦不言一切法在前,一心在后。"这就是智者大师的"一念三千"。

三、"性具"理论

"性具"理论,是天台宗最有特色的思想,也可以说是天台教义的基础。"性",就是指"法性"、"真如",或称"本"、"理"、"体",是一切存在的真理和本原;"具",是具足、具有的意思。所谓性具,就是说宇宙间任何一种事物,按其存在的实际状态(真如),本来就圆满地具备上述所谓"十界"、"三千"之迷悟、善恶一切诸法。性具思想主要应该包括两个方面:一是性具的缘起,二是性具善恶。

首先性具是一种缘起理论,也就是说,它是用来解释事物存在的根据的。智颛谈缘起,以一念三千为理论基础。这三千种世间,都不过是具在介尔一念心中,三千诸法为介尔现前一念心的所观之境。也就是说,众生一念心间,本性具足三千法界,这就叫"性具"或"理具"。在他看来,一念三千,森然具备,可以看成法界本然,无须更有依待的。也就是说一切法都是自然存在的,既非自生,也非他生。另外这种存在不是单一的存在,是互相联系作为全体而存在的,所以是种种世间,种种界交互涉入,因此随一法的当体即圆满具足一切法界。故所谓三千圆具非仅指一念的妄心,而是诸法一一实相无不圆具三千。所以《摩诃止观》(五)说:"问一念具十法界,为作念具?为任运具?答:诸性自尔,非作所成。如一微尘,具十方分。"

智者大师谈到"性具",始终是结合一念三千的观法来谈的。三千法存在于一念之中,本来具足,而又显隐有别,由此造成三界六道的区别。

也就是说,由于众生造业不同,业力差别对诸法的显现发生影响,因此这本具的三千法所显现出来的内容就有区别。所以智颛讲的缘起,是无明缘行等的业感缘起,即每一有情在其一念之中都存在三千法,而由于业感缘起,以致有隐有显。

其次,性具的理论又可以联系到善、恶上说。这就是指世界上一切存在物,本来圆具三千法界中的一切属于迷(愚昧)、悟(觉悟)的原因和结果之诸法,因此皆具有善与恶,彼此完全具足。天台宗由此出发,进一步提出心、佛、众生(一般人)三者并无差别。又在修行方面主张"十界(六凡四圣)互具",就是说众生本性,既具有菩萨界以下乃至饿鬼、畜生等"九界"之"恶"法,亦具有佛界之"善"法,佛与众生无根本差异。

天台宗的"性恶"论,是属于性具的一个很有特色的思想。智者大师将《大乘起信论》一心同具"染"、"净"二门的说法与他的"性具三千"结合起来,而明确断定,即使是以前认为全无善心的"一阐提"人,不断性善,另外即使圣洁如诸佛,也不断性恶,诸法的本"性",无论其善、恶,皆不可改移,任何人也毁坏不了。因此阐提与佛,不在"性"的善恶上有所别异,而只有"修"善、"修"恶不同。天台宗认为别的宗派只说性具善,而不言性具恶,因此说法不够圆满,所以称其为"别教";只有他们自己独谈性具善、恶,故称"圆教"。

天台宗另外还特别值得一提的是荆溪湛然的"无情有性"说。这里"性"指佛性,就是成佛的内在根据。佛教一般只认为"有情"(即一切有情识的生物)才可能具有佛性,但是湛然根据《大乘起信论》的"真如缘起"认为山河大地、草木瓦石等"无情"之物也有佛性。湛然同意起信论的说法,以为真如即是一心,或称本觉;万物由一心、本觉随缘所生,故万物亦体现一心、本觉;而一心、本觉即是佛性,因而一尘一心即一切生佛之心性,所以无情也具有佛性。"无情有性"之说,在佛教关于佛性论的讨论中产生了很大影响。

第二节 唯识宗的佛教哲学

唯识宗的基本宗旨是"万法唯识",所谓"法",就是世界上存在的一切事物、现象、规律等；"识"略相当于西方哲学的精神、意识。因此万法唯识，也就是说宇宙万有、内外、心物等各种现象，都不过是我们作为宇宙本体的"心"所变现的影像。这一思想主要包括以下几个方面：百法论，识体四分说，三性论，八识说，种子与阿赖耶缘起（识转变）说等。

一、百法论与（识体）四分说

（一）五位百法。

唯识将一切存有分为五类，即心法、心所法、色法、不相应行法、无为法等五位。此五类法加起来共有百种，叫做五位百法，这就包含了一切宇宙现象在内，须知五位百法，皆不离识，唯识所现。

在唯识之前，有属小乘阿毗达磨（论书）的《品类足论》，以色法、心法、心所有法、心不相应行法、无为法五位来区别诸法，后来世亲造《俱舍论》，阐发有部的观点，区分一切法为75种，而接受五位的分类。世亲后来归顺大乘佛教，作《百法明门论》，将一切法的种类扩充到100种。

这五位百法是：

1. 心王，指心的主体性。即眼、耳、鼻、舌、身、意等六识，加上第七末那识（自身意识）、第八阿赖耶识（种子识），共计8种。

2. 心所有法（心所），指心的具体作用能力种类。共有51种，分为6大类：(1)遍行（即无论善恶，且在各场合皆普遍现起的精神作用），有作意、触、受、想、思等5种。作意即心突然警觉而将注意力投向某处。触就是境（对象）、根（感官及其机能）、识三者和合，也即指主、客观接触的感觉。受即领纳，即领纳外界对象，而产生苦、乐等感觉。想即心识于境取像，形成概念性认识或表象的作用。思即对境审虑，使心所活动、造业的精神作用。经部及大乘唯识家认为身、语、意三业皆以思为体。唯识认为这五种遍行法，心起时必有，即于一切心、一切境、一切时、一切处皆普遍存在。(2)别境（只在特定场合，针对特定对象才现起的精神作用），有欲、胜解、念、定、慧等5种。(3)不定（其自体之善恶不定，而是由其俱起之心决定而为善为恶），有悔、睡眠、寻、伺等4种。(4)善（即善心所），有信、惭、愧、无贪、无嗔、无痴、勤、轻安、不放逸、行舍、不害等11种。(5)根本烦恼（即根本惑或本惑，是诸惑之体，以行相微细难知，极难断除），有贪、嗔、痴、慢、疑、恶见等6种。(6)随烦恼（又名随惑、枝末惑，即随根本烦恼而起的染污心所，不名烦恼，非根本故），有忿、恨、覆、恼、嫉、悭、诳、谄、害、憍、无惭、无愧、掉举、惛沈、不信、懈怠、放逸、失念、散乱、不正知等20种。

3. 色法，即客观的物质现象。有眼、耳、鼻、舌、身等五根，色、声、香、味、触等五对境，及作为意识对象之法处所摄色者，共11种。

4. 心不相应法，是不存于以上所述各法之中，而随分位假立之法。有得、命根、众同分、异生性、无想定、灭尽定、无想报、名身、句身、文身、生、老、住、无常、流转、定异、相应、势速、次第、方、时、数、和合性、不和合性等24种。

5. 无为法，是恒久存在，不假造作之法。包括虚空、择灭、非择灭、不动灭、想受灭、真如等6种。

唯识认为上述100种法，有些是心的本体（心王），有些是心的作用的状态（心所），有些是心所变现的对象（色法），有些是心的真实本质（如无为法中的真如）等等，没有一种是能够离开心识而存在的，因此说"万法唯识"。

（二）识体四分。

法相宗传承护法一系唯识的观点，持识体四分，认为一切心识活动，包括心、心所法，皆有四个分位。也就是说，一切精神活动，都包含有四个环节。用他们自己的术语说，这四个环节就是，作为意识内容的"相分"、表示意识认识作用的"见分"、作为对意识活动自身的认识的"自证分"，以及对自证分的认识即"证自证分"。其一，相分，即识所缘取（"缘取"就是变现、认识的意思）的境相、相状，略相当于现在所谓的认识对象或意识内容。例如，眼识缘取色境有显色、形色等相状，鼻识缘取香境有香臭等相状，舌识缘取味境有酸甜等相状，第六识缘取法境亦有色、心等相状，第七识缘取第八见分带我、法的相状，第八识缘取种子、五根、器界也各带其相状。其二，见分，即心识缘取自身对象的作用，略相当于现在所谓主体的认识作用或意向活动。其三，自证分，又作自体分，即识自体上证知自身见分之作用，略相当于近人所谓自身意识。其四，证自证分，即证知自证分之认识作用，亦即对自证分之再证知。

以上四分，是八识所同，是一切精神活动必然包括的四个方面。四分虽然都是识自体的作用，然而其中第三自证分是诸识的自体，相见二分所依，所以它对其余的三分，又叫做自体分。识体四分之说，说明了人的一切认识作用和认识对象，都是识的内容，这也是证明了"一切唯识"的道理。

四分之说，是护法一派的主张。其他的唯识论师所说并不全同于此，其中有安慧立自证一分说，难陀一派立相、见二分说，陈那立自证、见、相三分说，因此有所谓"安、难、陈、护，一、二、三、四"的说法。

二、三性说

法相唯识宗又认为一切经验事物都包含有三种存在意义，称为"三性"（又作三自性、三种自相、三相），此三性即：遍计所执性、依他起性、圆成实性。以下将分别加以解释。

（一）遍计所执性。又作虚妄分别相、分别性，就是对于心识中的现象，起妄计执，误以为是离心识实际存在的实有，如执有"实我"、"实法"。这种能执之妄心，称做"能遍计"，所执之妄境，称为"所遍计"。遍计所执性就是由能遍计心现于所遍计之上的实有妄境。所以遍计所执性是"当情现相"的存在，而无实在的体性，是"情有理无"之法。

（二）依他起性。是由因缘所生起一切精神现象和精神活动，是实际存在，有实体实用之法。"他"，指因缘而言（主要是第八识中的种子）。依他起性不是固定不变的现存性，而是缘合则生，缘尽则灭，如幻如化，故说为"假有实无"。

（三）圆成实性。即一切法的真实体性或曰真如法性，为能取、所取二空所显圆满成就诸法实性，其体遍满一切法（圆满）、不生不灭（成就）、真实离妄（真实），故称圆成实性。就是于依他起上，远离遍计所执相所显现的真如理体。又此性并非凡夫妄情所知，只有菩萨于见道位后方能了悟，故是"理有情无"。

三性有别，但它们是不即不离的关系。唯识家常以蛇、绳、麻三物为喻，说明三性的关系。如《摄大乘论》说，若暗中有人（能遍计），见绳（依他起性之假有）而误以为蛇（实我、法相等遍计所执性），而生恐怖，此蛇全是情见妄执而有，体性都无，后经觉者开示，而知非蛇，仅为似蛇之绳;而绳是因缘假有的,喻依他起性;绳之本质为麻,喻圆成实性。因此,三性实际上是在一种存在之上变现的三种意义,即虚妄、假有、真实,此三者是一切经验必有的三个方面。

法相宗谈三性,在一定程度上为华严宗所袭取,但后者不是(像法相宗那样)从"性相隔别"说三性;而是基于"性相圆融"之立场而论三性,因而认为三性同体,三性一际无异。

三、八识体相

慈恩宗继承护法唯识,认为心识共有八种,即眼识、耳识、鼻识、舌识、身识、意识、末那识、阿赖耶识,共八个识。这八个识不但认识的性质、内容、对象与方式不同,而且在来源上各自独立(从各自种子而生),有时它们的活动甚至可以是互不相关的,这实际是认为在一个人身上可以同时有多个认识主体存在,因而它又称为"多心论"。

八识中,眼等前六识以了别为其性,缘色等六境,通善等三性;末那识以恒审思量为其性,惟缘阿赖耶识之见分为自之内我,以微细之行相缘自所变之器界、种子及诸根。或称眼等五识为前五识,意识为第六识,末那识为第七识,阿赖耶识为第八识。前七识乃阿赖耶识所生,总称为转识或七转识;阿赖耶为七转识之因,故称根本识、种子识。

(一)五识。即八识中的前五识,此五识大致相当于现在所谓意识之单纯的感觉作用层面,尚未形成有分别的概念性知识。五识中,眼识以眼根为所依,缘色境;耳识以耳根为所依,缘声境;鼻识以鼻根为所依,缘香境;舌识以舌根为所依,缘味境;身识以身根为所依,缘触境。五识惟现量摄,惟觉自境。

(二)意识。第六意识能广缘一切境,不论内、外,有形、无形,以及过去、现在、未来三世,而且有比知、推测等作用,故称广缘识。要言之,意识是八识中最猛利、敏捷的,有自由自在力,故迷、悟、善、恶之业,皆由意识所作。

(三)末那识。第七识是末那识。"末那"者,汉译为意,即思量之意。末那识恒以第八识之见分为对境,起实我、实法的执著,永无休止。

(四)第八藏识,又名阿赖耶识、种子识、本识等。藏,为含藏的意思,即谓此识含藏万有种子。藏有能藏、所藏、执藏等三义。能藏,是能含藏发生诸法潜势力的种子;所藏,即为诸法种子;执藏,指此识恒被第七末那识执为实我。此三义中,以"能藏"义最为根本。第八阿赖耶识在唯识学中占有特殊地位,将在以下论识转变时给予详细说明。

关于这八个识之体别体同,唯识中曾经有颇多争论。无著代表的早期唯识思想,持"一意识"说,认为惟有一意识,即阿赖耶识,而所立八种识只是惟一意识的不同分位。但护法以后的唯识思想,则以为八识体别,依各自之种子而生,随一识生起,他识或有俱起,或有不俱。另外在慈恩宗建立以前,地论师亦立八识说,但以第八识为真净识,以第七识等谈杂染之转起;摄论师以第八识为无覆无记之业果识,总八识称为乱识,但别立第九之阿摩罗识为真如,故两者所论皆与慈恩宗所说有别。

四、种子与识转变说

种子是大乘唯识学的重要术语之一,与西方哲学所说的"先验概念"意义相似,它是第八阿赖耶识中潜在的势力,是能生起色、心诸法的功能,一切有为法(即百法中,除无为六法),皆从种子生起。而唯识所说的第八识,也与西方哲学中的"纯粹自我"或"先验意识"有类似之处。

(一)唯识的种子论。种子是众生由以前的行为熏习而遗留下来的一种势用,又具有感生未来果报的作用。种子的概念大概是从植物由种子次第生出植株的现象得到启发,而认为现象之生起,必有一种内在的原因作为根据。在唯识学看来,一切现实的存在(现行),都是从阿赖耶识中的种子产生出来的,因而种子或阿赖耶识,就是世界之本体。

种子又有有漏种子(能产生世俗世界之诸现象者)、无漏种子(能生菩提之因者)两种。有漏种子又有名言种子与业种子二类。名言种子或等流种子即以名言为缘而熏习(由经验的事物产生种子的过程,与花香熏衣,留下余臭相似,故称为熏习,或简称为熏)生成的种子,能产生与种子种类相同的现象(能直接产生具体的存在物),是生起一切诸法"亲"种子(内在的直接原因)。业种子或异熟种子、有支习气指可由善、恶的业(行为)而产生,其成熟时有牵引与善、恶业相应(即能产生可爱与不可爱之果的)名言种子之功能的种子。因此,在生成宇宙世间的过程中,名言种子是起直接"创生"的作用,而业种子则起"招感"和"牵引"(祸、福等)的作用。

名言种子又可分为共相名言种子与不共相名言种子二种。共相名言种子指能生起日月、山河、大地等共相境界(共同的宇宙)之种子,自相名言种子指能生起各人自受用之根、身等自相境界(即自己的身、心等)的种子。共相与不共相的名言种子应分别由共业与不共业的业种子为资助,才能招感相应的存在境界。即共业种子资助共相种子,才能招感共相境界;不共业种子资助不共相种子,始能招感不共相境界。因此三界六道、祸福寿夭,以及山河大地、宇宙万物,一切万法皆是由众生阿赖耶识中的种子所变现。

(二)识转变说。《成唯识论》以"因生果灭"释缘起(《成唯识论》卷三),指因刹那灭,同时生出具有与因不同特质的果。唯识的缘起理论,在世亲的识转变说中得到了总结和概括。我们可以将识转变的内容和结构列表如下:

识转变 { 1. 种现关系的层面:作为种现因果相生的阿赖耶识缘起;
2. 现行的层面:诸识的虚妄分别;
3. 种子的层面:作为一切种子识的阿赖耶识自身的流转。

阿赖耶识缘起是唯识缘起的核心内容。阿赖耶识缘起是一个由种现双重因果关系构成的复杂体系,在这里,种子与现行的关系是能生与所生、所熏与能熏的双重因果关系。即一方面现行由种子生起,从这种意义上说,种子是因,现行是果;另一方面,现行又能熏习第八识产生新种子,或熏习旧种子使其增盛,从这种意义上又可以说,现行是因,种子是果。因此种、现是相互更生,互为因果。识既是诸法的实际存在,又是世界的本原,绅缩阖辟,千变万化,皆不出识之外。

唯识所说的虚妄分别,即是心识了别事物的现实作用,它大略相当于西方哲学所说的知性的"统握",或精神对世界的理解和阐明的活动。现行的识分别,是依种子识的转变生起的,它就是种子的显化。一切事物,都是因为这种虚妄分别而显现出其存在意义。因此虚妄分别,作为现行识的活动,实际上是一切诸法生起的存有论条件。同时分别作为识的转化，也是存在境界的转化，即是存在的"空""有"、"假""实"、"真""妄"的转换。

最后，就种子层面而言，识转变也指阿赖耶识自身的相续流转。这是说阿赖耶识中的种子，并不是作为一种不变的实体存在，而是刹那生灭，不断流转，总是像处在瀑流中一样不断地在相续奔流，直至生成相应果报。

在三层识转变当中，阿赖耶识与转识之间的种现相生，处于核心的地位。现行识的转变（分别）是以种子为因缘而生的果，同时又熏习种子识。另外种子识的流转相续、生长还灭，都是与种现之间的相互作用分不开的。因此识转变是一个统一的整体。

我国各宗派佛学对阿赖耶识缘起亦有多种说法，像地论宗与摄论宗讲到缘起，都倾向于主张如来藏缘起，因而与法相唯识宗的阿赖耶识缘起立场有很大区别。应该说法相宗对印度唯识学的传译比前二者要准确，但地论宗和摄论宗的思想，由于后来融入到华严、天台和禅宗的体系中，因而反倒是它们对中国佛教思想发生了更大的影响。

五、唯识的因明学

重视因明，并用它来组织自己的思想体系，也是唯识宗的一个特点。因明学，即印度的逻辑学。因明，是佛教给它取的名字。因明学本来为印度六派哲学中的正理派（又称尼耶派）之鼻祖足目（Medhatithi Gautama）所创，后来为佛教所采用，并通过印度的唯识家陈那、法称而得到重大发展。陈那改变以前因明的烦琐的"五支作法"，而提出"三支作法"，故世称陈那以后的因明为新因明。法称在因明史上的地位不亚于陈那，他与玄奘同时，但几乎都没有被玄奘提到过，可能当时他在思想界的地位还不是很重要。玄奘所传的因明主要是陈那的新因明。

与西方的形式逻辑不同，印度的因明学实际上是认识论的一部分。印度哲学认为人的知识来源有三种，即现量（直观）、比量（推理）、圣言量（经典的言论）。佛教继承了这一点，但认为只有现量才是真实的知识的可靠保证，而比量或推理所得的知识是间接的，除了推论不出错之外，它的真理性最终还是来自与它联系的现量。

印度逻辑家又将比量分为为自比量与为他比量两种。这类似于西方逻辑对推理与论证的区分。为自比量相当于存在于大脑思维过程中的推理活动，为他比量相当于论证，即把这种推理过程用语言表达出来。

至于逻辑推理的形式，陈那以前有耆那教的"十支论式"与正理派的"五支论式"。"五支论式"的推理过程分宗（要论证的命题、论点）、因（立论成立的理由、根据）、喻（比喻或例证）、合（应用，即基于喻以结合宗与因）、结（再次重新提出宗作结论）。关于"五支论法"的格式，可举例明之：

  声是无常（宗），
  所作性故（因），
  譬如瓶等（喻），
  如瓶等，声亦如是（合），
  故声无常（结）。

无论是五支式还是十支式，基本上都还是一种从特殊到特殊的类比推理，与西方形式逻辑相比，这种推理似乎更真实地反映了人们实际的思想过程，但这种推理过程缺乏必然性，不能保证结论的正确。陈那变"五支作法"为"三支作法"，实际反映了一种由类比推理向演绎推理过渡的趋势，使推理的必然性大大加强了。印度逻辑中，完全的演绎推理的建立，是由法称完成的。

新因明之别于旧因明，首先在于陈那提出的"三支作法"，使推理过程大大简化。原有的"五支作法"不仅繁复，证明亦不够严密。结、合二支实际上对其余三支的内容有重复。陈那将"五支作法"加以改良，删除结支，将合支改为大前提，纳入喻支中。"三支作法"的格式就成为：

  声是无常（宗），
  所作性故（因），
  诸所作性为无常，如瓶等（同喻，即由正面的例证），
  一切常住者非所作性，如虚空等（异喻，即由反面的例证）。

其次为保证推理的正确性，陈那还提出"因三相"。所谓"因三相"，就是

在因明"三支作法"中,凡是正确之因(理由)所须具备的三种条件,即:其一,遍是宗法性,规定因与宗(命题)的主词(有法)的关系,就是说因必须反映宗的主词普遍具备的属性。其二,同品定有性,规定因与同喻的关系,就是说因也必须反映举为同喻的事物全部都具有的属性。其三,异品遍无性,规定因与异喻的关系,凡是举为异喻的事物,必然不具备因所反映的属性。通过因三相的限制,使因明推理的必然性大大增强了。

慈恩宗对因明学是十分重视的,据说玄奘曾单独以因明学教授弟子窥基。其后,窥基注释《因明入正理论》,并记载玄奘所讲授的内容,而成《因明入正理论疏》,世称因明大疏。其后慧沼、智周等,都有相关的著述,相继宏扬发展了我国的因明学。元、明以降,《因明大疏》佚失,数百年间,因明学的流传趋于衰微。倒是西藏自宋、元以后,因明研习十分盛行,并且在理论上也取得了一些发展,许多印度因明论著就是因为译成藏文得以保存至今。民国以来,汉地因明学研究曾一度有复兴之势。

第四章 华严宗的佛教哲学

华严宗也是隋唐佛教中有重大影响的宗派。华严宗尊唐代杜顺禅师(557~640年,又称法顺)为初祖,杜顺传法智俨(602~668年),智俨传法藏。法藏才是华严宗的实际创始人。后来的慧苑、澄观、宗密都是继承和发展了他的思想。

法藏(642~711年)本来是康居国人,其祖父侨居长安,以康为姓。法藏17岁入太白山求法。后去云华寺师事智俨,听讲《华严经》,得其嫡传。先后于太原寺、云华寺讲《华严经》,后来武后命京城十大德为授具足戒,并赐"贤首"的称号,此即本宗又得名"贤首宗"的由来。证圣元年(695年),他奉诏与实叉难陀在洛阳大遍空寺重译《华严经》。他用晋、唐两译对勘梵本,并把中印度沙门地婆诃罗在长安补译的《入法界品》阙文补在新译的脱漏处,使现行《华严经》得以完善。他著有《华严经探玄记》、《华严五教章》等,用"三时"、"五教"判释大小乘的教典,以《华严经》所说的法界缘起、事事无碍为别教一乘。法藏以后,澄观曾对新译《华严经》进行注释,世称华严疏主。其下宗密,曾修习荷泽系的禅学,开所谓华严禅,为禅教一致之始。

华严宗以《华严经》为宗经并依此经立名。其思想融合一时诸家新说,理论很庞杂,但其核心不外法界缘起,它的主要内容有"四法界"、"十玄门"、"六相圆融"等。华严宗的主要著述,除法藏的上述作品外,还有杜顺的《华严法界观门》,智俨的《华严经搜玄记》、《华严孔目章》等。

第一节 华严宗的无尽缘起

华严宗认为,《华严经》与《法华经》同属于一乘教,但《法华经》是"同教一乘",而《华严经》则是所谓"别教一乘"。这就是说,《华严经》所讲的一乘,道理本来就与三乘不同,是三乘所未讲过的,因而要别立在三乘教法之外,故称为"别教一乘"。这别教一乘的道理,主要就是所谓"无尽缘起"说。

缘起说就是佛教的本体论,它解释现实的经验世界是如何可能的。华严宗的无尽缘起,又名法界(真如、本体)缘起,是佛教的四种缘起学说之一。它认为一切存在,都是互相作为原因、条件而生起的,由一法而生起万法,由万法而生起一法;万法相即相入,无碍自在,重重缘起无穷,因此叫做无尽缘起。

《华严经》用"海印三昧"描绘佛的境界,形容一切境相如海水一样涌现出来,其中一滴水即具百川之味,因而一切法都是相互贯通,相互包含,从而形成一个圆融一味的大法界,这就叫做"无尽圆融"。法藏的无尽缘起理论,就是在这一说法的启发下,融会南北朝至隋唐时期的地论学派、摄论学派及天台宗与与慈恩宗的思想而成。

根据法藏所著《一乘教义分齐章》,无尽缘起的主要内容即是:三性同异,因门六义,十玄无碍,六相圆融。

一、三性同异

法相宗将一切存在的意义分为依他起自性、遍计所执自性与圆成实自性三种,认为依他起同时具备遍计所执性与圆成实性。但与法相宗强调三性各异、性相分别的立场不同,华严宗用"性相圆融"(经验的存在与作为本体的真如法界融为一体)的立场来解释三性。他们认为一切存在(诸法)无非是真如所显现,从而提出了"三性同一","三性一际无异"的说法。比如从依他起上来说,染净、真妄都是相互贯彻,用贤首的话来说,即"真赅妄末"、"妄彻真源",由真见妄,由妄显真,所以,真与妄、染与净,实际上是同一的。从遍计所执性(相)与圆成实性(性)上说,二者也是融通无碍的,"性相融通,无障无碍"。

华严宗认为还有所谓"本三性"与"末三性",因而使三性同异的理论显得比较复杂。这大致上是说三性各有本、末二种意义,从这两方面都可以见到三性一际的道理。比如圆成实性有"不变"、"随缘"二种意义,依他起性有"无性"、"似有"二义,遍计所执性有"理无"、"情有"二义。这里,"不变"、"无性"、"理无"三者,是从究竟和根本的意义上说,故称为"本三性";而"随缘"、"似有"、"情有"三者,是从方便和浅显的意义上说,因而为"末三性"。至于三性同异,就"本三性"意义上说,是由不坏末有而归之于真如一心的本体,随缘的一切现象(诸法)即是真如,故三性一际,同而无异;就"末三性"意义上说,也可以因为真如随缘开展而成为诸法,因此也说三性不异。华严宗就是据此来解释唯识宗的三自性,以达到"三性一际,举一全收,真妄互融,性无障碍"的境界,从而描绘法界相互圆融、贯通所表现的缘起的整体性。

二、因门六义

因门六义也是华严宗法界缘起论的要义,华严宗以此解释缘起法之间相摄相入的关系。"因门"就是关于事物的原因的道理。所谓因门六义,就是认为在诸法缘起中,引生万法之因有六种,这是华严宗借鉴了唯识宗的种子六义,加以改造而成。唯识用种子六义,阐明诸法种子的六种特质,即刹那灭、果俱有、恒随转、性决定、待众缘、引自果,而贤首对此六义进行了全新的解释,以此说明缘起法之间的关系。所以六义即是缘起的六种原因,贤首用体之有空、用之胜劣(有力、无力)、是否待缘等对六者进行区别。其所谓因门六义就成了如下的样子:

(一)刹那灭即空、有力、不待缘。这就是说使诸法产生的原因,刹那而灭,不守自性,因此是空;又灭而有生,即因灭而有生果的力用,故谓有力;此刹那生灭是任运而行,不依外缘,故谓不待缘。

(二)果俱有即空、有力、待缘。这就是说使诸法产生的原因,其体虽然是空,但有力用,与缘相待而生果。

(三)待众缘即空、无力、待缘。这就是说使诸法产生的原因,其体性是空,无生果的力用,须待他缘之力才能生果。

(四)性决定即有、有力、不待缘。指使诸法产生的原因,体为假有,全具生果的力用,而不待他缘之力,其能生之果体性决定。就如来藏而言,如来藏体恒实有,故谓之有;其体不变而随缘显现诸法,故云有力;其引生诸法,不须借他缘之力,故谓不待缘。

(五)引自果即有、有力、待缘。这就是说使诸法产生的原因,其体假有，虽具有引生果的力用，仍须与缘相待而引生果。就如来藏因性而言，体实不虚，故名为有；随缘而生自果，故谓有力；须借无明为缘，是为待缘。

（六）恒随转即有、无力、待缘。这就是说使诸法产生的原因，体为假有，自身无生果的力用，必须待缘方能生果。就如来藏而言，以其无始以来恒随逐无明，故谓是有；而无力又随逐，是无力、待缘。

三、十玄无碍

华严宗又以十玄无碍、六相圆融来进一步说明无尽缘起。其中十玄无碍又称"十玄门"或"十玄缘起"，即从十方面说明四法界中事事无碍法界之相（四法界义见下一节的解释），表示森然万象之间，本体是一味无别（相即），互相涉入而不相妨碍（相入），如网目般结合，以此表示法界缘起的深义。另外，所谓"十玄"还有智俨所说的"古十玄"与贤首的"新十玄"之分。所谓新十玄门的内容是：

（一）同时具足相应门。一切现象同时相应，同时具足圆满，依缘起理而成立，一与多互为一体，无先后区别。

（二）广狭自在无碍门。一切诸法广大、狭小，自在无碍。故大如宇宙，置毛端而不窄，狭不碍广；极小尘毛，含太虚而有余，广不碍狭。毛端现宇宙，不坏毛相，即狭而广；宇宙入于毛端，不坏宇宙之相，即广而狭，彼此不相妨害。

（三）一多相容不同门。是说一法与多法互为缘起，一即具多，多相容一，一多相入无碍；但同时一与多毕竟体相不同，所以又不失去一与多的自相。

（四）诸法相即自在门。有关诸法之体性而言，一与一切，两者实为一体，相融互摄而自在无碍。一法即一切法，一切法即一法，互融互即，不相障碍。

（五）隐密显了俱成门。诸法一、多相摄，但若一显时，则多即不显，多相显时，一亦不显。就一法显而一切法隐而言，一法摄一切法；就一切法显而一法隐而言，一切法摄一法。因此隐显同时，并存无碍。

（六）微细相容安立门。即于每一现象中，以小入大、以一摄多，大小相互为不乱,不坏一、多之相,而显现为有秩序的整体。诸法相即相入,重重无尽,而且千差万别的诸法各住自位,于一法中同时一齐显现,如琉璃瓶透露出所盛许多的芥子。如此一能含多,法法都是这样,一多法相不坏不杂,相容安立。细如微尘,都能互相融入。

(七)因陀罗网法界门。指森罗万象一一互相显发,重重无尽,相入相即,体相自在,隐显互现。如因陀罗网,悬挂无数宝珠,一一珠中各现其他一切珠影,了了分明,这一重珠影中,又各现其他一切珠影,于影现中互相影现。如此重重珠影映现,无尽无穷。一切诸法,亦是如此,互相交参,重重无尽。

(八)托事显法生解门。一切事法既然互为缘起,重重映现、相互交参,故不必遍观诸法,但随举一事物观察,便可见到一切无尽之法,能生事事无碍的胜解,因此深妙之理可托卑近的事法来显现,所托之事与所显之理并无差别,所以一花一叶即是甚深微妙的法门,并非在现前的事相之外更有所显。

(九)十世隔法异成门。此说过去、未来、现在三世中,又一一各有过去、现在、未来三世,合为九世。此九世亦惟摄入一念,合九世与一念为十世。诸法遍在十世中,前后相隔而相即相入,自他互具显现,相即相入而不失前后长短等差别相,时与法不相离。

(十)主伴圆明具德门。缘起诸法之中,随举其即可为主,而其他一切法即为伴,周匝围绕,若更以他法为主,别法亦皆可为伴,如此互为主伴,具足一切德。诸法虽互有主伴之别,而不坏差别之相,相依相成,一体无碍。所以诸法是一多摄入,连带缘起;彼此隐显,主伴交辉;相即相入,而成一大缘起。

华严宗人即以此十玄,显示法界圆融、事事无碍、相即相入、无尽缘起的玄义。

四、六相圆融

六相圆融,又作"六相缘起",指事物各具总相(整体)、别相(部分)、同相(统一性)、异相(差异性)、成相(形成)、坏相(分解)等六相,一切诸法皆具足此六相,而法法尘尘无碍自在,相互圆融而不相碍。全体与部

分、部分与全体皆一体贯通,圆融无碍。六相的内容是:

(一)总相。即由许多部分形成的整体的事相,其一体即包含多个部分和属性。缘起的诸法必由诸多因素、条件集合成立,一即含多,例如房屋包括柱、椽、梁等,其中房屋是总相,柱等是别相。

(二)别相。指组成整体之许多部分,各有不同。部分依止于整体,令整体圆满。如房屋是总相,而做成房屋之柱、椽、梁等诸缘,有别于总,故是别相。

(三)同相。指部分相对于整体而言,虽然是多,但是互不相违,共同成为一物,故称同相。这就是说各有差别的诸法,能调和成一体,而不失其部分之特质。如椽等和合同作房舍,不相违背。

(四)异相。指诸差别之法,多种属性、部分相互之间,各各不同,故称为异相。如做成一房舍的椽、柱等,各有自身的种类、特性,相互差别,各各相异。

(五)成相。指整体相对于部分而言,整体由此诸条件缘起而"成就",故整体之上另有"成"相,例如由柱等而"完成"屋舍。

(六)坏相。指部分相对于整体而言,就是说形成全体的诸部分各住自相,不因和合而改移,虽聚和而成同相(即部分相依而成全体),但不破坏部分的特性。

一切诸法,无不具足这六相。华严宗又说六相的缘起有"圆融(理一)"与"行布(分殊)"二门,这就使六相圆融的理论更显复杂了。其中总、同、成三相属圆融门(三相圆融),别、异、坏三相属行布门(三相行布)。但(无差别的)圆融不离(有差别的)行布,行布亦不离圆融,故说圆融即行布,行布即圆融。故此平等与差别,相即相入,圆融无碍,于此成立一真法界无尽缘起。这种思想对后来宋明理学"理一分殊"的概念有启发。

五、性起缘起

华严宗又将性起与缘起相对,成立二种法门。性起即从性(本性)而起之意,亦即从佛果的境界说事物之现起;缘起为依缘而起之意,是从因位的境界说事物之现起。《华严经》说,性起属果,乃卢舍那佛之法门

(《宝王如来性起品》);缘起属因,乃普贤之法门(《普贤菩萨行愿品》)。

法藏说缘起有理、行、果三义,但法藏所明主要是果性起,就是在如来果上,真如法性不等待其他因缘,顺自性全体起为世出世间迷悟情非情一切诸法,所谓性海无风,金波自涌。慈恩宗认为真如凝然不作诸法,无现起之用。贤首宗反之,说真如法性湛然灵明,全体即用,所以法尔常为万法,法尔常自寂然;寂然是全万法的寂然,因此有别于断灭之空;万法是全寂然的万法,因此亦有别于世俗遍计颠倒的乱相。既然世出世间一切诸法全是性起,就性外更无别法,所以宇宙万有虽森然差别,而浑然圆融,横尽十方,竖穷三际,一一法都彼此互收,一一尘都包含世界,相即相入,无碍溶融,主伴具足,重重无尽。

第二节 "法界观"与"十重唯识观"

一、法界观

为了进一步解释性起缘起,华严宗又提出法界观与十重唯识观等一系列观法,希望以此引到对缘起理论的理解。法界观又称"四法界观"。华严宗观察差别无限的宇宙,统于一心,这统一的宇宙可区分为四种层次,就是所谓四法界,即事法界、理法界、理事无碍法界、事事无碍法界。所谓事,指差别的现象,即每一具体存在的事物;理,指事物的本体或真理,华严宗称为本性、法性或真如。法界观,就是根据四法界的道理,来观察、认识宇宙间的一切事物和现象的方法。

四种法界的意思大致如下:

(一)事法界,即差别纷呈的现象世界。宇宙间一切事物都是由因缘而生,各有其区别与界限;而世俗认识,即以宛尔分殊之事物或属性作为认识对象。此属妄情计执的境相,虽然存在但不是实有。

(二)理法界,指平等无差别的本体界。理,即是本心、佛性、真如。真如平等之理性通贯万有,体性遍常。宇宙一切万物,本体皆为真如,平等而无差别。故无尽事法之相,同属一理性之体。所以理法界显示出差别多样的现象事物的共相,即它们的空性、理体。但在理法界还不能显现真如妙用,也就是说它只显示本体而不解释其作用,故并不是究竟完全的。

(三)理事无碍法界,指现象界与本体界完全打成一片、一体不二。本体(理)无自性,要凭借"事"来显发;而一切万象,则都为真如理体随缘变现的结果;理由事显,事揽理成,理事交络,无碍自在,由此显出理与事互融无碍之法界。真如能生万法,故万法即是真如,理体事相,互融互具,无碍通达,理即是事,事即是理,理事互融。

(四)事事无碍法界,指一切差别的事法,自然融通,一、多相即,大、小互容,重重无尽。即一切诸法皆有体有用,虽各随因缘而起,各守其自性,但是这多法能互相协调以成就一法,而一法也能成为多法之原因和条件,相互影响和作用,以其力用互相交涉,自在无碍而无尽。故事事融通,法法无碍,诸法互摄,重重无尽,不相妨碍,举一全收,具足相应。因而具有无限多样性的宇宙,实际是一个具有高度复杂结构的全体。

法界观,即对以上诸法界的观法。与四法界相应的观法有四种:第一事法界观,即观众生色、心等法,一一差别,各有自己的体性。事法界观为其后三观之所依。第二理法界观,观众生色、心等法虽有差别,而同一体性,此体为真实无妄、无色无臭、超绝言诠,即是真如法界。第三理事无碍观,下面要单独介绍。第四事事无碍观,即观诸事法之"周遍含容",道理与上述"十玄门"相同。

所谓理事无碍观,就是要观"理体"与"事相",互融互具,一体不二的关系。华严宗规定从十门观理事无碍。此即:(1)理遍于事门,观理体遍在一切事法,虽然理无分限,而事有分位差别,但一一事中,理皆全遍,无有遗漏。(2)事遍于理门,理既遍于事,而事也遍于理,也就是说一切事虽然有限量,但是都具备无限之理,故一微尘也包含周遍法界。(3)依理成事门,观缘起的事法并无别体,而是必依理体而成立,如波依于水,水全成波。(4)事能显理门,观理无形相,即事而明,事既依理而成,故理由事而显。(5)以理夺事门,观事既然是揽(包容、摄取)理而成,故体相即虚,全体是理,因而使各别的事相消失,而惟一的真理平等显现。(6)事能隐理门,真理随缘而成诸事法,致使事显而理不现,如水成波,波相显现而水相隐退。(7)真理即事门,观真理不在事法之外,真理的体性即是事相,如水即是波,波之外别无水。(8)事法即理门,观缘起的事法本无自性,皆由因缘会集而有,事之全体即是真性,如说色即是空。(9)真理非事门,观理为事之所依,而非即是事,因为理为真性且绝诸相,事为妄相而有差别,如水的湿"性",并非即是波的动"相"。(10)事法非理门,事为能依,理是所依;理性平等,而事相则有差别,故事法非理。故虽然全理为事,而事相宛然,如波的动相,并不即是水的湿性。

华严宗还依此四法界的理论,分别佛教的一切教法为五种。其中,小乘教只立差别的事法,没有论及真如之体,属事法界。大乘教中,相始教(唯识宗)仅止于摄真如入百法中的六无为,也属事法界;空始教(中观宗)专说平等的空理,故属理法界。终教立真如随缘不变,属理事无碍法界(如《楞伽经》等的道理)。顿教是离言真如速疾顿悟的法门,故亦属理法界(如《维摩经》等)。圆教说法界缘起事事无碍圆融,故属事事无碍法界,华严宗本宗的教法即属于此。

二、十重唯识观

上面说华严宗的法界观,就是以法界观察万有,而唯识观,则进一步将法界归于一心。十重唯识,又作十门唯识,乃唯识的十种层次。华严宗认为一切诸法皆由一心所现,故说万法唯识,其意义由浅入深,有十种,这就是十重唯识观。

这十重唯识即:

(一)相见俱存唯识,一切经验中,虽有主观(见分)与客观(相分)之别,但二者皆是由心识所变现出来,故主观与客观俱存乎一心。

(二)摄相归见唯识,相分乃是随见分之作用所显现,故包摄于主观的心、心所(精神作用)中,见分生进带相分而起。

(三)摄数归王唯识,心、心所之中,心所系依心王而起,无独立自体,故由心王所变,因而一切皆归于心王。

(四)以末归本唯识,心王之中,七转识离本识(第八识)之外无有别体,因而皆归于本识。

(五)摄相归性唯识,以上四种唯识说,是就识相而言。但此识之相乃真如随缘所现,因此,从其本性而言,不外是本觉之如来藏(性)。

（六）转真成事唯识，这是说真如理体随染净之缘，而显现为种种有为法。

（七）理事俱融唯识，本体的真如理与诸事法，相互融摄。

（八）融事相入唯识，事相与事相互融，无有妨碍。

（九）全事相即唯识，由于各各事法的作用相互融入，因而诸事体融为一体，一即一切。

（十）帝网无碍唯识，如因陀罗网中，无数明珠彼此相互映照，一中有一切，一切之一复有一切，故重重无尽。

贤首的十重唯识观，实际上是在窥基的五重唯识观基础上，加上四法界观而成的，最终是为了证明宇宙万物，理事性相，一切存有，皆本于一心的道理。

第五章　禅宗的佛教哲学

禅宗也是隋唐以来最重要的中国佛教宗派之一,而且也是汉地佛教中最具中国特色的宗派。禅宗一反隋唐以来其他宗派拘泥于经典和陷于烦琐的名相分析的习气,而是标榜"不立文字,直指人心",以彻见心性之本源("见性成佛")为宗旨,自以为是"以心传心"的"教外别传"。因此禅宗又名佛心宗。

禅即禅那(梵语 Dhyāna),或译静虑、思维修,它是思维真理静息念虑的方法,就是将心专注于某一对象,在彻底寂静中深密思维的状态。佛教大乘、小乘各派都要修禅,但他们修习的方法和达到的境界往往不尽相同。禅宗的得名,首先是由于它对禅修的实践的高度重视,与其他佛教宗派将重点放在经典、理论的解释和研讨等截然不同,禅宗初期所传的教法就是静坐默念,发明佛心,收摄精神,这些与禅的要求没有区别,故称为禅宗;其次是它对于禅修的理论和实践都有重大发展,比如荷泽宗的宗密区分禅法为外道禅、凡夫禅、小乘禅、大乘禅、如来清净禅等五种,后世的禅师又以六度所摄之禅为如来禅,达摩所传的心印为祖师禅,这些都对以后的禅学有很大影响。"禅"作为一种宗派的称呼,始于唐中叶以后。

禅宗重视实悟而轻视理论,它在单纯哲学思辨层面并无多少新的建树,其理论基础主要是继承《楞伽经》和《大乘起信论》等的思想,以众生本具的如来藏自性清净心为世界万物之本体。禅宗的特点主要体现在实践层面,它是以众生本具的真心为修行的基础;以顿悟自心本来清净无有染着为修证的目标;以直指本心,见性成佛为修道的宗旨;以不立文字,以心印心为传道的准则;以棒喝、机锋等生动活泼的形式为接引学人的方法。

禅宗自己以佛陀的大弟子迦叶为第一祖,历二十八传而至菩提达摩。达摩是南印度人,南朝梁时,来华传授禅法,为东土初祖。此后禅宗经慧可、僧璨、道信而传至五祖弘忍。弘忍住持蕲州黄梅山,杰出的弟子很多,有神秀、慧能、慧安、道明、智侁等。慧能系的禅学盛行于南方,故称南宗。而神秀系弘传于北方,故称北宗。南、北二宗的宗风有异,有"南顿北渐"之说。

第一节 道信、弘忍与神秀的思想

一、道信以前的禅学

从达摩的弟子昙林记录的《略辨大乘入道四行观》,可以看出达摩思想的理论基础是《楞伽经》的如来藏思想。关于参禅的实践,达摩提出了"二入四行"的说法。他首先区分入道方便有"理入"与"行入"两种。理入的要点在于启发深信"含生同一真性,但为客尘所覆,不能显了"。要是能了然明白此义,和实际道理相符,自然应付一切都有了依据,又都会恰当。而启发深信又有待于经教,故说"藉教悟宗"。其次,所谓行入,共有四种:第一种叫做"报冤行",指对于过去,认为从前所作的恶业应有和它相应的苦恼果报,受之不疑。第二种叫做"随缘行",指对于现在,种种苦乐的遭遇纯以无我的看法处理它,并不计较得失。第三种叫做"无所求行",指对于未来,看三界如同火宅,意在出离,不加贪着。第四种叫做"称法行",即由上述三种行,达到真理澄露,妄想全灭,从而随法尔自然任运而行,行一切行,以至行所无事,这也是四行的圆满境界。

禅宗的思想,强调"安心"。在托名三祖僧璨所作的《信心铭》中可以看到,安心在于息见,而息见在于率性自然。在本体论上,《信心铭》持真如法界不二、一切法即一法、一法即一切法,所以万法一如。故修行者应万法齐观、复其本然,不于境界作"有"、"空"的分别,一切二边对待的"见"都消灭了,自然心地现出本真。所以《信心铭》的说法是要"不用求真,唯须息见",而息见又在于"归根返照"、"放之自然",以到达"任性合道,逍遥绝恼"。这些思想可能受到玄学的影响。

二、东山法门

禅宗的四祖道信,早岁出家,据说从(慧)可、(僧)璨二禅师处得法。后来道信住湖北黄梅双峰山,并传法弘忍,后人称师弟二人的传承为"东山法门"。东山法门的核心思想是所谓"一行三昧",另外道信又针对修道提出"五方便法门",弘忍受楞伽和起信思想的影响,提出"心真如门",这些构成"东山法门"的思想基础。

三昧是禅的极高境界,在三昧中也有所观察的对象(所缘境界)。"一行三昧",就是以法界一相为所缘境界的三昧。"一行"就是说法界为一种行相,也就是说,法界是无差别、清净澄寂的真如本体。清净的法界,即是佛性、法身、法性、本觉等。一行三昧就是要恒常将心安住于此法界。

与一行三昧配合,道信又提出了"五方便门"。五门者,一为知心体,即知心体清净无染,知心体与佛无异;二为知心用,就是说,心尽管有种种作用,但"起作恒寂",心体自然如如不动;三为常觉不停,觉就是前面对心之体、用的知,这就是要恒常保持这种觉知不坠,"觉心在前,觉法无相";四为常观身空寂,即观己身,体性是空,寂然无碍,融于法界中,"内外通明,入于法界,未曾有碍";五为守一不移,明见佛性,就是通过坚守对空性之觉悟,动静常持,勿令有失,从而直接现观佛性。

道信的一行三昧,大致上属于般若思想的范畴,而弘忍又提出心真如门,则属于楞伽和起信一系的思想。所谓心真如门,就是以法界一心,为真如,是一切法所由产生的根本。因此弘忍认为所谓守一,就是守自心,常守住心性的本体不移。

三、神秀的北宗禅

弘忍定居在黄梅双峰山,门下人才很多。弘忍去世时,据说曾讲到弟子中能在一方传法者有十一人,其中又以神秀为首。神秀谨守规模,"持奉楞伽,递为心要"。

史传神秀平日都是"禅灯默照,言语道断,心行处灭,不出文记",因而留下的直接资料很少,现在主要是根据《楞伽师资记》里的语录来推测他的思想。他继承道信以来特别强调学禅要先明体用的思想,而且对于体用,神秀是从"体用互即"方面体会的,也就是说,要从体显现出用,从用显现出体。这里神秀举前人颂云:"人从桥上过,桥流水不流。"这就是从静(体)而观动(用),从动而观静,相反而相即。传说神秀死时留下一个三字的遗嘱,曰"屈曲直",也是强调要动(屈曲)静(直)一体。

神秀的禅法,认为人人都有佛性,凡圣的根基都一样,具体的修习过程是"趣定之前,万缘皆闭,发慧之后,一切皆如"。也就是说,先要通过闭塞一切意念,由此趣定,从而生慧,使一切法的真理显现出来。

后人以八字概括神秀禅法的基本方针,即"拂尘看净,方便明经"。先说"拂尘看净",据说神秀在五祖门下时,曾呈一偈云:"身是菩提树,心如明镜台,时时勤拂拭,莫使有尘埃。""看净"就是看心体本来明净无染,"拂尘"就是说要看到心净,还必须经常拂去心上的尘埃。"方便明经",就是根据不同机缘,对经教加以自由解释。这总有五种方便:其一,总彰佛体,亦名离念门,这是依《起信论》的说法,认为离念即是本觉,离念后,心境广大无限,等虚空法界一相,即是本来清净的佛性、法身,所以彰佛体就是恢复到离念之本觉。其二,开智慧门,亦名不动门,就是依《法华经》所说"开示佛之知见"立名,在总彰佛体以后,开示悟入的途径,"开"又意指虽然耳目触境,但不动于身心,不动而后定,从定发慧。其三,显示不思议解脱门,这是依《维摩经·不思议品》所谈的"不思议解脱门"立名,认为起心是缚,心不起是解。其四,明诸法正性门,依《思益梵天经·明难品》所说"离自性,离欲际,即诸法正性"立名,认为"离自性"即心不起,"离欲际"是识不生,此即为诸法正性。其五,了无异自然无碍解脱门,这是依《华严经》圆融无碍的思想,而且认为一切无碍最终应归结到禅法的平等无别,万法皆如。

第二节 慧能的思想

在禅宗史上,影响最大的人物当然是后来被推为六祖的慧能。慧能(638~713年),又作惠能,俗姓卢,祖籍范阳(今河北涿县),其父谪官至岭南新州(今广东新兴县东),慧能即在此地出生。据说慧能早岁丧父,家贫,靠砍柴担水奉养寡母。一天担柴至市,听客读诵《金刚经》,当下开悟。乃前往蕲州拜谒五祖弘忍。五祖知其禀性非凡,后来于夜间密召慧能入室,授以衣法,并遣其连夜南归,潜隐于四会、怀集之间。

慧能于仪凤元年(676年),复于南海法性寺,依印宗法师出家。翌年,迁至韶阳曹溪宝林寺,弘扬"直指人心,见性成佛"的顿悟法门,因此慧能禅又称"曹溪法门",与神秀于北方所倡的渐悟法门相对,史称"南顿北渐、南能北秀"。其弟子法海将其说法汇编成书,名《六祖法宝坛经》,盛行于世,它是后来禅宗的宗经。

慧能的弟子很多,《景德传灯录》及《传法正宗记》皆载有嗣法四十三人。其中对后世影响最大者,即青原行思、南岳怀让、荷泽神会、南阳慧忠、永嘉玄觉等五人。其中以青原、南岳二系弘传最盛。从南岳系后来又派生出临济、沩仰二宗;青原系数传又分为曹洞、云门、法眼三个宗派,形成了禅宗的五家的传承。中国后来的禅宗各派,实际上都是从慧能一系派生出来的。

一、慧能所说的"自性"

慧能的禅宗强调"自性自度","自性",是慧能禅宗哲学最重要的本体论概念。自性是世界万法的本源和根基,是宇宙最高的真理,是清净的佛性,同时又是众生的本心、本性。

关于自性的相状,《坛经·般若品》描述说:

> 心量广大,犹如虚空,无有边畔,亦无方分圆大小,亦非青黄赤白,亦无上下长短,亦无嗔无喜,无是无非,无善无恶,无有头尾。诸佛刹土,尽同虚空。世人妙性本空,无有一法可得。自性真空,亦复如是。

另外《付嘱品》也说:"见自本性,无动无静,无生无灭,无去无来,无是无非,无住无往。"这都是说,自性本体,是无色无臭,没有形相方所的,它没有任何规定和限制,因而也不是语言所能表达的,就像虚空一样,了无痕迹。《坛经·般若品》接着说:"世界虚空,能含万法色像:日月星宿,山河大地,泉源溪涧,草木丛林……一切大海,诸须弥山,总在空中。世人性空,亦复如是。善知识!自性能含万法是大,万法在诸人性中。"所以慧能的自性本体的特点是,它在任何意义上都不是一种处在虚假的世俗世界之外的另一世界的东西。自性超越诸法,但又包容诸法,这后面一点是与佛学传统的真如概念不同的。

《坛经·护法品》又说:

> 自性能含万法,名含藏识。若起思量,即是转识。生六识,见六尘。如是一十八界,皆从自性起用。
>
> 外无一物而能建立,皆是本心生万种法……心生种种法生,心灭种种法灭。

因此,慧能的哲学是将自性、本心、真如佛性作为世界万物存在的本体。从这里也可以看出,慧能思想在本体论上是受到《楞伽经》、《起信论》和华严宗的如来藏思想影响的。

由于在慧能的禅思想中,众生本具的自性清净心,同时又是佛性,因此佛性是本来具有,不须外求的。相传慧能初谒五祖,五祖试问其所从来,所求何物。慧能回答:"弟子是岭南新州百姓,远来礼师,惟求作佛,不求余物。"五祖说:"你是岭南人,又是獦獠,怎么能作佛呢?"慧能回答说:"人虽有南北,佛性本无南北,獦獠身与和尚不同,佛性有何差别?"。因此人人皆平等地具有真如佛性,凡、圣的区别仅在于是否悟到了它,禅宗"见性成佛"的修道宗旨,就是从这里引申出来的。

二、"即心即佛"与"自见本心"

《坛经·付嘱品》说:

> 我心自有佛,自佛是真佛,至若无佛心,何处求真佛?汝等自心是佛,更莫狐疑!

这就是所谓"即心即佛"。这所谓心,即是本心,本心即是真如佛性,即是如来清净法身;所以佛在心中,自心是佛,不劳外求。因此《坐禅品》说:"向者三身佛,在自性中,世人总有。为自心迷,不见内性。外觅三身如来,不见自身中有三身佛。"《机缘品》也说:"佛知见者,只汝自心,更无别佛。"

"即心即佛"规定了禅宗修道的目标就是"自见本心"。如《坛经·行由品》:"菩提自性,本来清净,但用此心,直了成佛。"《般若品》也说:"何不从自心中顿见真如本性?……若识自心见性,皆成佛道。《净名经》云:即时豁然,还得本心。"所以求道的过程不是要追求一个外在的真理,而是去除遮蔽、发明本心,就像《付嘱品》所说的那样,是"自见本心,自成佛道"。

这自见本心,也体现了禅宗反对净土宗等的"他力"佛教,而主张"自力"的立场。所以在修道中要依靠人的主观能动性,强调"自性自度"、"真性自用"。因此,慧能说他的教法是令学道者"各自观心,自见本性"(《般若品》),"于一切时,念念自净其心,自修其行,见自己法身,见自心佛,自度自戒"(《忏悔品》)。

三、"无住生心"

慧能的南宗,以《金刚经》代替《楞伽经》作为修行的典据,其禅法的根本精神贯串着无相、无住,又特别强调般若行。据说慧能出家前在新州担柴卖于市,乃听旅馆客人读《金刚经》,至"应无所住而生其心"句而大悟。南宗禅的修行,就属于《金刚经》所标榜的般若行。

慧能所谓"无住生心",就是要在没有执著的情况下,保持心的圆融无滞,自然流转。这既不是消灭一切念虑使心趋于死寂,也不是使心驰骋于外,而是要时刻守住自心,使其自由无碍。慧能描述这种境界说:"一切即一,一即一切,去来自由,心体无滞,即是般若","若无尘劳,智慧常现,不离自性。……无忆无著,不起诳妄……于一切法不取不舍,即是见性成佛道","内外不住,去来自由,能除执心,通达无碍"(《坛经·般若品》)。慧能的这种思想,显然受到玄学强调自然无为的思想倾向的影响。

"无住生心"就是要除执心,不仅执"妄"的心要除,而且执"真"的心也要除。因此,慧能反对一些禅师刻意窒碍思虑,企图达到那种"空寂"境界;也反对执著于坐禅的形式。比如有僧举卧轮禅师偈云:"卧轮有伎俩,能断百思想;对境心不起,菩提日日长。"慧能听说后也作了一偈云:"慧能没伎俩,不断百思想;对境心数起,菩提作么长?"《坛经·顿渐品》又有偈说:"生来坐不卧,死云卧不坐,一具臭骨头,何为立功课?"

因此慧能对于北宗禅"拂尘看净"、"静坐观心"、"一念不起"是持反对态度的。如《坛经》就批评说:"迷人著法相,执一行三昧,直言'常坐不动,妄不起心,即是一行三昧',作此解者,即同无情,却是障道因缘。"他认为北宗教人静坐看心、看净、不动、不起,会将心境分成两截,因而不能领会心性一如的道理。

慧能禅的宗旨,则是要在随缘任运之中,保持心体的自然无碍,因而禅者的生活向来就不应是枯木死灰、了无意趣,而是自然流通、生机盎然的。所以慧能说:"此门坐禅,元不看心,亦不看净,亦不是不动","外离相为禅,内不乱为定"(《坐禅品》)。禅者的最高境界就是:万法具备,群有皆通,一切不染,离诸法相,一无所得。如《机缘品》说:"但心如虚空,不著空见;应用无碍,动静无心;凡圣情忘,能所俱泯;性相如如,无不定时也。"

慧能将参禅的活动与禅者的日常生活联系起来,就是于一切时中行住坐卧动作云谓里,都可以体会禅的境界。慧能教人,是从无念着手,并不限于静坐一途。慧能说,"知见一切法,心不染著,是为无念"。"无念"就是心于诸境上,不生染著,于自念上,常离诸境,总之就是要让心不被诸念、诸境所系缚,始终保持心的自由圆转,而不是百物不思,断却诸念。慧能禅不是"灭色为空",而是"即色即空",主张"行愿无成,即凡成圣"。故举手投足,起心动念,皆是道场,是心是性,同归性海。

四、顿悟法门

与北宗的渐教不同,《坛经》的思想是单刀直入的顿教,这就是所谓顿悟法门。

慧能禅以为本心或佛性本来清净,广大无边,体性具足,犹如虚空,是一味的整体,不可强为分割;而且本来觉悟之心超越三世,为先天具有之本性,也是不可强分为几个阶段的。所以悟即发明本心,一念相应即全体呈露,刹那现前,没有阶梯,这就是"顿悟"。

慧能南宗认为顿悟之所以可能,是由于人心本来具备佛性一切功德,无少亏欠。惟因妄念隐覆,使自性不得显现。一旦妄念俱灭,真智发露,便会顿时明见自心,法性全体显现,内外明彻,顿悟自性真如。如《坛经·般若品》说:"若起正真般若观照,一刹那间,妄念俱灭。若识自性,一悟即至佛地","不悟,佛即众生;一念悟时,众生即佛"。

慧能南宗禅主张顿悟渐修。顿悟不废渐修。行者悟后,仍然不废修行。但是既然自性具足万德,故这种修习也不能于体上有所增加,只是持守不移,使其更充实、强盛、显明。譬如母顿生子,用乳渐养,智慧自然渐增。这就是南宗所谓的顿悟渐修,与北宗为了渐悟而渐修是不同的。

人们历来以顿、渐区分禅宗南北二宗。实际上仅仅从理论基础上看,南北二宗区别很小,他们的区别主要就是悟道方法上的不同。所以说,"法即一种,见有迟疾,见迟即渐,见疾即顿"。这"法即一种"所说的"法",就是众生本具的自性清净心。因为众生一向迷妄颠倒,只有消除妄念,恢复本心,真性才能显露出来。但是由于人的根性有利有钝,因此相应的教法就有顿有渐,在这种意义上说,南宗的顿教与北宗的渐教也是互补的。

第三节　南宗二系的思想

禅宗南宗自六祖慧能之下,有南岳(怀让)、青原(行思)、南阳(慧忠)、永嘉(玄觉)、荷泽(神会)等。但后来实际传承下来的只有南岳、青原二系。南岳传于马祖(道一),青原传于石头(希迁)。马祖一系又传出沩仰、临济二家。至宋朝,临济之下又附杨岐黄龙之二派。石头一系后来也分出曹洞、云门、法眼三家。因此南宗的流派,加起来总共有"五家"、"七宗"。

南宗的五家七宗的传承,最终来源于南岳、青原二系,他们的主要思想也因为这种来源的不同而有所区别。南宗各派在其根本理论上,都是大同小异,而且都属于单刀直入的顿门,他们的区别主要是修道的具体方法、途径有所不同。

一、南宗南岳系禅学的主要思想

南岳系由怀让传至马祖道一,因为马祖后来迁居江西的洪州(即现在的南昌市一带),所以这一系的禅法后来又称做洪州禅。

怀让,金州安康(今陕西汉阴)人,谒慧能,执侍左右十五年,得法印后往南岳,入室弟子中,以道一为嫡传。道一本姓马,后世称为马祖,汉州什邡(今四川广汉一带)人。据说他后来到了南岳,常日坐禅。怀让去问他:"大德坐禅图什么?"道一说:"图作佛。"怀让乃取一砖在门前石上磨。道一问:"磨砖作么?"怀让答:"磨作镜。"道一愕然说:"磨砖岂得成镜耶?"怀让就说:"磨砖既不能成镜,坐禅岂得成佛?"道一更为惊愕,请求开示,侍奉左右十年,得入堂奥,密受心印。道一后来辗转至南康龚公山,建立丛林,聚徒说法,法嗣有怀海等多人,各为一方之宗,禅宗至此大盛。

后人描述洪州禅的特点是"触类是道"、"举目皆真"。这是从理上见事,即以理体来融会事相,因而事即是理,理即是事,理事不二,实为一体,因此当念即是万法一如。比如马祖门下大珠慧海认为,说"青青翠竹总是法身,郁郁黄花无非般若",还是着了相,因为法身无相,应物现形,本来是没有形迹的,因而一一法全体即是佛性真如,而无差别。后来沩仰宗以圆代表理,以方代表事,他们的宗眼是"方圆默契"。仰山的教法,喜用圆相,就是在说法的过程中,用手画一个圆圈,以表示理,然后在圈中写上一个字,叫做"圆中有方"。这跟洪州禅论事理也是一致的。

这种立场在实践上就表现为"任心"、"作用是性"。用宗密的话,这也就是说,修禅的人是"起心动念,弹指动目,所作所为,皆是佛性全体之用,更无别用。全体贪慎痴,造善造恶,受乐受苦,此皆是佛性,如面所种种饮食,一一皆面"(宗密《中华传心地禅门师资承袭图》)。至于修道的功夫也就在于:"饥来吃饭,困来即眠","平常心是道","拟向即乖"。这种"任心"和常人的不同之处,就在于没有计较,纯任本然。

因此洪州禅就从禅宗历来的"真心是性"转变为"善恶皆性"。以前的摄论家、地论家以及弘忍、神秀以来的禅家,皆主张真心是佛,认为佛性乃是清净心、真心,以前的禅家并以为见性就是要恢复这种清净心。但洪州禅以为佛性是一个全体,人的起心动念、贪慎痴等,无非佛性的表现。佛性是本体,善恶等皆是本体之相用,即体即用,用不离体,实际上用即是体。所以不仅清净心是道,而且染心也是道。这也是从洪州禅"触目即真"的立场过来的。从佛性看,一一皆是自性法身,故一切平等,染心与净心，都属于如来藏的显现。

二、南宗青原系禅学的主要思想

青原系由行思传至石头希迁。行思，庐陵（今江西吉安）人，据说从慧能问学不久即回江西传播禅法。但这一系实际上传到希迁才光大起来。希迁，端州高要（今广东高要）人，为青原弟子，后居衡山南寺，结庵坐禅于寺东石台上，大扬宗风，世称石头和尚。自称其法门不在坐禅修定，只须悟佛之知见即是"即心即佛"；而且佛与众生，菩提与烦恼，名称虽异，而体实是一。

青原系到石头希迁，形成了另一种禅法，即所谓"即事而真"，因而与洪州禅的"触目即道"不同。即事而真，是从事上见理，即由个别的事相显现出理体。希迁借用汉代道家魏伯阳的书名，写了一篇《参同契》，认为理与事是互相映照、互相摄入的，不可分割看待。希迁很赞同《肇论》"会万物为己者其惟圣人乎？"的说法，认为真心、佛性、法身（理）可以包含一切具体的事相（事），二者相互显现。因此应该将理事二者结合起来看，即于事相就能看到理体，同时于理体亦涵摄事相，每一门即包括一切境界，所以说"门门一切境，回互不回互"。如果将理事分成两边，则无论执事执理，都是迷妄。修禅的人只有悟到理事相互含摄，从而体会到一切事相原为一体，才能做到圆转无碍，随缘出没。

希迁还区分了物理的理与性理的理。像事物颜色的青黄等，各有其差别之理，不可相通，这就是物的理。性理即是真心、法身、佛性（灵源），只有从性理上才能谈到诸法的融通。用希迁的话来说，这就是"事存函盖合，理应箭锋拄"。具体的事相千差万别，如器盖随器物而有大小形状的区别；但性理则如同以箭射空，箭箭衔接，一以贯之。这也是强调理、事必须统一起来理解。

后来云岩昙成，就根据这种说法提出了"宝镜三昧"的法门。这就是说，人观诸法事相，就像观宝镜一般，镜中是影像，镜外是人的形貌，形影相睹，彼正是汝，这就是从个别事相上显现出真理的全体。他的门人洞山良价也说"只这个是"，曹山本寂也说"即相即真"，从事相相互交涉的关系上建立偏正回互、五位相倚的教法，这些成为曹洞宗的特点。所谓偏正回互，其中"偏"代表事，"正"代表理，偏正互相搭配就有五种形式：如偏中正、正中偏、兼中到、正中来、偏中至。曹洞宗的宗眼是"敲唱为用"，就是指五位之间相互配合，因而有唱有敲，从中就可以听出五位的偏正来。

石头门下，另外还从天皇道悟一系，生出云门、法眼两派，主张理事圆融、一切现成，这也是和"即事而真"的法门一致的。云门宗是雪峰义存的弟子文偃所开创，此宗认为理是涵盖一切的整体，而事则是理的一个片断，因而用三句话标榜他们的宗旨，即"函盖乾坤，截断众流，随波逐浪"，这就是所谓云门三句。前一句说理是恒常、遍在的本体；第二句说各个事相则像截流一样，只是一个断面；后一句是说真如随缘，变化万物而无障碍。义存的另一弟子玄沙师备，两传而至文益。文益后来开法眼宗，他们的宗眼是"一切现成"，认为理事的圆融并非人为的安排，而是本来如此。相传文益初就桂琛参学，桂琛就指着门前一块石头问他，这块石头是在心外还是心内。文益回答说是在心内。桂琛就说，你是行脚的僧人，如果在心中放了一块石头，如何还能到处云游呢？文益无言以对，留住月余，仍不得其解，桂琛这才告诉他说："若论佛法，一切现成。"文益于是大悟，后来就对这种说法广为传播。他的门下德韶曾经描述这种境界为"通玄峰顶，不是人间，心外无法，满目青山"，这是说，禅的最高境界，固然不同于人间，但由于它不在心外，因而悟道的人就可以处处看到禅境，也就是说，禅境是本来现成，不假安排。后来德韶又对这种"一切现成"解释说"佛法现成，一切具足，还同太虚，无欠无余"，意思就更加明确了。

禅宗五家七宗的基本思想其实是一致的，其区分主要在于修证和接引学人的方式和风格不同，所以是"大同小异"。后人总结这五家风格的差异，即"沩仰之谨严，曹洞之细密，临济之痛快，云门之高古，法眼之简明"，从上面的介绍也可见一斑。

三、南宗禅的生活化

南宗的禅法进一步将禅与学禅者的日常生活结合起来，形成一种随缘任运的生活态度。南宗禅本来就主张定慧等学，不分先后，又说外离相即禅,内不乱即定,这样就扩大了禅定的范围。形式上的坐禅的效果受到怀疑,因而也就不再拘泥平常所说静坐习禅那些功夫了。后世禅者便把禅完全渗透在学人的日常生活中,形成随缘任运("随缘消旧业,任运着衣裳")的态度。

禅的生活化也是与禅宗思想的理论基础一致的。禅宗的宗旨是单刀直入,指示人人本来具有的心性,以彻见此心性而成佛。一方面本心体现为起作云谓等,所以从心思所表现的言语举动,与佛性、真心应该是融通无碍的;另外禅宗持"心性本觉",起心动念不但是心的作用,而且是性的发明。因此真正道人不假修成,本心流露无不解脱,当行就行,当止就止,自然合泊而成为随缘任运的生活。如人问大珠慧海说:"和尚修道,还用功否?"慧海说:"用功。"问:"如何用功?"慧海回答:"饥来吃饭,困来即眠。"又问:"一切人总如是,同师用功否?"答:"不同。"再问:"何故不同?"答曰:"他吃饭时不肯吃饭,百种须索;睡时不肯睡,千般计较,所以不同也。"这就是说学道的人,在日常生活中,应该做到行所无事,纯任本然。

第六章 成玄英和司马承祯的道教哲学

第一节 隋唐道教哲学的发展及其特点

南北朝时期，道教哲学经葛洪、陆修静、陶弘景等人的努力，已经登上历史舞台。隋唐时期，道教哲学进入了一个大发展的阶段。

首先，最高统治者对道教的大力扶持，为道教哲学的大发展提拱了极为有利的社会环境。在隋代，隋文帝杨坚和隋炀帝杨广都对道教给予了官方的支持。在唐代，唐高祖李渊早在起兵争雄时，就一再声称"李氏将兴，天祚有应"（《旧唐书·高祖本纪》），并以老子为其远祖。唐太宗李世民在贞观年间进一步诏令道教为本家，宗老子为祖祢，钦定道教的优先地位。唐高宗李治还为老子图像建庙，为老子上尊号曰："太上玄元皇帝"。在武周时期，武则天抑道崇佛，道教的地位有所下降。但从中宗到玄宗，道教发展达到了鼎盛阶段。玄宗时全国的道观计1687所，道教的发展规模相当可观。

其次，儒、释、道三教的互动，为道教哲学大发展提供了很优越的思想条件。三教互黜诚然对道教哲学产生了压力，但同时也是一种动力。道教哲学要占据一席之位，就必须不断提高自身的理论水平和思想品位，这就迫使道教学者要不断地做理论探索。道教哲学自身的发展也恰是这样。例如，成玄英、李荣、王玄览等人的"重玄"就吸收了佛教中观学的中道思想，成玄英的心性论就吸收了佛教的"治心"说和儒家的"率性"说，王玄览的心性论就与佛教中观学的"性空缘起"论有关，而司马承祯的"坐忘"论则与佛教禅学的坐禅相接近，等等。

隋唐道教哲学发展的特点是：

第一，积极参与社会政治，提供治国安邦的方针。唐太宗鉴于隋亡的经验教训,积极实行"清静无为"的政治方针。魏徵曾向他进谏:"文武争驰,君臣无事,可以尽豫游之乐,可以养松乔之寿,鸣琴垂拱,不言而化"。(《旧唐书·魏徵传》)唐太宗自己也清醒地认识到,"治国与养病无异也。病人觉愈,弥须将护,若有触犯,必至殒命。治国亦然,天下稍安,尤须兢慎,若便骄逸,必至衰败。"(《贞观政要》卷一)正是在这种"无为"方针的指导下,迎来了被后世史家高度赞赏的"贞观之治"。睿宗李旦曾问司马承祯:"理身无为,则清高矣;理国无为,如之何?"司马承祯回答说:"国犹身也,《老子》曰:'游心于澹,合气于漠,顺物自然,而无私焉,而天下理。'……是知天不言而信,不为而成。无为之旨,理国之要也。"对于这个回答,"睿宗深加赏异"(《大唐新语》卷十)。这说明睿宗也是赞同"无为"方针的。就是那个逐声色、好虚名的唐玄宗,也明确主张"理国则绝矜尚华薄,以无为不言为教"(唐玄宗《道德真经疏·释题》)。无疑,玄宗朝的"开元盛世"的出现与这一"无为"方针的贯彻有密切关系。

第二,自觉地从理论上阐发"清静无为"的思想和原则。例如,成玄英说,治国之道,"须是淳朴,教以无为,杜彼奸邪,塞兹分别,如此则击壤之风斯及,结绳之政可追"(《老子疏》)。为什么要以"无为"为治国之道呢?成玄英上升到哲学的高度作了说明,即"万物感禀自然,若措意治之必乖造化"(《庄子·在宥疏》)。万物的本性、本质是自然,如果人为地去干涉万物的自然本性,必致失败。所以,为政之要就要任自然,"所有施行之事,教令之言,咸任物自为,而不使物从己。如此,则宇内苍生自然从化"(《庄子·天地疏》)。还有李荣,也从他的"唯道集虚"、"虚寂之道"的本体论出发,认为治国也要以虚静为要,"须自然之本性,辅万物以保真,不敢行于有为,导之以归虚静"(《老子注》)。直至唐末的杜光庭也说:"夫无为之至妙,包于道德,纪于仁义,合于礼乐,制于信智,囊括万行,牢笼二仪,至广无涯,至细无间,凝寂玄寥,与道混合,是无为之至也。"(《道德真经广圣义》)他把"无为"提高到至高无上的本体地位了。

第三,形成了有较强思辨性的"重玄"(重,读 chóng)论。道教哲学的理论建设始于南北朝,但真正结出硕果则在唐代。由于唐代最高统治者对老子其人和《老子》其书的大力推崇,推动了对《老子》的注疏和研究,从而老子之"道"得到了新的诠释。同时由于道教学者积极吸收了儒、佛,特别是佛教的理论,大大提高了自身的理论素质。于是就形成了以"重玄"为特色的道教哲学理论。

《老子》以"道"为最高范畴,又谓"道"是"玄之又玄"的。唐代的道教学者们在注疏《老子》时,就首先对"道"和"玄"作了诠释、发挥。例如,成玄英在《老子疏》中说:

> 有欲之人,唯滞于有;无欲之士,又滞于无,故说一玄,以遣双执。又恐学者滞于此玄,今说又玄,更祛后病。既而非但不滞于滞,亦乃不滞于不滞,此则遣之又遣,故曰玄之又玄。

李荣《老子注》说:

> 道德杳冥,理超于言象;真宗虚湛,事绝于有无。寄言象之外,论有无之表,以通幽路,故曰玄之。犹恐迷方者胶柱,失理者守株,即滞此玄以为真道,故极言之非有无之表,定名曰玄。借玄以遣有无,有无既遣,玄亦自丧,故曰又玄。又玄者,三翻不足言其极,四句未可致其源,寥廓无端,虚通不碍,总万象之枢要,开百灵之户牖。达斯趣者,众妙之门。

杜光庭《道德真经广圣义》说:

> 夫摄迹忘名,已得其妙,于妙恐滞,故复忘之,是本迹俱忘,又忘此忘,吻合乎道。有欲既遣,无欲亦忘,不滞有无,不执中道,是契都忘之者尔。

就连唐玄宗在《御注道德真经》中也指出:

> 意因不生则同乎玄妙,犹恐滞玄为滞,不至兼忘,故寄以又玄以遣之,示明无欲于无欲。

正是从这些解释中形成了唐代道教哲学的"重玄"论。所谓"重玄",是对"玄"的否定,是一种"玄之又玄"或"遣之又遣"的双遣法或双重否定法。

那么,"重玄"论为什么要突出这种具有较强思辨性的双重否定法呢?在道教学者们看来,这是由"道"自身的性质或本质所决定的。《老子》第一章开宗明义地说,"道"是有,也是无,有和无"此两者同出而异名,同谓之玄",它们均是"道"的固有性质。唐代道教"重玄"论者继承并发挥了《老子》的这一思想,认为"至道虚通,妙绝分别"、"至道不绝,非有非无"(成玄英语),"道者,虚极之理也"、"道本无形,理唯虚寂"、"道本虚玄"(李荣语)、"道体实是空"、"至道常玄寂"(王玄览语),"道者,妙本之功用"、"虚无,自然之道尔"(唐玄宗语),"夫其道也,极虚通之妙致,穷化济之神功"(杜光庭语),等等。这就是说,"道"不是某种实物,它是虚,是寂,是玄,是空,即它不是有而是无;但"道"作为"无"并不是绝对的虚无或零,它亦是有,是一种存在,此即"道体实是空,不与空同。……道体虽空,空能应物"(王玄览《玄珠录》),"道常无为也,应物斯动,化被万方,随类见形,于何不有"(李荣《老子注》),如此,它又不是无而是有;但作为"有"又无形无象,所以又是虚,是无。"道"就是这样,它是有是无,亦非有非无,无而有,有而无,有无一体,生生不息,玄妙无方。这就是"道"的本质,也正是其"玄之又玄"的地方。

"道"的本质既然如此,那么,用以把握"道"的方法就决不能是非此即彼的简单肯定法。但人们通常对"道"的理解却恰恰用的是非此即彼的方法,或执于有,或执于无,要么把"道"等同于某种实物,要么又把它视为虚无。唐代道教"重玄"论者所要破的正是这种单项的选择法。在他们看来,先用一"玄"以说明"道"的有、无性质;但只有这一"玄"并不够,因为这样一来就会滞泥于有或无,把本来是有、无一体的活"道"简单地肢解为或有或无的死"道"了,所以,还要说"玄之又玄",以破除对"玄"的单项式理解,即破除或执有或执无以论"道"的弊端,从而从非有非无、亦有亦无的不落两边的角度来把握真正的活"道"。因此,成玄英所谓的"故说一玄,以遣双执。又恐学者滞于此玄,今说又玄,更祛后病,既而非但不滞,亦乃不滞于不滞,此则遣之又遣,故曰玄之又玄"的说法,道出了唐代道教"重玄"学的精神实质。

那么,这种双遣或"玄之又玄"的"重玄"方法所达到的结果是什么呢?在道教学者看来,用此方法不仅可以把握"道"的本质,同时亦可得"道",也就是达到一种"物我皆空"、"境智双绝"的精神境界。在这种境界中,主体就与大道合一或冥合,因而就与大道一样"接物无方,随机称适,千差万品,求者即供,若悬镜高堂,物来斯照也"(成玄英《庄子·天地疏》)。

值得注意的是,唐代道教"重玄"论思想的形成是在发掘道家固有思想的基础上,吸收和学习佛教中论思想的结果。道家《老子》有"为道日损"的"损"法,《庄子》有"得鱼忘筌"、"得兔忘蹄"、"得意忘言"说。郭象在《庄子注》中又提出了"即遣是非,又遣其遣"的思维方法,以之达到"无遣无不遣而是非自去"的认识结果。这些先前的思想资料对唐代道教"重玄"论的形成不无影响。另外,南北朝时传入中华的佛教大乘空宗中观学思想已在隋唐时代发展得相当成熟,例如,隋唐时佛教三论宗的著名学者吉藏说:"无有可有既无无可无。无有可有由无故有,无无可无由有故无。由无故有有不自有,由有故无无不自无。有不自有,故非有;无不自无,故非无。非有非无假说有无。"(《中观论疏》)这是中观典型的"四句"否定法。佛教中观论的这些不滞有无、契于中道的思想就被道教学者们所吸收。事实上,当成玄英说"前以一中之玄,遣二偏之执,二偏之病既除,一中之药还遣。于是唯药与病一时俱消,此乃妙极精微,穷理尽性"(《老子疏》)时,他的"病药模型"与佛教中观学典籍《大智度论》所说的"如服药,药能破病,病已得破,药亦应出。若药不出,则复是病。以空灭诸烦恼,恐空复为患,是故以空舍空,是名空空"如出一辙。由此可以清楚地看出,道教的"重玄"论是当时儒、释、道三教互动的结果。

第二节　成玄英"重玄"论的道教哲学

成玄英是唐初道士,生卒年不详。《新唐书·艺文志》曰:"玄英,字子实,陕州(即今河南陕县)人,隐居东海。贞观五年,召至京师。永徽中,流郁州。书成,道王元庆遣文学贾鼎就授大义,嵩高山人李利涉为序。惟《老子注》、《庄子疏》著录。"贞观五年(631年),唐太宗召他至京师,加号西华法师。高宗永徽(650～655年)中被流放郁州(在今江苏连云港市东云台山),在流放间注疏《老子》、《庄子》并撰述了其他著作。关于他的著作,《新唐书·艺文志》著录:"道士成玄英注《老子道德经》二卷,又《开题序诀义疏》七卷。注《庄子》三十卷,《疏》十二卷。"《老子》注疏已佚,现有蒙文通辑《老子成玄英疏》六卷,严灵峰辑《道德经开题序诀义疏》五卷,日本藤原高男《辑校赞道德经义疏》。《庄子疏》现存见《道藏》本郭象、成玄英《南华真经注疏》,并收入清代郭庆藩《庄子集释》中。

成玄英虽是个道士,但对传统道教重炼形、服丹药以求肉体长生的做法却不感兴趣,他感兴趣的是人的精神上的超越,要达到的是"冥于变化,一于死生"、"死生混一,故顺化而无穷"的超越之境。所以,成玄英吸收了佛教中观论的思想和方法,通过注疏《老》、《庄》,尤其是经对《庄子》"少而习焉,研精覃思三十矣"(成玄英《庄子序》)的长期玩味,形成了他的具有相当高的思辨性的道教重玄思想理论。

一、"道者,虚通之妙理"

成玄英的道教哲学首先对"道"作了理论性的诠释。他说:

道者,虚通之妙理,众生之正性也。

道以虚通为义,常以湛寂得名。

至道虚通,妙绝分别,在假不假,居真不真。

至道深玄,不可涯量,非无非有,不断不常。(均见《老子疏》)

在成玄英看来,"道"的最大特点就是"虚通"。这里所谓的"湛寂"、"妙绝"、"深玄"等等,说的就是"道"的虚通性。虚通,这不仅是"道"的基本特点,而且是"道"的基本性质或本质。成玄英在《庄子疏》中对"道"或"至道"的这一性质、特点又作了反复申述,指出:

夫玄道妙一,常湛凝然。(《庄子疏·齐物论疏》。下引此书只注篇名)

大道虚廓,妙绝形名。(同上)

夫至道凝然,妙绝言象,非无非有,不古不今,独往独来,绝待绝对。……故《老》经云寂寞而不改。(《大宗师疏》)

大道广大而隗然空寂也。(《徐无鬼疏》)

这里所说的"凝然"、"虚廓"、"隗然"等等,就是对"道"的性质的描述和规定。成玄英认为,"夫玄道冥寂,理绝形声"(《齐物论疏》),"夫玄道冲虚,无丧无乐"(《徐无鬼疏》)。这个"道"是玄妙的,但妙而能通;是虚寂的,但寂而能化。它"非有非无","独往独来"。显然,这种意义上的

"道"是具有本体性质的。

那么,这个"道"究竟是一种什么样的本体呢?首先,它没有实体性,即它不是实体性的存在,并不存在于某个地方或某个时刻。这样,它在空间上就表现为与物的不一不异性,即"至道之为物也,不有而有,虽有不有;不无而无,虽无不无,故言恍惚。所以言物者,欲明道不离物,物不离道;道外无物,物外无道;用即道物,体即物道,亦明悟即物道,迷即道物,道物不一不异,而一而异。不一而一,而物而道;一而不一,非道非物。非物,故一不一;而物,故不一一也"(《老子疏》);而在时间上则表现为不来不去性,即"时乃有古有今,而道竟无来无去。既名不去,足显不来","至道虽复无来无去,亦而去而来,故能览古察今,应夫终始"(同上)。正因为"道"没有实体性,所以才保证了它的不生不灭的本体性。倘若"道"是一种实体,它必然会有形有象,就会存在于空间中,它就不可能与物不一不异了;同时,有形有象的东西必有生有灭,必会在时间中存在或以时间方式而存在,它就不会既不去不来又而去而来了。"道"不是实体,所以才保证了与物的不一不异。从物、从用的角度看,"道"体现、显现在物中,这叫"道物";而从体、从"道"的角度看,"道"又收摄、凝寂自身于一体,这叫"物道"。物与道不一而一,一而不一,非物非道,而物而道,这才表现出"道"与物的一体性,也表现出"道"在体用上的圆融性。有了这种即体即用的体用上的如一性,"道"的不生不灭的本体性自然就表现出来了。

其次,"道"也没有抽象性。就是说,"道"并不是抽象意义上的共相或一般。抽象的一般就是概念,它只能存在于人的认识上。"道"并不是概念,并不是人的思维上的一种抽象物。对此,成玄英指出:"道无称谓,降迹玄名,意在引物向方,归根返本。既知寄言诠理,应须止名求实,不可滞执筌蹄,失于鱼兔。"(《老子疏》)言语仅是把握"道"的一种工具或手段,而"道"本身并不是言,"常道者,不可以名言辩,不可以心虑知,妙绝希夷,理穷恍惚"(《齐物论疏》),"夫可以言诠,可以意察者,去道弥疏远也,故当求之于言意之表而后至焉"(《则阳疏》)。成玄英的说法与老子所谓的"道可道,非常道;名可名,非常名"(《老子》第一章)的思想是一致的,即真正的"道"或"常道"不可用名言把握之。但他的思想内蕴显然比老子进了一步。老子讲到把握"道"的方法时主张"损",要"损之又损,以至于无为"。但这样损下去就会彻底损掉认识对象和认识自身,而当人的认识主体自身失去了存在和活动的意义时,又何以去把握"道"呢？成玄英却不是这样,他没有一味地"损"下去,而是吸收了佛教中观学八不中道的思想和方法,主张在"道"和物的不一不异、而物而道中来把握"道"。这就将"道"的本体性与认识上的真理性统一了起来。

成玄英的"道"既非实体性的存在,亦非抽象性的共相、一般,那么,这个虚通玄妙的本体之"道"究竟是什么性质的哲学范畴呢？我们先来看一下他的几段论述:

寻夫生生者谁乎？盖无物也。故外不待乎物,内不资乎我,块然而生,独化者也。是以郭注云,自己而然,则谓之天然。故以天然言之者,所以明其自然也。……使其自已,当分各足,率性而动,不由心智,所谓亭之毒之,此天籁之大意者也。(《齐物论疏》)

大块者,造物之名,亦自然之称也。言自然之理通生万物,不知所以然而然。(同上)

体夫彼此俱空,是非两幻,凝神独见而无对于天下者,可谓会其玄极,得道枢要也。(同上)

夫绝待独化,道之本始,为学之要,故谓之枢。(同上)

成玄英在此自觉地思考了"生生者谁乎"的关于宇宙存在的本体问题。他继承了郭象的"独化"论思想。独化就是天然,也就是自然,即不知所以然而自然,不知所以是而自是,"冥宗契本,谓之自然"(《天下疏》),而"自然者,以无所由为义。言万有皆无所从,莫测所以,自然为造物之门户也"(《庚桑楚疏》)。他还通过对"有"、"无"问题的考察进而申述了生生者自然而生、独化而存的本质,说:"有既有矣,焉能有有？有之未生,谁生其有？推求斯有,竟无有也","夫已生未生,二俱无有,此有之出乎无有,非谓此无能生有。无若生有,何谓无乎！"(同上)所以,"夫至道不绝,非有非无,故执有执无,二俱不可也"(《则阳疏》)。可见,在成玄英看来,宇宙万物的生生是自生,即自然。这样,"道"作为宇宙万物的本体,其根本的性质也就是自然,它非有非无且亦有亦无,非物非道且又物又道。所以说,自然性是"道"的根本性质或本质。

成玄英关于"道"的自然性的论述看似简单、平常,但实际上,他用这一概念深刻地说明了现象的本质性和本体性。存在者如此这般地自然存在着,这本来就表明存在者的存在根据就在它自身之中,它自己就是自己之存在的根据和原因,它的在就是其所以在,它的然就是其所以然,所以,存在者之存在的现象与本质是统一的,现象本来就显现着本质、本体。因之,这里的"自然"绝非日常的概念,它倒与现代意义上的现象学所说的"现象"相一致。

所以,成玄英所说的"道者,虚通之妙理"的"妙"就妙在"道"的"自然"或"现象"性上,"道"的"虚"和"通"恰恰在于其自然性或现象性。正是"道"的这种性质,成就了他的"重玄"论的道教哲学理论,也决定了他的自然观、认识论和方法论、人生观上的理论特色和意趣。

二、"万类参差无非独化者也"

这是成玄英对物质世界的看法,也可以说这是他的自然观。这是他的"道者,虚通之妙理"的"道"本论的具体展开。

成玄英是如何看待物质世界的呢?综合他在《老子疏》和《庄子疏》中的论述,他的思想有下列两个方面:

一是关于事物之存在的条件性问题。成玄英这样说过:

> 水火金木,异物相假,众诸寄托,共成一身,是知形体由来虚伪。(《大宗师疏》)

> 又车是假名,诸缘和合而成此车,细析推寻,遍体虚幻,况一切诸法,亦复如是。(《老子疏》)

从这两条材料来看,成玄英认为万事万物的存在是有条件的。"水火金木,异物相假",方能构成万物或者说万物才能现实存在,如果世上仅仅有一样东西,例如只有水,无论如何是成就不了世界的。这个思想也就是佛教的"缘起"论。他的这一思想并不玄奥,也并非独创,但却是正确的。不过,他接过了佛教的"缘起性空"说,要"知物我兼忘者,故冥会自然之道也"(《天地疏》),多少有点悲伤的味道。

二是关于事物之存在的"独化"性问题。成玄英也这样说过：

夫物之形质，咸禀自然，事似有因，理在无待。而形影非远，尚有天机，故曰万类参差无非独化者也。(《齐物论疏》)

影之所待，即是形也。若使影待于形，形待造物，请问造物复何待乎？斯则待待无穷，卒乎无待也。(同上)

以上材料清楚说明，成玄英是赞同郭象的"独化"说的。然而，"独化"论是与因缘性、条件性完全相反的观点，即认为万事万物的存在是没有什么条件的，是不相待的。这明显就与他前面所主张的关于事物存在的条件性、因缘性的观点相抵牾了。这两种看似矛盾的主张如何统一起来呢？对此，成玄英本人未有明确的文字说明。不过，就重玄论道教哲学的本质言，这两个方面是应该相统一的。事实上，若从成玄英"道者，虚通之妙理"的"道"本论出发，来看他的物质自然观，他所说的事物之存在的条件性与"独化"性并不矛盾。何以见得？世界上的事物均处在相互依赖和相互联系中，这是常识，也是最基本的事实，不可怀疑。然而，事物何以能相互依赖和联系呢？显然，这个依赖和联系之发生必然有前提条件，这就是每个事物自身必须要有一种能够接受它之外的他物之作用的性质、可能，这便是其自身"独化"的性质。可见，事物的"独化"性恰恰是其因缘性的内在依据。所以，这两个方面在本质上是相一致的。

三、"道契重玄，境智双绝"

这是成玄英的认识论、方法论和真理论，也是他的修养论和境界论。这是"道者，虚通之妙理"的"道"本论在认识论、方法论和境界论上的展开。

根据《老子》第一章的论述，"道"是很玄妙的。玄就玄在"道"是有与无的统一体，若只用"有"或只用"无"来定谓"道"，均会失去"道"之为道的真实本质；只有从"有"、"无"一体出发来认识它，"道"才是真"道"或活"道"。然而，关于这一点，《老子》讲得很概括、很原则。成玄英就从对"玄"的定谓入手，对此作了进一步说明，指出："玄者，深远之义，亦是不滞之名。有无二心，徼妙两观，源于一道，同出异名。异名一道，谓之深远。深远之玄,理归无滞,既不滞有,亦不滞无,二俱不滞,故谓之玄也。"(《老子疏》)这样,成玄英就把"道"的有、无一体性很明确、很清楚地揭示出来了。他以为,"至道"是"非有非无"的统一体,所以执有执无以论"道"都是错误的。

成玄英不但从定谓"玄"出发对"道"的有、无一体性作了揭示,他还对"又玄"或"重玄"作了明确诠释。他说,之所以要说"玄",是为了不滞于"有"、"无"之一端;但这样一来,人们又会执"玄"不放,为"玄"而玄,以之成病,所以就要不滞于"玄","此则遣之又遣,故曰玄之又玄"(同上)。很明显,他对"重玄"的阐述具有重要的方法论意义。人们总习惯于在"有"、"无"之间作非此即彼的单项选择,或溺于"有",或滞于"无",很难从非有非无、即有即无的"有"、"无"一体出发来认识"道"。这样,当把"道"作为"有"观时,就把它具体化和实体化,使其同于一物;而把"道"作为"无"观时,又会把它抽象化,使其脱离了具体存在而成为非存在。在此两种情况下,原本是活的、真的"道"都会被肢解开来而成为死的非"道"了。为了救治此病,即"今欲治此两执,故有再损之文。既而前损损有,后损损无,二偏双遣,以至于一中之无为"(同上)。在此,既要对单纯的"有"或单纯的"无"作否定,又要对这种"否定"本身再作否定,即既要否定滞于有无的"滞",又要否定不滞于有无的"不滞",这就是"遣之又遣,玄之又玄"的"双遣"或"重玄"。

在《庄子疏》中,成玄英也多次阐发了这种"双遣"法或"重玄"法。他指出:

> 即有即无,即寂即应,遣之又遣,故深之又深。既而穷理尽性,故能物众物也。(《天地疏》)

> 遣之又遣,乃曰至无。而接物无方,随机称适,千差万品,求者即供,若悬镜高堂,物来斯照也。(同上)

> 今论乃欲反彼世情,破兹迷执,故假且说无是无非,则用为真道。是故复言"相与为类",此则遣于无是无非也。既而遣之又遣,方至重玄也。(《齐物论疏》)

这里所说与《老子疏》中的思想完全一致。其意思也是很明确的,即要遣去有无、是非等等的非此即彼的认识方式,目的旨在达到一种"即有即无,即寂即应","应寂相即",若镜照物的意境,这才是"重玄"的精妙所在。他在疏解《庄子·齐物论》之"俄而有无矣,而未知有无之果孰有孰无也"一句时,还从体、用统一的角度对"重玄"法作了阐释,说:"前从有无之迹入非非有无之本,今从非非有无之体出有无之用。而言俄者,明即体即用,俄而之间,盖非赊远也。夫玄道窈冥,真宗微妙,故俄而用,则非有无而有无;用而体,则有无非有无也。是以有无不定,体用无恒,谁能决定无耶?谁能决定有耶?此又就有无之用明非有非无之体者也。"

成玄英的"重玄"法是对道家固有的倡玄思想的诠释和发挥,同时也明显吸收了佛教大乘中观思想的内容。他所谓的"唯药与病一时俱消"(《老子疏》)的思想,就与佛教中观学典籍《大智度论》所谓的"病破药出"的思想完全一致。这种"药病俱消"就是病药双遣。用这一病药模型来观察"道",就是有无双遣的"重玄"法。

不难看出,成玄英的"重玄"说既是方法问题和认识问题,同时也是一种境界问题。因为当对有、无二者作了"遣之又遣,玄之又玄"的双遣后,其结果只能是一种境界,这就叫"道契重玄,境智双绝"(《老子疏》)。这里的"境"当指外在的环境或物,而"智"就是智慧或心。在达到了"道契重玄"后,境和智就都实现了最大的提升和最高的超越,即"境智洞忘"或"物我兼忘"(《大宗师疏》),这自然就造成了一种境界。在这种境界中,"彼我两忘,是非双遣"、"心境两空,物我双幻"(《齐物论疏》)、"混同万物,冥一变化"(《大宗师疏》),作为主体的人只有体悟、体验,而没有名言,因为"至道绝言,言即乖理,唯当忘言遣教,适可契会虚玄也"(《老子疏》)。成玄英所说的"不见有我身相,故智慧明照也"(同上)、"发心照物,由乎自然之智光"(《庚桑楚疏》)、"能所相应,境智冥合"(《则阳疏》)等等,都是描绘在把握了大道之后所达到的境界以及在此种境界中主体的精神体验。

四、"因其素分,任其天然"

这是成玄英的人生观和社会观,是其"道"本论在人生问题上的具体展现。

成玄英的"重玄"论的"道"论有较深的哲学思辨性和理论性。然而，他毕竟是一个道教学者，他注疏《老子》和用三十余年"研精覃思"《庄子》，不仅仅是为了抽绎其中的思辨理论而建构一种纯哲学，他的目的是为了解决人如何得道成仙的问题，这也正是一切道教哲学理论的最后落脚处。

要谈人的修仙问题，不能不涉及人之存在的社会及社会政治问题。所以，在成玄英的道教理论中包含有他对社会问题的不少看法。他首先极力反对传统儒家的仁义说教，认为"仁义者，非真性也"，如果按仁义之说而行，"舍己效物而行仁义者，是减削毁损于天性也"（《骈拇疏》），就会使人失去了自己的真性情，失去了自我。他把仁义比喻为束缚人的牢笼，认为"夫仁义礼法约束其心者……何异乎鸠鹗之鸟在樊笼之中，称其自得者也？"（《天地疏》）在他看来，仁义简直就是那些吸人血的讨厌蚊虻，"蚊虻噆肤，肤痛则彻宵不睡，是以外物虽微，为害必巨。况夫仁非天理，义不率性，舍己效他，丧其本性，其为害也，岂眯目噆肤而已哉？"（《天运疏》）仁义既然残害了人的真性情，使人失去了"自我"，那自然就与修仙之理相悖。同时，成玄英认为，即使就治理社会而言，也不可用仁义之法、礼仪之则，而要"因循任物"，无为而治。他说："万物感禀自然，若措意治之必乖造化"（《在宥疏》），这样，"夫帝王者，上符天道，下顺苍生，垂拱无为，因循任物，则天下治矣。而逆万国之欢心，乖二仪之和气，所作凶悖，则祸乱生也"（《天运疏》），只有无为而治，才能天下大治。

若把成玄英的"因循任物"、率性而动的思想和方法与道教的修道理论联系起来，就构成了他的特有的心性论的修道论。作为一名道士，成玄英自然操有不少传统道教的长生久视、飞升成仙的语言，但同传统道教的神仙思想已大相径庭。他不感兴趣甚至反对传统的肉体成仙之说。他认为人的肉体飞升成仙是不可能的，因为人"一身是幻"（《老子疏》），人身是"异物相假，众诸寄托，共成一身"（《大宗师疏》）的，因而人的肉体是终有生灭的，不真实的、虚幻的肉体怎么可能飞升仙去呢？在否定了传统道教的肉体成仙说之后，成玄英的"重玄"论的道论哲学就贯彻和落实在了修道论的宗教实践中，这就是他的"因其素分，任其天

然"(《天道疏》)的心性修养理论。这一理论的基本点就在于"率性"与"合道"的统一。他指出:

> 率性而动,汎然自得,故无所禀承者也。(《大宗师疏》)
> 夫大块物,率性而动,若有心师学,则乖于自然,故不得也。(《则阳疏》)
> 人天双遣,物我两忘,既曰无终,何尝有始?率性合道,不复师天。(同上)

在成玄英看来,"率性"正是"合道"。所谓"率性"就是按照人的自然本性、真性而行,不假造作,自然而然。他把人的这种真性之动比喻为如镜照物,自然天成,说:"镜之能照,出自天然,人之喜好,率乎造物,既非矫性,所以无穷","夫镜之照物,义在无情,不问怨亲,照恒平等"(《则阳疏》)。人的心亦应如镜那样而动,这样才能不被外物所累以表现自己的真性,这就是"智冥造物,神合自然"(《寓言疏》),也就是"用自然之道,虚其心以待物"(《徐无鬼疏》)。相反,"夫有心仿效造化而与物俱往者,此不率其本性也,奚足以为修其事业乎?"(《则阳疏》)心平如镜,性率其真,这就是人的心、性的自然本质,这与"道者,虚通之妙理"的"道"的自然本质是内在一致的。所以,"率性"就能"合道",也就能得道。当然,人的自然本性、真性因受到长期的社会环境的感染,是难以表现出其自然的本质的,所以才需要修持,这就是成玄英的修道论。

由此可见,成玄英以"率性合道"作为得道成仙之路,实际也就是通过人的心性修养以达到一种超脱的精神境界。这种思想与佛教的"治心为先"说、儒家的"率性之谓道"说是相一致的。可以说,成玄英的心性论的修道论是融合儒释道三教思想而成的。他的心性论对后来李翱的"复性"说有一定影响。

第三节 司马承祯《坐忘论》的道教哲学

司马承祯(647～735年),字子微,法号道隐,河内温(今河南温县)人。21岁时入道,师事潘师正,为南朝道士陶弘景的三传弟子(即陶弘景——王远知——潘师正——司马承祯）。后隐于天台山玉霄峰,自称"白云子"或"白云道士"。武则天闻其名,召至京师,"降手敕以赞美之"(《旧唐书·司马承祯本传》)。唐睿宗景云二年(711年),又奉诏入宫,问以阴阳术数及理国之事,睿宗深为赞赏。唐玄宗开元九年(721年),遣使迎入京,亲受法录,前后赏赐甚厚。开元十五年再诏入京,玄宗令他住在王屋山阳台观,以利方便召见。因其善篆隶字,玄宗命他以三体写《老子》,刊正文句,定著五千三百八十言,为真本。其著作有《坐忘论》一卷,《天隐子》八篇,《修真秘旨》十二篇,《修身养气诀》一卷,《服气精义论》一卷等。最能代表他的道教思想的是《坐忘论》、《天隐子》。

从初唐到盛唐,唐代道教的主流是重玄学,侧重于"玄之又玄,遣之又遣"的思辨哲学理论和心性修养理论,成玄英、李荣等为其代表。但道教毕竟是一种宗教,它的根本目的并不在于一味地探索道教哲学理论的建设问题,最终要落实到人如何长生、得道成仙等宗教实践的问题上。司马承祯正是把重玄论与道教的修养实践论结合起来的代表者。司马承祯师于潘师正,而潘则从茅山道士王远知受学,王则出师于臧矜,受重玄学思想影响,后又居茅山得陶弘景所传上清经法。所以,司马承祯所传上清派茅山宗实则兼有两个传统:传自臧矜的是重玄学,源于陶弘景的则是上清派的养生法。由于这样的地位和关系,司马承祯一方面阐发其服气养神之道,另一方面又将重玄学的心性修养论具体化为宗教实践,主张在坐忘主静的修养实践中复归真性,以救玄谈心性之弊。

司马承祯的道教理论的重心是怎样修道成仙。围绕这一重点,他的道教思想或理论自然就包括有两个方面的内容:一是修炼形体,二是修养心性。关于炼形方面,他有《服气精义论》一卷,专论如何养气炼形。该书凡九论,曰:五牙论、服气论、导引论、符水论、服药论、慎忌论、五脏论、服气疗病论、病候论。其内容无非是如何注意饮食、居处、劳逸、按摩等方面,以保持血脉畅通,以固元气之本。这是关于道教宗教实践方面的做法,与道教哲学的关系不大。下面,我们主要阐述一下他的"坐忘论"的修心养性的思想理论。

司马承祯的《坐忘论》讲的是道教的修炼方法,但同时也涉及许多理论问题,融道教的修养理论与方法于一体是其特点。全书分为七个部分:"敬信一"、"断缘二"、"收心三"、"简事四"、"真观五"、"泰定六"、"得道七"。这也是修道的七个步骤和层次。

第一,"敬信"。这是关于修道的信仰问题。司马承祯认为,修道者首先要有坚定的信仰,他说:"信者,道之根;敬者,德之蒂。根深则道可长,蒂固则德可茂。"(《坐忘论》。下引本书不再注出)他把"信"的问题提高到了"道之根"的地位,要求修道者首先必须虔诚信仰道,若"信道之心不足,乃有不信之祸及之,信道之可望乎?"只有坚信不惑,"如人闻坐忘之言,信是修道之要,敬仰尊重,决定无疑者,加之勤行,得道必矣!"心诚则信,心诚则灵,心诚就能得道。所以,"敬信"也就是突出和体现一个"诚"字。敬信是得道的第一步或前提条件。

第二,"断缘"。即断绝尘缘,不为俗累。司马承祯指出:"断缘者,断有为俗事之缘也。弃事,则形不劳;无为,则心自安。恬简日就,尘累日薄,迹弥远俗,心弥近道,至圣至神,孰不由此乎?"他认为,修道与世俗生活是截然不同的,世俗之人"或显德露能,来人保己;或遗问庆吊,以事往还;或假修隐逸,情希升进;或酒食邀致,以望后恩",这些"巧蕴机心,以干时利"的做法,自然与"道"相去甚远。所以,要修道就要斩断尘缘,"无事安闲,方可修道",最终达到老子所主张的"塞其兑,闭其门,终身不勤"的境地。

第三,"收心"。这是通过心性修养以得道的基本功夫。司马承祯认为,心为"一身之主,百神之帅。静则生慧,动则成昏"。所以,"学道之初,要须安坐,收心离境,住无所有。因住无所有,不著一物,自入虚无,心乃合道"。包括司马承祯在内的宗教家都认为,境由心生,只有收心,使心无纤尘所染,才能脱离尘俗之境,心与道才可合一而得道。他指出:"至道之中,寂无所有,神用无方,心体亦然。原其心体,以道为本。但为心神被染,蒙蔽渐深,流浪日久,遂与道隔。若净除心垢,开识神本,名曰修道;无复流浪,与道冥合,安在道中,名曰归根;守根不离,名曰静定。静定日久,病消命复;复而又续,自得知常。"这里所谓的"命复",就是恢复心的清静状态;"知常"就是知"道",亦即得道。只有心静如水,纯净无染,人才能达到"道"的境界。所以,得道的功夫在收心。

那么,怎样具体地来收心呢?司马承祯认为要由动入静,逐渐达到。

他说:"心法如眼也,纤毫入眼,眼则不安,小事关心,心必动乱。既有动病,难入定门。是故修道之要,急在除病,病若不除,终难得定。"正如眼能自然视物一样,心则自然要思、要想,这恰是修道的大忌。所以,为道之要就要收心。而这个"收"则必然是一个渐次的过程,"久久调熟,自得安闲。无问昼夜行住坐卧及应事之时,常须作意安之。若心得定,即须安养,莫有恼触,少得定分,即堪自乐,渐渐驯狎,惟益清远"。

收心的结果是什么呢?司马承祯在阐发《老子》的"夫物芸芸,各归其根……"一段时这样指出:"若执心住空,还是有所,非谓无所。凡住有所,则令心劳,既不合理,又反成病。但心不著物,又得不动,此是真定正基。用此为定,心气调和,久益轻爽,以此为验,则邪正可知矣。"一般人以为,收心的结果就是空心,既"执心住空"。司马承祯认为这是不对的。因为这样一来,正是执"空"为有,即有所执著,使心为空而"空",仍有心劳成病之嫌,根本达不到收心坐忘之目的。他指出了收心过程中所出现的四种偏差:(1)"心起皆灭,不简是非,则永断觉知,入于盲定。"(2)"任心所起,一无收制,则与凡夫元来不别。"(3)"唯断善恶,心无指归,肆意浮游,待自定者,徒自误耳。"(4)"遍行诸事,言心无所染者,于言甚善,于行极非。"第一种情况就是那种"永断觉知"的"空"心说,而第二种情况则是那种"任心所起"的"凡夫"之心,这是两种极端,自然不得收心之要。而第三种情况的让心"自定"说和第四种情况的"心无所染"说,只不过是"自误"或说得好听罢了,事实上则行不通。特别值得注意的是,司马承祯认为,以心为"空"或"任心所起"均是错误的,因为后者将"心"执著在外在现象上而迷途不返,前者则执"空"为对象,亦入分别相中。司马承祯的主张和方法是:"今则息乱而不灭照,守静而不著空,行之有常,自得真见。……所有闻见如不闻见,即是非善恶不入于心,心不受外名曰虚心,心不逐外名曰安心。心安而虚,道自来居。"很明显,他在此贯彻了重玄派的"玄之又玄,遣之又遣"的方法和原则。他反对把"心"作实体观或共相观,而要使"心"与物冥而为一,玄通无碍,以入非有非无、物我两忘的境界。

第四,"简事"。这是对待外物的态度,要求修道者安于道徒生活,安分守己,少有物欲,不为物累。司马承祯认为,人生必"尝于事物",但"事物称万,不独委于一人",因此,修道者要"外求诸物,内明诸己。知生之有分,不务分之所无;识事之有当,不任事之非当。任非当则分于智力,务过分则弊于形神。身且不安,何能及道?是以修道之人,莫若断简事物,知其闲要,较量轻重,识其玄取。非要非重,皆应绝之"。他进一步指出:"蔬食弊衣,足养性命,岂待酒肉、罗绮然后生全哉!是故于生无所要用者并须去之,于生之用有条者亦须舍之。财有害气,积则伤人,虽少犹累,而况多乎?……夫以名位比道德,则名位假而贱,道德真而贵。能知贵贱,应须去取,不以名害身,不以位易志。"总之一句话,道教徒们要安于清修。

第五,"真观"。这是看待现象世界的方法或角度,即司马承祯所谓的"智士之先鉴,能人之善察,究倪来之祸福,详动静之吉凶。得见机前,因之造适"。那么,怎么才能做到"真观"呢?司马承祯提出了关于心、境关系的看法,说:"若以合境之心观境,终身不觉有恶;如将离境之心观境,方能了见是非。"这意思是说,"不识庐山真面目,只缘身在此山中",若沉溺于现象世界中就永远看不到现象界的真象,这正如自醉者不觉有醉而只有清醒的人才知醉者之醉一样。可见,"真观"就是要宅心物外。"观本知末,又非躁竟之情,是故收心简事,日损有为,体静心闲,方可观妙。"这是说,收心、简事等是真观的前提,只有先收心、简事方可做到真观。

第六,"泰定"。这是通过"收心"、"真观"而达到的精神状态。这时已处在得道的前阶了。司马承祯说:"夫定者,尽俗之极地,致道之初基,习静之成功,持定之毕事。形如槁木,心若死灰,无感无求,寂泊之至。"可见,"泰定"阶段的最大特点是修道之人进入了一种"无感无求,寂泊之至"的境界中。到了这一步,离得道成仙自然不远了。司马承祯还认为,当心处于"寂泊之至"的虚静之境时,自然会生"慧",因为"心为道之器宇","虚静至极,则道居而慧生"。在他看来,生慧并不难,因为慧是人的本性中固有的,只要心静自然生慧。难则难在"慧而不用",这是因为"慧能知道,非得道也"。而世俗之人往往"知得慧之利,未知得道之益,因慧以明至理,纵辩以感物情,与心绚事,触类而长,自云处动而心常寂,焉知寂者寂以待物乎?"何谓"慧而不用"?又何谓"慧能知道,非得道也"？司马承祯的说解多少有点暗晦。其实他这里的意思是说，心由静生慧后，人们往往因慧而慧，即执著于慧，把慧与物割裂开来，这样的话，人的心就因寂而寂而成为死的了，孰不知"寂者寂以待物"，真正的"寂"并不是脱离物的死寂或空寂，而是与物玄冥合一的一种境或境界。所以，司马承祯在此贯彻的仍是重玄学的"双遣"原则和方法，反对将"心"死寂化或实相化。

第七，"得道。"这是修道的最终结果，即得道成仙。什么是"道"呢？司马承祯说："道者，神异之物，灵而有性，虚而无象，随迎不测，影响莫求。不知所以然而然，通生无匮，谓之道。"这样的"道"已与《老子》所说的"道可道，非常道"的"道"相去有间，它真有点神道的意味了。倘若道教徒真的能获得这样的"道"，自然就可以长生，可以成仙了。这里有一个问题：人的肉身怎么能得到如此神的"道"呢？司马承祯有个解释，谓"空心谷神，唯道来集"，"形随道通，与神为一"。原来，"神"是形与道相统一的中介：先是神与形合，"神性虚融，体无变灭，形与之同，故无生死"。精神是不生不灭的，形与神同，形自然就不生不灭了；再"神与道合，谓之得道"，"神不出身，与道同久"。这样，在形神合一的前提下，形道也就合一了，这就叫"炼形入微，与道冥一，散一身为万法，混万法为一身，智照无边，形超靡极"。至此，司马承祯的"坐忘论"的修道论就最终实现了。

以上就是司马承祯的主静、坐忘的修道理论和方法。这里尚有一个问题要顺便谈一下，这就是：司马承祯的整个道教思想是由炼形与养性两个方面构成的，那么，这看似相反的两个方面是如何统一起来的呢？他以"气"为中介解决了这个问题。他在《服气精义论》中指出："夫气者，道之几微也。几而动之，微而用之，乃生一焉，故混元全乎太易。夫一者，道之冲凝也。冲而化之，凝而造之，乃生二焉，故天地分乎太极。是以形体立焉，万物与之同禀；精神著焉，万物与之齐受。在物之形，唯人为正；在象之精，唯人为灵。并乾坤，居三才之位；含阴阳，当五行之秀，故能通玄降圣，炼质登仙。"可见，"道"的几微是"气"，由气演化开来，成天地，生万物，造人形；人为万物之灵，故"当五行之秀"。这活似一幅宇宙生成图。这样，人的炼形与炼神就相一致了，也就与"道"相契合了。如果将司马承祯这里的元气说与后来周敦颐的《太极图说》作一比较，当不无意义。

司马承祯的"坐忘论"以老、庄思想为依据，吸收了佛教天台宗的止观、禅定方法，使宗教理论与宗教实践结合了起来，给后世道教以极大的影响，尤其在道教由外丹转向内丹的过程中，这一理论起了重要作用，成为宋元道教内丹学的理论先驱，也给宋明理学以一定的影响。

第七章 李筌的"盗机"论与军事辩证法

李筌,唐代道教学者,号达观子,唐陇西(今甘肃秦安东)人。生卒年不详,大约活动于唐玄宗至肃宗时。少年时喜好神仙之道,曾隐居在嵩山的少室山。因新旧《唐书》均未为其立传,故其生平事迹不详,或说唐玄宗开元(713～741年)中曾为江陵节度副使、御史中丞,或说为荆南节度判官,或说为荆南节度副使、仙州刺史等。时为李林甫所排挤,入名山访道,后不知所终。其哲学思想主要反映在《太白阴经》和《阴符经疏》中。

第一节 李筌的天人观与"盗机"论

在《阴符经疏》中,李筌明确谈到了关于宇宙的起源和生成问题,说:

> 天者,阴阳之总名也。阳之精气轻清,上浮为天;阴之精气重浊,下沉为地,相连而不相离。……故知天地阴阳之二气,气中有子,名曰五行。五行者,天地阴阳之用也,万物从而生焉。万物则五行之子也。故使人观天地阴阳之道,执天五气而行,则兴废可知,生死可察。除此处,无可观执,故言尽矣。

李筌的这个讲法与汉代以来的元气论思想相一致。在李筌看来,所谓"天"只不过是阴、阳二气的总称罢了,整个宇宙就是阴阳二气;由二气生五行,再由五行生万物,遂展开为形形色色的大千世界。世界万物的兴废生死均可从阴阳五行的运行中得到说明。

李筌关于宇宙起源的思想并没有说到此为止。他接着阴阳要进一步追寻下去:阴阳本身又是从哪里来的呢?他说:"阴阳生万物,人谓之神,不知有至道,静默而不神,能生万物阴阳,为至神矣。"(《阴符经疏》)可见,在阴阳之上还有个"至道"或"至神",它才是阴阳的最后根据。就此而论,李筌的宇宙论不仅具有汉代宇宙生成论的成分,且有点神秘的味道。好在李筌并没有就此止步,他进一步对"至道"或"至神"的性质作了说明:"神者,妙而不测也。《易》曰:'阴阳不测谓之神。'人但见万物从阴阳日月而生,谓之曰神,殊不知阴阳日月从不神而生焉。不神者何也?至道也。言至道虚静,寂然而不神,此不神之中,能生日月阴阳、三才万物,种种滋荣而获安畅,皆从至道虚静中来。乃不神之中而有神矣。"(同上)这就不难看出,原来,李筌所说的"至神"或"至道"并不是一种实体性的存在,它是一种功能、功用性的东西,是"寂然而不神",是不神之"神"。换言之,这种"神"是在阴阳五行的生化过程中体现出来的,是阴阳五行的一种运行本性、本质。这就从体、用的意义上厘正了"至道"、"至神"与阴阳五行的关系:"至道"、"至神"是体,但这个"体"不是实体而是本体,它的特点是虚静、寂然、不神而神。这样,李筌关于"至道"的阐释就与成玄英所谓的"夫至道虚通,妙绝分别"、"道者,虚通之妙理,众生之正性也"(《老子疏》),与李荣所说的"道者,虚极之理也"、"道本虚玄"(《老子注》)的思想一致起来了。这体现和反映了唐代道教重玄思想的基本特点和道教哲学的发展水平。正因为这样,李筌才在《太白阴经》卷一中说:"天圆地方,本乎阴阳。……夫天地不为万物所有,万物因天地而有之。阴阳不为万物所生,万物因阴阳而生之。""至道"或"至神"的本原、本体就在阴阳化生万物的用中展现出来了。李筌的整个宇宙论思想可表示为:

在李筌的天人关系思想中,最有特色的是他的"盗机"论。这是他的阴阳五行宇宙观的进一步深入。从起源上来说,由阴阳生天地五行,再由天地五行生万物。但在已经生成了的现实世界中,阴阳、五行、万物是同时并存的且处在相互作用的过程中。李筌的"盗机"说就是以一种独特的方式和语言来揭示与描述包括人及社会在内的天地万物间的相辅相成的制衡关系的。

与以前的阴阳、五行说不同,李筌把它们之间的关系称为"贼"或"盗"。他在疏解《阴符经》的"天有五贼,见之者昌。五贼在心,施行于天。宇宙在乎手,万物生乎身"句时说:

> 天生五行,谓之五贼。五贼者,五行之气也,则金木水火土焉。……所谓贼者,害也,逆之不顺,则与人生害,故曰贼也。此言阴阳之中,包含五气,故云天有五贼。……贼者,五行更相制伏,递为生杀,昼夜不停,亦能盗窃人之生死、万物成败,故言贼也。(《阴符经疏》)

在疏解《阴符经》的"天地万物之盗,万物人之盗,人万物之盗"经文时又说:

> 天复地载,万物潜生,冲气暗滋,故曰盗也。
> (万物)从无形至于有形,潜生复育,以成其体,如行窃盗,不觉不知。天地亦潜与其气,应用无穷,万物私纳其复育,各获其安,故曰天地万物之盗。
> 万物盗天而长生,人盗万物以资身,若知乃合宜,亦自然之理。(同上)

在李筌看来,万物的生育、成长是阴阳二气相作用的结果,站在万物的角度来说,这就如同万物对阴阳二气的盗取。天地万物间有这种"盗"的关系。同样,人与万物间也有此种"盗"的关系,即人能盗取阴阳之气及其生成物来资养自己,"人于七气(按:即阴、阳与金、木、水、火、土)之中,所有生成之物,悉能潜取以资养其身,故言盗,则田、蚕、五谷之类是也"(《阴符经疏》)。而且,不仅人能"盗"天地万物,天地万物亦能"盗"人,"殊不知万物反能盗人以生祸患"(同上)。李筌所说的"贼",就是万物"盗"人的一种表现,即五行"逆之不顺,则与人生害"。

尽管天地万物能"盗"人而使人受害,但人是万物之灵,人在万物面前并不是消极被动的,而是积极主动的,即人能主动地"盗窃"天机。对此，李筌指出："人但能明此五行制伏之道，审阴阳兴废之源，则而行之……则为福德之昌盛也。……人用心观执五气而行，睹逆顺而不差，合天机而不失，则宇宙在乎掌中，万物生乎身上，如此则吉无不利，与道同游，岂不为昌乎？"（同上）值得注意的是，李筌在此突出了"机"的问题，要人"合天机而不失"。天地、万物、人之间的相"盗"的关系并不是直接袒露出来而让人一目了然的，这是一种"盗"的行为，如同小偷入室行窃一样是暗中进行的，这就自然要求人要把握"盗机"。何谓"盗机"？李筌这样说："何名为盗机？缘己之先无，知彼之先有，暗设计谋而动其机数，不知不觉，窃盗将来，以润其己，名曰盗机。"（同上）可见，李筌所谓的"盗机"，实际上就是掌握事物运动的规律性。天地万物间"递为生杀"，相互"盗窃"，遂有形形色色的现象发生。但现象并不直接将其后的本质、规律展露无遗，规律是隐藏在现象中的更为深刻的东西，它假现象之手以表现自己并同时以隐藏自己。李筌把这叫做"盗机深妙，易见难知"（同上）。这大有黑格尔所谓的"理性的狡计"的味道。正因为这样，人就要充分发挥积极性和主动性，要"暗设计谋而动其机数"，把握天地阴阳运动的先机，方能真正"盗"天地之财而资养自己。

为了真正掌握"盗机"，李筌还区分了君子和小人两类人，这两类人把握"盗机"的动机不同，其效果当然不同。他说："君子知至道之中，包含万善，所求必致，如响应声；但设其善计，暗默修行，动其习善之机，与道契合，乃致守一存思，精心念习，窃其深妙，以滋其性。或盗神水华池、玉英金液，以致神仙。贤人君子，知此妙道之机，修炼以成圣人。故曰：君子得之固躬矣。小人得之轻命者，但务营求金帛，不惮劬劳；或修才学武艺，不辞疲瘁，饰情巧智，以求世上浮荣之机；或军旅倾败，贪婪损己；或耽财好色，虽暂得浮荣，终不免于患咎。盖为不知其妙道之机，以致于此。故曰：小人得之轻命也。"（《阴符经疏》）李筌以为，只有君子的"习善之机"、"固躬之机"才是真的"盗机"，因为它的目的有益于人自身，使人可得神仙妙道。而小人之"机"则是轻命之机，这种"机"只是凭一时的小聪明行欺世盗名之实罢了，终会给他们带来灾祸的。《列子·天瑞》篇中讲了一个故事，说齐国有个姓国的人大富，宋国有个姓向的人大贫。于是向氏就去请教国氏的致富之道，国氏说他"善盗"。向氏听后果然去入室行窃,结果被贼赃俱获治了罪。后来向氏就指责国氏欺骗了他,国氏得知了向氏的做法后就说,"天有时,地有利,吾盗天地之时利",这就是我的"盗"。李筌评论说:"国氏盗天而获富,人皆见种植之机,不知其所获之深理。"(同上)像向氏的那种盗简直就是强盗了。

李筌的"盗机"论不仅论述了天地阴阳与人之间的作用和制衡问题,他还把它与道教神仙的长生说结合了起来。他认为,君子通过"设其善计"、"习其善机",就能"与道契合",达到"守一存思","以滋其性";或者"盗神水华池、玉英金液,以致神仙"。前者是"盗"道以养性,后者是"盗"形以成仙,这是说修仙之道在于察明天道阴阳的机要,盗取其机宜,方能成功。在唐代道教中,李筌的这种修道论别具一格。

以上是李筌的宇宙论及"盗机"论的思想大要。从这里我们可以看出:

第一,李筌的"盗机"论阐述的是天人关系的问题。先秦荀子有"天人相分"、"制天命而用之"的光辉思想。李筌的"盗机"论可以说是荀子天人思想在唐代的另一种形式的继续。李筌要人去把握"盗"之机,要"盗"天地之财以资我用,还要"盗"天地之"道"以滋其性,这与"制天命而用之"的思想不无一致之处。更重要的是,李筌在阐发其"盗"取天机的思想时,明确区分了天道与人道的不同。他指出:"愚人仰视三光,观天人之变易,睹雷电之震怒,或寒暑不节,或水旱虫蝗,恐祸及身,悉怀忧惧,愚人以此为天地文理圣也。时物文理者,但君怀廉静,臣效忠贞,狞鹊不喧,边烽无燧,兆人康乐,环宇宁泰,纵天地灾祥,无能为也。……水旱者,天地也;文理者,时物也。若明时物之理者,皆能转祸为福,易死而生。故曰:我有时物文理哲。"(《阴符经疏》)这里的"天地文理"指天道,"时物文理"指人道。李筌认为人道与天道是有区别的,如果明白了"时物文理"而懂得了人道,那么,天道不仅不能左右人道,还可以促使天道向人道的转化。这些思想对后来中唐时期柳宗元、刘禹锡的天人"各不相与"、"天人交相胜"的思想不无影响。

第二,李筌的"盗机"论强调了人的主观能动性的发挥,这是有积极意义的。但他有夸大人的主观作用的倾向,如认为:"夫春风东来,草木甲坼,而积廪之粟不萌;秋天肃霜,百卉俱腓,而蒙蔽之草不伤。阴阳寒暑为人谋所变,人谋成败岂阴阳所变之哉?"(《太白阴经》)他甚至说:"夫人心主魂之官,身为神之府也。将欲施行五贼者,莫尚乎心。故心能之士有所图,必合天道。此则宇宙虽广,观览衹(只)在手中;万物虽多,生杀不出于术内,故曰:心正可以辟邪也。"(《阴符经疏》)这就走得更远了。

第二节 李筌的军事辩证法思想

道家向与兵家关系密切,这一点从道家的最初经典《老子》中就可看出。唐代的道教徒李筌继承了道家的这一传统,对韬略权谋很有兴趣。他注过《孙子》,尤其是著《太白阴经》十卷,对《孙子兵法》中的军事辩证法思想多有发挥。可以说,这是他的"盗机"论思想在军事上的具体运用。

李筌的军事辩证法思想可概括为以下四个方面:

一是关于地理环境的问题。自古作战就对地势、地形十分重视。兵家的最早典籍——《孙子兵法》中就辟有《地形》、《九地》篇,专论地形、地势在作战中的重要作用。李筌继承了这一思想,他说:"兵因地而强,地因兵而固。夫善用兵者,高邱勿向,背邱勿迎,负阴抱阳,养生处实,则兵无百病。"(《太白阴经》卷二《人谋下·地势篇第十九》。下引该书只注篇名)李筌明确指出,兵与地是相辅相因的关系,占据优势地形则能加强兵力,强大的兵力不仅利于夺取有利地形,而且有益于巩固、保存它。正是从这种相辅的关系出发,李筌主张积极主动地巧妙利用各种地形、地势以强己力。李筌还依据《孙子》关于利用地形的原则,具体提出了如何灵活选择和利用地形的方略,指出:"散地无战,轻地无留,争地无攻,交地无绝,衢地无合。重地则掠,圮地则行,围地则谋,死地则战。"(《地势篇第十九》)在诸侯各自为战的地方("散地")不宜战斗,在敌人的边界地区("轻地")不要停留,在敌我双方都可以利用的地区("争地")不要夺取,在几个诸侯国的交通枢纽地区("衢地")不可合围;而在敌人城邑附近的地区("重地")则掠夺其资源,在山林沼泽地带("圮地")要迅速通过,在敌方据守的险要地方("围地")要用智计取,在不战则亡的地区("死地")要拼死力战。李筌的这些作战方略未必全新,但却突出地贯彻了一个重要思想原则,即发挥人的积极主动性来灵活地利用地形、地势。李筌以为,地形在战争中固然重要,但不是绝对的决定条件,决定因素是人,所以,"天时不能佑无道之主,地利不能济乱亡之国。地之险易,因人而险,因人而易,无险无不险,无易无不易。存亡在于德,战守在于地,惟圣主智将能守之,地奚有险易哉?"(《地无险阴篇第二》)这与他的"盗机"论一样,突出了人的主体能动性。

二是关于人的勇怯问题。当时有这样一种流行观点:人的勇怯系"地势所生,人气所受",是不可改变的,即所谓"秦人劲,晋人刚,吴人怯,蜀人懦,楚人轻,齐人多诈,越人浇薄,海岱之人壮,崆峒之人武,燕赵之人锐,凉陇之人勇,韩魏之人厚"(《人无勇怯篇第三》)。对这种说法,李筌举例——作了驳斥。例如,他举历史史实证明秦国也打过不少败仗,故不能说"秦人劲";吴王夫差能称霸中原,不能说"吴人怯";蜀人在诸葛亮的统帅下屡兵中原,威加魏将,不可说"蜀人懦";项羽起兵灭秦,威施海内,不可说"楚人轻";齐国田横率五百壮士同时死难,不能说"齐人诈";越王勾践卧薪尝胆,九年灭吴,不能说"越人浇薄",等等。李筌的看法是:"所以勇怯在乎法,成败在乎智,怯人使之以刑则勇,勇人使之以赏则死。能移人之性,变人之心者,在刑赏之间,勇之与怯,于人何有哉?"(同上)人的勇怯并非先天的,也非地理环境所决定的,而与国家的刑赏制度有关。李筌在此仍然注重的是人的作用问题。但他有过分夸大刑赏功用之嫌。

三是关于国家强弱的问题。不仅人的勇怯可以改变,一个国家的强弱也可以改变。当时有一些泥古的腐儒认为,"兵强大者必胜,小弱者必亡。是则小国之君无伯王之业,万乘之主无破亡之兆"。李筌反对这种看法,他用历史事实批驳说,"昔夏广而汤狭,殷大而周小,越弱而吴强"(《术有阴谋篇第八》),但弱小者终于战胜了强大者。所以,一个国家的强弱并不是不可改变的。那么,国家如何由弱变强呢?一方面,李筌以为:"乘天之时,因地之利,用人之力,乃可富强。"(《国有富强篇第五》)但"乘天之时"并不是坐等天的恩赐,而是要主动地"春植谷,秋植麦,夏长成,冬备藏"(同上);"因地之利"并不是一味地恃险地、依沃土,而是要"饬力以长地之财";"用人之力"则要大力发展生产,"非有灾害疾病而贫者,非惰则奢;世无奇业而独富贵者,非俭则力"(同上)。另一方面,李筌主张积极发挥人治的作用,"苟有道理,地足容身,事可致也;苟有市井,交易所通,财货可积也。夫有容身之地,智者不言弱,有市井之利,智者不言贫。地诚任,不患无财;人诚用,不畏强御","国愚,则智可以强国;国智,则力可以强人","故知伯王之业,非智不战,非农不赡,过此以往而致富强者,未之有也"(同上)。"乘天时"、"因地利"与发挥人治作用这两方面是一致的,均说明人的主动性的发挥在国家由弱转强过程中的作用。

四是关于在战争中掌握主动权的问题。战争是参战双方力量的较量,也是双方指战员智谋的较量,稍有不慎就会招致失败,所以,在战略方针的谋划、战术战斗的实施中要充分注意运筹帷幄,发挥智谋的作用。李筌说:"夫善用兵者,以便胜,以地强,以谋取,此势之战人也。"(《作战篇第二》)怎么才是善用兵呢?善就善在要掌握先机,先发制人。李筌说:"夫道贵制人,不贵制于人,制人者握权,制于人者遵命也。"(《数有探心篇第九》)制人就是要掌握主动权,避免被动挨打。而要掌握主动权,首先是要握住战机,"见利乘时,帝王之贵。故曰:时之至间不容息。先之则太过,后之则不及。见利不失,遭时不疑,失利后时,反受其害"(《作战篇第二》)。战机的出现间不容息,稍纵即逝,一定要善于捕捉。如果像宋襄公那样在战机面前讲蠢猪式的仁义道德,那只能招致败北。其次,还要善于利用一切有利的形势,掌握了有利的形势,就像"建瓴水于高宇之上,奉然而无滞霤;又如破竹,数节之后,迎刃自解,无复着手"(同上)。这种形势对于发挥主动权是极为有利的。再之,还应扬长避短,即所谓"制人之术,避人之长,攻人之短;见己之所长,蔽己之所短。……夫鸟兽虫豸,尚用所长以制物,况其智者乎?"(《数有探心篇第九》)李筌还讲了如何扬长避短的方法:"夫人好说道德者,必以仁义折之;好言儒默者,必以纵横御之;好谈法律者,必以权术挫之。必乘其始,合其终,摧其牙,落其角,无使出吾之右。"(同上)这是说要根据不同的对象施以不同的权术,以己之长制敌之短。李筌说,做到这点很重要,否则,"虽有先王之道,圣智之术,而无此者,不足成伯王之业也"(同上)。

李筌还发展了《孙子兵法》中《九变》、《用间》等篇中的权谋思想,具体探讨了怎样驭敌的韬略权术。例如,他说:"探仁人之心,必以信,勿以财;探勇士之心,必以义,勿以惧;探智士之心,必以忠,勿以欺;探愚人之心,必以蔽,勿以明;探不肖之心,必以惧,勿以常;探好财之心,必以贿,勿以廉。"(同上)这是说要依据不同性格、人品来探索敌人的内心思想。他还说:"夫与智者言,依于博——智有涯而博无涯,则智不可以测博。与博者言,依于辨——博师古而辨应今,则博不可以应辨。与贵者言,依于势——贵位高而势制高,则位不可以禁势。与富者言,依于物——富积财而物可宝,则财不足以易宝。与贫者言,依于利——贫匮乏而利丰赡,则乏不可以赒丰。与贱者言,依于谦——贱人下而谦降下,则贱不可语谦。与勇者言,依于敢——勇不惧而敢刚毅,则勇不可以憖刚。与愚者言,依于锐——愚质朴而锐聪明,则朴不可察聪。"(同上)这是说要根据敌人的社会地位、经济地位、知识才能来发现其秘密以驭敌。李筌对这八个方面作了概括,说:"此八者皆本同其道而末异其表。同其道,人所欲听;异其表,听而不晓。如此则不测浅,不测深,吾得出无间,入无朕,独往而独来……谋何患乎不从哉?"(同上)

以上是李筌的军事辩证法思想。这些思想的内容已早见于《六韬》、《尉缭子》、《孙子》、《吴子》、《孙膑兵法》等古代的兵典中,不算新奇。但李筌用他的"盗机"论来阐发这些思想,就显出新意来了。

第八章　柳宗元、刘禹锡的儒家哲学与天人新义

柳宗元和刘禹锡是唐代中期著名的文学家和思想家,他们不仅在文学上取得了非凡的成就,而且还积极地参加了由王叔文领导的"永贞革新",成为改革运动的核心人物。在中国思想史上,柳宗元和刘禹锡是继王充、范缜之后的伟大的唯物主义思想家。在天人关系问题上,他们对传统流行的灾异、谴告、祥瑞等迷信学说进行了尖锐的批判,提出了天人不相预、天人交相胜等新的创见,在哲学史上作出了杰出的贡献。

第一节　柳宗元"天人不相预"的儒家哲学

柳宗元(773~819年),字子厚,祖籍河东解县(今山西运城县),因称柳河东;又因参与王叔文变法,被贬柳州,人称柳柳州。柳宗元出身于官宦家庭,年少聪颖,受过良好的家庭教育,酷爱古文,21岁时中进士。顺宗时与刘禹锡一道参加王叔文领导的政治革新集团,变法失败后,初贬邵州刺史,再贬永州司马,十年后又改贬为柳州刺史,47岁时病逝于柳州。柳宗元的著作为《柳河东集》,其中《天对》、《天说》、《非国语》、《封建论》等篇集中地体现了他的哲学思想。

一、元气自动的自然观

柳宗元在自然观上坚持元气为万物之本的唯物主义观念,认为:"本始之茫,诞者传焉。鸿灵幽纷,曷可言焉。曶黑晰眇,往来屯屯,庞昧革化,惟元气存,而何为焉。"(《天对》)世界上只有元气是万物之本,其他关于万物生成的各种荒诞学说都是错误的。那么元气又是什么呢?柳宗元进一步解释道:

彼上而玄者,世谓之天。下而黄者,世谓之地。浑然而中处者,世谓之元气。寒而暑者,世谓之阴阳。是虽大,无异果蓏、痈痔、草木也。(《天说》)

天地玄黄,充塞宇宙万物的无非是元气,元气就是构成一切事物的东西,就是所谓的阴阳二气的不断流动。"天地之无倪,阴阳之无穷"(《非国语》),一切事物的变化都不过是阴阳的变化而已。元气和阴阳合而为三,"合焉者三,一以统同。吁炎吹冷,交错而功"(《天对》)。元气统领着阴阳的变化,阴阳不过是元气的消长变化而已,万物的发生和变化都不过是元气阴阳之变化所导致的。

既然一切事物的存在和变化都不过是元气自身的阴阳变化而已,那么世界万物的存在和发生便与人或神没有什么关系。柳宗元说:"山川者,特天地之物也。阴与阳,气而游乎其间者也。自动自休,自峙自流,是恶乎与我谋?自斗自竭,自崩自缺,是恶乎为我设?"(《非国语》)在这里,柳宗元强调宇宙万物的变化都是"自动自休"、"自峙自流"的,这就排除了人为的和上帝的因素,坚持了朴素的唯物主义观点。

从上述观念出发,柳宗元对社会流行的天人感应观念进行了批判。他认为天道自为,不能干预人事。"天地,大果蓏也。元气,大痈痔也。阴阳,大草木也。其乌能赏功而罚祸乎?功者自功,祸者自祸,欲望其赏罚者大谬。呼而怨,欲望其哀且仁者,愈大谬矣。"(《天说》)天地、元气、阴阳等都是自然之物,不可能与社会人事发生感应关系,更不可能对社会人事实行什么赏罚。社会上的赏罚都是由于自身的原因,与天道无关。

柳宗元的结论是天人之间相互没有影响。"生植与灾荒,皆天也;法制与悖乱,皆人也。二之而已,其事各行不相预。"(《答刘禹锡天论书》)大自然的灾害是自然现象,和人事无关;而社会的治乱也和天意无关,完全是人为的结果。天人"不相预"就是柳宗元在自然观上所提出的伟大的命题。在柳宗元看来,"必曰赏以春夏,而刑以秋冬,而谓之至理者,伪也"(《断刑论》)。人事的赏罚和大自然的变化没有关系。传统官方的天人感应神学目的论主张人事的活动完全是依照天道的变化而行事,并且天人相通,相互感应,一切自然灾害和特异现象都与人事相关,这种观念完全是错误的。柳宗元根据天人不相预的观念认为:"春夏之有雷霆也,或发而震,破巨石,裂大木,木石岂为非常之罪也哉?秋冬之有霜雪也,举草木而残之,草木岂有非常之罪也哉?彼岂有惩于物也哉?彼无所惩,则效之者惑也。"(《断刑论》)雷霆雪霜是自然现象,其震裂木石,摧残草木,都是自然之力,并不是自然事物犯下了什么过错,因而一切自然灾异现象与人事无关。

柳宗元认为,天人感应和命定论的流行,主要原因有二:一是统治者为了愚昧百姓,"且古之所以言天者,盖以愚蚩蚩者耳,非为聪明睿智者设也"(《断刑论》)。二是缺乏努力实践的结果,"力足者取乎人,力不足者取乎神"(《非国语》)。柳宗元的结论是人事的好坏取决于仁义道德,"是故受命不于天,于其人;休符不于祥,于其仁。惟人之仁,匪祥于天;匪祥于天,兹惟贞符哉!未有丧仁而久者也,未有恃祥而寿者也"(《贞符》)。政治的好坏和统治的长久与否不取决于天命和祥瑞,而取决于仁义道德的推广。

二、重"势"的历史观

柳宗元在历史观方面提出了一个重要的观念:"势"。势就是客观必然性,就是历史发展的必然趋势。在柳宗元看来,人类历史的发展出现了君长刑政是历史发展的必然趋势,由宗法制过渡到郡县制也是历史发展的必然,并不是历史的倒退。传统儒学正统的历史观主张,三代宗法分封制是最完美的王道理想的实现,宗法分封制就是封建制,而封建制是完美的社会理想的化身,反对秦始皇所建立的以郡县制为代表的中央集权制度,因而在社会政治方面,思想家们一直存在着分封制和郡县制之争。柳宗元为此专门撰写了《封建论》一文,系统地论述了他对人类历史发展的认识,鲜明地反对封建制,批判流行的传统儒学的正统观念。他提出了"势"的观念,用以解释社会政治制度和措施的出现。在柳宗元看来,社会政治随着历史发展而不断变化,这些变化都是历史发展的必然,不能将历史发展看成是倒退的。柳宗元认为:

> 天地果无初乎?吾不得而知之也。生人果有初乎?吾不得而知之也。然则孰为近?曰:有初为近。孰明之?由封建而明之也。……彼其初与万物皆生,草木榛榛,鹿豕狉狉,人不能搏噬,而且无

> 毛羽，莫克自奉自卫。荀卿有言，必将假物以为用者也。夫假物者必争，争而不已，必就其能断曲直者而听命焉。其智而明者，所伏必众，告之以直而不改，必痛之而后畏。由是君长刑政生焉。故近者聚而为群，群之分其争必大，大而后有兵有德。又有大者，众群之长又就而听命焉，以安其属，于是有诸侯之列。(《封建论》)

天地万物和人类的最初起源是很难弄清楚的，但是我们可以从最早的宗法分封制历史记载开始把握。柳宗元的社会历史观继承了先秦荀子的思想，他认为社会政治的起源乃是由于人们为了生存，为了抵御大自然的压迫，必然要结成群体，而群体必然产生相互的争夺，从而导致了圣贤的产生，得到群众的拥护，于是便出现了刑政等制度和措施，产生了战争和道德，产生了分封制。所以封建制的出现并不像传统观点所讲的那样，是天意的体现，是圣人所创制的天下为公的最完美的社会制度；由秦始皇所实行的郡县制也并不是家天下的暴政，郡县制和宗法封建制一样，都是历史发展的必然。

柳宗元进一步论述道，封建制的出现虽然是古代圣王的发明，但并不能说就是永远正确的，是天意的体现，因为封建制的产生不过是历史发展的需要而已。柳宗元说：

> 彼封建者，更古圣王，尧、舜、禹、汤、文、武而莫能去之。盖非不欲去之也，势不可也。势之来，其生人之初乎？不初，无以有封建。封建，非圣人意也。(同上)

夏商周之所以一直奉行封建制，也并不是因为封建制是永远正确的，封建制仅仅是人类社会初始所产生的制度而已，是适应社会需要而不得已出现的，并不是圣人所创制的永恒的制度，"夫殷周之不革者，是不得已也。盖以诸侯归殷者三千焉，资以黜夏，汤不得而废。归周者八百焉，资以胜殷，武王不得而易。徇之以为安，仍之以为俗，汤、周之所不得已也"(同上)。殷周的革命成功是由于众多的诸侯的帮助，因而无法废除他们，必须继续维持封建制。实际上周王朝的衰败正是由于封建制，"余以为周之丧久矣，徒建空名于公侯之上耳。得非诸侯之盛强，末大不掉之咎欤？"而秦王朝之所以独霸天下恰恰是由于废除了封建制，实行郡县制的结果。"秦有天下,裂都会而为之郡邑,废侯卫而为之守宰,据天下之雄图,都六合之上游,摄制四海,运于掌握之内,此其所以为得也。"(同上)正因为封建制只是历史发展的需要的产物,并不是绝对的理想制度,因而周王朝的衰败恰恰就是由于封建制,而秦王朝实行郡县制则统一了天下。

然而许多人会提出疑问:为什么周王朝实行封建制维持了数百年的统治,而实行郡县制的秦王朝却仅仅维持了十余年的统治就分崩离析了?这难道不足以证明封建制是正确的吗?柳宗元通过分析认为,不能依据秦王朝的毁灭来断定郡县制的错误。他通过对周王朝和秦王朝垮台的原因的具体分析,认为二者灭亡的原因是不同的:

> 周之事迹,断可见矣。列侯骄盈,黩货事戎。大凡乱国多,理国寡。侯伯不得变其政,天子不得变其君,私土子人者,百不有一。失在于制,不在于政。周事然也。秦之事迹亦断可见矣。有理人之制而不委郡邑是矣,有理人之臣而不使守宰是矣。郡邑不得正其制,守宰不得行其理,酷刑苦役,而万人侧目,失在于政,不在于制。秦事然也。(同上)

王朝衰败的原因有两种,一是由于制度,一是由于政治。周王朝衰败的原因在于封建制度,而秦王朝失败的原因却在于具体的政治措施,不在于郡县制。

封建制的错误有二:一是私天下。殷周实行封建制乃是不得已,"夫不得已,非公之大者也,私其力于己也,私其卫于子孙也。秦之所以革之者,其为制,公之大者也。其情私也,私其一己之威也,私其尽臣畜于我也。然而公天下之端自秦始"(同上)。封建制的实质是保存诸侯以为自己服务,保卫自己的子孙,而郡县制虽然也有维护君权的私心,但却是公天下的开始。二是封建制不利于圣贤发挥作用。柳宗元认为:

> 夫天下之道,理安斯人得者也。使贤者居上,不肖者居下,而后可以理安。今夫封建者,继世而理。继世而理者,上果贤乎?下果不肖乎?则生人之理乱,未可知也。将欲利其社稷,以一其人之视听,则又有世大夫世食禄邑,以尽其封略。圣贤生于其时,亦无以立

于天下。封建者为之也,岂圣人之制使至于是乎?吾固曰:非圣人之意也,势也。(同上)

封建制实行的是世卿世禄制,不管人的贤愚,因而不利于社会的发展和稳定。所以,封建制并不是圣人创制的万古不变的完美制度,只是不得已而实行的具体体制而已。相比较而言,还是郡县制较封建制优越。正因为如此,郡县制自秦王朝实行后,一直到唐代都是实行此制,"唐兴,制州邑,立守宰,此其所以为宜也。然犹桀猾时起,虐害方域者,失不在于州,而在于兵。时则有叛将而无叛州。州县之设,固不可革也"(同上)。柳宗元在这里提倡郡县制不仅有其理论上的贡献,同时也有现实意义。唐代中期以后,藩镇割据,严重地危害了国家的稳定和安全,因此,柳宗元在这里反对封建制,提倡郡县制,具有批判藩镇割据,维护中央统治的现实意义。

三、儒佛兼综的文化观

柳宗元在自然观上坚持元气自动的观念,在历史观上反对天人感应,在文化观上则坚持儒家的伦理道德。"吾之所取者,与《易》、《论语》合,虽圣人复生,不可得而斥也。"(《送僧浩初序》)同时又主张吸取佛教的许多观念,在文化上表现出儒佛兼综的特性。

在柳宗元看来,儒家的仁义礼智是治理社会的关键。"圣人之所以立天下,曰仁义。仁主恩,义主断。恩者亲之,断者宜之,而理道毕矣。蹈之斯为道,得之斯为德,履之斯为礼,诚之斯为信,皆由其所之而异名。"(《四纬论》)柳宗元在这里对仁义道德进行了简要的定义和总结。

柳宗元虽然坚持儒家的伦理道德,但并不排斥佛教。他自幼好佛,"求其道积三十年"(《送巽上人赴中丞叔父召序》),尤喜天台宗,"唯天台大师为得其说"(《岳州圣安寺无姓和尚碑》)。柳宗元认为:"浮图诚有不可斥者,往往与《易》、《论语》合。诚乐之,其于性情,奭然不与孔子异道。"(《送僧浩初序》)佛教以空为性,与儒家主张人生而静的善良本性是相同的,"其教人,始以性善,终以性善,不假耘锄,本其静矣"(《曹溪第六祖赐谥大鉴禅师碑》)。为此,柳宗元与韩愈发生了一场争执。韩愈持激烈的反佛态度,认为佛教是夷狄之教,与传统的社会政治、经济、伦理道德不符,应该取缔。但是,柳宗元则认为佛教有其长处,不能根据其外在的一些缺点而加以全盘否定,他说:"退之所罪者,其迹也,曰:髡而缁,无夫妇、父子,不为耕农蚕桑而活乎人。若是,虽吾亦不乐也。退之忿其外而遗其中,是知石而不知韫玉也。"(《送僧浩初序》)

柳宗元的结论是,主张对于各种不同的学说"悉取向之所以异者,通而同之,搜择融液,与道大适。咸伸其所长,而黜其奇衺。要之与孔子同道"(《送元十八山人南游序》)。就是说要以孔子的学说为基准,吸收各家学说之长,融会贯通。

第二节 刘禹锡"天人交相胜"的儒家哲学

刘禹锡(772~842年),字梦得,洛阳人,唐代中期著名的文学家和唯物主义思想家。与柳宗元一道参加了王叔文领导的"永贞革新"变法运动,失败后,贬为郎州司马,后迁连州刺史,又迁为太子宾客,因而又称为刘宾客。柳宗元去世后,他将其一生的著作编辑为《柳河东集》,刊印出版。刘禹锡的著作集为《刘宾客集》。其哲学的主要贡献是对天人关系进行了新的探索,提出了"天人交相胜"的新观念,主要哲学著作为《天论》。

刘禹锡作《天论》是由于不满意柳宗元《天说》的观点。刘禹锡和柳宗元一样都反对天人感应论,但是他认为柳宗元所主张的"天人不相预"的观点讲得依然不全面、不透彻,天人之间还是有互相影响和联系的一面,天人之间应该是"交相胜"的,其原因在于:

> 大凡入形器者,皆有能有不能。天,有形之大者也;人,动物之尤者也。天之能人固不能也;人之能天亦有所不能也。故余曰:天与人交相胜耳。"(《天论》上)

在刘禹锡看来,天不过是形器中最大者,并不是什么神秘的主宰者;人则是天地所生万物中最有智慧者,"天与人,万物之尤者耳"(《天论》中)。天与人各有所长,"天之道在生植,其用在强弱。人之道在法制,其用在是非"(《天论》上)。天道生生,万物生长不息;人道在于政治道德法律的实施,二者各有所长。

当时流行的观点主要有两种,一是天人感应论,认为:"天与人实影响,祸必以罪降,福必以善来,穷阨而呼必可闻,隐痛而祈必可答,如有物的然以宰者。"(同上)另一种是主张自然无所作为、茫然无知的理论,认为自然和人类社会的运行都是茫然无知,没有目的,也没有什么善恶报应,世界没有主宰者。刘禹锡认为这两种观点都是不正确的。天人感应肯定是错误的,"天恒执其所能以临乎下,非有预乎治乱云尔;人恒执其所能以仰乎天,非有预于寒暑云尔"(同上)。但是他认为世界茫然无知的观念也是不正确的,在刘禹锡看来,天道生生,以其自然无私生成养育万物,因而天道自然有其胜过人道有为的一面。他以旅行为例解释了"天人交相胜"的含义:

> 夫旅者群适乎莽苍,求休乎茂木,饮乎水泉,必强有力者先焉,否则,虽圣且贤莫能竞也。斯非天胜乎?群次乎邑郛,求阴乎华榱,饱于饩牢,必圣且贤者先焉,否则,强有力莫能竞也。斯非人胜乎?苟道乎虞芮,虽莽苍犹郛邑然;苟由乎匡宋,虽郛邑犹莽苍然。是一日之途,天与人交相胜矣。(《天论》中)

人们旅行到野外,想在大树下休息饮水,必然是身体强健者捷足先登,不取决于人为的道德和智力的因素,这就是自然之天胜过人的地方;而如果在城市中,想要享受舒适的房子和美味佳肴,就必须依靠智力道德取得功名才能拥有,靠自然的体力是无法获得的,这就是人胜过天的地方,所以天与人交相胜。

天人虽然是交相胜的,但是二者的关系还是有所区别。"然则天非务胜乎人者也。何哉?人不宰则归乎天也。人诚务胜乎天者也。何哉?天无私,故人可务乎胜也。"(同上)天道自然,是无私的,没有主观的意志和目的,因而天虽然在许多地方比人类伟大,但并不是有意统治人类,有意要胜人;而人类则有意志、有目的,渴望统治世界,所以人的本性是要胜天的。人类依靠道德法律的实施来统治世界。那么,为什么社会上会流行各种命定论和天人感应的观念呢?为什么如此众多的人相信天命的主宰呢?刘禹锡认为这是由于社会道德法律败坏的缘故,"人道驳,故天命之说亦驳焉。法大驰,则是非易位,赏恒在佞而罚恒在直,义不足以制其强,刑不足以胜其非,人之能胜天之具尽丧矣"(《天论》上)。由于人道的混乱,赏罚倒置,人之胜天不能实现,于是天命之说盛行,"生乎治者人道明,咸知其所自,故德与怨,不归乎天。生乎乱者人道昧,不可知,故由人者举归乎天。非天预乎人尔"(同上)。

第九章　韩愈、李翱的儒家哲学及其新的趋向

唐代中期以后,安史之乱给社会的政治、经济生活以极大的破坏,割据势力日益强大。同时,佛教和道教势力不断扩大,不仅在经济上给政府造成了极大的压力,而且在思想上也给传统儒学的价值观带来冲击。针对这种局势,韩愈在思想上大力提倡儒学的伦理道德,维护中央集权统治的权威,反对封建割据。他以恢复儒学的"道统"为己任,极力反对佛老。同时,韩愈还是著名的文学家,是古文运动的提倡者之一,推崇三代两汉的古文,反对魏晋以来词藻华丽的骈文,主张作文应该以经邦济世为目的。李翱是韩愈的学生,他借鉴佛教在心性问题上的思考,对儒家的心性论进行了深入的研究。韩愈、李翱对儒学思想的弘扬和发展为北宋新儒学的兴起奠定了基础,成为新儒学复兴的先导,也为儒家心性本体论的发展指出了方向。

第一节　韩愈的哲学思想

韩愈(768～824年),字退之,邓州南阳(今河南南阳)人,幼年丧父,刻苦好学。自登进士第后,宦途坎坷,后因反对唐宪宗迎佛骨事,被贬潮州刺史。著作有《昌黎先生集》,其中《原性》、《原道》、《原人》、《原鬼》等篇集中地反映了他的哲学思想。

韩愈在哲学史上的主要贡献是明确地提出了儒家的"道统"观念,维护和弘扬儒学的正统,反对佛老。他对传统儒学思想进行了简要而清晰的概括,呼唤儒者以《大学》中所提倡的修身、齐家、治国、平天下的使命为己任,忧国忧民,经邦济世,而不应停留在创作一些华而不实的骈文上。韩愈所提倡的这种做人和作文的风气,深深地影响了当时的知识分子阶层。

一、对佛老的批判

佛教和道教在唐代都得到了极大的发展,儒学则相对式微。韩愈为重振儒学的权威,大力批判佛老。其主要理由如下:第一,从社会政治角度来看,韩愈认为君臣、父子、夫妇之道乃是天经地义的,而道教鼓励人们随顺自然物化,修仙得道,反对人们入世积极地建设社会道德伦理,因而完全是错误的。他曾写诗批判道:"人生处万类,知识最为贤。奈何不自信,反欲从物迁。……人生有常理,男女各有伦。寒衣及饥食,在纺绩耕耘。下以保子孙,上以奉君亲。苟异于此道,皆为弃其身。"(《昌黎先生集》卷一)。佛教则禁绝人们的君臣、父子、夫妇之情谊,更是违背人之常情的。韩愈认为:

> 君者,出令者也;臣者,行君之令而致之民者也;民者,出粟米麻丝,作器皿,通货财,以事其上者也。君不出令,则失其所以为君;臣不行君之令而致之民,民不出粟米麻丝,作器皿,通货财,以事其上,则诛。今其法曰:必弃而君臣,去而父子,禁而相生养之道,以求其所谓清净寂灭者。呜呼!其亦幸而出于三代之后,不见黜于禹汤文武周公孔子也;其亦不幸而不出于三代之前,不见正于禹汤文武周公孔子也。(《原道》)

君臣和官民关系乃是人类社会的必需,而佛道则主张放弃君臣、父子之道,提倡清静寂灭空无之道,这完全违背了圣人教化百姓的本意。

第二,从道德伦理角度来看,佛老的思想观念违背儒学的道德伦常,乃是夷狄之法,不仅不应高于儒学,而且应该彻底毁灭。韩愈说:"凡吾所谓道德云者,合仁与义言之也,天下之公言也;老子之所谓道德云者,去仁与义之言也,一人之私言也。"(同上)自从魏晋以来,由于佛老的盛行,使得人们思想上产生了混乱,无从得知真正的道德,纷纷流于佛老,没有认识到佛老的所谓道德是与儒家的道德相背离的。儒家讲道德是以治国平天下为己任,注重君臣、父子的伦常关系,真正地体现了对民众和百姓的仁爱;而佛老所讲的道德只追求个人的解脱,无视君臣、父子关系,因此二者的善恶优劣是十分鲜明的。韩愈明确地以先秦儒者在《大学》一文中所提出的修身、齐家、治国、平天下的使命为己任，批判佛老只顾自己修身，无视国家和天下的安危，韩愈认为：

> 传曰："古之欲明明德于天下者，治其国；欲治其国者，先齐其家；欲齐其家者，先修其身；欲修其身者，先正其心；欲正其心者，先诚其意。"然则，古之所谓正心而诚意者，将以有为也。今也欲治其心，而外天下国家者，灭其天常；子焉而不父其父，臣焉而不君其君，民焉而不事其事。孔子之作《春秋》也，诸侯用夷礼，则夷之；进于中国，则中国之。经曰："夷狄之有君，不如诸夏之亡。"诗曰："戎狄是膺，荆舒是惩。"今也，举夷狄之法，而加之先王之教之上，几何其不胥而为夷也！（同上）

儒者所提倡的正心诚意就是要积极入世，要注重君臣伦理道德，这是人类社会的本质所在。否则，无视君臣父子伦常关系，一心追求空无寂灭，就与禽兽无别了。

第三，从社会经济发展的角度来看，由于大量的人口投身于佛教和道教，众多的佛教寺院和道教宫观占有大量的土地，免除赋役和租税，因而导致了国家经济日益困窘。"古之为民者四，今之为民者六；古之教者处其一，今之教者处其三。农之家一，而食粟之家六；工之家一，而用器之家六；贾之家一，而资焉之家六；奈之何民不穷且盗也！"（同上）古代社会只有士、农、工、商四种人，其中士是统治阶级，属于劳心者，而今天再加上和尚和道士，共六种人，和尚和道士都不事生产，不交纳赋税，因而国家和百姓必将日趋贫困，所以，必须要反对佛老。

韩愈不仅在理论上激烈地批判佛老，而且在实际政治生活中也强烈地反对社会流行的对佛老的推崇。当时，凤翔法门寺藏有释迦牟尼的指骨舍利，据传说每三十年一开，开则岁丰人泰。唐宪宗于是派人迎奉佛骨，众多的公卿大夫和百姓纷纷奔走施舍，不惜废业破产，甚至有烧顶灼臂以供养佛骨者。韩愈遂上书反对迎佛骨，他认为佛教乃是东汉时传入的夷狄之法，中国原本无之，而且上古时代没有佛教流行，但政治昌明，皇帝亦都长寿，而自从佛教流行后，国家祸乱不止，皇帝命运也都不长，因而供奉佛骨无益于国家的稳定和社会的发展，应该毁灭佛骨。

他说:

> 夫佛本夷狄之人,与中国言语不通,衣服殊制,口不言先王之法言,身不服先王之法服,不知君臣之义,父子之情。……乞以此骨付之有司,投诸水火,永绝根本,断天下之疑,绝后代之惑,使天下之人知大圣人之所作为,出于寻常万万也;岂不盛哉!岂不快哉!(《谏迎佛骨表》)

宪宗阅后大怒,贬韩愈为潮州刺史。韩愈对此并没有后悔之意,他在往潮州的途中,还作诗一首云:"一封朝奏九重天,夕贬潮阳路八千。欲为圣明除弊事,敢将衰朽惜残年。"以表明他的态度和坚定的意志。

二、"道统"观念的确立

韩愈为了批判佛老,不仅从社会政治道德各个方面批判佛老,而且还对传统儒学思想进行了概括和总结,他鲜明地提出了儒家的"道统"观念,以证明儒家思想在中国历史中的地位和基本精神,以此来对抗佛老对儒学的冲击。佛教和道教为了抬高自己的地位,都提出了一个自身历史发展的统绪,以此证明自己的历史最为悠久,最为正统。韩愈针对于此,提出了儒家的"道统"观念。

首先,韩愈认为,宇宙是有规律性的存在,不是混沌一团,天有天之道,地有地之道,人有人之道,如果天地人的行为违背了道的规律,那就会出现灾害,"天道乱,而日月星辰不得其行;地道乱,而草木山川不得其平;人道乱,而夷狄禽兽不得其情"(《原人》)。

其次,道的内容是什么呢?韩愈认为道就是儒家所讲的仁义礼智等道德规范,道就是上古三代所创建的理想的王道社会。韩愈认为:

> 博爱之谓仁,行而宜之之谓义;由是而之焉之谓道,足乎己,无待于外之谓德。……其文《诗》《书》《易》《春秋》,其法礼乐刑政,其民士农工贾,其位君臣父子师友宾主昆弟夫妇,其服麻丝,其居宫室,其食粟米果蔬鱼肉。其为道易明,而其为教易行也。是故以之为己,则顺而祥;以之为人,则爱而公;以之为心,则和而平;以之为天下国家,无所处而不当。是故生则得其情,死则尽其常,郊焉而天

神假,庙焉而人鬼飨。(《原道》)

韩愈在这里非常清楚简炼地概括了儒家的基本观念,非常鲜明地表述了儒家的基本主张。相对于汉唐儒家经学烦琐的解释和说明,韩愈对儒家思想的总结是十分精炼和明白的,这对于当时反对佛老的斗争具有积极的指导意义。

再次,韩愈进一步论证儒家所讲的这一套系统的理论就是上古三代所传下来的千古不变的道的基本内容,因而是绝对正确的。韩愈认为儒家所讲的道拥有一个悠久的历史传统:

> 尧以是传之舜,舜以是传之禹,禹以是传之汤,汤以是传之文武周公,文武周公传之孔子,孔子传之孟轲,轲之死,不得其传焉。荀与扬,择焉而不精,语焉而不详。由周公而上,上而为君,故其事行;由周公而下,下而为臣,故其说长。(同上)

这就是韩愈所提出的"道统"说。道统观念的提出一方面为儒学确立了一个发展主线,这就是以孔孟为正统的儒学思想的发展脉络,这个观点后来被宋明理学所继承,成为理学家所公认的儒学发展的历史。另一方面,也为儒学在理论上反对佛老构造了一个坚固的阵地。佛老为了争夺思想上的权威地位,各自虚构出一个历史发展的统绪,以此证明自己的学说的悠久和权威,而以往的儒者却对自己的历史发展不甚了了,"老者曰:孔子,吾师之弟子也。佛者曰:孔子,吾师之弟子也。惟孔子者,习闻其说,乐其诞而自小也,亦曰:吾师亦尝云尔。不惟举之于其口,而又笔之于其书。噫!后之人虽欲闻仁义道德之说,其孰从而求之?"(同上)由于儒家以前没有建构起一套历史发展统绪,因而无法与佛老相抗衡。道统说的提出为儒者提供了清晰而明确的基本观念和历史发展脉络,这就为自身的理论发展和反击佛老打下了坚实的基础。但是,我们也应注意,韩愈所提出的道统虽然得到了宋明理学家的赞许,并不等于说它正确地反映了儒学发展的实际。韩愈所主张的道统将荀子和扬雄排斥于正统之外,认为主张性善和注重道德心性之学的孔孟才是儒学发展的正统,这只能说代表了韩愈本人的观点,但它却适应了宋明理学的需要,因而被宋明理学所采纳。

三、对"性三品"说的总结

性三品说是汉唐时期儒家人性论中具有代表性的观点。其间虽然有善恶相混、有善有恶论等多种观点,但自汉代董仲舒大力倡导性三品理论后,此说一直成为儒家学说中的流行观点。性三品理论在解释现实人生为什么有善有恶的现象方面,较先秦儒家单纯性善或性恶论都高明,也论证了统治者教化统治百姓的必要性。因此,一直受到统治者的欢迎。但是以往的儒者对于性三品的解释却是含混不清的,只是笼统地将人性的表现划分为三类,强调统治者实行德治和教化的重要性。韩愈则从理论上系统地论述了性三品的内容,对性三品学说给予了理论上的总结。

韩愈认为,人性就是人生而具有的本质内容,主要应该有仁义礼智信五常之德,但是人性的表现却有三种:"上焉者之于五也,主于一而行于四;中焉者之于五也,一不少有焉,则少反焉,其于四也混;下焉者之于五也,反于一而悖于四。"(《原性》)上品人性以仁为本,兼具义礼智信其他四德,因而是全善的;中品人性所具有的仁德是不完整的,其他四德也是不清楚的,因而自己无法决定自己的命运,只有随顺统治者的教化和社会条件的变化而变化,或者为善,或者为恶;下品的人性则不具有仁义礼智信五常之德,因而是邪恶的。

不仅性分为三品,情也分为三品。"情也者,接于物而生也"(同上),情就是性接触外物,受到外物的刺激而产生的喜、怒、哀、惧、爱、恶、欲等七种情感。由于人性分为三种,因而所发出来的情也分为三种:"上焉者之于七也,动而处其中;中焉者之于七也,有所甚,有所亡,然而求合其中者也;下焉者之于七也,亡与甚,直情而行者也。"(同上)上品的人情所发皆符合上品的人性;而中品的人情所发则或者达不到五常之德的要求,或者超过了道德的界限,但中品的人情还是期望符合道德标准的;下品的人情则完全是从下品的人性出发,无所顾忌,与道德标准完全不相符合。

韩愈根据上述观点,对以往儒家所提出的其他三种重要的人性论学说进行了批判。韩愈认为:"孟子之言性曰:人之性善;荀子之言性曰:

人之性恶；扬子之言性曰：人之性善恶混。夫始善而进恶，与始恶而进善，与始也混而今也善恶，皆举其重而遗弃上下者也，得其一而失其二者也。"（同上）孟子的性善论、荀子的性恶论和扬雄的性善恶混说都只是看到人性的现实表现的一个方面，没有能够概括人性的全部表现。

在韩愈看来，人性分为三品，不仅完整地说明了人性的种种表现，而且也正确地说明了统治教化的必要性。"上之性，就学而愈明；下之性，畏威而寡罪；是故上者可教，而下者可制也。"（同上）通过道德教化，不仅可以进一步提高上品人性的境界，而且也可使下品的人性少犯错误，服从统治，因而性三品学说是非常正确的。

第二节 李翱的哲学思想

李翱（772～841年），字习之，陇西（今甘肃秦安东）人。贞元十四年（798年）登进士第，先后任校书郎、国子博士、户部侍郎、山南东道节度使等职。李翱是韩愈的学生，是古文运动的积极参与者，并与韩愈一道，积极提倡复兴传统儒学，批判佛老。他的著作有《李文公集》，其中《复性书》代表了他的哲学思想。

一、性善情恶的人性论

李翱在哲学上的贡献主要是提出了"性善情恶"的观念。自从魏晋以来，由于佛老盛行，人性问题成为哲学讨论的焦点。佛老注重个人的解脱，因而成佛成仙的内在根据便成为佛教和道教探讨的重点。儒家为了对抗佛老，恢复王道，也必然在人性问题上要着力进行探索。但是，传统的儒家"性三品"学说将人性分为三品，没有在理论上论证人人有自我实现和超越的可能性和必然性，因而不仅无法满足人们的需求，也无法在理论上与佛老抗衡。李翱则与流行的性三品说不同，他在人性问题上坚持孟子的性善说，同时又借鉴佛老的思想，提出性善情恶论，以解决孟子性善说中恶的来源的难题。

李翱在人性问题上主要依据的是孟子和《中庸》中的基本观点。李翱认为，人性是至善的，是天命于人的本质，正如《中庸》所言："天命之谓性。""敢问何谓天命之谓性？曰：人生而静，天之性也。性者天之命也。"(《复性书》中)天命的本性是善的，其基本属性就是"至诚"，"道也者，至诚也。至诚者，天之道也"(同上)。至诚就是至善，这是一切人都具有的本性，圣人与普通百姓的本性都是一样的。李翱认为：

> 桀纣之性犹尧舜之性也。其所以不睹其性者，嗜欲好恶之所昏也。非性之罪也。曰：为不善者，非性耶？曰：非也。乃情所为也。情有善有不善，而性无不善焉。孟子曰：人无有不善，水无有不下。夫水搏而跃之，可使过颡，激而行之，可使在山。是岂水之性哉？其所以导引之者然也。人之性皆善，其不善亦犹是也。(同上)

本性之善人人皆具有，而不善是因为情之所为而产生的。所以李翱得出结论，认为："人之所以为圣人者，性也，人之所以惑其性者，情也。喜怒哀惧爱恶欲，七者皆情之所为也。情即昏，性斯匿矣。非性之过也。"(《复性书》上)因此性善情恶。

情虽然有善有恶，但却是人所不可缺少的，"性与情，不相无也。虽然，无性则情无所生矣。是情由性而生，情不自情，因性而情。性不自性，由情以明性者，天之命也"(同上)。情是性的外在表现，无情则无法认识性，有性必有情，圣人也不例外。圣人之所以是至善的，是因为其情之所发完全符合本性，并不是因为无情，"圣人者，岂其无情耶？圣人者，寂然不动，不往而到，不言而神，不耀而光，制作参乎天地，变化合乎阴阳，虽有情也，未尝有情也"(同上)。圣人所言所为完全发自本性，符合天道，出于自然至诚，所以是至善的，"圣人至诚而已矣。尧舜之举十六相，非喜也。流共工，放驩兜，殛鲧，窜三苗，非怒也。中于节而已矣。其所以皆中节者，设教于天下故也"(《复性书》中)。而普通百姓则七情所发任意妄为，因而遮蔽了本性，无法使其善良的本性显露出来，"情者，性之动也。百姓溺之而不能知其本者也。……然则百姓者岂其无性耶？百姓之性与圣人之性弗差也。虽然，情之所昏，交相攻伐，未始有穷，故虽终身而不睹其性焉"(《复性书》上)，这就是邪恶存在和产生的原因。

李翱的性善情恶论深受佛教和道家的思想影响。他对情的批判与佛教相类似，他对圣人的性情的认识与玄学家们所讨论的圣人有情还是无情的问题相近。当然,李翱所主张的性善内容依旧是儒家的仁义礼智道德,这又是李翱与佛老的根本区别之所在。

二、"复其性"的修养说

李翱的人性论坚持了早期儒学性善论的正统观念,在修养问题上也坚持人人能够恢复善性的主张。他在论证性善情恶的基础上着重论证了如何"复其性"的问题。在李翱看来,人性如同水性,水之性本来清澈,如果受到泥沙的扰乱,便会浑浊不堪,但是浑浊并不是水的本性,如果"久而不动,沙泥自沉,清明之性,鉴于天地,非自外来也。故其浑也,性本勿失,及其复也,性亦不生。人之性犹水之性耶"(《复性书》中)。复性仅仅是恢复到原本所具有的本性,并不是自外学习或接受一个本性。水性本来清澈,人性本来善良,邪恶不过如同泥沙,只要澄清,水性自会清澈,人性也自然会回归善良。

复性的过程当然不是一个简单的过程,既然情是遮蔽善性、产生邪恶的原因,那么恢复本性首先就要断绝七情的妄动。"弗虑弗思,情则不生,情既不生,乃为正思。正思者,无虑无思也。"(同上)无虑无思的无情境界如同佛老所主张的斋戒功夫,但是情是自然的流动,不可能静止不动,"有静必有动,有动必有静,动静不息,是乃情也"(同上)。绝对的无情是不存在的,也是不可能的,因而佛老所主张的斋戒只是复性的初级功夫,并不是终极完善的修养功夫。复性的最终解决和最彻底的功夫乃是"至诚"。李翱认为:"方静之时,知心无思者,是斋戒也。知本无有思,动静皆离,寂然不动者,是至诚也。"(同上)至诚就是本性的流露,不管动也好,静也好,七情所发完全符合本性,因而邪恶无所发生,本性岿然不动,这就是至诚。

李翱继承子思和孟子对"诚"的论述,认为诚不仅是天道的基本属性,而且也是人生体验天道、实现超越的基本方式。李翱说:"道者至诚而不息者也。至诚而不息则虚,虚而不息则明,明而不息则照天地而无遗。非他也,此尽性命之道也。"(《复性书》上)圣人就是完全体认了天道的至诚,与天道合而为一,"是故诚者圣人性之也。寂然不动,广大清明,照乎天地,感而遂通天下之故。行止语默,无不处于极也。复其性者,贤人循之而不已者也。不已,则能归其源矣"(同上)。至诚就是至善,就是行止语默无不符合于天道。因此,至诚作为修养方法,作为复性的基本方式,其具体内容就是一切言行举止无不符合道德规范,并能按照伦理道德所要求的去实践,"圣人知人之性皆善,可以循之不息,而至于圣也。故制礼义节之,作乐以和之,安于和乐,乐之本也。动而中礼,礼之本也。故在车则闻鸾和之声,行步则闻佩玉之音,无故不废琴瑟,视听言行,循礼法而动,所以教人忘嗜欲而归性命之道也"(同上)。圣人制作礼乐道德的目的就是教化百姓,陶冶人的情操,使人忘掉邪情,回归本性。

复性的最终结果是成为圣人,如果到达了圣人的境界,那么是否还会被邪情所扰乱呢?人的本性是否还会被情所遮蔽和搅混呢?李翱非常肯定地回答道:"不复浑矣。情本邪也,妄也。邪妄无因,人不能复。圣人既复其性矣,知情之未发邪,邪既为明所觉矣,觉则无邪,邪何由生也?"(《复性书》中)只要达到了圣人的境界,那么就再也不会被邪情所侵扰,再也不会有邪恶产生了。

李翱的性善情恶论坚持了传统的性善观念,没有走汉唐之际性三品学说的老路,但是他在解释邪恶产生的问题上依然没有妥善的理论阐释。虽然李翱认识到邪恶的产生来自情感,但是情由性生,如果性是善的,那么善性所发的情为什么会是邪恶呢?这个理论难题只有到了宋明理学家那里才得到完整的解答。李翱在理论上的主要贡献是肯定了子思和孟子对天道的基本属性"诚"的认识,李翱对《中庸》、《大学》及《孟子》、《周易》等著作予以了特殊的强调,这些都对宋明理学产生了深远的影响。

第三节 韩愈、李翱在哲学上的贡献和影响

韩愈和李翱在哲学发展史上的主要贡献是反对佛老和复兴儒学。他们不仅在政治和文学活动中大力提倡儒家的伦理道德和弘扬儒者的神圣使命,在理论上更为儒学的复兴作出了许多前瞻性的探索,为宋明理学的产生奠定了基础。

韩愈和李翱都主张孔孟为儒学正统。李翱认为:"子思,仲尼之孙,

得其祖之道,述《中庸》四十七篇以传于孟轲。轲曰:我四十不动心。轲之门人,达者公孙丑、万章之徒,盖传之矣。遭秦灭书,《中庸》之不焚者,一篇存焉。于是此道废缺,其教授者,惟节文章句、威仪击剑之术相师焉。性命之源,则吾弗能知其所传矣。"(《复性书》上)李翱认为以《中庸》思想为代表的子思、孟子一派的思想乃是继承孔子的正统儒学思想,秦汉之后,以《中庸》心性之学为主线的儒学正统被湮没无闻。道统说的提出对于儒学的发展影响甚大。以孔孟为儒学正统,虽然不能完整地反映早期儒学发展的实际,但是韩愈和李翱所主张的以孔孟探索心性问题为儒家思想发展的主线说却被宋明理学家所继承,成为宋明新儒学所继承的正统。道统说的提出不仅使得儒学得以与佛老相抗衡,而且在理论上也为儒学的发展指明了方向。

韩愈和李翱在弘扬传统儒学的过程中,对《大学》和《中庸》情有独钟,予以特殊的重视。《大学》中对具体的修养途径"格物"、"致知"的注重,以及对"修身、齐家、治国、平天下"的使命感的认同,《中庸》中对天道、性、命、心、诚等范畴的探讨,这些思想都成为宋明新儒学讨论的热点。孟子在以往的儒者眼中地位并不崇高,而韩愈和李翱却将他当做孔子正统集大成的传人,这就导致了孟子在儒学发展史上地位的提高。《大学》、《中庸》、《孟子》和《论语》也被理学家们称为"四书",享有很高的学术地位,成为理学家们阐发思想的权威和源泉所在。

韩愈和李翱的思想在理论创建方面并没有太大的成就,但是他们的影响却是巨大的。韩愈和李翱作为著名的古文运动的领袖人物,对后世儒者的文风和使命感的唤醒都起到了积极的促进作用。韩愈"道统"说的提出、对佛老的批判和对《大学》中所提出的"修身、齐家、治国、平天下"的使命的注重,李翱对心性问题的探讨和对《孟子》、《中庸》的注重,都成为北宋时期儒学复兴和理学兴起的先声,并为宋明理学家所继承。因而我们可以说韩愈和李翱开创了儒学发展的新方向,这就是以《中庸》、《孟子》等书中所讨论的心性问题为核心,为儒学的复兴开辟了道路。

第十章 《无能子》与《化书》的哲学思想

唐末和五代时期,由于农民起义和藩镇割据,整个社会处于动乱之中。《无能子》与《化书》从一个侧面反映了当时的社会思潮。《无能子》在思想上属于本来意义的道家学派,《化书》则是宗教化了的道家哲学。二书在自然观上十分接近,在社会历史观上均同情民众的苦难而具有批判精神。虽在理论上建树不多,因俱收于《道藏》,对后世有一定的影响。

第一节 隐士《无能子》的道家哲学

无能子为唐末一位隐士,生卒年和籍贯不详。《新唐志》道家类著录:"《无能子》三卷,不著撰人名氏,光启中(887年),隐民间。"据其书自述,"无能子贫,其昆弟之子且寒而饥,嗟吟者相从焉"。为人淡泊名利,因避世乱而隐居民间。其书原为见闻、问答笔记,由友人整理为上中下三卷三十四篇。"其旨归于明自然之理,极性命之端。自然无作,性命无欲,是以略礼教而外世务焉。知之者不待喻而信,不知者能无罪乎!"(《无能子》序)"无能子"之作为书名,有不能怪罪之义。然其书直接批评"圣过",抨击君臣等级制度,确实具有异端性质。现有中华书局王明校注本(本节所引只注篇名)。

一、《无能子》的自然观

无能子在自然观上坚持老庄的自然主义,但不是抽象地论证"道法自然",而是援引汉唐以来的元气论,用阴阳二气的自然变化,说明万物的产生、区别和各自的本性。他指出:

> 天地未分,混沌一气(原作炁)。一气充溢,分为二仪。有清浊

焉,有轻重焉。轻清者上,为阳为天;重浊者下,为阴为地矣。天则刚健而动,地则柔顺而静,气之自然也。天地既位,阴阳气交,于是裸虫、鳞虫、羽虫、甲虫生焉。人者,裸虫也,与夫鳞毛羽甲虫俱焉。同生天地,交气而已,无所异也。(《圣过》)

值得注意的是,作者没有使用老庄"道"的概念,而明确地把"混沌一气"作为世界万物的本原。在作者看来,天地的刚柔动静都是"气之自然也"。由此,天地生物也是自然生物,而非故生物;天地生人也是自然生人,而非故生人。其自然发生的过程,说到底,就是"阴阳气交","交气而已"。这种自然主义的观点,同东汉王充的元气自然论十分相似。

道家的"自然"概念与"人为"相对,"人为"的前提是人"有心"。为了说明天地不是有人格的神灵,不能故意生杀万物或祸福于人,作者特别强调"天地无心"和"天地无为":

夫天地无心,且不自宰,况宰物乎? 天地自天地,万物自万物,春以和自生,冬以寒自杀,非天地使之然也。……天地虽无心,机动则应,事迫则顺,事过则逆,除害成物,无所爱憎。(《范蠡说》)

天地无为也。日月星辰,运于昼夜,雨露霜雪,零于秋季,江河流而不息,故无为则能无滞。(《文王说》)

"天地无心"是说天地没有意志,没有意志就不能自己主宰自己。自己不能主宰自己,还能主宰万物吗?"天地无为"是说天地没有有意识的作为。所谓"春生冬杀"以及"雨露霜雪"等等变化,完全是自然界的现象,"非天地使之然也",即非天地有为也。这样,"天地无心"和"天地无为"的命题,便从根本上推翻了天神地祇的思想基础,同时也推翻了种种世俗迷信的思想基础。当时民间流传说,春雨之后,黄河中有大鱼跃进龙门,鱼化为龙即可"拏云拽雨"。无能子则认为:"云雨来随蒸润之气,自相感尔,于彼何有哉?"(《鱼说》)这是说,云雨的发生,乃是地气上蒸、天气下润,上下相感而发生的。这完全是自然现象,同鱼化为龙有什么关系呢? 民间又有传说,枭为凶鸟,对人很不吉利。无能子则认为,人与鸟类、兽类"俱生于天地无私之气。横目方足(人类),虚飞(鸟类)实走(兽类),有所异者,偶随气之清浊薄厚,自然而形也,非宰于爱憎者也"(《纪见》)。这是说，人与鸟类、兽类的差别完全出于自然的原因，并不是天地对它们有什么爱憎。如果说枭"司其凶"，那是天地让它"司其凶"，还是它自己要"司其凶"？"天地不言，枭自不言，何为必其凶耶？"（同上）在无能子看来，凤未必祥，枭未必凶，它们同人事根本没有关系。

无能子在自然观上最独特的观点是，人与动物平等无异。他的根据是，人与动物"同生天地，交气而已，无所异也"（《圣过》）。在这里我们可以看到庄子的"齐物"之义，但不是以"道"齐物，而是以"气"齐物。传统的观念总是说，"人为万物之灵"，而人之灵的具体表现就是有智虑、有言语。按照无能子的分析，这两条都不能成立。各种动物"皆好生避死，营其巢穴，谋其饮啄，生育乳养其类而护之"，这些地方与人无异，怎么说它们没有智虑呢？各种动物也会鸣会叫，彼此呼唤，怎么说它们没有言语呢？不能因为人们听不懂，就说它们没有言语。反过来，动物听不懂人的言语，能说人就没有言语吗？"智虑语言，人与虫一也，所以异者形质尔。"（同上）无能子的这种观点抹杀了动物的先天本能活动、声音信号与人的后天社会智能、语言系统的差别，显然是错误的。但从生态意义来看，人与动物同处在一个大的生态系统之中，动物有动物的价值，人有人的价值，不能用人的价值去否定动物的价值。现在人类正在努力建立一种普遍的生态伦理，应该把人人平等的观念也推广到人与动物之间。这样说来，无能子的这种观点也有一定的合理成分。

二、《无能子》的社会历史观

无能子的社会历史观也是上承先秦老庄，但更直接地受到东晋鲍敬言的影响。而他对君主等级制度和礼乐名教的批判，比鲍敬言更尖锐、更无情。

《庄子·马蹄》曾说："至德之世，同与禽兽居，族与万物并。"无能子根据他的人与动物同源平等的思想，亦认为人类最理想的时代是"太古之时"。那个时代，"裸虫与鳞毛羽甲杂处，雌雄牝牡自然相合"，而人不过是裸虫之一，人和各种动物都在一起生活；因而人本身也"无男女夫妇之别，父子兄弟之序。夏巢冬穴，无宫室之制。茹毛饮血，无百谷之食。生自驰，死自仆。无夺害之心，无瘗藏之事，任其自然，遂其无真。无所司牧,濛濛淳淳"(《圣过》)。人们可以看到,无能子所描绘的这一幅图景,正是所谓人类的蒙昧时代。道家提倡人类要回归自然,但是否就应该回归到蒙昧时代去呢?这种完全向后看的倒退论显然是消极的。实际上,无能子最感兴趣的是那时候人人"无夺害之心","无所司牧",因而人人完全无私而平等。这一点,正是他在现实生活中所梦想和追求的。由于他在现实中找不到出路,只能到蒙昧时代去寻求其理想。

按照无能子的分析,人类历史的第一阶段,人类与动物杂处不分,完全是一种自然社会。第二阶段则进入一个无君主的半自然社会,其特征是人类从动物中分化出来,反过来人类奴役动物。无能子曰:"无何,裸虫中繁其智虑者,其名曰人,以法限鳞毛羽甲之者虫。"这时候,人类发明耒耜、斤斧、网罗等等工具,种百谷、建宫室,并猎取动物而作为重要的食物来源,随之"夫妇之别,父子兄弟之序"出现了。但这时候人类仍然是"自强自弱,无所制焉"(同上)。这就是说,人与动物之间的平等破坏了,人与人仍处于平等的关系,没有君主来统治。换句话说,人类仍然生活在现代所谓的原始社会。第三阶段则进入一个有君有臣的政治社会,其特征是从众人之中分化出一位君主,于是有"君臣之分,尊卑之节,尊者隆,众者同"(同上)。这就是说,人与人之间的平等关系被破坏了,君主与臣民之间有了尊卑的奴役关系,相当于现代所谓的阶级社会。第四阶段则进入一种伦理化的政治社会,其特征是圣人的出现,"立仁义忠信之教,礼乐之章"以维护君臣父子的等级制度,由此社会上产生了荣辱是非之心。这就是说,社会中不但产生了上下尊卑的等级制度,而且形成了一套与之相适应的上层建筑的意识形态。

应该承认,无能子对人类社会演进的描绘,大体上符合历史的实际,揭示了社会矛盾复杂化的过程。但是,他认为这不是社会历史的必然,也不是社会文明的进步,而是圣人"强名",使人类一步一步丧失其天性之真,因而是退步,是祸害,是灾难。他借圣人之口曰:"彼始濛濛淳淳孰谓之人?吾强名之曰人,人虫乃分。彼始无尊卑,孰谓之君臣?吾强建之,乃君乃臣。彼始无取无欲,何谓爵禄?吾强品之,乃荣乃辱。"(同上),因此他认为,社会的种种矛盾、动乱和先民的贫穷夭折之苦,都是由圣人"强立宫室饮食以诱其欲,强分贵贱尊卑以激其争,强为仁义礼乐以倾其真，强行刑法征伐以残其生"的结果。这一切都是"圣人者之过也"（同上）。他还借首阳子之口曰："夫天下自然之时，君臣无分乎其间，为之君臣以别尊卑，谓之圣人者，以智欺愚也。"（《首阳子说》）又借严陵之口指斥汉光武曰："自古帝王与公侯卿大夫之号，皆圣人强名，以等差贵贱而诱欲人尔。"（《严陵说》）如果说鲍敬言的社会历史批判只是指向君主的话，那么无能子的社会历史批判则进一步指向圣人，指向几千年等级社会的最高权威，这在当时实在是"无法无天"的。然而平允而论，历史实际并非圣人所创造。即使那一切都是圣人"强名"，"名"也没有那么大的历史作用。应该在圣人的背后，在"名"的背后寻找更深刻的历史原因。

不过，不能把无能子的历史观简单地归于圣人史观。他在一些地方很尖锐地揭示了"物"（财富）的重要作用。《质妄》篇指出："所谓富贵者足于物尔。夫富贵之亢极者，大则帝王，小则公侯而已。"帝王与富贵在古代社会有内在的联系，权力可以带来富贵，富贵也可以转变为权力。但归根结底，富贵是以"物"为基础。在《圣过》篇中，他曾认为君主的产生是"繁其智虑者"于众中择一，但此"一"为君而他"一"不为君，恐怕也与其"一"所占有的"物"（财富）的多寡有关。《质妄》篇又曰："足物者为富贵，无物者为贫贱。"由此人们产生"乐富贵，耻贫贱"的心理，于是"天下人所共趋之而不知止"。可见，人们社会性的心理欲望，也是由"物"（财富）所决定的。

三、自然无为的修养论

道家的精神修养，始终以道为原则，强调自然无为。无能子的特别之处就在于，不讲道之名，只讲道之实（"气之自然"）；不讲道之体，只讲道之用。《明本》篇曰：

> 夫所谓本者，无为之为心也，形骸依之以立也，其为常而不殆也。如火之可用以焚，不可夺其炎也。如水之可用以润，不可夺其湿也。取之不有，藏之不无。动之则察秋毫之形，审蚊蚋之音；静之则不见丘山，不闻雷霆。大之可以包天壤，细之可以入眉睫。惚惚恍恍，不来不往；希希夷夷，不盈不亏。

此"本"为修道之本或心性之本。"无为之为心"即其心无为,这正和天地之无心无为相一致,没有意志或意识为主宰。正如火无为而必有燃烧的作用、水无为而必有湿润的作用,心无为则必有道的作用。其取之、藏之、动之、静之、大之、细之云云,本来是描述道的作用。因为无为之心即体道之心或与天地合一之心,所以这里心的作用也就具有道的作用。"惚惚恍恍,不来不往;希希夷夷,不盈不亏"本来也是描述道的作用,在这里也用以描述无为之心的作用。

无为的本质说到底,也就是自然而然。无能子指出:"夫鸟飞于空,鱼游于渊,非术也,自然而然也。"(《真修四》)它们并不知道自己能飞能游,如果知道而有意为之,则必堕于地或溺于水。人的手足耳目本来也是"不待习"、"不待思"而"任其自然"。如果"思之而后可施之",那人会疲累受不了。人心在自然状态下,"浩然而虚",如果"不任自然而挠焉,欲其至和而灵通也难矣"(同上)。那么人心为什么常常不能自然无为呢?在无能子看来,主要是贪于物欲,因而"莫不失自性而趋之"。物欲最大者是富贵与美名,其实这些也是"强名",是没有真正价值的。那么人心怎样才能达到自然无为呢?无能子根据道家固有的理论,仍是坚持虚静的原则。他提出"澄之以虚,涵洇希夷"、"含神体虚,专气致柔"(《真修》一、二)"惚无形于冲漠,沦无情于杳冥"(《孔子说》一),"汩乎太虚,咀乎太和,动静不作,阴阳同波"(《严陵说》),"得天之真,而神光不昧"(《答愚中子问》)……所有这些,都属于老子的"为道"和庄子的"心斋",即通过内心的精神修养,与道合二而一。大道自然无为,人心也就自然无为。

无能子的修养论在一定范围内可以调节人的精神心理,提高人的精神境界,对于人生处世也有其积极的意义。例如,他认为:"圣人宜处则处,宜行则行。理安于独善,则许由、善卷不耻为匹夫;势便于兼济,则尧舜不辞为天子,其为无心,一也。"周公辅佐成王,也是"无欲于中,而无所不为也"(《答华阳子》)。他又要求人们正确认识形骸与性命的关系,明白"自然生死之理",而不必对死亡恐惧(《析惑》)。但由于隐士的身份,无能子总是处处流露出明哲保身的心态,甚至走向不问是非、无所作为的相对主义。在《宋玉说》篇,他说:"夫君子寄形以处世,虚心以应物,无邪无正,无是无非,无善无恶,无功无罪。"对于尧舜与桀纣的功罪,对于屈原与靳尚的忠邪,他提出"孰分其是非耶?无所分别,则忠邪佞一也。有所分,则分者自妄也"。这种人生态度显然是消极的、有害的。

第二节 谭峭《化书》的道教哲学

谭峭,字景升,五代泉州(今福建南安)人,生卒年不详。他是唐国子司农谭洙之子,幼读诸子,其父让他走科举之路,但他独酷好黄老书。后出游终南山,并游太白、太行等,迤逦游历名山,不复归故里。师事嵩山道士十余年,得辟谷(又叫"休粮")养气之术。谭峭举止异于常人,性好饮,在云游中常酗酒为乐,夏衣皮裘,冬则著单衫,卧于风雪中经日,视之见气出休休。时人谓其疯狂,他则吟诗道:"线作长江扇作天,靸鞋抛向海东边,蓬莱信道无多路,只在谭生拄杖前。"(南唐沈汾《续仙传》)后居南岳炼丹,据说丹成服之,水火不侵,隐形不见。最后入青城山不复出。其著作有《化书》六卷,分为道化、术化、德化、仁化、食化、俭化六化,每化为一卷,共一百一十篇。现存见于《道藏》,明代王一清撰《化书新声》为之注。

一、《化书》的自然观

《化书》的核心思想是"化",它强调一切皆化,认为万事万物每时每刻都处在变化中,即所谓"化化不间,由(犹)环之无穷"。正是从一切皆"化"的观点出发,谭峭阐发了他的自然观和社会历史观。

在自然观方面,谭峭从"化"出发谈了四个方面的问题:

(一)关于道化。作为一名道教学者,谭峭自然以"道"为最高范畴。当他从"化"的意义上来谈宇宙万物的形成时,就以"道"为其最初的本原和最后的根据。谭峭眼中的"道"是什么呢?它的本质是"虚"。所以,"道"化生万物就是"虚"化生万物,万物由虚化生,又化还为虚。虚、形的互化就是"道"的根本性质和存在方式。因此,《化书》一开头就说:

> 道之委也,虚化神,神化气,气化形,形生而万物所以塞也;道之用也,形化气,气化神,神化虚,虚明而万物所以通也。(《化书·

道化》。下引本书只注篇名）

这里讲了"道"化的全过程。这个过程包括顺、逆两个方向：顺的方向是"道之委"，即以"道"为本原化生出万物；逆的方向是"道之用"，即从万物返化回"道"。"道"的顺化和逆化是互相转化和循环的，于是构成了生生不息的世界运动。

"道"化的运动全程可表示为：

$$\text{道（虚）} \rightleftarrows \text{神} \rightleftarrows \text{气} \rightleftarrows \text{形}$$

谭峭"道"化的思想是很明白的。问题是，他的"道"化的哲学性质究竟是什么呢？因为他把"道"等同于"虚"，或者说把"道"的本质规定为"虚"，所以，有人就说他的"道"论是唯心主义性质的东西，他的整个自然观也是唯心主义的。果真如此吗？这就要看谭峭的"虚"究竟指的是什么。《化书》中所说的"虚"也叫"太虚"，或叫"虚空"。这种"虚"绝不是绝对的空或无，而是有。《化书》的《龙虎》篇说，"虚空非无也"，《游云》篇也说，"太虚之中，无所不有"。既然是"有"，为什么又要叫"虚"呢？这是为了突出"道"的"视之不见，听之不闻，抟之不得"的"无形之谓也"的性质。这就不难看出，之所以要用"虚"来规定"道"，恰恰是为了突出"道"的本体性。"道"是本体而不是实体，所以，它在本质上是"虚"的，即是"空"、是"无"。而正是这种性质上的"虚"，才保证了"道"的本体性，才使它能圆融无碍地表现在"用"中，达到体、用一原。谭峭的"道"与形的循环转化论正表现了"道"的体用不二性。所以，谭峭关于"道"在性质上"虚"的思想与重玄学者成玄英所谓的"道以虚通为义"、"本无神也，虚极而神生；本无气也，神运而气化，气本无质，凝委而成"（《老子疏》）之说正是一脉相承的，进一步从顺、逆两个方向突出了"化"的意义，反映了唐到五代道教哲学发展的特点和水平。

（二）关于物化。谭峭从虚、神化生气、形，形、气还原于神、虚的道化论出发，论述了物物间的相化问题，这就是无生物与有生物之间的相互转化。《化书·老枫》篇指出：

老枫化为羽人，朽麦化为蝴蝶，自无情而之有情也；贤女化为

> 贞石，山蚯化为百合，自有情而之无情也。是故土木金石皆有性情精魄。虚，无所不至；神，无所不通；气，无所不同；形，无所不类。孰为彼，孰为我？孰为有识，孰为无识？万物一物也，万神一神也，斯道之至矣。

谭峭举出，在自然界中，有的从无生物变为生物（"自无情而之有情"），有的从生物变为无生物（"自有情而之无情"），从而得出金木土石皆有性情魂魄的结论。他以为，自然界中的生物、无生物均受"道"的支使，都遵循着虚、神、气、形相互转化的生化过程。从这个意义上来说，有生物与无生物之间是一样的，一神与万神之间也是一样的，形、神之间还是一样的，因此，万物间的彼此界限就没有了，就达到了如同《庄子·齐物论》中所说的"天地一指，万物一马"的齐物我的同一状态了。这种物我一齐的混元状态就是"道"的最高境界，即"斯道之至矣"。

谭峭从万物相互转化的观点出发，涉及了世界万物的统一性问题，这有合理的一面，也有一定的辩证法思想。但他却夸大了"化"，忽视了"化"的条件性问题。所以，谭峭所描述的关于自然界之从无生物到生物、又从生物到无生物的转化景象尽管生动，却不现实，还不足以揭示自然事物间的真正的相互转化的本质与规律。

（三）关于生死之化。《化书·死生》篇论述了生与死的相化，指出：

> 虚化神，神化气，气化血，血化形，形化婴，婴化童，童化少，少化壮，壮化老，老化死，死复化为虚，虚复化为神，神复化为气，气复化为物，化化不间，由（犹）环之无穷。夫万物非欲生，不得不生；万物非欲死，不得不死。

这就是谭峭的生死转化观。他的论述表明了这样三层意思：其一，生死之化与虚形之化是一致的，是"道"生化万物的本体性在生死问题上的具体表现。其二，由虚到死的"化"的过程是逐渐进行的，是分阶段和步骤的。而且，虚至死之化的过程自身是有方向性的，即只能由虚到死的化，不可逆转，当一个过程完成后就再接着从头循环下一个过程了。其三，这种"化"的过程是自然的，同时也是必然的，并非人为的选择的问题。

谭峭的这一生死转化观是有合理之处的，但是，他的这种生死观并不科学。因为，一是他根本不提生与死转化的条件性，无条件地谈生死转化只能是一种臆测；二是作为生死之化的基础性阶段的"虚化神，神化气"的过程究竟是如何实现的，谭峭并没有作出科学的说明，他所说的仅是一种哲学思想。

（四）关于神形之化。从谭峭的生死之化观中，我们自然可以得出一个结论：长生不死是不可能的。但谭峭是个道士，他之所以要放弃仕宦之途而入山修道，目的就是为了成仙，为了长生不死；他在南岳炼丹、服丹，也正是为了仙化。若按他的生死之化观，他的一切做法均是白费力气，而且与整个道教的理论和目的也相抵牾。那么，究竟怎样看待谭峭的生死观与其修道成仙思想间的关系呢？

原来，在谭峭看来，他的生死之化观与他的修道成仙论之间并无矛盾，相反，这个生死观还是其成仙论的理论基础。何以见得？谭峭《化书·死生》篇在讲完了他的生死之化观后明确说："达此理者，虚而乳之，神可以不化，形可以不生。"整个生死之化的过程是虚→神→气→血→形→婴→童→少→壮→老→死的过程，这个过程并不是只进行一次就完结了，而是循环进行的，所以，人的形死并不表明人的神就会死去而永远完结了，神并不死去，因为死可再化为虚，重新将神保存和化出来。既然神与形有着这种内在的"化"的关系，既然神不会灭亡，那么，成仙就有可能性，只要永葆神的生命就能成仙，神羽与形羽就可一致。这就是谭峭的"神化之道"。他在《化书》的《紫极宫碑》中这样说："是以古圣人穷通塞之端，得造化之源，忘形以养气，忘气以养神，忘神以养虚，虚实相通，是谓大同。故藏之为元精，用之为万灵。含之为太一，放之为太清。是以坎离消长于一身，风云发泄于七窍，真气熏蒸而时无寒暑，纯阳流注而民无死生，是谓神化之道者也。"这里所说的炼养术就是建立在神、形相化的基础上的。谭峭认为，通过"忘形以养气"的修炼，人就可以达到浑身真气熏蒸、不觉严寒酷暑的境地。《续仙传》说谭峭得辟谷之术后"夏服乌裘，冬则绿布衫，或卧于风霜雪中经日，人谓其已毙，视之，气出休休然"，这正是"真气熏蒸而时无寒暑"之状的写照。至于"纯阳流注而民无死生"，是更高的修道和得道之境，这就是道教徒所说的"阳神出游",即精神脱开肉体而返回到太虚之境。

可以看出,谭峭的得道论已与传统的道教神仙家所谓的肉身飞升仙去的说法相去甚远。他讲的是道教炼神的内丹理论和方法,突出的是"神"的地位。《化书·神道》篇说:"太上者,虚无之神也;天地者,阴阳之神也;人虫者,血肉之神也。其同者神,其异者形。是故形不灵而气灵,语不灵而声灵,觉不灵而梦灵,生不灵而死灵。水至清而结冰不清,神至明而结形不明。冰泮返清,形散返明,能知真死者,可以游太上之京。"这里谈了这么多的"神",说明了两层意思:其一,"神"的存在有两种方式。一种是存在于血肉之中的神,这种神受血肉之躯的影响,是混浊不清的,影响了神的清虚本性;另一种则是离开血肉之躯的神,这种神清通虚寂,是神的本性。谭峭以水、冰为例,说明了水至清而结冰不清,神至明而结形不明的道理。其二,这里的"神"一点也不是主宰的神或帝,它不是人格性的存在,不是实体,它是与"虚"与"道"相统一的东西,可以说是道的虚寂、虚通之本性、本质的表现。所以,绝不可把这种"神"作形体观或有形观,否则,"惟神之有形,由(犹)形之有疣,苟无其疣,何所不可?"(《神道》)"神"的这种清通性正是体现了谭峭道化论的重玄性致思趋向和内丹术的修道特色。

二、《化书》的社会历史观

谭峭作为道士与一般道士的不同之处在于,他并没有完全把自己封闭在深山中修道,他遍游天下,常混迹民间。因此,谭峭这个道士更多地目睹和了解了民间的疾苦,了解了统治者的贪婪本性和对农民的压榨。这种经历和认识不能不在其《化书》中反映出来,形成了他的社会历史观。

谭峭的社会历史观可以概括为下列三个方面:

(一)关于人类社会的历史演化。承认社会历史的发展、变化是谭峭道化论的题中应有之义。他认为人类社会的变化与自然界的变化是同一个根源——"道"。在《化书·大化》篇中,他具体描述了人类社会如何演化的过程,指出:

> 虚化神,神化气,气化形,形化精,精化顾盼,顾盼化揖让,揖让

化升降,升降化尊卑,尊卑化分别,分别化冠冕,冠冕化车辂,车辂化宫室,宫室化被卫,被卫化燕享,燕享化奢荡,奢荡化聚敛,聚敛化欺罔,欺罔化刑戮,刑戮化悖乱,悖乱化甲兵,甲兵化争夺,争夺化败亡。

这一系列的"化"究竟是怎样具体发生的?谭峭没有说,大概也说不出。社会历史的变化是社会基本矛盾运动的结果,是社会生产力的最终变化引起的,这就是社会变化的条件和根据,社会变化的规律性也只能在这个根据中得到揭示。这一点谭峭当然不可能明白。所以,他所说的这一系列"化"的社会历史演化,仍不是真正科学的社会发展理论。

不过,他在这里较详细地描绘了整个人类社会历史的演化过程,不无意义。他把人类历史的演进依然搁置在了"(道)虚化神,神化气"的道本论基础上,这就把人类历史的分化与自然界的分化相衔接、相统一起来。在谭峭看来,先有自然界的分化,然后才有人类历史的分化,人类社会从自然界的"气化"、"形化"中转化而来,它们都统一于"道"。他认为,在人类社会的早期阶段,是一个"揖让"的时代,这是个没有剥削和阶级压迫的时代。后来,社会愈变愈复杂,出现了尊卑、贵贱、掠夺、杀戮、战争,等等,导致了一个个统治政权的灭亡,使历史显现了纷繁斑斓的画面。谭峭对人类历史演变的描绘虽少严格的历史科学性,但也大致合乎历史的演进大貌。更值得注意的是,谭峭把人类历史的演化过程视为必然的趋势,"其来也,势不可遏;其去也,力不可拔"(《大化》),并不受人的主观意志的左右。

(二)对社会现实的揭露和批判。谭峭长期生活在民间,对人民的疾苦是有较深了解的。他揭露了当时农民所受的盘剥之苦,说:"一日不食则惫,二日不食则病,三日不食则死。民之事急,无甚于食。"(《七夺》)吃饭是下层农民最为基本的生活需要,但他们辛辛苦苦收获来的粮食却被天子、官吏、兵士、工匠、商贾、和尚、道士这些不种粮食的人以及战费军需夺去十分之七,所剩部分在丰年时还可勉强糊口,歉收时则难以活命。"所以蚕告终,而服葛苎之衣;稼之毕,而饭橡栎之果。"(同上)农民种桑养蚕却没衣穿,辛苦耕作却没粮吃。

社会问题的根源在统治者身上。谭峭揭露说,统治者虽然口头上侈谈"切切之仁"、"感感之礼",但却贪婪成性,"教民为奸诈,使民为淫邪,化民为悖逆,驱民为盗贼"(《大化》),奸诈、淫邪是统治者教出来的,悖逆、盗贼是统治者逼出来的。"天子作弓矢以威天下,天下盗弓矢以侮天子"(《弓矢》),统治者对人民的威迫才导致了人民对统治者的防范和对抗;统治者为了个人的自私而"好聚敛,蓄粟帛,具甲兵以御贼盗",才使得"贼盗擅甲兵,踞粟帛,以夺其国"(同上)。谭峭尖锐地指出:"非兔狡,猎狡也;非民诈,吏诈也。"他正告统治者:"慎勿怨盗贼,盗贼惟我召;慎勿怨叛乱,叛乱禀我教。"(《太和》)

谭峭同情人民的疾苦,反复指出农民的反抗是由统治者"穷民之力"、"夺民之食"(《有国》)所引起的。他指出,夺民之食就是剜民肌、啖民肉、扼民喉、断民生计,民怎能不啼饥号寒,怎能不忿怨反抗呢?在农民被逼得无法生存的时候,任何仁义说教和严酷刑罚都是无用的,民反是必然的,这就如同"火将逼而投于水,知必不免,且贵其缓;虎将噬而投于谷,知必不可,或觊其生"(《丝纶》)一样。无疑,谭峭的这些看法是有道理的。

(三)对未来社会的理想。谭峭不满并揭露了当时的社会现实,当然希冀着一个理想的社会。他所理想的社会首先是平等的,应该没有等级差别和剥削压迫。他拿蝼蚁的群居生活方式来比拟这种理想的平等社会,指出:"蝼蚁之为君也,一拳之宫,与众处之;一块之台,与众临之;一粒之食,与众蓄之;一虫之肉,与众咂之;一罪无疑,与众戮之。"(《蝼蚁》)这俨然是一个平等、和谐的社会群体。相比之下,人类社会就远远不是这样了。他主张统治者与人民之间要上下相通,"心相通而后神相通,神相通而后气相通,气相通而后形相通"(同上),上下之间如能这样相通,心心相印,社会就自然平等、安宁了。

就当时的社会现实来说,谭峭认为最重要的任务是"均食"。他认为"食"是"无价之货"(《鸱鸢》)。他说,有食喂养,"牛可使之驾,犬可使之守,鹰可使之击";有食诱惑,"鱼可使之吞钩,虎可使之入陷,雁可使之触网,敌可使之自援";为了食物,"高尚可以使之屈折,夷狄可以使之委服",等等。因此,"自天子以至于庶人,暨乎万族,皆可以食而通之"(《无为》)。有了粮食,人才可以讲礼节,社会才可安定。那么,怎么"均食"呢?

谭峭说是"尚俭","俭者,均食之道也"(《太平》)。尚俭先要从君做起,"君俭则臣知足,臣俭则士知足,士俭则民知足,民俭则天下知足"(《三皇》),天下知足,也就天下太平了。

谭峭的这些社会理想并不新奇,也远非科学的未来社会的方案。但在唐末五代之时宣扬这些主张,不无现实意义。

南开哲学教材系列

中国哲学史

（下卷）

刘文英　主编

南开大学出版社
天　津

图书在版编目(CIP)数据

中国哲学史：全2册／刘文英主编．—天津：南开大学出版社，2012.10(2021.7重印)
南开哲学教材系列
ISBN 978-7-310-04031-5

Ⅰ.①中… Ⅱ.①刘… Ⅲ.①哲学史－中国－高等学校－教材 Ⅳ.①B2

中国版本图书馆CIP数据核字(2012)第217378号

版权所有　侵权必究

中国哲学史
ZHONGGUO ZHEXUESHI

南开大学出版社出版发行
出版人：陈　敬
地址：天津市南开区卫津路94号　邮政编码：300071
营销部电话：(022)23508339　营销部传真：(022)23508542
http://www.nkup.com.cn

北京虎彩文化传播有限公司印刷　全国各地新华书店经销
2012年10月第1版　2021年7月第3次印刷
210×148毫米　32开本　30.125印张　4插页　856千字
定价：75.00元(上下卷)

如遇图书印装质量问题，请与本社营销部联系调换，电话：(022)23508339

目 录

第七编　宋明新儒学的发展与不同的哲学派别
　　（宋元明时期）…………………………………………（511）
第一章　周敦颐的"太极图"与"立人极"的哲学思想………（515）
　　第一节　"无极而太极"的宇宙本体论……………………（515）
　　第二节　"立人极"的心性论………………………………（518）
　　　　一、诚体神用的道德本体 …………………………（518）
　　　　二、刚柔善恶中的心理气质之性 …………………（518）
　　　　三、主静无欲的直觉修养方法 ……………………（519）
第二章　邵雍的"先天图"及象数哲学………………………（521）
　　第一节　邵雍的象数学和宇宙循环论……………………（521）
　　第二节　历史循环论与治世的法宝………………………（523）
　　第三节　天人类比的人性论………………………………（524）
第三章　王安石的三经新义与哲学特点……………………（526）
　　第一节　对"道"、"太极"和"五行"的新解释 ……………（527）
　　第二节　万物皆有耦有对的辩证法思想…………………（528）
　　第三节　唯物主义的认识论………………………………（530）
　　第四节　性存于内、情发于外的人性论……………………（532）
第四章　张载的气本论及其哲学体系………………………（534）
　　第一节　"太虚即气"的本体论……………………………（534）
　　　　一、知太虚即气则无无 ……………………………（534）
　　　　二、太虚的两重性与道德之源 ……………………（536）
　　第二节　"一物两体"的辩证法思想………………………（537）

一、两体相薄,动非自外 ……………………………… (537)
　　二、"渐化"与"著化"两个阶段 ……………………… (538)
　第三节　性两元论与心的两重性 ………………………… (538)
　　一、性两元论 ……………………………………………… (538)
　　二、心的两重性 …………………………………………… (540)
　第四节　"大其心"、"穷神知化"、"穷理尽性"的
　　　　　心性修养方法 …………………………………… (541)
　　一、"大其心" ……………………………………………… (541)
　　二、"穷神知化" …………………………………………… (541)
　　三、"穷理尽性" …………………………………………… (541)
第五章　二程的理本论及其差别 ……………………………… (543)
　第一节　二程的理本论及其差别 ………………………… (543)
　　一、二程理本体的确立 …………………………………… (543)
　　二、二程理本体的差别 …………………………………… (544)
　第二节　程颢的心性一元论和程颐的性两元论 ………… (546)
　　一、程颢的心性一元论 …………………………………… (546)
　　二、程颐的性两元论 ……………………………………… (547)
　第三节　程颐论心、性、情的关系 ………………………… (548)
　第四节　程颐的"涵养须用敬"和"进学在致知"
　　　　　的修养方法 ……………………………………… (550)
　第五节　程颢"以觉识仁"的修养方法 …………………… (552)
第六章　朱熹的理学集大成的哲学体系 ……………………… (554)
　第一节　新旧"中和说"与心统性情 ……………………… (554)
　　一、"心为已发,性为未发"的"中和旧说" ……………… (554)
　　二、"思虑未萌为未发,思虑已萌为已发"的"中和新说" ……… (555)
　第二节　"理在气先"与"理一分殊" ……………………… (557)
　第三节　性两元论与人心听命于道心 …………………… (559)
　　一、理为天命之性,理与气杂为气质之性 ……………… (559)
　　二、人心听命于道心 ……………………………………… (560)
　第四节　主敬持一和格物致知的心性修养论 …………… (560)

第五节　朱熹哲学的历史地位……………………………（563）
第七章　陆九渊的心本论及"自存本心"的修养方法…………（566）
第一节　和谐之数与心即理的本体论………………………（566）
第二节　发明本心的心性修养方法…………………………（568）
第三节　朱陆之辨及鹅湖之会………………………………（569）
　　一、关于"无极而太极"的争论……………………………（569）
　　二、"先立其大",还是"先道问学"………………………（570）
　　三、"心即理"与"性即理"的分歧…………………………（570）
　　四、"心统性情"与心性合一………………………………（571）
　　五、道心与人心……………………………………………（571）
　　六、理在心外与心即理……………………………………（572）
第八章　陈亮、叶适的事功之学及影响…………………（573）
第一节　陈亮的事功哲学……………………………………（573）
　　一、"盈宇宙者无非物"的唯物主义世界观………………（573）
　　二、"明事物之故"的认识论………………………………（574）
　　三、利欲有"分"有"辨"的人性论…………………………（575）
　　四、王霸义利之辨…………………………………………（576）
第二节　叶适的唯物主义自然观和内外交相成之道………（577）
　　一、五行、八卦皆气化的自然观……………………………（577）
　　二、"道原于一而成于两"的朴素辩证法…………………（578）
　　三、内外交相成之道………………………………………（579）
第九章　王阳明的"致良知"与"知行合一"…………………（581）
第一节　"真己"的心体用论…………………………………（581）
　　一、人心以真我、良知为本体………………………………（582）
　　二、心之理为体、气为用……………………………………（582）
　　三、性、情、欲、知统一于良知………………………………（583）
　　四、道心人心不为二,天理人欲不并立……………………（584）
第二节　道德感情与践履合一的"知行合一"论……………（585）
第三节　"致良知"与涵养省察的修养方法…………………（587）
　　一、"致良知"与"致知格物"………………………………（587）

二、涵养省察并用的心性修养方法 …………………………………（587）
　第十章　罗钦顺与王廷相的气学本体论 ……………………………（589）
　　第一节　罗钦顺的理在气中和性为体、知觉为用 …………………（589）
　　　一、"理一分殊"的气一元论 …………………………………（589）
　　　二、性为体，知觉为用 …………………………………………（590）
　　　三、道心为性，人心为情 ………………………………………（591）
　　　四、格物致知的心性修养论 ……………………………………（592）
　　第二节　王廷相的气本论与内外合一之道 ……………………（592）
　　　一、"理在气中"的唯物主义元气本体论 ……………………（593）
　　　二、生之气、生之理、性之才三结合的人性论 ………………（595）
　　　三、性情为心理活动的不同景象 ………………………………（596）
　　　四、天性之知与人道之知 ………………………………………（598）

第八编　宋明理学的衰落与中国古代哲学的终结
　　　　（明清之际至清代中期）………………………………………（599）
　第一章　李贽的"童心"说和反封建精神 ……………………………（603）
　　第一节　天地如夫妇的宇宙观 ……………………………………（603）
　　第二节　"童心"即真心的个性自觉 ………………………………（606）
　　第三节　提倡私心的反封建精神 …………………………………（607）
　　　一、私心与礼义 …………………………………………………（607）
　　　二、不以"孔子之是非为是非"的反封建精神 ………………（608）
　第二章　刘宗周的心体即性体的哲学思想 …………………………（610）
　　第一节　理气心性一元和一体两分 ………………………………（610）
　　第二节　仁义礼智与喜怒哀乐合一的性情论 ……………………（611）
　　第三节　从未发已发中抽象的独体之知 …………………………（612）
　　第四节　心之全体的分析组合 ……………………………………（613）
　第三章　黄宗羲的理气、心性新说及对封建专制的批判 …………（615）
　　第一节　"一本万殊"的宇宙观 ……………………………………（616）
　　第二节　理气心性一元论 …………………………………………（617）
　　第三节　离情无以见性与心性修养论 ……………………………（618）
　　　一、离情无以见性和四德相生相克 ……………………………（618）

目录

  二、养气、尽心、穷理、知性的心性修养方法 …………（619）
 第四节　批判封建专制，提倡政治改革 ………………（620）
第四章　方以智的"通几"与"质测"相统一的哲学 ………（623）
 第一节　"一切物皆气之所为"的本体论 ………………（623）
  一、"气"为宇宙万物本原 ……………………………（623）
  二、"火为煣气"是物质变化的特性 …………………（624）
  三、从唯物主义向唯心主义的转化 …………………（625）
 第二节　"一分为二"与"合二而一"的辩证法思想 ……（626）
  一、"一而二，二而一"的矛盾学说 ……………………（627）
  二、"合二而一"的矛盾统一观 ………………………（628）
  三、调和矛盾的相对主义观点 ………………………（629）
 第三节　"质测即藏通几"与"觉悟交通"的认识论 ……（630）
  一、"质测即藏通几"的科学认识论 …………………（630）
  二、"觉悟交通"的认识过程 …………………………（631）
第五章　王夫之的理论贡献及其对宋明哲学的总结 ………（634）
 第一节　气为世界万物之本的自然观 …………………（634）
 第二节　变化日新的辩证法 ……………………………（638）
 第三节　质异则性异，性日生日成 ………………………（640）
 第四节　性体心用的三分法 ……………………………（641）
 第五节　见闻之知与德性之知的区别和联系 …………（643）
 第六节　理势合一的历史观 ……………………………（644）
第六章　颜元重"习行"的哲学思想 ……………………………（646）
 第一节　气质之性即义理之性及引蔽习染 ……………（646）
  一、"理气融为一片"的人性论 ………………………（646）
  二、心兼性情与引蔽习染 ……………………………（647）
 第二节　重习行、践履的心性修养论 ……………………（648）
第七章　戴震的气一元论和理欲观 …………………………（650）
 第一节　"气化流行"的宇宙观 …………………………（650）
 第二节　"血气心知"的人性论 …………………………（651）
  一、"血气心知"为性和"欲情知"的三分法 …………（651）

二、必然寓于自然之中的理欲观 …………………………（653）

第九编　中国近代哲学的精神困惑与探索历程
（1840～1919年）…………………………………………（655）

第一章　龚自珍、魏源的"更法"、"变古"新论 ……………（658）
第一节　龚自珍的"更法"哲学 ………………………………（658）
一、冷眼看"衰世" ……………………………………………（658）
二、稽古论"更法" ……………………………………………（662）
三、"立反"、"用逆"的矛盾观和注重"自我"的"心力"说 …（664）
第二节　魏源的"变古"哲学思想 ……………………………（666）
一、师夷制夷，富国强兵 ……………………………………（667）
二、朴素辩证法的矛盾观 ……………………………………（668）
三、唯物主义认识论 …………………………………………（670）
四、"变古愈尽,便民愈甚"的历史进化观 …………………（672）

第二章　洪秀全、洪仁玕宗教神学外衣下的农民革命哲学 …（675）
第一节　宗教神学外衣下的农民革命思想 …………………（676）
一、宗教神学外衣下的反封建革命思想 ……………………（676）
二、宗教神学外衣下的反孔思想 ……………………………（677）
三、宗教神学外衣下的朴素辩证法思想 ……………………（679）
第二节　《天朝田亩制度》的空想农业社会主义思想 ………（680）
第三节　《资政新篇》的带有资本主义色彩的改革方案 ……（682）

第三章　洋务运动与张之洞的"中体西用"之学 ……………（684）
第一节　洋务运动的社会思潮 ………………………………（684）
第二节　张之洞的"中体西用"之学 …………………………（686）
一、不可变者圣道也,非器械也 ……………………………（686）
二、《劝学篇》的纲领："旧学为体,新学为用" ………………（689）

第四章　康有为的维新活动与哲学思想 ……………………（697）
第一节　调和心物的世界观 …………………………………（698）
第二节　变易进化的自然观与历史观 ………………………（700）
一、变易进化的自然观 ………………………………………（700）
二、变易进化的社会历史观 …………………………………（701）

三、变易进化的动力根源 …………………………………………（702）
　第三节　大同思想与人道哲学 ……………………………………（704）
　第四节　初步的中西文化比较观 …………………………………（708）
第五章　谭嗣同的维新意志与"仁学"体系 …………………………（711）
　第一节　宇宙观上的"以太"说和"心力"说的矛盾 ………………（712）
　第二节　"日新"变化的发展观同"破对待"的形而上学
　　　　　思想的矛盾 ………………………………………………（717）
　第三节　认识论上唯物主义与唯心主义的矛盾 …………………（722）
第六章　严复的天演之学及其历史作用 ……………………………（725）
　第一节　"物竞天择，适者生存"的天演论 ………………………（725）
　　　一、从西方学来的进化论 ……………………………………（725）
　　　二、宣传进化论是为了解决中国问题 ………………………（727）
　第二节　"质力相推"的机械自然观 ………………………………（729）
　第三节　经验论的认识论和科学方法论 …………………………（731）
　　　一、反对先验论，提倡归纳法 ………………………………（731）
　　　二、从唯物主义经验论滑向唯心主义经验论、不可知论 …（734）
　第四节　严复的历史地位 …………………………………………（736）
第七章　梁启超的思想演变与哲学倾向 ……………………………（739）
　第一节　进化思想与变革观念 ……………………………………（740）
　　　一、变亦变，不变亦变 ………………………………………（740）
　　　二、"三世六别"的进化模式 …………………………………（741）
　　　三、社会变革的和平渐变与革命突变 ………………………（742）
　第二节　塑造近代理想人格的"新民说" …………………………（744）
　　　一、"欲维新吾国，当先维新吾民" …………………………（744）
　　　二、"新民"应具有的诸种品格 ………………………………（745）
　第三节　"境者心造，惟心为实"的唯心主义本体论 ……………（749）
　第四节　中西文化融合论 …………………………………………（750）
第八章　章太炎的革命活动与哲学历程 ……………………………（754）
　第一节　以《訄书》为代表的前期哲学思想 ………………………（755）
　　　一、"阿屯以太"说及无神论思想 ……………………………（755）

二、唯物主义的认识论 …………………………………（758）
　第二节　"物竞天择"与"俱分进化" ……………………（760）
　　一、"物竞天择"的进化论思想 …………………………（760）
　　二、悲观主义的"俱分进化论" …………………………（762）
　第三节　高唱唯我、高蹈太虚的宗教归宿 ………………（764）
　　一、唯我主义的"新宗教" ………………………………（764）
　　二、"高蹈太虚"的"五无论" ……………………………（766）

第九章　孙中山的三民主义及其哲学基础 ………………（767）
　第一节　从旧三民主义走向新三民主义 …………………（768）
　第二节　进化论的唯物主义自然观 ………………………（770）
　　一、"物质进化之时期" ……………………………………（770）
　　二、"物种进化之时期" ……………………………………（771）
　　三、"人类进化之时期" ……………………………………（772）
　第三节　唯物主义的知行观 ………………………………（774）
　　一、"知难行易"的特定提法 ………………………………（774）
　　二、知行范畴的崭新内涵 …………………………………（776）
　　三、知行关系的辩证论证 …………………………………（778）
　第四节　含有唯物史观因素的社会历史观 ………………（780）
　　一、历史进化论观念 ………………………………………（780）
　　二、民生史观 ………………………………………………（781）
　　三、个人与群众的关系 ……………………………………（783）

第十编　中国现代哲学的不同思潮与理论创造
　　（1919～1949年） ………………………………………（785）
第一章　李大钊的哲学思想 …………………………………（788）
　第一节　李大钊的早期思想 ………………………………（788）
　　一、"青春"哲学的宇宙观 …………………………………（788）
　　二、社会发展观 ……………………………………………（790）
　第二节　李大钊对唯物史观的传播 ………………………（792）
　　一、对唯物史观的传播 ……………………………………（793）
　　二、阶级与阶级斗争问题 …………………………………（795）

三、人民在历史发展过程中的作用 …………………………（797）
　第三节　李大钊的文化哲学……………………………………（799）
　　　一、东西文明之根本异点 ……………………………………（799）
　　　二、第三种文明 ………………………………………………（801）
第二章　胡适的实用主义哲学思想………………………………（804）
　第一节　胡适的实用主义哲学…………………………………（804）
　　　一、实用主义实在论 …………………………………………（804）
　　　二、实用主义真理观 …………………………………………（806）
　　　三、实用主义方法论 …………………………………………（808）
　第二节　胡适的进化论的文化哲学……………………………（810）
　　　一、进化论的文化观 …………………………………………（810）
　　　二、全盘西化的思想 …………………………………………（811）
第三章　梁漱溟的哲学思想和文化观……………………………（813）
　第一节　梁漱溟的哲学思想……………………………………（813）
　　　一、西方传统形而上学批判 …………………………………（813）
　　　二、道德人本主义的建立 ……………………………………（815）
　　　三、形而上学的进路——三量说的认识方法………………（817）
　第二节　梁漱溟的文化哲学……………………………………（821）
　　　一、认识论与人生观 …………………………………………（821）
　　　二、三种文化模式的哲学分析 ………………………………（822）
第四章　张君劢的哲学思想和科学与玄学论战…………………（825）
　第一节　张君劢的人生哲学……………………………………（825）
　　　一、形而上学之意志自由论 …………………………………（825）
　　　二、科学方法与哲学方法 ……………………………………（826）
　　　三、张君劢的"新玄学" ………………………………………（828）
　第二节　科学与玄学论战………………………………………（831）
　　　一、科学与玄学论战的时代背景 ……………………………（831）
　　　二、科学与玄学论战三方的主要观点 ………………………（831）
　　　三、科学与玄学论战在现代哲学史上的意义………………（836）
第五章　熊十力新唯识论的哲学思想……………………………（839）

第一节 熊十力的哲学本体论············(839)
　一、哲学就是本体论············(839)
　二、以"体用不二"立宗············(841)
第二节 熊十力的心性论············(844)
　一、总结朱王心性之学············(844)
　二、本心与习心············(845)
第三节 性智与量智············(847)
　一、性智与量智的划分············(848)
　二、性智与量智的关系············(849)
第六章 冯友兰新理学的哲学思想············(851)
第一节 新理学的思想与方法············(851)
　一、逻辑实证主义的进路············(851)
　二、实际与真际············(854)
　三、理与气············(856)
　四、正的方法与负的方法············(859)
第二节 新理学的人生境界论············(861)
　一、意义与觉解············(861)
　二、人生的四个境界············(862)
　三、凡俗即神圣············(863)
第七章 张东荪的哲学思想与唯物辩证法论战············(865)
第一节 张东荪的架构的宇宙观与多元认识论············(865)
　一、架构的宇宙观············(865)
　二、多元认识伦············(868)
第二节 张东荪与唯物辩证法论战············(870)
　一、张东荪对唯物辩证法的批判············(871)
　二、艾思奇等人对马克思主义哲学的捍卫和宣传············(872)
　三、唯物辩证法论战的意义············(875)
第八章 金岳霖的道论与知识论············(878)
第一节 金岳霖的道伦············(878)
　一、能与式············(879)

二、共相与殊相 …………………………………………（881）
　第二节　金岳霖的感觉论……………………………………（883）
　　一、唯主方式与非唯主方式 ……………………………（883）
　　二、"外物"与"所与" ……………………………………（884）
　第三节　金岳霖的概念论……………………………………（887）
　　一、得自所与的意念 ……………………………………（887）
　　二、意念对所与的规范与整理 …………………………（889）
　　三、科学认识方法论 ……………………………………（891）
第九章　贺麟新心学的哲学思想…………………………………（893）
　第一节　贺麟新心学的心性论与直觉说……………………（893）
　　一、直觉与理智 …………………………………………（894）
　　二、"主体逻辑心" ………………………………………（896）
　　三、自然知行合一论 ……………………………………（899）
　第二节　贺麟的文化体用论…………………………………（901）
　　一、绝对体用论与相对体用论 …………………………（901）
　　二、心体物用的多层体用论 ……………………………（902）
　　三、对传统道德的新解释 ………………………………（904）
第十章　毛泽东的哲学思想………………………………………（906）
　第一节　毛泽东的实践论哲学思想…………………………（906）
　　一、《实践论》对马克思主义哲学认识论的论述与发展 …（907）
　　二、《实践论》对中国哲学知行问题的概括与总结 ………（910）
　第二节　毛泽东的矛盾论哲学思想…………………………（912）
　　一、《矛盾论》对唯物辩证法的论述与发展 ………………（912）
　　二、《矛盾论》对中国辩证法优秀传统的继承与发扬 ……（916）
　第三节　毛泽东哲学思想对现代哲学史的总结……………（919）
　　一、近代以来文化争论的哲学总结 ……………………（919）
　　二、近代以来哲学发展的总结 …………………………（920）
　　三、认识规律与群众路线的统一 ………………………（921）

第七编

宋明新儒学的发展与不同的哲学派别

（宋元明时期）

从宋代、元代到明代中期，中国古代封建社会由其顶峰而进入后期发展的阶段。宋王朝（960～1279年）结束了晚唐以来近百年的分裂割据局面，重新实现了国家的统一，推动了社会经济的进一步发展。但后来由于金人、辽人贵族的不断南侵，北方经济遭到破坏。而伴随经济中心的南移，东南地区的经济开发大踏步地前进。元王朝（1271～1368年）虽然统一了中国南北，但由于民族压迫十分严重，整个社会经济出现倒退和长期停滞的态势。历经元末农民大起义的风暴，明王朝（1368～1644年）在其前期和中期，社会经济一直处于上升的趋势。

宋元明时期，中国的农业生产无论就其规模、技术和效益，都走在当时世界的最前列。农民虽然仍旧要租种地主占有的土地，受到地主的剥削，但在身份上不再直接依附于某个地主或某个庄园，相对以前有了较大的自由，因而生产积极性有了一定的提高。宋代通过垦田、围田，耕地面积大大超过唐代。各种水车的发明，大大提高了农田灌溉的能力。深耕细作的农田管理，也大大提高了农业生产的效益。在手工业方面，利用木箱鼓风器的冶铁技术，远超过当时欧洲的水平。制茶、纺织、瓷器、煮盐、制糖和造船技术也都在世界各地享有盛名。伴随农业、手工业的发展，商业经济空前繁荣。宋代兴起的工商业城市，其数量远远超过前代。苏州、杭州、扬州等城市作坊林立、商贾如流，都是著名的经济中心。而泉州则是当时世界上最大的国际性商埠。元代虽然经济停滞,明代东南地区的工商业又有进一步的发展。但是,宋、明王朝的统治者不断强化封建专制主义的政权。宋代废除了原来的宰相职位,使政府中的六部直属于皇帝,国家大权完全集中在以皇帝为首的中央政府。明代进一步把国家大权集中于皇帝一人,而实际上往往由重臣或宦官来控制。由于政治上的专制统治和贪污腐败,官方一再企图控制工商业的重要行业与部门,越来越严重地阻碍社会经济发展,越来越暴露出封建专制制度的腐朽性。

宋元明时期虽然民族矛盾十分复杂,但在客观上造成了国内各民族的又一次大融合。同时国际上的往来进一步扩大。宋王朝开辟了以泉州为起点的海上丝绸之路。元王朝与中亚、南亚的来往,进一步拓宽了原来陆上的两条丝绸之路。明王朝时郑和三下西洋,又促进了中国与东南亚、印度洋和阿拉伯的地区的经济文化交流。

在社会经济的有力推动下,这一时期中国科学技术和精神文化取得了突出的成就。宋代出现的火药、罗盘针(指南针)、活版印刷三大发明传播到西方,对世界文化产生了极其深远的影响。而水运连磨和水运"象仪台"的出现,说明在机械制造中已掌握了旋转运动与匀速运动的工艺。在自然科学方面,继魏晋时期的刘徽和南北朝的祖冲之父子之后,以秦九韶《算术九章》、李冶《测圆海镜》、杨辉《详注九章算术》与《日用算法》为标志,中国又出现了三位数学巨匠。沈括的《梦溪笔谈》总结了当时的天文、历法、数学、物理、生物、化学、医药等科学成就,并记载了手工业的许多技术发明。这一时期的文学和史学也取得了重要的成就。宋词、元曲、明代杂剧都占有重要的历史地位,并出现了《三国演义》、《西游记》、《水浒传》等古典小说名著。郑樵《通志》、马端临《文献通考》和司马光主编的《资治通鉴》也都是中国古典史学名著。而宋代的《太平御览》和明代的《永乐大典》,则是当时世界上规模最大的百科全书和古籍丛书。

这一时期的哲学思潮适应封建社会后期的需要,在经历了儒、道、佛三家互黜互动、彼此消长之后,整个格局发生了重大的变化。不但"儒门淡泊"的历史局面宣告结束,而且儒家思想及其哲学重新成为支配中国社会的统治思想,一直延续到中国古代社会的结束。这种格局上的重大变化,除了社会政治需要而外,主要是一场盛况空前的儒学复兴运动的结果。以宋初三先生胡瑗、孙复、石介为先驱,几代儒家学者大都经历了"出入佛老,返诸六经"的反思过程。他们自觉地以儒家传统道德伦理学说与价值原则为主干,同时以开放的胸怀,批判地吸取了佛、道两家的许多思想资料和理论成果,并借鉴了它们的思维方式与思维方法。这样,传统儒学在经历了自我改造和重建之后,哲学本体论和心性论空前充实与挺立起来,理论思辨的严密性及其所到达的高度,也远远超过了汉唐儒学。由此儒学发展进入一个新阶段,形成一个新形态,这就是宋明新儒学。

宋明新儒学由于以"理"为最高范畴,通称宋明理学。理学家虽有共同的儒学内核与价值原则,但由于种种原因,又划分为不同的哲学派别。按其思想特征,理本论以周敦颐为先驱,由二程定型,朱熹则为集大成者。心本论在程颢已见端倪,实际以张九成为先驱,由陆九渊定型,王阳明为集大成者。气本论在胡瑗、李觏已见端倪,实际以王安石为先驱,由张载定型,后经王廷相、陈确等人,王船山为集大成者。除了理本、心本、气本三大学派以外,事功学派则以陈亮、叶适为代表,象数学派则以邵雍、朱震为代表。由于书院在全国的普及和师承关系的影响,宋明时期的文化思想和哲学理论又有明显的地域特征,许多派别常以哲学家所居之地或讲学之地为标志。所谓"濂洛关闽",分别指濂溪周敦颐、洛阳二程、关中张载、福建朱熹为代表的四大学派。所谓湘学、蜀学则分别为以湖南张栻、蜀中苏轼为代表的两个学派。所谓浙东学派包括吕祖谦代表的金华学派、叶适代表的永嘉学派、陈亮代表的永康学派。姚江学派即阳明学派,泰州学派即王艮代表的阳明后学。如此等等,不同地域之间不但在理论上有差别,在治学方法以至精神气象上也有差别。彼此间的往来互动与切磋批评,极大地促进了宋明哲学和文化思想的发展与繁荣。

宋明新儒学在形式上仍然保持着儒家经学的传统,但在思想上反对汉唐经学固守门户师说、专注章句训诂的学风,而把重点转移到义理的阐发和思想的研究上,由此便突破了经典文本的语言层面,而推究问题的"当然"、"所以然",以至其"大总头处"。这样,宋明哲学无论在广度上和深度上都大大超过汉唐哲学,使中国哲学思维跨入一个新的阶段。宋明哲学在内容上以理气之辨和心性之辨为中心,哲学家在普遍重视形上本体的追寻的同时,着眼点逐渐从客体转向主体,因而心性分析受到空前的重视。与此相联系,认识论的地位亦愈加凸显,知行关系作为沟通本体与心性的中介,成为不可缺少的重要论题。在哲学思维上,理本论和气本论者十分重视概念关系与逻辑推理,以理性主义为特征。心本论者则强调自我反思与直觉体悟,以非理性主义为特征。象数派企图用数理说明万象生灭变化的法则,既包含着某种探寻物理的追求,又暴露出非理性的臆想和附会。它们从不同方面,以不同形式,都为中国传统哲学理论思维提供了重要的经验和教训。

宋明新儒学在整体上仍然属于封建制度的意识形态,认为君臣父子的等级制度为"天理"的体现。但是,它在理论上反对专制主义,并主张以"正君心"抑制政治腐败,保持着一定的独立性。相对说来,宋明新儒学的内圣追求大大超过汉唐儒学,而外王方面则比较薄弱。随着各种社会矛盾的激化,其负面影响越来越暴露出来。

第一章 周敦颐的"太极图"与"立人极"的哲学思想

周敦颐(1017~1073年),原名敦实,字叔茂,道州营道人。宋仁宗到宋神宗时,曾任州县地方官吏。他任南安军司理参军时,程颢、程颐曾前往受业。任合州判官时,"士之从学者甚众",与王安石相遇,"语连日夜,安石退而精思,至忘寝食"(度正《周濂溪年谱》)。晚年在庐山莲花峰下建濂溪学堂讲学,世称濂溪先生,其学被称为"濂学"。周敦颐是宋明理学的开山祖,朱熹对他作了很高的评价。但是在"北宋五子"(周敦颐、程颢、程颐、邵雍、张载)中,"惟周子著书最少,而诸儒辩论,则惟周子之书最多"(《宋四子抄释·提要》)。他的著作现存的只有一幅从道教图录中改造过来的《太极图》以及《太极图说》、《通书》(均收集在《周濂溪集》中,本书所引周敦颐著作,均出自此书)。周敦颐的思想特点是以《易传》解释道教的《太极先天图》,以《老子》的"无极"与《易传》的"太极"和寂感神通相结合,提出了"无极而太极"的本体论,发挥《中庸》的"至诚尽性",论述刚柔善恶中的气质之性论,以"主静无欲"的心性修养论达到"至诚无妄"的精神境界。周敦颐的著作言简义丰,他提出的哲学纲领为二程、朱熹的思想奠定了理论基础。

第一节 "无极而太极"的宇宙本体论

宇宙本体论是宋明理学的理论基础,作为儒道佛三教合一的宋明理学正是从这个问题开始的。先秦儒家的孔孟大讲人伦道德的人心善性,只是从天命观上强调道德的先天性。《易传》、《中庸》开始从"继善成性"、"天命之谓性"的意义上寻求其本原,而荀子则从气化万物的角度上说明"恶"的来源和"善"的(学礼)的后天性。两汉董仲舒的"阳仁阴贪",王充的才性气禀,荀悦的命有三品也是从宇宙气化的本原论意义上说明人性的问题。真正从体用、本末的本体论的意义上说明人性的是魏晋玄学，然后是佛教的心性本体论。这种本体论从理论思维的水平上显然大大高于先秦两汉的人性本原论。但是正如韩愈所说的那样，佛道两家是排斥仁义道德的。道德对于玄学家来说只是"名教出于自然"，不过是本体"无"的显现，作为礼教的"有"是不能永恒的；而在佛教的超世俗的"性空"学说中，几乎没有仁义道德的地位，因为世间的一切都是虚幻的。这样，摆在宋明理学家面前的首要问题，就是如何把儒家的仁心善性提高到宇宙本体论的高度，由此才能战胜佛道两家，同时又能发挥从孔孟、《中庸》、《易传》到韩愈的"道统"。李翱利用了《易传》的"易无思也，无为也，寂然不动，感而遂通天下之故"和《大学》的"格物致知"以及《中庸》的"诚者天之道"，提出了诚静之性与心寂情动的观点，已朝着本体论的方向迈进。但真正达到本体论高度的是宋明理学家周敦颐，他利用了道士陈抟的《无极图》，制定了《太极图》，并写了《太极图说》，从"无极而太极"的宇宙本体论和"立人极"的天人之道上说明"人极"就是"太极"，二者是"天人合德"的"诚"性本体，使"诚"具有宇宙本体论的意义。《太极图说》可以看做是宋明理学的宇宙本体论和心性本体论的基本纲领，它影响着程颢的"天人一本"，张载、程颐、朱熹的"天命之性"和"气质之性"的性两元论。

周敦颐在《太极图说》中一气呵成描绘了天人合德的宇宙本体论。他说：

> 无极而太极，太极动而生阳，动极而静，静而生阴，静极复动。一动一静，互为其根。分阴分阳，两仪立焉。阳变阴合，而生水火木金土，五气顺布四时行焉。五行一阴阳也，阴阳一太极也，太极本无极也。五行之生，各一其性，无极之真，二五之精，妙合而凝。乾道成男，坤道成女，二气交感，化生万物。万物生生，而变化无穷焉，惟人得其秀最灵。形既生矣，神发知矣，五性感动，而善恶分；万事出矣，圣人定之以中正仁义而主静（自注：无欲故静），立人极焉。故圣人与天地合其德。

这里，"无极而太极"一句，朱熹解释为"无形而有理"，陆九渊加以反对，认为"太极"本身就是无形，不必加"无极"二字。朱熹在玉山见到卢洪景所编修的《国史》有濂溪、程、张传，其中《太极图说》首句是"自无极而为太极"。临江杨立所得九江故家传本《通书》中的《太极图说》首句是"无极而生太极"，两者意思有差别。据此，有些学者认为应该以《国史》濂溪传的"自无极而为太极"为准，解释为"无极而生太极"或"自无而为有"[①]。实际上这些争论表明周敦颐《太极图说》中语言使用得不严密，容易引起不同的理解和解释。

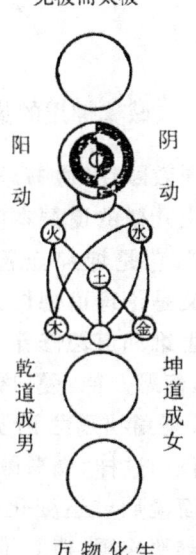

通观周敦颐的思想体系，他并没有对"无极"加以论述，而是论述"太极"，也没有明显地说"自无而有"。《太极图说》中的"无极"是说"太极"本来无形，"无极之真"即是"太极"，它表明五行中蕴含着阴阳，阴阳来自太极，太极本来无形。这与《通书》所说的"二气五行，化生万物。五殊二实，二本则一"意思相通。因此"无极"、"太极"和"一"经常通用。另外《太极图说》提出立"人极"，这显然不是以"无"为人极。窦克勤在《通书》首章注中说"章首唱一诚字，以明无极而太极"，基本符合周敦颐立太极为人极的思想。

《太极图说》的前一部分描绘了宇宙的生成过程："太极——阴阳——五行——四时——万物（人得其透为灵者）"。这与汉代董仲舒的"元气——阴阳——五行——四时——万物"的宇宙生成论相似。后半部分讲了人的形神生理基础和气质善恶来源于阴阳五行，提出了圣人定之以中正仁义的"立人极"观点。这实际是从宇宙发生论说明人性的来源，又把"立人极"的道德提升为宇宙本体。

[①] 侯外庐：《宋明理学史》上卷，人民出版社1984年版，第59～61页。张立文：《宋明理学研究》，中国人民大学出版社1985年版，第121～125页。

第二节 "立人极"的心性论

一、诚体神用的道德本体

周敦颐在《通书》里进一步说明了"立人极"的详细内容,提出了诚体神用几微的道德本体。他认为"诚"是"圣人之本"、"万物资始"、"性命之源",它是纯粹至善的,贯穿在万物化生的元亨利贞各个阶段中。"诚"又是伦理道德仁义礼智信的"五常之本,百行之源",并且贯穿在人们的思维和道德修养中(《诚上》第一、《诚下》第二)。因此他又说:"诚无为,几善恶。德:爱曰仁,宜曰义,理曰礼,通曰智,守曰信。性焉安焉之谓圣,复焉执焉之谓贤。发微不可见,充周不可穷之谓神。"(《诚·几德》第三)这样,周敦颐就以"诚"的道德意志为宇宙和人性的共同本体,一方面说明乾道变化的元亨利贞,另一方面说明道德的仁义礼智信和气质善恶来源,建立了一个由天道到人道的他律道德系统。

周敦颐的道德本体论是诚体神用,他说:"寂然不动者,诚也;感而遂通者,神也;动而未形、有无之间者,几也。精诚故明,神应故妙,几微故幽。诚、神、几,曰圣人。"(《圣·第四》)诚之本体是寂然不动,"无思"、"无为"、"虚静";诚之用是"感而遂通之神",其特点是"动而无动,静而无静",万物是"动而无静,静而无动"的被动式运动。神的感通作用一方面可以妙万物,另一方面可以"思微"、"通几"。"几"是动之微,处于"动而未形,有无之间",是思虑萌芽,吉凶善恶的端倪,是幽微的(《动静》第十第六节、《思》第十九)。诚、神、几的关系是"诚"纯粹至善,本体为寂然不动、无思无为,"神"为感而遂通之用,"几"是有无、动静、思维的端倪,神通过"知几"可以达到"无思无为"的精神境界。

二、刚柔善恶中的心理气质之性

周敦颐以"太极"(诚)为本体,一方面推出仁义礼智信的道德属性,另一方面从阴阳五行中推出人的形神和气质善恶之性。他在《通书》里,对人的气质之性作了进一步论述:

> 性者,刚柔善恶中而已。不达,曰:刚善,为义,为直,为断,为严毅,为干固;(刚)恶,为猛,为隘,为强梁;柔善,为慈,为顺,为巽;(柔)恶,为懦弱,为无断,为邪佞。唯中也者,和也,中节也,天下之达道也,圣人之事也。故圣人立教,俾人自易其恶,自至其中而止矣。故先觉觉后觉,暗者求明,而师道立矣。(《师》第七)

这里,周敦颐把《中庸》"致中和"的心理控制方法引申到人性善恶关系上,把性分为刚善、柔善、刚恶、柔恶和中五种,实际是善、恶、中三等,这与汉唐的性三品论有相似之处,但这五等并不是先天三等或五等,而是从各方面的心理气质、性格说明人为善恶的表现。刚善、柔善所表现出来的义、直、断、严毅、慈、顺是心理素质,而不是简单的具体行动;刚恶、柔恶所表现的猛、隘、强梁、懦弱、无断、邪佞也是人的心理素质和某些恶劣习惯。要达到中节为和,就必须依靠自己的觉悟。觉悟有先后,但最终要达到"中",自易其恶,改变恶劣的习惯。这种心性论是从人的心理素质入手,而不是简单地从人的善恶行为入手,显然更深入了一步。"自易其恶"也就是后来张载所说的"变化气质"。

三、主静无欲的直觉修养方法

周敦颐的他律道德系统是由"诚"体演化出仁义礼智信的伦理规范,因此要达到对"诚"的认识和觉悟就采取了"主静无欲"的直觉方法。"主静无欲"和孟子的"养心寡欲"有所不同,"主静"是道家的直觉方法。周敦颐说:"无欲则静虚动直。静虚则明,明则通;动直则公,公则溥。明通公溥,庶矣乎!"(《圣学》第二十)这实际是老子"无欲以静,天下将自定"和庄子"虚静恬淡,寂莫无为"的"体道"方法。他把这种方法与孟子的养心寡欲相结合,认为"养心不止守寡而存耳,盖寡至于无,无则诚立,明通"(《养心亭说》)。达到了彻底的无欲,就不生"妄心",没有"不善之动",就可以做到"诚心"(《家人睽复无妄》第二十三)。

周敦颐一方面主张用直觉的方法体验"诚",另一方面又主张用礼义教化节制情欲,他说:"圣人之法天,以政养万民,肃之以刑。民之盛也,欲动情胜,利害相攻,不止则贼灭无伦焉,故得刑以治。"(《刑》第十六)这实际是汉代礼义政教的观点。周敦颐的心性论是从宇宙生化与人伦道德一体奠定了宋明理学的心性本体论。他的太极——阴阳——五行——四时——万物（人）的产生过程及人的刚、柔、善、恶、中的划分，都带有两汉阴阳五行生成万物和人类性三品的痕迹。但是，他以"无极而太极"、"寂然不动"的"诚"体和"感而遂通"的"神"用改造了汉代的气化人性论，使宇宙本体和人性统一于"纯粹至善"的"诚"，并且进一步把人的心理素质划分为刚、柔、善、恶、中，这就为性两元论奠定了理论基础。"诚"即是张载所说的"天地之性"，而刚、柔、善、恶、中即是张载所说的"气质之性"。但是周敦颐的道德修养论仍带有道家"主静无欲"的色彩，对于儒家《中庸》、孟子的心性修养方法并没有展开详细的论述。

第二章 邵雍的"先天图"及象数哲学

邵雍(1011～1077年),字尧夫,自号安乐先生,谥康节,原籍河南范阳,幼时随父迁共城(今河南辉县)。曾隐居苏门山百源之上,后人称百源先生。屡授官不赴,后居洛阳,与司马光、吕公著等人有密切交往。他一度奔走于豪贵门庭之间,给人做门客。后来长期隐居在洛阳,著书立说。邵雍与周敦颐、张载、程颢、程颐并称为北宋五子,是宋明理学象数派的创立者。

邵雍的著作有《皇极经世》和《伊川击壤集》。《皇极经世》分观物内外篇,内篇是邵雍自作,外篇是门人的记述。《伊川击壤集》是诗集,有几十首哲理诗和咏史诗,和《皇极经世》的观点一致。这些著作收集在《邵子全书》中(本书所引邵雍著作,均出自此书)。邵雍的学说号称"先天学",他把道教的《先天太极图》与《周易》的太极、八卦、阴阳、动静结合起来,制造了一幅《太极图》。邵雍认为,"伏羲八卦"是"先天八卦",《周易·说卦》所解释的"八卦"是"后天八卦",他所制定的图是表现"伏羲八卦"的,因此叫"先天图"。这种图在今存的《皇极经世》中找不到,而是保留在《宋元学案》里,有方图和圆图两种形式。邵雍很重视这个图,他说:"图虽无文,吾终日言而未尝离乎是,盖天地万物之理在其中矣!""先天学,心法也。故图皆自中起,万化万事生乎心也。"(《观物外篇》下)因此邵雍自称他的学说是"先天学"。

第一节 邵雍的象数学和宇宙循环论

邵雍和周敦颐都用"太极"的自我运动来解释世界的起源和发展过程,不过邵雍更利用象数的关系来推衍世界万物和人类社会的发展过程。

在邵雍的哲学中"道"就是"太极",他说:"天由道而生,地由道而成,物由道而形,人由道而行"(《观物内篇》九),"太极,一也,不动;生二,二则神也。神生数,数生象,象生器","太极,不动性也,发则神,神则数,数则象,象则器,器之变,复归于神也"(《观物外篇》下)。邵雍反复描绘的世界模式图是:

(1)太极不动就是"一",一动就分为二,即阴阳,神妙的创造就开始了。

(2)"神生数",这个数就是两仪,但是邵雍所说的两仪不是《周易》的天地,而是指日月。

(3)"数生象","象"就是"四象",是日月星辰四象。"四象"是在阴阳之后才有的,日月星辰也叫做"天四象"。

(4)"道生天,天生地",有了"天四象"还要有"地四象",这就是水、火、地、石。邵雍的这种说法与传统的五行说不同,木、金不属于"地四象",是在"地四象"以后才产生出来的,"五行之木,万物之类也;五行之金,出乎石也"。

(5)"四象生八卦","阳交于阴,阴交于阳,而生天之象;刚交于柔,柔交于刚,而生地之四象",于是有了天(乾☰)、地(坤☷)、雷(震☳)、风(巽☴)、水(坎☵)、火(离☲)、山(艮☶)、泽(兑☱)八卦。

(6)"八卦相错然后万物生焉",这就是"象生器"。从象数来看,就是"一分为二,二分为四,四分为八,八分为十六,十六分为三十二,三十二分为六十四","十分为百,百分为千,千分为万,犹根之有干,干之有枝,枝之有叶,愈大愈少,愈细则愈繁,合之斯为一,衍之斯为万"(《观物外篇》上)。

邵雍认为世界的一切都是从"一"分化出来的,从种类来看"阳交于阴而生蹄角之类(走兽)也,刚交于柔而生亥(草)之类也,阴交于阳而生羽翼(飞禽)之类,柔交于刚而生枝干(木)之类。……各以类而推之,则生物之类不过如此"。天地万物都创造出来了,但它们都是"器",最终是要毁灭的,天地一成一毁是按照"元、会、运、世"来循环的。

邵雍按照一年十二月,一月三十日,一日十二时辰,一时辰三十分的数字来规定一元的时间及其变化。三十年为一世,十二世为一运(三百六十年),三十运为一会(一万零八百年),十二会为一元(十二万九千六百年)。一元代表自然史的一次生灭。在这一生灭过程中,首先"天开于子",于是第一会(子会)中产生了天;然后"地辟于丑",在第二会(丑会)中产生了地;最后,"人生于寅",在第三会(寅会)中产生了人。自然界有了人之后在第六会(巳会)为唐尧盛世,发展到第七会(午会)为盛极而衰的夏商周到唐宋时期,从此以后,发展到第十一会(戌会),万物都归于消灭,到第十二会(亥会)天地也归于消灭。这样一元的过程就完结了,再开始下一个元的成与毁,自然的历史过程即这样不断的循环。

第二节 历史循环论与治世的法宝

邵雍用"元、会、运、世"的循环论来解释历史,他列了很多图表,"算出"唐尧之时正是"巳会"的第三十运第九世,夏、商、周、秦、汉、魏、晋、南北朝、隋、唐这些朝代都处在"午会",以后这一元由盛而衰,阴盛阳消。具体地说,他把"三皇"到赵宋的历史分作"皇、帝、王、霸"四个时期。"三皇"时期"以道化民","尚自然"(《观物内篇》四),好像春季,"三皇之世正熙熙,鸟雀之巢俯可窥;当日一般情味好,初春天气早晨时"(《伊川击壤集·三皇吟》)。"五帝"时期"以德教民","尚让"(《观物内篇》四),好像夏季,"五帝之时似日中,声明文物正融融;古今盛世无如此,过此其来便不同"(《伊川击壤集·三皇吟》)。"三王"时期"以功劝民","尚政"(《观物内篇》四),好像秋季,"三王之世正如秋,权重权轻事有由;深谷为陵岸为谷,陵迁谷变不知休"(《伊川击壤集·三皇吟》)。"五霸"时期"以力率民","尚争"(《观物内篇》四),好像冬季,"五伯之时正似冬,虽然三代莫同风;当初管晏权轻重,父子君臣尚且宗"(《伊川击壤集·三皇吟》)。也就是说,"五霸"时期已经是冬季,但还是出了齐桓、晋文、管仲、晏婴。在以后虽然历史还有春、夏、秋、冬的循环,但越来越不像样,"霸以下,夷狄而下,是禽兽也!"这就是说,历史已经衰退。这些过程可以概括如下:

三皇之世——以道化民者,民亦以道归之,故尚自然。

五帝之世——以德教民者,民亦以德归之,故尚让。

三王之世——以功劝民者,民亦以功归之,故尚政。

五霸之世——以力率民者,民亦以力归之,故尚争。

邵雍认为历史是一代不如一代,但他并没有完全丧失信心。他认为三皇、五帝、三王、五霸,只是时世不同,方法不同,他们治世有四件法宝:"道化、德教、功劝、力率",目的相同。这四件法宝就在《易》、《书》、《诗》、《春秋》这四部经典中,他说:"以化、教、劝、率为道者,乃谓之《易》矣;以化、教、劝、率为德者,乃谓之《书》矣;以化、教、劝、率为功者,乃谓之《诗》矣;以化、教、劝、率为力者,乃谓之《春秋》矣。此四者,天地始则为始焉,天地终则为终焉,始终随乎天地者也!"(《观物内篇》第五)这四部经典中的四件法宝是孔子总结出来的,只要实行"仲尼之道",恢复三王五霸之世还有可能。"羲轩尧舜虽难复,汤武桓文尚可循;事既不同时又异,也由天道也由人。"(《伊川击壤集·天人吟》)自汉唐以来总是治世少乱世多,凡是君道、父道、夫道盛,就由治而兴;凡是臣道、子道、妻道盛,就由乱而亡。真正要恢复治世是不容易的,但时世既由乎天道也由乎人道,还是有可能性的。

第三节 天人类比的人性论

邵雍认为,人和万物一样,都是天地阴阳的产物,人和万物不同之处,在于人"备有万物"。人"目能收万物之色,耳能收万物之声,鼻能收万物之气,口能收万物之味"(《观物内篇》二)。这是说人能感知万物,但是邵雍把人的这种能力夸大,说人不仅"备有"当前的万物,而且"备有"古往今来的万物:"身生天地后,心在天地前,天地自我出,自余何足言。"(《伊川击壤集·自余吟》)这种说法就是主观唯心主义的了。

邵雍还认为,人与天地是相像的。天地有八象,人有十六象。心、肺、肝、胆、脾、肾、膀胱、胃,叫做"内八象"。耳、目、口、鼻、骨、血、髓、肉,叫做"外八象"。"合天地而生人,合父母而生子,故有十六象也!""天有四时,地有四方,人有四(肢)。"甚至天文地理也印在人身上,"是以指节可以观天,掌文可以察地,天地之理具于手指掌矣"(《观物外篇》下)。这套天人类比的学说,实际上发挥了董仲舒的"人副天数"的观点。

邵雍认为人不仅在生理结构上与天相通,而且人的才智、道德也来源于天,"天有阴阳,人有正邪"(《观物内篇》七),有天生的圣人、贤人,也有天生的愚人、恶人。圣人与愚人的区别在于圣人"任性",愚人"任情"(《观物外篇》下)。

所谓"圣人"就是人中的"至人":"圣也者,人之至者也","能一心观万心,一物观万物,一世观万世","能以心代天意,口代天言,手代天工,身代天事","能上识天时,下尽地理,中尽物情,通照人事"(《观物内篇》二)。圣人能如此神通广大,在于他们"不以我观物",而"以物观物"。所谓"以物观物"是以心中之理观物,以心中之理来待人接物,这个理不是"私理",而是"天理"(《观物内篇》十二)。

愚人不能做到"以物观物",而总是"以我观物",从切身利害来对待事物。他们只顾个人、家族、朋友的利益,做一些"君不君,臣不臣,父不父,子不子"的事情,破坏"天理"。对于这些人,邵雍劝告他们要安分:"事无大小,皆有道在其间,能安分,则谓之道;不能安分,则谓之非道。"并警告说:"凡人之善恶,言于形,发于行,人始得而知之。但萌诸心,发于虑,鬼神亦得知矣!此君子所以慎其独也。"(《观物外篇》下)也就是说,对于愚人只能用警告和规劝的方法,使他们服从天理。

对于仰慕圣人的贤人,邵雍教导他们要"养心"。他说:"无口过易,无身过难;无身过易,无心过难。心既无过,何难之有。吁!安得无心过人而语之心哉?是知圣人所以能立于无过之地,谓其善事于心者也。"(《观物内篇》七)要"养心"就要做到"诚",至理之学,非诚不至,要诚心相信仲尼之道就是"天理"。

第三章　王安石的三经新义与哲学特点

王安石（1021～1086年），字介甫，号半山，世称荆公。抚州（今江西临川）人，宋代著名的政治改革家、哲学家和文学家。他早年做过州县官吏，公元1069年（熙宁二年）被任为参知政事，宋神宗时，两次做宰相。他对大地主大官僚的土地兼并引起的农民起义深感忧患："汉之张角，三十六方同日而起，而所在郡国，莫能发其谋；唐之黄巢，横行天下，而所至将吏，无敢与之抗者。汉唐之所以亡，祸自此始。"（《王临川文集·上皇帝万言书》，以下简称《文集》）为了缓和社会矛盾，他总结北宋以来范仲淹、李觏等人的变法经验和变法思想，以"天变不足畏，祖宗不足法，人言不足恤"（《宋史·王安石传》）的革新精神，提出了一整套新法（青苗法、均输法、市易法、免役法、农田水利法），同以司马光、韩琦、富弼等为代表的保守派进行了针锋相对的斗争。

王安石创立"新学"，为变法制造舆论，他"网罗六艺之遗文，断以己意；糠秕百家之陈迹"（苏轼语），试图从古代经典的"陈迹"中唤发出"新意"。他的《三经新义》（《毛诗义》、《尚书义》、《周官新义》，今仅存《周官新义》辑本）是根据"以所观乎今，考所学乎古"（《文集·周礼义序》）的原则编写出来的，目的是为新法寻找历史根据。他在序中还谈到研究《周官》是为了把"任官"、"行法"之道实际应用在政事方面，因此他不满意那些烦琐的汉唐旧注，自己对诗、书、礼等儒家经典重新作了新的解释。由于他的"新学"是为"新法"服务，所以也遭到保守派的反对。

王安石的哲学思想散见于《王临川文集》的杂著中，《洪范传》和《道德经注》（辑本）是其哲学的代表作。

第一节 对"道"、"太极"和"五行"的新解释

"道"、"太极"、"五行"是王安石宇宙观的三个重要范畴。王安石和周敦颐都把"太极"置于"五行"之上,但周敦颐的"太极"是"无极而太极"的精神本体,而王安石则认为"太极者,五行之所由生,而五行非太极也"(《原性》),"太极"只是一个虚称,表示宇宙的开始。那么宇宙是如何开始的呢?他说:"道者,天也,万物所自生"(《道德经注》),"万物待是而后存者,天也;莫不由是而之焉,道也"(《九变而赏罚可言》),"天与道合而为一"(《道德经注》)。这就是说,道是产生万物的根源,"道,非物也;然谓之道,则有物矣也,恍惚是也"(同上)。这里"物"是指具体的事物,所谓"非物"是说"道",不是具体的事物,但是"道"作为产生万物的根源,是"有物",这个"物"就是无形的"恍惚",也就是"气",所以王安石又说:"道有体有用,体者元气之不动,用者冲所运行于天地之间。"(同上)"道"与万物之间的关系又是无形与有形的关系,"盖有无者,若东西相反而不可以相无也。故非有则无以见无,非无则无以出有"(同上)。这就是说,没有有形的天地万物,也就看不见无形的"道"的作用,看不见无形的冲气的作用。

在这种有无观念的基础上,王安石对老子的消极无为思想进行了尖锐的批评。王安石认为"道"有本有末,"本者,出之自然,故不假乎人力之所生也;末者,涉乎形器,故待人力而后万物以成也"(《老子》)。所谓"本"就是天,就是自然;所谓"末"就是人力的制作和创造。王安石把天和人加以区别,认为天道自然是无言无为的,人道则是有言有为的。老子主张"失道而后德,失德而后仁,失仁而后义,失义而后礼"(《老子》第三十八章),要去掉礼乐刑政,王安石批评老子是"不察于理,而务高之过矣"(《老子》),也就是说,老子不懂得区别本末、天人的产生,是好高骛远的错误。王安石还批判了老子"三十辐共一毂,当其无,有车之用"的说法,他说:"今之治车者知治其辐,而未尝及于无也。""故无之所以为车用者,以有辐毂也。无之所以为天下用者,以有礼乐刑政也。如其废毂辐于车,废礼乐弄政于天下,而坐求其无之为用也,则亦近于愚

矣。"(《老子》)这就是说，工匠造车都是去制造车轴车辐等实在的东西，并不去管虚无的东西，所以"无"的作用是有了轴和辐才显现出来的，这证明"无"的作用是产生于"有"。如果连车都没有，只讲"无"，那就什么也不存在，哪里还有车的作用？离开具体的"有"，而空谈"无"，那是愚蠢的。所以在王安石的思想中，"有"是根本的。

关于宇宙中天地万物的产生过程，王安石还引用了"五行"范畴加以说明。宇宙中的一切事物，从无形的道(气)开始到天地万物和最小最细微的事物止，内部都"有耦"、"有对"。王安石认为"道立于两"，就是气分为阴阳；"成于三"，就是阴阳交合开始生物；"变于五，而天地之数具"就是生出五行，具备了化生万物的材料。"五行，天地所以命万物者也"，"五行也者，成变化而行鬼神，往来乎天地之间而不穷者也，是故谓之五行"(《洪范传》)。五行化生万物的过程是："天一生水，其于物为精"，"地二生火，其于物为神"，"天三生木，其于物为魂"，"地四生金，其于物为魄"，"天五生土，其于物为意，精、神、魂、魄具而后有意"(《洪范传》)。王安石这种"五行"说带有牵强附会的缺点，但他的目的是要说明世界万物是由物质构成的。

第二节　万物皆有耦有对的辩证法思想

王安石认为事物的发展是建立在矛盾对立("道立于两")的基础上，从五行到万物莫不有耦有对。他说：

> 盖五行之为物，其时、其位、其材、其气、其性、其形、其事、其情、其色、其声、其嗅、其味，皆各有耦，推而散之，无所不通。一柔一刚，一晦一明，故有正有邪，有美有恶，有丑有好，有凶有吉，性命之理，道德之意，皆在是矣。耦之中又有耦焉，而万物之变遂至于无穷。(《洪范传》)

这就是说，五行作为万物的特征，"时"有寒暑，"位"有高低，"材"有长短，"气"有阴阳，"性"有刚柔，"形"有曲直，"事"有善恶，"情"有爱憎，"色"有黑白，"声"有大小，"嗅"有香臭，"味"有甘苦，都各自有它的对立面。这些对立是无限的,可以推而广之,任何事物都有"耦"有"对"。一面是柔,另一面就是刚;一面是明,另一面就是暗。不仅自然界的现象是这样,而且社会现象也是如此,有正就有邪,有善就有恶,有丑就有美,有凶就有吉,包括"性命"的原理,"道德"的含意都是这样。正因为如此,世界的万事万物才运动变化无穷。所谓"耦",就是"对","善者,恶之对也,有善必有其恶",善与恶作为对立面而存在,有其必然性("必")。事物如果没有其相反的对立面,就失去自己存在的条件,事物存在于相反相成之中。这样,王安石不仅从事物简单的多样性("杂")中看出其矛盾的统一性("和"),而且进一步从统一性中看出矛盾的对立("两"、"耦"、"对")。关于矛盾关系的多样性,他从"生"、"克"、"变"、"化"等方面进行了论述。

第一,"相生相继":"其相生也,所以相继也。……语时也以相继,故序盛德所在以相生。"(《洪范传》)这就是《礼记·月令》中的"某日立春,盛德在木","某日立夏,盛德在火","某日立秋,盛德在金","某日立冬,盛德在水"。正因为木、火、金、水彼此相生,所以春、夏、秋、冬才彼此相继,这是时令方面表现出来的相生相继的关系。

第二,"相克相治":"其相克也,所以相治也。……语器也以治,故六府以相克。"(《洪范传》)这就是《尚书·大禹谟》中的"六府三事允治"。"六府"的次序是"水、火、金、木、土、谷维修",正因为水、火、木、金、土相互冲突,所以要善于平衡治理,这是形器方面所表现的对立和制约的关系。

第三,五行之物是最妙于变化的,并具有"变"、"化"、"因"、"革"、"从革"等多种形式:木可以"灼之而为火,烂之而为土",引起质变,叫做"变"。土虽然不能质变,但由于水分不同、施工有异,就"能燥、能润、能敷、能敛",改变湿度和外形,而叫做"化"。水由于结合对象不同,"因甘而甘,因苦而苦,因苍而苍,因白而白",引起从无色无味向有色有味的转化,而叫做"因"。火是用来烹调和冶铁的,可以"革生以为熟,革柔以为刚,革刚以为柔",引起质变,叫做"革"。金是"阴精之纯",虽不能"自化",但经过冶炼则"可以圆,可以平,可以锐,可以曲直",这种服从外力而引起的变革,叫做"从革"(《洪范传》)。王安石从日常生活经验和生产实践中总结出事物从一种状态转化为另一种状态的辩证关系,他认为任何事物都是能变、能化的,但不能"自变"、"自化",一切变化都是有条件的。

第三节 唯物主义的认识论

王安石认为人人都有视听和思维的能力,他说:"人莫不有视听思,目之能视,耳之能听,心之能思,皆天也;然视而使之明,听而使之聪,思而使之正,皆人也。"(《道德经注》)这是发挥荀子"缘天官"的思想,说耳目有视听的能力,心有思维的能力,都是自然的本能。但是视能否达到明,听能否达到聪,思能否达到正确,那就靠人的学习和锻炼了。在自然的先天本能和后天的学习中,王安石更强调后天的学习和锻炼的重要性。

在一篇《伤仲永》的文章中,王安石说,有个聪明的孩子叫方仲永,五岁就能做诗。有的人要他做诗,就给几个钱,他的父亲就把孩子带到县城里去,利用孩子做诗而赚钱。日久天长,仲永没有受到及时的教育,到了十二三岁做的诗就不如以前好了,到了二十岁左右就和一般人没有什么两样了。所以王安石说:"卒之为众人,则其受于人者不至也。彼其受之天也,如此其贤,不受之人,且为众人。"这就是说,方仲永小时候那么聪明,但终于变得和普通人一样,是后天没有学习锻炼,教育不够的缘故。从这种重视后天锻炼的观点出发,王安石对孔子的"上智与下愚不移"作了新的解释。他认为,习于善就是上智;习于恶就是下愚;一面习善,一面习恶就是中人。"皆于其卒也命之,夫非生而不可移也"(《性说》)。人的智愚是随着习染环境的好坏而变化的。

在感觉与思维的关系上,王安石更强调"思"的重要性,"思者,事之所成终而所成始也,思所以作圣也"(《洪范传》)。要完成一件事,自始至终都要思考。圣人并不是生而知之的,他要认识事物必须经过思考。因为"万物莫不有至理"(《论一致》),这种"至理"是眼睛看不到,耳朵听不到的,"聪明者,耳目之所能为;而所以聪明者,非耳目所能为也"(《礼乐论》)。耳目之知是有限的,只有经过思考,才能把握万物的"至理",才能知"道"、知"命"。"道者，万物莫不由之者也。命者，万物莫不听之者也。"（《洪范传》）所谓"道"，是万物的发展规律，所谓"命"是事物发展的必然趋势。有认识能力的人是"由于道"、"听于命"的，但老百姓"由之听之而不知"，君子"由之听之而知之"。这就是说一般人的认识是自发的，君子的认识是自觉的，还有一种人"道万物而无所由，命万物而无所听"，那就是"至神"之人了（《洪范传》）。王安石提倡理性认识，强调人要主动的思考，这是有积极意义的，但是他说过了头，划分出君子和百姓的认识不同，甚至认为有所谓"至神"之人，不仅夸大了思维的作用，而且与他自己的唯物主义认识论发生了矛盾。

王安石综合了《老子》、《周易》中的一些合理因素，如《老子》关于大小、难易、损益、盈亏、曲直相互转化的思想，《周易》关于"知几"探微的思想，利用这些相反相成的关系，总结出许多行动原则。

(1) 知时知机。"人君不可以不知时。时有难易，事有大细。为难当于其易，为大当于其细。几者，事细而易为之时，故人君不可以不知几。"（《答圣问赓歌事》）

(2) 知损知益。"天道亏盈而益谦，惟其益谦，故损者乃所以为益；惟其亏盈，故益者乃所以为损。"（《道德经注》）

(3) 道与迹。"同者道也，不同者迹也，知所同而不知所不同，非君子也。夫君子岂固欲为此不同哉？盖时不同，则言行不得无不同，惟其不同是所以同也。如时不同而固欲为之同，则是所同者迹也，所不同者道也。"（《禄隐》）

(4) 慎与决。"君子之行者有二焉，其未发也，慎而已矣；其既发也，义而已矣。慎则待义而后决，义则待宜而后动，盖不苟而已也。"（《勇惠》）

(5) 曲与全。"方则易挫，故曲以应之，此所以能全也。直则易折，故枉以待之，此所以能直也。"（《道德经注》）

这些行动方法都是来源于丰富的实践经验，是王安石推行变法的思想武器。

第四节　性存于内、情发于外的人性论

人性论是儒家思想中重要的问题，从先秦孟子的性善论和荀子的性恶论到汉唐董仲舒、王充、韩愈的性三品论，对人性问题进行了详细的讨论。王安石既不同意孟子的性善论，也不同意董仲舒、韩愈的先天人性三品论，他把《中庸》的"喜怒哀乐之未发谓之中，发而皆中节谓之和"与王充重视后天习行的人性论相结合，提出了性存于内，情发于外的新观点。

王安石认为："喜、怒、哀、乐、好、恶、欲，未发于外而存于心，性也。"这种本能是人生而具有的，所以说"天命之谓性"。人的本能接触外物，情就发动起来了，"喜、怒、哀、乐、好、恶、欲，发于外而见于行，情也"。性存于内，是不可见的；情发于外，是可见的。二者互为里表，实际是一个东西，所以说"性者情之本，情者性之用，故吾曰性情一也"(《性情》)。既然"性情一也"，那么，善恶又是怎样产生的？王安石认为，喜、怒、哀、乐、好、恶、欲之情是人的本能，发动当理，就是善，就是君子；发动不当理，就是恶，就是小人。"故七情者，人生而有之，接于物而后动焉。动于当理则圣也、贤也；不当于理，则小人也。"这就是说，人人都是有性情的，君子并不是有性无情，小人也不是有情无性。"如其废情，则性虽善，何以自明哉？"如果一个人不接触外物，不接触别人，不动情，又何以说明他的善呢？"无情者善，则是木石者尚矣。"(《性情》)如果说无情者善，那么木石就是最善的了。

从这种性情论出发，王安石认为，前人所谈论的性，都不是性，而是情。性只是人的反应本能，不可以言善恶，性发动为情，反应是否当于理，才可以言善恶。孟子言性善，认为"恻隐之心，人皆有之"，而所谓"恻隐之心"是感于外而生的，而"怨毒忿戾之心"也是感于外的，又怎么能说性本善呢？荀子言性恶，那么人岂不是"恻隐之心"皆无了么？而所谓"其为善者伪也"，荀子还说工匠把陶土制成陶器，陶器并不是土之性，那么人为什么不用木头制陶器呢？可见陶土是具有可以制成陶之性的。扬雄言"人之性善恶混"，他是把性正常发动与不正常发动混合在一起

了,性本身没有善恶。韩愈把仁义礼智信的"五常"当做人性。既然"性本善"了,为什么还会有"天下之性恶焉而已矣"的恶人呢?王安石认为,这些人的见解都是不能成立的,他们所说的性都是发于外的情,而不是未发之性本身。性只是人反应外物的本能,是一种不可以言善恶的反应能力,人接触外物,发而为情,有当与不当,然后才有善恶之分,所以王安石说:

> 故曰有情然后善恶形焉。然则善恶者,情之成名而已矣。孔子曰:"性相近也,习相远也。"吾之言如此。(《原性》)

所谓"习",是指人在社会生活中不同的环境中形成的习俗,王安石认为,由于人们所处的环境不同,"修习"也不同,"习于善而已矣,所谓上智者;习于恶而已矣,所谓下愚者;一习于善,一习于恶,所谓中人者"(《性说》)。这里,上、中、下不是绝对不变的,人处在可以为善,可以为不善的过程中,要看最后的"修习"不移是什么结果:一直为善而不移,就是上智的善人;一直为恶而不移,就是下愚的恶人。对于每一个人来说,是可以改过迁善的,人为善是其正性,是正常的;人为恶,不是正性,是不正常的。所以人要努力修其正性,成为善人。王安石仍然是以"三纲五常"来判断善恶的,所以他的人性论,虽然说性无善恶,情有善恶,但仍然是按照儒家的道德标准来评价行为的。

第四章　张载的气本论及其哲学体系

张载(1020～1077年),字子厚,北宋长安人。因家住陕西眉县横渠镇,世称横渠先生。他在关中讲学,弟子大多是关中人,其所创立的学派被称为"关学"。在政治主张上,张载和王安石都主张改革,但采取的方式不同。王安石注重发展生产,增加政府的财政收入。张载曾有过一个井田制的空想计划,想"买地一方,而为数井",来进行实验(《宋元学案·横渠学案》)。在北宋民族矛盾激化的社会环境中,张载喜欢"谈兵","至于结客取洮西之地"(《宋史》本传)。张载是继周敦颐之后有重要影响的北宋哲学家。他概括了当时自然科学的成就,运用天文、气象、生物等自然知识,提出了"太虚即气"的宇宙本体论和"一物两体"的辩证法思想,他还发挥了《易传》、《中庸》、《孟子》的思想,提出了天地之性("诚")和气质之性、闻见之知和德性之知的心性二重论思想。张载的主要哲学著作是《正蒙》,此外还有《易说》、《经学理窟》和《语录》等,后人编为《张子全书》,现有中华书局新校点本《张载集》(本章所引只注篇名)。

第一节　"太虚即气"的本体论

一、知太虚即气则无无

张载的宇宙本体论与周敦颐的"无极而太极"有所不同。周敦颐的"无极而太极"实质上是"无形而有理",以"诚"为"太极"和"人极"的共同本体。张载则把"太虚"和"太极"解释为"气"。"太虚"一词出自《庄子》,是指宇宙空间,后来《吕氏春秋》和《淮南子》的"虚廓生宇宙"正是此意。但是,道家玄学是以"无"为本,佛教是以"空"为本。张载首先对

玄学和佛教的本体论进行了批判,他说:

> 若谓虚能生气,则虚无穷,气有限,体用殊绝,入老氏"有生于无"自然之论,不识有无混一之常。若谓万象为太虚所见(现)之物,则物与虚不相资,形自形,形性、天人不相待而有,陷于浮屠以山河大地为见病之说。此道不明,正由懵者略之以虚空为性,不知相天道为用,反以人见之小因缘天地。明有不尽,则诬世界乾坤为幻化,幽明不能举其要,遂躐等妄意而然;不悟一阴一阳,范围天地,通乎昼夜三极大中之矩,遂儒、佛、老庄混然一途。(《正蒙·太和篇》)

这就是说,道家玄学的"有生于无"、虚能生气的观点,不能理解有无关系,佛教把现象(形、物)和本体(性、虚)割裂,而把山河大地当做主观的虚幻,都是略知本体的抽象而把本体当做无规定性(无自性)的虚空,甚至把个人狭小的认识当做为天地万物产生的因缘,眼前的世界反而成了幻化。这是因为道家玄学、佛教不了解虚和物、有和无是统一的,无形的虚和有形的物都是气的存在状态,无形的幽与有形的明不过是气的聚散,"范围天地"阴阳的变化。如果儒者不懂得虚空即气,就与佛教、老庄混为一途了。

在批判老庄和佛教的基础上,张载提出了"知太虚即气则无无"的思想,他利用了《易传》"一阴一阳之谓道"、"阴阳不测之谓神"的思想,把宇宙万物的产生和消亡过程看成是气的聚散过程。他说:

> 太虚无形,气之本体,其聚其散,变化之客形尔。
>
> 气之为物,散入无形,适得吾体;聚为有象,不失吾常。太虚不能无气,气不能不聚而为万物,万物不能不散而为太虚。循是出入,是不得已然也。
>
> 气之聚散于太虚,犹冰释于水。知太虚即气则无无。(《正蒙·太和篇》)

这就是说,太虚作为"气之本体",是虚与实的统一。从自然状态上说,无形的太虚之气可以聚为有形的万物,有形的万物可以散而为太虚之气。这种由无形到有形、由有形到无形的过程,好比是水结成冰、冰又化为水。太虚的这种实有性就是"诚"(后来王夫之明确把"诚"规定为

"实有")。所以,"诚"是太虚的本性。但是这里必须注意,"诚"是指本体的性质,并不完全等于"太虚"的气本体。张载说过:"由太虚有天之名,由气化有道之名,和虚与气有性之名","性与天道合一存乎诚"(《正蒙·太和篇》、《正蒙·诚明篇》)。因此"诚"是太虚气化过程(道)的根本性质。

二、太虚的两重性与道德之源

在张载的本体论中"诚"既是气本体的实有,又是道德的来源。

> 诚则实也,太虚者,天之实也,万物取足于太虚,人亦出自于太虚。太虚者,心之实也。诚者虚中求出实。虚者仁之原,忠恕者与仁俱生,礼义者仁之用。敦厚虚静,仁之本,敬和接物,仁之用。(《张子语录》)

这里,"万物取足于太虚"不仅是说由无形到有形,而且是说天道的规律在于太虚之实。"诚"是天道和人道的共同本性:万物的聚散是"诚性"的体现,人的精神(心)和道德(仁)也是"诚性"的体现。因此张载又说:

> 阴阳、刚柔、仁义所谓性命之理。(《横渠易说·说卦》)

> 诚明者,性与天道不见乎大小之别也,义命合一存乎理,仁智合一存乎圣,动静合一存乎神,阴阳合一存乎道,性与天道合一存乎诚。(《正蒙·诚明篇》)

按照张载"一物两体"的辩证统一的观点,天、地、人的性命之理是乾坤之道,表现于天是阴阳相感,表现于地是刚柔相感,而天地与人又是相感的,所以人应该效法天地、阴阳、刚柔之道,而有仁义礼智的性命之理。"诚"就是乾坤相感之性,包含着阴阳、刚柔和仁义,因此说,"性与天道合一存乎诚"。"诚"作为太虚实有的本性,一方面是自然天道气化的性质,另一方面又是仁义道德的性命之理。

第二节 "一物两体"的辩证法思想

一、两体相薄,动非自外

从太虚即气的宇宙本体论出发,张载又提出了一物两体的思想,说明事物发展变化的原因在事物的内部而不在外部,气的阴阳两体的矛盾对立形成了事物变化的内在动力。他说:

> 太和所谓道,中涵浮沉、升降、动静相感之性,是生絪缊相荡、胜负、屈伸之始。(《正蒙·太和篇》)

"太和"是指阴阳未分之气。太和之气运动变化的过程就是"道"。元气自身之中就有阳浮阴沉、阳升阴降、阳动阴静的矛盾和对立本性,所以元气具有不断地激荡、屈伸的变化,这就是气和气所构成的万物产生运动变化的原因。

张载以天体为例说明运动的原因:"凡圆动之物,动必有机,既谓之机,则动非自外也。"(《正蒙·参两篇》)日、月、星、辰等天体的运动在于内力而不是来自外力。张载认为气有阴阳两体,两体对立,也叫"二端"。对立的两端发生交感作用,经过推移变化,相反相成,复归于统一,他说:

> 二端,故有感;本一,故能合。(《正蒙·乾称篇》)
> 一物两体,气也。一故神(自注:两在故不测),两故化(自注:推行于一),此天之所以参也。(《正蒙·参两篇》)

这就是说,气是统一的物质实体,其中包含着内在的矛盾。"两"是矛盾的对立性,"一"是矛盾的统一性,"参"是"合两",是说矛盾既对立又统一。对于"两"和"一"的关系,张载作了比较深刻的分析,他认为"两"和"一"是互相依存的:如果没有对立的两面,就不会有统一体;反之,没有统一体,对立两面的相互作用也就不存在了。他说:"两不立,则一不可见;一不可见,则两之用息。两体者,虚实也,动静也,聚散也,清浊也;其究,一而已。"(《正蒙·太和篇》)

二、"渐化"与"著化"两个阶段

张载朴素地认识到事物在运动变化中有"渐化"和"著化"两个不同的阶段。他说:"变言其著,化言其渐。"(《易卦·说卦》)把显著的变化叫做"变",把逐步的变化叫做"渐",所以他又说:"变则化,由粗入精也;化裁之谓之变,以著显微也。"(《正蒙·神化篇》)这就是说,显著的变化之后必然是逐渐的变化,这是由粗显进入精微的变化过程;渐变的过程到了一定的阶段,必然引起显著的变化。

张载还提出"对"、"反"、"仇"等范畴,说明事物相感而生的矛盾对立性。他说:"气本之虚则湛,本而无形,感而生,则聚而有象。有象斯有对,对必反其为;有反斯有仇,仇必和而解。"(《正蒙·太和篇》)事物中矛盾的双方,必然向自己的对立面转化("反其为"),于是产生对立面的斗争("仇")。但是斗争的结局,不是事物从旧质到新质的飞跃,而是仍回复到旧的统一体中。"和而解"似乎是指"形溃反原",回复到"太和"之气中去。而"太和"之气就是阴阳之气的统一体。因此,"和而解"的思想表明张载不能摆脱循环论的影响,这是其思想的局限性。

第三节 性两元论与心的两重性

一、性两元论

张载从"太虚即气"的本体论推出心性论,他说:

> 由太虚有天之名,由气化有道之名,合虚与气有性之名,合性与知觉有心之名。(《正蒙·太和篇》)

这段话是从太虚气化的过程讲心性的根源。"天"是包括天地在内的自然界,天地是阴阳刚柔,是太虚一物两体的分化,因此说"由太虚有天之名"。气化的过程是"道"。"合虚与气有性之名",是说人性包含着太虚的本然之性和气质之性。"合性与知觉有心之名",是说"性"和"知觉","性"有"天地之性"与"气质之性"的分别,"知"有"德性之知"与"闻见之知"的分别。因此"性"与"心"都是带有两重性的范畴。

张载认为人的寿夭贵贱和仁义礼智都来源自天,"天授于人则为命(自注:亦可谓性),人受于天则为性(自注:亦可谓命)"(《张子语录》中)。人性包含着"天地之性"与"气质之性",是绝对普遍性和具体相对性的统一。太虚之气的本体性赋予人就是"天地之性"。一方面是天道性命,"聚亦吾体,散亦吾体,知死之亡者不可以言性矣"(《正蒙·太和篇》),另一方面是道德性命,"道德性命是长生不死之物也,己身则死,此则常在"。这种永恒存在的"天地之性"就是"诚",作为自然规律的乾坤之性和效法天地阴阳的仁义道德都是常在的,不因具体人物而消亡,"天地之性"是至善的,其特点是"和"与"乐","和乐,道之端乎,和则可大,乐则可久,天地之性久大而已"(《经学理窟·学大原上》)。"气质之性"是万物和人在气化过程中所得的气禀清浊之性。张载说:"天下谓之性者,如言金性刚,火性热,牛之性,马之性也,莫非固有。凡物莫不有气性,由通蔽开塞,所以有人物之别,由蔽有厚薄,故有智愚之别。"(《性理拾遗》)自然物性、动物性、人性由于气禀厚薄、开塞不同而有区别。人的气禀有偏正、清浊不同,因此"人之气质美恶与贵贱夭寿之理,皆是所受定分"(《经学理窟·气质》),人的刚柔、缓急、才与不才的气质是有差别的(《正蒙·诚明篇》)。

张载的性两元论把人性分为两个层次,一是来源于太虚本体的"天地之性",一是来源于气化形成的"气质之性"。前者表示道德理性的超越,后者表示人的感性存在。二者的统一就是绝对的普遍性寓于相对的具体性之中。这样,先秦儒家先天同一性和后天差别性的人性论、汉唐儒家先天差别的人性论都被张载消化在道德本体的先天同一性和气禀清浊的先天差别性之中。这种同一寓于差别之中的人性论表现了张载的辩证法观点,既消融了先秦儒家那种先天善恶的争论,又克服了汉唐儒家性三品的简单化观点,表现了具体人性的多样性。张载还把性两元论抽象为天理与人欲的关系,天理是性命之理,也就是天命之性,人欲来自生理需要的"气之欲"。这样,先秦两汉儒家道德与利益的义利之辨就转化为宋明理学的理欲之辨。

二、心的两重性

"心"的两重性主要是"闻见之知"与"德性之知"以及"心统性情",这是客观性进入主观性呈现的丰富内容。张载说"合性与知觉有心之名",他所说的"心"是一个从不同角度上分析的多层次范畴。从一般认识论上说,是感性经验、理性和直觉。从认识论与道德的关系上说,是感觉见闻之认知物理与内心直觉之体验天理的关系,"德性之知"高于"闻见之知"。从心理活动与道德的关系上说,是心理感情和道德意识的关系,即"心统性情"。

张载认为"见闻之知乃交物而知",是有限的。眼睛可以看见日光,耳朵可以听到雷声,但无法知道天有几万里高远。天下之物无穷无尽,从耳目上类推也不能穷尽万物之理和道德之理,必须依靠"大其心"的"德性所知",才能"体天下之物",做到知性知天,"合天心"。"见闻之知"虽不如"德性所知",但作为联系耳目感觉通向内心思考仍有启迪作用。"德性所知"是不萌于见闻的内心直觉,直接尽心知性知天(《正蒙·大心篇》、《张子语录》下)。

张载区别"闻见之知"和"德性之知"的目的,在于说明宇宙本体的认识与一般现象的认识不同。他的宇宙本体论包含自然界的根本规律和道德理性,因此"德性之知"又分为认识天道阴阳的"穷神知化"和认识道德理性的"穷理尽性以至于命"。这样,张载一方面从现象与本体的关系上区别了自然认识与道德理性的不同;另一方面又从本体论上把自然规律的认识和道德理性的体验都归结为直觉认识,抹杀了逻辑推理对自然规律的认识作用,夸大了道德理性直觉的意义。心的两重性还表现为"心统性情",张载说:"心统性情者也,有形则有体,有性则有情,发于性见于情,发于情则见于色,以类相应也。"(《性理拾遗》)"孟子之言性情也一,亦观文势如何。情未必恶,喜怒哀乐发而皆中节谓之和,不中节则恶。"(《张子语录》中)这就是说,"心"兼有性情,情是"性"的表现。这里的"性"是指天地之性,喜怒哀乐之情发而中节合乎礼义就是善,不中节为恶。

第四节 "大其心"、"穷神知化"、"穷理尽性"的心性修养方法

一、"大其心"

张载的心性修养论,把孟子"尽心知性知天"与《中庸》的"至诚"、"尽性"和《易传》的"穷神知化"、"穷理尽性以至于命"融为一体,提出"大其心"的直觉方法。孟子的"尽心"要求人们排斥"物交物"的感性认识,发挥良知和善端,把恻隐、羞恶、辞让、是非的道德感情扩张为仁义礼智道德,达到知性、知天。张载的"大其心"是认识天道阴阳变化规律和天性、天命,他认为"德性所知"超出"物交物"的"闻见之知",但又以耳目闻见为启要。因此"大其心"是以直觉体验为主,感性经验和理智推理为辅助。"大其心"的具体方法是"穷神知化"和"穷理尽性以至于命"。

二、"穷神知化"

"穷神知化"就是努力探微索隐,知彰知微,穷尽"天神",达到天人合一的精神境界。"神化"即是"天德",德为体,推行有渐,在人则表现为智义利用,虚明照鉴。"神化"是天的本性,不是人力能够助长的,也不是理智思维能把握的。因此人要保持虚明顺应变化,掌握"时中"的原则,"大"和"崇德"才能做到"与天地合德"(《正蒙·神化篇》)。张载的这种"穷神知化"、虚明照鉴的直觉主要是对天道阴阳变化的认识,也包含对仁义道德的体验。

三、"穷理尽性"

"穷理尽性以至于命"主要是变化气质,至诚尽性上达天命,这个过程分为三个阶段:

第一阶段是"穷理"。主要方式是学习,"穷理即是学也,所观所求皆学也"(《张子语录》下),"学者当须立人之性。仁者人也,当辨其人之所谓人,学者学所以为人,为学大益在于自求变化气质"(《张子语录》中)。学的目的是为了变化气质,学习的主要对象是礼义道德,方法是读书知

新义,通义理。

第二阶段是"尽性"。"至诚,天性,不息,天命也。人能至诚则性尽神可穷矣,不息则命行而化可知矣。学未至化,非真得也。有无虚实通为一物者,性也,不能为一,非尽性也。"(《正蒙·乾称篇》)这就是说,人要以心尽性,尽得自身之性就可以尽人之性和万物之性。"天性"即是"诚","至诚"就可以"尽性"、"知命"、"知化"。张载认为"穷理尽性"和"尽性穷理"是两种不同的认识方法。他引用孔子的"生而知之"和"学而知之"比喻"自诚明"和"自明诚"。自诚明是先尽性而后穷理,直接体验天性,然后再穷理,这是发挥天德良知的作用。自明诚是由做学问而推达天理,这是通过学礼变化气质而达到天地之性(《张子语录》下)。

第三阶段是通过"穷理尽性"而达到的"至于命"。"即穷物理,又尽人性,然后能至于命","知与至为道殊远,尽性然后至于命,不可谓一;不穷理尽性是戕贼,不可至于命。然至于命者止能保全天之所禀赋"(《横渠易说·说卦》)。这就是说"知"是穷理的学问,而"至于命"是保全天之所禀赋,不"穷理尽性"就不能达到至于命,但必须达到至于命才能上达天性、天命。张载还认为,在整个"穷理尽性"的过程中必须排除"意、必、固、我"的主观偏见,才能达到至诚尽善、无思无虑、无私无欲,与天地同流的最高境界——"中正"(《正蒙·中正篇》)。

张载把人的一生道德修养过程概括为:从"胎教"到"十五有志于学"。"三十而立",学会礼义、变化气质。四十岁开始"精义致用,时措而不疑",达到"穷神知化"。五十岁"穷理尽性"还没有达到"至于命",因此叫做"知"。六十岁"尽人物之性,声入心通"。七十岁达到"与天地同德,从容中道"的最高境界——"至于命"(《张子语录》下)。

总起来看,张载的心性论是以太虚之"诚"的本体性和神用的两重性为起点,说明自然规律的本性和神妙万物,人的道德本体性和神明作用。由气化过程说明"天地之性"的同一性寓于"气质之性"的差别之中,进一步把"性"与"知觉"合一的"心"展开,分为"闻见之知"和"德性所知"并结合为"心统性情",然后以"穷神知化"的直觉方法认识天道阴阳的微妙变化,以"穷理尽性"以至于命的见闻学习上升到理性直觉的方法体验道德本体,达到与天命相通。

第五章 二程的理本论及其差别

程颢(1032～1085年),字伯淳,后人称为明道先生,曾任县主簿、县令、太子中允、监察御史、镇宁军判官等职。程颐(1033～1107年),字叔正,后人称伊川先生,曾任汝州团练推官、京西国子监教授、崇德殿说书等职。二人是亲兄弟,少年时同从学周敦颐,以后被称为"二程"。二程是北宋时期著名的理学家。程颢是宋明理学心性一元论的首倡者,他以"天人一本",提出"心即理"、"性即气"、"性无内外"的心性论,对后来的陆王心学发生很大影响。程颐继承了周敦颐的太极本体论和张载的性两元论,建立了以理气观为基础的心性情理论,他提出了"性即理"、"性为心之体,情为性之动"的心体用论,为朱熹的"心统性情"奠定了理论基础。二程的言论和著作,后人编为《二程全书》,现有中华书局新的校勘本《二程集》(本章所引只注篇名)。

第一节 二程的理本论及其差别

一、二程理本体的确立

元丰二十八年(1079年)吕大临到河南扶沟从学于程颐、程颢,全面记载了二程的理气观、心性论,以及对王安石新学、张载关学和佛学的评论。这正是二程思想成熟的阶段。

程颢说:"吾学虽有所授,天理二字,却是自家体贴出来。"(《河南程氏外书》卷十二,以下简称《外书》)"理"作为哲学概念在战国时代的儒家、道家著作中已经出现。一般有四种意义:第一是指礼义。《荀子》:"礼之理诚深。"第二是指条理。《孟子·万章》:"始条理者智之事也,终条理者圣之事也。"第三是指事物的常则或规律。《韩非·解老》:"万各异理,而道尽稽万物之理。"第四是指天道自然规律。《庄子·养生主》:"依乎天理。"《易传·说卦》:"穷理尽性以至于命。"在先秦两汉时期,"理"一般是指具体事物的条理或规律,有时也指天理或礼义,而作为自然和社会的根本规律,一般用"道"这个范畴来表示。宋代张载的《正蒙》中,"理"与"道"已可互见,不过仍然是"道得之同,理得之异"。在二程著作中,"道"与"理"基本上通用,宇宙本体论常以理气关系来表示。因此,把"理"作为宇宙本体论的"天理",确实是二程的创见。二程所说的"天理",具有宇宙根本规律与人类伦理道德合一的本体论意义。他们把人的自我价值性提升为天人合一的宇宙本体,建立了严密的理学体系。

二程的"理"具有以下几个方面的特点:第一,"理"是天下万物都要遵循的普遍原则,"万物皆是一个天理",它"不为尧存,不为桀亡",没有"存亡加减"(《河南程氏遗书》卷二,以下简称《遗书》),"天理"是永恒存在的宇宙的本体,不是人格化的神。第二,"理"不仅是自然界的最高原则,也是社会的最高原则,它既是万物之理,又是封建社会的伦理之道,即仁义礼智之理。程颐说:"几时道尧尽君道,添得君道多?舜尽子道,添得子道多?元来依旧。"(《遗书》卷十八)这就是说,伦理规范是"天理"的体现,人只能按照"天理"行事,却不能使之增减。第三,"理"是先于事物存在的,人和物"都自这里出去,只是物不能推,人则能推之"(《遗书》卷十八)。也就是说,"理"先于万物而存在,只是物不能体认它,人能主动体认它。第四,"一物须有一物之理"(《遗书》卷十八)。这并不是每一物各有自己的"理",而是说每一物由"理"而产生,每一物都是"理"的完整的体现。因此说"天下只有一个理"(《遗书》卷十八),"一物之理,即万物之理","物我一理"(《遗书》卷二)。

二、二程理本体的差别

二程由"天理"建立了宇宙本体论、人性论及心体用论,使儒家思想进入了抽象思辨的新阶段。但是,二程对理与气、道与器、心与理的关系有不同的观点,这又进一步扩大了他们的人性论和心性修养论的差别。这里,我们先分析二程的理本体论和理气观的差别。

程颐发挥《易传》"形而上者谓之道,形而下者谓之器"的观点,严格区分理与气、道与器的形而上和形而下,认为"所以阴阳是道也,阴阳是气也,气是形而下者,道是形而上者"(《遗书》卷十五)。他反对老子"虚而生气"的观点,主张"阴阳开阖,本无先后","有理则有气"(《遗书》卷十五),"体用一源,显微无间"(《易传序》)。但他又认为"凡物之散,其气遂尽,无复归本原之理"(《遗书》卷十五),实际上承认理常在而气有生灭。程颐认为,理与气是形而上之道和形而下之器的关系,性即理具于心,是客观理性转化为主观理性的过程。

程颢主张道器同体,心即理,他说:

> 《系辞》曰:"形而上者谓之道,形而下者谓之器"。又曰:"立天之道曰阴与阳;立地之道曰刚与柔;立人之道曰仁与义。"又曰:"一阴一阳之谓道",阴阳亦形而下者也。而曰道者,惟此语截得上下最分明。元来只是道。要在人默而识之也。彻上彻下不过如此,形而上为道,形而下为器。须著此说,器亦道,道亦器。但得道在,不系今与后,己与人。(《遗书》卷十一)

程颢认为道与器有形而上与形而下的区别,阴阳亦是形而下者,但他不像程颐那样把形而上与形而下对立起来,而是主张"道亦器,器亦道"。他从易的生化流行过程中推出道、理、性作为形而上的本体,而以神、器、阴阳为易的生化流行作用。这种观点类似于周敦颐的诚体神用。但是,他的道器同体,却有体用相即的意义,他所说的"但得道在,不系今与后,己与人",又是天人一体的观点。程颢说:"天人本无二,不必言合。"(《遗书》卷二)"合天人是为不知者引而致之。天人无间。"(《遗书》卷二)"以诚包心"或"以心包诚"的说法也都是天人二本的观点。从"天人一本"、"天人无间"的观点来看,天地万物、道德天理与人的主观精神一体,不必言合。

因此,程颢又说:"只心便是天,尽之便知性,知性便知天,当处认取。""曾子易簀之意,心是理,理是心,声为律。身为度也。"(《遗书》卷二)"心与理一,而人不能会之为一。"(《遗书》卷五)这种"心即理"的观点实际上是以心为宇宙本体。程颢的天人一本主要强调"心即理",他虽然也谈到自然的"天之气"、人性气禀,但并没有形成程颐那样的理气观,他讲的更多的是具有伦理精神意义的"志气"、"浩然之气"。例如:"人必有仁义之心,然后仁与义之气枠然达于外,故不得于心,勿求于气,可也。"(《遗书》卷四)"浩然之气,乃吾气也。"(《宋元学案》卷十三《明道学案》)这种"仁义之气"、"吾气"显然是主观精神。

程颢的"心即理"还包含着伦理规范,他说:"仁、义、礼、智、信,五者,皆性也。"因此,他常说,心即性,即理。

第二节 程颢的心性一元论和程颐的性两元论

二程都说:"论性不论气,不备;论气不论性,不明。"(《遗书》卷六)但是他们的观点不同。

一、程颢的心性一元论

程颢主张"性即气,气即性","性外无道,道外无性"的性一元论。他说:

> "生之谓性",性即气,气即性,生之谓也。人生气禀,理有善恶,然不是性中原有此两物相对而生也。有自幼而善,有自幼而恶,是气禀有然也,善固性也。然恶亦不可不谓之性也。盖"生之谓性","人生而静"以上不容说,才说性时,便已不是性也。凡人说性,只是说"继之者善也",孟子言人性善是也。夫所谓"继之者善"也者,犹水之就下也。……清浊虽不同,然不可以浊者不为水也。(《遗书》卷一)

程颢利用告子"生之谓性"的命题,把孟子的性善论、《易传》的"继善成性"、《中庸》的"天命之谓性"都融合进来,说明天人一本的性本体。他认为,从天命赋予人之性到人的气禀清浊具体情况不同,都是"生之谓性",因此说"性即气,气即性",天命之性即在气禀之性中,但要说"人生而静"以上之道,则不容说,才说性时,已经是天命之性与气禀相结合的"生之谓性",而不是道本体了,因为"上天之载,无声无臭,其体则谓之易,其理则谓之道,其用则谓之神,其命于人则谓之性"(《遗书》卷一)。天理之道命于人才叫做性,因此才说性时,已经不是纯粹的"理"了。道不离器,器不离道,所以"道即性",不能"性外寻道"或"道外寻性"(《遗书》卷一)。程颢认为,人受天命之性是至善的,但在气禀过程中有清浊不同,固有善恶不同,这也是符合天道生生不已的流行之理,而不是说性中原有善恶两物。天赋予人的本性像水一样清澈,但在流行过程中有清浊不同。"有自幼而善,有自幼而恶",恶是可以改变的,"恶者非本恶,但或过或不及便如此"(《遗书》卷一)。恶只是清水中混进了泥沙,去掉泥沙自然复其清澈本性,而不是以清水换浊水。

程颢这种"人生气禀,理有善恶","性者本非善恶"的观点,类似于天台宗的性具染净善恶的观点。他以道之生理为善,以道体与人生气禀结合的流动状态为人性有清浊善恶。这与张载所说的气禀清浊造成人有智愚、刚柔、急缓心理气质差别的观点不同。程颢主要是以人的道德行为的价值判断来说明道体在人生气禀过程中造成的先天差别,最终要人们恢复天命本然之性的善。程颢的"性即气,气即性"、"性外无道,道外无性"的性一元论与"心是理,理是心"、"只心便是天,尽心便知性"的天人一本论,实际上构成了心性一元论的初步思想。

程颢的"心即理"还包含着伦理规范,他说:"仁、义、礼、智、信,五者,皆性也。仁者,全体。四者,四支。仁,体也;义,宜也;礼,别也;智,知也;信,实也;学者全体此心。学虽未尽,若事物之来,不可不应,但随分限应之。虽不中,不远矣,学者敬守此心。不可急迫。"(《遗书》卷二上)这就是说,仁义礼智信就是性,仁为性之本体,就像人有头颅一样,义礼智信就像四肢一样。道德在人的主观精神之中,学者要认识这个道理,即使认识不全面也要应付事物,根据事物差别应付得不准确,也不会离得太远。因此学者要敬守此心,不可急迫。程颢的这种说法实际上建立了一个心即理的自律道德系统,把人的自我价值提到宇宙本体高度。

二、程颐的性两元论

程颐主张"性即理"为天命之理、气禀清浊为气质之性的性两元论。

程颐的理气观既是理体气用、体用一源的本体论,又是气化生万物,理在其中的本原论。从这种理气观出发,他把孟子的性善论归结为"性即理",把告子的"生之谓性"归结为"气质之性",进一步提出气有清浊才有高下的人性论。他说:"孟子言人性善是也。虽荀、扬亦不知性。孟子所以独出儒者,以能明性也。性无不善,而不善者才也。性即是理,理则自尧舜至于涂人,一也。才禀于气,气有清浊。禀其清者为贤人,禀其浊者为愚。……孔子谓上智与下愚不移,然有可移之理,惟自暴自弃者不移也。"(《遗书》卷十八)这就是说善性是普遍的超越原则,人皆有善性,而具体的人性则有不善,这是人的气禀才质不同而造成的。但是人的才质智愚又不是不可改变的,只有自暴自弃的人才不可改变,程颐所说的性善并不是孟子道德感情的善端,而是仁义礼智的天理,是外在的他律道德法则。"天理"具有形而上的绝对意义,气质之性是气禀清浊的形而下者。因此程颐又说:"生之谓性,止训禀受也。天命之谓性,此言性之理也。今人言天性柔缓,天性刚急,俗言天成,皆生来如此,引训所禀受也。"(《遗书》卷二十四)

这样程颐通过宇宙气化的发生论,把道德理性从宇宙本体转化为人性主体,使理与气的形而上与形而下关系,转化为"性即理"的天命之性和柔缓、刚急的气质之性。这种性两元论比周敦颐的诚体神用、刚柔善恶中的气质之性,张载太虚之诚的天地之性与刚柔智愚的气质之性,更加突出了道德本体的形而上意义,并且把"诚"的道德意志转化为道德法则的"天理",更鲜明地突出了他律道德的客观本体论意义。

第三节 程颐论心、性、情的关系

程颢的心即理、即性、即气的一元论,强调天人一本,并没有对心性情的关系作系统的分析。程颐的性即理是形而上的道德本体,气禀之性是智愚、刚柔、缓急的心理素质。按照体用一源、显微无间的观点,道德理性为体,心理活动为用,因此随着人生气禀客观理性就转化为心的体用动静关系;性为心之体,情为心之用,性静情动。这就构成了由客观到主观的一系列精神活动。

第一,性具于心,由客体性到主体性。程颐首先从人生禀受理气说明性具于心而发为情。他认为,心、性、天只是一理,"自理言之谓天,自禀受言之谓性,自存诸人言之谓心"(《遗书》卷二十二)。从气化形成人的身体来看,心是人的生理器官和思维器官,因此有形之心是有限的,而心的思维功能是无限的。这种无限性主要表现是"心即性也。在天为命,在人为性,论其所主为心,其实只是一个道……天下更无性外之物"(《遗书》卷十八)。道德客体赋予人成为道德主体,而具有主观精神性,天下没有性外之物,因此心体的主观精神"通之以道"也是无限的。本体原来就是善的,"发于思虑则有善有不善。若既发,则可谓之情",不能再叫本心了(《遗书》卷十八)。这里程颐又把道德性与心理感情加以区别,他认为孟子所说的恻隐之心是爱之情,不是仁之理(《遗书》卷十八)。这种说法与孟子四端道德感情扩张为仁义礼智的自律道德观点有所不同,是以他律道德法则为人的本心之性,由性发为道德感情和喜怒哀乐之情。这种由客观理性到人的主观心理活动的说法,是程颐心性情体用动静关系的理论基础。

第二,性为心之体,情为心之用,性静情动。程颐以前有张载心统性情的说法,提出性发为喜怒哀乐之情和中节为善的观点,但并没有从心的体用动静关系上加以展开。程颐明确提出:"心一也,有指体而言者,寂然不动是也;有指用而言者,感而遂通天下之故是也。"(《河南程氏粹言》卷一)他认为,喜怒哀乐未发之中的"中"就是寂然不动者,发而皆中节的"和"就是感而遂通者(《遗书》卷二十五)。人的"本心元无过与不及",所取准则以为中者,"由是发出,无有不合,故谓之和"(《中庸解》)。因此道德本心既有寂然不动、无过与不及的意义,又有准则的意义,"发而皆中节"既有感而遂通的意义,又有合乎准则的意义。这种心性情体用动静关系要求人们保持道德准则而不动摇,同时又从心理活动上控制感情的发用,使之合乎准则。

第三,天理人欲与道心人心。程颐的心性情体用动静关系主要说明道德理性与心理活动的关系,更进一步是从道心与人心的关系说明道德理性与人的生理欲望的关系。他说:"人心私欲,故危殆。道心天理,故精微,灭私欲则天理明矣。"(《遗书》卷二十四)"人之为不善,欲诱之也,诱之而弗知,则至于天理灭而不知反。故目则欲色,耳则欲声,以至鼻则欲香,口则欲味,体则欲安,此皆有以使之也。"(《遗书》卷二十五)因此,道德理性与生理欲望是对立的,人们必须"损人欲以复天理"(《周易程氏传·损卦》)。这样,程颐就从心理活动的道德修养意义上说明道德对生理欲望的超越意义。

第四节 程颐的"涵养须用敬"和"进学在致知"的修养方法

程颐的心性修养论以"存天理,灭人欲"为宗旨,一方面要求人们于喜怒哀乐未发之时,保持内心的涵养;另一方面用理智进行格物致知,达到豁然贯通,体认天理。这是感性直觉、理智认识和理性直觉并用的心性修养方法。

程颐说:"敬而无失,便是喜怒哀乐未发之谓中也。敬不可谓之中,但敬而无失,既所以中也。"(《遗书》卷二上)"中和若只于人分上言之,则喜怒哀乐未发既发之谓也。若致中和,则是达天理,便是见得天尊地卑,万物化育之道,只是致知也。"(《遗书》卷十五)这就是说"敬"是内心涵养,使情发而中节,"致知"是向外追求天理,内外结合才能使人的行为符合道德。程颐认为"涵养须用敬"是用意志来控制心理活动。"敬"是"定心"而不是"静","静"是佛教的说法,儒家用"敬"字(《遗书》卷十八)。"敬"就是有诚意,态度庄重严肃,他说:"人多思虑不能自宁,只是作他心主不定。要作得心主定,惟是止于事,为人君止于仁之类。"(《遗书》卷十五)

程颐"主敬"的心性修养方法与周敦颐的"主静"不同,周敦颐是用道家绝对排斥情欲的"寡欲至无"的直觉方法。程颐的"主敬"、"定心"是用意志控制心理活动,使之庄重严肃。程颐把"主敬"的具体方法概括为"主一"、"持中"、"敬以直内,义以方外"。所谓"主一"是诚意,保持专一,控制容貌和思虑,心不二用,用于一事,排除干扰(《遗书》卷十五)。所谓"持中"就是"不之西,不之东","敬而无失,便是喜怒哀乐未发之中"(《遗书》卷二上)。最根本的方法是"直内",做到"养心莫善于寡欲,欲寡则心自诚"(《遗书》卷二上),"率气者在志,养志者在直内"(《遗书》卷十八)。"敬以直内"就可以做到"义以方外",由"持己之道"转化为顺理而行的道德行为。程颐赞成张载"德性之知,不假闻见"的说法,他又认为:"穷理尽性至命,只是一事。才穷理,便尽性,才尽性,便至命。"(《遗书》卷十八)他不像张载那样把"穷理尽性以至于命"与《中庸》的"自诚明"和"自明诚"相结合,而是按照"性即理"、具于心、发为情的性静情动理论,发挥《大学》的格物致知、诚意正心观点。

程颐把"格物致知"的"格"解释为"至",认为格物就是要穷尽物理,从一草一木到火之所以热,水之所以寒,以及君臣父子之理,四端之性情都是认识对象,读书讲义,评价历史人物,待人接物,也属于"格物"。"致知"是博学、明辨、审问、慎思、运用理智,通过具体事物一件一件地积累,由一理推十理,"积习既多然后自有豁然贯通处"(《遗书》卷十、卷十八、卷十九)。"致知"要落实到笃行,因此知先行后,"须是知在所行之先,譬如行路,须得光照"(《遗书》卷三),"君子以识为本,行次之"(《遗书》卷二十五),因此知为行之本。程颐强调格物致知的目的是诚意正心,存天理去人欲。他说:"不知格物而先欲意诚正心修身者,未能中乎理者。""致知在格物,非由外铄也,我固有之也。因物有迁,迷而不知,则天理灭矣,故圣人欲格之。"(《遗书》卷二十五)经过格物致知、诚意正心,就可以修身齐家治国平天下。

程颐的"涵养须用敬"、"进学在致知"的心性修养论与心性情论组成了两个内外双向循环的伦理道德心性修养系统。一方面,客观理性通过人生气禀具于心,由客体性转化为主体性,在喜怒哀乐之情未发之时要保持内心的严肃庄重,采取"涵养须用敬"的感性直觉方法整容貌,正思虑,专意于诚,在喜怒哀乐之情发动时要运用省察的格物致知方法体认天理,使心与理一,保证感情的发动和行为都符合天理。这样由客观天理转为人的主观精神活动再达到主客体的"心与理一",成为一个内外结合的大循环。另一方面,涵养是内心修养,致知是向外体认天理,二者互相配合又形成一个内外结合的小循环。涵养是为了养心中之理,致知穷理是为了明心外之理,只涵养不致知就"遗外",只致知不涵养就"遗内"。合内外之道才能做到心与理一,这是理智与直觉的相互渗透的心性修养方法。程颐的心性论是从形而上之理与形而下之气的体用关系推出性即理的天命之性寓于气质之中的人性论,通过性具于心把客观理性移入人的主观精神中,建立性为心之体、情为心之用的心体用论,以"涵养须用敬"、"进学在致知"的心性修养方法完成主客的统一,达到存天理去人欲,实现成圣成贤的理想人格。

第五节 程颢"以觉识仁"的修养方法

程颢的"天人一本"思想,主张"性无内外"、"明觉自然",带有道家玄学直觉体道的色彩,当他提出"心即理"、"道即性"的天人一本论时,又提出了"以觉识仁"的直觉方法。

所谓"以觉识仁"就是把仁当做感性直觉,自然而然地做到"仁者,以天地万物为一体",如果没有真实的体验,就是"仁不属己",像医书上说的手脚麻木不仁一样。"仁者,混然与物同体,义礼智信皆仁也。得此理,不须防检,不须穷索。"要敬守此心,不能急迫,像栽花一样,既不要把花忘了,不浇水,不施肥,也不能操之过急,拔苗助长。这种自然而然的方法,就是孟子所说的"必有事焉而勿正,心勿忘,勿助长"(《遗书》卷二上)。

程颢指出,心要随物应之,但要恰如其分,不能有私意。要以诚实之心保持自己的良知良能。"以心知天"就像身居京师要到长安一样,如果一心只想着出西门便可到长安,就是把京师与长安分为两处,这就是"以心外求长安",陷入了检防、穷索之中,把"道"与"物"对立起来。如果用诚实之心,只在京师便是到长安,这就是"只心便是天,尽之便知性。知性便知天",只能当下认取,不可外求,所以,穷理尽性以至于命三事一时并了,没有什么先后次序。这就是孟子所说的万物皆备于我,反身而诚,乐莫大焉,也就是"仁者,以天地万物为一体"的精神。

程颢这种"以觉识仁"当下认取的感性直觉方法类似于禅宗的当下即是,明心见性,"浑然与物同体"又是发挥了庄子"天地与我并生,万物与我为一"的精神自由观点,他用佛教、玄学的直觉修养方法解释孟子的尽心知性知天,以感性直觉把仁义礼智信的道德规范感性化,这是他

"天人一本"思想的特点。但是,他还没有抓住孟子四端道德感情为心性的基本思想,只是从尽心知性、反身而诚的修养上加以发挥,使感觉与仁相融合,仍带有道德法则为天理的意义。因此他只能提出心即理的心本体论,而不能进一步发挥出心体用论。程颢的"心觉识仁"经过谢良佐、张九成的发挥,为陆九渊的心性本体论奠定了理论基础。

第六章　朱熹的理学集大成的哲学体系

朱熹(1130～1200年),字元晦,一字仲晦,号晦庵、晦翁,后人又称为紫阳、考亭。徽州婺源(今江西省)人。19岁登进士第,先后任泉州同安县主簿,后任枢密院编修,漳州、潭州知府等职。庆元二年(1196年)被诬为"伪学之魁",其学派被视为伪学明令禁止。朱熹24岁受业于李侗,为二程的四传弟子。朱熹37岁提出"心为已发,性为未发"的"中和旧说"。40岁提出"思虑未萌为未发,思虑已萌为已发"的"中和新说"。43岁作《中和旧说序》、《仁说》,总结"心主性情"的理论。45岁作《大学章句》草稿,系统地说明"格物致知"的思想。46岁至60岁先后与陈亮、陆九渊辩,提出"理在气先"的系统理论。这样,朱熹就由心性论入手,逐步完成了"格物致知"的认识论和理在气先的宇宙本体论,形成了庞大的思想体系。朱熹的主要哲学著作有《晦庵先生文集》、《朱子语类》、《四书集注》、《太极图说解》、《西铭解》、《通书解》等。现有四川教育出版社出版的新校点本《朱熹集》。这些都是研究朱熹思想的基本资料。

第一节　新旧"中和说"与心统性情

一、"心为已发,性为未发"的"中和旧说"

朱熹在师从李侗期间,曾有几次讨论过人性、阴阳、太极、喜怒哀乐之情的问题。但他一直没有理解和接受李侗"验夫于喜怒哀乐未发之前气象如何"、"默坐澄心,体认天理"的思想。经过3年反复思考,于37岁(乾道二年丙戌)提出"心为已发,性为未发"的思想。这一思想被称为"丙戌之悟"或"中和旧说"。他曾多次致信张栻,其中有四封信专门讨论"未发"、"已发"问题,被后人称为"人自有生四书"(参看《晦庵先生文

集》卷三十、卷三十二。以下简称《文集》)。主要内容如下:

第一,"大本"是"天命流行,生生不已之机"。根据周敦颐"静无而动有",太极诚体是"寂然不动,感而遂通之故"。因此,"有所谓未发之中,寂然不动者"。然而"日用流行者为已发","凡感之而通,触之而觉,盖有应物不穷者",因此,"寂然之本体,则未尝不寂然也"。那么究竟是以本体"暂而休息不与事物接之际为未发",还是"别有一物,限于一时,拘于一处,而可谓中"呢?实际上"虚明应物之体"有几微之觉,便为"已发"。

第二,心体流行,不容间断。人有生命,有知觉,自幼至死,无论语默动静,还是睡眠状态,精神活动不会有顷刻停息,心一直处于"已发"状态,心为"天机活泼",不可能寂然不动。因此,朱熹认为程颐把心体划分为"未发之前"、"未发之际"、"未发之时"与"已发",就是将前后截为两截。他认为,心体流行,"浑然无分段时节可言"。

第三,"盖天下只是一个天机活泼","流行发用无间容息,据其已发而指其未发者,则已发者人心,而凡未发者皆其性也"。这是从宇宙本体论和人的心体流行上说明体用关系。太极、诚体可以说是寂然不动的"未发"之性,而心体流行无息静止,只可说是"已发"为心。

朱熹的"中和说"试图在理论上弄清生理知觉与思维感觉变化的联系和区别,划分出心理平静和活动两种状态,与"性静情动"的"未发"、"已发"形成对应关系。但是他 37 岁提出的"中和旧说",从知觉意义上说心体流行,不容间断,"浑然无分段时节可言",并没有弄清生理知觉与思维感觉变化的联系和区别。当朱熹把"心体流行"的观点与"性静情动"的体用论相对照时,他发现自己"直以心为已发"的观点无法察识"未发端倪",少了"平日涵养一段功夫"(《文集》卷六十四)。

二、"思虑未萌为未发,思虑已萌为已发"的"中和新说"

朱熹 40 岁(乾道五年己丑)与友人蔡季通"言未发之旨",问辨之际,忽然自疑,遂作《已发未发说》,这就是"己丑之悟",即"中和新说"。朱熹已经意识到生理知觉与思维感觉变化的联系和区别,提出了"思虑已萌"发为"喜怒哀乐之情"的观点,因此他准备以思虑未萌和已萌来划分"未发"、"已发"的关系,他在给张栻的信中说:

然一人之身，知觉运用，莫非心之所为，则心固所以主乎身，而无动静语默之间也。然方其静也，事物未至，思虑未萌，而一性浑然，道义全具，其所谓中，是乃心之所以为体，而寂然不动者也。及其动也，事物交至，思虑萌焉，七情迭用，各有攸主，其所谓和，是乃心之所以为用，感而遂通者也。……未发之前是敬也，又常行乎省察之间。方其存也，思虑未萌，而知觉不昧，是则静中之动，复之所以见天地之心也。及其察也，事物纷纠，而品节不差，是则动中静，艮之所以不获其身，不见其人也。有以主乎静中之动，是以寂然而未尝不感。……寂而常感，感而常寂，此心之所以周流贯彻，而无一息之不仁也。(《文集》卷三十二《答张钦夫》第十八书)

朱熹的"中和新说"认为，思虑未萌、知觉不昧是静中之动，即"静之中有动之端"，这种心理平静活动与"一性浑然，道义全具"、"寂然不动"的"未发"状态相对应；思虑即萌的心理活动与七情迭用感而遂通的"已发"状态相对应，发而中节即是"动中之静"。心贯动静、寂感，"未发"、"已发"，从而明确了心贯通性情的体用关系。这样，性具于心发为情的形而上到形而下过程就与心理活动过程协调一致。这里，朱熹强调的是"心主乎身"，心主乎动静，还没有明确提出"心主性情"的思想。朱熹在致林择之的信中，又提出了"敬"贯"未发"、"已发"。用"未发则只有存养而已，发则方有可观"，"先存养，后察识"的心性修养方法，以解释程颐的"涵养须用敬"、"进学在致知"(《文集》卷四十三《答林择之》第二十一书)。

朱熹41岁(乾道六年)与张栻、吕祖谦讨论胡宏的《知言》。次年编成《知言疑义》。他建议把《知言》的"心也者，知天地宰万物，以成性也者"，改为"统性情者也"，张栻建议改为"主性情"，朱熹表示同意。他说："心必兼性情，然后语意完备。……性固天下之大本，而情亦天下之达道，二者不能相无，而心也者，知天地，宰万物，而主性情者也。""性不能不动，动则情矣，心主性情，故圣人教以仁，所以传是心而妙性情。"(《知言疑义》)这样，朱熹初步提出了"心主性情"的观点。

第二节 "理在气先"与"理一分殊"

朱熹45岁作《大学章句》草稿,系统地说明了格物致知的思想,46岁受吕祖谦邀请与陆九渊、陆九韶会于鹅湖讨论"为学之方"。自此以后直至朱熹多次与陆九渊辩论无极而太极和道心、人心问题。这些辩论对朱熹形成"理在气先"思想起了推动作用。在朱熹44岁作的《太极图说解》中,已经提出了"太极生阴阳,理生气"的观点:

> 太极者,本然之妙也;动静者,所乘之机也。太极形而上者谓之道也;阴阳形而下者谓之器也。是以自其著者而观之,则动静不同时,阴阳不同位,而太极无不在焉。

朱熹在解释周敦颐的思想时提出了太极为形而上之道、阴阳为形而下之气的思想,这实际是发挥程颐"所以阴阳者是道也,阴阳,气也,气是形而下者,道是形而上者"的观点。朱熹主要是从"体用一源,显微无间"的本体论强调理一分殊,"万物统体一太极","一物各具一太极"。他在解释周敦颐的《通书》时说:

> 二气五行,天之所以赋受万物而生之也。自其末以缘本,则五行之异,本二气之实。二气之实,又本一理之极。是合万物而言之,为一太极也;自其本而之末,则一理之实,而万物分之以为体,故万物之中各有一太极。(《通书·性命章注》)

这就是说,太极之理与阴阳二气及五行万物的关系是本末关系,所谓万物之中各有一太极,即是"理一分殊",朱熹用"月印万川"来比喻"理一分殊",也就是说,万物所具有的"理"是太极之理的全部,而不是一部分。这样,从万物五行到阴阳二气,再到太极,是层层推进的本末关系,五行以阴阳为本,阴阳以太极为本,从根本上说太极是本体。朱熹的这些思想从他与其他学者讨论的书信往来中也可以看出来:"形而上者谓之道,形而下者谓之器。今论太极而曰其物谓之神,又以天地未分之气合而方之,亦恐未安也。有是理即有是气,气则无不两者,故易曰太极生两仪。而老子乃谓道先生一而后一乃生二,则其察理亦不精矣。"

(《文集》卷三十七《答程可久》)

朱熹与陆九渊辩论"无极而太极"的书信中说：

> 语道体之极则谓之太极,语太极之流则谓之道。周子所以谓之无极,正以其无方所,无形状,以为在无物之前而未尝不立于有物之后;以为在阴阳之外,而未尝不行乎阴阳之中;以为通贯全体无乎不在,则又初无声臭影响之可言也。(《文集》卷三十六《答陆子静》第五书)

朱熹所说的"有是理即有是气",已经透露出"理在气先"的思想,但他反复强调"以为在无物之前,而未尝不立于有物之后;以为在阴阳之外,而未尝不行乎阴阳之中",似乎又是说理气不离,理在气中。由于他与陆九渊的辩论,从追究"无极"的意义而转向追究宇宙本原,这就导致了他明确提出"理在气先"的思想。

朱熹在后来致赵政道的信中说:"若论本原,既有理而后有气,故理不可以偏全论;若论禀赋,则有是气而后理随气具,故有是气则有是理。"(《文集》卷五十九《致赵政道》第二)他在致黄道夫的信中说:"天地间有理有气。理也者,形而上之道,生物之本也。气也者,形而下之器也,生物之具也。是以人物之生必禀此理然后有性,必禀此气然后有形。"(《文集》卷五十八《答黄道夫》)这就是说,论本原则理在气先,论构成理随气具。朱熹还说:"以本体言之,则有是理然后有是气,而理之所以行,又必因气以质也。"(《孟子或问》卷三)这就是说,从万物生成来看,理气没有先后可言,理因气为质。从逻辑上追溯本原,则理先气后,理随气而行。这样,朱熹的宇宙本体论就形成三个层次:从本体与现象来说,理体气用,体用一源,显微无间。从本原论来说,理在气先,理随气行。从万物和人的素质构成来说,理气无先后可言,理在气中。这种宇宙本体论的结构说明朱熹的理气观并不是简单的"理在气先",也不是"理"能生"气",无论从本体与现象的关系,还是从万物和人的构成来说,理气都不能相离,也不能说理在气先,否则就会体用相离、本末相离,而在本原论的意义上,若要推其所从来,才在逻辑上可以说理在气先。朱熹明确说,"老子乃谓道先生一而后一乃生二,则其察理亦不精",可见,他是反对"理"能生"气"的。

第三节 性两元论与人心听命于道心

一、理为天命之性,理与气杂为气质之性

朱熹继承了程颐的性两元论,但是他思想有进一步发展。他的心主性情思想是建立在人与物气禀有异而理异的观点上。朱熹确定了理体气用,论本原理在气先,论构成理随气具的宇宙本体论。他一方面更明确了"人与物性之异,由于气禀不同,但究其所以然者,却是因气禀不同,所赋之理固有异"(《文集》卷六十一《答严时亨书》)。另一方面又提出了先有性之理,而后有理与气杂之的气质之性。朱熹说:"论天地之性,则专指理言;论气质之性,则以理与气杂之而言之。未有此气,已有此性。气有以不存,而性却常在,虽其方在气,然气自是气,性自是性,亦不相杂。"(《朱子语类》卷四。以下简称《语类》)这种性两元论思想已经与程颐的理为天命之性,气禀清浊为气质之性的观点不同。朱熹强调气质之性是理与气杂之。所谓"理与气杂",并不是混同,而是不相离。他常常用油与水、珠宝与水的关系来比喻理气不相离又不相杂的关系。这也就是朱熹所说的理因气质,似人跨马上。

朱熹的理为天命之性,理与气杂为气质之性的性两元论,为他进一步论述心统性情奠定了理论基础。他说:"先有知觉之理,理未知觉,气聚成形,理与气合,便能知觉","所觉者心之理也,能觉者心之灵也","理不离知觉,知觉不离理"。"程子云:'心譬如谷种,其中生之理便是性,阳气发生处便是情。'推而论物物皆然。"(《语类》卷五)这就是说心具理气,是天命之性与气禀之灵的结合体,心通过气之灵显现性之理,性发为情。这样朱熹就把客观的理本体通过气之灵移入心的主体中,心被分成形而上之理和形而下之知觉。有人问朱熹心是形而上者还是形而下者?朱熹说:"心比性,则微有迹,比气,则自然又灵。"(《语类》卷五)这就是说,不能简单地把心归结为形而上者或形而下者,心处于形而上与形而下之间,既包含性之理,又包含气之灵,是"一而二、二而一"

的关系。这种关系就是心统性情的心体用论。因此,朱熹又说:"性对情言,心对性情言。合如此是性,动处是情,主宰是心。"(《语类》卷五)这样,体用一源,显微无间就由宇宙本体论转化为心体用论,使心统性情有了坚实的理论基础。

二、人心听命于道心

朱熹对"道心"与"人心"的说法与程颐不同。程颐以天理为道心,人欲为人心。朱熹认为人心不全是私欲,合理的欲望是正当的。道心全善,人心则有善有不善。首先,从人的知觉运用来看,知觉中合乎义理的是道心,知觉中的欲望是人心,这不是两个心,而是一个知觉心向两方面的运用。其次,道心、人心都是已发之心。道心是恻隐、羞恶、辞让、是非的道德感情,"指其发于义理之公而言","人心生于形气之私,如饥饱寒暖之类"(《语类》卷六十二)。所谓"私"是指个人的生理欲望,并不是说都不好,而是说欲望要合理,超出了理的限度,就是恶。最后,人心听命于道心,"存天理,去人欲"。"去人欲"是去掉不合理的欲望,而不是去掉一切欲望,如饮食是为了充其饱,但有可食,又有不可食,必须合理。经过这样的分析,朱熹把生理、心理、伦理和认识论相结合的方法充分运用于心统性情的理论。性即理具于心而为心之体,性发为情为心之用,体用结合即是心统性情。情有四端道德感情和喜怒哀乐之情,"才"是情发用的程度,"志"是情发动的意向,"意"是情之私,"知"控制情的发动符合天理,因此说心为性情主宰。情发于义理是道心,发于形气之私是人心,人心听命于道心。这种多层次的分析和组合展开了心统性情的丰富内容。

第四节 主敬持一和格物致知的心性修养论

朱熹继承了程颐"涵养须用敬"、"进学在致知"的心性修养方法,并在心统性情的基础上有所发展。他说:"未见端倪发见时,且得恭敬涵养,有个端倪发见,直是穷格去。亦不是凿空寻事物去格。""涵养于未发见之先,穷格于已发见之后。"(《语类》卷十八)这种说法比程颐更明确。程颐由于对未发之前、未发之际、已发之时的界限难以确定,只是笼统地说"涵养须用敬"、"进学在致知"。朱熹以思虑未萌和已萌确定了未发与已发的界限。所谓"端倪"是指思虑萌发,这种心理状态与感情运用过程和认识过程的心理活动是既有联系又有区别的,它只是一个起点。因此,朱熹要人们未见端倪时涵养,端倪发见时格物致知以保证感情沿着正确方向发展,而不是在感情发展起来后再格物致知。这是朱熹比程颐更精细之处。朱熹对涵养与致知的修养方法发展主要表现在四个方面:

第一,程颐由于没有区别生理知觉与思虑的界限,无法确定未发的心理状态,而有"凡言心者,皆指已发而言"的说法。因此他的涵养于未发之时强调"主一""定心"的重要性。认为儒家与佛教的区别在于"敬"与"静"的区别,敬即是定心。朱熹由于区别了生理知觉与思虑未萌的心理状态,明确了涵养于未发之前。他也讲持一主敬。但主要强调身心收敛而不放纵,持敬要常惺惺,时时警觉,缉熙光明,去掉利欲之昏,心地光明(《语类》卷十二)。他认为"敬"有"死敬"、有"活敬",问题不在于儒家和佛教都讲静心入定的心理状态,而在于佛老断绝思虑不讲仁义道德。儒家的"敬"是"活敬",从"天命之性"到"致中和"、"格物致知"、"克己复礼"都是运用心的主宰作用达到仁义道德。因此,关键问题在于涵养的目的(《语类》卷十二)。

第二,程颐的格物致知,虽然也谈到今日"格一物、明日格一物","脱然自有贯通处",但是对闻见之知和推理作用讲得粗略,重点强调顿悟直觉体认天理。朱熹把格物致知的"格"解释为"至极",重视闻见和理智推理的作用。明确地把"心之灵"作为认识主体,把"物之理"作为认识对象。作为主体的心有体用关系,心之体是性具于心,"湛然虚明,万理具足",心之用是知觉、思维作用,"物之理"即是事事物物之理。在认识论中是思维对物理的主客观关系。朱熹认为穷理是"因其所以知及其所未知","求乎其极,至于用力之久,而一旦豁然贯通焉,则众物表里粗精无不到,而吾心之全体大用无不明"(《语类》卷十五《大学章句·格物补传》)。这就是说,心具理是本心,运用心之灵从感性到理性即物穷理,再上升到直觉就可以使心之理与天理相互印证,达到吾心之全体大用无不明。

第三,程颐认为"敬而无失是喜怒哀乐未发之中也"(《遗书》卷二上),"致中和,则是达天理……只是致知也"(《遗书》卷十五)。初步涉及了涵养与致知的相互关系和内外双向循环的修养方法。朱熹则进一步明确了涵养是内心修养功夫,致知是向外体认天理,内外结合相互渗透。因此他说:"涵养中自有穷理功夫,穷其所养之理,穷理中自涵养功夫,养其所穷之理,两项都不离","涵养,穷索不可废一,如车两轮,如鸟两翼"(《语类》卷九)。这样,涵养与致知成为两个相互渗透推进的内外小循环,与心性情的大循环相配合。一方面从客观理性转化为本心之性的未发之前阶段,要运用涵养为主,穷理为辅的方法。另一方面在"见端倪"的已发之际,要运用穷理为主、涵养为辅的方法,向外体认天理,达到"吾心之全体大用无不明",保证感情的发动和外在行为都符合天理。这样在天理转化为人的主体性再转化为心与理一的大循环中包含两个小循环,一是未发之前涵养与穷理相互渗透的小循环,一是已发时穷理与涵养相互渗透的小循环。两个小循环把未发和已发贯通起来。朱熹指出,涵养省察是"贯通已发未发功夫"。未发时要存养,已发时也要存养;已发时要省察,未发时也要省察(《孟子说·告子上》)。只是在未发时以涵养为主,已发时以省察为主。这是朱熹超过程颐的精彩之处。

第四,程颐的心性修养论强调知先行后,知为行之本,初步涉及了知行相资的问题。朱熹的心性修养论认为:"论先后,当以知为先,论轻重,当以力行为重。"(《语类》卷九程端蒙录)并且提出了知行相互渗透的问题。朱熹认为从总体上说"明天理"才能有道德行为,在具体行为中也可以先行而后知。知的目的是为了行,因此"行重于知"。在知行相互促进和相互发动的关系中,致知、力行不可偏过一边,"偏过一边,一边受病"(《语类》卷九程端蒙录)。总之,"知之愈明,行之愈笃;行之愈笃,知之益明,二者皆不可偏废"(《语类》卷二四)。朱熹的"涵养须用敬"、"进学在致知"的心性修养是与心统性情紧密相联的。从道德的善恶观念来看,涵养诚意的功夫"近情近用",从体认道德天理的认识论来看,致知功夫近性、近体。这种体用结合正是心统性情的两个方面:致知是由思虑向客观天理的体认,进一步明确心中之理。"诚意"是发挥心中之理向外形成感情和行为。因此,朱熹又说:"今之学者只说操存,而不知讲明义理,则此心愦愦,何事于操存也。某尝谓诚意一节是圣凡别关隘处","致知、诚意以上功夫较省,逐旋开去,至于治国、平天下愈阔,却须照顾到"(《语类》卷七十五)。这就是说"诚意"是涵养、致知转化为外在行为的关节点。通过这个关节点,心统性情的修养论才能达到治国平天下的内圣外王之道。

第五节 朱熹哲学的历史地位

朱熹哲学是宋代理学的集大成者,尽管有些学者贬低朱熹哲学的历史地位,把程朱称为"别为宗子",认为陆王心学是宋明理学的正宗。但是从明清两代的历史事实来看,朱熹的地位仍然高于陆王。那么朱熹在中国哲学史上作出了哪些理论贡献呢?我们认为,有以下几点:

第一,从周敦颐开创了以"太极"为最高范畴的宇宙本体论,经过张载的气本体论和二程的理本体论,到朱熹形成了完整的理本体论,朱熹把周敦颐的"无极而太极"解释为"无形而有理",其理论意义就在于和玄学的"以无为本"及佛教的"自性空"划清了界限。首先朱熹肯定"理"是"有",不是"无"和"空",是一个真实的宇宙本体,但是这个"有"并不是"气",而是无形的世界总规律,同时它又是仁义礼智之理,由此而把"仁"提高到宇宙本体的高度。这种解释虽然是客观唯心主义的,但是它却牢固地树立起儒家本体论的权威。朱熹的"人人有一太极,物物有一太极"的"理一分殊"的观点,进一步把"理"普及到天地万物和人类社会中,达到了"体用一源,显微无间"的效果。

第二,朱熹总结了从周敦颐的诚体神用到张载、二程的性两元论。这种性两元论利用了本体与现象的原则,把人的道德属性和生理、心理素质抽象为"天命之性"和"气质之性",实际上是以玄学性本体论的思辨形式融合了先秦先天人性论和汉代宇宙气化人性生成论,把本体论与本原论融合在一起。宇宙本体又是宇宙本原,既说明了道德理性的本体论意义,又说明了人的生理心理素质产生过程。如果说周敦颐的"诚体神用"和刚柔善恶中之性还带有汉代天人类比和性三品论的残余,那么张载的"天命之性"和"气质之性"就明确地确定了性两元论的理论基础。程颐以形而上之道为"天命之性",以形而下之气为"气质之性"的观点,进一步突出了道德理性的外在超越性,而朱熹的论"天地之性"专指理言,论"气质之性"专指理与气杂之的说法,更富于严密的逻辑性。这是他理体气用,论本原理在气先、论构成理与气杂之的宇宙本体论在性两元论中的具体运用,充分体现了"体用一源,显微无间"的本体论和本原论相融合的理论特征。

第三,程朱的"天命之性"和"气质之性"重点在于强调道德理性的形而上和生理、心理素质的形而下,而沟通上下二者关系的是心体用论。程朱的心体用论吸取了佛教心体用论的思维方式,是把客观道德理性转化为人精神主体性的环节。随着宇宙万物和人类的产生,道德本体先验地进入人的精神之中,形而后有"气质之性"。值得注意的是,程朱的心体并不是宇宙本体,只是客观理性进入的主观精神的产物,它以心性情体用动静关系的一系列精神活动沟通形而上与形而下的关系,实现"体用一源,显微无间"的原则。按照程朱的说法,性具于心即是心之体,心之体处于寂然不动的未发状态,性的感而遂通发为四端道德感情和喜怒哀乐之情。这就是形而上向形而下的过渡,属于道德理性和感情的体用关系。但是这种性体情用的关系必须进一步落实到人的生理和心理的现实感情基础上才有活力。因此程朱极力在人的生理知觉和思虑活动中寻求平静和萌动两种状态来与性未发和情已发相对应,进一步使"涵养须用敬"、"进学在致知"的心性修养论与"未发"、"已发"相对应。但是程颐并没有弄清生理知觉、思虑活动与感情变化的区别和联系,他在生理知觉和思虑之间摇摆不定,因此有"思虑既发为情"和"有知觉即是动也"两种说法。真正解决这个问题的是朱熹的"中和新说",他中年时代的主要精力用于解决"未发"、"已发"问题。从 37 岁心体流行的"中和旧说"到 40 岁的"中和新说",用了四年时间才弄清了生理知觉、思虑活动与感情变化的区别和联系,终于以思虑"未萌"和"已萌"作为"未发"和"已发"的界限。使思虑未萌与性未发的寂然不动相对应,思虑既萌与感而遂通的已发之情相对应,以后朱熹又明确提出"心统性情"的理论。朱熹"心统性情"的理论意义就在于把未发为性、已发为情的心体用论与感性的心理活动统一起来,实现客观天理转化为人的主观精神活动的过程,使理体气用的宇宙本体论、性两元论的人性论、性体情用的心性论与涵养、省察的修养论贯通一气,富于严密的逻辑性,充分表现"体用一源,显微无间"的原则。因此"心统性情"是宋明理学心性思想中的一个博大精深的理论,它比汉唐儒家性静情动的观点更富于抽象思辨性,内容也更加丰富。

第四,程朱心性情体用动静关系的理论不仅具有形而上的道德理性与形而下的感性心理活动相结合的意义,而且还把道德理性与生理欲望的关系转化为道心与人心的关系。先秦两汉儒家的先天人性论和宇宙气化的人性论都是直接从义利之辨来说明道德与利益的关系。宋代张载首先从天命之性和气质之性的关系上说明天理和人欲,把义利之辨转化为人性的本体的天理与感情欲望的关系。程颐进一步把性两元论与心体用论结合起来,以道心与人心说明存天理、去人欲的必要性。朱熹不同意程颐天理为道心、人欲为人心的观点。他认为人心不全是私欲,合理的欲望是正当的。朱熹从人的知觉之心强调道心、人心只是一个心。知觉中来自天理的是道心,来自血气生理欲望的是人心。道心、人心都是已发之心,道心是四端道德感情,人心是情欲,因此人心听命于道心。这是从人的心理感情方面说明道德对人欲的自我超越性。

第五,程朱的"涵养须用敬"、"进学在致知"的修养方法与心性情体用动静是密切相联的。他们要求在"性未发"时采取"涵养须用敬"的感性直觉方法,在"已发"时采取"格物致知"的理智方法"即物穷理",经过量的积累上升为质的飞跃,达到豁然贯通的理性直觉,实现"心与理一","致吾心之全体在用无不明"。这种心性修养方法,主要把荀子、《大学》的理智方法与佛教的入定及渐修、顿悟方法相结合,显得既庄重严肃又十分烦琐,因此遭到陆王的反对。但是从另一方面看,朱熹的整个思想体系是从形而上的宇宙本体论经过心性情体用动静论向下贯通,在这个客观唯心主义的思想体系中又孕育着主观唯心论,成为冲出客观唯心论框架的突破口。陆王心学从朱熹的性具于心、发为四端道德感情和喜怒哀乐之情的"心统性情"理论中,吸取了适合自己的思想方法,他们发挥了孟子的心性合一论,把道德感情提升为天理良知本体,提出了"心即理"的体用论,因此心体用论的思维方式不仅是程朱客观理性转化为人的主观精神活动的中间环节,也是陆王心学突破程朱理学的重要环节。

第七章　陆九渊的心本论及"自存本心"的修养方法

陆九渊(1139～1193年),字子静,自号存斋,抚州金溪(今江西金溪)人,曾居贵溪(今属江西)象山(应天山),自号象山居士,人称象山峰。与兄九韶、九龄合称"三陆子"。乾道八年举进士,做过几任地方官。陆九渊是宋明理学中"心学"的创立者,他提出了"心即理"和"自存本心"的心性本体论,曾与朱熹反复辩论,著名的"鹅湖之会",是他的"心学"与朱熹的"理学"辩论的高潮。陆九渊的著作,后人编为《象山先生全集》,现有中华书局的新校点本《陆九渊集》(本章所引只注篇名)。

第一节　和谐之数与心即理的本体论

陆九渊把人的主观精神作为宇宙本体,他所说的"心"是知觉灵明和道德理性两方面内容的统一:"人心至灵。此理至明。人皆有是心,心皆具是理。心即理也。"(《与李之宰》)。从这种心本体论出发,他认为朱熹的理学思想烦琐支离。因此,他说:"看晦翁书,但是糊涂,没得理会,坦然明白。吾所明之理,天下正理、实理、常理、公理。……天下正理,不容有二。"(《与陶赞仲》)所谓"正理"是儒家之理,非佛道之理;"常理"是"万世不变之理";"公理"是人与自然所共有之理;"实理"是封建伦理、君臣父子之道(《论语说》)。

陆九渊还认为"天地与人并立为三极",太极为一,分阴阳为二,有二必有中,故为三,天地人各有太极之理。"在天曰阴阳,在地曰刚柔,在人曰仁义。故仁义者,人之本心也。"(《与曾宅之》)这些都是从不同角度说明"理"的内容。陆九渊也利用了象数学的方法,但他克服了邵雍那种"加一倍法"(一分二,二分四,四分为八,八分为十六,十六分为三十二……)的局限性,而用数的和谐体系来说明变化。他认为,数有奇偶,偶数"齐",奇数不"齐","唯不齐而后有变,故主变者齐也"。在奇数中,"一者,数之始,未可以言变"。这个"一"如同邵雍的"太极不动",但它"发则神",一经发作,按照数的体系就神妙莫测,产生万有。根据"有一必有二"的原则,"有一物,必有上下,有左右,有前后,有首尾,有背面,有内外,有表里"。这就是说,从一到二,从奇到偶,从不齐到齐,从简单到复杂,成为产生万有的根源。再根据"有上下,左右,首尾,前后,表里,则必有中"的原则来推衍,"中与两端则为三矣"。"三"是一个神奇的数字:"天地人为三才,日月星为三辰,卦三而画成,鼎三足而立。""三"又发挥神奇的作用,二、三相加成"五",于是"天有五行,地有五方"。两个五相加成"十",其中一、三、五、七、九为"天数",叫"生数";二、四、六、八、十为"地数",叫"成数"。五个"生数"和五个"成数"错综配合变化无穷。所以"三者变之始","五者变之终","参五以变,而天下之数不能外科此矣","自一而三,自三而五,而其变不胜穷矣"(《三五以变错综其数》)。由此可见,变化无穷的万有,是从"未可言变"的神秘的"一"发用流行的。"一"是"数之始","数即理也,人不明理如何明数"(《语录》)。

陆九渊用数来解释绝对的"理",使"理"成为宇宙的本体,那么"理"又在哪里呢?"理"在人的主观精神之中,宇宙本体和道德理性就是人的本心。心之理具有超时空、超现实的本体论意义,因此他又说:"宇宙便是吾心,吾心便是宇宙。千万世之前有圣人出焉,同此心同此理也。千万世之后有圣人出焉,同此心同此理也。东南西北海有圣人出焉,同此心同此理也。近世尚同之说甚非。理之所在,安有不同?"(《杂说》)这样,陆九渊发展了程颢天人一本的思想,把"理"规定为人的本心。强调"心即理"在时间和空间上的永恒性,比程颢的"仁者,以天地万物为一体"更加明确。

陆九渊还从心物关系上提出心为主、物为客的思想。他认为:"理本天与我者,非外铄。明得此理,便是主宰。"用不着外求,否则就是反客为主(《与曾宅之》)。这种主客关系,实质上是心体物用。陆九渊的"理"兼有宇宙本体和人的本心双重意义。他在同朱熹辩论"无极而太极"时,反对以太极为形而上之理、阴阳为形而下之器的观点,他主张太极即阴阳,道器同体,这种观点的进一步发展就是道德感情的心性合一论。朱熹的"心统性情"是由形而上的性即理具于心发展为道德感情和形而下的喜怒哀乐之情。陆九渊则是发挥孟子的心性合一论,把道德感情向上提升为宇宙本体的天理,主张"心即理",这实际是把道德理性感情化。这正是朱、陆心性论区别的关键问题。

第二节 发明本心的心性修养方法

陆九渊提倡简易功夫,强调涵养本心,反对事事省察。他认为涵养省察没有分别,不必在涵养之外再讲究省察,也不必于事事物物上求定理、收拾精神自作主宰,"谁欺得你?谁瞒得你?见得端的,后常涵养,是甚次弟"(《语录》)。因此,陆九渊认为朱熹那套涵于未发之前,格物于已发见端倪的修养方法是"艰难其途,支离门户",他认为功夫全在存养上,因此说:

> 人孰无心?道不外索,患在戕贼之耳,放失之耳。古人教人,不过存心、养心、收放心。此心之良,人所固有……日夕保养灌溉,使之畅茂条达,如手足之捍头面,则岂有艰难支离之事。(《与舒西美》)

这就是说,存心、养心就是保持固有的良知,像灌溉一样,使之畅茂条达,"根本者立,保养不替。自然日新,所谓可大可久者,不出简易而已"(《与高应朝》)。这种自我反省,自我认识,自我完善的过程,就是扩充本心,从"日用处开端","道理只在眼前"(《语录》)。

陆九渊还认为:"将以保吾心之良,必有以去恶心之害。"(《养心莫若寡欲》)人心之蔽或心之害有两种情况:"愚不肖者之蔽在于物欲,贤者智者之蔽在于意见,高下污洁虽不同,欺为蔽理溺心,不得其正则一也"(《与邓文范》)。他把解除心蔽的方法称为"剥落":

> 人气禀清浊不同,只自完养,不逐物,即随清明,才一逐物,便昏眩了。显仲好悬断,都妄意。人心有病,须是剥落。"剥落"得一番,即一番清明。后随起来,又剥,又清明,须是剥得净尽方是。(《语录》)

这就是说,由于气禀清浊不同影响心之明,如果"逐物"或产生"邪念"就昏眩了。因此,"剥落"的功夫一是扫除物欲,一是去掉邪念。"剥落"的功夫与自存本心的自我反省不同,需要借助师友琢磨。陆九渊说:"人之精爽于血气,其发露于五官者安得皆正不得明师良友剖剥,如何去得其浮伪归于真实,又如何得能自省、自觉、自剥落?"(《语录》)他认为,"学能变化气质",但只起辅助作用,"圣贤垂训,师友亲磋,但助鞭策耳"(《与舒元宾》)。最根本的方法仍然是自存本心,"不识一字,亦还我堂堂地做个人"(《语录》)。

陆九渊心学修养方法的最终目标是明理、立心、做人。一是做伦理道德的完人。扩充四端本心,"事父母自能孝,事兄自能弟,本无少缺。不必他求,在乎自立而已"。一是要做超人。"我无事时只似一个全无知无能底人,及事至方出来又却似个无所不知无所不能之人。"(《语录》)这种完人与超人,实际是把儒家道德理性自我超越和道家绝对精神自由超越融为一体,"仰首攀南斗,翻身倚北辰,举头天外望,无我这般人"(《语录》),宣扬了主观精神的无限扩张。

第三节 朱陆之辨及鹅湖之会

陆九渊不仅明确提出"心即理",而且明确提出了"心即性"的心性本体论。他早年就看出程颢的天人一本与程颐的思想不同,后来他就朱熹的"无极而太极"的问题通过书信往来进行了辩论。淳熙二年(1175年),吕祖谦邀请陆九渊和朱熹在江西的名胜鹅湖相会,讨论两人的思想异同,希望通过这次讨论,弥合他们的分歧。但是朱陆二人又在"尊德性道问学"的问题上发生更大的争论,结果不欢而散。实际上朱陆的分歧是主观唯心论与客观唯心论的分歧。

一、关于"无极而太极"的争论

"无极而太极"是周敦颐《太极图说》中的头一句话,朱熹把它解释为"无形而有理"。陆九渊不同意这种观点,他写信给朱熹说:"梭山兄谓《太极图说》与《通书》不类,疑非周子所为;不然,则是学未成时所作;不然,则是传他人之文,后人不辨也。盖《通书·理性命章》,言中焉止矣。二气五行,化生万物,五殊二实,二本则一,曰一曰中,即太极也。未尝于其上加无极字。"(《动静章》)"言五行、阴阳、太极,亦无无极之文。假令《太极图说》是其所传,或其少时所作,则作《通书》时,不言无极,盖已知其说非矣。"(《与朱元晦》)梭山即陆九渊之兄陆九韶,陆氏兄弟反对"无极",但不反对"太极",理由是《通书》只讲太极,不讲无极,无极是老子的话,不合乎儒家圣人之意,所以怀疑《太极图说》是周敦颐年轻时所作,或传他人之文,在思想成熟之后的《通书》里只讲太极,不讲无极。朱熹在答复陆氏兄弟的信中为"无极而太极"进行辩解:"不言无极,则太极同于一物,而不足为万化之本;不言太极,则无极沦于空寂,而不能为万化之根本。"朱熹的意思是说,只说太极不说无极,太极就"同于一物";如果只说无极不说太极,无极就会"沦于空寂",必须说"无极而太极"才全面。朱熹的话说得太简练了,以至于有语病。所以陆九渊又从"《易》之为道,一阴一阳而已",说明太极已是形而上者,是无形的,不需要再加上无极二字,否则就是床上叠床,屋上架屋。

二、"先立其大",还是"先道问学"

在鹅湖之会上,陆九渊宣扬自己的"先立乎其大"的治学方法是"简易工夫终久大",指责朱熹的讲学方法是"支离事业竟浮沉"(《鹅湖和教授兄韵》)。实际上二人的分歧是用什么方法完成个人的道德修养问题。儒家经典《中庸》提出"尊德性而道问学"。朱熹强调"道问学"这一面,"即物而穷其理",认为做个符合封建社会要求的圣贤,就要着重读书和对事物的观察,主张"浮观博览,而后归之约"。陆九渊则强调"先立乎其大者",认为做个圣贤,专重"发明本心",主张"执简取繁",多做读书穷理的功夫。

三、"心即理"与"性即理"的分歧

从程颢讲"心即性、即理"以来,心学都认为理在心中,但程朱的"性即理"是理在心外,从理体气用或理在气先推出人的"天命之性"和"气质之性","论天命之性专指理而言,论气质之性则理与杂之"。理除了具有宇宙本体意义之外,是指仁义礼智之理。陆九渊的"心即理",把人的道德感情说成是理,是性善,而对于人生气禀则说得含糊不清。他说:"孟子当来只是发出人有是四端,以明人性善,不可自暴自弃,苟此心之存,则此理自明,当恻隐处自恻隐,当羞恶,当辞逊,是非在前,自能辨。"(《语录》)这是发挥孟子思想把四端道德感情说成是本心善性。陆九渊还认为,人生天地间气有清浊,因此具体人有智愚、贤和不肖的差别,但"气禀"与这种心理素质差别没有必然联系,"乃有大不然者"(《陆九渊集》卷六)。因此,陆九渊的人性论主要是道德感情的心性合一论。

四、"心统性情"与心性合一

朱熹的"心统性情"虽有体用动静意义,但心不是宇宙本体,理先于心而存在,先有知觉之理,理随气具而有知觉之心,性即理具于心,性为心之体,情为心之用,"未发"为性,"已发"为情。情包括四端之情与喜怒哀乐,这是以《易传》、《中庸》解释孟子,把孟子心之善端扩张为仁义礼智的自律道德,变成仁义"理智之理"发为四端道德感情的他律道德。陆九渊直接发挥孟子的心性合一思想,认为"心、性、情、才都只是一般物事言偶不同耳"(《陆九渊集》卷三十五),恻隐、羞恶、辞让、是非、爱、敬等道德感情就是良知、良能,"此吾之本心也"(《与曾宅之》)。这种思想与孟子的自律道德观点基本一致。但孟子所说的四端、良知的本心是指先天性。不具有本体论意义,而陆九渊的"心即理"把四端、良知说成宇宙本体,"心之体甚大,若能尽我之心,便与天同"(《语录》)。陆九渊强调心体自然发出道德感情和行为,而不像朱熹那样,用心之"未发"、"已发"说明性静情动的体用关系。

五、道心与人心

朱熹把知觉之心区别为道心和人心,认为:"心只是这一个心,知觉从耳目上去,便是人心,知觉从义理上去,便是道心。"(《朱子语类》卷七十八)陆九渊也认为人心只是一个心,但他认为天理、人欲的划分违背天人一本,性静情动的划分是把"动"排斥在性外,道心、人心的划分是把一心分为二心。他主张"道心"即是仁义。但又认为知觉意念有正邪之分。陆九渊按照孟子大体、小体的观点,把心之官能思的良知说成是"四端即此心也;天之所与我者,即此心也。人皆有是心,心皆具是理,心即理也"(《与李宰》),认为:"耳目之官不思而蔽于物。流浪展转,戕贼滔溺之端不可胜穷。最大害事……其实乃物欲之大者。"(《与徐子直》)由此他又进一步认为心之灵受蒙蔽产生邪念,被声色货利引诱,产生了奸诈狡猾的邪念,本心之理不明,就是心之病。这样天理与物欲的对立就转化为人心念虑的正邪之分。思虑之正是公理、道心,为人心所固有。邪念是物欲,是耳目之官不思随物流转引起的,应该摈弃。因此陆九渊又说:"私意与公理,利欲与道义,从其大体与小体亦在人耳。"(《与包敏道》)

六、理在心外与心即理

朱熹的格物致知是向外求天理,通过对物理的逐步认识,推理至极,达到豁然贯通的直觉,使吾心之全体大用无不明。陆九渊也讲格物致知,但主张直觉顿悟。他认为"明明德"是《大学》的宗旨,格物致知是下手处。博学、审问、慎思、明辨是格物之方,关键在于"思则在己"(《杂说》)。这实际是格心中之理。陆九渊不像朱熹那样主张"理一分殊",今日格一物,明日格一物,而是认为"天下事事物物只有一理,无有二理,须到其至一处","一是即皆是,一明一切明"(《语录》),这是一种直接了悟整体的内心直觉顿悟。陆九渊又有"格物"即是"减担"的说法:"圣人之言自明白,且如弟子入则孝,出则弟,是分明说与你入便孝,出便弟,何须得传注、学者疲精神于此,是以担子越重,到某这里,只是与他减担,只此便是格物。"(《语录》)这种减担的方法实际是减少向外认识,而发挥内心固有的良知。"当恻隐时即恻隐,当羞恶时即羞恶,当辞让时即辞让,是非至前,自能辨之。"(《语录》)这种道德感情的自然论带有知行合一的因素。在知行观上,陆九渊仍主张知先行后,认为只有先"心之明"、"知之理",再去践履,才不会犯"适越而北辕"的错误(《与胡季随》)。王阳明认为陆九渊沿袭了程朱"知之在先,行之在后"的旧说,其"致知格物""未精一处",未免于杂,终于以"知行合一"补陆九渊"知先行后之弊"(《王文成公全书》卷六《答友人问》)。

第八章　陈亮、叶适的事功之学及影响

陈亮(1143~1194年),字同甫,世称龙川先生,浙江永康人,永康学派的代表者。叶适(1150~1223年),字正则,世称水心先生,浙江永嘉人,永嘉学派的代表者。陈亮、叶适所生活的浙江地区是南宋经济、政治、文化的中心,商品经济比较发达,有相当一部分中下层地主兼营手工业和商业。这些人受到大地主、大官僚和大商人的束缚,特别是在宋金对立、南北分裂的情况下,他们的经济利益受到严重的损害。以陈亮、叶适为代表的"事功学派"反映工商地主的利益,在政治上主张改革,联合抗金;在经济上主张"农商一事"、"扶助商贾";在思想上主张"道在事中"、"因事作则",对程朱的"道德性命之学"进行了批判。

第一节　陈亮的事功哲学

陈亮自幼喜军事,曾著《酌古论》一书,受到郡守周葵的赏识。隆兴初年,宋与金议和,陈亮上《中兴五论》反对妥协求和,坚决主张抗金。以后曾数次上书,提出改革政治、经济、军事的主张,均未被采纳。宋光宗时中进士,授签书建康府判官,未到任便死去。陈亮一生未做官,居家著书十年,专与程朱理学对抗,提倡实学实用的事功之学,对唯物主义哲学的继承和发展作出了一定的贡献。陈亮的著作原编有《龙川文集》,现有中华书局新校点本《陈亮集》(本章所引陈亮言论均出自此书,引文只注篇名)。

一、"盈宇宙者无非物"的唯物主义世界观

陈亮在哲学上主张"道在物中、理在事中",强调"因事作则",反对当时空谈心性的委靡风气。他说:

> 自道德性命之说一兴，而寻常烂熟无所能解之人，自托于其间，以端悫静深为体，以徐行缓语为用，务为不可穷测，以盖其所无。一艺一能，皆以为不足自通于圣人之道也。于是天下之士，始丧其所有，而不知适从矣。为士者耻言文章，而曰尽心知性。居官者耻言政事书判，而曰学道爱人。相蒙相欺，以尽废天下之实，则谁终于百事不理而已。(《送吴允成运干序》)

这就是说，热衷于道德性命之学的人什么也不懂，他们不求事功实效，不重视技艺才能，专门用"尽心知性"、"学道爱人"一类空话来自欺欺人，故弄玄虚以掩盖自己的无知。这种风气的盛行，已使天下之士迷失方向，做学问的不研究文章，做官的不理政事，造成"百事不理"的局面。陈亮对这种空谈道德性命的风气深恶痛绝，对程朱的理在事先、道在物先的唯心主义进行了坚决的批判，提出了自己的"盈宇宙者无非物"的唯物主义世界观。

陈亮认为事物是宇宙间的真实的客观存在，任何道理法则都不能脱离具体事物而存在。他说："盈宇宙者无非物，日用之间无非事。古之帝王独明于事物之故。"(《经书发题》)"夫道非出于形气之表，而常行于事物之间者也。"(《勉强行道有大功》)"夫道在天下，何物非道，千途万辙，因事作则。"(《与应仲实》)所谓"道非出于形气之表"，是针对程朱理学的"理在事先"、"道在物先"而说的，理学家把"理"说成是脱离事物而存在的抽象本体，就是"玩心于无形之表"。陈亮认为宇宙中充满了事物，"道"体现在具体事物之中，"千途万辙"是说事物的多样性和变化的复杂性，所以人们要认识事物本身的法则，按照客观规律办事。所谓"明于事物之故"，不仅是说认识事物的规律，而且是说事物运动变化的原因在事物内部。

二、"明事物之故"的认识论

"明事物之故"是陈亮认识论的基本观点，对于当时能文不能武，能言不能行，空谈道德性命之学的人，陈亮批评他们是"皆风痹不知痛痒之人也"(《上孝宗皇帝第一书》)。陈亮的治学中心是"期于开物成务，酌古理今"，为了改革而研究历史。其认识次序是："始退而穷天地造化之初,考古今沿革之变,以推极皇帝王伯之道,而行汉魏晋唐长短之由。天人之际,昭昭然可察而知也。"(《上孝宗皇帝第一书》)也就是说,先考察自然造化和历史沿革的实际,然后从中"推极"历史的发展规律,才能把握朝代兴衰的原因。

陈亮强调行动,但不主张盲目行动。他对政治与军事、战略与战术的关系提出了许多有益的见解。他举例说,汉光武帝刘秀的成功并不是偶然的,举事要政治上有理,还要认清形势。"当理而后进,审势而后动,有所不为,为无不成,是以英雄之主常无敌于天下"(《酌古论》)。刘备伐吴,一不当理,二不审势,终于失败。他又强调,图天下要有术,所谓"术",主要不是战术,而是政略和战略。"审敌情、料敌势,观天下之利害,识进取之缓急,彼可以先,此可以后,次弟收之,而无一不酬其意,而后可与言术矣。"(《酌古论》)得其术的是刘邦,失其术的是项羽;曹操得其一二,失其三四,所以不能一统天下。

三、利欲有"分"有"辨"的人性论

陈亮认为,人性是天赋的,与生俱有的。他说:"耳之于声也,鼻之于臭也,口之于味也,四肢之于安佚也,性也。……出于性,则人之所同欲也。"(《问答》七)人们的欲望是相同的,但是并不是所有的人欲望都能得到满足。陈亮认为,人们的欲望能否得到满足,满足多少,受"命"的制约。"命"是什么?陈亮并没有说清楚。他只是说:"富贵尊荣,则耳目口鼻之与肢体皆得其欲;危亡困辱则反是。"(同上)看来所谓"命"是指人的命运。陈亮还批判了程朱"存天理,去人欲"的观点。他指出,人心从来不是"一团纯净的天理","亮以为才有人心,便有许多不洁净"(《又乙巳秋书》)。饮食男女,对人是不可缺少的,人不可能没有这些欲望。他又说:

> 天下岂有身外之事,而性外之物哉!百骸九窍具而为人,不以赤立也,必有衣焉以衣之,则衣非外物也;必有食焉以食之,则食非外物也。衣食足矣,然而不可以露处也,必有室庐以居之,则室庐非外物也;必有门户藩篱以卫之,则门户藩篱非外物也。至是宜可已矣,然而非高明爽垲之地则不可以久也,非弓矢刀刃之防则不可

以安也。若是者皆非外物也。有一不具,则人道为有阙,是举吾身而弃之也!(《问答》九)

陈亮认为,人要有衣食住行,这是生活所必需的。问题在于人们的利欲满足要有"分"、有"辨",不讲"分"、"辨","惟美好之是趋,惟争夺是务",就会引起"丧其身而不悔"的灾祸。陈亮认为"圣人之道"是"本末并举"之道,"天理人欲可并行"(《丙午复朱元晦秘书书》)。所谓"道",就是人的喜、怒、哀、乐、爱、恶、欲各得其正。所谓"天理",就是人的衣食住行等生活需要得到各如其分的满足。

四、王霸义利之辨

在中国传统儒学中,王霸义利之辨是由战国时代的孟子道德提出来的。他认为具有仁心善性的君主推行仁政王道,追求利益的君主推行武力的霸道。汉代的董仲舒提出了"正其谊而不计其利,明其道而不计其功"。宋代的程朱理学以"存天理,去人欲"、"人心听命于道心",提出了王霸义利之辨。朱熹认为,"三代专以天理行,汉唐专以人欲行",决定历史变化的原因是人心的好坏,特别是帝王心术的好坏。夏商周三代帝王的心术最好,能以"道心"治天下,所以天理流行,社会上的一切都是美好的、光明的,是王道政治;汉唐以来的帝王心术只用在利益上,所以社会长期陷入混乱、黑暗的局面,是霸道政治。这种观点把历史的演化看成是退化的,人们的道德品质愈来愈低下,原因是三代圣人心传的道统失传了。要挽救社会危机,必须使"人心"由危而安,"道心"由隐而显,达到"存天理,去人欲"。

陈亮坚决反对朱熹的历史退化论。他认为,"义"与"利"或"天理"与"人欲"从来都是并存的,所谓"王道"与"霸道"在历史上也是交杂并用的,根本就不存在"三代以上"和"汉唐以下"的绝对鸿沟。古今的贤君都有他们的功绩,区别只在于有的"做得尽",有的"做不尽";有的成功,有的失败,而不在于主观动机上有"义"与"利"、"天理"与"人欲"的差别。他说,朱熹"以为三代以前都无利欲,都无要富贵底人……亮以为才有人心,便有许多不洁净"(《又乙巳秋书》)。物质欲望是人的天性,统治者只能"因其欲恶而为之节而已"(《问答》七)。陈亮认为,统治者应该用赏罚的手段使为善者得到富贵,使为恶者得到危亡困辱,顺应人的天性来进行统治,而不是从根本上否定人的利欲要求。陈亮还嘲笑朱熹"一生勤于尧舜相传之心法,不能点铁成金,而不免以银为铁,使千五百年之间成一大空阙"(《又书》)。他更反对朱熹"不作三代以下人"的复古主义论调,号召有识之士认清"时宜"作"一世英雄"。

第二节 叶适的唯物主义自然观和内外交相成之道

叶适于淳熙五年(1178年)中进士,历任平江节度推官、兵部侍郎、吏部侍郎、建康府知府兼沿江制置使、宝文阁待制兼江淮制置使等官职。晚年被革职,在永嘉城外水心村杜门著书讲学,人称水心先生。叶适和陈亮一样也是爱国主义者。他主张抗金,反对投降,他曾亲自参加抗金的武装斗争。在哲学上,叶适坚持唯物主义气一元论、主张道不离物,"以利和义"的功利主义,对佛教、老庄、程朱和陆九渊的唯心主义观点进行了批判。叶适的著作有《习学记言》、《水心文集》、《水心别集》。现有中华书局校勘本《叶适集》和《习学记言序目》(本章所引叶适言论只注篇名)。

一、五行、八卦皆气化的自然观

叶适发挥了《周易》和《洪范》的思想,认为阴阳、五行、八卦是构成自然界的物质形态,但是五行、八卦还只是人的感官所接触的物质表面的形态,只有"气"才是物质统一的根本形态。他说:"夫天、地、水、火、雷、风、山、泽,此八物者,一气之所役,阴阳之所分。其始为造,其卒为化,而圣人不知其所由来者也。"(《进卷·易》)这就是说,气是造成五行八卦的,五行八卦最后又转化为气。气为造化,其本身是无始无终的,所以说,"圣人不知其所由来者"。叶适认为,不同的现象只是物质表现的不同形态。他说:"夫形于天地之间者,物也;皆一而有不同者,物之情也。"(《进卷·诗》)"物之所在,道则在焉"。"道"或"理"是依于物的,不能离物而言道。所以"非知物者不能至道","道虽广大,理备事足,而终归之于物,不使流散"(《习学记言》卷四十七)。道既然不能离物而独立存在，就不能说它存在于天地之先。因此叶适说："自古圣人，中天地而立，因天地而教。道可言，未有于天地之先而言道者。"(《习学记言》卷四十七)

叶适认为，《易传》的"易有太极，是生两仪"这句话本身就是"文浅而义陋"，理学家利用这句话宣扬"太极生万物"更是错误的。为此，叶适对"极"进行了新的解释，他说

> 夫极非有物，而所以建是极者，则有物也。君子必将即所以建者而言之，自有适无，而后皇极乃可得而论也。……夫其所以为是车与室也，无不备也。有一不备，是不极也。不极则不居矣。……苟为不然，得其中而忘其四隅，不知为有，而欲用之以无，是以无适无也，将使人君何从而建之？(《进卷·皇极》)

这就是说"极"不是从"物"之外规定物质特性的本体，而是物质本身固有的特性。它虽然是看不见的"无"，但又是有形的材料构成的，并具有客观性，是可以感知的"有"，这叫做"自有适无"。有有形之物，才有无形之极。理学家的无形而有理，是离开有形之物虚构无形之极，就好像是不备车室之料，而想坐车居室之乐，不过是"以无适无"一种幻想。叶适从有物才有极的观点出发，认为物不同，极也不同。有"一身之极"、"一家之极"、"一国之极"、"天下之极"，事事物物"各自以为极，而不能相通"，也就是说，不同事物的"极"，是事物互相区别而不能互相代替的特性。"皇极"集中地概括了一切事物的共性，但它的作用仍然是"使之有以为异，而无以害异"(《进卷·皇极》)。也就是说，概括事物的普遍性，并不是要否认事物的特殊性，而是为了承认事物的特殊性。

二、"道原于一而成于两"的朴素辩证法

叶适认为，天地间的事物都是推移、迁革、流行、变化的，他说："圣人有以用天下之道而名之'易'。'易'者，易也。夫物之推移、世之迁革、流行变化，不常其所。此天地之至数也。"(《进卷·易》)事物变化的原因在于"一物为两"，所以他又说：

> 道原于一成于两，古之言道者必以两。凡物之形，阴阳、刚柔、

逆顺、向背、奇耦、离合、经纬、纪纲,皆两也。夫岂惟此,凡天下之可言者,皆两也,非一也 。一物无不然,而况万物;万物皆然,而况其相禅之无穷者乎!(《进卷·中庸》)

叶适认为,世界上的事物都是一分为二,没有什么东西是绝对单一的。人们对事物的看法往往有两种错误倾向:一种是不知道一物为两,只看见一方面,看不见另一方面;另一种是看到了两面,却又不见两方面的联系。叶适进一步阐明了事物"两"的依存和变化至于"中庸"的观点。他说:

彼所以通行于万物之间,无所不可,而无以累之,传于万世不可易,何欤?呜乎!是其所谓中庸者邪!然则中庸者,所以济物之两而明道之一者也,为两之所以能依而非两之所能在者也。永至于平而止,道至乎中庸而止矣!(同上)

叶适还把"中庸"解释为"诚":"诚者何也?曰:此其所以为中庸也。"天、地、人都有其诚然的规律。从自然界的日月寒暑,风雨霜露,到人的生死以至于君臣、父子、仁义道德,都有其诚然的法则。所以"中庸"不仅是最佳的状态,而且是常然的法则。叶适认识到事物的平衡状态,是对立面的统一,这是他的独到之处,但是他把社会的人际关系和伦理关系与自然界的规律相提并论,则是不正确的。

三、内外交相成之道

叶适主张人的知识的来源是客观世界,他说:

《中庸》曰,'诚者物之始,不诚无物',是故君子不以须臾离物也。夫若是,则知之至者,皆物格之也。(《进卷·大学》)

他认为,《大学》所谓"格物"就是"以物用而不以己用",要使主观服从客观。如果师心自用,就不能了解客观对象的本来面目,"自用则伤物,伤物则己病矣"(同上)。

叶适进一步分析了认识的客观对象,认为必须广泛收集客观对象的具体事例,并全面掌握它,才能有功效,所以他说:

故观众器者为真匠,观众病者为良医,尽观而后自为之,故无泥古之失,而有合道之功。(《法度总论一》)

叶适不仅对"格物"作了新的解释,而且对"致知"也作了新的解释,按照他的主观来源于客观的理解,他把"致知"解释为"吾与物具",即主观与客观符合。叶适解释"格物"为主观服从客观,与程、朱的"即物穷理"及陆九渊的"反省本心"观点是对立的,他的基本的观点是唯物主义的反映论。

叶适在认识论上也区分了感性认识和理性认识。他认为感性认识是依靠"耳目之官"的"自外入以成其内"的认识。正确的认知一定要发挥耳目之官的作用,把握客观对象的全貌:"夫古人之耳目安得不官而蔽于物?"理性认识是以"心为官"的"自内出以成其外"的认识。理性判断所得的结果是是非和道德的善恶的知识。但理性认识不一定使人人都能获得正确的结果:"思有是非邪正,心有人道危微,后人安能常官而得之。"(《习学记言》卷十四)他认为全面、正确的认识,必须有感性认识和理性认识的综合,"古人未有不内外交相成而至于圣贤"。因此他强调"非知道者不能该物,非知物者不能至道"。叶适认为朱、陆等人的错误就在于离开感性认识而求理性认识,离开"耳目之官"而求"心之官",只注意"自内出以成其外",而不注意"自外入以成其内"。

叶适进一步肯定,认识的真假应该以客观对象为标准,义理的对错应该以客观事实为依据。他说:"欲折衷天下之义理,必尽考详天下之事物而后不谬。"(《题姚令威西溪集》)。任何理论必须据事实来检验:"无验于事者,其言不合。无考于器者,其道不化。"(《进卷·总义》)朱、陆等人不重视耳目的闻见,他们的理论经不起事实的检验,这就是他们致命的弱点。

叶适批判了理学唯心主义,但在某些观点上仍旧不能完全摆脱理学唯心主义的影响。他区别感性认识和理性认识,批判朱、陆等人以"心通性达为学",但他自己有时也不免强调心性的重要性:"惟其心之不可变,性之不可忘,由中而出者,犹可以复得于圣贤之旧。"(《进卷·大学》)这就和朱、陆等人的观点划不清界限了。

第九章 王阳明的"致良知"与"知行合一"

王守仁(1472～1529年),字伯安,号阳明,浙江余姚人,曾创办阳明书院,世称阳明先生。他在陆学"泯然无闻"三百多年的明朝中叶,恢复其"圣贤之学"的地位,改变了明代"是朱非陆"之"论定",建立了系统的心性一元论体系。如果说朱陆之争是从"无极而太极"的本体论和"先立其大"的心性修养方法入手,那么王阳明则是从"格物致知"入手破除朱熹"心与理为二",提出了知行合一与致良知的新观点,进一步把心体用论提升到宇宙本体论。并建立了心性一元的心体用论思想体系。王阳明的著作收在《王文成公全书》(本章所引王阳明言论只注篇名)中。

第一节 "真己"的心体用论

王阳明所说的"心",也是知觉之心,他以"虚灵明觉"之体为良知:"心者身之主也。而心之虚灵明觉。即所谓本然之良知也,其虚灵明觉之良知应感而动者谓之意……意之所用必有其物,物即事也。"(《答顾东桥书》)这里,王阳明的说法与陆九渊有所不同,陆九渊也说过:"人心至灵,此理至明,人皆有是心,心皆具是理。"但是,他只从心物关系说明心为主,物为客,对心体用意义说得不明确。王阳明则明确了良知为体,知觉为用。从心物关系上,是良知为体,感物而动的事物为用。从理论思维方式上看,陆王都发挥了孟子的心性合一论,但陆九渊仍然沿袭了孟子心为大体、耳目为小体的思维方式,主张先立其大,排斥小体,因此没有提出明确的心体用论,只明确了心本体论。王阳明则把大体、小体的关系进一步概括为体用关系,以良知为体,以耳目闻见为用(《传为录》),因此进一步推出心体物用的观点。这是王阳明心学高于陆九渊之处,正因为如此,王阳明采取生理、心理、认识和伦理相结合的方法,提出了良知、真我的心体用论，把理气观、人性论、心性情论、道心与人心都包含在他的心一元论思想体系中。

一、人心以真我、良知为本体

王阳明发挥了程颢的"以觉识仁"观点，提出了良知本体的"真己"论，他认为言听视动的知觉之心是由天理主宰的，因此，他说：

> 汝心欲是那能视听言动的，这个便是性，便是天理。有这个性才能生这个性之生理，便谓之仁，这个性之生理发在目便会视，发在耳便会听，发在口便会言，发在四肢便会动，都只是那个天理发生。以其主宰一身故谓之心，这个心之本体原只是个天理，原无非礼，这个便是汝之真己。这个真己是躯壳的主宰。(《传习录》上)

王阳明认为心不只是一团血肉的生理器官和思维器官，而是包括耳目视听和知觉痛痒的知觉心(《传习录》)。他在知觉的生理、心理和认识论成分上，又提出心为身之主宰，这个主宰就是天理、真己。因此，他认为心之全体是恻怛之仁，这种道德感情运用得宜就是义，其条理就是理。仁、义、理之心即是"良知"(《答顾东桥书》)，良知是有生命的主体，能主宰视、听、言、动，这就是性，就是天理，心之本体是"无善无恶"、"无善无不善"的绝对本体(《传习录》下)。它是纯净的，这就是真己。心有知觉就产生意念，意念分为灵明的良知天理和人欲，诚意的功夫就是随着意念落实到具体事物。存天理去人欲，使良知落实到具体事物上而无蔽，就是格物致知(《大学问》)。这样，王阳明就把良知本体通过耳目视听和道德行为的运用贯穿到具体事物中。

二、心之理为体、气为用

陆九渊没有明确的心体用论观点，因此他没有明确的理气观。他在与朱熹"无极而太极"的辩论中，虽有阴阳即道、道器同体的说法，但主要立足点是心即理，而不是说明理气观，王阳明则从心体用论的观点把程朱理体气用的宇宙观转化为主观精神的良知之理与气之用。王阳明说：

> 精一之精以理言,精神之精以气言。理者气之条理,气者理之运用。无条理则不能运用,无运用则亦无以见其所谓条理者矣……夫良知一也,以其妙用而言谓之神,以其流行而言谓之气,以其凝聚而言谓之精,安可以形象方所求哉?真阴之精即真阳之气之母,真阳之气即真阴之精之父,阴根阳,阳根阴,亦非有二也。苟吾良知之说明,则凡若此类,皆可不言而喻。(《答陆原静书》)

这里"精一之精"是王阳明常说的精一之训:"约礼只要此心纯是一个天理。"因此说"精一之精以理言"。这个理也就是良知本体。"精一之精"专指人的精神活动,气为天理良知的运用,因此说"良知一也,以其妙用而言谓之神,以其流行而言谓之气"。阴阳二气的精华互为其根,仍然是良知的显现。这里,王阳明所说的"理"不是带有先验逻辑的一般规律,而是气在流行过程中的条理。这个条理也就是恻怛之仁运用得宜的条理,能以心主宰视听言动的"性之生理",能使良知运用到具体事物上而有厚薄分别的礼。王阳明实际利用了古代精气具有精神性的传统观点,说明良知本体的一气流行,良知是天地万物、草木禽兽、鬼神上帝的本体(《传习录》),从一气流行上同体,因此"一气流行"仍然是良知本体的精神作用。

三、性、情、欲、知统一于良知

王阳明发挥程颢"性即气,气即性"、"性无内外"的观点,力求把"天命之性"与"气质之性"统一在心体用论的思维模式中。他说:

> 生之谓性,生字即是气字,犹言气即是性也。气即是性,人生而静以上不容说,才说气即是性,即已落在一边。不是性之本原矣。孟子性善是从本原上说,然性善之须在气上使见得,若无气亦可见矣。恻隐羞恶辞让是非即是性。……若此见得自性明白时,气即性,性即气,原无性气之可分也。(《启问道通书》)

这里,王阳明把恻隐羞恶的道德感情说成是心性合一的"天命之性",把气说成是性的运用,因此,强调"生字即是气"。只有弄清本原时,才可以说"气即性"。离开了本然之性而说"气即性"就会偏执一边。从性善之端在气上见,可以说性气无分别。这实际是良知为本体、气为用的理气观在人性论中的具体运用。

王阳明还进一步把情、欲、知统一于道德理性,他说:

> 性一而已。仁义礼智性之性也。聪明睿智性之质也。喜怒哀乐性之情也。私欲客气性之蔽也。质有清浊,故情有过与不及而有深浅也。私欲客气一病两痛,非二物也。(《答陆原静书》)

这样,他就把性、知、情、欲分为四个层次。仁义礼智是良知本体之性,因此称为"性之性";知觉智力是"性之质",有清浊差别;喜怒哀乐之情有"过与不及";私欲客气影响良知的正常发挥,因此是"性之蔽"。王阳明的性情论看到了性发为情过程中知觉的中介作用,这是他比程朱更精细之处。

四、道心人心不为二,天理人欲不并立

王阳明不像陆九渊那样简单地反对程朱划分天理与人欲、道心与人心的区别,而是从良知为体、知觉为用的观点出发加以新的解释。他认为天理良知是性本体,私欲客气为性之蔽,人欲不是心所固有的,但良知发于知觉有正与不正之分。因此有道心与人心的分别。他说:

> 心一也,未杂于人,谓之道心,杂以人伪,谓之人心,人心之得其正者即道心,道心之失其正者即人心,初非有二心也,程子谓人心即人欲,道心即天理,语若分析而实意得之,今曰道心为主而人心听命,是二心也。天理人欲不并立,安有天理为主,人欲又从而听命者?(《传习录》)

这里,王阳明承认"人心"是"人欲",这一点和程朱相同。但他又认为人心私欲不是良知应该有的,这一点又和陆九渊相同,关键在于王阳明反对朱熹人心听命于道心的说法。他认为道心既是体又是用,"未发"即在"已发"之中,关键在于意念发动的正与不正,如果不是顺良知天理自然流行,而杂以人为便是有私欲、私心。因此,不是人心听命于道心,而是排除私意,在一念发动处便克服私欲。从这个意义上说,人只有一心,天理人欲不可并立。王阳明的知行合一和致良知的根本宗旨,就

要人们在意念发动处克倒私欲、破心中贼,保持良知本性的纯洁性。

第二节　道德感情与践履合一的"知行合一"论

王阳明是从格物致知入手来破除朱熹心与理为二的客观唯心论思想的。他21岁在北京居住,从父亲官邸格园中的竹子领会"表里精粗"的道理开始,出入儒、释、道之学,到35岁于贵州龙场大悟格物之旨,终于否定了朱熹"求理于物"的思想,而"求理于吾心",建立了"知行合一"的思想,以后又发展为"致良知"。"知行合一"主要是针对朱熹"知先行后"的观点,强调道德与践履的合一,从广义上又包含着一切感觉、感情、认识与行为的直接合一,其宗旨是在"一念发动处克倒私欲"。因此,"知行合一"包含心体用论的丰富内容。

第一,王阳明把生理欲望、言听视动、学问思辨和良知引起的一切行动都说成是"知行合一"。他说:

> 身之主宰便是心,心之所发便是意,意之本体便是知,意之所在便是物,如意在于事亲,即事亲便是一物;意在于事君,即事君便是一物;意在于仁民爱物,即仁民爱物便是一物;意在于视听言动,即视听言动便是一物。……知是心之本体,心自然会知,见父自然知孝,见兄自然知弟,见孺子入井自然知恻隐,此便是良知,不假外求。(《传习录》)
>
> 学问思辨笃行之功。亦虽其勉至于一人己百,而扩充之极,至于尽性知天,亦不过吾心知而已。(《答顾东桥书》)

这就是说,心为身之主宰,良知为心之本体,言听视动、学问思辨以至孝悌、忠君、爱民、恻隐皆由心生。良知发为意念,意念是行之始,意念落于具体事物,就是"心理合一之体,知行并进之功"(《答顾东桥书》)。这样意念就成了心物关系的中介,"知行合一"的基础,知与行的差别仅在于"知是行的主意,行是知的功夫"(《传习录》),实际上知行并进,相互渗透,知是行之始,行是知之成。

第二,王阳明的"知行合一"以道德意识与行为的合一为第一义,闻见之知是第二义,生理欲望和好恶之情是人欲。他认为:"良知不由见闻而有,而见闻莫非良知之用……良知是学问大头脑,是圣人第一义,今云专求见闻之末,是失却头脑已落于第二义。"(《答欧阳崇一》)由耳、目、鼻、口、四肢追求声、色、味和心追求名利引起的"知行合一",都是邪念,而有些人把知行分为二件,一念发动虽有不善也不去禁止,其实邪念发动已是行之始,这样就不能做到非礼勿视,非礼勿听,非礼勿言,非礼勿动,要使视听言动都符合"礼",就要按照"知行合一"的宗旨,在一念发动处,就将不善的念克倒了,须要彻根彻底不使那一念不善潜伏在胸中,心之本体是至善的,通过诚意正心,使好恶之情为良知所用,落在每件事物的实处(《传习录》)。王阳明改造了张载、程朱德性所知不由见闻的观点,以良知为体,见闻为用,让人们在一念发动处克倒私欲,对情欲实行自觉的控制。这种内在的自我超越富于生动的感情色彩。

第三,王阳明的"知行合一"突破了程朱"知先行后"的教条。程朱以先明义理,格物致知在先、践履在后为先决条件,讲"知行常相须","行重于知"。王阳明则更进一步看到了知行相互渗透,提出"知之真切笃实处便是行,行之明觉精察处便是知"(《答友人问》)的观点。所谓"真切笃实"本来是指身体力行的功夫,由于知不离行,知得真切笃实也可以叫做行。所谓"明觉精察"本来是指辨析义理的认识,由于行不离知,行得明觉精察也可以叫知。这样知中有行,行中有知,二者相互渗透,知行合一,行而不知的人是"冥行妄作",知而不行的人是"悬空思索",都是把"知行分为二截"(《传习录》)。王阳明的这种观点包含着知行统一的合理因素。但他是以心即理的"知行合一"反对朱熹析心与理为二的"知先行后"观点,他有时以知代行,把意念发动处当做行,有时又强调意念落在具体事物上才能明义理,混淆了知行之间的区别,因此,王阳明"良知—意念—事物—明义理"的"知行合一"论,强调了知行的渗透和联系,而抹杀了二者的区别。

第三节 "致良知"与涵养省察的修养方法

一、"致良知"与"致知格物"

王阳明说:"吾良知二字,自龙场以后,便不出此意,只是二字点不出,与学者言,费却不少辞说。今幸见出此意,一语之下,洞见全体。"(《刻文录叙说》)因此,"致良知"是"知行合一"的继续和发展,它主要是以良知为是非判断的标准,做到"致吾心之良知天理于事事物物"。王阳明说:"良知只是个是非之心,是非只是个好恶,只好恶便尽了是非。"(《传习录》下)他认为,良知像规矩尺度一样,能衡量无穷的方圆长短,应节目万变,随时随地指导人们意念发动向善,做到"知行合一"(《答顾东桥书》),人是天地万物的核心,与天地万物为一体,不知自身痛苦就无是非之心,是非之心就是不虑而知、不学而能的良知,无论是圣愚,还是从古到今,人们都有良知之心,因此"致良知"就能公是非,同好恶,视人犹己,视国犹家,"以天地万物为一体,求天下无不治"(《答聂文蔚》)。王阳明实际是把程颢知痛痒"以觉识仁"和陆九渊的千百万年有圣人出"同此心同此理"融合为良知本体之心,提倡道德感情的自我判断。

王阳明还把"致知格物"的"格"解释为"正":"正其不正以归于正之谓也。正其不正去恶之谓也,归于正者为善之谓也。"(《大学问》)要人们发挥良知判断是非的标准,诚意正心,"致吾心良知之天理于事事物物,则事事物物皆得其理矣","是穷心与理为一者也"(《答顾东桥书》)。这种"格物致知"的方法与程朱向外追求天理,达到心与理合一有所不同,是把心与理合一的良知落实到事事物物中。因此,王阳明认为穷理是自己心之理(《传习录》),孝之理在父母去世以后也会保留在心中。王阳明还进一步把致吾心之良知于事事物物推广到宇宙万物,认为草木瓦石、天地鬼神万物都是人的良知、灵明的产物。

二、涵养省察并用的心性修养方法

王阳明不像陆九渊那样反对事事省察,把存养本心,剥落心病当做心性修养的简易功夫,他承认性体情用、未发已发,因此认为涵养、省察都是必要的功夫。但从"知行合一"和"致良知"的观点上看,他认为:"就穷理专一处说,便谓之居敬;就居敬精密处说,便谓之穷理,却不是居敬了虽有个心穷理,穷理时别有个心居敬。名虽不同,功夫中是一件。"(《传习录》上)这就像"知之真切笃实处便是行,行之明觉精察处便是知"一样,居敬中有穷理功夫,穷理中有居敬功夫,合而为一,这种涵养与穷理相互渗透的观点与朱熹差不多。但王阳明是以良知本心的发用说明心性修养的。他所主张的居敬,主要是强调"觉","随他多少邪思枉念,这里一觉都消融了"(《传习录》),实际是良知的自我觉悟。他也主张"从喜怒哀乐未发之中养来",但他认为定气、宁静不可以为"未发之中",不是寂然不动之体,而是一种宁静的心理状态,"静时念念去人欲而存天理,动时念念去人欲存天理"(《传习录》上),循天理就能动中有静,这才是真正的涵养功夫。"穷理"是穷心中之理,以良知为好恶是非的标准,克服邪念"正其不正以归于正"。因此说,"为善去恶是格物"。王阳明的涵养省察合一是逆觉体证克倒私欲的修养方法,王廷相批评王阳明的"觉"是禅宗"明心见性"的直觉,是切中要害的。

王阳明的心性一元论思想体系,综合了程颢"以觉识仁"和陆九渊的"心即理",同时又改造了朱熹的"理体气用"、"性体情用"和"格物致知",建立了心性一元的心体用论,展开了良知本体的真我论,未发即在已发之中的心性情论,道德与行为合一的"知行合一"论,致吾心良知于事事物物的格物论,涵养省察合一的修养论,其理论内容涉及二程、朱熹、陆九渊的基本命题,终于形成了心本体论的庞大体系。

第十章 罗钦顺与王廷相的气学本体论

第一节 罗钦顺的理在气中和性为体、知觉为用

罗钦顺（1465～1547年），字允升，号整庵，泰和（今江西泰和）人。明孝宗弘治六年（1493年）曾中进士，被任命为翰林院编修，十年后任南京国子监司业。罗钦顺曾与王阳明辩论格物致知，反对"知行合一"和"致良知"的观点，他指出王阳明的《朱子晚年定论》许多材料都出于朱熹中年时期。罗钦顺自命为程朱学派，实际上在理气观、心性论方面都离开了朱熹思想。罗钦顺的主要著作是《困知记》，现有中华书局标点本（本章所引罗钦顺言论只注篇名）。

一、"理一分殊"的气一元论

罗钦顺认为朱熹"终身以理气为二物"，其思想根源在于他把《太极图说》的太极与阴阳解释为二物。其实理是气之理，不能离气而言理，同时又不能认气为理（《困知记》卷下）。从这种理气一元论的观点出发，他认为：张载、二程以理为天命之性，以气为气质之性和朱熹以理气杂之说气质之性，都是"天命、气质对言"，"一性而两名"（《困知记》卷下）。陆王"认心以为性"更是"差毫厘而谬千里"（《困知记》卷下）。

罗钦顺用"理一分殊"解释普遍性与特殊性的关系。他说："理一便是天地之性，分殊便是气质之性。……然天地之性须就人身上体认。体认得到，则所谓人生而静，所谓未发之中，自然头头合着矣。"（《困知记》附录《答陆门峻明》）这就是说，天命之性与气质之性是普遍与特殊的关系。普遍就在特殊之中。"未发之中，非惟人人有之，乃至物物有之。盖中为天下之大本，人与物不容有二。"（《困知记》卷上）。所谓"中"是指太

极,人生而静的本然之性,这是人与万物共同的性命之理。太极通过生生之序,一本之殊,人与万物形质不同,而有各自的特殊性。例如仁义就是分殊方理。

罗钦顺认为,人性不仅包含仁义礼智,而且包含着生理欲望和喜怒哀乐之情。他说:

> 人之有欲。固出乎天,盖有必然而不容已。且有当然而不可易者,于其所不容已者而皆合于当然之则。夫安往而非善乎?……欲与喜怒哀乐,皆性之所有,喜怒哀乐又可去乎。(《困知记》卷下)

这就是说情欲是人生而固有,也是必然之理。只要符合天理当然就是善,"恣情纵欲而不知反者,斯为恶"。因此,情欲是性之所有不可去。这样,罗钦顺不仅否定了程朱"存天理,去人欲"的观点,而且把人的生理欲望,自然感情和伦理道德统一起来,使情欲符合"当然之则"。他认为欲出于天,不是人的主观欲望所能去掉的。但欲望的节制在人而不在天。因此人应该用道德节制情欲(《困知记》三续)。

二、性为体,知觉为用

罗钦顺反对陆王的心性合一论。他认为:"心者,人之神明。性者人之生理,理之所在谓之心,心之所有谓之性。不可混而为一也。"(《困知记》卷上)他否定了心本体论,而认为心是知觉之心,性是生之理,理在心中,有心才有性,但不可把心与性混为一谈。因此,他又说:"天性之真,乃其本体;明觉自然,乃其妙用。天性正于受命之初。明觉发于既生之后,有体必有用。而用不可以为体也。"(《困知记》附录《答欧阳少司成崇一》)这种性体心用论既不同于王阳明的心本体论,也不同于朱熹的性具于心而为心之体。他把道德理性说成是人受天命的本体。心是知觉的作用,心性为二,不是心性合一。心作为主观精神活动只有知觉作用,而没有本体论意义,它只是对客观道德理性的认识。

罗钦顺又把心与性的关系概括为主观认识与认识对象的能所关系。他说:"能思者,心。所思而得者,性之理也。"(《困知记》卷下)"理之所在谓之心,故非存心则无以穷理;心之所有谓之性,故非知性则无以尽心。"(《困知记》附录《答欧阳少司成崇一》)这就是说，心与性是"能思"和"所思"的关系，必须运用理智穷理才能使道德理性转化为人的自觉意识。另一方面性为心所有，必须知性才能充分发挥主观认识的作用。更进一步说，道德理性与知觉作用又是相互依存的。"盖仁义礼智皆是定理，而灵觉乃其妙用。凡君子之体仁合礼义于事，灵觉之妙用无往而不行乎其间。理经而觉纬也。以此观之，可见心性之辨。"(《困知记》附录《复张甬川少宰》)这就是说，性与心的体用关系是既有区别又有联系的主客体关系。发挥知觉作用才能使仁义礼智转化为人的自觉能动性。

三、道心为性，人心为情

罗钦顺认为，人生气裏之初所受天理就是道心："道心，性也。人心，情也。心一也，而两者言之，动静之分，体用之别也。"(《困知记》卷上)。因此，道心是知觉灵明中的性体，人心是知觉灵明中的感情。"盖道心常明，其本体然也。人心则有昏明。凡发而当理，即是人心明处，发而不当理，却是昏处。不可谓道人心一味是昏也。"(《困知记》附录《答陆黄门浚明》)这就是说，道心作为天理性体能使知觉常明，人心之情使知觉昏暗。因此人的知觉有昏明。发而当理即是明处，发而不当理则是昏处。这里所说的"人心昏明"与"人心之情"意义相近，略有差别。"人心昏明"是指知觉发生的心理活动过程，"人心之情"是指心理感情。罗钦顺所谓"道心"之性即是"太极本体"，"未发之中"即是"中央之中"，太极在万物之中，性在心中（同上）。因此，他又说："情之发皆根于性，其所以为善为恶。系于有中节与无中节，中节与不中节。辟于不辟。"(《困知记续》卷下)这就是说，情的发动来源于性，性是未发之"中"。情是心理活动过程，有节度与无节度、中节与不中节、过与不过各种情况。这才是人的善恶来源，这种说法与他的人心有昏明的说法意思相通。

罗钦顺的性体心用的性情观点与朱熹"中和旧说"的"未发只可言性，已发乃可言心"观点相似。一方面"道心"、"太极"为"未发之中"的性体。另一方面人心有昏明、中节与不中节的心理活动。性静情动，而有体用之别，这就是性体与心用的两而言之，而不是心有体用的两而言之。因此，罗钦顺的性体心用论具有两方面内容。一方面，性具于心，心通过认识仁义礼智转化为人的道德意识。另一方面性在人心之中，人心的感情变化有过与不及，通过中节的自我调节实现人心之明。也就是说，心通过理智认识和感情调节的心理过程来体现性的作用。性静心动，人心之动反映人生而静的本然之性。

四、格物致知的心性修养论

罗钦顺批评陆九渊、杨简所谓"忽省此心之清明，忽省此心之无始末，忽省此心之无所不通。"实际是"释迦所谓自觉圣智境界"。"释氏之明心见性，与吾儒之尽心知性实不相同。盖虚灵知觉，心之妙用也；精微纯一，性之真也。"（《困知记》卷上）这实际是批评陆王的直觉顿悟修养方法。罗钦顺主张用格物致知的理智方法去认识物理，达到物我合一。他说："格物之格，正是通彻无间之意。盖功夫至到，物亦我，我亦物，浑然一致。虽合定亦不必用矣。"但是，罗钦顺并不像朱熹那样主张由格物致知上升到直觉顿悟，而是主张"博学、审问、慎思、笃行废一不可"，循序渐进（《困知记》卷上）。这显然是充分发挥理智的认识方法。罗钦顺把"察之于身"的性情修养与"察之于物"认识鸟兽草木都归结为格物致知，没有区别心性修养与一般认识论的区别，认为穷理的最终目的仍然是为了尽心知性。这是儒家道德践履的观点。

第二节　王廷相的气本论与内外合一之道

王廷相（1474～1544年），字子衡，河南仪封人，曾做过南京兵部尚书。王廷相对自然科学有深刻的研究，在天文学方面著有《岁差考》、《玄浑考》。他对音律学也有研究，著有《律尺考》等。自然科学方面的知识，是他唯物主义思想的源泉之一。王廷相一生以捍卫孔子正统儒学自居，对同代儒者都有评议，但因他的思想不同于流行的观点，被认为是"颇乖僻"。王廷相的哲学著作有《慎言》、《雅述》、《性辩》、《横渠理气辩》、《答何柏斋造化论》等。他的著作收集在《王氏家藏集》和《内台集》中。

一、"理在气中"的唯物主义元气本体论

王廷相发展了张载《正蒙》中的"太虚不能无气"的思想,他说:"天地未形,惟有太空,空即太虚,冲然元气。"(《雅述》上篇)同时,他又批评了程颐"理在气上"、"理在气先"和朱熹"未有天地,毕竟是有此理"的观点。他说:

> 伊川曰:"阴阳者,气也;所以阴阳者道也",未尝即以理为气。嗟乎!此大节之不合者也。余尝以为元气之上无物,有元气即有元神,有元神即能运行而为阴阳,有阴阳则天地万物之性理备矣,非元气之外又有物以主宰之也。今曰"所以阴阳者道也",夫道也者,空虚无着之名也,何以能动静而为阴阳?(《答薛君采论性书》)

> 南宋以来儒者,独以理言太极,而恶乎涉于气,如曰"未有天地,毕竟是有此理",如曰"源头只有此理,立乎二气五行万物之先",如曰"当时元无一物,只有此理,便会动静生阴阳"……嗟乎!支离顾倒,岂其然那!万理皆出于气,无悬空独立之理。造化自有人无,自无为有,此气常在,未尝澌灭。(《太极辩》)

所谓"元气之上无物",是说"元气"之外没有神秘的东西作为主宰;所谓"有元气即有元神"是指"元气"自身所具有的运动能力,也就是阴阳变化的属性。因此说,"有阴阳则天地万物之性理备矣"。王廷相批评程颐所说的"所以阴阳者道也",是离"气"而言"道",把"道"作为"气"的主宰,使"道"就成了空虚无着的东西。同时,他又指出,朱熹的"未有天地,毕竟是有此理",也是错误的,"万理皆出于气,无悬空独立之理",也就是说,"理"是"气"的规律,规律寓于客观事物之内,所以没有悬空独立之"理"。具体事物虽然有发生、发展、灭亡等运动变化,但"元气"却是永恒存在的。

王廷相以自己的方式对气本体论进行了系统的论述,同时对太极、道、理等范畴进行了新的改造。

关于"太极",王廷相说:"元气之外无太极,阴阳之外无气。以元气之上不可无象求,故曰太极;以天地万物未形,浑沦冲虚,不可以名义

别,故曰元气;以天地万物既形,有清浊、牝牡、屈伸、往来之象,故曰阴阳。三者一物也。"(《太极辩》)这就是说,太极是指气在时间和空间上的无边无际,元气是指天地万物未形的状态,阴阳是指天地万物形成后的内在矛盾。所以,太极、元气、阴阳,三者一物也。

关于"道",王廷相说:"道体不可言无,生有有无。天地未判,元气混涵,清虚无间,造化之元机也。有虚即有气,虚不离气,气不离虚,无所始,无所终之妙也。"(《慎言·道体篇》)这就是说,道不可以说是"无",有和无不是用来区别现象的有限性和本体的无限性的一对范畴。天地未分的宇宙空间充满了气,所以虚不离气,气不离虚,这种元气的混涵状态是无限的。

关于"理",王廷相说:"天地之间,一气生生,而常而变,万物不齐,故气一则理一,气万则理万。世儒专言理一而遗万,偏矣。天有天之理,地有地之理,人有人之理,物有物之理,幽有幽之理,明有明之理,各各判别。统而言之,皆所之化,大德敦厚,本始一源也;分而言之,气有百昌,小德川流,各正性命。"(《雅述》上篇)这就是说,气的"常"与"变"构成了世界的多样性和统一性,所以说"气一则理一,气万则理万"。气是世界的惟一本原,这就是气之常,气演变出天地万物,这就是气之变,宇宙间不仅有气的根本规律("理一"),而且还有天地万物自身的规律("理万"),但是特殊规律是受一般规律支配的。

王廷相认为,"元气"包含有"阳气"和"阴气"两个对立面,二气交感引起运动,这是世界万物变化的根源,因此由"元气"所生的万物也都包含有阴阳两个对立面,所以他说,"阴阳即元气,共体之始,本自相浑,不可离忻。故所生化之物,有阴有阳,亦不能相离"(《答何柏斋造化论》)。一方面,任何事物都不可能只有阳而无阴,也不会只有阴而无阳,失去一方而另一方就不能成立。另一方面,事物又有阴阳两类的区别,如"气"有水火,动物有牝牡,人类有男女。水为阴,火为阳;牝为阴,牡为阳;男为阳,女为阴。同时,王廷相又进一步阐明,事物的性质虽有阴阳的区别,但又不是孤阴孤阳,例如,男人是阳占了主要方面,其中仍然含着阴;女人是阴占有主要方面,其中仍然含着阳。所以,"男女牝牡皆阴阳相合是也","阴阳者,造化之橐钥也"(《慎言·道体篇》)。王廷相显然把阴阳交感看做是事物的运动规律,因此他说"阴不离于阳,阳不离于阴,曰道"(《慎言·乾运篇》)。

王廷相还把事物变化的一般规律叫做"常",而把特殊的偶然的变化叫做"变"。例如,春夏秋冬的寒暑变化是由日之进退引起的:冬天日南去,天气寒冷,夏天日北来,天气暑热,这是一般的规律,所以叫"常"。另一方面,在一般变化中也有特殊,例如夏天遇到阴雨有时也冷,冬天遇到晴明天气也温暖,这些现象就叫"变"。又如,夏天不刮巨风,冬天不打迅雷是"常",但是,夏天有时也刮巨风,冬天偶然打雷,这些也是"变"(同上)。王廷相提出"常"与"变"的区别,是告诉人们不要把偶然现象当做一般规律,同时也要人不要用一般规律否定偶然变化,以防止人们对于事物的认识产生偏差。因为客观事物是千差万别的,同时处在不断的运动变化中,不可能有一成不变的"道"或"理"。所以王廷相说:"天地之间,一气生生,而常,而变,万有不齐。故气一则理一,气万则理万。世儒专言理一而遗理万,偏矣。"(《雅述》上篇)理在气中,理随气变。因此人们要因地制宜,具体情况具体分析,既要把握事物的一般规律,又要注意事物的特殊变化。

二、生之气、生之理、性之才三结合的人性论

王廷相反对程朱"理在气先"和"天命之性"、"气质之性"的性两元论观点。他认为"气为理之本,理乃气之载"(《太极辩》),"离气言性,则性无处所,与虚同归;离性言气,则气非生动,与死同途。是性与气相资而有,不得相离也"(《答薛君采论性书》)。由此,他进一步提出生之气、生之理、性之才三结合的人性论。他说:

> 仁义礼智,儒者之所谓性也,自今论之,如出于心之爱为仁,出于心之宜为义,出于心之敬为礼,出于心之知为智……苟无人焉则无心矣,无心则仁义礼智出于何所乎?故有生则有性可言。无生则性灭矣,安得取而言之?……精神魂魄,气也,人之生也。仁义礼智,性也,生之理也。知觉运动,灵也,性之才也。三物者,一贯之道也。故论性也不可以离气,论气也不得以遗性,此仲尼相近习远大之旨也。(《横渠理气辩》)

王廷相从气是人的身体生命的物质基础论起,把人的耳目视听、思维活动作为知觉活动的灵能,由人的心理活动产生爱、敬道德感情再上升为仁义礼智的道德规范,由此划分出人之生(精神魂魄之气)、生之理(仁义礼智)和性之才(知觉运动)三个方面,再归结出性气一元论。这样,他就把伦理道德建立在生命和心理活动的感性物质基础上,否定了程朱性即理和陆王心即理的道德本体论。

王廷相认为性出于形气,气有纯粹与驳杂不同,性有善有不善。"性者,缘乎生者也;道者,缘性者也;教者,缘乎道者也。圣人缘生民而为治,修其性之善者以立教,名教立而善恶准焉。……为恶之才能,善者亦具之;为善之才能,恶者亦具之;然不为者,一习于名教,一循乎情欲也。"(《慎言·问成性篇》)这种观点吸取了程颢理有善恶的观点,而改变成气之清浊造成的人善恶因素,最终的道德观念形成在于后天的教育。

王廷相还从道心与人心的关系上强调社会环境和伦理教育的作用。他认为"道心"就是孟子所说的恻隐、羞恶、辞让、是非的善端。人心就是孟子所说的口之于味,耳之于声,目之于色,鼻之于味,四肢之于安逸的"天性","二者圣愚之所同赋也,不谓相近乎?由人心而辟焉,愚不同归也,由道心而精焉,圣贤同涂也"。道心、人心都是天赋的:"道化未立,民多人心,道心亦与生而固有。道化既立,民多道心,人心亦生而恒存。"因此"道化"不能消灭人心(同上)。王廷相认为道心是人心的堤防:"自其道心者,定之以仁义,齐之以礼乐,禁之以刑法,而名教立焉。由是智愚、强弱、众寡各安其分而不争,其人心之堤防乎?"(《慎言·御民篇》)这显然是以道德感情为依据建立伦理规范、礼制刑法,防止贪乱争夺,以维持封建社会秩序。

三、性情为心理活动的不同景象

王廷相对心的论述也采取了体用说:

> 心有以本体言者,心之官则思,与夫心统性情是也,有以运用言者,出入无时,莫知其乡。与夫收其放心是也,乃不可一概者,执其一义则固矣。大率心与性情,其景象定位亦自别,说心便治形体景象,说性便治人心虚灵景象,说情便治物于外景象,位不同,其实

一贯之道也。(《雅述》上篇)

王廷相所说的心之体,既不是朱熹性即理具于心的本体,也不是王阳明那种心即理的本体,而是作为思维器官的心之形体,即血肉之心,他认为这个血肉之心具有精神活动功能。因此,他又说:"知觉者,心之用,虚灵者,心之体……心者,栖神之舍,知之本;思者,神之妙用也。"(同上)这也就是说,心作为思维器官以虚灵之体,它是精神活动的基础,知觉精神为心之妙用,这是生理与心理相结合的唯物论观点。王廷相所说的"心统性情",也不是朱熹那种道德理性与四端和喜怒哀乐之情的未发已发关系,而是说心为性情的基础,性情不过是心理活动的不同景象;性与人心虚灵景象相联系。因为人的生命活动、精神活动是"生之理",是物质基础,都是气之灵的作用,情是心的精神活动与外物相遇产生的景象,思虑是精神活动的具体运用。这样,他对心、神、情的具体解释接近于王夫之的"形、神、物,三相遇而知觉发"。

从这种认识论意义的心性情关系出发,王廷相又对未发和已发作了新的解释。他说:

> 寂然不动之时,万理皆会于心,此谓之一心则可,谓之一理则不可;一理安可应万事,盖万事有万事之理,静皆具于一,心动而有感,乃随事顺理而应,故曰左右逢其源者此也。(《雅述》下篇)

这里心的寂感、动静是讲认识过程的心理变化,不是朱熹说的性具于心发为情的道德理性演变过程,王廷相认为万事万理都在心外,心有汇集"万理"抽象为"一理"的总体认识能力,但不能把这种主观抽象能力说成是"一理",只能说成"一心"。也就是说,心与理是主体与客体的关系。由此,王廷相又进一步提出"内外合一之道",他说:"心未有寂而不感者,理未有感而不应者。故静为本体,而动为发用。"(《慎言·见闻篇》)心总是由寂到感,由静而动,理总是被感应的对象。因此静为心体,感为心用。这就是心的未发与已发的体用关系。心的体用合一,寂感合一与外界事物之理的感应就是内外合一之道,静而无动则滞,动而无静则扰,只有动静合一,心才能充分发挥知觉能力认识外界事物之理,抽象为总体认识。

四、天性之知与人道之知

王廷相提出了天性之知与人道之知,把人的自然本能和后天认识能力相区别。认为饮食视听是生而具有的天性之知,"因悟而知,因过而知,因疑而知,皆人道之知也"(《雅述》),所以否定有先天的德性之知。

宋代张载提出德性所知不由于闻见,认为穷神知化认识天道阴阳变化和穷理尽性以至于命都应该采取直觉为主的尽心方法,而把闻见之知贬到滞于物欲的地位,他虽然在一定意义上区别了自然认识和道德认识,但又以直觉把穷神知化和穷理尽性两者混为一谈,都说成是知天德的德性之知,程朱和王阳明更进一步把德性之知说成是对道德本体的认识。因此,王廷相说:"近世儒者乃曰,思虑闻见为有知,不足为知之至,别出德性之知为无知,以为大知。嗟乎!其禅乎!不思甚矣!殊不知思与见闻,必由吾心之神,此内外相需之自然也。"(《雅述》上篇)这就是说,德性之知的直觉认识方法是佛教,特别是禅宗的修养方法,这种方法连小孩子的认识能力都要被幽闭,是不可取的。真正的认识方法,应该是由闻见到思虑内外相需的理智方法。

王廷相认为,"见闻在外之资",从外部获得感性经验,"思者神之妙用",在内心分析思考,内外结合才能有真正的知识。"见闻思虑而知,积知之久,以类贯通,而上天下地,入于至细至精,而无不达矣。"(同上)这显然是认识客观世界的理智方法。

王廷相用见闻思虑的人道之知否定了先验的德性之知,在一定意义上区别了自然认识与道德认识,但是他否定的只是那种直觉的道德修养方法,并没有彻底划清自然认识与道德认识的界限。因此,他又主张用后天理智认识的方法去认识道德。他说:"明道善于致知,体道莫先于涵养,求其极,有内外交致之道。"(《慎言·潜心篇》)他所说的涵养,是保持知觉虚明的养神,他所说的明道是格物致知,不仅认识物理,也要认识伦理,"深省密察,以审善恶之几"(《慎言·见闻篇》)。这样,内外交相成之道,又把自然物理的认识与社会伦理的认识混淆在一起,这种道德践履的认识是儒家思想的主要内容,因此王廷相也不可能彻底摆脱这个传统观点。

第 八 编

宋明理学的衰落与中国古代哲学的终结
（明清之际至清代中期）

　　明清之际是一个社会大震荡的时代。由于在封建经济自身的发展中出现了新的经济成分，由于阶级矛盾和民族矛盾空前激化，中国两千年来的封建制度已经面临严峻的挑战。一些先进的思想家开始意识到即将发生"天崩地解"（黄宗羲语）的历史变化，认为古老的封建制度"已居不得不变之势"（顾炎武语）。清王朝的建立（1644年），曾使旧制度得以延续。但经康熙乾隆时期一段发展之后，由于同样的历史原因，腐朽的封建制度只能在苟延残喘中一步一步走向崩溃。

　　明代后期，中国封建社会内部商品经济的发展，已经孕育着资本主义的萌芽。手工业在商品生产的带动下，逐渐脱离农业而独立发展，一些破产的农民流入城镇，又为手工业作坊和工场提供了雇工劳动市场。在江南地区的纺织业、铸铁业、榨油业和制瓷业中，都出现了雇佣劳动及新的生产关系。苏州是当时全国纺织品生产和交换的中心城市。景德镇经过长期发展，当时已是全国著名的瓷都。从沿海到内地，工商贸易城镇不断增多。清代前期出现过一段曲折，乾嘉时期资本主义因素又重新活跃起来。东南沿海地区商品经济的发展，大有超过明末的趋势。中国的丝绸、茶叶和瓷器进一步畅销国际市场。但是，明清统治者采取种种手段，对新兴工商业极力进行压制，新兴市民阶层对此非常不满，以至发生市民和雇工的暴动。代表新兴市民要求的一些思想家，公开反对传统的重农抑商的政策,提出了"工商皆本"的新见解和新主张,一些激进的思想家不仅要求改革封建弊政,矛头甚至直指君主制度,痛斥君主为"天下之大害"。他们希望以"公天下"代替"私天下",明显反映出反封建的倾向和新兴市民对未来社会的憧憬。

伴随社会经济的发展,大量的科技成果也相继出现,标志着中国古代科技在其可能范围内达到了它的最高水平。徐光启的《农政全书》和宋应星的《天工开物》分别为当时农业生产经验和手工业技术工艺的集大成巨著。李时珍的《本草纲目》则集中国古代药物本草之大成,不但是世界古代药物学的经典,而且是植物、动物、矿物学的经典。方以智的《通雅》与《物理小识》带有百科全书的性质,汇集了当时自然科学的许多理论成果,以及他本人的许多科学见解。王锡阐的《晓庵新法》和徐宏祖的《徐霞客游记》分别代表了当时天文学和地理学的成就。这些科技著作都不同程度地包含着一定的哲学内容,并有一个共同的思想特征,就是十分重视实物实证和对有关经验的归纳总结。还有一个重要的情况,就是首批传教士在明末来华,他们在传教的同时,也传入了古希腊和西方近代的一些科学知识,扩大了中国学者的眼界,开启了中西文化交流的先声。所有这些成果和知识,不但为当时的哲学思维提供了丰富的营养,而且在世界观和方法论上提供了重要启示。

在人文学术方面,清代由官方组织编纂的《古今图书集成》和《四库全书》,规模宏大,几乎汇总了先秦以来各个领域的著作文献,其中也包括哲学著作和文献。清代出现的《红楼梦》、《儒林外史》等古典小说名著,也反映了当时的社会生活、文化心态与哲学思潮的变化。而乾嘉考据学的兴起及其成就,也在一定程度上显示了传统经学解释学的转型。它对当时和后来的哲学思想都有重要影响。

明清之际中国哲学最大的思想动向,就是宋明理学在兴盛之后而走向衰落。由于封建制度本身越来越暴露出它的腐朽性,作为官方意识形态的宋明理学自然遇到越来越尖锐的挑战,在整体上已不再适应社会变化的需要。以程朱为代表的理本论,被视为儒学正宗,他们的著作被作为国家科举取士的法定文本,但由于重道轻器的基本倾向,逐渐变成教条而思想僵化,除了为封建纲常名教进行论证,只能空谈性理。以陆王为代表的心本论，虽在破除教条、突出主体精神方面活跃一时，亦由于重知轻行的基本倾向，除了按照儒家的道德伦理进行心性修养外，只能执著于内圣的追求。在严重的社会危机面前，他们可以高谈"治国平天下"，然而既无处理政事的实际经验，又无治国安邦的雄才大略。他们在思想上根本没有想过封建制度本身会发生危机，当然也不可能在理论上为未来的社会变革指出正确的道路。

伴随社会危机的激化和宋明理学的衰落，长期被压抑的事功精神空前高涨，社会上兴起了一种重实际、重实证、重实践，以"经世致用"为目的的新思潮和新学风。徐光启主张为学"务求实用"；顾宪成提出为学"志在经世"；高攀龙提倡"务实致用"；孙奇逢提倡"以实补虚"；朱舜水强调"学问之道，贵在实行，圣贤之学，俱在践履"；傅山强调"思以济世，学必实用"；黄宗羲认为"经术所以经世"；王夫之则"欲废尽古今虚妙之说而反之实"；顾炎武不但主张"言必征实，义必切理"，而且发出了"天下兴亡，匹夫有责"的号召。他们中间许多人投笔从戎，亲自参加了当时的反清活动。这些主张和这种学风对当时的哲学思潮产生了强烈的影响，并在他们各自的哲学体系中突出地反映出来。后来则成为清代反理学思潮的重要特征，颜李学派就是一个典型。

明清之际至清代中期中国哲学最大的历史课题，就是对宋明理学以至整个中国传统哲学的理论反思与批判总结。李贽反对"以孔子是非为是非"，不但是向宋明理学独断论的挑战，而且是向几千年传统儒学独断论的挑战。方以智以"考古决今"、"大成贵集"的精神，申明要"坐集千古之智，折中其间"，正是要对整个中国传统哲学进行总结。他的"质测"、"通几"之辨，已经投射出中西会通的光芒。刘宗周、黄宗羲的理气新义和心物之辨，则着力于宋明以来理本、心本、气本三大思潮的重新整合，并企图突破儒家传统的人学或人性论。王夫之通过对"六经"的重新诠释，不但把张载的气本论推向了最高峰，而且对宋明理学所开拓的哲学领域重新进行了审视和批判。举凡天人、道器、理气、理欲、心物、两端、动静、常变、能所、知行、古今、理势等问题，他都提出了自己的新见解与新论断，这就是"六经责我开新面"的意义。傅山的诸子注评，也是旨在重新审视宋明理学与传统哲学。颜李学派的习行哲学，则从一个侧面触及宋明理学的要害。戴震的考据之学,在他对儒家哲学范畴的重新疏证中,也能看到一些新的时代气息。不过,他们在整体上都还没有超越古代哲学,中国哲学的新形态还十分朦胧,模糊不清。

总之,中国古代社会形态正在走向终结,预示着新的历史变革,中国古代哲学形态也正在走向终结,预示着新的历史阶段。

第一章 李贽的"童心"说和反封建精神

李贽(1527～1602年),号卓吾,又号宏甫,别号温陵居士。泉州晋江(今属福建)人。李贽的祖先从事航海,二世祖李驽为泉州巨商,常年航吴泛越,四世祖恭惠"荐为通事官,引日本诸国入贡京城"。他的祖父和父亲都是回教徒。他本人则"自幼倔强难化,不信道,不信仙、释。故见道人则恶、见僧人则恶,见道学先生则尤恶"(《王阳明先生年谱后语》)。李贽是我国16世纪早期的启蒙思想家,他生活的嘉靖、万历年间,古老的封建社会已发生了深刻的变化,江南已出现资本主义萌芽和市民阶层,所以李贽的思想具有反封建的进步性。李贽的著作很多,其哲学思想主要保存在《焚书》、《续焚书》、《藏书》、《续藏书》中。

第一节 天地如夫妇的宇宙观

李贽的思想是矛盾的,在宇宙观问题上,他主张气生万物,但是在他不得志时又转向佛学。

李贽认为天地像夫妇一样能产生万物。因此在《焚书·夫妇论》中,他说:

> 天地一夫妇也,是故有天地然后有万物。然则天下万物皆生于两、不生于一明矣。而又谓一能生二、理能生气、太极能生两仪,何欤?夫厥初生人,惟是阴阳二气,男女二命。初无所谓一与理也,而何太极之有?以今观之,所谓一者果何物?所谓理者果何在?所谓太极者果何所指也?

李贽认为,"太极"、"一"、"理"都是程朱理学提出来的虚幻概念。接着,他又反复诘难:

> 若谓二生于一,一又安从生也?一与二为二,理与气为二,阴阳与太极为二,太极与无极为二。反复究诸,无不是二,又乌睹所谓一者,而遽尔妄言之哉!(同上)

由此他进一步得出结论:

> 故吾究物始,而见夫妇之为造端也,是故但言夫妇二者而已,更不言一,亦不言理。一尚不言,而况言无!无尚不言,而况言无无!何也?恐天下惑也。夫惟多言数穷,而反以滋人之惑,则不如相忘于无言,而但与天地人物共造端于夫妇之间,于焉食息,于焉语语已矣!(同上)

李贽认为"一"、"理"、"太极"都是虚无飘渺的,他认为,有男女才有人,有天地阴阳才有万物,这种观点是唯物的。但是,他没有把"一"理解为"气",指出"一分为二"是"气"的阴阳分化,这是一个缺陷。因为宇宙只有一个本原,而且是惟一的本原。以"气"为本原是唯物论,以"理"为本原是唯心论。在李贽的论证中,以阴阳、天地、男女为"两",他自己说"一尚不言",实际上他还是谈了"一"的。他所说的,"一"就是"造化":

> 夫天之所生,地之所长;百卉俱在,人见而爱之矣。至觅其工,了不可得,岂其智固不能得之欤?要知造化无工,虽有神圣亦不能识知化工之所在,而其谁能得之!(《焚书·杂说》)

这就是说,天生地长,百卉俱在,是造化在起作用;造化的作用,是谁也看不到的,但它又确实在发挥作用。这种看不到的作用叫做"易"。对于"易学",李贽还是有一定研究的,他说:

> 晋人论"易",每括之以三言:曰易简而天下之理得,是"易简"一"易"也;又曰不易乎世,是不易一"易"也;又曰变动不居,周流六虚,不可为典要,惟变所适,是变易又一"易"也。至简故易,不易故深,变易故神。虽曰三言,其实一理;深则无有不神,神则无有不易矣。(《焚书·张横渠易说序》)

李贽认为宇宙的变化是从"简易"、"不易",造成一切"变易",无为而为、无工而工的"造化",从其作用的不得而见、不得而识而言,可以名之曰"鬼神"。这里所说的"鬼神"也就是"造化",不是人格神。李贽把"造化"说成"鬼神",是表示"造化"的无为,这与荀子所说的"天功"、"天职"只见其功不见其"神"是一样的。对于"鬼神"问题,李贽采取了孔子"敬鬼神而远之"、荀子的"君子以为文,百姓以为神"的态度。他说:"有鬼神而后有人,故鬼神不可以不敬;事人即所以事鬼,故人道不可以不务。"不可识的鬼神是存在的,不可不敬;但人只能尽人事所当为,不可祈求鬼神。正确的态度应该是:"敬鬼神"而"远鬼神"。至于"细民之敬鬼者,是可怪也;然则其不能远鬼神者,乃皆其不能敬鬼神者也"(《焚书·鬼神论》)。这些观点说明李贽还是有无神论倾向的。

李贽对生死问题也有独特的见解。他认为,人有生,必有死:"生之必有死也,犹昼之必有夜也;死之不可复生,犹逝之不可复返也。"(《焚书·伤逝》)他还指出,世界上没有永恒存在的坚固的东西:

> 楞严,唐言竟坚固也,究竟坚固者是何物?此身非究竟不坏也,败则归土矣。此心非究竟不坏也,散则如风矣。声名非究竟不坏也,天地数终,乾坤易位,古圣昔贤载复无存矣。名于何有、声于何寄乎?切须记取此一着子……何物是坚固?何年当究竟?究竟坚固不坏是真实语,是虚谬语?是脏人语,是不征人语?若诳人,是佛自诳也,安能诳人!千万参取!(《焚书·书方伯雨册叶》)

上述这些言论表明,李贽的宇宙观虽然有些含糊不清之处,但基本上是有唯物论和无神论倾向的、有批判精神的。但是李贽的一生曲折经历,使他把人世看做苦海,他的心情是悲愤的,加上受到王阳明"心学"的影响,终于落入了佛教"色即是空,空即是色","色本不生,空本不灭","在色不增,在空不减"的圈套,他甚至说:"岂知吾之色身,消外而山河,遍而大地,并所见之太空虚等;皆是吾妙明真心中一点物相耳!是皆心相自然,谁能空之耶。"(《焚书·解经文》)这些话的意思是说,山河、大地、人生真正存在吗?我不知道。我所知道的,只是我的"真心"中的"心相"。那么"心相"是真的"空"吗?但是,它又出现在我的"真心"中!世界究竟是"有"是"无",是"色"是"空",是说不清的。"空即是色,色即是空",这种神秘的心境又是李贽批判封建权威的勇气的来源,所以他的思想是矛盾的。

在给周友山的信中,李贽说:"今年不死,明年不死;年年等死,等不出死,反等出祸。然祸来又不即来,等死又不即死,真令人叹尘世苦海之难逃也!"只有不怕死,不畏惧,才能对一切打击、诬蔑都可以不计。人世是一大苦海,但有志者不能白白淹死在苦海,要斗争到摆脱苦海,也许很难,办不到,但在斗争中,苦海也就是一种极乐之地。这又是李贽的战斗精神的写照。

第二节 "童心"即真心的个性自觉

李贽是反对封建权威的,但是另一方面,他也讲"尊德性",也讲"礼"。不过他所讲的"礼"不是"存天理,去人欲"的封建教条,而是尊重每个人不同爱好的"千变万化活泼泼之理"。他用"童心"来说明人的天性良知,并且认为,无圣无愚,无佛无众,无古无久,人人都有"童心":

> 童心者,真心也。若以童心为不可,是以真心为不可也。夫童心者,绝假纯真,最初一念之本心也。若失却童心,便失却真心;失却真心,便失却真人。(《焚书·童心说》)

这个绝假纯真的"童心"说来自王阳明的"真己"良知,因此他又说,"故阳明先生曰'满街皆圣人'"。佛众都是一样的,故"佛氏亦曰:即心即佛,人人是佛"(《焚书·答耿司寇》)。李贽所谓的"良知"、"童心"不是封建的义理,而是没有受到义理熏染的赤子之心,他认为人从小有闻见自耳目入,长大了有道理从耳目入,道理闻见皆多自读书识义理而来,结果失去了童心,成为假人。于是以"道理"为善,以"童心"为恶,学会了弄虚作假以扬美掩恶,就完全失掉了"童心",于是理想中的"满街皆圣人"、"人人皆佛"根本不可能,而是到处都碰到假人。这些假人,有假心,说假话,做假事,写假文。"由是而以假言与假人言,则假人喜;以假事与假人道,则假人喜;以假文与假人谈,则假人喜。无所不假,则无所不喜。满场是假,矮人何辨也!"(《焚书·童心说》)世界就变得可悲了。

所谓"童心"在实际生活中究竟是什么呢?李贽说:"穿衣吃饭,即是人伦物理。除却穿衣吃饭,无伦物矣!世间种种皆衣与饭类耳。"(《焚书·答邓石阳》)如果进一步扩大,就是"趋利避害,人人同心,是谓天成,是谓众巧"(《焚书·答邓明府》)。因此,穿衣吃饭,谋求自己的生存;趋利避害,保护自己的利益,就是人人具有的"童心"。也可以说是本来之心、最初之心,这也就是所谓"致一之理"、人人所固有的"明德"。这个"童心",无论贵贱、圣愚,人人都有:"庶人非下,侯王非高;在庶人可言贵,在侯王可言贱。"(《老子解》)由此李贽还认为"穿衣吃饭,即是人伦物理","凡世间一切治生产业等事,皆其所好而共习,共知而共言者,是真迩言也"(《焚书·答邓明府》)。把治生产业当做真言、善言,而把封建义理当做假言,这显然是代表了市民阶层的利益,所以李贽承认人有私心,甚至认为人的个性要求应该满足。

第三节 提倡私心的反封建精神

一、私心与礼义

李贽认为:"夫私者,人之心也。人必有私而后其心乃见,若无私,则无心矣。"农夫种田,为学业举,坐官求禄,都有私心,连圣人孔子也不例外。所谓"无心"、"无为"是不可能的,"夫子曰:仁者先难而后获。言其先难者,其后当自获。非谓全不求获,全无所为,而率尔冒为之也!"孔子自己就"有心"、"有为"。李贽还指出,所谓"正义不谋利"是不可能的,"夫欲正义,是利之也;若不谋利,不正可矣!"所谓"明道不计功"也是不可能的,"吾道苟明,则吾之功毕矣。若不计功,道又何时而可明也?"(《《藏书·德业儒臣后论》》)"虽圣人不能无势利之心"(《李氏文集·明灯道古录》),圣人自己就讲势利。因此,"以无心及无私心尚论无为之学者,皆不根之论,未尝先行之故耳!"(《藏书·德业儒臣后论》)

那么,什么是"礼"呢?李贽说:"人所同者谓礼,我所独者谓己。""盖由中而出者谓之礼,从外而入者谓之非礼;从天降者谓之礼,从人得者谓之非礼;由不学不虑、不思不勉、不识不知而至者谓之礼,由耳目闻见、心思测度、前言往行,仿佛比拟而至者谓之非礼。"(《焚书·四勿说》)这就是说,由人的"童心"行事就是"礼",按照理学家的"假言"行事就是非礼。理学家的"礼",是专门用来治人的,不是用来约束自己的。用"假言"、"假行"、"假心"宣扬"礼"的那些人,平时并不守"礼",却用严刑峻法来强制百姓守"礼"。百姓要活命,是不会守那些理学家自己也不守的"礼"的,结果就是越治越乱。真正的"礼"是"就其力之所能为、与心之所欲为、势之所必为者以听之。则千万其人者各得其千万人之心,千万其心者各遂其千万人之欲。是谓物各付物,天地之所以因材而笃也,所谓万物并育而不相害也。今之不免相害者皆始于使之不得并育耳,若肯听其并育,则大成大、小成小,天下之更有一物不得其所者哉! 是之谓'至齐',是之谓'以礼'"(《李氏文集·明灯道古录》)。李贽认为,让社会上的每一个人,都根据自己所处之地位("势"),用自己所有之财力、劳力("力"),由自己本来的"欲",各谋各的生活,"并育而不相害",大家都能安居乐业,生活美满。这样做,就叫做"以人治人",就叫做"至齐"、"以礼",这样天下就安定了。

二、不以"孔子之是非为是非"的反封建精神

从"童心"说出发,李贽认为人之"是非,无定质、无定论",不能"以孔子之是非为是非"。他说:

> 人皆以孔子为大圣,吾亦以为大圣;皆以佛、老为异端,吾亦以为异端。人人非真知大圣与异端也,以所闻师父之教者熟也。师父非真知大圣与异端也,以所闻儒之先教熟也。儒先非真知大圣与异端也,以孔子有是言也。……儒先臆度而言之,你师沿袭而育之,小子蒙聋而诵之,万口一辞,不可破也;千年一律,不自知也。(《续焚书·题孔子像于芝佛院》)

这就是说,千百年来"以孔子之是非为是非"的封建教条,不过是人云亦云,成了道学家欺世盗名的工具。李贽还指出,天生一人有一人之用,在千古之前没有孔子,那么以谁为是非呢?李贽提出"是非无定质、无定论"的观点是为了反对把孔子的思想言论绝对化,反对"以孔子之是非为是非"的独断论。他甚至赞扬秦始皇是"千古一帝",武则天"有知

人之明",陈胜吴广的起义是"匹夫首倡,前所未有"。他这种反孔的言论使封建统治者惊惶失措,李贽终于被迫害而死。但是另一方面,我们还应该指出,李贽的"是非无定质、无定论"又是一种相对主义思想。

作为泰州学派的继承者,李贽把王艮的"百姓日用即是道"的思想发展到了一个新的阶段,成为新生市民阶层的思想武器。从王阳明创立"心学"到王艮、夏廷美、颜钧、何隐心和李贽,终于使其成为反对封建教条的武器,这是为维护封建制度而创立学说的王阳明所始料不及的。历史有时也会与思想家开玩笑,王阳明并没有想到他的主观精神本身就包含着反教条的锋芒。

第二章　刘宗周的心体即性体的哲学思想

明清之际的刘宗周(1578～1645年)字起东,号念台,山阴(今浙江绍兴)人。万历年间中进士,官至南京左御都使。南明灭亡后绝食而死。刘宗周以陆王心学吸取程朱理学,提出心性理气一元论,把伦理道德与喜怒哀乐之情融合在一起,提出了"中和"、"慎独"的知之独体,并且进一步对知、情、意进行了层层心理分析,建立了心体即性体的心学思想。刘宗周主要著作是《刘子全书》、《刘子全书遗编》(本章所引刘宗周言论只注篇名)。

第一节　理气心性一元和一体两分

刘宗周综合了程朱"性即理"和陆"心即理"的观点。提出理气心性一元论。他说:"理即是气之理,断然不在气先,不在气外,知此则知道心即人心之本心,义理之性即气质之性。"(《会录》)"须知性只是气质之性,而义理者气之本然,乃所以为性也;心只是人心,而道者人之所当然,乃所以为心也。人心道心只是一心,气质义理,只是一性,识得心一性一,则工夫亦一。"(《中庸首章说》)这里,刘宗周所说的气质之性,并不是以气质为性,而是气质中之性,也就是气之所以然的理,但他又认为理在气中,义理之性不能离开气质而独立存在。因此又可以说,义理之性即气质中之性。这种理、气、性一元论的观点破除了程朱的性两元论。另一方面,刘宗周又主张"心即性",性是人心所当然之理,道心人心,气质义理是心性合一,进一步提出了理气心性一元论。破除了王阳明"心为性体、气为心用"的观点。总之,刘宗周以气之所以然,心之所以然的理为性,是吸取了程朱法则意义的天理,而否定了王阳明的良知,用理气心性一元论综合了王阳明的心性本体论和程朱的理本体论。使超越的理性寓于现实的人心、气质之中。

刘宗周又提出了"一体两分"的观点。他说:"心以气言而性其条理也,离心无性,离气无理。"(《学言》)"夫心囿于形者也,形而上者谓之道,形而下者谓之器也。上与下一体而两分。……此性之所以为上而心形之者与。"(《原旨·原性》)这就是说,心的精神活动是气之动,其条理是性,这是形而上者,有形之心是形而下之器,是精神活动的基础。因此,形而上在形而下之中,有形之心的精神活动表现无形之性。因此离心无性,离气无理,这种"一体两分"的思想具有两方面的意义:一是有形之心与无形的精神活动的关系,二是精神活动与理性的关系。刘宗周所说的"理"不仅具有义理的伦理意义,而且更重视自然规律和生理、心理活动的"生之理",这就为他把道德规范感情化奠定了基础。

第二节 仁义礼智与喜怒哀乐合一的性情论

刘宗周从离气无理、离心无性的理气心性一元论出发,把仁义礼智的伦理规范、四端的道德感情和喜怒哀乐的自然感情融为一体。他说:

> 盈天地间者。一气而已矣,气聚而有形,形载而有质,质具而有体。体列而有官,官呈而性著焉。于是有仁义礼智之名。仁非他也,即恻隐之心是;义非他也,即羞恶之心是;礼非他也,即辞让之心是;智非他也,即是非之心是也,是孟子明以心言性也。……至《中庸》则直以喜怒哀乐逗出中和之名。言天命之性即此而在也。此非有异指也。恻隐之心,喜之变也;羞恶之心,怒之变也;辞让之心,乐之变也;是非之心,哀之变也。是子思又明以心之气言性也。(《原旨·原性》)

刘宗周是从气聚成形而有人的生理器官和自然心理感情来说明道德来源,他明确表示赞成"以心之气言性"的观点。因此他认为孟子的心性论还不够彻底。刘宗周明确指出:"喜怒哀乐即仁义礼智之别名"(《易衍》),应该"指情言性,非因情见性也"(《读易图说》)。他反对朱熹性具于心而发为情的观点,同时也从批评孟子心性合一论入手,间接地批评了王阳明良知为体、喜怒哀乐之情为用,情有流弊的观点。"因以情之善而见性之所善岂不毫厘而千里乎"(《学言》下)。

刘宗周主张"即情即性",他把人的喜怒哀乐的自然感情与恻隐、羞恶、辞让、是非的道德感情和仁义礼智规范融合在一起。在一定意义上说明自然心理感情向道德心理感情和道德规范逐步转化的过程,以及道德寓于感情之中的实际心理过程,这在理论思维上是一个新的创见。尽管刘宗周的说法带有仁义礼智四端与喜怒哀乐简单类比的缺点,但他终于使程朱陆王那种道德理性的抽象思辨回到人的现实感情中来。

第三节 从未发已发中抽象的独体之知

刘宗周从心理感情的活动意义上说明未发与已发的关系,并且进一步引申到阴阳动静关系上,提出了"中和"、"慎独"的独体之知。他说:

> 自喜怒哀乐之存诸中而言,谓之中。不必其未发之前别有气象了。即天道之元亨利贞运于穆者是也,自喜怒哀乐发于外而言。谓之和,不必其已发之时又有气象也,即天道元亨利贞之呈于化育者是也。惟存发总是一机。故中和浑然是一性。如内有阳舒之心为喜为乐,外即有阳舒之色。动作态度无不阳舒者。内有阴惨之心为怒为哀,外即有阴惨之色。动作态度无不阴惨者。惟之一动一静,一语一默,莫不皆然。此独体之妙所以即隐即见,即微即显,而慎独之学即中和。(《学言》中)

这里,刘宗周从喜怒哀乐的心理感情意识潜在于内心之中到表现于外的过程,说明未发到已发的心理活动过程,并且用阳舒、阴惨来形容心理感情由内而外、由隐而显的态度,这说明他对人的心理活动观察得十分仔细。

他把心理活动与宇宙生化过程的阴阳变化类比,一方面是受中国古代医学的影响,另一方面又利用这种类比把"中和"、"慎独"的心理状态进一步抽象为具有本体意义的"独体",这说明他并没有摆脱王阳明心性合一论的思维方式。他说:"喜怒哀乐所性者也。未发为中,其体也。已发为和,其用也。合而言之,心也。"(《学言》下)这仍然是"中和浑然一性"的体用论观点。只不过刘宗周认为"性无动静者也,而心有寂感"(《学言》上),不能以未发为性,已发为情,以寂为性,以感为情,把二者割裂开,而应该用情的未发、已发心理过程表现性的独体作用。刘宗周的"独体"是"出入无垠,超然独存"、"为天下极"的绝对本体(《易衍》),它即是心体也是性体。"从性体看来,则曰莫见莫显是思虑未起,鬼神莫知时也。从心体看来,则曰十目十手,是思虑既起,吾心独知时也,然性体在心体看出。"(同上)这种思虑未起又既起的心体性体显然是一种超然的心理状态。

首先,从以喜怒哀乐未发已发的"中和"、"慎独"为独体来看,它是一种无过与不及的心理状态,是中和一机之性。其次,从忿怒、恐惧、好恶、忧患的心理感情和好好色、恶恶臭的意念来看,"心之最初之机"只是好恶。这就是"体物而不遗"的独体(同上),也就是思虑未起而既起的心理状态。再次,独体通过"性因心而明"(《原旨·原性》)。如心之性能思,耳之性能听,目之性能视。这种感觉和思虑的生理心理功能从未发到已发都是性的表现(《学言》中)。这也就是"十目十手"思虑既起。最后,独体是天命之性,不必借良知以觉照天理(同上)。由此可见,刘宗周把王阳明致良知的好恶之心推至极端,以自然感情的心理活动冲淡了道德良知意义,把意念背后隐藏的好恶动机,无过与不及的心理状态说成是独体。当然,刘宗周还没有完全摆脱陆王的心性合一论。他在谈到道心、人心时,一方面认为道心即是人心所当然者,当衣而衣,当食而食,即是道心。另一方面仍然主张道心是义理(《会录》)。

第四节 心之全体的分析组合

刘宗周以心体用论分析意、知、物来说明独体超善恶的意义。他认为王阳明的四句教:"无善无恶是心之体,有善有恶是意之动,知善知恶的是良知,为善去恶的是格物","不是究竟义",而是"亦增割裂","架屋叠床","只因阳明将意字认坏"(《良知说》)。也就是说王阳明主张意念有善恶,不得不求助良知来知善恶,因此与心体无善恶发生矛盾。

刘宗周首先从思维的抽象意义上分析了心、意、知、物的关系。他说:"心无体,以物为体。意无体,以知为体。知无体,以物为体。物无用,以知为用。知无用,以意为用。意无用,以心为用。此之谓体用一源。此之谓显微无间。"(《学言》)

刘宗周发挥了王阳明"性无定体,论亦无定体"的思想,把心、意、知、物概括为层层相联的互为体用关系,从抽象思辨的高度上说明了体用一源,体用相即的原则,同时他又扬弃了"性之本体原是无善无恶的,发用上也原是有善有恶的"(《传习录》下)观点。刘宗周认为,"心意知物原是一路"。心起念,念起念灭而有善恶,导致知有昏明推至物而有善恶。其实,物本无善恶,知本无昏明,念本无真妄,心本无起灭,"圣人化念归心"(《学言》中)。例如,心性合一,叫做仁。如果离开性,只能说心有知觉,知觉是仁的显现,就像感觉亲切痛痒一样,因此不能以感觉为仁,不能以心为性,应该是心显现性。总而言之,可以说心为主宰。析而言之,可以说国家、身、心、意、知、物。精而言之,概括为意、知、物。粗而言之,又包括国家与身。如果单说心,不过是一个事物罢了。因此,"合心、意、知、物乃见心之全体"(同上)。经过这种抽象的理论思辨,刘宗周又把心之体说成是超善恶的独体。

第三章 黄宗羲的理气、心性新说及对封建专制的批判

黄宗羲(1610～1695年),字太冲,号南雷,别号梨洲,浙江余姚人。黄宗羲是刘宗周的学生,他是一位博学的启蒙学者,对经学、史学、文学、历法、数学,都有独到研究,写下了许多著作。同当时其他思想家相比,其学术特点在注重史学,开创了清代史学的新学风。其学术思想史巨著《明儒学案》和《宋元学案》(他的儿子黄百家和学生全祖望完成),开断代思想史的先河。黄宗羲亲身经历明末农民大革命的巨大震动,对江南市民运动感受尤深;从小受东林党反封建特权思想的熏陶,后来更为清初人民抗清民族斗争所激励。因此,他对封建专制主义的批判,富有战斗锋芒,反映了时代精神。

黄宗羲的主要哲学著作有《明儒学案》、《明夷待访录》、《孟子师说》、《易学象数论》、《破邪论》、《黄梨洲文集》等。现有浙江古籍出版社的《黄宗羲全集》(本章所引黄宗羲言论只注篇名)。

黄宗羲的哲学思想主要在《明儒学案》和《孟子师说》中。在《明儒学案》中,他提出"气无穷尽,理无穷尽","宇宙只是浑沦元气,生天生地,生人物万殊,都是此气为之,而此气灵妙,自有条理便谓之理"。这种宇宙观有唯物论的倾向。在心性论上他发挥了刘宗周的思想。在《孟子师说》中,黄宗羲把恻隐、羞恶、辞让、是非的四端与喜怒哀乐融合在一起,提出四德相生相克思想,他十分重视道德心理的自我调节,甚至认为过与不及的心理的失调是产生恶的原因。这种观点虽然带有猜测的主观成分和简单化的缺点,但却从心理调节方法上接近唯物主义哲学。

第一节 "一本万殊"的宇宙观

理气关系,是宋明理学宇宙观的首要问题,在这个问题上,黄宗羲一方面称赞唯物主义哲学家罗钦顺的观点,另一方面又提出"知者,气之灵也",在心与物的关系上表现出唯心论倾向。

首先,黄宗羲肯定了罗钦顺的理气观:

> 盖先生(指罗钦顺)之论理气,最为精确,谓通天地、恒古今,无非一气而已。千条万绪,纷纭胶葛,而卒不克乱,莫知其所以然而然,是即所谓理也。初非别有一物,依于气而立,附于气以行也。(《明儒学案·诸儒学案》)

这就是说,"理"并非"别有一物",不是独立存在的本体,只不过是气在运动变化时所遵循的法则。他还说:

> 理气之名,由人而造。自其浮沉升降者而言,谓之气;自其浮沉升降不失其则者而言,则谓之理,盖一物而两名,非两物而上体也。(同上)

黄宗羲否定了"理"是在气之外的独立存在的实体,明确肯定:"大化之流行,只有一气充周无间"(《南雷文案·与友人论学》),"覆载之间,一气所运,皆同体也"(《孟子师说·庄暴见孟子章》)。把气当做万物共同的实体。

黄宗羲也赞同刘宗周的观点,肯定"道"只是事物的内在规律,不能脱离具体事物而独立存在,指出"理生气"与"无生有"的共同唯心主义实质。黄宗羲还对"理、气、数"三者的关系进行了精辟的论述,他说:

> 理、气、数三者,虽分而实则一致。理虽一而生生不穷,不碍其为一也。若滞于一,则理为死物矣。气则合下只有一气,相生而后有阴阳,亦非合下便有阴阳也。数以相生而后变化,若无所生,则无所用数矣。(《答忍庵宗兄弟》)

黄宗羲还批判佛教所谓的"三界唯心"、"明心见性"的观点,认为离开作为宇宙万物本原的气,无所谓心、性的。他说:"佛氏明心见性,以为无能生气。故必:推原于生气之本……离气以求心性,吾不知其所明者何心,所见者何性也!"(《孟子师说·浩然章》)他反对"离气以求心性",反对在物质之外寻求,但是在心物关系上他又接近王阳明的观点。他认为,"知者,气之灵也"(同上)。甚至提出"我与天地万物一气流通,无有间隔,故人心之理即天地万物之理"(《明儒学案·江右王门学案》),宣扬"盈天地皆心也,变化不测,不能不万殊。……故空理者,穷此心之万殊,非穷万物之万殊也"(《明儒学案·自序》),这就倒向王阳明的心学了。

第二节 理气心性一元论

黄宗羲首先从人性与物性、动物性的区别上说明人性是理气心性的统一。他从乾坤、阴阳之气生物为仁,流行次序为义(《孟子师说》卷一),说明气的流行有过与不及。一本万殊,形成金石之性、草木之性和人性的区别,人得清气而有知觉,为万物之灵(《孟子师说》卷三)。但人的知觉绝非动物的知觉,人的气禀虽有厚薄之异,但都是有理之气,而动物所禀是无理之气。因此气质之性只可言物,不可以言人。这种人性论不仅与程朱天命之性、气质之性的说法不同,而且与刘宗周义理之性在气质之性之中的说法也不同。黄宗羲认为,金石、草木、动物之性都是气质之性。人性来自气禀中的仁义礼智之理,是纯善的(《孟子师说》卷六)。这种道德理性就是乾坤仁义之理,是主宰。由此他进一步推出人心理气性一元论。他说:"天地间人只有一气充周,生人生物。人禀是气以生。心即气之灵处。所谓知气在上也,心体流行。其流行有条理者,即性也。……流行不失其序。是即理也。理不可见。见之于气,性不可见,见之于心,心即气也。"(《孟子师说》卷二)

这里的心体是说"心即气之灵",是指知觉的流行,不是指本体论意义的心体。黄宗羲认为人的知觉流行有条理就是性,不失其序就是理,因此人性寓于人心之中,黄宗羲反对程朱"性即理受于生之初,知觉发于既生之后"。性为体、知觉为用的说法,否定了性体心用的心体用论观点。他认为"天理之真,明觉自然,随感而通,自有条理","仁义之性,与生俱来"(《孟子师说》卷六)。这种观点,在理论上类似于汉代宇宙气化人性论,不像程朱的性两元论那样,把"性即理"说成是宇宙本体,而是从理在气中的生成论来说明人伦道德的先天性。

第三节 离情无以见性与心性修养论

一、离情无以见性和四德相生相克

黄宗羲不仅否定了程朱性即理的道德本体,也否定了王阳明的良知本体,使道德理性回到人的现实感情基础上来。他认为:

> 心只有动静而已,寂然不动,感而遂通,动静之谓也,情贯于动静,性亦贯动。故喜怒哀乐,不论未发已发皆情也,其中和则性也。……恻隐、羞恶、辞让、是非,心也,仁义礼智指此心之性也。非先有仁义礼智,而后发为恻隐、羞恶、辞让、是非也。(《明儒学案·诸儒学案》)

这种观点显然是继承了刘宗周自然感情与道德感情、伦理规范合而为一的思想,但是黄宗羲更明确了自然感情是道德感情和伦理规范的基础。未发和已发都是喜怒哀乐之情,中和为性。这就彻底否定了程朱未发为性、已发为情的性体情用观点。因此黄宗羲又进一步提出"离情无以见性","体则情性皆体,用则情性皆用。以至动静,已发、未发皆然"(《孟子师说》卷六)。这实际是把王阳明性情体用,体用相即的观点推至极端,并不是从体用关系强调"相即",而是说不能以体用区别性情。性就在情的未发到已发的心理活动过程中。

由于黄宗羲把道德理性建立在感情的心理活动基础上,因而他进一步提出四德相生相克的观点。他说:

> 恻隐心,动貌,即性之生机。故属喜,非哀伤也。辞让心,秩貌也,即性之长机。故属乐,非严肃也。羞恶心,克貌,即性之收机。故属怒,非奋发也。是非心,湛貌,即性之藏机。故属哀,非分辨也。四

德相为表里。生中有克,克中有生,发中有藏,藏中有发。人初念最真。从不思不虑而来。即是性天,稍一转念。便属神职用事。乍见者,初念一也。下三者皆是转念。(《孟子师说》卷二)

这里,黄宗羲发挥了刘宗周意念动机引起心理变化的观点,从人的外貌和喜怒哀乐的心理活动说明道德心理的变化引起人的感情和态度变化。把恻隐之心归于初念,羞恶、辞让、是非之心归于转念。他还进一步从过与不及的心理活动说明"过于恻隐,则羞恶便减。过于羞恶,则辞让便伤"。认为心理活动调节不好,"心体次第受亏,几于禽兽不远"。因此要保持中和状态。如有过不及,就要流为恶。人心本身并没有恶,只有过与不及。从过与不及的心理活动上看,也可以说,恶从性中来,但仍然不妨碍人为善,即使杀人行劫的强盗,乍见孺子将入于井也有恻隐之心(《孟子师说》卷二)。在这里,黄宗羲所说的"恶"有两种意义:一种是过与不及引起的道德心理失调,一种是恶的行为。他所说的"恶亦不可谓之性",主要是指道德心理失调。总之,黄宗羲的道德心理分析很接近人的实际活动,已经没有程朱陆王那种抽象思辨的心体用论色彩。

二、养气、尽心、穷理、知性的心性修养方法

黄宗羲提倡养气、尽心、穷理、知性的心性修养方法,他认为理是气流行的条理。这个条理就在心中。因此"功夫即是本体"(《明儒学案·序》)。"养气使主宰常存,则血气化为义理,失其主宰,义理化为血气"(《孟子师说》卷二),养气就是养"知之灵","定静而后能虑",这样人才能发挥良知克制血气带来的欲望。"尽心"就是动心、忍性、强恕而行,于恻隐、羞恶、辞让、是非当下认取,并通过穷理尽心,达到知性、知天(《孟子师说》卷七)。这套修养方法实际是发挥孟子、陆王的直觉方法,扩充道德感情。

黄宗羲在《明夷待访录》中认为:"人各有私,人各自利","好欲恶劳,亦犹夫人情也"。他在与陈确的辩论中明确指出:"气质人心,则浑然流行之体。公共之物也;人欲是落在方所。一人之私也","天理人欲正相反,此盈彼则黜,彼盈则此黜,故寡之又寡,至于无欲,而后纯乎天理"(《与陈乾初论学书》)。这种寡欲至无欲的观点显然是受了周敦颐主静

无欲的影响。因此黄宗羲也讲明善明诚,把喜怒哀乐感情的真实看做"诚"。提倡反身而诚及天人一体之乐的境界。

黄宗羲的人心理气性一元论和离情无以见性、四德相生相克的思想,使道德理性感情化,彻底否定了程朱和王阳明的性体情用思想。终于在理论上瓦解了心体用论的思维方式,为启蒙主义思想扫清了道路。

第四节 批判封建专制,提倡政治改革

黄宗羲在《明夷待访录·序言》中说:"吾虽老矣,如箕子之见访,或庶几焉。岂固夷之初旦,明而未融,遂秘其言也?"他总结民族败亡的教训,认真研究了政治改革问题。"明夷"是《周易》中的一卦:䷣,离(火)下、坤(地)上,象征沉沉大地下,隐伏着光明的火种。据全祖望说,此书"原本不止于此,以多嫌讳,弗尽出"(《明夷待访录·跋》)。在这本书中,黄宗羲采取历史比较的方法,探讨社会治乱的根源,针对社会现实,提出改革主张。同时表现出他的反封建的启蒙思想。

黄宗羲提出了"君为天下之大害"的观点,对封建专制制度进行了猛烈的抨击。他指出:"天下之大害者,君而已矣。"因此自古来,"天下之人,怨恶其君,视之如寇仇,名之为独夫"(《原君》)。接着,他用君民之间的利害关系进一步揭露矛盾:

> 为人君者……以为天下利害之权出于我,我以天下之利尽归于己,以天下之害尽归于人,亦无不可。使天下之人不敢自私,不敢自利;以我之大私为天下之大公。始而惭焉,久而安焉。视天下为莫大之产业,传之子孙,受享无穷。汉高帝所谓"某业所就,孰与仲多"者。其逐利之情,不觉溢之于辞也。……是以其未得之也,屠毒天下之肝脑,离散天下之子女,以奉我一人之产业,曾不惨然,曰:"我固为子孙创业也"。其既得之也,敲剥天下之骨髓,离散天下之子女,以奉我一人之淫乐,视为当然,曰:"毗我产业之花息也"。(同上)

这就是说,君主把天下利害大权看成是自己的专利,把天下之利归

于自己，把天下之害归于老百姓。实际上是把个人的"大私"说成是天下的"大公"。进一步把天下看成是自己的私产，传给自己的子孙，使其享受无穷。为了夺取天下，使人民妻离子散，肝脑涂地，"以奉我一人之产业"，还美其名曰：为子孙创业；对天下人敲骨吸髓，还美其名曰：这是我产业的利息。这一切本来是"大私"，却被美化为"大公"。

黄宗羲还揭露了"天下之法"与"一家之法"的矛盾，他尖锐地指出封建法权是君主制定的，用来维护等级特权，君主的"法"实质上是"一家之法"，是统治广大人民的"非法之法"。他指出：

> 后之人主，既得天下，唯恐其祚命之不长也，子孙之不能保有也，思患于未然以为之法。然则其所谓法者，一家之法而非天下之法也。(《原法》)

> 后世之法，藏天下于筐箧者也；利不欲其遗于下，福必欲其敛于上；用一人焉则疑其自私，而又用一人以制其私；行一事焉则虑其可欺，而又设一事以防其欺。天下之人共知其筐箧之所在，吾亦鳃鳃然日唯筐箧之是虞，故其法不得不密，法愈密而天下之乱即生于法之中，所谓非法之法也。(同上)

黄宗羲指出封建君主的所谓"王法"，不过是君主为保子孙后代利益的手段，是"一家之法"，企图把天下的利益垄断于"筐箧"之中，不想把一点利益给予天下，却想把一切福利集中于上。这样做的结果，使天下之人把仇恨集中于"筐箧"，于是法网愈密，疑惧愈多，祸乱愈深。

通过对封建法律和君民矛盾的分析，黄宗羲提出了"人各得自私、人各得自利"和"天下为主君为客"的思想。他指出："古者以天下为主，君为客，凡君之所毕世而经营者，为天下也。今也以君为主，天下为客，几天下之无地而得安宁者，为君也。"(《原君》)远古时期与后世不同，远古时期的人们各管自己的事，君是为天下人办事的；后世的君是为自己谋利的。人的本性是自私自利的，但是每一个人都有生存的权利。封建君主专制使天下之人不敢自私，不敢自利。为了恢复广大人民的生存权利，应当废除君主专制。他说："向使无君，人各得自私也，人各得自利也。"(同上)

黄宗羲理想中的君主,是"以天下万民为事,其人之勤劳必千万于天下之人",而不是压迫人民的。他认为君和臣都应为万民的利益各尽职守,彼此是平等的师友关系,而不是主仆关系。为了限制君权,他主张提高宰相的地位,宰相平时与君主共同议政,必要时还可以执行天子的权力,像伊尹、周公那样。同时,他还主张扩大学校的功能,学校不只是教育,也可以议政。为了满足人民的生活需要,黄宗羲还主张发展工商业。总之,黄宗羲的这些思想反映了当时江南商品经济发达地区市民阶层的思想。

第四章 方以智的"通几"与"质测"相统一的哲学

方以智(1611～1671年),字密之,号曼公、浮山愚者,安徽桐城人。青年时期投身于社会改革,与陈贞慧、吴应箕、侯方域等"接武东林,主盟复社"(卢见曾《感旧话集》)。崇祯时中进士,任翰林编修。李自成入北京后,他投奔南明,又屡遭阉党陷害,清军南下,他又在梧州削发为僧,后潜隐作书,但被清军所捕,由南昌解住广州,死于途中。他的主要著作有《通雅》、《物理小识》、《药地炮庄》、《东西均》、《浮山前后集》、《博依集》、《象环寤记》、《易余》、《性故》、《一贯问答》等。

方以智的哲学思想基本上可分为两个时期,前期主张气(火)一元论的唯物论,削发为僧后,受佛学影响,向主观唯心论转化。这与当时"天崩地裂"的时代和他个人的遭遇以及所受影响相关联。逃禅前,方以智学通中西,对西方自然科学知识十分注意。据其子方中通记载:"先生(汤若望)崇祯时已入中国,所刊历法故名《崇祯历书》,与家君交最善,家君亦精天学,出世后绝口不谈。"(《陪诗》卷二《与汤道未先生论历法诗注》)他博学多才,"凡天人、礼乐、律数、声音、文字、书画、医药,下逮琴剑、技勇,无不析其旨趣"(《桐城耆旧传·方以智传》),孜孜不倦地探索中国传统自然科学和刚传入的西方自然科学知识,写成了《通雅》和《物理小识》这样的名著。

第一节 "一切物皆气之所为"的本体论

一、"气"为宇宙万物本原

方以智的宇宙观深受其祖父与父亲的影响,他援引其父方孔炤的话说:"世惟执形以为见,而气则微矣。然冬呵出口,其气如烟;人立日中,头上蒸歊,影腾在地。考钟伐鼓,窗棂之纸皆动,则气之为质,固可见也。充一切虚,贯一切实,更何疑焉?"(《物理小识》卷一)由此,方以智提出了以气(火)作为世界万物统一基础的宇宙观。他说:"一切物,皆气所为也。空,皆气所实也,物有则,空亦有则。"(同上)这就是说,万物都是气凝聚而成,是气的作为;气充满宇宙空间,物质与空间是统一的。因此气既是无形的,又是实有的。

方以智还认为,气具有内在的矛盾性,是一切运动的源泉。他说:"气凝为形,发为光声,犹有来凝形之空气与之摩荡嘘吸。故形之用,止于其分,而光声之用,常溢于其余。气无空隙,互相转应也。"(同上)这就是说,气凝聚成有形之物,便表现为发光、发声。形的作用在于分别"凝为形"与"未凝形",光声的作用在于常常"溢于其余"。事物运动的原因在其内部的矛盾性。因此,方以智又说:"无始两间皆气","质皆气也"(同上)。

二、"火为燥气"是物质变化的特性

在方以智的宇宙观中,还提出了"火"这个范畴。他把"火"引入"气"的思想体系,是继承了先辈的家学。方以智的祖父方大镇在《野同录》中说:"满空皆火,物物之生机皆火也。火具生物、化物、照物之用,而有焚害之祸。"(转引自《药地炮庄·养生主篇评》)方以智的父亲方孔炤在《潜草》中说:"火丽薪而用其光,安于灶而享其熟物之功,心物交格而享其通"(同上)。"满空皆火","两间之光,皆太阳之火"(转引自《物理小识》卷一)。这些观点,都是以"火"为万物统一和变化的基础,对方以智宇宙观的形成有很大影响。方以智在《物理小识》中专写了《火》、《水火反因》、《火与元气说》等章节,阐述了"火"的特性,以及"火"与"气"的关系。他对"火"作了如下的规定:

第一,"火为燥气"(《物理小识》卷一),是实有的物质。"火烧冷水而热,久之复冷"(《物理小识》卷三)。方以智所说的"火",是描述柴薪点燃的火,能烧水煮饭,是物质特性的一种表现。同时火的物质物性又是"无体"的。方以智说:"火无体而因物为体,人心亦然。……明乎满空皆火,君相道合者,生死性命之故,又孰得而欺之?"(《物理小识》卷一)所谓

"满空皆火",是说世界万物均体现了火的特性。从这个意义上说,"火"是物质世界变化特性的表现。

第二,火能"氤氲化生"。方以智说:"上律天时,凡运动,皆火之为也,神之属也,下袭水上,凡滋生,皆水之为也,精之属也。"(同上)所谓"神"与"精",是指物质运动和滋生的状态。也就是说,"火"与"水"都是"气"运动的特性,作为运动的生机是"火",作为运动的精华是"水",而且能滋生万物。方以智还把气的"氤氲"生物,改成"烟煴",说明"火"滋生万物。他说:"两间惟太阳为火,而月五星皆属水,人身骨肉血脉皆水,惟阳火运之则暖,暖气去则死矣。……进而言之,精气,皆水也,神,火也。"(《物理小识》卷三)这就是说,阳火运行在人身骨肉血脉(属水)之中,才能使人有暖气,否则人就要死去。所以,方以智又说:"天道以阳气为主,人身亦以阳气为主。阳统阴阳,火运水火也。生以火,死以火。病生于火,而养身者亦此火。"(《物理小识》卷一)这就是说,人的生、死、病、养四者,皆是"火"之所为、所造,因此"天非此火不能生物"(同上)。

第三,"君火"与"相火"。方以智认为,火能氤氲生物、运动,是由于自身的矛盾。他在《物理小识·火》中引朱震亨的话:"五行各有其往,惟火有二:曰君火……相火……火内阴外阳而主动者也,以其名配五行谓之君"。说明"火"本身包含着"君火"与"相火"两个方面的矛盾,好像药剂中的"君"与"相"相配,好像"内阴"与"外阳"相配,由于矛盾双方互相作用,便产生了自然界万物的变化。

从方以智对"气"与"火"的特性的论述来看,两者基本相似,"火"与"水"都是"气"运动的特性,作为运动的生机是"火",作为运动的精华是"水",而且能"氤氲"生万物。同时,他又用"君火"与"相火"说明"火"本身包含着"内阴"与"外阳"的矛盾。这样就把"火"与"气"统一起来,说明物质运动的统一性。这表明方以智在物质与运动不可分性的探索中,又前进了一步。

三、从唯物主义向唯心主义的转化

方以智早年的《通雅》、《物理小识》是以中国传统自然科学和西方近代自然科学为基础的。但在他逃禅以后,思想发生了变化,方中通记载:"家君亦精天学,出世后绝口不谈。"放弃了对自然科学的研究。这也说明了方以智逃禅后的思想变化。虽然他逃禅是对清统治者采取不合作的态度,但是思想上的变化也反映出他对唯物主义的不坚定。

方以智在逃禅后写的《东西均》、《药地炮庄》中,仍然沿用了"气"和"火"的范畴。但从世界观上看,他所说的"气"与"火"已经不是他的哲学思想的最高范畴,而是第二层次的范畴。

方以智从以"气"与"火"为最高范畴的唯物论转化为唯心论的标志,就在于他在"气"与"火"等物质范畴之上加了一个"所以然"者,这个"所以然"者,就是主观精神。他说:"气生血肉而有清浊,气息心灵而有性清,本一气耳,缘气生生,所以为气,呼之曰心。"(《东西均·尽心》)这样"心"就成为"气"的"所以然者"。他又说:"人之有心也,有所以为心者,天地未分,有所以为天地者。"(《东西均·所以》)这个"所以为心"、"所以为天地者",是指人的精神和天地之上的本体;这个"所以然"者,就是"心"。因此他又说:"未有天地,先有此心,可也,谓先有此'所以'者也。"(同上)"心"成为先天地的"所以然者","心"先于天地,大于天地。方以智也正是这样说的:"心大于天地,一切因心生者,谓此所以然者也。"(《东西均·象数》)"一切因心生者",心就成为宇宙的本体。这样,"心"在方以智晚年的《东西均》和《药地炮庄》哲学体系中,是最根本的。

方以智从早年的唯物主义向晚年的唯心主义的转化的教训是,早年强调"舍物无心",心与物为一,而以气(火)为世界本原。晚年强调"舍心无物",心与物为二、在气(火)之上,之先有心,心为世界的本原。他的失足点就是割裂了心与物的关系。

第二节 "一分为二"与"合二而一"的辩证法思想

方以智继承了张载"一物两体"、"不有两则无一"的思想,在《东西均》里提出了"合二而一"的命题,同时又从邵雍、朱熹的"一分为二"吸取了思想资料,各从"一分为二"与"合二而一"两个方面发展了辩证思维,把中国辩证法思想推向了一个新的阶段。因此,方以智"合二而一"命题的提出,在中国辩证法思想发展史上是有其地位的。

一、"一而二,二而一"的矛盾学说

方以智认为世界的发展是按照"一而二,二而一"的形式进行的。他说:

> 一不可言,而因二以济,二即一,一即二也。自是阴阳、动静、体用、理事,而因果、善恶、染净、性相、真妄皆二也;贯之则一也,谓之"超",可也,谓之"化",可也,谓之"无",可也。(《东西均·容遁》)

这里的"一即二"或"一而二",是指事物的对立两端。他认为,这种"一而二"的矛盾两端,在自然和社会中是普遍存在的。因此他又说:

> 昼夜、水火、生死、男女、生克、刚柔、清浊、明暗、虚实、有无、形气、道器、真妄、顺逆、安危、劳逸、剥复、震艮、损益、博约之类,无非二端。(《东西均·反因》)

方以智肯定矛盾两端"一即二"的同时,又提出了"二即一"的思想。也就是"因二以济",所以他又说:"尽天地古今皆二也","两间无不交,则无不二而一者,相反相因,因二以济,而实无二、无一也"(《东西均·三征》)。也就是说矛盾两端互相渗透、互相转化。"因二以济",正是说的对立的统一。因此,他进一步批评庄子割裂矛盾的形而上学的观点。他说:

> 一切法皆偶也。丧偶者执一奇耶?奇与偶对,亦偶也。丧之,当立何处耶?莫是一往自迷头耶?莫堕混沌无记空耶?丧二求一,头上安头;执二迷一,斩头求活。(《药地炮庄·齐物论评》)

这里的"法",是借用佛教术语,泛指一切现象。意思是说,一切现象皆有两端,"一"为"奇","二"为"偶";"奇"与"偶"、"一"与"二"为对。因此,他反对割裂"一"与"二"的两种观点:一种是"丧二求一",抛开矛盾而去追求超越事物之上的"一"(绝对同一的本体),这样的"一"只能是绝对抽象的"一",如太一、太极、理等等,其错误就是"头上安头"。另一种是"执二迷一",执著于具体事物的矛盾,对于矛盾双方的统一迷惑不清,这种错误就像是"斩头求活"(砍去"一"而求"二")。方以智指出,"丧二求一"和"执二迷一"这两种方法,都是只强调一个方面,都是片面性的认识方法。只有承认矛盾"一而二,二而一",也就是承认既对立又统一,才是正确的。

二、"合二而一"的矛盾统一观

"合二而一"命题,是方以智对矛盾统一性的精彩表述。他在《东西均》一书中提出了"交"、"轮"、"几"三个范畴,来表述"合二而一"的辩证法思想。

"交"这个范畴的意义是:"交也者,合二而一也。"(同上)也就是说,矛盾对立两端融合成一个统一体,就是"合二而一",其合的过程,是对立面互相作用、互相渗透的过程。方以智说:"凡言交者,谓其互此中,而两旁之轮皆称也。"(《易余·三冒五衍》)又说:"混沌生于有,开辟生于无。混沌非终无,开辟非始有。有无不可分,而强分之曰:未生以前,有在无中,既分以后,无在有中。天下偏病,亦此两端,不执泥,则断灭。告之曰有,则偏于有,故言无,告之曰无,则又偏于无,故言非无。"(同上)这些话的意思是说"交"有两个意义:

"交"的第一个意义是:有无对立双方互相作用、互相渗透,有在无中,无在有中,亦有亦无,"实中有虚,虚中有实"(同上)。

"交"的第二个意义是:当人们理解"有"的时候,要同时说"无",才会不偏于"有";当人们理解"无"的时候,要同时说"有",才会不偏于"无"。因此"交"的意义有"不落有无"的意思。所以方以智说:"明明天之载,而无声无臭,是不落有无者也。"又说:"养气即以践形,此不落有无者也。""不落有无又莫妙于《易》矣。"(同上)"不落有无",就是非有非无,亦有亦无。这是"交"的两个意义中更深刻的意义。

"轮"这个范畴的意义是:"轮也者,首尾相衔也。"(同上)是说首、尾对立双方互相衔接,互相联结。例如:"东西一气,尾衔而无首。"(《东西均·开章》)方以智所说的"轮"犹如车轮,首尾、东西相接不分。因此,他进一步说:"轮有三轮,界圆而裁成之:有平轮,有直轮,有横轮。三者拱架而六合圆矣,象限方矣……如浑天毯,平盘四桥,如交午木,一纵一横,南北直轮,立极而相交,东西衡(横)轮,旋转而不息,南北之水火即东西之日月,东西之轮即南北之轮也。"(《东西均·三征》)这里所说的"三轮",都是指具体事物在时空中的旋转。"轮"也有两个意义:

第一,"物物皆自为轮"。方以智说:"物物皆自为轮。直者直轮,横者横轮,曲者曲轮。虚中之气,生维成墓。举有形、无形,无不轮者。无所逃于往来相推,则何所逃于轮哉?"(同上)也就是说,一切有形、无形的事物,都是往来相接、往来相推的。"轮"就是矛盾对立两方要互相推移。

第二,"轮"是指事物矛盾对立面的互相循环。方以智说:"推见在之前际,即过去之后际;推见在之后际,即未来之前际;此一天地之未生前,即前一天地已死后……佛辟天荒则创名曰'轮'。"(同上)事物前后相继,循环往复,轮回不断。

"几"这个范畴,是方以智取自《周易·系辞》的范畴。《系辞》说:"几者,动之微,吉之先见者也。"是说事物生机是看不见的、微妙的,但同时又是客观存在的。方以智解释说:"几者,微也、危也。有几希、几察、几近之义焉,从'丝'从'戍',机械、礼详从之,权之始也,变之端也。"(《东西均·三征》)因此,"几"是事物变化的端始,有几希、几察、几近的意思。作为微妙变化的始端的"几",对"交"和"轮"而言,是内在的动力:"凡有动静往来,无不交轮,则真常贯合,于几可征矣。"(同上)"交"、"轮"对立双方,由于"真常"的融合,便呈现出"几"来。他举例说:"未生以前者,即贯生少壮老中;一念未起者,即贯念起念灭中。"(同上)

方以智通过"几"这个范畴,把矛盾对立面的互相作用、互相渗透与互相推移、循环运动贯通起来,构成了"交、轮、几"三位一体的"三即一、一即三"的辩证法。

三、调和矛盾的相对主义观点

在方以智的辩证法思想中,吸收和改造了佛教思想的某些东西,例如他所说的"一而二,二而一"、"非有非无,亦有亦无",就吸取了佛教的"一即一切,一切即一"、"非有非无,即有即无"的思辨方法。但是另一面方以智又未摆脱佛教思想的影响,他认为:"暗随明泯,暗偶明奇,究竟统在泯、随中,泯在随中。"(同上)这种说法的"三即一"、"一即三",就是天台宗"举一即三"(《大正藏》卷四十六《天台止观统例》),三与一是没有差别的意思,进一步推导出明与暗也是无差别的,因此,明、暗即非明非暗、亦明亦暗,由此论证明、暗是不真实的。另外,方以智的"统一切法",有不落明暗、有无的意思,实际上是说不偏执明暗、有无,所谓"非有非无",在一定程度上取消了有与无的差别。例如他说:"有、无二无,无二亦无,谓直有一有,不知有无也,可死生钧息耳,易足道哉?已无生死,又何不可为哉?可而不可,不可而可。出为无为,则为出于不为,万即一,一即万,神与迹不二矣,何断何别?"(《东西均·神迹》)这种观点,抹杀了生与死,可与不可,为与不为,万与一,神与迹等等的一切差别,就与佛教的"一即一切,一切即一"的观点差不多了。最终归结为"无二无一",既否定了矛盾的对立,又取消了对立面的统一,使"合二而一"的辩证法合理因素暗淡了,陷入了相对主义的形而上学。

第三节 "质测即藏通几"与"觉悟交通"的认识论

一、"质测即藏通几"的科学认识论

在中国哲学史的发展历程中,儒家的认识论实际上是与心性修养方法融合在一起的,注重诗书礼乐,宋明理学的格物致知,最终也是为了成圣成贤。道家所追求的"圣人体无"是种"独与天地精神往来"的境界。像先秦时期《墨经》那样包含着自然科学的认识论是不多见的。方以智从他当时所了解的中外自然科学知识中概括出了"质测即藏通几"的科学认识论,确实是一大进步。

方以智把整个学术分为三大类——"质测"、"宰理"、"通几"。"质测"的研究对象是自然科学(物理);"宰理"的研究对象是社会政治(治教);"通几"的研究对象是世界的根本原理(所以为物之至理),相当于我们今天所说的理论化的世界观(哲学)。他说:

> 考测天地之家,象数、律历、音声、医药之说,皆质之通者也,皆物理也。专言治教,则宰理也。专言通几,则以为物之至理也。(《通雅·文章薪火》)

这就是说,"质测"是专门研究"物理"的自然科学,而"通几"则是研究世界上一切事物的"至理"。用方以智的话说,即是"通观天地,天地一物也。推而至于不可知,转以可知者摄之,以费知隐,重玄一实,是物物神神之深几也,寂感之蕴,深究其所自来是曰通几"(《物理小识·自序》)。"通观天地"是对世界的总看法,"物物神神之深几"是世界的根本规律,这个根本规律是看不见的,只能用理论思维来把握,这显然是哲学理论的思维方法。

关于"质测"与"通几"的关系,方以智讲了两个方面。第一,"质测即藏通几",也就是说具体的自然科学知识中包含着对世界根本原理的探求,同时对世界根本原理的探求又离不开对具体的自然科学的研究。因此他说:"质测即藏通几也,有竟扫质测而冒举通几,以显其宥密之神者,其流遗物。"(同上)。第二,"通几护质测之穷",对世界根本原理的把握又可以指导对各门具体科学的研究,这样才能掌握全面的知识。因此,方以智的"质测"与"通几"的关系用我们现在的话说,是研究自然科学与哲学的关系,也就是说,哲学必须建立在研究各门具体科学的基础之上,同时哲学又对具体的科学研究有指导作用。

二、"觉悟交通"的认识过程

"格物致知"是宋明理学的一个重要命题。方以智沿用了"格物"的概念,他认为"知言"是由于"格人我,格内外、格古今之大用"(《通雅·卷首之三》)的结果。这里的"知言",是一种认识方法。也就是认识人我、内外、古今。这种认识方以智称之为"心物交格"。"心"是指思维器官,"物"是指认识对象。在中国哲学的发展过程中,自从孟子提出"心之官则思"以来,一直被当做思维器官沿用。方以智也沿用了这个范畴,但较他出生约早一个世纪的李时珍提出的"脑为元神之府","人之头圆如盖……神灵所集"的观点,认为人脑是思维器官,也被方以智所接受。他说:"人之智愚,系脑之清浊。""质而稽之,有生之后,资脑髓以藏受也。"(《物理小识》卷三)因此,方以智这里所说的"心"与"脑"相似。

方以智认为人的认识的过程是"觉悟交通"的过程。所谓"觉",是指感性认识阶段;"悟",是指理性认识阶段。因此他说:"可信学也者,觉悟

交通,谦习、躬效而兼言之者也。"(《通雅》卷一)

关于"觉"的感性认识,方以智的描述是:"人所贵者心,而不离五官。始造文字,皆意也,而不离五者,则当以意为第一。胜先形事者,以就可见者起意也。名为五官,用时并用,名为六书,一字并存,如见日月之事,而指为日月之意,即会焉。"(同上)这里的"意"相当于表象和意念,是感觉(见)的综合形态,它依赖于五官,而用于形声。因此,方以智说:"音心曰意,而用于形声,其事咸宜,其义乃显。"(同上)也就是说,通过"所见所用",才能"推而至于不可知"。方以智强调:"盈天地皆物也。人受其中以生,生寓于身,身寓于世,所见所用,无非事也。事一物也,圣人制器利用以安其生、因表里以治其心。……通观天地,天地一物也。推而至于不可知,转以可知者摄也。"(《物理小识·自序》)这段话是对"觉"的全面概括,人类生活在天地之间,人们所感觉的对象,是天地间的事物。观察天地万物,不仅可以获得知识,而且还可以推知未知之事。

由感性认识进入理性认识,也就是"悟性"。方以智说:"一悟字不见《六经》,防于西乾乎?《黄帝经》云:'神乎神,耳不闻,目不明,心开而志光,慧然独悟,若风吹云。'然不必此也。子思曰:'吾尝深有思而莫之得也,于学则寤焉。'寤即悟也。悟者,吾心也。"(《通雅》卷一)这里的"悟"是指理性认识,并且强调理性认识是用心思考。同时还必须注意,方以智对《黄帝经》的"慧然独悟",即不依赖于耳目闻见的"悟",并不赞成。因此,他反对黄、老的空"悟",提倡把"觉"与"悟"两个阶段结合起来。所以他说:"今日文教明备,而穷理见性之家,反不能详一物者,言及古者备物致用,物物而宜之之理,则又笑以为迂阔无益,是可笑耳!卑者自便,高者自尊,或舍物以言理,或托空以愚物,学术日裂,物习日变……安得圣人复起,非体天地之撰,类万物之情,乌能知其故哉?"(《物理小识·总论》)这里,方以智批评的"舍物以言理","托空以愚物","穷理见性之家",显然是指当时的宋明理学、心学的弊病,同时也说明他反对脱离事物的"慧然独悟"。

理性认识建立在感性认识基础上,通过推论,"通其故",进一步达到"贵明其理",获得对事物本质和规律的认识,是方以智"觉悟交通"的根本目的。"故",是指事物的所以然之"故",即事物的原因或根据。求

"故"必须从疑开始,只有"物理无可疑者吾疑之"的态度,才能真正获得对事物原因的认识。方以智强调:"推至疑始。始作此者,自有其故,不可不知,不可不疑也。"(《通雅》卷一)由疑而求"故",由"故"而明理,达到认识事物的本质。

方以智以上关于由感性认识到理性认识,把认识看成是一个过程,以"心物交格"、"觉悟交通",论述了认识主体与认识客体、感性认识与理性认识的关系。

第五章　王夫之的理论贡献及其对宋明哲学的总结

王夫之(1619～1692年),字而农,号姜斋,又称船山,湖南衡阳人。他参加过晚明抗清斗争,后来隐居衡阳石船山,终身著述,写下了许多哲学、政治著作。明末清初,我国的科学技术比过去有了很大发展,西方的科学也有某些输入,自然科学的发达对于形成王夫之的唯物主义哲学体系有着重要作用,他本人对于天文历法、地理、生物、物理等科学也都有所研究。王夫之继承和发挥了张载"太虚即气"、"一物两体"的思想,提出了"理在气中,气非无理,气在空中,空非无气,通一无二","气外更无悬空独立之理"(《读四书大全说》卷十)的理气一元论。在人性论方面,主张"性即气质中之性"和"性日生日成"的观点。在心性论方面,主张性情相需,性体心用,以心统性情解释道心与人心的关系。在道德修养方面,区分了闻见之知与德性之知,以"心"与"意"的关系说明存养省察的道德修养方法。

王夫之的遗著有一百多种,四百多卷,其中的《张子正蒙注》、《尚书引义》、《周易外传》、《黄书》、《噩梦》、《老子衍》、《庄子通》、《读通鉴论》、《读四书大全说》、《诗广传》、《宋论》、《思问录》、《俟解》等,是他的重要的哲学著作。

第一节　气为世界万物之本的自然观

王夫之继承和发展了张载的"知太虚即气则无无"的思想。他公开声明自己是要"辟佛老而正人心"(《张子正蒙注·太和篇》),他说:"老氏以天地如橐籥,动而生风,是虚能于无生有,变幻无穷;而气不鼓动,则无是有限矣,然则孰鼓其橐籥令生气乎?"(同上)这是说,老子把天地比喻成一个空的大风箱,动而生风,从其中产出自然万物,说明"无"能生"有",但"有"是怎样从"无"中生出来,谁是鼓动者?老子是无法自圆其说的。王夫之还指出,佛教把客观世界说成为虚幻不真的,认为世界是要破灭的,它所追求的是一个虚无缥缈的精神世界。针对这种世界不真的唯心主义,他指出:"天地本无起灭,而以私意灭之,愚矣哉!"(《张子正蒙注·大心篇》)也就是说,佛教用私意妄图消灭客观世界是愚蠢的,而说世界为虚幻的假象也是极其荒谬的。

通过对于佛老的批判,王夫之指出:"(气)散而归于太虚,复其絪缊之本体,非消灭也。聚而为众庶之生,自絪缊之常性,非幻成也。"(《张子正蒙注·太和篇》)这就是说,气的聚散及其变化的规律是不以人的意志为转移的,气作为物质基础,它是不会消灭的,由它产生的万物也不是虚假的。由此,王夫之进一步认为,宇宙是由物质性的气构成的,他说:"阴阳二气充满太虚,此外更无他物,亦无间隙,天之象,地之形,皆其所范围也。"(同上)所谓"太虚"是指宇宙空间,也就是说宇宙间充满了阴阳之气,没有任何间隙,自然界天地万物都是在气的变化范围之内,气无所不在又无所不包,气构成了自然万物,万物有生死的变化,但是气却不会增多或减少,因此王夫之又说:"(气)聚散变化,而其本体不为之损益。"(同上)气只有"聚散"而无生灭,"聚而成形,散而归于太虚,气犹是气也"(同上)。也就是说,有形的万物是气的凝聚,无形的空间是气的发散。

王夫之指出,气构成自然界万物,但它又与万物不同,气是极细微的,他说:"虚空者,气之量。气弥沦无涯而希微不形,则人见虚空而不见气。凡虚空皆气也,聚则显,显则人谓之有;散则隐,隐则人谓之无。"(同上)这是说,所谓"虚空"并不是什么都没有,实际上虚空充满了无形状的气,人用眼睛看不见,便说是虚空。其实虚空就是气,有形的物是气,无形的虚空也是气,有形是气之聚,无形是气之散,也可以说显是气之聚,隐是气之散,这些都是气的不同形态的表现。因此,宇宙间除了气,"此外更无他物,亦无间隙",没有任何不包含气的绝对真空存在。

王夫之的这种气的聚散而无生灭的思想已经包含了物质不灭的意义,他举例说:

车薪之火,一烈已尽,而为焰,为烟,为烬,木者仍归木,水者仍归水,土者仍归土,特希微而人不见尔。一甑之炊,湿热之气,蓬蓬勃勃,必有所归;若盦盖严密,则郁而不散。汞见火则飞,不知何往,而究归于地。有形者且然,况其缊缊不可象者乎!(同上)

这就形象地说明了物质的形态是相互转化的。像柴、水蒸气、汞(水银)等物质经过火的燃烧,有的变成烟,有的变成灰,有的化成气,实际上它们都转化成为其他的物质形态。自然界这样的转化是经常可见的,有一物减少了,就会有他物的增多。有形的物是这样,无形的细微的气更是如此。这些是由客观世界自身的性质所决定的,它是不可被创造,也是不可被消灭的。

王夫之还进一步提出"实有"的范畴说明物质的客观性,他说:"夫诚者,实有者也。"(《尚书引义·说命上》)《中庸》的"诚"是一个道德意志的概念,王夫之对这个概念进行改造,用来说明客观世界的本质(实有),"诚"是"实有",是与虚妄不实相对立的,因此他说:"实有者,天下之公有,有目所共见,有耳所共闻也。"(同上)也就是说,物质世界是客观存在的,"诚"是实有的,是人们共同感觉的客观对象,是不依人的意志为转移的。

王夫之还用"体用"的关系说明客观世界的"实有",他说:"天下之用,皆其有者也。吾从其用而知其体之有,岂待疑哉?"(《周易外传·大有》)这里的"体"是指实体,"用"是指实体的功用,王夫之认为"用"离不开"体",必须有实体才能发生功用,例如,车有载货的功用,杯有盛水的功用,但必须有车、有杯,才能载货和盛水。因此由实实在在的"用"可以知道"体"的实有性和客观性。王夫之批判了老庄的虚无和佛教的自性空思想体,指出世界上只有"有"是最根本的,"无"是对于"有"来说的。比方说龟无毛,是对有毛的犬而言;说兔无角,是对有角的鹿而言。否则,无毛、无角就是毫无意义的废话(《思问录·内篇》)。老庄所谓至高无上的"无",佛教所谓至高无上的"空",是根本不存在的。

在"理"、"气"、"道"、"器"问题上,王夫之提出"理在气中","气外更无虚托孤立之理",反对程朱"理在气之先"、"理在气之上"的唯心主义。

关于理、气关系,王夫之说:"天下岂别有所谓理?气得其理之谓理也。气原是有理底,尽天下之间,无不是气,即无不是理也。"(《读四书大全说·孟子》)王夫之认为"理"是气的根本规律,所谓"天下岂别有所谓理","气原是有理底",是说客观事物是有它的规律的,理依赖气而存在,不能脱离气而孤立存在,这就肯定了物质是宇宙中最根本的。

关于道、器关系,王夫之提出"天下惟器","无其器,则无其道",坚决反对"悬道于器外"。在这里"器"是指客观存在的具体事物,"道"是指客观事物的规律,不论是普遍的规律还是特殊的规律,都不能离开客观事物而存在。他说:"天下惟器而已矣。道者器之道,器者不可谓之道之器也。"(《周易外传·系辞上传》)这就是说,天下存在的都是具体事物,所谓"道者器之道",是说有某种事物存在,才有某种事物的规律,没有某一具体事物,就不会有关于那个具体事物的规律(道)。因此只能说规律是某种事物的规律,不能说事物是某种规律的事物,如果说事物是某种规律的事物,就会把规律变成脱离事物而存在的先验性的东西。例如,尧、舜时代没有国家攻伐之道,汉、唐时代没有今天之道,当然今天也就没有若干年以后的那些道。没有弓箭就不会有射箭的道,没有车马就不会有驾车的道,没有制礼作乐的器物和条件就不会有礼乐的道。所以说没有某一具体事物,就不会有关于那个事物的道(据《周易外传》卷五);没有某种事物存在,就不可能有某种事物的规律。因此,只能说规律是事物的规律,而不能说某种事物是规律的事物。世界上除了按其自身规律运动的事物之外,再没有别的东西,所以说,"天下惟器而已矣"。

王夫之还对"形而上"与"形而下"这对范畴进行了唯物主义的解释,他说:"形而上者,非无形之谓。既有形矣,有形而后有形而上。无形之上,亘古今,通万变,穷天穷地,穷人穷物,皆所未有者也。"(《周易外传·系辞上传》)这是针对朱熹所说的"形而上者,无形无影是此理",把形而上看做是脱离具体事物而存在。王夫之指出"道"在"器"中,因此"形而上"也不能离开"形"而存在,形而上与形而下是抽象与具体、一般与特殊的关系。王夫之对"道"的解释是"道者,物所众著而共凝(由)者也"(同上)。这就是说"道"虽然无形,但它是一切事物所表现的普遍的规律,人们能够通过有形的物去探寻它,认识它。规律离不开物,道离不开器,"器而后有形,形而后有上",按照"天下惟器"的观点,器和形是根本的,完全超越于形之上的抽象的道是不存在的。

第二节 变化日新的辩证法

王夫之继承了张载"一物两体"的辩证法思想,看到了事物有矛盾对立的两个方面,他说:"一之体立,故两之用行。"他把"一"(统一)看做"两"(矛盾)的先决条件,所以他又说"非有一,则无两"(《张子正蒙注·太和篇》),他的唯物主义哲学体系包含有丰富的朴素辩证法思想。

王夫之朴素辩证法的重要内容是阴阳二气对立统一的思想。他说:"阴阳异撰,而其絪缊于太虚之中。"(同上)这就是说,太虚之气虽然混沌未分,但其中已经包含了阴阳两个对立面,而阴阳的对立,必然互相摩荡而引起运动和变化。有对立才能有交感,因此王夫之又说:"阴阳合于太和,而性情不能不异,惟异生感。"(同上)阴阳相异然后才能交感,引起运动变化。因为太虚本体有其固有的阴阳对立面,因此永远处在运动之中,所以他又说:"太虚者,本动者也,动以入动,不滞不息。"(《周易外传·系辞下》)这就是说运动的根源不是来自外部,而是来自太虚本身,气充满宇宙,无处不包含有阴阳的对立,因而引起整个世界的运动变化,天地万物的运动变化的根源都在这里面。

在王夫之看来,不仅是太虚本体包含着对立同一,而且自然界一切事物都处在对立同一之中,因此,世界上没有孤立的事物。他说:"凡物,相类则相反。……错者,同异也;综者,屈伸也。万物之成,以错综而成用。"(《张子正蒙注·动物篇》)这就是说,世界上的一切都包含着矛盾,"同异"是矛盾,"屈伸"也是矛盾,在错综复杂的矛盾之中互相联结着、依赖着,客观事物是相反相成的。所以说"或始同而终异,或始异而终同,比类相观,乃知此物所以成彼物之利。金得火而成器,木受钻而生火,惟于天下之物知之明,而合之、离之、消之、长之,乃成吾用"(同上)。世界上的事物或者是开始相同而结果相异,或者是开始相异而结果相同,"比类相观"就可以知道这一事物为什么会变成那一事物,就像金属在火中被炼成器具,钻木能取火一样,没有绝对孤立的物,合与离、消与长,都是既普遍联系而又相互制约的。了解了这种相反相成的道理,才能认识客观事物。

动与静止的关系,是宋明理学的一个重要问题。周敦颐和朱熹把"太极"解释为"动而无动,静而无静"的本体,主张"静"是"动"的根源,甚至提出了"主静无欲"的思想。王夫之说:"误解太极者,谓太极本未有阴阳,因动而始生阳,静而始生阴,不知动静所生之阴阳,为寒暑、润燥、男女之情质,乃固有之蕴,其絪缊满在动静之先。动静者即此阴阳之动静。"(《张子正蒙注·太和篇》)王夫之认为周敦颐和朱熹对"太极"的解释,都是把太极看成是一个不包含任何对立的绝对静止的精神本体,由这个本体产生动静,然后才有对立、有发展。他们脱离开阴阳而讲动静,由太极动静生出阴阳和自然万物,结果成了从无中生出有,从虚中生出气。因此王夫之指出,动静即是阴阳的动静,阴阳是物质的气,运动是阴阳二气的属性,运动离不开阴阳二气,阴阳二气也离不开运动,运动的源泉在太虚之气所包含的阴阳之中:

> 太极动而生阳,动之动也;静而生阴,动之静也,废然无动而静,阴恶从而生哉?一动一静,阖辟之谓也。由阖而辟,由辟而阖,是动也,废然之静,则是息矣。(《思问录·内篇》)

这是说,动静好像是门之开合,开可以说是动,合可以说是静,其实开与合都是动的表现,也就是说静只是动的一种形态,绝对的静(息灭)是不存在的。也可以说:"方动即静,方静旋动;静即含动,动不舍静。善体天地之化者,未有不如此者也。"(《思问录·外篇》)世界上的事物处在不停的运动变化之中,静止的稳定的状态只是暂时的,暂时的稳定总是要被发展变化所代替的。所以说方动即静,方静旋动,运动是永不停息的。

王夫之还提出了"变化日新"的发展观点。他说:"江河之水,今犹古也,而非今水之即古水。镜烛之光,昨犹今也,而非昨火之即今火。水火近而易知,日月远而不察耳。"(同上)也就是说,今天的江河看起来与古代一样,但是现在的水已不同古代的水;同样道理,如果火从昨天燃烧到今天,但是昨天的火已不是今天的火。由今及远可以推知日月也是在发展变化的,发展变化是自然界的必然趋势。世界上的事物就是这样推陈出新,即"推故而别致其新"(《周易外传·无妄》),通过扬弃旧的产生新的。

王夫之还认为,要透过事物各种不同的表面现象去把握事物的实质变化十分重要。他说:"爪发之日生而旧者消也,人所知也;肌肉之日生而旧者消也,人所未知也。人见形之不变,而不知其质之已迁。则疑今兹之日月为邃古之日月,今兹之肌肉为初生之肌肉,恶足以语日新之化哉?"(同上)这就是说,指甲和头发的变化容易看到,而肌肉的变化不易察觉,可是都在发生着变化,一成不变的东西是没有的。尽管人们没察觉到一些事物在变,但实际上已经变了。只看到表面上的不变,而看不到实质上变化的人,是不可以和他谈变化日新的。

第三节　质异则性异,性日生日成

王夫之从区分人性与物性的不同入手,提出"质异则性异"的观点。他说:"凡物皆太和氤氲之气所成,有质则有性,有性则有德。草木鸟兽非无性无德,而质与人殊,则性亦殊,德亦殊尔。"(《张子正蒙注·至当篇》)这就是说,人与物均由太和氤氲之气构成,人与物有形质的差异,因此性有差异。"性之异者,人道也。形之异者,天道也。"(《读四书大全说》卷十《孟子·告子上》)就天道上说,人与动物形质不同,生理功能有差别;就人道上说,仁义是人所独具的。

在人性论问题上,王夫之反对程颐气禀清浊的气质之性观点,也反对朱熹性即理的天命之性观点。他主张性是气质之中之性,是生理之理:

> 所谓气质之性者,言气质中之性也。质是人之形质。范围著者生理在内。形质之内。则气充之,而盈天地间,人身以内,人身以外,无非气者,故亦无非理者。理行乎气之中,而与气为主持分剂者也。故质以函气,而气函理。质以函气,故一人有一人之生,气以函理,一人有一人之性也。(《读四书大全说》卷七《论语·阳货》)

这是从理在气中推出性即气质中之性,质是人之形质,因此人有生命,气中有理,故人有道德理性。王夫之从"生之理"推出性日生日成的观点。他认为宇宙中的一切变化,都是阴阳五行的运动,人从胚胎到出生,从幼年到老年,都处于生命的发展变化之中。从耳目视听到心理活动是一个逐步成长的过程,性是日生日成的,不惟初生时受命于天,生以后仍然日日受命于天。刚一出生,人不能自己选择,只能得到天之精粹,随着人的成长能自取自用,但因每个人习惯和情欲不同,选择也不同,"取之多用之宏而壮,取之纯用之粹而善,取之驳用之杂而恶"(《尚书引义·太甲二》)。王夫之用这种"性日生日成"的思想反对"悬一性于初生之顷"不可变的观点,是有进步意义的。

王夫之的"生之理"是"知觉运动之理"、"食色之理"和"仁义礼智之理"(《读四书大全说》卷十第一节、《四书训义》卷三十三)。他说:"性者,生之理也。均是人也,则此与生俱有之理,未尝或异。故仁义礼智之理,下愚所不能无;而声色臭味之欲,上智所不能废。俱可谓之性。而或受于形而上,或受于形而下,在天以其至仁滋人之生,成为之善,初无二理,但形而上者为形而下之所自生。……理与欲,皆自然而非由一。"(《张子正蒙注·诚明篇》)这就是说,声色臭味与仁义礼智皆为性,欲为形而下,理为形而上,但形而上为形所自生,理与欲都来自天命自然,声色臭味以厚其生,仁义礼智以正其德,都是理之所宜,"声色臭味顺道则与仁义礼智不相悖害,合两者互为体"(同上)。这样,王夫之就把生理欲望与道德理性统一在人性之中。他认为理在欲中,欲有公欲和私欲的区别,合乎理的是公欲,不合乎理的是私欲。"私欲净尽,天理流行,则公矣"(《思问录·内篇》),这仍然是以封建道德主宰人欲。

第四节 性体心用的三分法

王夫之所说的"心"主要是知觉灵明之心,他以"虚灵不昧"解释:"心之为德只是虚(自注:未有倚,然可以倚)、灵(自注:有所觉,不论善恶皆觉)、不昧(自注:能记忆亲切,凡记忆亲切者必不昧)。所以具众理(自注:未即是理,而能具之)、应万事者(自注:所应得失亦未定),大端只是无善与善相应,然未能必其善也。须养其性以为心之所存,方使仁义之理不失。"(《读四书大全说》卷十《孟子·告子上》)这种虚灵不昧的"心",既不是陆王那种心即理的本体之心,也不是程朱那种心统性情的体用之心,而是性体心用的知觉之心。王夫之说:"云统者,自其函受而言。……性自是心为主,心但为情之主,心不能主性也。""性在心,而性为体,心为用也。"(《读四书大全说》卷八《孟子·公孙丑上》)"心性固非有二,而性为体,心为用,心涵性,性丽心。"(《读四书大全说》卷三《中庸》)这实际是发挥了罗钦顺性为体、心为用的观点。性在心中,而为心之主,心之体,这是说心包含着性,但心本身是虚明知觉,不是性。因此心不能主性,只能是以知觉活动体现性。心能主情,是说情是心理活动的功能。此外,心还有记忆亲切、应万事的认识作用。这样,王夫之就把心的虚灵不昧分为三个部分,一是性具于心的道德理性,二是心理感情,三是理智认识能力。

王夫之还把性体情用和未发已发之心相区别。他以不偏不倚的"在中"之义解释性在心中。"在中则谓之中,见于外谓之和","善者,中之实体,而性者未发之藏也","明有一喜怒哀乐,而特未发耳。后之所发者,皆全具于内而无缺,故曰在中"。所谓"在中",是性在心中,"盖吾性中固有此必喜、必怒、必哀、必乐之理,以效健顺五常之能,而为情所生",因此说"性者则未发之藏也"。情未发其理藏于性,情已发则表现为外。因此说"在中则谓之中,见于外则谓之和",这种内外关系即是性体情用的关系。这里所谓未发、已发的心理活动表现性内情外的关系。再进一步是心之知觉的未发与已发状态。情未发藏于性,性情都处于心的未发状态,情已发表现性。性情又同处于心的已发状态。因此不能以心的未发说性,已发说情。无论未发、已发,性情都具于心,也就是说心的知觉通过喜怒哀乐之情的未发和已发来表现性内情外的体用关系。心的感情变化是多种多样的。喜发时,怒哀乐为未发,怒哀乐发时,喜为未发。喜怒哀乐未发时已有言、行、声、容之"可征"。因此,心的未发、已发是静中有动,"至动之际,固饶有静存焉"(《读四书大全说》卷二《中庸》第一章)。

王夫之还提出性以情动为效的观点:"性之体静而效动,苟不足以效动,则静无性矣。既无性,又奚所静耶?性效于情,情效于才,情才之效,皆效以动也。"(《诗广传·郑风》)这就是说,性体虽静,其功能却是动,由情动而显性之静,如果没有情的功能和作用,绝对静止也就没有性。因此王夫之所说的性是生之理、情之理，它们都不是绝对静止的，所以性静性动是相对的。

王夫之的性体心用和未发已发实际上把心性情分为三个层次：第一层次是性体情用。性藏情之理而具于心，情之发表现性之理，这是本质与现象的体用关系。第二层次是情的未发到已发的心理活动表现性体情用。第三个层次是心理知觉以未发表现情藏于性，以已发表现性发情于外。同时还表现各种感情的复杂变化。

第五节 见闻之知与德性之知的区别和联系

王夫之把人的认识分为见闻上升到思虑的理智认识和道德理性的直觉认识。前者用于认识外界客观事物，后者用于心性修养。这种区别是对宋明理学混淆一般认识论原则与道德认识的一次突破。

王夫之从能、所关系的主客观关系分析了认识主体和认识对象的关系（《尚书引义·召诰·无逸》），提出了唯物主义的反映论原则。他又以感觉和思维的关系解释格物致知，认为"格物之功，心官与耳目均用，学问为主而思辨辅之"，"致知之功，则惟在心官，思辨为主而学问辅之"、"致知在格物，以耳目资心之用，而使有所循也"（《读四书大全说》卷一《大学经十》）。这样，既说明了耳目闻见是心官思考的基础，又说明了感性中包含着理性成分，理性中包含着感性成分。这样从一般认识论原则来解释格物致知，纠正了程朱陆王那种道德修养的格物致知偏向。王夫之还提出了"行先知后"，"行可以兼知，知不可以兼行"（《尚书引义·说命中二》），批判了程朱"知先行后"和王阳明"知行合一"的观点。这些都是从认识论的一般唯物主义原则说明理智认识，是王夫之认识论中最丰富、最精彩的内容。

王夫之认为见闻思虑之知只是客观的"物理"知识，"非真知也"（《张子正蒙注·大心篇》），最高的认识是德性之知的真知。他说："德性者，非耳目口体之性，及仁义礼智之根心而具足者也。常存之心，而静不忘，动不迷，不倚见闻而德皆实矣。"（《张子正蒙注·天道篇》）这种德性之知是神化天德良知，是不倚于见闻和理智推理，直接由良知好恶发出的直觉认识。王夫之说:"必须说个仁义之心,方是良心。盖但言心,则不过此灵明事物,必其仁义而后为良也","须养其性以为心之所存,方使仁义之理不失"(《读四书大全说》卷十《孟子·告子上》)。这种仁义、良知显然是道德理性,是靠灵明之心的直觉凝道德于心中,保养心中之性,因此,王夫之又从"心"与"意"的关系说明涵养与省察的关系。他认为心有善无恶,是在我者;"意"缘事而生,有善恶。因此,"意在省察,而心唯存养。省察故不可不慎。而存养则无待于慎"(《读四书大全说》卷一《大学》第十章)。这里存养是感性直觉,省察是分析意念,是道德理性的反思、逆觉体证,带有理智成分。王夫之还提倡养生、养神、养气的主敬方法。总之,王夫之的德性之知是要通过道德理性的自我修养,达到天人合一的精神境界。因此,他极力宣扬道德的真知是高于闻见思维的最高认识。这说明王夫之的心性论,仍然是以道德理性的自我超越为最高精神境界。

第六节 理势合一的历史观

历史观问题是宋明理学争论的重要问题之一,南宋时期朱熹与陈亮的王霸义利之辨是这个问题的集中反映。朱熹认为,"三代专以天理行,汉唐专以人欲行",决定历史变化的原因是人心的好坏,特别是帝王心术的好坏。夏商周三代帝王的心术最好,能以"道心"治天下,所以天理行,是王道政治;汉唐以来的帝王心术只用在利益上,所以社会长期陷入混乱、黑暗的局面,是霸道政治。这种观点把历史的演化看成是退化的,人们的道德品质愈来愈低下,认为要挽救社会危机,必须使"人心"由危而安,"道心"由隐而显,达到"存天理,去人欲"。陈亮坚决反对朱熹的历史退化论。他认为,"义"与"利"或"天理"与"人欲"从来都是并存的,所谓"王道"与"霸道"在历史上也是交杂并用的,根本就不存在"三代以上"和"汉唐以下"的绝对鸿沟。古今的贤君都有他们的功绩,区别只在于有的"做得尽",有的"做不尽";有的成功,有的失败,而不在于主观动机上有"义"与"利"、"天理"与"人欲"的差别。王夫之提出了"理势合一"的历史观。

王夫之把历史发展的趋势叫做"势",把发展的规律叫做"理",提出"在势之必然处见理"(《读四书大全说》卷九)的观点,他发展了柳宗元重"势"的历史观。柳宗元曾经提出:"封建非圣人之意,势也。"意思是说,商周时期的分封建国,并不是圣人的意愿,而是历史发展的必然趋势。后来秦始皇改变了贵族世袭分封的制度,建立了官僚体制,也是适合历史发展的趋势。尽管秦始皇是为了"私其卫于子孙"(《封建论》),但是,历史的发展趋势要求中央集权的制度。王夫之也举同样的例子进一步概括这个历史的演变,他说:秦以私天下之心而罢侯置守,而天假其私以行大公,存乎神出鬼没者之不测有如是夫!(《读通鉴论》卷一)意思是说,秦始皇把世袭分封制改为中央集权的官僚体制,是为了巩固他一家的天下,然而在客观上却引起了历史的进步,虽然秦王朝灭亡了,但是官僚体制却保留下来,这也说明历史有某种不依人的主观意志为转移的发展趋势,这就叫"天假其私以行大公"。这里,王夫之一方面看到了历史人物的作用,另一方面又看到历史有不依人的主观意志为转移的发展趋势。但是这种发展趋势究竟是什么?王夫之说不清楚,他把这种趋势的力量归结为"天",所以说:"势字精微,理字广大,合而名之曰天。"(《读四书大全说》卷九)这里所说的"天",并不是"天命",或者某种神化的力量,是指一种自然而然的趋势。

　　王夫之认为人类历史发展的总趋势是不断进步的,唐虞时代,中国社会还处于未开化的野蛮时代,到了夏商周三代有了文明,春秋时代虽然处在战乱状态,但是社会仍然在进步,盛唐时代并不亚于尧、舜、禹、汤、文武、周公,因此所谓一代不如一代的观点是错误的。

第六章 颜元重"习行"的哲学思想

颜元(1635~1704年),字易直,又字浑然,自号习斋,河北博野人。清代进步思想家。他从"理气融为一片"的唯物论出发,提出了"非气质无以见性,非气质无以为性"的观点,分析了性、情、才的关系,主张重习行、践履。颜元的主要著作有《四存编》、《四书正误》、《朱子语类评》和《习斋记余》。

第一节 气质之性即义理之性及引蔽习染

一、"理气融为一片"的人性论

颜元从"理气融为一片"的观点出发,反对性两元论,他认为天地之性、气质之性实际"只是一般,非有两等也","二之则不是"(《存性编》卷一)。颜元所说的性,首先是指"气质之理"。"理气俱是天道,性形俱是天命,人之性命气质,中各有差等,俱是此善。"(《存学编》卷一)"气质不是性,离气质亦不是性,性者气质之理也。"(《思辨录》后集卷五)这就是说,气质不是性,离开气质的理也不是性。理气相结合的天道命于人以后才有人性。颜元反对理善气恶的观点,也反对本然之性的观点。他说:

> 气即理之气,理即气之理,乌得谓理纯一善,而气质偏有恶。
> 夫性字从"生心",正指人生以后而言,若"人生而静以上",则天道颖矣,何以谓之性?(《存性编》卷一)

这样颜元就否定了性本体论理善气恶的观点,而从理气融为一片的本原论,说明人性的产生。颜元以《性图》说明人性产生的过程,他认为,上帝主宰天道,天道是阴阳二气和元、亨、利、贞化生万物的过程。"万物之性,此理之赋也,万物之气质,此气之凝也。……人则尤为万物之粹,所谓天地之中以生者也。二气四德未凝结之人也,人有已凝结之二气四德也。存之为仁义礼智,谓之性者,以在内之元、亨、利、贞言之也。才者,性之为情也,是元、亨、利、贞之力也。"(《存性编》卷二)颜元的这些观点与朱熹以元、亨、利、贞为仁义礼智之性,性发为情的观点有相似之处。区别在于颜元以理气凝为一片反对理体气用、理先气后以及性两元论的本体论。颜元主张气化为性的本原论,因此,他强调阴阳二气,元、亨、利、贞未能凝于人,只是天道凝于人才为性。物之性也来源于理气,人得精粹,而有仁义礼智和四端道德感情,情是性之力,也就是性能。

颜元的"理气融为一片"之性,又是包括生理、心理活动的性之功能。他认为,人的五官、四肢、筋骨、内脏等形体是人之质,通过呼吸周遍全身是生命之气,"其灵而能为者,即气质也。非气质无以见性。非气质无以为性"。例如眼睛能看东西,是以眼泡、眼珠的生理组织为基础,这是眼睛的气质,光明能见物是眼睛的功能,不能说眼睛中包含着光明之理专看正色,而生理组织专看邪气,因此划分为天命之性和气质之性。光明能见物就是眼睛的善性,能发挥视觉作用就是情善,视力的分辨和远近是才能的强弱(《存性编》卷一)。颜元主张"生之谓性","有物有则"(《四书正误》卷六),他认为"宇宙真气即宇宙生气,人生真理即人心生理"(《习斋记余》卷一)。因此,他把仁义道德四端之情,耳目视听,以及食、色、男、女都包括在人性之中。同时又划分出气质之理、气质之能和气质之才三个层次,分别说明伦理之情、才,生理之情、才的关系。

二、心兼性情与引蔽习染

颜元提出性、情、才皆气质之性的观点,从主客体关系上分析了性发为情的心理活动与事物的关系。他说:"仁义礼智,性也。心一理而统此四者,非块然有四件也……以发者知之也,则恻隐、羞恶、辞让、是非也。发者,情也,能发见于事者,才也,则非情无以见性,非气质无以为情才,即无所谓性。是情非他,即性之见也;才非他,即性之能也;气质非他,即性情才气质也,一理而异名也。"(《存性编》卷二)这里,颜元的性发为情不是性体情用的心体用论,而是道德心理活动。"统"是"兼"的意思,是说心包含性情,而情发用的程度("才")必须落实到具体事物上才能显示其作用。这一系列的心理活动，都是气质之灵的活动。从主客体关系上看，"才"是由道德心理活动到具体事物的中介，因此，作为性、情、才的气质之性原来是善的，只是由于后天引蔽习染，而有恶。

颜元认为，只有圣人才是全德，大中至正，顺应而不失则。一般人容易被外物引诱，蔽其当爱而不见，爱其所不当爱，被财色所引诱，使爱变为贪营、羞恶变为辱夺残忍、辞让变为伪饰、是非变为奸雄。道德感情被小巧、私己而歪曲了（同上），因此，一切恶都来自引蔽习染。

第二节 重习行、践履的心性修养论

颜元从气质之性、情、才为善，引蔽习染为恶的观点出发，提倡"实学、实事"的心性修养方法。他说："心性非精、气质非粗；不惟气质非吾性之累害，而舍气质无以存养心性。吾则所谓三事（正德、利用、厚生）、六府（水、火、木、金、土、谷）、六德（知、仁、圣、义、忠、和）、六行（孝、友、睦、婣、任、恤）、六艺（礼、乐、射、御、书、数）之学是也。"（《颜习斋先生年谱》）这就是说，修心养性不是单纯地保养道德理性，而是锻炼气质之能，在学习中进行实践，从正德、利用、厚生的生活条件，到自然界的水、火、木、金、土、谷以及道德、行为、诗书礼乐，都是践履的内容。颜元还把"格物致知"的"格"解释为"手格猛兽之格"（《习斋记余》卷六），十分强调亲身实践的重要性。这种心性修养方法是经验主义的道德实践，通过重习行、践履的心性修养，颜元要求造就政治、军事、经济、文化各方面的人才。

董仲舒提出"正其谊不谋其利，明其道不计其功"，这句话为宋明理学家推崇备至，唯心主义者总是强调动机否认效果的。颜元坚决反对这种唯心主义谬论。他说，耕田的农夫没有不求收获的，打鱼的人没有不求得鱼的，这是正当的利的要求。颜元提出与董仲舒针锋相对的命题，他说："正其谊以谋其利，明其道而计其功。"（《四书正误》卷一）他认为不能把义与利对立起来，好的动机，必须要讲效果，只有把义与利统一起来，才能有实际的贡献。否则空谈义理，不过是自欺欺人罢了。基于这种唯物主义反映论，颜元对"格物"也作了崭新的解释。程朱把"格物"说成是"穷理",陆王把"格物"讲成"正心"。总之,唯心主义者所谓的"格物"都是教人脱离客观事物,而去追求先验的"天理"、"良知"。颜元说:"格物之'格',王门训'正',朱门训'至',汉儒训'来',似皆未稳。"颜元认为,"格物"的"格"字应当是"手格猛兽"之"格","手格杀之"之"格",乃犯手捶打搓弄之义(《习斋记余》卷六《阅张氏王学质疑评》)。颜元解释"格物"的"格",是亲自动手去做。他还以饮食为例来说明"格物","如此蔌蔬,虽上智老圃不知为可食之物也,虽从形色料为可食之物,亦不知味之如何辛也。必箸取而纳之口,乃知如此味辛,故曰,手格其物而后知至"(《四书正误》卷一)。这是说,要知道菜的味道,只有亲口去尝;要认识客观事物,只有亲手去做。所以在知与行的关系问题上,颜元认为行比知更重要,行在知先,由行得知,不经过习行,就不能得到真正有用的知识。颜元在解释"格物致知"中,强调了亲身习行和直接经验的重要性,坚持了唯物主义的反映论,批判了唯心主义先验论的错误。但是,他没有注意到知对行的指导作用,就不免忽视理性思维的重要性,有片面的经验主义的缺点。

在颜元的社会政治思想中,有两点有价值的东西。第一,他反对重文轻武。颜元认为:"重文轻武"是朱熹的流毒,结果使"四海溃弱"(《存学编》卷二)。有人把"六艺"分为高下精粗,认为礼乐是高、精,应该学习;"射御粗,下人事"。颜元反对在"六艺"中区分高下精粗,歧视射御。他说:"喜精恶粗,是后世所以误苍生也。"(《存学编》卷一)他主张文武结合,"寓兵于农","人皆兵,官皆将"。颜元说:军者"天下之至荣者也"(《习斋言行录》卷下)。因此,颜元在教育上"文事"、"武备"并重,讲孙吴兵法,攻守营阵,陆水战法和射御技击等科。第二,他反对歧视妇女。颜元青年时曾同一个和尚辩论,和尚认为有妇人便不能讲道。颜元说:"有一妇人生释迦,才有汝教。"没有妇人,释迦和你都没有,"今世又乌得佛教?"(《习斋年谱》卷上)宋明理学家以妇女失身为最可耻,颜元说:"世俗但知妇女之污为失身,为辱父母;而不知男子或污,其失身,辱亲一也。"(《习斋言行录·法乾第六》)这具有男女平等的思想。'颜元的生母就曾改嫁,后来,他母亲病重,颜元要去侍疾,死了为她服丧。颜元的行为就是对程朱"饿死事小,失节事大"的批判。

第七章　戴震的气一元论和理欲观

戴震(1723~1777年)，字东原，安徽休宁人。出身贫苦，当过商贩，主要靠教书维持生活，以后曾参加《四库全书》的编辑工作。他是18世纪中国著名的学者，对古代文字、音韵、天文、地理、历算等都有过深入的研究，著作很多。戴震批判宋明理学是"以理杀人"，提出"体民之情，遂民之欲"的口号，更明确地反映了新兴市民阶层的要求，其理论基础就是血气心知的心性论。戴震的哲学著作主要有《原善》、《绪言》、《孟子字义疏证》和《答彭进士允初书》。

第一节　"气化流行"的宇宙观

戴震认为，宇宙的本原是气，阴阳二气变化流行，生生不已，人和万物都是气化的产物。他说："天地间百物生生，无非惟本阴阳。"(《孟子字义疏证·理》)从这个观点出发，他对"道"、"理"、"形而上"和"形而下"进行了新的解释。

戴震说："道，犹行也，气化流行，生生不息，是故谓之道。""阴阳五行，道之实体也。"(《孟子字义疏证·天道》)这就是说，阴阳五行是道的实体，气化流行，生生不已，是道的运动。道的运动——气化流行不是杂乱无章的，而是有秩序的，"理"是气化运行的条理，因此他说："生生者，化之原；生生而条理者，化之流。"(《法象论》)"阴阳流行，其自然也；精言之，期于无憾，所谓理也。理非他盖其必然也。""就天地、人物、事为，求其不易之则，是谓理。"(《绪言》)这就是说"理"是气化流行的规律，是天地万物自然运行的必然法则。

对于"形而上"和"形而下"，戴震也提出了自己的看法，他说：

> 形谓已成形质，形而上犹曰形以前，形而下犹曰形以后。阴阳

之未成形质,是谓形而上者也,非形而下明矣。

> 不徒阴阳非形而下,如五行水、火、木、金、土,有质可见,固形而下也,器也;其五行之气,人物咸禀受于此,则形而上者也。(《孟子字义疏证·天道》)

这就是说无形的阴阳之气是形而上的,水、火、木、金、土以及人和物都是有形的,是形而下的。所以他又说:"器言乎一成而不变,道言乎体物而不可遗。"(同上)也就是说,气化流行而成物、成器,这个气化流行的过程和规律叫做"道",具体的事物叫做"器"。成器以后,道寓于器;有形质的器不再改变了,同时寓于器中的道也不再改变了。这种观点虽然不够全面,但是对于批判程朱理学的那种"所以阴阳者道"、"阴阳为形而下者"的唯心主义观点,仍然具有战斗力。在此基础上,戴震批判了老庄的道生天地观点,他说:"在老、庄、释氏,就一身分而言之,有形体,有神识,而以神识为本。"(《绪言》)这种"推而上之,以神为有天地之本"的观点,以无形无迹为有,是错误的观点。同时"后世之儒者以仪为阴阳,而求太极于阴阳之所生,岂也子之言乎!谓气生于理,岂其然乎!"(同上)这种批评是针对程朱理学"理在气先"的,说明戴震坚持了气一元论的唯物主义宇宙观。

第二节 "血气心知"的人性论

一、"血气心知"为性和"欲情知"的三分法

戴震用气化论批判了程朱"理为主宰"、"理能生气"的观点,指出阴阳五行是天地万物的本原,"气化流行,生生不息"的条理是自然界的根本规律,他认为程朱"理在气先"是"二本"论,陆王的"心即理"也是把人的主观精神从物质中独立出来的"二本"论。他说:"天下惟一本,无所外,有血气,则有心知,则学以进于神明,一本然也。"(《孟子字义疏证·理》)由此提出了"血气心知"的人性论。戴震认为"性"是区别事物本质属性的范畴,气化流行生物生人,各有其性,他说:

性者,分于阴阳五行以为血气、心知、品物,区别焉。举凡既生以后所有之事,所具之能,所全之德,咸以为是为其本,故易曰"成之者性也",气化生人生物以后,各以类滋生久矣……在气化曰阴阳,曰五行……是以及其流行,不特品物不同,虽一类之中又复不同。(《孟子字义疏证·性》)

这样,戴震从阴阳气化流行说明万物种类不同,类中又有不同。接着他又指出,植物有气运生命而形不动,动物有血气皆形能动。但是动物中的知觉又有不同,虫鸣为候,鸡鸣为晨,它们的感觉是声而应之。鸟能反哺,雎鸠有别,蜂蚁群体,豺獭祭兽,都是各成其性,似乎有仁义之情,实际出于本能。只有人能把知觉扩充为神明,懂得仁义礼智,有道德理性。"人之异于物者,人能明于必须,百物之生各遂其自然。"(《孟子字义疏证·理》)

戴震认为人性包括欲、情、知,三者都是血气心知之自然。他说:"人生而后有欲,有情,有知三者,血气心知之自然也。给予欲者,声色臭味也,而因有爱畏。发乎情者喜怒哀乐也,而因有惨舒。辨于知者,美丑是非也,而因有好恶。……是皆成性也。"(《孟子字义疏证·才》)戴震把血气的生理活动与心知的心理活动相结合作为人性的基础。他所说的性不是宇宙本体,而是自然的血气心知,他所说的心也不是体用之心,而是自然的知觉之心,这就从根本上破除了宋明理学的心性本体论。因此,他的欲、情、知三分法接近于西方近代心理学的知、情、意观点。他认为声色味嗅的欲望引起的爱畏导致喜怒哀乐之情,对感情的分辨引起美丑是非的认识活动,这样从生理、心理到认识产生一系列的心理活动。因此,他认为道德感情也来源于生理欲望。例如,乍见孺子将入于井,产生恻隐之心,是因为人人都有怀生畏死之心。饮食男女感于物而动,是羞恶、辞让、是非的基础,离开了人欲和血气心知就根本谈不上仁义礼智,人心之所以异于禽兽,就在于人能用道德控制欲望(《孟子字义疏证·性》)。

戴震实际上是自然主义的心性合一论者。一方面他以血气心知为"性之实体",另一方面他又把人的心理活动分为欲、情、知。作为人性的知是指自然生理、心理知觉,包括欲与情。作为分辨情欲的知,则是理智。因此先于自然血气心知是后天欲、情、知心理活动的基础。戴震从"血气心知"的人性论提出了由感性到理性的认识论和道德修养论。他认为:"味也,声也,色也在物,而接于我之血气;理义在事,而接于我之心知。"客观的味声色通过口、耳、目的感官接于我的血气而能取悦于我,是美感的作用。理义通过心接于我的心知而能为我利用,是因为其道理在事物(《孟子字义疏证·理》)。这样戴震就从主客体关系上分析了情欲和道德来源,并且进一步提出"博学、审问、慎思、明辨而后笃行,行其人伦日用而不蔽"(《孟子字义疏证·权》)的修养方法。

戴震还把"致知格物"解释为审查事物而得其实,经过心思贯通,求物之理,决定是非善恶,施及天下国家,而谓"致其知"(《原善》卷下)。他还把公众的一致意见作为天下万世之同然的道理,这显然带有主观真理论的成分。总之,戴震血气心知的人性论和欲、情、知的三分法,以及必然寓于自然的理欲观,是对宋明理学心性本体论的批判,他的自然主义倾向带有近代启蒙主义思想的进步意义。

二、必然寓于自然之中的理欲观

戴震认为"欲"是血气之自然,口之于味,耳之于声,目之于色,鼻之于嗅,四肢之于安逸,都出于自然,人要生活就必须满足生理要求,这就是欲,是人的自然本性。但是人的欲望又需要理义来控制,这才能无憾而后安归于必然。如果任其自然就会转而流失,丧失自然。因此"归于必然,适完其自然"(《孟子字义疏证·理》)。这种自然与必然的关系类似于自由与必然的关系,他说:"欲者血气之自然。……由血气之自然而审察之,以知其必然,是之谓理义。人如是而后无憾,如是而后安,是乃自然之极则。"(《孟子字义疏证》卷上)所谓"自然"是指人生来就具有的"血气心知"的自然属性;所谓"必然"是指人应当遵守的社会道德准则。也就是说,人的感情欲望是"血气心知之自然",对人的自然情欲用道德准则进行调节,就是必然,也就是理义。所以,欲是自然,理是必然,理出于欲,必然出于自然,理是欲的适当满足、调整,因此"必然"是"自然"所达到的最高标准,是人性自然而然的完成。

戴震认为"欲"的过失不在于"蔽",而在于"私"。老庄道家求空无寂灭,提倡无欲,是"私其长生久视,所谓不生不灭者",是以无欲而成自私(《孟子字义疏证·权》)。宋儒惑于老庄无欲之说,宣扬"存天理,去人欲"是扼制了人的正常生理欲望。他认为"蔽"是属于心知的认识论问题,"私"是属于情欲控制问题。"欲"之患不在于"不及",而在于"过",过就会"私而忘人",情之患不在于"过",而在于自省改其失,欲不流于私就是仁,不陷于匿就是义,能发而中节就是"和",这就是天理(《答彭进士允初书》)。戴震一方面指出欲之失在于私,而知之失在于蔽;另一方面又指出无私是无蔽的基础,能够进一步提高人的认识能力。情欲属于人伦,心知属于认识,情欲出于血气,血气之自然必须归结于心知之必然(《孟子字义疏证·理》)。从这种观点出发,戴震认为人性善:"仁者,生生之德也。'民之质矣,日用饮食'无非人道。所以生生者,一人遂其生,推之而天下遂其生,仁也。"(《孟子字义疏证·仁义礼智》)

在理与欲的问题上,戴震对程朱的"存天理,去人欲"进行了猛烈的抨击,成为当时反对封建统治者"以理杀人"的最激进的代表。戴震尖锐地揭示"理"是封建统治者迫害人民的工具。他说:"尊者以理责卑,长者以理责幼,贵者以理责贱,虽失,谓之顺。"(《孟子字义疏证》卷上)那些尊贵的有权势者以理指责卑贱的人,无理也算有理。相反,"卑者、幼者、贱者以理争之,虽得;谓之逆"(同上),地位卑贱的人,即使有理,也是无理。程朱理学所宣扬的"理",是为"尊者"、"长者"、"贵者"辩护的,是借以控制人民的思想和行为的工具。程朱理学割裂理与欲,宣扬"饿死事小,失节事大",是杀人不见血的软刀子。他说:"宋儒程子朱子……辨乎理欲之分……虽视人之饥寒号呼,男女哀怨,以至垂死冀生,无非人欲,空指一绝情欲之感者为天理之本然。""今既截然分理欲为二……举凡民之仇寒愁怨,饮食男女,含宿隐曲之感,咸视为人欲之甚轻者矣。""此理欲之辩,适成忍而残杀之具,为祸又如是也。"(《孟子字义疏证》卷下)戴震控诉了封建统治者用礼教来残杀人民的罪行,反映了人民反抗专制压迫的愿望和情绪,这是有重大进步意义的。

第 九 编

中国近代哲学的精神困惑与探索历程

(1840～1919 年)

近代中国是一个半殖民地半封建社会。1840年爆发的鸦片战争是中国沦为半殖民地半封建社会的开端,在此以前,中国两千多年的封建社会一直是一个独立的主权国家。在此以后,由于清王朝的腐败,中国在鸦片战争、第二次鸦片战争、中法战争和甲午战争中连连失败,外国资本主义则利用"坚船利炮"大举侵入中国,使得中国社会发生畸变,即从封建变为半封建、从主权独立变为半殖民地。这样,中国人民在内继续受着封建主义的压迫,在外又受到帝国主义列强的侵略,生活在水深火热之中。为了民族独立和国家富强,中国人民进行了前仆后继的反帝反封建的斗争。1851～1864年发生了声势浩大的太平天国革命,1898年发生了戊戌变法,1911年发生了辛亥革命。但是,直至1919年"五四"前,这些斗争在整体上都属于资产阶级旧民主主义革命的范畴。因而,1840～1919年这一历史时期,是资产阶级旧民主主义革命酝酿、准备和发生、发展的时期。

中国近代经济的特点表现为:原来微弱的资本主义商品经济和根深蒂固的封建主义自然经济同时并存,而随着西方各国资本的侵入,导致中国近代经济结构出现更加复杂的形态。在此基础上,中国近代社会政治矛盾也极为复杂。但在矛盾联结的总体上,表现为人民大众反对帝国主义和封建主义的阶级斗争。这就决定了近代中国的历史主题是:如何完成反帝反封建的斗争,而寻求中国独立富强的道路。中国人民在斗争实践中认识到:必须向西方学习,才能改变自己的落后面貌。但是究竟如何学习和学习什么,则经历了曲折的认识过程,先后出现过师法其武器,师法其经济,师法其政治等主张。同时,中国人民认识到:中华民族要想自立于世界民族之林,必须发扬自己的民族精神,使古老的民族焕发新的生机与活力。

面对西方近代文化和中国传统文化的冲突,中国近代哲学曾陷入从未有过的精神困惑。一方面,传统哲学不能提供一条独立富强的道路,但又不能割断其思想的历史联系;另一方面,中国人民面临西方列强的侵略,但又不得不向西方学习。中国近代哲学家并没有被这种困惑所束缚,他们一步一步顽强地探索。中国近代哲学所展示的正是这一探索历程。

中国近代哲学先后经历了五个阶段,出现了五种哲学思潮。第一,鸦片战争前后以龚自珍、魏源、林则徐为代表的地主阶级改革派的经世致用哲学思潮。第二,太平天国时期以洪秀全、洪仁玕为代表的革命农民的宗教哲学思潮。第三,洋务运动时期洋务派和早期改良派的哲学思潮。第四,19世纪末以康有为、梁启超、严复、谭嗣同为代表的资产阶级维新派的维新哲学思潮。第五,20世纪初以孙中山为代表的资产阶级民主革命派的哲学思潮。其中社会影响最大的,是中国新兴资产阶级的哲学。中国资产阶级哲学从根本上来说是融合古今中西而形成的新的思想体系。它既不是传统哲学的直接延续,也不是对西方哲学的简单照搬,而是中西哲学、古今哲学的交汇,既具有世界资产阶级哲学的一般共性,又体现中国资产阶级哲学的民族风貌,而在中国哲学的发展中实现了连续性和突破性的统一。具体说来,它有以下几个特征:其一,近代中国资产阶级哲学逐步摆脱了中国传统的哲学框架体系,吸取西方自然科学成果,形成具有机械唯物论特征的近代唯物主义体系。其二,近代中国资产阶级哲学在研讨"变器"与"变道"的关系中,把传统哲学的"变易"观念与西方近代进化论思想相结合,形成有民族特色的变易进化的发展观,并成为贯穿中国近代哲学的一条絜然可见的思想主线。其三,近代中国资产阶级哲学扬弃了传统哲学的知行观念和认识方法,初步建立以西方近代科学为基础的认识论和方法论。其四,近代中国资产阶级哲学力图在传统人性论中输入西方资产阶级天赋人权以及博爱、平等、自由之类的新内容,从而彻底否定"存天理,灭人欲"之类的封建教条。其五,中国近代资产阶级哲学在古今中西文化的碰撞、冲突与交汇融合的过程中,把文化哲学提到了哲学史的日程,这一点与古代哲学有明显的不同。中国近代哲学家共同关注这一方面的问题,使得文化观念成为中国近代哲学的重要组成部分和十分引人注目的新鲜内容。

第一章 龚自珍、魏源的"更法"、"变古"新论

第一节 龚自珍的"更法"哲学

龚自珍(1792～1841年),初名自暹,字爱吾,后更名易简,字伯定,又更名巩祚,字璱人(亦作瑟人),号定庵,晚年又号羽琌山人。浙江仁和(今杭州)人。他出身于一个三世书香官宦之家。自幼深受汉学熏染,曾从外祖父、著名汉学家段玉裁攻文字学。但触目于深重的社会危机,龚自珍不甘心埋首于脱离实际的正统考据学,21岁以后逐渐转而"究心经世之务"。28岁时又从常州今文经学大师刘逢禄研习《公羊春秋》,后又结识宋翔凤,乃毅然背弃原先服膺且具家学渊源的古文经学,欣然接受了今文经学的观点和方法。龚自珍的仕途生涯颇不顺畅,科场屡试不第,在他38岁那年才中进士。此后在京历任内阁中书、宗人府主事、礼部主事司祭行走等闲职官员,始终未受清统治者重视,一生"困厄下僚",抑郁不得志。在他48岁这一年,由于"动触时忌",乃辞官愤然南归。南下后,主讲丹阳云阳书院。他的著作原有《定庵文集》、《定庵文录》等,现有新编《龚自珍全集》。其中《明良论》、《乙丙之际箸议》、《壬癸之际胎观》、《平均篇》、《农宗》、《尊隐》、《己亥杂诗》等诗文,蕴含较为丰富的哲学思想和社会政治观点。

一、冷眼看"衰世"

龚自珍生活的时代,是中国封建社会正在走向崩溃,半殖民地半封建社会行将开始的历史转折期。当他降生之时,"康乾盛世"已走到了它的尽头,社会阶级矛盾和民族矛盾都空前尖锐激烈。官僚、地主、王公贵族肆意兼并土地,而广大农民则承受地租、赋税、劳役诸多沉重负担,濒

临破产的绝境。各地农民起义接踵而起,波浪迭兴。清王朝对知识分子一向采取笼络与压制的两手政策,雍、乾以来更加强了文化专制,屡兴文字狱,而具有一定胆识的知识分子,在"避席畏闻文字狱,著书都为稻粱谋"(《咏史》)的困境中,也在酝酿不满、反抗的情绪。

清王朝当此国内矛盾重重之时,又面临正在崛起的西方资本主义的严重挑战。西方列强以新兴的工业文明和军事实力为依托,用可耻的鸦片走私,敲开了中国的大门。鸦片的输入严重腐蚀着清王朝,统治阶级更加腐败,农民负担更加沉重,民族危机更加深重。总之,龚自珍耳闻目睹的社会现实全然是一片衰败景象,清王朝可谓是内政腐败,外患频仍,内外交困,岌岌可危。

出自历史与现实的感悟,龚自珍指出:历史上各个王朝,都有一个由盛而衰的演变周期,这个周期可以分为三个阶段,即"盛世为一等,乱世为一等,衰世别为一等"(《乙丙之际箸议第九》)。一个王朝的建立,开始总有一段"太平盛世",而后由盛而衰,由治而乱,最终导致王朝的覆灭,而后开始下一轮回周期。在这"三世"演变的周期中,"衰世"就居于"治世"和"乱世"的中间环节。"治世"与"乱世"有着显著的区别,一般人们都可以分辨;至于"别为一等"的"衰世",以及"衰世"和"治世"的区别却不是一般人们可以辨别的了。这是因为,"衰世"在外表上还保留着某些"治世"的表面样态,而实质和内里已经不可避免地衰败。龚自珍以哲人的睿智与敏感,深刻洞察出他所居处的嘉、道之世。单从外表看,"康乾盛世"的某些余辉似乎还在耀人眼目,但清王朝原先拥有的强盛已是明日黄花,当今社会已经面临政治、经济全面危机,"衰世"已经到来。当此之时,他提醒人们要以现实的态度、冷静的眼光,审视出"治世"和"衰世"之不同,他说:"衰世者,文类治世,名类治世,声音笑貌类治世。"(同上)然而这种类似,完全是虚假的表象,是人为粉饰的结果,千万不要被这种表面现象所迷惑。龚自珍论定嘉、道之时为"衰世",决不是危言耸听,而是有着充分的理由和根据的。他列举出当时"衰世"的三大症结:

第一,贫富分化,大不相齐。他在《西域置行省议》中写道:"自京师始,概乎四方,大抵富户变贫户,贫户变饿者,四民之首,奔走下贱,各省大局,岌岌乎皆不可以支月日,奚暇问年岁?"从历史事实来看,当时的中国社会,一方面是士、农、工、商等一般民众生活水准的普遍下降,另一方面还存在着贫富两极分化的基本格局。朝廷重臣的贪污受贿积累财产折银达数十亿两,江南一些大官僚大地主兼并土地多达数百万亩,再加之外国资本主义势力变本加厉地进行鸦片走私,导致白银大量外流,财政拮据。而清统治者又把这种沉重的经济负担转嫁到普通人民身上,致使农村经济普遍破产,城市人民生活朝不保夕,两极分化日趋严重,并且在两极分化背景下形成的社会氛围、社会心理也都是危机重重、触目惊心的。他写道:"贫相轧,富相耀;贫者阽,富者安;贫者日愈倾,富者日愈壅。或以羡慕,或以愤怨,或以骄汰,或以啬吝,浇漓诡异之俗,百出不可止。至极不祥之气,郁于天地之间,郁之久,乃必发,为兵燹,为疫疠,生民噍类,靡有孑遗,人畜悲痛,鬼神思变置。其始,不过贫富不相齐为之尔;小不相齐,渐至大不相齐;大不相齐,即至丧天下。"(《平均篇》)在这段论述中,龚自珍从社会经济的视角,提出一个重要的观点,即认为社会财富分配的"大不相齐",是社会致乱之源。

第二,政治腐败,弊政丛生。龚自珍以犀利的目光,在审视经济生活领域之后,又审视了当时社会的上层建筑领域。他明确指出当时社会政治腐败的状况是非常严重的,他清楚地看到了官僚士大夫苟且、谄媚、寡廉鲜耻的情况,"历览近代之士,自其敷奏之日,始进之年,而耻已存者寡矣。官益久,则气益媮;望益崇,则谄益固;地益近,则媚亦益工",那班达官显贵,更是"知车马服饰、言词捷给而已,此外非所知也"。国家为什么每况愈下,士大夫们为什么谄媚无耻?这些与封建专制有什么关系?龚自珍力图从清王朝封建制度方面的弊病来解答这些问题。他认为,根本原因在于君主专制制度"去人之耻,以崇高其身,一人为刚,万夫为柔"。也就是说,君权太重,臣权太轻,是造成国事日衰的原因。他说,无论干什么事,束缚太多太紧,必然干不好,哪怕是神技如庖丁解牛、伯牙操琴之类,如果"戒庖丁之刀曰:多一割亦笞汝,少一割亦笞汝;伯牙之弦曰:汝今日必志于山,而勿水之思也",则必然一事无成。君主治国的道理也是如此,君主只宜"总其大端",对臣下"但则之以治天下之效,不必问其若之何而以为治",如果事无巨细,统统揽来,"约束之,羁縻之,朝廷一二品大臣,朝见而免冠,夕见而免冠,议处、察议之谕不绝于邸钞",使得群臣无所适从,动辄得咎,那么即使圣如孔子,才如管仲,直如史鱼,忠如诸葛,国家也是绝对治理不好的。其次是官僚机构盘根错节,培养出一大批"豺踞而枭视,蔓引而蝇孳"的腐朽官僚,上下其手,朋比为奸,祸国殃民。

第三,虚文充斥,人才枯竭。龚自珍指出,朝廷崇尚的学问与现实完全脱节。他说,古代所谓"师儒"都做到既通学问,又能治国,道、学、治三者合一。可是"后之为师儒不然",学的都是空疏无用、脱离实际的东西,"生不荷耒锄,长不习吏事,故书雅记,十窥三四,昭代功德,瞠目未睹",这样,"王治不下究,民隐不上达,国有养士之赀,士无报国之日",国事自然越搞越差。同时,科举制度禁锢思想,摧残人才,使得人们"言不由衷","万喙相因",不敢说出自己的真思想,不敢用自己的语言来说自己的思想,整个社会也变成了毫无生气的庸人世界。腐朽的学风造成人才极端匮乏。对此,龚自珍表现了极大的隐忧,他在一首诗中说:"沉沉心事北南东,一睨人才海内空。"(《夜坐》)他指出,人才衰竭的程度是惊人的:"左无才相,右无才史,阃无才将,庠序无才士,陇无才民,廛无才工,衢无才商",甚至"薮泽无才盗"。人才匮乏的原因他认为有三:其一,贤不得用。由于用人不凭贤能,只论资格,"累日以为劳,计岁以为阶","贤智者"就不能越级而上,而"愚不肖者"却能逐步升到高位。结果就必然要造成俞伯牙与南郭先生同列合奏,埋没大量贤才。其二,用不得时。在用人"论资格"的制度下,一般人30岁左右进入仕途,犹需再苦苦挨熬三十多年,才可望升到一品官,其时"齿发固已老矣,精神固已疲矣",即便是德才佼佼者,办起事来也力不从心了。更何况不少人"因阅历而审顾,因审顾而退葸,因退葸而尸玩,仕久而恋其籍,年高而顾其子孙,累然终日,不肯自请去",这就造成用老不用壮的局面,毫无活力和生气。在用人"论资格"的制度下,恰如谚语所说:"新官忙碌石呆子,旧官快活石狮子。"资格不够的新官,虽然勤苦也别想升迁;而资格老的旧官,就像数百年蹲坐于门前的石头狮子那样,即使任事不干,照样清享威福。其三,扼杀人才。在当时,如有"才士与才民出,则百不才督之缚之,以至于戮之。戮之非刀、非锯、非水火;文亦戮之,名亦戮之,声音笑貌亦戮之"。如此种种,必然造成士大夫"尽奄然无生气也"(《明良论》)。

内忧之外,外患还在加剧。早在鸦片战争前17年,他已洞察"近惟英夷,实乃巨诈,拒之则叩关,狎之则蠹国"(《阮尚书年谱序》)。其后他更看到鸦片源源输入,"丧金万万,食妖大行",中国已岌岌可危。在龚自珍看来,清王朝已经病入膏肓,他把当时的社会比做一个无法医治的病人,只有束手待毙。他形容当时的"衰世"的景象是:"日之将夕,悲风骤至,人思灯烛,惨惨目光,吸饮暮气,与梦为邻。"(《尊隐》)他认为,头脑清醒的人对"衰世"的感受甚至比对"乱世"更为痛苦,因为"履霜之屦,寒于坚冰;未雨之鸟,戚于飘摇;痹痨之疾,殆于痈疽;将萎之华,惨于槁木。"(《乙丙之际箸议第九》)就是说,天气刚要变冷时,人们感觉比已经进入严寒季节更不舒服;暴风雨刚来前的飞鸟比已经处在暴风雨中的鸟更惊恐不安;麻木的疾病比生毒疮更不好过;将要枯萎的花比已经死掉的树更为凄惨。龚自珍警告说,有一股新的社会力量行将崛起,他把这股力量称做"山中之民",他说:

> 山中之民,有大音声起,天地为之钟鼓,神人为之波涛矣。(《尊隐》)

到那时,将有很多人先是"早夜号以求治,求治而不得,悖悍者则早夜号以求乱"(《乙丙之际箸议第九》)。总之,他预言一场社会大动荡将要来临。

二、稽古论"更法"

龚自珍对当时社会的现实进行了淋漓尽致的揭露,得出了一个在当时看来十分惊人的结论:或者是改革,或者是灭亡,除此以外,没有第三条路。他直接针对清统治集团拒绝任何改革的顽固态度警告说:

> 一祖之法无不弊,千夫之议无不靡,与其赠来者以劲改革,孰若自改革?抑思我祖所以兴,岂非革前代之败耶?前代所以兴,又非革前代之败耶?何莽然其不一姓也?(《乙丙之际箸议第七》)

> 自珍少读历史书及国朝掌故,自古及今,法无不改,势无不积,事例无不变迁,风气无不移易。(《上大学士书》)

龚自珍接受了西汉今文经学"公羊三世"说的思想,但又对之作了新的解释,他认为,不仅春秋分为三世,而且每天、每年、每一个时代都是"三世",整个社会历史都是"三世"。他甚至进一步把"三世"说作为普通的方法推广使用于万事万物。他说:

> 万物之括数于三:初异中,中异终,终不异初。一饱三变,一枣三变,一枣核亦三变。(《壬癸之际胎观第五》)

并认为"万物一而立,再而反,三而如初"(同上)是事物发展的普通规律。这种说法包含着变化是对立面展开的辩证法思想。但是"三而如初"又导致了循环论。在龚自珍看来,社会历史的发展变化表现为各种不同层次上的循环,"礼乐三而迁,文质再而复"、"三王之道若循环"(《江子屏所著书序》)。但他又认为历史发展的总趋势是不断变易的,所以他很称赞"变",他说:"古人之世,而为今人之世;今人之世,而为后人之世,旋转簸荡而不已。"(《释风》)

"何敢自矜医国手,药方只贩古时丹。"(《己亥杂诗》)龚自珍的稽古更法思想集中表现在他对经济变革和政治变革的设想。《农宗》篇集中表现了龚自珍的经济改革思想。在这篇文章中,他企图按照封建宗法制,即按照血缘关系,把濒临解体的社会划分为"大宗"、"小宗"、"群宗"、"闲民"几个等级,按宗授田。"大宗"(嫡长支)授田百亩,"小宗"、"群宗"授田二十五亩。"大宗"役使"闲民"五人,"小宗"、"群宗"役使"闲民"一人。"闲民"就是佃户。这个方案是在有土地的人中间的"平均",是在地主阶级内部进行适当土地调整,地主对农民的剥削仍然不变。他自夸这个方案的好处是:第一,"宗能收族",能解决当时的流民问题;第二,维持农业与手工业相结合的自然经济,能防止商品经济对封建社会的破坏;第三,土地分配按宗法制原则进行,能限制土地兼并、贫富悬殊,使各封建等级安于本分,互不相侵。实际上,龚自珍的经济改革思想不是把中国向前推进到资本主义,而是企图用落后的宗法制来维持封建主义,使它苟延残喘。因此这个方案是行不通的。

在政治改革方面,龚自珍主张恢复三公大臣"坐而论道"的古制,废除"朝见长跪,夕见长跪"的不尊重大臣人格的朝仪。他要求皇帝"删弃文法,捐除科条,裁损吏议",不再用琐屑的条例去牵制内外大臣,使大臣们有实权。他建议"改功令,以收真才",改变科举取士和以资格取官的制度。龚自珍在"古时丹"中寻觅社会改革方案,只能提出回到三代去的口号,不可能真正找到解决问题的出路。

三、"立反"、"用逆"的矛盾观和注重"自我"的"心力"说

龚自珍的"更法"思想含有一定的辩证法因素,尤其是他的"立反"、"用逆"的矛盾观,有鲜明的个性特征,他认为任何事物有"立"必有"反",有"顺"就有"逆",只有经过"反"和"逆",事物才能正常发展。他说:

> 哀乐爱憎相承,人之反也;寒暑昼夜相承,天之反也。万物一而立,再而反,三而如初。天用顺教,圣人用逆教。……冬夏,顺也。冬不益之冰,为之裘,夏不益之火,为之葛,逆也。乱,顺也;治乱,逆也。(《壬癸之际胎观第五》)

这是说,任何事物都并非孤立存在,必有与之"相依相譬"的相反方面。所以他又说:"万事不自立,相依而已矣;相依也,故有势。万理不自立,相譬而已矣;相譬也,故有辨。相依相譬也,故有烦惑狂乱;有烦惑狂乱也,故有圣智。"(《壬癸之际胎观第七》)他把由矛盾而产生祸乱看做是不可避免的("顺"),而主张发挥救治霍乱的人的能动作用("逆"),所谓"圣人用逆教","有烦惑狂乱也,故有圣智",即人应当发挥以"逆"来治乱的能动性。魏源十分赞赏好友龚自珍这种逆潮流而进的改革精神,说他"其道常主于逆,小者逆谣俗、逆风土,大者逆运会。……能骖宕百世以下之魂魄"(《定庵文录叙》)。这种"魂魄"既体现了历代改革家的历史精神,也反映了鸦片战争时期改革家的时代精神。

按儒家传统的说法,是圣人创造了文化,创造各种社会法度,创造了历史。龚自珍却认为,天地历史都是人创造的。龚自珍所谓创造历史的"人",包括"众人"与"我"。他说:人类社会历史是"众人自造,非圣人所造"(《壬癸之际胎观第一》)。这里的"众人"包含有近代群体思想的萌芽。明确提出社会历史由"众人自造,非圣人所造"是很大胆的,这是一

种带有近代意味的反传统思想。但是这"众人"是由一个个自我组成,它是以我为基础的。他说:

> 众人之宰,非道非极,自名曰我。(《壬癸之际胎观第一》)

因此,所谓历史为"众人自造",归根到底,也即是由"自我"所创造。他甚至把"自我"的创造力加以极度夸大,认为他可以创造宇宙间的一切,说:

> 我光造日月,我力造山川,我变造毛羽肖翘,我理造文字语言,我气造天地……(同上)

很显然,他这里讲的我,指的是个人的主观精神。以为靠个人的主观精神可以创造宇宙万物,这无疑是一种主观唯心主义观点。但是,我们要看到,在中国历史上,把"我"作为第一原理提出来,在哲学上取得如此明确的唯意志论形态,还是从未有过的。而且,他如此推崇"自我",也或多或少地反映了强调个性的要求,透露出一些人文主义思想,具有近代的意义。

当然,这种高扬"自我"的思想也含有夸大主观精神作用的倾向。龚自珍把"人心"、"王心"、"心力"抬到很高的位置。他说:

> 人心者,世俗之本也。世俗者,王运之本也。人心坏,则世俗坏。世俗坏,则王运中易。
>
> 上有五气,下有五行,民有五丑,物有五才,消焉息焉,渟焉决焉,王心而已。(《平均篇》)

他把自然界和社会生活的发展变化,都看成是"人心"作用的结果,在"人心"之中圣王之心的作用尤其重要,这不仅具有明显的主观唯心主义的倾向,也具有唯心史观的色彩。

龚自珍呼唤改革,但需要真正找到变革的主体才能够有效地进行斗争。龚自珍却找不到任何可以依靠的社会力量,从揭露中世纪黑暗、反抗中世纪庸人的自我觉醒出发,结果却走向鼓吹主观精神力量的"心力"说。他强调:

> 心无力者,谓之庸人。报大仇,医大病,解大难,谋大事,学大

道，皆以心之力。(《壬癸之际胎观第四》)

龚自珍从呼唤"风雷"到幻想神秘的"心力"，典型地表明了中国近代启蒙思想家带有共性的思想矛盾：一方面，他们震惊于社会苦难和民族危机，产生变革现实的强烈要求；另一方面，他们找不到变革现实的客观力量，把希望寄托在主观精神——"心力"上。这虽然是缺乏现实力量的弱者的幻想，而唯心主义、特别是佛教唯心主义为这种弱者提供了大量思想材料，可以供其饮鸩止渴。中国近代思想上的许多资产阶级思想家，如龚自珍、谭嗣同、章太炎，都是从呼唤改革始，以皈依佛教终。龚自珍在晚年"尤好西方之书"，西方之书非指西欧文献，而指西印度之佛经。有一首诗反映了他的这种精神状态："吟罢江山气不灵，万千种话一灯青；忽然搁笔无言说，重礼天台七卷经。"(《己亥杂诗》)

第二节 魏源的"变古"哲学思想

魏源(1794～1857年)，原名远达，字默深，湖南邵阳人。出身于下级官吏家庭，自幼勤奋好学。1822年中举，1845年中进士。曾从刘逢禄学《公羊春秋》。与龚自珍同为19世纪中叶地主阶级改革派的进步思想家，时人以"龚魏"并称。鸦片战争前，魏源曾入幕，为江苏布政使贺长龄辑《皇朝经世文编》，"留意经济之学"；助江苏巡抚陶澍筹议海运、水利，参与大计方针；后任内阁中书，广泛阅读清廷所藏典籍档案与官私著作。鸦片战争爆发后，魏源的目光由国内转向世界。1841年曾作为两广总督裕谦幕僚，亲身经历浙江抗英战争。1842年8月中英《南京条约》签订之前，写成《圣武记》，宣扬盛清武功以励人心。后按林则徐嘱托，据《四洲志》及中外文献编成《海国图志》。1853年在江苏高邮知州任内，倡办团练，组织地主武装，对抗太平天国农民起义军，因迟误驿报被革职。此后弃官学佛，1857年病逝于杭州。魏源的著作原辑为《古微堂集》，现有新编《魏源集》。《默觚》为其哲学代表作。

一、师夷制夷[①]，富国强兵

1840年开始的鸦片战争，是近代百年中华民族耻辱的开端，也是先进的中国人觉醒的开端。正如朱执信在后来所说："迄于鸦片战役，中国识书仕宦者，皆不知欧罗巴为何如地，英吉利为何如人……非有鸦片之败，《海国图志》尚不可得出也。"

1842年底《海国图志》问世。魏源在《海国图志·叙》开宗明义便指出："是书何以作？曰：为以夷攻夷而作，为以夷款夷而作，为师夷长技以制夷而作。"

所谓"师夷"，主要是指学习西方资本主义各国在军事技术上的一套长处。魏源认为只有把西方在军事技术上的一套长技学过来，才能抵抗侵略、战胜敌人。魏源反复指出："善师四夷者，能治四夷；不善师外夷者，外夷治之。"(《海国图志》卷三十七）所谓"款夷"，是指平时对待外国资本主义的策略方法。魏源认为：对各国要进行正常的贸易往来，但鸦片走私则应按约禁止。所谓"制夷"，是指抵抗侵略，在军事上能有效的战胜敌人，外交上能取得主动地位。魏源认为"欲制疑患，必筹夷情"（《海国图志》卷二），他猛烈抨击那些对世界蒙昧无知而又狂妄偏狭的顽固官僚，说他们对"通市二百年之国，竟莫知其方向，莫悉其离合"，怎么能靠这些人去"御敌"、"款敌"呢!？由上可见，"师夷长技以制夷"，是魏源从反侵略立场出发，主张在军事技术上师敌之长，补己之短，以"师夷"为手段，以"制夷"为目的的光辉的爱国主义思想，同时含有深刻的辩证思维。

魏源的认识尚不止于此，他深刻认识到："人但知船炮为西夷之长技，而不知西夷之所长，不徒船炮也。""今西洋器械借风力、水力、火力，夺造化，通神明，无非竭耳目心思之力。"(《海国图志》卷一)既然这些先

[①] 应该指出：魏源虽然多次使用"夷"这一词汇，但主要是相沿成习的称谓，而不是狭隘民族主义的表现。他说："夫蛮夷羌狄之名，专指残虐性情之民。……所谓本国而外，凡有教化之国皆谓之夷狄也。……诚知夫远客之中，有明礼行义，上通天象，下察地理，旁彻物情，贯穿古今者，是瀛寰奇士，域外之良友，尚可称之曰夷狄乎？"(《海国图志》卷七十六)

进的工业生产技术是西洋各国"竭耳目心思之力"造成的"有用之物",那就应该把这些"奇技"学过来。魏源不仅主张发展近代军事工业,而且主张发展近代民用工业。他在谈到国内兴办造船工业时指出:"沿海商民,有自愿仿设厂局以造船械,或自用,或出售者,听之。"这是中国近代最早提出的发展民族资本主义工业的主张。魏源满怀信心地认为:西方的先进工艺技术不是高不可攀的,而是可以学到,可以赶上,可以超胜的。只要奋发有为,"励精淬志",必能"师夷长技","反甲西洋"。魏源对中华民族满怀希望,认为"中国智慧,无所不有","风气日开,智慧日出,方见东海之民,犹西海之民"(《海国图志》卷二),表现了民族自信心和放眼世界的胸襟。

在《海国图志》中,魏源不但主张"师夷长技以制夷",注意介绍西方船炮和现代工业的生产技术,鼓吹中国创办民用工业以发展民族资本主义,而且还对西方资产阶级民主政治和国家体制作了最初介绍。他率先冲破"夷夏大防"的祖训,承认西方资本主义国家不仅物质文明比中国优胜,而且连他们的政治制度,也有不少方面值得称颂,从而迈出了近代中国将社会改革与向西方学习联系起来思考的第一步,影响了后来一代又一代注重经世致用、立志改革的人士。难怪其后不久王韬盛赞他:"魏默深师长之说,实倡先声。"

二、朴素辩证法的矛盾观

魏源著有《老子本义》、《孙子集注》,中国古代朴素辩证法思想对他有深刻的影响,他对中国古代辩证法的传统也有深刻的体会。他说:"夫经之《易》也,子之《老》也,兵之《孙》也,其道皆冒万有,其心皆照宇宙,其术皆合天人,综常变者也。"(《孙子集注序》)他认为古老的《易经》、老子的《道德经》以及《孙子兵法》是古代辩证法思想的三大渊薮,源远流长,博大精深。他总结当时国内外矛盾激荡的现象,阐明他的朴素辩证法的矛盾观。

(一)"天下物无独必有对":矛盾普遍性思想。

魏源认识到,无论是自然界,还是人类社会,以及人的思想中都充满了矛盾。他指出"天下物无独必有对",也就是说事物处于矛盾双方的

相互联系之中,没有绝对孤立的事物。他说:

> 天地,是非之域也;身心,是非之舍也;智愚贤不肖,是非之果也;古往今来,是非之场垒也……日相斗战。(《默觚·学篇十二》)
> 一念之中,有屡舜而屡跖者,有俄人而俄禽者;一日之中,有人多而禽少者,有跖多而舜少者;日在歧途两界之中。去禽而人,由常人而善人,而贤人,而圣人,而人道始尽。(《默觚·学篇二》)

总之,在魏源看来,自然、社会和精神领域中,充满了阴阳、寒暑、是非、善恶、奇正、攻守、消长、屈伸、智愚、祸福、安危、治乱、君民、贵贱、贫富之间的对立,从来没有截然独立无对的事物。

(二)"有对之中必一主一辅":矛盾不平衡的思想以及物极而反的思想。

魏源还认识到,矛盾双方的地位不是等同均衡的,矛盾双方有主有辅,他说:

> 天下物无独必有对,而又谓两高不可重,两大不可容,两贵不可双,两势不可同,重、容、双、同必争其功。何耶?有对立中必一主一辅,则对而不失为独。(《默觚·学篇十一》)
> 暑极不生暑而生寒,寒极不生寒而生暑。屈之甚者信必烈,伏之久者飞必决。故不如意之事,如意之所伏也;快意之事,忤意之所乘也……消与长聚门,祸与福同根。……不乱离,不知太平之难;不疾痛,不知无痛之福;故君子于安思危,于治忧乱。(《默觚·学篇七》)

魏源从对立面的主、辅引出的结论是:"故劳心者不劳力,尚武者不修文,文学每短于政事,政事多绌于文学……能两美者,天下无之。"(《默觚·学篇十一》)

(三)"和"与"争":矛盾同一性与斗争性的关系。

魏源认识到,矛盾的同一性和斗争性在事物发展中有不同的作用。他用"和"这个概念揭示矛盾同一性的内涵,用"争"这个概念揭示矛盾斗争性的内涵,他说:

> 气质之性,其犹药性乎?各有所宜,即各有所偏,非锻制不能入品,非剂和众味,君臣佐使互相生克,不能调其过不及。
>
> 两高不可重,两大不可容,两贵不可双,两势不可同。重、容、双、同,必争其功。(《默觚·学篇十一》)

至于用"和"还是用"争",全凭对客观事物的具体把握。魏源特别重视斗争在事物发展中的作用,他把这种斗争称为"逆"。他说:

> 圣人逆情以复性,帝王逆气运以拨乱反治。逆则生,顺则夭矣;逆则圣,顺则狂矣。草木不霜雪,则生意不固;人不忧患,则智慧不成。大哉《易》之为逆数乎!五行不顺生,相克乃相成乎!(《默觚·治篇二》)

经过矛盾斗争,事物才会有发展,事物发展到顶点就会向相反的方面转化。在促使矛盾转化的过程中,魏源注意到了人的主观能动性的重要作用。他说:"人定胜天,既可转贵富寿为贫贱夭,则贫贱夭亦可转为贵富寿。……造化自我,此造命之君子,岂天所拘者乎?"(《默觚·学篇八》)"自我造命"就是自己掌握自己的命运,自己决定自己的命运。在这里,魏源把辩证法思想用来改造人的命运,强调人定可以胜天,发挥人的主观能动性就能改变命运,打破了"天命论"的桎梏。

综上所述,魏源的矛盾观容纳了当时中国社会的现实问题,在中国古代辩证法思想中融入若干近代内容。这些思想显然具有积极意义和进步作用。

三、唯物主义认识论

魏源是个经世致用的哲学家。他从关心中国的实际问题出发,宣传了唯物主义认识论和方法论,作为改革时弊、挽救学风、激发人们发愤图强的思想武器。

(一)关于天赋聪明和后天学习的关系问题。

为了造就富国强兵的实际人才,魏源在同封建顽固派的斗争中,研究了知识和才能的来源问题。他认为人的知识是后天获得的,尽管有的人可能聪明一点儿,有的人笨一点,但知识肯定是学而知之的。他举一例：

> 敏者与鲁者共学,敏不获而鲁反获之,敏者曰鲁,鲁者曰敏,岂天人之相易耶？曰：天人相参也。(《默觚·学篇二》)

他由此得出的结论是：聪明和鲁笨不是一成不变的,是可以转化的。人的才能可以转化:"中人可易为上智",但是要经过努力学习。他所说的"天人相参"含有这样的意思：先天的聪明和愚笨与后天的人为努力是交相为用的,是"天人相参"的。这既没有否定自然差别的存在,又强调了后天的作用。他还认为所谓"圣贤"无非是天资好一点儿,若不加强后天学习也不成其为圣贤,圣人决不是生而知之的,他说："圣其果生知乎？安行乎？孔何以发愤而忘食,姬何以夜坐而待旦,文何以忧患而作《易》,孔何以假年而学《易》乎？"(《默觚·学篇三》)圣人不但要学习,而且比一般人刻苦,此圣人所以为圣人也。在这方面他说过许多精辟的警句："绝世之资,必不如专的之夙习。""人有恒言曰：'学问',未有学而不资于问者也。""独得之见,必不如众议之参同……合四十九人之智,智于尧、禹。"(《默觚·学篇一》)这些见解都坚持了唯物论的反映论,反对了唯心论的天才论。

(二)"及之而后知"的知行学说。

魏源坚持重行的认识路线,强调真知要从接触实际的活动中来。他说："及之而后知,履之而后艰,乌有不行而能知者乎！披五岳之图,以为知山,不如樵夫之一见；谈沧溟之广,以为知海,不如估客之一瞥；疏八珍之谱,以为知味,不如庖丁之一啜。"(《默觚·学篇二》)这就是说行为后知,不行不知,离开实践的空谈高调都不是真知。

魏源强调真知的获得要"亲历练身",他主张进行调查研究,认为"士而欲任天下之重,必自勤访问始"。意思是说,要想担负起天下重任,首先要从调查研究实际情况开始。他说：

> 古今异宜,南北异俗,自非设身处地……自非众议参同,乌能闭门造车,出门合辙也？历山川,但仕游而不考其形势；闵井疆,但观市肆而不察其风俗；揽人才,但取文采而不审其才德。一旦身预天下之事,利不知孰兴,害不知孰革,荐黜委任不知孰贤不肖,自非

> 持方柄纳圆凿而何以哉?(《默觚·治篇》)

这就是说,要熟知各种情况,才能正确解决问题,处理政事。否则从主观臆断出发,必然是方枘圆凿、格格不入,犯主观主义的错误。

(三)"以实事程实功,以实功程实事"的认识标准。

依据唯物主义经验论,魏源又论述了主客观关系。他提出:做事能否成功,要看思想是否正确,所谓"事必本夫心"。然而"善言心者,必有验于事",即是说,客观事物是检验思想正确与否的尺度。法则和制度要靠人来运用,所谓"法必本夫人"。然而"善言人者,必有资于法",即是说,客观法则是人事活动的最后依据。现今的发明要借鉴古代的经验,所谓"今必本夫古"。然而"善言古者,必有验于今",即是说,社会现实生活是衡量古代经验的标准。他最后得出的结论是,只要发扬"以实事程实功,以实功程实事"的求实精神,"去伪、去饰、去畏难",就可以去掉"虚患",人们的认识就能正确,以正确的思想指导行为,中国就可以富强了,"何患攘剔之无期,何患奋武之无会?"(《海国图志·叙》)

四、"变古愈尽,便民愈甚"的历史进化观

为了宣传"变古"思想,他还鼓吹历史进化的观点,同复古主义者进行斗争。

他依据《易传》中的辩证法思想,指出世界上没有永恒不变的事物,所谓"气化无一息不变者",自然现象和社会现象都是如此。

> 三代以上,天皆不同今日之天,地皆不同今日之地,人皆不同今日之人,物皆不同今日之物。(《默觚·治篇五》)

以自然现象而论:古代的湖泊而今变成平原,古代的良田而今又变成荒野;许多动植物,古人以为味美可口,今人则非遇荒年而不食。以社会现象而论:古代有些地区风俗粗野,现在吴越已无文身;古代以刀漆为书而无纸笔,以贝币为货而无白银;古代讲殉葬、车战和肉刑,今人则以为愚蠢而残暴;古有封建、井田,而后则变为郡县。历史总是愈变愈进步,愈变文明程度愈高。秦汉以后的制度总比三代好,后代的制度总比前代强;郡县制胜于封建制,一条鞭法(明税制按亩收税)胜过两税法(唐

制），科举（唐制）胜于里选（汉制），雇役胜于差役。

魏源以为一切的制度、措施都适应着客观需要而变化，他说：

> 租、庸、调变而两税，两税变而条鞭。变古愈尽，便民愈甚，虽圣王复作，必不舍条鞭而复两税，舍两税而复租、庸、调也。乡举里选变而门望，门望变而考试，丁庸变而差役，差役变而雇役，虽圣王复作，必不舍科举而复选举，舍雇役而为差役也。丘甲变而府兵，府兵变而圹骑，而营伍，虽圣王复作，必不舍营伍而复为屯田府兵也。天下事，人情所不便者变可复，人情所群便者则不可复。……履不必同，期于适足；治不必同，期于利民。……五帝不袭礼，三王不沿乐，况郡县之世而谈封建，阡陌之世而谈井田，笞杖之世而谈肉刑哉！（同上）

这里值得注意的是魏源提出"群便"的观点，以是否"便民"、"利民"作为衡量变化是否进步的标准。后世之所以胜于往古，正因为"便民"、"利民"，因此说"变古愈尽，便民愈甚"。这里包含着民本主义的进步思想。

魏源认为历史的发展、进步是必然的趋势，拘泥古法是行不通的。他说：

> 善琴弈者不视谱，善相马者不按图，善治兵者不泥法……读黄农之书，用以杀人，谓之庸医；读周孔之书，用以误天下，得不谓之庸儒乎？……君子学古之道，犹食笋而去其箨也。（同上）

他还说上古的人吃"蟛蜞"，现在人们不吃这种虫子了。古人跪地以坐，现在的人也不这样坐了。古代写字用刀漆，现在不用了。要是今天还"跪地以坐"，"刀漆以为书，贝币以为货"，"成车以战，肉刑以治，不谓大愚，则谓大戾"（同上）。所以"古乃有古，执古以绳今，是为诬今；执今以律古，是为诬古；诬今不可以为治，诬古不可以语学"（同上）。时代是发展变化的，复古主义者要用古代的尺度来衡量现在，就不可能认清当前的形势，这就是"诬今"，就是搞倒退，倒退是不能治理国家的。反之，用今天的标准来衡量古代，要求古人，就不可能正确理解古代的历史，这就是"诬古"，"诬古"是不能研究学问的。对待古代的遗产应该采取分析批判，"食笋去箨"的方法。

魏源还探讨了历史发展趋势的问题。他继承了柳宗元《封建论》中"势"的思想,以为"势"是社会历史的一种必然趋势。他说:"天下大势所趋,圣人即不变之,封建亦必当自变。"(《书古微甫刑发微》)这种客观必然的趋势,犹如长江大河奔腾到海,是不可阻挡、不可逆转的。所以说:"势则日变而不可复者也。"(同上)犹如"江河百源一趋于海,反江河之水而复归之山,得乎?"魏源认为历史发展的必然之"势"是由人群造成的:"人所聚而势生焉。"(《默觚·治篇三》)圣贤英雄的作用就是善于掌握和利用这种"势"。他说:"圣人乘天下之势,犹蛟龙之乘云雾,不崇朝雨天下而莫知谁尸其权。"(同上)如果违背这种"势","强人之所不能,法必不立;禁人之所必犯,法必不行"(同上)。在魏源的进化历史观中,他察觉到"众人"力量的可贵。他说:

> 天地之性人为贵,天子者众人所积而成……人聚则强,人散则尪,人静则昌,人散则荒,人背则亡,故天子自视为众人中之一人,斯视天下为天下之天下。(同上)

这种观点显然是他民本主义思想的自然流露。

第二章 洪秀全、洪仁玕宗教神学外衣下的农民革命哲学

早在鸦片战争前夜,龚自珍就敏锐地感触到封建末世的深刻矛盾,并且呼唤风雷,预言"山中之民"将要兴起,如波涛汹涌,震动中国。龚自珍的预言似乎应验了。但人们迎来的并不是地主阶级改革派所期望的那种变革,而是绵延十多年、纵横十余省的太平天国农民起义。太平天国既是两千年来农民革命战争的发展高峰,也是中国近代开始进入资产阶级民主革命时期发生的一次农民和平民的革命运动,因而不同于以往的农民起义。这次农民起义的领导人主要是洪秀全,晚期领导人主要是洪仁玕。

洪秀全(1814～1864年),原名仁坤,后改名秀全。祖籍广东潮州,后定居广东花县。自幼好学,18岁时被聘为本村塾师。屡试不第,终于同封建科举道路决绝。后来在《劝世良言》的影响下,成为基督教徒,并决定自己建立一种新宗教——"拜上帝会"来组织民众。1851年1月11日,洪秀全率众在广西金田村起义,建立太平天国,自称天王。太平军定都天京(南京)后,先后颁发《天朝田亩制度》和《资政新篇》。他的主要著作有《原道救世歌》、《原道醒世训》、《原道觉世训》等。

洪仁玕(1822～1864年),字益谦,号吉甫,广东花县人,洪秀全的族弟。1843年参与创立"拜上帝会"。1851年到广西桂平,因未赶上太平军,中途折回,以后逗留在香港、上海等地。1858年到达天京(南京),受封为干王,总理政事。他向天王洪秀全提出《资政新篇》,主张学习西方科学技术,革新政治,发展资本主义经济。另有重要著作《英杰归真》。

洪秀全不同于以前的农民起义的领袖,他从西方学到一种宗教形式,创立了"拜上帝会",利用它来发动农民和组织农民。恩格斯在《德国农民战争》中说:"社会的最下层要发展自己的革命势力,要明确自己和社会其他一切阶层对立的地位,要集结成一个阶级,必须从何下手呢?

……所有的起义预言者都用他的忏悔说教来开始活动。事实上,只有猛烈的振臂一呼,只有突然一下抛弃了全部习以为常的生活方式,才能把毫无联系、散居四方、并且从小就惯于盲目服从的农民发动起来。"① 恩格斯讲的是德国的情况,但是中国的情况与此十分类似。洪秀全找到了一种可以把农民集结成一个阶级的方式,即"拜上帝会"。他的"皇上帝"是农民革命意志的化身,而他所谓"阎罗妖"则是清朝封建统治者的代名词,因此他宣传"皇上帝"与"阎罗妖"的斗争,实际上是用宗教语言号召农民群众拿起武器,推翻清王朝的封建统治。

第一节 宗教神学外衣下的农民革命思想

洪秀全的世界观是宗教神学的世界观,他所渲染的太平天国的"皇上帝"和基督教的上帝一样,都是把上帝看做是天上人间的至上主宰。但是,洪秀全只是从西方引进了上帝崇拜的宗教形式,在其宗教神学的神秘外衣下面,却隐藏着农民革命的思想和进步的世界观。

一、宗教神学外衣下的反封建革命思想

在宗教神学外衣下,洪秀全对历代封建帝王进行了严厉的谴责。几千年来,封建帝王一直被神化为"受命于天"的"天子",给他披上了一重神圣的外衣。洪秀全针锋相对地宣布,自秦以后的历代帝王,非但不曾"受命于天",而且是诱惑人们崇拜邪神、背叛"皇上帝"的罪人。他说:"历考中国史册,自盘古至三代,君民一体皆敬拜皇上帝也……至秦政出,遂开神仙怪事之厉阶"(《原道觉世训》),结果使中国"差入鬼路,致被阎罗妖所捉"(《天条书》),实在是罪大恶极。洪秀全又宣布,"皇帝"的称号是"皇上帝"所专有的,秦以后的历代君主盗用这一称号是一种"妄自尊大"的僭越行为,这对上帝来说又是一件不可饶恕的罪过。他斥责说:"耶稣尚不得称帝,他是何人,敢腆然称帝者乎?只见其妄自尊大,自甘永远地狱之灾也。"(《原道觉世训》)因此,他把历代的皇帝贬称为

---

① 《马克思恩格斯全集》第7卷,人民出版社1995年版,第420~421页。

"侯",王贬称为"相",进一步打击了封建帝王的权威。虽然,洪秀全的上述批判并不能深刻、正确地揭露封建帝王的罪恶,但他大胆剥掉了封建帝王身上的神圣外衣,却解放了人们的思想,有力地推动了反封建的革命斗争。

在宗教神学的外衣下,洪秀全和太平天国又特别把矛头直接指向当时的最高封建统治者——清朝皇帝及其整个腐朽政权。洪秀全等人说:"中土十八省之大,受制于满洲狗之三省,以五万万兆之华人,受制于数百万之鞑妖,诚足为耻为辱之甚者。兼之每年化中国金银几千万为烟土……一年如是、年年如是,至今二百年,中国之民,富者安得不贫,贫者安能守法?不法安得不向伊犁、黑龙江、吉林为奴为隶乎?"(洪仁玕《英杰归真》)同时又以"上帝"的名义指出:"天下者,上帝之天下,非胡虏之天下也。衣食者,上帝之衣食,非胡虏之衣食也。子女民人者,上帝之子女民人,非胡虏之子女民人也。"(洪仁玕《英杰归真》)在这里,他们借上帝宣告了太平天国革命的正义性,抒发了广大人民对清朝统治者的愤怒。

在宗教神学的外衣下,洪秀全等人对封建等级制度和男尊女卑的观念进行了批判,宣传了人人平等、男女平等的思想。洪秀全认为,"皇上帝"乃"天下凡间大共之父也","天下凡间人民虽众,总为皇上帝所化所生"(《原道觉世训》),人人都是上帝的儿女。他一再强调:"天下总一家,凡间皆兄弟","天下多男人,尽是兄弟之辈;天下多女子,尽是姊妹之群"(《原道觉世训》),人人应该平等。太平天国规定,妇女和男子一样,可以当兵、做工、参加考试、担任文武职官,可以和男子一样分得土地,政治上和经济上的权利都是平等的。为了解放妇女,太平天国又废除了缠足、娼妓、买卖婚姻等封建恶习。

二、宗教神学外衣下的反孔思想

在中国两千多年的封建社会的历史上,孔子所创立的儒学,既是中华文化的重要内涵,也是封建统治阶级的精神支柱,孔学中的纲常名教长期以来起着束缚人民思想的作用。洪秀全对封建的纲常名教作了有力的批判。在起义前,洪秀全虽然曾砸烂孔子牌位,也批判过孔孟,但儒家思想对他仍有相当的影响。起义以后,随着革命的发展,他对孔孟的批判越来越坚决。《原道救世歌》等文的最初稿本,就明显地表露出儒家思想的烙印,甚至还有称赞孔孟的话,可是后来这些内容被删除了。例如,《原道救世歌》中的"孔颜疏水箪瓢乐,知名安贫意气扬"等,《原道觉世训》中引《中庸》"天命之谓性"等,《原道醒世训》中引《礼记·礼运》关于"大同"的论述等,在《太平诏书》修改本中,均被刊落。洪秀全曾经编造一则神话,在这则神话故事中,洪秀全大胆指责"孔丘教人之书多错",并通过上帝之手对孔丘这位"圣人"进行了无情的鞭挞,让他跪地求饶。这则神话意在剥掉历代统治者披在孔子和孔学身上的神圣外衣。

正是从"妖魔作怪之由"是"孔丘教人之书多错"的认识出发,太平天国以前所未有的声势和规模对孔丘和孔学展开了猛烈的冲击。在大军所到之处,孔庙差不多统统被捣毁。太平军把孔丘及其门人后学的牌位"毁弃殆尽"。在孔庙的旧址"或堆军火,或为马厩","任意作践"(张德坚《贼情汇纂》卷十二)。当1853年革命最高潮时,太平天国的反孔斗争也达到了最高潮。"为使邪说不能生",太平天国明令宣布儒家经典为"妖书","不准买卖藏读","否则问罪"。在科举考试中,又相应废除了几百年来以"四书五经"出题的传统。总之,太平天国的反孔斗争在当时引起了极大的社会震动,也动摇了封建统治阶级统治思想的根基。1854年春,曾国藩率湘军北上,镇压太平天国起义,他首先抛出一篇称做《讨粤匪檄》的文章,文章说:

> 自唐虞三代以来,历代圣人,扶持名教,敦叙人伦,君臣父子,上下尊卑,秩然如冠履之不可倒置。"粤匪"窃外夷之绪,崇天主之教,自其伪君伪相,下逮兵卒贱役,皆以兄弟称之……农不能自耕以纳赋,而谓田皆为天王之田;商不能自贾以取息,而谓货皆为天王之货;士不能诵孔子之经,而别有所谓耶稣之说、《新约》之书。举中国数千年礼仪、人伦、诗书、典则,一旦扫地荡尽。此岂独我大清之变,乃开辟以来名教之奇变,我孔子、孟子之所痛哭于九泉,凡读书识字者,又乌可袖手安坐不思一为之所也。自古生有功德,殁则为神,王道治明,神道治幽……"粤匪"焚郴州之学宫,毁宣圣之木主,十哲两庑,狼籍满地。嗣是所过郡县,先毁庙宇,即忠臣义士如

>　　关帝岳王之凛凛,亦皆污其宫室,残其身首,以至佛寺、道院、城隍、社坛,无庙不焚,无像不灭。

从这篇文章可以看出当时统治阶级对太平天国的恼恨,同时也可以从中透视出太平天国反孔斗争的内容、形式及其引发的社会震动。洪秀全在宗教神学外衣下,反对孔子儒学,他所反对的是封建统治阶级的精神权威,树立太平天国的革命权威,这一点对中国思想界的影响是十分深远的。当然,也应看到:太平天国对孔子儒学缺乏客观、全面的分析,也给中国近代思想界留下重大的文化课题。

三、宗教神学外衣下的朴素辩证法思想

在洪秀全、洪仁玕所宣传的农民革命思想和所提出的农民革命纲领中,还包含一些朴素的辩证法思想和革命观念,尽管它披着宗教神学的外衣,缺乏唯物主义和科学的形态,仍含有宝贵的合理内核。例如洪秀全的《原道醒世训》说:

>　　乱极则治,暗极则光,天之道也。于今夜退而日开矣。……几何乖漓浇薄之世,其不一旦变而为公平正直之世也!几何陵夺斗杀之世,其不一旦变而为强不犯弱、众不暴寡、智不诈愚、勇不苦怯之世也!

洪仁玕在《英杰归真》中写道:

>　　夫云净而月明,春来而山丽,衣必洗而垢去,物必改而更新,理之自然者也。……乃有此慧眼,始能认识新天、新地、新人、新世界也。

在这两段话中,包含着朴素辩证法和革命世界观的萌芽,其要点为:第一,物极必反,世界的变化就是不断的除旧更新和新陈代谢的过程,这是自然规律。第二,物必改而更新,人也要不断地改过自新,"力求自新,转以新民","相与淑身淑世",即通过共同努力来改善自身、改造世界。第三,农民革命要以实现"新天、新地、新人、新世界"为理想,达到"天下一家,共享太平"的美好境界。中国过去的哲学家以为理想社会是尧舜

三代或更古的原始社会,而那是要靠圣人的教化才能恢复的。太平天国讲的"新天、新地、新人、新世界",其理想在未来,而理想要靠群众的斗争来实现。太平天国的这种观念,确实是不同于传统哲学的新思想。

第二节 《天朝田亩制度》的空想农业社会主义思想

1853年太平天国定都天京后,洪秀全颁布了一个包括政治、经济和社会生活等方面内容的革命纲领《天朝田亩制度》。

《天朝田亩制度》的中心是废除封建土地所有制,平分土地。按照"天下皆天父上主皇上帝一大家,天下人人不受私,物物归上主"的精神,《天朝田亩制度》提出"凡天下田,天下人同耕,此处不足则迁彼处,彼处不足则迁此处"的原则。它规定:将天下土地按产量高低分为九等,"凡分田照人口,不论男妇,算其家口多寡,人多则分多,人寡则分寡,杂一九等……好丑各一半"。

在平分土地的基础上,《天朝田亩制度》又提出了一套农业社会主义的社会生活构想。他把太平军中的组织编制搬到社会,规定五家为伍,五伍为两,五两为卒,五卒为旅,五旅为师,五师为军。其中,由二十五家组成的"两"是基本单位。每"两"设国库一、礼拜堂一,由"两"的领导人两司马主持。按照公有、平均的原则实行供给制,《天朝田亩制度》规定:"凡当收成时,两司马督伍长,除足其二十五家每人所食可接新谷外,余则归国库。凡麦、豆、苎麻、布、帛、鸡、犬各物及银钱亦然。"而一切额外开支,如婚娶喜丧则按"通天下皆一式"的标准,向国库领取"钱一千,谷一百斤"。一切"鳏寡孤独废疾"者,"皆颁国库以养"。另外,每家设伍卒一人,在两司马统率下,有警杀敌,无事为农。每家儿童"日至礼拜堂",由两司马施教。"各家有争讼",也由"两司马听其曲直"。《天朝田亩制度》还规定:"凡天下树墙下以桑,凡妇蚕绩缝衣裳。凡天下每家五母鸡,二母彘,无失其时",使每个农家成为自给自足的社会细胞。而"两"则是个自给自足的社会基层单位,每"两"均有"陶冶木石等匠","农隙治事",生产二十五家所需要的东西。《天朝田亩制度》就设计了这样一个公有公享、自给自足、绝对平均,行政、生产、军事、宗教、教育合一的社会组织形式。

以上便是太平天国所描绘的理想社会的图景。他们认为,通过这些就可以实现"有田同耕,有饭同食,有衣同穿,有钱同使,无处不均匀,无人不饱暖"的美好愿望了。

《天朝田亩制度》是中国古代农民土地斗争的最高总结,是中国古代农民关于理想社会的最完整的蓝图。它充分反映了亿万农民长期以来对土地的强烈要求,表达了亿万农民渴望摆脱封建压迫、封建剥削的强烈愿望,因而在当时极大地鼓舞了农民的革命热情。但是,《天朝田亩制度》并没有找到实现农民美好理想的科学方法和途径。它只是从农民阶级的狭隘眼光出发,规划了一个空想的、绝对平均主义的方案。

《天朝田亩制度》的指导思想是农业社会主义思想。所谓农业社会主义思想,就是以小农经济为基础的平均主义思想。它幻想在落后的小农经济的基础上,通过平分财富、废除私有,来建立一个没有压迫、没有剥削的人间天国。然而,要想在小农经济的基础上实现公有是根本不可能的。在绝对平均主义思想的指导下,《天朝田亩制度》不只要求土地平均分配,同时还将一切农副产品、生活资料也平均分配。这就必然挫伤广大农民的生产积极性,因而不能取得农民的一致支持。当时,中国社会的商品经济已经大大发展,新的生产方式即将诞生。而《天朝田亩制度》却要求保持农业和家庭手工业相结合的自然经济,这是违反社会发展的客观规律的。所以《天朝田亩制度》的农业社会主义设想不仅是空想的,同时又带有落后性,在实践中必然碰壁。著名历史学家陈旭麓曾做过实地调查,他说:"我们遍查太平天国十余年的历史,天国兄弟姐妹所经历的地区,从没发现一个半个《天朝田亩制度》式的新村。这不只是因为太平天国的军民一直处于紧张的战争状态,他们来不及做;即使真的要在小农经济的基础上推行这种绝对平均、消灭私有的方案,出现的场面可能并不是生产的欣欣向荣,而是生产的慢性萎缩。天京曾一度废除商业,这造成了军民物资的匮乏,于是很快就恢复了商业,在城内外设了'买卖行'。所以,就实践检验真理的标准来衡量,植根于农业经济的《天朝田亩制度》仍是挂在天边的彩霞,可望不可即。"[①]

第三节 《资政新篇》的带有资本主义色彩的改革方案

《天朝田亩制度》在实际当中无法推行,但是太平天国的农民英雄们并没有就此止步,他们继续探求救国救民的真理。1859年,太平天国又颁布了另一个社会改革方案,这就是洪仁玕草拟的《资政新篇》。洪仁玕以务实精神主张制定方针政策必须"因时制宜,度势行法"。"因时度势",这是洪仁玕提出《资政新篇》的出发点。

当时"时"、"势"的特点是什么呢?第一,从太平天国内部来说,杨秀清争权夺位、韦昌辉发动暴乱和石达开负气出走之后,元气大伤,"事权不一","人心冷淡,锐气减半"。第二,从整个中国和世界来说,欧美资本主义迅速发展,疯狂向外扩张,中国已两次被外国资本主义侵略者打败,这个"文明古国"的落后性已经暴露无遗。对于以上这些事实,洪仁玕是有一定认识的。从这种时势特点出发,洪仁玕提出了他的革新主张。

《资政新篇》的着眼点是学习西方。洪仁玕和洪秀全同是近代向西方寻找真理的先进中国人,因为个人经历的不同,洪仁玕比洪秀全更多地接触到西方的物质文明和精神文明。他对英美等西方资本主义强国十分羡慕,他称英国是"最强之邦",美国"礼仪富足,以其为最"。他总结英美等国富强的原因,一是由于"法善",二是由于"技艺精巧"。所谓"法善"即社会制度先进优越,"技艺精巧"即科学技术进步发达。他认为,西方的各色"技艺","皆正正堂堂之技",是"永古可行"的。他虽然还不能正确认识欧美之"法"的性质,但他凭直观的感觉认为,世界发展的趋势是向英美的方向发展。他认为,中国要想富强,必须向西方学习。

在向西方学习的前提下,洪仁玕在《资政新篇》中提出了二十多条革新方案。其中,最主要的是学习西方,发展资本主义的近代工、矿、交通、金融事业。(1)"兴车马之力"、"兴舟楫之力",使用"火轮车"、"火船,

---

[①] 《天上人间》,见《近代史思辨录》,广东人民出版社1984年版,第239页。

气船","于二十一省通二十一条大路,以为全国之脉络"。(2)"兴器皿技艺",求其"精奇利便",发展近代工业。(3)"兴宝藏",开发"金银铜铁锡煤"等矿产资源,"有民探出者,准其禀报,爵为总领,准其招民探取"。(4)"兴银行",发行纸币,发展金融事业。(5)"兴邮亭以通朝廷文书,书信馆以通各邑家信",发展邮政事业。

在政治设施方面,除加强中央集权外,洪仁玕又主张:(1)设立"新闻官",帮助朝廷了解民情吏治;设"暗柜"(意见箱),吸收群众意见,做到"上下情通"。(2)普遍设立乡官、乡兵,加强太平天国的基层政权建设。(3)"兴新闻馆"(报馆),发行"新闻篇"(报纸),"以收民心公议及各省郡县货价低昂,事势常变",作为了解群众意见、社会舆论和政治经济形势的工具。在人民福利、文化教育、社会设施等方面,《资政新篇》还提出了兴办"学馆"、医院、"跛盲聋哑院"、"鳏寡孤独院"、"禁溺子女"、"禁庙宇寺观"、"禁演戏修斋建醮"、"革阴阳八煞之谬"、"除九流惰民不务正业"等项进步主张。

把《天朝田亩制度》和《资政新篇》加以比较,可以看出:《天朝田亩制度》和《资政新篇》是两幅不同的社会蓝图,前者是农业社会主义的空想,后者则是一个带有资本主义色彩的改革方案。从表面上看,《天朝田亩制度》要消灭剥削、压迫,主张公有公享、人人平均,而《资政新篇》则要保护私有、允许剥削,主张"准富者请人雇工",准"富民"兴业取利,这似乎是个倒退。但从实质上看,《天朝田亩制度》所描绘的理想国是一个永远不能实现的空想,而《资政新篇》所提出的资本主义改革在当时则反映了历史的趋势。《天朝田亩制度》企图消灭封建剥削,但由于其空想性,最后不得不在实际上默认封建剥削;《资政新篇》虽然承认剥削,但它是主张以资本主义的剥削来代替封建剥削,把社会向前推进一步。《资政新篇》所抛弃的,不是《天朝田亩制度》的革命思想,而是其空想性的部分。所以,从《天朝田亩制度》到《资政新篇》是一个进步。洪仁玕经过反复探讨而得到的认识,与其后出现的早期改良主义者王韬、薛福成、郑观应等人的认识是一致的,他们的改革方案也很接近。可以说,洪仁玕是近代中国思想家第一个提出较为完整的资本主义改革方案的人。《资政新篇》在中国近代哲学史、思想史上有显而易见的重要地位。

第三章　洋务运动与张之洞的"中体西用"之学

第一节　洋务运动的社会思潮

我们今天所称的洋务运动在历史上曾经有过很多名目,如"同治中兴"、"同光新政"、"自强新政"等等。洋务运动是19世纪60年代至90年代中国封建统治集团中一部分思想比较敏锐的人士,在镇压太平天国农民起义之后,对来自西方资本主义强大的军事政治压力所作出的一种回应。

早在鸦片战争时期,在前敌作战的中国人就感到了西方强敌坚船的迅速、利炮的声势。身为抗英主帅的林则徐,对这种巨大的压力目睹身受,终身不能释怀。他对中西武器作了这样的对比:"彼之大炮,远及十里内外,若我炮不能及,彼炮先已及我,是器不良也。彼之放炮,若内地之放排枪,连声不断,我放一炮后,须转展移时,再放一炮,是技不熟也。"战场上的优胜劣败才引导出魏源"师夷之长技以制夷"的著名命题,以及他的一整套兵械火器、养兵练兵之法的议论。作为一种时代思想,它又启迪了20年后的洋务运动。

洋务运动是时代的产物。经过两次鸦片战争,中国门户洞开,资本主义列强纷至沓来,老大帝国闭关锁国,孤立于世界之外的时代一去不复返了。在和世界接触的过程中,中国暴露了自己的愚昧和落后,挨打受辱,几乎无以自存。于是有识之士一致呼吁"自立"、"自强",这也是洋务运动之所以能迅速兴起的一个重要原因。曾国藩首倡"欲求自强之道,总以修政事、求贤才为急务,以学作炸炮,学造轮舟等具为下手工夫"。左宗棠也指出:"中国自强之策,除修明政事、精练精兵外,必应仿造轮船,以夺彼族(指洋人)之所恃。"李鸿章说得更多,他清醒地认识到:"华夷混一局势已成,我辈岂能强分界画。"(《李文忠公全集·明僚函稿》卷一《复沈幼丹中丞》)他概括当时中外形势的特点为两句话:"数千年来未有之变局"和"数千年来未有之强敌"(《李文忠公全集·奏稿》卷二十四《筹议海防折》),扼要中肯,发人深思。他一再大声疾呼:"师其所能,夺其所恃。"(同上书卷十九《筹议制造轮船未可裁撤折》)他还强调:"我朝处数千年未有之奇局,自应建数千年未有之奇业。"(同上书卷三十九《议复张家骧争止铁路片》)翻然变计,师敌所长以自强自立。因此,必须讲求洋务。

洋务派的这些感触和认识,逐渐就形成了明确的主张和政策,正如其中枢人物奕䜣所说:"治国之道,在乎自强,而审时度势,则自强以练兵为要,练兵又以制器为先。"(《筹办夷务始末》)在这种思想指导下,从60年代至90年代展开了著名的洋务运动。

洋务运动包罗的内容甚多,但大致而言,其核心或主导的东西可以归为二端,一是建立了一批近代军事工业和民用工业,二是创制了科技、文化、教育方面的诸种近代设施。

以前者而言,1861年曾国藩在安庆建立军械所,1865年李鸿章筹办成立江南制造局、金陵机器局,1866年左宗棠设立福州船政局,1867年崇厚设立天津机器局,这是四家新式军工企业。此外,各省先后办过20个机器局,这些机器局其实都是兵工厂。"求富"与"自强"相伴随,各地又涌现出数十家民用企业。这些企业所引进的大规模机器生产,实则是一种前所未有的新生产力。与此同时,聚集在这些企业中的成百成千的雇佣工人体现了近代新的社会力量。

以后者而言,19世纪60至90年代,西学东渐的步伐加快了,西方文化的影响扩大了,引进了不少西方的物质文明和科学技术,翻译了大量西书。仅以上海江南制造局翻译馆而言,从1868年成立到1880年的12年间,就翻译刊印了西书98种,235本;译成未刊西书45种,142本;销售31111部,共计83454本(《江南制造局翻译西书事略》)。到1907年,累计该馆译书销售总额约在8万部以上。晚清所译西书,内容包括声光化电、天文历算、船炮汽机、矿务技艺、兵制兵学、医农工商、政法律例、史志地理、外事交涉、学校教育等各个方面。从1862年到1893

年,清政府还先后兴办了23所洋务学堂(如京师同文馆、江南制造局机器学堂、福州船政学堂、北洋水师学堂、天津医学堂等),培养了一批外语外事、科学技术和军事指挥方面的人才。

洋务派头面人物有奕䜣、曾国藩、左宗棠、李鸿章、张之洞等人。而作为洋务运动的思想家则前有曾国藩,后有张之洞。他们二人不仅是洋务运动的实际领导者,而且各有一套独立的哲学思想。至于系统总结洋务运动指导思想的,则是张之洞的哲学思想。

第二节 张之洞的"中体西用"之学

张之洞(1837～1909年),字孝达,号香涛,谥文襄,直隶(今河北)南皮人。1863年中探花,此后在北京度过了20年的翰林生活。这期间,他以清流党人而著名,反对李鸿章的外交活动,并以"不谈洋务为高"。但在中法战争中,思想为之一变,从清流党人变为洋务大员,而且政治地位日益增高。1884年由山西巡抚升任两广总督,1889年调任湖广总督。从1889至1907年间,居官两湖约20年之久。在此期间,以兴洋务为己任,其洋务新政包括举办近代工矿企业、练新军、办学校等诸多方面,在全国影响很大。甲午战争后又为之一变,从一个搞洋务的封疆大吏一变而为维新运动的赞助者,但仍与维新派保持很大的距离。1898年4月在戊戌运动逐渐高涨时,张之洞著《劝学篇》,自称:"内篇务本,以正人心","外篇务通,以开风气"。全书宗旨在《会通》篇有明确揭示,即:"中学为内学,西学为外学;中学治身心,西学应世事","旧学为体,新学为用"。该书思想深得朝廷赏识,广为刊布,并译成英文、法文,易名为《中国唯一的希望》。张之洞的后人辑其著作为《张文襄公全集》。

一、不可变者圣道也,非器械也

外国资本主义入侵中国,使中国日益沦为半殖民地半封建社会。中国面临千年未遇之变局和千年未有之强敌,清王朝主权丧失,政治腐败,国势衰弱,张之洞也感到局势严重,他说:"今日之世变,岂特春秋所未有,抑秦汉以至元明所未有也。"即使孔子再世,"亦将因其所遇之时,所遭之变,而为当世法"(《劝学篇·序》)。因此他主张遇此千载难逢的"世变",应对者必须通权达变,"变法"图强。张之洞"变法"的内容是什么？或者说:什么可变,什么不可变？对此他有明确的说法:

> 夫不可变者,伦纪也,非法制也；圣道也,非器械也；心术也,非工艺也。

也就是说,除了两千多年心心相传的孔孟之道、封建的纲常名教和思想意识形态以外,器械、工艺乃至社会治理的形式,都是可以变化的,而且非变化不可。为此,他也提出了一篇"变"的哲学:

> 请征之"经":穷则变,变通尽利,变通趋时,损益之道,与时偕行,《易》义也。器非求旧惟新,《尚书》义也。学在四夷,《春秋传》义也。五帝不沿乐,三王不袭礼,礼时为大,《礼》义也。温故而知新,三人必有我师,择善而从,《论语》义也。时措之宜,《中庸》义也。不耻不若人,何若人也,《孟子》义也。
>
> 请征之"史":封建变郡县,辟举变科目,府兵变召募,车战变步骑,租庸调变两税,归余变活闰,篆籀变隶楷,竹帛变雕版……何一是三代之旧乎？
>
> 请征之"本朝":关外用骑射,讨三藩用南怀仁大炮；乾隆中叶科场表判改五策,岁贡以外增段贡拔贡；嘉庆以后,绿营之外,创募勇；咸丰军兴以后,关税之外抽厘金；同治以后,长江设水师,新疆、吉林改郡县；变者多矣。即如轮船、电线创设之始,訾议繁兴,此时若欲废之,有不攘臂而争者乎？(《劝学篇·变法》)

张之洞在这里使用了与魏源的历史进化论颇为相似的观点和掌故,但他所强调的主要是器物层面和行政层面(即张所津津乐道的所谓"西艺西政")的改革,至于政治制度和思想意识形态的改革,那是必须加以排除的。

张之洞主张:为了改变中国的落后面貌,必须兴"五学"。他把西学分为士、农、工、商、兵五学。士,要废科举,办学堂,学西方科学技术、商务、外交,派留学生出国。农,要采用化学肥料,精制农器,办农务学堂,推广新法耕作,对茶丝棉麻都用机器制作,以抵制外国。工,要搞工业,培养技术人才。商,要设商会,订商律,设商务大学堂。他说:"外国工商两业,相因而成,工有成器,然后商有贩运,是工为体,商为用也。"(《劝学篇·农工商》)兵,要学习西方先进军器、机械的使用,运用西方操练训练士兵的方法,办武备学堂等。还有矿务和铁路。他认为铁路是贯通五学、促进五学发展的工具:"有一事而可以开士农工商兵五学之门者乎? 曰铁路早已。""综观东西洋各国,自三十年来,无不以铁路为急,日增月多,密如蛛网,大国有铁路数十万里,小国有铁路二三万里。""若无铁路,则五方隔绝,坐受束缚,人游行于海上,我痿痹于室中,中华岂有生机乎?"张之洞又认为,各项洋务之中以办报、办学堂、办铁路最为急务,他比喻说:"如人之一身,气脉畅通而后有运动,耳目聪明而后有知觉,心知灵通而后有谋虑。耳目者外国报也。心知者学堂也,气脉者铁路也。"(《劝学篇·铁路》)

在这种思想指导下,他创办了枪炮厂,开办了纺纱、织布、缫丝、制麻四局,兴建芦汉铁路、粤汉铁路,取得一定的实绩和成效。"其时工厂林立,江汉殷赈,一隅之地,足以耸中外之视听。"(张继煦《张文襄公治鄂记》)

兴学才能"益智",才能改变国人愚昧积习。张之洞指出,智是多方面的,士、农、工、商、兵各有其智,"夫政刑兵食,国势邦交,士之智也。种宜土化,农具粪料,农之智也。机器之用,物化之学,工之智也。访新地,创新货,察人国之好恶,较各国之息耗,商之智也。般械营垒,测绘工程,兵之智也"。而关键又在士有智而导农、工、商、兵,故益智首先在益士智。益士智之法,不外游学、设校、译书、阅报四端。譬如办校,"各省各道各府各州县皆宜有学,京师省会为大学堂,道府为中学堂,州县为小学堂","期满以后,考其等第,给予执照。国家欲用其才,则取之于学堂"。又如报纸是博闻之利器,"官报宣国是,民报达民情"。有了报纸,"一国之内为一家,五洲之人如面语"(《劝学篇·益智》)。

张之洞还认识到:向西方学习不仅要学西艺,即西方的技艺、科学;而且要学西方的历史,了解世界的大势;还要学习西政,即"学校、地理、度支、赋税、律例、劝工、通商"。这里所说的西政虽然不是指西方资本主义的政治体制,如开议院、立宪等,但却涉及政、经、军、财、文等各方面的具体政策、措施。他还进一步提出:"西艺非要西政为要。"在这里透露出张之洞在不撼动封建政体的前提下的一种微弱的政治改革要求。

尽管张之洞所谓的变法,只不过是对封建制度不伤筋动骨的小改小革,但张之洞犹恐遭到违圣教圣法的物议,所以他又立中西会通之说,把中学和西学拼接起来,在西学的上面蒙上一层孔孟儒学的灵光。他引中国古事以证西政,如说《中庸》"尽物之性",是西学格致之义;《论语》"教民七年",是武学堂之议;《左传》仲尼见郯子而学,是游学外国之义;《周礼》外朝询众庶,书谋及庶人,是议院之义。张之洞以此证明西艺西政是无悖于圣教的。

二、《劝学篇》的纲领:"旧学为体,新学为用"

(一)"中体西用"论的由来和发展。

梁启超在《清代学术概论》中有一段为学者们经常援引的论述:"甲午丧师,举国震动,年少气盛之士疾首扼腕'维新变法',而疆吏李鸿章、张之洞辈,亦稍和之。而其流行语,则有所谓'中学为体,西学为用'者,张之洞最乐道之,而举国以为至言。"(《清代学术概论·二十九》)从实际情况考察,"中学为体,西学为用"这一命题并非张之洞的一家言,更不是他的首创,而是一个时代的思潮;但是对此说加以系统整合,赋予此说以理论形态的,则无疑是张之洞。

"中体西用"说是19世纪60至90年代在中国广泛流行的观念。有人以道器、本末、主辅替代"体用"二字,或以旧学、圣学替代"中学",以新学、洋学替代"西学",用语尽管不同,含义大体相似。张之洞使用的是"旧学为体,新学为用",其含义与"中学为体,西学为用"是完全一致的。

"中体西用"说从初步提出到形成思想体系,经历了一个相当复杂的演变过程,而且在不同的历史时期和不同的政治派别中,人们对它的解释也包含着不尽相同的思想文化内容。

60年代初,冯桂芬在《校邠庐抗议》中主张:"以中国之伦常名教为原本,辅以诸国富强之术。"这可以说是"中体西用"说的胚胎,冯桂芬似亦可以说是此说最初的发轫者。

中法战争以前,"中体西用"思潮沿着两条线索发展。

一条是洋务派的线索。1862年曾国藩认为:"欲求自强之道,总以修政事、求贤才为急务,以学作炸炮、学造轮舟等具为下手工夫。"(《曾文正公全集》,《日记》卷上) 1865年,李鸿章提出:"中国文物制度迥异外洋榛狉之俗,所以郅治保国邦固丕基于勿坏者,固自有在。必谓转危为安转弱为强之道,全由于仿习机器,臣亦不存此方隅之见。顾经国之略,有全体偏端,有本有末,如病方亟,不得不治标,非谓培补修养之方即在是也。"(李鸿章《同治四年八月初一日奏折》)这就是说,西学是"偏端"、是"末","仿习机器"之类只能用以"治标";惟有"中国文物制度",才是"保国邦固丕基"之本,才是"培补修养之方"。从本质上来说,洋务派的"中体西用"说是以西方器械技艺之学为手段,维护封建专制主义的根本制度。

另一条是资产阶级改良派的线索。薛福成在《筹洋刍议·变法》中称:"今诚取西人气数之学,以卫吾尧舜汤文武周公之道。""气数之学"即器物层面的文化,"文武周公之道"即儒家道统,因此这一说法很典型地表达了"中体西用"的观点。但是,资产阶级改良派随着他们对西方文化认识的深化,随着时代的发展和政治的分野,而和洋务派产生了歧异。王韬在强调"器则取诸西国,道则备自当躬,盖万世而不变者,孔子之道也"的同时,又认为"道不能即通,则假器以通之,火轮舟车皆所以载道以行者也",并且还提出了"当今之世,非行西法则无以强兵富国"的见解。与冯桂芬相比,王韬的认识已经触及改革中国政治制度的问题,他认为:"一切西法西学皆为吾人目之所未睹,耳之所未闻",既然"西法"能"强兵富国",中国就当"变法以自强"(杞忧生《易言》跋)。中法战争后,洋务新政的破绽和弊病日益暴露,郑观应虽然还在讲:"道为本,器为末,器可变,道不可变,庶知所变者富强之权术,非孔孟之常经也。"(《盛世危言·增订新编凡例》)但其侧重点却是"学校者,人才所由出"。要办好学校,则应"中学其本也,西学其末也。主以中学,辅以西学"(《西学》)。更应注意的是,郑观应又在《盛世危言·自序》中,借引淮军将领、曾任两广总督的张树声的话指出:"西人立国,具有本末……其驯致富强,亦具有体用。育才于学堂,论政于议院,君民一体,上下同心……此其体也。轮船、火炮、洋枪、水雷、铁路、电线,此其用也。中国遗其体而求其用，无论竭蹶步趋，常不相及。"并通过按语"诚中的之论也"，曲折地表达了自己要求改革政治体制的愿望。同上述张树声观点相似的，还有郭嵩焘，他在《条陈海防事宜折》中说："西洋立国，有本有末，其本在朝廷政教，其末在商贾。"曾纪泽在《致于日昌》中说："目睹远人政教之有序，富强之有本，艳羡之极，愤懑随之。"马建忠在《上李伯相言出洋工课书》中称西方之富强，由于"学校建而志士日多，议院立而下情可达，其制造、军旅、水师诸大端，皆其末焉者也。"这说明早期资产阶级改良派对西学的认识深化了，对中西文化的对比也深化了。而这一层是洋务派不愿触及的。

甲午战争之后，"中体西用"仍然是流行的思潮。例如1895年4月，沈毓桂在上海《万国公报》发表的《救时策》一文提出："今宜于各省会设西学大书院"，"聘泰西通儒"任监院，其办学方针，"宜以中学为体，西学为用"。这是首见于报章之"中体西用"口号。1896年8月，工部尚书孙家鼐在《议复开办京师大学堂折》中也谈到："今中国京师创立大学堂，自应以中学为主，西学为辅；中学为体，西学为用。"这是在奏折中第一次见到"中体西用"的提法。然而，不管沈毓桂还是孙家鼐，都只是在谈及办学时，提到这一命题。甚至梁启超在他所代拟的《京师大学堂章程》中也说："夫中学体也，西学用也，二者相需，缺一不可，体用不备，安能成才？"此言主要是针对办学方针而言的，但即使如此，亦可见"中体西用"是如何深入人心的，人们稍不留神就把这句"流行语"脱口而出。不过还得承认在哲学思想上，梁启超仍是主张全变、大变，即变封建的中国为资本主义的中国。

由此可见，"中体西用"的思想是19世纪60年代至90年代洋务派、早期改良派共同的主张和口号。甚至可以说，在当时凡谈时务、讲西学者，无分朝野，大率皆不出"中体西用"的范围。如欲仔细分辨，则洋务派人物多属在朝的当权人物，早期改良派和其他谈时务的人士多数不居于庙堂，后者是附从于前者的。洋务派多是"中体西用"论的实施者，早期改良派多是"中体西用"的理论倡导者。言论先行，实施随之，实施的成败得失，言论家又往往是敏锐的批评者。至于后期洋务派领袖张之洞，则自觉地把这两种角色一并承担起来：一方面他赋予"中体西用"说系统化、理论化的色彩,使之更加普及,更加深入人心,成为洋务运动的纲领;另一方面他又把这一口号付诸实施,变成洋务运动的实践。难怪提起张之洞,提起《劝学篇》,人们就会立刻联想到"中学为体,西学为用"这一命题。

(二) 张之洞对"中体西用"论的整合。

早期洋务派和早期改良派人士都持有"中体西用"论的见解,但谁也没有像张之洞那样把这一观点发挥得如此淋漓尽致,把这一理念整合得如此完整系统,他说:

> 新旧兼学:四书五经、中国史事、政书、地图,为旧学;西政、西艺、西史为新学。旧学为体,新学为用。(《劝学篇·设学》)

这应是一个最基本的提法。在这一提法中他似乎主张中西合璧,新旧兼综,不偏不倚,折中至当。同时他还把"新学"、"旧学"的具体内容划分得一清二楚。但是在表面的公允中,"体"、"用"之分仍显示出缓急轻重之不同。

在新旧兼综中为何要致力于"西学"?他说:"知外不知中,谓之失心。知中不知外,谓之聋瞽。夫不通西语,不识西文,不译西书,人胜我而不信,人谋我而不闻,人规我而不纳,人残我而不见,非聋瞽何哉?"也就是说:不懂"西学",在中外民族斗争中被侵略,被欺凌,吃了大亏还盲然无知,岂不是可悲吗?他又说:

> 中学为内学,西学为外学;中学治身心,西学应世事,不必尽索之于经文,而必无悖于经义。如其心,圣人之心;行,圣人之行。以孝弟忠信为德,以尊主庇民为政,虽朝运汽机,夕驰铁路,无害为圣人之徒也。(《劝学篇·会通》)

这就是说,精通"西学"、广用"西器",多得便利,只要在思想深处笃尊圣人之道,仍不失为圣人之徒;或者说,圣人之徒,也要懂得"西学"、"西器",才能有效地应接世事,否则也难免被新的世界潮流所弃。

在新旧兼综中为何要不忘情于"中学",而且要"先通中学"?他回答说:

> 讲西学必先通中学,乃不忘其祖也。(《劝学篇·序》)
>
> 今欲强中国,存中学,则不得不讲西学,然不先以中学固其根柢,端其识趣,则强者为乱首,弱者为人奴,其祸更烈于不通西学者矣。(《劝学篇·循序》)
>
> 今日学者,必先通经,以明我中国先圣先师立教之旨,考史以识我中国历代之治乱。……然后择西学之可以补吾阙者用之。(同上)

这就是说,不好好研习"中学",就会犯"根柢"性、方向性的错误,"西学"懂得再多,难免借寇兵而资盗粮,其祸害就更加严重。由此不难看出,张之洞在"会通中西,权衡新旧"的名义下,有着"以新卫旧"的深层目的。

我们再深入考察所谓"中学"的具体内容是什么?在张之洞看来,就是"圣人之教"、"孔门之学"。他说:

> 孔门之学,博文而约礼,温故而知新,参天而尽物;孔门之政,尊尊而亲亲,先富而后教,有文而备武,因时而制宜。孔子集千圣,等百王,参天地,赞化育,岂迂陋无用之老儒,如盗跖所讥墨翟所非者哉!

由此可见,所谓"中学",基本就是孔学、儒学。他认为孔学集百家之长,黜百家之弊,是最好的学问,他说:"盖圣人之道……要归于中正,故九流之精,皆圣学之所有也;九流之病,皆圣学之所黜也。"(《劝学篇·宗经》)

正因为他对孔学与其他九流百家之学有如此高下不同的看法,故他对各家基本上均持屏弃态度。他认为,老聃"尚无事则以礼为乱首,主守雌则以强为死徒,任自然则以有忠臣为乱国",是诸子中"最为害政害事而施于今日必有实祸者",他说:"独老子见道颇深,功用较博,而开后世君臣苟安误国之风,致陋儒空疏废学之弊,启猾吏巧士挟诈营私软媚无耻之习,其害亦为最巨,功在西汉之初,而病发于二千年之后。是养成顽钝积弱不能自振之中华者,老子之学为之也。"(同上)庄周"齐尧桀,黜聪明,谓齐之亡不足以为亡,楚之存不足以为存";《列子·杨朱篇》"惟纵嗜欲,不顾毁誉";《管子》"谓惠者民之仇雠,法者民之父母,其书羼杂伪托最多"；墨翟"除兼爱已见斥于孟子外，其《非儒》、《公孟》两篇，至为狂悍，《经》上、下，《经说》上、下四篇，乃是名家清言"；荀况"虽名为儒家，而非十二子，倡性恶，法后王，杀诗书，一传之后，即为世道经籍之祸"；申不害"专用术，论卑行鄙，教人主以不诚；韩非用申之术，兼商之法，惨刻无理，教人主以不任人，不务德；商鞅暴横，尽废孝弟仁义，无足论矣"（以上引文均出自《劝学篇·宗经》）。如此看来，则老聃、庄周、杨朱、管仲、墨翟、荀况、申不害、商鞅、韩非以及《吕氏春秋》、《晏子》、《战国策》和孙吴、尹文、慎到等诸家的学说，都不是孔学，均不属张之洞所谓"中学"之列。这种观点简直就是董仲舒"罢黜百家，独尊儒术"的翻版！不过董仲舒的"春秋大一统"原则在汉初仍然起到了一定的进步作用，而张之洞的儒家大一统思想完全是一厢情愿、不合时宜的臆想。

张之洞还大力张扬自韩愈以来为历代道学家一再鼓吹的道统，他说：

孔子诛乱贼，孟子明仁义，弟子布满天下，而周祚延二百余年。……至西汉而儒术大兴，圣道昭明，功在万世。东汉末造，名节经学最盛……曹魏迄隋，江北皆尚郑学，故北朝兵事纷纭，而儒风不坠。……唐韩子推明原道，攘斥佛老，尊孟子……至北宋而正学大明，学统文体，皆本昌黎，由是大儒蔚起……国脉既厚，故虽弱而不亡。宋儒重纲常，辨义利，朱子集其成。……明尚朱学，中叶以后，并行王学，要皆以扶持名教，砥厉气节为事……明祚以延。（《劝学篇·同心》）

这里充满对儒学道统历史作用的夸张、美化。退一步说，即使传统儒学有着不可替代的历史作用，其作用毕竟是在传统农业宗法社会中发生的。居今之世，东西冲突，社会动荡，经济政治转型，儒学道统还能延续其历史作用吗？显然是不能的。张之洞还企图靠儒学道统来延续"大清"的"国脉祚祀"，更是完全的梦呓。不出十数年他的这种梦呓即为无情的事实所轰毁。张之洞维护儒学道统的主张再一次暴露了他卫道、尊经、征圣、法古的倒退本质。

"中学为体"的本质涵义已如上述，"西学为用"的具体外延也已交待。所谓"西学"只界定在西方"西艺西政"的范围以内,即至多只能学习西方资本主义的技术知识、制造技艺、国际公法知识、商务知识等,而绝不包括西方资本主义的政治制度、政治思想和哲学理念。以今人观念衡之,只能学习西方资本主义文化的器物层面及其背后的科学技术和行政方法,而坚决排斥西方资本主义文化的制度层面和精神层面的内容。他明确表示:

> 不可讲泰西哲学……西国哲学流派颇多,大略与战国之名家相近,又出入于佛家经论之间。大率皆推论天人消息之原,人情物理爱恶攻取之故。盖西学密实已甚……近来士气浮嚣,于其情意不加研求,专取其便于己私者,昌言无忌……假使仅尚空谈,不过无用,若偏宕不返,则大患不可胜言矣,中国圣经贤传无理不包,学堂之中岂可舍四千年之实理,而骛数万里外之空谈哉!(《张文襄公全集》卷五七《筹定学堂规模次第兴办折》)

他认为西方哲学相似于战国的名家思想及佛学经论,其"精辟之理,中国经传多已有之",表现出对西方哲学的无知;"毋需学西方哲学,学之则有大患",则表现了对西方哲学的恐惧心理。因此,"立学宗旨",是以"忠孝为本,以中国经史之学为基,俾学生心术一以归于纯正。而后以西学瀹其智识,练其艺能,务期他日成材,各适实用"(《张文襄公全集》卷六一《厘定学堂章程折》)。这是张之洞的一个如意算盘。其实资本主义文化有其一体性,是不能任意割裂的。张之洞试图以中国之忠孝伦理为体,以西方之知识艺能为用,难怪要遭到严复"牛体马用"的讥评。

(三)倡三纲,斥民权:"中学为体"论的负面内涵。

甲午战争以后,一些维新人士就寻找中国失败的原因,认识到封建君主专制制度是中国落后的深层原因。严复的"辟韩"之论,谭嗣同驳斥三纲、名教之说,梁启超在《时务报》和时务学堂发表的"民权论",都是典型的代表。这些思想遭到封建守旧派的激烈反对,也遭到张之洞的百般反对。

张之洞结合其"中学为体"的论纲,把"三纲"、"四维"、"五伦"俱纳入其体系中,当做神圣的"伦纪"加以捍卫,他说:

> 夫所谓道本者，三纲四维是也。若并此弃之，法未行而大乱作矣；若守此不失，虽孔孟复生，岂有议变法之非者哉！(《劝学篇·变法》)

其实，"三纲"并不是原始儒学思想，而是汉代以后封建地主阶级为强化其统治才提出的观念。然而，正如谭嗣同在《仁学》中所揭示的："独夫民贼，固甚乐三纲之名，一切刑律制度皆依此为率，取便已故也。"这无疑触痛了张之洞，他斥责此种言行为"邪说暴行"，如果"横流天下"，则祸患无穷，他说："吾恐中国之祸，不在四海之外，而在九州之内矣。"因而，张之洞在《劝学篇》中特撰《明纲》篇，他写道：

> 君为臣纲，父为子纲，夫为妻纲，此《白虎通》引《礼纬》之说也。董子所谓道之大原出于天，天不变，道亦不变之义本之。……故知君臣之纲，则民权之说不可行也；知父子之纲，则父子同罪免丧废祀之说不可行也；知夫妇之纲，则男女平权之说不可行也。(《劝学篇·明纲》)

> 三纲为中国诸圣相传之至教，礼政之原本，人禽之大防，以保教也。(《劝学篇·序》)

> 五伦之要，百行之原，相传数千年。更无异义。圣人所以为圣人，中国所以为中国，实在于此。(《劝学篇·明纲》)

"三纲"是封建社会君权、族权、夫权的支柱，与之相适应的就是"忠"、"孝"、"节"、"义"等封建道德。在张之洞看来，如果"三纲"废弛，那么，"民权"、"男妇平权"等"邪说"就会横流，它不仅打乱了封建社会等级秩序，致使"子不从父，弟不尊师，妇不从夫，贱不服贵"，而且会造成"犯上作乱"和"招来外患"。总之，"民权之说一倡，愚民必喜，乱民必作，纪纲不行，大乱四起"。这样，清王朝岂不危在旦夕？

因此他对于废封建伦理道德"三纲"之说，深恶痛绝，他说："近日微闻海滨洋界，有公然创废三纲之议者，其意欲举世放恣黩乱而后快，怵心骇耳，无过于斯！"他深感"废三纲"的资产阶级"新学"对于封建伦理道德的威胁，因此在阐述"中学为体"的思想时，反复提倡"三纲"之说，从而进一步暴露了他的"中体西用"论维护封建专制主义的反动本质。

第四章　康有为的维新活动与哲学思想

康有为(1858～1927年),原名祖诒,字广厦,号长素,戊戌变法后又号更生,晚年自号天游化人,广东南海人。出身于封建官僚地主家庭,从小接受封建正统教育。35岁以前在科场上屡次失意,开始学习和研究西方新思想、新学问。1891年他在广州长兴创办著名的万木草堂讲学、著述。1893年中举,两年后中进士。1888年,他首次上书光绪皇帝,指出民族危亡迫在眉睫,必须变法自强,虽未到光绪手中,但产生了一定的影响。1895年,中日甲午战争失败后,康有为乘在北京参加会试之机,联合各省参加会试的举人上书皇帝,这就是有名的"公车上书"。书中反对与日本签订投降和约,主张变法图强。后来他又连续上书,提出有关变法的建议,直接促成了1898年的"百日维新",成为戊戌变法的领袖。变法失败后,逃亡国外,直到1913年才回国。在流亡期间,康有为坚持君主立宪的主张,反对孙中山所领导的同盟会的反清主张和革命活动。回国后,他逆时代潮流而动,反对民主共和,鼓吹虚君共和,宣传孔教为国教,并在1917年积极参加了宣统复辟,成为历史的笑柄。

康有为早年从朱次琦学理学,喜谈周礼,对陆王心学发生兴趣;后见今文经学家廖平的著作,遂潜心"公羊之说",探讨"三世"进化理论,写成了《新学伪经考》、《孔子改制考》、《春秋董氏学》等著作,奠定了以经学形式议论时政、倡议变法的理论基础。尤其是"两考",在当时的政治思想斗争中发生了重大的影响。康有为著作甚多,其中《内外篇》、《诸天讲》、《大同书》、《新学伪经考》、《孔子改制考》、《戊戌奏稿》、《日本变政记》、《论语注》、《中庸注》、《孟子微》等,是其哲学代表作。

第一节 调和心物的世界观

康有为在接触西学的过程中,学习了西方自然科学知识,如天文学、地质学、物理学、古生物学等。他在建构自己的宇宙观时,曾经表现出一定的唯物主义倾向。他在19世纪80年代撰写的《诸天讲》、《内外篇》中,论及宇宙的形成问题。他说:

> 德之韩图(即康德)、法之立拉士(即拉普拉斯)发星云之说,谓各天体创成以前是朦胧之瓦斯体,浮游于宇宙之间,其分子互相引集,是谓星云,实则瓦斯之一大块也。(《诸天讲》卷二)
> 积气而成为天,摩励之久,热重之力生矣,光电生矣,原质变化而成焉,于是生日,日生地,地生物。(《内外篇·理气篇》)

他认为:自然界开始只有气,经过长久的"摩励",在热、重等力的作用下,逐渐演化为日、月、地球及诸天体。在地球上又经过长时间的逐渐演化,经过"荒古"、"远古"、"近古"几个发展阶段,依次出现草木、鸟兽、人类。

在康有为看来,宇宙万物都基于"气"渐渐演化而成,"气"只具有湿热性或干冷性,是属于物质性的东西。康有为对自然界的这一解释,无疑是一种唯物主义观点。而且,他虽然借用了中国古代哲学中"气"的概念,但他的整个思想,却运用了近代自然科学知识,带有近代的意味。康有为根据这一思想,反对程朱"理在气先"的说法。他认为:"凡物皆始于气,既有气然后有理。"如"有气既有阴阳,其热者为阳,冻者为阴",这阴阳即是气之理。据此,他断定:"朱子以为理在气之前,其说非。"(《万木草堂口说》)

但从康有为的整个哲学体系来看,基本上还是唯心主义的。这一体系可以概括为"以元为本"的世界观。他说:

> 元者气之始。(《康先生口说》)
> 元为万物之本。(《春秋董氏学》卷六上)
> 太一者,太极也,即元也,无形以起,有形以分,造起天地,天地

之始。《易》所谓"乾元统天"者也。天地、阴阳、四时、鬼神,皆元之分转变化,万物资始也。(《礼运注》)

那么"元"是什么?他说:"浩浩元气,造起天地。天者一物之魂质也,人者亦一物之魂质也;虽形有大小,而其分浩气于太元,涓滴于大海,无以异也。孔子曰:'地载神气,神气风霆,风霆流行,庶物露生。'神者有知之电也,光电能无所不传,神气能无所不感。神鬼神帝,生天生地,全神分神,惟元惟人。"(《大同书》)"元气"也就是神气。而这神气也就是"知气也,魂知也,精爽也,灵明也,明德也,数者异名而同实"(同上)。一句话,"元"(或"元气")是属于精神性的东西。而且,他还认为,宇宙万物以及人类都是由"元"产生的,甚至连人的主观精神也是由于"元气之降于人"才具有的,"元"实是一种客体精神。

在康有为的思想里,主观唯心主义成分也很浓重。他认为,人的主观精神——"心",是从"元"中分出来的,它能够像"元"那样支配宇宙万物。他说:"心在身边,为人身之至灵,可以管摄一身;人在天地中,为万物之至灵,可以参赞天地,故人为天地之心也。"(《礼运注》)这也就是说,人凭着"心"可以"参赞天地"。如把"心"加以修养,便可以"天地我立,万化我出,宇宙在我"(《戊戌轮舟中绝笔书及戊午跋后》)。这是十足的主观唯心主义。

康有为认为,所谓人心也既是"不忍人之心"——"仁"。它与"元"相通,"为一切根,为一切源"(《孟子微》卷一)。梁启超论及康有为的哲学思想时,讲了这么一段话:

> 先生(指康有为)之论理,以"仁"字为唯一之宗旨,以为世界之所以立,众生之所以生,国家之所以存,礼仪之所以起,无一不本于"仁",苟无爱力,则乾坤应时而灭矣。(《南海康先生传》)

于此可见,"仁"在康有为的思想中占着何等重要的地位,这又可称为"泛仁论"观念。

第二节 变易进化的自然观与历史观

梁启超在《南海康先生传》中说,康有为的哲学是进化派哲学。康有为进化论理论大抵有两方面的思想渊源。一方面深受中国传统辩证法思想,特别是周易中变易观念的影响。《易传》中"穷则变、变则通、通则久","日新之谓盛德,生生之谓易",是他经常引以为据的古老格言。另一方面则接受了西方自然科学进化论思想的影响。康有为当时已接触到康德——拉普拉斯的星云假说,赖尔的《地学浅释》中关于地层演化的科学思想,以及达尔文的进化论。这两方面思想的结合、升华,就形成他的变易进化的宇宙观和方法论。

康有为讲变易进化的方法大致是这样:他常常是先说一段自然界的变易、生物的进化等等,而后讲人类社会历史问题。如他给陈千秋讲解进化论思想,就是先告以"人自猿猴变出",然后才告以"大地界中三世,后此大同之世,复有三统"。他在万木草堂讲学,仍采取这种讲授方法。他后来给皇帝写的奏章,也往往是先说一段自然界的变易进化,作为他主张变法改良的依据,然后才论及社会进化、政制变迁的问题。

一、变易进化的自然观

在自然观方面,康有为提出"变者天道"的命题。他说:

> 盖变者,天道也。天不能有昼而无夜,有寒而无暑,天以善变而能久;火山流金,沧海成田,历阳成湖,地以善变而能久;人自幼童而壮老,形体颜色气貌,无一不变,无刻不变。(《进呈〈俄罗斯大彼得变政记〉序》)

这里,他是以一些最显而易见的事例来说明:变是自然界一种普遍的规律,无论天、地、人,都不能例外。他还以自己所掌握的天体、地质演化,生物演化的知识,描绘出自然界变易进化的过程。这方面的论述很多。从他的论述中可以看出,他的变易进化的自然观包括以下基本点:

其一,在他看来,自然界是变的,不是不变,也不是有时变、有时不变,而是无日不变、无时不变。他精辟指出"流变之微,无须臾之停也",即是说自然界处在川流不息(流变)的过程中。

其二,他所说的自然界的变,不仅是指天象物象的变化,如彗星、流星的出现,月亮的圆缺,以及昼夜、寒暑、沧桑等等,更主要的是讲宇宙万物(从天体到地球上的物)都有一个从产生到消亡的变化发展的历史过程。他曾说过各种天体都是处在不断的生灭之中。

其三,他所讲的变不是循环的变易,而是指事物从低级到高级的前进运动——进化。他关于生物进化方面的论述最明显地反映了这种思想。

其四,他所说的天道变化的过程不是简单的量变的重复,而是"用其新,去其陈"——新陈代谢的质的更新过程。他认为:"物新则壮,旧必老;新则鲜,旧必腐;新则活,旧必板;新则通,旧则滞:物之理也。"(《上皇帝第六书》)

二、变易进化的社会历史观

自然界是变易进化的,人类社会是不是也如此呢?康有为对这个问题作了肯定的回答。他认为,人类社会生活的各个方面都是不断发展变化的。人类在原始时代,"知识未开,进化甚难,不知经几千万年,而后知火化、铸金、治麻、织丝之事也"。后来,随着时代的进化,"几席易为床榻,豆登易为盘碗,琴瑟易为筝琵,壶漏易为钟表,帆船易为轮舟",到如今,竟"以楼代屋,以电代火,以机器代人力"(《礼运注》)。这些都说明人类社会生活是愈来愈进化的。

关于法度的变化,他结合我国的历史经验指出:"前以周为一体势,汉为一体势,魏晋至今为一体势,皆千数百年一变。后之必有变化,可以前事验之也。"(《泛舟双楫》卷一)可见"法度"即社会政治制度是随着时代的不同而变化的,而且他们的变化是分阶段的,大体是"千数百年一变",这是就较大的变化而言。如以较小的变化而言,则是"随时可见,因此应该随时而立义,时移而法亦移"(《日本书目志》序)。

他把这种见解运用于当前的变法活动,明确提出:"法既积久,弊必丛生,故无百年不变之法。"(《日本书目志》第六节)他针对封建顽固派

祖宗之法不可变的论调,指出:"若祖宗之法不可变,则我世祖章皇帝何尝不变太宗文皇帝之法哉?"(《日本书目志》第二节)

他进而提出一种"全变"的主张。康有为所谓"全变",就是从经济、政治、文化教育和科学技术等方面向西方资本主义国家学习,变封建主义的中国为资本主义的中国。否则中国将面临亡国灭种之危,这是他观察世界形势得出的合乎实际的结论:

> 观大地诸国,皆以变法而强,守旧则亡;观万国之势,能变则全,不变则亡;全变则强,小变仍亡。(《日本书目志》第六节)

他还提出"三不可":

> 今日不变新,则不可;稍变而不尽变,不可;尽变而不兴农工商之学,不可。(《日本书目志》序)

可见,"三不可"精神的核心仍是强调变革的全面性和彻底性。

他还从"变器"、"变事"、"变政"、"变法"四者的关系去说明变法不单单是枝节性的"变器",而必须进行包含"国宪"在内的根本性的改革:

> 购船置械,可谓之变器矣,不可谓之变事;设邮便,开矿务,可谓之变事矣,未可谓之变政;改官制,变选举,可谓之变政矣,未可谓之变法。(《日本变政考》卷七)

> 政变全在定典章宪法。(《日本变政考》卷九)

显然,他的"全变"观点包含有质变的因素。这种全变、质变的思想,落实在政治上,就是希图改变封建君主专制制度,建立一个"君民共主"的立宪制的资产阶级国家。在这个国家里,"三权分立",成立十二个行政部门,分别处理国家事务。他把这看做自己变法的目标。所有这些,都表现了他的思想确乎富有朝气蓬勃的青春气概,闪耀着辩证法思想的光芒。

三、变易进化的动力根源

康有为的辩证法思想还接触到辩证法的核心和实质——对立统一规律,可以说这是他变革思想的更深刻的思想源泉。他看到了事物矛盾

"对争"的普遍性和绝对性,认为矛盾法则贯穿到一切事物之中:

> 理皆有阴阳:则气之有冷热,力之有拒吸,质之有凝流,形之有方圆,光之有白黑,声之有清浊,体之有雌雄,神之有魂魄——以此八统物理焉。(《论语注》)

这个思想中有旧的形式,也有新的内容。"理皆有阴阳",以"阴阳"概括事物的矛盾,这是传统的辩证法矛盾学说。但他所论述的"物理"的八个方面:气、力、质、形、光、声、体、神,却包括一些声、光、力、电等新内容。在他看来,物理现象、化学现象、生物现象和精神现象等方面,都存在着矛盾。

他注意到矛盾同一性和斗争性在事物中的不同作用。他说:

> 物不可不定于一,有统一而后能成;物不可不对为二,有对争而后能进。(同上)

矛盾同一性的作用表现在,它是构成事物、构成矛盾的前提,这就是所谓"有统一而后能成"。矛盾"对争"的作用表现在,由它构成事物发展的动力,这就是所谓"有对争而后能进"。

他还谈到对立面转化问题。他认为矛盾双方通过斗争而促使事物的转化。他以"强"和"弱"、"盛"和"衰"为例,说明通过变法就可以使矛盾转化。日本是小国,但经过明治维新,由弱小到壮大。土耳其是大国,原已跨有欧亚两洲及非洲北部之地,但经俄土战争和巴尔干四次战争,国土丧失很多,由于不敢变法,由强盛转为弱小。事物都是要转化的:"不能强则弱,不能大则小,不能存则亡,无中正之理。"(《日本书目志》序)

康有为的矛盾观的树立,促使他观察事物、预见事物具有一定的深刻性。他用矛盾普遍性的观点看待国际事务,敏锐地觉察到帝国主义侵略的必然性。预料到人类即使进入大同之世也会有矛盾。他用矛盾斗争是事物发展动力的观点看问题,认识到社会惟其有争才能进化,"不争将苟且退化"。认识到新旧势力不能和平共处:"新政初行,必为守旧者所不利,必出死力以阻挠之。"康有为的眼光是锐利的,可惜他所属的阶级的力量是不足的,他在理论上是清晰的,但在实践上却不得不宣告失败。这是改良主义政治理论家的悲剧所在。

第三节　大同思想与人道哲学

梁启超在《南海康先生传》中说："先生之哲学,博爱派哲学也。先生之论理,以'仁'字为唯一宗旨,以为世界之所以立,众生之所以出,家国之所以存,礼义之所以起,无一不本于'仁'。苟无爱力,则乾坤应时而灭矣……先生之论政论学,皆发于不忍人之心。"这是深得要旨的评论。康有为的人道博爱哲学,在《大同书》中得到了充分的表现。

《大同书》的前名为《人类公理》,写于1885年。初稿写成之后"密不示人",只是对他的学生讲述其意,当时只有在万木草堂就读的梁启超、陈千秋少数人看到其中部分内容。1913年,康有为在他本人主持的《不忍》杂志上发表其中甲乙两部分内容。至1935年,康有为去世后的8年,该书才以全貌出版问世。《大同书》虽然成书较晚,但其基本思想早已定型。其所表达的理论,是为了寻求人性解放而提出的新的资产阶级人性论。

"大同"二字,源于《礼记·礼运》："大道之行也,天下为公,选贤与能,讲信修睦……是谓大同。"这原是古代儒家假托孔子之口,对已经成为历史的"天下为公"社会的描述。康有为以"大同"为书题,明确表示了他对"天下为公"社会的向往。

《大同书》分十部五十九章,二十余万言,他的思想表现在对现存社会的批判和对未来"大同"远景的规划两个方面。全书不但内容集中,就连十部的题目也很鲜明,一目了然。如:《去国界合大地》、《去级界平民族》、《去种界同人类》、《去形界保独立》、《去家界为天民》、《去产界公生业》、《去乱界治太平》、《去类界爱众生》、《去苦界至极乐》。"去某界"的前提就是对现存世界的否定,"去某界"的归宿则是对未来的设想。

首先,在《大同书》中,康有为把落后的封建制度视为人世苦难的根源之一。他把世界描绘成一个无处不苦、无人不苦的大苦海,什么人生之苦,人道之苦,人情之苦,人治之苦……共罗列了38种之多。他认为造成这些苦难的原因是多种多样的,有的是因为科学不发达,有的是因为政治制度不好,有的是因为传统的风俗习惯所致等等。在政治制度方面,他较多地抨击了封建的专制制度。

在三十八苦的第一苦"投胎之苦"中,康有为就认为:不管是奴隶之子,还是帝王之子,不管是穷人之子,还是富室之子,他们"同是天子,是为同胞",在人格上本应平等。可是在事实上,他们出世以后,有的贱若蝼蚁,有的贵极天帝,有的贫为乞丐,有的富比陶朱,这是什么原因呢?就是因为"灿然列级"和世袭的制度造成的。他对此愤愤不平,"呜呼,悲悯之仁人,若之何为兹少数,而坐令无涯多数之人物,同罹无量之厄灾,而不思所以救之欤?"(《大同书》)显然,在康有为看来,许多苦难的造成,不在于这些遭苦受难的人们本身,而在于这些人们所降生于其中的不平等的社会。

康有为在诉说人生的"夭折之苦"、"野蛮之苦"、"水旱灾荒之苦"、"疫疠之苦"等各种灾难的时候,也不时地把它们与落后的封建制度联系起来。在讲"夭折之苦"的时候,他认为"夭折"与"人事不修"有极大的关系,人事不修的根源则在于国政不好,"今各国政日改良,夭民岁少矣。"(同上)在讲"水旱饥荒之苦"时,他写道:"今者欧美铁路既通,运输较捷,水利渐启,树木既多,雨泽渐匀,泛滥渐少,就有水旱而以铁道移粟以饲之,民命尚易保全,此进化之功也。"(同上)在讲到"疫疠之苦"时,他说:"欧美之都会,市廛辐辏,户口百万,然其街衢广阔,种植树木,沟渠清疏,不留微秽,房室疏广,窗户开通,凡猥秽尘旧腐败之物皆弃之不留,洒扫净洁,故疫气亦鲜少焉。"(同上)就是说,政治制度的优劣,文明程度的高低,与苦难的轻重是成正比例的,良善的制度,可以防止或减轻自然灾难。

其次,在《大同书》中,康有为严厉地批驳了封建的"三纲"。他从资产阶级个性解放思想出发,明确指出,封建"三纲"对于人的束缚比牢狱还厉害。他写道:"君臣也,夫妇也,乱世人道所号为大经也,此非天之所立,人之所为也。而君之专制其国,鱼肉其臣民,视若虫沙,恣其残暴;夫之专制其家,鱼肉其妻孥,视若奴婢,恣其凌暴。在为君为夫则乐矣,其如为臣民为妻者何!"(同上)他认为封建"三纲"完全背离了天赋人权的公理,他说:

> 人者，天所生也，有是身体，即有其权利，侵略者谓之侵天权，让权者谓之失天职。男与女虽异形，其为天民而共受天权一也。人之男身，既知天与人权所在，而求与闻国政，亦何抑女子攘其权哉？女子亦何得听男子擅其权而不任其天职？……以公共平等论，则君与民且当平，况男子之与女子乎！（同上）

再次，在《大同书》中，康有为在设计未来大同图景时，处处表现了与封建专制的对立。他设想：大同之世，没有国家，没有君主，没有军队，没有监狱，只有民主选举出来的"公政府"，"公政府只有议员，无行政官，无议长，无统领，更无帝王，大事从多数决之"，"有欲为帝王君长者……皆以大逆不道，第一罪恶，公议弃之"（同上）。大同之世，无等级之分，无种族之别，无贵无贱，无主无奴，无爵位，无教主，人人平等，天下平等。大同之世，家界消失，男女平等，婚姻自由，"不复名为夫妇，只许定岁月交好之和约"，生儿育女，均由公政府抚养。大同之世，土地公有，科学极为发达，生产高度发展，人人参加劳动，人人都有高度的文化教养和高尚的道德品质。大同之世，普天下人都过着幸福美满的生活，衣则华美舒适，寒暑得宜；食则精美丰盛，营养丰富；住则珠玑金碧，玉楼瑶殿；行则电车飞船，敞亮舒适；医则每日医生来视一次，有病住院，无病预防；旅游则有可供迁游之行屋飞船，湖滨山麓，江湄林野，兴致所致皆可纵情玩赏……

总之，封建专制时代一切君主的淫威，官僚的暴虐，父权、夫权的压制，纲常名教、陋规旧俗的束缚，在这里都灰飞烟灭了。正如恩格斯评价空想社会主义思想所指出的那样："以往的一切社会形式和国家形式、一切传统观念，都被当作不合理的东西扔到垃圾堆里去了……只是现在阳光才照射出来，理性的王国才开始出现。从今以后，迷信、偏私、特权和压迫，必将为永恒的真理，为永恒的正义，为基于自然的平等和不可剥夺的人权所排挤。"[①] 这些美妙的想法，客观上反映了广大人民摆脱封建桎梏，追求幸福生活的美好愿望。他所描绘的"大同之世"，绝不

---

① 《马克思恩格斯选集》第3卷，人民出版社1995年版，第720页。

是向原始社会倒退,也不是宗教臆想,而是在人本主义旗帜下,预见一个高度工业化的社会前景和高度文明的社会蓝图。这就远远超过了历代儒者津津乐道的"天下为公"的"大同"社会,也大大超过了洪秀全所描绘的农业社会主义的太平天国,反映了中国资产阶级乌托邦的历史进步性。但是,《大同书》的本质,是基于唯心主义历史观的夸张的空想,在一系列根本问题上离开了社会发展规律,表现了上层资产阶级思想的主观性和政治上的软弱。

康有为的大同思想基于资产阶级自由、平等、博爱观念和资产阶级人性论。他说:"推己及人",乃孔子立教之本;"与民同之",自主平等,乃孔子立治之本(《中庸注》)。康有为用"托古改制"的手段,把孔子铸造为鼓吹近代资产阶级博爱、自由、平等思想之化身。其实,在尊孔、托古的外衣下的近代资产阶级的自然人性论,才是康有为用来"拯救"世界的理论武器。《大同书》正是这一观点的产物。他说:"人生而有欲,天之性也。""人之有四肢五官也,有是体即有是体之欲,此中西人之所同也。"(《大同书》)"人人有欲"正是明清之际早期启蒙思想家的命题,康有为继承和发展了这一思想,猛烈地冲击着"存天理,灭人欲"的封建正统观念。

《大同书》把社会的发展动力归之于"圣人"的"不忍之心",归之于人道博爱,认为制度的变革,文化的革新,社会的进步,全部取决于具有仁爱之心的伟大圣人的作用。他说:"圣人者,制器尚象,开物成务,利用前民,裁成天地之道,辅相天地之宜以左右民,竭其耳目心思焉,制为理乐政教焉。"(同上)康有为不仅认为"圣人"是历史发展的主宰者,同时也把自己说成是天生的圣人,是上帝派发到人间的救世主,他说:"两千五百年,至于小子,而鸿宝发现,辟新地以殖人民,揭明月以照修夜,以仁济天下。"(《礼运注》叙)"吾既生乱世,目击苦道,而思有以救之,昧昧我思,其惟有行大同太平之道哉!"(《大同书》)

康有为以抽象的资产阶级人性论、博爱哲学为基础,试图寻觅一种解决现实社会问题的方案,必然表现为阶级调和论,不可能真正找到实现"大同"的道路,"大同"最终只能落于空想。

第四节　初步的中西文化比较观

康有为原本受中国传统文化的教育和熏陶,青年时代适逢中西文化剧烈碰撞时期,有机会接触到西方资本主义文化。他曾读过《西国近事汇编》、《环游地球新录》和其他一些西方的翻译著作。又亲身去香港游览,见到香港街道整洁,房屋瑰丽,治安严密,治理有序,感到西人治理国家颇有法度,远比陈旧、古老的封建制度优胜,认识到不能再以旧有的观念视西人为夷狄,而应以公允的眼光重新审视。于是,他对中西方文化进行了一些初步的比较研究。

首先,他从文化发生学的角度,探讨了产生、形成不同特质的中西方文化的地理环境背景。

康有为认为,西方地理环境的基本特点是"散":"欧洲山川之散极矣,地中海角,四方之间,其山亦然。"分散和濒海,使西方"古今常为列国,即偶成一统,未几而散为列国焉"。"散"的地理环境,客观上造成文化的开放与辐射的条件,"散者、辟者、仁者皆荡而出外之意",因而就能拓展活动范围,吸收他种文化成就,并立互竞,多元发展。濒海的生存环境,又使人们得以利用条件发展交通来往,促进各民族间的文化交流。

至于中国的地理环境的特点,康有为概括为"截"。所谓"截",系指"崇山树其域,大海面其前",江河阻其地。"截"的地理环境,使中国古今保持一统,客观上造成文化的封闭和内敛,"敛者、专者,皆引而入内之意"(《内外篇·地势篇》)。在交通十分落后的情况下,很难与其他民族文化进行交流。"截"的地理环境,其实就是相对独立的隔离机制,是中国以"静"为特征的农业文化得以绵延的客观基础。

其次,从宏观方面比较中西文化,康有为认为两者之"绝异"者有二:"一曰势,一曰俗。"

所谓"势"之"绝异",指的是中西在社会生活、统治方式方面的差异。康有为指出:"中国自三代以来,为一统之国,地既广邈,君亦日尊。以一君赅万里之地,而又自私之,长驾远驭,势有所限,其为法也守,其为治也疏,听民之自治。……泰西自罗马之后,散为列国,争雄竞长。地小则精神易及,争雄则人有愤心,君虚己而下士,士尚气而竞功,下情近而易达,法变化而日新,此势之绝异也。"(《与洪右臣论中西异学书》)

所谓"俗"之"绝异",指的是中西在社会人际关系方面的差异。西方社会人际关系的上下通达,被康有为看做泰西治道之盛的基本原因,他说:"今泰西之言治道,可谓盛矣,其美处在下情能达。"君臣通、君民通、上下通。人际关系正常顺畅,上下内外没有壅塞阻隔,于是,国事、政事、民事便能举而治之,治而盛之。"君民有平等之俗",男女"同业","无有别议",国事并非由君主一人独断,而是由议院来决定,"以为不可则变之,一切与民共之"。反观"中国之俗,尊君卑臣,重男轻女,崇贵抑贱","重君权,薄民命",由此造成"上下隔塞,民情不通"的严重后果。康有为揭露:"夫以一省千里之地,而惟督抚一二人仅通章奏,以百僚士庶之众,而惟枢轴三五人日见颜。然而堂帘迥隔,大臣畏谨而不敢尽言,州县乡城,小民冤抑而未由呼吁。故君与臣隔绝,官与民隔绝,大臣小臣又相隔绝,如浮屠百级,级级难通,广厦千间,重重并隔。"

"势"与"俗",分别代表着文化内容的两个不同层次或两个不同方面,将它们综合起来比较,使康有为从整体上把握住了中西文化在基本形态上的差别。

再次,康有为还从多侧面比较中西文化观念的不同。1898年他在《为推行新政,请御门誓众,开制度局,以统筹大局,革旧图新,以救时艰折》中,对中西文化在时代上的巨大差异以及相互对立的内容,作了进一步的比较和分析,认为:

> 夫治一统之世以静,镇止民心,使少知、寡欲而不乱;治竞长之世以动,务使民心发扬,争新竞智,而后百事皆举,故国强。
>
> 治一统之世以隔,令层级繁多,堂阶尊严,然后威令行;治竞长之世以通,通上下之情,通君臣之分,通心思,通耳目,通身体,咸令无阻阂,而后血脉流注而能强。
>
> 治一统之世以散,使民不相往来,耕田凿井,不识不知;治竞长之世以聚,令人人会合讲求,然后见闻广,心思扩,有才可用。
>
> 治一统之世以防弊,务在防民,而互相牵制;治竞长之世以兴利,务在率作兴事以利用成务。

"一统之世"的中国封建文化和"竞长之世"的西方资本主义近代文化,有如方之有东西,色之有黑白,天之有晴雨,地之有水陆,时之有冬夏,器之有舟车,"毫发不同,冰炭相反"。贯穿其中并能概括反映它们悬隔的特质,康有为认为是"动"与"静"。康有为指出,"凡一统之世,必以农立国,可靖民心"。所以,就必然出现在观念形态上以"仁"为核心,在社会人际关系上以"义"为特质,"仁"表"义"里,自然成为重要品格。与此相反,"并争之世,必以商立国","以智学相上",强调主观能动作用。"泰西诸国千年并立,以争雄竞长,稍一颓败,削亡立致。势既相逼,不能中立,故事事有相妒相胜之心,人人有相牵相制之意,以此故不甘颓废,精益求精也。"(《光绪二十三年列国政要比较表》)正因为有了这样的认识,他逐渐明确了改造中国传统文化的方向和目标,他热切期望国人从传统文化的束缚中摆脱出来,冲破"静"的社会生活形态,创造符合时代发展要求的新文化。

第五章　谭嗣同的维新意志与"仁学"体系

谭嗣同(1865～1898年),字复生,号壮飞,湖南浏阳人。出生于官僚家庭,少年时受的是封建正统教育,但他却鄙视科举,欣赏颜元、龚自珍、魏源的著作,喜读"船山遗书"。青年时代曾有十载漫游的阅历,熟悉民生疾苦,深知社会积弊。甲午战争后思想发生了急剧变化,力主学习西方,实行变法,从此走上改良主义道路。1895年赴京,求访康有为未遇。由梁启超"语以南海讲学之宗旨,经世之条理","感动大喜跃,自称私淑弟子"。此后成为维新运动的中坚分子。1898年初,谭嗣同返回湖南,积极参加湖南的维新运动,参办时务学堂、南学会、《湘报》等。1898年戊戌变法期间,任军机章京。变法失败后封建顽固派追捕维新党人,康梁出逃,他则表示:"各国变法,无不从流血而成,今中国未闻有因变法而流血者,此国之所以不昌也;有之,请自嗣同始!"(梁启超:《谭嗣同传》)1898年6月28日壮烈牺牲,留下"我自横刀向天笑,去留肝胆两昆仑"的不朽诗句。谭嗣同的哲学代表作是《仁学》一书,自谓"凡为仁学者,于佛书当通华严及心宗、相宗之书,于西书当通《新约》及算学、格致、社会学之书,于中国当通《易》、《春秋公羊传》、《论语》、《礼记》、《孟子》、《庄子》、《墨子》、《史记》,及陶渊明、周茂叔、张横渠、陆子静、王阳明、王船山、黄梨洲之书"(《仁学·界说》)。谭嗣同在变法维新中意志最为坚决,对封建礼教、伦理纲常进行了最猛烈的冲击,但在哲学上饥不择食,将古今中外的许多思想学说杂糅拼合,因而其仁学体系具有突出的矛盾性。

《仁学》以外,《以太说》、《报贝元征书》、《上欧阳中鹄书》也是反映谭嗣同哲学思想的重要文献。

第一节　宇宙观上的"以太"说和"心力"说的矛盾

"以太"是谭嗣同取自于西学而作为仁学体系中的一个基本概念。远在古代希腊的毕达哥拉斯学派就已提出"以太"的猜测，本为燃烧、点火之意。17世纪，惠更斯提出了"光以太"的说法，认为"以太"是光波传播的某种介质，它密度小、弹性大、无质量，充满整个宇宙间。18世纪，西方学者又有"电以太"、"磁以太"的说法。

19世纪，马克斯威尔认为，电磁波也是通过"以太"这种介质而传播的，因而提出"电磁以太"这个概念。马氏的理论在近代物理学中产生过广泛的影响。20世纪初的科学研究和实践证明，电磁场本身就是物质的一种特殊形式，光本身也是一种有一定质量的物质，电磁波（包括光）并不需要假设的"以太"作为介质。这样，"以太"假说就被电磁波理论所代替。但是谭嗣同写《以太说》时（1895年），科学实验尚未证明"以太"假说的不真，他是把它作为一个科学的物质概念来建立自己的物质观。他的"以太"说的要点为：

第一，"以太"是一切自然现象和社会现象的本原。谭嗣同在讲世界本原这个哲学最高问题时，沿用了一些佛学概念，但他的基本用意还在于阐明万物的本原为"以太"：

> 遍法界，虚空界，众生界，有至大至精微，无所不胶粘，不贯洽，不莞络，而充满之一物焉。目不得而色，耳不得而声，口鼻不得而臭味，无以名之，名之曰以太。……法界由是生，虚空由是立，众生由是出。（《以太说》）

很显然，"以太"被理解为整个世界的本原。

第二，"以太"是"原质之原"，是声、光、气、电的统一性的基础。他说：

> 原质（即原素）犹有六十四之异，至于原质之原，则一以太而已矣。（《仁学·十二》）
>
> 任剖某质点一小分，以至于无，察其为何物所凝结，曰惟以太。

(《仁学·一》)

> 至于一滴水,其中莫不有微生物千万而未已;更小之又小至于无,其中莫不有微生物,浮寄于空气之中:曰惟以太。(同上)

很显然,"以太"相当于一种物质的微粒子的东西,它是构成万物不可缺少的原素。当然,谭嗣同的解释与西方"以太"假说的原来含义不尽相同,他作了不少主观的发挥,但"以太"是物质微粒这一点不失原意。"以太"是光、声、电、气诸种物质现象的统一性的基础:

> 接吾目吾知其为光……接吾耳吾知其为声……通百丈之筒,此呼而彼吸,吾知其为气……引万里之线,此击而彼应,吾知其为电……在格致家必曰:光浪也,声浪也,气浪也,电浪也。(《以太说》)

光波、声波、气波、电波"同时并发","各不相碍",这是为什么呢?这是由于有一个统一的东西在"司其动","使其荡","为之传",这个东西就是"以太"。由此他找到了当时自然科学所发现的各种物质现象及其运动的统一体。这个统一体是物质性的。

第三,"以太"是不生不灭的具有永恒性的物质。他说:

> 譬如陶埴,失手而碎之,其为器也毁矣;然陶埴,土所为也,方其为陶埴也,在陶埴曰成,在土曰毁;乃其碎也,还归乎土,在陶埴曰毁,在土又曰成,但有回环,都无成毁。(《仁学·十二》)

一切具体的事物都是暂时的、有生有灭的,"以太"却是永恒不灭的;"但有回环,都无成毁",这是一个光辉的命题,体现了物质无限循环的思想。

从以上分析可以看出,谭嗣同的"以太"说是唯物主义的,是唯物主义物质观,是古代气一元论在新的历史条件下的发展。他用一个普遍的、物质性的"以太"来解释万物的本原和天地万物多样性的统一,不仅坚持了唯物主义的传统,而且尽量采用新的自然科学成就来丰富和论证唯物主义论点(至于运用的如何,那是另一回事了)。这是问题的一个方面。

另一方面,他的世界观又充满矛盾,夹杂许多唯心主义思想。这还要从谭嗣同哲学的基本宗旨讲起。谭嗣同的哲学是讲"通"的,讲内外通、上下通、彼此通,所谓"通"就是讲"统一",用哲学语言说,就是讲世界统一性问题。谭嗣同对世界统一性的论证,大体上可以归纳为三个方面:物物统一、物人统一、人我统一。关于物物统一,即物质多样性的统一,谭嗣同已用"以太"解决,如前所述。其观点大体而言是唯物主义的。可是当谭嗣同谈到物人统一的时候,却给自己的哲学带来了阴影。在谈物物统一的时候,当然也包括了人,不过在那里,人是被作为一个自然物来对待的。作为自然物的人,作为生命的人,自然也可以用"以太"去统一。然而,人不只是一个自然物,人和自然物的一个很显著的区别,即人是有意识的。因此,物人统一问题,实际上就是物质和意识的统一问题。我们说,意识是大脑这个特殊物质的机能和属性。意识只能统一于物质。然而谭嗣同对意识的理解带有庸俗唯物论的特征,他把大脑的活动等同于电的活动:

> 脑为有形质之电,是电必为无形质之脑。(《仁学·二》)
> 脑气之动,其色纯白,其光灿烂……某念即某式,某念变某式,且有一定之比例……可驭之入算,列之成图。(《仁学·四十五》)

把高级的意识现象以及知觉、生命一概简单地等同于某种物质活动,抽掉意识的社会内容,于是他在寻找物人统一的支持者的时候,提出了一个精神性的"心力"来规定"以太"和等同"以太",甚至认为"心力"比"以太"更根本,从而可以不要"以太"、代替"以太",这样就开始导向了唯心主义。他说:

> 以太也,电也,粗浅之具也,借其名以质心力。(《仁学·界说》)
> 以太者,亦唯识之相分,谓无以太可也。
> 心力可见否?曰:人之所赖以办事者是也。吾无以状之,以力学家凹凸力状之。愈能办事者,其凹凸力愈大;无是力,即不能办事。凹凸力一奋动,有挽强持满,不得不发之势,虽千万人,未或能遏之而改其方向者也。(《仁学·四十五》)

这样一来,自然科学的"以太"只是借来注释佛教唯心主义的粗陋的工具,"西学"不过是达到领悟佛教唯心主义的阶梯。一切物质都等同和归结为精神,"一切惟心所造"、"三界惟心,万法惟识"。"以太"说的唯物主义倾向迅速转变成了唯心主义,实在的物质世界突然宣布为空虚的精神意识。如果我们寻找一下谭嗣同在理论上失误的教训,那就是:他混淆了物质和意识的区别,混淆了物质和它的属性的区别,因而把"以太"的物质统一性偷换成了"心力"的精神统一性。他还极力夸大"心力"的作用:

> 惟一心是实,心之力量,虽天地不能比拟,虽天地之大,可以由心成之,毁之,改造之,无不如意。(《上欧阳中鹄书》)
> 人力或做不到,心力当无做不到者。(同上)
> 夫心力最大者,无不可为。(《仁学·四十三》)

这就更加充满了主观唯心主义和唯意志论的色彩。

下面我们可以看到,当谭嗣同在回答"人我统一"的时候,他的唯心主义就更加明显了。所谓"人我",就是人与人之间的关系,也就是社会关系。"人我"问题,是谭嗣同哲学的中心问题,在"人我通"的前提下,他阐述了自己的伦理观、宗教观、教育观、大同观以及革命观等一系列社会观点。

从"人我通"的内容看,包括:"上下通"即君民平等,"中外通"即中国与外国平等,"男女内外通"即男女平等。然而沟通"上下"、"中外"、"男女"的基础是什么?显然"以太"和"心力"都不够用了,于是他诉诸"仁":

> 仁为天地万物之源,故唯心,故唯识。(《仁学界说》)
> 心力之实体,莫大于慈悲。慈悲则我视人平等,而我以无畏;人视我平等,而人亦以无畏。(《仁学·四十三》)

谭嗣同所谓"仁",亦即佛教之"慈悲"、孔子之"爱人"、墨子之"兼爱"、耶稣之"爱人如己,视敌如友",其实都是谭嗣同自己资产阶级人性论的理论表现。

综上所述,谭嗣同在世界观上提出了三个基本范畴:"以太"、"心力"、"仁"。从其侧重点来讲,"以太"侧重于回答物物统一,"心力"侧重于回答物人统一,"仁"侧重于回答人我统一。他在提出这三个方面的问题时,提出了三个范畴,但他在全盘考虑世界本原问题时,又往往将这三个方面的问题混为一谈,因此,"以太"、"心力"、"仁"这三个范畴也就不怎么容易分辨清楚了。这里的混乱莫过于他讲"仁"和"以太"的体用关系问题。

关于"以太"和"仁"的关系,谭嗣同时而说"以太"是"仁"之体,"仁"是"以太"之用:"(以太)其显于用也,孔谓之'仁',谓之'元',谓之'性';墨谓之'兼爱';佛谓之'性海',谓之'慈悲';耶谓之'灵魂',谓之'爱人如己,视敌如友';格致家谓之'爱力'、'吸力',咸是物也。"(《仁学·一》)时而他又说"仁"是"以太"之体,"以太"是"仁"之用:"仁以通为第一义,以太也,电也,心力也,皆指出所以通之具。"(《仁学界说》)"仁为天地万物之源"(同上),"心力之实体莫大于慈悲"(《仁学·四十三》)。这又把"仁"摆在最高位置上。但从谭嗣同的整个思想看,他起初似乎是把"以太"、"心力"、"仁"摆在平列的位置上,可以概括出这样一个范畴"以太—心力"或"仁—以太—心力"。但若以精粗论之,谭嗣同则进而认为"以太"和"心力"相比,"以太"要显得粗浅,而"以太"、"心力"同"仁"相比,只有"仁"更为精细,因之,他又常常用"仁"来代替"以太"和"心力"。他说:

> 遍法界,虚空界,众生界,有至大至精微,无所不胶粘,不贯洽,不莞络,而充满之一物焉……名之曰以太……精而言之,夫亦曰"仁"而已矣。(《以太说》)

> 天地见亦"仁"而已矣。(《仁学·五》)

> 平等者,致"一"之谓也。"一"则通,通则"仁"矣。(《仁学界说》)

> 仁一而已,凡对待之词,皆当破之。(同上)

可见"以太"和"心力"又可以名之曰"仁",物物可以统一于"仁",物我可以统一于"仁",人我可以统一于"仁"。故而谭嗣同哲学最终表现为泛仁论,在他看来,"仁"是无所不在的。

然而我们怎样判定谭嗣同世界观的性质呢?

有人注意到他的"以太"说,而判之为唯物论;也有人注意到他的"心力"说,而判之为唯心论;也有人认为他的"仁——以太"说是泛仁论;如此等等。

我们认为谭嗣同的世界观是芜杂的、矛盾的,不是首尾一贯、始终一元的,他的哲学有"杂反之学"的特征,应该分别分析。当他用"以太"这个自然科学物质概念代替"元气",把它作为自然界万物的本原时,具有明显的机械唯物论的倾向;当他混淆物质和意识的界限,把"心力"作为万物的基础时,则明显呈现出唯心主义的特征;当他用"仁"、"爱"去解释社会现象时,已然陷入历史唯心主义。反过来又把它作为整个世界的本原,其唯心主义色彩就更加浓厚。总起来看,在世界观上,谭嗣同是以唯物论始,以唯心论终,其可贵的唯物论思想最终被唯心主义思想窒息、湮没,换言之,他的哲学世界观的主导方面和基本倾向是唯心主义的。

第二节 "日新"变化的发展观同"破对待"的形而上学思想的矛盾

在谭嗣同的哲学思想中,阐扬"日新"的那一部分内容十分精彩,特别富有改革创新精神。"日新"是一个古老的概念,《易传》、张载和王夫之都有许多论述。谭嗣同用旧瓶装新酒,对"日新"思想作了不少发挥,为变法维新服务。甲午战争期间,他在致友人的书信中就讲过阐扬"日新"的话:

> 天以新为运,人以新为生,汤以日新为三省,孔以日新为盛德,川上逝者之叹,水哉水哉之取,惟日新故也。(《报贝元征书》)

在《仁学》中,他更加意气风发地发挥道:

> 天不新,何以生?地不新,何以运行?日月不新,何以光明?四时不新,何以寒暑发敛之迭更?草木不新,丰缛者歇矣;血气不新,经络者绝矣;以太不新,三界万法皆灭矣。(《仁学·十八》)

这就肯定了日月星辰、山河大地、寒暑四时、草木动植、万事万物都处在新陈代谢之中,离开了"新"就无所谓世界。他描绘的宇宙变化的总画面,闪耀着辩证法的光彩。这就是两千多年前中外哲人"万物皆动、皆变、皆生、皆灭"的思想的光辉再现。谭嗣同把万事万物的更新变化归结于为"以太"的物质运动变化的结果,则是崭新的内容。他认为:万事万物的"生灭"乃是"出于以太中自有之微生灭也"。何谓"微生灭"?他解释说:

> 旋生旋灭,即生即灭。生与灭相授之际,微之又微,至于无可微;密之又密,至于无可密。(《仁学·十五》)

而这种微密的变化,正是"以太"所具有的属性。此外,他还主变、讲变:

> 变化错综,盈天地间,皆易也。
> 体貌颜色,日日代变,晨起而观,人无一日同也。骨肉之亲,聚处数十年,不觉其异,然回忆数十年前之情景,宛若两人也。则日日生者,实日日死也。天曰生生,性曰存存,继继承承,运以不停,孰不欲攀缘而从之哉?而势终处于不及。(《仁学·十六》)

他对"变"与"不变"的考察是精细的,任何貌似不变的事物,其实都在变化,用世俗的眼光看,有的事物似乎不变,但运用哲学的思考,事物是"日日生,日日死",死中有生,不变之中有变的。他把这种变化归结为"日新"之变:

> 前者逝而后者不舍,乍以为前,又以居乎后。逝者往而不舍者复继,适以成乎往。(《仁学·十五》)
> 昨日之新,至今日而已旧;今日之新,至明日而又已旧。
> 所谓新理新事,必更有新于此者。
> 天地以日新,生物无一瞬不新,今日之神奇,明日即已腐臭,奈何自以为有得,而不思猛进乎?(《上欧阳中鹄书》)

"日新"就是日日更新,时时更新,瞬息更新。用这样的观点看待事物就能得到这样的结论:事物处在迅速更新的变迁之中,以往旧的事物固然陈腐,昨日新的东西今日可能已旧,今天时髦的东西,明天可能已经落伍。因此,人们固不应该恪守旧事物,也不应因循昨天尚"新",今天已旧的过时陈规,而应跟上时代,日日更新,不断接受"新理新事"。于是很自然的得出这样的结论:"言新必极之于日新,始足以为盛美而无憾。"(同上)这是变法维新的哲学呐喊,是时代精神的反映。

谭嗣同把"日新"变化的宇宙观同西方进化论思想结合起来,形成进化的发展观,这是较有新意的。他论述天体的演化、地球的形成、自然的发展、人类的进化说:

> 天地万物之始,一泡焉耳。泡分万泡,如熔金汁,因风旋转,卒成圆体。日又再分,遂得此土。遇冷而缩,由缩而乾;缩不齐度,凹凸其状,枣暴果皵,或乃有纹,纹亦有理,如山如河,缩疾乾迟,溢为洪水;乾更加缩,水始归墟,沮洳郁蒸,草蕃虫蜎,壁他利亚,微植微生,螺蛤蛇龟,渐具禽形。禽至猩猿,得人七八。人之聪秀,后亦胜前。(《仁学·十五》)

> 见万年前之僵石,有植物动物痕迹存其中,大要与今异。天地以日新,生物无一瞬不新。(《上欧阳中鹄书》)

谭嗣同在这里从康德、拉普拉斯的星云假说讲起,一直讲到达尔文的物种起源、生物进化。他根据自己所理解的自然科学知识,说明这样的道理:世界万物由于不断的运动变化,才一步一步向前发展,由简单到复杂,由低级而进入高级。人也正是如此,由"聪秀"变得更加"聪秀",后来者居上是普遍的规律。这种看法在中国哲学史上为前人所未有,而为后来所多见的。

谭嗣同进而以"日新"进化的发展观为依据,猛烈抨击反对变法的顽固守旧派,他说:"德之宜新也,世容知之。独何以届今之世,犹有守旧之鄙生,断断然曰不当变法,何哉?是将挟其荼蔽惰怯之私,而窒天之生,而扼地之运行,而蔽日之光明,而乱四时之更迭……终成为极旧极蔽一残朽不灵之废物而已矣。"(《仁学·十八》)这就是说,守旧分子反对变法是违反客观规律的倒退行为,到头来只能使自己成为不合潮流的残朽不灵的废物。他还辛辣地嘲讽鼓吹复古倒退的顽固人物,说:"古而可好,又何必为今人哉?……今之自矜好古者,奚不自杀以从古人,而漫鼓其辅颊舌以争乎今也?"(同上)这些议论都是理直气壮、势如破竹的,充满奋发向上、革新进取的精神。

他还把批判锋芒指向主静思想的鼻祖——老子。他说,惟动才有生气,才能前进。可是"有李耳者出,言静而戒动,言柔而毁刚",这种思想影响了读书人,影响了侯王天子,"卒使数千年来,成乎似忠信、似廉洁,一无刺无是非之乡愿天下。言学术则曰'宁静',言治术则曰'安静'",一切因循守旧,不敢有一丝一毫的革新,叫四万万人都做乡愿式的人,"群四万万之乡愿以为国,教安得不亡,种类安得而可保也!"(《仁学·九》)"静"之一字,足以亡国,这真是沉痛而且悟道之言。

"日新乌乎本?"这是更深一层的探索,涉及运动变化的源泉问题。谭嗣同认为"日新"变化本于"以太之动机"。他以雷为喻:"独不见夫雷乎?虚空洞杳,都无一物,忽有云雨相值,则含两电,两则有正有负,正负则有异有同,异则相攻,同则相取,而奔崩轰硠发焉……因之而时和,因之而年丰,因之而品汇亨通,以生以成,夫孰非以太之一动,而由之以无极也!"(《仁学·十九》)这里包含极有价值的思想:他认为事物内部的"阴阳"、"正负"、"异同"、"攻取"是事物发展变化的原因,接触到了矛盾法则。他运用传统的术语,称对立的事物或现象为"对待"。他在观察事物、分析事物的时候,对事物的矛盾对立有不少很好的见解,如说:"遏之适以流之,通之适以塞之,凡事盖莫不然。""世乱不极,亦未有拨乱反之正。故审其国之终不沉也,则莫若速使其乱,犹冀万一能治之者也。""时局虽皆极危,却又是极盛之前芽。""气象将兴,起初必有无数委屈艰难,将成而复败,大好后诟,引为鉴戒,而当事者乃得因其失而疾易其法,衡度精审,用底于善。""道高一尺,魔高一丈,愈进愈阻,永无止息。然反而观之,向使不进,乃并此阻而不可得。是阻者进之验,弊者治之效也。"(《仁学·四十三》)他观察到政治生活中的许多"对待"现象,讲了许多相反相成、物极而反的辩证道理,这是生活教给他的辩证法,他代表着进步的政治力量,因而如实地反映了客观的辩证法,说出了许多辩证法的妙语。

谭嗣同在一定程度上认识到事物的矛盾现象,这是可贵的。但他仅仅迈出这一步就停止了,没有达到辩证法的核心。当问题更加深入、更接近核心的时候,谭嗣同的辩证观念便消失了。他认为仁学的使命是讲"通"的,讲内外通、彼我通、上下通,即事物的沟通、联系、一致和平等,用哲学的语言讲,即是研究哲学的统一性问题,为此就要"破对待",以达到"无对待",实现无差别、无矛盾、无对立的境界,所谓"凡对待之词,皆当破之",即是此意。

谭嗣同"破对待"的思维路径大致有三:

第一,强调矛盾的同一性,否认矛盾的斗争性。矛盾双方本来是既对立又统一的,然而谭嗣同却强调矛盾双方相互渗透、相互贯通的一面,而忽略矛盾双方互相排斥、互相对立、互相斗争的一面。他说:"平等者,致一之谓也。一则通矣,通则仁矣。"

第二,用唯我主义观点否认客观存在的矛盾对立现象。他认为所有的"对待"现象都不是真实的,而是虚幻的"我相"。他说:"对待生于彼此,彼此生于有我。我为一,对我者为人,则生二;人我之交,则生三;参之伍之,错之综之,朝三而暮四,朝四而暮三,名实未亏,而爱恶因之。由是大小多寡,长短久暂,一切对待之名,一切对待之分别,湣然哄然,其瞒也,其自瞒也,不可以解矣。"(《仁学·十七》)就是说,只因为存在"我见",于是被"对待"所瞒,同时也自瞒起来;那些"我见愈切"的,其"瞒"的程度也越深。若能除去"我见",不以我为主,就无所谓人我、大小、多寡,也就会知道世间本无所谓人我、大小、多寡,事情说到底,不过是"一多相容",惟"一而已"。换言之,只要断灭意识,破除我相,便能做到:"意识断,则我相除;我相除,则异同泯;异同泯,则平等出。"应该说,这是典型的唯我论的观点。

第三,用相对主义观点抹杀矛盾和对立。在这方面,他深受庄子和佛教华严宗的影响。他的典型的公式是:"循环无端,道通为一,凡诵吾书皆可于斯二语领之矣。"如"动静"这一对矛盾,他说:"动即静,静即动,尤不必有对待之名。"如"生灭"这一对矛盾,他说:"生灭即不生不灭也","不生不灭,即生灭也","方生方灭,息息生灭,实未尝生灭","不生不灭,仁之体"。在他看来,"不生不灭,至于佛入涅磐,蔑以加矣",乃是最高的理想境界。其他如时空问题,谭嗣同亦把过去、现在与未来、大与小、部分与全体、有限与无限等等范畴,也都统统看成是相对的、任意的,从而得出"三世一时"、"一多相容"的结论。他根本否认"相对中有绝对"的辩证原则,最终导向相对主义诡辩论,扼杀了活生生的辩证法。

"日新"变化的矛盾观同"破对待"的形而上学思想显然是相互冲突

的。这种冲突是谭嗣同思想内在矛盾的表现。他要变法维新,要"冲决罗网",要做陈涉、杨玄感一流的造反者,就必然正视现实,注重改革,强调发展变化。但他又是一个改良主义者,在民族矛盾上希望以调和的手段解决中华民族与各个列强的矛盾,认为"不可与外一战"。在阶级矛盾上希望和平共处,害怕发生"内乱"。这种矛盾心理表现在理论上就是主张采取"贵乎中"、"相爱相成"的方法来解决社会矛盾,于是由主张变易而走入矛盾融合论的歧途。

第三节 认识论上唯物主义与唯心主义的矛盾

谭嗣同的认识论也表现了"杂反之学"的特征,显示出内在的矛盾。这种矛盾表现在:一方面,他具有明确的唯物主义感觉论的论述;另一方面,他不能把这种观点贯彻到底,相反却把这种观点引向唯心主义、不可知论、相对主义和神秘主义顿悟论的歧途,引申出错误的结论。

谭嗣同认为:人的感觉来源于客观外物,认识的过程是从实物到感觉。他说:

> 耳目之所搆接,口鼻之所摄受,手足之所持循,无所往而非实者。即彼流质气质,以至太虚洞窅之际,莫不皆有实理实物。(《治事篇·第一》)

这就是说,感官触及的认识对象,都是实在的。如"声光亦至实,声光虽无体,而以所凭之气为体"[①],人们的眼睛与光接触,即产生光感,人们的耳朵与声接触,即产生声感。可见,光与声作用于人们的感官而使人获得光、声的感觉。这就肯定了感性认识必须从实物出发,以客观实体为对象,而不能脱离客观实体而凭空产生。这样,人们才能获得对外界实际事物的初步认识。应该承认,这是唯物主义感觉论的观点。

但是他没有形成从物到感觉到思想的完整的认识路线,相反却形成一系列错误观念。

---

① 《谭嗣同全集》,中华书局1981年版,第130页。

第一，他认为，人的感觉是不可靠的，大自然的真相人们永远也无法真正把握。人的感觉为什么是不可靠的呢？他说："且眼耳所见闻，又非真能见闻也。眼有帘焉，形入而绘其形，由帘达脑而觉为见，则见者见眼帘之影耳，其真形实万古不能见也。……耳有鼓焉，声入而肖其响，有鼓传脑而觉为闻，则闻者闻耳鼓之响耳，其真声实万古不能闻也。"(《仁学·十七》)他断言，人所感知的只是虚幻的形象、声响，事物的真形真声是永远不能把握的，其论证手法是割裂人的感觉活动的完整有机的生理过程，从而否认感觉对象的客观实在性。

第二，他认为，人的感觉器官和感觉活动不能认识无量无边的无限世界。他说："眼、耳、鼻、舌、身所及接者，曰色、声、香、味、触五而已。以法界、虚空界、众生界之无量无边，其间所有，必不止五也明矣。仅凭我所有之五(指五种感官)，以妄度无量无边，而臆断其有无，奚可哉？""恃五以接五，犹不足以尽五，况无量无边之不止五。"(同上)这些观点是典型的不可知论。我们说，人的感官是有其局限的，但是感官的局限并不能成为认识的最后界限。因为人们可以凭借各种先进的工具、手段，使感官不断延长；同时人的理性思维也可以帮助人们突破感官的局限，人们可以从有限认识无限，从暂时认识永久。可见谭嗣同的错误看法完全是由于不懂得认识的辩证法所致。

第三，谭嗣同公开宣扬信仰主义。他受佛教观念的影响，认为人的"肉眼"所见是非常狭小的，只有"天眼"才是宏大无边的。他说："是故同为眼也，有肉眼，有天眼，有慧眼，有法眼，有佛眼。肉眼见为国土为虚空，天眼或见为海水为地狱；无所见为不异焉。慧眼以上，又各有异。奈何以肉眼所见为可据也！耳、鼻、舌、身亦复如是。"(同上)这完全是宗教蒙昧主义的观点，与他的唯物主义感觉论是背道而驰的。

第四，谭嗣同还鼓吹相对主义认识论。在谭嗣同以前，康有为就曾指出："因显微镜之万数千倍者，视虱如轮，见蚁如象，而悟大小齐同之理；因电机光线一秒数十万里，而悟久速齐同之理。"(《自编年谱》)谭嗣同与康有为持同样的见解，他说："悬虱久视，大如车轮；床下蚁动，有如牛斗。""虚空有无量之星日，星日有无量之虚空，可谓大矣。非彼大也，以我小也。有人不能见之微生物，有微生物不能见之微生物，可谓小矣。

非彼小也,以我大也。何以有大？比例于我小而得之;何以有小？比例于我大而得之。然则但有我见,世间果无大小矣。多寡长短久暂,亦复如是。"(同上)在谭嗣同看来,世界上只有"我见"、"我"是万物的尺度,"我"是宇宙的中心,一切相对于"我"而存在,一切以"我"为转移,没有什么客观标准。在他看来,只有华严宗的"一多相容"、"三世一时"的相对主义理论,才是"天地万物自然而固然之真理"。他说:"三世一时,则无可知也。""一多相容,则无可知也。""苟不以眼见,不以耳闻,不以鼻嗅,不以舌尝,不以身触,乃至不以心思,转业识而成智慧,然后'一多相容'、'三世一时'之真理乃日见乎前。"(同上)他要人们屏绝感觉乃至意识,虔诚地禅定,顿悟证果,说什么这样超越时间、空间的绝对真理就会出现在眼前。因此他追求一种既脱离感性经验,又排斥理性思维的神秘"顿悟"。他说:"手足之所接,必不及耳目之远;记性之至,必不及悟性之广;权尺之所量,必不及测量之确;实事之所丽,必不及空理之精。""吾贵知,不贵行也。知者,灵魂之事也;行者,体魄之事也。""知亦知,不知亦知。是行有限而知无限,行有穷而知无穷也。且行之不能及知,又无可如何之势也。"(《仁学·四十八》)这就必然导致陷入唯心主义认识论、唯心主义知行观。

第六章 严复的天演之学及其历史作用

严复(1854～1921年),少名宗光,字又陵,又字几道,晚号瘉壄老人,福建侯官(今闽侯)人。出生在一个中医之家,曾随邑中宿儒读四书五经。14岁时考入洋务派兴办的福州船政学堂,以最优成绩毕业。1877年奉派到英国海军大学留学,两年后回国。嗣后长期担任北洋水师学堂总教习(教务长)、会办(副校长)、总办(校长)等职。在此期间,他曾经办报纸,译西书,参与维新运动。1890年以后他先后任京师大学堂(北京大学前身)译局总办、复旦大学校长、安徽高等师范学堂校长、学部(教育部)名词馆总纂。严复的译著有《严几道文钞》、《严译名著丛刊》,新编有《严复集》。

第一节 "物竞天择,适者生存"的天演论

严复称自己归属"天演宗哲学家",即进化论一派哲学家。"天演"即自然演化、生物进化的意思。严复宣传西方天演进化思想以后,知名度大增,常有人称其为"严天演"。

一、从西方学来的进化论

进化论是近代自然科学三大发现之一。严复与西方"天演宗哲学家"达尔文、赫胥黎、斯宾塞诸人的思想较为密切。

达尔文(1809～1882年)是生物进化论的奠基人,他曾跟随世界探险队做历时五年的环球旅行,对动植物进行了大量的观察和采集,经过几十年的深入分析和研究,写成了《物种起源》一书,提出了生物进化论学说。严复留学英国时,就接受了达尔文的科学思想,并把它介绍到中国来,他在其重要论文《原强》一开始就说道:

> 达尔文者,英之讲动植物之学者也……垂数十年著一书曰《物种探源》(即《物种起源》)。自其书出,欧美二洲,几乎家有其书,而泰西之学术政教,一时斐变。论者谓达氏之学,其一新耳目、更革心思,甚于奈端(牛顿)氏之格致天算,殆非虚言……其一篇曰:物竞。又一篇曰:天择。物竞者,物争自存也。天择者,存其宜种也……此所谓天演之学。

达尔文认为,生物进化主要是通过自然选择来实现的。生物在外界条件的影响下发生变异;有利于生存的变异逐渐积累加强,不利于生存的变异则逐渐被淘汰。用进废退、自然选择的学说阐明了物种是可变的,而且对于生物的适应性也作出了正确的说明。严复宣传达尔文学说,其侧重点在介绍"物竞天择,适者生存"这一部分内容,这是深有他的一番苦心的。这从他翻译《天演论》更可以看出,他在自序中说此书"于自强保种之事,反复三致意焉"。自强保种、振兴华夏,是他的苦心所在。

《天演论》是英国生物学家、哲学家赫胥黎(1825～1895年)的著作。原名《进化论与伦理学》(Evolution and Ethics),发表于1894年。赫胥黎认为:自然法则、生命过程同人类社会法则不同,人类有道德标准,有高于动物的先天"本性",能够互亲互爱,互助互敬,不同于自然竞争的情形。他的著作就是讲这两个方面的,这一点从他的书名即可看出。严复的书名只取一半,这正好说明他不同意赫胥黎把自然规律与人类关系,即把进化论与伦理学分割、对立起来的观点。在严复看来,生物竞争、优胜劣汰、适者生存的规律同样适用于种族和社会。在讲社会学原理上,严复认为赫胥黎的观点不及斯宾塞。

斯宾塞(1820～1903年),英国资产阶级社会学家、庸俗进化论者、社会达尔文主义的倡导者。他提倡一种普遍的进化观念,即"天演"是任何事物也不能避免的普遍客观规律,完全适应于生物与种族社会两界。严复在《天演论》中常常利用按语的形式介绍斯宾塞的学说,多处用斯宾塞反驳赫胥黎。严复赞成这种观点:作为生存于竞争状态中的种族,自己努力奋斗,不断进化,就能生存、发展,否则就要被淘汰而归于灭亡。严复举例说:"澳洲土蜂无针,自窝蜂有针者入境,无针者不数年灭。"(《天演论》导言四"人为"按语)植物也如此。"嗟呼,岂惟动植而已,使必土著最宜,则彼美洲之红人,澳洲之黑种,何由自交通以来,岁有耗减?"因此,严复认为:"物各竞争,最宜者立,动植如是,政教亦如是也。"(《原强》)这显然是接受斯宾塞学说的表现。

但是,斯宾塞终究是当年所谓日不落国的大资产阶级利益的代表者,他那套强调个体之间、种族之间的所谓自由竞争、优胜劣汰,以任其自然淘汰、适者生存的社会达尔文主义,是一种对内欺压人民,对外欺压殖民地民族的反动理论。这在本质上与严复作为衰弱民族的思想家要求救亡图存的爱国主义思想显然很不协调,甚至尖锐对立。所以对斯氏的这些论调严复并未着重介绍,不但不介绍,还用赫胥黎的观点反对斯宾塞。因为赫胥黎有这样一个观点,即:"社会的伦理进展并不依靠模仿宇宙过程,更不在于逃避它,而是在于同它作斗争。"(《进化论与伦理学》)这也就是严复译文中所说的"与天争胜"的观点。严复认为:"赫胥黎为旨,本以救斯宾塞任天为治之末流……且于自强保种之事,反复三致意焉。"(《原强》)

总之,我们应该注意严复与赫胥黎、斯宾塞思想的异同:一方面他虽不同意赫胥黎人性本善、社会伦理不同于自然进化的观点;另一方面又赞成赫胥黎主张人不能被动地接受自然进化,而应该与之作斗争,奋力图强。对于斯宾塞,一方面他虽然同意斯宾塞认为自然进化是普遍规律,也适用于人类;另一方面又不满意斯宾塞那种"任天为治"的弱肉强食的思想。一个民族不能消极地挨打,而应积极地自强。他完全从中国的国情出发,为我所用,在这种思想指导下"作"了《天演论》。

二、宣传进化论是为了解决中国问题

严复在"作"《天演论》及其他译述的时候,心情激动,常常流汗、流泪,甚至"掷管太息,绕室疾走",这位爱国思想家忧国忧民之心是很真切诚恳的。他毫无狭隘民族主义者独我华夏至高至善的盲目乐观情绪,也没有坚壁主义者无视西方各国进步,而一律斥之为夷狄的自大心理。相反,他放眼世界的现状和发展,对中西文化作出了全方位的、颇有深度和力度的比较研究:

中国最重三纲,而西人首明平等;中国亲亲,而西人尚贤;中国

> 以孝治天下,而西人以公治天下;中国尊主,而西人隆民;中国贵一道而同风,而西人喜党居而州处;中国多忌讳,而西人重讥评。其于财用也,中国重节流,而西人重开源;中国追淳朴,而西人求欢娱。其接物也,中国美谦屈,而西人务发舒;中国尚节文,而西人乐简易。其于为学也,中国夸多识,而西人尊新知。其于灾祸也,中国委天数,而西人恃人力。
>
> 中西事理,其最不同而断乎不可分合者,莫大于:中之人好古而忽今,西之人力今而胜古;中之人以一治一乱、一盛一衰为天行人事之自然,西之人以日进无疆、既盛不可复衰、既治不可复乱为学术政化之极则。(《论世变之亟》)

在上述简短的论述中,严复从历史观、伦理观、政治观、学术观、教育观、自然观各方面,比较了中西文化之异同,几乎涉及了所有的领域。而中西文化诸多差别归结到一点就是:"自由不自由异耳!"自由不自由既异,"于是群异丛然以生"(同上)。这里固然有对资本主义社会的某些美化,因而有不切实际之处,但总的看来,他看到了中国比西方落后的地方。其实这种差别用一句话概括就是:中国还停留在封建社会阶段,西方社会已经发展到资本主义阶段,一切差别都是由此产生的。面对中西方盛衰强弱的强烈对比,严复向国人大声疾呼,一定要奋发图强,救亡图存。他认为国家的兴盛首先在于全体国人有自强之志,他说:"国之兴也,必其一群之人……人人皆求所以强而不自甘于弱。"(《国闻报缘起》)他还认为面对列强有两种办法:一种是战战兢兢、闭关锁国,一种是门户开放、强力争衡。闭关锁国已证明是失败的,因此只能走自力更生、奋发图强的道路:"可知外物之来,深闭固拒必非良法,要当强立不反,出与力争,庶几磨砺玉成,有以自主。至于自立,则彼之来皆为吾利,吾何畏哉!"严复还满腔热情地预言中国有一个光明的未来:"吾民……实有可为强族大国之储能,虽摧斫而不可灭者……尽去腐秽,惟强是求,真五洲无此国也。何贫弱奴隶之足忧哉!"(《社会通诠》按语)这种民族自信心是宝贵的、振奋人心的。

严复宣传的"物竞天择,适者生存"的进化论思想,在 19 世纪和 20 世纪之交的中国产生了积极的作用:他把西方自然科学(指生物学)和先进的哲学世界观传播到中国,给中国知识分子以崭新的思想理论,给变法图强提供了新鲜的武器。他的爱国主义呼号起到了震惊迷梦的作用,使中国人民感到奋发图强的极端迫切性,唤起了几代年青的爱国者和革命家前赴后继地为祖国富强、中华振兴而斗争。

严复用生存竞争的学说激发国人的爱国热情,在当时有它的进步的现实意义,但也有其不可避免的局限性。

第一,他错误地宣传了斯宾塞的社会有机论的某些观点。社会有机论是生物社会学学说,依据这种学说,"社会有机体"的优势取决于各个单个个体(个人)的优势。个人达到三强(强健的身体、卓越的智慧、高尚的德行),则社会强。如何提高三强呢?办法是:"鼓民力,开民智,新民德。"斯宾塞实际上是在宣扬一种反对阶级斗争的社会改良论。严复吹捧这种理论"精辟宏富",于是提出教育救国论,主张搞教育、办报纸、兴学校,开发民智,增强民力。他认为这样做社会就能发展进化了。这种以进化论为理论基础的教育救国论,没有看到社会发展的动力在于阶级斗争,在于社会生产方式的变革,因而是不能真正解决社会矛盾的。

第二,他还宣传了庸俗进化论。他发挥赫胥黎的观点,事物之变,"为变至微,其迁极渐"。在《原强》中,他宣传了斯宾塞的这种观点:"民之可化,至于无穷,惟不可期之以骤。"1906年在《政治讲义自序》中又说:"宇宙有大公例:曰万物皆渐而无顿。"当革命派兴起时,他还用庸俗进化论反对革命,称革命"拂天演之自然",是要不得的。

第三,严复到了晚年又产生了怀疑进化论的思想。他看到中国的辛亥革命不令人满意,西方资本主义(已进入帝国主义阶段)更是互相倾轧,他说:"不佞垂老亲见支那七年之民国,与欧罗巴亘古未有之血战,觉彼族于三百年来之进化,只做到'利己杀人,寡廉鲜耻'八个字。"他一向相信的"世道必进,后胜于今"的进化论的思路,因此而轰毁。

第二节 "质力相推"的机械自然观

严复模糊地觉察到唯物主义与唯心主义两条路线的斗争,他用"学"和"教"这样的概念表明两条对立的哲学路线。他说:

> 大抵中外古今言理者不出二家：一出于教，一出于学。教则以公理属天，私欲属人；学则以尚力为天行，尚德为人治。言学者期于务实，故其言天不能舍形气；言教者期于维世，故其言理不能外化神。
>
> 争且乱则天胜，安且治则人胜。此说与唐刘柳诸家天论之言合，而与宋儒以理属天，以欲属人者相反矣。(《天演论》论十六)

这是说，哲学史上讲哲理的不外乎两大派别，一派是"言学"的，一派是"言教"的。"言学"派主张尚力，务实，其所谓天也是不舍"形气"的自然之天；"言教"派则把公理归诸天神，大讲"存天理，灭人欲"那一套道德说教，目的是维护封建统治。刘柳是"言学"派，程朱理学是"言教"派。从而朴素地划分了哲学史上的营垒。

当严复以自己"学"、"教"二家的划分和界说去分析哲学史的时候，他便颂扬唯物主义者，批驳唯心主义者。他肯定荀况、柳宗元、刘禹锡、王安石的唯物主义思想，批判阴阳五行的迷信思想、佛教和程朱理学的唯心主义思想。他肯定德谟克里特的"质点"（即原子）说，宣扬赫拉克里特"以火化为天地秘机"的朴素唯物主义和辩证法思想，还介绍达尔文、哥白尼和其他科学家的唯物主义思想和科学思想。从对哲学史上哲学家的褒贬中可以看出一个哲学家的哲学倾向，严复是倾向于唯物主义的，这一点具有重要的方法论意义。

严复的自然观超出了朴素唯物主义阶段，具有机械唯物主义的特征。他企图用机械运动描绘整个物质运动，他说：

> 大宇之内，质力相推，非质无以见力，非力无以呈质。(《译〈天演论〉自序》)

"质"就是物质，"力"指机械力（能量）。他认为："质"和"力"这两者构成宇宙间纷纭复杂的事物。它们互相依存，不可分离：没有"质"，"力"就不存在；没有"力"，"质"也显现不出来。"质"是"力"的依据，"力"是"质"的表现。也就是说，物质和它的运动能量是统一的。这就肯定了整个世界就是物质及其运动。

从物质自己运动的观点出发，严复排斥各种形式的外因论，包括上帝创世说,他说:"万类之所以底于如是者,咸其自己而已,无所谓创造者也。"(《天演论》导言)严复不仅肯定世界的物质性和运动性,还进一步论述了物质运动的总量是不灭的,他说:

> 全力不增减之说,则有自强不息为之先;凡动必复之说,则有消息之义居其始。(《译〈天演论〉自序》)

"天行健,故自强不息",不管这句话的原来含义是什么,现在成为严复用来论证能量不灭、能量守恒的思想。他用"进退消息,一气之运行"这一古代朴素辩证法的运动观来说明"凡动必复"的物质自我转化过程。

他还用自然科学知识论证这一思想,他说:"天演者,翕以聚质,辟以散力。"(《天演论·广义》)所谓"翕以聚质"是康德的星云学说的一个内容,后为人们普遍接受。严复具体阐述说:"所谓翕以聚质者,即以日局(太阳系)太始,乃为星气,名涅菩剌斯(Nepras,星云),布漠六合,其质点本热至大,其抵力亦多过于吸力,继乃由通吸力摄成珠。太阳居中,八纬外绕,各各聚质,如今是也。"(同上)所以说,"翕以聚质"、"辟以散力"是能量转换、物质运动的方式之一。

第三节 经验论的认识论和科学方法论

严复的认识论带有明显的经验论的特征。如果找出一个贯穿严复认识论全部内容的概念,那么,这就是"经验"。但是经验论从来就有两种,有唯物论的经验论,也有唯心论的经验论,例如英国17世纪以培根、洛克为代表的经验论就是唯物主义的经验论,而英国19世纪下半期流行的经验论和实证论就是唯心主义的经验论。应该说这两个方面对严复都有影响。从严复认识论的主导方面看,他是一个唯物主义经验论者;但由于受流行观念的影响,他又宣扬了不可知论和唯心主义经验论,这是比较次要的一面。

一、反对先验论,提倡归纳法

首先,严复坚持认识来源于经验的唯物主义观点,他肯定洛克的白

板说,反对先验的良知说。他指出:

> 智慧之生于一本,心体如白甘,而阅历为采和,无所谓良知者矣。(《穆勒名学》按语)

所谓"心体如白甘",是指人的心灵生下来就像一张白板,没有打下任何印记,意识是后天得来的。所谓"阅历为采和",是指人的经历或经验如同在一张白板上描画各种和谐的图画。他认为,各种知识均系从阅历获得,"即至数学公例,亦由阅历"。

为坚持这种唯物主义经验论的观点,严复提出两个概念,区分认识的不同阶段,一个是"元知",一个是"推知"。所谓"元知",也叫"觉性",即感性认识。所谓"推知",则是指进行推理、演绎的理性知识。关于"元知"和"推知"的关系,严复提出:人们之所以能够从事正确的判断,"正赖有元知为之首基,有觉性为之根据。设其无此,则乃理无从以推,而吾人智识之事废矣"(同上)。这就是说理性认识必须以感性认识为基础,离开感觉和经验,一切认识都无从发生,更谈不上旁解类推了。他还认为分清"元知"和"推知"是非常重要的事情,强调"勿以推知为元知,此最关诚妄"。这是因为一个认识只有以经验为基础才是有据可信的,如果随便拿来一个认识把它作为前提去进行推理,很可能是虚妄的。

从这种唯物论的认识论出发,严复反对唯心论的先验论,反对一切脱离经验的"心成之说"。他认为陆王学派是典型的先验论:

> 西语阿菩黎诃黎(a priori),凡不察其事,执因言果,先以一说以概余议者,皆名此种。若中学言之,则古书成训,十九皆然,而宋以后,陆王二氏心成之说尤多。(同上)

> 陆王之学,质而言之,则直师心自用而已。自以为不出户可以知天下,而天下事与其所谓知者,果相合否?不径庭否?不复问也。自以为闭门造车,出而合辙,而门外之辙与其所造车果相合否?不龃龉否?又不察也。向壁虚造,顺非而泽,持之似有故,言之若成理;其甚也,如骊山博士说瓜,不问瓜之有无,议论先行蜂起。(《救亡决论》)

严复揭露陆王心学的错误就是从向壁虚构的大前提出发进行推论,其推出的认识没有不错的。这就从认识论的基本前提上抓住了陆王学派的要害。

严复热情地歌颂了西方近代的科学精神和科学方法。他认为,二百年来,西方自然科学飞速发展,应该首先归功于培根反对中世纪的种种"偶像",在自然科学方法论方面提出了归纳法的逻辑方法:

> 是以制器之备,可求其本于奈端(牛顿);舟车之神,可推其原于瓦德(瓦特);用电之灵,则法拉第之功也;民生之寿,则哈尔斐(哈维)之业也。而二百年学运昌明,则又不得不以拍庚(培根)氏之摧陷廓清之功为称首。(《原强》)

而培根最大的贡献莫过于提倡科学的逻辑方法。逻辑方法有两种基本的方法:归纳法和演绎法,当时称作"内籀"和"外籀"。严复指出,西方自然科学发明创造很多,实有赖于归纳(内籀)、演绎(外籀)二法:

> 若问西人后出之新理何以如此之多……其途不过二端,一曰内籀,一曰外籀。(《西学通行径功用说》)

所谓"外籀"是指演绎法:"据公理以断众事者也,设定数以逆未然者也",即依据公理进行从一般到特殊,从已知到未知的推演方法。所谓"内籀"是指归纳法:"察其曲而知其全者也,执其微以会其通者也"(《译〈天演论〉自序》),即从个别到一般,从事实到公理的逻辑方法。

归纳和演绎都很重要,但严复更强调"公例无不由内籀",肯定归纳法在逻辑推理中的首要地位。所谓"公例"系指"无时而不诚"、"无往而无信"、"可以御万变"的科学公理。严复肯定"公例"是通过归纳而设立,而归纳法必须建立在"观化察变,见其会通",即观察大量事实、从事实到公理的基础上。

严复肯定归纳法的重要,并不是否认演绎法,相反他认为按照逻辑思维规律去进行演绎推理,也是不可缺少的科学方法。但是他强调演绎出发的大前提必须是由归纳而得出的科学认识,否则这种推理就靠不住,靠不住的演绎推理的大前提决不是"公例",而只能是主观随意的"心成之说"。他认为中国传统的学术的弊病,从逻辑方法方面讲,并不是不讲推理,不用演绎,而在于演绎的前提不是实际经验的归纳综合,而是主观臆造的、先于经验的,这样他就找到了中国长期以来科学不发展的方法论原因。严复还分析了中西方不同的认识方法和逻辑方法形成的历史根源,他指出:中西学术在明代以前相差无几,而近代西方"言学则先物理而后文词,重达用而薄藻饰",并形成"以宇宙为简编,民物为文字"的崭新学风,这种学风的方法和结果是西方重视实测,科学发达,文化昌明。而中国则与此相反,以书本知识为研究对象,盲目因袭古人,不敢怀疑"圣人"的任何一个论断,钻故纸堆,结果造成教育思想和方法上的封闭型。严复的上述分析是很有见地的。这是在他亲历了两个思想界的实况,有了实际的甘苦之后,总结出来的认识。

二、从唯物主义经验论滑向唯心主义经验论、不可知论

严复的唯物主义认识论是不彻底的。这是因为他在向西方学习的时候,对各派哲学采取不加分析的兼容并包的态度。以致他在研究吸收培根、洛克的唯物主义经验论的同时,也吸收了当时流行的唯心主义经验论、实证论和不可知论。这就导致严复在认识论上既表现为唯物主义经验论的基本倾向,又夹杂了唯心主义经验论和不可知论的杂质。其所以如此,从理论上分析,大致有以下几个方面的原因。

(一)缺乏认识的辩证法,不懂得感性认识有待于上升到理性认识。

旧唯物主义的缺陷之一是形而上学性,严复以其为师,自然也不能避免这一缺陷。严复割裂了从感性认识到理性认识的辩证过程,以至于怀疑主观意识可以实现对事物本体(本质)的认识。他说:

> 窃尝谓万物本体,虽不可知,而可知者,止于感觉。(《穆勒名学》按语)
>
> 人之知识,止于意验相符,如是所为,已足生事,更骛高远,真无当也。(《天演论·真幻》按语)

"意验相符"系指主观认识同感觉、经验相一致。严复认为,人的认识只停止在感觉经验的阶段,人们完全可以在感觉的世界中建立各门科学,处理各种事物,超乎这个范围,再求探索什么本体本质的认识就是好高

骛远,不切实际了。就是说人们应该满足于感觉世界,理性认识是多余的,不必要的。

(二)缺乏彻底的唯物论,没有坚持唯物主义认识论的前提,不是把感觉经验看做意识内外部世界的联系,而是看做意识内外部世界的屏障。

在这个问题上,他主要是受赫胥黎的影响,发挥赫胥黎的错误观点:

> 赫胥黎讲其义曰:世间两物,曰我,非我;非我名物,我者此心。心物之接,由官觉相,而所觉相,是意非物。意物之际,常隔一尘。物因意果,不得径同。故此一生,纯为意境。(同上)

严复承认整个世界不外乎外部世界和主观意识两大部分,这是对的;他认为物为因、意为果,实际上承认了物质第一性、意识第二性,这也是对的;他还认为"心物之接"是通过感官与外物直接联系,而不是由思维去直接联系,这些都是对的。但是,严复又认为"意物之际,常隔一尘",即心物之间经常隔着一层尘雾、一道门墙,而不能发生联系,这种看法实际上不是把感官看做意识同外部世界的联系,而是看做意识同外部世界的屏障,这就割裂了感觉和思维的联系,从而割裂了物质和意识的联系,明显是不对的。他又认为"物因意果,不得径同",这里涉及"物"与"意"是否具有同一性的问题。他认为"因"与"果"、"物与意"是不具有完全的、直接的同一性的。但若进一步问:它们之间有没有同一性呢?严复按照赫胥黎的观点,认为它们是不具有同一性的。我们说,否认物质与意识、存在与思维之间的同一性,这在认识论上是错误的。至于他进一步作出的结论"故此一生,纯为意境",则是明显的唯心主义观点。

(三)从唯心主义经验论到不可知论。

严复用感觉论的论证方法去证明只有感觉才是惟一真实的存在,至于外部事物的真实性及具体情状,是不可靠的。他举了一个"圆赤石子一枚"的事例,说石子的"赤、圆、坚"只是人的感觉而已,实际上并不存在什么质坚、形圆、色赤的石子。在他看来,石子的颜色、硬度、形状不是石子自身的属性,而是由"我"的主观感觉决定的。假如人的感觉器官的构造改变了,或者观察的条件改变了。石子就不一定呈现出"赤、圆、坚"的属性。由此他断言:

> 石子本体,必不可知。吾所知者,不逾意识,断断然矣。(同上)

这样,严复就通过把人的主观感觉作为认识事物属性的依据,从而否定了事物的客观实在性,这种观点就是典型的唯心主义经验论。

第四节 严复的历史地位

严复在近代中国思想界有其特殊的地位,这需要从他青年时代研治西学谈起。严复在留英期间,不仅刻苦学习海军专业知识和自然科学知识,同时还广泛涉猎西方资产阶级社会政治学说和人文学说,锐意研究西方思想家的著作,对于亚当·斯密、孟德斯鸠、达尔文、赫胥黎的著述、思想,他是非常熟悉的。可以说,严复对于西学造诣之深,不仅远非李鸿章、张之洞等洋务派人物可比,即令是曾赴海外考察的王韬、郑观应等早期改良派人物,以及戊戌变法的领袖康有为、梁启超诸公,也都不能望其项背。他还接触了英国社会生活实际,对西方民主制度有一定的了解,并产生了倾慕之情,他在后来回忆说:"犹忆不佞游欧时,尝入法庭,观其听狱,归邸数日,如有所失。尝语湘阴郭(嵩焘)先生,谓英国与诸欧之所以富强,公理日伸,其端在此一事。先生深以为然,以为卓识。"(《法意》第十一卷案语)当时已是六十老翁的资深外交家、中国驻英公使郭嵩焘,对严复这位青年非常器重,时常与他"论析中西学术政制之异同,往往日夜不休"[①],并曾有意推荐他继任驻英公使。

1894年中日甲午战争爆发。严复身在海军,亲历了中方惨败的全程,深受刺激,他写道:"日本以寥寥数舰之舟师,区区数万人之众,一战而剪我最亲之藩属,再战而陪都动摇,三战而夺我最坚之海口,四战而

---

① 王蘧常:《严几道年谱》,商务印书馆1936年版,第7页。

威海之海军燼矣。"惨痛的失败使他深深认识到：封建的老大帝国积弊实在太深太重，洋务派惨淡经营的那一套"船坚炮利"的东西其实根本不堪一击。若要挽救中国于危亡，最重要的，不是敷衍地而是切实地，不是表面地而是深层地向西方学习。他说：

> 海禁大开以还，所兴发者亦不少矣：译署，一也；同文馆，二也；船政，三也；出洋肄业局，四也；轮船招商，五也；制造，六也；海军，七也；海署，八也；洋操，九也；学堂，十也；出使，十一也；矿务，十二也；电邮，十三也；铁路，十四也。拉杂数之，盖不止一二十事。此中大半，皆西洋以富以强之基，而自吾行之，则淮橘为枳，若存若亡，不能收其效者，则又何也？……民力已荼，民智已卑，民德已薄，虽有富强之政，莫之能行。(《原强》)

> 吾今兹之所见所闻，如汽机兵械之伦，皆其形下之粗迹，即所谓天算格致之最精，亦其能事之见端，而非命脉之所在。其命脉云何？苟扼要而谈，不外于学术则黜伪而崇真，于刑政则屈私以为公而已。……顾彼行之而常通，吾行之而常病者，则自由不自由异耳。(《论世变之亟》)

也就是说，西方富强的根本是学术和政治，西方学术的基本精神是"黜伪而崇真"，西方政治的基本精神是"屈私以为公"，而贯注于这两种精神之间的则是"自由"。严复的这些论述真正揭示了"夷之长技"背后的根本，在当时也指明了向西方学习的正确方向，真正抓住了"命脉"所在。

这种见识，在当时除严复外，别人还不能企及。有见于此，在甲午战败之后，严复投入维新变法的宣传活动之中，尤致力于宣传西学，抨击中学。1895年，他在天津《直报》上相继发表《论世变之亟》、《原强》、《救亡决论》和《辟韩》等一组政论文章。同年，他着手翻译英国赫胥黎《天演论》。以后他陆续翻译出版了亚当·斯密的《原富》、斯宾塞的《群学肄言》、约翰·穆勒的《穆勒名学》等多种西方哲学、政治学著作，从而成为中国近代介绍西方资本主义学说的一代宗师。

从鸦片战争以后"睁眼看世界"的第一代思想家林则徐、魏源算起，先进的中国人踏上"向西方寻找真理"的艰难道路,直至"十月革命一声炮响,马克思主义传至中国",其间历时80年。从简单地主张"船坚炮利"、"师夷长技以制夷"的《海国图志》(魏源、林则徐一代),进到主张"立议院,达民情","使人尽其才,地尽其利,物畅其流"的《盛世危言》(王韬、郑观应一代),进到戊戌变法期间不仅主张"变器"、"变事",而且主张"变政"、"变法"的一批论著①(康、梁、谭一代),再进到严复对西方资产阶级政治、经济学说,哲学、逻辑学、社会学学说,以及自然科学学说的系统介绍,这就标志着"中国近代资产阶级改良派向西方寻找'真理'从感性到理性,从形式到内容,从具体到抽象,从现象到本质的不断深入的历史过程"②。而在这不断探究的历史过程中,严复对西方文化与哲学的认识和介绍,达到了空前的高度。

对此,无论是与严复同时代的思想家们,还是后来的饱学之士,无不给以极高的评价。与严复过从甚密、切磋甚多的古文大家吴汝纶在反复研读《天演论》之后,在《致严复书》中盛称"执事(指严复)博涉,兼能文章,学问奄有东西数万里之长","能熔中西为一冶者,独执事一人而已"。康有为在读过《天演论》后,在《与张之洞书》中极称严复"为中国西学第一者也"。梁启超在《清代学术概论》中盛赞"严氏于中学西学,皆为我国第一流人物","西洋留学生与本国思想界发生影响者,复其首也"。章太炎在《述侯官严氏最近政见》中评论:"自严氏之书出,中国民气为之一变。"蔡元培在《五十年来中国之哲学》力推"五十年来,介绍西洋哲学,要推侯官严复为第一"。冯友兰在其《中国哲学史新编》中认定严复是近代中国"第一个真正了解西方文化的思想家"。钱基博在《现代中国文学史》中认为:"夫以西学识古,以实验治学,后来胡适新汉学者之所持以为揭帜,而实导之于复。"

众口一词,群哲并赞。严复在近代中国"西学第一"的地位,由此而论定。

---

① 包括康有为的几篇上皇帝书,梁启超的《变法通议》、谭嗣同的《仁学》等。
② 任继愈主编:《中国哲学史》第4册,人民出版社1979年版,第204页。

第七章　梁启超的思想演变与哲学倾向

梁启超（1873～1929年），字卓如，号任公，又号饮冰室主人，广东新会人。从小接受封建教育，以科举考试的帖括之学为首务，11岁中秀才，16岁中举人。1890年开始拜康有为为师，在康有为的熏陶影响下，逐渐抛弃旧学，接受康有为所主张的变法维新的新学。甲午战争后，积极参与维新变法活动，成为康有为的得力助手，时人以"康梁"并称。1896年在上海主持《时务报》，发表《变法通议》。1897年在湖南主持时务学堂，任总教习。1898年赴京参加百日维新，曾被光绪皇帝召见，受命以六品衔办理京师大学堂、译书局事宜。戊戌变法失败以后，直至1903年，东渡日本学西文，习东文，思想为之一变。先后创办《清议报》、《新民丛报》，发表大量论著，系统介绍西方资产阶级进步的社会政治思想和哲学思想，揭露批判了中国封建专制主义的黑暗统治，反对以孔教为代表的封建文化对人们思想的束缚，宣传国民性的改造和更新。倡导"道德革命"、"诗界革命"和"小说界革命"。梁启超的卓有成效的理论宣传活动在知识界引起极大反响，被称为"舆论界之骄子，思想界之陈涉"，这一阶段是梁启超思想最活跃的时期，也是他理论建树最多最辉煌的时期。此后，随着资产阶级民主革命的兴起，梁启超公开站在资产阶级革命派的对立面，充当立宪改良派的代表人物。辛亥革命以后，梁启超先后组织过具有资产阶级政党性质的进步党和研究系。曾任袁世凯政府的司法总长、段祺瑞内阁财政总长，也参与了倒袁运动和反张勋复辟。五四以后反对马克思主义在中国的传播，反对中国共产党领导的新民主主义革命。1920年以后，曾任清华研究院导师，以学术研究为主，学术成就卓著。其一生著述极为丰富，编入《饮冰室合集》。此外还有各种专集（如政论集、讲演集、文钞、诗钞、尺牍等）约二十多种，单行本一百多种。他的哲学代表作是《变法通议》、《新民说》、《自由书》、《欧游心影录》等。

第一节　进化思想与变革观念

一、变亦变，不变亦变

梁启超在万木草堂就学期间，就接受了康有为的变易进化哲学。到戊戌变法前夜，进化论思想已成为梁启超宣传变法维新的最锐利的思想武器。他在著名的《变法通议》中开宗明义就提出：

> 法何以必变？凡在天地之间者，莫不变。昼夜变而成日，寒暑变而成岁；大地肇起，流质炎炎，热熔冰迁，累变而成地球；海草螺蛤，大木大鸟，飞鱼飞鼍，袋兽脊兽，彼生此灭，更代迭变，而成世界；紫血红血，流注体内，呼炭吸养，刻刻相继，一日千变，而成生人。借曰不变，则天地人类，并时而息矣。

在这里，他以自然界天体演化、地质变化、生物进化的事实，叙述了自然界从无生命到有生命，从低等生命到高等生命的进化过程，深刻地说明了没有进化就没有世界的道理，雄辩地阐明了"凡在天地之间者莫不变"的辩证观点。紧接着，他又论及社会历史的进化，他说：

> 故夫变者，古今之公理也。贡助之法变为租庸调，租庸调变为两税，两税变为一条鞭。井乘之法变为府兵，府兵变为骑，骑变为禁军。学校升造之法变为荐辟，荐辟变为九品中正，九品变为科目。上下千岁，无时不变，无事不变，公理有固然，非夫人之为也。为不变之说者，动曰守古守古。庸讵知自太古、上古、中古、近古以至今日，固已不知万百千变。今日所目为古法而守之者，其于古人之意，相去岂可以道里计哉！

在这里，他论述了中国历史上的一系列变革，借以阐述一条历史铁则："法行十年或数十年、或百年而必敝，敝而必更求变，天之道也。故一食而求永饱者必死，一劳而求永逸者必亡。"历史是如此，在激烈变革的时

代更是如此。为此,他发出振聋发聩的变法宣言:

> 法者,天下之公器也;变者,天下之公理也。大地既通,万国蒸蒸,日趋于上。大势相迫,非可阏制。变亦变,不变亦变。变而变者,变之权操诸己,可以保国,可以保种,可以保教。不变而变者,变之权让诸人,束缚之,驰骤之,呜呼,则非吾之所敢言矣!

其意盖云:维新变法是势在必行的事情,变也得变,不变也得变。如果主动变革,则变法之权操之在己;如果被动变革,则变法之权操之在人。在人在己,虽仅一字之差,却有天壤之分、主奴之别。这种呼吁和龚自珍以来所有改革者的呐喊一样惨烈,一样警醒世人,只不过梁启超的呼号更加紧迫,没有些许转圜余地。他认为:"是故变之途有四:其一,如日本,自变者也;其二,如突厥,他人执其权而代变者也(埃及、高丽等国皆是);其三,如印度,见并于一国而代变者也(越南、缅甸等国皆是);其四,如波兰,见分于诸国而代变者也。吉凶之故,去就之间,其所择焉?……彼犹太之种,迫逐于欧东;非洲之奴,充斥于大地。呜呼,夫非犹是人类也欤!"至于维新变法的纲领,梁启超概括指出:

> 吾今为一言以蔽之曰:变法之本,在育人才;人才之兴,在开学校;学校之立,在变科举;而一切要其大成,在变官制。

"变官制",即康有为所说的"变政"、"变法"、改变"典章宪法",实行君主立宪的资本主义改革。

二、"三世六别"的进化模式

在社会历史进化方面,梁启超认为历史的进化发展是有规律性的。

在戊戌时期,梁启超就从自然科学中得到了启发,认为人类社会的进化也像自然界那样有一定的规律性。他说:"地学家言土中层累,皆有一定,不闻花岗石之下有物迹层,不闻飞鼋大鸟世界以前复有人类。惟政亦尔,既有民权以后,不应改有君权。"(《与严幼陵先生书》)但那个时候,他主要是受了康有为"三世"说的影响,以为社会历史的进化,是循着据乱世、生平世、太平世的轨道前进的。在他的心目中,这便是社会历史进化的普遍规律。他在《读〈春秋〉界说》里描写了人类社会的"三世"

进化的概况:

> 由打牲之世界变而进为游牧之世界,又变而进为种植之世界,又变而进为工商之世界……由其中有三世之理焉。打牲为据乱,则游牧其升平,种植其太平也;游牧为据乱,则种植其升平,工商其太平也。而打牲以前尚有不如打牲之世界,则打牲以为太平;工商以后更有进于工商之世界,则工商亦为据乱。如是演之亦不可纪极。

他以为整个人类社会历史就是这样按照"三世"的定律永无止境的向前进化。其实,他所谓的"三世"并不是从历史中发现出来的进化规律,而是学着康有为牵强附会地把"公羊三世"说当成历史进化的模式,硬套到社会历史上去。当然,不排除这里仍含有社会历史进化的观念。

为了直接配合维新变法的需要,梁启超还提出"三世六别"说,阐明社会政体也是遵循"三世"的道路进化的。他说:

> 治天下者有三世:一曰多君为政之世,二曰一君为政之世,三曰民为政之世。多君世之别又有二:一曰酋长之世,二曰封建及世卿之世。一君世之别又有二:一曰君主之世,二曰君民共主之世。民政世之别亦有二:一曰有总统之世,二曰无总统之世。多君者,据乱世之政也;一君者,升平世之政也;民者,太平世之政也。(《论君政民政相嬗之理》)

全世界都要照着这个"三世六别"的路子循序而行。在他看来,当时的中国正处在由君主之世向君民共主之世转变的阶段。他的这个"三世六别"也是采取同样的手法,把"三世"说与社会的政制的变易进化相结合而构想出来的一个模式,不是什么社会政制的进化规律。但是,在当时说来,他的这种理论在政治上是起了进步作用的。

三、社会变革的和平渐变与革命突变

资产阶级维新派一般都是渐变论者,梁启超也不例外。在戊戌时期,他是康有为"三世"循序渐进论的积极鼓吹者。但是,从戊戌变法失败后至1902年间,梁启超的思想曾一度出现过激进倾向,大讲破坏主义、革命变革等等。1899年,他在《破坏主义》中写到:

> 破坏主义,又名突飞主义,务摧倒数千年之旧物,行急激之手段。……饮冰子曰:甚矣,破坏主义之不可以已也!

认为从世界历史经验来看,国家要兴盛,非经过破坏阶段不可。到了1902年,他的这一思想又有进一步的发展。他在《新民说·论进步》中认为,"破坏"是古今万国进化的一条普遍规律,并且指出:

> 当夫破坏之运相迫也,破坏亦破坏,不破坏亦破坏。

此外,他还对法国大革命的历史作用予以相当的肯定,如说:如果没有法国大革命,"则欧洲各国至今为中世之黑暗时代而已"(《近世第一女杰罗兰夫人传》)。由于有了法国大革命,"欧洲列国之革命纷纷继起,卒成今日之民权世界"(《论学术之势力左右世界》)。又说,19世纪的文明,"法国革命即其母"(光绪二十六年四月一日《致南海夫子大人书》夹注)。这些言论都表明了那时的梁启超在思想理论上确实曾经一度承认革命变革是社会历史进化所必需。特别值得注意的是,1902年年底梁启超发表《释革》一文,文中把"革"视为宇宙中必然发生的法则,他说:

> "革"也者,含有英语之 Reform 与 Revolution 之二意。Reform 者,因其所固有而损益以迁于善……是也。……Revolution 者,若转轮然,从根柢处掀翻之,而别造一新世界。
>
> Ref 主渐,Revo 主顿;Ref 主部分,Revo 主全体;Ref 为累进之比例,Revo 为反对之比例。其事物本善,而体未完法未备,或行其久而失其本真,或经验少而未甚发达,若此者,利用 Ref。其事物本不善,有害于群,有窒于化,非刈夷之,则不足以绝其患,非改弦更张之,则不足以致其理,若是者,利用 Revo。此二者皆大《易》所谓革之时义也。

从世界历史的发展来看,社会的变革确有渐变性的改革和突变性的革命,梁启超综合了这两种情况,认为社会历史的进化,有走逐渐改革的道路,也有走革命变革的道路。应该说,他的这一看法不为无据。就中国的情况来说,究竟应该采取哪一种"革"的形式?梁启超认为:在戊戌时期,仁人志士为和平的改革作了很大的努力,但没有取得成功,这是为什么？他意识到在中国和平改革的道路是走不通的。他已经开始突破和平渐进论的局限，把革命论也包括在社会历史进化论中去，这是一个了不起的进步。但是，梁启超鼓吹通过革命破坏求得中国的进步，为时不长。因为他仍未摆脱改良派的基本立场。他一方面对于暴力革命始终心怀恐惧，另一方面对于清朝统治者又仍然抱有幻想。这样，他的革命思想又是很有限、很不稳固的。

第二节 塑造近代理想人格的"新民说"

如何培养和塑造近代的理想人格，是近代哲学家十分重视、热烈探讨的文化主题和哲学课题，具有重大的理论意义和实践意义，在梁启超以前，严复曾经提出"鼓民力"、"开民智"、"新民德"的"三民"说，以此作为改造中国的根本。在梁启超以后，孙中山以毕生努力进行"唤起民众"的工作。邹容更大声疾呼"拔去奴隶之根性，以进为中国之国民"。此后国民性改造成为一代哲人共同关注的大问题。

一、"欲维新吾国，当先维新吾民"

梁启超在戊戌变法失败之后，认真反省失败的经验教训，深感民族精神不振、国民性格不良实是一深层原因。他大胆指出：在封建制度和封建思想的桎梏扼杀下，中国国民公德薄弱，缺乏国家思想、权利义务意识、独立自由精神和冒险犯难的勇气。他用尖锐的笔锋，讥讽了"饥而食，饱而游，困而睡，觉而起"，无所事事，无所作为的"混沌派"；自私自利，"以杨朱为先师"，置民生民命于不顾的"为我派"；遇事束手无策，只会咨嗟太息的"呜呼派"；自己"不办事，而立于办事人之后"，冷嘲热讽相掊击，"使勇者短气，弱者灰心"的"笑骂派"；"以我为无可为"，"常望人而不望己"的"暴弃派"。数派迭加，他认为："'旁观'二字代表吾国人之性质也，'无血性'三字为吾国人所专有物也。呜呼，吾为此惧！"(《呵旁观文》)他还指出，造成国民性如此缺陷的原因大致有五条："一曰大一统而竞争绝，二曰环蛮夷而交通难，三曰言文分而人智局，四曰专制久而民性漓，五曰学说隘而思想室。"(《中国群治不进之原因》)这就从封建专制主义政治制度、思想文化、地理环境多角度、多层面揭示了造成弊端的缘由。

根据这些分析,梁启超得出一个明确的结论:"欲维新我国,当先维新吾民。"(《新民丛报章程》)所谓"新民"也就是通过思想启蒙,把民众培养教育成为具有新型人格的国民。梁启超认为此事关系重大,不可缓行。首先,从立国的根本来说,"国也者,积民而成"。"民"是国家的基础。"国之有民,犹身之有四肢、五脏、筋脉、血轮也。未有四肢已断,五脏已疾,筋脉已伤,血轮已涸,而身犹能存者;则亦未有其民愚陋、怯懦、涣散、混浊,而国犹能立者。"因此,"欲其国之安富尊荣,则新民之道不可不讲"(《新民说·叙论》)。其次,从解决当前的"内治"和"外交"问题的需要来讲,"新民"也十分迫切。就"内治"来说,必须从"新民"入手。只要有了"新民",何患无新制度、新政府、新国家;反之,如果没有"新民",则虽今日变一法,明日易一人,东涂西抹,学步笑颦,也无济于事。他总结中国近代的经验教训说:"夫吾国言新法数十年,而效不睹者何也?则于新民之道未有留意焉者也。"从"外交"上看,我国面临的是世界"民族帝国主义"侵略的严重威胁,惟有实行"我民族主义",中国才有出路,才有可能避免"民族帝国主义"侵略之外患。而要做到这一点,"舍新民末由"(《新民说·论新民为今日中国第一急务》)。

梁启超的"新民说"富有辩证思维、全面考量和长远规划,他说:"新民云者,非欲吾民尽弃其旧以从人也。新之义有二:一曰淬历其所本有而新之;二曰采补其所本无而新之。二者缺一,时乃无功。"(《新民说·释新民之义》)也就是说,"新民"并非是搞民族虚无主义,去全盘模仿西方,而是说,要批判地继承本国传统思想文化中的有用成分,同时又要从西方文化中"采补"中国所缺乏的资产阶级民主主义的内容。

二、"新民"应具有的诸种品格

(一)"新民"应摒弃奴性,树立独立自由之人格。

梁启超的"新民"说十分强调塑造独立自由的人格,他认为只有这样才能够形成自爱、自治、自立、自尊的品格。他汲取卢梭的天赋人权论,认为人的独立自由,是天赋的权利,他说:"自由者,权利之表征也。

凡人所以为人者有二大要件：一曰生命，二曰权利。二者缺一，实乃非人。故自由者，亦精神界之生命也。"（《十种德行相反相成义》）可见自由对于人来说是多么重要。既然人天生是自由的，那么，他们也就应该是独立的，自尊的。他说："人者何？人格之谓也。"（《新民说·论自尊》）他所谓的"人格"，就是指人的独立不依的品格。

　　梁启超所说的人的独立自由性，是相对于奴隶性而言的。中国数千年来的封建专制统治，使人们麻木不仁，养成了一种奴隶性，甘心受奴役、受束缚箝制，这是最可怕的，"不除此性，中国万不能立于世界万国之间"（同上）。因此，梁启超在倡导"新民"独立、自由的同时，着重批判了奴隶思想。在梁启超看来，奴隶思想危害极大，人们有了奴隶思想，以奴隶自居，就不会去关心国家的命运。中国国民由于有奴隶性，缺乏独立性，"言学问则倚赖古人，言政术则倚赖外国"，长此以往，势必失去独立的国格。尤其在知识界，如果奴性十足，惟古人是从，其结果必然导致学术衰微、思想盲从。他对知识分子中的奴隶性特别提出批评，说："学者之大患，莫甚于不自有其耳目，而以古人之耳目为耳目；不自有其心思，而以古人之心思为心思。审如是也，则吾之在世界，不成赘疣乎？审如是也，则天但生古人可矣，而复生此百千万亿无耳目无心思之人以蠕缘蠹蚀此世界，将安取之？"（《近世文明初祖二大家之学说》）他认为，奴隶思想与独立自由是水火不相容的，有了奴隶思想，也就失去了独立自由性。因此，他在《新民说·论自由》中提出一个异常响亮的命题：

　　　　若有欲求真自由者，其必自除心中之奴隶始。

他呼吁人们"勿为古人之奴隶"，"勿为世俗之奴隶"，"勿为境遇之奴隶"，"勿为情欲之奴隶"，而保持自己独立自由之本性。他还认为作为"新民"应具有这样的胆识：

　　　　我有耳目，我物我格，我有心思，我理我穷，高高山顶立，深深海底行，其于古人也，吾时而师之，时而友之，时而敌之，无容心焉，以公理为衡而已。（《新民说·论自由》）

梁启超"新民"说中的这些主张个性解放，破除奴隶思想的言论，对于当时的人们来说，无疑是起了振聋发聩的作用。而对于正在从事社会变革的社会精英来说,不啻是空谷足音。

(二)"新民"应超越"小我",具有利群爱国之公德。

梁启超认为,人不但有独立自由之性,而且还具有合群之性。"有独立之性也,有合群之性也",这都是天所赋予人的本性。

人的独立之性与合群之性看起来是矛盾的,但二者又是统一的。梁启超一方面论述了"群"必须以独立自由的人为基础,他说:"凡一群之中,必其人皆有可以自立之道,然后以爱情自贯联之,以法律自部勒之,斯其群乃强有力;不然,则群虽众而所倚赖者不过一二人,则仍只谓之一二人,不能谓之群也。"(《新民说·论自尊》)另一方面,梁启超又根据进化论的道理,强调了独立自主的个人为了生存的需要,非实行合群不可。他说:"凡人之所以不得不群者,以一身之所需求所欲望,非独立所能给也,以一身之所苦痛所急难,非独立所能捍也,于是乎必相引相倚然后可以自存"(《新民说·论合群》)这样,人们便自然产生合群的"公共观念",从而结合成社会群体。

梁启超认为:从个人与群体之间的关系来说,个人利益是"小我",群体利益是"大我"。在这"大我"之中,自然包含有"小我"。那么,怎样处理这二者的关系呢?梁启超认为,正确处理这二者的关系必须坚持有利于合群的原则,先公后私,"小我"要服从于"大我"。他说:"善能利己者,必先利其群,而后利己之理亦从而进焉。"(《十种德行相反相成义》)梁启超认为,中国人一大缺点就是公德的缺乏,因此他十分强调"新民"必须具有这种"利群"的公德。他说:"知有公德,而新道德出焉矣,而新民出焉矣!……公德之大目的,既在利群,而万千条理即由是生焉。"(《新民说·论公德》)

梁启超认为,人们为适应生存竞争的需要,形成了各种各样大大小小的社会群体,而国家是最大的群体。他说:"由一人之竞争而为一家,由一家而为一乡族,由一乡族而为一国,一国者,团体之最大圈,而竞争之最高潮也。"(《新民说·论国家思想》)既然国家是我们社会最大的社会群体,那么"新民"就应当具有国家思想,个人和小群体都要服从国家利益。因此,"利群"的公德从根本上说就是爱国。梁启超认为爱国者首先就要维护国家的独立自主权。为了维护国家的独立自主权,就必须实行民族主义,因为"民族主义"是"世界最光明、正大、公平之主义也,不使他族侵我之自由,我亦毋侵他族之自由。其在于本国也,人之独立;其在于世界也,国之独立"(《国家思想变迁异同论》)。他向国人呼吁:以我之民族主义抵抗外国帝国主义的侵略,"斯今日我国民所当汲汲者也"(同上)。

(三)"新民"必须克服惰性,培养进取冒险之精神。

梁启超撰写了《新民说·论进取冒险》一文,强调"新民"必须具有一种进取冒险的人生观。

首先,他揭示了中国传统哲学的负面影响,指出:

> 吾中国人无进取冒险之性质,自昔已然,而今且每况愈下也。曰"知足不辱","知止不殆",曰"未尝先人,而常随人",此老氏之调言。……曰"无多言,多言多患,无多事,多事多败也",曰"危邦不入,危邦不居"也,"孝子不登高,不临深"也,夫此诸义,亦何尝非孔门所传述?……呜呼!一国之大,有女德而无男德,有病者而无健者,有暮气而无朝气,甚至乃至有鬼道而无人道,恫哉恫哉!吾不知国之何以立也!(《新民说·论进取冒险》)

其次,他又肯定了西方人进取冒险精神的正面价值,他说:"欧洲民族所以有强于中国者,原因非一,而其富于进取冒险之精神,殆其尤要者也。道天下所不敢道,为天下所不敢为,其精神有江河学海,不到不止之形。其气魄有破釜沉舟,一瞑不视之概。其徇其主义也,有天上地下,惟我独尊之观。其向其前途也,有鞠躬尽瘁,死而后已之志。其成也,涸脑精以买历史之光荣,其败也,迸鲜血以赎国民之沉孽。呜呼!曷克有此,曰为进取故,曰为冒险故!"这种精神"人有之则生,无之则死;国有之则存,无之则亡"(同上)。

再次,梁启超认为,富于进取性是文明人的一个特点。他说:禽兽以至野蛮人都是饥而食、饱则嬉,知有今日而不知有明日。文明人则不同,他们有理想,不满足于今日,而寄希望于明日,他们总是往前看,永不满足,因而不断努力进取。假如人们不这样做,"保守今日,故进取之念消,偷安今日,故冒险之气亡。若此者,是弃其所以为人之具,而自跻于动物也"(同上)。他在这里把人类与动物分开,认为只有人类才具有理想、希望和不断进取的主观能动性。

梁启超认为客观世界不会自然满足人们的需要,恰恰相反,它常常与人们的愿望相违背,人们要进取,就必须克服前进道路上的障碍,这就需要人们去奋斗、拼搏。他说:"人治者常与天行相搏,为不断之竞争者也。天行之为物,往往与人类所期望相背,故其反抗力至大且剧,而人类向上进步之美性又必非可以现在之地位而自安也。于是乎人之一生,如以数十年行舟于逆水中,无一日而可以息。"(《新民说·论毅力》)人类是在与环境的搏斗中前进的,他们希望愈大,志向愈高,所要战胜的阻力也就愈大。在这样的情况下,没有大无畏的冒险精神是谈不上开拓进取的。

要新民就要有新民的途径和方法。为此,梁启超以古道衷肠,几乎上下求索了一生。他竭力主张:以教育新民,以报刊新民,以新史学和新小说新民。毫无疑问,梁启超主张兴教育、办报刊、提倡"史界革命"和"小说界革命",对于改造中国国民性是具有积极意义的。但应把它们置于根本改变小农经济、专制政治和封建文化的大前提下,否则仅以教育及报刊、史学、小说来改造国民性,是行不通的。

第三节 "境者心造,惟心为实"的唯心主义本体论

梁启超主张"除心奴"、"做新民",的确表现出弘扬主观能动精神的良好意向,表现出除旧布新的时代精神。但他却没有把这种精神奠基于唯物主义世界观的基础上,却认为"豪杰之士,无大惊,无大喜,无大苦,无大乐、无大忧,无大惧。其所以能如此者,岂有他术哉?亦明三界惟心之真理而已,除心中之奴隶而已。苟知此义,则人人皆可以为豪杰"。这样,就在世界观上明显表示出唯心主义倾向。他在定义"本体论"问题时明确界说:"本体论"就是"求索宇宙万物从何而来,以何为体"的哲学问题,其实就是宇宙万物的本原问题(《老子哲学》)。宇宙万物以何为本呢?梁启超在1900年撰写的《自由书·惟心》一文中指出:

> 境者心造也。一切物境皆虚幻,惟心所造之境为真实。

这同佛教"三界惟心,万法为识"的观点,同陆王心学"万化根源总在心"的命题,是完全相同的唯心主义观点。然则,梁启超怎样论证这一观点呢？他引用很多诗文,指出同一月夜,同一风雨,同一黄昏,在一些人惟有"余乐"、"余兴"、"欢感";在另一些人则惟有"余悲"、"余闷"、"惨愁"。同一桃花,"一为清净,一为爱恋";同渡一江,同一泊舟,同饮一酒,"一为雄壮,一为冷落"。总之,同一事物,在不同的感受者那里"其境绝异",产生出的是截然相反的"境地"。缘何如此呢？梁启超的回答是:"天下岂有物境哉,但有心境而已。"从感受之"其境绝异"走向根本否认作为本原的"物"及"物境"的客观实在性,亦即否认对"物境"及"物境之异"的反映。在他看来,如果有"物境"及"物境之异",那也不过是"心境"及"心境之异"造成的。其实他所说的"心境之绝异"者,莫不有内在的具体的"物"及"物境"本原,莫不是因"物境之绝异"而发生的。梁启超只看到同一事物在不同的感受者那里产生的"心境绝异"的现象,不去寻求之所以出现"心境绝异"的本原,却荒谬地认为"天下岂有物境哉,但有心境而已","一切物境皆虚幻,惟有心所造之境为真实",否认"物"及"物境"的客观实在性及"心境"源于"物境"的根本哲学前提,完全是主观唯心主义论调。

梁启超站在唯心主义立场,必然对唯物主义产生很多歪曲、误解。如他说:"唯物论哲学……建立一种纯物质的、纯机械的人生观,把一切内部生活、外部生活,都归到物质运动的'必然法则'之下,这种法则,其实可以叫做一种变相的命运前定说。"他还大肆攻击为他所歪曲的"唯物论"及倡导的"人生观",其"独一无二的目的就是抢面包吃","社会主义"之"结果也不过是抢面包吃"(《欧游心影录》)。这些看法都是明显错误、荒谬的观点。

第四节　中西文化融合论

在文化观念方面,梁启超较早地意识到中西文化的互补性,强调二者的融通性及相互结合的可能性。他在1896年就指出:"要之舍西学而言中学者,其中学必为无用,舍中学而言西学者,其西学必为无本,皆不足以治天下,虽庠序如林,逢掖如鲫,适以蠹国,无救危亡。"(《西学书目表后序》)他对祖国的传统文化始终带着一种深深的珍视感,这种感情在他晚年对战后欧洲进行了实地考察之后显得尤其强烈。他在《欧游心影录》中告诉人们,这次旅欧的最大收获,就是原来对中国文化的悲观情绪一扫而空。他为人们生动地描绘了战后欧洲凄凉破败的景象,宣布西方物质文明和"科学万能"梦已告"破产"。为什么科学不是万能的呢?梁启超认为,欧洲人用科学手段发展起来的文明主要是"物质文明"。人类需要物质文明,但人类赖以安身立命的决不仅仅是物质文明。人之所以为人,就在于他有精神的追求。所以梁启超告诫人们,科学并不是解决人类所面临的一切问题的万应灵丹。

梁启超认为,中国传统文化与西方最新提倡的实证哲学、造化哲学所追求的"心物调和",主张理想与实际的结合,颇有相通之处。他认为中国的"孔老墨三位大圣"都有追求理想与实用一致的共同理想归宿。孔子讲求"尽性赞化"、"自强不息",老子强调"复归其根",墨子鼓吹"上同于天",都是因为看出了人类肉体的"小我"与灵性的"大我"同时存在,企图"因小通大,推肉合灵",求得物质和精神的有机统一。外国人在经受大战创痛之后才开始觉悟的东西,中国先哲在两千年前便有了清楚的表述,这充分表明了中国传统文化的永恒价值。梁启超充满信心地写道:"我们若是跟着三圣所走的路,求'现代的理想与实用一致'。我想不知有多少境界可以开得出来哩!"对于中国传统文化精神内涵的这一新的认识,使梁启超认定,中国文化并非一无可取,而是大有可为的。中国文化并未枯萎,而是有其独立的价值的,不应该简单地被西方文化所代替。他批评道:"国中那些老辈,固步自封,说什么西学都是中国所固有,诚然可笑;那沉醉西风的,把中国什么东西都说得一钱不值,好像我们几千年来就像土蛮部落,一无所有,岂不更可笑吗?"

梁启超在深刻研究中西文化的基础上,对世界各民族的演化进程和不同文化的交流融合有独到的见解,他指出:

> 生理学之公例,凡两异性相合者,其所得结果必加良。此例殆推诸各种事物皆同者也。大地文明祖国凡五,各辽远隔绝,不相沟通。惟埃及、安息藉地中海之力,两文明相遇,虽产出欧洲之文明,

光耀大地焉。其后阿拉伯之西渐,十字军东征,欧亚文明,再交媾一度,乃成近世震天铄地之现象,皆此公例之明验也。我中华当战国之时,南北两文明初相接触,而古代则学术思想达于全盛。及隋唐间与印度文明相接触,而中世之学术思想放大光明。"(《论中国学术思想变迁之大势》)

梁启超认识到欲使文化整合、进步,或吸收、融会外来文化,必须先使本土文化的根基健全。如果撇开本土文化之根,则外来文化失去移植的依托;如果本土文化根基不健全,则移植外来文化将成逾淮之橘。他强调:"吾人当将固有国民性发挥光大之,即当以消极变为积极是也。"(《在中国公学之演说》)最重要的是把握好本民族的民情国情,对于外来文化不能盲目地效法,因"其固有基础与中国不同",所以"取舍自当有择,若是不问好歹,无条件的移植过来,岂非人家饮鸩,你也随着服毒?可怜可笑孰甚!"(《东南大学课毕告别辞》)同时,梁启超也十分强调借外来文化来重新整合自己文化的重要性,所谓"工欲善其事,必先利其器"。他指出:"要发挥我们的文化,非借他们的文化做途径不可,因为他们研究的方法,实在精密。"(《欧游心影录》)与依违于两端、非此即彼的态度不同,梁启超力主"化合"两种特质文化,即"拿西洋的文明来扩充我的文明,又拿我的文明去补助西洋的文化,叫他化合起来成一种新文明"(同上)。"盖大地今日只有两文明:一泰西文明,欧美是也;二泰东文明,中华是也。二十世纪,则两文明结婚之时代也,吾欲我同胞张灯置酒,连轮俟门,三揖三让,以行亲迎之大典。彼西方美人,必能为我家育宁馨儿,以亢我宗也。"(《论中国学术思想变迁之大势》)他坚信,借助于吸收与引进西方近代文化,批判地改造中国传统文化,寻找出中西结合的契机,就一定能重新建构民族新文化,中国就一定能赶上西方发达国家。晚年梁启超在刻意介绍西方新文化的过程中,努力用全新的观念去重新认识中国传统文化,弘扬中国优秀文化的合理内核,原因即在于此。

据此,梁启超提出了一个创建新文化的构想,这一构想分为四步:第一步,要人人存一个尊重爱护本国文化的诚意。第二步,要用那西洋人研究学问的方法去研究他,得他的真相。第三步,把自己的文化综合起来,再拿别人的补助他,叫他起一种化合作用,成为一个新文化系统。

第四步,把这新系统往外扩充,叫人类全体都得着他的好处(《欧游心影录》)。应该说,梁启超这一纲领性的构想是经过深思熟虑的,是一种颇具特识的看法,对于中国20世纪文化建设产生了历久弥新的深刻影响。

第八章　章太炎的革命活动与哲学历程

　　章太炎(1869～1936年)，名炳麟，字枚叔，一作梅叔；浙江余杭人。出身书香门第，青少年时先后跟随外祖父和父亲习诵儒家经典，也涉猎史传，浏览老、庄。1890年进杭州诂经精舍，从名儒俞樾受业，打下了坚实的国学根底。甲午战争以后，空前严重的民族危机，把他驱赶到变法维新的时代热潮中。1896年，他汇银报名加入"强学会"。翌年春应邀赴上海，担任《时务报》撰述，以后奔走于上海、武昌、杭州等地，宣传变法。戊戌变法失败后，避地台湾和日本，1900年7月参加了唐才常在上海发起的"中国国会"，因不赞成一面排满、一面勤王的矛盾宗旨，割辫易服，宣布与改良道路决裂，从此走上反清革命的道路。1903年7月，因发表《驳康有为论革命书》和为邹容《革命军》作序，宣传推翻清朝，被捕入上海西牢。1906年6月出狱，东渡日本，参加同盟会，主编《民报》，继续鼓吹革命。武昌起义爆发后回国，组织中华民国联合会等团体，一度对袁世凯反动面目认识不清。1913年，因宋教仁案等事件，逐渐看清袁氏真相，8月冒危入京，大骂袁世凯包藏祸心，被袁软禁三年，1916年袁死后获释。"五四"以后，一度误入歧途，反对国共合作和新三民主义。"九一八"事变以后，奋起宣传抗日，反对蒋介石的不抵抗政策。晚年卜居苏州，讲授国学。

　　章太炎的哲学思想，前后变化较大。大致可分三期：

　　1903年以前，以他的早期著作《訄书》为代表，其基本哲学倾向是唯物主义的。

　　1903年至1906年在狱中潜心佛教经典，受到佛教唯心主义的深刻影响。出狱后在《民报》发表一系列哲学论文：《俱分进化论》、《无神论》、《建立宗教论》、《人无我论》、《五无论》、《国家论》、《四惑论》等。其哲学思想体系已经明显表现出唯心主义方面日占上风，但其思想主流是进步的,功绩是显赫的,影响是巨大的。

1911年辛亥革命后,章太炎逐渐失去了以往的革命气概,"脱离民众,渐入颓唐",成为一个"身衣学术华衮"的宁静学者,脱离了时代潮流,他本人也不再成为主流哲学家。因此,研究、评价章太炎哲学思想,应以前二期为主。

第一节 以《訄书》为代表的前期哲学思想

《訄书》是章太炎最早的著作,最早的木刻本刊于1900年。由六十三篇论文组成。以下讲到的哲学思想多出自《訄书》,此外还有哲学论文《菌说》、《无神论》等。

一、"阿屯以太"说及无神论思想

章太炎认为"阿屯以太"是万物的始基。比章太炎稍早一点,康有为、谭嗣同都提出了"以太"概念,作为万物的始基和万物统一性的基础,这是受西方长期流行的自然科学"以太"假说的影响,而提出的机械唯物论的观点。但是康、谭的"以太"说都有一个毛病,就是经常把物质性的"以太"同精神性的"心力"、"仁爱"、"性海"等概念混为一谈,模糊以至于取消了"以太"说的唯物主义性质。章太炎在这个问题上的唯物主义倾向较康、谭要彻底。

他说:"凡物之初,只有阿屯,而其中万殊。"(《菌说》)"阿屯",英语原(Atom)的音译。这话是说:一切物体的本原,只有原子,原子中间也存在无数的差别。"阿屯"与"以"太是何关系?他说:

> 或谓"性海即以太"。然"以太"即传光气,能过玻璃实质,而其动亦因光之色而分迟速。彼其实质,即曰"阿屯";以一分质分为五千万分,即为"阿屯"大小之数。是"阿屯"亦有形可量。"以太"流动,虽更微于此,而既有迟速,则不得谓之无体。

这些论述的意思是:第一,"以太"是一种传播光的介质,能穿透实物,其运动速度因这种光波长的不同而不同。第二,原子是有一定形质、有一定重量的物质性的东西,它的体积是一个分质(即一立方寸)的五千万分之一。第三,"以太"虽然比原子更微小,但也不是"无体"之物,不同于渺无边际、没有迹象、不可捉摸的精神本原如"性海"之类。

19世纪末,无论是在中国还是在外国的科学界和思想界,关于"以太"的不同解释,反映了哲学上唯物主义与唯心主义两条路线的对立和斗争。章太炎继承了唯物主义"以太"说,认为人们的眼睛看不到"以太",并不能说它无形;人们摸不到它,亦不能证明它没有重量。拿原子来说,人们看不到也摸不到,能说它是没有形体和重量吗?能说它是精神性的东西吗?由此章太炎作出结论说:"原质有形,即以太亦有至微之行,固不必以邈无倪际之'性海'言也。"这里章太炎虽然还没有能够对独立于人的主观意识之外的客观存在的物质范畴作出哲学的概括,但他表述了与近代自然科学相联系的自发的唯物主义观点。

总之,章太炎所谓"阿屯以太"说,认为物质原质(原子)及光、热、电物质运动的传播者,都是物质性的。世界的统一性的基础在于此,万物的基础在于此。这是机械唯物论的观点。

章太炎从机械唯物主义自然观出发,运用当时获得的自然科学材料,否认鬼神和上帝的存在,排斥古今中外的神权论。

首先,他用生物化学知识否定了鬼神的存在,发展了古代无神论:

> 今人之死也,则淡(氮)、养(氧)、炭、轻(氢)诸气,盐、铁、磷、钙诸质,各散而复其流定之本性,而人之性亡矣。离此流定而复索一"舍利性海",亦犹离此诸体而索马索象也。(《菌说》)

> 人死而为枯骼,其血之转磷,或为茅溲,其炭其盐或流于卉木;其铁在矿,其肌肉为虫蛾蛰豸……其智虑非气也,所以从受者。(《原教下》)

章太炎之前,王充论无鬼,他认为:"人死血肠竭,竭而精气灭,灭而形体朽,朽而成灰土,何用为鬼?"(《论衡·论死》)这是古代直观形式的无鬼论。较之王充,章太炎的见解大大深化了。他认为人的机体和植物昆虫以及无机物具有相同的物质元素。因此,人死后,构成人体的血液、肌肉、骨骼等成分,经过化学分解转化为盐铁磷钙诸质、氢氮氧诸气,或者为草木等植物吸收,或者为虫蛾蛰豸等昆虫动物吮食,或者变为矿物质。这是符合科学的,因为无机界和有机界都是统一于物质元素。人死之后,人体就要发生物质分解和转化。精神也就不能独立存在。人死不能成鬼、成神。可见,人死以后没有什么不灭的灵魂。如离开运动变化的物质世界,鼓吹"超出体魄之上而独任灵魂"的唯灵论,这就仿佛是离开马的形体找马、离开象的形体找象一样。章太炎强调不能离开物质世界去谈人的生死转化,这同样是与自然科学相联系的唯物主义观点。

其次,他还否定了上帝的存在。基督教神学曾经宣称上帝耶和华无始无终、全知全能、绝对无二、无所不备,以此四条作为上帝所以能够创造人类万物的四大理由。

章太炎在《无神论》中灵活运用逻辑分析手段,逐条予以驳斥,他说:根据基督教义,上帝七天创造了世界,可是又宣称世界有末日,这可见世界是有始有终的;既然有始有终,创造世界的上帝也一定有始有终。因为上帝是体,世界是用,现象离不开本体,现象有生灭,本体的性质也必然有生灭,这样体用才一致。可见上帝并非无始无终。

关于全知全能,他驳斥说:如说上帝全知全能,他就不该创造出"魔鬼"来与自己对立;如说"魔鬼"并非上帝所创,而别有创出者,则上帝就决非全知全能。

关于绝对无二,他驳斥说:上帝用"质料"创造了万有,如果说"质料"存在于上帝自身之中,万有则从上帝身上"自然流出",便谈不上创造;如果说"质料"存于上帝之外,与上帝并立,上帝就不是绝对无二了。

关于无所不备(万善具足),他驳斥说:如果上帝无所不备,万善具足,便不应创造人类,以增其善;如果说上帝创造人类是为了求善去恶,上帝就不是无所不备。

最后,他得出结论说:"若万物必有作者,则作者亦更有作者,推而极之至于无穷。然则神造万物,亦必被造于他,他又被造于他,此因明所谓'犯无穷过'者。"这就是说,如果万物是神创造的,神又待别的东西来创造它,如此推下去,便没有穷尽。这便犯了逻辑学上"无穷过"的错误。所以结论只能是无神,没有造物主。章太炎的这些驳难,揭露了基督教的神学虚构,不仅显示了逻辑的力量,而且生动有趣,富有战斗性,为我国无神论史增添了明丽的一笔。

二、唯物主义的认识论

章太炎在《訄书》中坚持唯物主义反映论,反对唯心论的先验论,同时对理性认识也有所探讨。

(一)论感性知觉。

认识客观事物不能离开感觉,而感觉不是主观自生的,它来源于客观事物对于感觉器官的刺激。在这方面,章太炎完全继承了荀子到王夫之、戴震的优良传统,他这样评述人的感觉的形成:

> 黄赤碧涅修广以目异,徵角清商叫啸喁于以耳异,酢甘辛咸苦涩隽永百旨以口异,芳苾腐臭腥蝼膻朽以鼻异,温寒熙湿平棘坚疏枯泽以肌骨异,是以人类为公者也。(《公言》)

这就是说:眼用以辨别各种颜色,耳用以辨别不同的声音,舌用以辨别不同的味道,鼻用以辨别不同的气味,身用以辨别不同的物体。因为人具有相同的感觉能力,又因外物是客观的,所以人们具有相同的感觉。这种唯物主义观点是渊源有自的。荀况主张认识从"缘天官"开始,认为"征知必将待天官之当簿其类然后可也"(《荀子·正名》)。王夫之认为:"由目辨色,色以五显;由耳审声,声以五殊;由口知味,味以五别。"(《尚书引义》)戴震认为:"口能辨味,耳能辨声,目能辨色,心能辨夫理义。"(《孟子字义疏证》)章太炎的唯物主义感觉论的观点是对古代唯物主义的继承和发展。

进而章太炎强调感觉对象的客观实在性,他指出:当人们的感觉器官没有和外物接触,或尚未产生某种感觉的时候,决不能谈客观事物不存在,因为客观事物是对立于人的感觉而客观存在的。他还以视觉为例说明这个观点:"以目眚者,视火而有青炎,因是以为火之色不恒,其悖矣。""烛柂钩冶之上,七色而外,有幻火变火,可以熔金铁,而人目不能见。"第一个例子是说有某种视觉毛病的人看到火光为青色,如果以此想推翻其他六色的客观性,那是不对的。第二个例子是说熔炉化铁、炼钢,当温度炽热时出现两种火,一种叫"幻火",这是火焰外层的氧化焰,因供氧充足、燃烧充分,其火色不能为人所见。另一种叫"变火",这是熔炉在温度炽热时所呈现的火,其火色亦不能为人所见。章太炎由此得出这样的结论:

> 不见其光,而不得谓之无色;见者异其光,而不得谓之无恒之色。(《公言》)

章太炎的这种结论与明清之际王夫之的见解是一样的。王夫之在批判佛学和王阳明的主观唯心主义认识论时,指出:"目所不见非无色也,耳所不闻非无声也,言所不道非无义也。"(《尚书引义》)章太炎比王夫之进一步的地方在于:他运用近代自然科学,对感觉来源于物质世界这一唯物论思想进行了分析和论证。另外,在这一问题上,他比严复接近正确,因为他基本上没有受到西方现代资产阶级鼓吹的实证主义、马赫主义的影响,没有陷入唯心主义经验论的窠臼。

(二)论理性思维。

章太炎认识到:仅仅依靠感觉是不够的,还必须进行概念、判断、推理的理性认识活动。他指出:

> 夫物各缘天官所合以为言,则又譬称之以期至于不合,然后为大共名也。虽然,其已可譬称者,其必非无成极,而可恣膺腹以为拟议者也。(《公言》)

这里所说"缘天官"即感觉活动。"譬称"、"大共名"即从感觉经验所上升的概念、判断和推理活动。感觉的特点是与外界直接相合,而理性认识不同于感觉,表现出某种"不合",即差别或对立,但理性认识也非漫无标准(成极)。不能凭着主观想象去进行,而要遵循认识的规律。章太炎在这里没有把理性认识歪曲成主观自生的东西,但也没有能够阐明感性认识和理性认识在实践基础上的辩证统一关系。正因为他不了解在实践基础上感性认识向理性认识的飞跃,所以有时便片面地强调理性认识的作用,并且把它和感性认识割裂开来,表现为唯理论的倾向。例如他在《訄书·颜学》中批评颜元的认识论具有经验论的倾向:"独恨其学在物,物习之,而概念抽象之用少。""概念抽象之用少"就是忽视理性认识的作用,他对颜学的批评在原则上是对的。然而章太炎不能区别科学的抽象和非科学的抽象,甚至把背离实践和感觉认识的反科学的抽象,也看成是有用的东西,他说:"观今西方之哲学,不赍万物,为当年效用,和以天倪、上酌其言,而民亦沐浴膏泽。虽玄言、理学,至于浮屠,未其无云补也。"(《颜学》)这就是颂扬唯心论的观点了。

第二节 "物竞天择"与"俱分进化"

同严复等人一样,章太炎也接受了生物进化论,宣传了物竞天择、适者生存的学说,这主要是在《訄书》时期。但在《民报》时期他又宣传善恶同时进化的"俱分进化论",表现了思想上的矛盾。

一、"物竞天择"的进化论思想

1903年以前,章太炎在《菌说》、《原变》、《原人》等论文中,集中阐述了进化论的学说。他的阐述在以下三个方面较有特色:

(一)阐述了物质进化过程,提出了"庶物起于细胞"、"人起于一尺之鳞"的思想。

首先,章太炎接受了近代生物学的细胞学说,写了著名的论文《菌说》,阐发了细胞是生命现象的开端,生物进化的基础,他说:

> 今夫庶物莫不起于细胞。细胞大抵皆球形,其中有核,亦大抵皆球形。核中液体充满,名曰核液,分染色物、非染色物二者。凡细胞诸种皆自原形质成立。原形质似卵白质,赫胥黎称之曰"生命之本质"。……是即生物之所以灵运,然非有神宰畀之矣。(《菌说》)

章太炎所阐述的生命的本质——生命的基础的细胞学说,是合乎科学的,有力地反对了神创说和对于生命现象的其他模糊解释。

其次,章太炎还进一步从自然史方面研究了人类的起源,指出从无机界到有机界,从低等生物到人,是自然进化的结果。他说:

> 赭石赤铜箸于山,菭藻浮乎江湖,鱼浮乎薮泽,果然("果"即"猓","果然"指长尾猿)、貜(大猿)、狙(猴)攀缘乎大陵之麓,求明昭苏而渐为生人,人之始皆一尺之鳞也。(《原人》)

这里概括叙述了由无机界到有机界到人类的进化过程,人类最早的祖先可以追溯到水生的生物,后来进化为猿类,又由猿类逐渐发达而成为人。这种观点显然是来源于当时流行的达尔文的人类进化学说。

(二)阐述了"强力以与天地竞"的生物进化规律,用自然淘汰来说明生物进化的原因,认为有机体的生存及延续,首先必须适应自然环境的变化。他说:

> 人谓紫脱华于层冰,其草最灵。紫脱非最灵也,其能寒过于款冬已。鼠游于火,忍热甚也;海有象马,嘘吸善也。物苟有志强力以与天地竞,此古今万物之所以变。(《原变》)

这里所说"紫脱"是一种生长在北冰洋有鲜丽颜色的苔藓类植物,能耐严寒。款冬属于菊科,也是耐寒的植物。古人见紫脱能在冰雪中生长,便误以为它具有某种灵性,当做奇卉。章太炎指出,紫脱不过是较之款冬更能耐寒的植物罢了,它在长期的遗传和变异中适应了寒带气候。正如海马、海象能在水中生活,火鼠不畏炎热一样,都是长期适应环境的结果,是强力相竞的结果。

相反,动物的某些器官长期不使用就会引起退化,如:"鲸有足而不以沿(爬行),羖有角而不以触,马雀(鸵鸟)有翼而不以飞。三体勿能用,久之将失其三体。"(同上)鲸本是陆地生活的哺乳动物,有足,以后退回海洋生活,前肢退化成鳍状,后肢则完全退化。公羊本有角,但古人家畜以后常阉割之以为菜羊,久之副性状衰退,有角而不能搏。鸵鸟是现存最大的鸟,长期行走,两翼已退化,不能飞。这就是用进废退的道理。

以同样的道理看待人类的智力,他认为也适合这种规律,他说:"故知人之怠用其智者,萎废而为虞蜼。人迫之使入于幽谷,夭阏天明,令其官骸不得用其智力者,亦萎废而为虞蜼。"(同上)这是说,人的智力如果受到限制不能发挥作用,也要引起退化,甚至会退化到猿猴去。他认为智力也是用进废退的,这是对的,但推测人能退化到猿猴则缺乏科学的依据。

应该看到:章太炎所宣传的强力竞争的进化思想,同严复一样,都是为了动员人民团结起来,救亡图存,在当时具有积极意义。

(三)阐述了社会进化问题,提出"人之相竞也以器"的新鲜思想。他指出:

> 石也,铜也,铁也,则瞻地者以其刀辨古今之期者也。唯玉独无所见于故书轶事。
>
> 人之相竞也,以器。风胡子曰:轩辕、神农、赫胥之时,以石为兵,断树木为宫室……黄帝时,以玉为兵,以伐树木为宫室……禹穴之时,以铜为兵,以凿伊阙,决江导河,东注于东海,天下通平,治为宫室。当今之时,作铁兵,为龙渊、泰阿、工布麃之,至于猛兽欧瞻、江水折扬。晋郑之头毕白。(《原变》)

章太炎用刀削器具的进化程度,用石器、铜器和铁器的依次发展阶段来说明历史的进化,注意到生产工具在社会发展中的作用,这显然超出一般进化论的观点,而含有唯物史观的因素,更是弥足珍贵的思想。

二、悲观主义的"俱分进化论"

章太炎的进化论思想在前期表现出朝气蓬勃的革命精神,但到后期则呈现出悲观主义的色调,其典型代表作就是1906年发表的《俱分进化论》。他在这篇论文中指出:

> 进化之所以为进化者,非由一方直进,而必由双方并进。专举一方,惟言智识进化可尔。若以道德言,则善亦进化,恶亦进化;若以生计言,则乐亦进化,苦亦进化。双方并进,如影之随形,如罔两之逐景。非有他也,智识愈高虽欲举一废一而不可得。曩时之善恶为小,而今之苦乐为大。然则以求善求乐为目的者,果以进化为最幸耶?进化之实不可非,而进化之用无所取。

为了阐明这一主张,他作了多方面的具体论证:首先,以人与禽兽相比,"人之智识比于他物为进化",从道德讲"他物唯有小善,而人之为善稍大"。但是,人之为恶也更甚于他物:"虎豹虽食人,犹不自残其同类,而人有自残其同类者。"其次,以人类社会的初级原始阶段同后来的阶级社会相比,虽然善有进化,但恶也不断发展:"太古草昧之世"原始人群因为"争巢窟、竞水草"而互相残杀,其杀伤力尚属有限;自从国家建立,人们之间的争夺,始而使用戈矛,继则使用火器,"一战而浮尸百万,喋血千里",其杀伤力超越远古。由此可见,"其善为进,其恶亦为进也"。再次,他又举欧洲历史为例:自古希腊以来,人们之间的相互关系有趋向平等之观,这是"社会道德进善"的表现。然而近代西方人由于追逐物质利益,"富商大贾之与贫民不共席而坐、共车而出",阶级分野度越于往昔,这又是社会"进于恶"的表现。通过上述论证,他得出这样的结论:"生物之程度愈进,而为善为恶之力亦因以愈进。"

章太炎认为,苦乐和善恶一样,也是双方同时并进的。他说,以人类与他物相比,人类之乐超过生物,"最初生物若阿米巴、毛奈伦,期于得食而止","鱼亦期于得水而止,鸟亦期于得木而止",而人类则"由饱暖妃匹而思土地,由土地而思钱帛,由钱帛而思高官厚禄","又其甚者,则以名誉为乐……此其为乐,岂他动物所敢望者?"但是,人类为了追求这种快乐,所付代价、所受痛苦也是他物所没有的:"下者奔走喘息,面目黎黑,以求达其五官之欲,其苦犹未甚也。求土地者、求钱帛者、求高官厚禄者,非直奔走喘息、面目黎黑而已,非含垢忍辱则不可得。"甚至,"笞我、詈我、碾我、践我,以主人、臧获之分而待我,我犹鞠躬磬折以承受之,此其为苦,盖一切生物所未有也"(《俱分进化论》)。

章太炎的上述论述,含有某些合理的因素。这是因为自原始社会瓦解之后,人类社会始终是在私有制、阶级对立的条件下发展进化的,社会的进化仍是以一种私有制取代另一种私有制,以一种剥削制度取代另一种剥削制度。在漫长的阶级社会中,人类文明的进化始终是以无数劳动者的痛苦、牺牲为代价的,道德的进步与堕落始终是交互错综的,文明的背后总是包含着残忍、痛苦和丑恶,两者真是"如影之随形"。章太炎看到了在阶级社会中人类文明进化中所包含的恶和苦,看到了阶级社会中道德的进步与堕落是交互错综的,这是合理的。但是,章太炎由此而否定进化的意义,否定人类道德的进步,否定人类会有美好、幸福的未来,则是错误的。

第三节　高唱唯我、高蹈太虚的宗教归宿

一、唯我主义的"新宗教"

章太炎指出:"用宗教发起信心,增加国民的道德。"即认为:要激发人们的爱国心,完成资产阶级革命,必须建立一种新的宗教。为此,1906年前后,他先后发表了一系列宣传建立"新宗教"的论文,构建了以佛学唯识宗为基础的、"依自不依他"的唯心主义哲学体系,走向唯我主义与悲观主义的宗教归宿。

首先,"新宗教"以"识"为宗。这个"识"不是指一般的人所说的主观意识,而是佛教法相唯识宗所说的"八识"中的基本识——"阿赖耶识",正如章太炎所说:"今之立教,惟以自识为宗。识者云何?真如即是惟识实性,所谓圆成识也。"(《建立宗教论》)他把"识"或"内识"(精神、观念)看成是惟一真实的存在,而物质世界只是"识"变现出来的虚假现象。这就和他早期在《訄书》中宣传的唯物主义认识论相反了。他还说:

> 自阿赖耶识建立以后,乃知我相所依,即此根本藏识。此识含藏万有,一切见、相,皆属此识枝条。(《人无我论》)

其次,"新宗教"把唯识论与西方哲学家康德的"原型观念"、叔本华的意志自由等思想相结合,使之具有更多的思辨色彩。他说:

> 言科学者,不能舍因果律。因果非物,乃原型观念之一端。既许因果,即于物外许有他矣。(《四惑论》)

> 阿赖耶识无始时来,有种种界,如蜀黍聚。即此种种界中,有十二范畴相,有色空相,有三世相,乃至六识种子,皆在阿赖耶中,自有亲缘,故无起尽,亦无断绝。非如六识之缘境而起,离境而息,是故心虽不起,而心非无,其义成立。(《建立宗教论》)

这里,章太炎借助康德、叔本华的哲学思辨,论证了时空、运动乃至各种范畴,无不先验地存在于阿赖耶识之中。他说:"近来康德、索宾霍尔(叔本华)诸公,在世界上称为哲学之圣。康德所说'十二范畴'纯是'相分'

的道理。索宾霍尔所说'世界成立全由意思育动'也就是'十二缘生'的道理。"(《演说录》)

不仅如此，章太炎还搬来了费希特的主观唯心主义哲学。他借用费希特的话说："'由单一律观之，我惟是我；由矛盾律观之，我所谓我，即彼之他，我所谓他，即他之我；由充分律观之，无所谓他，即惟是我。'此以度脱众生为念者，不执单一律中之我，而未尝尽断充足律中之我，则以随顺法性，人人自证有我，不得举依他幻有之性而一时顿空之也。"(《建立宗教论》)在这里，"自我"被看成是一切的发端，在其中消解、抹杀一切矛盾和差别，取消了主观和客观的对立。这不但不能解决客观世界本身的矛盾，而且从主观上逃避矛盾，把自我安慰当做是客观存在的东西。章太炎还说，依靠法相唯识宗和王（阳明）学相结合的主观唯心主义哲学，"或不免偏于我见，然所谓我见者，是自信而非利己，犹有厚自尊贵之风……"又说，这样一种理论武器在实践上有很大的作用，它可以使人"排除生死，旁若无人，布衣麻鞋，径行独往，上无政党猥贱之操，下作惴夫奋矜之气，以此揭橥，庶于中国前途有益"(《答铁铮》)。

所谓"厚自尊贵之风"，章太炎又称为"依自不依他"，即"自贵其心，不以鬼神为奥主"。章太炎何以要这样强调"厚自尊贵之风"或"依自不依他"的观念？这有着深刻的社会阶级根源。他注重人的能动性，并希望发挥这种能动作用以推翻清朝反动统治。在他看来，佛学和费希特哲学能够发挥这样的作用。他特别强调大乘佛教理论最有利于革命道德，他说：

> 非说无生，则不能去畏死心；非破我所，则不能去拜金心；非谈平等，则不能去奴隶心；非示众生皆佛，则不能去屈退心。(《建立宗教论》)

> 以勇猛无畏治怯懦心，以头陀净行治浮华心，以惟我独尊去猥贱心，以力戒诳语治诈伪心。此数者其他宗教亦能得其一二，而与震旦习俗相宜者，厥惟佛教。(《答铁铮》)

以这样的佛教道德作为革命的动力，反对一切束缚，反对任何权威，自尊无畏，不怕牺牲，凭借个人主观精神去进行战斗，这就是所谓"依自不依他"的哲学,实即唯意志论或唯我主义的哲学。

二、"高蹈太虚"的"五无论"

1907年9月,章太炎发表了《五无论》。这是一篇悲观出世、"高蹈虚无"的奇文。所谓"五无",指的是什么呢?章太炎认为,以"均配土田"、"官立工场"、"限制相续"、"解散议员"四种办法,防止代议制度,实行共和政体,只不过是"初级苟偷之法";而"欲求尽善,必当高蹈太虚",以共和政体及所属四制为基础,"期以百年,然后递见五无之制"。"五无"者,第一,"无政府"。他认为,"种族相争"根源即在"有政府使其隔阂"。第二,"无聚落"(村落)。他认为,"国界虽破,而聚落犹未破,则惨烈之战争未已"。而且,自然环境不一,土地肥瘠不同,人类无法平等,只有废去村落,每年交换住地,"易室而居",才不致"渔猎他人"。因此,"无政府者必与无聚落说同时践行"。第三,"无人类"。他认为,政府和国家都是人自己造成的,"自人成之",则"自人废之"。只要断根绝种,实行"无人类",还有什么"政府国家之累呢!"如何做到"无人类"?章太炎主张让"一二大士超人"出来,劝导大家奉行独身主义,才能"断人道而绝其孽乳"。第四,"无众生"。从生物进化论看,"要使一物尚存,则人类必不能断绝"。所以,一定要消灭地球上一切生物,才能真正实现"无人类"。第五,"无世界"。他认为,"世界本无,不待消灭"。今之世界乃"器世间","本由众生眼翳见病所成,都非实有"。待到"众生既尽,世界必无毫毛圭撮之存",那时,"世界为之消弭,斯为最后圆满之期"。章太炎特别强调:"所谓无人类、无众生、无世界者,说虽繁多,而无人类为最要。""断交接",则为"消灭人类之方"。

章太炎的"五无论"一方面表现了章太炎对黑暗现实的抗议、愤怒和厌恶心理,笔锋所及,大抵都是有感而发的愤激之言,藐视和否定社会盛行的、习以为常的观念和道理,是对现有秩序和传统观念的批判。但另一方面,"五无论"又反映了章太炎虽然愤怒,却找不到一条有效的、实在的出路,陷入了悲观绝望的虚无主义的泥沼。

第九章 孙中山的三民主义及其哲学基础

孙中山(1866～1925年),名文,字逸仙,因流亡日本期间曾更名中山樵,后来即以中山为号。广东香山(今中山县)人。出生于一个贫苦的农民家庭。幼年深受太平天国革命的影响,称洪秀全为"反清第一英雄",并"以洪秀全第二自命"。青年时期辗转到檀香山、广州、香港等地读书,1892年,从香港雅丽西医书院毕业。嗣后即投身于资产阶级的政治活动,他受到当时改良主义思想的影响,曾上书李鸿章,提出了四项改革措施,但遭到拒绝。甲午战争失败后从改良走向革命,毅然创建了中国资产阶级第一个革命团体——兴中会,积极准备发动武装斗争。戊戌变法以后,孙中山领导资产阶级革命派同保皇派之间进行了具有历史意义的大论战,为辛亥革命作了重要的舆论准备。论战期间,联合兴中会、华兴会、光复会,成立了中国资产阶级革命政党——中国同盟会,正式提出了"驱除鞑虏,恢复中华,建立民国,平均地权"的革命纲领,创办了同盟会的机关报——《民报》,并阐述了他的三民主义的政治纲领,为辛亥革命奠定了组织基础。在孙中山民主革命思想的影响下,1911年(辛亥年)爆发了武昌革命——辛亥革命,推翻了清王朝,建立了中华民国,孙中山当选为临时大总统。1915年,袁世凯复辟帝制,孙中山又领导了资产阶级讨袁运动和反对北洋军阀的护法运动,为保卫辛亥革命的成果而战斗。孙中山是我国从欧美吸收改革思想的先进人物,是近代中国杰出的资产阶级民主革命先行者和领袖。他毕生致力于中华民族的独立、富强,为中华民族自立于世界民族之林而艰苦奋斗、不屈不挠,是一个卓越的革命实践者;他毕生致力于真理的探求,追随时代潮流,不断修正自己的思想,不断进步,是一位伟大的政治家、思想家、哲学家。他的主要著作有《孙中山全集》、《孙中山选集》。其中《建国方略》中"心理建设"(即《孙文学说》)部分较集中地体现了他的哲学思想。

第一节　从旧三民主义走向新三民主义

孙中山的革命民主思想集中表现为三民主义,它是中国资产阶级民主派的政治纲领。三民主义经历了两个不同的发展阶段:在1924年《中国国民党第一次全国代表大会宣言》以前,它是旧范畴的三民主义,即旧三民主义;在这以后,它则是新范畴的三民主义,即新三民主义。

关于旧三民主义。旧三民主义的民族主义,目的是为了推翻清朝封建统治,夺取政权。孙中山认识到,要想挽救中国的危亡,使中国免遭帝国主义的瓜分之祸,就必须首先推翻卖国的清朝政府。因此,他提倡民族主义,不仅是要求解除国内的民族压迫,同时也包含有挽救中华民族危亡,争取中华民族独立和解放的强烈要求。

旧三民主义的民权主义基于对中国专制主义传统的深刻反思,他看到"中国数千年来,都是君主专制政体",因此在进行"民族革命"的同时,还必须进行"政治革命",以推翻"君主政体"、"建立民主立宪政体"(《三民主义与中国前途》),即在中国建立一个资产阶级共和国。在孙中山热情向往资产阶级共和国的时候,同时也看到了资本主义制度内部不可解脱的危机,看到了无产阶级的革命斗争,使他感到在西方"社会革命"即将到来。因此,他主张乘当时中国资本主义尚不发达,"实行民族革命、政治革命的时候,须同时想法子改良社会经济组织",使贫富不致极端悬殊,以"防止将来的社会革命"(《三民主义与中国前途》)。

旧三民主义的民生主义,孙中山认为,民生主义就是"社会主义",通过推行民生主义,就可以"举政治革命、社会革命毕其功于一役"(《民报发刊词》)。在这方面,孙中山提出了"平均地权"的主张,反映了他对人民的同情和对土地问题的关心,但他把这些看做是"社会革命"则是对社会主义的误解。其实,平均地权这种限制地主垄断土地的政策,客观上将更适宜资本主义工矿交通事业的发展,更便于资本主义农业的推行。

孙中山的旧三民主义,在当时是动员人民群众起来推翻清朝统治,建立资产阶级共和国的一面旗帜,它有力地推动了革命的发展。列宁曾称赞它是"伟大的中国民主派的纲领"。应该看到,旧三民主义不可避免地具有严重的缺陷。就民族主义来说,它没有明确提出反帝的口号,反而幻想取得帝国主义对中国革命的中立或帮助,对内也没有提出各民族一律平等的口号。就民权主义来说,它只注意推翻一个封建皇帝,却没有认识到必须彻底打碎封建的国家机器,推翻整个地主阶级的统治;它虽然宣布"凡为国民皆平等"、"有参政权",却又把"建立民国"分为三个步骤,规定必须先实行"军法"、"约法"之治,对人民的权利加以限制。就民生主义来说,虽然提出了土地问题,却又反对"夺富人之田为己有",害怕农民以暴力触动封建剥削制度的根基,因而并不能满足农民对土地的迫切要求。

1919年五四运动后,中国革命进入了新民主主义革命时期。在中国共产党的帮助下,孙中山提出了"联俄、联共、扶助农工"的三大革命政策。1924年,他在《中国国民党第一次全国代表大会宣言》中重新解释了三民主义,把旧三民主义发展为建立在三大革命政策基础上的新三民主义。新三民主义比之旧三民主义,有了划时代的进步,产生了质的飞跃。

新的民族主义有两方面的意义:"一则中国民族自求解放,二则中国境内各民族一律平等。"在中国共产党的帮助下,孙中山总结了以往的经验教训,认识到推翻清朝,民族主义"只算一半的成功",只有"废除我们的卖身契(按:指不平等条约),不做外国人的奴隶,那才算民族主义是完全成功"。

新的民权主义有明确的阶级内容:"凡真正反对帝国主义之个人及团体,均得享有一切自由之权利;而凡卖国罔民以效忠于帝国主义及军阀者,无论其为团体或个人,皆不得享有此等自由及权利。"以反帝、反封建军阀为标准,明确划分了敌我界限。孙中山又进一步揭露了西方资产阶级专政的国家制度,他说:"近世各国所谓民权制度,往往为资产阶级所独有,适成为压迫平民之工具。"同时又规定,"废除以资产阶级为标准之阶级选举",广大人民"不但有选举权,且兼有创制、复决、罢官诸权"(《中国国民党第一次全国代表大会宣言》)。

新的民生主义除了肯定"核定地价,增价归公"的做法外,又提出了

"耕者有其田"的原则,规定"农民之缺乏田地沦为佃户者,国家当给以土地,资其耕作",宣布要解决农民的土地问题。除了平均地权外,还提出了"节制资本"的原则,规定"凡本国人及外国人之企业,或有独占性质,或规模过大为私人之力所不能办者,如银行、铁道、航路之属,由国家经营管理之",不使私人资本"操纵国民之生计"(同上)。这个主张,不仅具有限制垄断的意义,同时也具有抵制帝国主义经济侵略、保护民族经济的意义。

第二节 进化论的唯物主义自然观

孙中山是学医出身,曾在医学院就读五年,西方自然科学根底很深,对19世纪自然科学三大发现,尤其是对进化论有深刻的理解。孙中山吸取了近代自然科学成就,形成了自己进化论的唯物主义自然观。他说:"自达尔文之书出后,则进化之学一旦豁然开朗,大放光明,而世界思想为之一变。……作者则以为进化之时期有三:其一为物质进化之时期,其二为物种进化之时期,其三为人类进化之时期。"(《孙文学说》)孙中山把宇宙的进化发展分为三阶段。

一、"物质进化之时期"

所谓"物质进化之时期",是指宇宙的起源和形成阶段,特别是无机界的发展阶段。他说:"元始之时,太极(自注:此用以译西名以太也)动而生电子,电子凝而成元素,元素合而成物质,物质聚而成地球。此世界进化之第一时期也。"(同上)在这里,孙中山把"太极"看成宇宙的基础。在中国近代哲学史上,对"太极"这一概念,不同的哲学家有过不同的解释。孙中山认为"太极"就是物质的"以太",世界的基础是"太极","太极"运动,因而产生电子、元素,元素构成物质,物质聚合形成地球。又说:"地球本来是气体,和太阳本是一体的。始初太阳和气体都是在空中,成一团星云,到太阳收缩的时候,分开许多气体,日久凝结成液体,再由液体固结成石头。"① 很显然,这是受了康德—拉普拉斯星云假说的影响。这个假说认为太阳系初始是一团灼热而旋转的星云,在运动过程中冷却下来,逐渐凝聚,于是运动加快,由于物质内在吸引力和排斥力的相互作用,在太阳系中心形成太阳,分裂出去的部分形成围绕太阳运动的各大行星。孙中山关于太阳系形成的理论,是这个假说的粗略描述。孙中山的这一思想肯定了在人类出现以前就存在着物质性的气和无机物世界,否定了神仙创世说,把中国古代朴素唯物论引向了以实证科学为基础的近代唯物论。

二、"物种进化之时期"

所谓物种进化是指生命的发生和发展阶段,即有机界的发展阶段。在这一阶段,他采取了生物学的细胞学说和达尔文的进化论学说。他说:"物种由微而显,由简而繁,本物竞天择之原则,经几许优胜劣败,生存淘汰,新陈代谢,千百万年,而人类乃成。"② "据最近科学家所考得者,则造成人类及动植物者,乃生物之原子为之也。生物之原子,学者多译之为细胞,而作者今特创名之曰生元,盖取生物元始之意也。……生元之为物也,乃有知觉灵明者也,乃有动作思为者也,乃有主意计划者也。"③ 这里说地球形成以后,经过千百万年发展,才出现了生物。生物进化的规律是:优胜劣败,生存淘汰。生物发展经历了一个"由微而显"、"由简而繁"、由低级到高级的新陈代谢过程,最后才形成人类。在探讨生物及人类起源时,孙中山接受西方自然科学的细胞学说,提出了"生元"说。细胞学说认为,一切生物(包括人类)都是由细胞构成的,孙中山的"生元"说肯定了这一点,这是正确的。但是,他同时还认为"生元"有知觉、有思维、有主意计划,这显然是错误的。不过,我们应该看到,孙中山的"生元"不是指精神,他认为"生元"是物质长期进化的结果,虽然"生元"有知,但却是在物质发展过程中产生的,所以孙中山的"以太"、

---

① 《孙中山选集》,人民出版社1956年版,第662~663页。
② 同上书,第141页。
③ 同上书,第110页。

"生元"说不是二元论的观点。所谓二元论是指在回答世界本原问题时，主张物质和精神都是世界的本原，或主张精神、物质并列的理论。孙中山的"生元"说首先肯定"生元"是物，是生命的基础，这仍应属于唯物的、正确的观点。所以我们认为，孙中山的"生元"有知论尽管在理论表达上不够确切，但若断定其为二元论，却是缺乏根据的。也有人说孙中山的"生元"说是物活论，这种说法也不太确切。因为在物活论看来，整个宇宙中的万物都是有生命的，都同人一样有知觉、有意识。其特点是抹杀有机物与无机物之间的区别，认为万物有灵、万物有知。而孙中山的"生元"之知是指精神、意识胚芽阶段的现象，包括动植物的条件反射和生存本能等现象，如"螺蠃者，为需要所迫，而创蒙药之术以施之于螟蛉"，"物类亦有此良能也"。但是，"惟人类则终有觉悟之希望，而物类则永无能知之期也"①。显而易见，孙中山的"生元"有知论不是物活论。总起来看，孙中山的"生元"说在理论上有些粗糙、不够精确，但是，他认为生命的本源是细胞，因此肯定了精神依赖于物质，仍然表现了唯物主义的哲学性质。

三、"人类进化之时期"

所谓人类进化时期，是指人类的产生，人类社会的形成和发展阶段，这是进化的最高阶段。孙中山认为在地球形成以后，经过漫长的"物种进化"，经过"优胜劣败"、"物竞天择"，出现了不同等级的生物，"千百万年"，"人类乃成"。他说："今人类初出之时，亦与禽兽无异。再经几许万年之期之进化原则，则与物种之进化原则不同，物种以竞争为原则，人类则以互助为原则。"（《孙文学说》）认为人类社会也是变化发展的，这否定了"天不变，道亦不变"的形而上学观点和封建天命神权思想，为资产阶级革命提供了哲学理论依据。他反对把物种竞争原则搬到人类社会是对的，但是他提出"以互助为原则"，却没有能够正确揭示人类社会的发展原则。

孙中山并不是为了进行自然科学启蒙教育而向人们讲述地球如何

---

① 《孙中山选集》，第110页。

形成、人类如何产生的。他满怀热情地宣传进化论,如他自己所说,是"欲以政治哲理发挥平生所知……以诱导国人,俾灼知三民主义最后之意义为何,国民之所宜自力者为何"(《孙文学说》)。换言之,他是为了宣传他的政治主张,鼓舞人们为之努力奋斗而宣传进化论的。他用进化的自然发展观来说明自然界是一个川流不息、万古常新的过程,人类世界也是一个不断进化、无限发展的过程,从而要求人们顺应自然历史的发展规律而不断前进、不断革新。孙中山正是用这样的观念反复宣告民权世界的到来是进化的必然趋势,民主革命是不可抗拒的历史潮流。他说:"因为讲地球的来源,便由此可以推究到人类的来源。……所以哲学家说人是由动物进化而成,不是偶然造成的。人类庶物由二十万年以来,逐步进化才成今日的世界。现在是什么世界呢?就是民权世界。"①孙中山也正是以这样的信念强调了知识和思想观念吐故纳新的必要性。他指出,"国家进化,由野蛮而进于文明,人类亦然,由无知识而进于有知识"。因此,"脱离旧观念,发生新观念,脱离旧思想,发生新思想"②,就成为合乎自然进化规律的要求。他宣称自己"生平是爱革命的","不但是对于政治主张要革命,就是对于学问也主张要革命,要把全国人几千年走错了的路都来改正"③。这显然是针对当时的封建传统观念、习惯势力和反动复古逆流而发的。本此进化论的观点,他始终坚信历史潮流是不可抗拒的,他说:"世界潮流的趋势,好比长江黄河的水流一样,水流的方向,或者有许多曲折,向北流或向南流,但是流到最后,一定是向东的,无论是怎么样都阻止不住的。"④他豪迈地宣称:"世界潮流,浩浩荡荡,顺之则昌,逆之则亡!"

第三节 唯物主义的知行观

孙中山的知行观是别开生面的。在中国哲学史上,知行问题完全摆

---

① 《孙中山选集》,第663页。
② 同上书,第427页。
③ 《总理全集》第2集,第231~232页。
④ 《孙中山选集》,第706页。

脱宗教和道德论的纠缠，被当做纯粹的知识论问题来自觉的加以研究，这还是第一次。他在认识论上的贡献是划时代的。

一、"知难行易"的特定提法

孙中山认识论总的提法是"知难行易"。这个提法是针对中国传统的"知易行难"，并作为它的反命题而出现的。《尚书·说命中》提出"知之非艰，行之惟难"的观点。应该说，这一观点强调了行的艰巨性、重要性，无疑是有一定道理的。但是这个本来具有一定合理性的命题，在后来长期的历史中不断产生了一些消极的影响。它表现在后来统治阶级中的一些政治家、思想家把这个命题当做他们理论脱离实践、骛于空想、空说不做的一道护身符，为他们的懒惰无能、不思进取做辩护。久而久之，知易行难就成为一条不可动摇的真理。

每个真理都有它自己的世纪，孙中山为何要提出与传统的"知易行难"相对立的反命题知难行易呢？这需要从孙中山的革命经历谈起。孙中山一生中经历过无数次政治斗争，同时也经历了多次失败和挫折，他为革命奋斗几十年，可是革命的目标却并未实现，他设计的种种宏伟蓝图一一成为泡影，因此内心感到非常苦闷。尤其是辛亥革命以后，许多革命党人搬出"知之非艰，行之惟难"的陈旧兵器，攻击孙中山是不切实际的"理想家"、"空谈家"，认为三民主义、五权宪法之类的理论学说"理想过高，不适合中国之用"。这给孙中山以极大的刺激。为了回答这些人的攻击，统一党内的思想认识，并"启发国民"、"唤醒社会"，孙中山于1918年在上海闭门著书，写了《心理建设》，试图在哲学理论上对屡次革命失败的教训做一总结。在思想方面，他把革命失败的原因归结为"知之非艰，行之惟难"这种传统观念对革命党人的思想毒害。他认为，正是在这种传统思想的毒害下，人们普遍产生了轻知怯行的心理，"把极难知的事，看得太容易，不去探求"，又"把极容易做的事，视为畏途，不去实行"，不畏其所当畏，而畏其所不当畏，这才造成了党内党外、举国上下人心涣散、斗志松懈的严重后果。

在这种情况下，孙中山针锋相对地提出了"行之非艰，知之惟难"的命题，鼓励革命党人一方面要重视革命理论的研究、学习，另一方面要勇于从事革命实践。这样，孙中山就明确地提出并详尽阐释他的"知难行易"的新学说。孙中山自豪地把它称做"我的学说"，"本大总统发明的学说"，并以自己的名字冠于这个学说之前，叫做"孙文学说"。可见它在孙中山整个思想体系中占有何等突出的地位。

为了论证"知难行易"的道理，孙中山列举了大量的事例，其中"知难行易十证"最为著名。所谓"十证"，即饮食、用钱、作文、建屋、造船、筑城、开河、电学、化学和进化十项例证，他说："人类能造屋宇以安居，不知几何年代，而后始有建筑之学。"饮食是人们日常生活中最普遍的事情，胎儿出胎即会饮食，不待教而能，非常容易；而关于饮食的学问，如营养、烹饪学等，都是经过人们长期实践后才总结出来的，求得这个知是很不容易的，故曰：知难行易。人们买东西天天要用钱，人人皆会；但真正懂得商品交换、懂得货币、金融、经济学大道理的，却只有少数专门家、学问家，故曰知难行易。中国人作了几千年文章，读书人都能来几下"起承转合"，不算太难；可是写文章的学问——修辞学、逻辑学、语法学都是后来才有的，故曰：知难行易。总之，孙中山认为，从大量事实看来，知困难，行容易，行之非艰，知之惟难。

如何评价孙中山的这一观点呢？历来人们都认为：在知行难易问题上，立一截然之界限，过分强调难和易的绝对性，否认难和易的相互转化，具有明显的片面性、绝对化的倾向。孙中山自己也深知此理，他说："古人得其知也，初或费千百年时间以行之，而后乃能知之；或费千万人之苦心孤诣，经历实验而后知之；而后人之受之前人也，似于无意中得之。故有以知为易，而以行为难，此直不思而已矣。"但是他不惜冒着犯一点"片面性"的错误的危险，而大力提倡此说，在当时是有一定的实践意义和理论意义的：第一，统一党内的思想，号召革命党人在他的思想理论基础上树立信仰，免除疑虑，努力实践。他说"知难"，含有理论、路线、方针、大计等虽难而已指明的意思；他说"行易"，含有鼓励同志勇猛实行，不要左顾右盼、徘徊观望的意思。孙中山认为当时国民党内在理论与实践的关系上，主要的矛盾方面是实践，是力行，理论虽然也需不断完善，但在当时并不是太大的问题。第二，振奋国民的精神，改造国民的性格。中国民族，受儒道思想的影响，重道轻艺，重本轻末，重内遗外，缺乏西方民族进取、冒险的精神,孙中山力倡行易之说,实有破除民族惰性,鼓舞人民乐于实践,在他的建国方略指导下,建设强大国家的意图。"倘能证明知非易而行非难也,使中国人无所畏而不乐于行,则中国之事大有可为矣。"第三,"知难行易"是孙中山知行观的外壳和骨架,虽然有其缺点,但内里所包含的具体内容却是很丰富的,且有很多观点是唯物主义观点、辩证法观点。因此研究孙中山知行观,不要停留在这个框架外面,而要进入这个殿堂内部,那么我们就会发现不少的珍宝,同时对于他的"知难行易"的新提法也就会有深入的认识和理解,而不会视其为同传统的"知之非艰,行之惟难"哲学命题的简单对立。

二、知行范畴的崭新内涵

知与行是知行学说的基本范畴。对知与行的界说,本身就构成了狭义上的知行观。从逻辑上看,整个知行学说即是以这种狭义上的知行观为起点而逐渐展开的。这样我们考察孙中山的知行学说,也就不能不从分析知与行入手。

首先孙中山对知、行两个范畴都作了新的解释,从而赋予他的认识论以科学的性质和唯物主义的意义。

孙中山所说的知,不是那些表面的、零碎的知识,而是系统的、合乎规律的科学真知。这种科学真知,应是以整个宇宙为对象:"知之范围甚广,宇宙之范围皆为知之范围。"(《军人精神教育》)这说明中国资产阶级在新的历史条件下,从革命实践中体会到哲学理论指导的重大意义。进而,孙中山认为只有通过科学和哲学的理性思维,才能获得对客观事物认识的"真知"。他说:"近来大科学家考察万事万物,不专靠书。他们所出的书,不过是由考察的心得贡献到人类的记录罢了。他们考察的方法有两种:一种是用观察,即科学;一种是用判断,即哲学。人类进化的道理,都由此两种学问得来的。"(《民权主义》第一讲)孙中山所说的"观察",是指深入实际的局部的科学考察;所说的"判断",是指通观全局的理论分析。孙中山认为只有依靠这两种方法求得的认识,才算是"真知特识"。他说:"夫科学者,统系之学也,条理之学也。凡真知特识,必从科学而来也,舍科学而外之所谓知识者,多非真知识也。"(《孙文学说》)

把"知"释义为科学之知,一方面强调知识不能停留在局部经验上,而必须把握事物的本质。另一方面则在客观上提出了知的社会性问题,即认识不能局限于个人直观,而应当是一个各门科学相互联系促进的过程:"近世科学之发达,非一学之造诣,必同时众学皆有进,互相资助,彼此乃得以发明。"(同上)孙中山进而把这种众家"相互资助"的观点升华到方法论的高度。他举例说,研究饮食,必须了解化学、营养学,以至粮食的生产运输等。从纵向看,必须考察事物的历史发展。例如要了解金钱的作用,就得"详考材货之源流",以及"工商历史"、"货币沿革"。这种看法包含着认识论与方法论相统一的可贵思想:科学之知应当是各方面的总和。这种要求表现在方法上,就具体化为对事物作全面分析和历史考察。这种观点无疑具有辩证的性质。

关于行这一范畴的解释,孙中山也赋予其新的涵义。第一,他赋予行以政治斗争、生产斗争和科学实验的新内容。首先,他把民主革命的活动列入行的范围。他说:"我们革命党还要学从前先烈一样……要把自己的力量拿来努力进行。"这里就包含了资产阶级的革命实践,要求人们去进行革命。其次,他还将行扩及到造船、建筑、开河等生产活动,并把"改良物种"、"化野草为五谷"、"化野兽为家畜"等项生产活动称之为"利用厚生"之行。再次,孙中山所说的行还包括科学实验:"科学家之实验也,即行其所不知以致其所知也。"(同上)

第二,孙中山对上述行的规定,内在地包含着行具有群众性的思想。他指出:"今之革命,为人民革命。"他强调革命"必要靠大多数人同心协力去做"。他还提出"群力"这一概念,认为要使中国进步必须依靠"群力":"我们要求中国进步……非用群力不可。要用群力,便是在合群策群力大家去奋斗,不可依靠一人或一部分人用孤力去做。"所谓"群力",也就是人民群众的力量。可见,孙中山所说的革命之行,不是孤家寡人的活动,而是以人民为主体的群众性的斗争。孙中山还进一步把这一思想扩及到一般社会活动,指出:"今日之立国于世界之上,犹人处于社会之中,相资为用,互助以成者也。"这就是说,人的活动,包括国家之间的交往,都是互相联系、互相作用的,决不是孤立的个人的活动。这些思想显然已经接触到行的社会性。

三、知行关系的辩证论证

孙中山还对知与行的关系作了新的阐述。他认为,人类的认识是随着社会的发展而发展的,大体经历了三个时期:

> 以今人之眼光,以考世界人类之进化,当分为三个时期:第一由草昧进文明,为不知而行之时期;第二由文明再进文明,为行而后知之时期;第三自科学发明而后,为知而后行之时期。(《孙文学说》)

这里包含一个合理的思想,人类的认识过程,是从不知到知,从少知到多知,从自发的知到自觉的知的过程。

(一)不知而行。

所谓"不知而行",是指"行其所不知而致其知",即把实践经验作为认识的起点,通过这个必要的途径而后才可以达到知。孙中山曾以中国古代建筑为例加以证明:中国之屋宇多不本于建筑学以造成,是行而不知者也。这里所谓"建筑学",即以现代力学、物理学、地质科学为基础的真知特识。不知而行就是指无科学知识指导的行。孙中山强调人类在初始阶段是谈不上科学认识的,但没有科学认识,却不妨碍人们去行,人们正是从不知而行当中获得知,他说:

> 人类之进步,皆发轫于不知而行者也,此自然之理则,而不以科学之发明为变易者也。故人类之进化,以不知而行者为必要之门径也。(同上)

这个观点坚持了实践是认识来源的唯物主义观点。然而不知而行是否等于无知而行呢?孙中山说:"当秦之时代,科学未发明也……工程之学,不及今日之深造也,然竟能成此伟大建筑者,其道安在?曰:为需要所迫不得不行而已。"孙中山把修筑长城作为不知而行之例证,同时肯定秦代同样有工程之学,只是由于"科学未发明",故而那时的"知"(工程之学)"不及今日之深造"而已,秦代修筑长城之行,也就不是纯粹无知之行。不知而行的知是与近代科学形态相比较而言的。作如是观,人类认识的第一期为"不知而行之时期",是可以说得通的。

(二)行而后知。

所谓"行而后知"是指"行其所不知以致其所知",即指从实践的经验提高到理论认识。他说:

> 夫习练也,试验也,探索也,冒险也,之四事者,乃文明之动机也。生徒之习练也,即行其所不知以达其欲能也。科学家之试验也,即行其所不知以致其所知也。探索家之探索也,即行其所不知以求其发见也。伟人杰士之冒险也,即行其所不知以建其功业也。(同上)

这里合理的思想是,孙中山肯定"以行求知",即通过实践去获得知识,包含行是推动求知的动力的思想。他强调不论古人今人,也不论科学家还是学徒,都必须"行其所不知以致其所知",如果离开行而求知则永远不能获知。

孙中山还指出,在人类认识的长河中,人们的认识经历了漫长的岁月,通过千百万人的实践,由不知而行而最后达到真知。他说:"古人之得其知也,初或费千万年之时间以行之,而后乃能知之;或费千万人之苦心孤诣,经历试验而后知之。""古人进步最大理由,是在能实行,能实行便能知,到了能知,更能进步。"(同上)在这里,孙中山的可贵之处在于,他没有重蹈一般旧唯物主义的覆辙,在行之外对知作孤立的考察,而是援行入知,在知和行的联系中分析知的起源和本质,这样就使他的认识论能够建立在较为科学合理的基础上。

(三)知而后行。

所谓"知而后行"是指人类历史迈进到近代时期,自然科学高度发达,人类认识进入了高级阶段,获得了真知特识。在这个阶段,人类认识的特点比起以往是大为不同了:

> 当今科学昌明之世,凡造作事物者,必先求知而后乃敢从事于行。所以然者,盖欲免错而防费时失事,以冀收事半功倍之效也。(同上)

显然,孙中山强调知而后行,是说明近代知识重视理性认识、科学真理的指导,重视行事之先的理论论证,决不意味着"离行以为知"。他说:

"倘能由科学之理则,以求得其真知,则行之决无所难。""知之则必能行之,知之更易于行。"孙中山强调知具有指导行的能动作用,反映了他的知行关系的辩证思想。

那么"知而后行"是否纯粹的"知而后行"呢?对这个问题,孙中山明确地给予了否定的回答。他说:"科学虽明,惟人类之事仍不悉先知之而后行之也,其不知而行之事,仍较于知而后行者为尤多。"这就告诉人们:"不知而行"同"知而后行"同时并存于"科学发明之时代",而不是截然分属于不同阶段的现象,对此不可作拘泥的理解。

综上所述,孙中山的知行观是唯物主义的,同时又充满了认识的辩证法,从总体上看,不仅超出了古代朴素唯物主义的水平,而且某些方面在一定程度上也克服了旧唯物主义的缺陷,从而比较接近于辩证唯物主义的认识论。

第四节 含有唯物史观因素的社会历史观

一、历史进化论观念

孙中山有深刻的历史进化观念。在《民权主义》第一讲中,孙中山以政治形态为标准,将人类社会历史的发展区分为"洪荒时代"、"神权时代"、"君权时代"和"民权时代"的依次递进过程;在《民生主义》第一讲中,他又以生活方式为尺度,将人类社会历史的发展区分为"食菜时代"、"渔猎时代"、"游牧时代"、"农业时代"和"工商时代"的循序渐进过程;从世界进化的程序看,孙中山认为:"世界各国,都是先由民族主义,进到民权主义,再由民权主义进到民生主义。"(《在桂林军政学七十六团体欢迎会的演说》)我们当然不能够也不应该苛求孙中山按照马克思主义的唯物史观,依据阶级和阶级斗争的发展来区别时代,根据五种生产方式的变更来划分社会经济形态。但是,上述论断表明,孙中山认为人类社会历史是沿着由野蛮到文明、由落后到进步、由简单到复杂、由低级向高级的轨道,不断"除旧布新"、进化发展的。这样,孙中山的历史进化论就不仅和封建主义的"天不变,道亦不变"的历史凝固论不同,和

"治乱相递,盛衰交替"、"分久必合、合久必分"的历史循环论有别,而且和资产阶级维新派所谓"断难躐等"、只承认改良不承认革命的庸俗进化论也有分歧。孙中山坚信,历史进化的新陈代谢规律是不可抗拒的,"此天然之进化,势所必至,理有固然",人们只能顺应这种趋势,"以人事速其进行,是谓之革命"(《倡导钱币革命对抗沙俄侵略通电》)。

孙中山不是历史进化的消极旁观者,而是积极创造者。他主张"取法乎上",以社会革命促进时代发展,以流血牺牲换取"真立宪",以科学知识建设"最文明"的国家。孙中山热情洋溢地预言:"中国不仅足以突驾日本",而且"不难举西人之文明而尽有之,即或胜之焉,亦非不可能之事也"(《在东京中国留学生欢迎会上的演说》)。尽管争取历史进步的道路会障碍重重,会有挫折,甚至逆转,但孙中山坚定不移地相信:"世界潮流的趋势,好比长江黄河的流水一样,水流的方向或者有许多曲折……但是流到最后一定是向东的,无论是怎么样都阻止不住的。""顺着潮流做去,纵然一时失败,将来一定成功。"反之,"倒行逆施,无论力量是怎么样大,纵然一时侥幸成功,将来一定是失败"(《三民主义·民权主义》)。

二、民生史观

孙中山认为,"历史的重心是民生","民生为社会进化的重心"(《三民主义·民生主义》)。强调"人类求生存"的问题,"就是民生问题。所以民生问题才可说是社会进化的原动力"(同上)。这就是孙中山民生史观的基本观点。

在孙中山的著作中,被确认为"历史的重心"、"社会进化的重心"和"社会进化的原动力"的"民生",其内涵究竟是什么呢?孙中山说:

> 民生是人民的生活,社会的生存,国民的生计,群众的生命。
> 在民生主义里头,第一个重要问题是吃饭,第二个重要问题是穿衣。(同上)

孙中山的这一定义,既包括了社会经济生活,也包括了人们对生活、生命的重视,虽未认识到物质资料生产方式才是人类社会生活的基础,仍然接近唯物史观的基本观点,具有合理的因素。

孙中山之所以把"民生"作为一个最主要的社会问题来加以探讨,完全是中国社会现状给他的启示。当时的中国长期积弱不振,经济匮乏,民生凋敝,而这些问题的解决必须靠"经济革命——社会革命"的途径来解决。他说:"欧美各国二百年以来,只晓得解决民族、民权两件事,却忘了最要紧的民生问题。到现在全国的权力,都操在少数资本家的手里,只有少数人享幸福,大多数人还是痛苦,因为大多数人不甘受这种痛苦,所以现在才有经济革命——社会革命——的事情。"(《三民主义为造成新世界之工具》)

孙中山民生史观产生的基础,在于深切同情人民群众的疾苦,真诚期望从经济上解决民生问题,并以吃饭、穿衣为社会物质生活的起点,显然和唯物史观的基本观点是一致的。孙中山还认为解决民生问题必须从社会实际出发,而不是从人的感情好恶和道德理想出发,他说:"经济问题,不是道德心和感情作用解决得了的,必须把社会的情状和社会的进化,研究清楚了之后,才可以解决。这种解决社会问题的原理,可以说是全凭事实,不尚理想。"(同上)这种见解同空想社会主义是完全不同的。基于这种认识,他在经济领域提出两项解决问题的方案:一是平均地权,二是节制资本。借此发展中国的现代农业和现代工业,发展资本主义的物质文明。他认为,"十年、二十年之后不难举西人之文明而尽有之"。他在政治领域则提出独立自主的主张,他说:"要民生问题能够解决得通,便要先从政治上来着手,打破一切不平等的条约,收回外国人管理的海关,外国货物不能侵入,本国的工业自然可以发达。"(同上)这就是所谓"发展之权,操之在我则存,操之在人则亡"。

孙中山的民生史观也有其阶级的局限和历史的局限。第一,孙中山一方面企图从社会的物质生活中寻找进化的原动力,用人类的物质生活需要来说明历史的运动发展;另一方面,又把这种动力和发展归结为"人类求生存"的生物本能。民生史观混淆物质与精神,并列社会存在与社会意识,把社会历史与社会进化的重心从物质和经济的客观领域,转移到求生欲望和生物本能的主观领域,因而,"所谓民生史观,实质上是二元论或唯心论"①。它和马克思主义的历史唯物主义仍然存在原则的分歧。第二,他指责马克思关于"阶级战争才是社会进化的原因"的观点是"倒果为因"(《三民主义·民生主义》)。在孙中山看来,"阶级战争不是社会进化的原因",而是社会进化时"所发生的一种病症"。他认为,人类进化与物种进化的原则不同,"物种以竞争为原则,人类则以互助为原则"(《孙文学说》)。只有"互助"才是人类的"天性",也只有"互助"才能调和彼此的利益,使人类共同求得生存。所以,孙中山虽然承认西方资本主义高度发达的国家存在阶级斗争,并且热情赞扬"被压迫者和横暴者的战争,是公理和强权的战争"(《三民主义·民族主义》),但又认为:"在中国实业尚未发达的时候,马克思的阶级战争、无产专制便用不着。"因而,"我们今日师马克思之意则可,用马克思之法则不可"(《三民主义·民生主义》),这种看法显然是错误的。

尽管如此,孙中山的民生史观从社会经济问题入手,关注人民群众的经济生活,高度重视社会生产力在现代社会生产中的作用,希望建设一个现代化的新中国,这就表明他思想克服了传统观念的局限性,并高于同时代其他资产阶级的思想家,表现了难能可贵的首创精神。

三、个人与群众的关系

孙中山提出"要替众人服务"的思想,他说:"古时极有聪明能干的人,多是用他们的聪明能力,去欺侮无聪明能力的人,所以由此便造成专制和各种不平等的阶级。现代文明进化的人类,觉悟起来,发生一种新道德。这种新道德,就是有聪明能力的人,应该要替众人来服务。这种替众人来服务的新道德,就是世界上道德的新潮流。"(《世界道德之新潮流(1924年在岭南大学黄花岗纪念会演说词)》)他提倡树立"替众人服务的"的人生观,认为树立了这种人生观,便能为革命事业英勇奋斗,虽至牺牲生命,亦在所不惜。他说:人都不免一死,"均一死也,有泰山鸿毛之别。若因革命死,因改造新世界而死,则为死重于泰山"(《军人精神教育》)。孙中山还认为,人生观首先表现在"立志"上,"不可居心发

---

① 《新民主主义论》,见《毛泽东选集》第2卷,人民出版社1991年版,第649页。

财,想做大官;要立志牺牲,想做大事"。从前的年轻人读书,只想中举当官,现在的年轻人不可立志做大官,而要立志做大事。这就是要替众人服务,谋国家富强。

孙中山虽然存在资产阶级的英雄史观,对人民群众有许多不正确的看法,但是,作为一个真诚的、战斗的、彻底的革命民主主义者,他对人民群众的认识也有光彩照人之处。例如,他虽然把人类划成三等,但又认为:"世界上如果没有先知先觉,便没有发起人;如果没有后知后觉,便没有赞成人;如果没有不知不觉,便没有实行的人。……所以世界上的进步,都是靠这三种人,无论是缺少了哪一种人都是不可能的。"而且,"天下事业的进步都是靠实行,所以世界上进步的责任,都在第三种人的身上"(《三民主义·民权主义》)。由此看来,孙中山的错误划分中也包含了某些合理的因素。正因为存在这些合理因素,我们才能理解为什么孙中山早在《中国同盟会革命方略》中就已提出,近代革命不是只靠少数杰出人物的"英雄革命",而是发扬大多数人革命积极性的"国民革命"(同上),才能理解为什么孙中山晚年还能提出"扶助农工"的口号,并以"唤起民众"作为自己的临终遗言。

孙中山的一生是革命的一生,战斗的一生,追求真理的一生。热爱祖国的赤子之心,振兴中华的救国之志,激励孙中山一生坚持革命,百折不挠,愈挫愈奋。"他全心全意地为了改造中国而耗费了毕生的精力,真是鞠躬尽瘁,死而后已。""他在政治思想方面留给我们许多有益的东西。"当然,"像很多站在正面指导时代潮流的伟大历史人物大都有他们的缺点一样,孙先生也有他的缺点方面。这是要从历史条件加以说明,使人理解,不可以苛求于前人的"[①]。

[①] 《纪念孙中山先生》,见《毛泽东选集》第5卷,人民出版社1977年版,第312页。

第十编

中国现代哲学的不同思潮与理论创造

（1919～1949年）

从1919年到1949年，中国进入了一个新的历史阶段，即新民主主义革命时期。1919年爆发了反帝反封建的五四运动，中国工人阶级第一次作为一个独立的政治力量登上历史舞台。这是中国旧民主主义革命转变为新民主主义革命的历史标志。在俄国十月革命的影响下，马克思主义在中国得到了迅速的传播。在五四运动的直接推动下，中国共产党于1921年诞生了。中国共产党的诞生，是马克思主义与形形色色的西方资产阶级思想和中国封建主义思想斗争的结果。它的诞生使新民主主义革命的目标和社会主义的前途紧密地结合起来。1937年至1945年，中国人民经过整整八年的流血牺牲，终于赢得了抗日战争的伟大胜利。这是自鸦片战争以来中国人民第一次取得的反抗外国侵略者的胜利，由此结束了一个世纪以来中华民族被侵略被压迫的历史，为民族的复兴奠定了牢固的基础。1949年解放战争的胜利和中华人民共和国的诞生，标志着新民主主义革命和马克思主义在中国的胜利，同时也是中华民族的伟大胜利。中国共产党人将马克思主义与中国革命的具体实践相结合，在合理地吸收了现代西方思想文化和优秀的中国传统文化的基础上，创造性地将其应用于中国革命的具体实践之中，为世界落后民族和国家的发展开辟了一条崭新的道路。

中国哲学在这一时期面临着两个重大的问题：其一是站在新的时

代高度，用现代哲学的眼光对中国古代哲学重新进行审视、批判和总结；其二是从中西哲学的交融和会通的角度从事中国哲学的理论创造。这是两个互相关联的问题，密不可分。所有中国现代哲学中的探索、争论及思想、学说都紧紧围绕着这两个问题。

中国现代哲学是中国近代哲学思想的继续，其重要的特点就是与世界文化和世界哲学的交融与会通。20世纪的中国哲学，不论哪一家哪一派，要在现代中国占有一席之地，并要发生较大影响，都不能不走中西哲学交融、会通的道路。它在态度上或积极主动，或消极被动；在内容上或以继承中国传统哲学为主，而吸纳、融摄某些西方哲学的因素，或以引进西方哲学为主，而在中国传统哲学中找到某些结合点；在方法上或折中调和，或辩证综合。总之，都必须适应、符合而不能背离中西哲学交融、会通的时代精神和历史趋势。完全固守传统、抱残守缺，或者完全照搬西方、不同中国传统相结合的哲学流派，都是没有生命力的，必然被历史所淘汰。中国现代哲学史上的各种思潮流派正是各自站在自己的立场上，使用不同的方法，对传统与西方的思想进行取舍，形成了思想各异的哲学流派。

中国现代哲学思想流派中，最有影响的要算自由主义、保守主义和马克思主义哲学三大思潮。这是三个鼎足而立的、互相抗衡的思想系统。三者的互动形成了现代哲学史主要的格局和发展趋势。

中国现代的自由主义者基本上是一些不同程度上的西化论者。他们一般以西方实证主义哲学为理论基础，以科学与民主为旗帜来开辟自己的道路。他们从西方引入的某些科学方法和个性解放思想，对中国传统哲学中逻辑思维方法方面薄弱的缺陷有很大的补益，同时对传统文化中的专制主义产生了强烈的冲击。这一流派以胡适所传播的实用主义哲学和丁文江所信仰的马赫主义哲学为主要代表。

中国现代的保守主义思潮是一些大大小小的思想流派的总称，包括国粹派、东方文化派、现代新儒家和国民党保守主义等。其中最具哲学建树的当属现代新儒家一派。现代新儒家一般以接续儒家"道统"、复兴儒学为己任，以服膺宋明理学为主要特征，力图以儒家学说为主体和本位，来吸纳、融合西学，以寻求中国现代化道路，并以此区别于西化派和马克思主义者所选择的道路。梁漱溟、熊十力、冯友兰、贺麟等人是这一思潮的代表人物。

中国的马克思主义学派是在与西化派的自由主义思想和传统的保守主义思想的斗争中成长的,但同时也对这些派别的思想内容有所吸取和总结。中国的马克思主义者在批判全盘西化思潮的同时,采纳了其中反对封建糟粕的内容;在反对保守主义思潮认同传统的同时,又对其优秀的部分有所继承。一方面,它为中国现代哲学提供了一种新的科学的世界观和方法论,从而为中国文化的复兴带来生机。另一方面,它又自觉地吸收了包括儒学在内的传统文化的精华,丰富了马克思主义学说的内容,取得了"中国化"的形态。马克思主义哲学在中国的发展,经过陈独秀、李大钊、李达和艾思奇等人的介绍与宣传,最后促成了中国化的马克思主义哲学——毛泽东思想的诞生。毛泽东思想是外来优秀文化与中国文化优良传统相结合的典范,是代表中国现代时代精神,影响最大、最为成功的理论成果。通过近一个世纪综合创新的过程,最终形成了具有中国特色的马克思主义的哲学思想体系。

第一章 李大钊的哲学思想

李大钊(1889~1927年),字守常,河北乐亭县人。少年时读过私塾,16岁时中秀才。1907年考入天津北洋政法专科学校。1913年赴日本留学,入早稻田大学政治系本科学习。1916年回国后在北京大学任经济学教授兼图书馆主任,成为《新青年》杂志社的重要成员之一。十月革命后接受并传播马克思主义,创办《每周评论》杂志,参加并领导了五四运动。1920年在北京组织共产主义小组,成为中国共产党成立时的领导者之一。1927年4月被捕后于北京英勇就义。李大钊的主要哲学著作有《青春》、《自然的伦理观与孔子》、《我的马克思主义观》、《物质变动与道德变动》、《唯物史观在现代史学上的价值》等。人民出版社1984年出版了《李大钊文集》。

第一节 李大钊的早期思想

一、"青春"哲学的宇宙观

同当时的许多知识分子一样,进化论也是李大钊这一时期的指导思想。他说:

> 宙合万化,逐境而进。一经周折而或滞或退者,逆乎宇宙之大化者也。居今日而求治,断无毁新复古之理。而世运嬗进,即有大力,亦莫能抗。旧者日益衰落,不可淹留;新者遏其萌芽,勿使畅发,此自绝之道也。①

---

① 《政治对抗力之养成》,《中华》第一卷第十一号。

在李大钊看来,宇宙的发展就是新旧势力不断更替的进化过程。这个过程是任何力量无法抗拒的。无论谁想要挽留旧事物的逝去,遏止新事物的发生,都是在自取灭亡。

但是进化论具有两重性,它一方面可以激励落后者奋起,这是近代以来中国先进的知识分子所希望的;但另一方面它又可以成为列强弱肉强食的借口。一些对中国前途的悲观失望者也受到社会进化论的影响。甚至连陈独秀也认为,中国各方面"无一不在劣败淘汰之数。虽有极少数开明之士,其何求于灭亡之运命,迫在目前"①。李大钊不满意社会进化论的这种结论,他试图找到一种可以纠正进化论偏颇的理论。1916年,他写了《青春》一文,比较系统地论述了他的宇宙观与社会发展观。宇宙是怎样存在与发展变化的?李大钊说:

> 宇宙果有初乎?曰,初乎无也。果有终乎?曰,终乎无也。初乎无者,等于无初;终乎无者,等于无终。无初无终,是于空间为无限,于时间为无极。质言之,无而已矣,此绝对之说也。

在这里,李大钊所谓的有与无,实际上是指有限与无限两个范畴。他将宇宙理解为在时间和空间上都是无始无终的自然存在。

特别值得注意的是,李大钊还将宇宙的发展过程表述为"宇宙自然之青春",也就是"宇宙乃无始无终自然的存在。由宇宙自然之真实本体所发生之一切现象,乃循此自然法而自然的、因果的、机械的以渐次发生渐次进化"②。这也表明他将宇宙的发展理解为物质自然进化的过程,而非有一个神、上帝或者绝对精神等使然。具体的原因,是因为宇宙的发展是由其本身存在的两种势力所造成的,这就是他所说的"宇宙之二相"。他说:

> 秘观宇宙有二相焉:由佛理言之,平等与差别也,色与空也。由哲理言之,绝对与相对也。由数理言之,有与无也。由《易》言之,周与易也。

---

① 《新青年》第二卷第三号。
② 《李大钊选集》,人民出版社1959年版,第79页。

> 宇宙间有二种相反之质力焉。一切自然，无所不在。由一方言之，则为对抗，由它方言之，则为调和。
>
> 无生之界，大至星球天体，小至一粒微尘，皆赖引拒二力，交相为用，以保其存在之位置。
>
> 人类社会，繁矣颐矣，挈其纲领，亦有二种倾向，相反而实相成，以为演进之源。①

李大钊这里所说的"对抗"，相当于我们所说的对立；而他所谓"调和"实际上是统一之意。因此我们可以看出，李大钊认为，宇宙不仅是一个自然的存在，而且其发展变化也是由于它自身内部的两种势力的相互作用。这两种力量对立而又统一，相互作用因而产生了变化。这就表现为宇宙进化的过程。

李大钊上面所说都是就宇宙的整体来考察。用他的话来说，就是宇宙自然青春无尽之进程是绝对的。但这个绝对的过程是由许多局部的个体组成的。他认为，这万象万殊的个体，无论其"个体之积，如何其广大，而终于有限。一生之命，如何其悠久，而终于有涯"。所谓无限，是说宇宙青春的整体进程，而组成这个无限进程的每一个个体则都是由生至死、由盛转衰的个体的"青春之进程"。就具体的事物来说，都是有限的、具体的、相对的。这就叫做"其有者青春之进程，其无者无尽之青春也。其相对者青春之进程，其绝对者无尽之青春也"②。

二、社会发展观

在论述完无限的"宇宙青春之发展"之后，李大钊将重点转移到有限的个体事物的盛衰成毁上来。他在《"晨钟"之使命》一文中指出："顾吾以为宇宙大化之流行，盛衰起伏，循环无已。生者不能无死，毁者必有新成，健壮之前有衰颓，老大之后有青春，新生命之诞生，固常在累累坟墓之中也。"③ 这就是说，盛衰、生死、成毁等对立的双方是可以转化的。

---

① 《辟伪调和》，《太平洋》第一卷第六号。
② 《李大钊选集》，第79页。
③ 同上书，第58页。

这种对立面的转化,不过是宇宙发展的无限性与具体事物发展的有限性的对立统一的组成部分。对具体事物来说,有成有毁,循环无已;对宇宙整体来说,则是无限发展而非简单的循环。

近代以来,整个中国思想界,几乎没有一个思想家是在为了理论而研究理论。他们研究理论的目的,只是为了替落后屈辱的民族、国家找到一条充满希望的路。李大钊关于"宇宙青春之发展"的宇宙观,同样也是在试图为中国社会的发展找到理论上的根据。因此,他急需寻找一个其他的理论,来代替他所不满意的社会达尔文主义。

李大钊对社会达尔文主义的不满,可以从他接受的克鲁泡特金的互助论一事看出。当时由于人们对社会进化论的不满,俄国无政府主义者克鲁泡特金的互助论开始在中国流行。这种被称为"新进化论"的学说,认为进化论所宣扬的生存竞争,不是生物进化的根本原因。生物之间有竞争,但也有互助,而互助才是生物的本能,是生物进化的根本原因。克鲁泡特金用这种理论来观察人类社会,认为互助也是人类社会进化的基本原因。李大钊接受了这种思想。他说:"自虫鸟牲畜乃至人类,都是依互助而进化的","人类应该相爱互助,可能依互助而生存,而进化"[①]。他将互助论与基督教的"博爱"、墨子的"兼爱"和儒家的"大同"思想相比较,认为应当把这种互助的精神推及四海,普及到全人类的生活之中。

通过上面对李大钊的"宇宙青春之发展"宇宙观的介绍,可以看出李大钊在接受马克思主义以前,在没有受到系统的社会科学理论熏陶以前,他所表现出来的是由几种不同的思想相混合的理论,表现出他所置身的是一个多种矛盾混杂的社会。李大钊的早期思想,有以下几方面的特点。

首先,进化论仍然是李大钊思想的基本线索。他在论述宇宙观时,反复强调宇宙运动的发展进化性质。虽然他认为宇宙之中的个体事物的变化是生灭流转,有聚有散的,但是对于宇宙整体来说,却是无限发展着的。宇宙就是在这有限和无限、绝对与相对的对立中向前发展的。

---

① 《李大钊选集》,第 222~223 页。

其次，李大钊的思想表现出对中国传统思想某种程度上的的回归。由于对社会进化论的不满，他在其"青春"哲学中特别强调个体生命的相对性和有限性。在这里，他又继承了自先秦以来的辩证思想，认为事物的发展即是在"生死、盛衰、阴阳……盈虚、吉凶、祸福、青春白首、健壮颓老之轮回反复，连续流转"①。李大钊的发展观与传统中国哲学本质区别的地方，就在于其发展变化的思想是建立在进化论的基础之上的。他一方面不想放弃进化论的发展观，另一方面又想克服社会进化论中有关弱肉强食的思想，试图用他的"青春"哲学将生物进化论和社会发展观一起包容在内，使其具有对自然与社会两方面的解释能力。

第三，李大钊的思想以近代以来民族解放运动蓬勃发展的时代为背景。他的宇宙观之中关于个体事物的运动发展规律的描述，目的主要是在进化论的基础上来重新解释有关民族国家发展的规律问题。按照当时流行的社会进化论，落后的民族国家只有被强者消灭一种结果。而根据李大钊的"青春"哲学，我们可以得出这样一种推论：虽然宇宙是在向前不断地发展进化，但是作为不同个体的民族国家，却并非是强者恒强、弱者恒弱的。事物是不断地向着其相反的方向转化，强者会变弱，弱者也会变强；青春会转变为衰老，老迈同样也会恢复青春。根据他的宇宙发展规律，有限的事物的发展进程之终结，只不过是另一个新的过程的开端。旧中国之衰亡，将会导致青春中华的再生。

同传统哲学中循环论和近代以来引进的社会进化论相比，李大钊的"青春"哲学中的辩证发展观在当时具有先进性。虽然他并不能说明传统中国如何才能转化成为一个新的、具有活力的中国，但他在朝着这个方向而努力。

第二节 李大钊对唯物史观的传播

1917年俄国二月革命后，李大钊就开始关注俄国与欧洲的革命。十月革命后，他集中研究了俄国革命的经验，开始接受马克思主义。

---

① 《李大钊选集》，第67页。

1918年下半年,他先后发表了《法俄革命之比较观》、《庶民的胜利》等一系列文章。李大钊的这些文章,代表着中国的早期马克思主义者已经开始运用马克思主义的世界观来分析世界和中国革命的道路与前途等问题,标志着他向马克思主义者的转变。五四运动以后,李大钊继续宣传马克思主义,在把新文化运动推向社会主义革命的运动中起到了重要的作用。他在参加"问题与主义"论战中写的有关文章和《我的马克思主义观》,比较系统地宣传了马克思主义的主要内容,强调了阶级斗争的重要意义。李大钊在我国旧民主主义革命向新民主主义革命的转变时期,接受并传播了马克思主义的唯物史观,成为中国共产主义运动的先驱和中国马克思主义哲学的奠基人。

一、对唯物史观的传播

李大钊在五四运动以后,以《新青年》、《每周评论》和《新潮》等杂志为主要阵地,介绍马克思主义的基本理论,并运用这一基本理论来分析社会历史问题。他对唯物史观的传播与倡导,使他超越了旧的历史发展观,掌握了更为科学的思想武器。李大钊对唯物史观的传播和倡导,主要有以下几方面:

第一,他从社会基本矛盾入手,通过对社会形态的分析,说明了经济基础与上层建筑的理论。李大钊说:

> 喻之建筑,社会亦有基础与上层。基础是经济的构造,即经济关系,马氏称之为物质的或人类的社会存在。上层是法制、政治、宗教、艺术、哲学等,马氏称之为观念的形态,或人类的意识。从来的历史家欲单从上层上说明社会的变革即历史,而不顾基础,那样的方法不能真正理解历史。上层的变革,全靠经济基础的变动。①

他还说:

> 人类社会生产关系的总和,构成社会经济的构造。这是社会的基础构造。一切社会上政治的、法制的、伦理的、哲学的,简单说,凡

---

① 《李大钊选集》,第293页。

是精神的构造,都是随着经济的构造的变化而变化。①
李大钊正确地阐述了经济基础与上层建筑的基本关系,即经济基础决定上层建筑。

李大钊还认识到,虽然上层建筑的各个方面不是不可以对经济基础产生某种影响,但是他着重指出经济基础的决定作用。他说:"在经济构造上建立的一切表面构造,如法律等,不是绝对的不能加些影响于各个的经济现象,但是他们都是随着经济全进路的大势走的,都是辅助着经济内部变化的,就是有时可以抑制各个的经济现象,也不能反抗经济全进路的大势。"② 他在论述了经济基础决定上层建筑的基本原理之后,还说明了将社会形态看做是经济基础与上层建筑的矛盾统一体的原理。

第二,根据马克思主义关于经济基础与上层建筑关系的理论,李大钊分析了中国封建社会的经济基础和家庭制度。他指出,中国两千年来的"社会的基础构造",就是中国的农业经济和与其相配的封建大家庭。而孔子的学说即为其"表面的构造"。孔子的学说之"所以能在中国行了二千余年,全是因为中国的农业经济没有很大的变动,他的学说适宜于那样的经济状况的原故。现在经济上产生了变动,他的学说,就根本动摇,因为他不能适应中国现代的生活,现代的社会"。而现代的社会是一个什么样的社会呢?他说:"现代的经济组织,促起劳工阶级的自觉,应合社会的新要求,就发生了'劳工神圣'的新伦理,也就是新经济组织上必然发生的构造。"现代社会已经是劳工阶级即无产阶级的时代,相应地必然要产生无产阶级的世界观。

第三,李大钊还对马克思主义有关生产力与生产关系的思想作了阐发。他说:"历史的唯物论者观察社会现象,以经济现象最为重要,因为历史上物质的条件中,变化发达最甚的,算是经济现象。故经济的要件是历史上唯一的物质要件。"他这里所谓从经济上说明社会历史的发展,即说的是从社会物质资料生产方式上说明社会发展。而这一切发展

---

① 《李大钊选集》,第185~186页。
② 同上书,第193页。

的根本原因,就是生产力的发展,因此"马克思以'物质的生产力'为最高动因:由家庭经济变为资本家的经济,由小产业制变为工场组织制,就是由生产力的变动而决定的"。生产力发展的水平与物质资料生产关系的水平的关系是"生产力与社会组织有密切的关系。生产力一有变动,社会组织必须随他变动。社会组织即社会关系,也是与布帛菽粟一样,是人类以生产力产出的产物。手臼产出封建诸侯的社会,蒸汽制粉机产出产业资本家的社会"①。另外,生产力决定生产关系的道理还表现在以生产力、生产关系为基本结构的社会形态的变动更替上。李大钊说:"生产力在那里发展的社会组织,当初虽助长生产力的发展,后来发展的力量到那社会组织不能适应的程度,那社会组织不但不能助他,反倒束缚他妨碍他了。而生产力在那束缚他妨碍他的社会组织中,仍是向前发展不已。发展的力量越大,与那不能适应他的社会组织间的冲突愈迫,结局这社会组织非至崩坏不可。这就是社会革命。新的继起,将来到了不能与生产力相应的时候,他的崩坏亦复如是。"②

李大钊对马克思主义关于生产关系一定要适合生产力性质的规律的理论,有着比较准确的叙述。

二、阶级与阶级斗争问题

李大钊特别关注马克思主义关于阶级与阶级斗争问题的论述,他首先介绍了马克思、恩格斯关于阶级的定义。李大钊在引述了《共产党宣言》中"从来的历史,都是阶级竞争的历史"的论断之后指出:

> 经济上利益相反的阶级,就是有土地或资本等生产手段的有产阶级,与没有土地或资本等生产手段的无产阶级的区别;一方是压服他人掠夺他人的,一方是受人压服被人掠夺的。这两个阶级,在种种时代,以种种形式表现出来。亚细亚的、古代的、封建的、现代资本家的,这些生产方法出现的次第,可作经济组织进化的阶段,而这资本家的生产方法,是社会生产方法只能采取敌对形式的

---

① 《李大钊选集》,第178～179页。
② 同上书,第186页。

最后阶段。①

这就是说，阶级就是由于对生产资料的不同关系而划分的不同的社会集团，由于他们在一定的社会结构中所处的地位不同，其中一个集团能够占有另一个集团的劳动。

李大钊尤其重视阶级斗争在社会变革过程中的作用问题。他指出，阶级斗争的产生是必然的。他说：

> 社会组织固然可以说是随着生产力的变动而变动，但社会组织的改造，必须假手于其社会组织内的多数人。而为改造运动的基础势力，又必发源于在现在的社会组织下立于不利地位的阶级。那些居于有利地位的阶级，除去少数有志的人，必都反对改造。一阶级运动改造，一阶级反对改造，遂以造成阶级竞争的形势。②

因此，阶级斗争是改造社会组织的手段，它的发生是不可避免的。

1919年夏天，李大钊与胡适展开了一场关于"问题与主义"的争论。五四运动前夕，李大钊著文指出，像卖淫等类具体的社会问题，"根本的解决办法，还是非把整个社会现象背后逼着一部分妇女不去卖淫不能生活的社会组织根本改造不可"③，提出从根本上解决社会问题的主张。7月，胡适在《每周评论》上发表了《多研究些问题，少谈些主义》一文。他认为，主义起初都只是一些具体的主张，后来"主张成了主义，便由具体的计划变成一个抽象的名词"。他主张中国的问题应从解决"人力车夫的生计问题"、"大总统的权限问题"和"卖淫问题到卖官问题"做起。胡适认为所谓社会问题的根本解决办法是："自欺欺人的梦话！这是中国思想界破产的铁证！这是中国社会改良的死刑宣告！"后来胡适又发表了《三论问题和主义》、《四论问题和主义》和《新思潮的意义》等文章，与李大钊提出的"根本解决"观点展开争论。

李大钊与胡适关于"问题与主义"之争，实际上表现出实用主义的

---

① 《李大钊选集》，第188页。
② 同上书，第223页。
③ 《废娼问题》，《每周评论》第十九号，1919年7月27日。

社会改良主义与马克思主义的唯物史观之间的一个根本的区别。胡适从实用主义的基本原理出发,指出它的两个基本特点:一是逐步的进化论。他说:"实验主义从达尔文主义出发,故只能承认一点一滴的不断的改进是真实可靠的进化。"(《介绍我的思想》)"革命和演进只有一个程度上的差异,并不是绝对不相同的两件事。"(《我们走那条路》)二是多元历史观。胡适将社会上各种各样的现象,分属不同的原因,如经济、政治、知识、思想等等,而所有这些因素,其在社会中所扮演的角色,都是平等的。胡适说:"历史事实的原因往往是多方面的,所以我们虽然极端欢迎'经济史观'来做一种重要的史学工具,同时我们也不能不承认思想知识等事也都是'客观的原因',也可以'变动社会,解释历史,支配人生观'。所以我这个人至今还只能说,唯物(经济)史观至多只能解释大部分的问题。"(《科学与人生观》序)

李大钊所接受的唯物史观在以上两个问题上与胡适的实用主义是针锋相对的。针对胡适提出的渐进改良的做法,他认为,在中国这个没有组织没有生机的社会里,必须进行根本的改造,只有一个根本的解决,才有可能把一个一个的具体问题都解决的希望。当现存的生产关系成为生产力继续发展的严重障碍时,就必然要运用社会革命的手段,摧毁腐朽的生产关系,建立适应新生产力发展的新的生产关系。这种革命就是改变经济制度的革命,因为"经济问题的解决,是根本解决。经济问题一旦解决,什么政治问题、法律问题、家族制度问题、女子解放问题、工人解放问题,都可以解决"。所以在唯物史观看来,由于生产关系与生产力的矛盾是社会发展的决定性因素,因此对经济制度问题的解决,应当是解决一切问题的前提。而且使用阶级斗争暴力革命的手段来摧毁反动统治,在当时的中国确实已经是一切改革的前提。

三、人民在历史发展过程中的作用

李大钊还对人民群众在历史发展中的作用问题作了阐述。早在1916年转变为马克思主义者之前,他就提出了"民彝"史观。历史的发展是由什么决定的?他认为这是由"民彝"决定的。什么是"民彝"呢?"彝"的原意是常理。《诗·大雅·烝民》中提到"民之秉彝",意思就是人民天赋的理性。李大钊说,"民彝"就是人民"心理之自然",他说"彝"字能"烛照万物",可以成为衡量万事的标准。因此,"民彝"的主要含义就是人民的意志和要求。李大钊认为,"民彝"是不可违背的,它是推动历史前进的动力。他说:"民彝者,可以创造历史,而历史者,不可以束缚民彝。"①政治是否清明,关键在于正确地处理好其与"民彝"的关系。在他看来,一切政治法律都不过是人民为了达到他们的愿望的方法,但是由于"民彝"是常新发展的,而法律政治是易于停滞的,所以一定要达到"民彝"与政治法律的沟通,才可以使历史平稳地向前发展。在他的"民彝"史观中,李大钊已经充分地认识到了人民在历史发展过程中的作用。

在他接受唯物史观之后,李大钊接受了人民群众创造历史的理论。他说:"我们要晓得一切过去的历史,都是靠我们本身具有的人力创造出来了,不是哪个伟人圣人给我们造的,亦不是上帝赐予我们,将来的历史亦还是如此,现在已是我们世界的平民的时代了,我们应该自觉我们的努力,赶快联合起来,应我们生活上的需要创造一种世界的平民的新历史。"至于说到英雄,李大钊说:"一个个人,除去他与全体人民的关系以外,全不重要","他不过是随附的"②。所以,在李大钊看来,创造历史的不是英雄,而是广大的人民群众。任何个人只有当他与人民群众联系在一起时,才会对历史的发展作出一定的贡献。

李大钊是我国传播唯物史观的先驱者。他比较全面系统地论述了唯物史观的基本原理,为马克思主义在中国的发展奠定了最初的基础。他在传播马克思主义的同时,也力图以唯物史观的观点方法,去分析当时所遇到的哲学、文化、政治、经济等方面的问题。在早期的文化问题的讨论中,李大钊同陈独秀等早期马克思主义者一起,共同运用唯物史观的原理,对文化发展的问题进行分析,对封建文化和资本主义文化进行批判,形成了我国最早的马克思主义学派。另外,李大钊在传播马克思主义时,特别注重对唯物史观,尤其是阶级斗争学说的阐发。其目的在

---

① 《李大钊选集》,第46页。
② 同上书,第340、338页。

于解决中国革命的实践问题,寻找指导中国革命的理论武器。这是由于中国革命的实际需要而形成的一个显著的特点。

第三节 李大钊的文化哲学

一、东西文明之根本异点

1917年4月,李大钊发表了《动的生活与静的生活》一文,认为"东方文明之特质,全为静的;西方文明之特质,全为动的"[①],表明了他对东西文化的基本看法。不久,他又发表了《东西文明根本之异点》一文,进一步阐述了东西文化的差异形成的原因与两者差异的各种表现等问题。关于两种文化差异的来源,李大钊说:"东西文明有根本不同之点,即东洋文明主静,西洋文明主动是也,溯诸人类生活史,而求其原因,殆可谓为基于自然之影响。"他认为,由于山脉的阻隔,人类祖先的分布移动,就形成两大系统:中国、日本、印度等国为南道文明,或可称为东洋文明;法兰西、意大利、英吉利等国为北道文明,或西洋文明。由于地理位置不同,造成这两种文明表现出明显的差异:

> 南道得太阳之恩惠多,受自然之赐予厚,故其文明为与自然和解、与同类和解之文明。北道得太阳之恩惠少,受自然之赐予啬,故其文明为与自然奋斗、与同类奋斗之文明。一为自然的,一为人为的;一为安息的,一为战争的;一为消极的,一为积极的……一为自然支配人间的,一为人间征服自然的。南道之民族,因自然之富,物产之丰,故其生计以农业为主,其民族为定住的;北道之民族,因自然之赐予甚乏,不能不转徙移动,故其生计以工商为主,其民族为移住的……[②]

李大钊列举了一系列东方文明与西方文明在思想、宗教、道德、政治等

---

① 《李大钊选集》,第439页。
② 同上书,第557~558页。

方面的差异。在他对东西文化差异的列举中,虽然也有一些精彩的论述,但大多数只是一些现象的描述,其中的一些提法,如"一为精神的,一为物质的",还停留在东方文化派的水平上。他基本上还是以地理环境决定论来解释文化的差别,并没有将他所接受的唯物史观很好地用于文化比较问题的讨论上。

在区分了东西文化的不同之后,李大钊就开始对东方文明进行评价。他认为,东方文明有许多缺点,诸如:(1)厌世的人生观。(2)惰性太重。(3)不尊重个性。(4)专制主义之盛行,等等。因此是已经过时的文明,不适宜今天世界的发展变化①。现在的情况是"中国文明之疾病,已达炎热最高之度,中国民族之运命,已臻奄奄垂死之期",而现在我们惟一能做的,就是"竭力以受西洋文明之特长,以济吾静止文明之穷"。现在东西文化的冲突已经摆到我们的面前,已不可能同时生活在两种文化的冲突之下,长期以往,其结果必导致自杀。李大钊指出:"则吾人之所以除此矛盾者,亦惟以彻底之觉悟,将从来之静止之观念、怠惰的态度,根本扫荡,其与彼西洋之动的世界观相接近,与物质的生活相适应。"②

但李大钊并非主张东方文明应当被彻底抛弃,他认为,东方文化曾经有过辉煌的历史,起到过积极的作用。他说:"平情论之东西文明互有短长,不宜妄为轩轾于其间。"东方文明的特点是短于创造进化,所长是对人类灵魂深处问题的洞察;西洋文明的进取、创新精神为其长处所在,但长此以往,人类就会成了物质的奴隶。因此,他认为未来的世界文化不是两种文化的冲突,而是两种文化的调和。不是互相征服,而是相互融合,"东洋文明,宜竭力打破其静的世界观,以容纳西洋之动的世界观;在西洋文明宜斟酌抑止其物质的生活,以容纳东洋之精神的生活"。因此,李大钊说,"东洋文明西洋文明实为世界进步之二大机轴。正如车之两轮鸟之双翼缺一不可。而此二大精神之自身又必须时时调和,时时

---

① 《李大钊选集》,第560页。
② 同上书,第562~563页。

融会,以创造新生命而演进于无疆"①。李大钊的这种文化调和论思想,为他后来的"第三种文明"的思想打下了基础。

二、第三种文明

在对东西文化的选择上,中国人走过的并不是一条迅速告别传统、接受西方文化的道路,而是充满了警惕与犹豫。这是因为既有旧势力、旧思想对外来文化的抵抗和对固有文化的坚守,也有曾经接受西方文化的中国人,由于随着对现代化所带来弊病的认识所产生的犹豫。20世纪初以来的知识分子,大概可以分成三类:第一类是随着对西化潮流丧失信心,最终倒退回传统文化的旧路上去。这种人以严复为代表。第二种人是在坚持西化方向的基础上,企图寻找克服近代化弊病的方法,试图在进行现代化的同时,避开它所带来的副作用。这以孙中山最为典型。第三种人是这样一些知识分子,他们在宣传西方文化的同时,随着对西方资本主义文化的认识的加深,对其负面影响的后果的认识也越来越深刻,致使他们试图在中国传统文化和西方文化之外,寻找出一种新的文化,在吸收不同文化长处的同时,避免它们的弊病。李大钊就是这样的知识分子。他在总体上肯定引进西方文化的必要,主张吸取西方文化的长处,但他也相信东方文化亦有自己的优点。他认为东方文化具有价值,西方文化也同样存在着缺点。他说:"第一文明偏于灵;第二文明偏于肉;吾宁欢迎'第三'之文明,盖'第三'之文明,乃灵肉一致之文明,理想之文明,向上之文明也。"② 在双重的文化危机中,他向往着新文明的诞生,尽管这种新文明还只是一种朦胧的理想。

俄国十月革命的胜利,引起李大钊的注意,随着他对俄国革命情况了解的增多,到了1918年8月,他在《法俄革命之比较观》一文中,为俄国革命的胜利热情欢呼,并明确提出俄国文明是他所期望的"第三种文明"。

针对当时社会上对俄国革命的种种怀疑,李大钊认为,今日的俄国

---

① 《李大钊选集》,第564页。
② 同上书,第184页。

革命可以与当时的法国革命相提并论,他指出:法国革命是立于国家主义之上的革命,是政治的革命而兼社会的革命;俄国革命是立于社会主义之上的革命,是社会的革命而兼世界的革命。

李大钊将俄国革命所带来的社会主义文化看做是第三种文明的思想,一方面有着他早期思想的痕迹,另一方面是由于接受了马克思主义和社会主义思想的结果。我们可以通过他对俄罗斯文明的必然性的理论分析和对现实的选择中看出。

李大钊首先论证了俄罗斯文明是人类文明的发展方向。他认为,从文明史上来看,一国文明有昌盛之时即有衰落之时。英、法文明均已臻于熟烂之期,德国文明虽然正如日中天,同样已至极盛,不久就要走上衰落的道路。与上述各国相比,俄罗斯文明的进步要晚三百年,正因为如此,它正好处于向上发展时期,具有远大的前途。李大钊早期有关"宇宙青春之发展"的哲学思想中,曾谈到宇宙整体的发展是绝对的、无限的,但对于个体的事物来说,它们的发展则是相对的、有限的。具体到世界文化的发展问题上也是这样,即全世界的人类社会发展是绝对发展进化的,但相对某一个民族文化来说,则是有兴有衰、有生有灭的。李大钊所处的时代,正好是中国的西化论者满怀信心鼓吹向西方学习的时候,而当时现代西方文化却正在被阴影所笼罩。第一次世界大战的爆发,使得许多欧洲人产生了危机感。现代西方哲学中人文主义思潮流行,对近代以来高歌猛进的理性主义的主流思潮进行深刻反省,这说明很多西方人开始反思自己的文化,其中一些人企图到东方寻找克服其弊病的良药。德国哲学家和历史学家斯宾格勒的著作《西方的没落》被介绍到中国来的时候,对中国的知识分子产生了很大的影响,不论是保守主义人士,还是像李大钊这样的早期马克思主义者,都从这本书中得到了自己所需要的东西。文化保守主义者如杜亚泉、梁漱溟等人从西方的没落看到了中国文化的希望,而李大钊等马克思主义者则既不全盘接受西方资本主义文化,也不回到传统的封建主义文化,他们看到的是社会主义新文化的曙光。从李大钊的"宇宙青春之发展"哲学中,我们可以看到不同类型的文化循环主导世界的理论的影子。

1918年11月,李大钊又发表了《庶民的胜利》的演说,并写下了

《Bolshevism的胜利》一文，指出俄国革命是"二十世纪中世界革命的先声"，是"世界人类全体的新曙光"，一切历史的残余——皇帝、贵族、军阀、官僚资本主义等等都要被摧毁。他号召中国人民向十月革命学习，为在中国实现"劳工社会"而奋斗。经过一段时间的宣传，马克思主义和十月革命在中国获得了广泛的响应，特别是经历了五四运动，中国人民对帝国主义的本质有了比较深刻的认识。列宁领导的苏联政府两次通告放弃在华特权的行为，使中国人民受到震动。在此之后，对俄国革命、社会主义思潮和马克思主义的研究和宣传越来越深入，表现出中国人民由原先对西方资本主义文化的兴趣急速地转向社会主义的苏联。

李大钊在接受了马克思主义之后，将俄国革命所代表的新文化作为中国人民文化选择的新的方向，开始对西方文化进行批判。由于中国革命是在封建主义的基础之上进行的，并且由于反对帝国主义、拯救民族危亡的运动的急迫，包括李大钊在内的马克思主义知识分子，对于社会主义文化对资本主义文化的继承问题并未能搞清。同资本主义相比，社会主义无疑是一种更先进的社会，但在建设社会主义文化的过程中，仍然要大量借鉴和吸收资本主义文化。

第二章 胡适的实用主义哲学思想

胡适(1891～1962年),原名洪,字希疆,后改名适,字适之,安徽绩溪人。14岁到上海,先后就读于中国公学、中国新公学等学校。此间发表了大量白话诗文,宣传科学,反对封建习俗和迷信。1901年考取庚款留美学生,先入康乃尔大学农学院,后转入该校文学院学习。1915年入哥伦比亚大学哲学系攻读博士学位,师事杜威。1917年通过博士学位考试,同年回国任北京大学教授,并加入《新青年》编辑部。曾任国民党政府驻美国大使、北京大学校长、台湾某研究院院长等职。1962年病逝于台北。主要哲学思想散见于《胡适文存》、《胡适论学近著》、《白话文学史》(上卷)等著作中。所著《中国哲学史大纲》(上)被认为是中国历史上第一部用现代思维方法撰写的中国哲学史论著。

第一节 胡适的实用主义哲学

实用主义(Pragmatism),又称实验主义、工具主义、效用主义等,是19世纪70年代在美国本土出现的一种人本主义思潮。后逐渐发展成为一种代表"美国精神"的哲学。它在20世纪初传入中国,由实用主义创始人之一的约翰·杜威亲自到中国来,与他的学生胡适和陶行知一起对实用主义进行介绍,加速了它在中国传播的速度,成为当时在中国比较有影响的西方哲学之一。

一、实用主义实在论

实用主义者认为自己的哲学具有划时代的意义,因为它超越了旧哲学中将世界的本原划分成物质或精神的做法,由此唯物主义与唯心主义两大派别的传统划分,据说变得没有任何意义了。实用主义批评传统哲学将认知的主体——经验者同被认知的对象——经验分开,把精神和物质当做两个不同领域的东西。胡适在论述这一问题时是这样解释的:

> 既不承认经验就是知识,那么三百年以来把哲学几乎完全变成认识论,便是大错了;那么哲学的性质、范围、方法,都要改变过了。既不承认经验是主观的,反过来既承认经验是人应付环境的事业,那么一切唯心唯物的争论都不成问题了。既不承认经验是完全是细碎不联络的分子(如印象,意象,感情之类),反过来既承认联络贯串是经验本分内的事,那一切经验派和理性派的纷争,连带休谟的怀疑哲学和康德那些支离繁碎的心法范畴,都可以丢在脑后了。①

这就是实用主义的实在论,也就是他们的经验论。实用主义者认为,经验即实在。经验是实用主义哲学最基本的概念。他们认为,世界万物的基础既非唯物主义的物质,也非唯心主义的精神,而是所谓中性的经验。经验具有本体论意义,世界上一切事物都可以归于经验,只有经验是真实的存在。用胡适的话解释就是"经验就是生活,生活就是人与环境的交互行为"。他认为"经验"不是主观的,而是客观的世界与人的行动的统一,是主观与客观的统一。综上所述,胡适所介绍的实用主义经验论有以下几方面的性质:

第一,经验就是实在。这个"实在"观念不同于唯物主义所谓的客观存在,而是指主观对外在世界的感觉。胡适说:"我们所谓'实在'(Reality)含有三大部分:(A)感觉,(B)感觉与感觉之间及意象与意象之间的种种关系,(C)旧有的真理。"② 经验既非主观也非客观,因此詹姆士称之为"中性的经验"。

第二,经验具有客观的因素,因为认识主体不可能凭空得到经验,它必须经验着什么。同时它又具有主观的因素,因为即使是客观存在着

---

① 《实验主义》,《新青年》第六卷第四期。
② 同上。

的事物,只要它与主观不发生关系,就是没有被经验着,那就没有意义,因而不能被称为"实在"。用詹姆士的话来说,即"不构成哲学争论的题材"。在经验或实在的主观意义上,胡适才说:"实在是一个很服从的女孩子,他百依百顺的由我们替他涂抹起来,装扮起来。"

第三,实用主义将实在归为经验,又将实在的意义归为实际的效果,而这种效果又是相对于人而言的。这就是说,实在的意义与客观性无关,而与人的主观感觉有关,与人的主观需要有关。简言之,实在或经验的意义在于对人的主观效用。胡适以灵魂有无为例来说明这个问题,他说:"有许多人总舍不得把灵魂打消了,所以咬住说灵魂是另一种神秘玄妙的物事……即是'神秘玄妙',自然不能用科学实验来证明它,也不能用科学实验来驳倒它。既然如此,我们只好用实验主义的方法,看这种学说的实际效果如何,以为评判的标准。……总而言之,灵魂灭不灭的问题,于人生行为上实在没有什么重大的影响;既然没有实际的影响,简直可以说是不成问题了。"① 所以说,灵魂是否存在,或者说它是否是"实在",就在于它对人是否有效用。

第四,经验不单具有本体论的意义,而且还具有认识论的意义。人只能通过经验来认识,一切认识都来源于经验。因此经验是认识的限制,同时也是认识的标准。

二、实用主义真理观

真理观是实用主义哲学体系中重要的部分。詹姆士曾说过,实用主义在某种意义上就是"关于真理是什么的发生论"。在实用主义者看来,真理的意义就在于效用,效用既是真理的本质,也是检验真理的标准。胡适认为,真理首先不是对客观实在的反映,而是一种主观意识的状态。他说:"科学律例是人创造的","并不是永远不变的真理"(《实验主义》)。他还说:"一切主义,一切学理,都该研究,但是只可认作一些假设的见解,不可认作天经地义的信条。"② 这样,信念和假设是没有真假之

---

① 《胡适文存》卷四,上海亚东图书馆1921年版,第4页。
② 《每周评论》第三十六号,1919年8月24日。

分的。而坚持真理就是同实在相符合的反映论观点,被指斥是"一种静止、惰性的真理论"。实用主义的真理观有以下几方面的内容:

首先,真理也是一种经验。实用主义关于认识和真理的理论与其经验论密切相关。它认为人的认识、思维是经验的一种方式。它并不提供客观世界的主观映象,即不是要寻求客观的真理,而是求得适应环境的主观满意的效果。胡适给"实在"下定义时,曾将"旧有的真理"列为实在(经验)的三部分内容之一。实用主义认为,认识不是对客观的摹本,而只是经验与经验的一种关系。它认为,一种观念只要能把新的经验与旧的经验联系起来,给人带来具体的利益和满意的效果,这就是真理。胡适用詹姆士的话来解释这一点:"如果一个观念能把我们一部分的经验引渡到别一部分经验,连贯的满意,办理的妥帖,把复杂的变简单了,把繁难的变容易了,——如果这个观念能做到这步田地,他便'真'到这步田地,便含有那么多的真理。"(《实验主义》)

第二,真理是相对的。胡适说,"科学律例是人创造的。……并不是永远不变的真理"(同上),因而不存在着所谓绝对真理。他认为,真理"乃是这个时间,这个境地,这个我的这个真理。那绝对真理是悬空的,是抽象的,是笼统的,是没有凭据的,是不能证实的"。胡适举例说,比如"三纲五伦"的教条,古人认为是真理,因为这种话在古代的宗法社会可以起到作用。但是现在这句话就不是真理了,因为现在的形势变化了。同样,现在我们认为是真理的东西,将来很可能就不是真理了,因为到那时即时过境迁了。

第三,真理的标准是效用。在实用主义和胡适看来,效用既是真理的本质,也是检验真理的标准。胡适说:"真理是对付这个境地的方法,所以他若不能对付,便不是真理;他能对付,便是真理。"(同上)实用主义认为,其实信念本身无所谓真假,而只有有用和无用之分。当一个人按照某一信念行事,并能由此引出令人满意的效果时,这个信念就是有用的,因而也就是真的。实用主义的真理观的特点就在于公开宣称真理即有用,把效用当成真理的本质,当成检验真理的标准。胡适将这一点总结成"有用即真理"。

三、实用主义方法论

胡适在《介绍我自己的思想》一文中曾说："我的思想受两个人的影响最大：一个是赫胥黎，一个是杜威先生。赫胥黎教我怎样怀疑，教我不信任一切没有充分证据的东西。杜威先生教我怎样思想，教我处处顾到当前的问题，教我把一切学说理想都看作待证的假设……"[①] 胡适在这里实际上是说他所得到的只是一种方法，一种求得真理的方法。实用主义者是特别重视方法问题的。他们宣称，他们之所以与传统的唯物主义和唯心主义不同，就在于他们把传统哲学的本体论和认识论变成了一种纯粹的方法。胡适也一再强调"实验主义自然也是一种主义，但实验主义只是一个方法，只是一个研究问题的方法"[②]。实用主义认为他们改变了传统的思维方式，即那种就概念本身来讨论概念的方式，而是探究它会产生什么效果。

胡适在《实验主义》一书中，介绍了杜威的"五步法"：

> （一），疑难的境地；（二），指定疑难之点究竟在什么地方；（三），假定种种解决疑难的方法；（四），把每种假定所涵的结果，一一想出来，看看那一个假定能够解决这个困难；（五），证实这种解决使人信用；或证明这种解决的谬误，使人不信用。

胡适最后将杜威的"五步法"缩为二步，即他那"大胆的假设，小心的求证"的"十字真言"。

杜威的"五步法"在某种程度上反映了科学研究中的客观的方法，具有合理的成分。但就其本质来说，它带有实用主义唯效果论的特征。在杜威看来，所谓"疑难境地"只是存在于人与人之间的相互关系之中，是人的主观造成的；而最后一步"证实"的标准则是看前面的"假设"对人的主观效用如何。因此，实用主义的方法是一种功利主义的唯效果论。它的方法论和真理论结合起来，成为它反对传统形而上学的方法。

---

① 《胡适论学近著》，山东人民出版社1998年版，第496页。
② 《我的歧路》，《胡适文存》二集卷三，上海亚东图书馆1924年版。

按照这种方法,唯物主义与唯心主义的传统争论是无意义的形而上学之争。从实际效果来看,主张世界的物质性或精神性并没有实际的差别,比如科学信仰和宗教信仰都可以在效果的基础上统一起来,科学和宗教都有实用的价值,都是达到人生目的的工具。

胡适的"大胆的假设,小心的求证"方法,主要是一种研究方法。它虽然是从杜威的"五步法"脱胎而来,但它只是一种学术研究的方法,在当时的中国其实际的意义主要不在哲学方法上,而在于其理性主义的启蒙意义上。杜威在谈到他的思想来源时,曾认为"怀疑"是一切学术研究和求得真理的首要前提。所谓"大胆的假设",即在敢于怀疑前人认为无可怀疑的绝对真理。"假设"的实质是要向传统的观念进行挑战,要求思想自由和学术自由,因为"怀疑"是"重新评价一切价值"的先决条件。另外,胡适提出"大胆的假设,小心的求证"的方法,对当时的中国来说,也提出了一种新的思想方法。它应用了形式逻辑的方法,包括归纳法和演绎法的应用。在这个问题上,胡适揭示了科学研究中的一部分必要的思维过程。在他之前,我国学术史上还没有人明确系统地介绍过这一点,这可谓是胡适的贡献。

但是胡适的这个方法也存在着问题,其主要之处就在于他对于提出假设的前提条件注意不够。在他总结的"十字真言"中,没有提到在假设之前搜集材料和情况调查的问题。虽然在有些场合胡适也曾谈到这一问题。比如在《少年中国之精神》一文中谈到"科学方法"时,他曾说:"第一注重事实,科学方法是用事实作起点的……我们必须先从研究事实下手,凡游历、调查、统计等事都属于此项。"但是"在大胆的假设"这个口号中,显然忽视了事实和材料的前提作用。

同时,胡适又过分夸大了假设的主观因素。他说"假设的能力有两个来源:一、天才。有一种人是长于分析的,有一种人是长于综合的。……二、学问。一切过去的经验,一切学问,都是我们应付新疑难时的工具的参考材料。"他有时特别强调假设的主观因素,说"假设不大胆,不能有新发明","假说是越大胆越好"[①]。

---

① 《胡适文存》卷二,第123、243页。

总的来说，胡适的"十字真言"的思想算不上什么重大的创造，但在当时的历史条件下，在如火如荼进行着的新文化运动中，迫切要求建立一套新的思维方式和思想方法。而胡适在宣传实用主义的名义下，提出了一套比较系统的新方法，恰恰适应了当时文化发展的需要，对新文化运动起到了推动的作用。

第二节 胡适的进化论的文化哲学

一、进化论的文化观

在新文化运动时期的文化讨论中，有许多人采用当时流行的"两分法"对中西文化进行区别。通行的说法是将东方文化看做是精神文明的体现，而将西方文化看做是物质文明的象征。类似的比喻还有很多，比如：东方——灵的文明，西方——肉的文明；东方——静的文明，西方——动的文明；东方——享乐的文明，西方——权力的文明；东方——情的文明，西方——理的文明，等等。针对这种看法，胡适在进化论的基础上，提出了他的看法。他认为，"文化是一种文明所形成的生活方式"，而"文明是一个民族应付他环境的总成绩"①，作为一种文明的观念形态的文化，其中当然包括精神和物质两方面，不可能存在着只有精神或者只有物质的单方面的文化。严复在反驳张之洞的"中体西用"说时，曾举"牛有牛之体和牛之用，马有马之体和马之用"的例子来说明体用一源的观点，胡适也用进化论的原理指出，凡一种文明的造成，必有两个因子：一是物质的，一是精神的。所有文明都是人的精神加上对自然界的物质与力的利用的产品。他举例说，瓦盆与蒸汽机、手推车与电力机车都是人类的智慧利用自然创造出来的文明。这其中既体现了物质创造，也体现了精神创造，两者没有本质上的区别，都是人类对环境的利用和改造的成绩②。

---

① 《胡适文存》三集卷一，上海亚东图书馆1930年版，第4页。
② 同上

胡适进一步强调了物质文明在整个文明发展中的基础作用,说:"精神的文明必须建筑在物质的基础之上,提高人类物质的享受,增加人类物质上的便利与安逸,这都是朝着解放人类的能力的方向走,使人们不至于精力心思全抛在仅仅生存之上,使他们可以有余力去满足他们精神上的要求。"因此,一个文明的发展,其中物质文明的进步是起决定作用的。那种将不同的文化或文明的发展分别以精神或物质来加以限定的做法,是很粗陋的。

从上述观点出发,胡适将物质生产水平作为衡量一种文化或文明发展的标准。他认为文化的进步就是基于生产器具的进步,这就是所谓"石器时代"、"铜器时代"、"电气时代"名称的由来。他由此得出结论说,东西文化的区别,就在于所用器具的不同,"东西洋文明的界限只是人力车文明与摩托车文明的界限"。

在胡适看来,全人类只有一种文化,这就是人类共同的文化。人类的文化之所以在本质上相同,就是因为作为生物种类之一的人在解决生存问题时,遇到的问题都应当是差不多的。虽然胡适也同意不同的民族具有不同的文化形态的看法,但他以为这不过是由于它们处于不同的历史发展时期,所以不得不采用不同的解决方法所致。人类文化的早期形态表现为东方文化和欧洲中世纪文化等等,其现代形态便是近代以来的西方文化。

二、全盘西化思想

近代以来,中国人向西方学习,首先关注的是器物层面,进而扩展到制度层面。但在思想或精神层面上,保守主义者认为中国优于西方,仍然固守着"中体西用"的最后防线。

胡适则将中国传统文化中的三个层面都集中起来,一同将其与西方文化进行对比。他认为必须要对传统文化进行一番反省,然后才有可能谈到新文化的建设。所谓反省,就是要"认清祖宗的罪孽"。他说:"我们的大病源,依我看来,是我们的老祖宗造孽太深了,祸延到我们今日。二三十年前人人都知鸦片、小脚、八股,为'三大害';前几年有人指出贫、病、愚昧、贪污、纷乱,为中国的'五鬼';今年又有人指出仪文主义、贯通主义、亲故主义为'三个亡国性的主义'。"① 在胡适看来,中国历史几千年,无论就物质文明还是就精神文明,都没有什么值得夸耀的。中国文化的惟一出路,"就是我们自己认错。我们必须承认我们自己百事不如人,不但物质机械不如人,不但政治制度不如人,一切道德不如人,知识不如人,文学不如人,音乐不如人,艺术不如人,身体不如人"②。因此,中国人必须要全心全意地向西方人学习,全心全意地接受西方文化。一句话,中国必须全盘西化。

胡适全盘西化思想的形成,有一个过程。起初他的态度比较温和,后来则愈来愈激进。1929年,胡适明确将自己的主张称之为"全盘西化"。这一年,他为英文《基督教年鉴》写了《今日中国的文化冲突》一文,指出,当时对于西化的问题,有三种主张:一是抵抗西洋文化,二是选择折中,三是充分西化。他认为,抗拒西化的主张已经没有人坚持了,但所谓"选择折中"的议论,看上去似乎非常有理,其实骨子里只是一种变相的保守论,所以中国只能走全盘西化的道路。在这个时候,胡适提出了"百事不如人"和"死心塌地地向人家学习"的口号。

不过,后来他认为,"全盘西化"的口号有些语病,所以受到不少人的批评,由此主张用"充分世界化"的口号来代替。他认为,如果用"充分世界化"的口号代替"全盘西化",就可以免除争论。同当时的陈序经等人的"全盘西化"论相比,胡适提倡"全盘西化"带有一种"法乎其上,得乎其中"的策略上的考虑,并将其作为一种相比较起来风险较少的文化出路。因此我们在谈到胡适的"全盘西化"思想时,要明白他的另一番意思。

---

① 《胡适论学近著》第一集,第364~365页。
② 同上书,第53页。

第三章　梁漱溟的哲学思想和文化观

梁漱溟(1893～1988年),原名焕鼎,字寿铭。原籍广西桂林,世居北京。1911年参加京津同盟会。辛亥革命后潜心佛学研究。1917年被聘为北京大学哲学系讲师,讲授印度哲学。1922年发表《东西文化及其哲学》,引起"东西文化论战"。其思想对当时的东方文化派和其后的现代新儒家学派具有很大的影响。主要哲学著作有《东西文化及其哲学》、《乡村建设理论》、《中国文化要义》和《人心和人生》等。

第一节　梁漱溟的哲学思想

梁漱溟在思想上所关注的主要是中西文化的关系问题。他认为,任何一种文化都一定有它自己的哲学基础,特别是有一种形而上学作为自己的核心。因此要了解一个文化,首先必须要了解这个文化的哲学基础,而其中的形而上学又是最重要的。梁漱溟建立在其文化保守主义基础上的哲学思想,受到西方现代人文主义哲学思潮的很大影响。西方现代非理性主义哲学对西方传统本体论的批判,为梁漱溟对儒学形而上学的重建指明了方向。因此他的哲学思想是从对西方传统形而上学的批判开始的。

一、西方传统形而上学批判

梁漱溟认为哲学就是形而上学,即是关于世界的本原和人生的究竟意义等问题的知识。同其他一些文化保守主义者一样,他也反对当时西方实证主义哲学家完全否定和取消形而上学的主张。梁漱溟认为,要求对事物有一个终极的认识是人类的本性,"人类是要求真是真非的,只有这个宇宙的'大概是'我们不能满意"①。他将中国文化的命运同中国哲学的形而上学的命运联系在一起,认为一种形而上学的命运关系到这种哲学乃至这种哲学所代表的文化的前途与发展,因此,一种形而上学的衰落,也往往预示着它所代表的文化的衰落。

西方传统形而上学源远流长。这种传统以主客分立为基础,以承认在人之外独立存在一个本体世界为特征。它始于古希腊的柏拉图、亚里士多德,到了近代笛卡儿将其完全确立下来,而后又由黑格尔把它发展到顶峰。黑格尔以后,批判传统的形而上学和传统的理性主义,使人从理性的重压下解放出来,还原为现实的、具体的人,成了哲学家的一项重要使命。在西方现代哲学中,科学主义者和实证主义者认为一切有关形而上学的研究都毫无意义,主张根本取消形而上学;另一派人本主义哲学则认为,需要抛弃的是传统形而上学的方法,而不是形而上学本身,因此需要一种新的形而上学。梁漱溟受人本主义思潮的影响,反对西方传统的形而上学,主张建立新的形而上学。

梁漱溟指出,自从康德指出人的认识能力的有限性之后,西方哲学逐渐放弃了对形而上学的追求。但是西方现代哲学的代表之一——柏格森的生命哲学,为形而上学打开了一条新路。他说:

> 他着眼康德对于形而上学的批评,宣言说他的哲学方法是出乎康德对一般形而上学之反对之外的,是要把从康德以来被康德打断了的形而上学与科学再搭一个桥接通。……前面已说过形而上学所以没法讲,一则是感觉不到,一则概念作不能施,这两个难关有一个不解除就不成功。他的方法即所谓直觉(intuition)……②

这样,梁漱溟便从西方非理性主义的生命哲学入手,接过西方现代哲学对传统形而上学的批判,以生命哲学为工具,建立起自己的形而上学。

---

① 《梁漱溟全集》第1卷,山东人民出版社1988年版,第405页。
② 同上书,第405页。

二、道德人本主义的建立

梁漱溟在《东西学术之不同》一文中说,"中国儒家、西洋生命派哲学和医学,是我思想所从来之根柢"[①]。在他的哲学思想中,中国传统哲学是其中的内容,柏格森生命哲学则是他所使用的方法。正是对生命哲学的接触和了解,使他得到了解释儒学的新的方法。

梁漱溟在建立他的形而上学时,他采用了柏格森的生命哲学和叔本华的唯意志论,借用这两个概念创造出了他自己的"意欲"概念。梁漱溟说"我们批评的方法即因此对于生活的见解而来",那么,什么是生活呢?他解释说:

> 但就生活的表层去说,那么,生活即是某范围内的"事的相续"。这个"事"是什么?照我们的意思,一问一答即是为一"事"……如此涌出不已,是为"相续"。为什么这样连续的涌出不已?因为我们问之不已——追寻不已。……这探问或追寻的工具其数有六:即眼、耳、鼻、舌、身、意。在这些工具之后则为此等工具所自决出而操之以事寻问者,我们叫它大潜力、或大要求、或大意欲——没尽的意欲。……照我们的意思,尽宇宙是一生活,只是生活,初无宇宙……[②]

正是这些感官及意识之本原的"生命"或"意欲",以意识和感官为工具产生出"生活",因此,外在的现象世界即是由"意欲"或"生命"本体向外"追寻"所形成的。

梁漱溟还用"前此的我"和"现在的我"一对概念来解释生命本体和现象世界的关系。他说:"这个差不多已成定局的宇宙,是由前此的自己而成功这样的;这个东西可以叫'前此的我'或'已成的我',而现在的意欲就是'现在的我'。"他解释说,所谓"前此的我"或"已成的我"就是我们的感官得到的感觉,梁漱溟也叫它"物质";而"现在的我"则是与之相

---

① 《梁漱溟全集》第2卷,第126~127页。
② 《梁漱溟全集》第1卷,第376页。

对的本体。

为了与传统的西方形而上学区分开,柏格森将其"生命"本体与过去的精神或意识本体作了区分。他解释说,生命的本质是一种我们称之为"超意识"的东西。"超意识"又可以称为"自我"。传统形而上学中的"自我"只是表层的自我,它由感觉、概念和思维构成;而生命哲学的自我是一种深层的自我,是"超意识"。它本质上属于心理范畴,强调本能的冲动。它既非物质,也非意识,不靠经验和理性,而是靠一种深刻的内省来达到,是非理性的。梁漱溟在建立他的儒学道德本体论时,借用了柏格森的这一观点。他用传统儒学的"良知良能"的概念作为生命本体的具体内容,并以柏格森的"直觉"概念解释"良知"。在传统儒家心性论的基础上,以生命哲学作为方法,建立起他的道德形而上学。

梁漱溟认为,作为本体的生命既可以向外表现于物质世界,也可以走一条内省的道路。西方传统哲学走的是前一条路,中国文化则走的是后一条路。中国哲学不是向外去探求物质世界的规律,而是向内寻求生命的本质。他认为这才是哲学的任务,也是世界哲学今后发展的方向。不论是西方哲学中的现代人文主义哲学思潮,还是中国哲学,都代表了这一发展方向。

梁漱溟的思想可以归于宋明理学中陆王之"心即理"一派,特别受到王门后学的影响,强调人的自然情感的道德性质。但与传统儒学心性论不同,他不是强调情与性的对立,而是将情感与理智对立起来。他认为,人心是由情与知两部分组成。其中情是人的道德本能情感,即孔子所谓的"仁"和孟子、王阳明所说的"良知良能"。梁漱溟用柏格森的"直觉"来表述这一概念,他说:"孟子所说的不虑而知的良知,不学而能的良能,在今日我们谓之直觉","此敏锐的直觉,就是孔子所谓仁"[①]。如同王阳明的"良知"一样,梁漱溟的"直觉"一词也具有两重性,它一方面是达到本体的方法和渠道,另一方面又是本体和价值之源自身。在梁漱溟看来,"直觉"具有以下的内容:首先,"直觉"是道德本体。在梁漱溟的思想中,直觉就是"仁"和"良知良能",也就是生命本体。他说:"人类

---

① 《梁漱溟全集》第1卷,第452页。

所有一切诸德,本无不出自此直觉,即无不出自孔子所谓'仁'。"①第二,"直觉"是一种天然道德本能情感。他说:"好德,好色,是一个好,非二,所以孟子说:'口之于味有同嗜焉……故礼义之悦我心,犹刍豢之悦我口。'"这即是说,道德是同食色一样皆为人之自然本能,因此用不着刻意去遵守道德规范,只是听凭本能去做,便可以实现自己的本性。第三,在梁漱溟的道德本体论中,与善本能相对立的不是传统的"欲",而是与情感相对立的理智。他认为一切的恶都来自人类的理智计算。他引王心斋的话"天理者,天然自有之理,才欲安排如何,便是人欲"来说明恶之来源,认为:"这自然流行日用不知的法则就是'天理',完全听凭直觉,活动自如,他自能不失规矩,就谓之'合天理';于这个之外自己要打量计算,就通通谓之'私心'、'私欲'。"②

在梁漱溟的心性论中,他以情代性,情性合一,并且从生物学的角度对人的道德本性作出解释,但他的目的仍然是要论证道德是人之本体,与人的理智相比,道德仍具有主导的地位。梁漱溟从自然人本主义的角度入手,得出道德人本主义的结论,体现出当时传统思想与新思潮激烈冲突的现状。梁漱溟将传统的道德人本主义、心学体系中的泰州学派的思想,与西方现代哲学中的人本主义思潮结合起来,形成了他的早期道德人本主义哲学思想。

三、形而上学的进路——三量说的认识方法

梁漱溟认为每一种文化都有自己的哲学,每一种哲学又都有自己的形而上学。比如西方文化追求客观存在的本体,中国文化探求生命的本质,印度文化寻找生命的终极意义。这三种形而上学各有自己的方法。它们是知识构成的方法,也是形而上学的进路。正是由这三种认识方法才形成了三种不同的形而上学,才形成世界三种不同的文化。梁漱溟说,"一切知识无外现、比、非量"③。他从唯识宗的三种认识方法现

---

① 《梁漱溟全集》第1卷,第454页。
② 同上书,第452页。
③ 同上书,第159页。

量、比量、非量来指代人类认识中的感觉、理智和直觉。从这三种不同的认识方法出发,达到三种不同的形而上学,解决三种不同的人生问题,形成三种不同的文化。

(一)现量。

梁漱溟说:"照唯识家原来的讲法,甚为繁难,所谓'现量'就是感觉(Sensation)。譬如我们喝茶时所尝到的茶味,或我看桌上白布所得到的白色,都是'现量'。"所谓现量就是眼、耳、鼻、舌、身等感觉器官所能得到的色、声、味觉等感觉。但梁漱溟认为,关于感觉有几个问题需要澄清:

第一,梁漱溟认为一般人所谓感觉,实际上并非纯粹的感觉,而是混入了大量的知觉于其中。他说:"一般人所谓感觉的差不多都是指知觉(Perception)说,所以不可再认同现量。现量是纯静观的;这在实验主义家从生物研究的心理,必然不承认有什么纯静观的认识作用。这个不认是很对的,我们的感觉器官本来是生活之工具,其认知作用皆为一种有所为的活动,安得为纯静观的。"当我们得到有关茶或白色的经验时,这里面已经包含了一些主观的成分,非是纯客观的了。他指出,真正的感觉(现量)是一种纯静观:"感觉时并不晓得什么茶味和白色,只有由味觉和视觉所得到的茶或白色的感觉,而无茶味或白色所含的意义。"① 只有将混入感觉之中的知觉部分清除掉,才有可能得到真正的感觉(现量)。

第二,梁漱溟认为感觉又可以分为两种:一种是普通的感觉,又叫"世间现量";另一种是特殊现量,叫"佛位现量"。普通现量的作用,是将混入感觉之中的知觉、直觉和概念等成分清除掉。梁漱溟举例说,比如我们看到一只飞鸟,这是一个运动物体。但当我们将认识活动中的主观因素,如知觉等排除后,便会发现那个运动的物体实际是由无数个静止的动作连在一起而形成的。就像我们看到的电影与电影胶片一样。第二步的认识,也就是所谓"佛位现量",即是达到佛教空无本体的方法。梁漱溟描述这种认识的过程说:

---

① 《梁漱溟全集》第1卷,第397、410页。

次一步现量,倘能做到头一步时就会慢慢到了这一步,这还是顺着那个来,不过比前更进一步的无私更进一步的静观;然而无私静观亦至此不能前进了。这何以为验呢?就是眼前面的人和山河大地都没有了!空无所见!这空无所见就是本体。在唯识家叫做"根本智证真如"。①

他认为,只要顺着静观无私的方法,将认识中的主观因素完全排除,就会发现什么都不存在,只有幻象。

(二)比量。

梁漱溟认为唯识宗的"比量智"即是理智。他认为这种认识是我们用分析和综合两种方法构成的。他说:"譬如我对于茶之知识是怎样得来构成的呢?就是看见、喝过多少次的茶,从所有非茶的东西——白水、菜汤、油、酒……分别开来,而从种种的茶——红茶、绿茶、清茶、浓茶……抽出其共同的意义,这就是对茶的概念最清晰、明白确定的时候。……此中认识作用所认识的是什么呢?就是意义——概念——即唯识家所谓'共相'。"他还说:"我们构成知识第一须凭藉现量,但如单凭现量——感觉——所得的仍不过是零乱杂多的影象,毫没有一点头绪,所以还必须比量智将种种感觉综合其所同,简别其所异,然后才能构成正确明了的概念。"②

我们从梁漱溟对比量(理智)的解释中可以看出:第一,他认为知识是由感性认识和理性认识共同构成的。感觉虽然是基础,但它所得到的还只是零散的现象,没有达到高级的抽象。第二,理性认识是从个别事物的"殊相"中得出的"共相",也就是从个别事物中抽象出一般的、反映出事物共同性质的概念。但是,他认为共相是一种主观的抽象。事物的共相是由人的理性认识能力而形成的抽象概念。如茶的概念是由红茶、绿茶等具体的感性直观中抽象出来的一种普遍的"意义"。实际上存在的只有具体的红茶、绿茶,而不存在着"茶"这样一种东西。因此,类似"茶"这样的抽象概念只是主观的产物。因此,梁漱溟认为理智所得到

---

① 《梁漱溟全集》第1卷,第411页。
② 同上书,第398~399页。

的只是虚幻的共相,只是认识主体自生私有的一种假象。这样,他便从根本上否认了理性思维在对事物本质的认识中的作用。

(三)非量。

在唯识宗的认识论中,非量的意思是非知识。用"比量智"所得的共相本来无自性,如果你非要执其为有,便是非量。梁漱溟借用这一概念来表示自己哲学中的直觉概念。他认为,一般说来,人的认识活动包括感觉与理智两个阶段,但在这两个阶段之中,还应当有一个直觉的阶段,认识活动才能完成。因为梁漱溟的感觉(现量)是一种与众不同的概念,认识主体单靠感觉不能形成任何可以留在心中的印象。用他的话来说,感觉是"无分别、无所得"的。心中之所以能够得到印象,进而形成知识,是由于直觉的作用。

梁漱溟在解释直觉时说:"在现量与比量中间,另外有一种作用,就是附于感觉——心王——之'受'、'想'二心所。'受'、'想'二心所是能得到一种不甚清楚而且说不出来的意味的……'受'、'想'二心所对于意味的认识就是直觉。"[①]"心所"就是"心所有法",唯识宗意指主观的心所派生的事物。"受"是指人心随感生起的苦、乐、忧、喜等情感,"想"是指人心的想象作用。梁漱溟认为,"受"、"想"两种认识作用,并不是主体对客体的认识,而是一个由主体赋予被认识的客体一种其本身并不存在的性质的过程。这种只存在于主体的想象之中的东西,就是他所谓的"意味"。

梁漱溟认为,"意味"也可以叫做"妙味",是"客观之所无主观之所增……譬如我们听见声音觉得甚妙,看见绘画觉得甚美,吃糖觉得好吃,其实声音自身无所谓妙,绘画自身无所谓美,糖的自身无所谓好吃;所有妙、美、好吃等等意味都是由人的直觉所妄添的"[②]。在这里,梁漱溟提出了直觉与感觉和理智是在本质上不同的两种认识的看法。在他看来,前者是一种主观的意义,所得到的是一种价值意义;而后者则是对客观外界的认识。这种观点为以后的文化保守主义思潮奠定了哲学

---

① 《梁漱溟全集》第1卷,第400页。
② 同上书,第401页。

认识论的基础。

第二节 梁漱溟的文化哲学

梁漱溟在其《东西文化及其哲学》一书中,用了大量的篇幅对中国、印度和西方的哲学思想进行分析。但他真正的兴趣并非哲学,而是中西文化问题。在他的思想中,只有文化的兴衰变迁才是近代中国所发生的一切问题的症结所在,因此文化问题也就是解决中国乃至世界上一切问题的首要问题。

一、认识论与人生观

梁漱溟的文化观由他对人生问题的看法而来,而人生问题的解决则是与前面我们提到的三种认识方法,即感觉、直觉和理智相关联的。他将人生解释为"奋斗",也就是"现在的我"与"以前的我"——一个由"现在的我"所派生出来的现象界——和人本身的其他问题的遭遇和解决。他认为人生所遇到的问题大致有三种:

第一种是人与物质世界的关系问题。梁漱溟说:"譬如我前面有块石头,挡着我过不去,我须用力将它搬开……我要喝茶,这是我的肢体,同茶碗都算是碍;因为我的肢体,或茶碗都是所谓'器世间'——'前此的我'——是很笨重的东西,我如果要求如我的愿,使我的肢体运动或将茶碗端到嘴边,必须努力去改变这种'前此的我'的局面,否则是绝不会满意的;这种努力去改变'前此的我'的局面而结果有所取得,就是所谓奋斗。"

第二种是所谓与"其他的有情",也就是同其他的人的关系问题。梁漱溟说:"真正为碍的是其他有情的'他心'而不在其根身。譬如我要求他人之见爱,或提出一种意见要求旁人同我一致,这时为碍的即是'他心'。"梁漱溟这里所谓人与人的关系问题主要是指道德问题。

最后一种是人的"终极关怀"问题,即人人都要遇到的死亡问题。梁漱溟说:"为碍的不仅物质世界与'他心',还有一种比较很深隐为人所不留意,而却亦时常遇见的,就是宇宙间一定的因果法则。这个法则是必须遵循而不能避免的,有如此的因,一定会有如彼的果;譬如吃砒霜的糖一定要死乃是因果必然之势,我爱吃砒霜糖而不愿意死,这是为碍的就是必至的自然律,是我所不能避免的。又如凡人皆愿生活而不愿老死,这是为碍的即在'凡生活皆须老死'之律也。"①

这是三个任何人所不能避免的问题,同时这又是三个不同层次的问题,有解决的先后顺序。生存问题是一个最基本的问题,在这个问题基本解决之后,人的注意力才会转到后面的两个问题上来。而三大问题的解决方法是与上述三种不同的认识方法相连的,这就是理智、直觉和感觉的认识方法。在人类的初级阶段,人用客观的理智方法来征服大自然,以取得基本生存条件,使人类得以生存与发展。在第二个阶段,人们使用建立在良知(直觉)之上的道德,建立起人与人和人与社会之间的基本行为准则,使社会成为一个道德的天堂。当人在前面两项要求得到了满足之后,便面临着人生,同时也是人类社会的最后一个问题,即如何面对死亡的问题。在这个问题上,梁漱溟认为,只有用唯识宗的"现量"(感觉)认识方法,才可以认识到人生的真相,使人正确地面对这一最终的问题。正是在对这三个问题的解决中,人类建立起三种不同的文化模式,这就是西方文化、中国文化和印度文化。

二、三种文化模式的哲学分析

什么是文化?梁漱溟说,文化就是民族生活的样法,也就是人们解决问题方式上的不同。梁漱溟将文化与文明作了区分。他认为,文化是人们解决问题的方式,而文明则是用某种方式去解决问题所得到的结果,两者是一件事的两面。某一种生活方式决定某种结果,某种文化决定某种文明的产生。基于人们解决问题方式上的不同,他将世界文化大体上分为三种基本的类型:

第一种模式是西方文化:"遇到问题向前下手",是以意欲向前要求为其根本精神的方式。其特点是:(1)征服自然。所谓遇到问题向前下手,就是要求改造环境、征服自然,来达到自己的目的。(2)科学方法。西

---

① 《梁漱溟全集》第1卷,第378~379页。

方文化解决问题的具体方法是先将问题分解开来,然后进行分析研究,形成科学理论。(3)民主政治。梁漱溟说:"德谟克拉西不是对于种种威权势力反抗奋斗争持出来的吗?这不是由人们对人们持向前要求的态度吗?"①

第二种是中国文化:"遇到问题不是向前下手而是转换自己的态度,就在这个境地上求解决"的方式。其特点是,"遇到问题不去要求解决,改造局面,就是在这种境地上求得自我满足……他并不想奋斗的改造局面,而是回想的随遇而安。他所应付问题的方法只是自己的意欲调和罢了",遇事不是去克服问题,而只是求主观上的满足,只是反过来改变自己,屈己让人。

第三种是印度文化:"遇到问题反身向后要求取消这个问题以求这个问题的解决"的方式。其特点是,既不是去克服它,也不是改变自己来解决。印度文化是反身向后,要求根本取消问题本身。它想用彻底取消问题作为解决问题的办法。表现在社会生活中就是要求出世。

至于印度文化所走的路,梁漱溟认为是未来社会的事,现在则要完全排斥。在《东西文化及其哲学》一书中,梁漱溟主要论述了东西文化的问题。在他看来,中西文化的根本方向不同,"一则向外,一则向内",这是两条相反的路,具有完全不同的生活样法。第一条路,梁漱溟认为它是人类社会发展的早期阶段,也是必经的阶段,他称这为"本来的路"。非西方民族,包括中国,之所以在现代社会中落后,就是因为这"本来的路"没有走好,违背了人类发展的本来程序。而中国文化是超越西方文化的又一发展阶段。就物质生活看,它不如西方文化成功。但梁漱溟认为,中国文化"不只简单的无征服自然的成功,他对于任何境遇都安乐,能以精神的愉快代替物质的满足。这就是他征服世界的特别方法"。在"征服世界"的问题上,梁漱溟认为不存在一个客观的标准,这个标准只能是主观的。他说:"中国人的车不如西方人的车,中国人的船不如西方人的船……"但中国人的幸福,却不见得比西方人少。在现代社会,西方人虽然物质发达,但精神苦闷。用他的话来说就是:"穿锦绣的未必便愉

---

① 《梁漱溟全集》第1卷,第382页。

快,穿破衣的或许很乐。"

梁漱溟的"世界文化三路向说"具有文化类型和文化进化两种意义:就意欲向前、向内、向后三种态度所发出的三种文化来说,是三种完全不同性质的文化;但就人类文化发展的总过程来说,这又是人类文化发展的三个前后相继的阶段。在这里,梁漱溟提出了他那被胡适称为是"整齐好玩"的"世界文化三期重现说"。具体说来,就是:"人类文化之初,都不能不走第一路",但是"第一路走到今日,病痛百出,今世人都想抛弃他,而走这第二条路……而最近未来文化之复兴,实足以引进第三问题,所以中国文化复兴之后将继之以印度文化之复兴。于是古文明之希腊、中国、印度三派竟于三期间次第重现一遭"①。与西化派将中国文化置于人类文化发展的古代阶段不同,梁漱溟反将西方文化放到人类文化发展的初期阶段,而将中国文化视为即将进入的一个新的发展阶段,认为是人类文化发展的未来方向。

在此之前,有关中西文化的讨论,基本是在中体西用和全盘西化两种思想倾向的范围之内进行的。这两种观点虽然彼此对立,但它们有着共同的思维方式,这就是文化单线发展的思路,认为世界文化是按着一个统一的模式发展,任何文化都可以并且应该按时间顺序纳入到这个链条中来。在这种情况下,梁漱溟提出了他的"世界文化三路向说",认为世界上存在着数种性质上相异的文化,不能以某一种文化(无论是中国文化,如中体西用论者或国粹论者;或是西方文化,如西化派)作为世界文化的惟一绝对的价值标准。在他看来,每一种文化皆是作为一个有生命的整体而存在,因而具有这个生命体独特的价值标准。这样,梁漱溟在中国现代思想史上,正式建立了具有文化相对论意义的文化类型理论,开创了中西文化讨论的新阶段。

---

① 《梁漱溟全集》第1卷,第528页。

第四章　张君劢的哲学思想和科学与玄学论战

发生在1923年的"科学与人生观"论战,在现代哲学发展史上和现代新儒学思潮的形成和发展中有着十分重要的意义。这一论战确立了现代新儒家学派的另一个重要的精神方向,即不仅是对于五四新文化运动中反传统思潮的保守回应,而且是对于当时颇为盛行的科学主义的反抗。当时的玄学派认为,哲学不是以对客观世界的科学认知,而是以对人生价值的体认、道德形上的追求为终极目标。这一论战是由张君劢发起的。

第一节　张君劢的人生哲学

张君劢(1887~1969年),名嘉森,字君劢,号立斋,上海市宝山县人。1906年东渡日本,初入高师理化部,后改入早稻田大学学习政治、经济和财政等科目。1911年回国参加清政府的殿试,授翰林院庶吉士。辛亥革命后,任宝山县议会议长。1923年发表《人生观》讲演,挑起著名的"科学与人生观"论战。于1969年在美国病逝。他的主要哲学著作有《人生观》、《明日之中国文化》、《立国之道》、《新儒家思想史》、《中西印哲学文集》等。

一、形而上学之意志自由论

张君劢认为形而上学也就是本体论的问题,包括三部分:一是宇宙有不因之因、不动之动的存在,宗教家称之为上帝,哲学家称之为本体;二是灵魂不死的问题;三是意志自由的问题。在这三个问题中,张君劢最注重意志自由的问题,以此作为他讨论科学与玄学问题的理论起点。

意志自由是伦理学上的一个重要范畴,它是人们在确定行为和行为过程中,在善与恶、道德与不道德之间所进行思考、判断和选择的一种能力,是人的道德意识能动作用的主要表现。康德指出,人的行为如果受客观的因果必然律支配,不能自由地遵守"绝对命令"的要求,那么道德律令就会失去任何根据和要求。如果这样,任何不道德和犯罪的人都可以为自己的行为辩护,把他的行为说成是受客观因果律支配,由环境或外界条件决定的,自己可以不负责任。张君劢赞同康德对道德问题上的意志自由的肯定,他说:"此类问题诚非知识所能解释,然自有道德上的价值。……康氏将此类问题归之于道德界,一方保存科学知识之正确性,他方对人生行为方面尊奉一种'戒慎乎其所不睹,恐惧乎其所不闻'之天秩天序,自有其思深虑远之苦心。"[①] 认为意志自由是道德伦理的根本。

张君劢并没有将意志自由问题仅限于道德问题上,而是将其提升为形而上学高度的"心为实在"说,并将其与儒家哲学"诚"相比较,认为两者讲的是相同的问题。他说:

> 子曰,惟天下之至诚为能尽其性。又曰,克己复礼。孟子曰,求放心。曰,操则存,舍则亡。曰尽,曰克,曰操,其实皆同一义耳。曰以心为实在(Mind as Reality)诚此点不能否认也……若夫心为实在之说,则赖宋明理学家而其说大昌,真可谓其功不在禹下者也。

这与欧洲的"唯心派好言心之实在"是不谋而合的。"心"即为实在,不受客观规律的限制,也无法用科学的认识方法对其加以探究,它完全是主观的、直觉的、意志自由的。

张君劢将道德哲学上的意志自由提升为"心为实在",是为了给他所谓"人生观"问题找到形上的基础,以便将其主观主义的、非理性主义的原则应用于他所谓"精神科学"的一切领域。

二、科学方法与哲学方法

张君劢的有关科学的叙述并非是要想对科学的问题进行一番讨

---

① 《中西印哲学文集》,台湾学生书局1981年版,第54页。

论,他的目的主要是对科学与"人生观"进行区分。在他看来,所谓科学,其第一要素是因果关系。科学的目的是站在"定命论"也就是决定论的立场,来寻找自然界的客观规律。他说:

> 科学之中,有一定之原理原则,而此原理原则,皆有证据。譬如二加二等于四;三角形中三角之度数之和,等于两直角:此数学上之原理原则也。速度等于时间除距离……水之元素为 HO:此物理化学之原则也。①

关于科学,张君劢认为有以下几个特点:为客观的、为逻辑规则所支配,其中主要是受因果律支配,因此可以按照规律进行分析,因为有着共同的规律,所以可以分门别类进行研究,等等。但是张君劢的科学观有以下两点与一般关于科学的概念不同:

第一,他认为有些社会科学不能归于科学的范围内。比如他将生物学与心理学排除在科学之外。他说:

> 生物学心理学与物理学有根本上之不同,虽俟千百年后,决不能并此根本上之不同而锄去之,故二者之能否成为严正科学,已为绝大疑问,何也?物理学之所研究,限于死物质;生物学之所研究,则为有生之物;心理学之所研究,则为有生而有新年里现象者。……吾人故不以因果之量度求之生物与心理,即但就生命界与心理界而求其因果关系之明确,亦已不易矣。②

不仅如此,张君劢索性将社会学、经济学和政治学一起归为精神科学类,与物理学、数学、化学等所谓"确实科学"明确划分开来,认为精神科学同样也不存在着一定的科学公例,"故社会科学之为学,虽学者至今以科学视之,实则断不能与物理学生物学同类而并观。常人不查,惑于政治科学(Political Science)社会科学(Social Science)之名,相率视为玉律金科,盖皆不知精神科学之真性质者"③。

---

① 《科学与人生观》,山东人民出版社1998年版,第33页。
② 同上书,第74页。
③ 同上书,第79页。

第二，即便是物理学、数学等"确实科学"，其实是否确定存在着客观的规律，同样也是不好说的。由于张君劢的哲学思想受柏格森的影响较大，他对什么是客观实在的看法也同柏格森一样。他认为，客观实在本来是一个永远变动不居之流，这个变动不居之流就是柏格森所谓"绵延"，是不可分的。但是科学家、逻辑家为了对认识的对象进行分析，只能从主观上将其分割开，使其固定，将其作为死物看待，以便于分析思考。甚至如"算也，量也，数学之全部构造也，皆处于人之主观，而与事实之世界相背"。所谓科学的方法无法施于其中。他更进一步将客观世界的发展规律，如因果关系等等都说成是主观的心理所造成的。他说："有因必有果者，非必然之真理也，乃心理上之信仰或习惯为之也。"因此所谓科学的认识，只"能满足人心之要求……而宇宙之神秘初不可及"[①]。同柏格森的生命哲学一样，他认为对宇宙本体的认识只能靠直觉，而直觉认识方法是与科学认识方法根本不同的两种方法。这就是他所谓科学与玄学、自然界与人的主观世界的区分。

三、张君劢的"新玄学"

张君劢认为，在当时的历史条件下，"诚欲求发聋振聩之药，惟在新宋学之复活"。他的这种看法，是基于其提出的"社会函变说或机能说"。什么是"函变"或"机能"呢？张君劢说："所谓机能，即人类意志加入客观环境所起的一种函变关系……人之所以为人者在此。人类的理想与理性之运用客观环境，于此而显人类精神，于此而成社会现象。"

张君劢认为，整个社会是由两部分组成的：从政事方面来说，为国家政事与社会文化的区别，"国家政事重在效率，贵乎敏活切实；社会文化欲其发展，当任其自由歧异；以此为集中与开放之分界"。这是由于"社会是人的，有人的意志参加其中。我们固不能忽视物而只承认心，但也不能如时流一样，只承认物而否认心"[②]。这样，张君劢视社会为一种心与物的交互作用的机体，无论是政治、经济，还是法律问题，都不能看

---

① 《科学与人生观》，上海亚东图书馆1923年版，第79页。
② 《立国之道》，台北商务印书馆1971年版，第373~374页。

做是与自然界相同的东西。这种关系,是心与物的关系,也可以看做是体与用的关系。一方有其体,一方有其用。从用的方面看,常表现出变动不居的特性;从体的方面看,又自有其永恒之特性。

张君劢在讨论常与变时,并没有在两者的的关系上作深入的探讨。他虽然也说"摄普遍于特殊,纳永恒于变动"的话,但是他关注的是超越恒常与变动之上的"主宰原则",对历史社会的发展起到统摄和主宰的作用。他说:

> 据以往的讨论,此种关系的确立,全在人类精神方面之意力。由此意力,才成那种加工的组织关系,有目的性的功能。客观环境是意力所组织所运用的。意力处于其中而居超越的地位,因而遂起一种超越的功能或作用。……意力受客观环境限制始有实在性,但客观环境不能凭空即变为人类的社会现象。意力落于其中而显自己之性能,遂一成而主宰乎外物,不为外物所主宰。①

所谓"意力",即前面所说的"心"和"理性"。张君劢认为社会历史的发展虽然随着时代的不同会发生变化,但其中存在着不变的东西。这个不变的东西,在张君劢看来,就是道德的人文主义精神。

基于对社会历史发展的观点,张君劢提出了"新宋学",而这是他从第一次世界大战的教训中得出来的。他写道:

> 近三百年之欧洲,以信理智信物质之过度,极于欧战,乃成今日之大反动。吾国自海通以来,物质上以船坚炮利为政策,精神上以科学万能为信仰,以时考之,亦可谓物极将反矣。……
>
> 现代欧洲文明之特征三:曰国家主义,曰工商政策,曰自然界之智识。……
>
> 确认三重罗网(指上述三特征)实为人类前途莫大之危险,而尤觉内生活修养之说,不可不竭力提倡。②

在经历了第一次世界大战之后,西方的一些知识分子对西方现代

---

① 《立国之道》,第386页。
② 《科学与人生观》,第112~113页。

的发展道路感到疑惑，企图寻找世界文明发展的新路。这些人反对理性主义的无限扩张，提倡人文主义的精神。其中一些人也试图到东方文化之中寻找一些他们所需要的东西。同时，中国的文化保守主义者也接触到来自西方的非理性主义，认为可以与中国传统文化互相发明。张君劢就是其中的一个。他说："吾则以为柏氏倭氏言有与理学足资发明者，此正东西人心之冥合。"[①] 所谓与理学相互发明的东西，即是指对科学主义和理性主义的批判。我们来看张君劢的一些具体看法：

首先，张君劢认为，西方的理性主义潮流，对"自然界之智识"的过分强调，已经变成了"网罗"。在这种"网罗"的笼罩下，人们失去了自由意志，丢掉了人生的价值。他因此提倡要用直觉主义的"内生活"去补足科学的缺失。在观念的层面上，张君劢主张，一切与"内生活修养"不相符合的观念都应当加以清除。在他看来，"功利之念在所必摈"；男女平等、自由恋爱"不免于占有冲动存乎其间，此之谓私，既已言私，则其非为高尚神圣可知"。

其次，他反对过分偏重工商业的发展。在他看来，科学主义的兴起导致工商业的过分发展，而正是工商业的过分发展才导致了世界大战与阶级斗争的产生。张君劢说："一国偏重工商，是否为正当之人生观，是否为正当之文化，在欧洲人观之，已成大疑问矣。"因此，在中国则更应当防止这种倾向。为了强调对科学万能论的批评，他甚至得出了中国不应当朝着富强的道路努力，而是应当实行"寡均贫安"的所谓社会主义。他说："若夫深信富国强兵之政策者，则国中尚不乏人，而国家前途最大之危险亦即在此。"[②] 在张君劢看来，对于一个民族的命运，道德修养与精神自由是比富国强兵更重要的事情。

---

① 《科学与人生观》，第112～113页。
② 同上。

第二节 科学与玄学论战

一、科学与玄学论战的时代背景

自第一次世界大战爆发以来,中国的思想界产生出一种对近代以来的西化潮流进行反省的思潮。1920年梁启超从欧洲考察回国后,发表了《欧游心影录》,在中国首先倡导对西方科学万能论的批判。认为西方几百年的发展,证明了科学万能论的破产,强调用东方的精神文明对西方的物质文明加以调剂。与此同时,梁漱溟发表了著名的《东西文化及其哲学》一书,用他的"世界文明发展三阶段"说,论证西方文化的终结和中国文化阶段的开始。与他们不同,张君劢则是直接从哲学方法的角度提出问题,将自然科学与人文科学明确划分为两个不同的区域,突出了科学与玄学两种方法的对立。

虽然三个人讨论问题的出发点不同,但他们不约而同都涉及自然科学与人文科学两个领域的区别问题。在梁启超看来,西方世界之所以会弄到现在这个地步,就是那种以科学解决一切问题的西方理性主义思潮已走上了歧路。梁漱溟则是从本体论的角度提出,西方以客观实在为本体的传统的形而上学已经走到了尽头,现在是以中国文化中的崇尚直觉认识方法的道德本体论来代替它的时候了。1923年2月,张君劢在清华大学作了名为《人生观》的讲演,明确地提出了区分科学与人文两个不同世界的观点。同年4月,丁文江在《努力周报》上发表《玄学与科学》一文,对张君劢的讲演进行批评。科学与玄学论战就此开始。

二、科学与玄学论战三方的主要观点

(一)玄学派的主要观点。

在讲演中,张君劢认为,世界现在正处于一个转变时期。这个时期的特点就是人类文化正处于从西方文化重物质文明的倾向转为重精神文明,从向外追逐变为内心反省。他指出,西方近代社会发展的历史表明,科学方法不是万能的,不能解决人类的所有问题,特别是精神或心

灵的问题,张君劢称之为"人生观问题"。他强调,科学与人生观问题之所以要区分开来,是由人生观问题的特点所决定的。他在《人生观》一文中从五个方面具体进行了区分:(1)人生观是主观的,而科学是客观的;(2)科学为论理的方法所支配,而人生观则起于直觉;(3)科学是从分析方法入手,在复杂的现象之中"求其最简单之元素",而人生观则为综合的,必须由整体处下手;(4)科学为因果规律所支配,而人生观则为自由意志的;(5)科学起于对象之相同现象,而人生观起于人格之单一性。张君劢企图由此说明,科学与人生观在研究对象与研究方法上之不同,科学方法在对人生观的研究中并不适用。

梁启超也参加了这次论战。他对张君劢的一些说法进行了批评和修正,认为人生观的有些问题,并非科学所不能解决,"什有八九倒是要用科学方法解答"。其中包括张君劢认为不能用科学方法解决的一些社会科学问题。但是两人的基本立场是相同的。梁启超提出:

> 生活的原动力,就是"情感"。情感表现出来的方向很多,内中至少有两件的的确确带有神秘性的,就是"爱"和"美"。"科学帝国"的版图和权威无论扩大到什么程度,这位"爱先生"与那位"美先生"依然永远保持他们那种"上不臣天子下不友诸侯"的身份。……从这方面说,却用得着君劢所谓主观所谓直觉所谓综合而不可分析……等等话头。想用科学方法支配他,无论不可能,即能,也把人生弄成死的没有价值了。①

梁启超剔除了他认为张君劢文中经不起讨论的部分言论,把人生观定义在美学、道德与宗教情感上,又重新将科学方法与玄学方法的区别规范到理性与情感两个领域的划分上。

(二)科学派的主要观点。

首先对张君劢讲演表示反应的是地质学家丁文江。丁文江(1887～1936年),字在君,江苏泰兴人,曾用宗淹为笔名。丁文江在这次论战中写了三篇文章《玄学与科学》、《玄学与科学——答张君劢》和《玄学与科

---

① 《科学与人生观》,第141～142页。

学讨论的余兴》,说他要弄清的主要问题是"科学的方法是否有益于人生观,欧洲的破产是否是科学的责任",这其中第一个问题便是张君劢所着力说明的"科学是否万能"的问题。

丁文江对张君劢的批评是从科学方法的普遍适用问题开始的。在这个问题上,他毫不犹豫地说:"科学方法是绝对不受限制的。凡是事实都可以分类,都可以寻他们的次序关系,都是科学的材料。"① 针对张君劢认为与人生有关的领域不受逻辑关系所支配的说法,丁文江明确指出,凡是不可以用理性方法对其进行研究而得出的知识,不是真知识。

丁文江注意到张君劢在讨论人生观问题时并没有对什么是人生观作一个明确的说明,因此他首先为人生观下了一个定义。他说:

> 一人的人生观是他的知识情感,同他对于知识情感的态度。

我们知道,玄学派在讨论科学与玄学的问题时,基本上是沿用梁漱溟的方法,即以理性与情感的区分来作为这两者的区别。而丁文江对人生观的定义,则将知识与情感连在一起说。在丁文江看来,知识与情感在表面上看起来是两件事,但是如果从根本上说,这两件事是互相联系的。其理论根据就是当时传入中国的马赫主义哲学。他提出了世界统一于"事实"的命题,并解释道:"我们所谓事实,包括精神物质而言,因为我以为物质是 Mind Content(精神内容),此外并无独立的物质可言。"他还强调:"我们之所谓物质,大多数是许多记存的觉官感触,加了一点直接觉官感触。"② 比方,一件家具实际上只是各种感觉所组成的一组东西,看上去是物质的,但实际上却只是经验。虽然他承认认识的来源是通过感官对事物的接触,然后通过联想、推理等理性思维活动得以完成,但是他认为我们最终得到的只是综合的感觉。这样,在被张君劢称之为"唯觉主义"的经验实在论的理论基础上,丁文江把张君劢分割开来的情感与理智、人生观与科学统一了起来。丁文江申明,我们可以说科学是万能的,因为科学的方法是普遍适用的。不论是自然科学,还是

---

① 《胡适往来书信选》,中华书局1979年版,第188页。
② 同上书,第189页。"觉官"即感觉器官。

人类的心理与情感,都是科学的"材料",都是科学研究的对象,因而科学方法是普遍适用的。

1923年11月,胡适在上海亚东图书馆为这次论战出版的论文集《科学与人生观》一书作序时,提出了自己的"自然主义的人生观",其中的要点为:

> 根据于一切科学,叫人知道宇宙及其中万物的运行变迁皆是自然的,——自己如此的,——正用不着什么超自然的主宰或造物者。
>
> 根据于生物的科学的知识,叫人知道生物界的生存竞争的浪费与惨酷,——因此,叫人更可以明白那"有好生之德"的主宰的假设是不能成立的。
>
> 根据于生物学、生理学、心理学的知识,叫人知道人不过是动物的一种,他和别种动物只有程序的差异,并无种类的区别。
>
> 根据于生物的科学及人类学、人种学、社会学的知识,叫人知道生物学及人类社会演进的历史和演进的原因。
>
> 根据于生物的及心理的科学,叫人知道一切心理的现象都是有因的。
>
> 根据于生物及社会学的知识,叫人知道道德礼教是变迁的,而变迁的原因都是可以用科学的方法寻求出来的。①

这就是被当时的传教士称为"胡适十诫"的科学人生观信条。胡适所列出的这些条目,将宇宙间的全部内容都归结在科学方法的统辖之下,意在说明所有的领域,包括张君劢所列出的属于人生观的部分,都一样可以用科学方法加以解释和说明。尽管胡适对丁文江与张君劢的论战感到不满意,但他所得出的结论,与丁文江的说法没有什么两样。

(三)马克思主义者对玄学派的批评。

从1923年11月起,陈独秀、瞿秋白、邓中夏等马克思主义者先后介入了这场论战。他们在文章中具体分析了这一论战的性质和产生的根源、什么是人生观及其决定人生观的因素等等问题,站在马克思主义

---

① 《科学与人生观》,第23~24页。

的立场上,对论战作了总结。

在哲学思想的性质问题上,当时的马克思主义者认为这是一次唯心主义与唯心主义之间的争论。张君劢所持的柏格森哲学等非理性主义与丁文江的马赫主义同属于唯心主义阵营。正如陈独秀指出的:"主将丁文江大肆攻击张君劢唯心的见解,其实他自己也是以五十步笑百步。"[①] 但另一方面,由于科学派在同玄学派的争论中,要以自然科学作为立论的基础,因此科学派中有些人的立场,不可避免地带有唯物主义的倾向。邓中夏认为,胡适"他们的主张,是自然科学的宇宙观,机械论的人生观,进化论的历史观,社会化的道德观"[②]。因此在马克思主义者看来,不论是在阶级阵线上,还是在理论基础上,科学派与马克思主义派都可以结成同盟,一起同代表封建阶级的玄学派进行战斗。马克思主义者对玄学派的批评,主要是从以下两个问题着手的,即一切社会现象是否都有客观的原因和必然与自由的关系问题。

首先,马克思主义者指出,玄学派所说的科学所不能解释的社会现象,其实在根本上都是受不同因果规律所支配。比如张君劢提出的九项问题,陈独秀认为这些都可以从社会环境和历史的发展特别是经济的发展变化去解释。又如张君劢所说的大家族与小家族主义的问题、男尊女卑和婚姻制度的问题、宗教思想的变迁问题等等,都与经济发展有着直接的关系。经济的发展决定了不同时代有不同的社会心理,反映这些社会心理的社会理想便构成当时的人生观。在同一时代,不同的阶级和同一阶级内部不同阶层之间的不同利益,又决定了他们必然有着不同的人生观。

其次,马克思主义者还对张君劢等人所说的超经验的"意志"、"直觉"、"情感"等内容进行了分析,并认为这些内容其实同样是受环境条件的影响所形成的。陈独秀说:"什么先天的形式,什么良心,什么直觉,什么自由意志,一概都是生活状况不同的各时代民族之社会的暗示所铸成。"比如张君劢列举的如田横事件、割股疗亲和自杀殉主等等现象,

---

① 《科学与人生观》序。
② 同上。

"无所谓神秘,不过是农业的宗法社会封建时代所应用之人生观"[1],有着其社会经济的的原因。

关于必然与自由的关系问题,参加论战的马克思主义者首先肯定客观规律的普遍存在。瞿秋白指出,以人类社会来说,人的思想的动机,不论是显而易见的还是隐在背后的,都不能看做是历史事件的最终原因。因此,社会现象也必然受到客观规律的支配。他说,"决不能因为'不知因果'便说'没有因果'"[2],进而指出,自由与必然是统一的,自由的获得在于对必然的认识。瞿秋白说:"'自由'不在于想象里能离自然律而独立,却在于能探索这些公律;因为只有探悉公律之后,方才能利用这些公律,加以有规画的行动,而达到某种目的。"他明确表明:"人的意志愈根据事实,则愈有自由。"[3] 这样就从根本上驳斥了张君劢割裂自由与必然,将二者截然对立起来的做法。

另外,马克思主义者还指出了科学派思想的不彻底性,他们所倡导的理论有致命的缺陷,并不能将玄学派真正驳倒。针对胡适所说的"坚持物的原因外,尚有心的原因——即知识、思想、言论、教育,也可以变动社会,也可以解释历史,也可以支配人生观"的说法,陈独秀清楚地认识到,从科学派所提出的心物二元论中,可以很容易得出玄学派拥护的意志自由的结论。因此,只有坚持唯物主义的物质一元论的观点,才有可能将科学一元论的原则坚持到底。

三、科学与玄学论战在现代哲学史上的意义

(一)哲学发展史上的意义。

参加科学与玄学论战的各方,都以某种哲学理论作为自己观点的理论基础。如果从论战中各派所表述的哲学思想内容上看,无论是玄学派还是科学派,大都是直接引用和介绍西方哲学家的思想,而且在引用和介绍时,也有许多不准确和不周密之处。张君劢在反驳丁文江批评他

---

[1] 《科学与人生观》序。
[2] 《自由世界与必然世界》,《新青年》第2期。
[3] 同上。

对外国哲学家的思想"袭而取之"时说:"我实告在君:今国中号为学问家者,何一人能真有所发明?大家皆抄袭外人之言耳。"① 张君劢的话虽然说得有些过分,但却也道出了当时思想界的实际情况。

但是理论界的这种情况并不等于说当时的哲学讨论不具有理论意义。我们从近代以来中西文化争论之中,可以大略看出中国古代哲学与现代哲学之间发展的一些线索,一如中国古代的唯理论与经验论之争的现代重演。所不同的是,现在不是用古代的哲学语言和方法,而是使用现代西方的概念和术语。宋明时代曾有理学心学与主张"实事实功"的事功派的争论。严复则引进了西方的经验论,借以批判理学的"古书成训"与心学的"师心自用"的唯理论倾向。

可以说,真正将西方认识论中唯理论与经验论的争论引入中国,并引起一场真正具有现代哲学意义上的讨论的,是在科学与玄学论战中开始的。关于传统与现代、中国文化与西方文化之间关系问题,在经过长期的讨论之后,开始进入更深的层次,深入到关于世界的统一性问题、客观世界与价值世界的区别问题、不同类型认识的来源问题等等方面。现代西方的非理性主义哲学、怀疑论的主观经验论哲学和马克思主义唯物史观等哲学流派,依次登台亮相,阐明自己对这些问题的看法和观点。这次论战,对于西方哲学思想的引进与消化是一个重要阶段。

(二)中西文化讨论中的哲学意义。

科学与玄学论战除了在哲学史上的意义之外,还有其在近代以来的中西文化讨论中的意义。从某种意义上说,它在文化讨论上的意义超过了哲学争论本身。

名为科学与玄学论战的这场争论并非是科学与玄学之间的争论,其实质乃是两种不同的人生观的争论。从梁启超到张君劢,他们一再声称他们并不反对科学,而是反对科学的人生观,也就是科学主义的概念。在他们看来,科学的人生观,标志着理智的一元论、机械的决定论和浅薄的功利主义与实用主义。而这一切都隐含在逾越本分的科学概念之下。同样,科学派也明确说明他们所提倡和维护的不单是科学,而是科学的

---

① 《科学与人生观》,第86页。

人生观。丁文江在指出科学重点不在对象而是在方法之后,又说:

> 科学不但无所谓向外,而且是教育同修养最好的工具,因为天天求真理,时时想破除成见,不但使学科学的人有求真理的能力,而且有爱真理的诚心。①

并非如玄学派所说,科学只是寻求自然真理物质规律的好方法,更重要的它还是人类精神的主宰。因此,无论社会、政治、教育、宗教、道德等等,都必须以科学为基础,以科学方法为指导。

因此,由科学派、玄学派和马克思主义唯物史观的拥护者所共同参加的这场论战,对中国现代哲学史的影响主要在于:它站在现代哲学的高度,用哲学方法区分科学主义与人文主义,在这一前提下对中国传统哲学与西方哲学进行考察与审视,并对其重新加以评价臧否。从此以后,中国现代哲学中明确产生了两种趋向,一种是科学的、实证的道路,另一种则坚持人本主义的立场。这两种不同的倾向发展成为两个不同的哲学阵营:以实证科学方法为在各个领域中普遍适用方法的科学主义思潮和以重建道德人本主义为目的的文化保守主义思潮。科学主义的产生,大概有以下几方面的原因:(1)受西方科学主义思潮的影响。自启蒙运动以来,西方近代存在着一种强大的科学主义的思潮。随着科学技术在社会经济领域中所取得的巨大成功,它逐渐成长为一个超越科学领域的概念。这种思潮也影响到中国的思想界,成为占统治地位的一种意识形态。(2)解决精神危机的需要。西方文化进入中国以来,旧的信仰体系逐渐崩溃,人们感到急需一种新的价值来代替旧有的信仰体系,以作为安身立命的根基。于是科学就被看做是一种旧的意识形态的代用品,上升成为一种新的意识形态,最终变成了科学主义。

另一方面,在中国特定的历史条件下,人本主义思潮采取了道德人本主义的进路。其理论特征表现为浓厚的道德主义倾向,强调科学与哲学的区别,进而强调哲学在人的道德实践方面的功能。这种道德人本主义的倾向,成为后起的现代新儒家学派的理论特征。

---

① 《科学与人生观》,第53~54页。

第五章 熊十力新唯识论的哲学思想

熊十力(1885~1968年),原名继智、升恒,号子真、漆园,湖北黄冈人。早年入湖北新军。曾创办"黄冈军学界讲习社",参加"日知会",为同盟会会员。1920年入南京金陵刻经处研究部,师从欧阳竟无学佛。1922年被蔡元培聘为北京大学教员,并长期任教。1956年以后,任中国人民政治协商会议第二、三、四届委员。主要著作有《新唯识论》、《十力语要》、《佛家名相通释》、《原儒》等。为现代新儒家学派的主要代表人物之一。熊十力的哲学思想着重在本体论的层面上对中国哲学与中国文化进行诠释,是现代新儒家本体论哲学的真正奠基者。

第一节 熊十力的哲学本体论

一、哲学就是本体论

熊十力经常说的一句话是:"吾学贵在见体。""体"即是本体,所以熊十力的学说可以说就是有关本体论的哲学。他为哲学下定义说:

> 哲学,自从科学发展以后,它的范围日益缩小。究极言之,只有本体论是哲学的范围。除此以外,几乎皆是科学的领域。虽云哲学家之玄思与明见,不止高谈本体而已,其智周万物,尝有改造宇宙之先识,而变更人类谬误之思想,以趋于日新与高明之境。哲学思想,本不可以有限界言,然而本体论究是阐明万化根源,是一切智智(一切智中最上智,复为一切智之所从出,故云一切智智)。……

本体不是理智所行的境界。我们以为科学、哲学，原自分途。①

那么本体是什么呢？熊十力说：

仁者本心也，即吾人与天地万物所同具之本体也。

盖自孔孟以迄宋明诸师，无不直指本心之仁，以为万化之源、万有之基，即此仁体，无可以知解向外求索也。②

从熊十力的解释中，可以看出他有关哲学本体论的思想包括以下几方面的内容：

第一，哲学就是本体论。熊十力反对当时的科学主义倾向，提出应当将科学与哲学区分开来。科学的任务是用理智去认识外在的客观世界，获得关于客观外界的具体知识，得到应付自然的技能。而哲学"所穷究的是宇宙真理，不是对于部分的研究"，"他底领域根本从本体论出发而无所不包通"，达到对于宇宙人生之源的认识。同时，哲学所使用的方法与科学不同。科学所使用的工具是理智，而哲学的工具"全仗着他底明智与神悟及所谓涵养等工夫"，即直觉和通过道德修养所取得的悟性。有关区分科学与哲学认识之不同的思想，在梁漱溟的《东西文化及其哲学》一书中就已有体现。比如他对理性与理智两种知识的区分便表明了这一点。1923年发生的"科学与玄学"论战中，以张君劢为代表的玄学派便极力强调两者的界限。熊十力的《新唯识论》的哲学体系也正是在1923年开始构筑的，因此熊氏有关这一方面的思想也说明了反对科学主义的思潮在当时是保守主义者的共同的思想倾向。

第二，本心即本体。熊十力说："仁者本心也，即吾人与天地万物所同具之本体也。"在他看来，哲学讲的本体就是本心，就是自孔子孟子一直到宋明理学所讲的"仁体"。作为本体的本心由于是万有的根源，因此它可以在不同的场合下以不同的方式来表现：传统哲学中所说的"天"、"命"、"道"、"性"、"理"、"仁"、"明德"、"知"等等，其实都是本心的别名。熊十力所讲的，即是传统儒家所强调的人之道德本性。本心不是生理学

---

① 《新唯识论》语体文本卷上，湖北《十力丛书》1947年版，第2页。
② 《新唯识论》语体文本卷下，第79～80页。

意义和知识论意义上的"心",而是道德的源泉,是惟一真实的自我,是生命的本质存在。

二、以"体用不二"立宗

儒家形而上学的重建和强调哲学与科学的界限问题,在熊十力之前就被梁启超和梁漱溟等人所注意,从而为现代新儒家共同持有。熊十力哲学的最大特点在于对"体用不二"的论证与阐发,并由此达到对中国哲学特点的把握。他对"体用不二"的论述,由本体论而人生论,成为其哲学中最重要最具特色的部分。

中国哲学本来就有"体用一源"的传统。熊十力对体用范畴作了规定,他说:"体用二字,从来学人用得很泛滥,本论在宇宙论中谈体用,其义特殊",具体说来,"宇宙实体,简称体;实体变动,遂成宇宙万象,是为实体之功用,简称用。此中宇宙万象一词,为物质和精神现象之通称"①。因此可以看出,熊十力是在宇宙本体论的意义上使用这一范畴的。用西方哲学的术语来说,就是本体与现象的关系。他说:"哲学上的根本问题,就是本体与现象,此在《新论》即名之体用。"②但熊十力反对西方哲学将体与用割裂开来的倾向,认为西方人"严有实体与现象二名,俨然表有两重世界,足以证其妄执难除,东土哲人只严体用,便说的灵活,便极应理"。

熊十力认为,儒家的体用学说与中国哲学的其他流派所说的体用关系不同,比如佛学将体用比喻成为无与有的关系;或者将其看做是派生的,是亲与子的关系等等。他在对这几种观点的批判中论述了他的"体用不二"的思想。

熊十力指出,对本体和现象关系的一种流行的观点是认为二者是"能生"与"所生"的派生关系。这在西方哲学家的体系中常常可以见到。熊十力认为:"这种错误,似是由宗教的观念沿袭得来,因为宗教是承认有世界或一切物的,同时又承认有超越世界或一切物的上帝。"本体派

---

① 《体用论》,上海龙门联合书局1958年版,第311页。
② 《十力语要》卷一,湖北《十力丛书》1947年版,第29页。

生现象的哲学观念是由上帝创造世界的观念转变而来的,而这一来便将体与用割裂开来,"体"的概念成了在现象之外存在的东西。由绝对和无限变成了一个有限的概念。他认为本体是一个"无定在而无所不在"的,不是离用而另外有一个被称之为体的东西;也不是由体派生出来用。熊十力用"即体即用"和"全体成用,全用即体"来描述体用的这种"不一不异"的关系,说明体既不是时间上在先,派生出用,也不是逻辑在先而凌驾于用之上。实体即功用,不可在功用外求实体。

熊十力反对佛教哲学认为本体为空、现象界为幻为假的观点。他指出,持"有生于无"的虚无主义者,大约分为两派:一派是极端派,另一派是非极端派。所谓非极端派,就是"一方面依据常识,不否认宇宙万象为实有。但未能透悟本体,而妄计有生于无。魏晋玄学之徒,多属于此派"①。而佛学则是"于万有之外,妄拟一个至无的境界"②。虽然佛学大乘空宗也承认真如的存在,但佛家所说的真如本体,是寂静无为的,与儒学所说的创生本体截然不同。它无法说明现象界的产生和存在。佛学的真如本体"自同虚空一般,虚空是无造作的,无生化的,而所谓宇宙万象或诸色种种,虽相依虚空故有,毕竟不是虚空自身的显现,以虚空是无生化故"③。这样一来,形上的本体与形下的现象界成为两片事物。等于是在现象界之外,妄添了一个至静至无的本体。这种导致"体用两橛"、"求体废用"结果的"体",只能是一个"死体"。熊十力强调,我们必须将现象(功用)看做是本体(实体)自身的显现。但在大乘空宗那里,真如即使诸法实性,但不能说诸法是真如本体的真实显现,这只能说是一种"不离不杂"的性质,而不能说是"不一不异",因此在体用之间,最终是相互隔绝而不是融合。

为了更深入地说明"体用不二"的道理,熊十力进一步提出"翕辟成变"说,从正面说明实体与功能、恒常与变异的关系。他说:"从来谈本体真常者,好似本体自身就是一个恒常的物事。此种想法,即以为宇宙还

---

① 《体用论》,第3页。
② 同上书,第68页。
③ 《新唯识论》,第133页。

有不变者,为万变不居者之所依,如此则体用自成二片。……须知,本体自身即此显为变动不居者,非离变动不居之现象而别有真常之境可名本体。"① 熊十力认为,并非不变的本体变化出万有,而是本体自身就体现为变化的万有。这一变化,就是通过翕、辟两个方面的相互作用来实现的。

《易传·系辞上》说:"夫坤,其静也翕,其动也辟,是以广生焉。"熊十力借用这两个字来指本体所具有的两种"势用"。翕是指一种摄聚的势用。他说,"我们要知道,本体是无形相的,是无质碍的,是绝对的,是全的","但是,本体之显现为万殊的功用,即不能不有所谓翕。这一翕,便有成为形质的趋势。易言之,即由翕而形成一实物了","这个摄聚的势用,是积极的收凝,因而不期然而然的,成为不量的形向。物质宇宙,由此建立","然而当翕的势用起时,却别有一种势用俱起",这种势用"是能健以自胜,而不肯化于翕的。申言之,即此势用,是能运于翕之中,而自为主宰,于以显其至健,而使翕随己转的。这种刚健而不物化的势用,就名之为辟"②。

关于翕与辟的关系,熊十力说:"翕和辟,本非异体,只是势用之有分殊而已。"作为本体自身具有的两种功用,翕和辟是同时起作用的。如果只有健动(辟)而没有摄聚(翕),就会是"莽莽荡荡,无复有物",也就是说,本体健动的性格会无所显发;另一方面,只有翕而没有辟,就会是完全的物化,宇宙只是死物。因此,作为实体本有的两种功能,在时间和空间上都是分不开的。辟是能变,生成一种动势;翕而成形,便有了千差万别的事物。

熊十力用心与物来说明辟与翕。他将使物化之翕属物,物物而不为物用的辟属心,心具主宰义。他举例说,这就如同心与身的关系。心是可以主宰身的,是可以进行判断的。二者同样是相辅相成的,没有物化的宇宙,生命本体也就无从显发;而没有生命本体的想念,物质界就会成为一团死物,不具有任何意义。

---

① 《略论新论旨要》,《学原》第二卷第一期,1948年。
② 《新唯识论》,第57页。

熊十力的体用论一方面接受了宋明理学家重视《易传》的传统，又进一步将其提高到超越《论语》的地步。《易》的生生不息动态过程与刚健进取的人生态度，成为其心性本体的主要内容。另外，熊十力的翕辟成变的思想也是受到法国哲学家柏格森的影响。熊十力哲学中的人本主义、强调动态和感性的特点，体现了他的传统儒学所透出的现代内容。

第二节　熊十力的心性论

熊十力有关本体论的系统论述，特别是关于翕辟成变的理论，可以看做是他的宇宙论。当然这里所谓宇宙论，同传统儒家一样，都只能是从宇宙论的进路来说明心性问题，其哲学的宇宙论、本体论，最后都被归结为心性论。但作为现代新儒家的一员，熊十力在一些重要的问题上超越了他所继承的宋明理学心性学说。

一、总结朱王心性之学

传统儒家的心性之学所要回答的问题，主要的是作为主体的人与作为本体的理的关系问题，其中包括天与人、情与理、知与行和本体与工夫等问题。此即所谓儒家内圣之学，其特点就是承认作为主体的心与客观的理是相通的，而心与理之间的中介就是"性"。性一方面来自于客观的形上之天，同时又内在于人心之中，因此人的道德修养问题，就是如何使心符合理（性）的问题，也就是心与性的关系问题。

熊十力基本上站在陆王心学的立场上来讨论心性问题。他说：

……以其主乎身，曰心。以其为吾人所以生之理，曰性。以其为万有之大源，曰天。故"尽心则知性知天"。尽心之尽，谓吾人修为工夫，当对治习染或私欲，而使本心得显发其德用，无一毫亏欠也。故尽心，即是性天全显，故曰知性知天。……吾心与万物本体无二,其又奚疑?[①]

这基本上是承继王阳明"心即理"一路而来。但熊十力在以其"体用不二"立论的基础上融会朱陆,纠正二者的偏失,并超越理学与心学。他认为,朱熹的"理在物"是本之程颐"按之物理世界,极是极是。不须阳明于在理字上添一心字。心不在,而此理自是在物的。阳明不守哲学范围,和朱派兴无谓之争"。指出朱子"主理在物者,便不废致知之功。却须添居敬一段工夫,方返到心体上来。朱学以明体不能不有事于格物,主张甚是。王学力求简易直捷,在哲学上极有价值,惜不为科学留地位"。认为心学虽然首立大本,简易直截,但却含有反知的向。阳明心学"聪明者为狂禅,谨厚者亦只务践履而惮于求知。这是王学底大不幸事"[②]。只注重反身向内探求,于知识层面不免有所荒废。因此,《新唯识论》的宗旨是"融会朱王","尊性智,而未尝遗量",将本体良知"原是推扩不容已",达到体用不二、道器不二、天人不二、心物不二、理欲不二、知行不二、德慧与知识不二、成己成物不二。

上面这些话表明了熊十力改造宋明理学,建立以"体用不二"为宗的新论的愿望。将正心诚意与格物致知结合起来、将形而上的道德本体与科学结合起来,以改造只重德行修养的理学传统。

二、本心与习心

熊十力讨论本体论问题,主要不是为了说明世界的本原问题,而是为了解决人的问题,如人的本质、人与自然的关系等等。

在熊十力看来,人来源于自然界,是自然宇宙发展到一定程度的产物。因此人类个体的生命与宇宙的大生命是相同的。但是人又不同于其他的生物。人类一经产生,即在宇宙间占有特殊的位置,人能成为宇宙的中心。这就是传统儒学所说的"人能宏道",可以"为天地立心"、"与天地参"等原因。人虽然可以做到这一点,但这只是一种可能性,因为人的真正本性经常被其他的东西所遮蔽。熊十力说:"性有全显之可能,然

---

① 《体用论》,第8页。
② 《十力语要》,第26、24页。

仅曰可能而已。人因常有心为形役之患,而易为鸟兽之归。"①如果"心为形役",人就会丧失自己的本性,失掉人在宇宙中的位置。所以就要有"反本"和"复性"。他说"吾以反本为学",也就是"求识本心或本体"。

熊十力说:"关于心之类别,不可不加辨析。晚周道家有道心、人心之分,印度佛家有法性心、依他心之分……本论融通佛道两家意思,分别本心与习心。本心亦云性智,是吾人与万物所同具之本性。"又说:"道家之道心、佛家之法性心,乃至王阳明之良知,皆本心之异名耳。"② 站在现代的立场上,熊十力对宋明理学的批评有以下几点:

第一,王阳明对心体的"刚健之德"和"生化之妙"强调不够。"其工夫毕竟偏重向里,而外扩终嫌不足",这就会导致将"尊德性"与"道问学"完全对立起来,不免"有反知的倾向",所以"宋儒于致用方面,实嫌欠缺"③。

第二,宋明理学家,特别是王阳明,在讲心性本体时"以为现成具足之体,无事于推广也"。他认为,本心只能是一个无限的可能性,其扩充是要靠人自己去努力的。熊十力说,"先儒多半过恃天性,所以他底方法只是减",而"吾之为学也,主创而已"④。

第三,宋明理学在理欲关系问题上也有偏差。他说:

> 宋儒亦有把人欲看作天理之敌人,而必欲去之者,此亦大错。夫曰人欲,则亦是人之欲也。人之欲,其可尽去乎?使人之欲可尽去,除非人不生也。人即有生,便不能无人欲,如何尽去得?大抵人欲所应起者,只是不理顺之欲。吾人见得天理透,使天理常作得吾身之主,则欲皆从理,而饮食男女莫非天理中事矣。⑤

他认为,如果像宋儒那样专作绝欲的工夫,就有可能走向极端,走向反人生的道路。这表明宋明理学受佛教和道家的影响太重,缺乏先秦儒学

---

① 《读经示要》卷三,上海正中书局1949年版,第25页。
② 《熊十力论著集之一——〈新唯识论〉》,中华书局1985年版,第547、548页。
③ 《十力语要》卷二,第57页。
④ 《十力语要》卷四,第29页。
⑤ 同上书,第13页。

那种刚健进取、生机活泼的气象。

上面谈到的有关知识层面和人欲方面的问题,都牵涉到与本心相对的"习心"概念。"习心"的概念源于佛学,在熊十力这里,习心指凭借感官本能地追逐外在的事物,满足感性欲望的习惯。他说:"习心者,原于形气之灵。由本心之发用,不能不凭官能以显,而官能即得假借之,以成官能之灵明,故云形气之灵","形气之灵发而成乎习,习成而复与形气之灵二合为一,以追逐境物,是谓习心。故习心,物化者也"①。这就是说,习心的形成是与人的感性有关,而人的本心的作用,必须要通过感官来表现,这就使感官有可能假借本心的灵明作用去追逐物欲,形成习心。

习心与本心的关系是:在本体论的层次上,本心是本体,习心是本体的发用;在道德的层面上,本心是道德理性,习心是情感和欲望。一个是道德理性自我,一个是情感自我。本心可以御物而不御于物,而习心则表现为物欲和功利之心。

尽管如此,熊十力认为习心的产生是必然的。人生而有身有形,便会有物质需求,便会有欲念,就会产生习心。如果顺随欲念,结果就会物化。但是这种善与恶的矛盾的解决,不能采取完全灭人欲的方式,而是要通过道德理性,也就是本心的主宰功能统御习心,使其限制在一个合理的范围之内,达到情与理的和谐统一。

第三节　性智与量智

熊十力说:"吾学贵在见体。"这里面实际上包括两个方面的问题:一是什么是体,二是如何去见体。前者是本体论,后者是认识方法。熊十力正是从这两方面去建立他的哲学体系的。前者为境论,后者为量论。所谓"境论",按他的解释,"境者,所知名境,本佛典。今顺俗为释,如关于本体论及宇宙论、人生论等,有其所见、所知,或所计持者通名为境","量者,相当俗云知识论或认识论。量者,知之异名。佛家有证量及

---

① 《新唯识论》,第253页。

比量等,即关于知识之辨析也"①。所以量论讲的是认识方法,同时还应包括修养方法在内,因此,全面的说法应该是量论即为方法论。我们在前面介绍的熊十力的思想,是有关境论的部分,下面是他有关量论的思想。

一、性智与量智的划分

熊十力又将本心与习心称做性智与量智。在本体论意义上为本心与习心,在方法论上则为性智与量智。熊十力认为,人类具有两种不同的认识能力。量智即人们通常所谓的理智,认为它是科学所凭借发展的工具。性智则是人类具有的一种自我认识和自我超越的能力。他说:

> 性智者,即是真的自己的觉悟。此中真的自己一词,即谓本体……即此本体,以其为吾人所以生之理而言,则亦名真的自己。量智是思量和推度,或明辨事物之理则,及于所行所历、简择得失等等的作用故,故说明量智,亦名理智。②

他认为,量智只是一种向外求理的工具。它的对象是外在的日常生活的宇宙,也就是物理的、经验现象的世界。但是"量智只能行于物质的宇宙,而不可以实证本体",它不能解决形而上学问题,因此理智的作用是有限的。

量智向外寻求的特点,决定了它不能对与宇宙本体合一的生命本体加以把握,也就是说,不能实现人的自我认识,熊十力指出:

> 我人的生命与宇宙的大生命原来不二。所以,我们凭着性智的自明自识才能实证本体,才自信真理不待外求,才自觉生活有无穷无尽的宝藏。若是不求诸自家本有的自明自识的性智,而只任量智把本体当作外在的事物去猜度,或则凭臆想建立某种本体,或则任妄见否认了本体,这都是自绝于真理的。所以我们主张量智的效用

---

① 《新唯识论·序言》。
② 《新唯识论》卷上,第2~3页。

是有限的。①

由于量智是以客观外界的事物为对象，所使用的为实证的和逻辑的方法，因此它对生命本体中那种"自明自识"的真理无从进行认识，而性智则不通过理智分析与逻辑推演，这种认识需要的是反求自识和"体认"，认识的目的则是觉悟到"我人的生命与宇宙的大生命原来不二"，"吾心之本体即是天地万物之本体"。这种认识方法靠的是超理智、超逻辑的直觉与道德的实践，来达到天人合一的境界。

二、性智与量智的关系

熊十力虽然强调分别性智与量智的用途，但他并不认为性智与量智是全然不相干的两种认识方法。他试图将二者表述成一种体用关系。将传统认识方法中"为学"与"为道"的对立与隔绝尽力消除，赋予其现代的意义。他将二者之间的关系表述如下：

第一，性智是冥合证会的本体认识，而量智只是一种向外求理、用以认识自然理则的工具。如果在日常生活的宇宙即物理的世界中使用量智，当然不能谓之不当。但是如果将其使用在解决形而上的问题时，也用其作为工具，便会产生错误。因此，把握好量智使用的范围，是解决好性智与量智关系的第一步。

第二，量智是性智的一种表现，性智不排除量智。熊十力认为，量智虽为哲学认识的初级阶段，却是必要的阶段。熊十力说："玄学者，始乎理智思辨，终于超理智思辨，而归乎返己内证。及乎证矣，仍不废思辨。"②他在后期，已经深切体会到中国传统哲学中轻理智、轻逻辑思辨的缺点。他说："吾国学术，夙尚体认而轻辨智，其所长在是，而短亦伏焉。"(《复性书院开讲示诸生》)熊十力指出，要想克服传统哲学的缺陷，就必须吸收西方哲学的重逻辑重思辨的精神，来扩充中国哲学，补充不足之处。熊十力曾经对他的学生说："诸生今处之世，为学务求慎思明辨，毋愧宏通。其于逻辑，宜备根基，不可忽而不究也。"(《答某生》)基

---

① 《新唯识论》卷上，第254～255页。
② 《十力语要初读》，台北乐天出版社1971年版，第6页。

于此，他提出了"思修交尽"的主张，就是要形成一种思辨与体认并重的哲学。

第三，性智、见闻觉知（理智）与习心之间的关系。熊十力常说性智亦名本心，量智亦名习心。但严格说来，不是所有的量智都为性智之用，量智与习心是有区别的。从体用关系上看，只有理智在不受习心污染的情况下，才是本体流行的作用。如果与染习俱行，则成为习心。因此，量智是一种具有中性意义的工具，如同科学，可以行善，也可以作恶。为了解决这个问题，熊十力将性智与量智的关系解释为体用关系。性智是不待外求的"具足圆满"的，而作为"思量和推度"的量智，只是性智的发用。相对与本心来说，理智可以与习心为伍，成为追逐外物、满足情欲的工具，也可能受到本心的指引，直接表现本心。不仅如此，熊十力还强调在证得本心、性智后，由体发用，使理智成为本体之发用流行的必要性，认为如果没有此段工夫，就不能达到体用一源、本体开出大用的结果。

熊十力有关科学与哲学、性智与量智的关系的思想，同在他之前的梁漱溟和在科学与玄学论战中的玄学派人士相比，有了一个明显不同，即他不是简单地将科学与哲学、理智与直觉截然划分，把理智分析完全划归为科学的范围。他认为哲学不应该完全排斥理性思维，必须充分注意到逻辑分析方法对于哲学的重要性，同时要注意这个方法的局限性。在熊十力看来，理智虽然可以被看做哲学的一种方法，但它既不是惟一的方法，也不是最高的方法。在对本体的认识上，最终的认识必须要超越理智，借助直觉体认的方法，才可以达到对终极本体的把握。

第六章　冯友兰新理学的哲学思想

冯友兰(1895~1990年),字芝生,河南唐河县人。1915年考入北京大学中国哲学门,主要学习中国哲学。1918年毕业,次年入美国哥伦比亚大学研究生院哲学系,接触到实用主义和新实在论哲学。1923年获博士学位,是年秋天回国。先后曾任中州大学、广东大学和燕京大学哲学教授。1928年至1952年任清华大学教授兼系主任,其间于1939年至1946年任西南联合大学教授兼文学院长。1948年回到清华大学后任校务会议主席。1952年全国高等院校调整后到北京大学哲学系任教授。主要著作有《贞元六书》、《中国哲学简史》、两卷本《中国哲学史》和七卷本《中国哲学史新编》等,合编为《三松堂全集》。

第一节　新理学的思想与方法

冯友兰曾在《新知言》中解释他的哲学思想说:"康德的批评的哲学的工作,是要经过休谟的经验主义而重新建立形上学。它'于武断主义及怀疑主义中间,得一中道'。新理学的工作,是要经过维也纳学派的经验主义,而重新建立形上学。它也于武断主义及怀疑主义中间,得一中道。"[①]他这里说的形上学的重建,是指以维也纳学派的逻辑实证主义为方法,重建儒学的形上学。

一、逻辑实证主义的进路

20世纪20年代末出现的维也纳学派认为,形而上学体现了一种揭示世界本质及其终极目的的企图,而这种企图与努力是完全无意义

[①]　《贞元六书》下,华东师范大学出版社1996年版,第918页。

的，哲学应该从形而上学所造成的混乱中解脱出来。在他们看来，真正的哲学论题不涉及自然或社会，只谈语言和语言的应用，它的任务不在于提出命题或建立命题体系，也就是理论体系，而在于逻辑地分析和阐明科学中的概念、假设和命题的意义，从而使形而上学的思想混乱得到澄清。

冯友兰同意逻辑实证主义对形而上学的批评，但是他认为这只是对传统形上学的批评，而不能作为取消形上学的根据。与维也纳学派相反，他认为有关形上学的研究不能取消，因为"形上学是哲学中底最重要的一部分，因为它代表人对于人生底最后觉解"。同时他又承认西方逻辑分析方法的重要性，认为逻辑的方法是"点石成金"的"手指头"，认为只有采用逻辑分析的方法，才可能将哲学最重要的问题，也就是形上学的问题理清。所以在冯友兰看来，所谓哲学，就是"自纯思之观点，对于经验，作理智底分析、总括及解释，而又以名言说出之者"①。在他看来，形上学应具有以下几个特点：

（一）"不著实际"。

与梁漱溟一样，冯友兰也认为，西方近代以来的哲学思潮，表明传统的形上学已经失势，但是西方近代哲学对形上学的批评，并不足以说明形上学不再需要，而是表明旧有的形上学已经完结。经过这次批评以后，新的形上学与旧的形上学必然大不相同。冯友兰说，新的形上学"须是'不著实际'底，它所讲底须是不著形象，超乎形象底。新底形上学须是对于实际无所肯定底，须是对于实际，虽说了些话，而实事没有积极地说什么底"②。所谓对实际无所肯定或"没有积极地说什么"，是相对于科学的认识而言的。西方传统形上学之所以衰落，就是因为它们将科学与形上学混淆起来，对于本来应当是科学的认识对象的客观外界，作积极肯定的认识。他说："科学的目的，是对于经验，作积极底释义。形上学的目的，是对于经验作逻辑底释义。"这里所谓"逻辑底"含义，是说形上学对于实际的事物"不积极底说什么，不作积极底肯定，不增加我

---

① 《贞元六书》下，第862页。
② 同上书，第843页。

们对于实际事物底知识"①。

(二)辨名与析理。

维也纳学派认为,哲学只是关于概念、语言的学问,所关注的只是语言符号及其关系。至于概念之中的含义,则是一个没有意义的问题。旧有的形上学之所以陷于混乱,正是因为它所关注的就是这类没有意义的问题。在他们看来,哲学可以完全不管内容,只是讲一些空洞的形式,如同逻辑学与数学一样。冯友兰不同意这种说法,他说:

> 照我们的看法,逻辑分析法,就是辨名析理的方法。这一句话,就表示我们与维也纳学派的不同。我们以为析理必表示于辨名,而辨名必归极于析理。维也纳学派则以为之有名可辨,无理可析。照他们的意见,逻辑分析法,只是辨名的方法;所谓析理,实则都是辨名。②

所谓"辨名"是关于语言的学问,是以名言说出。而析理是关于实在的学问,所得的命题则是必然普遍真的。在他看来,应当以辨名的方法,达到析理的结果。

冯友兰的新理学与维也纳学派的另一个不同之处,在于对分析命题之普遍性和必然性之根据的不同认识。维也纳学派继承了康德的有关思想,认为分析命题的性质的真实性靠其中所包括的符号的定义。比如"凡人皆有死,如果孔子是人,孔子有死",我们不必靠经验了解凡人是否皆有死,孔子是否果真是人,我们即可以断定这个推论一定是真的。因为我们已经约定了"如果"、"凡"等符号的用法,所以只要照这个用法,不必靠经验也可以断定这个推论一定是真的。在维也纳学派看来,一个分析命题之必然的真,是因为约定好了的。推广开来,整个逻辑和算学的系统,都只是出于人们的约定。冯友兰反对这种"约定说",他认为:

> 符号总有所代表,它是它所代表底符号。不然,它就不成其为

---

① 《贞元六书》下,第 870 页。
② 同上书,第 927~928 页。

符号。它所代表底,就是它的定义所说底。它的定义,并不是那几个字,而是那几个字所说底。以什么为符号以代表那几个字所说底,这是人约定底。但是哪个定义所说底,不是人约定底。①

在他看来,定义所说的东西,就是客观的理。用什么作为符号,可以由人来约定,但是其中所包含的理,却定然是真的。在新理学中,哲学的形式是主观的、逻辑的,但其内容却是客观的。前者即是所谓"辨名",后者则为"析理"。因此,在新理学中,冯友兰采用了逻辑实证主义的逻辑分析方法,但是不同意他们通过逻辑分析取消形而上学的做法,而是运用逻辑分析的方法来重建形而上学。

二、实际与真际

在解决了科学与哲学两种不同认识的区别之后,冯友兰便开始着手形而上学如何可能的问题,其中包括形上本体是否实在与如何认识它两个问题。对于这些问题,冯友兰是通过对共相的考察而得出的。他接受了新实在论有关共相的学说,并以此构建起他自己的形上学基本理论。

冯友兰对哲学的内容有过一个很好的概括,他说:

> 哲学是对于人类精神生活的反思,人类精神生活所涉及的范围很广,这个反思所涉及的范围也不能不随之而广。这个范围,大概说起来,可以分为三部分:一部分是自然,一部分是社会,一部分是个人。自然就是中国传统哲学中所说的"天";社会和个人,就是中国传统哲学中所说的"人";人和自然之间的关系就是中国传统哲学中所说的"天人之际"。人类的生活,无论是精神的或物质的,都是和"天人之际"有关系的,所以中国哲学认为"天人之际"是哲学的主要对象。②

"天人之际"在西方哲学中,即为形而上与形而下之间的关系。在新实在

---

① 《贞元六书》下,第939页。
② 《三松堂全集》第1卷,河南人民出版社1985年版,第230~231页。

论哲学中，便可以还原为关于共相的学说。冯友兰将其描述为"实际"与"真际"和两者之间关系的学说。

冯友兰按照新实在论的基本思路来建立自己的哲学，他将那种可以感觉的要素称之为"实际"，而将通过逻辑分析达到的逻辑常项，也就是具有客观性质的概念称之为"真际"。他对实际和真际的解释是建立在对存在或有的辨析之上的。他认为存在并不完全等于有。作为别类的有与作为最高类别的有的区别，就是实际与实在的区别。所谓实际，是有事实的存在，而实在是指凡可称为有者。实际的有表现为有事实的存在，实在则并不一定都表现为有事实的存在，这就表现出两种不同的情形，一种是既真又实，另一种是只真不实。冯友兰说，"真者，言其无妄；实者，言其不虚"[①]。既真又实者为实际，只真不实者为真际。因此，实际是指"有事实底存在者，亦可名为自然"，真际是指"凡可称为有者，亦可名为本然"。实际是可以感知的，真际则不可感知，只可思之。

接下来便是如何由对实际的认识而达到对真际认识的问题。冯友兰认为，人们之所以能够由实际而达到对真际的认识，就在于实际与真际的关系是一种涵蕴的关系，即"实际的事物涵蕴实际，实际涵蕴真际。此所谓涵蕴即'如果——则'之关系。有实际底事物必有实际，有实际必有真际"[②]。他认为这种涵蕴关系可以用一种逻辑推理法则表达出来，而且这种假言推理所表述的只是命题涵项之间的关系，与事实的真假无关。以我们举过的命题为例："凡人皆有死，孔子是人，那么孔子也有死。"同维也纳学派一样，冯友兰也认为，这一命题与经验无关。我们不必考虑其中的经验内容是否为真，它在逻辑上是真的。因此上面这句话可以这样加以理解——"如果有实际的事物就必有实际，有实际的事物，那么有实际"，"如果有实际就必有真际，有实际，那么有真际"。因此从逻辑关系上来看，可以肯定真际的存在。

冯友兰认为，我们还可以从事物的类别来对实际涵蕴真际作出具体的解释。他说：

---

① 《贞元六书》上，第11页。
② 同上书，第23页。

普通多依一类之名之外延,称共类为高类,别类为低类。但我们亦可依一类之名之内涵,称共类为低类,别类为高类。①

冯友兰在这里讲的,是关于共相与殊相、一般与个别的关系。共相(理、共类)是内容最少的概念,实际的事物作为殊相(别类),是内容多的概念。从逻辑上讲,内容少的概念先于内容多的概念,内容多的概念涵蕴内容少的概念。因此形而上学所讲的内容少的概念,即是从分析内容多的功能而来,也就是说,实际的事物涵蕴真际。正是由于这种涵蕴关系,我们才可以从对实际的分析得到有关真际的认识。

实际与真际的关系是:(1)有实际必有真际。如有飞机,就必然有飞机之理,不然就不可能依理造出飞机。(2)有真际不必有实际。冯友兰说:"形而上之有,不待形而下者,惟形而上者之实现,则有待于形而下者。例如'圆',圆之所以为圆者,或圆之所以然之理之有,不待于形而下者,而其实现,即在实际上有一事实底圆,则必待于形而下者。"②事物之理可以是"真而不实"的,它的存在不依赖实际事物的存在,不一定要表现于具体的事物。比如在发明飞机以前,飞机的原理就已经存在,只是没有被发现而已。

冯友兰对形而上学如何得以实现的论证,使用了新实在论所谓"逻辑先在"的思想方法。但他在这里将逻辑之真等同于形上之真,将逻辑问题等同于存在问题。在新实在论者那里,存在的问题是一个无意义的问题,不在他们讨论的范围之内。而冯友兰则使用了逻辑方法来论证存在的问题,在这里,共相成为脱离事物而独立存在的本体。

三、理与气

关于理气的定义,朱子说:"天地之间,有理有气。理也者,形而上之道也,生物之本也。气也者,形而下之气,生物之具也。"(《答黄道夫》,《朱子文集》卷五八)在朱子的理学系统内,理与气是形上与形下的关系。而在冯友兰的新理学中,他对朱子的理气论重新加以说明和改造,

---

① 《贞元六书》上,第26页。
② 同上。

用传统的形式对其共相学说进行了论证。

冯友兰从"事物存在"这一综合性命题出发,运用逻辑分析的方法,得到了一个纯形式的命题:

> 凡事物必都是什么事物,是什么事物,必都是某种事物。有某种事物,必有某种事物之所以为某种事物者。[①]

以传统哲学的语言来说,就是"有物必有则"。所谓"有某种事"即是所谓"实际底有";而"有某种事物之所以为某种事物者",即冯友兰之真际的概念。例如,我们说山是山,水是水;山之所以是山,水之所以是水,必是有山之所以为山者,水之所以为水者,这就是山之理或水之理。按照实际与真际的关系,山之理可以在逻辑上先于山而存在,也可能无山而有山之理。

有某种理不必有某种实际的事物,此即所谓"理的无能"。朱子曾就此说理是无情意、无造作、无行迹的一个"洁净空阔底世界"。冯友兰进一步说:"理不但是无能,而且是说不上是无能,不但'无行迹,不会造作',而且说不上'无行迹,不会造作'。所谓说不上者,即理并不是可以有能而事实上无能,可以有行迹而事实上无行迹,可以会造作而事实上不曾造作,而是本来说不上这些底。"因此说,只有"理"并不能说明实际的事物的存在。事物的产生需要两个条件:一是有所依照,一是有所依据。所依照者为理,所依据者为气,或者说是"料",又称"无极"。事物的实现一方面靠理,另一方面要靠气。气或料,冯友兰认为它们有相对与绝对之分。相对的料仍有其"所依照"和"所依据"之别,绝对的料是不可以再加分析者。例如对房屋来说,砖瓦是其料,但砖瓦本身又有其自己的料,如泥土等,因此它只是相对的料而非绝对的料。如何才能得到绝对的料呢?冯友兰认为必须在理性分析——"思"中,将事物所有之性"一一分析,又试用思将所有之性,一一抽去。其所余不能抽去者,即其绝对底料"[②]。此绝对的料,才是新理学所说的气。

[①] 《贞元六书》下,第844页。
[②] 《贞元六书》上,第47页。

新理学与程朱理学的区别突出表现在对气的概念的不同解释上。冯友兰认为，朱子关于气的概念，是继承张载的气论而来，他说："横渠所谓气，'升降飞扬，未尝止息'，是一事物。旧理学中，气有清浊正偏，可见其所谓气，是可以说是什么者。即可以说是什么，则即是一事物。"①而新理学的绝对的气，完全是一个逻辑的概念，它既不是理，也不是一种实际的事物。对于程朱理学来说，理气之分，具有形上与形下的意义，但对于新理学，理气都是共相，都是纯粹的逻辑概念，或者说，理气都是形而上者。

冯友兰将理的全体称之为"太极"，把气称之为"无极"。他认为"极"有标准和极限两种含义，而气"自身不为任何标准，而必须依理为标准；自身无极限，而必须依理为极限"，因此气可以称为"无极"。这样，在新理学所讲的宇宙之中，存在着两个相反的极。冯友兰解释道：

> 一个是太极，一个是无极。一个是极端底清晰，一个是极端底浑浊。一个是有名，一个是无名。每一个普通底名词皆代表一类，代表一理。太极是所有之理，所以所有之名，无论事实上已有或未有，皆为太极所涵蕴。所以太极是有名，无极是无名。由无极至太极中间之过程，即我们事实底实际底世界。此过程我们名之曰"无极而太极"。

无极而太极的过程，表现为无极（气）向太极（理）的运动，也就是气依照理而获得自身的规定性而成为具体事物的过程。冯友兰称此为"道"，《易传》"一阴一阳之谓道"之道。"一阴一阳"表示事物生长衰败的过程。阳促使事物的生长发育，阴则为事物衰败毁灭的因素。道既是变化发展之理，又是变化过程本身。因此冯友兰认为道或道体"兼形上形下"。与道的概念相近的还有"大全"。他说，"大全就是一切底有"，又说："我们说宇宙、大全，是从一切事物之静底方面说；我们说道，是从一切事物之动底方面说"，一方面是说存在，一方面是说运动变化。

从冯友兰对理气性质与理气关系的论证和分析中，我们可以看出，

---

① 《贞元六书》上，第924页。

他运用西方现代哲学的逻辑分析方法,对程朱理学进行了改造,进一步舍弃了其中包含的某些具体的、实际的、感性的内容,将形而上学描绘成一个空洞的逻辑结构。对这样一个形式的架构,冯友兰说:"哲学本来是空虚之学。哲学是可以使人得到最高境界底学问,不是使人增加对于实际底知识及才能底学问。"① 哲学可以提高人的精神境界,一个达到最高境界的人,虽然实际上仍然是一个普通人,但是在境界上已是圣人,此乃哲学之无用之大用。

四、正的方法与负的方法

在《新知言》一文中,冯友兰明确指出:"真正形而上学的方法有两种:一种是正底方法;一种是负底方法。正底方法是以逻辑分析法讲形上学。负底方法是讲形上学不能讲,讲形上学不能讲,亦是一种讲形上学的方法。"在冯友兰看来,新理学就是真正的形而上学,所使用的就是这两种方法。下面我们来看一下,他是如何理解这两种方法的。

"正底方法是以逻辑分析法讲形上学",冯友兰解释这一句话为:"就是对于经验作逻辑底释义。其方法就是以理智对于经验作分析、综合及解释。这就是以理智义释经验。"② 所谓经验,就是"事物存在"。这是形而上学之所以能够成立的前提。我们来看一下新理学对于经验是如何进行逻辑分析的。我们知道新理学的对象是理或真际,而不是实际。但经验却是实际存在的事物。冯友兰认为,对事物存在的肯定,是新理学"唯一底肯定"。这一肯定来源于经验,不是只靠逻辑分析所能证明的。但他认为这一肯定是一个形式的肯定,与一般对实际的肯定是不同的。一般对实际的肯定,也就是他所说的"积极的肯定",是指科学的认识,是具体的肯定与认识。形式的肯定是最一般、最抽象的肯定,仍然属于逻辑分析的方法。在进行这个"第一肯定"之后,冯友兰继续运用逻辑分析的方法,推演出由理、气、道体、大全所构成的新理学体系。

所谓负的方法,就是与逻辑分析方法相对的直觉方法。它从形而上

---

① 《贞元六书》下,第853页。
② 同上书,第869页。

学不能讲说起,对于形而上学所欲说者,不说它是什么,而只说它不是什么,以此来表现出正的方法所不能说出的东西。虽然冯友兰对理、气、道体和大全等概念是用逻辑方法推出的,但他又认为,要达到对这四个概念最深的最完全的了解,仅凭分析方法也就是正的方法是不够的,因为他认为,除了"理"的概念之外,其余的三个概念从逻辑上讲都是不可思议、不可言说的。关于"理"的概念,冯友兰解释说:"哲学,和其他各门知识一样,必须以经验为出发点。但是哲学,特别是形上学,又与其他部门的知识不同,不同之处在于,哲学的发展使它最终达到超经验的'某物'。在这个'某物'中,存在着从逻辑上不可说不可感的东西。例如,方桌可感,而'方'不可感。这不是因为我们的感官发展不完全,而是因为'方'是一'理',从逻辑上说,'理'只可思而不可感。"冯友兰进一步分析道:

> 在这个"某物"中,也有既不可感,而且严格说来,亦不可思者。……哲学是对于人生有系统的反思的思想。由于它的反思的性质,它最终必须思想从逻辑上说不可能成为思想的对象的"某物"。例如,宇宙,由于它是一切存在的全体,从逻辑上说,不可能成为思想的对象。……由于宇宙是一切存在的全体,所以一个人思及宇宙时,他是在反思地思,因为这个思和思的人也一定都包括在这个全体之内。但是当他思及这个全体,这个全体就在他的思之内而不包括这个思的本身。因为它是思的对象,所以与思相对而立。所以他思及的全体,并不是一切存在的全体。可是他仍须思及全体,才能认识到全体不可思。人需要思,才能知道不可思者……①

在冯友兰看来,宇宙间存在着三种认识的对象:可经验者,可思者与不可感不可思而只可直觉体验者。具体的经验是可以感知的,抽象的理是不可感而只可思的,宇宙大全则是不可感亦不可思的,只能诉诸于直觉。

分析的方法与直觉的方法,亦即正的方法与负的方法,是冯友兰构

---

① 《中国哲学简史》,北京大学出版社1985年版,第388页。

建形上学体系的两种相辅相成的方法。在他看来,"一个完全的形上学系统,应当始于正的方法,而终于负的方法。如果它不终于负的方法,它就达不到哲学的最后顶点。但是它不始于正的方法,它就缺少作为哲学的实质的清晰思想"①。

冯友兰有关直觉的思想与在他以前解释直觉认识方法的梁漱溟、熊十力等人有很大的差别。他的有关思想更多地是受到道家和禅宗的影响。在儒家看来,道德境界同时就是天地境界,二者是合一的。儒家的直觉理论主要讲的是道德良知的自我体认,而道家与禅宗的悟更具有神秘主义的成分,而冯友兰也认为,哲学的神秘主义是形而上学的最高成就。

第二节 新理学的人生境界论

一、意义与觉解

按照冯友兰的解释,人生境界的问题,既是一个"觉解"的问题,又是一个"意义"的问题。他说:

> 人对于宇宙人生底觉解的程度,可有不同。因此,宇宙人生,对于人底意义,亦有不同。人对于宇宙人生在某种程度上所有底觉解,因此,宇宙人生对于人所有底某种不同底意义,即构成人所有底某种境界。②

由此可见,要弄清冯友兰的人生境界说,必须首先明白其"觉解"的含义。

冯友兰认为,人与动物的一个重要的区别是"人有心"。用中国哲学的术语来说,就是所谓"直觉灵明",人们凭借"心"的作用,便可以对事物(包括人生)有一种了解。通过这种了解,事物便对他产生了一种意

---

① 《三松堂全集》第 6 卷,第 305 页。
② 《贞元六书》下,第 549 页。

义。由于了解的程度有深浅，因此意义便有大小，了解越深，意义越大。这种了解就是所谓"解"。

意义的大小取决于人对事物的了解，所以它与事物的性质是不相同的。一件事物的性质是事物所原有的，因而是客观的。"但一件事的意义，则是对它有了解底人而后有底。如离开了对它有了解底人，一事即只有性质、可能等，而没有意义。我们可以说一事的意义，生于人对此事底了解。人对于一事底了解不同，此事对于他们即有不同底意义。"①

人不但能了解事物，产生意义，而且能够自觉其了解，这就是人的自觉。人的生活对于人来说，也可以是一件事，因此人生的意义同样取决于人对人生的了解，而且人们对人生的了解在性质与程度上都不可能完全一样，每个人对人生价值意义的追求也必然有差异。冯友兰用不同的人生境界来表示人们理解人生的差异。这既是性质的差异，但也可以看做是程度上的区别。将了解与自觉合起来，便是所谓"觉解"。

二、人生的四个境界

按照觉解程度和意义的不同，冯友兰将人的精神境界分为四个层次，它们是：自然境界、功利境界、道德境界和天地境界。这四种境界依次而进，构成一个自我超越的过程，同时后面的一个境界包含前一个境界于自身。

第一，自然境界是最低的一种境界。冯友兰说："在这种境界中底人，其行为是顺才或顺习底。"所谓"才"，是指人的自然之性；所谓"习"，是说个人的习惯与社会习俗。"顺才而行"是"行乎其所不得不行，止乎其不得不止"，而"顺习而行"是"照例行事"。无论是"顺才而行"还是"顺习而行"，"他对于其所行底事的性质，并没有清楚底了解。此即是说，他所行底事，对于他没有清楚底意义。就此方面说，他的境界，似乎是一个混沌"。

第二，功利境界则进了一层。在此境界中的人已经有了"我"的自

---

① 《贞元六书》下，第519页。

觉,清楚地意识到他的行为"是为他自己的利"。在此境界中的人,虽然有时也可以作出"合乎道德底行为",但其目的是以此作为寻求自利的方法,因此其行为"只是合乎道德底行为,而不是道德行为",其目的仍然在于功利。

第三,道德境界则更进了一层。冯友兰说:"在这种境界中底人,其行为是'行义'底。义与利是相反亦是相成底。求自己的利底行为,是为利底行为;求社会的利底行为,是行义底行为。在此中境界中底人,对于人之性已有觉解。他了解人之性是涵蕴有社会底。社会制度及其间底道德底政治底规律,并不是压迫个人底。这些都是人之所以为人之理中,应有之义。人必在社会的制度及政治底道德底规律中,始能使其所得于人之所以为人者,得到发展。"在冯友兰看来,为利与为义可以表现为"取"和"与"的差别。但是如果处在功利境界之中的人,即便是"与",其谜底也是为了"取";而处在道德境界之中的人,即使他是在"取",但他的目的也是为了"与"。

第四,天地境界是就人与社会的关系说的,但是在社会之外,尚有无限的自然和宇宙存在。人如果有了进一步的觉解时,他又知道他不但是社会的人,而且还是宇宙的一分子,所以他的行为不但有社会的意义,而且有宇宙的意义。就人与自然和宇宙的关系问题,冯友兰提出了天地境界的说法。它不仅是第四种境界,也是最高的境界。他认为,只有达到了天地境界,才算是真正实现了人的最高理想。天地境界也可以叫"天人合一"的境界。达到这种境界的人,已经在精神上得到了提升,摆脱了有形与有限的束缚,实现了与天同体的精神超越。

三、凡俗即神圣

达到了天地境界的人,即是圣人。圣人的品格包括以下几种:

第一,有知而又无知。他自觉其在天地境界中,所以有知。他不思大全,而同于大全,所以无知。

第二,有我而无我。同于大全,则整个大全都是他的我,这是有我。他同于大全,则无物我、人我之分,这是无我,因此能做到真正的无私。

第三,有为而无为。可以做事,但做事无心,因此有为而无为。

第四,物物而不物于物。冯友兰说:"英雄才人的为人行事,如奇花异草、鸷鸟猛兽,是可玩赏,可赞美底。其可玩赏可赞美,是如其为自然中之一物。圣人在其最高底境界中,从宇宙的观点,以看事物。他自同于大全。"从身体方面说,圣人与常人无异,所以他也是自然之中的一物。但是就觉解说,他已超越自然,已不是自然中的一物。属于庄子所说的"物物而不物于物"者。他引程明道的话说:"事有善有恶","盖物之不齐,物之情也。但当察之,不可自入于恶,流于一物"①。有善有恶是自然现象,但是圣人则已超越具体的物,因此可以达到至善,不流于恶。

第五,极高明而道中庸。有天地境界的人,不仅要过道德生活,而且要过功利生活,要过自然生活。功利生活,例如干活赚钱;自然生活,如吃饭睡觉。这些生活他都要过。但是他在过这种生活之时,是在一种极高的精神境界下所过的生活,因此是极高明而道中庸。

冯友兰的新理学体系,其真实用意不只是抽象地讨论共相与殊相、一般与个别的关系问题,而是要重建儒家的道德伦理信念。正如他自己所讲的:"哲学功能不是增加实际的知识,而是提高精神的境界。"他借用《中庸》一书中的"极高明而道中庸"一语,对他的哲学,同样也就是中国哲学的基本精神进行了概括。这种传统一方面要求人们不放弃对理想人格的追求,另一方面又反对宗教的出世思想,主张寓伟大于平凡之中,在日常生活的人伦日用之中体悟人生的价值与意义。这就是被西方哲学家所总结的"凡俗即神圣"的传统。从这一点来说,冯友兰的新理学才具有他自己所说的"接着宋明理学讲"的意义。

---

① 《贞元六书》下,第641页。

第七章　张东荪的哲学思想与
　　　　唯物辩证法论战

张东荪(1886~1973年),字圣心,浙江杭县(今余杭)人。早年毕业于日本东京帝国大学。回国后曾任中国公学、国立政治大学、私立光华大学和北京大学等校教授。辛亥革命后任南京临时政府内务秘书,主编《时事新报》、《新时报》、《学灯》、《再生》、《解放与改造》等报刊杂志。1934年与张君劢等组织国家社会党(后改为民主社会党)。中华人民共和国成立后,历任中央人民政府委员、政务院文化教育委员会委员、民盟中央常委等职。20世纪30年代同马克思主义者展开"唯物辩证法论战"和"社会主义论战",提出架构论的宇宙观和多元认识论。主要哲学著作有《新哲学论丛》、《认识论》、《唯物辩证法之总检讨》、《道德哲学》、《知识与文化》等著作。

第一节　张东荪的架构的宇宙观与多元认识论

张东荪是对西方哲学比较了解的哲学家之一,他先后翻译了柏格森的《创化论》、《物质与记忆》和柯尔的《社会论》等西方现代哲学著作,受到实用主义和新实在论等流派的影响,并且试图以此作为其哲学的基础,建立一个新的哲学体系。

一、架构的宇宙观

张东荪于1929年出版的《新哲学论丛》一书中,发表了《一个哲学的雏形》、《共理与殊事》和《因果与数理》等文章,阐述了他自己的哲学见解,提出了他的"架构的宇宙观"。

同中国现代的许多哲学家一样,张东荪也受现代西方哲学反对传统形而上学研究方法的影响,认为现代哲学发展的一个重大的变化,就是打破了传统哲学中将"物"或者"心"作为宇宙的本体看待的方法,哲学研究的主要目的,由不能证明的本体转到当前的经验上来。张东荪承认,他的哲学即是由唯用论(实用主义)、新实在论、批评的实在论和相对论学说修订而成的。

张东荪反对唯物主义认识论的反映论,他认为我们的认识并不能反映事物的本质,而只是一些"虚浮"的影象。他说:

> 须知我们普通所谓物,即是我们所看见的。但是我们看见的是颜色,所触摸的是形样。这些都是物的"性质"。可见离了性质就没有所谓物。物有一类的性质如颜色与味道等,是依着感觉的人的主观而变的,所以有人主张是不属于物的本身……还有一类的性质如大小与方圆,有人亦说与前一类差不多,不能即断定是物的本相。①

在这里,他一方面同意实用主义将经验看做是实在的观点,同时又不同意贝克莱主观主义的感觉复合论。他认为,持这种观点的人,如实用主义虽然对有关认识性质的解释有独到之处,但并没有真正解决这一问题。实用主义过分强调主观,由主观认识与客观不是完全相符的观点,进而认为客观外界是不存在的,是完全由主观塑造的,导向主观主义。他认为所谓事物的"性质",虽然不是事物的本相,但确实存在,因此他又说"离了性质就没有所谓物"。但是"我们普通所谓物"并不是物的本相,而只是人的主观认识能力与物的本相接触而产生的"虚浮"的东西。张东荪举例说,人们眼睛看到的是颜色,但是如果从物理学的角度来看,却认为是光线的震荡。人的眼睛只能看见颜色,看不见什么光线的震荡,我们虽然看不见光线的震荡,但这却是存在的。颜色与光线的震荡是两种不同的东西。一种是客观的实际存在,而颜色则是人的感官与客观存在的光线相交的产物。这说明了事物是由两部分组成的。一个是"物的本相",另一个是"我们所谓物"。在这个问题上,张东荪认为康德的解释较为妥当。康德将主客观一分为二,认为用主观的格式去整理

---

① 《新哲学论丛》,商务印书馆1929年版,第23~24页。

客观的材料乃成认识。因此认识的过程即是主客观的交融过程。

由此,张东荪认为,宇宙的性质既不是单纯的唯物论,也不是唯心论。宇宙是由无数架构互相套合互相交织而形成的一个总架构,其中无数的架构又时常由缔结的样式不同而突然创生出新的种类来。具体来说:

第一,宇宙的本质不是物质而是架构。张东荪认为物质的存在只是一种关系,而不是实在。原子结构的发现说明了这一点,"我们知道所谓物却只是一套关于质量速度等的数学公式而已"①。所谓关系,就是一种比较固定的架构。为了说明架构的非实在性,张东荪借用了佛学的"因缘"概念。他还用"配列"(Arrangement)代替"架构"(Structure)一词,同样是为了强调宇宙的非实体性。

第二,架构是独立存在的共相。新实在论者认为,不仅具体的事物,连事物之间的关系、共相也是独立的存在。张东荪认为,结构、关系不依赖事物而存在,而是惟一真正的存在。他说:"关于外物,我们不能知其内性,但能知其关系,而此关系却是一种比较固定的架构。若我们暂假定物质并无内性,而只是架构,则我们已可谓知道外物了。"②将架构看做是"物的本相"则是"架构论宇宙观"超出新实在论的地方。

第三,时空的性质也说明了架构的性质。相对论认为,时空并不是绝对不变的,张东荪由此也得出时空也是一种架构而非物质的存在形式的看法。

张东荪的"架构宇宙观",是把哲学的物质概念与具体自然科学的物质构造特性的学说混为一谈。物质是惟一的客观实在,其内性即最普遍的属性不是重量、质量和体积、容积之类的物理特性,而是不依人的意志而转移的客观实在性。因此,物理学的一些新发现并不能证明唯物主义的基本原理已经被驳倒了。马赫主义将哲学的物质概念归结为物理学的性质,进而认为是"感觉的复合"的结论,成为张东荪架构论的理论来源。张东荪承认这种理论与其架构论"完全相同"。

---

① 《新哲学论丛》,第 24 页。
② 同上书,第 32 页。

二、多元认识论

自 1931 年至 1937 年,张东荪连续发表了《条理范畴与设准》、《认识论的多元论》、《认识论》、《多元认识论》和《多元认识论重述》等论文,全面地论述了他的多元认识论的基本观点,形成了他的认识论体系。

他的多元认识论是在改造康德认识论思想的基础上形成的。张东荪同意康德的看法,将人的认识分为主观与客观二元,是主观的先验范畴(张东荪称其为格式)和客观的材料的接触而形成。但他对康德的思想进行了修正:其一是认为康德主客二元划分还不够,应当由二元论发展到多元论;其二是反对认识是层层递进的观点。他说:"经验论以感觉为起点,由感觉而推到内界,由内界再推到外界;实在论以外界为起点,由外界推到感觉,由感觉再推到内界;唯心论以格式和设准为起点,由此而推过去依然可以转一周为止。"① 他认为认识的各种要素独立并列,互不相涉,并不是由浅入深的过程。张东荪说:

> 我们的认识就此看来,实是一个最复杂的东西,其中有幻影似的感相;有疏落松散的外在根由;有直观上的先验格式;有方法上先假设的设准,自然而然分成主客;有推论上的先验名理基本律;更有行为与习惯而造成的所谓"经验的概念"。凡此都是就一个心为本位而言。②

他把认识的基本因素分为五种:感相、条理、范畴、设准和概念。

感相即感觉,是心物之交而产生的。他说:"内界有个构造,外界亦有个构造,这两个构造之交,便产生了许多空浮的东西。"在他看来,"感觉既不是外物的写照,也不是外物的翻译,乃竟好像有几分无中生有的样子"③。因此感觉不但不能使人得到事物的真相,反倒成为认识的屏障。

---

① 《认识论》,上海世界书局 1934 年版,第 108 页。
② 《多元认识论重述》,见《张菊生先生七十生日纪念论文集》,商务印书馆 1937 年版,第 118 页。
③ 《认识论》,第 48 页。

条理为"外在根由",也称为架构。在张东荪早期思想中,条理是外物间的所有关系,包括科学上的公理,是属于客观外界的性质。但在他的多元认识论中,真正可以算作条理的,只剩下原子性、连续性和创变性三种。而这三种外界的条理,同样也不是物的本相。

范畴是指"先验的格式",同康德所讲的感性直观形式差不多。张东荪先验的格式包括时间、空间、涵义(即从属关系)和主客关系四种。他认为外物呈现于主观之前,无不受到这几种格式(范畴)的整理。其中,主观格式是张东荪新加的。在他看来,任何事物都不能离开时空而存在。同样,由于张东荪认为任何事物都必须以"我觉得有些东西"的形式存在,因此感觉只能是主客观相交的产物。

设准"就是设立的标准之意"。张东荪将康德的知性十二范畴中的一些内容放到设准中。为了与范畴的感性格式相区别,他称之为"思维上的先验格式",是"偏于逻辑方面的"。张东荪改造了康德的知性范畴学说,将康德认为范畴为先天固定的观点,用"设准"来表明其主观的性质。他认为这种主观性的格式是人们自由设立的,就像打球订立的规则一样。设准有三条规定:第一,设准是与经验无关的,它不是由经验概括而成的。在这个意义上说,设准是先天的。第二,设准是一种"方法上的假定",是在认识之前就已有的。第三,设准是可以更替的,也就是说,没有真伪可言,它只有适用与不适用,没有真与假(《认识论的多元论》)。

概念据说有三个规定:(1)概念是经验的,是由经验概括而成的;(2)设准是方法上的假定,概念则是推理的结果;(3)概念有真伪之分,因为概念是结果,可以因为前提和推论的不相同而导致错误的结论,因此它是不可更替的。值得注意的是,所谓概念经验的工具,并非思维从实践中得出的客观的思维规律,而只是先验与主观自生的格式和设准。所以,概念并不反映外物的实相,它只是一种符号。

以上五个因素的关系是:概念是由经验上使用了设准和格式而总结出来的,设准是为了制成概念而用的工具,而经验则是由感相而构成的。他认为,我们说感相(感觉),实际上认识过程是没有这样一个阶段的。只要我们感觉到了一个事物,便已经不是感觉而是知觉了。看到一张桌子,我们不会单独去感受其颜色或形状、硬度,而总是这些东西的集合体。在一个已成的认识中,概念是内容,设准是工具,格式(范畴)则是条件。所有的这些要素加在一起便构成认识,缺一不可。同时也说不上在这些要素中那一个是基本的,那一个是次要的。比如一所房子,其中的钢筋就是条理,钢筋外面的水泥便是感觉,而房子中的家具就是概念。这所房子离了任何一样东西都不能成立。单靠某一个因素并不能知道其他的因素。由感觉不能知外物,由格式不能知感觉,由设准不能知格式,由概念不能知设准。张东荪的结论是:他的认识论与历来的认识论不同,以往的认识论可以说是一元的或二元论的,而他的认识论则是"多元认识论"或者"认识论上的多元论"。

第二节　张东荪与唯物辩证法论战

20世纪30年代前半期,是中国现代思想史上极为重要的一段时期。随着社会政治形势的发展变化,人们试图从各自不同的立场观点出发,对当时的社会实践所提出的一系列重大问题加以解释和说明。现代思想史上著名的中国社会性质问题和社会史问题的论战,就发生在这一时期。就哲学发展而言,这也是一个重要的时期。自"五四"以来传入的西方各种哲学理论,包括资产阶级哲学和马克思主义哲学,经过一段时期的准备和酝酿,终于形成了一次全面的理论交锋,这就是唯物辩证法论战。

张东荪是这次论战的发起者,并且在论战中始终扮演着重要的角色,他对马克思主义哲学进行了系统的攻击。在论战中,张东荪的哲学受到来自两个方面的批判。以艾思奇等人为代表的马克思主义者,以唯物辩证法为武器,从物质观、认识论、辩证法等多方面系统地阐述了马克思主义哲学的基本原理,回击了张东荪等人对马克思主义哲学的攻击。同时,叶青等假马克思主义者,从另一方面也对张东荪的哲学进行批判,这就是通常所说的新哲学论战。我们这里主要论述张东荪与马克思主义者进行的论战。

一、张东荪对唯物辩证法的批判

从1931年9月起,张东荪连续发表了《我亦谈谈辩证的唯物论》、《辩证法的各种问题》、《动的逻辑是可能的吗?》、《认识论》、《唯物辩证法之总检讨》等文章和著作。在这些文字中,他以新康德主义与新实在论哲学为理论依据,对马克思主义哲学,特别是对唯物辩证法开展了一系列批判和攻击,其要害是否认唯物辩证法的客观性和普遍性,将其归结为主观的信念或内界的范畴。在他看来,黑格尔的辩证法是以思想的法则代替存在的法则,而马克思却认此法则纯为存在的法则,将此看作是客观存的反映,则是"糊涂万分"。张东荪不承认唯物辩证法是客观世界的辩证运动在人们头脑中的正确反映,割裂其中包含的主客观统一的原理,认为"辩证法既是事实界上的历程,又是思想上的方法,则于二者如何沟通上又发生许多困难"①。他站在实在论的立场上认为这两者是绝对不能沟通的。将一个思想上的定律应用在所有的事实上,则为"不思之甚"。

张东荪把他的批判集中指向唯物辩证法的规律及其范畴。比如矛盾的问题,他认为:"就性质来讲,矛盾与负面是名学上的,而不是事实上或经验上的。"② 在他看来,"辩证法的人们……总是主张凡是相反都是矛盾,这显然误会了逻辑上的'矛盾'的意义"③。矛盾只是思想逻辑上表现出来的一种状况,而唯物辩证法用矛盾来解释一切对立的现象,是犯了混淆逻辑现象与事实二者界限的错误。他还讲过,"矛盾乃是一种特别的相反,这种相反在自然界中是找不着的……这种特别的相反只存在于说话界"①。

对于唯物辩证法的否定之否定规律,张东荪认为黑格尔和马克思都将"否定"这一概念弄错了,然后一切错误都由此而出。他说:"照黑格

---

① 《动的逻辑是可能的吗?》,《新中华》第一卷第十八期,1933年9月。
② 同上。
③ 《思想战线上几个时髦的问题》,《新中华》第二卷第十期,1934年5月。
④ 同上。

尔的理论来说,只有一个正反合,是绝对理性所具的,事实界是它的表现,思想界亦是它的显露。"①而马克思将否定之否定规律运用于说明客观事物,就出现了思想上的正反合与物质界的正反合的矛盾。据说我们虽在以往的事物中常常发现其有正反合,但决不能因此断定以后所有事物都必须符合正反合的规律。

张东荪同样否认辩证否定即"扬弃"的客观内容。他说:"奥伏赫变(即扬弃——引者注)是逻辑的变,而不是空间上的变,时间上的变,与事实的变。"② 并攻击这种方法只是"黑格尔的特别把戏",他人"不能胡乱借用"③。

总之,张东荪将唯物辩证法的基本规律统统看做是所谓"内界的法则",只具有思想逻辑上的意义,否认其普遍的客观性。除此以外,他对马克思主义哲学所进行的批评,还涉及认识论和唯物史观领域。由于他的批评和攻击具有一定的理论深度,因此得以引导这次论战向更深的层次发展。

二、艾思奇等人对马克思主义哲学的捍卫和宣传

在唯物辩证法论战中,艾思奇、胡绳、邓云特等人站在马克思主义哲学的立场上,捍卫了唯物辩证法的基本原理,对张东荪等人进行了反击。

首先,针对张东荪将物质概念抽象化、观念化,即将其归结为架构和心力的观点,艾思奇指出:"所谓物质,就是存在于我们的意识之外,并且离意识而独立的东西。"④ 胡绳说:"唯物论者对于物质所下的定义,最重要的一点,就是:物质是在人类意识之外独立地存在着,独立地运动发展的。"⑤ 明确地阐述了马克思主义哲学的物质概念。

其次,中国的马克思主义者完整地阐述了唯物辩证法的规律与范

---

① 《动的逻辑是可能的吗?》
② 同上。
③ 《思想战线上几个时髦的问题》。
④ 《辩证法唯物论梗概》,《中国农村》第三卷第七期。
⑤ 《宇宙和社会全体》,《新学识》第一卷第六期。

畴的内容和涵义,反驳了张东荪等人对唯物辩证法的批评和篡改。

针对张东荪抹杀马克思主义唯物辩证法同黑格尔唯心主义辩证法的本质区别,和叶青认为唯物辩证法不过是费尔巴哈的物质论同黑格尔的辩证法"相加"的观点,艾思奇等人指出,辩证唯物主义之所以成为新的世界观,一个重要的特征就是它具备了一种新的方法论即唯物辩证法。唯物论与辩证法的结合,是马克思对费尔巴哈的旧唯物论和黑格尔的唯心辩证法在改造的基础上,吸收其有价值的内容而形成的,它使唯物论摆脱了形而上学的局限,进入了一个科学的发展阶段。因此艾思奇十分重视辩证法对唯物论的重要作用,指出:"新唯物论的方法论——就是唯物辩证法,这在新唯物论中是很重要的东西。"①

根据这种理解,马克思主义者进一步指出,唯物论和辩证法是马克思主义哲学体系中不可分割的两个方面,否定唯物辩证法的重要作用或抹杀唯物辩证法同唯心辩证法的本质区别,实际上就是把马克思主义重要性降低到旧哲学的水平,从而否认其在哲学史上的变革作用。邓云特说:"黑格尔的辩证法是一回事,而马克思的唯物辩证法又是一回事。……所以,我们今日谈唯物辩证法,就不能把他同黑格尔混杂起来。"②

由于张东荪等人对唯物辩证法的批评深入到了唯物辩证法几乎每一个方面,因此围绕着这些问题,胡绳、邓云特等人全面详细地阐述了唯物辩证法的基本内容,对张东荪等人给予了全面的反驳。

针对张东荪歪曲、否认矛盾的观点,艾思奇系统地阐述了唯物辩证法关于矛盾的思想。他指出:"辩证哲学的基础是对立统一","对立的统一,或内部的对立,意思只说着内部的东西虽然互相对立,同时还有着互相依赖互相渗透的特性"。他继续解释说:"根据矛盾统一律,一件事物不能脱离它的对立物而存在,不但不能脱离,并且还要有所依赖(例如资本家之于劳动者)。因此,这件事物的发展,同时就不能不促进它的

---

① 《略说新唯物论》,《生活知识》第一卷第三期。
② 《形式逻辑还是唯物辩证法?》

对立物,使它也潜滋暗长。"① 艾思奇还列举了自然界和人类社会的大量事实,从理论上和事实上多方面论证了矛盾现象的普遍性和客观性,他尖锐地指出,张东荪等人竭力歪曲唯物辩证法的对立统一规律和有关矛盾的思想,实质上就是要抽掉唯物辩证法的理论核心,而这更加说明了其对于唯物辩证法的重要意义。

事物发展的动力问题,是唯物辩证法矛盾学说所包含的一个重要内容。张东荪由于否认矛盾,亦否认矛盾是事物发展的动力,在他看来,发展变化乃是"无数的架构间……有缔结的样式不同而突然创生出新种类来"。而架构又是所谓"心力"的表现,受"心力"的统摄。因此事物发展的动力也就是所谓"心力"。针对张东荪的突创进化论思想,马克思主义者突出强调矛盾是推动事物发展变化的动力的思想。邓云特指出,"一切事物的运动,都以矛盾为其动力"②。对于新事物是如何产生的问题,也应从事物内部的矛盾去说明。胡绳说:"因为事物内部包含着矛盾的对立,所以事物不是静止的而是运动的……对于新事物的产生又将如何说明呢?当然在根本上仍是由于事物内部的矛盾。因为内部的矛盾,事物不停地发展。"③ 他们的论述系统地阐明了唯物辩证法的矛盾学说,大大加深了人们对唯物辩证法的矛盾学说的理解。

马克思主义者还有力地驳斥了对否定之否定规律和辩证的否定观的歪曲。邓云特指出:张东荪"只是机械地将事物的正反合生硬地分为三个阶段,丝毫也不明了其中矛盾的联系。……辩证法是以正反合——即肯定、否定、否定的否定以解释自然、人类社会、思维等一切现象发展的过程……若生硬地把事物分割成正反合三段,那同样是非常错误的"④。他又指出:"张东荪对于'奥伏赫变是逻辑的变'而不是空间上时间上的变这种了解,都是非常板滞机械的。"他认为张东荪"不明了每一事物之本身就是充满着矛盾,他的发展就在于自身内部矛盾的量的继

---

① 《几个哲学问题》,《读书生活》第二卷第十二期。
② 《形式逻辑还是辩证法?》。
③ 《事物怎样地变动和发展》,《新学识》第一卷第九期。
④ 《形式逻辑还是辩证法?》。

续而达到质的转变,由正到反是矛盾之发展,是由量到质的变,是旧的被扬弃而形成更高的新的形态之奥伏赫变的过程"(同上)。艾思奇也对否定之否定的问题作了详细而明确的阐述,指出:

> 事物的质变,就是一种否定,因为这种能够质变是由于自身的矛盾引起的,所以又叫做自己的否定。所谓否定,并不是简单的消灭,而是向自己的反对物转化。……否定之否定是事物发展的第三个法则,由肯定到否定之否定,是事物发展的一个完整的环形。否定之否定的阶段,在某些特征上好像是肯定阶段的复归,然而并不是单纯的复归,而是在更高的基础上的复归……或者也可以说,否定之否定是旧的发展环的完结和新的环的开始。①

马克思主义者在同张东荪等人的论战中,通过这种理论上的争辩和交锋,辩证唯物主义的物质观和唯物辩证法的一系列基本原理得到了正确的系统的阐述,从而也得到了广泛的宣传和普及。从中国现代哲学发展的角度来看,这次论战的意义和影响十分深远。

三、唯物辩证法论战的意义

唯物辩证法论战是在新民主主义革命深入发展,中国马克思主义哲学开始形成的重要时期展开的。因此,它对于中国革命的实践和中国现代哲学的发展都具有重要的影响和意义。首先,唯物辩证法论战是马克思主义哲学的宣传和普及运动,随着论战的不断深入,马克思主义哲学的科学原理为愈来愈多的人所认识,从而极大地促进了马克思主义哲学在中国的传播和发展。在新文化运动的初期,马克思主义哲学通过激进的民主主义者的介绍和提倡,作为一种新的世界观和方法论出现于中国的思想界。中国共产党公开声明自己的理论基础是马克思列宁主义,这一切都使马克思主义哲学获得了迅速的发展。但是,由于政治形势和革命实践的需要,在一个很长的时期内,马克思主义的宣传者的注意力更多地集中在历史唯物主义方面,他们更多地宣传和阐发的

---

① 《辩证法唯物论梗概》。

是同中国新民主主义革命实践有着较为直接的关系、对革命实践更为紧迫的诸如阶级斗争、社会革命、社会制度的变更等唯物史观的基本原理,而马克思主义哲学作为一种完整的学说和思想体系,还没有为中国早期的马克思主义者所充分认识和完全掌握。到了20世纪20年代末30年代初,随着社会发展的新变化,从世界观和方法论的高度对中国革命的现状和前途加以说明和概括已经成为必需,全面地、系统地认识和阐述马克思主义哲学的条件已经成熟。唯物辩证法论战正好提供了一个历史的契机。

其次,论战对马克思主义与中国革命的具体实践相结合的理论表现——毛泽东哲学思想的产生具有重要的作用。毛泽东哲学思想是在长期的中国革命实践的过程中逐步形成的,这个过程也就是马克思主义哲学在中国的传播、发展和逐步成熟的过程。毛泽东哲学思想是中国共产党人在深刻地、全面地理解和掌握马克思主义哲学基本原理的基础上,并运用它来分析和说明中国革命的实际问题的过程中走向成熟的,而唯物辩证法论战无疑加速了这个过程。通过唯物辩证法论战,马克思主义哲学的基本原理第一次获得了系统的全面的理论阐述,其作为科学世界观方法论已经得到确认,这就为马克思主义的基本原理与中国革命的实践的结合和作为这种结合的产物——毛泽东哲学思想的形成准备了理论基础。艾思奇认为,抗日战争中毛泽东的许多哲学著作,"证明马克思主义的中国化和辩证唯物论的应用,是能够正确地解决中国的革命问题的,马克思主义和辩证唯物论是完全适合中国的国情的"①。

再次,唯物辩证法论战是马克思主义哲学对五四运动以来各种资产阶级哲学理论和思想学说的总批判,它标志着马克思主义哲学占据中国现代哲学主导地位的时代已经到来。在马克思主义哲学传入中国时,就遇到已由西方传入的各种资产阶级哲学思想的对抗。随着马克思主义哲学的深入发展和影响的不断扩大,它与其他各种资产阶级哲学理论的对立也逐步尖锐起来。在1927年以后,随着马克思主义哲学在

---

① 《辩证法唯物论梗概》。

中国不断深入的发展,在理论上逐步取得胜利的重要时刻,发生了唯物辩证法论战。这次论战的胜利,从思想上确立了马克思主义哲学作为中国革命的正确的世界观和方法论的牢固地位。经过马克思主义者长期不懈的努力,辩证唯物主义在中国的发展进入了一个新的阶段。

第八章　金岳霖的道论与知识论

金岳霖(1895~1984年),字龙荪,湖南长沙人。1914年清华学堂毕业后赴美国留学,先后在哥伦比亚大学和柏南文尼亚大学学习政治学,获法学硕士和博士学位。后到伦敦进修和从事研究。1925年回国,历任清华大学、西南联合大学、北京大学教授、系主任和文学院院长。1955年后任中国科学院社会科学学部委员和哲学研究所副所长等职。金岳霖是中国现代哲学史上少有的用现代西方哲学方法研究认识论的哲学家。一生著述主要有《知识论》、《论道》、《逻辑》和《罗素哲学》。

第一节　金岳霖的道论

在1940年出版的《论道》中,金岳霖构造了他自己的本体论哲学体系。这是金岳霖对他所接受的实证主义哲学的一个超越,表明了他对本体论问题的关注。有人这样描述金岳霖对这个问题的感受:

> 不过,金岳霖当时的心情是矛盾的,他感到近代专业哲学家由于过分重视技术性问题,而使哲学脱离了人生,远离了现实,失去了理想的光辉。他说他们"推论、论证,却不传道","懂哲学,却不用哲学"。他慨叹苏格拉底式的人物(即身体力行,热心传道的哲学家)一去不复返,使世界失去了绚丽的色彩。他在理智上重视逻辑分析,而在情感上十分留恋着中国哲学的传统。①

金岳霖特别区分"知识论的态度"与"元学的态度",并写了《论道》一书,以解决这一问题。他说:"知识论的裁判者是理智,而元学的裁判者是整

---

① 冯契:《中国近代哲学的革命进程》,上海人民出版社1989年版,第462页。

个的人。"说明其哲学思想中的中国传统的深深烙印。他的这一理论体系主要是由能与式、共相与殊相的范畴组成的。

一、能与式

金岳霖的本体论中,基础的概念是"能"。在他那里,能是不具备任何性质或规定性的纯材料,与中国哲学中的"气"的概念和亚里士多德的"质料"(matter)概念相似。他描述能的性质说:

> 我们可以在宽义的经验中(有推论有想象的经验)抓住它,我手上有一支烟,此刻它是完整的,有某形,有某色。它与它底来源,它底烟的那一部分在多少时前是某一地方的烟叶子,未成植物前,一部分是种子……我现在抽这棵烟。原来的整体分开来了。一部分变成灰,一部分变成烟……烟这一部分在我底内部溜达溜达之后就大部分往空气里走了。成灰的那一部分变动比较慢,起先留在烟灰缸里,以后也许就到土里与别的东西混合起来,过些时候,也许又回到另外一种植物里去。①

从以上金岳霖对能的描述中,我们可以了解到能的概念和性质。首先,能不是我们可以直接经验到的事物。上面提到的事物中,有些是可以感觉到的思想,如烟、纸、灰等等。但是能并不是说的这些东西。在上面说的不同事物的变化过程中,有某种东西是由"是某甲种的东西"变成"是某乙种的东西",变成"是某丙种的东西"……因此所谓变化,不是甲变成了乙,乙变成了丙,也不是存在于甲、乙或丙之中的东西变化了,而是"某种东西"由甲之中进入到乙之中,再由乙之中转移到丙之中。这不是任何可以命名的东西,包括原子或力的概念,而是靠思维的能力想象和抽象出来的基本的质料概念。实际上,金岳霖是将物理学中的能量守恒的概念加以提升。与中国哲学传统中的气一元论者所说的"气"概念相结合,使其具有世界本原的实体的性质。其次,他认为能是活动的,不是静止的。一事物之所以成为一事物,除了其他的原因之外,有能进

---

① 《论道》,商务印书馆1985年版,第19~20页。

出其中是一个基本的原因。在这里,能的概念与亚里士多德的"质料因"有着很大的差异。在亚里士多德那里,事物发展变化的动力因是形式,而非质料。与中国哲学中气聚气散形成万物的思想有着思想上的渊源。

"式"是金岳霖本体论中另一个重要概念。如果说能的概念接近中国哲学中的气,那么式的概念就与理的概念为一类。与冯友兰一样,金岳霖也将宋明理学中重要的范畴"理"重新提出,在现代科学的基础上加以使用。金岳霖为式所下的定义为:"式是析取地无所不包的可能。"① 在这里涉及一个"可能"的概念。所谓可能,他解释为:

> 这里所谓可能是可以有而不必有"能"的"架子"或"样式";一部分是所谓空的概念,另一部分是普通所谓实的共相。……从实的共相着想,所谓红、所谓绿、所谓烟、所谓水……凡有具体的表现而又不是各个个体之所分别地表现的情形都是所谓实在的共相。……共相是实有的,它是有"能"塞入的"架子"或"样式"……那就是说共相是可能。
>
> 共相是可能,可能不一定是共相。可能虽可以有能,而不必有能。②

可能包括两部分:一部分是实有的共相,即有能充满的样式。它使一类的事物成为一类事物,使甲事物成为甲事物而不是乙事物,即因为这种共相。另一部分是"空的类称",空的概念。只要是逻辑上没有矛盾的,都是可能。金岳霖举例说,比如"龙"、"世界共和国"、"剑仙"等,皆是逻辑上可以有能,而实际上没有能的空的样式。将这所有可能都包括在内的,实有的或者非实有的共相,就是"式"。式的世界包括有共性与非共相,也就是有能充满的类与那种仅仅是在逻辑上可能的空类,因此它只是一个逻辑的世界,而非现实世界。金岳霖强调,世界就是由式与能组

---

① 《论道》,第21页。
② 同上。

成的。这种能与式的统一,就是道。所谓"居式由能,莫不为道"①,其含义是说,道的世界是一个逻辑结构的世界,在这个世界中,能在不断地出入各种可能——式,出一可能,就进入另一个可能。进入一个可能,就形成一种可以感知的事物类;出一可能,便使一事物消失。在金岳霖的哲学中,道和式差不多相当于朱子的"理",但前者为"总理",后者为"分理"。而能不断地出入各种可能,使各种事物形成或消失。在金岳霖的能与式的关系问题上,与宋明理学的理与气不二的关系不同,不是能而是式决定事物的性质。作为可能的式与作为基本材料的、无规定性的能是相互脱节的两种东西。同冯友兰一样,金岳霖把共相看做是可以脱离事物独立存在的、决定事物性质的本体。

二、共相与殊相

共相与殊相的问题是金岳霖本体论思想中重要的部分,它具体解释了式与能的结合是怎样以这两种形式之间的关系表现出来的。

金岳霖认为,所谓共相是现实的,是能与可能的结合。他说:"共相是个体化的可能,殊相是个体化的可能底各个体。"金岳霖这里的"个体"概念,不是具体的个体,而是作为个体共名的个体,是指个体的概念之意。他说:

> 普通所谓共相是各个体所表现的、共同的、普遍的"相"……举例说来,"红"是红的个体底共相,"四方"是四方的个体底共相……②

金岳霖指出,所谓共相就是个体,有个体才能有共相,无个体就无共相。他认为,可能应当分为两大类:一类是现实的,一类是非现实的。非现实的可能没有具体的、个体的表现,因而不是共相;因为所谓共相,就是部分的个体所共有。只有有了一个一个的飞机,才有飞机的共相。在飞机发明以前,"飞机仅仅是一个可能,而不是共相。在飞机发明以后,有了

---

① 《论道》,第 36 页。
② 同上书,第 67 页。

个体的飞机",飞机就不仅仅是可能,而且是有了能的可能,是共相。为了解决共相与殊相个体之间的关系,金岳霖加入了能的概念。他认为,具体到个体的存在,不仅是共相与殊相之间的关系,而且还包括能的介入。在亚里士多德那里,事物的变动发展是由于纯形式的存在,纯形式是可以脱离质料独立存在的原因。朱熹以"理一分殊"来处理这一问题,认为之所以形成个体的事物,是因为具体的分理分有了最高的理,如月映万川。不论是亚里士多德还是朱熹,他们有关形式与质料、理与气的理论都没有解决永恒不变的共相与变动不居的万事万物之间的关系问题。他们认为,个体的事物是模拟或分享了最高的理或共相,因此每一个个体就都将处于严格的必然性因果联系之中。这种理论无法解释偶然性的存在。而金岳霖的式——能的理论,用能出入式因此形成共相、殊相与个体的理论,解释了为什么在森严的客观性的共相之外,会有无法预测的偶然性的存在。

共相的关联形成了逻辑的世界。金岳霖认为,世界是由互相关联的共相组成的。用他的话来说就是:"必然与必然之间与必然的关联,而根据此关联有不同地逻辑底秩序。"[①] 他将必然的关联称为超逻辑的秩序。所谓超逻辑的秩序,就是独立于任何一个逻辑秩序,而又表现于每一个逻辑秩序的秩序。就如同一个共相表现于这个共相所包括的每一个个体,但是又独立于每一个个体。共相有各种方面与层次的不同关联。所有这些关联组成一个互相联系的图案,形成共相,也就是逻辑的世界。首先,共相的关联是多方面的。举马缨树为例:马缨树表现为物理方面的共相,还表现为化学方面的共相、生物方面的共相、常识中颜色方面的共相、形式方面的共相等等。而每一方面都分别与自身的共相相关联,例如物理方面的共相与物理方面相关联,化学方面的共相与化学方面关联等等。其次,关联还有层次方面的不同和范围大小的不同。有较高的层次和较大的范围的共相,比如道、理;也有范围小而具体的共相,比如桌子、狗等等。金岳霖指出,不论是不同方面的共相还是不同层次的共相,都不能是独立于其他的共相。当然相干的共相之间有联

---

① 《论道》,第85页。

系,比如一件东西,它的物理方面的共相与化学、生物、艺术等各方面的共相相关联,才能组成这一件东西。此外,不同方面的共相与不同层次的共相,同样也独立于其他的共相的联系。用金岳霖的话来说,就是"共相底关联是绕圈子的"。只要你不断地追寻下去,任何共相之间总能寻找到彼此的关系,形成一个由逻辑的秩序构成的世界。

金岳霖用他的道—式—能的本体论,为这个逻辑的世界构造了一个形而上的基础。他的道论既吸收了西方哲学,也继承了中国哲学的优良传统,并且都有所突破。金岳霖以西方哲学重建具有现代特点的中国哲学的努力,展现出相当的创造性,为后人留下了宝贵的思想财富。

第二节 金岳霖的感觉论

金岳霖哲学思想中最有特点与对中国哲学贡献最大之处,就是他的认识论,特别是他认识论中有关感觉论的思想。他采用逻辑实证主义的方法来论证感觉来源的实在性,企图由此解决西方哲学史上经验论与唯理论两种思潮的对立,从而在某种程度上突破了实证主义的藩篱。

一、唯主方式与非唯主方式

金岳霖认为,讨论认识论问题,首先要解决一个立场问题。他称之为出发方式的问题。经验论者的出发方式是将知识限定在感觉上,而且进一步将感觉限定在"主观的此时此地的感觉现象",断言认识所得只能是主观的感觉,而与客观无关。金岳霖称此为"唯主方式"的立场。与所有中国历史上的哲学家对于此等问题的解决方式不同,金岳霖采用了纯粹逻辑推理的方式从理论上加以证明。他指出,经验论者之所以采用这种方式或立场,是因为他们要求一种可以证实无误的前提。金岳霖称之为"不能不承认的命题",或者可称之为"无可怀疑的原则"。哲学史上的经验论者与唯理论者都是以这一立场作为出发点来解决问题的。唯理论者笛卡儿认为经验是靠不住的,只有天赋的理性观念才是无可怀疑的,因为一切都是可以怀疑的,只有"我在思维"这一点才是无可怀疑的。从逻辑上说，即使是我在怀疑，怀疑本身也是一种思维，因此证明"我思故我在"才是可以用逻辑证明无误的前提。经验论者同样认为，一切都可以怀疑，但是感觉的存在是不可怀疑的，而且只有感觉才是无可怀疑的，其他一切都不能得到证实。

不管是唯理论者还是经验论者，他们都使用了唯主方式或立场来解决这个问题。但是金岳霖指出，所谓无可怀疑命题，实际上只是从主观心理方面去看才可以成立。"我思故我在"是从思维者的立场上看待问题，如果从他人的立场上看，这个思维者的思维是否存在就是大可怀疑的了。经验论者说经验是无可怀疑而确实存在的，这只是感觉者的主观立场。在他人看来，却是大可怀疑的。因此，所谓无可怀疑的命题，可以说是不能成立的。在金岳霖看来，唯主方式的立场导致了"得不到共同的客观和真假"的结论，其结果必然否认客观真理。一切经验认识和真理都被认为是主观的，是唯心的。

除了得不到客观的真理以外，唯主方式的另一个错误是它无法推论出"外物"的存在，导致了否认感觉经验来源的外物的客观存在。在感觉经验是否存在的问题上，金岳霖与实证主义的经验论者是一致的，他们之间的分歧在于是可以将外物存在作为一个认识论的前提对待，还是只能从"官觉之有"中推论出来。凡是采用唯主方式立场的经验论者，都认为不能从感觉经验中推出外物存在这一结论，除了感觉经验以外，不能肯定外物的存在。金岳霖在成功地论证了无可怀疑命题的不存在以后，郑重提出，作为认识论的出发方式，只要是真命题，又满足认识论的需要，就可以作为知识论的出发方式。他把这种满足知识论需要的原则称之为"有效原则"。根据有效原则，"有观觉，有外物"这样的真命题，可以满足知识论需要的各方面的理论需要，因此它可以作为知识论的出发方式命题。

二、"外物"与"所与"

从金岳霖对唯主方式的批评上，我们知道感觉经验同样也不是一个无可怀疑的命题。但如果放弃唯主方式，采用非唯主方式，那么"外物之有"的命题同样是可以作为知识论的前提的命题。站在官觉者的立场上,"官觉之有"是无可怀疑的,而"外物之有"就是可以怀疑的。但是如果站在外物的立场上,那么外物的存在也是可以成立的命题。因此,金岳霖认为,感觉经验与外物存在这两件事,都是应当得到承认的事。他认为,"有外物"这一命题和"有官觉"这一命题至少同样地给我们以真实感。这两个命题都是知识论所需要的。他认为这两者的关系如同法庭上的原告与被告,在法庭上是平等的地位,承认一个就必须承认另一个。随后金岳霖在对以下几个概念的解释中,说明了感觉经验的来源和与客观外物的关系问题。

第一个概念是"外物",即认识的对象。金岳霖认为作为认识的对象的外物,表现为"被知的不随知识底存在而存在"。感觉与被感觉的物是两回事,虽然感觉的呈现是外物存在与主观呈现的混合物。当我们没有感觉到某物时,我们不能说它存在。但即使我们没有感觉到某物,某物仍然存在。它并不依赖感觉者的感觉才存在。另外,外物的存在与其感觉者或认知者不是被派生与派生的关系,金岳霖说,"官觉对象不因官觉而存在"[①]。金岳霖对事物的概念与外物的概念有一个区分。事物是我们的意念对于被感觉的材料整理出来的,因此事物存在于关系之中。红的事物是由于感觉者对凡是某一波长的光线的整理而得出的,因此红的事物是存在于感觉者同被感觉的物之中。但是无论如何,那某波长的光线的存在是不依赖感觉者的感觉而存在的。因此它的性质是独立的和客观的。此外,金岳霖还指出,我们说外物的独立存在,还因为被感觉的对象"各有其自身的绵延的同一性"[②]。他举例说,一个人去买一张画,如果他看到的画不是他原来看到的那一张,他便不会买。也就是说,买画的人必须承认,他买的那张画具有客观独立的性质。

第二个概念是"呈现"。金岳霖认为,感觉都是有内容的,同时也是有对象的。他将感觉内容叫做"呈现"。但是他特别指出,他所谓呈现这一概念,并非指一切的感觉,只有"正觉"的内容才是呈现。所谓正觉,是说正常的感觉者在感觉活动中能够正常地感觉到外物或者部分的外

---

① 《知识论》,商务印书馆 1983 年版,第 100 页。
② 同上书,第 105 页。

物。就具体的感觉者来说,他所得到的感觉是个别的内容,但如果是正常的感觉,就会与其他的感觉者产生相同的感觉内容。这些内容因此表现为一种类型,这也就不是一般的感觉,而是体现客观外物内容的实质的体现了。所以,呈现即是感觉者正常的感觉内容,它可以呈现出外物或外物的一部分。

第三个概念是"所与"(Given)。金岳霖认为,"所与"是形成知识的最基本的材料。他说:"客观的呈现为所与。"因此,"所与"就是类型的、感觉者所共同具有的感觉内容。"所与"具有两方面的意义:

> 我们称正觉底呈现为"所与"以别于其它官能活动底呈现。所与就是外物或外物底一部分。所与有两方面的位置,它是内容,同时也是对象。就内容说,他是呈现;就对象说,它是具有对象性的外物或外物的一部分。内容和对象在正觉底所与上合一。[①]

金岳霖使用"所与"这一概念,将感觉与外物连接在一起,为作为主体一面的感觉内容与作为客体的感觉对象进行了沟通。用这种方法,他在主观论的经验主义者为实在和现象所划的鸿沟之间建起一座桥梁,为认识论找到了一个唯物主义的基础。

金岳霖通过对感觉与外物之间的关系的考察,特别是探讨了感觉经验是如何达到客观实在的过程和两者之间的既对立又统一的关系,解决了感觉经验与外部世界的关系问题。他的知识论超越了从严复以来接受西方实证主义思潮的哲学家,如胡适和冯友兰等人对这一问题的探索。避免了胡适夸大感觉对象与感觉内容的同一方面,因而将外物归结为感觉经验,最终导致取消客观世界的存在的结论。冯友兰用新实在论与理学相结合,承认共相和理的实在性,但是他的共相只是一种纯粹的逻辑观念,没有任何经验的内容。金岳霖对经验与外物关系的论述,为中国现代实证主义哲学思潮对这个问题的探讨,找到了一条较好的解决方法。

---

① 《知识论》,第130页。

第三节　金岳霖的概念论

金岳霖认为,理清感觉经验与外物的关系问题是很重要的,但是认识论要解决的中心问题,是要从具体的、特殊的感性经验中获得普遍的、必然的知识。这在哲学史上是一个由来已久的问题。英国经验论哲学家休谟认为,人类的知识分为两类,一类是关于实际事情的知识,是建立在经验基础上的因果性知识;另一类是抽象科学和证明的知识,即数学知识。休谟认为,因果知识只是人们根据类似现象多次的重复,在人们的心灵上产生习惯性的影响而形成的,并非由于必然的联系。对于后一种知识,他认为只凭思想的作用就可以推导出来,无需依据事物间客观的联系。总而言之,他否认人类具有从经验知识中获得普遍必然性知识的可能。在这个问题上,康德以先天的范畴学说来加以解释。他认为,对于杂多的感觉经验,只有经过范畴的整理,才有可能产生系统的知识。但在康德这里,范畴不是得自对经验的总结,而是先天存在于思想之中的。

冯友兰接受了新实在论的思想,以殊相和共相的概念来解释概念与实际事物的关系。他说:"一种,即一类物,有一种物之理,一种事有一种事之理,一种关系有一种关系之理。"理就是共相,是一类事物之所以成为一种事物之原因和根据。概念所表示的就是存在于事物之中的理。但同时认为理并不是来自对实际事物的归纳。在事与理的关系问题上,理在先。先有飞机之理,才会有飞机。最终共相成为可以脱离事物而独立存在的形上本体。

在概念与事物的关系问题上,金岳霖接受了新实在论的思想,提出了概念对所与的两重作用的学说。第一重作用是"摹状",第二重是"规律"。具体的过程是"抽自所与的意念还治所与"。下面对他的这一认识过程作一具体的解释。

一、得自所与的意念

金岳霖在肯定了作为感觉的对象外物的存在之后,进一步解释了理性认识的过程。他认为,第一步,思维以"所与"为对象,所得到的是"意念"也就是概念,具体的方法为"摹状"。所谓"摹状"即是:"把所与之所呈现,符号化地安排于意念图案中,使所呈现的得以保存或传达。"①金岳霖的所谓意念,是指思维凭借抽象的方法从所与之中得到的,具有类型的意义。金岳霖认为,意念是一种图案,其间互相连接,成为一种结构。比如说:"那是一只狗。"这里的摹状词"那"是指具体的那一只狗,而狗这个意念则将所与呈现为一个图案结构。比如狗这一意念是一个将"动物"、"家畜"、"长毛"、"四脚"、"会叫"、"会咬"等具体的感觉现象连接在一个图案结构之内,形成一个脱离了具体感觉对象的符号。金岳霖所谓摹状,也就是对感觉对象作类型的描述,所使用的工具为抽象。金岳霖在有些地方将其称为"形容"。金岳霖解释抽象作用时说:"抽象是以所执的一去范多,以所执的型去范实。"② 他举例说,假如一个乡下人从来没有见过火车,你领他到火车站告诉他说"这是火车",你当时所指的当然是具体的火车,但是你的意思却是要告诉他火车的类型和代表火车的一个符号,而不是只告诉具体的图像。而这个乡下人一旦向其他人转达火车是什么时,他会有一个火车的意念,不会只是那个他看到的具体的火车。他会将所有铁轨上跑的、符合火车的意念图案的都称做火车。这就是抽象的完成,是由具体意象"那"跳到意念。这就是"以一范多"和"以型范实"。金岳霖说:

> 原来所执的一由意象跳到意念,抽象的程序才能算是达到主要点。这一跳是由类似具体的跳到完全抽象的。③

认识的对象由具体的的意象、实物,跳到具有类型性质的意念,也就是由具体的意象跳到抽象的意念(概念),为第一重作用。例如"那是一列火车"的命题,就是将作为所与之呈现的"那"安排在作为意念图案的"火车"之中,此即是用"火车"摹状了"那"。

---

① 《知识论》,第356页。
② 同上书,第231页。
③ 同上。

二、意念对所与的规范与整理

金岳霖认为,概念的第二重作用是用作动词的"规律"或"范畴",即用得自所与并经过抽象的意念对所与的整理的作用,也就是用意念还治所与(经验)的过程。金岳霖说:

> 所谓规律,是以意念上的安排,去等候或接受新的所与。①

康德认为,思维借以取得知识的基本前提,是人具有一种天赋的认识能力的形式。只有具有这些认识形式,才有可能将感性经验所接受的杂多的内容进行综合整理。这些形式是知性自身提供的纯形式,它不是来自经验,而是先天的。金岳霖的"摹状"说否认了天赋的观念,解释了范畴形式的来源,将感性经验与知性和理性思维连接起来,正确地阐述了感性经验过渡到理性认识的过程。他同时认为,意念的作用,不但是通过抽象的摹状,使所与中呈现的得以以抽象的形式保存和传达,而且还是接受和规范新的所与的工具。在这里,意念作为接受所与的工具,来对特殊和具体的所与进行规范和整理,是以抽象的方式进行的。比如认识者在对火车、汽车、马车等所与的摹状,得到了一个抽象的"车"的概念(意念),然后就可以用这个意念去对他所看到的各种车去作整理。他会从所有他见过的车中总结出凡是有轮子的、载人或者载货的皆为车。在这个高类的意念之下,还会有许多低类的车的意念,如铁轨上跑的是火车,马或者牛拉的为畜力车,等等。每当他看到一种车,就会用他得到的意念去对其进行规范和整理。凡是满足某一意念的车,便可以用某一意念去接受,其结果就是发现某一类的车。虽然在接受的所与皆是特殊和具体的,但是在意念上的接受或整理确是抽象的。如每一列火车都是不一样的,但是它们都符合火车的意念,我们便可以将具体的火车规范进火车的意念中。这种规范和整理,以金岳霖的话来说,就是"抓住所与底办法"。就意念是得自所与的过程来讲,它具有后验的性质;但从它对所与的规范与整理来说,它又具有先验性。这表明金岳霖有关意念

---

① 《知识论》,第 364 页。

的思想一方面是建立在承认外物的客观存在的基础上,另一方面又承认人的思维能力具有主观的能动性。

金岳霖虽然将摹状和规范分开来讲,但这只是在观念上将其分开来,这只是一种逻辑上的先后。实际上摹状与规范是不能分开的,并无时间上的先后。任何意念都是既摹状又规范,没有无摹状的规范,同样也无只规范不摹状的意念。金岳霖称这一过程为"以得自所与的意念还治所与",他说:

> 知识经验就是以所得还治所与,以得自所与的意念还治所与就有觉……如果意念运用得不错的时候,结果即是发现事实,事实就是知识的直接对象。①

我们的认识即是这种得自所与而又反过来还治所与的过程。金岳霖指出,这种过程的结果从主观方面来说,是主体得到一个意念,知觉到一个事实;从客体方面来说,就是所与化为事实。他说,"事实是所与和意念底混合物",也就是说,事实是以意念接受了所与。意念接受所与的结果就是事实。金岳霖解释说:

> 显而易见地事实不就是客观的所与。这不是说事实之中没有客观的所与,或事实不是客观的所与。这里的所与不是 Noumenon(本体——引者注),这里的事实也不是 Phenomenon(现象——引者注)。……事实是加上关系的原料,而不是改变了性质的原料。②

所与与意念是事实之中的两个成分。在金岳霖这里,事实的概念不只是作为材料的所与,而是经过了意念整理的所与。虽然金岳霖认为事实之中含有主观的成分,但是这种主观的成分只是规范与整理,并没有改变材料的性质。这与胡适的看法有着根本的不同。胡适说:"实在是一个很服从的女孩子,他百依百顺的由我们替他涂抹起来,装扮起来。实在好比一块大理石到了我们手里,由我们雕成什么像。"在胡适这里,知识

---

① 《知识论》,第 462 页。
② 《论道》,第 6 页。

的原料是不具备客观性的,它的性质完全由主观根据实用的要求塑造出来。在这个问题上,金岳霖在两点上与胡适不同:一是他的意念对所与的整理是在承认所与的客观实在性的前提条件下进行的,二是意念本身就来源于所与。

三、科学认识方法论

金岳霖从他的"以得自所与的意念还治所与"的认识论总结上升为一套科学的方法,并将这套方法定义如下:"所谓科学方法即以自然律去接受自然,或以自然律为手段或工具去研究自然。"[①] 他将摹状与规范上升为归纳原则与演绎原则,成为互相融合与连接的两步认识方法。金岳霖总结了哲学史上重归纳的经验论方法和重演绎的唯理论方法,将这两种方法结合起来,形成了有自己特色的方法论。他将其简称为"事中求理"与"理中求事"。

认识方法的基本点或出发点是归纳的原则。他认为归纳原则是无所不在的,他说:

> 我们从所与得到了意念之后,我们可以利用此意念去接受所与。在此收容与应付底历程中,无时不应用归纳原则。……凡照样本分类都是利用归纳原则,所以引用意念就同时引用归纳原则。[②]

发现自然律的过程就是归纳的过程,这是"事中求理"的过程。他解释说:"大致说来,所谓归纳大都是事中求理,尤其逆来顺受的归纳。所谓逆来,是不跟着我们底盼望和要求而来的所与,所谓顺受,是跟着所与底来的而接受的接受。"[③] 逆来顺受的意思是强调在摹状的时候,要尽量排除主观的成分,使主观的"盼望"和"要求"不妨碍对所与的客观的摹状,得到所与之中本来面目的秩序和联系。

除了发现自然律之外,科学方法的作用还使用从所与之中得到的

---

① 《知识论》,第508页。
② 同上书,第458页。
③ 同上书,第778页。

自然律去接受所与。这就是金岳霖所谓"理中求事"的过程。"理中求事"是一个演绎的过程,即从意念图案出发,接受新的具体的所与。也就是从普遍规律出发,推论出具体的事实。此即在对所与作了摹状,得到了意念(自然律)之后,以它作为接受的原则。金岳霖说:"根据一方面的意念图案,遵循它底意念底关联,某一命题非真不可,则必有证实该命题底事实。"这就是"理中求事"的过程。人类认识史上有很多利用已知的规律去发现新的事实的例子。

　　从金岳霖的"事中求理"和"理中求事"两个过程来看,他是将一个完整的认识或科学研究过程看做两个阶段:一个是从经验事实中发现规律,另一个是将所发现的自然规律应用于经验之中,发现新的事实。

第九章　贺麟新心学的哲学思想

贺麟(1902～1992年),字自昭,四川金堂人。1919年入清华学校。1926年赴美国留学。1929年获哈佛大学哲学硕士学位。1930年转到德国柏林大学学习德国古典哲学。1931年回国在北京大学哲学系任教。1940年任"西洋哲学名著"翻译委员会主任。解放后继续任北京大学教授。1955年起任中国科学院哲学所研究员、研究室主任、哲学所学术委员会副主任。主要哲学著作有《近代唯心论简释》、《知难行易说与知行合一说》、《文化与人生》、《当代中国哲学》等。主要译著有斯宾诺莎的《致知篇》(解放后改为《知性改进论》),鲁一士的《黑格尔学述》,黑格尔的《小逻辑》、《哲学史讲演录》(合作)、《精神现象学》(合作),斯宾诺莎的《伦理学》等。

第一节　贺麟新心学的心性论与直觉说

贺麟指出,传统文化的复兴,儒家文化的新发展,必须要走出以往不是固守过去和排斥西洋,便是抛弃传统和全盘西化的老路。他说:"儒家思想的新开展,不是建立在排斥西洋文化上面,而乃建筑在彻底把握西洋文化上面。……欲求儒家思想的新开展,在于融会吸收西洋文化的精华与长处。"[①] 贺麟所理解的中西融合,并非指持中体西用思维方式的人,将中学之体与西学之用放在一起,而是要对西方文化进行融会和贯通。他认为,中西文化各有自己的体与用。所谓融会,就是吸收西方哲学、宗教和艺术的精华,来改造和丰富儒学,而不必以儒学与科学相比附,造出一个"科学化的儒学"来。在贺麟看来,科学与哲学和宗教有

---

① 《当代中国哲学》,南京胜利出版公司1947年版,第38页。

各自的领域，不能混为一谈。他说："盖科学以研求自然界的法则为目的，有其独立的领域。没有基督教的科学，更不会有佛化或儒化的科学。……反之，儒家思想亦有其知道人生，提高精神生活，发扬道德的特殊效准，独立领域，亦无求其科学化。"① 因此，要吸收西洋的正统哲学思想，发挥儒家之理学。贺麟说：

> 盖东圣西圣，心同理同。苏格拉底、柏拉图、亚里士多德、康德、黑格尔之哲学，与中国孔孟程朱陆王之哲学会合融贯，而能产生发扬民族精神之新哲学，解除民族文化之新危机，是即新儒家之思想发展所必循之途径。使儒家的哲学内容更为丰富，系统更为严谨，条理更为清楚，不仅可作道德可能之理论基础，且可奠科学可能之理论基础。②

贺麟试图将儒家的心学传统与理学传统综合起来，站在新黑格尔哲学的立场上，对西方生命哲学和新实在论进行综合与批评，对他人所作的同类工作进行总结和批判，建立起自己的新心学理论。

一、直觉与理智

在现代新儒家哲学中，对直觉与理智两种认识方法的区分，是强调哲学与科学之不同的一个重要的特点。贺麟同样将这个问题作为自己新心学的一个理论起点。他说自己是"由梁漱溟先生的直觉说，进而追溯到宋明的直觉说，且更推广去研究西洋哲学家对于直觉的说法"③。他指出了自己与梁漱溟所说的直觉的不同之处："梁先生所讲的直觉只是一种道德的直觉，而我进而把它发展为超道德、艺术的、宗教的直觉……"这样贺麟便将直觉的认识提升到更高的、更普通的层面。他说：

> 直觉方法一方面是先理智的，一方面又是后理智的。先用直觉方法洞见其全，深入其微，然后以理智分析此全体，以阐明此隐微，

---

① 《儒家思想的新开展》，《思想与时代》第一期。
② 同上。
③ 《宋儒的思想方法》，见《近代唯心论简释》，重庆独立出版社1942年版，第88页。

> 此先理智之直觉也。先从事局部的研究,琐屑的剖析,积久而渐能凭直觉的助力,以窥其全体,洞见其内蕴之意义,此后理智之直觉也。……无一用直觉方法的哲学家而不兼采形式逻辑及矛盾思辨的。同时亦无一理智的哲学家而不兼用直觉方法及矛盾思辨的。……形式的分析与推论矛盾思辩法、直觉法三者实为任何哲学家所不可缺一,但个人之偏重略有不同罢了。①

这样,在贺麟看来,从先理智的直觉,也就是梁漱溟所说的"附于经验的直觉"开始,经形式逻辑和矛盾思辨到最后的后理智的直觉,形成了一个认识发展的过程。他认为,所谓先理智的直觉,只是经验而不是方法;而后理智的直觉为"亦经验亦方法"。这又可以分为三个阶段:"第一阶段,只是一种混沌的经验而非知识。第二阶段为科学知识,第三阶段方为哲学知识。"如朱熹的理气之统一、黑格尔的辩证统一、斯宾诺莎的思想与形气的两属性的统一都已达到了理智与直觉的辩证统一②。他认为理学所提出的以理智向外探究,其目的正是在于了解自己的本性;同样向内反省、回复本心也就是了解了物理。贺麟认为,这两种方法"其结果亦归于达到心与理一,个人与宇宙合一的神契境界,则两者可谓殊途同归"。

贺麟总结西方哲学的直觉方法有三种:第一种为"认直觉为一种由精神的生活或文化的体验,以认识真善美的价值";第二种是"认直觉为时间的动的透视以把握自由活泼,变动不居的生命的理智的同情";第三种"以直觉为超功利超时间超意欲的认识主体","以形而上的真理为对象,以生活之超脱高洁,心灵之与理一与道俱为目的"。这三种直觉方法以丹麦哲学家基尔歌德和德国的狄尔泰、柏格森、斯宾诺莎为代表。其中柏格森的生命哲学的直觉主义"似有形而上之永恒的意味",接近本体论的认识。而斯宾诺莎的直觉以形而上为对象,则就是关于本体论的认识。

贺麟将朱子的方法与西方哲学的直觉进行比较,他认为:"朱子的

---

① 《宋儒的思想方法》,第97~98页。
② 同上书,第98页。

直观法,虽就平淡处立论,从读书穷理处着力,但似兼具三方面而有之。"① 他说朱子从普遍的、客观的天下之理开始的"格物穷理"的直观法,与斯宾诺莎从永恒的范性下以观察事物而达到最高级的直观知识,可以说是"东圣西圣,心同理同"。同西方哲学中的直觉方法相比,贺麟认为朱子的由格物致知上升到豁然贯通的方法,囊括了西方哲学中价值直觉、生命直觉和形而上真理的直觉三种方法。

贺麟关于理智与直觉统一的思想,为现代新儒家的心性本体论打下了一个认识论的基础。他将感性直觉上升到形式逻辑和矛盾思辨,再上升到超理智的理性直觉。理性直觉又包括内省与外究两种,并且力图将反求本心与由外物至形上本体相融合起来。贺麟的这一个认识系统将宋明理学心性论的方法与西方哲学的直觉主义贯通起来,以程朱理学的格物致知和贯通一气涵盖西方哲学的三种直觉作为外法,以陆王心学的反求本心为内法,试图实现中西哲学的融合,使中国传统哲学在现代有一个新的发展。

贺麟对直觉方法的划分,超出了以前梁漱溟、熊十力和冯友兰关于这个问题的看法。他明确将感性直觉与理性直觉区分开来,比梁漱溟所谓"附于感性的直觉"、"附于理性的直觉"的说法,熊十力的"冥合证会"和冯友兰的"负的方法"等说法,更为清楚明晰。

但是贺麟的直觉方法并没有脱出现代新儒学将内省的直觉笼罩在理性之上的看法。他仍然认为哲学是形而上的本体论,而理智是形而下的现象的观点。在理智是如何升华为理性的直觉问题上,也缺少一个转变的环节,而只是在主观上将其统一在一起,并不能说明两者的联系,更不能以此断定两者是体用的关系。

二、"主体逻辑心"

同梁漱溟、冯友兰等人一样,贺麟也是以现代西方哲学中的某一个流派来对儒家思想进行改造,他所使用的是20世纪30年代流行于美国的新黑格尔主义。他除了译述一些有关新黑格尔主义的论著之外,特

---

① 《宋儒的思想方法》,第98页。

别注重将其与传统心学融会起来。站在新黑格尔主义和陆王心学的立场上,他认为心即实在。贺麟说:"心与物是不可分割的整体。为方便计,分开来说,则灵明能思者为心,延括有形者为物。……心是主宰部分,物是工具部分。心为物之体,物为心之用。心为物的本质,物为心的表现。"同时他又认为:"心有二义,一、心理意义的心;二、逻辑意义的心。逻辑意义的心即理。"① 在他的新心学中,有"直觉的辩证法化"与"辩证法的直觉化"两条路。前者是说由前理智直觉经由形式逻辑、矛盾思辨上升到理性的直觉;后者则是由"主体逻辑心"来说明"心即理"的道理,确定由本体"打入"现象界的逻辑原则。贺麟具体解释他的"理"原则,指出:"理性是人之价值所自出,是人之所以为人的本则","理性所决定的自由意志应付环境而产生的行为所养成的人格"和"决定整个民族命运的命脉与精神"。贺麟的理,一方面超越了宋明理学中规定的道德感情的内容,增加了西方近代哲学中理性的概念,而且也与冯友兰的"共相"概念有所不同。它不是客观的形上之理,而是主观的形上之理。贺麟的"理"与德国哲学家胡塞尔和美国哲学家桑那提耶的"本性"概念相似。

贺麟认为包括中国哲学在内的东方哲学,"非不玄妙而形而上,但却疏于沟通有无、主客的逻辑桥梁,缺少一个从本体打入现象界的逻辑主体"②。宋明理学的心性论要么具有一些逻辑的意义,但是被笼罩在道德观念之中,不甚清晰;要么只讲道德情感本能的扩张,根本不讲逻辑。贺麟从现代哲学的角度重新诠释了心与理的概念,他认为必须区分作为科学对象的心理之心与作为哲学对象的逻辑之心。他说:

> 心理之心是物,如心理经验中的感觉幻想梦呓思虑,以及喜怒哀乐爱恶欲之情皆是物,皆是可以用几何方法当作点线面积一样去研究的实物。……逻辑意义的心,乃一理想的超经验的精神原则,但为经验行为知识以及评价之主体。此心乃经验的统摄者,行为的主宰者,知识的组织者,价值的评判者。自然之可以理解,之所

---

① 《近代唯心论简释》,第 1 页。
② 《贺麟传略》,《晋阳学刊》1985 年第 5 期。

以有意义,条理,与价值皆出于此心即理也之心。①

贺麟用理性和价值的主体等内容重新解释了陆王心学的心的概念。在他看来,理性是心的本性,一如利为刃之本性与聪为耳之本性。另一方面感觉情欲是形而下的心理生理意义的心,为心之偶性。两者的关系即是理学所讲的"心统性情",即理性原则为心之本体,统摄感情欲望等心理和生理活动。两者的关系是"心体物用"。他说:"普通人所谓'物',在唯心论者看来,其色相皆是意识所渲染而成,其意义、条理与价值皆出于认识的或评价的主体,此主体即心。"这样,贺麟以"主体逻辑心"的概念试图沟通心与物、主观与客观、本体与现象之间的关系,由此形成了一个具有自己特色的现代化、逻辑化的心性说。

与冯友兰的"共相"理论不同,贺麟的"主体逻辑心"之理,不是客观存在之理,而是所谓"情感逻辑"。用他的话来说,就是将"辩证法直觉化"。贺麟说:

> 辩证法产生的历史乃哲学家研究人类感情生活后所发现的一个通理。情感生活是矛盾的,是相反相成的,爱极而恨,乐极生悲,便是情感起伏的例子。……由辩证法来研究情感生活是最适宜的。用来研究自然界,有时便不免有穿凿附会,削足适履的地方。黑格尔亦曾应用辩证法来建立他的《自然哲学》体系,并列举机械作用、化学作用和有机作用为自然的辩证的发展的三个阶段。各国新黑格尔主义派哲学家大都不很重视,甚至反对。他们都认为,只有把辩证法应用到精神生活、内心生活上去,才见其生动活泼。②

贺麟不仅反对黑格尔用辩证法建立自然哲学体系,更反对马克思用对立统一、质量互变、否定之否定三大规律作为对物质世界和人类社会的研究方法。他认为,黑格尔的辩证法不是抽象的形式的理智方法,而是对经验和精神生活的体察,对文化艺术的欣赏。因此辩证法的本质不是客观的,而是主观的。他认为我们在经验中看到的现象,其矛盾、对立皆

---

① 《近代唯心论简释》,第1~2页。
② 《当代中国哲学》,第75页。

是出于主观,并非客观外界的真实显现。

贺麟有关"情感逻辑"的思想,对梁漱溟提出的"情理"的看法进行了修正。梁漱溟以本能的道德情感作为生命本体的最高体现,并将其名为"情理",以与理智的对象"物理"相对。但是在贺麟看来,梁氏的直觉认识属于前理智的直觉,不能达到对本性的认识。只有超道德的辩证直觉、情感逻辑,才具备形而上学方法的意义。贺麟有关理性直觉思维方式的提出,表明现代新儒家有关传统思维方式的讨论,由梁漱溟强调对道德本能的体认的非理性主义倾向,发展到贺麟开始强调理性的作用,并力图将这种传统思维方式同辩证的、逻辑的思维方式结合起来,使其带有现代的色彩。

三、自然知行合一论

与其他的现代新儒学人物不同,贺麟比较注重传统的知行学说的现代转化问题。他认为,知行问题的探讨,是道德问题研究的基本前提和基础。他说:

> 知行问题,无论在中国的新理学或新心学中,在西洋的心理学或知识论中,均有重新提出讨论,只能感心加以批评研究的必要。我甚至以为,不批评地研究思有问题,而直谈本体,所得必为武断的玄学,不批评地研究知行问题,而直谈道德,所得必为武断的伦理学。因为道德学研究行为的准则,善的概念,若不研究与行为相关的知识,与善相关的真,当然会陷入无本的独断。[①]

针对梁漱溟等人的"道德学上的武断主义"倾向,贺麟不赞成离真而言善或者过分武断地认定真善一体。他认为首先应进行认识论的研究后,才能得出上述的结论。在这方面,贺麟认为关键在于知行合一问题的解决,并以此说明人类精神活动与道德行为之间的关系。

首先关于"知"和"行"的概念,贺麟作出了定义。他认为所谓知即人们的意识活动;所谓行,即人们的生理活动。他说:

---

① 《五十年来的中国哲学》,第130~131页。

"知"指一切意识的活动。"行"指一切生理的活动。任何意识的活动,如感觉、记忆、推理的活动,如学问思辨的活动,都属于知的范围,任何胜利的活动,如五官四肢的活动固属于行,就是神经系统的运动,脑髓极细微的运动,或古希腊哲学家所谓火的原子的细微运动,亦均属于行的范围。①

贺麟认为,知可以分为"显知"和"隐知"两个概念。以最显著的意识活动,如思想、推理、研究学问为显知;以最不显著的意识活动,如本能的知、下意识的活动等为隐知。以最显著的生理活动,如动手动足的行为为显行;以最不显著或隐晦的意识活动,如本能的活动、下意识的活动等为隐行。他认为,显知与隐知、显行与隐行"只有量的程序的或等级的差别,而无根本的不同或性质的不同"②。

在做完这种分析之后,贺麟得出两个结论:首先,"最隐之行,差不多等于无行",但是这可以表现为"最显之知",因此可以将最隐之行与最显之知合二而一。其次,"最隐之知,也差不多等于无知",但是它同样可以表现为"最显之行"。所以,最隐之知与最显之行合一。这样一来,在贺麟这里,隐行就是显知,隐知就是显行。贺麟用西方哲学的理论对王阳明的知行合一说重新加以解释和论证,提出了"自然的知行合一说"。贺麟说:"任何一种行为皆含有意识作用,任何一种知识,皆含有生理作用。知行永远合一,永远平行,永远同时发动,永远是一个心理生理活动的两面。……只要人有意识活动(知),身体的跟随无论如何也是无法取消的。此种的知行合一观,我们称之为'普遍的知行合一论',亦可称为'自然的知行合一论'。一以表示凡有意识之论,举莫不有知行合一的事实,一以表示不假人为,自然而然即是知行合一的事实。"③

从"自然的知行合一论"出发,贺麟对传统的知行合一学说进行了重新考察。他将其定义为"价值的知行合一论",认为两者的区别在于:前者将知行合一看做是"原来如此"的客观事实,而后者则将其视为需

---

① 《五十年来的中国哲学》,第131页。
② 《近代唯心论简释》,第54页。
③ 同上书,第59～60页。

要经过努力才可以达到的"应该如此"的理想状态。"价值的知行合一论""认显形隐知为行,认显知隐行为知",割裂了知与行,实际上陷入了知行二元论。他认为这种知行论"为方便起见,将知行分为两事,然后再用种种努力勉强使知行合一,求两事兼有"。贺麟强调知行合一是绝对的合一,而不能有任何分开的可能。知与行的关系包括三个方面:(1)知是行的本质,行是知的表现。知为体,行为用。(2)知永远决定行,故为主;行永为知所决定,故为从。(3)知永远是目的,行永远是工具。

贺麟的这种知行合一论有两个问题值得注意:第一,"自然的知行合一论"利用了现代行为心理学和自然主义的心理学,指明了传统的知行合一论仍然有将知与行分割的问题,暴露出其中的矛盾。但是贺麟不仅没有解决这一矛盾,却采取了使用潜意识和身体的生理活动来解释,结果是销行归知,反而降低了知行论的认识论意义。第二,"自然的知行合一论"不仅在纯意识的知和纯生理的行的解释上有明显的缺陷,并且在认识论的意义上,将行完全变成了心理学意义上的动作和行为,根本否认了社会实践的意义,否定了行为知的基础,成为主观决定论。

第二节 贺麟的文化体用论

一、绝对体用论与相对体用论

贺麟认为,理性是人的本性,通过精神活动表现出来。他指出,心与物是不可分割的整体,为实体之两面。心是主宰的部分,物是工具的部分。心为体,物为用。他说:"姑无论自然之物,如植物动物甚至无机物等,或文化之物如宗教哲学艺术、科学道德政法等,举莫非精神之表现,此心之用具。"[①] 这即是主体逻辑心向现实世界的展开,外化为自然之物和文化之物的表现。

他将其心体物用论分为"绝对的体用论"与"相对的体用论"两种。所谓"绝对的体用论",是指"柏拉图式的体用观",以本体或理则为形而

---

① 《近代唯心论简释》,第2~3页。

上的本体，以现象和事物为用，体一用多，即本体可以表现为多种现象。所谓"相对的体用论"，是指"亚里士多德式的体用观"，其关系为范型与材料的关系。从最低级的用或材料，到最高级的体或纯范型，中间有一系列的层级。他举例说，中国哲学史上朱熹的体用论为绝对的体用论，而周敦颐的太极说为相对的体用论。贺麟文化体用论采用了黑格尔的精神现象学的方法，是一种多层的体用论。他提出了道、精神、文化、自然四个概念来说明体用问题，指出：

> 这四种概念若用现代价值哲学的名词加以解释，则（一）道即相当于价值理念；（二）精神约相当于价值体验，或精神生活；（三）文化即相当于价值物；（四）自然即是与价值对立的一个观念。[①]

这样说来，若从绝对体用论来说，道或价值理念是体，精神、文化、自然皆道之体现；若从相对体用论来说，道为精神之体，精神为文化之体，文化为自然之体。贺麟认为，精神是人类理性创造文化的主观能动力量，"是心灵与真理的契合……是具体化、实力化、社会化的真理。若从体用论的观点来说，精神是以道为实体而以自然文化为用的意识活动"[②]。而道或者理只是一种纯体或纯范型而非用，都只是抽象的概念，惟有精神才是体用合一，亦体亦用的真实。他认为只有精神才是具万理而应万事的主体，它一方面自觉地运用理性的直觉把握形而上之理，另一方面创造文化与自然。在这里，贺麟使用了"精神"的概念来作为同超越之"理"及经验的文化与自然之间的中介，类似理学所使用的"性"的概念，来连接形上与形下。从而避免了冯友兰的新理学所使用的"满坑满谷，死无对证"之"理"，避免了其将"真际"与"实际"僵硬地对立起来，陷入不可知论的可能。贺麟将陆王的心性论现代化、逻辑化，创造了一个能动的心性本体。

二、心体物用的多层体用论

贺麟在相对体用论中列举了道、精神、文化、自然四层体用关系，但

[①] 《近代唯心论简释》，第263页。
[②] 同上。

《实践论》的副标题为"论认识和实践的关系——知和行的关系",说明它是毛泽东为纠正当时中国共产党内的主观主义,特别是教条主义的错误思想而写的。《实践论》是一篇马克思主义哲学认识论著作,对认识的实践基础和认识的产生、发展的历史辩证过程等马克思主义哲学中认识论的基本问题作了系统的论述。同时,这篇文章还对中国古代哲学中的知行关系进行了总结,批判地吸收了中国古代与近代的哲学家在知行关系上的合理因素,提出了辩证唯物论的知行统一观。

一、《实践论》对马克思主义哲学认识论的论述与发展

《实践论》的内容可以分为三个部分,第一部分全面地论述了认识对实践的依赖关系,强调马克思主义的认识论是在实践基础上的能动的革命的反映论。第二部分阐述了认识的产生和发展的历史辩证过程,揭示了认识发展的两次飞跃,并对哲学史上的各种流派进行了批判。第三部分概括了认识发展的总规律。

(一)毛泽东系统地论述了认识对实践的依赖关系。马克思和恩格斯将实践范畴导入认识论,强调实践是对不可知论"以及其它一切哲学上的怪论的最令人信服的驳斥"[①]。列宁也说:"生活、实践的观点,应当是认识论的首先的和基本的观点。"[②] 毛泽东接受了马克思、列宁关于实践的理论,他说:

> 辩证唯物论的认识论把实践提到第一的地位,认为人的认识一点也不能离开实践,排斥一切否认实践重要性、使认识离开实践的错误理论。[③]

在这个前提下,毛泽东论述了实践在认识过程中的作用。

首先,实践是认识的来源。人类对自然和社会的认识,都是通过实践才能获得。毛泽东说:"从认识过程的秩序说来,感觉经验是第一的东

[①] 《马克思恩格斯选集》第4卷,人民出版社1995年版,第225页。
[②] 《列宁选集》第2卷,人民出版社1995年版,第103页。
[③] 《毛泽东选集》第1卷,人民出版社1991年版,第284页。

西,我们强调社会实践在认识过程中的意义,就在于只有社会实践才能使人的认识开始发生,开始从客观外界得到感觉经验。……认识开始于经验——这就是认识论的唯物论。"①

其次,实践是推动事物发展的动力。人类的实践活动是在历史的发展中逐步由低向高发展的,相应的,人们对自然和社会的认识,也是由低级向高级发展的。这种发展即是在实践的作用下,由现象到更深一层的本质,由片面到全面。而这种认识,即是"在认识过程中根据实践基础更完全地反映客观事物的东西"。

再次,实践是检验认识的真理性的标准。对一个认识的结果是否真理,不是依主观上觉得怎么样,而是要根据客观上社会实践的效果如何而定。只有实践,也就是实验与社会实践,才是检验人们对于自然与社会认识的真理性的标准。

最后,实践是认识的目的。马克思主义哲学认识论是能动的认识论,它强调认识世界的目的是为了改造世界。毛泽东特别强调了这一点。他说:"马克思主义看重理论,正是,也仅仅是,因为它能够指导行动。如果有了正确的理论,只是把它空谈一阵,束之高阁,并不实行,那么,这种理论再好也是没有意义的。"②

(二)毛泽东在《实践论》中论述了认识的辩证发展过程和认识活动的总过程。他在总结中国革命实践经验的基础上,具体地论述了认识发展的全过程,发展了马克思主义哲学的这一理论。

他在《实践论》中将这一过程表述为:从实践开始,经过感性认识上升到理性认识;再从理性认识回到实践的过程。这其中包括由感性认识、理性认识和实践三个阶段,从感性认识到理性认识、再从理性认识到实践两个飞跃。

关于第一阶段、第二阶段和第一次飞跃的过程的问题,毛泽东说:"认识的过程,第一步,是开始接触外界事情,属于感觉的阶段。第二步,

---

① 《毛泽东选集》第 1 卷,第 290 页。
② 同上书,第 292 页。

是综合感觉的材料加以整理和改造,属于概念、判断和推理的阶段。"①此即认识过程的感性阶段与理性阶段。那么,如何整理和改造外界的感官材料呢?毛泽东说:"将丰富的感觉材料加以去粗取精、去伪存真、由此及彼、由表及里的改造制作工夫,造成概念和理论的系统"②。经过这种抽象的过程,感性认识就发生了性质上的变化。"感性的认识是属于事物之片面的、现象的、外部联系的东西,论理的认识则进了一大步,到达了事物的全体的、本质的、内部联系的东西,到达了暴露周围世界的内在的矛盾,因而能在周围世界的总体上,在周围世界一切方面的内部联系上去把握周围世界的发展。"③ 同时,这两个阶段的关系是既区别又联系,理性认识依赖于感性认识,而感性认识又有待于发展到理性认识。由感性认识到理性认识的变化,是认识上的第一次飞跃。

除了感性认识和理性认识两个阶段之外,认识的过程还包括从理性认识到实践这一阶段。这是认识过程的第二次飞跃。毛泽东特别强调第二次飞跃,他指出:"认识的能动作用,不但表现于从感性的认识到理性的认识之能动的飞跃,更重要的还须表现于从理性的认识到革命的实践这一个飞跃。"④ 这一次飞跃之所以重要,就在于它一方面可以检验第一次飞跃的结果——理性认识的正确与否,而另一方面只有通过这一次飞跃,才能够真正达到认识世界的目的,即改造世界。

从第一次飞跃到第二次飞跃,这表明一个完整的认识过程的完成。但是由于人们的认识是要受到许多条件的限制,这里既有认识手段的限制,也有认识对象的客观发展过程中本质逐渐显露的限制,因此一个正确的认识往往是由实践到认识,再由认识到实践的多次重复才能完成。毛泽东说:"许多时候须反复失败过多次,才能纠正错误的认识,才能达于和客观过程的规律性相符合,因而才能够变主观的东西为客观的东西,即在实践中得到预想的结果。"毛泽东将这一过程描述为:"实

---

① 《毛泽东选集》第 1 卷,第 290 页。
② 同上书,第 291 页。
③ 同上书,第 286 页。
④ 同上书,第 292 页。

践、认识、再实践、再认识,这种形式,循环往复以至无穷,而实践和认识之每一循环的内容,都比较地进到了高一级的程度。"①

毛泽东在《实践论》中对马克思主义认识论的概括,特别指明了实践在认识中的决定作用,论述了实践与认识的辩证关系,阐明了认识是一个随着自然与社会不断运动而无限发展的辩证的矛盾运动过程。这一论述在马克思主义哲学发展史上占有重要的地位。

二、《实践论》对中国哲学知行问题的概括与总结

毛泽东的《实践论》不仅是对马克思主义哲学认识论的发展,同样也是对中国古代哲学的继承和发扬,是把辩证唯物主义的哲学原理与中国革命的具体实践相结合的一个典范,也是在清理中国古代哲学遗产方面的一个典范。它用辩证唯物论的认识论对我国传统哲学中的知行问题作出了全面的科学的总结。

在有关知行关系的问题上,也就是人类自身的认识与实践这两种能动的活动之间的关系问题,中国历史上产生过许多学说和观点,发生过激烈的争论。这些争论促进了人类认识的发展,提高了人类的思辨能力,也对社会的发展起到了一定的积极作用。但是两千多年来,从孔夫子到孙中山,由于历史条件的限制,也由于阶级地位的偏见,使得他们基本上都是脱离具体的社会实践,脱离人民群众这一知与行的主体去考察知行问题,因此不能正确地揭示人类认识的本质及其发展规律。毛泽东在马克思主义哲学理论的基础上,总结继承了中国古代哲学中重视实践的特点,对中国古代的知行学说作出了科学的总结。

(一)毛泽东强调辩证唯物论的实践论是以科学的社会实践为特征的,改正和丰富了中国古代的知行观。他说:

> 唯心论和机械唯物论,机会主义和冒险主义,都是以主观和客观相分裂,以认识和实践相脱离为特征的。以科学的社会实践为特征的马克思列宁主义的认识论,不能不坚决反对这些错误思想。②

---

① 《毛泽东选集》第1卷,第296~297页。
② 同上书,第295页。

所谓旧哲学的特点是"以认识和实践相脱离为特征的",是将实践排斥在认识之外,并不是说旧哲学家不讲实践的概念,相反,中国古代的哲学家非常强调知与行相联系,甚至十分强调行在求知过程中的重要性。如墨子认为认识的来源是"闻知"与"亲知",而颜元更强调直接实践对于认识的重要,提出只有"箸取而纳之口",才能识别蔬菜的味道,只有通过看病、用药针灸,才可能"疗疾救世"。清代杰出的唯物主义哲学家王夫之,特别强调实践对认识的决定作用。王夫之说:"以人之知行言汉字,闻见之知,不如心之所喻;心之所喻,不如身之所亲行焉。"(《周易内传》卷五)这种强调知识出于实际操作的传统,对毛泽东的影响很大。但是中国古代哲学家没有能对行或实践作出科学的解释。这主要表现在:

(1)一些唯心论者将行归结为纯粹的观念活动。如王阳明所谓"一念发动处,便即是行了",认为"知之真切笃实处便是行",以知代行,销行以归知。或者将其看做是为了实现某种先验的理性原则或道德原则的活动。如宋明理学所讲的"践履笃行",就只是一种个人的修身养性的道德活动。

(2)一些唯物论者不了解行或实践的社会性和历史性。如王夫之、颜元讲的行或实践,都是孤立的个人的活动。他们不了解进行实践活动的人,总是处在一定的社会关系之中,因而实践总是社会的历史的活动。

(二)毛泽东由于将实践的观点引入了认识论,正确说明了认识的辩证发展过程。中国古代有许多哲学家对认识发展过程的问题进行过讨论,但由于时代的局限,往往流于片面。如孟子在感性认识与理性认识的关系上,只承认理性认识"心之官"的实在,认为感性认识之来源的"耳目之官不思",因此得不到真理,强调只有理性才可以得到真正的知识,认为耳目之官不但不能成为认识的起点,反而会破坏正确的认识。与此相对立的是以墨子为代表的经验论者。他们只承认感觉经验的可靠,强调"请或闻之见之,则必以为有,莫闻莫见,则以为无",而否认理性认识能够得到可靠的知识。

历史上也有一些哲学家强调二者皆不可偏废。但是从整体上来说,旧唯物主义者都不能认识到,都未达到在实践的基础上辩证的统一。这一任务是由毛泽东在接受马克思主义哲学思想，并继承总结了优秀的传统中国哲学的遗产之后完成的。因此可以说，中国哲学史上关于知先行后、知行分合、知行轻重和知行难易等问题，到了毛泽东这里得到了一个总的解决。毛泽东用辩证唯物论的知行统一观，综合了以往的知行学说的一切积极成果，批判了在知行问题上的错误观念。它不仅是对辩证唯物论的继承发展，也是对中国古代哲学遗产的伟大总结。

第二节　毛泽东的矛盾论哲学思想

《矛盾论》是毛泽东为了克服当时中国共产党内的严重的教条主义于1937年8月撰写的一篇哲学著作。此文发表后，引起强烈反响，成为马克思主义哲学的一部重要著作。

一、《矛盾论》对唯物辩证法的论述与发展

《矛盾论》是以对立统一规律为唯物辩证法的核心而进行论述的，其内容主要有以下几个方面。

（一）确立了将对立统一规律作为唯物辩证法的实质与核心的观点。列宁曾经提出过辩证法的本质与核心的问题，认为这一问题需要很好地研究。在马克思主义哲学在中国传播期间，马克思主义哲学的理论工作者如李达、艾思奇等人也就此问题做过论述。在《矛盾论》中，毛泽东坚持并且论证了这个重要的问题。他指出，唯物辩证法与形而上学是两种对立的宇宙观。在人类的认识史中，从来就有关于宇宙发展法则的两种见解，一是形而上学的看法，另一种是辩证法的见解，形成了互相对立的宇宙观。所谓形而上学的宇宙观，就是用孤立的、静止的和片面的观点去看世界，将世界上的一切事物都看成是永远孤立和不变的，即使变化，也只是数量上的增减和场所的变更。此外，形而上学的观点还将这种变化的原因归结为外力的推动。毛泽东说，形而上学是"简单地从事物外部去找发展的原因，否认唯物辩证法所主张的事物因内部矛

盾引起发展的学说"①。在他看来,形而上学与唯物辩证法在宇宙发展观上的根本对立,就在于是否承认事物的发展是由事物内部的矛盾运动所引起。唯物辩证法的宇宙观不仅承认事物是发展的,而且认为事物内部的矛盾运动才是事物运动发展的根本原因,而一事物与他事物的互相联系与互相影响,则是事物发展的第二位的原因。毛泽东将此表述为:外因是变化的条件,内因是变化的根据,外因通过内因而起作用。

(二)毛泽东在《矛盾论》中,重点论述了矛盾问题。对矛盾问题的论述,是毛泽东哲学思想中最有特色的地方,是他对马克思主义哲学的一大贡献。毛泽东强调,对立统一规律的运用,即矛盾分析方法,是一个最基本的思想方法和工作方法。他认为,马克思主义方法论中最基本的方法就是矛盾分析法,即用对立统一规律对事物进行观察和分析的方法。所谓认识世界,就是认识事物的矛盾,而改造世界,也就是运用对立统一规律的具体方法去解决各种不同性质的矛盾。他主要从以下几个方面论述了关于矛盾问题的理论:

首先,关于矛盾的普遍性与特殊性的问题。毛泽东说:"矛盾的普遍性和矛盾的特殊性的关系,就是矛盾的共性和个性的关系。"矛盾普遍性是说"矛盾存在于一切过程中,并贯串于一切过程的始终",在这个意义上,表明了矛盾的绝对性。矛盾的特殊性是说矛盾着的事物及其每一个侧面各有其特点,"因为矛盾的各各特殊,所以形成了个性。一切个性都是有条件地暂时地存在的,所以是相对的"②。

按照毛泽东的说法,矛盾的普遍性具有两方面的含义:一是矛盾存在于一切事物的发展过程中,二是每一事物的发展过程中存在着自始至终的矛盾运动。这都是在讲矛盾存在的普遍性,但是普遍存在的矛盾又各有其特点,这就是矛盾的特殊性。所谓矛盾的特殊性,就是指矛盾的个性和特点。矛盾的特殊性存在着几种情况:(1)各种物质运动形式中的矛盾,都带有特殊性。毛泽东指出,这种特殊的运动形式就构成一事物区别于他事物的特殊的本质。这就是诸种事物所以有千差万别的

---

① 《毛泽东选集》第 1 卷,第 301 页。
② 同上书,第 319~320 页。

内在原因,或者叫做根据。一类事物的特殊的矛盾,决定了这一类事物的本质属性。因此认识特殊的矛盾,是认识一类事物的基础。(2)每一个物质运动形式在其发展过程中,在发展的每一个具体阶段,都有其特殊性。他强调:如果人们不去注意事物发展过程中的阶段性,就不能适当地处理事物的矛盾①。(3)在事物发展过程中的矛盾的各个方面,也都有其特殊性。研究矛盾发展过程的各个方面的特殊性,就是研究矛盾的每一个方面各占有何种特定的地位,以何种具体的形式与对立的一方发生既对立又统一的关系。只有从矛盾的各个方面着手进行研究,才有可能了解事物的总体和本质。

其次,毛泽东分析了矛盾的不平衡性问题,论述了主要矛盾和次要矛盾、主要的矛盾方面和次要的矛盾方面及其相互转化的原理和意义。毛泽东指出,在复杂的事物的发展过程中,会有许多的矛盾存在,但其中必有一种起着主要的、领导的和决定的作用的矛盾,由于它的存在和发展,规定或影响着其他矛盾的存在和发展,这个矛盾就是主要矛盾。其他的矛盾则处于次要的、从属的和服从的地位,而这些矛盾就是非主要矛盾或次要矛盾。毛泽东认为,产生这种差别的根本原因,是由于矛盾力量的绝对的不平衡性。他说:"世界上没有绝对地平衡发展的东西,我们必须反对平衡论,或均衡论。"② 因此,毛泽东强调,在一个复杂的环境中,如果不懂得抓住主要矛盾,就会找不到中心问题,也就找不到解决问题的方法。此外,在一对矛盾中,其矛盾双方的发展也是不平衡的,同样有主要的方面与次要的方面之分。所谓矛盾的主要方面,就是在这一对矛盾中处于支配地位的、起主导作用的方面。一事物的性质,主要地是由取得支配地位的矛盾的主要方面所规定的。然而,不论是主要矛盾与次要矛盾,还是矛盾的主要方面与非主要方面,都不是一成不变的,而是在一定的条件下互相转化的。随着主要矛盾和矛盾的主要方面的转化,矛盾的发展过程就会表现出阶段性。在《矛盾论》中,毛泽东以中国革命过程中的主要矛盾和非主要矛盾的关系问题为例,说明了

---

① 《毛泽东选集》第1卷,第310页。
② 同上书,第326页。

这一规律所起的作用。

再次,毛泽东详细地阐述了矛盾的同一性与斗争性及其相互关系原理。毛泽东指出,所谓矛盾的同一性,是指矛盾着的对立面因一定的条件,一方面互相对立,一方面又互相联系、互相贯通、互相渗透、互相依赖的性质。矛盾的同一性有如下两种情形:"第一、事物发展过程中的每一种矛盾的两个方面,各以和它对立着的方面为自己存在的前提,双方共处于一个统一体中;第二、矛盾着的双方,依据一定的条件,各向着其相反的方面转化。"① 所谓矛盾的斗争性,是指矛盾双方互相排斥、互相对立、互相否定的趋势。他指出,矛盾的斗争性是绝对的,而矛盾的同一性是相对的。在《矛盾论》中,毛泽东对这两个方面的问题具体解释如下:

(1)关于矛盾的同一性的两种情形,毛泽东更注重后者。他说:"更重要的,还在于矛盾着的事物的互相转化。"② 这是因为,只有当矛盾的主要方面与非主要方面互相转化时,事物的发展才取得了质的飞跃。这意味着旧事物的灭亡和新生事物的产生,表明事物发展到了一个新的阶段。

(2)不论是矛盾着的事物处于共同体之中,还是互相转化,都是在一定的条件下才能发生。毛泽东强调:"无此一定的条件,就不能成为矛盾,不能共居,也不能转化。"③ 这就是说,唯物辩证法所说的矛盾的同一性,是具体的同一,不论是共处于一体,还是互相转化,都是在一定的现实条件下才可能发生的,而非主观的想象。这就将矛盾的同一性奠定在坚实的唯物论的基础之上,同唯心主义的辩证法划清了界限。

(3)矛盾的斗争性是绝对的、普遍的,但是矛盾斗争的具体形式是多种多样的和相对的。由于矛盾的性质及其所处的历史条件不同,因此不能把矛盾的斗争性归结为某一种斗争形式,不能用一种斗争形式来代替另一种斗争形式。矛盾的性质不同,解决的方法亦不同,因此表现

---

① 《毛泽东选集》第1卷,第327页。
② 同上书,第328页。
③ 同上书,第333页。

出的斗争形式亦不同。比如对抗是矛盾斗争的一种形式,而不是矛盾斗争的惟一形式。

(4)毛泽东发挥了列宁关于矛盾同一性的相对性与斗争性的绝对性的思想。他指出,同一性之所以是相对的,首先因为同一性是暂时的,"一切过程都有始有终,一切过程都转化为它们的对立物。一切过程的常住性是相对的"。其次,由于同一性是有条件的。正是由于一定的条件才可以构成矛盾的同一性,因此才说它是有条件的和相对的。如果将对立面的同一看做是绝对的和无条件的,那就否定了事物的运动发展变化,导出形而上学的发展观。斗争性之所以是绝对的,是因为矛盾的斗争贯穿于矛盾发展过程的始终,并且决定着事物的转化。在一事物转化为他事物之后,也就是新的矛盾斗争的开始。矛盾的斗争是贯彻始终的,是无所不在的,因此说矛盾的斗争性是无条件的、绝对的。他说:"有条件的相对的同一性和无条件的绝对的斗争性相结合,构成了一切事物的矛盾运动。"①

二、《矛盾论》对中国辩证法优秀传统的继承与发扬

中国传统哲学中蕴涵着丰富的辩证法思想,虽然中国现代哲学的主流是外来的西方近代哲学思潮,但是深厚的传统哲学也必然对现代的思想家产生很大的影响。毛泽东的哲学思想中就表现出深深的传统哲学的烙印。或许我们可以这样说,毛泽东的哲学思想,是以中国哲学的形式表述的马克思主义哲学,因此它可以更好地为中国人民所接受,成为中国人民革命斗争的武器。

(一)毛泽东关于矛盾精髓学说对传统哲学的继承。毛泽东关于矛盾精髓的学说,关于矛盾的普遍性与特殊性(共性与个性)的思想,从来源上说,是对马克思主义,特别是对列宁的有关思想的直接继承,而从思维特征上来说,则是与中国传统哲学的有关思想相联系的。

矛盾的普遍性与特殊性的关系问题,在中国哲学史上是一个有着悠久历史传统的思想课题。比如宋明理学中的朱子,便用"理一分殊"的

---

① 《毛泽东选集》第1卷,第331~332页。

学说来解释一般与特殊的关系。朱子用体用关系来解释理一与万殊的关系,他说:"至诚无息者,道之体也,万殊之所以一本也。万物各得其所者,道之用也,一本之所以万殊也。"所谓道之体,或称一本的东西,即是作为理一的一般;而万物从道体之中分有,才有了作为特殊的万物。朱子已经看到了一般与个别的差异,同时他又强调一般与个别是互相联系的,不能离开个别去认识一般。明末清初杰出的唯物主义哲学家王夫之,更是对一般与特殊的关系作出了较为全面的总结。王夫之认为,标志事物普遍规律或共同本质的"道"与特殊具体事物的"器"是统一而不可分割的。他认为,任何一般都是个别的一部分或一方面的本质,因此只能是"道在器中"、"道者器之道",也就是说,共性是寓于个性之中的。他还提出了"尽器则道无不贯,尽道所以审器"的思想,认为认识过程总是由个别到一般,又从一般到个别的过程。

在反映西周时期哲学思维水平的《周易》中,就有了关于矛盾双方对立与转化的思想。比如其中的阴阳观念。《周易》中既强调阴阳之间的对立,同时又指出对立双方相互转化的问题。老子也特别注重对立的事物的统一问题。王夫之对对立面的统一问题有着系统的论述,他认为,阴阳是对立的,阴阳对立的统一成为太极。他还认为对立面也可以互相转化,说:"天下有截然分析而必相对待之物乎?……金炀则液,水冻则坚,一刚柔之无畛也。"也就是说,凡是相对待的东西都是可以互相转化的,而非"截然分析而相对待"。即使是天下公认为正确的东西,如果将其绝对化,也可以变为错误;天下公认为不好的东西,在一定的条件下,也可以变成好事。

毛泽东关于事物矛盾问题精髓的学说,正是继承了中国古代哲学思想的优秀成果,用马克思主义哲学将其加以整理,并且以现代的科学知识进行论证,克服了古代哲学思想中的缺陷,解决了古人所不能解决的问题。这是中国哲学的最高总结,也是对马克思主义哲学的极大丰富。

(二)毛泽东对古代哲学矛盾发展不平衡学说的发展。中国古老的矛盾学说中有一个特点,就是注重对矛盾发展的不平衡性的论述。阴阳观念之所以被用来解释事物的运动变化,就在于阴阳所代表的两种力量和趋势被认为是经常处于不平衡状态,并且在其相互作用中不断地改变着事物力量的对比,才引起事物的变化。《周语·国语》中认为,地震发生的原因是"阳伏而不能出,阴迫而不能蒸,于是有地震"。即是说阴阳两种力量由平衡发展到不平衡,由此引起地震。《易经》中的六十四卦象,是根据阴阳在卦象中所处的位置,即其力量对比所表示出来的趋势说明吉凶。王夫之继承了明朝王廷相有关"偏胜"、"偏盛"的思想,更加明确地肯定了矛盾的双方力量发展的不平衡。他说:"阴阳迭为消长","阳削则阴长,阴削则阳长"。因为阴阳迭为消长,"是故阴阳者不在多寡,而在主辅之分"(《周易外传·序卦》)。强调随着矛盾双方的力量对比变化造成了事物的变化。这一切都对毛泽东有关矛盾发展不平衡的理论有着直接的影响。

(三)《老子》一书中的辩证法思想,对中国古代哲学的形成起到了很大的影响,其中的矛盾同一性的理论,对毛泽东有关思想的形成也起到了很大的作用。《老子》说:"有无相生,难易相成,长短相形,高下相倾……"意在说明矛盾的双方是对立的统一,其中一方总是以另一方存在为自己存在的条件。另外,毛泽东非常重视《老子》中关于"物极必反"的学说,他说:"我们中国人常说:'相反相成。'就是说相反的东西有同一性。这句话是辩证法的,是违反形而上学的。'相反'就是说两个矛盾方面的互相排斥,或互相斗争。'相成'就是说在一定条件下两个矛盾方面互相联接起来,获得了同一性。"① 毛泽东在他的军事思想中,充分利用了有关矛盾的同一性的理论,为红军制定了以唯物辩证法为指导思想的战略战术。

总而言之,毛泽东在接受了马克思主义哲学中的唯物辩证法的同时,也吸收了中国传统思想的一些精华,并使用中国传统哲学的表达方式,来达到马克思主义哲学的中国化。毛泽东的哲学思想,既是对马克思主义哲学的发展,又是对中国传统哲学的优秀遗产的最好的继承,是将马克思主义哲学与中国优秀传统哲学相结合的产物。

---

① 《毛泽东选集》第 1 卷,第 333 页。

第三节 毛泽东哲学思想对现代哲学史的总结

毛泽东的哲学思想是在总结了近代以来的哲学思想发展,特别是接受了马克思主义哲学并将其中国化之后,才最终得以形成的。它对中国近代以来哲学思想的总结,主要表现在文化、政治和哲学思想等几个方面。正是在这几方面问题上,毛泽东哲学思想使中国近代以来的哲学发展发生了一次伟大的革命。

一、近代以来文化争论的哲学总结

近代以来,中国革命最主要的问题是所谓"中国向何处去"的主题。而这个问题最突出的表现,就是中西文化的讨论,它贯穿于整个中国近代思想发展史。毛泽东哲学思想正是在这个问题上对中西文化争论作出了总结。

在毛泽东哲学思想形成之前,在中西文化争论中,马克思主义者与全盘西化派、中国本位文化派和文化保守主义者进行了激烈的争论。同时,中国的马克思主义者还在另一条战线上,同中国共产党内部的教条主义者和经验主义者展开了争论。可以这样说,中国的马克思主义者对中西文化之争的总结,主要是通过解决马克思主义中国化的问题来达到的。所以,马克思主义中国化的问题,不仅仅是中国共产党内的斗争,而且对指引整个中国革命的进程,解决中国革命的现代化进程中如何处理好传统与现代、外来文化与民族文化之间的关系问题具有重大意义。

什么是中国革命和中国社会的特点?什么是中国革命所应当走的路?毛泽东和中国共产党人指出,中国是一个半殖民地半封建的社会,它具有地域广大、人口众多、政治经济发展不平衡等特点,加上悠久的历史和文化,使得中国革命有着与西方和苏联革命不同的道路。中国共产党人认为,中国革命道路是一个由无产阶级领导的、以工农联盟为主体的民主统一战线的、走武装斗争和农村包围城市的道路的新民主主义的革命。这一结论的意义在于指出了,不论是在政治革命还是在文化

革命问题上,全盘西化和中体西用的思维方式,都是不符合中国国情的,都是注定不能成功的。中国新文化的道路,正如毛泽东所说:

> 对于外国文化,排外主义的方针是错误的,应当尽量吸取进步的外国文化,以为发展中国新文化的借镜;盲目搬用的方针也是错误的,应当以中国人民的实际需要为基础,批判地吸收外国文化。……对于中国古代文化,同样,既不是一概排斥,也不是盲目搬用,而是批判地接受它,以利于中国的新文化。①

毛泽东又将这种新文化定义为"民族的、科学的、大众的文化"。周恩来后来解释为"民族的形式,科学的内容,大众的方向",将中国的具体国情、科学的内容和大众的传统融合在一起,对中国革命中的文化争论作出了科学的解释。

二、近代以来哲学发展的总结

近代以来,中国社会的主要矛盾是中华民族和帝国主义之间的矛盾。这一矛盾决定了中国近现代哲学发展的方向,是要解决"中国向何处去"的问题。解决这一问题,就必须认识人类和中国历史演变的规律,才可能决定中华民族的发展方向。正因如此,才使得进化论的历史发展观成为中国近代哲学思想的逻辑起点。中国近代哲学的"变易"的历史观,与知行问题是紧密联系在一起的。因此,如果知行问题得不到很好的解决,就不可能建立起一套救亡哲学,中国革命也不可能成功。

在马克思主义哲学传入的初期,马克思恩格斯关于唯物史观的著作首先被介绍到中国。李大钊、李达、瞿秋白等人都著译了大量的唯物史观的文章,并且以唯物史观为武器来分析中国社会和指导中国革命。当时中国正面临民族危亡的时刻,如何改造中国社会成为思想界的一个重大问题。唯物史观的传入正好符合了当时的需要,引导中国人民走向了正确的改造社会的道路。另外,十月革命的成功,恰恰是对唯物史观的一次证明。这使得中国人民更加注重对唯物史观的介绍,将其作为

---

① 《毛泽东选集》第3卷,人民出版社1991年版,第1084页。

中国革命的思想武器。而在唯物史观的理论之中,阶级斗争学说受到了特别的关注。正如李大钊所说,"阶级竞争说恰如一条金线"将马克思主义的各个部分联系起来,成为中国的社会革命的理论武器。当时的马克思主义者尚未将唯物史观同唯物辩证法有机地结合起来,表现出认识上和理论上的不成熟。

如果我们将由进化论向马克思主义唯物史观的飞跃,看做是我国现代思想史上的一次质变,那么,从唯物史观到唯物辩证法的深入传播,则是使得中国革命的思想路线和思想方法实现了彻底的变革,结果是创立了全新的革命哲学。通过20世纪20年代的唯物辩证法论战等一系列思想争论,使得唯物辩证法在中国人民的头脑中深深地扎下了根。而毛泽东哲学思想的正式形成,则是将马克思主义的唯物史观与唯物辩证法有机地结合了起来,彻底地解决了近代以来的知行关系、心物关系和群己关系等一系列问题。毛泽东的哲学思想既概括了辩证唯物主义的认识论关于思维与存在关系问题的基本观点,也体现了唯物史观关于社会存在与社会意识的关系问题的基本观点。因此,毛泽东哲学思想第一次将马克思主义哲学在中国完整地统一起来,并应用于中国革命的具体实践当中,使得中国革命有了坚实的理论基础。

三、认识规律与群众路线的统一

毛泽东哲学思想表明,马克思主义哲学的唯物史观和辩证唯物主义是一个有机的整体,这在毛泽东的"能动的革命的反映论"的思想中得到了体现。他将人民群众是历史的创造者的思想与马克思主义的认识论结合起来,提出了认识论与政治工作中的群众路线、实践观点与群众观点相结合的理论。在毛泽东看来,一个概念、判断和推理的形成的过程,同认识的过程一样,也是一个循环往复的螺旋式发展过程。群众的实践经验是人类智慧的惟一源泉,具有理论所不具备的生动丰富的内容。但是相对于理论来说,群众经验还是没有经过整理的、粗糙的初级材料,因此有必要通过比较和鉴别、综合与分析等思维方法,对其进行概括和总结,得出更深刻、更正确、更能反映事物本质的理论,再反过来被群众所接受,用于指导群众工作的实践,达到主观与客观、理论与实践的具体的历史的统一。

认识和实践的辩证运动是无穷的,因此,从群众中来,到群众中去的辩证运动同样也是无穷的。从群众的实践中得出的理论,再回到群众当中去,被群众当做指导理论贯彻于实践中时,必然会产生出许多新的经验,需要加以集中与总结,上升为新的理论,再回到群众的实践中去,形成一种无穷循环往复的过程。

毛泽东在谈到有关群众路线的工作方法时说:"我们共产党人无论进行何项工作,有两个方法是必须采用的,一是一般和个别相结合,二是领导和群众相结合。"① 这两者是统一的,无论是从群众中来,到群众中去,还是从实践中来,到实践中去,都体现了马克思主义哲学认识路线与党的群众路线的有机统一,是马克思主义哲学的认识论和历史唯物论的有机统一,形成了具有中国特色的马克思主义,极大地丰富了马克思主义哲学思想。

---

① 《毛泽东选集》第3卷,第897页。